U0902889

百年农经

第四部

（2000—2003年）

经济管理学院

献给

中国农业大学百年华诞

为中国农业发展而奋斗的仁人志士

目　录

第四部（2000—2003 年）

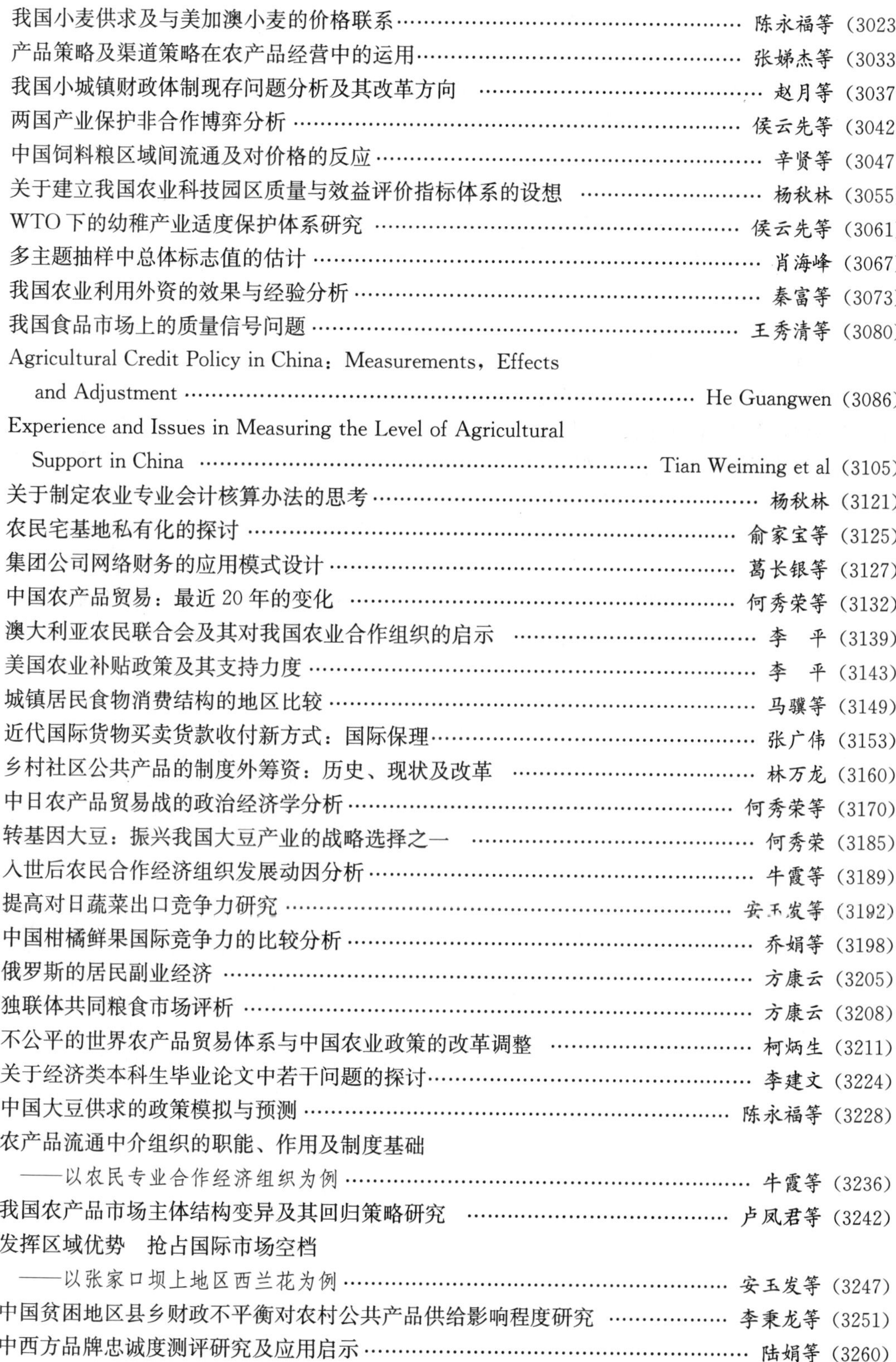

稳定农业基础地位，保护农民根本利益*

柯 炳 生

近年来，我国农业发展进入了一个新阶段。新阶段的一个核心的标志是农产品的市场供求状况发生了根本性的变化。在国内市场发生这种变化的同时，国际环境也正在发生重要的变化，这主要在加入世贸组织的大背景下所发生的经济发展全球化和一体化进程。在这样的背景下，如何继续稳定农业的基础性地位，保护好农民的利益，具有重要的意义。本文对这方面所面临着的挑战和解决思路做一探索。

一、发展阶段变了，农业和农村的基础地位没变，农业所担负的功能更丰富了

在短缺经济时代，农业和农村的重要作用较为明显，社会从上到下都可以真正认可和重视农业的基础性地位，比较注意保护农民的利益和积极性。进入农业发展的新阶段之后，农产品的供求关系发生了根本性的变化，农产品出现了持续性的过剩问题，出现了大量的农产品“卖难”和积压问题。在这样的背景下，应该清醒地认识到，农业和农村的基础性地位并没有发生改变，加强和保障这个国民经济基础的重大意义不仅没有减轻，反而在某些方面更加突出。这是因为，农业和农村所承担的职能同传统的农业相比，变得更加丰富了。新阶段中农业的功能具体包括：

1. 粮食安全。虽然近年来我国粮食出现了过剩，但是，从长期看，我国的粮食供给形势不是过剩，而是偏紧。这是因为人口增长、收入增加、土地和水资源约束、保护环境的需要，对我国粮食生产不断增长的压力较大。农业生产的特点是波动性较强，而且从我国的实际情况出发，生产下落容易，而提高不易。

2. 社会稳定。我国城乡居民拥有食品消费的支出占家庭开支的比例仍然很高，平均在40%～50%之间。低收入家庭的比例更高。随着城市经济改革的深入，城市下岗职工和低收入阶层人口有增加的趋势。如果农业基础地位不稳，重新出现1994—1995年的情形，农产品价格发生较大幅度的增加，进而再次引发较大幅度的通货膨胀，那么将会对城市社会造成很大的不稳定问题。对此问题的重大性，应当有清醒的认识和警惕。目前农产品供给较为宽裕，价格低廉，极大地缓解了对政府的压力。如果情况发生逆转，则有可能出现非常不利的情况。

3. 安置就业。农业和农村仍然是我国最重要的就业部门，农业和农村安置了我国约70%的劳动力，其中农业安置的劳动力为50%。我国每年新增1 000万劳动力，就业压力很大。农业和农村经济的稳固发展，对于缓解我国巨大的就业压力，有着非常重要的积极意义。

---

* 本文完成于2000年9月18日。

4. 市场贡献。农民作为工业品消费者所具有的重要意义，在近两三年中变得非常突出起来。农民的收入和购买力的提高对整个国民经济的制约意义，从来没有像现在这样表现得这么明显。如果农业和农村经济发展不快乃至于受阻停滞，就必将从市场消费需求方面阻碍整个国民经济的发展。单一的企业可以采取各种微观层面的措施来开拓农村市场，但是从整个国民经济宏观角度来看，离开了农民收入和购买力的提高，其他措施都不会起到持久的和根本性的作用。

5. 环境保护。农业和农村在生态环境方面的重大意义越来越突出。一方面，农业和农村空间已经不仅仅是农民的生存场所，也日益与城市居民的生活紧密地联系在一起，城市居民越来越贴近农村，希望看到山川秀美；另一方面，农村生态和环境问题，也日益超出了农村的范畴，日益贴近城市环境，对城市生活和生产发生直接影响。1998 年的大洪水和今年春天的沙尘暴，既是农业与生态环境关系失调的严重警示，也说明了农业在生态环境保护方面的巨大意义。

6. 外贸平衡。农产品出口在我国外贸平衡中也占有着重要的地位。尽管农产品和食品出口在出口总额中的相对比例下降了，由原来的 15%以上降低到现在的 6%～7%左右，但是我国近 10 年来一直是农产品的净出口国，农产品贸易顺差为 60 亿～70 亿美元，对我国外贸的总体平衡起到了重要的支持作用。

正是由于农业功能从传统的单一食品供给向着上述多样化功能的发展，因此，各国政府对农业问题的重视程度均是有增无减。即便在欧美日等发达国家，农业在国民经济中的比例已经降低到仅占几个百分点，农业问题仍然是最重要的政策问题之一。在世贸组织的相关谈判中，农业问题近年来一直是一个核心问题、热点问题和最受争议的问题。发达国家尚且如此，我国的农业发达程度和过剩程度远远不如那些国家，因此更不能忽视农业的基础地位，更不能忽视农民的利益问题。

二、新阶段中，农业和农村发展面临着一些重大挑战，农民利益出现了一些不利发展趋势

党中央和国务院一向高度重视农业和农村发展问题。近几年来，针对我国进入农业发展新阶段所出现的新情况、新特点，有关领导同志多次强调农业和农村问题的重要性，强调要保护农民的利益，告诫不能忽视农业的基础地位。中央审时度势，制定了一系列有关文件和规定。这对新形势下我国农业和农村经济的健康发展，指明了前进方向，提供了政策保障。

但是，由于种种主观和客观原因，我国农业和农村经济发展正面临着一系列重大的挑战，出现了一些不利于农民利益保护、不利于农业和农村基础地位稳定的因素和发展趋势。其中有一些表现，是由于党的各项重要政策执行不利、落实不到位所引起的，另一些则是经济转轨和结构转换过程中所产生的，带有一定发展规律性的。其中较突出地表现在以下几个方面：

1. 农产品价格持续下跌。这是最突出的问题。自 1995 年以来，粮食和棉花的收购价格降低了约 35%～40%。如果将同期通货膨胀因素也考虑在内，则下降的幅度还要略大。近几年物价指数变化情况如表 1。

从表 1 中可以看出，自 1995 年以来，农产品的价格不仅绝对下降，而且同其他产品相比的相对价格水平也发生了较大幅度的下降。总的情况是，在物价都上涨的年份，农产品收购价格的上涨幅度小于其他产品；而在物价普遍下降的年份，农产品收购价格的下降幅度大于其他产品。换言之，工农产品的比价关系一直是向着不利于农产品的方向发展。

表1

年份	零售物价总指数	居民消费	食品消费	农产品收购	农村工业品零售
1996	106.1	108.3	107.6	104.2	106.2
1997	100.8	102.8	99.9	95.5	101.1
1998	97.4	99.2	96.8	92.0	97.8
1999	97.0	98.6	95.8	87.8	97.3
1995—1999	101.0	108.9	99.7	80.4	102.2

注：上年为100。

资料来源：国家统计年鉴和统计公报。

如果以1995年的价格水平基数为100，1999年的价格指数为：零售物价总指数为101.0，居民消费物价指数为108.9，食品消费物价指数为99.7，农村工业品零售物价指数为102.2，农产品收购价格指数仅为80.4。这就是说，其他物价水平1999年均高于1995年，至少是持平，而农产品收购价格却降低了20%以上。也可以看出，1995－1999年期间，农产品对于工业产品的相对价格下降了22%，即是说，工农产品的剪刀差在短短的四年之内扩大了22%。1999年最突出，一年就扩大了10%！

造成这种变化的原因，除了市场供求本身的一些发展因素之外，粮食的按保护价格收购政策落实不到位应当也是一个重要原因。

2. 农产品市场风险增大。由于我国农业生产的组织程度较低，市场信息体系不发达，有关的市场营销服务更是不能及时地跟上市场经济发展的要求，因此，农民面对各种市场风险的能力很弱。生产中常常出现一哄而起，一哄而下，带有相当的盲目性和被动性。农民所面对的市场风险包括：第一，对市场需求和价格缺乏准确的事先判断，不能事先调节，而只能是事后调节；第二，在种子等投入方面，由于一些地区和部门的市场行为不规范，也给农民带来了相当的风险，主要是不合格投入品所带来的风险；第三，由于生产中的各种灾荒所造成的风险，这些风险不仅减少生产，同时更造成产品的质量问题。对畜产品来说，一些疫病的发生，直接卡死了产品的市场出路，尤其是国外市场。我国即将加入世贸组织，在这些方面的问题不解决，就无法很好地利用好入世所带来的可能机遇。

3. 农业劳动力转移的速度变缓。一方面受乡镇企业发展速度变缓的影响，另一方面一些大中城市制定地方性法规，进一步对农民工在城市中的就业进行限制，从而使得农业劳动力向农村二、三产业的流动和外出打工的转移速度变慢、停滞甚至有较多的回流。据全国农村固定观察点对31个省、市、区300多个村2万多农户的调查，1999年外出打工的人每百户减少1人，西部地区农村劳动力回流更为突出，每百户4人。农村劳动力的这种变化趋势，是不利于农业和农村经济结构调整的。

4. 农民收入增长速度变缓，收入差距加大。自1997年以来，农民人均增长速度连续回落。如果考虑到一些地方的虚报因素，农民收入问题实际上要更为突出一些。此外，城乡收入差距不断加大。农民人均纯收入同城镇居民可支配收入相比，1997年为41%，1998年降低为40%，1999年降低为38%。如果考虑到农民纯收入中，还要支付各种税费和摊派，农民实际可支配的收入与城市居民可支配收入的差距还要更大一些。城乡居民收入差距的扩大，是一个直接的反映出工农产品比价关系和利益关系的变化。近二三年来，尽管城市中也出现了一些下岗职工家庭的收入问题等，但是，相比之下，农村和农民的收入问题要更突出一些。造成这种发展趋势的原因很多，从外部政策因素上看，有粮食收购政策落实不到位、城市对农民进城打工的限制加强等；从经济发展的内在规律上看，则是因为我国农业和农村的经济结构没有能够适时地进行较大的调整，与经济发展的客观趋势不相适应。

5. 农民负担增易减难，减负政策落实不易。尽管中央和国务院三令五申，采取了种种措施，但是在减轻农民负担方面，收效仍然不是很显著。一些地方仍然存在着对农民负担此减彼增、明减暗增等等现象，尤其是在一些中西部地区。由于农民负担大都是与土地联系在一起的，因此，一些地方出现了因负担太重而发生较大范围的弃耕现象。农民负担过重，不仅对农业和农村经济的发展起到直接的制约作用，而且已经日益成为影响农村中党和政府的形象和威望的一个突出的破坏性因素。此问题不解决，结果必然是农民不满意，农村不稳定。

6. 农业基础设施与环境条件发展不利。改革开放以来，国家在改善农业基础设施方面下了很大的气力，也取得了显著的成效。但是，资源与环境的压力相比，同长期可持续发展的要求相比，目前的农业基础设施建设仍然较为薄弱，各个地区的情况也非常不平衡。越是资源环境脆弱的地区，越是地方经济实力差，在农业投资方面的力度越是不足。

三、切实落实好党的各项农村政策，加强保护农民根本利益，稳定农业长期发展的基础地位

对上述发展新阶段中的一些新的发展动向和不利趋势，应当及时引起充分的和高度的重视。如果不能切实采取有效的对策，则就会严重损害农民的利益，损害农业的基础地位，损害农村的多重社会功能，从而对整个经济和社会的发展产生不利的影响和制约。应当在以下几个方面继续做好工作。

1. 进一步完善和落实好党在保护农民、农业和农村方面的有关重大政策措施。包括：①继续深化、完善和落实好粮棉收购政策。只有这样，才能真正使得国家为了保护农民利益所支付的巨额资金发挥作用，使得国家的保护价政策让农民获得实惠，至少获得其中的大部分收益。目前的政策之所以不能够落实到位，很大的原因可能是缺乏对国有粮食收购部门的约束手段。既然规定了“敞开收购”，那么就还应该明确规定对不执行这项政策的部门和个人的惩戒措施，给予农民在受到拒绝收购、压级压价的上诉权利和渠道。把对决策执行部门的有限的上级监督变成广泛的社会监督。否则，一些不法分子和腐败分子就会钻政策的空子，使得国家付出的是保护价，而农民却没有得到保护价。②切实落实好减负政策。不管是在农村税费改革之前还是之后，都有一个如何防止“三乱”问题。三乱制而不止，农民减负无望。现在的治理三乱的措施似乎总是事后措施，而不是事先预防。国家发了很多文件，规定了五花八门的不准。其实，应当改变一下思路，只要一个不准就够了：除了中央政府明文规定的收费，其余一律不准。中央规定的项目可以在报纸上公开发布，使得完全透明化，农民有据可依。要形成这样的局面：谁想收费，谁必须出具中央文件规定，而不是要求农民去找拒绝交费的根据。另外，要进一步完善和落实好“收支两条线”措施。各地、各部门的各项行政性收费（包括罚没）均须上缴中央财政。这是一种釜底抽薪的办法，彻底割断乱收费、乱罚款的利益驱动机制。这也将从根本上解决类似计划生育部门要靠对超生的罚款来养护自己和开展工作这样一种无奈的、矛盾的、两难的乃至于尴尬荒谬的局面。

2. 进一步做好农业和农村经济结构调整中的引导、服务和扶持工作。农业和农村经济结构的战略性调整，是一条扭转由于国民经济发展过程中农业份额下降所引起的农民利益损失问题的根本之路。结构调整要在尊重农民自主权、市场导向的基础上进行。但是政府尤其是地方政府也担负着重要职能。①在农业和农村内部结构的调整方面，要重点加强一系列引导和扶持工作，包

括规范市场规则和市场行为，提供及时、可靠的市场信息与预测，帮助农民提高组织化程度，通过产业化、订单农业等方式，将千家万户的小规模农户与市场连接起来。切实帮助农民解决“缺良种、缺技术、缺信息”的三缺问题。②在农业外部结构调整方面，应当采取各种措施，推动农业和农村劳动力的有序流动，同时积极加快推进我国的城镇化进程，尤其是要取消城市对外地民工就业的不合理限制；要加快城市户籍制度及其相关的就业和上学等方面的差别待遇政策改革；要研究将农民土地的社会保险功能货币化或者社会账户化的措施，使得农民能够做到离土也离乡，离乡也离土。

3. 继续加大对农业科研和农业基础设施的国家投入力度。好的政策体制是稳定农业和农村基础的软件环境，而农业科研和基础设施建设则是硬件环境。农业科技是农业发展的内在驱动力，而良好的基础设施建设则是农业发展的物质保障条件。无论是进行结构调整，优化质量，还是保护生态环境，节约资源，持续发展，都离不开先进技术和基础设施的支撑。我国目前的农业投资强度（农业科研投资占农业增加值比重）仍然很低，仅为0.36%，仅为发达国家的十分之一左右，也低于不发达国家的平均水平。在我国目前的情况下，由于非国有经济尚不发达，尤其是经济实力很强的大型涉农企业很少，因此，无法像在美国那样，指望像孟山都公司那样的大公司出巨资用于农业科研。所以，国家财政投入仍将是一个时期中农业科研尤其是基础性研究的投入主体。应当对此有清醒的认识，并不断加大对农业投入的强度。农业科研机构的改革目标是提高效率，增加活力，多出成果，而不能是削减这方面的财政指出。农业生产和流通领域中的基础设施建设也应当逐步加大力度。

4. 从较为长远的角度看，为了更为好地保护农民的利益，将有限的国家财政资源使用得更为有效率一些，可以考虑调整和改革有关的财政收支项目和结构。建议实行“两取消，一核定”，即在财政其他收支项目金额不受影响的前提下，取消农业税和乡村统提，取消粮棉补贴，核定乡村财政负担人员编制。征收农业税和乡村统提的目的是取之于农，用之于农，在我国财政不宽裕的情况下，用以支付乡村工作人员和有关事务的支出。目前正在进行的税费改革试点，是为了规范农村税费，解决农民负担不断增加的问题。这是不得已的办法，而不是最佳的办法。在实践中，农业税和统提的对象是农业经营活动和农业经营者。考虑到农民收入仅为城镇居民的40%不到，这种税收具有相当不合理性。在发达一点的国家，国家都是保护农业和农民的，而不对农业和农民专门制定和征收一个税费种类。我国的农业税尤其是农村统提的征收，派生出很多问题，一方面是投入的操作支出经济成本很高，另一方面所造成的社会政治代价也很大。费改税方案制定的艰难，人们对费改税能否最终解决负担问题的担心，都说明了执行农业税费政策的困难。如果是国家财政能力实在有限，不能对农业实行保护，不得不从农业和农民身上提取资金的话，那也好理解。但是现在的问题好像并非如此。按费改税制定的标准粗略计算一下，即使按上限税率8.4%（包括附加），全国也就400亿元左右。这个数字明显小于现在国家财政每年用于粮棉的补贴支出。而国家实行粮棉补贴的根本目的是保护农民利益，保护农业生产。如上所述，在实践中，由于种种原因，国家的此项支出，并没有很好地到达农民的手中。发达国家近年来已经充分认识到了通过市场补贴农民的效率很低，同时也违背世贸组织的原则，因此纷纷改变为对农民实行直接补贴。在我国，由于农户规模太小，数量极其庞大，因此实行直接补贴的操作成本太高以至于无法实行。按照世贸组织的规定，保护价政策属于“黄箱”政策，是要约束、限制和取消的。我国现在的情况是，一方面花费了极大的经济和政治代价征收农业税费，另一方面又支出了巨额财政补贴对农民进行效果并不理想的支持。如果将这两项政策同时取消，将节省下来的粮棉补贴调整为支付由农业税费支付的项目，国家财政支出的使用效率将大大提高，农民的利益也将获得极大保障，党和政府的威望在广大农民群众中更将大大加强和提高！此举将是江总书记“三个代表”理论的一个极其生动的表证！同时，要对乡村靠公共财政和经费负担的人员进行控制。农民负担太重，最重要的原因是乡村人员和开支过度膨胀。改革开放20多年了，我国经济体制已经由计划经济转入了市场经济，政府对经济过程尤其是农业经济过程的干预需要已经根本减少。但是奇怪的是，农村基层工作人员数量不仅没有减少，反而增加了至少一倍乃至数倍以上。这种局面和发展趋势必须改变，否则减负政策就很难落实。为了控制和减少乡村靠财政供养的人员数量，可以采取各种措施。例如，可以采取大幅度和大范围的合并乡镇的办法，大大精简乡村财政负担人员，包括政府人员和事业单位人员。按一定的基数和人口比例数相结合的办法，核定乡镇开支人员。从长远看，可以探索取消乡镇，将必须具有的职能上缴到县级政府及其派出机构中去。

企业经营领域选择的若干思考*

陈宝峰　马　威

［摘　要］选择经营领域是企业经营战略决策的重要内容。本文就企业经营领域的划分及一个企业如何选择经营领域等问题提出了一些参考性的意见。

［关键词］经营战略　战略决策

企业战略中关于经营领域的选定，直接关系着企业未来的存在形式和活动方式，企业领域选择的得当与否，在一定程度上决定了企业战略的优劣。本文就企业经营领域选择问题谈一点粗浅的看法。

在谈论经营领域的选择时，存在着两个问题：第一是在现实的经济社会中，各经营领域之间是如何划分的；第二是在具体选择时应该考虑哪些方面。下面就这两个问题分别予以讨论。

作为企业经营的划分基准，可以从行业的差异、最终产品形成的业务活动流程和地域性市场这三个基准来考虑。行业的差异是比较容易识别的经营领域标准，每个企业由于所选定的行业不同就决定了它进入了不同的经营区域。但行业这个概念比较宽泛，它可以指不同的层次，例如，国民经济中的工业、农业、交通运输业、商业、建筑业，这五个产业可以称为五大行业，这五个行业中的每一个行业可以划分为许多不同的行业部门，如其中的工业部门，按国家的统计口径，又可分为机械、电子、冶金、纺织食品等30多个部门，这中间的每一个部门还可以再分。如机械行业，还可以细分为农业机械、工程机械、纺织机械等众多的部门。这样，就给战略制定者提出一个问题，战略经营中的行业应该定位到哪一个层次为好，定位层次过高，显示不出企业的特征和优势，选择一个包括面很宽的领域，实际上相当于没做具体的选择。如果选择的层次过低会使将来的经营发展受到限制。例如，河南省一个县办企业在80年代初以生产脱粒机为主，附带生产一些小四轮拖拉机配件，企业命名为X县脱粒机厂，过了三年后开始生产小四轮拖拉机，附带生产脱粒机，就把企业更名为X县拖拉机厂。到80年代后期又开始生产建工机械，因小四轮拖拉机仍是其主要产品，没办法更名，因此就又打出一块牌子为X县建工机械厂。同一企业挂两个牌子。不到10年，一个企业换了三次厂名，最后以挂两块牌子来解决企业名称与经营范围的矛盾。这个例子表明如果企业把自己的行业领域选在较低的层次，限定的过窄将会给今后的经营带来许多的麻烦。因此企业在决定行业领域时一定要考虑这个问题，行业层次选择适当。

第二个标准是从社会生产中物的流通的角度着眼的。在社会生产中，无论是生产资料还是消费资料，总之，作为产品最终都要送到顾客手中。实现这一点需要各种业务活动，这些业务活动的划分有产品开发、原材料提供、零部件生产以及某种形态的产品组装生产，再加上必要的销售

* 原载《中国农业大学学报（社会科学版）》2000年第1期。

活动和商品售后服务等等。它们形成了如图1所示的像河流一样的业务流。很少能有企业的业务范围从业务流的开始到业务流的终结。业务活动的不同阶段往往由不同的企业承担，成为各个企业的经营领域。这样就需要企业在选择业务活动的哪一部分、或者哪几部分作为企业的战略经营领域方面进行衡量。

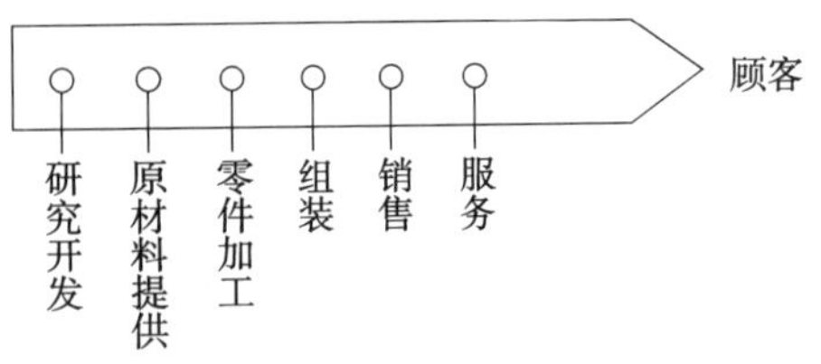

图1 企业活动业务流

第三个基准是地域性市场的划分。这实际上是企业关于产品销售（或称服务）地点的选择问题。企业选准了某一行业中的一种或若干种产品的某些业务活动作为自己的经营领域，但这一经营领域在空间位置上处于哪里，或者重点在哪里，是城市、是农村、是部分地区或是全国及海内外，也就是说经营市场定位在哪里，如果没有市场定位，所选的经营领域就不是一个完整的经营领域。当然市场定位并不仅是地域的确定，它还包括地域中不同顾客群体的选择。

知道了企业经营领域的划分，以及完整的战略经营领域所包括的内容，下面就讨论企业经营领域的选择问题，即作为一个企业在选择经营领域时重点应该考虑哪些因素。一般情况下，企业在选择经营领域时应该考虑以下一些方面的因素。

1. 要考虑行业的吸引力。对于企业经营来讲，选择一个有吸引力的行业是至关重要的。行业的吸引力可以体现在许多方面。诸如，行业中的企业有较高的平均利润率，行业内部竞争程度较小，行业处于迅速增长阶段、受国家特殊支持及有一些特殊的税收和贷款政策等等。行业的吸引力特征有些方面是相互制约的，在这方面好，就有可能在另一些方面较差，因此，在一切方面都表现出吸引力的行业是不存在的。这样，企业在选择行业时，只要在一些主要方面或者在大部分方面具有吸引力的表现，就可作为待选行业，认为是有吸引力的行业。然后再在待选行业中间比较选择、挑选出最为理想的。

行业的选择一般是在企业筹建，或是在企业准备做重大方向调整时所考虑的问题。对于大多数现有企业来讲，都已把拥有的资源与实力投入到某一行业的经营活动，所以在行业上的选择余地十分有限。但是，如果能周密地分析所处的行业前景，就能掌握重要的依据。决定是利用行业发展中的有利趋势，还是寻求与众不同的经营部门。这实际上是在一个行业中寻找有吸引力的领域和部门的问题。

2. 要考虑企业的自身实力。有时候，有吸引力的行业，值得去涉及的经营领域有若干个，那么，企业到底应该选择哪一个呢？这时候一个重要的考虑因素就是企业自身的实力和经营条件。企业自身的实力和经营条件在很多情况下决定了企业只能在一些经营领域活动，而不能在另一些经营领域活动。与计算机的生产、经销、配套、维修等有关的业务活动，贫困地区的乡镇企业少有涉猎，尽管这些行业发展很快，利润率很高，其原因在于这些业务活动需要有较多的专业技术人员和周围的市场需求，而贫困地区的乡镇企业缺少这样的条件。相反，在现实的经营中，有一些贫困地区的企业负责人，不顾企业的实际情况，在企业现有的经营领域都难以维持的情况下，却想大幅度地扩大经营领域。如本地市场都难以维持的某食品厂却想把产品打入大城市，甚至国外市场；连日常周转资金都难以保证的某镇办小水泥厂，却想形成矿产开采、水泥生产及水泥制品生产一条龙的纵向企业集团，并且都已进行了尝试。理所当然，他们的尝试，只是使企业的状况更惨。

3. 在选择多种经营领域时，要注意各经营领域的协同效应。在战略上，仔细地选择经营领域并非一定意味着企业应该把自己的活动局限于单个经营领域。有时候需要考虑多处经营领域。

在某一经营领域的企业，随着企业的增长，它经常会发现自己可以有效地提供一些服务。例如，一个衬衫生产企业也可以从事西服的生产。因为扩大服务能带来协同的利润，所以值得去干。当两种经营活动联合进行，可以生产比各自单独进行有更大的收益时，我们就说出现协同作用。举一个简单的例子，建造一个带汽车旅馆（包括汽车停车场的旅馆）的饭店。有了饭店，人们在就近的旅馆停车的次数就增加了，而有了汽车旅馆，又给饭店扩大经营带来了好处，其总的收益，比饭店与汽车旅馆相距5里路的经营收益和要大。这经常被称为“2＋2＝5”的效应。在考虑多个经营领域的选择时要注意这种协同效应。

4. 要考虑经营领域的风险性。战略经营领域的选择基本上是建立在企业未来的可能趋势基础上的，并没有考虑未来突变事件对企业经营的影响。企业的经营实践表明，在企业的发展过程中，常常碰到一些对企业产生巨大影响，变化迅速的突变事件。如某项技术取得突破、市场结构的突变、消费行为的突变、某种资源突然短缺、政治事件等。这些突变都可能是企业措手不及突然陷入危机状态。例如1989年之后，西方社会对我国的制裁曾使许多依赖国际市场的企业受到了很大的冲击，中原某贫困县投资几百万建成的几个石墨矿，因石墨出口受限全部垮掉。这是宏观环境给企业的经营带来的风险。对于中小型企业来讲，这种风险造成的影响就更为严重。这是因为中小企业产品领域比较狭窄，市场领域比较狭小，更容易受到不测事件的影响，就是说风险性更大。经营领域的风险就导致了战略的脆弱性。因此，在经营领域选择时，就必须考虑抗风险性问题。具体可采取以下措施：

（1）为企业准备多个经营领域使企业不只依赖其中的某一个，以此来保证在突发事件发生时企业仍能继续经营。

（2）削弱各经营领域、资源领域和有关社会集团之间的相关性，减少突变事件对其中某个经营领域的冲击，使其不致波及到大部分或全部经营领域，不致对企业造成严重影响。例如一个企业有三种产品，它的销售全部有一个贸易公司经销，假若其中的一种产品由于突发事故的影响，销售量有大幅度的降低，那么，这就可能引起该贸易公司对其他两种产品的市场前景担心，经销积极性下降。这就是所有的经营领域都依赖于一个销售公司（社会集团）的结果，若把三种产品由两个或三个不同的公司分别销售，减少它们之间的销售相关性，那么，对一种产品销售市场的冲击，所引起的对其他产品销售的影响就小的多。

（3）在具有多个经营领域或后备经营领域的情况下，在万不得已时，可迅速从一个经营领域到另一个经营领域中去，这就要求企业有较高的资金周转能力和其他应变能力。

上述各项措施存在着一个共同的问题，即由于实行上述措施，战略经营领域数量增加，使企业的经营力量分散，每个战略经营领域的投资数量减少了，进而也使企业从每个战略经营领域所能获得的最大潜力盈利相应减少。这实际是企业为了减少战略经营领域的风险性所付出的代价。

我们在前面曾经提到，在企业经营领域的选择中存在着两种情况：一是新创立企业的经营领域的选择，二是现有企业经营方向的调整。对于这两种不同类型的企业，经营领域的选择前提有较大的差异，前者企业有较大的自由，而后者在经营领域转移时则需要考虑经营领域转移的代价，在经营领域扩张时则需要考虑扩张后所引起的多角经营问题。这些问题都需要进行经营领域选择的企业家们予以考虑。

最后，还需要说明一点，经过认真的分析和权衡后确定的经营领域并不是固定不变的。市场的特点，市场竞争情况都在经常地发生变化。比如产品可能到了成熟期，企业可能已经在某个有利经营领域占据统治地位，但为了增长又要开辟其他的经营以寻求其他的机会等等。然而在未决定转变时，已选择的经营领域仍是制定企业计划的主要依据。

我国粮食市场上的价格联系

田 维 明

一、引言

对于发展中国家来说，粮食经常被看作是一种关系到国计民生的特殊商品，粮食市场的稳定不仅具有重要的经济意义，而且会影响社会稳定。因此，绝大多数国家都采取了不同形式的政策措施干预粮食市场。这样的措施对粮食市场的运行效率会产生重大影响。

市场整合程度是反映市场运行效率的一个重要方面。根据 Wyeth（1992）的定义，市场整合指某个商品市场体系中的一部分（某个区域市场或某个流通环节）出现的变化对另外一个部分产生影响。在经验研究中，分析市场整合通常以价格资料为基础，采用检验不同市场上价格联系密切程度的方式。此时，市场整合指的是不同部分市场价格运行相互依赖这样一种情况。整合程度高的市场在利用市场信息方面效率较高，这是保证市场有效运行的基本前提条件之一。整合程度低通常是由于存在技术性和制度性障碍。

本文分析我国市场上主要粮食品种的生产者价格与消费者价格之间的联系及我国市场与国际市场价格之间的联系。对于政策制定者来说，这一问题有着特殊的重要意义。目前我国农村人口仍占总人口的 80%，其收入的 30%来自粮食生产。因而粮食价格波动会导致农民收入的波动。在另一方面，城市居民支出的 40%用于食品，粮食价格上升常常被看作是引发通货膨胀及影响社会安定的重要原因。实行改革以来，我国政府对稳定粮食价格给予了特别的关注。然而，在目前由于体制和基础设施等原因造成城乡市场相对割绝的情况下，稳定城市市场的措施常常会导致农村市场的不稳定，反过来亦如此。类似地，为了稳定国内市场而用进出口贸易来弥补缺口或处置剩余的做法也起着扰动国际市场的作用，并影响到我国与贸易伙伴之间的正常贸易关系。因而，考察不同市场的价格联系有助于确定合理的粮食政策和管理制度。

本项研究涉及小麦、籼米、粳米和玉米等四个主要粮食品种，从数量上说，这四个品种合计占我国粮食总供给量的 90%。所用价格资料为 1990 年 1 月到 1998 年 12 月的月度资料。在这一时期内，我国政府多次调整粮食政策，国际粮食市场的行情也出现了重大变化。本项研究采用了 90 年代以来发展起来的共聚合度检验法（Cointegration test）和格兰泽尔因果检验法（Granger causality test）。本项研究试图通过检验不同粮食市场之间的整合程度来评价我国粮食市场的运行效率，在此基础上分析我国粮食流通政策对城乡粮食市场可能产生的影响，进而提出如何进一步改革粮食流通政策的建议。

二、20 世纪 90 年代我国的粮食流通政策改革

到 80 年代末期，我国已经初步形成了一个多渠道的粮食流通体系。在国家计划购销部分之

外，国营粮食企业按议购价格购销及城乡集贸市场自由成交的粮食数量大幅度增加，特别是随着粮食批发市场的建立，市场机制已经能够发挥形成价格的作用，虽然这一功能仍受到多种限制。这一变化构成跨地区和城乡市场间形成价格联系的基础。在90年代初，为了适应“复关”的需要，我国还在一定程度上对粮食外贸体制进行了改革，如实行进出口代理制、取消出口补贴、扩大粮食外贸经营权等措施。这些改革有助于强化我国国内粮食市场与国际粮食市场之间的联系。

需要注意的是，90年代期间我国粮食流通制度改革的进程充满波折。到1993年底止，改革的总体方向是扩大市场机制的调节作用。在中央的政策指导下，各省采取了不同的方式放开粮食市场。然而，1993年底南方地区发生的粮食抢购风潮很快漫延到其他地区，随后与经济过热结合在一起，引发了自改革开始以来最严重的一轮通货膨胀。面对这一局势，中央政府对1993年中才宣布的粮食政策产生了怀疑，再次恢复了对粮食经营活动的严格控制。为了平抑粮食价格，政府于1994年初采取了在批发市场上抛售储备粮和通过国营粮店限价销售等措施。与此同时，政府还采取了一系列鼓励粮食生产的措施，如提高国家收购价格和实行“米袋子”省长负责制。虽然这些措施促进了粮食生产，但在一定程度上加剧了粮食市场的行政性分割。

1995年和1996年两年我国粮食获得大丰收。然而在粮食供给增加后，粮食需求却呈现疲软态势，加之国际市场粮食供给也极为充裕，国内市场粮食价格从1996年末开始下跌。为了防止农民收入受到不利影响和避免打击农民生产粮食的积极性，政府采取了按保护价格敞开收购粮食和扩大粮食专项储备的政策，但是在执行过程中出现了国营粮食系统库存爆满、亏损迅速增加的局面。为了解决这一问题，中央政府制定了一系列改革粮食流通制度的措施，到1998年演变成为敞开收购、顺价销售和封闭运行等三项政策。为了排除非国营粮食经营者的竞争，政府采取了垄断粮食收购权的对策，同时加强了对粮食外贸的控制。然而实践表明，政府的这种购销政策导致粮食生产与需求在总量上和结构上都发生偏离，从长期看根本无法落实敞开收购和顺价销售两项政策。从1999年开始，政府宣布非主产区的小麦、玉米和稻谷三大粮食品种退出保护价收购范围，从而再次给予市场机制发挥作用的机会。

从上面的情况可以看出，我国粮食市场的运行经常受到政策干预。这种干预会影响到不同区域市场和不同营销环节之间价格的整合程度。

本项研究涉及农村市场、城市市场和国际市场之间的价格联系。这三个市场在地理位置上相分离，因而表现为跨越空间的市场联系。在另一方面，三个市场又代表不同的营销环节，从这个意义上说，这种联系反映出跨越时间的垂直市场整合。在这一市场体系中，经营者需要根据价格预期及其他因素做出有关收购、储存、加工、调运和销售等一系列决策，由上游市场向下游市场调运产品也常常会遇到技术和体制性障碍，因而价格调节可能存在较为显著的滞后。

图1说明了本项研究所涉及的各种价格间的联系。对于商业性粮食经营者而言，由农村收购粮食销往城市完成是由利润所驱动的，因而即使经营者缺乏充分的信息，并且面临政策干预所造成的不确定经营环境，价格仍然是由市场机制所决定的，这使农村市场价格与城市市场价格形成较密切的联系。由于国家收购价格主要根据政策考虑来制定，同时粮食外贸一直由政府实行计划

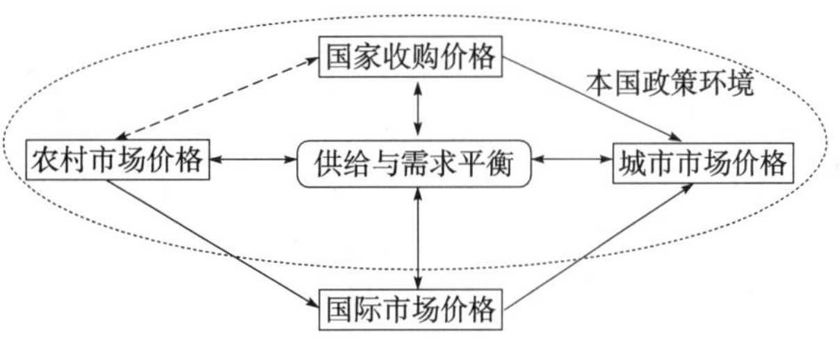

图1　我国粮食市场上的价格联系

控制，因而本国市场价格与国家收购价格和国际市场价格之间的联系会受到政策因素的影响。然而，政府在制定价格时需要考虑国内市场供需平衡状态和财政支付能力，并参考市场价格水平，这使得两种价格形成具有某些共同的决定因素。在另一方面，中国是国际粮食市场上的大国，贸易活动变化会影响到国际市场价格。在决定贸易规模时，外贸企业需要考虑进出口成本，政府则需要考虑粮食安全及外汇支付能力，这导致国内和国外市场价格之间形成某种程度的联系。

三、研究方法和数据

共聚合法是一种区分不同时间序列之间短期和长期动态调整关系的一种统计技术。当两个非稳定序列的某个线性组合为稳定序列时，两个序列之间存在着共聚合关系，这个线性组合被称为共聚合方程，其经济解释是两个序列之间的长期均衡关系（Intriligator 等，1996）。

就粮食市场而言，两个市场之间存在整合关系要求相应的价格序列 P_1 和 P_2 之间存在一种稳定的长期关系，偶然冲击仅引起短期性偏离。假定两个市场的差价包括一个固定部分和一个比例部分，两个价格序列之间的关系可以写为：

$$P_{1t}=\alpha+\beta P_{2t}+v_t \tag{1}$$

式中，P_1 和 P_2 表示两个相关联市场上的价格，α 和 β 为反映价格关系的待估计参数，v_t 为一个随机变量，代表外部冲击对 P_1 产生的短期性影响。从统计技术上说，若 P_1 和 P_2 为一阶整合序列，当某一组 α 和 β 的值使 v_t 成为零阶整合序列时，此时两个序列之间存在共聚合关系，估计得出的 α 和 β 的值反映出所分析期间市场差价长期关系的性质(Dercon，1995)。虽然市场之间存在共聚合关系并不表明市场体系的运行是有效率的，但缺乏共聚合关系则意味着市场制度缺乏效率。

本项研究中分析价格序列之间是否存在共聚合关系采用了以下步骤：第一步利用单元根检验方法（ADF 方法）确定价格序列是否是稳定序列；当价格序列均为一阶整合时，第二步利用 Johansen 方法（Johansen，1991）检验序列之间是否存在共聚合关系，并估计得出相应的共聚合方程；第三步依据误差校正模型结构，利用得到的共聚合方程估计价格序列的短期动态调整关系；最后一步依据上述估计结果进行格兰泽尔因果关系检验，以确定因果方向。

Intriligator 等人（1996）指出，当价格序列之间存在共聚合关系时，这意味着系统存在着误差校正机制，从而防止差价持续性偏离长期均衡关系。利用估计得出的误差校正模型可以检验价格调整过程的动态性质。对于两组价格，这一关系可以表示为下列形式：

$$\Delta P_{1t}=\lambda_1 v_{t-1}+\sum_s \mu_{1s}\,\Delta P_{1t-s}+\sum_s \mu_{2s}\,\Delta P_{2t-s}+e_{1t} \tag{2}$$

$$\Delta P_{2t}=\lambda_2 v_{t-1}+\sum_s \mu_{3s}\,\Delta P_{1t-s}+\sum_s \mu_{4s}\,\Delta P_{2t-s}+e_{2t} \tag{3}$$

式中，ΔP_{it-s} 为第 i 个价格的一阶差分，λ 和 μ 为待估计参数，下标 s 表示滞后的期数，e_{it} 为随机误差项。等号右边的 v_{t-1} 一项来自对(1)式的估计结果，它反映 $t-1$ 期的价格偏离“长期均衡关系”的程度。当存在误差校正机制时，参数 λ 应该为负值，该值的绝对值越接近于 1，校正偏差的速度就越快。

虽然共聚合方程反映出价格变量之间的长期关系，但并不表明因果作用方向。本项研究中采用格兰泽尔因果检验方法确定两组价格的影响方向。需要注意的是，从性质上说，格兰泽尔因果关系测度的仅仅是哪一个价格的变化在时间上处于先导，而不是实际上的因果关系。然而借助于理论知识和对实际情况的了解，可以根据所得到的结果来分析判断市场价格信息利用情况。

Mehra（1994）指出，如果两个序列之间存在共聚合关系，那么至少会存在一个单方向的格兰泽尔因果关系。这一点可以清楚地从公式（2）和（3）体现的误差校正过程中看出，由于 v_{t-1}

是 P_{1t} 和 P_{2t} 的函数，这意味着 ΔP_{1t} 或 ΔP_{2t} 或两者都与滞后的价格变量存在格兰泽尔因果关系。据此，检验格兰泽尔因果关系对应于检验下列两个虚假设：

$\mu_{21}=\mu_{22}=\cdots=\mu_{2s}=\lambda_1=0$ （在格兰泽尔因果关系意义上 P_1 不是由 P_2 引起的） (4)

$\mu_{31}=\mu_{32}=\cdots=\mu_{3s}=\lambda_2=0$ （在格兰泽尔因果关系意义上 P_2 不是由 P_1 引起的） (5)

本项研究中所使用的农村市场价格来自于农业部的调查资料，城市市场零售价格来自中国价格信息中心的调查资料。国际市场价格来自美国农业部的有关出版物，小麦和玉米的代表品价格分别为硬冬麦和2号黄玉米美国海湾港口离岸价格，籼米和粳米的代表品价格分别为含15%碎米和5%碎米的泰国大米曼谷离岸价格①，此外，分析中还用到了国家统计局发表的商品零售物价指数（用于消除通货膨胀因素）和官方汇率（用于将国际价格折算成国内价格）。

在数据上有三点需要注意。第一，全国平均价格均为由有关部门价格信息系统根据各地区上报资料汇总得出，在加工过程中可能出现所谓的"加总误差"。第二，在不同市场上交易的产品并非是同质的，例如，城市市场上销售的是大米和面粉，而农村市场收购的是稻谷和小麦，国内外市场上交易的同一粮食在质量也有区别。第三，我国在1994年1月统一汇率，按官方汇率计算人民币贬值达50%，这使以人民币表示的国际市场价格出现了一次异常上升。

四、估计结果

本项研究中将价格序列间的共聚合方程表示为对数函数形式，这是由于对数方程能够更灵活地反映变量之间的关系性质。考虑到不同市场上产品质量存在差别及我国的市场制度和政策在不断变化这一情况，价格序列之间更可能呈现非线性关系。

有关共聚合分析中应该使用名义价格还是使用实际价格在学术界存在着不同的意见。Dercon（1995）指出，商品经营者在作出决策时依据的是名义价格，但当决策执行存在着显著滞后时，那么他们就必须考虑预期的通货膨胀。从我国的现实条件看，由农村向城市调运粮食通常需要较长时间，特别是在数量较大并且需要跨地区运输的情况下。由于运输距离因素和外贸管理制度因素，完成进出口过程所需要的时间通常更长。考虑到这一情况，本项研究中使用了粮食的实际价格。

根据ADF方法得到的单元根检验结果，当不包括截距项和趋势项时，所有的价格序列均为一阶整合序列（见表1）。包括截距项或（和）趋势项时，所有序列也均在10%的统计显著性水平上证实为一阶整合序列。据此可以进行下一步的价格序列共聚合分析。

表1 单元根检验结果

	无截距、无趋势	有截距、无趋势	有截距和趋势
小麦			
农村市场价格	−3.90	−3.88	−3.85
城市零售价格	−4.33	−4.30	−4.42
国际市场价格	−4.95	−4.93	−5.96
籼米			
农村市场价格	−3.99	−3.97	−3.93
城市零售价格	−4.18	−4.17	−4.14
国际市场价格	−5.87	−5.84	−5.84

① 由于无法得到粳米的国际市场价格，本项研究中用优质泰国米价格来作为替代价格。

（续）

	无截距、无趋势	有截距、无趋势	有截距和趋势
粳米			
农村市场价格	−4.39	−4.37	−4.33
城市零售价格	−3.96	−3.94	−3.88
国际市场价格	−5.78	−5.75	−5.74
玉米			
农村市场价格	−3.35	−3.34	−3.29
国际市场价格	−5.05	−5.03	−5.03
临界值			
1%	−2.59	−3.49	−4.05
5%	−1.94	−2.89	−3.45
10%	−1.62	−2.58	−3.15

注：表中列出数据为滞后3个时期时的ADF检验统计量，该检验对应的虚假设 H_0 为价格序列是非平稳的，备择假设 H_1 为价格序列是平稳的。

由于玉米主要用作饲料，在城市居民口粮消费中占的比例很低，这使得城市市场玉米产品价格缺乏代表性，因而在分析中仅考虑了农村市场价格与国际市场价格的联系。

考虑到价格数据序列的长短并结合对我国粮食市场实际运行状况的认识，在进行共聚合分析时将4期滞后确定为基本选择，对于那些在此处理下未发现共聚合关系的价格组则进一步检验较短或较长滞后期内是否存在共聚合关系。结果表明，两种大米和玉米的价格表现出较为稳定的共聚合关系，而小麦价格的共聚合关系仅发生在农村市场价格和城市市场价格之间，并且滞后期显著偏长。对于那些存在共聚合关系的价格组，下一步进行的工作是按照方程（4）和（5）给出的虚假设检验格兰泽尔因果方向。表2列出了所得到的各项结果，从中可以看出这样几个重要特征：

表2　共聚合检验和格兰泽尔因果检验结果

	标准化的共聚合方程①	最大似然值比率检验②	滞后期	因果方向③
小麦	MP−0.949UP+0.003T−0.036 (0.162)　　(0.001)	26.07**	1−9	UP⇒MP***
籼米	MP−1.262UP+2.578 (0.082)	17.62**	1−4	MP⇒UP***
	MP−2.665WP+13.662 (0.808)	21.63***	1−4	MP⇒WP***
	UP−1.839WP+6.644 (0.525)	18.96**	1−4	UP⇒WP***
粳米	MP−1.025UP+0.735 (0.058)	15.84**	1−3	MP⇒UP***
	MP−2.396 WP+11.505 (0.800)	20.43***	1−4	MP⇒WP***
	UP−2.252 WP+9.831 (0.632)	23.58***	1−4	UP⇒WP***
玉米	MP−1.346 WP+2.189 (0.370)	20.39**	1−4	MP⇒WP***

注：①这里MP、UP和WP分别表示农村市场价格、城市市场价格和国际市场价格。括号中的数字为相应估计参数的标准差。

②待检验的虚假设 H_0 为不存在共聚合方程，备择假设 H_1 为至少存在一个共聚合方程，星号**和***分别表示在5%和1%的显著性水平上拒绝虚假设 H_0。存在两个或更多共聚合方程的假设均被拒绝。

③箭头⇒指示格兰泽尔因果方向，星号*、**和***分别表示在10%、5%和1%的显著性水平上拒绝无因果关系的虚假设。

第一，在所分析的粮食品种中，小麦市场的整合程度最低，不仅国内市场与国际市场之间缺乏共聚合关系，国内农村市场和城市市场之间的共聚合联系也相当弱，表现为过长的滞后期。与之相比，两种大米的市场和玉米市场则表现出较强的整合关系。在现行体制下，农村剩余小麦主要由国营粮食部门收购后供应城市市场，由于供求之间存在着较大的缺口，国家需要进口大量小麦来补充不足部分，而进口处于政府计划管制之下，并不完全按照市场经济规律操作。例如，近年来国家采取了限制小麦进口的措施，使城市市场小麦产品价格与国际市场价格呈现出越来越大的偏差。大米（特别是籼米）虽然也是国家收购的主要粮食品种，但由于国内供需总量上基本平衡，政府干预程度相对较弱。玉米主要用作饲料，其购销活动受到的干预更小，虽然外贸还受到计划控制。根据这些情况可以判断，政府对国内市场营销和外贸活动控制程度的差异是导致不同粮食市场整合程度出现差异的重要因素。

第二，在农村市场价格和城市市场价格之间的共聚合方程中，城市市场价格的系数①小麦为0.949，籼米为1.262，粳米为1.025。当该系数大于1时，在长期内农村市场价格变化幅度会大于城市市场价格变化幅度。城乡作为上下游市场，在没有行政干预的情况下，价格大体上会呈现同步变化，即系数接近于1。从所得到的结果看，小麦和粳米市场基本符合这一情况，但籼米方程的系数显著大于1，说明农村市场价格较不稳定。这一情况与我国的实践经验相一致。近年来出现的粮食供需波动集中在籼米上，由于产品品质结构不符合消费需要，当粮食供给丰裕时，卖粮难突出表现在籼米过剩上，而当粮食紧缺时，政府又将扩大籼米生产作为解决问题的优选手段，从而使农村市场价格呈现出较强的波动。相比之下，在国内供给紧缺时，进口优质米成为城市市场的重要补充来源，这使得城市市场价格得以保持相对稳定。由于粮食经营收入仍占农民净收入的1/3左右，农村市场粮价不稳定会导致农民收入波动，受影响最大的是收入水平相对较低的粮食生产者，因而具有消极的社会后果。

第三，根据本国市场价格与国际市场价格之间的共聚合方程估计结果，大米和玉米的本国市场价格对国际市场价格的弹性系数在1.346～2.665，这反映出，国内市场价格的稳定性远低于国际市场价格。虽然我国政府将稳定国内粮食市场作为一个重要的政策目标，并试图利用贸易措施实现这一目标，然而由于决策制定和执行缺乏可靠的信息和必要的灵活性，实际结果与预期目标产生了明显的偏离。

最后，根据格兰泽尔因果关系检验结果，国内外价格之间的因果关系均呈现我国单方向影响国际市场这样一种情况。我国是世界上最大的大米生产国和消费国，而国际市场上大米的交易量非常小，因而我国大米市场供需平衡变化更可能对国际市场价格产生影响。90年代以来，我国的玉米贸易更多的服从于维持国内市场价格稳定的考虑，在紧缺时大量进口，过剩时补贴出口，这些措施在一定程度上干扰了国际玉米市场。

在方程（2）和（3）所表示的误差校正模型中，参数λ反映在一个滞后期内实际价格与长期均衡关系的偏差得到校正的速度。从表3中列出的结果可以看出，这些参数普遍较小，并且相当多数不具有统计显著性。这一情况表明，在目前的粮食流通制度下，价格受到冲击后再恢复均衡关系需要较长时间。这意味着，我国的粮食市场在形成和传递价格方面缺乏效率。然而从结果可以注意到，不同的价格组情况有所差别。农村小麦价格和城市大米价格能够较快地根据国内市场价格变化进行调整（见第二列和第三列），而国内价格对国际市场价格变化的反应则相当弱（见

① 由于共聚合方程为对数形式，因而该系数为第一个价格对第二个价格的长期弹性系数。

第四列和第六列)。在另一方面，国际市场价格对我国价格变化的反应较快。结合前面的分析可以得出，我国市场价格未能及时反映国际市场行情变化与实现国内市场稳定毫无关系，它仅仅表明，某些技术性或制度性障碍限制了国际市场价格信息传递到国内，从而成为引起效率损失的一个潜在原因。

表3 误差校正项系数(λ)的估计值①

方程②	MP/UP	UP/MP	MP/WP	WP/MP	UP/WP	WP/UP
小麦	−0.104***	−0.064	未包括	未包括	未包括	未包括
籼米	0.062	−0.201***	0.006	−0.116***	−0.013	−0.151***
粳米	0.106	−0.287***	−0.030	−0.114***	−0.032**	−0.129***
玉米	未包括	未包括	−0.002	−0.133***	未包括	未包括

注：①这里检验的虚假设 H_0 为 $\lambda=0$，备择假设 H_1 为 $\lambda\neq0$。星号**和***分别表示在5%和1%的显著性水平上拒绝虚假设。

②横栏中位于上方的价格为方程中的因变量。

五、结论

本文分析了我国粮食市场上的价格联系，包括城乡市场之间及本国市场与国际市场之间的价格联系。应用共聚合法和格兰泽尔因果检验法分析有关的价格序列资料得到的结果表明，我国小麦市场的整合度较低，特别是在与国际市场的联系上，而大米和玉米市场则表现出较强的整合度。政府对小麦营销和贸易活动实行较为严厉的行政控制可能是造成这种差异的主要原因。

得到的共聚合方程系数表明，从长期看，我国国内市场价格稳定程度低于国际市场价格，农村市场价格稳定程度低于城市市场价格。因而，不论是从稳定国内市场而言还是从稳定农民收入而言，目前的粮食流通制度都没有取得预期的效果。这一情况表明，对粮食流通和贸易的国家控制及行政干预不仅给政府造成巨额的财政负担，而且也未能实现政府的目标。误差校正模型的系数估计结果进一步证实，国际市场价格对我国价格变化反应较快，而我国市场价格对国际市场价格变化反应较慢。这表明，国际市场价格信息向国内市场的传递受到了阻碍，由此造成的价格信号扭曲会导致粮食生产和经营系统发生效率损失。另一方面，如果市场冲击发生在国内(例如灾害引起减产)，那么市场价格波动将不会很快受到抑制。

根据上述分析结果，我国需要从根本上推进粮食流通体制改革，一方面消除对价格形成和传递的体制性障碍，另一方面要解决技术性瓶颈，从而提高粮食生产系统和经营系统的效率。在我国有希望于2000年加入世界贸易组织的情况下，这一点更为重要。入世后粮食生产者和经营者迟早将会面临国外企业的直接竞争，我国企业急需适应新形势的要求，改变经营方式，而实现这一点的前提是政府改变管理经济的方式，建立起与WTO规则相一致的粮食流通制度。这一转变实现的越早，我国粮食生产者和经营企业越有可能早做好入世的准备，从而防止被迫开放时不可避免会受到的冲击。

参考文献

[1] Alexander, C. and J. Wyeth. Cointegration and Market Integration: An Application to the Indonesia Rice Market. The Journal of Development Studies, Vol. 30, No. 2, 1994. p303～328

［2］ Cheng, E. J. and Wu Y. R. Market Reform and Integration in China in the Early 1990s: the Case of Maize. Chinese Economy Research Unit, the University of Adelaide. 1995

［3］ Dercon, Stefan. On Market Integration and Liberalization: Method and Application to Ethiopia. The Journal of Development Studies, Vol. 32, No. 1, 1995. p112～143

［4］ Gardner, B. and K. Brooks. Food Price and Market Integration in Russia: 1992－1993. American Journal of Agricultural Economics, 76: 1994. 641～66

［5］ Goodwin, B. K., J. G. Thomas and Christine McCurdy. Spatial Price Dynamics and Integration in Russian Food Markets. Journal of Economic Literature, F15, R10, C22. 1996

［6］ Intriligator, M. D., R. G. Bodkin and Cheng Hsiao. Econometric Models, Techniques, and Applications, 2nd ed.. New Jersey, Prentice Hall International, Inc. 1996

［7］ Johansen, S. Estimation and Hypothesis Testing of Cointegration Vectors in Gaussian Vector Autoregressive Models. Econometrica, 59: 1551～1580. 1991

［8］ Mehra, Y. O. Wage Growth and the Inflation Process: An Empirical Application, in Rao (ed.), Cointegration for the Applied Economist, Macmillan Press Ltd. 1994

［9］ Palaskas, T. B. and B. Harriss. Testing Market Integration: New Approaches with Case Material from the West Bengal Food Economy. The Journal of development Studies, Vol. 30, 1993. No. 1, p1～57.

［10］ Rao, B. B. Cointegration for the Applied Economist. Macmillan Press Ltd. 1994

［11］ Ravallion, M. Testing Market Integration, American Journal of Agricultural Economics 68. 1986 102～109

［12］ Wu, Y. R. Rice Market in China in the 1990s. Chinese Economy Research Unit, the University of Adelaide. 1994

［13］ Wyeth, John. The Measurement of Market Integration and Applications to Food security Policies. Institute of Development Studies Discussion Paper 314. 1992

［14］ Zhou, Z. Y., Wan G. H. and Chen L. B. Integration of Rice markets in China. Paper presented at the Second Asian Conference of Agricultural Economists, Bali, Indonesia, 6-9 August 1996

［15］ 国家统计局．中国统计年鉴-1998（及以前各期）．北京：中国统计出版社．1998

［16］ 万广华等．我国水稻市场整合程度研究．中国农村经济．1997（8）

［17］ 温铁军．两个基本矛盾和粮食周期．农村经济研究参考．1996（1）

［18］ 喻闻，黄季焜．从大米市场整合程度看我国粮食市场改革．经济研究．1998（3）

［19］ 周章跃，万广华．论市场整合研究方法-兼评喻闻、黄季焜《从大米市场整合程度看我国粮食市场改革》一文．经济研究．1999（3）

乡镇企业财务管理体系构成要素引致风险的机理和辨识方法*

卢凤君　田德录　陈春阳

[摘　要] 基于乡镇企业财务管理存在的问题，以系统分析方法论为指导，剖析了乡镇企业财务管理体系的核心要素、实施要素和保障要素引致企业财务风险的机理，提出了能够辨识要素引致风险的指标体系和方法，并结合实例验证了辨识方法的有效性。

乡镇企业财务管理水平低是其效益锐减、增长滑坡、财务风险频繁发生的主要原因之一[1]。目前，企业与学术界较多地从理财手段、财务制度、财务组织等单个或多个方面，分析乡镇企业财务管理的致险因素，并提出若干防范风险的建议。笔者认为，企业理财是建立在完善的财务管理体系基础上的系统管理活动，对于情况极为复杂的乡镇企业，辨识其致险因素应从系统的角度，全面剖析企业财务管理体系的构成要素，从整体上识别企业财务管理体系的薄弱环节，为制定企业财务风险防范对策和措施提供有效的依据。据此，笔者系统分析了乡镇企业财务管理体系的构成要素引致风险的机理，建立了辨识要素引致风险的指标和方法，并对辨识方法的有效性进行了实例分析。

一、财务管理体系构成要素的引致风险解析

有效分解企业财务管理体系的构成要素是正确辨识企业财务管理体系致险因素的基础工作。企业财务管理体系是由一系列相互作用、相互联系、相互依赖的管理要素所构成的、具有一定层次和结构并能完成企业理财功能的有机整体。按照各类要素对体系功能实现的作用方式的不同，可以将其分为核心要素、实施要素和保障要素三个组成部分。财务管理体系核心要素主要包括财务管理目标、主体和对象；实施要素主要包括财务管理内容、职能、环节、方法和手段，保障要素主要包括财务管理组织、人才、信息、观念、原则、环境和制度等。当前，多数乡镇企业财务管理体系每层要素的建设都存在不完善的地方，或处于较大的变化之中，这些都会不同程度地引起企业财务风险的发生，具体可从以下三个层面进行分析。

1. 核心要素的引致风险。即由于企业财务管理目标、主体和对象等核心要素的设置或定位等方面所存在的缺陷或不足，使得企业财务管理体系实际发挥的功能与期望值之间产生较大偏差而产生的财务风险。财务管理目标通常表现为利润最大化或者企业价值最大化，由目标设置缺乏

---

* 原载《农业技术经济》2000 年第 1 期。

科学性和量化程度低而引致的财务风险将对企业财务管理产生战略性的影响；财务管理主体是组织企业财务活动并处理财务关系的权力实体，在具备法人治理结构的企业中财务管理主体具体表现为企业所有者和企业经营者，乡镇企业理财主体的缺位或权责失衡是引起人为财务风险的重要原因；财务管理对象是指企业资金的循环与周转，在乡镇企业单方面强调以货币资金或生产资金为理财对象将引起资金运动出现断层，进而诱发企业财务风险。所以，由核心要素所引致的财务风险将对企业经营产生致命性的危害，积极分析和改善各类核心要素的合理性、全面性和有效性，构建完善的财务管理核心体系是防范乡镇企业财务风险的根本措施。

2. 实施要素的引致风险。即由于企业财务管理内容、职能、环节、方法和手段等实施要素的不完善所可能诱发的企业财务风险。具体来说，企业财务管理内容的不完善主要是指乡镇企业筹资、投资和收益分配等理财活动在全面性和协调性方面的缺陷，由此造成理财内容的疏忽和遗漏将引起企业财务风险；乡镇企业理财主体在执行财务决策、财务计划和财务控制等财务管理职能时，决策或控制过程的违规操作是引起财务风险的重要因素；财务管理一系列相互联结的基本财务工作环节，如建立财务制度、进行财务预测、制定财务决策、编制财务计划、组织财务核算、实施财务考核、开展财务分析、实行财务控制等之间的衔接节点是风险发生的关键点，在乡镇企业财务管理过程中，节点极易失去控制而引发企业财务风险；财务管理方法诸如各类统计、预测、控制和行政组织等理论方法，在乡镇企业理财中多数应用不当，从而引起财务数据差错，造成企业经营决策失误，进而可能诱发企业财务风险；最后，乡镇企业财务管理中诸如行政、经济、法律手段等软性调节措施，以及计算机、网络、通讯等硬性物质技术手段应用的不足或失灵，将严重阻碍现代企业财务管理职能的执行和控制，从而加大企业财务风险发生的可能性。总之，企业财务管理体系实施要素是核心要素的具体化，企业财务管理核心要素的外在效应正是通过各实施要素的作用得以实现，准确辨识乡镇企业财务管理体系各类实施要素引致风险的途径和特征，有助于理财主体在财务管理体系实施层面有效防范企业财务风险的发生与扩散。

3. 保障要素的引致风险。因企业财务管理组织、人才、信息、观念、原则、环境和制度等保障要素建设的不完善，致使企业财务管理缺乏必要的保障条件，从而可能引发企业出现的财务风险。具体表现为：乡镇企业财务管理组织结构的设置与要求实现的职能之间出现对应偏差，使其不能从组织上保证财务管理职能的执行，进而引发企业财务风险；乡镇企业财务管理人员素质、能力不能满足工作岗位的需求，或者高级管理人员的流失，都会产生人力资源危机，从而可能引发财务风险；乡镇企业财务管理信息由于收集和处理的不完备、不及时和非有效（失真）以及机密信息的泄漏，将使信息对企业决策失去支持作用，从而增大财务风险发生的概率；财务管理竞争观念、风险观念、时间观念、信用观念、成本观念和法制观念等现代理财观念的指导作用在乡镇企业理财中的忽视，以及在理财过程中对环境适应原则、整体优化原则、风险与报酬对应原则等财务管理原则贯彻与执行的不足，都会人为降低对企业理财活动的约束，加大财务活动的风险；乡镇企业理财活动所处的经济、法律、金融等外部环境的多变，必然增大企业理财活动的不确定性，进而可能诱发企业财务风险；企业内部各项会计核算与财务控制制度对企业理财活动的规范化、程序化具有相当的制度约束作用，在乡镇企业中约束机制的弱化是企业财务风险产生的重要诱因。总之，企业财务管理体系保障要素为实施要素作用的发挥提供了条件，是核心要素目标得以实现的外围保障，准确辨识乡镇企业财务管理体系各类保障要素引致风险的途径和特征，有助于从体系保障层面防范企业财务风险。

二、要素引致风险辨识指标的构建

为有效辨识企业财务管理体系构成要素的引致风险，笔者在系统分析体系构成要素致险机理的基础上，根据各类致险因素的内涵和特征，结合多数乡镇企业财务管理中存在的普遍问题，按照指标选取的目的性、全面性、可行性、稳定性、协调性和结合性原则，采取因素分解和因果分析的方法，选择能充分反映财务风险特征的评价因素，经过多次讨论和修正，建立了乡镇企业财务管理体系构成要素引致风险的辨识指标体系（见表 1）。

表 1　乡镇企业财务管理体系构成要素引致风险的辨识指标体系

辨识指标	要素指标	指标内容	辨识指标	要素指标	指标内容
核心要素引致风险辨识指标	财务管理目标致险辨识	管理层对目标重要性的认识程度 财务管理目标制订程序的科学性 以企业价值最大化为理财目标的观念 财务管理目标的定量化程度 企业财务管理目标落实情况	保障要素引致风险辨识指标	财务管理组织致险辨识	财务组织结构反映财务职能的程度 财务工作岗位分工合理程度 岗位之间信息交流通畅程度 财务组织结构的灵活性与可变性
	财务管理主体致险辨识	企业筹资、投资、收益分配自主权 企业所有者权益的保障程度 企业经营者权益的保障程度 财务约束实体(债权人等)的制约作用		财务管理人才致险辨识	高中初级财务人员的合理比例关系 财务人员素质满足工作要求的程度 财务人员文化程度平均水平 财务人员知识结构的层次性
	财务管理对象致险辨识	企业各类资金形态占用比例合理程度 企业资金周转率合理程度 对资金运动主导地位的认识程度 对财务与会计对象区别的认识程度		财务管理信息致险辨识	管理层对财务管理信息的需求程度 财务管理信息的完备性程度 财务管理信息的及时性程度 财务管理信息的有效性程度
实施要素引致风险辨识指标	财务管理内容致险辨识	企业筹资决策内容的全面性 企业投资决策内容的全面性 企业收益分配决策内容的全面性		财务管理观念致险辨识	企业掌握理财观念的程度 实际工作体现理财观念的程度 理财观念给企业带来效益的程度
	财务管理职能致险辨识	财务决策程序科学性及内容全面性 财务计划制订的科学性及全面性 财务计划和决策执行的控制程度		财务管理原则致险辨识	企业对外经济关系处理的满意程度 企业财务活动整体最优程度 企业财务风险与收益匹配程度
	财务管理环节致险辨识	财务工作的全面性与连续性 财务工作的衔接程度 各项财务工作所占时间比例的合理性		财务管理环境致险辨识	企业所处宏观经济环境状况 与企业经营有关法律法规完善程度 宏观金融体系对企业的有利程度
	财务管理方法致险辨识	财务人员掌握现代理财方法的程度 理财方法用于实际工作的程度 采取现代理财方法决策效果		财务管理制度致险辨识	企业财务会计制度的完善情况 企业财务会计制度的执行情况 财会制度对理财活动的监督作用
	财务管理手段致险辨识	财务部拥有计算机等设备的程度 计算机等用于处理财务工作的程度 计算机财务软件的先进性与适用性 财务制度对理财手段的约束程度			

三、要素引致风险辨识的方法及应用

对乡镇企业财务管理体系构成要素引致风险的各项辨识指标内容的评价均具有相当程度的模

糊性，其指标值不可能从企业的财务或统计报表直接获得，而只能采取由企业财务管理主体或外部财务专家根据一定的标准给出其主观评价值，因此，对企业财务管理体系构成要素综合引致风险的辨识，主要应采取专家打分和模糊评判相结合的方法。其首要步骤是按照上述指标体系设计风险辨识调查表，组织有关专家按照严重风险、风险较大、存在风险、风险较小和没有风险五个等级对各项指标内容进行主观评价，并根据各项指标对上层次指标的重要程度给出指标的影响权重；然后对各位专家的评语和权重值进行汇总平均，得到最基层指标的模糊评判矩阵和指标影响权重的平均值矩阵；最后利用矩阵的多层次模糊乘法得到系统的综合模糊评判矩阵，根据矩阵元素的大小可以识别系统所处的风险水平。上述方法可称为企业财务管理体系构成要素引致风险多层次模糊综合辨识方法，其数学分析过程如图1所示。

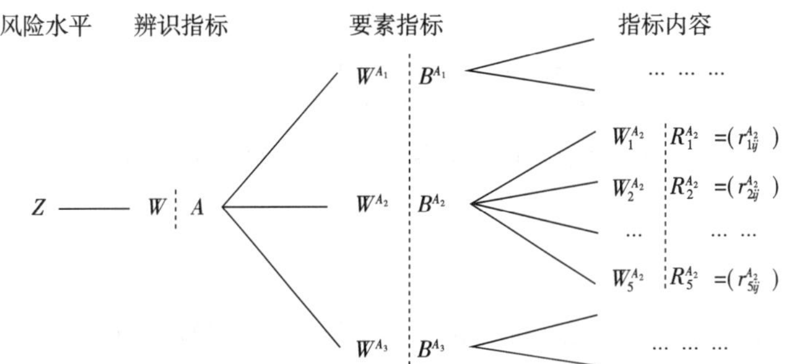

图1　致险因素多层次模糊综合辨识方法

其中，Z 表示体系要素引致风险综合模糊辨识矩阵，各个 W 分别为权系数矩阵，A 为总体指标模糊辨识矩阵，各个 B 分别为要素指标模糊辨识矩阵，各个 R 分别为指标内容模糊辨识评价矩阵。矩阵 W 和 R 的值直接根据风险辨识调查表的原始数据计算求得，矩阵 B、A 和 Z 的值则利用矩阵的多层次模糊乘法逐步求出。

笔者运用上述风险辨识方法，以调查表的形式对北京某乡镇企业的若干高级管理人员和企业外部研究人员进行了有效的调查（原始数据略），通过对原始数据的综合处理得到企业财务管理体系构成要素引致风险的综合模糊辨识矩阵：

	没有风险	风险较小	存在风险	风险较大	严重风险
Z＝{	0.01	0.12	0.35	0.37	0.15}

根据最大隶属度原则可以认为该企业财务管理体系构成要素综合引致风险较大（隶属度为37%），而其不存在风险的可能性为1%，存在严重风险的可能性为15%，所以应进一步分析企业财务管理体系致险因素辨识的总体指标模糊矩阵，以明确财务风险发生的关键诱因。经过计算，该企业财务管理体系致险因素总体指标模糊辨识矩阵为：

A＝		没有风险	风险较小	存在风险	风险较大	严重风险
	核心要素综合指标	0.04	0.18	0.39	0.32	0.07
	实施要素综合指标	0.02	0.11	0.30	0.24	0.33
	保障要素综合指标	0.00	0.09	0.34	0.47	0.10

从矩阵的元素值可以发现，该企业财务管理体系核心要素引致风险的综合辨识指标最大隶属状态为存在风险（隶属度为0.39），实施要素引致风险的综合辨识指标最大隶属状态为严重风险（隶属度为0.33），保障要素引致风险的综合辨识指标最大隶属状态为风险较大（隶属度为

0.47)，所以该企业财务管理体系三个层次的构成要素都不同程度地同时存在着诱发企业财务风险的可能性，并且体系实施要素以很大的可能性引致严重风险。再以致险程度严重的实施要素为例，进一步分析要素指标模糊辨识矩阵：

$$B^{A_2}=\begin{vmatrix} 内容指标 \\ 职能指标 \\ 环节指标 \\ 方法指标 \\ 手段指标 \end{vmatrix} = \begin{vmatrix} 0.06 & 0.28 & 0.66 & 0.00 & 0.00 \\ 0.00 & 0.06 & 0.24 & 0.48 & 0.22 \\ 0.00 & 0.06 & 0.30 & 0.40 & 0.24 \\ 0.00 & 0.00 & 0.12 & 0.42 & 0.46 \\ 0.00 & 0.00 & 0.00 & 0.10 & 0.90 \end{vmatrix}$$

（列依次为：没有风险、风险较小、存在风险、风险较大、严重风险）

由上述结果可知该企业在财务管理内容的安排上存在风险（隶属度为 66%），在财务管理的职能与环节上存在较大的风险（隶属度分别为 48%和 40%），在财务管理的方法和手段上存在严重的风险（隶属度分别为 46%和 90%），尤其是管理手段以 90%的可能性存在严重风险，由此辨识结果可以直观地表明企业财务管理体系基本构成要素可能引致风险的程度。

四、结论

通过对乡镇企业财务管理体系构成要素引致风险的多层次模糊辨识，可以定量表述体系构成要素综合引致风险的程度和各类体系要素的致险程度，企业经营者能够据此分析各类体系要素构成的合理性，辨识企业财务管理体系存在的薄弱环节，从而有针对性地加强财务管理体系构成要素的重建工作，从根本上达到事前防范和规避企业财务风险的目的。

参考文献

[1] 田德录，卢凤君，王隆建．乡镇企业集团的产生、效应和问题分析．农业经济，1999（3）：28～30

[2] 闫华红．中国企业风险与防范．北京：工商出版社，1999.1～28

[3] 庄恩岳．股份制企业财务风险与防范．北京：中国财政经济出版社，1998.46～65

[4] 庄恩岳．陈国民．财务管理分析方法．北京：经济管理出版社，1997.106～142

[5] 田德录、卢凤君．风险管理要素分析．中国农业大学学报，1998，3（6）：6～10

[6] 余绪缨．企业理财学．沈阳：辽宁人民出版社，1995.26～65

[7] 袁嘉新，何伦志．经济系统分析．北京：社会科学文献出版社，1997.21～26，87～98

[8] 汤光华，曾宪报．构建指标体系的原理与方法．河北经贸大学学报，1997（4）：60～62

[9] 楼世博，孙 章，陈化成．模糊数学．北京：科学出版社，1983.172～181

试论产地市场与农业结构调整*

安 玉 发

［摘　要］产地市场直接面对生产者，对生产具有直接的信息导向作用。培育有竞争力的农产品特色产地，完善产地市场体系，将会在一定程度上解决我国农产品生产成本高、质量低、缺乏市场竞争力的问题。本文就农业结构调整中的产地市场的作用及市场建设存在的问题进行了探讨。

［关键词］产地市场　农产品　农业结构调整

农业结构调整是一次战略性调整，是针对农产品供给总量大于需求总量，产品的品种和质量不能适应市场需求的变化这一问题提出的。扩大优良品种、提高农产品优质率，退耕还林还草、优化生态环境，加快发展畜牧业和农产品加工业是战略调整的重点。我国地域辽阔，各地区农业生产条件和区位布局存在着很大的差异性，在调整上不能一概而论。从近期看，调整要解决当前的农民卖难问题，控制产品数量，提高质量。从长期看，调整要解决农业生产区域化合理布局问题，实现资源优化组合，使各地区发挥资源优势，形成各具特色的产地经济圈，通过区域专业化集中生产，达到降低成本，实现规模经济效益，最终提高我国农产品国际竞争能力的目的。实现农业的区域化合理布局，培育特色产品市场基地必须与市场流通体系建设相结合。建设产地市场解决产品销路，以流通带动生产，促进产地的形成和发展。本文试从产地市场与产地形成的关系入手，探讨产地市场在农业结构调整中的作用。

一、产地市场及产地的概念

产地市场是指产地农产品批发市场而言。产地市场位于某种农产品商品生产比较集中的产地，具有一定的规模和集货功能，是当地农产品向外流通的窗口。多数产地市场都是“先有市，后有场”，在原有小集市基础上发展起来的。在经济发展过程中，一个地区的农业资源优势必然会体现在产品优势上，适合当地生产的产品数量的增加是产地市场形成的前提条件。产地市场的形成，一方面解决产品向外销售的问题，另一方面拉动生产的进一步扩大，促进产地的形成和发展。在地区资源优势向经济优势转化过程中，产地市场及其流通组织起到了桥梁和媒介作用。

一般认为，产地的概念包括两个方面的内容，一是生产具有一定的规模，二是主要产品有一定的市场评价。规模代表产地的生产能力和可提供产品的数量，产地的规模受当地资源、技术水平以及组织化程度等因素的制约。市场评价是产品质量和特色在市场上被认可的程度。随着产地

* 原载洪绂曾主编《农业结构调整与农业产业化》. 中国农业科技出版社，2000年10月。

的发展，产地组织的功能日显突出，越来越受到人们的重视。市场和流通组织的建设在推进产地大规模化、主产地形成方面发挥了积极的作用。产地流通组织的发育程度也是对产地进行评价的重要指标。产地组织在我国农村有合作社、各种专业协会、经纪人等多种形式。其中以市场为依托的经纪人队伍发展快，几乎所有的产地市场都活跃着大量的经纪人，他们服务于客商和农户之间，传递信息、买卖，同农户签订单、代理销售，成为产地流通的一支生力军。

产地市场是产地农业产业化经营的“龙头”。有了市场，产品的销路就有了保障，产地就容易扩大生产规模，实现专业化生产。产地市场带动千家万户从事生产，已被证明是一种成功的产业化经营模式。产地市场最接近生产者，直接向生产者传递市场信息，告诉农民“该生产什么、怎样生产才能赚钱”，在微观指导上具有政府不可替代的功能。所以，政府在进行农业结构调整中必须重视抓产地市场的建设问题。

二、产地市场在农业结构调整中的作用

（一）产地市场对结构调整的导向作用

农业结构调整是以市场为导向的调整。在市场经济短缺时代，人们只追求产品数量的增长，不讲究质量和效益；只重视生产，不重视流通。进入市场饱和、产品过剩阶段后，由于消费者选择余地增加，纷纷表现出不同的消费需求，生产者必须更新观念，适应新形势。近两年农产品市场已经明显表现出大路货滞销而名优特产品紧俏。同样是小麦，面包专用硬粒小麦的价格就比普通小麦价格高出50%以上。在蔬菜、水果等经济作物中优质优价的倾向更明显。市场需求是不断变化的，生产的趋同性也会使今天走俏的产品明天变为滞销。结构调整必须预测市场发展趋势，分析国际国内消费变化潮流。同时还必须紧盯当前市场，做出选择。因此，结构调整是一个动态的、缓慢的调整过程，在这个过程中市场信息对生产者是十分重要的。

产地市场传递信息的作用表现为：一是产地市场连接销地市场，销地市场所反映的消费者需求，通过价格的形式反馈到产地市场。在市场经济中供求规律决定产品价格水平，某一产品供大于求时，价格必然下降。生产者通过分析市场价格的变动规律来制定合理的生产计划。二是产地市场信息的公开性。在商人和生产者个别交易时，由于商人占有大量信息，而生产者对市场信息不甚了解，商人会采取封闭信息、压级压价等手段，使生产者处于不利的交易地位。在产地市场上，有大量的卖者和买者同时存在，形成一种类似完全竞争的状态，信息公开，价格自然形成。任何一个买者（或卖者）都只能是价格的接受者。三是多样化的信息传递方式。①市场管理者每天向入场者公布价格信息。大型产地市场通过联网可以及时获得全国各地主要批发市场的价格，并用黑板或电子屏幕公开发布。②市场设有电话报价系统，场内经纪人随时回答有关价格的咨询。③口头传播方式。买者客户和经纪人之间、经纪人和卖者之间，入场者相互之间都可以广泛地交流信息。

农户在出售产品过程中，可以了解市场，分析市场价格的变化趋势，及时调整自己的生产计划，如品种、数量、上市时间等，降低经营中的市场风险。

（二）促进农业劳动力向农外转移

通过结构调整达到提高农产品市场竞争力，还必须解决农村剩余劳动力的转移问题。我国农村人多地少、劳动生产率低，这是农产品生产成本高，无法与国外农产品竞争的主要原因。产地市场的建设带动相关产业的发展，可为农村剩余劳动力提供一定数量的就业机会，增加农户的收

入。从山东寿光蔬菜产地的例子看，产地市场带动了运输、分选包装、装卸服务、餐饮业等的迅猛发展，目前有5万多人从事与市场有关的经营活动。产地市场带动了生产发展，农业投入增加，种苗、肥料、农药、农膜、大棚温室建筑材料等生产资料的生产和经营呈现繁荣。大型竹竿市场、农膜市场相继建立；生产资料销售网点扩大、销售量和销售额增加。产地市场建设及产地的发展又是诱发企业投资的主要因素，寿光的蔬菜加工、储藏保鲜企业成立了十几家。企业立足产地，具有原料来源有保障、生产成本低的优势，同时也吸收了大量的剩余农业劳动力就业。

在市场"龙头"的带动下，形成产前产后、农工商一体化全面发展的局面，增加了就业机会，促进了地方经济的振兴。

（三）利用产地市场创产地品牌，树立产地形象

在农产品买方市场形成后，市场营销理论受到重视。在市场竞争中，越来越表现出不仅仅是产品成本、价格的竞争，而产品质量、包装、品牌、商标、促销等都成为竞争的手段。在市场上人们不仅仅注重产品，而且注重服务，注重产品文化。虽然用同样的品种、同样的技术生产出来的产品，在形状和品质上也没有差别，但是在产地和品牌上存在着差别从而导致价格不同。实施产品的差异化战略，采用非价格竞争手段抢占市场是现代营销策略之一。产地开展市场营销应结合农业结构调整，重点放在创拳头品牌产品、利用产地市场大力开展促销活动方面。许多很有特色的农产品，过去由于产地偏僻闭塞，在市场上缺乏知名度，不被消费者认可。在建立产地市场、完善流通体系后，产地通过开展积极的市场营销活动，树立了产地形象，推出了自己的名优特品牌产品。

产地市场在场地设施建设、市场管理制度的制定方面，应讲究流通效率和公开竞争，服务第一、客户至上，营造一个吸引流通商贩前来、方便交易、秩序良好的市场氛围。对外地客商来说，设施完善、服务项目多、集货容易、治安良好等市场服务条件是非常重要的。市场信誉好、客商云集，产地兴旺。

三、产地市场建设存在问题及今后思路

据统计，目前我国农产品批发市场有4 500多个，其中产地市场有近3 000多个。但是产地市场的规模和场地建设水平远不如城市销地市场。销地批发市场是市民的菜篮子，市长亲自抓，效果明显。而产地批发市场目前主要起集散地作用，建设缺乏统一规划，公共投资少。因为产地市场场地设施具有明显的公共物品性质和外部效果，不适合以赢利为目的的企业去投资建设，而产地政府由于资金缺乏等原因，很多地方没有把市场建设纳入到议事日程上来。缺乏统一规划和政府投资不足是当前我国产地市场体系建设落后的主要原因。

在一些蔬菜产地出现的乱建市场问题，究其原因是把建市场当作办企业，想靠市场投资获取企业利益。先建的市场靠出租摊位和收取较高的市场管理费获利，一时的垄断超额利润，诱使邻近产地甚至同一产地的一些乡镇、团体也追随而上建起了市场，多家竞争导致产地市场集货能力下降，客流分散。本来车水人流的市场开始变冷清，有的甚至有场无市，变成空壳市场。无序竞争既造成投资者无利可图或赔钱，又使产地的合理流通体系难以形成，影响产地的发展。办批发市场是政府行为还是企业行为在国外是很明确的，日本《批发市场法》中明确规定，中央批发市场或地方批发市场的开设者必须是经过认可的公共团体，市场建设有严格的审批制度，在一定的区域范围内必须要建一个批发市场，但不得重复建设。统一规定市场批发商的手续费收取标准，

强调开设市场的目的是为了促进流通的合理化，保证整个国民生活的安定。从法律上规定了批发市场的建设和经营不是企业行为。

避免以企业行为乱建市场的措施是统一规划，按产品区域分布特点和生产的集中度来科学地认定和建设产地。可参考日本的“产地指定制度”，由国家和省市明确地指定一些区域为特色产品生产基地，实行产地扶持政策。在被指定的产地，政府投资建设产地中心批发市场，周边农户直接进入市场销售产品。在离中心批发市场远一些的地方可以由村镇建一些方便农户销售的简易集货市场，作为中心市场的卫星市场向中心市场供货，这样又可以发挥产地短途贩运商的作用，增加农户从事兼业运销的机会。

倘若在市场经营管理上片面追求利润，则容易引起企业投资者的进入，从而导致市场乱建和运行效率低问题的发生。如果建市场注重社会效益，在经营方面不赢利或少赢利，对企业投资者来说就没有足够的诱惑力。而对买者和卖者来说，由于利用市场进行交易的成本低，更具有吸引力。但在实际上，一个市场在没有竞争者的情况下往往容易依仗其垄断地位追求较高的经营利润，其结果是引出竞争者，减少了交易量，限制了市场的发展。因此，市场建设必须注重社会效益，从长计议，避免短期行为。

关于政府投资不足问题，实际上也是一个认识上的问题。人们容易注意到一些眼前的、直接的利益，而看不到或根本不去考虑一些长远的间接的利益关系。市场投资效果涉及面广、间接性强，具体测定有一定的难度，往往不被重视。尽管如此，从一些产地例子看，建市场对产地经济振兴的效果是明显的，政府投资可以带动产地全体受益。

总之，通过发挥区域生产优势、建好产地市场，实现地区之间产品优势互补，将会在一定程度上解决我国农产品生产成本高、质量低、缺乏市场竞争力的问题，应是当前农业结构调整的重点任务之一。

参考文献

[1] 掘田忠夫．产地生产流通论．大明堂发行所（日文）
[2] 齐藤修．产地间竞争与市场营销．日本经济评论社（日文）
[3] 安玉发．抓好产地市场建设　推动农村经济增长．中国农业大学学报（社会科学版）．1999（4）

论农用水资源商品化及其机制培育*

郑 大 豪

一

全球淡水资源共约35万亿立方米，我国占有其中8%，约2.8万亿立方米，人均2 400立方米左右。然而分布极不均匀：地广人稀的青藏地区人均7万立方米；南方每人3 000立方米；而华北地区人均仅约400立方米，被联合国有关机构列为水危机区。北京市是世界上极为缺水的城市之一。

20世纪60年代以前，我国工农业发展与人民生活水平提高缓慢，虽然水旱灾害频发，但消耗的水资源一般可在隔年或数年后自然补充。那时，即使是北京这样水资源短缺的城市，水也和空气与阳光一样，是可以按需免费取用的自然资源。进入70年代，随着人口增加和粮食需求压力增大，华北地表水已不能满足生产和生活需要，于是大量开采地下水，使地下水位持续下降。随着80年代以后经济加速发展，许多地方地表水被无节制，无规划使用。黄河下游近年断流常达六七百公里，1997年，黄河最后一个水文站利津站断流227天。此后虽经多方协调，入海黄河也已如涓涓细流。地下水由于长期过量开采而未获足够补充，全国地下水漏斗区已超过8万平方公里。北京市出现的2 600平方公里漏斗区水位平均下降40米，地面沉降超过100毫米的面积已超过190平方公里。显然，以此为表征损失的地下水，短期内已不可能自然补充，需要通过造林种草，涵养水源，建库修渠，筑堤挖塘，引渗回灌以至增雨补给等巨大工程措施，通过长期努力才能恢复。这种很难甚至不能自然恢复原有数量、质量和位置的水资源已失去了自然资源属性。

由于我国的自然灾害中，旱灾发生频率最高，因而在粮食减产中所起的作用占50%以上。华北地区从事农业的人们已从经验中体会到，水是农业增产的决定性因素。当农业用水由取之不尽的自然资源转为数量有限的稀缺资源后，使用它需要投入越来越多的劳动和资金，因而水的生产投入也受到越来越大的限制。这一方面逐渐增加农业用水投入的成本，另一方面，由于水投入量减少，因而水的边际生产力不断提高。

缺水地区水资源不断增加的边际生产力，促使农民和从事农业生产的单位产生强烈占有和开发水资源的愿望和动力。这一方面极大地促进水利事业的发展，另一方面，拦河截水，过量使用的事件也时有发生。在华北地区，井越打越多，管越下越深，出水却越来越少。一些地方演成水资源竞争性与掠夺性开采。在这种情况下，水资源拥有者的相当大一部分收益需以水资源短缺者的损失为代价。这就使短缺的水资源远离合理配置，同时孕育着各种社会矛盾和不安定因素。

解决缺水问题，可以采取工程供水，如南水北调，增雨，蓄洪等措施；也可以采取节水灌溉

* 原载《北京社会科学》2000年第1期。

技术、生物技术与节水栽培等农业技术措施。这里着重讨论的节水制度与管理，则为节水培育一种经济动力。

面对我国水资源与治水方面的情况与问题，1988年初，第六届全国人大常委会通过了《中华人民共和国水法》。该法第三条规定："水资源属于国家所有，即全民所有。农业集体经济组织所有的水塘、水库中的水属于集体所有。国家保护依法开采利用水资源的单位和个人的合法权益"。在具体规定了水资源开发利用，水、水域和水工程保护，用水管理，防汛与抗旱等重大措施与要求后，在第四十四条指出："违反本法规定取水、截水、阻水、排水、给他人造成妨碍或损失的，应当停止侵害，排除妨碍，赔偿损失"。可以看出，我国这部治水大法已为农用水资源的利用，开发与管理提供了最权威的法律依据。

二

目前，我国城市居民生活用水和工商业用水已按《水法》中"水资源属于国家所有"的规定，以不同形式向国家交纳水资源费、地下水养蓄基金并按价用水。虽然所含资源费、基金与价格构成内容和计算标准可能还不全面，偏低或还有其他不合理的地方，以致供水单位经营亏损和国家在这方面收入不足，但毕竟已开始执行水法规定的这种所有制关系，使节水工作走上了法制和商品化轨道。其中的不完善部分当然是可以逐步改进并完善起来的。

然而农业用水则至今未很好体现水资源的国家所有关系，唯一能反映水资源国家所有的措施是由主管部门核发凿井许可证。北京市政府1992年发布的《北京市农村节约用水管理规定》中要求："直接从地下或河流取水的单位和个人，应当按照规定交纳水资源费和地下水养蓄基金"，但至今未能实施。1994年，市郊各区、县发文规定农村生活与农业生产用水缓收水资源费和地下水养蓄基金。目前农业用地表水水费还不足以支付供水成本。而取用地下水，农民和其他农业生产单位支付的只是电费和部分提水费用。两种水源都未体现任何水资源所有关系、价值与商品价格，可见农业用水实际上脱离了水法的基本要求。

阻碍农业用水贯彻水法和执行北京市农村节约用水管理规定是由于存在如下一些错误认识：一是认为水利工程有当地农民投工，用自己参与建设的设施供水不该收钱；二是认为地下水附属于集体所有或拥有使用权的土地，用自己拥有或有使用权的资源为什么要交费？三是认为农村用水自然形成，取用从来不收费，现在要钱，纯粹是新增加的不合理负担，在减轻农民负担声中，更是违反政策的。

数十年来，北京市在农业用水开源与节流两方面都做了大量工作，各种节水灌溉工程与技术的应用与推广取得了很大成绩。农业灌溉用水从80年代的约23亿立方米减至目前的15亿～16亿立方米，而粮食产量则由80年代初的180余万吨增至90年代的平均260万吨左右；粮食单产由平均每亩230千克增至380千克。目前，北京市农业用水中约75%是地下水。农业大量抽取地下水已使地下水埋深比1980年下降约5米。若仍按原有灌水习惯、技术水平和灌溉技术结构使用农业水资源，则供给量只能满足需要量的2/3左右。这种情形，已迫使一些区、县用城市污水灌溉农田，严重地损害了这部分农产品质量。可以看出，农用水资源供给已成了本市农业可持续发展的最大制约。

与农用水资源严重短缺并存，目前农业用水不科学，浪费水的情况仍很普遍，有些问题也是很突出的。首先是由于有的水资源按自然形成条件分布，有的则限于工程条件作经济分布，因而使有的地区、单位和农户取水用水条件优越，而有的条件差甚至很差。条件好的先得先用，条件

差的后得少用。有的地方1立方米水只能产生几角钱产值，而有的地方或产业却能产生几十元以上产值。这就使这种紧缺的资源不能按最有利的方式分配，从而导致收入分配不合理。第二，由于目前农业用水不计量收费：京郊有的地方按耗电量收费；有的计时分配并收费，有的则按亩收费。轮到谁灌，都设法多灌，宁过勿缺。这样，虽然很多地方已采用了管灌、喷灌、滴灌等节水工程与技术，但不少地方的节水指标并未达到科学测定的理论值或国内外已达到的先进水平。第三，不注重分析灌溉水的边际效益。实际上接近一定技术条件下产量限界的灌溉水边际产量很低，甚至出现负值。第四，过低的灌水费用促使农民和其他农业生产单位用水来代替其他农业投入，更不用说积极投资购建节水灌溉设施了。例如用地膜覆盖播种粮食，每亩可节水50～100立方米，但购买一亩地的薄膜要50～60元，而多灌50～100立方米水只需几元钱水费。在这种情况下，农民是不会对节水措施真正采取积极态度的。

国家所有的水资源，可以有各种分配方法。例如：可以自由取用；可以按需分配；也可以按人口或劳动力分配；当然还可以根据其他指标分配。但在市场经济条件下，最有效并最能促进节水的方法还是使农用水资源商品化。本市工商业用水和居民生活用水就是用不断完善的商品化办法，走上了解决供需矛盾和节水道路的。农业用水也实行过自由取用和按不同指标计划分配的办法。近年来农户虽支付一定供水费用，但这远不是水商品的价格。打井虽要经主管部门批准，但抽取多少地下水并无限制，基本上是自由取用的，农户仅支付部分供水费用，并不按商品价格购买。正是这种自由取用或低费取用的制度导致上述问题。看来，农用水资源也只有与市场经济制度完全接轨，实行商品化才是出路。

国家所有的水资源，如果水源丰富，人们自由取用或按需分配都不影响他人与社会的利益，这就可以视为国家所有的公共财产，不一定实行商品化。但在资源紧缺情况下，谁多用一些，因而多得到利益，必然要使另一些人少用一些，而使他们的利益受到一定损失。这就要求多耗用紧缺资源的人付出补偿。政府可以把这种补偿集中起来，用于恢复当地水资源原有数量和状态，以平衡因此引起的利益关系变化。

使农用水资源商品化还有助于解决分配中的另一类问题，把紧缺的水吸引到收益最大或较大的生产和建设项目上去。既然使用这种商品的要付出代价，那就只有那些经济效益较好的生产或项目才能优先使用这种资源。水资源商品化可以解决农业用水的优化配置问题。

当然，水资源商品化不是万能的，例如它不能对本身暂时经济效益低而社会效益或长期效益高的生产项目自动实现优化配置。而农业，特别是诸如粮食和一些生活必需农产品的生产就是这样的部门。因而农用水资源商品化的实施，需要政策引导甚至法规强制，以保证社会经济较快发展。然而，即使是这类政府引导与调控，也只有在水资源商品化基础上，才能取得正确信息，实现有效的调控与配置。

在农用水资源国家所有基础上实现商品化后，就可以从经济利益方面推动国有单位从事收集利用处于自然状态下的水资源，如兴建水库，水塘和输水工程等设施，实行农用水资源的商业性经营。也有利于调动集体、个人，以致外资等各方面的积极性，为农用水资源的开源节流服务。

三

实行农用水资源商品化的一个核心环节是科学确定水价。目前农业用水的供水成本计算不完全，而且是按平均成本计费的。这种计费方法可以部分弥补供水成本，并由于用水要付费的制约，对于节约用水可以起一定作用。但这种低收费，平均计费的方法并不能起到上述优化配置水资源的作用；而且由于用多用少都按同样的成本计费，对于耗用紧缺资源的制约作用是很小的；同时也不利于政府利用价格杠杆和政策法规来调控水资源投向，以争取农用水资源的最大经济效益和社会效益。

完全的农用水资源价格应该由供水成本、恢复当地水资源原有数量和状态所需费用，加上供求差价和适当利润四部分构成。其中供水成本目前已部分计入。要准确计算出完全成本，在技术上并不困难。关于恢复当地水资源原有数量和状态，北京市曾打算通过征收水资源费和地下水养蓄基金来实施，前者主要用来补偿并恢复耗用的水资源，后者主要用于限制新增地下水消耗。对于农用水资源，这两项内容虽作了明文规定，但都未实施。而且农业用水中这两种费用的计算范围与标准还需作进一步研究。最不易确定的是其中供求差价部分，它涉及：单位水资源对不同生产项目的效用或收益的大小；不同时期投入的效用或收益大小；投入不同数量时的效用或收益；它的机会成本；在不同地区和不同季节的稀缺程度；对农民收入的影响等许多因素。虽然如此，仍可以应用适当的经济学理论和现代分析方法加以研究，作出相应规定并在实施过程中不断完善它。

在市场经济和农用水资源商品化条件下，适当的水价格体系对于节水机制形成起决定性作用。图 1 有助于说明农用水资源紧缺地区商品化农用水的价格模式。当农户利用自然状态或无所有权的水资源如降水、自然流水或积水时，不论这部分水的边际收益多高，价格均为 0，在水资源紧缺地区，这部分水是很少的，图中为 OQ_1 量；Q_1Q_4 量为需投入资金与劳动才能恢复的部分，且边际收益大于价格，不妨称为经济水资源；Q_4 以右部分为过量水资源，边际收益为负值。若不区分水资源的性质，价格始终为 0 时，使用者可以尽量灌水，直到 Q_4 量，足以引起减产时为止。

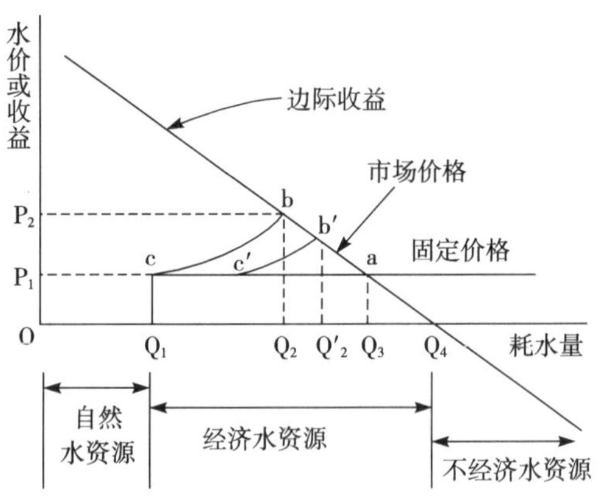

图 1 灌溉水的边际收益与市场价格模式

当进入经济水资源状态，固定价格为 P_1 时，与边际收益在 a 点相等，因而适当的灌水量为 OQ_3，固定价格 P_1 起了一定的防止浪费水的作用；若实行市场价格，当价格为 P_2 时，适当的灌水量应如 b 点所示，为 OQ_2 量，较高的水价起到显著的节水作用；若价格再提高，就会越来越远离边际收益。实际上，在市场经济条件下，这时的灌溉水价格将沿边际收益线逐渐下降，整条水价曲线如 OQ_1cbaQ_4 线所示。这种机制，有利于使用水单位努力采取节水措施，用较少的水，生产同样多或更多的产品。另一方面，水价提高也可鼓励农业供水单位投资于节水工程与技术措施，改善经营管理，增加供水，改善供水质量。同时也可促使其他企业和个人投资于农业供水事业，例如，处理工商业和城市生活污水，供农业使用。

四

不论是为了落实水资源国家所有，还是实施水资源商品化，以至按价合理计收水费，都需要对耗用的水进行比较准确的计量。现在工商业用水和居民生活用水都已在相应设施上装了水表，实现了准确计量。只有农业用水，除地表水用水尺作近似计量外，灌溉用井几乎没有装水表的，

用了多少，水资源所有者并不知道，其他进一步管理措施自然谈不上了。因此为了管好用好紧缺的水资源，首先必须为每口井装上水表。水井设施可以集体所有、个人所有或企业经营，但水表应由水资源所有者拥有并监管。北京昌平县流村镇黑寨村为了加强对水资源的管理，给每户或每两三户装上水表，按用水量收费，结果大幅度节约了灌溉水，而每亩平均水费也由 12 元降到 2～3 元。

已经可以看出，在按部分供水成本收费的基础上加上其他成本，加上恢复水资源原有状态所需费用，再加上供求差价和经营单位的正常利润，水价就要增加，这样的价格对农民收入会产生什么影响？他们能不能承受？对农业生产又会产生什么影响呢？

目前本市农民使用地表水加上当地管理费每立方米 0.06 元到 0.10 元不等，据供水部门反映，只及供水成本的一半左右。这是考虑到农民在建设当地水利设施时投工这个因素确定的。使用地下水时，农民只支付提水费用，有的仅付电费。现在的问题是如何收取水资源费、地下水养蓄基金和供求差价，使之既符合水法要求，使水资源得以合理利用，又能保护农民利益，使农业生产得以持续发展。一种办法是：以目前灌溉水量或地下水位为基准，制定各地区、各单位和各类农田灌水定额。定额以下用水量，开始时偏低收取包括水资源费在内的固定水价，此后逐步提高到应收水平；超过定额部分则征收递增的地下水养蓄基金，和视农用水供求情况确定的供求差价，构成市场价格。如图 1 所示，市场价格曲线 $c'b'$ 是市场价格曲线 cb 向右平移的结果，适当的灌水量为 Q'_2。这条价格曲线放松了农用水资源的价格制约，照顾了农民的当前利益。如果采取这种方案，则开始时农民水费负担增加不多，又有利于落实水法和对水资源商品化起启动和宣传教育作用。等到农民因此认真采取了节水措施，用水明显减少，那么实际支付的水费也不会增加很多。也可能如上述昌平县黑寨村的情形那样，反而使水费降下来。然而由此带来的健康运行的节水机制，就是对水资源紧缺地区农业可续发展的基本保证。

农用水资源是农业的命脉，这种特殊商品的价格体系必须由国家或它委托的政府机构制定并严格监控，在服从整体利益前提下操作。例如遇到严重干旱，农用水资源供求矛盾激烈，这时农用水的供求差价就不能像一般商品一样任由暴涨。在非常时期，农用水资源采取政府定价，限额使用，按需分配等措施仍是必要的。而这类政府强制措施，也只有在落实农业水资源国家所有，商品化，用量可监控，并养成按价付费使用的情况下才可能真正做到。否则，在所有关系不明，无价格，自由取用的情况下，紧缺的水资源岂不成了无政府主义的争夺对象。

使农用水资源真正成为国家所有，使这种所有权形成一种收益权并商品化，是需要一个过程的。但这个过程现在就要开始。等到水资源更紧缺时，实施就越困难，后果也更严重。开始这个过程的最有效措施就是征收水资源费，把它计入水价。考虑到不过多影响农民收入，哪怕开始时少收或象征性地收一点也是必要的。重要的是逐步形成一种观念，一种制度。此后不断加强和完善，相对来说就容易一些。

农产品价格的放大效应研究*

辛　贤　谭向勇

［摘　要］理论研究的结果表明，农产品价格是否具有放大效应，首先要看所研究的价格是农户价格，还是零售价格；其次，要分清导致变化的来源是需求方面，还是农户生产方面，价格具有放大效应、缩小效应，还是镜像效应依赖于外部冲击的来源；当供给和需求方面的外部冲击同时存在，价格是否具有放大效应依赖于各总弹性的加权平均数，权重是各外部冲击的变化幅度。最后本文对我国猪肉市场进行了实证研究。

［关键词］农产品　价格　放大效应　弹性

一、引言

一般而言，我们可以根据农产品价格变化情况来判断农产品的供求状况：在其他条件相同的情况下，农产品价格升高意味着供不应求，反之，农产品价格下降意味着供大于求。近几年我国农产品价格出现了大幅波动现象，这是否意味着我国农产品产量出现了大幅波动？或者说我国农产品价格在反映供求对比关系变化方面的可靠程度如何？

实际上，这一问题很早就已经引起关注。柯炳生（1991）在对我国粮食市场上的价格信号的开拓性研究中，提出了一个著名的论断：我国粮食市场价格具有高灵敏性①，在反映农产品供求变化上具有夸大性，亦即粮食市场价格具有放大效应（对反映粮食产量的变化而言）。并特别强调不能因为粮食市场价格跌幅较大便认为粮食过剩很多，也不能因为市价一时的较大涨幅而断定短缺严重。在解释我国粮食市场价格为何具有放大效应中，柯炳生列举了三个方面，一是较低的供给价格弹性；二是我国粮食自由市场是一个剩余市场，农民们拿到这个市场上来交易的粮食，是除掉了自用和国家定购部分的剩余部分，当产量发生变化时，自用和定购部分一般不发生变化，而发生变化的只是剩下的可投放自由市场的部分，这部分只占我国粮食总量的17%左右；三是我国粮食的供给极为分散，农民在市场行为方面又有很高的同一性。

农产品价格是否普遍具有放大效应？本文试图从理论和实证研究两方面对农产品价格的放大效应做进一步的研究。

---

* 原载《中国农村观察》2000年第1期。本研究先后得到了美国Auburn大学Henry Kinnucan教授、台湾大学的陈希煌教授、美国加州大学Scott Rozelle教授、密执根大学Albert Park博士、中国农业大学田维明教授和农业部农研中心主任柯炳生教授的帮助，在此一并致谢。

①价格的高灵敏性是指供给数量的一个不大的变化幅度就会引起一个相当大的价格变化幅度。

二、理论研究

研究农产品价格和产量之间的关系，可以用弹性指标来反应，最简单的方法就是设定单方程模型来求出弹性。但是，农产品价格和产量是一对内生变量，通过设定单方程模型来估计二者之间的关系，与实际结果有较大的差距（Piggot，1992）。为了较准确地研究农产品产量和价格之间的变动，Gardner（1975）构建了一个6方程模型，其贡献最大之处在于把农产品收购、批发、运输、加工到零售的所有环节作为一个整体，视为企业，从事这些活动的主体被看作追求利润最大化的厂商。① 从而使整个模型建立在经济学最大化和均衡基础之上，并放松了对模型具体形式的限定。

在Gardner（1975）的研究基础上，本文综合借鉴Muth（1964）、和Wohlgenant（1989）和Holloway（1991）的研究成果，以及Brorsen等人（1985），Hurt和Garcia（1982）、Wohlgenant（1985）、Schroeter和Azzam（1991）对风险和预期理论的研究成果，建立了一个包括六个行为方程的联立方程组。这六个行为方程描述了农产品生产、流通和消费三个方面，刻画了农产品市场中产量和价格决定过程。本文进行理论研究采用的结构模型如下：

$$x=f_1\ (P_x,\ P_s,\ Y,\ N) \tag{1}$$

$$a=f_2\ (P_a,\ P_i,\ \bar{P}_a,\ r,\ W) \tag{2}$$

$$x=f_3\ (a,\ b,\ M) \tag{3}$$

$$P_a=P_x\cdot MP_a \tag{4}$$

$$P_b=P_x\cdot MP_b \tag{5}$$

$$b=f_4\ (P_b,\ T) \tag{6}$$

方程（1）表示农产品最终需求，x和P_x表示农产品零售数量和价格，P_s表示其他消费品的价格，Y表示预算约束，N是影响农产品需求的其他因素。

方程（2）表示农产品农户供给，P_a表示农产品农户价格，$\bar{P}_a$是P_a的数学期望，a是农产品的农户产量，P_i表示农户生产投入品价格，r是风险变量，W是影响农产品生产的其他外部因素。

方程（3）表示农产品的营销过程，b和P_b分别表示营销投入数量和价格，M代表营销企业技术。方程（4）和（5）是营销企业利润最大化的结果，MP_a和MP_b分别表示农产品a和营销投入b的边际产出。方程（6）表示营销投入供给，T代表影响营销投入供给的外生变量。

（1）和（3）的均衡决定x；根据（4）和（5）可以求出营销企业对a和b的派生需求，与（2）和（6）可以决定a和b。

上述模型是包括6个内生变量的联立方程组，这6个内生变量分别a，b，x，P_a，P_b，P_x，外生变量包括P_s，Y，N，P_i，P_a，r，W，T，M。参照Muth（1964）的处理方法，本文把方程（3）中技术以分解为中性技术变化和节约营销投入型技术变化。中性技术变化指技术使农产品和

---

① 严格来说，上述思想最早可以追溯到Allen和Hicks的研究，其后Muth（1964）对这一思想进行发展和完善。在农业经济方面的研究中，比较著名的是Brandow和Floyd. Brandow（1962）在分析市场均衡模型中框架生产函数用柯布—道格拉斯生产函数。Floyd（1965）在分析农户价格支持对土地和劳动力报酬的研究中也采用了上述思路，对具体形式作了严格限定。但是这些研究并不是专门研究价格决定问题，更不是专门研究农产品价格问题。

营销投入的边际产出增长比例相同，与农产品和营销投入在生产中的比例无关；节约营销投入型技术变化定义为该技术提高农产品边际产出和营销投入边际产出比例，但是对技术变化前后相同投入的产量相同。

对方程（1）到方程（6）取导数，然后化简整理，可以得到结构模型的对数导数形式①

$$dlnx=\eta dlnP_x+\eta_{P_s}dlnP_s+\eta_y dlnY+\eta_N dlnN \tag{7}$$

$$dlna=e_a dlnP_a+e_{p_i}dlnP_i+e\overline{P}_a dln\overline{P_a}+e_r dlnr+e_W dlnW \tag{8}$$

$$dlnx=k_a dlna+k_b dlnb+e_{M_1}dlnM_1 \tag{9}$$

$$dlnP_a=dlnP_x-\frac{k_b}{\sigma}dlna+\frac{k_b}{\sigma}dlnb+eM_1 dlnM_1+eM_2 dlnM_2 \tag{10}$$

$$dlnP_b=dlnP_x+\frac{k_a}{\sigma}dlna-\frac{k_a}{\sigma}dlnb+e_{M_1}dlnM_1-e_{M_2}\frac{k_a}{k_b}dlnM_2 \tag{11}$$

$$dlnb=e_b dlnP_b+e_T dlnT \tag{12}$$

假设外生变量或前定变量两两之间相互独立，可以得到各外生变量对农产品价格和产量变化的总影响，用大写字母 E 表示。由于农产品市场的内生变量之间相互作用，因此外部冲击不仅仅是作用于一个变量，而是通过这些变量之间的相互作用达到均衡，这些弹性就是反映外部冲击经过农产品生产者市场、营销市场和消费者市场作用后的最终结果。农产品农户价格、农产品零售价格、农产品农户供给和农产品消费者需求决定模型为：

$$dlnP_a=\sum_{j\in\Omega}E_{P_a,j}dlnj \tag{13}$$

$$dlnP_x=\sum_{j\in\Omega}E_{P_x,j}dlnj \tag{14}$$

$$dlna=\sum_{j\in\Omega}E_{a,j}dlnj \tag{15}$$

$$dlnx=\sum_{j\in\Omega}E_{x,j}dlnj \tag{16}$$

其中，$\Omega=\{P_s，Y，N，P_i，\overline{P_a}，r，W，T，M\}$，模型中各参数如表 1 中所示。上述模型又称为均衡转移模型（Equilibrium Displacement Model，简记为 EDM）②。

表 1　均衡转移模型中各参数表达式

	$j=P_s，Y，N，$	$j=P_i，\overline{P_a}，r，W$	$j=T$
$E_{x,j}$	η_j［σ（$k_ae_a+k_be_b$）$+e_ae_b$］/D	$-e_jk_a\eta$（$\sigma+e_b$）/D	$-e_Tk_b\eta$（$\sigma+e_a$）/D
$E_{a,j}$	η_je_a（$e_b+\sigma$）/D	$-e_j$［$\eta\sigma+e_b$（$k_a\eta-k_b\sigma$）］/D	$-e_Te_ak_b$（$\eta+\sigma$）/D
$E_{P_x,j}$	η_j［$k_be_a+k_ae_b+\sigma$］/D	$-e_jk_a$（$\sigma+e_b$）/D	$-e_Tk_b$（$\sigma+e_a$）/D
$E_{P_a,j}$	η_j（$e_b+\sigma$）/D	$-e_j$（$e_b+k_a\sigma-k_b\eta$）/D	$-e_Tk_b$（$\eta+\sigma$）/D
	$j=M_1$	$j=M_2$	
$E_{x,j}$	$-e_{M_1}\eta[\sigma(1+k_ae_a+k_be_b)+k_be_a+k_ae_b+e_ae_b]/D$	$e_{M_2}k_a\eta\sigma$（e_b-e_a）/D	
$E_{a,j}$	$-e_{M_1}e_a$（$e_b+\sigma$）（$1+\eta$）/D	$e_{M_2}e_a\sigma$（$e_b-\eta$）/D	
$E_{P_x,j}$	$-e_{M_1}[\sigma(1+k_ae_a+k_be_b)+k_be_a+k_ae_b+e_ae_b]/D$	$e_{M_2}k_a\sigma$（e_b-e_a）/D	
$E_{P_a,j}$	$-e_{M_1}$（$e_b+\sigma$）（$1+\eta$）/D	$e_{M_2}\sigma$（$e_b-\eta$）/D	

其中 k_a 和 k_b 表示生产者所占份额和流通领域所占份额；e_a 和 e_b 表示农产品和营销投入供给价格弹性：e_T 表示营销投入供给对 T 的弹性；$e_{M_1}e_{M_1}$ 表示中性技术变化弹性和节约型技术变化弹

① 详细的推导过程参见辛贤（1999）。

② Hicks，Muth，Gardner 等均是最早研究和发展 EDN 的经济学家，而 Alston、Wohlgenant、Piggot 等是广泛应用 EDM 来进行研究的经济学家。关于 EDM 的详细论述可以参见 Alston etc.（1995）。

性：e_{pi}，$e_{\overline{P}_a}$，e_r，e_w 表示农产品对 P_i，$\overline{P_a}$，r，W 的供应弹性；η 表示农产品需求自身价格弹性；η_{P_s}，η_Y，η_N 表示农产品对其他消费品价格、支出和其他因素的需求弹性；σ 表示农产品和营销投入之间的替代弹性，D 等于 $-\eta$（$k_b e_a+k_a e_b+\sigma$）$+e_a e_b+\sigma+$（$k_a e_a+k_b e_b$）。

在我们的分析中，农产品价格包括两种价格，即农户价格和零售价格，农产品产量也包括两种，即农户供给和零售供给。模型（13）～（16）中各参数是各外生变量对被解释变量的弹性，对比各参数的表达式我们可以得到以下结论：

1. 判断农户价格是否具有放大效应，实际上就变为比较方程（13）和（15）中对应参数的绝对值的大小。如果价格方程中的参数大于产量方程中对应的参数，意味着农户价格具有放大效应；反之，则表明农户价格不具有放大效应。

对比表1中各参数的表达式可以发现，如果农产品农户价格和产量变化是由需求方面变化、营销投入技术变化，或者是营销企业技术变化引起，农户价格是否具有放大效应取决于偏弹性 e_a 的大小。如果 $e_a<1$，农户价格变化幅度小于产量变化幅度，表明农户价格具有放大效应；如果 $e_a>1$，农户价格变化幅度大于产量变化幅度，可以称农户价格具有“缩小效应”；如果 $e_a=1$，农户价格和产量变化幅度相同，在这种情况下我们可以称农户价格对产量而言具有“镜像效应”。

如果外部冲击来自农产品生产方面，判断农户价格是否具有放大效应就比较复杂，取决于 $-e_j$［$\eta\sigma+e_b$（$k_a\eta-k_b\sigma$）］$/D$ 和 $-e_j$（$e_b+k_a\sigma-k_b\eta$）$/D$ 绝对值大小，而判断这两者的大小又依赖于两式中各偏弹性、替代弹性和各市场份额的具体数值。

2. 同样，判断零售价格是否具有放大效应，也可以通过比较方程（14）和（16）中对应参数绝对值的大小来判断。从比较结果来看，如果外部冲击来自农产品生产、营销投入技术变化，或者是营销企业技术变化，零售价格是否具有放大效应取决于农产品需求弹性 η 的大小。如果 η 绝对值小于1，零售价格具有放大效应；如果 η 绝对值大于1，零售价格具有缩小效应；如果 η 绝对值等于1，零售价格具有镜像效应。

如果外部冲击来自农产品需求方面，零售价格是否具有放大效应依赖于两个参数 η_j［σ（$k_a e_a+k_b e_b$）$+e_a e_b$］$/D$ 和 η_j［$k_b e_a+k_a e_b+\sigma$］$/D$ 的大小。

3. 如果外部冲击同时出现，农户价格和零售价格是否具有放大效应取决于各弹性的加权平均数，权重是各外部冲击的变化幅度。

三、实证研究

第二部分的研究给出了判断农产品价格是否具有放大效应的量化结论。这一部分我们将对我国农产品价格的放大效应进行实证研究。考虑到农产品的范围较大，我们选用猪肉进行实证研究。

我们首先估计均衡转移模型中所需要的偏弹性。因为资料的限制，本文假设替代弹性为015，忽略营销企业的技术进步以及其他因素的影响，并假设影响投入的供给价格弹性无穷大①。为了得到生猪生产方面的偏弹性，我们采用普通最小二乘法（OLS）进行了估计。需求方面的偏弹性来自黄季焜和罗泽尔（1998）的估计结果。偏弹性的估计结果见表2和表3。

① 实际上，假设 e_b 无穷大主要是便于极限的讨论，鉴于此，只要 e_b 足够大，远远大于 e_a，σ，η 即可。Gardner（1975），Wohlgenant（19989），Holloway（1991）都对这一假设的合理性进行了论证。

表 2　生猪生产方面的偏弹性

弹性	$e_{\overline{P_a}}$	e_{P_i}	e_r	e_W	e_a
数值	0136	−0114	0103	1120	−0118
t^2 值	2164①	−1152	2154①	8105①	−3108①

注：①表示在 5%的显著性水平下接受。

数据来源：根据国家统计局和农业部数据，用普通最小二乘法估计的结果。

表 3　生猪需求方面的偏弹性

弹性	η	η_1	η_2	η_3	η_4	η_5	η_{N1}	η_{N2}	η_{N3}	η_Y
数值	−1138	0121	0120	0121	0122	0116	1	0124	0130	0190

注：η_1、η_2、η_3、η_4、η_5 分别表示牛羊肉、禽肉、蛋类、水产品和牛奶的需求价格弹性；η_{N1}、η_{N2}、η_{N3}、η_Y 分别表示对猪肉需求的人口、城镇化、市场化和支出弹性。

数据来源：根据黄季焜（1998 年）的结果整理得到

把表 2 和表 3 中的估计结果代入表 1 中，并根据前面的假设，可以得到均衡转移模型中的参数，结果如表 4 所示。

表 4　各因素对价格和产量的影响以及放大效应

	农户供给 (2)	农户价格 (3)	比例 (4) ＝ (3) / (2)	零售数量 (5)	零售价格 (6)	比例 (7) ＝ (6) / (5)
牛羊肉价格	0103	0117	5	0103	0112	316
禽肉价格	0103	0115	5	0103	0111	316
蛋类价格	0103	0117	5	0103	0112	316
水产品价格	0104	0118	5	0104	0113	316
牛奶价格	0102	0112	5	0103	0109	316
人口	0115	0177	5	0115	0155	316
城镇化	0103	0117	5	0104	0114	316
市场化	0105	0124	5	0105	0119	316
支出	0114	0170	5	0114	0150	316
生猪价格预期	0129	−0130	−1	0134	−0120	−0172
饲料价格	−0111	0111	−1	−0114	0108	−0172
生猪生产风险	0103	−0103	−1	0104	−0102	−0172
养猪业技术	0192	−0193	−1	1114	−0166	−0172

1. 从表 4 的结果可以看出，如果猪肉市场中的变化是由需求方面变化引起，包括猪肉替代品价格变化、人口数量变化、城市化、市场化以及支出变化，或者是猪肉进出口贸易变化，农户价格具有放大效应，放大倍数是 5；零售价格也具有放大效应，放大倍数是 316，低于农户价格的放大倍数。总之，需求方面发生变化，猪肉市场中的农户价格和零售价格均具有放大效应，夸大了市场中的供给短缺和过剩状况。

2. 如果猪肉市场中的变化是由农户生产方面引起，农户价格具有镜像效应，变化程度可以如实反映农户生猪供给的余缺状况；而零售价格则不然，具有缩小效应，放大倍数是 0172，或者说缩小了 1138 倍，缩小了市场中供求余缺情况。

3. 当猪肉市场中的变化是由生产和需求两方面变化共同引起，判断农户价格和零售价格是

否具有放大效应取决于各外部冲击变化的幅度。

四、总结

为研究农产品价格是否具有放大效应，本文借助于均衡转移模型这一工具。理论研究的结果表明，农产品价格是否具有放大效应，首先要看所研究的价格是农户价格，还是零售价格；其次，要分清导致变化的来源是需求方面，还是农户生产方面，价格具有放大效应、缩小效应，或是镜像效应依赖于外部冲击的来源；当供给和需求方面的外部冲击同时存在，价格是否具有放大效应依赖于各总弹性的加权平均数，权重是各外部冲击的变化幅度。

参考文献

[1] 黄季焜，罗泽尔．迈向21世纪的中国粮食经济．北京：中国农业出版社．1998（1）

[2] 柯炳生．我国粮食市场上的价格信号问题．中国农村经济．1991（6）

[3] 辛贤，谭向勇．中国生猪和猪肉价格波动因素测定．中国农村经济．1999（5）

[4] Alston，J. M.，G. Norton，and P. Pardey. *Science under Scarcity*. Ithaca，NY：Cornell University Press，1995

[5] Brandow，G. E. Demand for Factors and Supply of Output in an Perfectly Competitive Industry. *Journal of Farm Economics*. 44：895～899. 1962

[6] Brorsen，B. W. andJ. P. Chavas. Marketing Margins and Price Uncertainty：The Caseof the U. S. Wheat Market. *A merican Journal of Agri. Economics*. 67：521～528. 1985

[7] Floyd，J. E. The Effects of Farm Price Supports on the Return to Land and Labor in Agriculture. *Journal of Political Economy*. 73：148～158. 1965

[8] Gardner，B. L.，The Farm Retail Prices Spread in a Conpetitive Industry. *American Journal of Agricultural Economics* Vol. 57：399～409. 1975

[9] Holloway，G. J.，The Farm Retail Prices Spread in a Imperfectly Competitive Food Industry. *A merican Journal of Agricultural Economics* Vol. 73：979～989. 1991

[10] Hurt，C. A.，and P. Garcia. The Impacts of Price Risk on Sow Farrowings，1967－1978. *A merican Journal of Agricultural Economics*. 64：565～568. 1982

[11] Muth R. F. The Derived Demand Curve for a Productive Factor and the Industry Supply Curve. Center for Mathematical Studies in Business and Economics，No. 47. 1964

[12] Piggot，P. R.. Some Old Truths Revised. *Australian Journal of Agricultural Economics*，36（2）：117～140. 1992

[13] Schoroeter，J. and A. Azzam. Marketing Margins，Market Power，and Price Uncertainty. *American Journal of Agricultural Economics*. 73：990～999. 1991

[14] Shonkwiler，J. S. and G. S. Maddala. Modeling Expectations of Bounded Prices：An Application of the Market for Corn. *The Review of Economics and Statistics*，*Vol*. 67 ：697～702. 1985

[15] Wohlgenant，M. K.. Competitive Storage，Rational Expectations and Short run food Price Determination. *A merican Journal of Agricultural Economics*，Vol. 67：739～748，1985

[16] Wohlgenant，M. K.. Demand for Farm Output in a Complete System of Demand Functions. *A*

merican *Journal of Agricultural Economics*. Vol. 71：241～252，1989

［17］ Xin Xian，Tan Xiangyong. Pork Price Determination in China. Paper presented at the symposium *China's Agricultural Trade and Policy* ：*Issues*，*Analysis*，*and Global Consequences*，in San Francisco，California，June 25～26，1999

农产品地区差价和地区间价格波动规律研究*

——以小麦、玉米和生猪市场为例

武拉平

一、研究区域的选择

小麦作为口粮消费主要在北方，而作为食品加工业的原料基本各地都有消费。从生产的区域性来看，小麦的生产仍集中在黄淮海冬小麦区（包括山东、河南、江苏和安徽四省，1998年四省合计约占全国的50％）、北方冬小麦区（包括河北、山西和陕西三省，1998年三省合计约占全国的19％），另外是长江中上游冬麦区的四川和湖北占全国的9.2％。本研究将主要选取山东、河南、江苏、安徽、河北、山西、陕西、四川、甘肃、云南10个主产省为主要对象（此10个省的小麦产量占全国小麦产量的79.3％），重点考察其集贸收购市场的整合程度。另外，考虑到销区，还选取北京、天津、宁夏、浙江和贵州五省。

玉米是很重要的饲料作物，各地均有消费。但玉米的生产，则仍然集中在从东北到西南斜向的玉米带，北方春播玉米区和黄淮海夏播玉米区以及西南山地玉米区为主要产区。分省来看，东北三省、山东、河北、河南和内蒙古7省玉米产量占全国玉米总产量的68％。本论文选取以上7省和四川、云南、山西、陕西以及贵州共12个省（其产量合计占全国玉米产量的86％），分析玉米集贸收购市场的整合程度。同时，选取北京、江苏和甘肃，对比分析玉米非主产区省份集市收购市场的整合情况。

作为中国传统的主要肉类产品，猪肉一直是我国各地广大人民的主要肉类消费品。生猪的生产也比较集中，主要在我国的中部地区，其中四川、湖南、河南、湖北、河北和山东6省的猪肉产量和肉猪出栏头数都约占到全国数量的46％。本论文将对以上6省以及广东、广西、江苏、江西、安徽、云南、黑龙江、北京、上海、天津16个省份（其猪肉产量和肉猪出栏头数均约占全国的80％），进行生猪收购市场整合程度的详细研究。

二、地区差价基本情况

从年度间差价的变化来看，1987到1997年，小麦和玉米收购市场的地区差价在不断扩大（表1），生猪市场地区差价的变化规律不是很明显（表2）。

---

* 原载《农业经济问题》2000年第10期。本文为作者博士论文《我国主要农产品市场一体化程度研究》的一部分，导师为柯炳生教授。该研究得到美国温洛克国际农业发展协会和福特基金会的资助特表感谢。

表 1　小麦和玉米地区差价情况

年份	月份	小　麦					玉　米				
		差价	比价	平均价	标准差	系数	差价	比价	平均价	标准差	系数
1987	6 月	0.17	1.33	0.60	0.05	0.08	0.29	1.81	0.50	0.10	0.21
	12 月	0.11	1.20	0.63	0.03	0.05	0.41	2.39	0.48	0.12	0.25
1989	6 月	0.40	1.44	1.08	0.12	0.12	0.52	1.89	0.80	0.16	0.19
	12 月	0.33	1.39	1.02	0.11	0.11	0.53	2.01	0.76	0.13	0.17
1991	6 月	0.31	1.49	0.79	0.10	0.12	0.46	2.08	0.59	0.14	0.24
	12 月	0.18	1.27	0.76	0.05	0.07	0.50	2.44	0.59	0.12	0.20
1993	6 月	0.31	1.45	0.84	0.07	0.08	0.53	2.07	0.76	0.15	0.19
	12 月	0.40	1.57	0.89	0.11	0.12	0.73	2.45	0.82	0.20	0.24
1995	6 月	0.41	1.26	1.74	0.11	0.06	0.75	1.59	1.64	0.17	0.10
	12 月	0.37	1.23	1.78	0.10	0.06	0.99	1.82	1.66	0.25	0.15
1997	6 月	0.86	1.86	1.40	0.23	0.16	1.23	2.92	1.10	0.38	0.32
	12 月	0.60	1.50	1.44	0.16	0.11	0.94	1.89	1.40	0.28	0.20

注：差价和比价分别为当月收购价格最高和最低省份价格之差和之比。标准差为当月各省份价格之标准差，系数为标准差与平均价之比。

表 2　生猪地区差价情况

		差价	比价	平均价	标准差	系数
1994	6 月	2.58	1.53	5.97	0.73	0.12
	12 月	4.34	1.63	8.49	0.89	0.10
1995	6 月	3.99	1.74	6.88	1.05	0.15
	12 月	4.24	1.76	7.92	0.95	0.12
1996	6 月	4.90	1.88	7.31	1.20	0.16
	12 月	4.81	1.72	8.37	1.16	0.14
1997	6 月	4.53	1.61	8.59	1.02	0.12
	12 月	3.70	1.45	8.33	1.87	0.22

从年度内变化来看，小麦和玉米都表现出明显的规律，即小麦的差价从年中到年末明显缩小，而玉米差价则明显扩大，生猪市场地区差价年度内的变化规律同样不很明显。这与粮食作物收获的季节性有关，相对而言生猪生产的季节性则较弱。

从品种之间的对比来看，玉米市场的地区差价最大。如果简单从标准差对比，可以看出小麦地区差价最小（标准差 0.23），生猪最大（标准差 1.20），玉米介于两者之间（标准差 0.43），但由于标准差受到价格绝对水平的影响，为了更科学地衡量三种产品的地区差异情况，本文进一步计算了标准差系数（即标准差与价格平均水平之比），其结果为玉米市场标准差系数最大为 0.32，而小麦和生猪市场标准差系数均为 0.16。

从三种品种收购价格水平的地区变化来看，具体情况如下：

1. 小麦。小麦收购价格较高的省份一直都集中在宁夏、山西和甘肃，浙江是南方地区中小麦收购价格较高的省份，而北京在近 10 年来由收购价格较高地区变为最低的地区之一，天津和河北也由前列而下降。这主要是由于宁夏、山西和甘肃是我国最主要的小麦消费地而其小麦产量又较小的缘故，北京、天津和河北的地位转移，可能是由于随着我国农产品种类的日益丰富、农产品生产的连年丰收，这些地区对小麦的消费逐渐减少，而其生产则并未同时减少所致。小麦收购价格较低的地区仍集中在主产省的河南、江苏、四川、陕西、安徽等省份，而这些地区又恰恰并不是小麦的主要消费地。

对河南省的情况分析，可以发现在价格由低谷回升时，产量大省的价格也会有一个较大的增长，但其价格的变化滞后于其他地区。如 90 年代初，我国粮食丰收，价格大幅度地下降，1991 —1993 年期间，我国各地小麦的价格均处于低谷回升时期，河南省小麦收购价格 1991 年年中时为全国最低，每公斤 0.64 元，到 1991 年年末时已上升到每公斤 0.80 元，位居全国第三，到 1993 年年中和年末时已分别达到每公斤 1.02 和 1.09 元，均位于全国前列。随后，随着价格水平的普遍提高，河南省的小麦收购价格在全国中的排位又逐步下降。

2. 玉米。玉米收购价格较高的省份一直都集中在广东、广西、福建、江西和浙江等次要（或非）玉米产区，收购价格较低的地区集中在东北三省和河北、内蒙古等玉米主产区。主产区黑龙江省玉米价格变化的情况，同样也反映了"在价格由低谷回升时，产量大省的价格最终也会有一个较大的增长"的规律。如，1996 年开始，我国粮食价格又出现较大幅度的下降，1996 年年中，黑龙江省的玉米收购价格为全国最低，每公斤 0.80 元，到同年年末时已不再排在全国最后。

3. 生猪。生猪收购价格较高的省份一直都集中在广东、福建和海南等沿海省份，北方的天津、新疆和宁夏也曾为生猪收购价格较高的省份之列。生猪收购价格最低省份则在四川、山东和河南等地，这主要是由于其主产省的情况决定的。前面分析小麦和玉米收购价格的变化时，发现的"在价格由低谷回升时，产量大省的价格有一个较大的增长"，这一情况在生猪市场上并不存在。目前，在仔猪生产上，出现向东北、西北转移的情况，这同时也预示着东北、西北这两个地区的生猪生产可能逐步兴起。生猪价格的地区差异格局将出现新的变化。

三、收购价格地区波动规律

（一）研究方法

从统计学上讲，若一个时间序列 x 的当前值或上期值决定了另一时间序列 y 的数值，则称 x 和 y 之间存在格兰泽尔因果关系，其中 y 由 x 决定。在实际检验时，通常对以下模型进行检验，从而确定市场 i 和 j 之间价格变化的先后：

$$\Delta P_{it}=\theta_{11}\Delta P_{it-1}+\cdots+\theta_{1n}\Delta P_{it-n}+\theta_{21}\Delta P_{jt-1}+\cdots+\theta_{2n}\Delta P_{jt-n}-\gamma_1(P_{it-1}-\alpha P_{jt-1}-\delta)+\varepsilon_{1t} \quad (1)$$

$$\Delta P_{jt}=\theta_{31}\Delta P_{jt-1}+\cdots+\theta_{3n}\Delta P_{jt-n}+\theta_{41}\Delta P_{it-1}+\cdots+\theta_{4n}\Delta P_{it-n}-\gamma_2(P_{it-1}-\alpha P_{jt-1}-\delta)+\varepsilon_{12} \quad (2)$$

对上面两式分别进行下列虚拟假设的检验，从而判断价格之间的格兰泽尔因果关系。

假设 1：$\theta_{21}=\cdots=\theta_{2n}=\gamma_1=0$（即 P_j没有引起 P_i变化）

假设 2：$\theta_{41}=\cdots=\theta_{4n}=\gamma_2=0$（即 P_i没有引起 P_j变化）

如果假设 1 和 2 均被拒绝，则 P_i和 P_j之间互为"因果"关系。相反，两假设均未被拒绝，则两者之间无先后的"因果"关系。如果假设 1 被拒绝，而假设 2 未被拒绝，则说明只有 P_j引起 P_i的变化，反之亦然。

（二）研究结论

本研究运用农业部农研中心固定观察点和畜牧兽医司 1987 —1998 年月度价格资料，对小麦、玉米和生猪收购市场价格地区间变化的因果进行了分析。检验时，n 取 5，即滞后 5 期。可以得出以下几点结论：

第一，河南、吉林和四川三省分别为小麦、玉米和生猪市场的中心，但必须注意并非此三个市场的价格变化引起其他地方价格变化，而恰恰相反，这三个地方的价格均是最后变化的。这与前面价格地区差异部分得出的“在价格由低谷回升时，产量大省的价格也会有一个较大的增长，但其价格的变化则滞后于其他地区”的结论是一致的。这一规律也说明了我国农产品的波动是需求导向型的；

第二，政府不能将河南、吉林和四川作为调节和稳定农产品价格的重点，因为此三个省份的价格信息滞后于其他省份，究其原因可能是由于主产省产量较大，价格的变化比较困难，而其他省份产品供给量少，特别是对于销区其价格相对容易变化，因而，总是其他省份的价格变化早于此三个主产省。

第三，小麦市场的信息传递多为双向的，而玉米和生猪市场信息的传递则多数是单向的，特别是生猪市场无规则的信息传递，充分说明我国的农产品市场仍然不很完善和发达，政府控制较严的小麦市场虽然价格信息的传递多数是双向的，但各地价格的联动，主要也还是受政府行为的影响。

第四，山东、宁夏、天津和浙江的小麦市场收购价格变化先于其他省市价格的变化，因而此四地可视为我国小麦收购价格变化的发源地；北京和甘肃玉米市场收购价格变化领先于其他省市，因而北京和甘肃为玉米市场收购价格的源泉；由于生猪市场价格变化规律性较差，但相对而言天津、上海和山东生猪价格的变化领先于其他省份，因此天津、上海和山东为市场收购价格变化的发源地。

综上所述，三种农产品市场收购价格地区波动规律为：小麦市场收购的变化首先起源于山东、宁夏、天津和浙江四省市，然后通过该四省市直接影响或由此传递到其他省份再间接影响河南小麦市场收购价格，从而完成价格的一次地区转移；玉米市场的收购价格变化首先起源于北京和甘肃，然后直接或间接地传递到吉林省市场，而后完成一次波动；生猪市场价格的变动首先起源于天津、上海和山东，同样最后直接或间接地传递到四川省，从而结束一次波动。农产品价格的地区传递和波动规律，具有重要的政策意义和实践指导作用，但上述价格波动的“因果”规律，仅通过对各地收购价格变化的先后顺序统计检验总结而得，是纯数学的“因果”关系①。为了从经济学角度检验这一规律是否成立，我们对上述价格变化起源地（主要是销地）的零售价格和价格变化集中地（即产地）的收购价格的先后（因果）关系，进行了 Granger - Causality 检验。在检验时，产地收购价格资料来源如前，销地价格为中国价格信息中心 35 个大中城市 1995 —1998 年月度消费价格。选取青岛和济南为山东省销地代表，银川为宁夏代表（同时选取距离银川较近的青海西宁进行对比），杭州为浙江省销地，兰州为甘肃省的销地代表。检验时，滞后期为 3，结果如表 3 。

此结果表明由销地到产地因果关系的虚拟假设均被拒绝，而由产地到销地因果关系的虚拟假设则均未能被拒绝，因而从销地到产地存在因果关系，前面指出的农产品地区间价格波动规律是成立的。

---

① 从经济学角度来讲，产地和销地的价格关系应为：产地的收购价和销地的零售价之间的关系，即产地的小麦、玉米和生猪收购价格分别与销地的面粉、玉米面（粉）和猪肉的零售价格之间的关系。

表3　小麦产销地价格变化因果关系

	虚假设	F-值	因果关系
小麦	银川≠>河南	2.10	银川=>河南
	河南≠>银川	0.26	
	西宁≠>河南	1.92	西宁=>河南
	河南≠>西宁	0.83	
	天津≠>河南	2.85	天津=>河南
	河南≠>天津	0.21	
	青岛≠>河南	3.69	青岛=>河南
	河南≠>青岛	0.44	
	济南≠>河南	2.72	济南=>河南
	河南≠>济南	0.09	
	杭州≠>河南	4.42	杭州=>河南
	河南≠>杭州	0.63	
玉米	北京≠>吉林	2.76	北京=>吉林
	吉林≠>北京	1.01	
	兰州≠>吉林	1.13	兰州=>吉林
	吉林≠>兰州	1.68	
猪肉	济南≠>四川	3.07	济南=>四川
	四川≠>济南	1.87	
	青岛≠>四川	2.16	青岛<=>四川
	四川≠>青岛	3.41	
	天津≠>四川	2.78	天津=>四川
	四川≠>天津	1.37	
	上海≠>四川	2.62	上海=>四川
	四川≠>上海	1.63	

注："≠>"表示从左向右不存在"因→果"关系。

四、政策建议

第一，对地区差价、购销差价较大的农产品，各级政府部门要积极做好引导工作，促进流通的正常进行，尤其对于那些距离较近、差价较大的省份之间的产品流通，要做好合理的调节和引导，如1997年年中，江苏和浙江的小麦收购价格差价达到0.54元/公斤，甘肃和宁夏的玉米收购价分别为1.87和0.85元/公斤，差价达到1.02元/公斤，新疆和内蒙古的生猪收购价格地区差价达到4.5元/公斤。这些都是应十分重视的问题。

第二，随着近年来我国粮食生产的连年丰收，农产品价格基本上呈现下降的趋势，因而多数农产品的地区差价和购销差价可能会逐步缩小，但这并不排斥某些农产品地区差价、购销差价的扩大，尤其是在一些不法商贩的参与下，他们囤积居奇，使市场流通出现混乱的局面，随时都可能发生，应引起足够的重视。

第三，政府应对小麦、玉米和生猪收购市场价格变化的源头作为重点进行监测和调控，从而可以间接高效地对较大范围的市场进行监控。具体而言，政府应将小麦市场价格波动的源头省区山东、宁夏、天津和浙江作为监控对象，同样将北京和甘肃作为玉米市场监控的对象，将天津、上海和山东作为生猪市场监控的对象，则可抓住各个品种收购市场的重点。

第四，对比小麦、玉米和生猪三者的收购市场，政府应将玉米作为监测和调控的重点，并对三种产品区别对待。从前面可知，玉米市场的标准差系数为 0.32 ，大于小麦和生猪的 0.16 ，因此玉米的地区差价最大。同时，玉米市场除了直接影响整个饲料市场外，还间接对养殖业形成影响。因此有关部门应将玉米作为农产品监测和调节的重点。

对玉米市场的调控，重点是解决好产需矛盾，1998 年东北三省和河北、山东 5 省的玉米产量就占到全国产量的 53.21 %，玉米的消费则主要在四川、湖南、湖北和广东等南方省份，解决产需地区差异和地理、运输条件限制的矛盾，从长期看，可通过发展交通运输来缓解，但短期内，通过“南进北出”的贸易，利用国际市场解决玉米供需矛盾将是一个较好的选择。

近年来，生猪和猪肉市场大起大落的波动，以及生猪价格地区传递缺乏规律，说明我国政府对生猪市场的引导调控还不够，因而对生猪市场重点是做好市场供求和价格的预测和预报工作，保证生猪的生产和经营者有充分的信息做出科学的决策，从而有计划地从事生产经营活动。

小麦市场上多数市场之间存在着价格信息的双向传递，这也说明从长期来看我国的小麦收购市场是很有秩序的，但从短期来看我国小麦收购市场上缺乏活力，为此政府有关部门应积极鼓励更多的经营主体参与市场活动，这无疑将会促进市场短期一体化程度的不断提高。

第五，根据小麦、玉米和生猪价格波动起源地的分析，可以发现我国的农产品价格的波动是需求导向型的，因此，可以推断对其他农产品的主要消费地，也应引起重视，特别是东南沿海地区，它也很可能成为我国农产品（主要是南方消费的主要农产品，如大米和海鲜等）价格上涨的导火线。这是由于东南沿海地区城市化进程不断加快，城市人口不断增加，而耕地又日益减少，消费中心向东南转移，生产中心向东北、西北等地转移的结果。缓解此种农产品供求地区矛盾的最佳办法是因地制宜地发展生产，并大力发展交通运输业，真正实现全国性的商品大流通，建立起全国性统一的大市场。

参考文献

[1] 万广华等．我国水稻市场整合程度研究．中国农村经济，1997（8）

[2] 武拉平．我国小麦、玉米和生猪收购市场整合程度研究．中国农村观察，1999（4）

[3] 喻闻．市场改革与我国粮食市场的整合程度．中国农科院农经所硕士论文，1997

[4] 喻闻，黄季焜．从大米市场整合程度看我国粮食市场改革．经济研究，1998（3）

[5] 周章跃，万广华．论市场整合研究方法．经济研究，1999（3）

[6] Alwyn，Young，The Razor’s Edge：Distortions and Incremental Reform in the People's Republic of China. Research Report for the Canadian Institute for Advanced Research and a Sloan Foundation Fellowship，1997

中国应用型科研机构转制的经济学分析*

辛　贤　梅方权

一、问题提出

1996年颁布的《中华人民共和国促进科技成果转化法》，以及1999年8月召开的技术创新大会、国务院《关于促进科技成果转化的若干规定》中，政府都强调了科研机构与企业之间要加强合作，十分明确提出企业是创新的主体，并已经着手对阻碍技术创新实现的制度进行强制性变迁，对科研体制和科研机构进行改革。

科研机构企业化转制中，去向主要有三种方式。一是科研机构自己建立企业，二是科研机构进入企业，三是科研机构与企业合作开发，按一定比例享有剩余索取权。本研究的目的在于用经济学理论来回答上述问题。

二、科研机构与企业的契约模型——RECM

本文所建立的研究机构与企业合作的契约模型主要是受地主—佃农契约理论的启发，主要得益于Eswaran and Kotwal（1985）的研究成果（简记为LTEK），本研究在借鉴LTEK的同时，对这一模型进行了扩展。

用E表示研究机构的科技成果；L表示研究机构已有的研究投入；研究者的技术创新能力s，用单位时间内研究者投在科研成果生产中的时间来代替，用的时间越多，科技成果的质量越高。根据上述讨论，科技成果E可以表示为

$$E=g(s, L) \tag{1}$$

其中：g为线性齐次生产函数、增函数、凹函数。企业家的管理能力m，用企业家每单位时间内投在企业管理上的时间来代替；N为企业投入。研究机构与企业合作的生产函数为：

$$Q=F(m, N, E, K) \tag{2}$$

其中：Q为产量；F为线性齐次生产函数、增函数、凹函数；K为研究机构与企业合作后的其他投入品，可能是新增设备、土地、厂房、劳动力、贷款等等。

为研究方便，研究机构由一个研究者和研究投入两部分构成。研究者具有技术创新能力，但企业管理能力不足。企业由企业家和企业投入构成。企业家具有企业管理能力，但技术创新能力不足。研究者和企业家技术创新能力和企业管理能力的不同用参数γ_1和γ_2来表示。下标1为研究者或研究机构，下标2为企业家或企业，研究者的企业管理能力只是企业家管理企业能力的一

* 原载《数量经济技术经济研究》2000年第10期。

部分 γ_1，而企业家的技术创新能力只是研究者技术创新能力的一部分 γ_2。

把（1）式代入（2）式，得到生产函数

$$Q=f(m, s, L, N, K) \tag{3}$$

因为 F、g 均为线性齐次函数，而且同时都是凹函数和增函数，可以证明 f 也必然是线性齐次函数、增函数和凹函数。这里实际上是假设科研机构与企业合作后的生产函数是可分的（Separable）。这一点对于我们的研究非常重要。

当然，在合作的过程中，研究者和企业家也存在其他的机会选择。企业家、研究者的机会成本分别为 u、v。投入 N、K 的价格分别为 n、r。如果投入是可分的，N、K 和 n、r 分别是投入向量和价格向量。假设科研机构与企业合作后的产品价格是 P。此外，假设参数 v、u、n、r 是外生变量。

至此，科研机构与企业合作的契约模型已经基本建立（RECM）。

三、科研机构与企业的契约选择

在 RECM 中，科研机构和企业的合作契约有三种形式，即固定工资契约、固定报酬契约和利润分成契约。

1. 固定工资契约（FWC）。在固定工资契约下，研究者直接建立或并购企业。科研机构追求利润最大化，其利润函数为

$$\prod{}_1^{fwc}=max\left[Pf(\gamma_1 m_1, s_1, K, L, N)-rK-nN+(1-m_1-s_1)v\right] \tag{4}$$

其中：$0\leqslant m_1\leqslant1$；$0\leqslant s_1\leqslant1$，$0\leqslant m_1+s_1\leqslant1$。

2. 固定租金契约（FRC）。在固定租金契约下，科研机构进入企业。企业追求利润最大化，其利润函数是

$$\prod{}_2^{fr}=max\left[Pf(\gamma_2 m_2, s_2, K, L, N)-rK-nN+(1-m_2-s_2)u\right] \tag{5a}$$

其中：$0\leqslant m_2\leqslant 1$；$0\leqslant s_2\leqslant1$，$0\leqslant m_2+s_2\leqslant1$。

由于研究资源比较稀缺，研究者在选择企业时有充分的主动权，租金 R 具有以下特点

$$R=max\{0, \prod{}_2^{fr}-u\} \tag{6}$$

科研机构的收入是

$$\prod{}_1^{fr}=v+R \tag{5b}$$

3. 利润分成契约（PSC）。在利润分成契约中，企业和科研机构都各自提供具有优势的资源：企业管理能力和技术创新能力，分享剩余索取权。这一索取权的分配比例实际上是一个内生变量。

在参数 m 和 s 给定下，约束利润函数为

$$\prod(s, m)=max\left[Pf(m, s, K, L, N)-rK-nN\right] \tag{7}$$

通常情况下，假设研究者和企业家的剩余索取权按照以下形式分配

$$S_2=\alpha+\beta\prod \tag{8 a}$$

其中：S_2 是企业家的利润，$0\leqslant\beta\leqslant1$，研究者的利润 S_1 为

$$S_1=-\alpha+(1+\beta)\prod \tag{8b}$$

研究者和企业家在谈判中的地位可能出现三种情形：研究者是领先者、企业家是领先者、两

者同时采取决策。在不同情况下，α 和 β 的最终结果也将不同。

（1）研究者是领先者。研究者是领先者，企业家是跟随者。企业家的决策就依赖于研究者的决策。企业家会根据利润最大化原则来确定自己对企业管理能力的投入 m_2

$$max\ [\beta \prod (s_1, m_2) + (1-m_2)\ u] \qquad 0 \leqslant m_2 \leqslant 1 \tag{9a}$$

对上式进行微分，可以得到企业家的反应函数

$$m_2 = \tau\ (s_1, \beta) \tag{10a}$$

在上述信息下，研究者追求利润最大化，确定自己的技术创新能力 s_1

$$max\ [\ (1-\beta) \prod (s_1, m_2) + (1-s_1)\ v] \qquad 0 \leqslant s_1 \leqslant 1 \tag{9b}$$

根据（9b）式，可以得到研究者的技术创新能力投入 s_1

$$s_1^* = \sigma^*\ (\beta) \tag{10b}$$

把（10b）代入到（10a），得到企业家根据利润最大化原则来确定的投入 m_2

$$m_2^* = \tau^*\ (s_1, \beta) = \tau^*\ [\sigma^*\ (\beta), \beta] \tag{10c}$$

（2）企业家是领先者。企业家是领先者，研究者就是跟随者。研究者的决策依赖于企业家的决策来确定自己的技术创新能力 s_1

$$max\ [\ (1-\beta) \prod (s_1, m_2) + (1-s_1)\ v] \qquad 0 \leqslant s_1 \leqslant 1 \tag{11a}$$

进而得到研究者的反应函数

$$s_1 = \sigma\ (m_2, \beta) \tag{12a}$$

企业家确定投入 m_2

$$max\ \{\beta \prod (\sigma\ (m_2, \beta), m_2) + (1-m_2)\ u\} \qquad 0 \leqslant m_2 \leqslant 1 \tag{11b}$$

对上式进行微分，可以得

$$m_2^* = \tau^*\ (\beta) \tag{12b}$$

把（12b）代入到（12a），得到

$$s_1^* = \sigma^*\ [\tau^*\ (\beta), \beta] \tag{12c}$$

研究者和企业家经过博弈，纳什均衡解为 $[s_1^*\ (\beta), m_2^*\ (\beta)]$。

（3）研究者和企业家同时采取决策。研究者和企业家均同时追求利润最大化

$$max\ [\ (1-\beta) \prod (s_1, m_2) + (1-s_1)\ v] \qquad 0 \leqslant s_1 \leqslant 1 \tag{13a}$$

$$max\ \{\beta \prod (\sigma\ (m_2, \beta), m_2) + (1-m_2)\ u\} \qquad 0 \leqslant m_2 \leqslant 1 \tag{13b}$$

对应的反应函数分别为

$$s_1 = \sigma\ (m_2, \beta) \tag{14a}$$

$$m_2 = \tau\ (s_1, \beta) \tag{14b}$$

研究者和企业家在谈判过程中进行博弈，达到纳什均衡

$$s_1^* = \sigma^*\ (\beta) \tag{15a}$$

$$m_2^* = \tau^*\ (\beta) \tag{15b}$$

总之，研究者和企业家经过博弈，达成纳什均衡，纳什均衡解 $[s_1^*\ (\beta), m_2^*\ (\beta)]$。根据前面对生产函数是凹函数的假定，可以得出（7）式代表的约束利润函数也是 m 和 s 的凹函数。并可以得到（9）、（11）、（13）式的两个利润函数也均为 m 和 s 的凹函数，纳什均衡解存在。给定 α 和 β，假设上述纳什均衡解是唯一的。假定 s_1 和 m_2，均为连续函数。进一步可以证明，s_1 和 m_2 的纳什均衡解并不依赖于参数 α，但依赖于 β。因为变换 β 会改变研究者和企业家的边际报酬，从

而影响研究者和企业家的动力。

参数α满足下面条件

$$\alpha+\beta\prod[m_2^*(\beta),\ s_1^*(\beta)]+[1-m_2^*(\beta)]u=u \tag{16}$$

根据（16）式可以得到参数α的表达式

$$\alpha(\beta)=m_2^*(\beta)u-\beta\prod[m_2^*(\beta),\ s_1^*(\beta)] \tag{17}$$

最后，参数β满足以下条件

$$max\{-\alpha(\beta)+(1-\beta)\prod[m_2^*(\beta),\ s_1^*(\beta)]+[1-s_1^*(\beta)]v\} \tag{18}$$

前面假设纳什均衡解是连续函数，可以证明（13）式存在最优解β^*

$$\beta^*=\beta^*(u,\ v,\ w,\ n,\ r,\ P) \tag{19}$$

把（12b）代入（12a），得到参数α的表达式

$$\alpha^*=\alpha^*(u,\ v,\ w,\ n,\ r,\ P) \tag{20}$$

由此可见，参数α、β是内生变量，由所有的外生变量来决定。研究者的利润函数为

$$\prod{}_1^{ps}=-\alpha^*+(1-\beta^*)\prod[m_2^*(\beta^*),\ s_1^*(\beta^*)]+[1-s_1^*(\beta^*)]v \tag{21}$$

把（12a）代入（14）式，得到研究者的利润为

$$\prod{}_1^{ps}=\prod[m_2^*(\beta^*),\ s_1^*(\beta^*)]+[1-s_1^*(\beta^*)]v-m_2^*(\beta^*)u \tag{22}$$

研究者和企业家在谈判过程中进行博弈，达到纳什均衡，其中隐含的一个假设就是研究者和企业家之间采取非合作方式。当然，如果研究者和企业家之间关系非常密切，也可能采取合作态度。

科研机构选择何种契约方式与企业进行合作，取决于科研机构在三种合作方式中的收益大小，最终的契约形式是科研机构获得利润最大的一种方式，亦即契约是内生变量。

四、应用型科研机构转制中与企业的关系

假设生产函数为

$$E=s^wL^{1-w} \qquad Q=A\,m^{\delta1}N^{\delta2}E^{\delta3}K^{\delta4}$$

根据前面的推理可以计算出三种不同契约安排下科研机构的收益。用γ_1和γ_2表示γ_1和γ_2的临界值。γ_1和γ_2把契约空间分成了三部分（模拟基准水平：$\delta_1=\delta_2=\delta_4=0.2$，$\delta_3=0.4$，$w=0.5$，$n=r=1$，$A=4$，$P=1$，$u=v=1.5$）。

根据以上分析，得出下面4个结论：

结论1：随着市场经济的不断发展，国家对科研院所的强制转制，FWC和FRC将称为主要的契约形式，而PSC的空间将会缩小。

结论2：当科研机构或者是企业在合作中处于领先地位，PSC为主要的契约形式，而FWC和FRC的空间越来越小。

结论3：当产品的技术含量越高，FWC的契约空间增加，部分PSC将转为FWC；而FRC的空间减少，减少的部分转为PSC。反之，当产品生产所需的技术密集度减少，亦即属于资本密集型和劳动力密集型，FRC在契约空间中增加，而FWC的空间减少。

结论4：当企业管理能力非常重要，FWC契约空间减少，而FRC的空间增加。

本文建立的RECM仍具有一定的局限性。对产品价格是内生变量、存在风险、合作博弈的情况需要进一步研究。

改革开放以来中国居民的消费需求变化（Ⅰ）

——城市居民消费*

刘　丽　王政珍

［摘　要］文章引入Working消费需求分析模型，对改革开放以来中国城市居民的消费特征进行动态分析并归纳其特点。分析发现，近20年来，城市居民的消费份额从衣食逐步转向耐用消费品，再转向交通和通信，这带来了经济增长的变化。特别是在过去十几年中，耐用消费品有效地刺激了我国经济的增长，这种情况在其他国家也同样出现。问题在于1993年以来城市居民对它的需求弹性持续下降，特别是到1996年，需求弹性下降到0附近。与此同时，居民对通信的需求弹性明显变大，对信息产业产品的需求正在替代耐用消费品成为新的经济增长点。

［关键词］城市居民　消费需求　经济增长点

一、问题的提出

扩大内需，是保持我国当前经济持续增长的重要战略。改革开放以来，中国的经济增长，从一定程度上来说是与中国居民收入增加的同时生活消费总支出增加，密切相关的。居民对消费品需求的数量增长与结构变化决定着中国经济增长的走向。一个显然的问题是，我国经济经历了10多年增长后，能否保证有充分的消费资源来保持增长。本文拟从过去几年的消费需求的变化来分析这个问题。

二、模型与理论框架

本文为了研究的需要，引入消费需求分析模型。模型分析消费需求的结构和变化，了解消费对价格的反应和对商品需求变化的影响，并可根据历史数据对未来的消费需求进行预测，从而掌握市场的需求指向，估计我国经济的新增长点。

经济学家已经创建了一些消费需求分析模型，主要的有LES模型、AIDS模型、Rotterd模型、Working模型，其产生途径主要来源于直接效用函数、间接效用函数、成本函数和微分方程的应用。其中LES模型中存在必需品的收入弹性随国民收入的增加而递减这一结构性的缺点，

---

* 原载《中国农业大学学报（社会科学版）》2000年第2期。

与普遍的经济现象相悖；Rotteerd模型中，边际消费份额是常数，不符合长时间尺度的长期增长问题；而Working模型，它基于宏观经济数据对居民消费倾向进行分析，较好地处理了LES模型与Rotterd模型的不足。钟颖杰、王铮(1998)提出Working模型基于下列理由对分析经济增长有效：

1. 独立性。独立性是指消费品之间的效用相互独立，即消费品不存在替代性。因为消费需求模型建立在消费品的效用最大化基础上，如果消费品具有独立性，就可忽略它们之间的组合效应，有利于模型的简化。

2. 齐次性。当收入增加时，消费支出也会随着增加，同时消费品价格在社会经济的作用下也会有相同程度的变化。这样可保证实际收入也就是消费能力不变，即对各种消费品的需求量基本不变，也就保证了对多种消费品的需求结构保持不变，最终使消费品对于居民的效用不变。

3. 对称性。对称性描述的是A种消费品单价变化对B种商品的需求量的影响与B种消费品单价变化对A种商品的需求量的影响作用相同。

在以上三个假设前提下，Working's模型其具体表达为方程：

$$p_i \times q_i / M = \alpha_i + \beta_i \times \log M \quad (1)$$

其中 p_i，q_i 分别为第 i 种消费品的价格和需求量，M 为居民消费总支出，α_i，β_i 为参数。令 $W_i = p_i^* q_i / M$，则 W_i 为第 i 种商品占有的市场份额，它表示居民对第 i 种商品消费投入的多少。

把（1）乘以 M，然后对 M 进行微分，可以得到；

$$\partial (p_i \times q_i) / \partial M = \alpha_i + \beta \times (1 + \log M) \quad (2)$$

令 $\theta_i = \partial (p_i \times q_i) / \partial M$ 则 θ_i 为第 i 种商品的边际市场份额，它可反映消费投入多少的变化。$\theta_i > 0$，说明消费投入在增加；$\theta_i < 0$，说明消费投入在减少。

由（1）和（2）可得到：

$$\beta_i = \theta_i - W_i \quad (3)$$

β_i 表示第 i 种消费品的边际市场份额与市场份额的差值，如果 $\beta_i > 0$，表示这种消费品为市场所需，显示着这种商品具有被需求的潜力；如果 $\beta_i < 0$，表示这种消费品已经达到效用最大，即将来它会被淘汰。β_i 用来指示消费品对需求的冷热变化。

将（3）平均化，得到消费的收入弹性：

$$\eta_i = 1 + \beta_i / w_i \quad (4)$$

η_i 的大小说明对第 i 种消费品收入弹性的大小，即 η_i 大于1时说明当居民收入增加时，对第 i 种商品的需求也在增加；η_i 大于1意味着需求减少。对于消费行为来说，可能出现 η_i 小于0的情况，这时意味着消费者对消费品 i 的消费是异常消费并有抵制心态。

根据《中国统计年鉴》，我们按式（1）～（4）分别计算了中国城市居民在消费需求变化中 W_i、θ_i、β_i、η_i 的值，并分别列表为表1，表2，表3和表4。

表1　中国城市居民平均每人每年七类消费品市场份额占有率（1981—1996）

年份	1981	1982	1983	1984	1985	1986	1987	1988
食品	0.566 58	0.586 49	0.592 03	0.579 58	0.533 10	0.524 33	0.534 74	0.513 60
衣着	0.147 88	0.143 69	0.145 39	0.155 29	0.133 89	0.141 48	0.136 91	0.138 78
居住	0.043 07	0.044 33	0.051 78	0.041 55	0.034 90	0.035 14	0.034 29	0.031 94
交通	0.013 39	0.014 01	0.013 75	0.013 51	0.011 47	0.010 51	0.010 29	0.008 26
教育	0.011 82	0.011 72	0.011 15	0.012 44	0.015 08	0.015 62	0.016 94	0.021 10
医疗保健	0.006 04	0.006 12	0.006 17	0.006 01	0.007 54	0.009 46	0.010 03	0.011 40
邮电	0.001 05	0.001 274	0.001 186	0.001 287	0.001 147	0.000 901	0.000 927	0.000 879

（续）

市场份额	1989	1990	1992	1993	1994	1995	1996	OECD国家
食品	0.544 99	0.542 44	0.528 584	0.501 32	0.498 89	0.499 22	0.485 961	0.230 0
衣着	0.123 17	0.133 62	0.140 818	0.142 42	0.136 91	0.135 46	0.134 699	0.091 6
居住	0.035 72	0.036 34	0.059 627	0.066 33	0.067 74	0.070 72	0.031 673	0.163 5
交通	0.008 39	0.010 57	0.020 069	0.024 81	0.024 49	0.023 47	0.024 439	0.123 7
教育	0.251 3	0.026 28	0.038 086	0.045 17	0.045 03	0.046 80	0.052 048	0.011 1
医疗保健	0.013 20	0.015 20	0.024 831	0.026 95	0.029 07	0.031 21	0.036 556	0.050 5
邮电	0.001 04	0.001 40	0.006 353	0.013 39	0.022 04	0.024 87	0.026 266	—

资料来源：根据《中国统计年鉴》（1981—1996）计算，Selvanathan，Clements，1995，P75。

表2 中国城市居民平均每人每年七类消费品边际市场份额（1982—1996）

年份	1982	1983	1984	1985	1986	1987	1988
食品	1.228 813	0.666 666	0.461 883	0.382 638	0.428 057	0.632 139	0.428 454
衣着	0.008 474	0.168 384	0.248 878	0.064 583	0.224 820	0.094 218	0.146 279
居住	0.084 745	0.152 348	−0.055 119	0.013 368	0.037 769	0.026 334	0.022 497
教育	0.008 474	0.003 436	0.024 663	0.023 611	0.021 582	0.029 260	0.037 844
医疗保健	0.008 474	0.006 872	0.004 484	0.012 500	0.030 575	0.015 332	0.016 941
交通	0.033 898	0.010 309	0.011 210	0.004 861	0	0.008 192	0
邮电	0.008 474	0	0.002 242	0	−0.001 798	0.001 170	0
年份	1989	1990	1992	1993	1994	1995	1996
食品	0.868 935	0.496 909	0.483 479	0.397 535	0.491 931	0.500 590	0.363 176
衣着	−0.037 954	0.319 841	0.164 265	0.148 492	0.121 223	0.129 428	0.127 657
居住	0.074 600	0.047 394	0.135 449	0.091 851	0.071 772	0.083 089	−0.330 051
教育	0.066 747	0.046 806	0.076 519	0.072 150	0.044 616	0.054 367	0.100 293
医疗保健	0.031 691	0.050 927	0.056 180	0.035 027	0.035 109	0.040 087	0.086 100
交通	0.009 722	0.049 455	0.050 987	0.042 839	0.023 591	0.019 249	0.034 408
邮电	0.002 711	0.007 801	0.022 477	0.040 197	0.046 696	0.036 604	0.039 226

资料来源：根据《中国统计年鉴》（1981—1996）计算而得。

表3 中国城市居民平均每人的β值

年份	1982	1983	1984	1985	1986	1987	1988
食品	0.642 316	0.074 636	−0.117 69	−0.150 46	−0.096 27	0.097 392	−0.085 15
衣着	−0.135 22	0.022 986	0.093 580	−0.069 31	0.083 336	−0.042 61	0.007 499
医疗保健	0.002 359	7.058 7E−	−0.001 52	0.004 961	0.021 113	0.005 302	0.005 537
交通	0.019 885	−0.003 45	−0.002 30	−0.006 61	−0.010 53	−0.002 09	−0.008 17
邮电	0.007 200	−0.001 19	9.551 5E−	−4.527E−	−0.002 67	0.000 243	−1.955E−
居住	0.040 414	0.100 561	−0.096 68	−0.021 54	0.002 624	−0.007 96	−0.009 45
教育	−0.003 24	−0.007 71	0.012 222	0.008 534	0.005 962	0.012 322	0.016 748
年份	1989	1990	1992	1993	1994	1995	1996
食品	0.323 941	−0.045 530	−0.045 104	−0.103 788	−0.006 953	0.001 374	−0.122 784
衣着	−0.161 122	0.186 225	0.023 447	0.006 077	−0.015 687	−0.006 031	−0.007 041
医疗保健	0.018 494	0.035 726	0.031 350	0.008 076	0.006 039	0.008 879	0.049 544
交通	0.001 332	0.030 918	0.018 033	−8.990 2E−	−0.004 224	0.009 869	0.001 670
邮电	0.001 670	0.006 401	0.016 124	0.026 804	0.024 654	0.011 737	0.012 960
居住	0.038 884	0.011 058	0.075 822	0.025 521	0.004 029	0.012 368	−0.361 723
教育	0.041 618	0.020 525	0.038 433	0.026 978	−4.112 6E	−0.007 528	0.048 245

资料来源：根据《中国统计年鉴》（1981—1996）计算而得。

表 4　中国城市居民平均每人每年的 η 值

年份	1982	1983	1984	1985	1986	1987	1988
食品	2.095 175	1.126 068	0.796 928	0.717 756	0.816 387	1.182 128	0.834 209
衣着	0.058 976	1.158 092	1.602 587	0.482 359	1.589 015	0.688 137	1.054 039
医疗保健	1.385 946	1.114 459	0.746 636	1.658 152	3.231 300	1.528 745	1.485 544
交通	2.419 106	0.749 377	0.829 596	0.423 749	0	0.796 240	0.011 025
邮电	6.652 543	0	1.742 152	0.605 356	−1.995 80	1.262 332	0.777 477
居住	1.911 650	2.941 832	−1.326 29	0.382 966	1.074 663	0.767 887	0.704 190
教育	0.723 102	0.308 254	1.982 449	1.566 032	1.381 710	1.727 490	1.793 907
年份	1989	1990	1992	1993	1994	1995	1996
食品	1.594 395	0.916 064	0.914 668	0.792 971	0.986 062	1.002 753	0.747 337
衣着	−0.308 153	2.393 735	1.166 506	1.042 676	0.885 421	0.955 474	0.947 724
医疗保健	2.401 525	3.350 329	2.262 559	1.299 648	1.207 751	1.284 537	2.355 302
交通	1.158 787	4.678 107	2.540 615	1.727 009	0.963 290	0.820 050	1.402 203
邮电	2.605 504	5.573 532	3.538 234	3.001 403	2.118 488	1.472 008	1.493 433
居住	2.088 723	1.304 340	2.271 619	1.384 760	1.059 479	1.174 896	−10.420 70
教育	2.656 198	1.781 009	2.009 113	1.597 239	0.990 866	1.160 721	1.926 943

资料来源：根据《中国统计年鉴》(1981—1996) 计算而得。

三、中国城市居民的消费需求结构

从表 1 我们可以看出，食品和衣着占有的市场份额居第一和第二位，分别为 50%左右和趋向 13.5%附近，食品远远高于 OECD 发达国家为 14%～30%的水平，衣着正逼近发达国家的 7%～11%左右的水平。表中居第三位的是居住，在 OECD 国家这一项普遍居第二位，约为 11%～20%，平均值为 16.35%，我国的相应分额为 5%～6%，这是否意味这我们需要提高这项消费份额呢？我们认为答案是否定的。其理由之一是我国人民刚刚温饱有余，如果我们提高住房消费份额势必降低食品、衣着和耐用消费品的份额，可能造成农业、轻工业的市场萎缩，按 Shinkai 的两部门经济增长理论，这一萎缩将降低经济增长速度。交通只有在近几年才低于教育，一直位于第四。食、衣、住、行是城市居民的主要消费。我们知道，社会贫穷，消费结构简单而且集中在吃穿上，相反，社会富裕或收入水平高，消费结构复杂，消费项目丰富，吃穿所占比重也低。对于我国的经济现状，虽然经济在增长，居民收入在增加，但由于饮食结构的变化，居民对于它们的消费一直居高不下。表中，对教育的投入在增加，这种增加可能是国家对教育投资过少造成的，在 OECD 国家居民的教育消费处于各主要消费的最低位，目前我国居民对各种教育收费怨言颇多，大学“特困生”问题日益突出，这对于提高经济增长中的人力资源份额是不利的。教育是公共的事业，是提高人力资本的根本保证，国家提高教育投资是必要的。

四、中国城市居民的消费需求动态

市场份额仅仅反映了静态的结构，对经济学来说，有意义的是消费的边际，它代表着一种动态趋向。在表 2 中我们算出七种消费品的市场边际。

从表 2 可以看出，食品、衣着、居住的边际市场份额很高，与这些消费品的市场份额占有率相应，说明我国人民的消费还处于比较低的阶段，衣、食、住是主要需求。值得注意的是，我国城市居民食品的消费边际一直在下降，说明在食品消费上已经得到满足并向其他消费品转向；与此同时，衣着消费经历了先升后稳的变化，这些变化是改革开放以来人民生活逐步富裕的表现。居住的波动很大，包含了对政策的反映。特别是当住房需求边际增大时，其他边际下降，政策性提高住房需求可能会造成其他消费降低，不利于经济增长。教育的边际市场份额居第三位，如我们前文所讨论的这是不良现象。医疗保健紧随教育后，而且高于交通，这是医疗制度改革和医疗服务和药品不断涨价的结果。

为了对我国经济增长趋势有更好的分析，我们计算了消费倾向β的变化，试图寻求我国经济的增长点，计算结果如表3所示，为了对这一主要内容有主观感觉，我们把表3的数据表述在图1中，图1中纵坐标为β值，横坐标是年份，1982年为第1年。

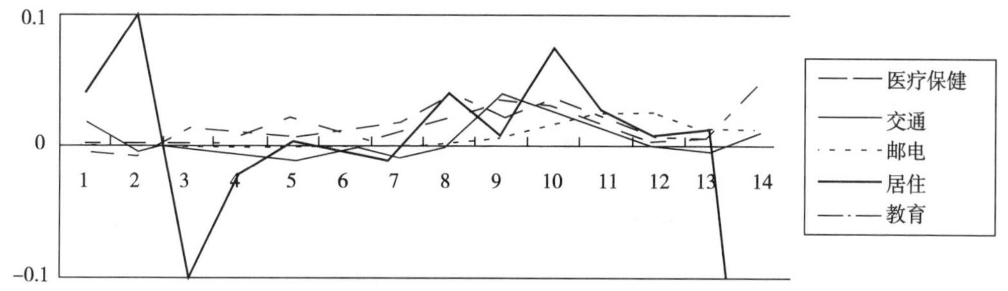

图1　中国城市居民五类消费品需求潜力变化（横坐标1为1982年）

由图1可以发现，所有年份教育消费的值都大于零，在20世纪80年代末90年代初处于高峰期，近几年来，有所下降，这是国家开始重视教育，居民相应负担下降的表现。医疗保健的情况和教育基本一致。食品和衣着的值几乎都是负值，表示对它们的需求已经达到一定的值，不存在潜力。但是，交通和邮电在80年代末开始出现正值，交通很快经历了一个高峰现在趋于平稳，邮电在缓和地上升，势头很足，注意到这一消费是居民自发的。换言之，交通与邮电及整个信息产业的需求可能是我国下一阶段经济的新增长点。消费倾向β的各元素中，居住的波动最大，这是我国住房改革步伐波动的反映。由于购买住房的价格对大多数工薪人员是天价，没有政策压力，居民不会提高住房消费，所以，这种压力一放松，消费倾向β出现负值，这一事实表明，我国城市居民的消费还没有达到可以购买住房的水平，不顾这一条件，会产生真正的“超前消费”，影响对其他产品的消费。特别是我国城市居民购买住房是已经建成多年的住房，提供住房消费不意味着刺激建筑业，没有“乘数效应”存在，国家拿了居民购买住房的钱，居民无钱购买其他消费品，结果会导致经济萧条，国家拿的钱“投资什么赔什么”。1998年初，住房改革计划一出台，中关村电子市场马上萧条，这种情况持续下去，必然削我国的邮电、交通和高技术产品消费增长势头之锋，世界经济正逐步进入知识经济时代，此锋之锐，是进入知识经济时代的标志，此锋一削，我们又要“跟在别人屁股后面，一步一步爬行。”可见扩大内需，实在有个内需的结构问题，这是保持可持续发展的需要。

进一步的，我们还计算了居民对消费品的收入弹性变化η，η_i大于1时说明当居民收入增加时，对第i种商品的需求也在增加，反之减少。η更好地反映未来的市场动向。计算给出在表4和图2中。

从表4和图2可以知道，只有居住的收入弹性出现负值，说明城市居民对购买住房没有表现出多占住房的积极性。与之相反，居民对其他消费品的收入都具有正的弹性。在改革开放以来，

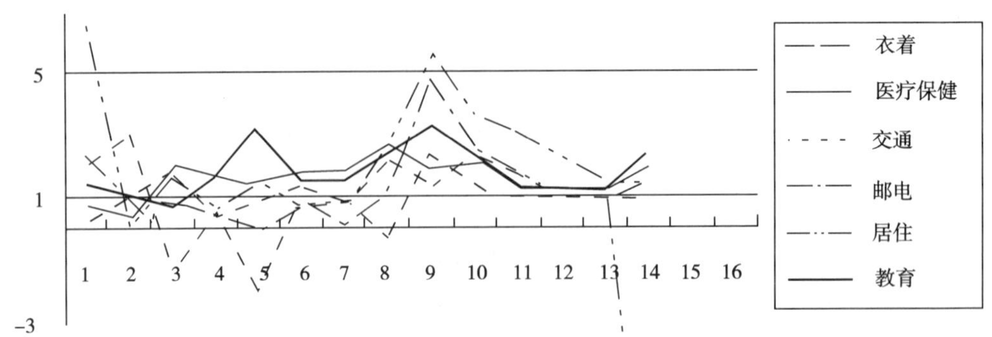

图 2　中国城市居民六类消费品的收入弹性变化图

教育和医疗保健的收入弹性变化并不很大，几乎在 2 左右波动，近几年来有所下降；交通和邮电在 1980 年的收入弹性很小，1980 年末，收入弹性剧增，以致出现了 1990 年的一系列高峰，普遍保持大于 2 的特征，η 值再次表明交通与信息产业是我国经济的新增长点。

在前面的分析中，我们没有包括耐用消费品，这是因为国家公布的统计数据不长的原因。一般认为在中国过去 10 多年的经济增长中，耐用消费品是主要的增长点。分析耐用消费品的消费特征，对认识中国未来的经济增长有重大原因。根据统计数据计算的结果给出在表 5 中。

表 5　中国城市居民耐用消费品消费特征

年　份	1992	1993	1994	1995	1996
市场份额	0.074 916	0.076 961	0.076 255	0.069 169	0.064 057 13
边际市场份额	0.084 745	0.074 244	0.039 724	0.016 705 94	
β	0.007 784	−0.002 01	−0.029 44	−4.74E−02	
η	1.101 147	0.973 625	0.574 308	2.60E−01	

资料来源：根据《中国统计年鉴》(1993—1996) 计算而得。

比较表 5 数据与表 1～4 数据，我们可以分析到，城市居民在耐用消费品的投入上，居各项的第三位，高于居住（5%左右）、教育（约等于 5%）、医疗保健（不到 3%）、交通（略高于 2%）和邮电（不到 2%），说明这几年来城市居民在耐用消费品上的花费很大。但是，它的边际市场份额在减少，β 值也在减小并已小于零，同时收入弹性也在变小并已从大于 1 变到小于 1。所有这些都说明，虽然这几年来，城市居民在耐用消费品的消费上投入很大，如果在市场上不出现新的耐用消费品，这种状况将不会维持很久，我国过去 10 多年经济的增长点已经发生变化。

五、讨论

分析中国城市居民的改革开放以来的消费需求特征，我们可以得到下面的结论：

1. 从市场份额的占有率看，城市居民在吃穿上的比重都有所下降，其中食品份额下降较大，城市的变化主要发生在 1985 年和 1993 年，1985 年我国开始了城市改革，这就说明我国经济改革有效地提高了我国人民的生活水平。问题在于这种改变还没有达到充分的水平，目前我国城市居民消费支出中 50%左右为食品，是欧共体国家的 2 倍，这就严重地制约了对其他商品的消费，使我国经济结构难于达到新的层次。在最近几年中，居民对食品的需求投入在居民的可支配收入中已达到几乎固定的值，没有下降趋势，这似乎暗示我们需要较大的政策改进。

2. 一般认为，在过去十几年中，耐用消费品有效地刺激了我国经济的增长，这种历史在其

他国家也同样出现。问题在于 1993 年来城市居民对它的需求弹性持续下降，特别是到 1996 年，需求弹性下降到 0 附近。与之同时，居民对通信的需求弹性明显变大。在城市对信息产业产品的需求正在替代耐用消费品成为新经济增长点。

3. 从城市居民在边际市场份额上，教育和医疗保健的值已上升到第三和第四，高于交通，表示在年际的变化中投入在增加。使得在分析需求潜力时得到，教育和医疗保健的值一直都大于零，说明城市居民对它们一直都很重视，它们也是生活消费中必要的部分；而交通和邮电在 20 世纪 80 年代末 90 年代初才出现正值并增长很快，交通很快出现了一个高峰而趋于平稳，邮电在缓和地上升。收入弹性与此对应，教育和医疗保健的收入弹性变化并不很大，几乎在 2 左右波动，近几年来有所下降；交通和邮电的收入弹性在 1980—1990 年收入弹性变化大。所有的弹性在 1990 年出现的都是高峰和低谷，其中交通、邮电、医疗保健为高峰，教育为低谷，峰值大小依次为邮电——交通——医疗保健——教育，预示着我国在消费政策方面的举棋不定，影响经济。

4. 关于住房消费问题，正文已经有大量讨论。我们认为城市居民大量购买已经建成的住房，仅仅增加国家的财政收入，刺激不了消费市场，但是对于信息产业的发展可能有重大影响，因此必须从经济发展全局入手来调整可能提高居民住房消费的政策。

总之，分析表明我国的新经济增长点为交通与信息产业。目前大力推进的城市住房改革，可能造成新兴的交通与信息产业的萎缩，需要斟酌。

参考文献

[1] 钟颖杰，王铮．中国八个地区的消费需求分析．地理学报，1998，52 (4)：295～302

[2] Selvanathan，E. A.，Kenneth W. Clements. Recent Development in Applied Demand Analysis.：8～112，1995

[3] Working，H.. Statistical Laws of Family Expenditure. Journal of the American Statistical Association 38，1993

改革开放以来中国居民的消费需求变化（Ⅱ）*

——农村居民消费

刘　丽　王改珍

［摘　要］文章在改革开放以来中国居民的消费需求变化［Ⅰ］分析的基础上，继续应用Working消费需求分析模型，对改革开放以来中国农村居民生活中的消费需求特征展开分析。分析发现尽管城市居民对耐用品的需求弹性持续下降，但适合农村需要的耐用消费品市场有较大潜力。综合考虑得出未来农村居民消费品的投入偏好及市场需求顺序为，农村耐用消费品——交通和通讯——家庭设备及服务——医疗保健。这就是说开辟农村市场，我国还能依赖耐用消费品的需求，支持一段经济发展，但是交通与通讯代表的信息产业是我国今后经济增长的支柱。

［关键词］中国　农村居民　消费需求　经济增长

一、引言

我们讨论了改革开放以来城市居民的消费需求变化。中国是一个农民众多的国家，仅仅讨论城市消费，不足以说明中国经济增长趋势。本文的目的是继续讨论农村居民的消费变化，以图全面认识中国经济增长问题。文章所依据的理论已经在文（Ⅰ）中讨论过。

二、中国农村居民的消费需求结构

我国农村居民，近20年来类似城市居民，消费特征发生了变化，他们对我国经济发展同样有重要影响。我们将会看到对于农村居民来讲，消费品需求有不同的方向。类似对城市居民的4种数据分析，我们对我国农村居民的消费需求变化进行了分析，结果如表1～表4所示。由于统计资料的变化，它们的内容未与前文表1～表4一一对应。由于我国农村的统计资料缺乏，表中的空白是统计资料不全的结果。

计算表明，与城市居民类似，农村居民在食品的消费上也是在各类消费中占第一位的。食品份额从改革开放之初68%下降到1996年的56%，并且较城市居民的份额仍然为高，说明农村与城市居民水平存在的差别仍然是显著的，农村居民55%以上收入用于吃饭，这是不利于经济增长

* 原载《中国农业大学学报（社会科学版）》2000年第3期。

的。居住消费是农村居民的第二大消费，占15%左右，高于城市居民所占比例，与OECD（经济合作与发展组织）国家水平接近，这是因为我国农民不享受公房优惠的原因。农村建筑、建材市场仍然具有活力。这一数据从改革开放之初的10%经10年上升到20%，此后逐步下降，表明我国城市居民住房制度改革方向是正确的，但只能逐步实现。衣着是农村居民的第三大消费，介于5%～10%之间，明显小于城市居民的值，这是我国城乡经济差异仍突出存在的表现。食品、居住、衣着属于居民消费中基本消费需求，这三项之和已经高于75%，说明农村的生活水平很低，

表1　中国农村居民平均每人每年八类消费品市场份额占有率（1978—1996）

市场份额	1978	1980	1983	1984	1985	1986	1987	1988
食品	0.677 15	0.617 66	0.593 02	0.589 92	0.577 56	0.563 58	0.551 53	0.534 07
居住	0.102 96	0.138 46	0.165 25	0.172 24	0.181 53	0.195 55	0.193 45	0.194 67
衣着	0.127 00	0.132 91	0.111 36	0.103 47	0.09873	0.094 53	0.085 94	0.086 39
日用品					0.065 37	0.065 53	0.064 83	0.070 91
文化生活服务	0.027 23	0.026 26	0.022 07	0.023 85	0.028 57	0.031 49	0.050 59	0.056 75
文化娱乐用品					0.021 71	0.022 27	0.025 33	0.027 76
医疗卫生用品					0.017 30	0.017 90	0.018 91	0.019 85
书报杂志					0.003 50	0.003 78	0.004 19	0.004 36
市场份额	1989	1990	1991	1992	1993	1994	1995	1996
食品	0.540 90	0.580 37	0.568 42	0.568 06	0.580 56	0.588 58	0.586 24	0.563 26
居住	0.187 83	0.160 10	0.154 42	0.147 25	0.138 75	0.139 99	0.139 05	0.139 34
衣着	0.082 90	0.077 55	0.082 25	0.079 56	0.071 89	0.069 16	0.068 52	0.072 37
日用品	0.064 67	0.055 04	0.059 58					
文化生活服务	0.065 92	0.069 10	0.043 26					
文化娱乐用品	0.025 68	0.020 71	0.021 81					
医疗卫生用品	0.021 44	0.022 63	0.024 09	0.030 52	0.035 30	0.031 54	0.032 42	0.037 06
书报杂志	0.005 21	0.005 47	0.005 37					

资料来源：根据《中国统计年鉴》（1978—1996）整理。

表2　中国农村居民平均每人每年八类消费品的边际市场份额（1978—1996）

边际市场份额	1980	1983	1984	1985	1986	1987	1988	1989
食品	0.468 04	0.546 59	0.559 78	0.500 00	0.451 30	0.447 51	0.445 32	0.596 32
居住	0.227 74	0.215 73	0.240 30	0.239 80	0.308 12	0.175 37	0.200 84	0.132 35
衣着	0.147 78	0.070 75	0.026 66	0.069 05	0.060 71	0.011 85	0.088 68	0.054 51
日用品					0.066 78	0.058 78	0.101 82	0.013 97
文化生活服务	0.023 84	0.014 17	0.041 16	0.058 23	0.054 90	0.215 53	0.088 04	0.140 35
医疗卫生用品					0.022 77	0.027 58	0.024 63	0.034 41
文化娱乐用品					0.026 82	0.051 77	0.040 07	0.008 86
书报杂志					0.006 07	0.007 74	0.005 23	0.012 09

边际市场份额	1990	1991	1992	1993	1994	1995	1996
食品	1.009 34	0.369 74	0.562 47	0.655 01	0.613 53	0.578 16	0.448 19
居住	−0.141 29	0.060 01	0.033 91	0.088 12	0.143 83	0.135 82	0.140 80
衣着	0.019 49	0.160 41	0.036 97	0.026 21	0.060 65	0.066 33	0.091 62
日用品	−0.049 53	0.135 10					
文化生活用品	0.103 74	−0.386 52					
医疗卫生用品	0.035 53	0.048 35	0.132 08	0.063 81	0.019 83	0.035 46	0.060 29
文化娱乐用品	−0.033 29	0.040 10					
书报杂志	0.008 32	0.003 70					

资料来源：根据《中国统计年鉴》（1978－1996）整理。

并且不如城市居民。农村居民收入水平低，严重地影响了他们的消费能力与消费结构，致使农村消费对我国发展技术含量高的产业贡献不大，提高农村居民收入是我国经济发展的又一关键。

三、中国农村居民的消费需求动态

为了认识农村居民消费特征对未来我国经济发展的影响，我们需要分析消费特征的动态特征量，这首先是边际市场份额。如表 2 所示。

从表 2 可以看到，对应表 1 数据，食品、居住、衣着的边际市场份额仍然位于前三位，反映在数据上为有所波动但无下降趋势，说明农村居民的消费虽然在动态变化中，但他们在消费上投入仍然很高，即并没有随时间的推移有明显的改变趋势。我国农村居民吃饭穿衣问题仍然是大问题，不可忽视。与我们前文计算的城市居民的情况相比较，农村的发展明显滞后，这是我国应该注意的。

为了进一步发现问题，我们计算了中国农村居民平均每人每年八类消费品的 β 值，如表 3 所示，图 1 是它的图形表示。

表 3　中国农村居民平均每人每年八类消费品的 β 值

参数	1980	1983	1984	1985	1986	1987	1988	1989
食品	−0.149 617	−0.046 431	−0.030 139	−0.077 562	−0.112 277	−0.104 024	−0.088 746	0.055 423
衣着	0.014 864	−0.040 613	−0.076 813	−0.029 728	−0.033 809	−0.074 089	0.002 289	−0.028 390
居住	0.089 273	0.050 479	0.068 055	0.058 272	0.112 574	−0.018 077	0.006 175	−0.055 487
日用品				−0.065 370	0.001 257	−0.006 046	0.030 914	−0.050 698
医疗卫生用品				−0.017 295	0.004 865	0.008 670	0.004 780	0.012 963
文化娱乐用品				−0.021 706	0.004 543	0.026 432	0.012 310	−0.016 826
书报杂志				−0.003 496	0.002 289	0.003 547	8.67 897E	−0.006 881
文化生活服务	−0.002 426	−0.007 898	0.017 310	0.029 656	0.023 406	0.164 938	0.031 294	0.074 433

参数	1990	1991	1992	1993	1994	1995	1996
食品	0.428 971	−0.198 679	−0.005 596	0.074 444	0.024 953	−0.008 079	−0.115 071
衣着	−0.058 064	0.078 155	−0.042 587	−0.045 678	−0.008 508	−0.002 197	0.019 255
居住	−0.301 392	−0.094 411	−0.113 339	−0.050 627	0.003 847	−0.003 233	0.001 455
日用品	−0.104 576	0.075 512					
医疗卫生用品	0.012 896	0.024 261	0.101 560	0.028 508	−0.011 714	0.003 043	0.023 234
文化娱乐用品	−0.054 006	0.018 288					
书报杂志	0.002 849	−0.001 675					
文化生活服务	0.034 631	−0.429 775					

资料来源：根据《中国统计年鉴》（1978—1996）整理。

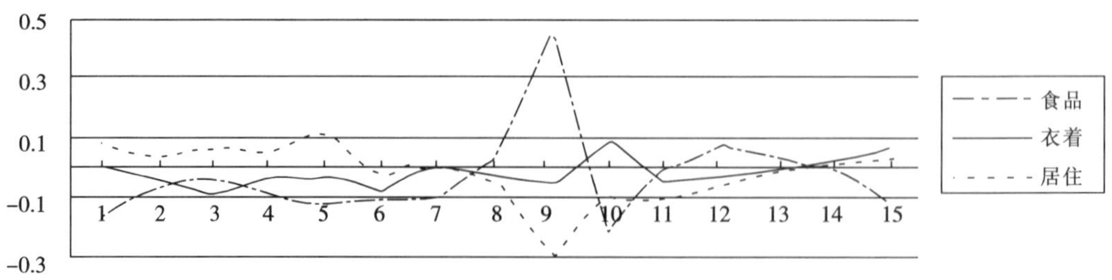

图 1　中国农村居民三类基本消费品的需求潜力变化

从图 1 可以看到，三项基本消费品的值大部分小于零，说明对它们的需求潜力很弱；衣着的

值几乎不变，上下浮动很小；居住有明显的变化，在20世纪80年代末由正变为负；同时可以看出，食品虽然有一些波动，但也是在零上下有点变化。整体上三者的值之和趋于一个定值，大约等于或小于零，说明农村居民在基本生活品的需要上已经达到满足，未来的消费将指向生活质量的提高，因此生产适应农村居民的耐用消费品可能成为刺激我国经济发展的新增长点。中国城市农村的二元结构可以被利用于发展经济。因此，当前国家的政策应该是创造条件，促进农村经济发展，使农民可以消费耐用消费品，促进经济增长。

为了进一步认识这里揭示的结果，我们计算了其他特征，如表4和图2所示。它们也揭示了与消费边际分析同样的结果。

表4　中国农村居民平均每人每年八类消费品的η值

参　数	1980	1983	1984	1985	1986	1987	1988	1989
食品	0.757 766	0.921 702	0.948 909	0.865 706	0.865 706	0.800 778	0.811 390	0.833 829
衣着	1.111 838	0.635 300	0.257 623	0.698 901	0.698 901	0.642 313	0.137 917	1.026 496
居住	1.644 746	1.305 471	1.395 113	1.321 012	1.321 012	1.575 696	0.906 555	1.031 721
医疗卫生用品						1.271 809	1.458 608	1.240 866
日用品						1.019 187	0.906 732	1.435 968
文化娱乐用品						1.203 980	2.043 391	1.443 539
书报杂志						1.605 306	1.846 130	1.198 890
文化生活服务	0.907 588	0.642 149	1.725 834	2.037 863	2.037 863	1.743 307	4.260 215	1.551 460
参　数	1990	1991	1992	1993	1994	1995	1996	
食品	1.102 466	1.739 137	0.650 468	0.990 148	1.128 228	1.042 396	0.986 217	
衣着	0.657 513	0.251 290	1.950 181	0.464 699	0.364 601	0.876 969	0.967 935	
居住	0.704 591	−0.882 510	0.388 616	0.230 295	0.635 119	1.027 482	0.976 748	
医疗卫生用品	1.604 543	1.569 874	2.007 173	4.328 148	1.807 574	0.628 577	1.093 892	
日用品	0.215 987	−0.899 892	2.267 305					
文化娱乐用品	0.344 859	−1.607 260	1.838 392					
书报杂志	2.320 577	1.520 619	0.688 168					
文化生活服务	2.129 205	1.501 157	−8.935 489					

资料来源：根据《中国统计年鉴》（1978—1996）整理。

图2给出了消费弹性变化，其中最明显的是农村居民对食品的收入弹性很稳定，除了个别年份有大的变化，几乎都为一个定值；居住的收入弹性在整个20世纪80年代都高于1，说明在1980年农村出现了建房热潮，农村居民住房的投入高速增长；到20世纪80年代末20世纪90年代初跌到低谷，这与当时的政策有明显关系，这是农村大部分居民在此期间完成了自己的新住房

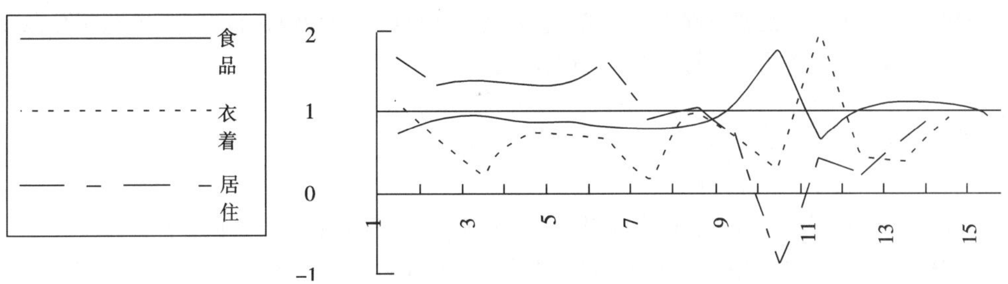

图2　中国农村居民三类消费品的收入弹性变化

建设，同时青年农民开始大量进城；如果我们加速城市化，在城市可能出现新的住房需求。衣着的变化与食品类似，除个别年份外，均小于 1，说明农村居民在食品的消费上已经稳定，即吃饭问题在未来只是必要的一部分；居住的投入将随着收入的增加而减少，这与未来城市居民正好相反。从表 3 中也可反映出，农村居民已经向其他消费品进行转移，消费结构将向复杂化发展，生活水平将会进一步提高。

由于我国农村的实际不富裕，消费结构简单，对其他类消费品的投入占的比重很小，而且统计资料时间上不连续，与城市的统计也不一致，所以在这里不予讨论。但是有重要意义的是农村耐用消费品和交通、通信的消费，因为我们看到对于城市来说，前者是一个退缩的经济增长点，后者是新兴的经济增长点。由于农村居民与城市居民收入上的差别和消费结果的差别，蔬菜依靠自给，他们普遍不需要电冰箱、微波炉等耐用消费品，但是对文化娱乐的用品的消费却有希望增长。相应的技术结果如表 5 所示。

表 5　中国农村居民部分消费品的消费特征

参数	家庭设备及服务				医疗保健			
	1993	1994	1995	1996	1993	1994	1995	1996
ω	0.090 484	0.084 990	0.079 215	0.078 013	0.053 290	0.049 460	0.049 416	0.054 133
θ		0.067 953	0.061 494	0.073 250		0.037 583	0.049 280	0.072 835
β		−0.017 04	−0.017 72	−0.004 76		−0.011 88	−1.360E	−0.018 701
η		0.799 538	0.776 289	0.938 944		0.759 855	0.997 247	1.345 468
参数	交通和通讯				文教娱乐用品及服务			
	1993	1994	1995	1996	1993	1994	1995	1996
ω	0.035 500	0.037 041	0.039 246	0.043 736	0.118 843	0.115 845	0.119 090	0.123 078
θ		0.041 822	0.046 014	0.061 534		0.106 548	0.129 047	0.138 890
β		0.004 780	0.006 767	0.017 797		−0.009 297	0.009 956	0.015 811
η		1.129 060	1.172 422	1.406 933		0.919 745	1.083 608	1.128 464

资料来源：根据《中国统计年鉴》(1993—1996) 整理。

从表 5 可以看出，中国农村居民在家庭设备及服务、医疗保健、交通和通信和文教娱乐用品及服务的收入弹性上几乎都在不同起点上增加，其中家庭设备及服务的收入弹性小于 1，这是由于它的 β 值小于零；相比较而言，医疗保健的市场份额占有率较低，而 β 值已经出现负值，说明农村居民在医疗保健的消费上不及前者。在家庭设备及服务和文教娱乐用品及服务之间，后者四种有关数据都大于前者，说明农村居民在后者的消费上大于前者。综合起来，对这三类消费品而言，可能的消费偏好及市场需求依次为文教娱乐用品及服务、家庭设备及服务、医疗保健；交通和邮电有最大的弹性，可能仅低于文教娱乐用品及服务消费份额。因此，我们认为，交通与信息产业的消费无论农村还是城市都表现为我国新的经济增长点，耐用消费品中文教娱乐用品在农村市场上可能构成支撑我国经济持续增长的增长点。

四、结论

分析中国农村居民改革开放以来的消费需求特征，我们可以得到下面的结论：

1. 从市场份额的占有率看，农村居民在吃穿上的比重都有所下降，其中食品份额下降较大，农村的下降主要发生在 1978—1980 年，这是农村改革开始的年代，此后变化不大。在最近几年中，居民对食品的需求投入在居民的可支配收入中已达到几乎固定的值，没有下降趋势，而且份额超过50%，农村居民的生活水平提高是我国仍然需要花大力气的。

2. 中国的特点是人口众多，存在明显的城乡差别，这就构成了强大的农村市场。农村居民近几年来在耐用消费品的市场份额上，文化娱乐用品及服务约为12%，家庭设备及服务约为8%。另外在医疗保健上约为5%，交通和通讯的和约为4%。在需求潜力上，家庭设备及服务和医疗保健出现负值，其他都为正值。在收入弹性上，它们的值几乎都在增加，平均值交通和邮电最大，第二是文化娱乐用品及服务，其次是医疗保健，最小是家庭设备及服务。综合考虑得出未来农村居民消费品的投入偏好及市场需求顺序为：文化娱乐用品及服务——交通和通讯——家庭设备及服务——医疗保健。这就是说适合农村需要的耐用消费品市场有较大潜力。日本、韩国依靠耐用消费品需求刺激经济增长了10年左右，中国人口众多，可以使这个过程延长；问题的关键在于必须生产适合农民需要的耐用消费品，同时设法提高农民收入。顺便说一句，目前一些城市为解决下岗职工问题，实施或计划实施驱赶“农民”政策，这样必然抑制农村的消费力，结果加重生产危机。特别是许多农民依靠进城打工挣钱，然后靠这些钱结婚。中国的文化习惯，结婚是主要的耐用消费品购买阶段，让农民进城是保障消费的重要条件。由于20世纪80年代初开始了更强硬的控制人口出生率政策，再过3～5年农村结婚高潮将过，耐用消费品的需求量将下降，因此驱赶“农民”解决就业问题，无异于“饮鸩止渴”。

3. 对农村居民消费的分析表明，交通与信息产业仍然是新经济增长点，因此大力发展新兴的交通与信息产业，应该是不可动摇的方向。

乡镇工业技术改造研究*

——以北京市为例

洪乌金　等

一、技术改造与转变经济增长方式

（一）乡镇工业发展与经济增长方式

党的十一届三中全会以来，北京市乡镇企业迅速发展，取得了巨大的成就。乡镇企业已成为郊区经济的主体，北京市工业的重要组成部分，出口创汇的生力军。乡镇企业的发展在转移农业剩余劳动力、增加农民收入和农业投入、巩固和壮大集体经济、增加社会有效供给、加速国家工业化和城市化进程、推动经济体制改革、促进北京经济与社会发展等方面发挥了重要作用。

伴随着乡镇企业的发展也暴露出诸多问题，最根本的问题之一，是经济增长方式基本上是粗放型的。北京市乡镇企业与发展初期比较，尽管技术水平已有很大的提高，但技术进步对经济增长的贡献率仍然很低，乡镇工业仅32%。北京市乡镇工业经济增长方式呈粗放型，主要表现是：

1. 产业素质低。直到目前，北京市乡镇工业仍然素质比较低，劳动密集型行业占主导地位，资金密集型和技术密集型行业的产值之和还不到一半。目前，出口产品的企业大多数属劳动密集型行业，如纺织、服装、工艺品等。这三者在出口交货总额中居主要地位，1988年占78.4%，1993年占75%。轻工、机械产品的出口虽有所增长，但份额不大，因为这些产品在国际市场上受配额限制，竞争激烈，售价很低。这种出口结构市场风险很大。

2. 消耗高。北京市乡镇企业在发展过程中，虽然消耗有所下降，但仍处于较高的水平，电耗较高，且近几年来有上升趋势。

3. 名牌产品少。北京市乡镇工业通过技术改造，产品质量有了较大的提高，经市产品质量检测，合格率1993年达到95.1%，但名牌产品太少，如1994年北京市乡镇工业开发新产品465项，只有8项产品被评为农业部名牌，名牌产品仅占新产品总数的5%，且以服装、食品、家具为主。名牌产品档次较低，多为地区性名牌，没有走出国门。从总体上看，北京市乡镇工业产品质量还不算高，市场竞争能力不强。

4. 效益低。1993年以后，北京市乡镇工业经济效益明显下降，1995年以后各效益指标均低

---

* 原载《中国农村经济》2000年第3期。《乡镇工业技术改造研究——以北京市为例》系北京市哲学社会科学规划办公室资助课题研究成果的主要内容。课题主持人：洪乌金（中国农业大学经济管理学院），副主持：程友（北京市乡镇企业局）；课题组成员：中国农业大学经济管理学院李治民、韦嘉珀、李春模（现北京市农村经济研究中心）、刁新育（现农业部市场信息部），北京市乡镇企业局廖沛、刘万民、范馥芳，南京农业大学农业工程学院李之相；研究报告执笔人：洪乌金。

于全国乡镇企业平均水平。企业亏损面扩大，亏损额增加，且有上升趋势。

5. 污染比较严重。北京市乡镇工业在治理废水、废气、废渣等方面做了许多工作。但由于采用数量型增长方式，落后的设备、技术和工艺在乡镇工业企业中仍相当普遍，重点污染行业（造纸及纸制品、非金属矿物制品、纺织、化学原料及化学制品等行业）的“三废”排放状况还没有根本改善，一些区域和流域的环境问题逐渐突出出来。乡镇工业污染的排放量已成为全社会污染物增长的重要来源，是影响和制约经济与社会可持续发展的重要因素。

据调查，1995年北京市乡镇工业废物及主要污染物排放量占全市的比重为：废水7.81%，废气8.86%，固体废弃物16.06%，化学需氧量34.13%，悬浮物37.06%，六价铬89.37%，汞40.71%，烟尘43.48%，工业粉尘68.99%。从行业看，北京市乡镇工业的支柱行业都或多或少造成污染，其中建材和化工行业的污染较为严重。

乡镇工业这种粗放的增长方式，不利于企业的生存与发展，不利于国民经济与社会发展的全局，急需加以转变。这一是增强企业产品的市场竞争力的需要；二是为工农业经济增长提供积累的需要；三是解决资源相对短缺与资源浪费之间矛盾的需要；四是国民经济各部门协调、高速、高效增长的需要；五是深化经济体制改革的需要；六是保护资源和环境、实施可持续发展战略的需要。

（二）技术进步与转变经济增长方式

在资金、劳动力、技术等经济增长诸因素中，技术进步是最重要的内在因素，是转变经济增长方式的关键因素。然而它对经济增长的作用必须通过要素的投入而体现出来，也就是说，技术溶化、渗透于生产要素之中，并随着要素投入数量的追加和质量的改进而对经济增长起促进作用。当今，发达国家技术进步对经济增长的贡献率一般在60%以上，法国、意大利等高达70%以上，美国、日本为65%；而新兴工业化国家如新加坡、韩国也在55%以上。可以说技术进步是这些国家经济增长的主要因素，技术进步的贡献率远远大于资本和劳动力的贡献率。据有关专家测算，我国1953—1990年期间，资金、劳动力、技术进步三者对经济增长的贡献率分别为75.07%、19.47%、5.46%；而1979—1990年期间，三者的贡献率分别是50.8%、18.8%、30.3%，资金投入的贡献率下降约25个百分点，技术进步的贡献率提高约25个百分点，说明改革开放以来，我国技术进步的贡献正在大幅度地替代资金投入的贡献，但与新加坡、韩国等新兴工业化国家的水平相比仍有较大的差距，与发达国家相比，差距更大。因此，必须努力加快技术进步的步伐，以实现经济增长方式的根本转变。

（三）技术改造与技术进步

实现工业技术进步，有两条途径：一条是采用先进技术建立新企业，以提高工业的技术水平；另一条是通过对现有企业进行技术改造，来提高工业的技术水平。第一条途径，对工业（含乡镇工业）发展是必要的。但是由于资金紧张，技术和人才短缺，要建立更多的技术比较先进的工业企业还是比较困难的，尤其是在农村。第二条途径，即对现有企业进行技术改造，比新建企业投资少，见效快，经济效益高。例如，增加同样的生产能力，改造老企业比新建企业可节省投资2/3，可节省设备材料60%，可缩短时间一半以上。这条途径是实现工业技术进步的重要途径，是现阶段的主要途径。目前，多数地方的多数企业特别是乡镇工业企业，都应当采取这一途径。同时，还应当指出的是，随着社会生产力的提高，科学技术的不断发展和变化，工业现代化标准不断提高，已经建立起来的比较先进的新企业，也会逐渐变成技术陈旧的老企业。乡镇工业如果不改变现有技术状态，就只能长期停留在原有的技术水平上，装备会越来越陈旧，其产品就会随着时代的前进而被淘汰。因此，需要采用新的技术对乡镇工业企业的陈旧技术进行改造。

二、北京市乡镇工业技术改造的现实判断

技术改造是北京市乡镇工业技术进步的主要途径和形式。北京市乡镇工业的技术改造是从1985年开始的，1990年进入蓬勃发展阶段，1993年进入以产品为龙头，以上规模、上水平为主旋律的新时期。

（一）北京市乡镇工业技术改造的状况

技术引进与技术创新（或称技术开发，它是技术创新的核心部分）是企业技术进步（包括技术改造和新建先进水平的企业）的技术来源。北京市乡镇工业正是通过技术引进和技术开发与创新来实现技术改造的。

1. 技术引进。技术引进，是指通过一定的方式从国内外获得提高企业技术水平所需要的先进技术。引进适宜而且先进的技术是一个国家、地区或企业迅速提高技术水平和生产力水平最有效的途径。其原因，一是技术引进可以争取时间，在短期内获得科技成果和形成生产能力；二是可以节省大量研究试验费用；三是有利于学习和掌握输出方的先进技术和现代管理经验。日本是一个发展较晚而后来居上的国家，战后的调整经济结构及70年代初经济增长的战略转变得益于大量引进国外过剩资本、先进管理经验和技术，尤其是对引进技术的迅速消化、吸收、创新并提高再输出能力。

北京市乡镇工业技术改造所需的技术主要是通过技术引进获得的。在技术改造的初期主要以引进国内、市外技术为主，技术层次很低，且多以引进设备为主。1995年中央提出“两个转变”后，北京市乡镇工业加快技术改造步伐，技术引进项目水平高，科技含量大，引进的规模不断扩大。“八五”期间通过市乡镇企业局直接引进的设备共9项，其中属于成套设备引进的4项。9项设备中来源于美国2项、日本3项、中国台湾1项。企业资产重组转制以来（截止1997年底），全市有119家乡镇企业引进国内外技术、名牌产品，总投资达63.7亿元（其中引进外部投资53.8亿元），有名牌产品35种。①

2. 技术创新。我们认为，技术开发是对项目进行研究、设计、试制等的一系列活动。技术开发有可能成功，也有可能失败，获得市场成功的就是技术创新，其成果就是新产品、新工艺、新材料、新设备。所以说技术创新是技术进步的源泉，而技术开发是技术创新的核心部分。

技术创新是技术改造的一个重要来源。北京市乡镇工业企业技术改造中，在技术引进的同时，注意技术开发与创新，其技术开发与创新是以产品开发与创新为中心进行的。“八五”期间共开发新产品2 531种，是“七五”1 400种的1.8倍，其中达到国内先进水平的153种，是“七五”期间32种的近5倍；有51种获北京市优秀新产品、新技术开发奖，有6种获农业部科技进步奖，62种获国际博览会银奖，一些产品达到了国际先进水平。新产品销售额和利润，从1991年的4.4亿元和0.9亿元上升到1995年的33.56亿元和5.3亿元，分别增长了8倍和6倍。

① 全市乡镇工业技术改造中引进项目、设备、生产线和材料等的全面数字无法取得。

（二）北京市乡镇工业技术改造的基本经验

1. 加强宏观调控。一是领导重视。北京市政府农林办公室设有企业处，抓乡镇企业技改的政策指导工作。乡镇企业局内设有指导处，主抓企业技术改造，各区、县乡镇企业局内有专门机构或专人抓企业的技改指导工作。二是做好规划。做好对支柱行业的骨干企业的产品、名牌产品、出口创汇产品及节约资源、节约能源、环保等的技术改造项目的规划，使技术改造有计划、有步骤地进行。三是政策支持。市政府和国务院有关部门制订了诸多的支持政策，主要有技术改造、技术引进、技术开发、发展高新技术产业、环境保护等政策。此外，各区、县也制订了一些对技术改造的支持政策。除了上面提到的政策外，还有创名牌、人才引进等的支持政策。四是资金支持。市里对采用先进技术、先进设备，投资百万元以上竣工项目，提供的贷款贴息金额达3 500万元，有力地支持了企业开发并批量生产新产品，扩大畅销产品，调整了产品结构，形成了一批国家级、市级新产品。

2. 以市场为导向，以产品为中心，进行设备和生产工艺的改造与更新。北京市乡镇工业企业的技术改造是围绕增强企业产品的市场竞争能力进行的。即以市场为导向，确定技改的产品对象，并从与产品生产率和产品价值相关性最大的设备和工艺两大要素为切入点，无论引进设备还是引进技术，抑或直接引进人才，都以提高产品内在素质和促其不断升级换代为根本出发点。

3. 以支柱行业的骨干企业为重点。北京市乡镇工业的技术改造本着“扶优扶强，保证重点，兼顾一般”的原则，确定以支柱行业、出口产品中的骨干企业为重点。如朝阳区以机械、服装、印刷行业的骨干企业为重点，其技改投入占技改投资总额的2/3。

4. 注重生态效益和环境效益。①加强领导。市乡镇企业局设环保处，由主管生产的副局长分管环保工作，各区、县乡镇企业局有相应的机构或专人负责环保工作。②推行环保目标责任制。市与区、县，区、县与各级公司都把环保工作列入签订的合同中，做到目标责任层层落实。同时认真执行环境影响评价制度和环境保护设施同时设计、同时施工、同时投产的“三同时”制度。③依靠科技进步，加强污染治理。即通过改造设备、改造工艺，以节能降耗、减少污染、增加效益；对污染严重而目前又无法治理的企业，采取关、停、并、转、迁等措施。

5. 技术引进以先进适用技术为主，技术引进同加强自身消化吸收结合起来。北京市乡镇工业引进先进技术执行因地、因技术发展水平、因消化能力制宜，以经济效益为中心，兼顾环境和社会效益的原则，以引进先进适用技术为主。在引进适用技术的同时，注意加强自身的消化、吸收能力，将技术引进同职工培训、提高技术和管理水平结合起来。

6. 在技术引进的同时，注意技术开发与创新。技术开发是技术创新的主要形式，技术创新可以帮助企业拓展市场，增强产品的市场竞争能力，提高企业的经济效益。北京市乡镇工业企业在技术引进的同时，注意技术开发与创新。

7. 技术创新走产、学、研结合的道路。在技术改造中，北京市乡镇工业企业领导面对剧烈的市场竞争压力，不断增强科技意识，充分利用北京的科研院所、大专院校云集的技术和人才优势，主动与研究机构、大学挂钩，走产、学、研结合的道路。“八五”期间，共建立科技联合体650个，比“七五”期间增加了1倍；引进或联合开发新产品832种，直接参与项目的科技人员达3 000人以上，大大缩短了成果转化的周期，并快速产生效益。

（三）北京市乡镇工业技术改造的不足之处和存在的问题

1. 乡镇工业固定资产投资以外延为主。从1988年和1991—1997年看，北京市乡镇企业固定资产投资中，新建和扩建项目占建设项目总数的67.25%，投入占总数的74.15%；改建（技改）项目占17.95%，投入占16.88%；其他项目占14.80%，其他投入占8.97%。

2. 技术改造的技术来源以引进为主。北京市乡镇工业技术改造主要依靠从国内外引进技术，用于技术开发的投入少，因而技术开发与创新能力差，新产品少。

3. 技术引进存在一定盲目性。主要表现在：比较重视设备等硬件的引进，对与之配套的技术、管理和人才培训等软件的引进重视不够，在一定程度上影响技术改造的成功率和经济效益。

4. 技术改造的资金来源以贷款为主。"八五"期间全市乡镇企业投资87.5亿元，共中自筹36.2亿元，占41.4%；银行贷款51.3亿元，占58.6%。

5. 技术人员少，职工素质偏低。1997年北京市乡村工业职工中大专以下文化程度的有11 528人，仅占总数的1.30%；工程技术人员34 603人，仅占职工总数的3.89%，而且这些工程技术人员的文化程度较低。职工素质低直接影响到高新技术的采用、技术开发与创新、产品质量、管理和经济效益。管理人员素质也比较低，生产管理和技术管理岗位主要依靠中低学历的干部支撑，供销管理干部队伍的专业素质明显低于生产管理和技术管理干部队伍。管理干部素质低直接影响日常的管理水平及党和政府政策的贯彻实施。这个矛盾在乡镇企业发展初期还算不太突出，但企业发展一定规模和水平以后，其管理人员的素质就要有相应的提高，否则就会障碍企业的发展和提高。在激烈的市场竞争中，一次大的决策失误，很可能造成企业倒闭。

三、加快北京市乡镇工业技术改造步伐　推进经济增长方式的转变

根据工业发展的一般趋势和规律、北京市乡镇工业技术改造之不足和存在的问题，以及北京市乡镇工业自身的素质、潜力和外部环境，我们提出以下加快北京市乡镇工业技术改造步伐，推进经济增长方式转变的对策建议。

（一）转变观念，提高认识

对技术改造与经济增长方式的认识问题，主要有以下方面需要加以转变。①在经济增长方式上，从追求发展速度和产品数量、产值，转变为以市场需求为导向，注重产品质量、性能和品种，讲求经济效益。②在经济增长要素上，从主要依靠增加大量资金、资源投入，转变为主要依靠技术进步和加强管理，提高生产要素质量和使用效率。③在技术进步途径上，从主要依靠铺新摊子，上新项目，扩大建设规模，转变为主要依靠对现有企业的技术改造。④在技改项目论证上，从缺乏科学的可行性论证或者仅仅把可行性论证作为向上级和银行申请技改项目，争取投资和贷款的手续，转变为对技改相关因素进行全面、周密的调查研究和定量分析，兼顾经济效益、社会效益和环境、生态效益，提高技改的成功率。⑤在技改起点上，从认为乡镇企业要比城市企业低一个档次，对技改缺乏高水平的要求，只想小有进步过得去，转变为立足提高其在国内大市场与国际市场上的竞争力，以高起点求得高效益。⑥在技改目标上，从技改脱离产品的升级或换代，就技改搞技改，把目光只放在设备等硬件的投入上，忽视配套技术、管理和人才等软件投入，转变为技改围绕产品转，无论是引进设备、工艺，还是人才，都要以增强产品的市场竞争能力为目标，硬件投入和软件投入相结合。

（二）建立和完善企业技术进步机制

1. 采取有效措施，使企业成为真正的法人实体、市场主体和技术进步主体。首先是对乡村

集体企业进行产权制度改革与组织创新，其次是积极发展私营企业。通过上述措施，企业就成为真正的法人实体、市场竞争主体及技术进步主体。

2. 建立和完善企业技术进步的组织形式。发达国家视技术进步为企业生命，把研究与开发作为企业生产过程的首要组成部分。如美国几乎所有生产企业把整个生产过程分为：研究开发—部件生产—总体装配—销售服务4个环节，并认为研究开发的目的就是制造适合市场需求的高附加价值的产品。这是值得借鉴的。北京市乡镇企业技术进步的组织形式，除了目前已有的企业自己的研究与开发组织、横向合作研究与开发组织，尤其是产、学、研结合的横向合作研究开发组织外，我们建议采用以下组织形式：①纵向合作研究与开发组织，即通过供销链，将原料加工、零部件及最终产品的生产连接在一起的。②委托研究与开发组织，即生产企业有偿委托研究开发机构或高校研究开发有关的技术。③参与研究与开发组织，即企业委派自己的研究开发人员带着合作项目参加高等学校、科研机构的研究与开发等。④研究与开发国际化。有条件的企业，例如一些大中型企业、企业集团和高科技企业，应当推进研究与开发的国际化，紧跟世界科学技术发展的步伐。

（三）技术改造应以“五高、二低”产品的大中型骨干企业和企业集团为重点

北京市乡镇工业的技术改造在资金不足的情况下，“撒胡椒面”不可取。因此，应当以市场为导向，以提高经济效益为出发点，并落实在提高产品质量及降低消耗上，根据“扶优、扶强”的原则，以生产高技术含量、高附加值、高创汇、高市场占有率、高关联度，低能耗、低物耗的“五高、二低”产品的大中型骨干企业和企业集团作为技术改造的重点，以增强产品的市场竞争力，提高企业经济效益，促进和带动整个乡镇工业的发展。同时，还要考虑乡镇企业有反哺农业的义务。因此，对中小企业中一些效益好、前景好的企业的一些短、平、快技改项目，也应予以必要的照顾和支持。

（四）技术改造的技术来源，应逐渐由以技术引进为主，向以技术合作以至独立开发与创新为主发展

有关资料表明，日、韩两国注重独立研究开发，对两国企业的发展无疑具有重要意义。北京市乡镇工业大多是从与国有工业搞配套发展起来的，其技术改造的技术来源一直是以技术引进（含从国内先进地区、企业的引进）为主。其引进的技术多为国有大工业的配套技术，这对企业的初期发展有好处，但要清醒地认识到技术引进难以做到输入方和输出方的真正平等，一般而言，乡镇企业要付出较大的代价，技术输出方要得到较多的利益。同时还要看到，企业如果没有一套消化、吸收与再创新乃至再输出技术的内部机制，势必在竞争中被淘汰。技术改造的技术来源就应当由主要以技术引进，逐渐向主要靠技术合作以至独立开发与创新，辅以必要的技术引进的方向发展，并逐步增加对研究与开发的投入，在投入中逐步增加企业支出的比重。

（五）技术改造的资金来源，应逐步由主要依靠银行贷款，向主要依靠企业自我积累和引进转变

随着乡镇工业的发展，经济实力的增强及金融信用体制改革的深入和对外开放的扩大，技改的资金来源应逐步由单一向多元转变，即主要由依靠银行贷款，逐步向主要依靠企业自我积累和引进转变，实行多渠道、多层次筹措资金：①建立和完善乡镇工业企业按销售收入的一定比例提取企业技术进步基金制度，如一般企业按销售收入的2%，大中型企业可以高于此比例，提取乡

镇工业企业技术进步基金。②出让股权或联营，以取得股金和联营方的资金。③引进外资。包括向国际金融机构贷款、公司融资和通过创办乡镇中外合资、合作企业等途径，引进外国资金。④政府的财政、金融支持。⑤社会集资。企业可以发行技术开发债券。对高新技术开发债券的发行，建议由国家或地方政府予以担保，风险损失由财政部门承担，而高新技术企业通过技术开发盈利，则要支付债券本息。⑥申请科技研究项目。如江苏省南通市有的地方通过申请项目途径获取的资金占到技改投入的一半以上。

（六）实施名牌战略

创名牌的关键是在质量是下功夫。真正的名牌是企业创造出来的。同时，还应当指出的是，名牌靠创，更要靠保护。首先是靠自我保护。其关键在于不断提高产品质量，加速产品的更新换代，不断提高产品的市场占有率。其次是需要法律保护。创立的名牌要及时登记注册，避免他人侵权或抢注。第三是做好名牌产品的宣传。虽然名牌不是广告造出采的，但不能否认促销在创名牌、保名牌中的作用。第四是采用科学的防伪技术，对假冒进行有效的防御。

（七）外引内育，解决人才问题

主要是：①能人政策。启用当地各种有一技之长的能人及退休的技术人员管理人员。②培养政策。一是选拔优秀青年送各类高等学校、中等专业学校培养；二是自己办学培养。③引进政策。重金聘用各种技术和管理人才（尤其是优秀企业家）。除国内引进外，一些条件比较好的高科技企业和大中型出口产品企业，还应当建立引进海外高科技人才（含管理人才）制度，利用外国高科技人才的“头脑资源”，加强企业技术研究与开发力量。④调整毕业生分配政策，使一些大学、中等专业学校、技校毕业生能够到乡镇企业工作。⑤继续走产、学、研结合的道路，“借梯上楼”。

（八）技术改造要同产业结构调整、体制创新、加强经营管理结合进行

乡镇企业的技术改造不能孤立地进行，它同结构调整、体制创新和经营管理密切关联。技术改造与结构调整的关系是：产业结构调整为技改提供明确的产业、行业、产品对象，防止盲目性；通过技改可以提高产业和行业的技术水平、产品的技术含量和附加值，推进结构的高级化。技术改造与体制创新的关系是：搞好体制创新，使技术改造具有充满活力的机制保证；而通过技术改造可以增强产品的竞争能力和企业经济效益，从而加速体制创新。技术改造与经营管理的关系是：搞好以人为本的经营管理，既可以调动人的积极性，又可以科学地组合各种生产要素（资金、技术、设备和物资等），从而提高技改的效率和效益；技改的目的是通过更新改造设备和工艺，以求降低物耗、能耗，提高产品质量，增强市场竞争力，提高企业经济效益，因而必然推动经营管理的改善。可见，技术改造同结构调整、体制创新、经营管理是互为依托、互为条件、相互支持的，必须结合进行。

（九）加强和改善宏观调控

1. 制定以结构优化升级为出发点的技术进步政策。包括：①区域性产业政策。②限制或禁止产品质量低劣、原材料和能源消耗高、环境污染严重的行业的发展及产品的生产的政策。③限制或禁止一些行业、产品的生产使用落后的设备、技术和工艺的政策。

2. 对一些公共资源（如土地、水、环境）的合理定价的政策，以控制资源浪费和环境污染。

3. 为企业的技术进步搞好服务。如信息服务、人才流动和岗位培训服务等。

4. 组织支持。政府一方面要积极为企业的研究开发工作寻找合作伙伴，另一方面要把高等学校、科研机构作为企业技术进步的后盾和依托，鼓励科研院所、大学、科学园区、民营科技企业，同企业开展合作研究开发，政府给予一定的帮助。

5. 财税支持。①增加技改的财政周转金、贴息贷款的额度。②对高技术产业和用高技术改造传统产业的企业实行税收减免政策。③从地税收入中提取一定比例建立政府支持企业技术改造基金，用于主导产业、支柱产业的技术改造，专款专用。④对重点技术改造项目的企业的固定资产实行快速折旧，为企业的技术改造开辟一条资金渠道。

6. 金融支持。①发展风险投资事业，支持高投入、高风险、长周期、高回报的高技术的研究开发，高科技产业及采用高技术改造的传统主导产业、支柱产业的发展。②建立乡镇企业信用担保基金。该基金由政府财政拨款和企业法人共同组建，为主导行业、支柱行业的骨干企业的技术改造贷款提供担保，解决其贷款难的问题。

我国企业人力资源发展存在的主要问题及对策探讨*

马 威 陈宝峰

[摘 要] 文章通过对西方部分发达国家企业人力资源发展现状的分析，结合我国企业人力资源发展的现状及存在的问题，进行了深入细致的分析，从提高员工整体素质、大力培养技术人员、管理人员、建立有效的人员激励、流动机制等方面，探讨了我国企业人力资源发展的对策及战略，对企业很有现实意义和借鉴作用。

[关键词] 企业人力资源 现状分析 发展对策

人力资源是现代社会化大生产的要素之一，随着知识经济的到来，人们对人力资源重要性的认识越来越深刻。

人力资源作为一个整体，是指一定范围（16～60 岁男性，16～55 岁的女性）内的人口总体所具有的脑力劳动和体力劳动的总和。或者说是指能够推动社会和经济发展的具体智力和体力劳动能力的人口的总称。人力资源的含义不等于劳动力，而是作为一种可以开发的“物资动力”，他与一切物资资源一样作为经济决策的主要囚素，并比物资资源更具有决定意义。对一个企业而言，人力资源是包括全体职工的，即包括了从最高管理层到最基层的工作人员在内的所有员工。因此，企业的人力资源发展是指企业为了提高企业的生产力、竞争力、凝聚力、企业活力，紧紧围绕着企业的个人需要与职业抱负而施行的各种有计划的教育、激励、配置、保障、职业发展、组织设计、企业管理体制改革等一系列促进企业与员工发展的行为。

20 世纪末世界经济发展加快，科技进步尤其是 IT 业的发展和激烈竞争，使企业人力资源的重要性越来越突出，企业间人力资源的竞争加剧。管理理论界对人力资源方面的研究也越来越多，在西方人力资源理论中，舒尔茨的人力资本理论具有一定的权威性和代表性。他认为人的知识和能力是一种特殊的资本，这种资本是通过投资形成的。在经济发展中，人力资本的作用要大于物力资本，人力资源是最重要的生产力。一个国家或企业发展的关键是从人力资源投资入手，大幅度提高人力资源的素质，改善人力资源的结构。[1]

一、西方发达国家企业人力资源发展的现状分析

当今美国、日本两国在经济、科学技术和现代文明方面高度发达，企业间的竞争也异常激烈，美、日企业中表现出来的对人的高度重视以及由此引起的对人力资源的竞争也是有目共睹的。

---

* 原载《中国农业大学学报（社会科学版）》2001 年第 3 期。

美国之所以成为世界经济和军事强国，是与美国通过各种方式发展人力资源分不开的。美国重视教育，不断增加对教育的投入，1983 年的教育经费为 2 265 亿美元，到 1990 年增加为 3 530 亿美元，人均教育经费比日本高出 42％，美国在校大学生为日本的 318 倍。目前，美国有 7 215 万名科学家和工程师在从事研究和开发工作，平均一百名就业者中就有 16 名科学家和工程师。[2]

美国工商企业十分重视在职培训及员工的终身教育，因为知识是不断更新发展的。据统计，美国工商企业每年用于职工在职培训的经费达 2 100 亿美元，例如：美国摩托罗拉公司每年用于职工培训的开支超过 10 亿美元。分别超过中等教育与高等教育的经费。全美国有 97％的企业为职工制定了培训计划，另外还选送 5％的职工接受正规的大学教育。美国对在职员工和科技人员的“继续教育”也常抓不懈。据统计，美国 100 家最大的工业企业用于科技人员更新、拓宽及深化专业知识的经费每年增长 25％，其中通用汽车公司、福特汽车公司、西屋电器公司在这方面的开支每年增长 40％。[3]美国还十分注重引进、吸收和争夺国外高科技人才。首先，它以立法的方式为达到此目的铺平了道路。美国曾于 1952 年和 1965 年两次修改《移民法》，对于有成就的科学家，不论其国籍、资历和年龄，一律批准优先进入美国。据美国科学基金会的调查，美国 50％以上的高科技公司的外籍科学家和工程师占公司科技人员总数的 90％。在美国加州工作的高级工程师和科技人员有 33％以上是外国人，从事高级科研工作的工程学博士后研究生中 66％是外国人。1994 年，美国如愿以偿，取代日本重登世界各国竞争力排名榜首，美国的人力资源工作立了头功。

如果说美国的人力资源优势得益于教育、对人才的培养以及全球范围内的人才引进，即得益于“聚才”优势的话，那么日本在人力资源发展上的优势则是“激励”，即善于使一般员工人才化、团队化，形成高度的劳动热情、团队精神和敬业风气，发挥人力资源整体竞争优势。

日本的“激励”优势是建立在其特殊的劳动人事制度基础上的。这种制度可以简化为“终身雇佣制和年功序列工资制”，与此相联系的还有“企业内工会”、“自主管理”、“集体决策”、“企业内教育培训制”和“企业办福利”等制度。作为日本人力资源发展主要特点的终身制，产生了一系列积极的结果：第一，企业与员工建立了一种长期稳定的关系，形成了“利益共同体”，是日本企业在竞争中取胜的法宝。第二，由于员工队伍的超稳定性，便于企业从长远出发，系统有计划地对员工进行教育与培训，提高员工的整体素质。第三，终身雇佣制有利于企业内部形成大家庭格局，以及家族式的企业文化，形成“内和外争”的良好气氛。这种既团结又充满活力的局面，以及家族式的感情纽带关系、团结精神和敬业精神的驱动，使得日本企业具有强大的竞争优势。

二、我国企业人力资源发展现状分析

在进行现状分析之前，首先分析一下我国企业人力资源发展的历史，以便为研究人力资源发展战略提供历史经验与借鉴。

过去，我国企业人力资源的发展在规模与质量两方面存在较大问题。其表现有三：一是人力资源发展忽快忽慢，与经济规模发展不协调，据统计，从 1980 年到 1999 年，最快的 1988 年年增长高达 20 146％，最慢的 1985 年年增长仅为 3 176％，相差 1617 个百分点，[4]这对经济发展来说显然是不利的。人力资源发展规模应当与经济发展规模同步，且稳定增长。二是人力资源行业配置不合理与经济发展的需求相背离，本来就缺乏人才的农、林、牧、渔等部门受冷落。虽然近年来情况有所好转，但与我国农业化、城市化及国民经济的整体发展对人力资源的需求还相差甚远。三是人力资源地域分布与生产力布局不相适应，我国中西部经济不发达地区人才非常缺乏，而经济相对发达的东部人才相对过多，尤其是北京、上海、深圳这些大城市人才密度很高，远远大于其需要量，造成人才的相对过剩。

目前，我国及企业人力资源发展现状是：

1. 我国劳动力整体文化程度偏底、素质差。2000 年的人口普查统计数据还没有出来，据 1995 年全国人口普查，我国文盲、半文盲人口约有 111 亿人，占总人口量的 9 128%，12 岁以上人口平均受教育时间为 519 年，全国平均文化程度不足小学毕业。就 1995 年的状况与 1964 年的人口普查相比，我国不识字或很少识字的人口占总人口的比重已从 46%下降到 15%，与 1982 年人口普查数据相比，在业人口中，文盲、半文盲的人口比重下降了 13 128 个百分点。这说明我国已充分认识到人的素质的重要性，但与国外相比，差距还是很大的。表 1 是中国、美国、日本等几个国家 25 岁及 25 岁以上居民文化程度的构成数据表。

表 1　中外 6 个国家 25 岁及 25 岁以上居民文化程度的构成数据表（%）

国　家	年份	大学	中学	小学	文盲及半文盲
中　国	1994	312	3 814	3 211	2 613
美　国	1990	4 512	4 414	911	1 122
日　本	1990	2 112	4 415	3 413	010
加拿大	1991	2 114	6 210	1 516	110
匈牙利	1990	1 011	3 017	5 719	113
罗马尼亚	1992	619	6 312	2 414	515

资料来源：《中国统计年鉴（1995）》、《中国人口统计年鉴（1994）》

表 1 中显示我国居民文化程度特别是大学的百分比远远低于国外，这与我国长期以来实行的教育体制以及对教育及人力资源投资偏低有关，教育支出占国民生产总值的比重：世界平均水平为 611%，发展中国家为 412%，而我国只有 3%左右。依靠普及教育、技术进步等因素对社会经济增长的贡献，发达国家已超过 50%，而我国不到 20%。其次，人力资源投资结构不合理，主要表现在中、初等教育和职业教育与高等教育相比投资严重不足，形成人力资源积压与短缺并存现象。由于人力资源投资不足，且投资结构不合理，致使人力资源整体素质较低，使用效益低。我国经济体制改革以来，随着经济的发展，国家用于教育的经费不断增加。(见图 1)

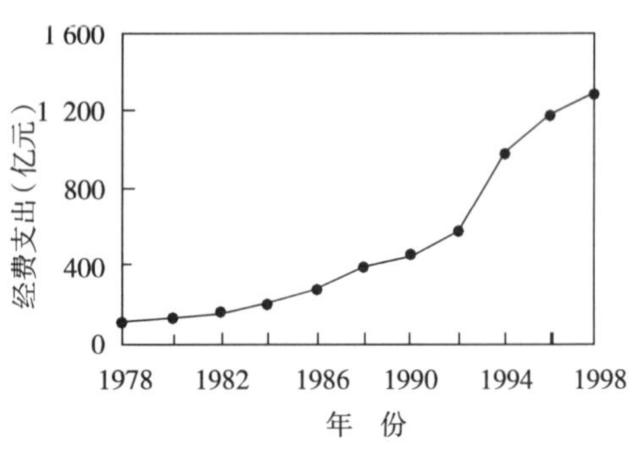

图 1　国家教育经费支出趋势图

但是，由于我国教育基础薄弱，受教育人数总量大，人均教育经费仍然十分紧张。再加上改革以来出现的国民收入分配中居民个人收入所占比重上升，财政所占比重下降等原因，导致国家用于教育的支出占同年国民生产总值的比重自 90 年代以来一直下滑。(见图 2)

这一现象与我国经济发展对教育和人力资源发展的需要极不相称，亟待改善。

2. 受我国劳动力整体素质较低影响，我国企业人力资源素质也普遍较差。目前，国内企业界对人力资源的认识尚属起步阶段，设立人力资源部的企业只有 1%，很多企业也只是在形式上将人事处改成人力资源部，企业还没有真正意识到人力资源发展的战略核心地位。国内企业人力

资源发展水平及人力资源素质可分为四个层面：第一层面人力资源发展水平最高，人才素质也最好的应数外商独资企业。高级主管的待遇基本接近国际水平，同时也吸引了一大批精英人才。例如，微软斥资8 000万元在中国设立软件开发研究院，出高薪招聘人才，与中国企业竞争。第二层面是顶尖的民营企业和中外合资企业。如联想集团、华为集团等，他们已经有一套较完善的用人机制，不断吸引高水平科技人才加盟。第三层面是优秀的国营企业和经营较好的民营企业，应该强调的是优秀的国企，如海尔集团在人力资源发展方面已做的很有成效。第四层面就是一般国企，体制僵化，技术设备陈旧，缺乏投资，优秀人才正在大量流失，人力资源状况日益恶化。

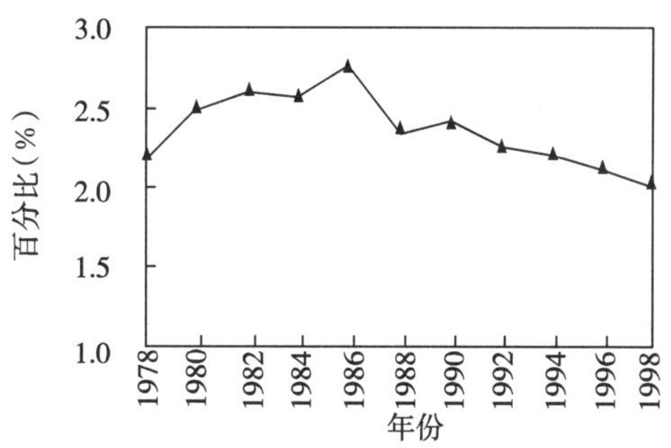

图2　教育经费占GDP的比重图

3. 企业用于人力资源教育和培训的投资普遍偏低，用人而不培养人的现状严重。我国企业职工平均每人每年只有60元左右的培训费，城市中每年新增的1200万就业者中，只有10%左右受过正规技能训练，职工队伍的文化、技术素质差。如果我国企业人力资源整体文化技术水平不提高，必将制约我国在二十一世纪国民经济的高速增长。

4. 国有企业科技人员、管理人员严重缺乏。我国的国有企业在计划经济向市场经济转换的过程中另一个突出问题就是科技人员和中、高级管理人才奇缺。科技人员是现代知识经济的主力军，上海是中国技术工人最为集中的大城市之一，据抽样调查，上海高级技师占技工比重：1990年为17%，1991年为14%，1992年为111%，1993年为211%，1994年为219%，1995年为310%，1996年为314%，1997年为319%，1998年为414%。[5]这一比重尽管呈上升趋势，但还是偏低，远远不能满足企业生产和发展的需要，工人人数众多且技术水平偏低，严重阻碍科学技术转化为生产力的进程。在结构上，缺少专业人才和技术骨干，据统计，我国平均每百万人口中的科学家和工程师只相当于其他发展中国家的30%，发达国家的3%；而且技术人员总量中工程师、高级工程师的数量过多，中级以下的技术人员即生产第一线的技术骨干数量又过少。国有企业的高级管理人员，在选拔上还大多实行上级委任制，主观随意性大，任人唯亲、用非所长、重政治思想轻专长、轻管理水平现象严重。因此，我国国有企业的经营者实际上是上级主管部门委派和支配的"官员"，中国的企业缺少真正意义上的企业家。对中层管理人员，虽然在选拔上采用了竞争制，但由于选择标准欠科学，选择过程中仍存在个人行为，且论资排辈、裙带思想比较严重。

5. 很多国有企业还未建立起与市场经济相适应的合理的人员流动机制和激励机制。我国的国有大型企业大多属于资本密集型企业，受计划经济用工形式的影响，大多数国有企业的"富余"人员占5%～30%左右，企业人力成本高，经济效益很低。企业的"富余"人员不能流出，所需人才又流不进来，不能形成有效的人才流动机制和竞争机制；国有企业由于体制的原因，长期以来选拔、任用人才一直是按资历，而不是按能力，论资排辈思想严重，优秀人才很难脱颖而出。拉关系、走后门的现象在国有企业中也非常严重，很多企业并不需要的人通过各种关系被塞进来，形成了"任人唯亲"，而不是任人唯贤的用人现象，很难在企业中形成科学的人才流动机制、激励机制。据中国科技协会1992年对21个省、市80家国有大中型企业2 437位工程技术人员的调查，有60%被调查者声称其能力发挥不足50%，我国国有企业科技人员使用效率极低，能力发挥仅为65.16%，相当于331万人被闲置，人力资源浪费严重。

三、我国企业人力资源发展的对策探讨

对我国企业在人力资源发展方面存在的这些问题，本文尝试提供一些合理的、切实可行的对策及建议：

1. 大力提高我国劳动力整体文化素质，是提高企业人力资源整体素质的重要基础。教育是提高劳动力文化素质的重要手段，近几年，国家已经认识到了教育的重要性，加强了对教育体制的改革，并加大了对教育的投入。但中国需要接受教育的青少年人口众多，光靠国家对教育的投入还不够，还需要社会、企业都来关注教育，捐资助学，多种途径办学，改善教育环境，让更多的青少年能够接受到良好的教育，延长受教育的时间。

2. 企业要改变过去那种用人而不培养人的观念，加强对员工的教育和培训工作，从而提高企业员工整体素质。有计划的开展对员工的教育和培训是企业人力资源发展的一项重要工作，舒尔的人力资本理论告诉我们，人的知识和才能基本上是人力投资（特别是教育投资）的产物，我国人力资源总量大，总体素质低，所以要变包袱为财富，必须重视人力资本投入，开展普及教育和培训，并针对目前劳动力现状，增加对职业技术培训的预算投入，进一步扩大职业培训规模，提高劳动者的职业技术能力；在加大社会教育投资的基础上，还应特别注重企业在职员工的职业教育和培训。在我国，培训常常被企业领导人看成是一种费用，而更准确地说，这是一种投资，在知识经济时代，终身培训将是教育最基本的任务。企业培训应当注意把参加正规学校的理论文化培训与在职的敬业培训、管理能力培训、知识技能培训、自我开发意识培训结合起来进行，应当树立“日常管理就是培训”的观念，注意在企业日常管理工作中培养、训练和教育职工，利用专业化与非专业化的、脱产与业余的、技工练兵与学习更新知识等多种方式与手段，使企业的人力资本得到保值或不断增值，提高人力资本存量和综合素质。人力资源的培训和提高，是一项长期而艰巨的任务，企业必须常抓不懈。

3. 建立以市场调节为基础的企业人力资源体制。现行劳动力管理体制的主要问题是企业人力资源配置不合理，利用效率低。问题的原因是以市场调节为基础的企业人力资源体制未建立起来，人才在行业、地区、不同所有制之间的流动不畅，人力资源的价值也不是真正由市场来决定的。新的企业人力资源管理体制的建设，很重要的一点，就是要培育发展中国人力资源市场体系。

4. 加快培养科技人员、管理人员是企业发展的关键。在市场机制下，企业要生存、发展就需要有一批懂管理善经营的中高级管理人员，未来竞争对企业管理人员尤其是经理人员的要求将越来越高，管理的不断创新和变革将成为推动企业发展的关键因素。对管理人员的培养主要可通过非正规环境下的学习和培训、边工作边学习、脱产培训、攻读学位等形式进行。如爱立信、西门子等国外大公司均投资几百万美元在我国建立了各自的管理学院，并与国内外著名院校合作，致力于管理干部和在职员工的培训，使他们能迅速跟上飞速发展的全球经济步伐，并了解新技术的发展动态。当今的时代是一个科技飞速发展的时代，企业要想在激烈的竞争中立于不败之地，科技创新非常重要，对高科技企业尤其如此，激烈的科技竞争实质上就是科技人才的竞争，企业在大力培养管理人员的同时还要非常重视对技术人员的培养，对技术人员的培养形式可以多种多样：定期不定期技术培训、专家讲座、送出去培养（甚至可以送到国外培养），除了企业自己培养技术人员之外，还可以从外部招聘技术人员，这些技术人员在带来新的技术、新的思想的同

时，也带来了竞争，对企业会有非常多的好处。

5. 正确运用激励机制，调动员工的积极性。通过各种激励措施，如目标管理配套考核、评估与奖惩机制，催发员工的进取精神；在提高员工工资、奖金等物资福利待遇的同时，还要创造各种条件，满足员工精神上的追求，如：使工作更富挑战性，适当授权使员工在工作中多承担责任，完成工作会使员工满足对成就感的追求，也能不断得到提高、晋升，晋升是现在西方国家对员工进行激励的主要方法之一；对高级管理人员，还可以考虑借鉴目前在西方普遍采用的股票期权激励方式，将经营者个人的利益与企业的长远利益科学有机地结合起来。此外，适应知识经济的内在要求，把对企业有特殊贡献的员工的专利技术、管理能力和思想、革新成果等以适当的比例量化为对企业的产权，也是极具激励作用的。

6. 建立科学、适度的人才流动机制是企业保持发展活力的基本条件。企业“富余”人员的流动可以提高人才的社会效益和企业的人才效益，高级人才的合理流动也可以为引进新的人才提供机会。只有通过选拔和流动机制的共同运作，企业高素质的人才队伍建设才可以在流动中实现良性循环。值得一提的是在人才的流动中，还有一个保守企业商业秘密的问题，企业应建立各种管理防范制度，运用现行法律和制度，限制有可能损害企业利益的不合理的人才流动。

7. 培养一批高素质的中高级管理阶层的企业家人才。在我国未来发展中，企业家的地位和作用将越来越突出。据上海调查，目前上海企业领导中未曾系统学习过现代管理知识的占50%以上，上海是老工业基地，技术水平和管理水平相对较高，上海情况尚且如此，全国情况更可想而知，因此，加强企业家人才队伍建设，特别是造就一个企业家阶层已成当务之急。

参考文献

[1] 黄津孚．现代企业组织与人力资源管理．北京：人民日报出版社，1994
[2] 刘磊．知识经济——第三次经济革命．北京：中国大地出版社，1998
[3] 王东岩．1996—2010 年中国劳动事业发展预测．北京：中国劳动出版社，1995
[4] 赵曙明．国有企业与人力资源投资．中国人力资源开发，1998 (1)
[5] 黄维德．现代人力资源开发与管理概论．上海：华东理工大学出版社，1998
[6] 宋晓梧．中国人力资源开发与就业．北京：中国劳动出版社，1997
[7] 汪安佑．人力资源管理理论．长沙：国防科技大学出版社，1998
[8] 廖泉文．人力资源开发和管理研究．上海：同济大学出版社，1998
[9] 温元凯．人力资源开发在京城．中国人力资源开发，1999 (1)
[10] 伊藤邦雄．新时代の人才确保、育成劳动と经营．1999 (1)
[11] 中泽孝夫．企业家新时代——二十一世纪中小企业の时代である．劳动と经营．1997
[12] 杜海清．GE“党校”的奥秘．中外管理．2000 (11)
[13] 孔龙．三角集团——另类国企的人才激励、中外管理．2000 (9)
[14] 人力如何真正成为资源．中外管理．2001 (2)

经济增长及其技术进步贡献探析*

秦　富

一、经典经济增长与一般经济增长的区分

本文在探析经济增长问题时，首先想依据经济学中正统经济增长理论区别一下经济增长概念的两种不同用途——经典经济增长和一般经济增长。

经典经济增长通常被定义为一国或一地区内与商品和劳务生产的增长相结合的其生产能力的增长，它一般以一国的国民生产总值经价格变化调整后的年增长率来衡量，且较好的衡量尺度是按人口平均的实际国民生产总值的增长。

美国经济学家爱德华·夏皮罗为经典经济增长作了补充性解释：利用经济的产量增加作为增长的基本定义，同时把经济周期（波峰之间或波谷之间）看成是衡量增长的最短时间期限，用以衡量经济产量的最好尺度是实际国民生产总值，即以不变价格计算的国民生产总值，再按人口增加情况来校正实际国民生产总值，这样得到的显然就是可用于许多目的、最有用处的经典经济增长的概念。

美国经济学家西蒙·库兹涅茨还为经典经济增长描述了六条特征：按人口计算的产量的高增长率；生产率本身的高增长；经济结构变革的高速度，如迅速从农业转向非农业，从工业转向服务业；社会结构与意识形态的迅速改变；增长在世界范围的迅速扩大；世界各国增长的不平衡性。

综上，本文意强调指出，只有限定在不同经济周期波峰或波谷之间的比较，并且事先经过了价格和人口两次修正的经济增长，才是经典经济增长的确切含义。

与经典经济增长相对应，凡是未限定在周期波峰或波谷之间的对比（如极为常见的年度之间的对比、不同时期之间的比较、某一时期期初与期末的对比等），未经过价格调整即未将物价变动从国民生产总值中排除掉，以及未经过人口变动情况调整的各种经济增长，在此均归之为一般经济增长之列。

这种区分意在避免同一概念在不同用途上的误解，以及相同概念在基本含义上的混淆。

二、经济增长与经济发展

经济发展是发展的构成部分。作为发展其含义本身又是动态变化的，它主要刻画国家内部经济和社会变迁的过程，但同时包含着各个社会主要追求的经济和社会目标的价值。古莱特指出发展的三种基本要素或核心价值——生存（life-sustenance）、自尊（self-esteem）和自由（free-

---

* 原载《调研世界》2000 年第 4 期。

dom）。这个概念实际上指出只有满足生存的基本需求，并随着经济进步使得国家整体和个人个体有了较强的自尊意识，物质进步和精神进展使人们的选择更为合意时，才有了发展。为此可知，发展的状况是物质状况和精神状态的综合，许多成份本身是不能计量的。经济发展作为发展整体的组成成分，客观地讲也毫无例外。

国际上不同学者对经济发展的描述除结构变化及改善收入分配、失业、贫困等通常问题外，基于不同研究侧重又给予不同解释。熊彼特定义经济发展“本质在于对现在劳力及土地的服务以不同方式加以利用”；石川滋侧重于“维持政治上的独立和经济上的独立自主①”；吉利斯指出“经济发展除人均收入提高外，还包括经济结构的基本变化”，其中工业化、城市化及本国人民主要参与上述变化是经济发展的三个主要因素；费景汉等则把经济发展“定义为一个过程，核心是一个学习过程，它包括组成社会的个人、他们所处的制度环境和需要履行的经济职能”，等等。国内胡代光、高鸿业两位先生主编的现代西方经济学辞典中，把经济发展定义为“随着经济增长而同时出现的经济结构、社会结构、政治结构的变化，就发展中国家的情况而言，经济发展意味着贫困、失业、收入不均三大问题的改善”。

综上可知，经济增长与经济发展不是一回事，其中显著区别之一是研究方法，经济增长偏重于实证分析、定量分析，经济发展偏重于规范分析、制度分析。之二是内涵，经济增长侧重更多的产出，经济发展则既侧重更多的产出，而且包括产品生产和分配所依赖的技术、体制、产出结构安排上的变革。之三是范围，经济发展是相互依赖条件下整个体制的向上运动，而经济增长仅仅是整体运动中若干因果关联条件之一。之四是过程，经济增长可以是物质财富的单方面变化过程，经济发展则是涉及社会结构、人的态度和国家制度以及加速经济增长、减少不平等、改善营养不良、根除绝对贫困等主要变化的多方面过程。之五是表现形式，经济增长侧重于物质现实，经济发展则既是一个物质现实又是一种心理状况。

当然经济增长与经济发展还是高度相关的。表现为经济增长是经济发展的基础，经济发展则是经济增长的延伸。强调指出的是：有发展必定有增长，但有增长不一定有发展。

据上述经济发展的内涵以及经济增长与经济发展间差异的讨论可知，近年热衷于讨论的经济增长方式转换，从主体意义上讲确属经济增长问题，但就其很多内涵而言，已属于经济发展的研究内容。就经济增长与经济发展之间的关系以及我国经济发展的现实而言，仅研究经济增长方式转换问题本身，已难以适应经济发展的客观要求，需要进一步侧重经济发展的深层次研究。

三、中国的经济增长实践

研究中国的经济增长需要解决以下几个问题：一是代表经济增长指标的选择。建国以来（由于受数据资料特别是价格资料所限，实际分析中的时间起点为1957年，下同），由于不同时期统计指标的变化，实际意义上的能代表经济总量的指标，其数据很不系统。如国民生产总值指标从1978年才开始统计，而社会总产值指标，从1993年开始不再作为统计指标。为此，这两个经济总量指标均无法作为分析建国以来经济增长的指标。选用什么指标较具代表性呢？考虑到我国经济发展的主体、经济发展的客观实践以及数据资料的完整性和可获得性，本文选用工农业总产值

① 指具备三项内容：国家的国际收支、政府的财政收支维持中、长期平衡；大部分家庭收支状况达到平衡，且人均可支配收入超过为维持做人的尊严所需的消费和储蓄水平的最低必要限度；已经建成了在今天的国际环境下足以保证上述两项条件的充分的生产力及资源配置体系（制度、组织）。

(工业总产值和农林牧渔总产值之和)作为分析建国以来中国经济增长的总量指标，其中农林牧渔总产值又是分析建国以来中国农业经济增长的总量指标。此外，还选用了国民生产总值指标，作为对改革开放以来中国经济增长问题的补充分析。

二是扣除人口变动以及物价变动对经济总量的影响。其中人口变动对经济总量的影响较易处理，因为不论是总人口还是农业人口都有较为系统的统计数据。但物价变动对经济总量的影响却不易解决，主要是缺乏相对应的系统的物价变动情况的数据资料。受数据资料可获得性的制约，在此只能近似地运用全国零售物价总指数来扣除建国以来物价变动的影响，运用商品零售价格指数扣除改革开放以来价格变动对国民生产总值的影响，对于农林牧渔总产值，物价变动对它的影响本文拟运用农副产品收购价格指数来消除。

三是经过上述两项校正后的经济增长，尚需考虑最短的时间期限，即完整的经济周期的长度。这项分析尚需依据各项总量指标是否存在完整的周期而定。

就工农业总产值而言，经过人口和物价两次校正后，其可比人均工农业总产值变化情况如下图。

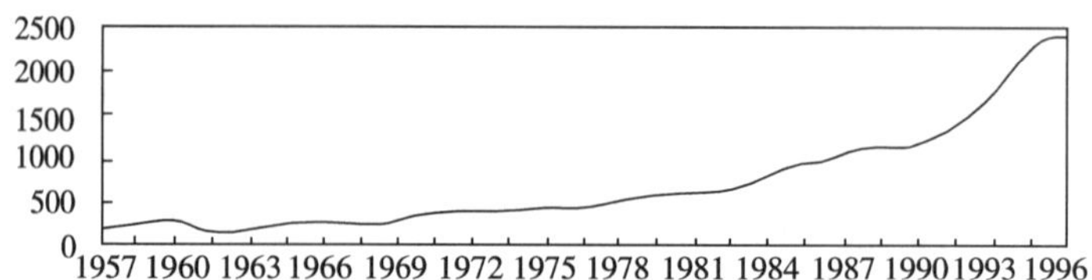

图 1　人均可比工农业总产值变化情况

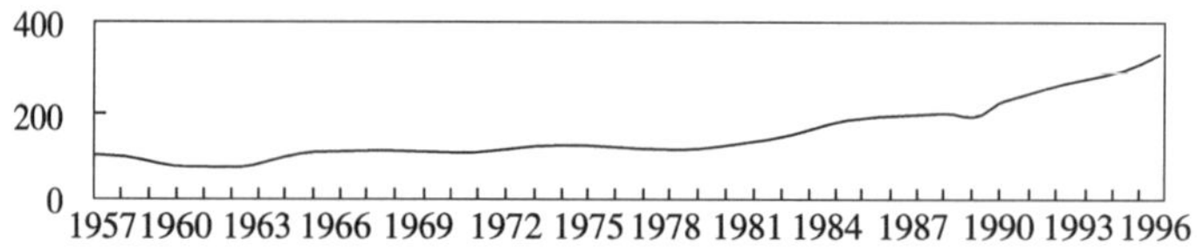

图 2　我国农业人口人均可比农林牧渔总产值变化情况

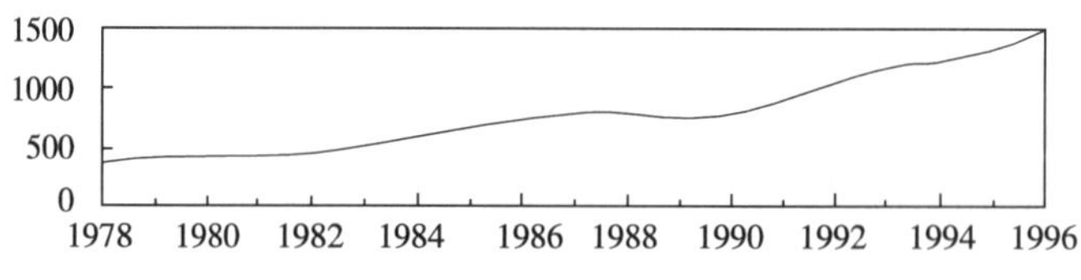

图 3　改革开放以来人均可比国民生产总值变化情况

依据上图明显的三个经济周期波峰，可将我国以人均可比工农业总产值为代表的经济增长划分为四个阶段。其中1960年以前为第一阶段，这阶段因缺乏等口径的可比数据，在此仅粗略地定义为经济的短期高速增长阶段，这时期的人均可比工农业总产值从1957年的191.8元增长到1960年的303.3元，从一般经济增长的角度计算，年均增长率高达12.14%。从1960年到1966年为第二阶段，从经典经济增长的含义讲，这个阶段经济并没有增长，基本上类似于零增长的情形，属于经济的停滞增长时期，人均可比工农业总产值仅从303.3元增长到307.5元，年均增长率只有0.23%。从1966年到1988年的二十多年构成经济增长的第三个阶段，这个时期可称之为经济的低速增长时期，人均可比工农业总产值从307.5元增长到1 122.1元，年均经济增长率达到6.06%。1988年到1996年尽管未达到最短的时间期限，未完成经典经济增长的周期，但就一

般经济增长而言，这阶段确属于高速经济增长时期，人均可比工农业总产值从1 122.1元在8年间迅速增长到2 373.3元，年均经济增长率高达9.82%。

就农业而言，经过农业人口和农产品收购价格两项变动因素影响的校正后，按农业人口计算的人均可比农林牧渔总产值，其变化情况如图2所示。

从图2中两个明显的波谷可知，我国的农业经济增长可划分为三个阶段。其中第一阶段为1962年以前，这阶段用一般经济增长的术语讲表现为农业的负增长，人均可比农林牧渔总产值从1957年的99.4元下降为1962年的76.2元，年均递减5.46%。第二阶段为1962年到1989年，这个时期可称之为农业的缓慢增长时期，经过近30年的艰苦奋斗，人均可比农林牧渔总产值仅从76.2元增长到178.8元，农业年均经济增长率只有3.21%。1989年后构成农业经济增长的第三阶段（仍未完成整个经济周期），且为迅速增长时期，人均可比农林牧渔总产值从178.8元增长到317.5元，年均增长率高达8.55%。

就国民生产总值而言，改革开放以来人均可比国民生产总值的变化情况如图3所示。时间延续近20年，但并未完成整个经济周期，这时期人均可比国民生产总值的年均增长率为7.83%。

上述所计算的以不同总量为代表的经济增长率，均与常见的文章描述、新闻报道及若干统计数值有所差异，但它们确实是与经济学中经济增长意义较为贴近的经济增长率，它从可比意义上反映了我国建国以来不同时期不同侧面的经济增长情况。

四、中国经济增长中的技术进步贡献

关于技术进步对经济增长的贡献程度，在国际上，研究较成熟且认可度较高的增长核算（Growth accounting）方法是把产出的增长分解为三个来源：劳动的增长、资本的增长再加上技术进步。具有代表性的即为新古典经济增长模型，它是由1987年诺贝尔经济学奖获得者美国经济学家索洛（Robert Solow）和英国经济学家斯旺（T. A. Swan）等人提出的。

新古典经济增长模型是在完全竞争条件下劳动与资本配合比率从而资本一产量比率可变、资本和劳动的边际生产力递减、资本和劳动根据各自边际生产力取得相应报酬等假设条件下得出的。这一模型运用的是柯布一道格拉斯生产函数，把经济增长解释为劳动、资本（二者均作为要素投入实现国民收入）和技术进步（用于实现国民收入的持续稳定增长）共同作用的结果。

发达国家的实践又从另一侧面确认了国民收入增长中，作为要素投入的劳动和资本对经济增长的贡献是不等的，其中约3/4归之于劳动，1/4左右归之于资本。西方经济学家在考虑技术进步的基础上，得出经济增长核算的基本方程如下：

产出Q增长的%＝3/4（劳动L增长的%）＋1/4（资本K增长的%）＋技术进步T

这里的技术进步（或技术变革）是指总的要素生产率，它提高生产率3/4和1/4是两种投入对经济增长的相对贡献。

假定资本对经济增长的贡献仍保持1/4的比例，则上述基本方程可进一步写成：

劳均产出（Q/L）增长的%＝产出Q增长的%－劳动L增长的%＝1/4（劳均资本K/L增长的%）＋技术进步T

上面两个公式经过简单的移项并作一些相应的计算即可度量出技术进步以及要素投入对经济增长的贡献率。而这也就是国际上研究和应用已较为成熟的技术进步对经济增长贡献的测度方法。

本文在用这种方法测算我国不同时期以工农业总产值、国民生产总值为代表的国民经济和以农林牧渔总产值为代表的农业经济增长中的技术进步贡献时，遇到的仍然是相对口径数据不足的问题，其中资本数据尤为突出。为全面起见，本文在测算中同时选用了基本建设投资和生产性基本建设投资两类指标作了分别测算；至于技术进步对农业经济增长的贡献则较为简单，仅选用了农业基本建设投资作为农业资本的代表。由于中间测算过程较为繁琐，在此从略，仅将测算结果表如表 1 和表 2 所示。

表 1　技术进步对经济增长贡献的测算

单位:%

时　期	产出增长	劳动增长	资本增长		技术进步		技术进步贡献率	
			基本建设投资	生产性基建	基本建设投资	生产性基建	基本建设投资	生产性基建
1957—1960	12.14	2.86	37.52	44.65	0.62	－1.17	5.07	－9.62
1966—1988	6.06	2.76	6.85	5.77	2.28	2.55	37.58	42.04
1988—1996	9.82	3.02	12.12	12.89	4.53	4.33	46.08	44.12
1978—1996	7.83	3.08	8.78	7.74	3.33	3.59	42.46	45.79

注：1978—1996 期间的产出增长为国民生产总值增长，其余均为工农业总产值的增长

表 2　技术进步对农业经济增长贡献的测算　　单位:%

时　期	农业产出增长	农业劳动增长	农业基本建设投资增长	技术进步	技术进步贡献率
1957—1962	－5.46	1.99	1.30	－7.28	133.29
1962—1989	3.21	1.57	2.48	1.41	44.00
1989—1996	8.55	－0.04	16.01	4.58	53.54

表 1 中，就工农业总产值所代表的经济增长中，1960 年到 1966 年间的数据结果大的离奇，部分原因是由于这时期投资出现了负增长，故舍掉了。剩余几个时期尽管依据不同指标测算的技术进步贡献率不同，但在很多方面还是反映了客观实际。如 1957 年到 1960 年间，不论是按基本建设投资还是按生产性基本建设投资，所测算出的技术进步贡献率均很低，特别是以生产性基本建设投资计算的技术进步贡献率出现负值，这也从另一侧面反映了大跃进时期偏重量的简单增加忽视质的改进等实际问题，表明如果不注重技术进步就会给国民经济带来消极影响。从 1966 年直到 1988 年的 22 年间，技术进步对经济增长的贡献率明显提高，大致贡献在 37.58%至 42.04%之间。1988 年之后，技术进步对经济增长的贡献进一步提高，大致在 44.12%至 46.08%之间。

就国民生产总值所代表的经济增长中，改革开放以来技术进步对经济增长的贡献率大致在 42.46%到 45.79%之间。

就表 2 所测算的技术进步对农业经济增长的贡献率而言，第一阶段即从 1957 年到 1962 年，技术进步的贡献为负值，同期农业产出也表现为负增长，尽管计算出的 133.29%的贡献率不大会让人相信，但本文还是把它列在表中，目的主要表明是这期间的农业衰退与技术变化之间的关系。第二阶段即从 1962 年到 1989 年，技术进步对农业经济增长的贡献率比较高，测算结果为 44%。第三阶段即从 1989 年到 1996 年，技术进步对农业经济增长的贡献率进一步提高，高达 53.54%。

从表 1 和表 2 的数据中均可看出，不论在投资方面选取何种指标，所测定的技术贡献都同其他专家学者所测算的结果有差异，同官方认可的技术贡献率相比也偏高，受时间、篇幅、能力等各方面因素的影响，产生这种差异的具体原因只能留待未来做进一步研究。

从“小先生”美容仪的生命周期看时尚产品的经营策略

葛 长 银

［**摘　要**］时尚产品是针对社会当代的时尚生活而生产的商品，具有前瞻性、短期性和高利润等特点，目的是迅速赚取丰厚利润，完成资本积累。其经营策略与长线产品有很大不同，值得研究和探讨。

［**关键词**］生命周期　时尚产品　经营策略

“小先生”美容仪是由 Ladies 公司生产和销售的家用高级电子美容产品，1994 年底向北京市场推出，1997 年底撤出全国市场。在三年多的时间里，该产品就经历了从研制到衰退的整个生命周期。Ladies 公司的营销策略以及该产品经营方式，体现了时尚产品的共性，较有研究价值。

一、“小先生”美容仪生产的背景分析

产品的生产背景创造了产品出台的机遇，任何一种产品面市，都与其之所以面市的背景密切相关，只有各方面的背景条件具备了，经营者才会小心翼翼地把产品推向市场。分析“小先生”美容仪的生命周期，首先要对其产生的背景予以分析，以便揭示经营者选择该产品而不是选择其他产品的充分理由和依据。

1.“小先生”美容仪生产的市场背景。市场是产品的起点和终点，选择产品其实就是选择产品的潜在市场。潜在市场是由多因素组成的，对这诸多因素的分析结果决定了经营者的决策行为；同时，对影响潜在市场的因素分析得是否全面、分析得深浅程度以及分析者的经验和素质，又影响了分析结果的正确性，从而影响了经营者的决策。这就是为什么在同一市场机遇面前，有些经营者抓住了、有些经营者错过了的原因。

“小先生”美容仪面市之前的市场背景综述如下：

(1) 从文化的角度来看，美容已成为一种时尚。改革开放以后，特别是 20 世纪 90 年代以来，随着外来文化对我国传统文化的渗透、交融，人们在注重内在美的同时也注重了外在美，在各种人际交往、尤其是工作交际中很重视仪表。美容已成为被人们普遍接受的一种时尚。各种护肤品、化妆品、美容院的蜂拥而起，证实了这股世界性的美容潮流已在我国蓬勃涌动。美容已成为一种需求，而需求是建立美容产品市场最有力、最直接的动力。

(2) 从消费主体来看，女性尤其是年轻女性的消费心理在美容潮流中已发生了的改变，她们在注重衣着的同时，更加注重皮肤、特别是面孔。爱美是女人的天性，对当今一些新潮女性来说，美容已不是一种心理需求，而成了一种生理需求。将女性定为消费主体已成为诸多经营者的

共识。女性天生的消费心理及其已转变的消费方式，可以促进美容产品市场的迅速扩张。

(3) 从收入水平来看，20世纪90年代以来，我国市场经济的迅猛发展以及“让一部分人先富起来”的经济政策，使国民整体收入水平大幅度提高，尤其是城市居民，有些已接近、达到、甚至超过了小康水平，从而使一部分消费者达到消费中高档保健美容产品的水平。这就缩短了中高档产品需求和消费之间的距离，使需求转化为消费成为一种极大的可能。这个背景是决定中高档美容产品销售量、扩展产品市场的一个重要因素。

(4) 从现有市场来看，“小先生”美容仪上市之前，市面上已有一些美容产品在销售。如香港、台湾生产的专业美容机，几千元一台，但功能不多；国内小厂生产的美容器，几十元一个，但作用单一。这些美容产品虽各有缺陷但能够卖出，证明存在着美容产品的消费者和潜在的消费群体，暗示美容产品市场可以建立。这也是拥挤的商品市场中的一个缝隙或说机遇。

2. “小先生”美容仪的公司背景。市场背景是客观存在的，很多经营者置身其中，只是有些经营者没有发现这种客观存在，有些经营者发现了但没有重视，或重视了但主观条件不具备，没有能力在这个背景下完成一个产品杰作。所以一个产品面市和获得成功，还需要诸多主观因素，比如经营者的素质、经营者的经验以及经营者的各种优势等等，为此，分析Ladies公司的背景就很有必要。

Ladies公司是个公私合营的股份制企业，注册资金100万元，北京电视台占有55%的股份，五位在商界初具佳绩的自然人占有45%的股份。这种合作不仅是资金的合股，还是电视台的信誉和优秀经营者的营销经验的合作。它的优势主要体现在以下几个方面。

(1) 从公司信誉来说，电视台的参股，使Ladies公司实际上接受了电视台国有企业式的管理和监督，被视为其下属企业，从外界看，公司就是电视台的三产企业，从而增加了公司的信誉度，为公司筹措资金、生产经营和市场营销等创造了较好的条件。

(2) 从广告宣传来看，Ladies公司的优势更为明显。广告宣传是当今产品、尤其是时尚产品上市的开路先锋，没有大力度的广告支持，产品会永远处在一个缓慢的引入市场的过程，而大力度的广告需要大量的资金支持。高价的广告费往往让一些经营者望而却步，结果商场上就出现一些令人扼腕叹息的现象：先有好产品的选项而无广告支持的经营者，在产品进入市场刚刚卖动时，市场就被有雄厚资金支持的大打广告的后来者占有。所以广告可以使经营者占有市场或失去市场。Ladies公司“属于”北京电视台，电视台在广告上就会给予特殊的优惠政策。这是Ladies公司得天独厚的优势。

(3) 从经营人员来看，Ladies公司拥有一批优秀的经营人才。在当今市场，人才是经营成功的主要因素，再好的项目，再雄厚的资金，若无优秀的人才来经营，结果往往是很惨痛的。Ladies公司除了拥有一批经验丰富的市场策划人员、营销人员和管理人员，还吸收了一些高层次的科研人员。公司的主要经营者是几位屡战屡胜、在商界享有一定声望的策划人。这是Ladies公司经营制胜的一个重要原因。

二、“小先生”美容仪生命周期的划分

市场营销学把产品的生命周期分为产品引入、市场成长、市场成熟和市场衰退四个阶段，这种划分基于产品的市场生命，而忽略产品面市前的研制过程。在市场经济条件下的产品营销中，这种划分已经缺少科学性。因为研究产品的生命周期，就要研究产品的整个生命过程，而不仅仅是市场生命；在产品研制过程，产品已经具有实体，从而具有了客观存在的生命，特别是对时尚

产品来说，其研制过程的有效性就像胎儿的健康一样，直接影响婴儿的成长。忽略产品的研制过程，就忽略了产品的生命源头。

所以我们必须重新确定一下“小先生”美容仪（时尚产品）生命周期的划分方法。

第一阶段为产品研制阶段。这个阶段起于产品立项止于产品面市，是时尚产品生命周期的重要组成部分。因为在这个阶段，经营者要对产品进行市场调研、论证，从事产品的设计、制造，策划产品进入市场的方式和营销策略。产品的设计和制造事实已对产品赋予了生命，它是产品生命的起点；有关产品营销的方案和策略也在此形成。这个阶段的工作质量和策划效果，直接决定着产品上市后的成长和发展。所以产品研制阶段是决定产品能否成功的重要阶段，应该划为产品生命周期的第一阶段。

第二阶段为开拓市场阶段。这个阶段从产品面市起到产品成熟止，它合并了产品引入阶段和市场成长阶段。在这个阶段，经营者要采取有效促销的方式，让消费者了解、认识直至接受其产品，拓展市场并占领市场。其特征表现为开拓费用较高但产品销售量较低。因为时尚产品一般没有现成的市场，需要经营者用有效宣传的方式去改变消费者的消费观念，把他们引入时尚产品的新市场并产生消费。但时尚产品不允许有较长的开拓期。开拓期过长，时尚将不复为时尚，或者已有起色的市场被后来者捷足先登，致使开拓者前功尽弃。这个阶段的长短，与开拓费用的多少成反比：开拓费用投入多，它相应缩短；开拓费用投入少，它相应延长。时尚产品的经营费用主要分布在这个阶段。

第三阶段为销售高潮阶段。这个阶段起于产品市场销售量大幅度上升，止于产品市场销售量从这个上升点逐步下滑。经过开拓阶段的铺垫，到这个阶段，产品已普遍被具有该产品消费能力的消费者接受，成为一种知名度较高的品牌产品，产品销售量会在某个月份或时点上突然大增，并持续保持一定的时期，出现历史最高水平的市场销售量；广告投入逐渐缩减，经营费用比重大幅度降低；经营利润走出盈亏点并持续上升，达到最高盈利点。这个阶段相对短促，但投资人在这个阶段已收回全部投资并获得可观的利润。

第四阶段为市场衰退阶段。这个阶段起于产品销售量跌破进入销售高潮阶段的销售点，并持续下滑，直至销售停止。在这个阶段，由于市场饱和或产品落伍等原因，销售日益衰竭，经营者停止了广告投入，经营利润趋向于零甚至亏损，公司开始考虑转产或歇业。

时尚产品的生命周期一般较短。“小先生”美容仪从1994年7月立项研制，到1997年12月清理市场，整个生命周期经历了三年半的时间。

三、“小先生”美容仪的生命周期分析

分析“小先生”美容仪的生命周期，主要是分析其生命周期各个阶段的策略、特征、兴衰的原因和存在的问题，同时分析经营者的运作方式，以便从中得到规律性的认识。

1. 产品研制阶段的策略。在市场调研和专家论证的基础上，“小先生”美容仪谨慎地进入了研制阶段，这个阶段所运用的策略主要体现在产品设计、产品制造和产品定价等方面。

（1）产品设计策略。“小先生”美容仪的产品设计包括功能设计和外观设计两个部分。针对市面上港台生产的美容机功能少、价格高，其他美容器价格低、功能单一、效果不好的现状，同时考虑到美容院等竞争对手的竞争条件，“小先生”美容仪在功能上设计了桑拿蒸面等八个功能，这些功能与专业美容院的美容条件像同，美容效果也相同。与港台美容机相比，它显得功能全面，物美价廉；与低廉美容器相比，它又显得很上档次，效果较好；而且可以搬到家里做美容，

这又是美容院所不具备的优点。在外观设计上,“小先生”美容仪的体积比电话机略大,椭圆形、蛋青色,采用封闭电路,控制面板全部为触摸式,美观高雅,较适应寸地寸金的现代家庭使用;产品包装采用纯木质、无公害材料,现代意识设计,每台产品再配备一盘教学录像带,尤其给人一种高档的感觉。这种设计为“小先生”美容仪进入市场、占有市场奠定了形象基础。

(2)产品制造策略。产品制造要占用企业较大比重的资金,注册资金100万元的Ladies公司,在产品面市后,账面流动资产达到1 000万元。因为它在产品制造上没有投入资金,还吸收了大量外来资金。在原材料滞销、部分工厂因无活路而停产的经济环境下,Ladies公司没有投资建厂,而是依靠北京电视台的信誉和“风险共担、利益共享”的原则,运用有效的公关方式和谈判技巧,成功地赊进所需原材料,联合几家加工组装厂,从事产品的生产和组装;在结算上一律采用先销售后结账的方式,即销售了第一批产品并取得第二批供货,再付第一批货款。这样,Ladies公司的流动资金中就持续存在一批不需投资的原材料和生产加工费,这视同原材料供应商和生产加工商对Ladies公司进行了投资,并使原材料采购风险和生产风险转移到公司外部。对原材料供应商和生产加工商来说,这种合作方式虽然是赊销但毕竟是销售,强于停产。商品和劳务流通不畅的经济环境为Ladies公司转移产品制造风险提供了契机,达到了“不投入也产出”的效果,为其产品的从容营销创造了有利的条件。这种风险转移有三个重要作用:①供应商的产品若不合格,Ladies公司可以退货,从而减少了废品损失;②Ladies公司把产品生产交给他人完成,可把全部精力投入市场销售;③风险的承受者——原材料供应商和生产加工商为了尽快收回货款、减少自身的风险,十分关注“小先生”美容仪的销售,并竭力配合。

(3)产品定价策略。依据产品的生产成本、经营费用、目标利润,以及美容院的综合收费标准和北京市民的收入水平,Ladies公司把“小先生”美容仪的批发价定为538元,商场零售价定为658元。这种价格低于几千元的港台美容机,高于几十元的美容器,属于档次较高但价位又可被人接受的产品,适应消费群体中绝大多数“高不成低不就”的消费者。这些价格的尾数带有“8”字,很迎合把“8”字作为吉祥数字的消费者的消费心理。

2. 开拓市场阶段的策略。开拓市场是产品销售至关重要的阶段,该阶段的运作直接决定产品能否成功。而产品研制阶段的工作质量和开拓市场的策略,又直接决定该阶段的运作能否取得最佳效果。

“小先生”美容仪面市前,市面上虽有美容产品,但没有形成规模,美容产品市场还处于混沌期,它需要去梳理、去拓展、去规范,直至建立一个完善的市场。Ladies公司开拓美容产品市场的策略,同时具备了产品面市的规律性和时尚产品的特殊性。

(1)市场区域的选择。开拓产品市场,首先要根据经营者和产品的优势,选择市场区域。市场区域选对了,就能事半功倍,以较少的投入快速启动市场;市场区域选错了,市场的启动就较缓慢,达不到预期效果,甚至会使产品经营陷入困境。根据公司的位置、媒体的优势、有限的资金以及消费群体等因素,Ladies公司将北京作为首选市场区域。“小先生”美容仪适合气候寒冷、干燥地区的消费者使用,其消费群体集中在我国的北方地区,北京是北方的中心城市,选择市场区域应首选其中;北京是个大都市,居民收入水平较高,消费观念比较超前,容易接受美容等时尚观念,有利于美容仪产品市场的培养和建立;北京是首都,首都时尚影响全国尤其是我国的北方地区,其市场直接辐射华北、东北、西北、甚至北半个中国。这也是很多商家将北京作为首选市场区域的原因。

(2)切入市场的时点选择。商品销售有淡旺季之分,产品切入市场必须选择最佳的时点。对美容产品来说,夏天是销售淡季,冬天是销售旺季。经营者一般不会把淡季作为切入市场的时点，但若在旺季进入市场，如果前期铺垫过长，等产品销售抬头时，会很快进入淡季，从而拖延了产品进入销售高峰的时间，加大了市场维持费用和开拓费用，严重影响产品走过盈亏点的速度。Ladies公司把产品切入市场的时点定在1994年11月份，这个时节，天气已转冷，人们更需要护理皮肤和美容，产品销售容易抬头，并且在销售抬头时，正好赶上元旦和春节两大购物高潮，即可有力地促进产品的市场成长。这个时点介于淡季和旺季之间，既避开了淡季，又留有充足的时间，进行市场前期铺垫，迎接销售旺季。

(3) 分销渠道的选择。分销渠道是产品进入消费的分流点，或称商品的布货点。选择分销渠道一要遵守系统原则，二要遵守信誉原则。“小先生”美容仪以北京市的大型商场为分销渠道，一是考虑了大型商场在消费者心中的信誉；二是考虑大型商场在市场区域中的位置，所选商场能组合成销售网络，覆盖整个北京市场。选择大型商场一能提升产品档次，二能增加产品信誉度，三能加快产品销售速度。依据北京电视台的信誉和公关、销售人员的谈判能力，“小先生”美容仪以代理销售的方式，顺利进入燕莎、百货大楼等33家大型商场，形成一个覆盖面广、销售能力强的销售网络。

“小先生”美容仪在北京市场具有知名度后，很快吸引了一批外地经销商。Ladies公司以优惠的价格，将哈尔滨、太原、西安等大城市和北京周边的张家口、秦皇岛等中小城市的几十个外地经销商纳入销售网络，又相继投资开设了石家庄、大连、天津等外地市场，使“小先生”美容仪走向全国，并销向我国香港和马来西亚、欧洲等地区。

(4) 广告运作。广告是联系产品和消费者的桥梁，是开拓产品市场最有力的手段；它同时显示公司的实力并提升公司的信誉。在当今商界，“广告先入”开拓市场的方式已成为诸多经营者共同的招术，因为除了广告，没有更好的方式能够使产品迅速成长。广告效果与资金投入有关但并不和广告费投放量成正比例关系，广告效果在很大程度上取决于经营者的广告策略。这也是一些经营者能用较少的广告投入获得较大的广告效果的原因。

在产品上市之前，Ladies公司就利用媒体优势，在北京的十几家主要报纸，以知识介绍、新闻通讯等形式，介绍美容知识、美容潮流，宣传美容产品、发布产品信息，营造整个社会的美容气氛，引起美容产品消费者的关注，培养和唤起美容产品消费者的消费意识。产品布进商场的当天，在北京电视台的黄金时段、北京晚报、北京广播电视报、精品购物指南等媒体，以“岁月无情人有情，多情最是小先生”的广告主导语，同时推出势头强劲的硬广告宣传，使“小先生”美容仪的上市在已营造的社会美容气氛中产生轰动效应，吸引消费者。在强力推进硬广告的同时，持续加强文字宣传，以报告文学的形式在北京晚报等媒体整版刊登详细介绍产品和公司的文章，在精品购物指南开辟“小先生”美容仪“信息快递”专栏，印刷“小先生美容指南”报纸，投放销售柜台。硬广告的大规模推进和大量的文字宣传，推动了北京市场的美容潮流，奠定了“小先生”美容仪在这潮流中的主角地位，使消费者对这个产品，从注意、认识、了解，上升到接受的程度。

广告宣传并不能使所有的产品成为畅销产品，广告投入存在着极大的风险性，而且它的投入量受到资金支持量的限制，并不是所有的经营者都能按照自己的意愿大打广告。Ladies公司能够按照自己的策划大规模地推出广告，是因为它在北京电视台做广告，采用先记账、取得利润再付款的方式。这种得天独厚的优惠条件，免除了公司筹措广告资金的困难，同时，打广告即是打“账”的方式，也减轻了经营者投放广告时的风险感觉和压力，达到并保持从容运作的良好心理状态。

(5) 柜台战术。柜台是产品销售的前线，最直接地决定消费者的购买行为。消费者被广告引进商场后，柜台服务质量感性地影响消费者的购买决策。对消费者而言，广告宣传尽管提供了产品的有关信息，但并没有给她们感性的认识(尤其是新产品)；消费者对产品的感性认识只有在柜台见到产品后才能产生，良好的感觉才能促成她们决定购买。为了给消费者良好的感觉，Ladies公司对其销售人员进行统一培训，合格上岗；柜台布置，统一风格。面对涌入商场的人流，“小先生”美容仪的销售专柜上，反复播放产品教学录像带，烘托销售气氛；销售人员开动机器，现场示范，在示范过程中详细介绍产品的使用方法，并让顾客现场试用，感觉产品的使用效果。热情礼貌、服务周到、行为决不掺杂引诱或强行拉客的成分，营造了热闹的柜台销售气氛。柜台是产品的直接输出口，销售细节处理的好坏，直接影响产品的输出量。

(6) 提升产品的信誉和美誉。产品的信誉和美誉是促进产品市场成长、加快销售速度的有力保障,也是产品成为名牌产品的培养基。在产品进入市场的同时,Ladies公司就凭借产品自身的质量和有效的运作,通过了技术监督局、卫生管理局、消费者协会等国家有关部门的检测,获得合格证书或推荐产品资格;在权威部门举办的几个产品展销会上获得金奖或优秀产品称号。这就提高了“小先生”美容仪的美誉度,提升了产品的知名度和可信度,加快了消费者接受产品的进程。

(7) 超越“极限”。市场存在着一种“极限”。这个极限对经营者来说，是其投资能力的最高点；对产品来说，是进入销售高潮的转折点；对业绩来说，是成功和失败的分界点。经营者总会遇到这个“极限”，Ladies公司也不例外。依据精心的市场策划，经过10个月的市场运作，公司投入400万元广告费，但北京市场仍不见起色。产品销售缓慢，购买者主要是少量赶新潮的消费者。公司已陷入困境，账面上的资金不足千元，又背负千万元负债，广大职员情绪低落，经营者承受着巨大的压力。产品经营到了“极限”。公司面临严峻的“做与不做”选择。不做，就意味着前功尽弃，经营失败，公司破产；继续做，就要冒更大的风险，再筹集资金投入市场。Ladies公司坚信他们的市场策划，最终选择了“做”。公司又融资200万，继续投入广告，并加大广告的力度和密度，连续开展“这一天买小先生你可能不花钱”等系列抽奖促销活动，以较大的实惠回报消费者。

正是这最后的一搏，“小先生”美容仪的销售量急剧上升，进入销售高潮，1995年第四季度完成500万元销售额，1996年的销售额突破3 000万元。

3. 产品销售高潮阶段的特征和问题。1996年1月至1997年3月，是“小先生”美容仪销售的高潮阶段，该阶段的销售额达到4 000万元。其特征主要体现在以下几个方面：

(1) 产品供不应求。“小先生”美容仪此时成为时尚产品，知名度较高，消费该产品成为一种时髦；北京市场的小商场和外地的经销商前来现款进货，销售量较大，产品促销活动期间曾使代理商场多次断货，出现了班组经理拿着支票在公司门前等货的现象。

(2) 市场份额比重较大。市场上原有的和后来面市的美容仪产品在北京市场失去竞争能力。“小先生”美容仪在北京市场所占份额超过85%，其他美容仪产品所占份额不到15%。

(3) 成本费用比重下降。强劲的广告攻势逐渐减弱，过渡到只打维持性广告配合销售活动，大大降低了销售费用；销售量的增加拉动了生产量的增加，降低了产品的生产成本。从而降低了成本费用的比重，提高了利润比重，使公司走过盈亏点，取得可观的利润。

(4) 工作效率极高。产品市场销售高潮促进了广大职员的工作积极性。面对“火暴”的市场、可观的利润，广大职员士气高昂，加班加点，全力合作，抓紧生产和销售，极大地提高了工作效率。公司出现前所未有的团结、向上的局面。

(5) 扩展市场。北京市场毕竟是一个有限的市场。考虑到公司和产品的发展，公司在积极寻找外地经销商合作的同时，先后投资开设了大连、天津、青岛等五个外地市场。

产品销售高潮阶段使公司产品出现了“火暴”的景象，但也存在不少问题。正是这些问题，导致公司产品走向衰退期。

（1）生产供应不足。因产品销售量快速增长，原有生产能力不足，致使销售高峰期间供货间断，产品脱销，大大影响了销售额，同时也失去了那些随潮购买的消费者。

（2）产品质量失控。产品生产供不应求，批量过大，把关不严，致使一些产品的质量失控。消费者的返修、调换极大地影响了产品的品牌形象和潜在消费者的购买行为。

（3）提价失误。1996年10月份，“小先生”美容仪的批发价从538元提高到600元、市场零售价从658元提高到738元，更加脱离了工薪阶层，从而失去了认可原先价位的消费者群。因为价格越高，消费群体越小。这次提价严重影响了产品的普及和销售量。

（4）扩展市场急于求成。产品销售的“火暴”景象，影响了经营者的正确市场判断力和决策，在没有深入调查和论证的前提下，匆忙开设了几个外地市场，增加了公司的资金支出，使有限的资金周转起来更加困难。

（5）不规则竞争。市场经济没有纳入正轨，市场竞争也很不规范。“小先生”美容仪占有的市场份额较大，招致其他一些美容产品经营者的恶意攻击，扰乱了市场，严重影响了消费者的购买行为。

4. 市场衰退阶段的特征及其产生的原因。1997年3月份后，“小先生”美容仪的市场销售步入衰退期，其主要特征表现在如下几个方面：

（1）市场销售量迅速下降，公司现金流入量大幅度减少。产品购买者主要是那些为数不多的延迟的消费者。

（2）以实惠回报消费者的促销活动，只能得到少数消费者的响应；投入广告宣传，销售量也不会出现大幅度反弹。

（3）市场竞争对手逐渐撤出，没有撤出的竞争者处于勉强维持状态，市场趋于冷清。

（4）生产成本和经营费用比重上升，利润下滑到盈亏点，账面出现越来越多的亏损。

（5）到1997年6月份，公司停止了广告投入，终止部分房屋租赁合同，开始裁减人员，维持经营。产品完全进入萎缩状态。

“小先生”美容仪衰退的原因，除了上述销售高潮阶段存在的问题外，还有一些其他因素。这些因素可以归结为以下几点：

（1）从国家政策来看，住房改革政策改变了整个社会的消费方向和资金流向，使消费者手中的资金投向或准备投向房地产；下岗人员的增加，降低了社会的整体收入水平。这就大大削弱了非生活必需品的购买力。

（2）从商业环境来说，整个社会的商品供大于求，商业流通受阻，产品周转不畅，严重影响了流通渠道。

（3）从市场环境来说，北京市场已趋于饱和，能承受产品价位的消费者已经购买，不能承受产品价位的消费者很难购买；外地市场由于消费者收入水平普遍较低、美容观念落后等原因，购买者很少，没有形成消费群体。

（4）从经营者自身来说，产品促销方式缺乏创新、公司发展缺少长期规划、经营管理非正规化等等原因，也缩短了产品的生命周期。

四、时尚产品的经营策略

首先对时尚产品进行定义：时尚产品是为社会时尚生活服务的商品，具有前瞻性、短期性、高利润等特性，其主要功能是快速赚取高额利润进行资本积累。

“小先生”美容仪是个成功的产品，因为它取得了可观的利润；同时它又带有失败的色彩，因为生命周期短暂。从其成功的角度分析，可以总结出时尚产品的几条经营策略。

1. 产品选项的时代性。根据时代选择产品，产品才会融入时代，形成消费市场；而落后于时代的产品，则很难被时尚接受。Ladies公司正是根据社会的美容潮流、美容时尚，选择了美容产品，才使“小先生”美容仪一度兴起，掀起一阵美容产品的消费热潮。

2. 经营风险的共担性。经营一种产品，所有参与这个产品经营的经营者都可能享受到这个产品所带来的利益，但首先必须共同承担这个产品可能带来的风险。Ladies公司以赊账的方式将生产风险转嫁给原材料供应商和工厂，以记账的方式将广告风险转嫁给北京电视台，以及各个代理商场将商品流通的风险转嫁给Ladies公司，都体现了这种风险共担、利益共享的原则。这个原则有利于以较小的投入，获取较大的收益。

3. 广告宣传的独特性。开拓时尚产品的市场离不开广告，在铺天盖地的广告之中，缺乏特色的广告很容易被淹没，达不到应有的广告效果。Ladies公司先用软广告在媒体营造美容气氛、再用硬广告强力推进的运作方式，以及独自特色的广告主导语，为打开产品销售市场起到了重要的作用。

4. 促销手段的有效性。Ladies公司的柜台战术，以实惠回报消费者的促销活动以及别具一格的回报方法，有效地刺激了商品销售，快速促进了产品的市场成长和发展。

从“小先生”美容仪的衰退原因来分析，时尚产品的经营要注意研究以下问题：

(1) 时尚产品若不是全新产品，一上市就要面对竞争的对手。竞争对手原有产品给消费者带来的负面影响也会转嫁过来；产品若取得成功，也会吸引一些商家挤入这个市场，抢占市场份额，引起市场竞争；而相互拆台、恶意攻击的不规则的市场竞争，会延误产品市场的发展，甚至扰乱、破坏掉已经形成的产品市场。

(2) 时尚产品若不是生活必需品，虽然可以成为消费时尚，但短时期内很难普及居民家庭。因为时尚与老百姓的普通生活有一定的距离，追随时尚的只是少数人，所以时尚产品的市场较小，且容易饱和；并且，一停止广告，就会被人遗忘，这也是时尚产品的一大特征。而广告的投入必须有坚强的资金支持。

(3) 在设计上，产品的功能多，便于宣传，但使用起来，多功能反而多麻烦。据调查，“小先生”美容仪的一些消费者，因为产品使用麻烦，用一次就不用了；持续使用的消费者不到30%。这严重影响了产品消费者周围潜在消费者的购买行为和市场的持续发展。

(4) 时尚产品的价位低，剔除生产成本和高额的广告费，利润就所剩无几；价位高，消费群体会更加缩小。这也是时尚产品经营中难以解决的一个矛盾。

(5) 时尚产品的促销活动，用赠送礼品越来越多的促销方式，吊起了消费者的胃口，最后导致多送多买、少送少买、不送不买的结局；特别是送大礼的活动，会误导消费者认为时尚产品是暴利产品，影响了经营者和公司的形象，同时导致消费者低估产品的质量。只顾提升眼前销售量、不顾以后产品销售的促销方式，会缩短产品的销售期或者生命周期。

(6) 时尚产品的质量一定要搞好，返修率和报废率较高，会影响产品市场持续发展。

(7) 时尚产品的经营期间，特别是销售高潮阶段，公司在内部管理上要采取相应的措施，把好财务关，领导要带头保持艰苦奋斗的好风气，从而鼓励职员的士气和提高工作积极性。

(8) 从大环境来讲，住房改革、职工下岗等政策的实施，影响了商业领域，时尚产品作为一个流通产品，若赶上这样的“天时”，也非人力因素所能克服。所以环境因素对时尚产品的发展有重大的影响。

影响企业资本结构选择的因素分析

李晓红　阳先发

［摘　要］本文从内外两方面对影响企业资本结构选择的因素进行了阐述，并以家电行业为例，选取万家乐和冰熊股份进行了实证分析。

［关键词］负债经营　资本结构　资产负债率

企业经营一般有两种资金来源：一是权益资本（企业内部筹集、发行股票等），二是债务资金（金融机构借贷、发行债券等）。权益资本与债务资金之间的比例构成了企业的资本结构，其经常用资产负债率（企业负债额与企业资产总额之比）来衡量。企业负债经营是一柄“双刃剑”：当企业业绩良好时，负债率越高，权益收益率越大，负债经营有利；但在高额负债的情况下，企业利息负担加重，此时若企业经营不佳，可能使企业面临不能偿付债务本息的风险，从而导致破产。因此现代企业财务管理的目标要求企业保持合理的资本结构，资产负债率不能过高。那么，企业资本结构选择要考虑哪些因素呢？这是个复杂的问题，归纳起来有内外两方面。下面就对影响企业合理资本结构的因素加以分析：

一、外部因素的分析

1. 行业竞争情况。当企业所处行业竞争激烈时（如劳动密集型企业），其资产负债率应该低一些；相反，当企业所处行业竞争不激烈时（如资本密集型企业与技术密集型企业），其资产负债率就可以高一些。因为企业的偿债能力取决于企业利润的多少，而利润的多少在很大程度上与企业所处行业有关。劳动密集型企业需要的资本较少，行业进入壁垒较小，行业外企业可以轻易进入，企业只能获得正常利润，利润较小，其资产负债率也就较低；而资本密集型和技术密集型企业需要的资本较大，行业进入壁垒较高，行业外企业很难进入，行业内企业能够获得超额利润，相应的其资产负债率可以高一些。

2. 行业平均负债率水平。一般来说，为了保持竞争力，企业的资产负债率不应过分高于或低于行业平均负债率水平，当行业平均负债率水平较高时，企业的负债率也可以高一些：当行业平均负债率水平较低时，企业的资产负债率就应该低一些。进而可引申出：一个企业如果要取得行业平均报酬率以上水平，它的亏损风险就必须小于行业平均亏损水平。由此可导出如下公式：

$$D_J \leqslant \{X_J - [(X - D \times I) \times \delta_{(X_J)}/\delta]\}/I$$

式中，D_J——J 企业的资产负债率；

X_J——J 企业的息税前利润率；

δ（X_J）——J 企业息税前利润率的标准差；

X——行业平均息税前利润率；

D ——行业平均资产负债率；

δ ——行业平均息税前利润率的标准差；

I ——借款利率（1999 年银行实际利率为 4. 87%）。

3. 债务利息率的高低。债务利息率高意味着企业支付的利息负担加重，为了维持同样的财务风险，此时企业应该保持较低的负债率：反之，企业可以保持较高的负债率。

4. 证券市场的状况。对于上市公司来说，证券市场主要从两个方面影响企业的资产负债率：一是证券市场总的趋势："牛市"时，投资者为了获得较大的收益，更注重于股票投资，此时企业筹集债券的能力较弱，故企业的负债率较低："熊市"时，投资者为了降低风险，相对较多地投资于债券，从而使企业的资产负债率可以较高。二是各企业证券的竞争力：证券竞争力弱的企业，其相对较多的采用保留盈余的筹资方式，故而企业的负债率较低。

二、内部因素的分析

1. 企业的销售增长率水平。企业的销售增长必定会引起企业利润增长。在一定范围内，企业的固定成本和单位产品的变动成本基本不变，销售量越大，企业可能实现的销售利润就越大，企业的盈利与获得现金的能力就越强，偿债能力也就越强，这种情况下，企业负债率可以高一些；相反，如果企业的销售增长率低或者企业的销售停滞不前，企业对投资者的吸引力就会减弱，故企业应采取低负债率的筹资策略。

2. 销售的稳定性。如果企业销售不稳定，它的现金流量也不稳定，此时企业偿债风险加大；另外，企业的销售不稳定，其证券的市场价值也不稳定，使得其对投资者的吸引力降低，从而导致企业债务筹资发生困难，故企业的负债率会很低。相反，如果企业的销售稳定，债权人对其如期偿还债务有信心，并且其证券的市场价值稳定，因而使企业能够采取高负债率的资本结构。

3. 企业的信誉。企业的信誉是由多种因素共同作用的：例如前面提到的企业销售增长率，销售稳定性，还有如企业的盈利水平，资产总额，产品的技术含量、质量，企业的经营管理水平，领导者的个人素质，职工素质等等。一般来说，企业销售增长越快，盈利越多，资产总额越多，产品越先进，质量越好，企业经营管理水平越高，职工素质越好，则企业的信誉越好；反之，企业信誉越差。企业信誉好，即使目前经营不佳，财务状况不好，它依然可能得到债权人的信任，从而使企业有可能保持较高的负债率：企业信誉不好，当企业经营不佳，陷入财务困境的时候，对企业本来就有戒心的债权人就有可能逼债，故企业只能采取低负债率的策略。

4. 企业经营管理者对待风险的态度。积极进取、愿意承担较大风险的管理者希望更多的利用财务杠杆，以获得额外收益，故其偏好于举债，从而使企业的资产负债率偏高：相反，稳健、不愿意承担风险的经营管理者，很注意防范财务风险，偏好于发行股票或增加保留盈余，因而企业的资产负债率较低。

5. 企业的资产结构。资产结构是指构成企业全部资产的各个组成部分在全部资产中的比例，由企业的主营业务决定，例如。从事服装加工的企业，其流动资产比例就高，而从事冶炼的钢铁企业，其流动资产的比例就小。一般而言，到期债务本息必须以现金支付，而现金支付能力不仅取决于企业获利能力，更取决于企业资产变现能力。易变现资产（如流动资产）比例高的企业，其资产负债率可较高；反之，资产负债率就应低些。

三、影响因素的实证分析

总之，一个企业合理的资产负债率是以上因素共同作用的结果。下面以家电行业为例进行影响因素的实证分析。

先从家电行业整体来看：1999年企业改革已见成效，全国经济回升，市场活跃，家电行业竞争激烈。由于其属于资本和技术密集型的行业，根据前面的分析，它的整体负债率可较高。从1999年家电行业上市公司中随机抽取19家，根据其年度财务报表（表略）计算出1999年家电行业平均负债率为48.5%，平均息税前利润率为8.43%，并计算出行业平均标准差为0.82。家电行业平均负债率48.5%与理论界认为我国企业的合理负债率应为40%～50%相比确实处于这一区域的较高水平。

再从单个企业来看：以万家乐公司与冰熊股份为例。通过对两家公司历年来的财务数据计算得出（表略），万家乐公司平均息税前利润率为6.42%，标准差为0.47；冰熊股份平均息税前利润率为3.88%，标准差为0.42，由此可算出（参见前面公式）万家乐公司1999年资产负债率不应大于60.39%，冰熊股份1999年的资产负债率不应大于15.83%。由于万家乐公司与冰熊股份同处家电行业，影响它们的外部因素相同，为什么他们的合理负债率相差悬殊？这正与前面分析的内部因素有关：

从销售增长率看：万家乐公司销售额1998年比1997年增长4.91%，1999年比1998年增长9.98%（摘自万家乐公司1999年度报告），销售增长较快，并且其销售增长率没有大起大落的现象；而冰熊股份销售额1998年比1997年增长4.81%，1999年比1998年下降14.25%（摘自冰熊股份1999年度报告），从1997—1999年，公司的销售呈负增长，并且销售起伏很大，表现出很大的不稳定性。

从两个企业1999年度的每股收益、每股净资产和净资产收益率这三个指标看：1999年万家乐公司这三者指标分别为0.27元/股、2.31元/股和11.69%：同期冰熊股份这三个指标分别为0.009元/股、1.54元/股和2.38%。两者相比，万家乐公司明显优于冰熊股份，前者更给投资者一种经营良好，有发展潜力的信息；而从企业个体与国有企业整体来看，1999年度，整个上市公司的平均每股收益为0.209元/股，净资产收益率为8.39%。很明显，万家乐公司的收益情况明显优于企业平均水平，而冰熊股份各指标明显劣于企业整体平均水平。

从企业的信誉看：从1988年至今，万家乐公司热水器产销量一直居全国第一，是东南亚最大的热水器生产基地。同时，“万家乐”作为中国燃气具第一品牌，1999年12月被国家公司行政管理局认定为中国驰名商标（万家乐1999年度报告）。生活中确实如此，万家乐品牌已经有很高的知名度，与之相比，冰熊股份的知名度就远不如万家乐公司。再从资产总额来看：从1997年到1999年这三年，万家乐公司的资产总额分别为295786.14万元，314738.56万元，325846.06万元；而同期冰熊股份的资产总额分别为27856.92万元，26985.75万元，41365.62万元。三年中，万家乐公司的资产总额分别是同期冰熊股份的10.6倍，11.67倍和7.87倍。由此可以看出，万家乐公司的信誉明显好于冰熊股份。

从资产结构看：根据各公司年度报告中有关资料计算得出，1998年和1999年万家乐公司的流动资产比例分别达到76.05%和76.71%，而同期冰熊股份的流动资产比例分别为52.35%，53.22%。这表明，万家乐公司资产变现能力比冰熊股份强。

从以上的实证分析可以看出，万家乐公司和冰熊股份的合理负债率分别为60.39%和

15.83%是符合各自实际情况的。所以，企业在选择资本结构（负债率水平）时，一定要根据自身实际，综合考虑各方面因素；而且还要经常把企业实际的负债率与理论上计算出的合理负债率相比较，以判断其资本结构的合理性，以采取相应对策措施。

参考文献

[1] 圣丁．哈佛商学院教程．经济日报出版社，1997
[2] 李刚．企业适度负债经营问题研究．上海会计．2000（3）
[3] 中国证券报．2000/4/5，2000/4/9/，2000/4/17，2000/4/21，2000/5/9 等

灌区灌溉用水水价的确定

——以河南省昭平台灌区为例*

陈 宝 峰

随着灌区管理体制改革的深入，人们对灌区供水及水的定价问题的认识逐渐趋向一致，即灌溉用水是商品，灌溉用水的价格应该按照供求关系和价值规律来确定。在市场经济条件下，对于灌溉用水这种社会意义重大的商品，其价格的确定至少应从以下三方面考虑：①供水者的利益。从供水者角度看，水价至少能弥补供水维持费用，并略有节余。②用水农民的利益。从农民角度看，用于灌溉的水费应小于因灌溉所获收益的增加值。③节约用水的社会效益。从节水角度看，水价应该维持在一定水平上，使用水者感受到水的价值，使其具有节水意识。那么，具体到一个灌区，如何按照这一思路确定相对合理的水价呢？本文以位于河南省的昭平台灌区为例，对这一问题进行探讨。

一、从水利工程管理单位（供给者）的角度看水价

昭平台灌区是由一座库容为2.05亿立方米的大型水库、两条干渠和10数条支渠组成的自流灌区，灌区覆盖鲁山、宝丰、叶县等3个县的多个乡镇，有效灌溉面积为54万亩，属国有大、中型灌区。整个灌区主要水利工程及供水由昭平台灌溉管理处管理。昭平台灌溉管理处为供水单位。

供水单位，作为商品的供给者，所关心的是每年的收入情况，即每年的收入能否弥补开支及有无剩余。供水收入Y等于水价P与年供水量Q的乘积，即Y＝P×Q。提高水价、扩大供水量，或者两者同时提高，都将使收入增大。因此，提高水价并不是供水单位增加收入的唯一途径。供水单位认为，比较合适的水价是在供水量一定的情况下，能得到比较满意的收入。也就是说，从供应者角度出发确定的水价取决于供应者要求收入的高低及供水数量的多少。以昭平台灌区为例，供水单位（灌区管理部门）所要求的水价情况如下：

1. 收入。昭平台灌区管理部门每年得到多少收入才能满足要求呢？这要看它的整个支出情况。从灌区管理部门看，要求每年从供水得到的最低收入，应该是能够弥补全年的整个运营支出，即包括人员工资、管理开支、维修费用及其他费用在内的全部经营成本。进一步的收入要求是，除去弥补正常经营开支外，还可以收回投资成本，即经营成本与折旧费之和，也就是常说的完全成本，或者叫做保值成本，以这样的成本经营，可以用积累的折旧费对水利工程进行更新改

* 原载《中国农村经济》2000年第5期。

造，使其价值不至于随着工程的陈旧、使用年限的增加而降低。最理想的收入要求是：除去弥补完全成本外，还有一定的剩余，即有一定的利润。根据昭平台灌区灌溉管理处的测算，整个灌区的供水经营成本为558.6万元（由于是自流灌溉，供水的可变成本部分很小，因而可以把经营成本近似地看作定值），完全成本为1174万元。计算成本的基本数据都是来自昭平台灌区灌溉管理处。因此，可以得出这样的结论：从昭平台灌区供水者的角度看，它每年希望从供水中获得的最低收入为558.6万元，这样的收入能够保证在现有的管理状况下，运转管理费用的支出；较为理想的收入为1 174万元，这样每年可有600多万元的折旧积累，以使它从容地对工程进行更新改造。但要达到有一定利润的理想收入，在目前的条件下根本没有可能。

2. 供水数量。任何一个灌区，由于受气候、年景的影响，供水数量都不可能是一个常数，总会有一定的波动。对于昭平台灌区讲，这个波动就更大。据昭平台灌区1986—1995年的供水情况统计，最多的为1986年，供水量达到12 300万立方米；最低的为1993年，供水量为3 000万立方米，变化比较大。该灌区年平均供水量约为5 000多万立方米。供水量不确定，若想得到一个稳定的收入，只有靠水价的变化来弥补。已知昭平台灌区供水单位所希望得到的年最低供水收入为558.6万元，较理想的收入为1 174万元。根据水价P与收入Y和供水量之间的关系P=Y/Q，可以算出在不同供水量的情况下供水部门所期望的水价（见表1）。这个水价仅是供水部门的一厢情愿，现实的供水价格不可能按每年供水量的多少来确定。再者，还要考虑用水者的情况。

表1　不同供水量情况下供水部门所期望的水价

供水量（万立方米）	3 000	4 000	5 000	6 000	7 000	8 000	9 000	10 000
最低期望水价（元/立方米）	0.186	0.140	0.112	0.093	0.080	0.070	0.062	0.056
满意水价（元/立方米）	0.391	0.294	0.235	0.196	0.168	0.147	0.130	0.117

二、从用水农户（需求者）的角度看水价

农民用水灌溉作物，其目的在于获得一个超过灌溉成本的额外报酬。虽然灌溉能增加农作物产出，但增加农作物产出并不是灌溉的最终目的。对农民来讲，若投入增加的产出价值小于其投入成本时，他是绝不会投入的，只有当因为灌溉而增加的产出，价值大于或等于灌溉费用时，他才有灌溉的积极性。下面我们就从这一前提出发，看一下作为灌溉需求方的农民所能接受的水价。

每亩因灌溉而增加的净收入为：　$M=P_1T-PQ-L$

式中，M——增加净收入；

P_1——产品价格；

T——增加产出；

L——人工投入。

农民接受灌溉的条件为：$M>0$，即 $P_1T-PQ-L>0$

农民能接受的水价为：　$P<\dfrac{P_1T-L}{Q}$

根据昭平台灌区目前的实际情况，以灌区的主导作物小麦为例，计算一下在异常干旱情况下浇“救命水”和在正常降雨情况下浇“丰产水”两种条件下农民能接受的水价。

1. 干旱年景。根据对1997年灌区情况的调查，小麦在整个生长期不降雨或降雨很少，又一遍不浇水，其产量不会超过每亩300斤。按300斤计算，若能浇3遍水，就可以达到每亩700斤的正常产量，灌溉增加的产出为400斤；每亩浇水1遍，用水量按150立方米计，3遍用水450立方米；每亩浇1遍的人工投入约10元，3遍水需30元；小麦价格按0.6元/斤计算，则

$$P=\frac{P_1T-L}{Q}=\frac{0.6\times400-30}{450}=0.467\text{（元/立方米）}$$

这就是说，在干旱年景下，只要水价$P<0.47$元/立方米，从理论上讲，农民灌溉就有利可图，就会倾向于灌溉。

2. 正常年景。在正常情况下，不发生明显的旱情，在小麦生长的关键时节浇“冬灌”和“灌浆”2遍丰产水，可比正常情况下增加产量100斤左右，每遍用水量及其他条件不变，即总用水量$Q=300$立方米，人工费用$L=20$元，粮价$P_1=0.60$元/斤，则：

$$P=\frac{P_1T-L}{Q}=\frac{0.6\times100-20}{300}=0.133\text{（元/立方米）}$$

这就是说，在正常年景下，只有当水价低于0.133元/立方米时，农民灌溉才有利可图。

上面的分析计算只是理论上的大概估算。实际上还有以下几方面的因素：①农民的收入、支出、及用于灌溉的费用占总收入的比例；②灌溉费用的支出是现实确定的，而获得收益并不十分肯定，只有当收获完毕，各种前提条件保持不变时才能变成现实，因此农民往往高估灌溉支出，低估收入的增加；③在传统的种植方式下，不明显地表现出干旱，农民就不要求灌溉。由于这几条原因，实际上农民所接受的灌溉最高水价要低于上面所计算的理论数值。

农民实际所能接受的灌溉水价，可以从农民进行的灌溉交易中看出一个大概。灌区内的部分井灌区，在干旱季节，农民浇地的服务价格一般为30元/亩左右。因为这一价格是在自由交易中形成的，因此，可以看作农民实际愿意支付的灌溉价格。由于井灌和渠灌的效果等价，用水量相当于渠灌（150立方米/亩井灌实际用水量低于此值），这样，可以得出来农民在干旱期实际所能接受的水价为0.2元/立方米，这一价格仅为前面计算出来的干旱年景上限水价0.467元/立方米的43%。按此比例推算正常年景的水价，可以计算出正常年景下农民实际所能接受的水价，即：$P=$正常年景理论灌溉收益上限价$\times43\%=0.057$元/立方米。现在灌区征收水费的折合水价为0.04元/立方米。

根据上面的分析，基本上可以认为：在干旱年景，即水的价值最高时，农民实际上接受的水价为0.2元/立方米，在正常年景，不发生明显干旱，即水的价值最低时，农民所接受的灌溉实际水价约为0.04元/立方米，即0.04～0.2元/立方米为农民现在所能接受的灌溉用水价格区间。这与按农民灌溉实际收益计算出的水价有较大差距。前面已经提到，这个差异主要是由于农民对灌溉所带来的收益低估及其他多种综合原因造成的，若能让农民认识到灌溉的真实价值，愿意增加灌溉投入，那么农民所能接受的水价肯定会有所提高。

三、从节水角度看水价

水价过低，是目前灌溉用水严重浪费的主要原因之一。从节水角度看，水价应该保持在一定的水平之上，使水的使用者感受到水的价值，多用水会使其利益受损，这样才能使用水户有节水动机。具体到我们所讨论的昭平台灌区，到底多高的水价会使农民产生节水意识，自觉地采用节水灌溉方式？在这里仍借用上面涉及到的灌溉收益公式来分析。

农民灌溉的前提条件为 $P_1T-PQ-L\geqslant0$，农民所能支付的水费限量为 $PQ\leqslant P_1T-L$。采用前面的数据，在干旱年景农民接受灌溉的理论水费限量为 $PQ\leqslant0.6\times400-30=210$ 元/亩。假定相同的水费支出可以保证同样的灌溉效果，则在干旱年景农民为了保证从灌溉中得到收益，不能使其水费突破 210 元/亩，他就要根据水价的高低来调节灌溉用水量，在极限情况 $PQ=210$ 元/亩时，可算出不同情况下的灌溉用水量（见表 2）。同样的方法可以得到在正常年景下，水费的极限情况为 $PQ=40$ 元/亩，并算出不同价格情况下的用水量（见表 3）。从计算结果可以看出：水价越低，提高水价节水效果越明显。例如在干旱年景，当水价由 0.3 元/立方米上升到 0.4 元/立方米时，每亩灌溉用水量减少 58 立方米，节水率达 25%，在正常年景，当水价由 0.1 元/立方米上升到 0.15 元/立方米时，每亩灌溉用水量减少 67 立方米，节水率达 34%，节水效果相当明显。而在价位达到一定水平时，提高水价虽仍能产生节水效果，反而不显著。

表 2　干旱年景不同水价情况下的用水量

水价（元/立方米）	0.3	0.4	0.5	0.6	0.7	0.8	0.9	1.0	1.1
用水量（立方米/亩·次）	233	175	140	117	100	87.5	78	70	64
水价增加 0.1 元/立方米的节水量（立方米）	58	35	23	17	12.5	9.5	8	6	
节水百分率（%）	25	20	16	15	13	11	10	9	

表 3　正常年景不同水价情况下的用水量

水价（元/立方米）	0.1	0.15	0.2	0.25	0.3	0.35
用水量（立方米/亩·次）	200	133	100	80	67	57
水价增加 0.1 元/立方米的节水量（立方米）	67	33	20	13	10	
节水百分率（%）	34	25	20	16	15	

那么，从节水的角度看，水价定到多少合适？上面的计算结果提供了这方面的信息。可以从两方面来确定：一是看价格提高后节水效果是否明显。若在一个价格水平下，再提高水价时节水效果仍然非常明显，就应该继续提高价格，直到再提价时节水效果不显著为止，此时的价格应为节水最佳价格。二是看现在的节水灌溉技术实际能够达到的水平。从理论上讲，只要提高水价，灌溉用水量就会逐渐减少。实际上并非如此，灌溉用水量受节水灌溉技术的限制，灌溉用水量不可能会随着水价的持续提高无限制地减少，减少到一定程度时，再减少就保证不了正常的灌溉效果，而过高的水价也是不现实的。从这两方面看，节水灌溉水价的上限值，干旱年景应为 0.8 元/立方米左右，正常年景应为 0.25 元/立方米左右，这一水价的标准所对应的灌溉用水量为每亩每次 80 立方米左右，这一用水量，目前的节水灌溉技术能使其成为现实。从节水效果看，超过这一价格水平，再提高水价，节水效果明显降低。

用上述方法确定节水水价有一个显而易见的缺陷，就是没有考虑节水灌溉的投资。讨论节水灌溉问题还需要考虑为达到节水目的所采用的节水灌溉方法的额外投资，因采用任何节水措施都需要投资，不把这一部分的投资费用考虑进去，其讨论结果将与实际不符。若节水灌溉每亩每年分摊的投资为 K，那么，在节水灌溉情况下，灌溉净收益 $M=P_1T-PQ-L-K$。农民采用节水灌溉的前提条件是 $M\geqslant0$，即 $P_1T-PQ-L-K\geqslant0$，从而可以求出允许的节水永价 $P\leqslant\frac{P_1T-L-K}{Q}$。公式中 T、P_1 及 L 已知，这里要确定节水灌溉投资 K，及其在投资 K 下的用水量 Q。节水灌溉投资 K 和用水量 Q 之间具有一定的内在联系，采用的节水灌溉技术越先进，所需要

的投资越多，节水效果越显著，灌溉用水量越少。按照灌区规划中所选择的地埋管节水技术，每亩地总投资需约200元，按照水利工程投资效益要求，一般应在7年内收回。按7年计算，则一年两季作物，每季需分摊投资14元。采用地埋管节水技术，每亩地浇1遍水的需水量将由150立方米降到80立方米。把这些数据代入所允许的水价公式，求得：

在干旱年景下，$P \leqslant \frac{0.6 \times 400 - 30 - 14}{80 \times 3} = 0.82$（元/立方米）

在正常年景下，$P \leqslant \frac{0.6 \times 100 - 20 - 14}{80 \times 2} = 0.16$（元/立方米）

0.82元/立方米和0.16元/立方米就是节水灌溉所允许的理论上限水价。这一价格水平同目前灌溉条件下计算出的理论上限水价即干旱年景0.467元/立方米，正常年景0.133元/立方米相比，前者提高了76%，后者提高了20%。这一结果表明：①水价提高到一定程度，就会促使农民在灌溉中节约用水。②采用节水灌溉技术，无论是在干旱年景还是在正常年景，从经济上讲都是合适的。③在干旱年景，节水灌溉的经济效益更为显著。

四、水价的具体确定

上面从灌区用水的供应者（水管单位）、使用者（农民）和节水（社会）三个不同的视点，探讨了灌溉用水的水价，推出了各自的参考价格，具体的价格应如何确定？下面讨论这个问题。

供水是一种商品交换行为，作为商品水的供应者——供水单位应该具有相应的定价权力。供水单位能否仅以自己的利益来确定水价呢？显然不能。就目前的情况看，定价时应首先考虑用户的接受程度。虽然供水单位具有垄断性质，对于用户来讲，整个灌区只此一家，别无选择，但在供水的整个交易中，供应方也有明显的不利方面。具体表现在：①农田灌溉用水具有一定的随机性，用水数量的多少取决于年景气候，这样有可能出现大量需水的干旱年景，供水单位蓄水不足，满足不了需求；而储水多时，又有可能碰到雨水均匀的丰水年，灌溉需水少，致使水白白浪费掉。②灌溉放水是涉及到整个灌区的大行动，放水的次数、时间受到诸多限制，不能随时满足一些农户的灌溉用水需求。③事实上，灌区内的农民在灌溉问题上并非别无选择。当灌区供水满足不了他们的灌溉需求时，他们会选择井灌，尽管井灌的成本远高于渠灌，但灌溉用水方便，因此仍不失为一种替代选择。④水利工程修建时，灌区农民有大量的人工投入，而且工程占用了灌区内的大量土地，现在资产评估和产权界定工作又跟不上，农民的投入补偿问题难以有明确的说法。这些不利方面的存在，即使给供水单位充分的定价自主权，供水单位在定价时，也需要把灌区内农民对水价的接受程度放在重要位置来考虑。

灌溉用水的定价，政府必须给予一定的调控、指导，而不能由供水单位随意定价。政府一方面要为水管单位考虑，希望供水单位有足够的经济收入以保证水利工程的正常运转，使国有资产保值增值。从这个角度看，政府同供水单位的利益是一致的，希望有较高的水价。政府另一方面也要为农民考虑，不能增加农民的负担，既要保证农民的收入，又要保证农村的社会稳定，因而希望水价定得低一点，这同农民的利益是一致的。另外，政府还要考虑水资源的合理利用，希望农民在灌溉中节约用水，尽量扩大灌溉面积，以便使有限的水资源发挥更大的效用。从这个角度看，又希望水价高一点，以真正体现水的价值，引起农民对节水的重视。从目前看，在水价较低的情况下，政府更倾向于提高水价，以使水价充分体现社会利益。

根据以上考虑，结合我们从不同角度对水价所进行分析，建议昭平台灌区的基本水价由目前的0.04元/立方米左右（农民实际支出）提高到0.1元/立方米，以此为基准水价，并考虑进行一定程度的浮动。在需水旺季，水库内储水又不多时，可考虑上浮到0.15元/立方米左右；在需水淡季，库内储水充裕时可下调到0.05元/立方米左右。这一价格水平，从农民角度来讲是可以接受的，农民在干旱年景实际能接受的水价为0.2元/立方米，基准水价0.1元/立方米，低于此值，上浮后接近此值；水价下浮到0.05元/立方米时，又与目前农民实际支出的水价相接近。因此，这一价格水平农民是应该能接受的。从供水单位看，在供水保持基准水价情况下，需供水5 586万立方米才能达到最低期望水费收入，而每年供水5 586万立方米是完全有可能的。0.1元/立方米的水价应是供水方的最低期望水价。若供水量超过1亿立方米，则可得到满意的收入。通过供水的改进，灌溉面积的恢复，在一些年份达到此供水量也是完全可能的。因此，这一价格对供水方也是能得到认可的。从节水角度看，该价格虽然离我们从理论推导出的节水水价的上限相去甚远，但实际上，会对节水有一定的促进作用。按现在的灌溉用水量，每亩浇1遍水，需150立方米，价值为15元，一年两季浇4遍水，水费支出为60元。若规划的地埋管节水灌溉技术能得以实现，每亩地用水量降到80立方米，全年的水费支出将由现在的60元降到32元，一年节约水费28元，因此，采用节水技术从经济上还是合算的。即使不进行大投资，把大水漫灌改为畦灌，对现有渠道进行适当修整，防止跑水、漏水，这样使每亩地每次灌溉少用几十立方米水是有可能的。假如每亩少用水40立方米，全年浇4遍，少用水160立方米，每年可节省水费开支16元，这一数字相当于现在全年的水费，还是会引起农民注意的。因此，我们说这一价格水平对节水还是有一定促进作用的。

农业灌溉用水的定价是一个非常复杂的问题，考虑的影响因素是否全面及主要参数取值的准确与否都会影响到分析结果的正确性。本文的主要目的是通过昭平台灌区水价的确定来表明一种定价思路，以供有关决策者和研究人员参考。

关税保护与非关税保护的定量研究*

侯云先　王来生　邓乃扬

［摘　要］建立了两国政府和两国产业4个参与人的产业保护动态博弈模型，分析了其博弈的顺序、参与人的策略集合及支付函数，最后用逆推归纳法给出了子博弈精炼均衡解。该均衡解可为两国政府制定贸易政策和两国产业制定发展规划提供指导。

［关键词］关税保护　非关税保护　博弈　子博弈精炼均衡

Mayer[1]（1984）等用信息经济学的分析方法，讨论了不完全信息下的产业保护问题。Mutsuyama[2]（1990）建立了贸易自由化博弈模型，认为外国产业的竞争和国际自由贸易化的影响，会给本国产业造成强大的压力，所以本国产业必须受到政府的保护。他在一系列假定的前提下，给出了2个参与人的博弈分析，考虑外国产业，并把外国产业与本国产业的竞争当作环境来分析。笔者认为应将外国产业作为参与人，且应考虑非关税保护手段。关贸总协定乌拉圭回合谈判结束后，关税壁垒与非关税壁垒出现了双向发展的新格局，在世界范围内出现了一股贸易保护的浪潮。用于贸易保护的非关税手段形式和种类很多，有很大的机动性、灵活性和很强的隐蔽性。正是因为非关税手段的这些优点，非关税保护在国际贸易保护政策中所占地位越来越重要，并为越来越多的国家所采用；但是定量化研究非关税保护手段的效应分析较少。为此，本文中建立了4个参与人的完全信息4方动态博弈模型[3]，考虑关税保护与非关税保护2种手段，用博弈论[4]方法研究两国与两国产业在谈判贸易保护政策中的均衡。对于非关税手段，本文中只考虑补贴措施，不考虑配额、反倾销和反补贴措施。

一、模型建立

问题　假设国家1，国家2各有产业（可以看作是多个企业的组合），生产既内销又出口的相互竞争的商品，两国的消费者在各自的国内市场上购买国货或进口货。国家1和国家2的市场逆需求函数分别为$P_1=a_1-b_1h_1-ke_2$和$P_2=a_2-b_2h_2-ke_1$。其中P_1和P_2分别为国家1和国家2产品的市场价格；a_1，a_2，b_1，b_2，k为大于0的常数，$b_1b_2-k^2>0$；h_1，e_1和h_2，e_2分别为产业1和产业2产品的内销量和出口量。设产业1和产业2单位产品的平均生产成本分别为c_1和c_2，则两产业的生产总成本分别为c_1（h_1+e_1）和c_2（h_2+e_2）。当产业的产品出口时，国家政府考虑进口关税与出口补贴。假设政府1和政府2制定的单位产品进口关税为t_1和t_2，补贴为β_1和β_2，则产业1和产业2的单位出口产品成本分别为$t_2+c_1-\beta_1$，$t_1+c_2-\beta_2$。政府制定了关税率和补贴后，

* 原载《中国农业大学学报》．2000，5（2）：6～8。

产业再决定各自的内销和出口产量。考虑 2 阶段 4 方动态博弈。

参与人集合为 $\{G_1, G_2, I_1, I_2\}$，G_1，G_2 和 I_1，I_2 分别表示两国政府与两国产业。博弈顺序如下：首先 G_1 和 G_2 同时行动进行静态博弈，决定关税率和补贴，G_1，G_2 的策略集合为 $\{(t_1, \beta_1)\}$，$\{(t_2, \beta_2)\}$；然后 I_1 和 I_2 在知道两国政府的决策后，同时行动决定各自的内销与出口产量，I_1 和 I_2 的策略集合分别为 $\{(e_1, h_1)\}$，$\{(e_2, h_2)\}$。

产业 1 和产业 2 的支付分别为 π_1 和 π_2，则产业的策略可从式（1）和（2）求出：

$$\begin{cases} \max \pi_1 = P_1 h_1 + P_{1e_1} - c_1 h_1 - (t_2 + c_1 - \beta_1) e_1 & (1) \\ \max \pi_2 = P_2 h_2 + P_{1e_2} - c_2 h_2 - (t_1 + c_2 - \beta_2) e_2 & (2) \end{cases}$$

国家政府的支付是他们所关心的社会总福利，由消费者剩余、本国产业利润、国家关税收入和出口创汇效益 4 部分组成。先求消费者剩余。假设 G_1 的消费者效用函数为：$U_1(h_1, e_2) = a_1 h_1 + a_2 e_2 - (b_1 h_1^2 + b_2 e_2^2 + 2k h_1 e_2)/2$，则消费者剩余 $Cs_1 = U_1(h_1, e_2) - P_1 h_1 - P_2 e_{2j} = (b_1 h_1^2 + b_2 e_2^2 + 2k h_1 e_2)/2$。再求关税收入和出口创汇效益。$G_1$ 的关税收入 $R_1 = t_1 e_2$，由产业 1 给国家带来的创汇收入为 $\gamma_1 e_1$，γ_1 为产品创汇系数，则 G_1 的福利为 W_1，且政府 G_1 的策略可由式（3）求出：

$$\max W_1 = \pi_1 + (b_1 h_1^2 + b_2 e_2^2 + 2k h_1 e_2)/2 + t_1 e_2 + \gamma_1 e_1 - \beta_1 e_1 \quad (3)$$

同理，G_2 的策略可由式（4）求出：

$$\max W_2 = \pi_2 + (b_2 h_2^2 + b_1 e_1^2 + 2k h_2 e_1)/2 + t_2 e_1 + \gamma_2 e_2 - \beta_2 e_2 \quad (4)$$

二、模型求解

用逆推归纳法分析本博弈。先从第 2 阶段开始，假设 G_1 和 G_2 已经确定了关税率和出口补贴，两产业 I_1 和 I_2 知道 G_1 和 G_2 选择的策略后同时行动，进行静态博弈，决定产品的内销量与出口量策略。为求解博弈均衡解，则需求式（1）和（2）的一阶条件。将逆需求函数代入式（1）和（2），并求一阶偏导数得一阶条件

$$\begin{cases} \partial \pi_1/\partial e_1 = a_2 - b_2 h_2 - 2k e_1 - (t_2 + c_1 - \beta_1) = 0 & (5) \\ \partial \pi_1/\partial h_1 = a_1 - 2b_1 h_1 - c_1 - k e_2 = 0 & (6) \\ \partial \pi_2/\partial e_2 = a_1 - b_1 h_1 - 2k e_2 - (t_1 + c_2 - \beta_2) = 0 & (7) \\ \partial \pi_2/\partial h_2 = a_2 - 2b_2 h_2 - c_2 - k e_1 = 0 & (8) \end{cases}$$

求解式（5）～（8）得均衡

$$h_1^* = (a_1 + c_2 - 2c_1 + t_1 - \beta_2)/(3b_1), \quad e_1^* = (a_2 + c_2 - 2c_1 + 2\beta_1 - 2t_2)/(3k)$$

$$h_2^* = (a_2 + c_1 - 2c_2 + t_2 - \beta_1)/(3b_2), \quad e_2^* = (a_1 + c_1 - 2c_2 + 2\beta_2 - 2t_1)/(3k)$$

此时，产业 1 和产业 2 的纯利润最大。再推回到第 1 阶段，两国政府给出关税和补贴，使得国家福利最大。对于式（3）和（4），求关于 t_1，t_2，β_1，β_2 的一阶偏导数得一阶条件

$$\begin{aligned} \partial W_1/\partial t_1 = & t_1[-1/(9b_1) + 4b_2/(9k^2) - 4/(3k)] + \beta_2[1/(9b_1) - 4b_2/(9k^2) + 2/(3k)] \\ & + (2a_1 - c_1 - c_2)/(9b_1) - 2(a_1 + c_1 - 2c_2)b_2/(9k^2) + (a_1 + c_1 - 2c_2)/(3k) = 0 \quad (9) \end{aligned}$$

$$\partial W_1/\partial \beta_1 = -2t_2 - 4\beta_1 + a_2 + c_2 - 2c_1 + 6\gamma_2 = 0 \quad (10)$$

$$\begin{aligned} \partial W_2/\partial t_2 = & t_2[-1/(9b_2) + 4b_1/(9k^2) - 4/(3k)] + \beta_1[1/(9b_2) - 4b_1/(9k^2) + 2/(3k)] \\ & + (2a_2 - c_2 - c_1)/(9b_2) - 2(a_2 + c_2 - 2c_1)b_1/(9k^2) + (a_2 + c_2 - 2c_1)/(3k) = 0 \quad (11) \end{aligned}$$

$$\partial W_2/\partial \beta_2 = -2t_1 - 4\beta_2 + a_1 + c_1 - 2c_2 + 6\gamma_1 = 0 \quad (12)$$

求解式（9）～（12）得均衡

$$\beta_1^* = [2b_2k(a_2+c_2-2c_1+12\gamma_2)+(-a_2+c_2+2\gamma_2)k^2-8b_1b_2\gamma_2]/[2(k^2-4b_1b_2+10b_2k)]$$

$$t_1^* = -[2b_1k(a_1+c_1-2c_2+12\gamma_1)+(-a_1+c_1+2\gamma_1)k^2-8b_1b_2\gamma_1]/(k^2-4b_1b_2+10b_1k)+(a_1+c_1-2c_2+6\gamma_1)/2$$

$$\beta_2^* = [2b_1k(a_1+c_1-2c_2+12\gamma_1)+(-a_1+c_1+2\gamma_1)k^2-8b_1b_2\gamma_1]/[2(k^2-4b_1b_2+10b_1k)]$$

$$t_2^* = -[2b_2k(a_2+c_2-2c_1+12\gamma_2)+(-a_2+c_2+2\gamma_2)k^2-8b_1b_2\gamma_2]/(k^2-4b_1b_2+10b_2k)+(a_2+c_2-2c_1+6\gamma_2)/2$$

通过 2 阶段的求解，得到了纳什均衡

$$\{(t_1^*, \beta_1^*), (t_2^*, \beta_2^*), h_1(t_1^*, \beta_2^*), e_1(t_2^*, \beta_1^*), h_2(t_2^*, \beta_1^*), e_2(t_1^*, \beta_2^*)\}$$

其中：t^* 为国家政府的最佳关税率；β^* 为国家政府的最佳补贴率；$h(t^*, \beta^*)$，$e(t^*, \beta^*)$ 分别为产业在政府既定政策下决策的最佳内销量和出口量。

三、结论

综上所述，本文从建立的两国政府与两产业的完全信息下 4 方动态博弈模型中分阶段解出了纳什均衡，由于不存在任何不守信用的诺言，因此上述纳什均衡一定是子博弈精炼均衡。设 $t_1-\beta_2$ 为一国实际产品保护率，进一步分析可以得出：均衡时一国国内产品市场价格 $P_1=(a_1+c_1+c_2+t_1-\beta_2)/3$，为逆需求函数的截距 a_1、两国家产品成本之和 c_1+c_2 和实际产品保护率 $t_1-\beta_2$ 三者的平均值。

在建立模型的过程中，得到北京理工大学刘宝光教授的指导，谨致谢意。

参考文献

[1] wolfgang M. The infant - export industry agrument. Canadian Journal of Economy，1984，17：249～269

[2] Kiminory M. Perfect equilibrium in a trade liberalization game. The American Economic Review，1990，80 (3)：480～491

[3] 谢识予．经济博弈论．上海：复旦大学出版社，1997. 117～124

[4] 张维迎．博弈论与信息经济学．上海：上海人民出版社，1996. 168～178

乡镇企业改制上市后经营效果分类比较分析*

卢凤君　王隆建

[摘　要] 借助指标体系和模糊分布法，以整个乡镇企业上市公司的平均水平为参照标准，对各乡镇企业上市公司按经营效果进行模糊分类；以模糊评价和比较分析结果为基础，提出改善乡镇企业上市公司经营效果的对策及建议。

[关键词] 乡镇企业　改制上市　上市公司　经营效果　比较分析

一、经营效果的模糊评价与分类指标体系的创建

1. 经营效果衡量指标的确定。为了能够以整个乡镇企业上市公司（以下简称上市公司）的平均水平为参照标准，分类比较分析乡镇企业改制上市后的经营效果，首先需要选择经营效果的衡量指标。在指标选择过程中所遵循的原则是：所选的指标集合能够反映上市公司的财务特点和企业中利益主体的目标，体现企业改制上市后的总体经营状况；选择的单项指标简明规范，能够有针对性地反映上市公司经营状况某一方面的特征；选择的指标集合能够较好的从不同侧面、不同层次反映和衡量企业改制上市后的经营效果；选择的指标便于量化。

基于上述原则，借鉴国家财政部颁布的企业效绩评价体系[1]，结合专家建议，将上市公司的经营效果衡量指标选定为 4 类，即反映企业获取利润能力和收益质量的指标、反映企业资产营运能力的指标、反映企业发展成长能力的指标和反映企业偿还债务能力的指标，具体指标 $U_{i,j}$（i 表示指标类型，$i=1$，2，…，4；j 表示指标序号，$j=1$，2，…，10）及计算公式见表 1。

表 1　上市公司经营效果衡量指标及内容

基本指标 U_{ij}	衡量内容	计　算　公　式
净资产收益率 $U_{1,1}$	获利能力 $i=1$	（净利润/年度末股东权益）100%
每股收益 $U_{1,2}$		净利润/年度末普通股份总数
营运指标 $U_{1,3}$		经营现金净流量/经营所得现金
总资产周转率 $U_{2,4}$	营运能力 $i=2$	销售收入净额/平均资产总额
流动资产周转率 $U_{2,5}$		销售收入净额/平均流动资产总额
净利润增长率 $U_{3,6}$	成长能力 $i=3$	（本年净利润增长额/上年净利润）100%
主营业务收入增长率 $U_{3,7}$		（本年主营业务收入增长额/上年主营业务收入总额）100%
资产负债比率 $U_{4,8}$	偿债能力 $i=4$	负债总额/资产总额
流动比率 $U_{4,9}$		流动资产/流动负债
现金流动负债比 $U_{4,10}$		经营现金净流量/流动负债

* 原载《中国农业大学学报》2000 年第 5 卷第 6 期。

2. 经营效果单项模糊评价指标计算模型的构建。为了能够将上市公司按经营效果进行模糊评价和分类，首先需要以表1所列的经营效果衡量指标 $U_{i,j}$ 为基础，构建能够反映第 k 个年份所有上市公司经营效果平均水平的衡量指标 $D_{i,j,k}$，作为确定单因素评价等级的基准，即

$$Z_{i,j,h} = \left| \sum_{k=1}^{n} (U_{i,j,h,k} - D_{i,j,k}) \right| / n \tag{1}$$

其中：$j=1, 2, \cdots, 7, 10$；k 表示年份，$k=1, 2, \cdots, n$；h 表示上市公司的序号，$h=1, 2, \cdots, m$。然后构建第 h 个上市公司经营效果与所有上市公司经营效果平均水平（对于 $U_{4,8}$ 和 $U_{4,9}$，取上市公司合理的资产负债比和流动比率）年均差值 $Z_{i,j,h}$ 的计算模型，以便能够对各个乡镇企业改制上市后的综合经营效果进行分析。模型如下：

$$Z_{4,8,h} = \left| \sum_{k=1}^{n} (U_{4,8,h,k} - V_{1,h}) \right| / n \tag{2}$$

$$Z_{4,9,h} = \left| \sum_{k=1}^{n} (U_{4,9,h,k} - V_{2,h}) \right| / n \tag{3}$$

式中：$V_{1,h}$ 表示第 h 个上市公司合理的资产负债比率；$V_{2,h}$ 表示第 h 个上市公司合理的流动比率。最后构建第 h 个上市公司经营效果单项模糊评价指标 $E_{i,j,h}$ 的模型，

$$E_{i,j,h} = \begin{cases} 0 & Z_{i,j,h} \leqslant G_{i,j,1} \\ (Z_{i,j,h} - G_{i,j,1})/(G_{i,j,3} - G_{i,j,1}) & G_{i,j,1} < Z_{i,j,h} \leqslant G_{i,j,3} \\ 1 & Z_{i,j,h} > G_{i,j,3} \end{cases} \tag{4}$$

式中：$i=1, 2, 3$；$j=1, 2, \cdots, 7, 10$；$G_{i,j,1}$ 表示经营效果状态划分在左端点；$G_{i,j,3}$ 表示经营效果状态划分的右端点。

$$E_{i,j,h} = \begin{cases} (G_{i,j,1} - Z_{i,j,h})/(G_{i,j,1} - G_{i,j,3}) & Z_{i,j,h} \leqslant G_{i,j,1} \\ 0 & Z_{i,j,h} > G_{i,j,1} \end{cases} \tag{5}$$

式中：$i=4$；$j=8, 9$。

3. 经营效果综合模糊评价指标计算模型的构建。在构建出经营效果单项模糊评价指标 $E_{i,j,h}$ 的基础上，借鉴层次分析的思想和运用构建判断矩阵的方法构建各上市公司综合经营效果的模糊评价指标模型，方法如下：首先，选择专家对4类指标在反映乡镇企业改制上市后其综合经营效果方面的相对重要程度进行评分，对 j 个单项指标在 i 类指标中的相对重要程度进行评分；然后，按指标的类和项计算各专家评分的算术平均值，构建比较判断矩阵并求其特征向量；接着，对所求得的特征向量进行归一化处理，得到了4类指标在反映综合经营效果方面相对重要程度的权值矩阵 A（a_1，a_2，a_3，a_4）和各单项指标在 i 类指标中相对重要权值矩阵 B_1（$b_{1,1}$，$b_{1,2}$，$b_{1,3}$），B_2（$b_{2,1}$，$b_{2,2}$），B_3（$b_{3,1}$ $b_{3,2}$）和 B_4（$b_{4,1}$，$b_{4,2}$，$b_{4,3}$）；在这之后，计算各单项指标的相对重要权值，可用矩阵表示为

$$\begin{gathered} C(c_{1,1}, c_{1,2}, c_{1,3}, c_{2,1}, c_{2,2}, c_{3,1}, c_{3,2}, c_{4,1}, c_{4,2}, c_{4,3}) = \\ C(a_1 b_{1,1}, a_1 b_{1,2}, a_1 b_{1,3}, a_2 b_{2,1}, a_2 b_{2,2}, a_3 b_{3,1}, a_3 b_{3,2}, a_4 b_{4,1}, a_4 b_{4,2} a_4 b_{4,3}) \end{gathered} \tag{6}$$

最后，利用各单项指标的相对重要权值 $C_{i,j}$ 和模糊评价指标 $E_{i,j,h}$，构建出各上市公司综合经营效果的模糊评价指标 E_h 的计算模型：

$$E_h = \sum \sum C_{i,j} E_{i,j,h} \tag{7}$$

4. 按经营效果对企业进行分类的方法。按经营效果对企业进行分类，不仅要考虑各个企业评价指标 E_h 之间的差距，还要考虑企业经营效果好转的难易程度；因此，在计算评价指标 E_h 的基础上，通过统计各个企业指标项 $E_{i,j,h}$ 低于平均水平0.5的数量多少以反映企业经营效果好转的

难易程度，把两者相结合采用模糊分布法进行归集，将上市公司按综合经营效果隶属好或差状态的程度分为 4 类，具体的判定准则如表 2 所示。

表 2　按经营效果对企业进行分类的判定准则

判定准则		分　类	解　　释
评价指标 E_h	$E_{i,j,h}$低于 0.5 的数量		
$0.50 \leqslant E_h < 1$	1～2	经营效果好	综合经营效果隶属于好状态的程度高，隶属于差状态的程度低
	3～5	经营效果较好	综合经营效果隶属于好状态的程度较高，隶属于差状态的程度较低
$0 \leqslant E_h < 0.50$	5～6	经营效果较差	综合经营效果隶属于好状态的程度较低，隶属于差状态的程度较高
	7～9	经营效果差	综合经营效果隶属于好状态的程度低，隶属于差状态的程度高

二、经营效果模糊评价指标值的计算及分析

1. 单项模糊评价指标模型参数的确定[2,3]。在计算单项模糊评价值和综合隶属度之前，首先需要计算出经营效果衡量指标值$U_{h,i,j}$和能够反映第k 个年份所有上市公司经营效果平均水平的衡量指标 $D_{i,j,k}$，确定出合理资产负债比率和流动比率 $V_{1,h}$和 $V_{2,h}$，计算出各上市公司经营效果与所有上市公司经营效果平均水平的年均差值 $Z_{i,j,h}$，并以其为基础确定划分经营效果好和差状态的端点值 $G_{i,j,1}$，$G_{i,j,3}$和分界点值 $G_{i,j,2}$。

在查阅文献资料[4,5]的基础上，获得了能够反映上市公司经营状况的 1994—1998 年财务报表数据，运用所获得的数据和表 1 中的指标计算公式，借助计算机软件，对 25 家上市公司的数据进行分类、汇总和计算，分别求得了其经营效果衡量指标值 $U_{h,i,j}$（受篇幅限制没有列出）和它们的平均值 $D_{i,j,k}$（表 3）。

表 3　25 家乡镇企业上市公司平均经营效果的衡量指标值

指　　标	1994	1995	1996	1997	1998
净资产收益率 $D_{1,1}$/%	16.46	13.25	13.86	14.13	11.23
每股收益均值 $D_{1,2}$	0.50	0.36	0.40	0.36	0.30
营运指数 $D_{1,3}$					0.28
总资产周转率 $D_{2,4}$	0.59	0.55	0.59	0.59	0.58
流动资产周转率 $D_{2,5}$	1.26	1.02	1.06	1.03	0.94
净利润增长率 $D_{3,6}$/%	−12.19	−16.12	−2.09	36.14	13.66
主营业务收入增长率 $D_{3,7}$/%	−13.16	13.46	−17.34	15.20	29.73
现金流动负债比 $D_{4,10}$					0.09

注：资产负债比率 V_1 和流动比率 V_2 分别取 0.5 和 1.5，为国内理论界和实业界基本认可的值。

对于正向指标，根据计算出的平均值 $D_{i,j,k}$映射划分上市公司经营效果状态的中间点 $G_{i,j,2}$，根据年均差值 $Z_{i,j,h}$，在基本包含大部分数值并使端值的绝对值相等的基础上，确定正向指标相对值的 2 个极值端点，划分为好和差 2 种状态；对于中性指标，根据 V_1 和 V_2 值映射划分上市公司经营效果状态的右端点 $G_{i,j,3}$，在基本包含其大部分年均差值 $Z_{i,j,h}$数值的基础上，确定关于划分该指标状态的右端点 $G_{i,j,1}$，然后取 $G_{i,j,3}$和 $G_{i,j,1}$的中间值为好与差状态的分界点。这样就把经营效果划分为好和差 2 种状态，差状态的左端点值用 $G_{i,j,1}$表示，差状态和好状态的分界点值用

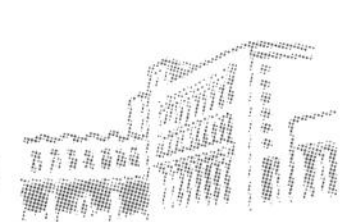

$G_{i,j,2}$表示，好状态右端点值用$G_{i,j,3}$表示，各端点值和分界点值见表 4。

表 4　多指标模糊评价状态的端点值和分界点值

指　标	$G_{i,j,1}$	$G_{i,j,2}$	$G_{i,j,3}$	指　标	$G_{i,j,1}$	$G_{i,j,2}$	$G_{i,j,3}$
净资产收益率（%）	−10	0	10	净利润增长率（%）	−50	0	50
每股收益	−0.4	0	0.4	主营业务收入增长率（%）	−50	0	50
营运指数	0.5	0	−0.5	资产负债率（%）	40	20	0
总资产周转率	−0.5	0	0.5	流动比率	1.0	0.5	0
流动资产周转率	−0.5	0	0.5	现金流动负债比	0.4	0	−0.4

2. 综合模糊评价指标模型中权值的确定。在专家评分的基础上，利用判断矩阵构建方法、求判断矩阵特征向量方法和式（6），确定的相对重要权值，即一级指标权重a_i，二级指标对相应的一级指标的权重$b_{i,j}$和二级指标的最终权重$c_{i,j}$。a_i，$b_{i,j}$和$c_{i,j}$的值如表 5 所示。

表 5　上市公司经营效果评价指标的权重

a_i	$b_{i,j}$	$c_{i,j}$
获利能力状况（0.353）	净资产收益率（0.527）	净资产收益率（0.186）
	每股收益（0.267）	每股收益（0.094）
	营运指数（0.206）	营运指数（0.073）
营运能力状况（0.195）	总资产周转率（0.389）	总资产周转率（0.076）
	流动资产周转率（0.611）	流动资产周转率（0.119）
成长能力状况（0.195）	净利润增长率（0.611）	净利润增长率（0.119）
	主营业务收入增长率（0.389）	主营业务收入增长率（0.076）
偿债能力状况（0.257）	资产负债比率（0.421）	资产负债比率（0.108）
	流动比率（0.257）	流动比率（0.066）
	现金流动负债比（0.322）	现金流动负债比（0.083）

3. 模糊评价指标值的计算结果及企业分类结果。根据式（1）～（5）及已经求得的参数和权值，计算出了 25 家乡镇企业改制上市后经营效果的模糊评价值，然后按经营效果分类判定准则对 25 家上市公司进行分类。结果表明：在 25 家上市公司中，经营效果好的企业和经营效果较好的企业各有 6 家，均占总数的 24%；经营效果较差的企业有 8 家，占 32%；经营效果差的企业有 5 家，占 20%。

对每类综合经营效果不同的上市公司的单项模糊指标，按其值不小于 0.9（代表企业在该指标所反映的经营效果方面有显著优势），大于 0.5（经营效果隶属好的程度比差的程度高）小于 0.5（经营效果隶属差的程度比好的程度高），和不大于 0.1（经营效果有显著劣势）分类进行项数频率分布统计，并分别计算各单项指标个数占该类上市公司所有单项模糊指标总项数的比重，见表 6。可以看出：①经营效果好的 6 家企业在由单项指标所反映的经营效果方面显著优势项较多、显著劣势项少，较好和好的项数的比重（83.3%）明显高于较差和差的项数的比重（16.7%）；②经营效果差的 5 家企业在由单项指标所反映的经营效果方面显著劣势项比重（30%）远大于显著优势项比重（2%）。这一结果意味着，经营效果好的 6 家企业保持好状态的能力很高，不仅跌入较差状态的可能性小，而且容易取得更好的经营效果；经营效果差的 5 家企业不仅升入较好行列的可能性小，而且经营状态容易进一步恶化。

表 6　各上市公司单项模糊指标个数占总项数的比重

单位：%

分 布 范 围	单项指标值			
	≥0.9	>0.5	<0.5	≤0.1
在经营效果好的 6 个企业的 60 个单项指标值中	18.3	83.3	16.7	6.7
在经营效果较好的 6 个企业的 60 个单项指标值中	11.7	65.0	35.0	10.0
在经营效果较差的 8 个企业的 80 个单项指标值中	5.0	43.8	56.2	15.0
在经营效果差的 5 个企业的 50 个单项指标值中	2.0	34.0	46.0	30.0

从表 6 也可以看出：①经营效果较好的 6 家企业在由单项指标所反映的经营效果方面显著优势项较少、显著劣势项更少，较好和好的项数比重（65%）明显高于较差和差的项数比重（35%）；②经营效果较差的 8 家企业在由单项指标所反映的经营效果方面显著优势项极少、显著劣势项较多，较差和差的项数比重（46%）明显高于较好和好的项数比重（34%）。这一结果表明，经营效果较好的 6 家企业保持在较好状态的能力比较强，跌入较差行列的可能性小，容易取得更好的经营效果；经营效果较差的 8 家企业，升入好行列的可能性相对较小，而跌入差行列的可能性相对较大。

对分类结果按单项指标进行项数统计发现：①上市公司单项模糊指标值<0.1 的指标多为流动比率（在 25 家中有 1 3 家），其次是营运指数和流动资产周转率（在 25 家中分别有 9 家和 5 家）；②在经营效果好的上市公司中，单项模糊指标值<0.1 的指标均为流动比率（在 6 家中有 2 家）；③在经营效果较好的上市公司中，单项模糊指标值<0.1 的指标多为流动比率（在 6 家中有 5 家），其次是是营运指数（在 6 家中有 1 家）；④在经营效果较差的上市公司中，单项模糊指标值<0.1 的指标多为营运指数（在 8 家中有 5 家），其次是流动资产周转率和流动比率（在 8 家中分别有 4 家和 3 家）；⑤在经营效果差的上市公司中，除了主营业务收入增长率稍好之外，其他单项模糊指标值大部分都小于 0.1。

三、建议

综合考虑上市公司经营效果衡量指标之间的关系，结合其 1998 年经营状况，笔者提出以下改善和提高其经营效果的措施：①上市公司应该把营运资金持有政策从紧缩性向适中性转变，在足以支付现金需求的基础上，确定适当的营运资金持有量；采用稳定性融资政策，对于临时性负债只融通部分临时流动资产的资金需要，另一部分临时性流动资产和永久性资产，则由长期负债、自发性负债和权益资本作为资金来源。②上市公司应在扩大销售、增强竞争力和应收账款之间作出权衡。一方面，要重视应收账款的管理，制定适度严格的信用政策和收账政策，加强对应收账款回收情况的监督和对坏账损失的事前控制，在应收账款管理政策所增加的赢利和实施该政策的成本之间作出合理选择；另一方面，要调整或改善公司的市场营销方式，使其与应收账款管理政策相互配合，以求在激烈的市场竞争环境中加快现金的流入。③提高整个上市公司经营效果的措施是加快应收账款的回收和存货流动，以期大幅度降低流动资产中的应收账款和存货所占比例，提高营运指数和流动资产周转率；对于经营效果好和较好的上市公司，应大幅度降低流动资产中的应收账款和存货所占比例，从而降低流动比率，使流动资产得以合理运作；对于经营效果

较差的上市公司，应加强对流动资产结构的调整和控制，降低流动资产中的应收账款和存货所占比例，补充企业流转现金，提高运营指数和流动资产周转率；对于经营效果差的上市公司，应从企业经营管理的整体上给予重视，建立完善的内部控制制度，以期财务指标得以改善，否则将有被其他企业并购或接管的潜在危机。

参考文献

[1] 财政部．关于印发《国有资本金效绩评价规则》《国有资本金效绩评价操作细则》的通知．财统字（1999）2号，1～10

[2] 胡淑礼．模糊数字及其应用．成都：四川大学出版社，1994.50～56

[3] 吴秉坚．模糊数学及其经济分析．北京：中国标准出版社，1994.72～81

[4] 电子信息部编．99上市公司速查手册．北京：中国证券报发行部，1999.p446

[5] 北京吉泰克思计算机技术有限责任公司．上市公司资料库（光盘）．北京：中国人民大学出版社，1999

国内外粮食市场关系研究*

武 拉 平

［摘 要］本文以小麦、大米、玉米和大豆为样本，每个品种分别选取了南方和北方两个批发市场，运用共聚合法、Granger-Causality 因果分析法和市场联系指数法（IMC）对国内主要粮食批发市场和国际市场的内在联系进行了分析，主要结论为：第一，国内外粮食市场间存在长期的内在的联系；第二，大米和大豆市场以及南方小麦市场均受国际市场价格的影响，玉米市场和北方小麦市场的变化则领先于国际市场；第三，南方大豆和大米市场以及南北方玉米市场与国际市场联系程度最大，南方小麦批发市场与国际市场联系程度最小；最后，本文建议政府应将南方作为粮食市场和贸易调节的重点，并分品种提出了相应的政策建议。

［关键词］粮食市场　市场联系指数　共聚合检验

目前，在全球经济一体化和中国即将加入 WTO 的背景下，有两个问题应引起关注，它将关系到中国市场能否平稳地与国际市场接轨，从而积极有效地参与到国际经济一体化中。一是中国国内市场是否比较完善，即各地方市场间一体化（即整合）程度，如果国内地方市场之间相互封锁、分割，形不成统一的市场，则很难谈得上与国际经济接轨，或者说很难积极有效地参与国际市场活动。二是主要贸易品国内外市场之间是否整合，即国内外市场之间能否相互协调、具有较高的相关度，如果由于经济和贸易等体制的差异等原因导致国内外市场之间联系程度较差，国内市场对国际市场的反应和应变能力较弱，则同样会影响其有效地参与国际经济活动。

关于国内地方市场间一体化问题的定性和定量研究均较多，如陈宗胜（1998），田维明（1998）等，此处不再赘述。本研究将对国内外粮食市场的价格联系进行分析，回答如下三个问题：第一，国内外粮食市场之间是否存在内在的联系（即长期或短期整合）。第二，国内外市场价格相互影响的因果关系，考察国内外市场价格变化的先后顺序。第三，通过估计和计算市场联系指数（IMC），分析国内外市场间相互联系的紧密程度。

一、样本的确定与方法的选择

目前，中国已建立起以国家级批发市场为核心、以区域性批发市场为骨干、以城乡集贸市场为基础的三级农产品市场体系。本文将选取国内批发市场及其与国际市场的关系进行实证研究，

* 原载《中国农村观察》2000 年第 6 期。本文是 1999 年中国公共政策研究项目之一《国内外粮食市场关系研究》，主持人为武拉平。

所选农产品品种包括大米、小麦、玉米和大豆，考虑到区域性问题，对于每个品种均选取南北方①两个国内批发市场作为样本进行对比，样本的选择如表 1 。

表 1　主要农产品国内代表性市场

品种	代表性市场	
小麦	中国郑州粮食批发市场（郑州）	湖北粮食批发市场（湖北）
大米	湖南粮食批发市场（湖南）	黑龙江粮油批发市场（黑龙江）
玉米	黑龙江粮油批发市场（黑龙江）	湖北粮食批发市场（湖北）
大豆	黑龙江粮油批发市场（黑龙江）	福建粮食批发市场（福建）

注：为方便起见，下文通常用括号中的简称来代替该批发市场全名。

本文首先运用共聚合方法检验国内外市场整合关系，考察国内外市场价格之间是否存在内在的联系（即长期或短期整合）。其次，应用 Granger-causality 分析法研究国内外市场价格间的“格兰泽尔”因果关系，考察国内外市场价格变化的先后（“因果”）顺序。第三，通过估计和计算市场联系指数（Index of Market Connection，IMC），分析国内外市场间相互联系的紧密程度。

本研究所用资料主要为国内粮食批发市场价格，资料来自实地调查和中国粮油食品信息网。国际市场价格的选择如下：小麦、玉米和大豆的世界市场价格取芝加哥商品交易所价格，大米为曼谷 FOB 价格②，国际市场价格资料主要来自《国际经贸消息》等报纸杂志，价格范围为 1996 年 1 月到 1999 年 12 月的双周价格。

二、模型与结论

（一）国内外粮食市场价格之间是否存在内在的联系？——共聚合检验

运用共聚合法进行市场整合的检验时，分为三步：首先检验价格序列的稳定性，这是市场整合检验的前提；其次是市场的长期整合检验；最后为短期整合检验。价格序列稳定性的检验最常用的方法是 Augmented Dickey -Fuller（ADF）检验法，在研究中我们应用计量经济学软件 EVIEWS 中的 ADF 方法对所有价格序列进行了检验，结果表明每种产品的价格序列均通过了一阶聚合即 I（1）的检验（对于价格数列通常都满足一阶聚合），因而可以进一步进行市场整合的检验。

长期整合的检验。长期整合指两个市场的价格（即两组价格）之间存在长期、稳定的联系，即使这种长期均衡关系在短期内被打破，但最终也会恢复到原来的均衡状态。长期整合的检验是用修正的 ADF 检验法对“共聚合回归公式”③ 中 e_t 的稳定性进行检验，如果 t 检验值小于相应的实际值，则虚拟假设被拒绝，两价格系列于 1 阶共聚合，因而两市场长期整合，检验结果见表 2。

---

① 郑州实际上为中原地区，但为了方便起见这里用南北统一概括。

② 由于得不到粳米的国际市场价格，本项目以优质泰国大米价格代替。

③ 共聚合回归公式为：$P_{it}=\phi+\omega P_{jt}+\eta t+e_t$，此外 P_{it}为市场 i 在时间 t 时的价格；P_{jt}为市场 j 在时间 t 时的价格；t 为时间趋势变量；ϕ，ω 和 η 为待估计常数；e_t 是残差项（随机误差项）。

表 2　长期整合的检验（t-检验）

品种	主要农产品市场	t 检验值
小麦	湖北粮食批发市场—国际市场	-2.40^{3}
	郑州粮食批发市场—国际市场	-2.50^{3}
大米	黑龙江粮油批发市场—国际市场	-2.89
	湖南粮食批发市场—国际市场	-3.62
玉米	黑龙江粮油批发市场—国际市场	-2.25^{3}
	湖北粮食批发市场—国际市场	-2.34^{3}
大豆	黑龙江粮油批发市场—国际市场	-3.64
	福建粮食批发市场—国际市场	-4.31

注：①表中数值为 $\Delta e_t=\lambda e_{t-1}+\sum_{k-2}^{n}\theta_k\Delta e_{t-k}+\mu_t$ 中 λ 的 t 检验值，此处 $\Delta e_t=e_t-e_{t-1}$，$\Delta e_{t-k}=e_{t-k}-e_{t-k-1}$，$e_t$、$e_{t-1}$、$e_{t-k}$，$e_{t-k-1}$分别为时间 t、t－1、t－k 和 t－k－1 时的残差，λ 和 θ_k 为待估计的参数，μ_t 为误差项。

②对 λ 进行 ADF 检验时，滞后期为 3，无趋势项。

③1%、5%和 10%的 MacKinnon 临界检验值分别为：－2.59、－1.94 和－1.62。

结果表明，在 95%和 90%的可信度条件下，所有市场上“不存在长期整合”的虚拟假设均被拒绝，即四大粮食品种的国内外市场均存在长期整合关系。这与实际情况是相符的，改革开放以来，特别是 90 年代中期以来，粮食贸易体制的改革步伐明显加快，单一的“大米换小麦”的格局被打破，进口由单一小麦改变为小麦、玉米和大米等多种品种，玉米的出口大量增加，贸易的目的已转向了发挥国内比较优势和注重经济效益角度，国内外粮食市场的联系越来越转向经济规律调节，因而表现出市场间的长期整合。

短期整合的检验。短期市场整合，指某一时期某市场的价格变化，会“立即”引起另一市场上该产品价格的变化。换言之，当国际市场农产品价格提高（或降低）时，国内市场该产品的价格会立即做出反应。短期市场整合的检验，是通过对以下模型进行 F 检验，如果虚拟假设：$\mu_{11}=\cdots=\mu_{1n}=\mu_{21}=\cdots=\mu_{2n}=0$、$\mu_{20}=\alpha$ 和 $\lambda=1$ 被拒绝，则市场之间不存在短期整合，否则存在短期整合关系。

$$\begin{aligned}\Delta P_{it} &= \mu_{11}\Delta P_{it-1}+\cdots+\mu_{1n}\Delta P_{it-n}+\mu_{20}\Delta P_{jt}+\mu_{21}\Delta P_{it-1}+\cdots \\ &\quad +\mu_{2n}\Delta P_{it-n}-\lambda(P_{it-1}-\alpha P_{it-1}-\beta T-\delta)+\varepsilon_t \qquad (1)\end{aligned}$$

上述虚拟假设更主要偏重于理论，为了使研究切合实际①，在检验时，我们对上面假设作了改进，原假设被修改为：$\mu_{11}=\cdots=\mu_{1n}=\mu_{21}=\cdots=\mu_{2n}=0$ 和 $\lambda=1$，即检验的假设为“某一时期某市场的价格变化，会‘立即’在下一时期引起另一市场上该产品价格的变化”，检验结果见表 3 。

短期整合的结果表明，四大粮食品种市场的短期整合关系均被拒绝，即某一时期四种粮食的国内（或国外）市场价格的变化不会“立即”在下一时期②引起对方市场价格的变化。

国内外市场间不存在短期整合关系，主要有以下几方面的原因：首先是体制的原因，表现在政府部门（包括国有粮食进出口企业）对进出口的垄断，而且由于粮食关系到 13 亿人口的中国的“国计民生”，因而长期以来，粮食的贸易决策中，往往被加入诸多“非经济因素”，使国内粮食的进出口价格发生扭曲，大大降低了粮食贸易的效率，导致对国际市场变化反映的迟缓。其

① 受资料所限，本研究所用价格为双周价格，而双周价格对粮食贸易而言可能略显周期较短，因而此外在短期整合检验时，将虚拟假设改为“某一时期某市场的价格变化，会立即在下一时期引起另一市场上该产品价格的变化。”

② 在本模型中，所用价格为双周价格，因而“下一时期”指半个月内。

次，粮食进出口主要受政府“计划”控制，并且这部分粮食并不一定全部经过批发市场，因而使国际市场和国内批发市场的联系程度较弱。第三，国内批发市场无论在储藏保鲜等“硬件”设施的建设，还是在供求和价格等信息系统等“软件”设施的建设方面均不健全，不能为进出口商提供良好的服务。中国粮食批发市场从 90 年代初开始建设，只有约 10 年的历史，而且由于对批发市场作用的认识不足、投资有限等原因使批发市场的建设速度极其缓慢。

表 3　短期整合的检验（F-检验）

品种	主要农产品市场	F-检验值
小麦	湖北粮食批发市场—国际市场	17
	郑州粮食批发市场—国际市场	13
大米	黑龙江粮油批发市场—国际市场	29
	湖南粮食批发市场—国际市场	49
玉米	黑龙江粮油批发市场—国际市场	18
	湖北粮食批发市场—国际市场	17
大豆	黑龙江粮油批发市场—国际市场	16
	福建粮食批发市场—国际市场	17

注：表中 F 检验的临界值为 2.78（其中生猪为 2.22）。

（二）国内外粮食市场价格变化的先后顺序——格兰泽尔因果检验

多数研究表明，如果两个序列之间存在共聚合（整合）关系，则整合的市场之间至少会存在一个单方向的格兰泽尔因果关系（Mehra，1994 和 Tian Weiming，1998 等）。下面将进一步对国内外市场价格之间的因果关系（ Granger-Causality）进行检验。

格兰泽尔因果检验是计量经济学中常用的检验方法之一。从统计学上讲，若一个时间序列 x 的当前值或上期值决定了另一时间序列 y 的数值，则称 x 和 y 之间存在格兰泽尔因果关系，其中 y 由 x 决定。这里通过对下列模型的检验，确定国内外市场价格之间的因果关系。

$$\Delta P_{it} = \theta_{11}\Delta P_{it-1} + \cdots + \theta_{1n}\Delta P_{it-n} + \theta_{21}\Delta P_{jt-1} + \cdots + \theta_{2n}\Delta P_{jt-n} - \gamma_1(P_{it-1} - \alpha P_{jt-1} - \delta) + \varepsilon_{1t} \qquad (2)$$

上式的虚拟假设为：$\theta_{21}=\cdots=\theta_{2n}=\gamma_1=0$ ，即从 P_j 到 P_I 没有因果关系。

$$\Delta P_{jt} = \theta_{31}\Delta P_{jt-1} + \cdots + \theta_{3n}\Delta P_{jt-n} + \theta_{41}\Delta P_{it-1} + \cdots + \theta_{4n}\Delta P_{it-n} - \gamma_2(P_{it-1} - \alpha P_{jt-1} - \delta) + \varepsilon_{1t} \qquad (3)$$

上式的虚拟假设为：$\theta_{41}=\cdots=\theta_{4n}=\gamma_2=0$，即从 P_I 到 P_j 没有因果关系。

每种产品价格的格兰泽尔因果检验共有三种方式，即：“不存在因果关系”、“互为因果关系”和“从一方到另一方的因果关系”。国内外粮食市场价格变化的因果关系检验结果如表 4 。

表 4　Granger-Causality 因果检验结果

虚 拟 假 设	观察值	F 检验值	滞后期
小麦			
湖北粮食批发市场价格变化领先于国际市场	94	1.739	2
3 国际市场价格变化领先于湖北粮食批发市场	94	3.706	2
3 郑州粮食批发市场价格变化领先于国际市场	94	2.786	2
国际市场价格变化领先于郑州粮食批发市场	94	0.145	2
大米			
湖南粮食批发市场价格变化领先于国际市场	94	0.179	2
3 国际市场价格变化领先于湖南粮食批发市场	94	7.119	2

（续）

虚拟假设	观察值	F检验值	滞后期
黑龙江粮油批发市场价格变化领先于国际市场	94	0.048	2
3 国际市场价格变化领先于黑龙江粮油批发市场	94	2.868	2
玉米			
3 黑龙江粮油批发市场价格变化领先于国际市场	93	2.712	3
国际市场价格变化领先于黑龙江粮油批发市场	93	1.098	3
3 湖北粮食批发市场价格变化领先于国际市场	93	3.067	3
国际市场价格变化领先于湖北粮食批发市场	93	0.215	3
大豆			
黑龙江粮油批发市场价格变化领先于国际市场	94	0.802	2
3 国际市场价格变化领先于黑龙江粮油批发市场	94	7.289	2
福建粮食批发市场价格变化领先于国际市场	94	0.919	2
3 国际市场价格变化领先于福建粮食批发市场	94	5.324	2

注：前面带 3 的虚拟假设被拒绝，即说明从左向右存在“因—> 果”的关系。

从此结果可以清楚地看出，玉米市场上，国内批发市场（无论是南方还是北方）均为国内价格变化先于国际市场价格的变化，因而国内玉米批发市场对国际市场价格具有先导作用；国内外小麦市场的价格联系为：中原地区的中国郑州粮食批发市场价格的变化领先于国际小麦市场价格，而南方地区的湖北粮食批发市场小麦价格变化则受国际市场的影响；大米和大豆市场上，国际市场价格变化在先、国内市场价格变化在后，即国际市场价格对国内市场价格的变化具有重要的影响或解释作用。

这一结果可以进一步从以下两个方面理解：

首先，粮食贸易较大幅度的年度波动，使国际市场对中国农产品市场产生极大的关注，而不同粮食品种贸易的国家（地区）集中程度，又导致玉米、小麦和大米价格变化结果的差异。

90 年代以来，由于中国农产品外贸体制和外贸政策的改革，粮食贸易的年度波动较大，其中尤以玉米的贸易为最，1990 年时，玉米出口量仅为 288.7 万吨，1991 年增加了 1.6 倍，达到 748.7 万吨，1992 和 1993 年均突破 1 000 万吨，分别达到 1 043 和 1 178 万吨，但 1995 和 1996 年又分别降至 11.3 和 15.9 万吨，1998 年玉米出口量为 469 万吨，如此大的贸易波动对国际市场①产生了较大的冲击。整个粮食的贸易也波动较大，1993 年中国粮食净出口 879 万吨，而 1995 年又突然转为净进口约 1 900 万吨，1996 年净进口维持在约 1 000 万吨，但 1997 年又净出口约 420 万吨。中国粮食贸易的巨大波动，引起了贸易伙伴以及整个国际市场对中国粮食价格的极大关注，从而促使玉米和小麦市场的国内价格变化领先于国际市场。

大米市场价格变化不同于小麦和玉米，这主要是贸易往来的国家（地区）集中程度不同，从而使对大米市场的关切程度没有玉米和小麦那么大。中国玉米的出口国（地区）和小麦的进口国（地区）均比较集中，1998 年韩国和马来西亚进口中国玉米 375 万吨，占中国玉米出口总量的 80%（韩国占 54.5%，马来西亚占 25.5%）。同年，中国主要从三个国家进口小麦 148 万吨（加拿大占 64.5%，美国 21.4%，澳大利亚 13.6%），因而中国粮食的贸易引起了贸易伙伴以及整个国际市场对中国粮食价格的极大关注，从而促使玉米和小麦市场的国内价格变化领先于国际市

① 90 年代以来世界玉米出口规模基本稳定在 7 000 万吨左右，中国玉米出口最高年份约占世界出口量的 20%，参见“世界粮食市场形势的变化与展望”（汤艳丽，1998）。

场。相比之下，进口中国大米的国家和地区比较分散，1998年中国的大米出口到47个国家和地区（菲律宾最多，约占36.7%），同时，大米贸易数量的年度波动较小，这些导致中国国内大米批发市场价格的变化未能影响国际大米市场价格的波动。

其次，大豆的进出口量比较少，其贸易量在国际市场贸易中所占比重较小，因而中国国内价格不会影响或左右国际市场。

随着近年来中国大豆生产的滑坡，中国国内大豆市场一直供不应求，保持约200万吨以上的缺口，而国际市场上，大豆主产国美国、巴西和阿根廷连年丰收，国际市场大豆价格大幅度下跌，廉价的进口大豆及豆粕冲击了中国国内市场，国内大豆价格也随之下跌。中国农民对大豆种植的积极性受到影响，导致中国对国际市场的依赖程度逐年增加，国内批发市场价格主要受国际市场的影响。

当然，影响国内外农产品市场关系的因素还有别的方面，如“粮食安全①”、贸易国间的政治、经济关系等等。

（三）国内外农产品市场间相互联系的紧密程度——市场联系指数（IMC）的测算

IMC指数法基于改进的Ravallion模型基础之上，由Timmer于1984年建立。IMC指数是在对以下模型（公式4）② 的参数估计基础上计算而得，其中，P_{it}为市场i在t期的价格，$\bar{p}_t$为t期国际市场价格，X指政策和其他相关变量，在本研究的模型估计时只包括时间变量。

$$P_{it} = (1 + b_1)P_{it-1} + b_2(\bar{P}_t - \bar{P}_{t-1}) + (b_3 - b_1)\bar{P}_{t-1} + b_4 X + \mu_t \qquad (4)$$

根据上式的参数估计结果便可计算出IMC指数，IMC=（1+ b_1）/（b_3-b_1），IMC数值越大说明市场联系程度越小，反之则越大。

IMC指数，可以衡量不同品种之间联系程度的大小，也可以对同一品种的不同地区批发市场与国际市场的联系程度进行比较。根据前面共聚合检验部分的结论，国内外市场之间存在长期整合关系，因而下面进一步运用IMC指数法对市场之间的联系程度进行度量和对比分析。四种粮食品种的估计和计算结果如表5 。

总体而言，南方大豆市场与国际市场的联系程度最大，市场联系指数为3.40，南北方玉米市场和南方大米市场与国际市场的联系程度次之，市场联系指数介于4.1～4.9之间。其次为郑州粮食批发市场的小麦、黑龙江粮油批发市场的大豆和大米与国际市场的联系程度较小，市场联系指数介于5.5～7.1之间，所有品种中南方小麦市场与国际市场联系程度最小，市场联系指数为17.91。

下面对形成这一格局的原因以及每个品种国内外市场联系程度的地区（南北方）差异进行详细分析：

小麦。与国际小麦市场联系相对紧密是郑州粮食批发市场，市场联系指数为5.74，这主要是由于河南省为中国小麦主产区，郑州粮食批发市场是中原地区乃至全国小麦批发主要场所，在国内流通和国际贸易中起着重要作用，因而郑州市场对国际市场影响系数为0.131（表5中b3-b1列）。相比之下，南方湖北粮食批发市场的作用远远没有郑州批发市场大，其价格因果关系为国

① 实际上，粮食安全已远远不再是经济问题，它涉及到政治和社会等诸多方面。

② 模型的推导参见Paul J. H.，Testing Market Integration. *Food Research Institute Studies* 20（1）. 1986和Fatimah Mohd. Arshad，The Integration of Palm Oil Market in Peninsular Malaysia. *Indian Journal of Agricultural Economics* 45：21～30，1990。

际市场影响湖北批发市场，影响系数仅为0.044，市场联系指数为21.93。在所有四种粮食品种中，湖北小麦市场与国际市场的联系程度也是最小的，这主要是由于中国为小麦净进口，并且进口的主要是高质量小麦和加工工业专用小麦，其主要销地在加工业比较发达的地区，因而沿海地区以及其他加工业发达地区应该与国际市场联系程度大，湖北粮食批发市场与国际市场联系程度最小。

表5　各国内外市场间市场联系指数（IMC）

品种	主要农产品市场 P_{it} — $\bar{P}_t$	系数 $1+b_1$	系数 b_3-b_1	IMC=（1+b_1）/（b_3-b_1）
小麦	湖北粮食批发市场—国际市场	0.916 05 (20.89)	0.051 14 (1.87)	17.91
	3国际市场—郑州粮食批发市场	0.753 89 (11.89)	0.131 36 (3.25)	5.74
大米	黑龙江粮油批发市场—国际市场	0.862 03 (17.37)	0.122 44 (2.87)	7.04
	湖南粮食批发市场—国际市场	0.799 68 (17.78)	0.164 50 (3.52)	4.86
玉米	3国际市场—黑龙江粮油批发市场	0.803 85 (13.69)	0.188 48 (3.16)	4.26
	3国际市场—湖北粮食批发市场	0.771 38 (12.29)	0.188 05 (3.48)	4.10
大豆	黑龙江粮油批发市场—国际市场	0.869 66 (21.04)	0.143 56 (3.35)	6.06
	福建粮食批发市场—国际市场	0.814 24 (15.21)	0.239 65 (3.51)	3.40

表中数值是在对模型 $P_{it}=(1+b_1)P_{it-1}+b_2(\bar{P}_t-\bar{P}_{t-1})+(b_3-b_1)\bar{P}_{t-1}+b_4X+\mu_t$ 的参数估计基础上计算而得，P_{it}为市场i在t期的价格，$\bar{P}_t$为t期国际市场价格。带3号者为国内价格影响国际市场价格（参见格兰泽尔因果检验部分），因而在估计时其等式左边变量不是国内价格而是国际市场价格。

模型估计时，X中只包括时间变量，但在估计湖北小麦批发市场与国际市场关系时，未包括时间变量，但增加了截距项，括号中数据为系数的t检验值。95%可信度下，自由度为91时的t检验临界值为1.66。

大米。与国际大米市场联系较紧密的是南方地区的湖南粮食批发市场，其市场联系指数为4.86，而北方的黑龙江粮油批发市场与国际市场的联系指数为7.04。这主要也是湖北的大米主产区地位和中国大米为净出口状况决定的。

玉米。黑龙江和湖北粮食批发市场与国际市场的联系程度相差不大，市场联系指数分别为4.26和4.10，两市场对国际市场的影响系数均为0.188。这说明无论在中国的北方玉米主产区还是在南方，国内玉米市场对国际市场的影响都是较大的。其次，近年来玉米和南方大米供给过剩比较严重，政府逐渐重视通过国际市场的调节解决供求矛盾，因此玉米和南方大米市场同国际市场的联系程度比较大。

大豆。福建粮食批发市场与国际市场的联系程度大于黑龙江粮油批发市场与国际市场的联系，同时福建粮食批发市场与国际市场的联系程度也是所有品种中最大的，这主要是由于中国国内大豆市场一直供不应求，国际市场对国内大豆的影响更主要是大豆的销地，而并不是其产地。东北是中国大豆的主产区，黑龙江省的大豆产量约占全国大豆总产量的1/3，因而主产区黑龙江批发市场的价格与国际市场的关系小于南方地区。更主要的是，大豆市场的状况，还受到豆粕、豆油以及其他植物油市场的影响。中国的植物油市场长期以来一直依靠进口，受国际市场的较大影响，这也进一步放大了国际市场对中国大豆的影响，使福建粮食批发市场与国际市场的联系程度在所有品种中最大。

三、政策建议

综合上述市场间的因果关系和市场联系程度的结果来看，南方的大米、小麦和大豆市场以及北方的大米和大豆市场均受国际市场价格的影响，而且南方市场与国际市场的联系程度均大于北方，因此政府应将南方作为粮食市场和贸易调节的重点（特别是对南方的大米和大豆市场）。就不同品种而言，政府应采取如下相应的措施：

玉米。国内南北方批发市场与国际市场的联系程度都较大，并且国内市场的变化很大程度上影响着国际市场，因而短期内国际市场并不会对国内玉米市场形成太大的冲击。玉米市场的调节目标，近期及中美贸易谈判的过渡期内（2004年前）应采取各种措施促进玉米的出口，要从体制上进一步改革，包括下放玉米贸易的经营权利，鼓励除粮油进出口公司以外的企业参与玉米的贸易等，政府不再直接介入玉米贸易的管制。本研究表明，玉米市场和贸易调节的重点，不应只局限在东北主产区，南方地区的玉米市场与国际市场的联系程度也很大。

大米。中国南方大米批发市场与国际大米市场的联系仅次于玉米，并且受着国际市场的较大影响。今后中国大米的出口除面对泰国等传统出口国的竞争外，还面临着提高质量与结构调整的压力。从地区来看，虽然东北大米近年来发展较快，但中国南方大米市场仍然应作为中国大米市场和贸易的重点，南方大米市场与国际市场的联系程度远大于北方大米市场。

大豆。大豆市场上价格信息的传递是国际市场价格的变化影响国内市场，与国际市场联系紧密的是非主产区的南方粮食批发市场，而主产区的黑龙江粮油批发市场与国际市场的联系则相对松散。这也说明南方大豆市场容易受国际市场的变化而波动。短期内，中国政府应将南方大豆市场作为大豆监测和调控的重点，但从长期来看（中国“入世”过渡期后），中国大豆调控的重点应逐步转移到主产区，其目标是发挥中国大豆的特点和优势①，扩大出口。

小麦。郑州粮食批发市场与国际市场的联系程度较大，并且对国际市场具有较大的影响，而南方小麦市场则受国际市场的影响，但影响程度不是很大。从未来来看，由于人口增长与经济发展对粮食需求的压力，特别是对质量较高的专用小麦的需求，使中国在今后若干年内仍将是世界小麦的主要进口国。因而，中国政府应将对小麦的监测和研究重点放在主产区，采取各种措施，扩大专用小麦的生产和提高小麦的质量。

参考文献

[1] 常秀亮. 中国大豆生产滑坡的原因分析. 中国农村经济. 2000（4）

[2] 陈智远. 中美关于中国加入WTO的协议对中国农产品贸易的影响. 中国农村经济. 2000（5）

[3] 陈宗胜等. 中国经济体制市场化进程研究. 上海人民出版社，1998

[4] 扈立家等. WTO农业保护框架及我国的政策选择. 农业经济. 2000（4）

[5] 柯炳生. 国内和国际市场价格的比较分析. 农业部软科学课题报告，1996

① 中国大豆脂肪含量低，蛋白质含量高，美国大豆则脂肪含量高，蛋白质含量低。

[6] 罗必良等. 加入WTO对广东农业发展的影响. 载《农村产业结构调整与农民收入》(杨雍哲主编), 北京: 中国农业出版社, 2000
[7] 万广华等. 我国水稻市场整合程度研究. 中国农村经济. 1997 (8)
[8] 喻闻, 黄季焜. 从大米市场整合程度看我国粮食市场改革. 经济研究. 1998 (3)
[9] 中国农业大学经济管理学院课题组. 我国农产品贸易战略选择. 中国农村观察. 1999 (4)
[10] 周章跃, 万广华. 论市场整合研究方法. 经济研究. 1999 (3)
[11] Fatimah Mohd. Arshad, The Integration of Palm Oil Market in Peninsular Malaysia. *Indian Journal of Agricultural Economics* 45: 21~30. 1990
[12] Goodwin, B. K. , J. G. Thomas and Christine McCurdy. Spatial Price Dynamics and Integration in Russian Food Markets. *JEL*. *F*15, *R*10, *C*22. 1996
[13] Luping Li. *Impact of Market Liberalization on Chinese Rice Economy*. Master Dissertation , Agricultural Economics , University of the Philippines Los Banos (UPLB). 1996
[14] Merle D. F and L. B. Bruce. Integration of Spatial Markets. *American Journal of Agricultural Economics* 72 (1): 49~62. 1990
[15] Monke , Eric , and Todd Petzel. Market Integration : An Application to International Trade in Cotton. *American Journal of Agricultural Economics* 66: 481~487. 1984
[16] Paul J. H. Testing Market Integration. *Food Research Institute Studies* 20 (1) . 1986
[17] Ravallion , Matin. Testing Market Integration. *AJ AE* 68: 102~109, 1986
[18] Scott Rozelle. Grain Marketing Brief. Paper presented at International Forum on China's Agricultural Policy , Beijing , September 1998
[19] Tian Weiming, Price Linkages in the Chinese Grain Market. Paper presented at the 10th Annual Conference of the Chinese Economic Studies Association of Australia , the University of Sydney , Orange , Australia , July 1998
[20] Zhou Z. Y. , Wan G. H. and Chen L. B. Integration of Rice Markets: the Case of Northern China. *Asian Journal of Agricultural Economics*, Vol. 2: 158~176. 1997

经济计量模型估计的新方法——累积法*

杨 汭 华

［摘　要］本文介绍了一种经济计量模型估计的新方法——累积法，该方法的基本原理是寻求一条重心线，而 OLS 法是寻求一条平均数线。

［关键词］OLS 法　累积法　累积算子

一、引言

经济计量建模的基本步骤是：定式、估算、检验、应用，其中估算这一环节最能反映经济计算分析的特点。模型参数估算的方法有两类，一类是最小二乘法（LS）系列（OLS、ILS、2SLS、3SLS、TLS、GLS、IV），该类以误差项平方之和最小化求得模型参数。另一类是极大似然法系列（LIML、FIML），该类以似然函数极大化求得模型参数。比较之下，最大似然原理比最小二乘原理更本质地揭示了通过样本估计母体参数的内在机理。计量经济学理论的发展，更多地是以最大似然原理为基础的，对于一些特殊的计量经济问题，只有最大似然法才是成功的估计方法。但是在实际应用中，OLS 法及其系列化方法以其"价廉物美"的优良特性成为模型参数估计的基本方法而沿用至今。OLS 法理论本身有先天不足之处，社会经济体制、经济运行机制和决策机构的演变、完善和发展，使得经济变量之间的关系趋于复杂多变，也在方法论上对 OLS 法提出了新的挑战。由曹定爱先生提出的累积法，对于简化模型估计过程、提高模型估计效率有很大的价值[1]。累积法的思路源丁意大利数学家 P·Marchsi 提出的累积法雏形，累积法原是一种曲线拟合技术，曾试用于数据平滑的时间数列分析，但因没有推导出累计算子的通式，在经济计算模型参数的估计中没有得到应用。累积算子通式的导出，为累积法的推广铺平了道路。本文在 LS 法的基础上对累积法加以介绍，以引起同行的关注与讨论。

二、累积法

累积法所依据的数学原理是：

Lusin 定理：设 $f(x)$ 是可测集合 E 上的几乎处处有限的可测函数，则对于任意 $\varepsilon>0$ 存在闭集 $F\subseteq E$，使得：①$m(E-F)<\varepsilon$，其中 m 表示 Lebesque 测定；②$f(x)$ 是 F 上的连续函数。该定理揭示了可测函数与连续函数的关系，由此可将一般的可测函数的问题转化为有关连续

* 原载《预测》2000 年第 7 期。

函数的问题。

Weierstrass 多项式逼近定理：对于闭区间［a，b］上任意连续函数 C（x），存在一列多项式 P_n（x），使得 $n\to\infty$时，$\lim P_n$（x）＝C（x），即连续函数可以由一列多项式函数来逼近。

累积法用于寻求经济计量模型多项式，从几何意义上来讲是寻找一条重心线的方法，这种思路不同于 LS、ML 系列方法，而且相当简单、直观，它是通过计算经济变量序列的各阶累积和，直接估计有关参数而得。这条重心线具有两个特性：①保证平均误差为零；②保证绝对误差最小。这是模型有效性的充分保证。

类似于 LS 法系列，累积法也在普通累积法的基础上建立了间接累积法、二阶段累积法和三阶段累积法作为方程组模型的单方程和系统估计方法。

1. 普通累积法。 对于模型 $Y_t=\beta_0+\beta_1x_{t1}+\beta_2x_{t2}+\cdots+\beta_mx_{tm}+\varepsilon_t$，普通累积法估计 β_0、β_1、β_2、…、β_m 的方程有 $m+1$ 个，方程形式如下：

$$\Sigma^{(1)}Y_t=\beta_0\Sigma^{(1)}+\beta_1\Sigma^{(1)}x\,t1+\beta_2\Sigma^{(1)}x_{t2}+\cdots+\beta_m\Sigma^{(1)}x_{tm}+\Sigma^{(1)}\varepsilon_t$$

$$\Sigma^{(2)}Y_t=\beta_0\Sigma^{(2)}+\beta_1\Sigma^{(2)}x_{t1}+\beta_2\Sigma^{(2)}x_{t2}+\cdots+\beta_m\Sigma^{(2)}x_{tm}+\Sigma^{(2)}\varepsilon_t$$

$$\cdots\cdots$$

$$\Sigma^{(m+1)}Y_t=\beta_0\Sigma^{(m+1)}+\beta_1\Sigma^{(m+1)}x_{t1}+\beta_2\Sigma^{(m+1)}x_{t2}+\cdots+\beta_m\Sigma^{(m+1)}x_{tm}+\Sigma^{(m+1)}\varepsilon_t$$

式中：

$\Sigma^{(k)}=n(n+1)\cdots(n+k-1)/k!$ 为基本累积和的计算通式，$k=1$，2，…，$m+1$。

$\Sigma^{(k)}x_{t1}=\Sigma(n-t+1)(n-t+2)\cdots(n-t+k-1)x_t$ 为累积算子的计算通式，$k=1$，2，…，$m+1$。$\Sigma^{(1)}x_t$ 叫做一阶累积算子，$\Sigma^{(2)}x_t$ 叫做二阶累积算子，…，$\Sigma^{(k)}x_t$ 叫做 k 阶累积算子。

累积和的最高阶数等于待估参数的个数，为 $m+1$ 个。

将方程组写成矩阵形式 $Y=X\beta+\varepsilon$，式中：

$$Y=\begin{pmatrix}\Sigma^{(1)}Y_t\\ \Sigma^{(2)}Y_t\\ \Sigma^{(m+1)}Y_t\end{pmatrix}$$

$$X=\begin{pmatrix}\Sigma^{(1)} & \Sigma^{(1)}x_{t1} & \Sigma^{(1)}x_{t2} & \cdots & \Sigma^{(1)}x_{tm}\\ \Sigma^{(2)} & \Sigma^{(2)}x_{t1} & \Sigma^{(2)}x_{t2} & \cdots & \Sigma^{(2)}x_{tm}\\ \cdots & \cdots & \cdots & \cdots & \cdots\\ \Sigma^{(m+1)} & \Sigma^{(m+1)}x_{t1} & \Sigma^{(m+1)}x_{t2} & \cdots & \Sigma^{(m+1)}x_{tm}\end{pmatrix}$$

$$\beta=\begin{pmatrix}\beta_0\\ \beta_1\\ \vdots\\ \beta_m\end{pmatrix}\qquad \varepsilon=\begin{pmatrix}\Sigma^{(1)}\varepsilon_t\\ \Sigma^{(2)}\varepsilon_t\\ \vdots\\ \Sigma^{m+(1)}\varepsilon_t\end{pmatrix}$$

累积法的应用同样必须满足模型的有关古典假设，否则，与 OLS 法一样，采用相应的处理办法。这样，

若 Rank（X）＝$1+m$，则 $\hat{\beta}=X^{-1}Y$；

若 Rank（X）＞$1+m$，则（$X^{\mathrm{T}}X$）$\hat{\beta}=X^{\mathrm{T}}Y$，$\hat{\beta}=$（$X^{\mathrm{T}}X$）$^{-1}X^{\mathrm{T}}Y$，表达式同 OLS 法，但 X、Y 阵的含义不相同。

普通累积法参数估计值也具有线性、无偏性，最小方差性（即 BLUE 特性）。如果模型的设定形式达不到理想的拟合状态，累积法提出的改进办法是采用多级估计法——

第 1 步：将原始数据（x，y）作为一级样本估计得一级模型 $Y=X\beta+\varepsilon$，得 β 的估计值 $\hat{\beta}$

第 2 步：用 $\varepsilon=y-\bar{y}$ 作为被解释变量，（x，ε）作为二级样本，将残差项中解释变量的解释能力进一步过滤出来，得模型 $\varepsilon=X\beta'+e$，β' 为二级模型的待估参数，e 为其残差项。

第 3 步：将一、二级模型相加，重新再考察其残差项是否有所改善。

第 4 步：重复以上 3 步，直到残差项无法改善为止。

2. 间接累积法。间接累积法是单一方程估计法，每次应用于方程组中的一个方程。步骤：第 1 步，求出结构模型的简化式。第 2 步，在满足累积法使用的误差项的通常假设的前提下，使用普通累积法估计模型的简化系数。第 3 步，用多级估计法逼近简化型系数的真值。第 4 步，用第 3 步求得的简化型系数，赖于参数的关系式体系，计算出结构方程的参数。间接累积法适用于恰好识别的方程组。所得参数的统计特点为：线性、无偏、渐进有效、唯一。

3. 二阶段累积法。二阶段累积法也是单一方程估计法。如果方程组能恰好识别，则使用间接累积法更简便。步骤：第 1 步，求出结构模型的简化式。第 2 步，第一次使用普通累积法估计模型的简化系数，并用多级估计法逼近。第 3 步，用第 2 步所得的简化系数和所有外生变量的观察值代入简化型求出各内生变量的估计值。第 4 步，用第 3 步所得代入结构方程右边起解释变量作用的内生变量中，第二次使用普通累积法估计每个结构式，并用多级估计法逼近。二阶段累积法适用于过度识别的联立方程组，估计量的统计特点同于间接累积法。

4. 三阶段累积法。该法是一种方程组法，即系统估计的方法，可一次性估计方程组的所有结构参数，是二阶段累积法的直接推广，在计算上比二阶段累积法及其他单一方程法复杂，需要的数据也较多。步骤：第 1～4 步同于二阶段累积法。第 5 步，运用第 4 步的结果估计出各单一方程的误差，计算误差项的方差和协方差。第 6 步，运用第 5 步的结果变换原结构方程，然后第三次运用普通累积法得出估计参数。三阶段累积法适用于过度识别的方程组及大样本的情况。估计量的统计特点是有偏袒一致、比其他方法更有效。

三、OLS 法与累积法比较

1. 模型估计的理论依据不同。OLS 法的基本原理实质上是由原始资料的变动趋势求得一条平均数线，这就不可避免地存在一个很大的问题，即离群值或极端数据对平均数线所在位置的影响，而剔除这些数据往往会造成有效信息的损失，技术上的处理又会带来其他问题。累积法的原理实质上是在寻找原始数据的重心线，由于离群值或极端数据出现的频率较小，所得结果与多数数据表现的趋势一致，估计结果相对来说比较理想，这是累积法的优越性所在。

2. 累积法实际上是 OLS 法的一种改进形式。表现在当样本容量大于待估参数时，其正规方程组的形式同于 OLS 法，但实际参加参数估计的数据由累积算子加工得到而非原始数据。另外，由累积法处理多元、高次模型不需要施加线性变换，模型估计的效率较高。模型越复杂，累积法的优越性越显著。

3. 两种方法就参数估计值的统计特性来说有着相同的结论。但是，估计结果在程度上的优劣性如何，作为一种科学的方法，尚需严格的数学推证。OLS 法无论在理论上还是实践上都比较成熟，统计软件包如 TSP、SYS、SPSS、GAUSS、PC - GIVE 等使 OLS 法的运用经济快捷而掩盖了诸多不足。累积法思路科学、技术简便，用于计量经济模型的估计则是一种年轻而具前途的方法，需要一个借鉴和完善的过程。累积法之于 OLS 法的意义，是方法论上的多样性，也是计量经济方法体系的完善与进步，两者应该在实际应用中并驾齐驱。

参考文献

[1] 曹定爱，张顺明. 累积法引论 [M]. 北京：科学出版社，1999

博弈论在企业管理中的应用*

王来生　侯云先

［摘　要］本文把博弈论应用于企业管理，利用博弈论的委托-代理理论构造了一个委托-代理激励模型，针对信息对称与信息不对称情况进行了分析。在设计企业的委托代理机制时，若考虑了对经理的激励，则委托人的风险成本、代理成本都比没有考虑对经理的激励时要小。从理论上证明了对企业经理激励的必要性。

［关键词］委托-代理模型　激励机制　效用函数

一、引言

在许多社会、经济、环境等大型复杂决策系统中，往往存在着处在不同层级的多个决策者（或决策机构）。在这类复杂的决策系统中，决策者们通常具有各自的控制手段和不完全相同的控制目的。因此，引用博弈论中的诱导对策（Incentive games）进行研究是合适的。在诱导对策（Incentive games）中，"委托-代理对策（Principal - Agent）"是研究产业组织的有效方法。当前，如何使国有企业摆脱困境，已成为人们普遍关注的问题，也是经济学家极为重视的理论研究课题。尤其是对国有企业经理的激励机制问题已引起重视。本文构造了一个包含对企业经理激励机制的委托-代理模型，并针对信息对称与信息不对称情况进行了分析。从理论上证明了对企业经理激励的必要性。

二、基本模型

设中央为委托人，企业为代理人。考虑一个包含对经理激励的激励机制设计：设 A 表示代理人所有可选择的行动的集合，$a\in A$ 表示代理人的一个特定行动，此处，设 a 是一个一维努力变量。产出取线性形式：$\pi=a+\theta$，其中 θ 是不受代理人（和委托人）控制的外生随机变量。且 $\theta\sim N(0,\sigma^2)$。设 γ 为对经理的奖励比例系数（$0\leqslant\gamma<1$），则 $\gamma\pi$ 是对经理的奖励。设国家与企业的分配合同为：$S(\pi)=\alpha+\beta(1-\gamma)\pi$。

其中，α 为代理人的固定收入（与 π 无关），β 为代理人分享的产出份额（$0\leqslant\beta\leqslant1$）。于是国家的收入为 $(1-\gamma)\pi-S(\pi)$，若记委托人的效用函数为 $v(y)$，则委托人的效用为 $v[(1-\gamma)\pi-S(\pi)]$。设企业的努力成本为 $C(a)$，$C'(a)>0$，$C''(a)>0$。则企业的纯收入为：$S(\pi)-C(a)$，记企业的效用函数为 $u(\omega)$，则企业的效用为 $u[S(\pi)-C(a)]$。$u(\omega_0)$ 称为保留

* 原载《数理统计与管理》. 2000，7，19（2）。

效用，则委托-代理模型可描述如下：$\max\limits_{\alpha,\beta} Ev$ [（1−γ）π−S（π）]

$$s.t\ Eu[S(\pi)-C(a)]\geqslant u(\omega_0)\qquad a\in arg\ max Eu[S(\pi)-C(a)]$$

假设委托人是风险中性的，给定 S，则委托人的期望效用等于期望收入：

$$Ev[(1-\gamma)\pi-S(\pi)]=E\{(1-\gamma)\pi-[\alpha+\beta(1-\gamma)\pi]\}=-\alpha+(1-\beta)(1-\gamma)a$$

假定代理人的效用函数具有不变绝对风险规避特征，即 $u=-\exp(-\rho\omega)$，其中 ρ 是绝对风险规避度，ω 是实际货币收入。假定代理人努力的成本可以等价于货币成本，进一步，假定 $C(a)=\frac{1}{2}ba^2$，这里 $b>0$ 代表成本系数。代理人的实际收入为：

$$\omega=S(\pi)-C(a)=\alpha+\beta(1-\gamma)\pi-\frac{1}{2}ba^2=\alpha+\beta(1-\gamma)(\alpha+\theta)-\frac{1}{2}ba^2$$

确定性等价收入为：$E\omega-\frac{1}{2}\rho\beta^2\sigma^2=\alpha+\beta(1-\gamma)a-\frac{1}{2}\rho\beta^2(1-\gamma)^2\sigma^2-\frac{1}{2}ba^2$

其中 $E\omega$ 是代理人的期望收入，$\frac{1}{2}\rho\beta^2(1-\gamma)^2\sigma^2$ 是代理人的风险成本。当 $\beta=0$ 时，风险成本为 0。代理人最大化期望效用 $Eu=-Ee^{-\rho\omega}$ 等价于最大化上述确定性等价收入。令 ω_0 为代理人的保留收入水平，则代理人的参与约束可以表述如下：

$$(IR)\alpha+\beta(1-\gamma)\alpha-\frac{1}{2}\rho\beta^2(1-\gamma)^2\sigma^2-\frac{1}{2}ba^2\geqslant\omega_0$$

激励相容约束为：$(IC)\ a\in arg\ max\ \alpha+\beta(1-\gamma)a-\frac{1}{2}\rho\beta^2(1-\gamma)^2\sigma^2-\frac{1}{2}ba^2$

故委托代理模型的确定等价形式为：$\max\limits_{\alpha,\beta,a} Ev=-\alpha+(1-\beta)(1-\gamma)a$

$$s.t(IR)\quad \alpha+\beta(1-\gamma)a-\frac{1}{2}\rho\beta^2(1-\gamma)^2\sigma^2-\frac{1}{2}ba^2\geqslant\omega_0$$

$$(IC)\ a\in arg\ max\ \alpha+\beta(1-\gamma)a-\frac{1}{2}\rho\beta^2(1-\gamma)^2\sigma^2-\frac{1}{2}ba^2$$

三、对称信息下的委托代理模型

当委托人可以观测到代理的努力水平 a 时，此时信息是对称的，激励约束 IC 不起作用，任何努力水平的 a 都可以通过满足参与约束 IC 的强制合同实现。因此，委托人的问题是选择（α，β）和 a 解下列最优化问题：$\max\limits_{\alpha,\beta,a} Ev=-\alpha+(1-\beta)(1-\gamma)a$

$$s.t(IR)\ \alpha+\beta(1-\gamma)a-\frac{1}{2}\rho\beta^2(1-\gamma)^2\sigma^2-\frac{1}{2}ba^2\geqslant\omega_0$$

在最优的情况下，参与约束的等式成立。于是由 $K-T$ 条件，可知最优的 α，β 和 a 为：

$$\alpha^*=\frac{1-\gamma}{b};\ \beta^*=0;\ a^*=\omega_0+\frac{1-\gamma}{2b}$$

这就是帕累托最优合同。代理人是风险规避的，$\beta^*=0$ 意味着代理人不承担任何风险。因为委托人可以观测到代理人的努力水平 a，当委托人观测到代理人选择了 $a<\frac{1-\gamma}{b}$ 时就支付 $\alpha<\omega_0<\alpha^*$，代理人就一定选择 $a=\frac{1-\gamma}{b}$。

四、非对称信息下的委托代理模型

当委托人不能观测到代理人的努力水平 a 时，信息是不对称的，激励约束 IC 起作用。最优化问题为：$\max\limits_{\alpha,\beta,a} Ev=-\alpha+(1-\beta)(1-\gamma)a$

$$s.t(IR)\ \alpha+\beta(1-\gamma)a-\frac{1}{2}\rho\beta^2(1-\gamma)^2\sigma^2-\frac{1}{2}ba^2\geqslant\omega_0$$

$$(IC)a\in arg\ max\ \alpha+\beta(1-\gamma)a-\frac{1}{2}\rho\beta^2(1-\gamma)^2\sigma^2-\frac{1}{2}ba^2$$

对于给定的（α，β），代理人的激励约束意味着：$a=\frac{\beta(1-\gamma)}{b}$，则委托人的问题是选择（α，β），解下列最优化问题：$\max\limits_{\alpha,\beta,a} Ev=-\alpha+(1-\beta)(1-\gamma)a$

$$s.t(IR)\ \alpha+\beta(1-\gamma)a-\frac{1}{2}\rho\beta^2(1-\gamma)^2\sigma^2-\frac{1}{2}ba^2\geqslant\omega_0(IC)\quad a=\frac{\beta(1-\gamma)}{b}$$

于是由 $K-T$ 条件，解得：$\beta=\frac{1}{1+b\rho\sigma^2}$。

当信息不对称时，存在两类在对称信息下不存在的代理成本。一类是风险成本，一类称为激励成本。当委托人不能观测到代理人努力水平时，代理人承担的风险为 $\beta=\frac{1}{1+b\rho\sigma^2}$，风险成本为：

$$\triangle RC=\frac{1}{2}\rho\beta^2(1-\gamma)^2\sigma^2=\frac{1}{2}\rho(1-\gamma)^2\sigma^2\frac{1}{(1+b\rho\sigma^2)^2}$$

这是净福利损失。

当 $\gamma=0$ 时，$\triangle RC=\frac{\rho\sigma^2}{2(1+b\rho\sigma^2)^2}$；

显然，$\frac{\rho(1-\gamma)^2\sigma^2}{2(1+b\rho\sigma^2)^2}<\frac{\rho\sigma^2}{2(1+b\rho^2)^2}$，$(0\leqslant\gamma<1)$

当 $\gamma=0$ 时，表示分配合同中不包含对经理的奖励，而当 $\gamma\neq0$ 时，表示分配合同中包含对经理的奖励，由上面计算结果可知有下面的结论：

命题1：当分配合同中包含对经理的激励时比不包含对经理的激励委托人承担的风险成本要小。

当努力水平可观测时，最优努力水平为 $a^*=\frac{1-\gamma}{b}$，当努力水平不可观测时，委托人可诱使代理人自动选择最优努力水平为：

$$a=\frac{\beta(1-\gamma)}{b}=\frac{(1-\gamma)}{b(1+b\rho\sigma^2)}<\frac{1-\gamma}{b}$$

因为期望产出为 $E\pi=a$，期望产出的净损失为：

$$\triangle E\pi=\triangle a=a^*-a=\frac{1-\gamma}{b}-\frac{(1-\gamma)\rho\sigma^2}{b(1+b\rho\sigma^2)}=\frac{(1-\gamma)\rho\sigma^2}{1+b\rho\sigma^2}>0$$

努力成本的节约为：

$$\triangle C=C(a^*)-C(a)=\frac{(1-\gamma)^2}{b}-\frac{(1-\gamma)^2}{2b(1+\rho\sigma^2)^2}$$

$$=\frac{(1-\gamma)^2[2\rho\sigma^2+b(\rho\sigma^2)^2]}{2(1+b\rho\sigma^2)^2}$$

激励成本为：

$$\triangle E\pi - \triangle C = \frac{(1-\gamma)\rho\sigma^2}{1+b\rho\sigma^2} - \frac{(1-\gamma)^2[2\rho\sigma^2 + b(\rho\sigma^2)^2]}{2(1+b\rho\sigma^2)^2}$$
$$= \frac{2\gamma(1-\gamma)\rho\sigma^2 + (1-\gamma^2)b(\rho\sigma^2)^2}{2(1-\rho\sigma^2)^2}$$

总代理成本为：

$$TAC = \triangle RC - (\triangle E\pi - \triangle C) = \frac{1}{2}\rho(1-\gamma)^2\sigma^2\frac{1}{(1+b\rho\sigma^2)^2} +$$
$$\frac{2\gamma(1-\gamma)\rho\sigma^2 + (1-\gamma^2)b(\rho\sigma^2)^2}{2(1+b\rho\sigma^2)^2}$$
$$= \frac{\rho\sigma^2(1-\gamma^2)}{2(1+b\rho\sigma^2)} > 0$$

当 $\gamma=0$ 时，$\text{TAC}=\frac{\rho\sigma^2}{2(1+b\rho\sigma^2)}>0$，且有$\frac{\rho\sigma^2(1-\gamma^2)}{2(1+b\rho\sigma^2)}\leqslant\frac{\rho\sigma^2}{2(1+b\rho\sigma^2)}$

此式说明，当模型中含对经理的激励时，委托人承担的代理成本较小。由此得：

命题 2：当委托-代理型中含有对经理的激励机制时比不含有对经理的激励时委托人承担的代理成本小。

五、结束语

综上讨论可得如下结论：

在设计企业的委托代理机制时，若考虑了对经理的激励，则委托人的风险成本、代理成本都比没有考虑对经理的激励时要小。因此，为实现国有资产保值和增值，使得国有大中型企业走出困境，建立现代企业制度，必须建立对企业经理的激励机制。本文从理论上证明了对企业经理激励的必要性。为企业经理实行年薪制提供了理论依据。

参考文献

[1] Holmstrom. B and P. Milgrom. 1987，“Aggregation and Lierity in Provision of Intertemporal Incentives” Econometrica 55. 303～328

[2] 张维迎. 博弈论与信息经济学［M］. 上海：上海人民出版社，1996

农产品贸易自由化与发达国家农业保护政策的改革*

李秉龙　乔　娟

贸易自由化首先被亚当·斯密和大卫·李嘉图等英国古典经济学家所倡导，然而以比较优势理论为基础的贸易自由化的政策主张，却使后进国家的经济发展受到了重重阻碍，因而以李斯特为代表的德国历史学派，从民族和国家的利益出发，反对英国古典经济学家所提出的普遍经济规律，提出经济落后国家要实行适度的关贸保护，以培植本国的民族工业，最终赶上和超过先进国家。李斯特的经济理论和政策主张曾经为德国经济的起飞做出过巨大贡献，也对发展中国家的经济发展具有一定的借鉴意义。然而在经济发展初期的关税保护一般都是对工商业的保护，虽然在工业化过程中也出现过类似英国谷物法的短暂农业保护，但由于不符合工业化的发展要求，很快就被工业化的大潮所冲破。

一、农业保护政策的流行与弊端的产生

农业保护政策的流行是在历史进入到20世纪以后的事情，而且真正意义上的农业保护政策都发生在发达国家。这是由于在发达的经济中，只有很少部分的劳动力在农业中就业，并且工资收入者的实际收入受食品价格的影响大大减少。因此，对于提高农产品价格的政策，几乎不存在有组织的反对力量。如果一个国家在经济增长进程中变成了农产品进口国，就可能采取进口控制即关税保护的政策来保护本国的农业。

农业保护政策是经济发展与政策变化的共同产物。首先，在贫穷的农业经济中，扭曲的价格和贸易政策是歧视农业的。其次，随着经济增长，这种政策逐渐转向对农业有利，在经济发展中伴随着农业比较优势下降的情形下尤其如此。第三，在收入相同的经济中，一个国家经济食品生产的比较优势越小，这种有利于食品生产者的政策转变就越是发生在较低的人均收入水平上。第四，经济增长越快和食品生产的比较优势下降越快，这种转变发生的也就越迅速(Kym·Anderson，1985)。

最早的系统的农业保护政策产生在20世纪30年代的美国，是为了处理大量剩余农产品和提高农民收入而出台的。20世纪60年代欧共体实行共同农业政策，主要是为了增加农产品供给和提高农民收入，结果却造成农产品的大量剩余。日韩等国为了增加农产品供给和缩小农民与非农产业者的收入差距，迅速地实行了高度保护的农业政策，在高于国际市场价格3～4倍的情况下，大米实现自给以后出现了严重的剩余，而其他农产品的自给率却几乎在全面地下降。在工业化完

---

* 原载《调研世界》2000年7月。

成以后，几乎所有的发达国家都不同程度地走上了农业保护的道路，并且具有愈演愈烈之势，到了20世纪80年代中期，发达国家农业保护的程度达到了最高峰（见表1）。

表1 世界诸国1979—1986年生产者补贴等值（PSE）

单位：%

国　别	1979	1980	1981	1982	1983	1984	1985	1986
澳大利亚	7	9	10	15	11	10	14	16
加拿大	26	25	26	28	28	33	39	49
欧共体（10国）	40	35	31	34	33	33	43	52
日本	68	61	58	62	66	67	69	76
新西兰	15	16	23	27	36	18	23	33
美国	21	20	23	23	33	28	32	43

资料来源：OECD，up—dating of PSE/CSE Analysis：Country Notes，Paris，1989。

随着发达国家农业保护程度的提高，一系列社会经济矛盾变得尖锐起来。

1. 农业保护政策作用的相互抵消和贸易摩擦加剧。虽然农业保护政策是一国范围内的事，但贸易的依存使不同国家的政策相互关联，因而造成了政策上的相互依赖性。一方面，这种相互依赖的政策涉及到对农业保护作用的相互抵消，即发达国家的农业保护政策降低了农产品的国际市场价格，某一个国家所实施的农产品价格支持政策可能被用于抵消其他国家进行支持的影响。如罗宁根和迪克西特（Roningen and Dixit，1989a，p27）提出，在1986—1987年度，美国对本国农民超过40%的支持仅能抵消其他工业化国家的支持政策给其造成的损失，尽管其抵消的支持份额要比日本和欧共体低得多。同样，某一国家的政策费用会受到别国保护政策的程度和形式的影响。如欧共体和美国分别对粮食出口进行补贴，提高了双方国家的支持费用预算。另一方面，美国对种植粮食的耕地进行限制，有利于减少欧共体的支持费用。总而言之，任何一个国家农业保护政策费用的变化都受到其他国家所采用的隔离措施和公共政策的影响。农产品价格支持政策保护高成本的生产和替代进口，在某种情况下，会破坏出口市场的秩序；一系列的政策手段被分别用于限制进口、支持不太具有竞争力的出口。这就造成了农产品国际贸易的摩擦，使进口市场缩小，残存的出口市场竞争加剧。在乌拉圭协议达成之前的几十年中，大量的欧美和日美贸易政策的争端都涉及到农产品。

2. 农业保护政策的效率损失严重。农业保护政策的实施是为了追求公平，这必然会带来效率的损失。对农民的支持是以牺牲本国消费者和纳税人的利益为代价的。据美国罗宁根和迪克西特（Roningen and Dixit，1989a）所做的研究，在1986—1987年，消费者和纳税人每向生产者转嫁1美元，就要损失掉大约1.5美元（见表2）。

表2 1986—1987年农业保护政策的成本与收益①

单位：10亿美元

	生产者收益	消费者成本	纳税人成本	净经济成本②	转嫁率③
美　国	26.3	6.0	30.3	9.2	1.4
欧共体	33.3	32.6	15.6	14.9	1.5
日　本	22.6	27.7	5.7	8.6	1.5

注：①估计根据各国或地区单方面的自由化。

②净经济成本 ＝ 消费者成本 ＋ 纳税人成本 － 生产者收益，

并且视转嫁给配额享有者等其他集团的情况进行调整。

③转嫁率＝（纳税人成本 ＋ 消费者成本）/ 生产者收益。

资料来源：Roningen and Dixit，1989a，table 8。

农业保护政策的实施不仅给农产品的消费者和纳税人造成了重大损失，而且由于资源的错误配置，还给国民经济造成了局部损失。由于农民的收入是与生产数量相联系，农场规模越大，农场主从农业保护政策所得到的收入也就越多，所以人们经常指责农业保护政策是将经济利益由最贫穷的社会群体向那些较为富裕的社会群体转移，因为所有的人都必须以食物为生。有人估计，欧共体共同农业政策影响资源配置所造成的局部经济损失大约为国民生产总值的0.3%。

3. 农产品贸易流向的扭曲、国际市场价格的疲软及波动。农业保护政策鼓励国内生产，而且一般都抑制国内对农产品的消费，以减少进口，促进出口。结果农产品贸易流向被扭曲或逆转，如欧共体在成立之初许多国家还是净进口国，由于保护政策的实施迅速地变成了净出口国。有补贴的出口压低了世界市场价格。鼓励国内农业自给自足的农业保护政策使农产品的国际市场价格进一步下降，使未受保护的生产者受损。据估计，凯恩斯集团的食品生产者每年会由于工业化国家的保护而损失大约150亿美元；另一方面，进口温带农产品的东方国家和欠发达国家，其消费者可以从世界市场较低的价格中受益，不过其收益程度要小于较低农产品价格给发达国家实施农业保护的成本（Tyers and Anderson，1988）。一个和多个国家国内市场的隔离增加了国际市场的不稳定性，也给这些国家本身的经济发展带来了风险和压力，而这些国家并不能真正摆脱世界市场的动荡和影响。隔离的结果，使世界市场变得越来越狭小和更加残缺。对于市场的动荡不得不进行更大幅度的调整，由此又使价格波动的幅度扩大（A·J·Rayner，1993）。从本质上讲，农业保护政策使农产品的国内市场价格与国际市场价格隔离，由于使超额供给和需求变得更加缺乏弹性，从而使世界农产品市场变得不稳定。

4. 发达国家的农业保护政策严重地损害了发展中国家的利益。20世纪80年代以前，发达国家对农业的保护，主要是制定较高的农产品价格，利用关税和非关税措施限制进口。然而80年代以后，由于农业保护政策加剧了农产品过剩，从而发达国家农业贸易保护的重点便从过去的“限入”转为“奖出”。随着世界农产品市场的恶化，发达国家的农产品保护也在不断升级。发达国家农业保护政策的特点之一，就是一方面通过贸易保护维持国内市场的高价格；而另一方面又由于巨大的库存而向世界市场倾销剩余农产品，从而压低世界市场价格。这对于以农业作为主要外汇来源的发展中国家来说，农产品价格的疲软和出口量减少将使其外汇收入降低。这使绝大多数发展中国家发展农业生产遇到诸多困难。一些本应有能力实现粮食自给的国家，却在不断地增加粮食的进口，使本来短缺的外汇更加短缺。另外，在许多发展中国家，食品的低价格客观上还起到了刺激人口大量增长的负作用。

二、农业保护主义的衰退与贸易自由主义的复兴

农业保护政策愈演愈烈以及所造成的一系列问题，促使各国的经济学家和政治家不得不重新来审视农业保护政策的利弊得失。各种类型的研究论证了单独某一个国家进行农业保护政策改革的困难性及低效性，于是从全球角度共同进行农业保护政策改革，以及推进农产品贸易自由化的思想便应运而生。于是农产品贸易便被纳入了1986年9月开始的乌拉圭回合多边贸易谈判的最重要议题。但由于美国、欧共体、凯恩斯集团（农产品出口国集团）和日本、韩国、瑞士（农产品进口国）等各方利益集团的经济利益和政策主张的严重对立，经过8年的艰苦谈判，才形成了最终的妥协。《农产品协议》的签订标志着农业保护主义的衰落，使得世界农产品贸易向自由化迈进了一大步。现在所有农产品的关税都被约束了，几乎所有非关税形式，如配额等进口限制都被转化为关税。这一做法使市场的可预见性大大提高。此前，超过30%的农产品受配额或进口限

制管理。首先，这些限制被转化为相当于过去保护水平的关税，但在6年时间里这些关税将被逐渐削减。农产品市场准入承诺还将取消过去对某些产品的进口禁令，表3中还包括各国削减农产品国内支持和出口补贴的承诺。

表3 补贴和保护的削减比例

	发达国家（6年：1995—2000年）	发展中国家（10年：1995—2004年）
关税		
——全部农产品平均削减	36%	24%
——每项产品最低削减	15%	10%
国内支持（基期：1986—1988年）		
——综合支持总量削减	20%	13%
出口补贴（基期：1986—1990年）		
——补贴额削减	36%	24%
——补贴量削减	21%	14%

三、发达国家农业保护政策的改革

随着农产品国际贸易自由化的推进，以及乌拉圭回合《农产品协议》的实施和新一轮多边贸易谈判的开始，各国纷纷对农业政策进行改革，特别是发达国家对自己的农业保护政策改革力度最大，发达国家农业保护政策的改革对世界农产品贸易的影响也最大。

1. 欧盟共同农业政策的改革。欧盟共同农业政策从1962年建立至今，已有近40年的历史。为了维持农业这个不仅对农村而且对整个社会都至关重要的部门，共同农业政策也在不断地调整改革，以适应区域内外政治和经济环境的变化。然而最为激进的是1992年的共同农业政策改革。

这次改革的基本目标是实现内部市场生产与消费、供给与需求的良好平衡，其改革的重心是欧盟乡村的发展。为了实现这一目标，欧盟所采取的一揽子改革方案主要包括：削减一些关键农产品的支持价格；使得内部市场价格更接近世界市场价格；对因目标价格的降低所引起的农民收入损失，采取直接补贴的方式给予弥补；土地被留置退出生产，退出生产的土地至少为轮作土地面积的15%，为此，欧盟必须向参加留置计划的农民支付补偿金；对因受改革措施冲击的农户提供财政补贴，同时也倡导促进粗放式的农耕方式。除此之外，1992年的改革中又引入了三个新的财政支持方案：推进农民植树造林活动；采用更有利于环境的农业生产方式，减少杀虫剂和化肥的使用；引入一个改进了的针对年逾55岁农民的提前退休计划。

随着改革的推进，价格支持体系虽然存在于共同农业政策中，但其重要性已大大减弱，而且对农业的支持更注重于直接向农民提供收入补贴而非价格支持。正是通过用直接收入补贴部分地取代价格支持，才使得所获得的补贴金额和产量之间的相关性大大减弱。由此，改革使共同农业政策预算成本的承担由食品消费者转向纳税者，这样就降低了贫穷的非纳税人的食物消费支出，或者提高了他们对食物的购买力，同时也意味着共同农业政策的费用支出的透明度越来越高。当然，一些价格支持和新增的补偿支付的同时存在使共同农业政策的操作更为困难。

1992年改革后的共同农业政策执行期终止于1999年底，于是在1997年夏天，欧盟委员会又提出了2000年议程，就2000—2006年共同农业政策的改革提出了建议，这次改革更趋向于以市场为导向。对于不具有竞争力的农产品，必须撤离世界市场。生产者必须将竞争性价格与高质量和安全标准作为永不分离的两大指标。除乳制品以外，其他主要农产品的支持价格将降低15%以

上，转而采取直接的收入补贴，有利于农村经济结构调整、农业现代化水平提高、收入来源多样化，也有利于环境保护等农村发展政策得到进一步加强。保证农村享有公正的生活水平和稳定农民收入仍然是共同农业政策的重要目标。

2. 美国农业保护政策的改革。美国不仅是世界上最大的工业化国家，而且也具有世界上最发达的农业。美国农业的高度发展，除了具有得天独厚的自然条件外，还要归功于20世纪30年代以来的一系列农业保护政策。从1933年农业法案实施起，到1990—1995年间实施的“1990年农业、食品、耕地保护及贸易法案”为止，美国共制定了25个农业法案，每项法案都是在前一法案的基础上增减或修改条款。反映出美国政府根据其国民经济发展、农业生产条件、国内外农产品市场变化而逐步进行的农业政策调整。

1996年4月4日，美国总统克林顿签署了《1996年联邦农业完善与改革法案》，使这项法案正式成为美国政府1996—2002年的农业政策文件。新农业法放弃了60多年来政府的价格和收入支持政策，表明美国农业正经历着半个多世纪以来最大的转折。在1996—2002年的7年过渡期以后，美国的农场主们将完全“自由”地面向市场。新农业法的实施将对美国农业及农产品贸易产生重大影响，而美国在国际农产品贸易市场上的重要地位，又决定它必将牵动全球农产品进出口贸易格局的变化。1996年农业法案出台后，美国政府称其农业政策朝市场化方面迈进了一大步，是美国农业政策中的一个里程碑。这是因为在1996年的农业法案中，大大削减了政府干预农业生产的程度，取消了减耕计划和对谷物种植品种的限制，给予农场主再生产决策上的自主权；同时取消了实行多年的农产品价差补贴政策，改为与农场主签订弹性生产合同，直接对农场主进行收入补贴的办法，减少并固定了1996—2002年政府对农业的补贴。

美国农业政策的这次重大改革并没有放弃保护农业的基本政策方向，只是对农业保护的方式有所改变。这些改变首先是减轻了政府的财政负担，并以较少的政策成本支出，获得了更大的农业保护效果。在新的政策中，取消了目标价格和差价补贴，同时取消减耕期限，实行了“弹性生产合同”名义下的自由种植。这就解除了收入与价格变动之间的关系，因而基本上消除了收入补贴对生产决策的影响，为充分发挥价格信号在资源配置中的作用创造了条件。其次是把国内对农业的补贴与世界市场价格分离开来，减少了原有某些农业政策的负效应。原有的某些农业政策，由于政府价格补贴政策的误导，常常导致生产过剩，而政府又不得不采取各种支持措施来扩大出口。世界粮食市场上有一半以上的谷物是美国生产的，其价格中包括了政府对农户的补贴及出口补贴，从而压低了世界粮食市场的价格，使进口国获得了实际好处。新的农业政策把价格补贴改为实际上的直接收入补贴，使得国内对农业的保护与世界市场价格脱钩，这也是新的农业政策的亮点之所在。

3. 日本农业保护政策的改革。日本是一个人多地少的国家。战后，特别是20世纪60年代以来，日本政府对农业一直实行高度保护的政策。以名义保护率测定的保护程度，1960年日本比美国高40个百分点，1970年高63个百分点，1980年高83个百分点。在二战后的经济飞跃过程中，日本成了农业保护水平最高的国家之一，生产者补贴等值（PSE）1986—1988年为65%，1991—1993年为58%，1996—1998年为63%，这意味着政府对农业的支持占了农民收入的2/3。对农业的支持量占GDP的比重由1986—1988年的2.4%，1991—1993年的1.76%，下降到1996—1998年的1.57%。相对数的下降，并不意味着对农业支持总量的减少。由于日本的农业已经完全失去国际竞争力，因此，来自农业利益集团要求保护农业的呼声很高。然而由于日本的工业制成品潮水般地涌向国际市场，使得国外要求日本实行农业贸易自由化的呼声更高。随着1995年乌拉圭回合农业协议的生效，日本不得不对农业政策进行全面的调整，一方面要尽量减少乌拉圭回合农业协议对日本农业和农村的影响，另一方面大力加强农业基础设施建设，为农村注入活力，力图把农业发展为自立的骨干产业。

日本的农业保护政策改革主要体现在以下几个方面：①面对世界农产品贸易自由化的趋势，日本政府制定了《乌拉圭回合农业协议关联对策大纲》，增加财政对农业的投入，通过农业政策性金融，对经营结构改善、土地改良等进行低息贷款，对农协开展农业现代化、救灾等低息贷款业务进行利息补贴等。②改革粮食流通体制，于 1994 年 12 月制定了新粮食法，决定从 1995 年 11 月开始付诸实施。粮食流通体制转变为在国家宏观调控下以民间流通为主，实行部分管理和间接统制。③增加对农业基础建设的投资，关联对策事业费大约有一半以上将用于农业和农村的基础设施建设。④通过对农业生产结构的调整、农民技术培训、优惠贷款和其他政策措施促进农业经营的规模化与高效化。⑤创立新的收入调整制度，利用农户和政府共同出资建立的基金，对因稻米价格下跌带来的收入损失进行补贴。⑥除大米以外，其他农产品全部关税化，部分维持国家贸易体制，以民间贸易为主，实行关税配额制度。⑦1999 年制定了新的农业基本法，新法在农业政策的基本目标上更强调粮食安全保障、农业的多功能作用、农业可持续发展和农村振兴等。并具体规定了今后政府农业政策的调整方向。

4. 韩国的农业保护政策改革。韩国是一个新兴的工业化国家。自 20 世纪 60 年代以来，经济持续高速发展，1961 年人均 GNP 仅为 83 美元，1970 年为 252 美元，1980 年为 1 592 美元，1990 年为 5 883 美元，1997 年为 1.3 万美元，在 36 年的时间里，人均 GNP 增长了 156 倍多。韩国仅用西方先进国家 1/3 的时间完成了工业化和城市化。1996 年 10 月韩国正式加入经济合作与发展组织（OECD），成为第 29 个成员国，跨入了经济发达国家行列。1998 年，韩国有占全体人口 9.7%的 446 万农民从事农业，粮食自给率为 30.4%，除大米可以完全自给以外，其他粮食的自给率仅为 5%。

韩国的农业保护政策大约起始于 20 世纪 60 年代末，但保护的强度却迅速上升。1986—1988 年生产者补贴等值（PSE）为 71%，1991—1993 年为 76%，在加入 WTO 之后的 1996—1998 年仍为 65%；对农业的支持总量占 GDP 的比重 1986—1988 年为 10.06%，1991—1993 年为 7.9%，1996—1998 年仍为 5.86%（OECD，1999）。这两项指标在发达国家中都是最高的。

韩国虽然达到了工业化国家的发展水平，但却以发展中国家的身份加入了 WTO，因而加入 WTO 对本国农业的影响相对较小。但韩国政府在 1995 年以后对农业保护政策也进行了一系列的改革。①在农产品进口政策方面通过遏制不必要的进口维持短期的国内价格稳定，通过实行强化农业竞争力的中长期对策来提高某些农产品的国际竞争力。由于农用原材料和加工用农产品等国内生产不足，而不可避免地需要进口的商品有弹性的扩大进口。根据 WTO 协议，大米、牛肉、辣椒、大蒜等重要品种转化为国营贸易，根据国内的生产及时调整进口的时期；猪肉、鸡肉等实行进口权公开拍卖。当进口量超过定额时，实行特别紧急关税。强化原产地标志。②在农产品出口政策方面，政府通过向企业提供各种市场信息、出口保险制度等来建立农产品出口支持体系，通过建立农产品出口专门基地、物流标准化、强化海外市场开拓活动来促进农产品出口。③保证重点，发挥优势，调整农业生产结构。韩国大米、大麦、大豆、玉米的国内价格比国际市场价格要高出 3 倍以上，但大米是韩国人的基本食品和最重要的农产品，水稻产量约占粮食总产的 88%。因此，确保大米自给自足是韩国政府一贯奉行的基本方针，在放开其他粮食生产的同时，丝毫没有放松水稻生产。韩国的生猪饲养成本最低，于是便把养猪业作为畜牧业发展的重点，为养猪大户提供大量的资金支持和技术指导。而养牛成本较高，混合饲料 90%都使进口的，竞争力不强，于是采取一系列政策促进其转产。韩国在设施园艺上具有较强的竞争力，于是政府将其作

为农业发展的重点之一，给予重点扶持。④改革和完善农产品流通体制。政府投入大量资金，由农协把产地的农民组织起来，建立综合的产地农产品处理场，通过筛选、分级、包装，把农产品直接销售给大型商场、超市、批发商和团体消费者，减少中间环节。同时还改进农产品批发市场交易制度和流通环境。⑤培养农业继承人和专业户。为了提高农业的国际竞争力，提高农民的收入水平，克服农业劳动力老龄化，国家不断加强对农民的培养力度，国家对农业继承人的支援金额平均每人由 1994 年的 16.5 百万韩元增加到 1998 年的 30.5 百万韩元。国家计划在 2000—2004 年培养农业继承者 3 万人，平均每人支援金额 4 千万韩元。⑥制定农业、农村基本法。韩国政府在 1999 年 3 月制定了农业、农村基本法，将基本的农业政策措施法律化。

四、农产品贸易自由化并没有改变农业保护政策的本质

WTO 成立后，农产品贸易向自由化迈进了一大步，发达国家农业保护的程度还有多高，从表 4 中的生产者补贴等值可以得到更好的说明。

表 4　各国生产者补贴等值（%）及生产者补贴等值占 GDP 的百分比

国　别	各国生产者补贴等值（%）			各国生产者补贴等值占 GDP 的百分比		
	1986—1988	1991—1993	1996—1998	1986—1988	1991—1993	1996—1998
澳大利亚	7	8	6	0.68	0.62	0.49
加拿大	34	30	15	0.69	1.3	0.75
欧　盟	46	47	39	0.29	1.5	0.14
日　本	65	58	63	2.4	1.76	0.57
韩　国	71	76	65	10.06	7.9	5.86
美　国	26	19	17	1.88	1.44	1.05

资料来源：OECD（1999）Agricultural Policies in OECD Countries：Monitoring and Evaluation 1999，Paris。

各国生产者补贴等值最高的国家是韩国，1996—1998 年为 65%，居于第二位的日本为 63%，其余国家分别为，欧盟 39%，美国 17%，加拿大 15%，澳大利亚 6%。

各国生产者补贴等值总额占 GDP 的比重最高的国家是韩国，1996—1998 年为 5.86%，其他国家依次为日本 1.57%，欧盟 1.14%，美国 1.05%，加拿大 0.75%，澳大利亚 0.49%。

表 5　平均每个专业农民所获得的生产者补贴等值

单位：千美元

国　别	1986—1988	1991—1993	1996—1998
澳大利亚	2	3	3
加拿大	12	13	8
欧　盟	11	17	17
日　本	14	18	23
韩　国	8	19	23
美　国	17	14	14

资料来源：同上。

平均每个专业农民所获得的生产者补贴等值绝对额最高的是日本和韩国，1996—1998 年都为 23 000 美元，世贸组织成立后，日本和韩国的专业农民所获得的生产者补贴等值不仅没有减少，反而有了大幅度增加。日本和韩国每个专业农民所获得的生产者补贴等值分别比 1991—1993 年增加了 5 000 美元和 4 000 美元，分别比 1986—1988 年增加了 9 000 美元和 15 000 美元。欧盟和美国分别为 17 000 美元和 14 000 美元，都保持了与世贸组织成立之前相同的水平。加拿大为

8 000美元，比 1991—1993 年减少了 5 000 美元。澳大利亚 1996—1998 年每个专业农民所获得的生产者补贴等值为 3 000 美元，保持了与 1991—1993 年相同的水平，比 1986—1988 年还增加了 1 000美元。从表 5 中可以看出，除了加拿大以外，世贸组织成立之后，欧美澳的专业农民所获得的生产者补贴等值没有减少，韩日的专业农民所获得的生产者补贴等值甚至还有了增加。

WTO 成立后，造成贸易严重扭曲的关税、国内支持和出口补贴有了相当程度的降低，这有利于推进农产品贸易的自由化，但并没有改变农业保护政策的本质。发达国家主要是大幅度地削减或放弃了原有的具有短期效应的价格支持政策，转而大量采取具有长期效应、较少直接引起贸易严重扭曲的农业保护政策措施。这样既保护了农业，逼近社会公平，又减少了经济效益的损失。这也许就是在市场经济条件下，在农产品贸易自由化的趋势下，农业保护政策的发展方向。

日本优质猪肉产品生产的启示及建议*

李　平

日本肉类贸易自由化以后，国内市场受到重大冲击，迫使养猪农户在饲养规模、经营方式、产品结构上不断进行调整，以求在不利的市场中获得生存和发展。一些农户生产以安全、美味为主要特点的高品质的猪肉，并朝着生产、加工和销售一体化的方向发展，使收入得以不断提高。目前，中国猪肉产业也面临着的挑战，一是国内市场疲软、竞争激烈，二是加入WTO后将面临的来自国外的竞争。研究日本猪肉市场的变化，借鉴日本发展优质猪肉产品过程中的经验，对我国加入WTO后猪肉产业的前景预测、对策确定以及的持续发展会有一定的帮助，同时对开拓中日之间的猪肉贸易也会有不少启示。

在日本，食物质量范畴正在逐步扩大，营养、安全、色、香、味、湿度、新鲜度、柔软度、相关的文化背景等等都被纳入实物质量的范畴。本文的质量涵义主要来源于目前日本消费者所普遍追求的质量因素，即安全、美味、特色三个方面；安全是指食物未经农业化学物残留、食物添加剂、病害、有害微生物、工业废弃物的污染；美味是指色、香、味三方面；特色是指产品原料、加工、包装、销售方式和文化背景等方面的与众不同。在日本有流行着这样一种观点，安全的产品兼有美味和特色，更受消费者的欢迎。

一、日本优质猪肉产品生产的背景

日本有目的的提倡优质猪肉生产是在泡沫经济之后的20世纪90年代，其主要原因在于国内包括猪肉在内的许多农产品市场饱和及消费者对农产品的要求从数量到质量转变两个方面。在这种形势下，政府明确提出各地发展安全、美味、有特色的农产品生产的战略，促进日本农业的持续发展。猪肉产业也朝着这一方向发展。

（一）贸易自由化后日本猪肉市场迅速饱和与优质猪肉产品的生产

60年代由于农业基本法的实施，日本养猪业和其他种养业一样进入高速发展。1971年日本实行猪肉对外贸易自由化。猪肉贸易自由化是日本猪肉产业发展的一个转折点，国外低价猪肉大量涌入，进口量从1971年29吨上升到1996年的964吨，年增长11%，导致猪肉自给率从1971年96%下降到1994年的66%。进口迅速增长的结果是国内市场价格持续下跌，农户生猪销售价格从1975年的每千克498日元下降到1994年的289日元，下降了42%，直至日本政府采取了相应的关税和储备措施才使价格下降得到缓和。1992年日本开放了牛肉市场，由于肉类间的替代

* 原载《农业经济问题》2000年第7期。作者在实地调查和文章写作过程中得到日本农林水产省农业研究中心中本和夫主任研究官的大力支持和帮助，特此感谢。

作用，使猪肉市场饱和加剧。目前，日本国内猪肉消费已缺乏价格弹性，收入消费弹性也出现负值。

由于猪肉市场价格持续下跌，养猪农户不断减少，养猪农户占总农户的比重从1971年的7.6%降到1995年的0.5%。面对如此不利的市场环境，迫使农户在经营上做出相应的调整，增加收入。一是不断扩大饲养规模。1971年96%的养猪农户饲养规模在100头以内，1997年57%的农户在100～1 000头之间，规模在1 000头以上的已占17%。二是一些农户转向高品质猪肉及其加工产品的生产，以高品质产品与国外低价格产品抗衡。

（二）日本消费者对农产品要求的变化与优质猪肉产品的生产

近40年来，日本国内对于包括安全在内的食品质量问题给予越来越大的关注。20世纪60～70年代日本经济高速增长，人民物质生活不断改善，同时工业的发展引起了严重的环境问题。这一时期，日本发生过水银中毒事件，居民食用了被工业水银污染的水产品，导致约2 000人患病；80年代的经济发展和收入提高使人们对食物数量方面的需求得到满足，从而对食物质量，特别是安全方面的要求日益加强；90年代虽然泡沫经济结束，居民收入下降，但对食物质量的要求有增无减。焚烧垃圾产生的有毒物质、核泄漏和学生食物中毒等事件唤起了政府和居民对食物安全问题的进一步重视；国外动物疾病的不断出现（如口蹄疫、疯牛病）及进口产品的长距离运输使日本居民对国外农产品的安全性产生怀疑；大规模生产造成的产品单一性，使消费者对小规模生产的产品的与众不同之处产生了兴趣；近年来，消费者对各种食物及其相关的文化和故事产生了浓厚的兴趣。消费者不完全依据价格选择商品，而是综合价格、安全、美味、特色和消费带来的满足程度等因素做出消费决策。生产者正是按照消费者这种要求，在提高食物质量上下功夫，不断开拓新市场。优质猪肉产品生产企业的成功与国内消费者对食品要求的变化密切相关。

（三）日本政府的推动与优质猪肉产品的生产

由于国外产品的冲击、国内城市化进程和农业劳动力的不断转移等原因，日本农业的持续发展面临着挑战。生产安全、美味、有特色的食物，是90年代日本政府提出的农业持续发展战略之一，并将此目标写入新的农业基本法。为了实现这一目标，政府投资帮助农户发展有机农产品生产、建立农户直销网点、综合开发农村各种资源、发展观光农业，并加强宣传，以多种方式扩大居民对国内产品的消费，提高农户收入，促进农业的发展。这种宏观战略也体现在优质猪肉产品的生产和流通方面，政府在资金、宣传、技术和市场秩序维护等方面做了大量的工作。

二、日本优质猪肉产品的产销方式特征及经验

日本部分农户在70年代初就开始注重猪肉的质量。他们中有的生产安全的猪肉，有的向产后的加工、销售阶段延伸，提供市场安全的香肠、火腿等猪肉加工产品，成为小规模的农业综合企业。日本虽然是一个发达国家，收入水平、市场环境、消费观念和劳动者素质都较有利于优质猪肉产品的发展，但在生产和销售方面仍遇到不少困难，一些企业半途夭折，同时在实践中他们也积累了不少经验。除查阅资料外，笔者为深入了解日本的优质猪肉生产企业的产销经验，曾在2000年1月实地调查了日本茨城县的两家由养猪农户创办起来的个体综合企业和琦玉县的股份制综合企业。

（一）生产方式特征

1. 小规模饲养。以安全为首要目的的生猪饲养，采用小规模的饲养方式。例如，茨城县优质猪肉加工企业存栏生猪200头，提供本企业加工所需的猪肉原料，倘出现原料不足，由其他农户补充供应。采取小规模饲养的主要原因是在小规模饲养生猪不易传染疾病，同时便于采用特殊的方式进行饲养，生产美味的猪肉。值得指出的是，不同地区的规模不尽相同，但总体来说，优质生猪饲养规模小于一般生猪生产的规模。

2. 采用传统的品种和饲养方式。采用传统的当地品种、作物饲料、大地放养、控制添加剂和药物是优质猪肉生产的又一特点。例如，鹿尔岛黑猪主要以美味而闻名，它是当地岛猪和高产品种杂交而成，其味美除品种因素外，红薯饲料和山地放养也是味美的重要原因。而茨城县则注重猪肉安全方面的品质，在生产中采取相应的措施，一方面选择抗病性较好的品种，减少疾病；另一方面从饲料开始在各环节都注意添加剂和药物的控制，提高猪肉的安全程度。

3. 小规模手工加工。为了增加安全、美味和特色，优质猪肉主要采用手工进行传统工艺加工。茨城县两家典型农户企业分别用工7名和15名，进行手工分割，利用壁炉熏制火腿和香肠。由于近来日本国内消费者中出现的一股回归自然的热潮，手工制品备受青睐。同时，消费者认为大规模加工企业一般注重猪肉原料规格的统一，较少注重其安全性，而在这方面小规模企业正好相反，比较注重安全性。

4. 一体化经营。为了便于猪肉产品质量的控制，生产者从生猪饲养、猪肉加工到最终产品的销售全过程均在同一企业内完成，采取纵向一体化。采用这种经营方式的另一个重要原因是为了便于控制猪肉这一原料供应的稳定性。但当加工规模扩大到一定程度时，有的企业放弃饲养环节，专门从事加工和销售。尽管如此，加工企业仍然重视生猪的安全性，他们从定点农户购入原料，并指导和监督农户包括饲料、药物使用、饲养场所等饲养的全过程。

（二）销售方式特征

虽然日本居民的收入较高，但由于优质产品的高成本和高价格，能够支付优质猪肉产品的高价的消费者仍比较有限，这些消费者往往是高收入层和高文化层。为了扩大销路，生产者在销售方式上做文章，其目标：一是力争让消费者了解产品特征、信任产品质量；二是让顾客在消费中尽可能多地得到享受，从而达到吸引消费者的目的。具体做法可描述如下：

1. 多渠道宣传。产品的宣传渠道多种多样，可归纳为两类。大众媒体是重要渠道，包括故事书、卡通书、报纸杂志文章、电视烹饪节目；其次是生产者自己做的广告，包括电子网页、广告小折子。大众媒体在宣传中不但介绍产品的特征，更重要的是介绍产品的生产者、生产场所、饲料特点、饲养方式、产品的发展过程，其目的是提高消费者对产品质量的信任程度，同时使消费者对产品产生浓厚的兴趣。

2. 多种设施吸引顾客。餐厅和旅游设施的建设都能吸引顾客。茨城县一家加工企业为了扩大产品销路，建造了具有自然特色的餐厅，吸引了周围几个县的消费者，客人络绎不绝。琦玉县的一家企业则是利用当地温泉资源，开辟了以温泉为中心的集餐厅、宾馆、加工厂、销售点、观光农业为一体的综合设施，吸引消费者到企业所在地消费。这两家企业在具体做法上有几个共同点：一是在自己的餐厅中烹饪自己的优质加工产品；二是企业设施内直接销售自己的产品；三是允许顾客透过玻璃墙观看加工操作全过程。

3. 直接销售。为了防止流通环节混入假冒劣质产品，采取企业直销的方式，由生产者直接出售给顾客；或由专门的运送公司从厂家直接送到消费者手中。

（三）政府在产销中的作用

政府在优质猪肉产品生产和销售中的作用主要体现在优质生猪品种的培育、饲养和加工技术的指导、安全食品重要性的宣传、生产和关联设施建设中的投资、产销环节的质量控制等方面。关于政府维护优质产品市场中的作用的典型范例是鹿尔岛黑猪的销售。鹿尔岛黑猪成为名猪后，市场上拥有黑猪标志的猪肉供给量大增，超过了鹿尔岛黑猪产量的 10 倍。这种不同品种的黑猪进入市场，降低了黑猪的价格，损害了鹿尔岛黑猪生产者和消费者的利益。于是政府颁布了有关规定，要求黑猪肉在包装上注明产地和品种特征。同时，政府研究部门研制出了用 DNA 鉴别不同种类黑猪的方法，使鹿尔岛的黑猪能维持较高的售价。

三、市场呼唤中国优质猪肉产品

中国的猪肉生产和市场正在经历着 70 年代日本所发生的变化，市场的逐步饱和、消费者观念变化、猪肉产品贸易走向自由化、发达地区养猪农户逐渐减少、饲养规模逐渐扩大、环境问题和城市化进程影响着生猪的生产，等等。中国猪肉产业也面临国内和国际市场的挑战，产业目标由单一数量向数量和质量并重转变已是势在必行。

（一）中国猪肉产业面临挑战

1. 国内收入差异与优质猪肉产品的生产的必要性。由于我国显著的城乡人均收入差异（1998 年 2.5：1）和以初级产品为主的产品结构，城市猪肉市场已出现饱和。1981—1997 年间城市人均猪肉购买量以年均－0.37%的速度下滑，猪肉的收入消费弹性出现负值。因此，与日本相同，我国猪肉生产急需进行从数量到质量的调整。我国还存在着明显的区域间收入差异，就 1998 年来说，上海、北京、广东和浙江的城市人均收入分别是 8 773 元、8 472 元、8 840 元、和 7 837 元，大大超出同期全国城市平均水平的 5 425 元。在这些城市，拥有相对较大的优质猪肉产品需求。随着收入的增加和人们消费观的逐渐变化，对优质产品的需求必将扩大。

2. 加入 WTO 与质量竞争。随着加入 WTO 的进程，我国猪肉对外市场将逐步开发。我国的猪肉产品，一方面要与进口的国外产品竞争，另一方面要争取扩大出口。这种竞争不只是成本和价格方面的竞争，质量是决不可忽视的因素。日本猪肉进口较长时期主要来源于我国台湾，自从台湾出现口蹄疫，日本禁止进口我国台湾猪肉，改为主要从加拿大、美国等国进口猪肉，台湾猪肉产业因而受到沉重的打击。这是一个非常典型的例子。中国要想在贸易自由化中求生存和发展，提高产品质量是关键。目前我国的猪肉产品，特别是猪肉加工产品在质量和品种上尚缺乏竞争力。日本猪肉贸易自由化后遇到的主要是与国外产品的价格竞争，而中国则不同。我国的猪肉产品在价格上尚处优势，但在质量，特别是加工品质量方面将会受到国外产品的严重冲击。

3. 消费者呼唤优质猪肉产品。自 90 年代，我国政府就开始重视“绿色食品”的生产，到目前为止，“绿色食品”已有几千种，但它们中大多是植物类食品，动物类的“绿色食品”却极为少见。而在另一方面，动物食品的安全在我国已成为一个迫切需要解决的问题。除了疫病以外，饲料也是个问题。据报道，有的生产者为了提高生猪的生长速度和瘦肉率，在饲料中添加兴奋剂，而这种物质会引起人体中毒。

（二）发挥资源优势与开辟国外市场

与日本相比，我国发展优质猪肉产品至少具有三个方面的资源优势：一是生猪品种优势。我国具有丰富的当地生猪品种资源，其中不少具有肉质鲜美和抗病性强的特性，如果将这些资源重新加以开发，能培育出一批适合优质猪肉产品生产的新品种。中国的猪种在日本很受欢迎，并常被用于美味品种的繁育。例如，新品种“东京X”是由北京黑猪与另一猪种杂交而成，金华两头乌在日本被称为“猪王”，日本名猪“鹿尔岛黑猪”也来源于中国的黑猪。二是传统手工加工技术优势。中国传统猪肉加工技术繁多，例如熏、腊、糟、醉等，而且许多用传统方式加工的产品，在不加任何添加剂的情况下能保存较长的时间，适合优质产品的生产。三是劳动力成本优势。在日本优质猪肉产品生产以手工操作为特征，由于劳动力成本昂贵，优质产品价格比一般产品高出1～2倍，影响产品的销售。而中国在这方面具有明显的比较优势。

（三）培养一批优质猪肉产品生产企业，提高产品竞争力

目前我国发展优质猪肉产品的生产，尚且存在一些不利因素，例如缺乏生产经验、市场环境不完善，特别是生产和销售环节的质量的控制比较困难，以及有支付能力的消费者比例相对狭小的问题等等，因此，不具备大规模生产和销售的条件，但可以建立和扶持试点、逐步积累经验。

微观经济组织研究的新思路*

——关于合作社与乡镇企业制度变迁比较研究的思考

冯开文

任何经济组织，不论是微观经济组织还是宏观经济组织，都是一种或一系列制度安排的外在表现形式；经济组织的内核是其内在的、规定其本质的制度安排。把经济组织和制度安排看成是一枚硬币的正反面，是新制度经济学的理论基础之一。这一基础性的论点，对目前中国农村现实问题的研究，却提供了一种非常重要的思路，一种通过制度变迁实现农民组织化的新思路。这一思路，就是从制度变迁的角度出发，将合作社和乡镇企业都看成农民的经济组织，对两种微观经济组织的内在制度变迁进行相互比较和参评，进而寻找农民组织化的有效途径。

（一）我们提出这一思路，首先是基于对合作社和乡镇企业存在问题共性的考察

今天，中国农村长期积累的一些问题已经日益显山露水，亟待解决。值得注意的是，这些问题在合作社和乡镇企业的发展中几乎同时表露出来。

这些问题主要是结构问题、市场交易效率问题以及制度环境问题，而归根到底是制度层面的问题，是制度以及制度变迁的问题。

结构问题，在农户和农村厂商，表现为对生产物品的品种和质量缺乏把握，不能致力于提高商品的档次和质量、不能及时的更换产品种类、开发新产品。这在农户表现为生产品种雷同、品质低下；在乡镇企业表现为低水平重复建设。表面上的原因似乎在于不能以需求为导向；深层的原因则在于农户和厂商受自身的专用性资产（包括物质资源和人力资源、信息资源等）数量和质量的限制，不能掌握应有的信息，要摆脱生产的低水平需要付出较多的交易成本；而交易成本的制约，又使减少交易成本的制度安排难以自发的诱致出来。这就使结构调整必然成为一种政府强制性供给的制度和制度变迁。以外力推动为先导，以农户和厂商进而进行的自发性变迁为依归，就成了农村结构调整的必然路径。这一路径的明显标志，也许就是旨在对农户进行强行结构调整的《粮食收购条例》，以及旨在使乡镇企业资本社会化的乡镇企业股份制改造，尤其是从股份合作制向股份制的转变已经得到政府的认可。

效率问题同样是一个长期累积的问题。效率问题集中表象化为小生产与大市场的矛盾。在农户，这一问题已经是老生常谈。在乡镇企业，低水平重复建设问题实际上是指生产规模小（重复建设）和生产能力低（低水平）的很多企业不能将负外部性化解掉。而市场的扩大，不仅表现为国内市场的日益统一，而且表现为经济全球化带来的国际市场和国际规则的影响和压力。这就使

* 原载《农业经济问题》2000年第8期。

交易成本制约日益显性化、刚性化，直接而真实的影响了交易的效率。要解决小生产与大市场之间的矛盾，将负外部性内在化，要减少农民市场经营的风险和不确定性，减少交易障碍，提高交易效率，进而通过规模经济效益的实现，增加农民收入并保障农民权益，必须实现农民的组织化（夏英、牛若峰，1999；谭秋成，2000等）。我们认为这就是要求进一步发育合作社（尤其是专业合作组织）和乡镇企业这两个农民的经济组织。发展合作社和乡镇企业，必须进行合作社和乡镇企业内部的产权、治理机制等制度变迁。因为市场的发展，要求有适应市场的组织发展，也要求经济组织做不断的市场化适应和调整；而且，市场与组织的共同发展，必然要在组织与组织之间、组织与外部环境之间进行新的优选劣汰，也就必然诱发一连串的制度变迁。因此，制度变迁是合作社和乡镇企业发展变化的最深层体现。

制度环境问题，就合作社和乡镇企业来说，几乎面临着同样的环境制约。受制度累积作用和制度变迁路径依赖的影响，合作社和乡镇企业同时面临着政府干预、社区管理过多的问题。在经济转型时期，合作社和乡镇企业都在某种程度上与行政系统和社区融为一体，甚至成了他们的附庸。虽然，这种制度环境在一定时期，一定程度上帮助和推动了两种微观经济组织的发育和成长，但当制度环境从计划转向市场以至全球市场时，微观经济组织就不得不痛苦断奶，以独立的身份自主发展。如何使政府和社区尽快顺利地完成退出，摆正合作社和乡镇企业的角色定位，就成了目前亟待解决的市场环境问题。同时，如何使政府和社区的政策与措施减少人为偏好，减少歧视，像对待城市的国有企业和农村已有的集体经济组织一样对待合作社和乡镇企业，像对待亲生儿子一样公平地对待合作社和乡镇企业，也需要从意识形态深层进行转变与调整。还有，政府退出并非就是政府撒手不管。政府要从微观经济组织长期发展的角度着手，为微观组织制定发展战略和整体框架，要制定和完善适应合作组织发展的法律法规，要对现有的微观经济组织的内部制度安排进行规范和引导。但是现在，国家对合作社，既没有一个发展的整体思路，更没有关于合作社的法律法规出台，致使合作社“异彩纷呈”却莫衷一是。对乡镇企业是否应该进行、如何进行股份制改造，也是无章可循。对此，我们同样认为，要改变政策法规的滞后性，也必须从意识形态的深层着手进行根本性转变。

与此相关，两种微观经济组织的企业家也高度稀缺，极大地掣肘着组织的发育和成长。一个经济组织的发展，既需要形成一种有效的契约，来减少交易成本，提高资源配置的效率；需要一种良好的委托代理机制增强监督和激励，实现组织的决策；更需要一群素质良好的企业家积极实施创新、驾驭市场风险、实现潜在利润。而目前，合作社和乡镇企业都缺乏一种识别企业家价格的机制和途径，缺乏一种培育企业家的企业家市场，缺乏一种企业家优胜劣汰的竞争机制。于是，企业家的任命制、终身制、本土化，企业的家族性、裙带性、行政单位性等，都使企业在“蒙上了一层温情脉脉的面纱”的同时，失去了遨游市场的活力，迟钝于对潜在利润的追求，却不得不将大量的精力支付在应付官场和社会人际关系上。这就使组织失去了不少的发展机会和实现潜在利润的可能。可见，经济组织的制度环境，也深深的约束着经济组织的发展。

（二）合作社和乡镇企业本身存在不少的共性，并且这种共性还在不断增加

长期以来，人们认为合作社是一种奉行合作制的经济组织，而企业是一种以股份制为内核的组织形式。其实这种认识是一种理论上的误区。这种认识主要来自罗虚代尔原则的规定。1844年在英国罗虚代尔建立起来的公平先锋社，提出的原则后来成了国际合作联盟的主要章程和原则。这些原则就是一人一票，入社自由退社自愿，利润返还，社员入股合作社付给有限的利息，合作社出售的商品一律按市场价格进行现金交易，出售的商品要保质足量，设立教育基金，政治

宗教中立等。这些被公认为体现着公平原则（通过一人一票和利润返还）、民主自由原则（也就是自愿原则）。在中国的计划经济时代，由于斯大林模式的深重影响，马克思等人不拘一格、结合实际发展“向社会主义过渡的中间环节”的思想被歪曲，马克思评论过的罗虚代尔原则也被曲解，合作社就被认为是一种单纯追求公平、单纯劳动联合的非盈利性组织，甚至成了一种行政和社会组织。

其实，从罗虚代尔原则中明显可以看出市场盈利原则的明显规定，如社员入股的规定，就在中国引发了股份合作制性质的大讨论，实际上是市场原则下合作社必然要进行资本和劳动联合的规定；按市场价格现金交易，以及关于出售商品方面的规定，都在说明一个事实：合作社只有实现资本的联合，向市场出售商品获取利润，然后才能实现利润返还。作为市场中的经济组织，合作社对外必然要追求利润最大化的目标。这是合作社和企业的最大共性，罗虚代尔式的合作社也不例外。

实际上，罗虚代尔原则并没有一成不变的延续下来。1995 年国际合作联盟成立 100 周年代表大会上，就对合作原则作了新的规定。认为合作社应是包括自然人和法人的自愿联合，这使合作社能够实现与企业的联合和对企业的包容；合作社在基层社实行一人一票的原则，其他级则按成员社的规模采取比例投票，这种一社多票制实际上已非常接近股份公司的一股一票制；对股金只付利息的做法也修改为限制股金分红，承认了股份制企业股金分红制度的有效性；此外，还要求合作社在保持自立的前提下，多方筹集资金；要实现地方的、全国的、区域性的和国际性的合作社之间的合作等。这些说明，合作社已经承认和吸纳了企业制度的一些关键原则。这就使合作制度已经相当接近现代企业制度。

1995 国际合作联盟的上述规定，相当一部分来自蒙德拉贡等新型合作社的实践。蒙德拉贡是继罗虚代尔之后全世界合作社的典范。蒙德拉贡的合作社成员要交纳不低于一年工资、不超过合作社股本总额的 20%的股本，股金不分红只计息；合作社所得利润一般有 70%返还给社员，但经营亏损的债务也要返还给社员；社员所得并不支付现金，而是计入个人资本账户，存入劳动人民银行；劳动人民银行不仅吸纳社员的存款，还向合作社以外的经济组织和个体进行投融资。可见，蒙德拉贡确实是一个典型的合作社，但同时也是一个较典型的重积累、重分散风险的法人企业。其与现代股份责任有限公司的区别仅仅在于：从内部而不是社会上筹集初始资本，但仅仅是初始资本；由于社员是主要的剩余权享有者，风险也主要应由他们来分担，社员不但有企业中支配者（董事会）的身份，又兼有资本家的特点，还履行着生产者的职能。而共性则在于：都要通过筹措资金形成企业法人财产（蒙德拉贡通过合作银行筹集外部资金，通过个人资本账户进行内部融资）；都要形成出资者、支配者、管理者、生产者（尽管合作社社员身兼数职）的分工与合作以及委托代理关系（合作社借助出资者、支配者对管理者、管理者对生产经营者的委托代理关系，企业则在出资者、支配者、管理者、生产者之间形成多级复杂的委托代理关系）；都要通过合作生产追逐利润（实现剩余权益）；都要在各经济利益主体之间形成剩余权的分割，并且都体现出了对按资分配的偏重；也要使权力与责任风险之间形成明显的对称关系，把组织财产的支配权交给风险的最大承担者（合作社交给了出资者支配者社员，企业则交给了董事会）。所以，蒙德拉贡对内有较强的合作社本色，对外则以法人财产制度作为其根本内核，运用了法人财产制度的基本规则。

如果我们再考虑到现代西方股份有限公司中形成的员工持股制等，则企业也要从内部进行融资；如果再根据阿尔钦和德姆塞茨（A. Alchian，and H. Demesetz，1972）的观点，将企业看成是一种在一致同意前提下形成的准市场契约，资本和劳动是平等的，资本和劳动的加入和退出

都是充分自愿的，在企业中也体现着高度自愿的原则。这样，我们就实在没有必要再在合作社和企业之间作无谓的划分。在中国这个合作制度曾经畸形过渡发展的国度里，更有现实意义的是，从考虑合作社和乡镇企业共性的角度入手，比较两种经济组织的发展变化，尤其是其制度变迁的过程，可能对现实中的经济组织发展更有意义一些。

（三）合作社和乡镇企业的制度变迁路径存在高度相关性

这表现为变迁的同源性、同轨性，只是在制度变迁的先后次序上呈现出了一定的差异性。众所周知，乡镇企业脱胎于人民公社这种中国的合作社之中。20世纪70年代出现的社队企业就是最早的乡镇企业，但人们至今还是公认，社队企业只是对人民公社制度的一种补充，社队企业的产权如同人民公社一样是公有产权；其治理机制也借用了人民公社的高度中央集权式的治理模式，企业的管理者受人民公社和国家的双重委托，甚至有所谓的行政级别，有的企业还仿效公社实行了不彻底的生产责任制；乡镇企业的分配制度也像公社一样没能摆脱大锅饭的格局。所以说，中国的乡镇企业脱胎于合作社之中。一生下来就与合作社具有制度安排上的同源性。

制度的同轨性则表现为乡镇企业和合作社既有的制度变迁，都延续了从合作制向股份合作制转变，再转而定位为市场中的企业，谋求建立现代企业制度的制度变迁路径。中国股份合作制一些最早的模式，如苏南模式、温州模式、山东周村模式、北京顺义模式等，均先出现于乡镇企业之中，然后迅速扩展到合作社之中；在其他地方，合作社和乡镇企业同时采用股份合作制安排的也屡见不鲜。值得注意的是，北京顺义模式很明显的说明了两种制度安排之间的高度相关性。这里有的乡镇企业实行股份合作制改造后，在全国乡镇企业异军突起的热潮中获得了较好的绩效，而合作社中则废除人民公社制度，实行集体农场制度。于是，股份合作制度的溢出效应，就使集体农场制度也因与之相互补充结成一体，一度成了有效的制度安排。由于乡镇企业在改革开放后依然是一种社区性的企业，乡镇企业就自觉拿出了一部分剩余，补贴给本社区内集体农场的经营者，集体农场的经营者因为有规模经济的报酬（借助机械化生产、剩余劳动力大量转移带来的经营规模扩大等途径来实现）、来自乡镇企业的补贴、较多的闲暇，收益得到改善。这样，乡镇企业工人因股份合作制，收益得到改进；集体农场的经营者也因乡镇企业发展带来的变化，改善了自身的资源配置和收益，从而在社区内部形成了帕雷托改进，奏响了合作社和乡镇企业制度互动变迁的交响曲。

在市场半径不断扩大，全国统一的大市场日益成型，中国经济的全球化步履不断加快的今天，乡镇原有的社区界限势必要打破，势必要定位为市场中独立运作、产权明晰的企业。受此影响，乡镇企业的改制——从股份合作制转向股份制，就势在必行。由此，传统意义上的苏南模式已经不存在了，苏南集体经济色彩较浓的股份合作制已经逐步转变为股份制（王祖强、汪水波，1998），与此相伴随，政府和社区管理机构的退出，以乡镇企业为主体引发的农村城市化，以及流通领域“企业办市场、市场企业化”的“布吉模式”的出现等，就成了新一轮农村制度变迁的亮丽风景。与此同时，合作社的发展也不再局促一隅，已在逐渐向地区性、甚至全国性合作社的方向发展。花卉、蔬菜、畜产品的合作运销组织和专业合作协会，在国内其活动范围已经没有什么限制；合作组织加龙头企业加农户的产业化经营模式，更是花开数处，绽放一片。合作组织对外的企业化经营色彩也日益浓厚，成效日益显著，致使一些只给农户微薄的股息，丝毫不向农户返还利润、丝毫没有民主参与的“合作社”也得以雨后春笋般的“蓬勃”发展起来。这些打着合作社旗号的农村企业，数量并不比规范的合作社少，这就更给人们加深了合作社企业化的印象。

在组织的制度变迁和组织本身的发展都日趋交融的背景下，如果再不把合作社和乡镇企业放在一起进行比较研究，实际上就是无视农村经济组织的新发展、新趋势、新格局，就是一种教条理论家的狂妄和无知的表现。

（四）我们要强调的是，既有的研究中，特别是关于合作社和乡镇企业制度变迁的研究中，已经体现出了交融趋势

阿尔钦和德姆塞茨（1972）对早期企业的研究最具典范意义和影响，但他们却将企业的制度安排看成是一种“队生产”制度，也称为“合作生产”制度。林毅夫（1994）将这一理论创造性地运用到对中国人民公社（一种中国式的极端合作社）制度的分析中，指出人民公社中的“队生产”，最大的缺陷在于生产计量的困难导致了监督费用过高，监督的无效又导致了分配制度的低效率，造成了人民公社的制度失败。周其仁（1994）则认为国家供给的公社所有权安排中还有一个缺陷，就是对国家的代理者、公社生产的监督者——大队长缺乏有效的激励。后来郭剑波（1994）更说明了人民公社的问题首先是产权的排他性受到高度限制，然后才是监督费用过高和对监督者缺乏激励。这同样可以看成是委托代理关系和产权理论的综合运用。同样富有影响的是近期一些著作中，关于公司制度的分析，实际上分析的是合作社，如刘伟（1998）对巴斯克企业的分析，实际上就是对蒙德拉贡合作社的制度论证。这些代表着一种用企业理论分析合作社的研究趋势。

同样的研究趋势出现在对乡镇企业的研究中。一个引人注目的观点，就是对1978—1994年乡镇企业产权不明晰，但却异军突起三分天下的“怪异”现象的解释。一种观点认为：1978—1994年乡镇企业发展中的“怪异”现象，突出表现为产权不明晰，其名义所有者是社区成员（这一点与合作社相同），执行所有者是乡村社区政府，他们都不是企业资产的股份持有者，他们之间也不是合约式的委托代理关系，因此，乡镇企业不是经典的私人企业，也不是传统的合作社，而是一种“界定模糊的合作企业”；这种“合作企业”之所以得以长足发展，是因为在中国农村社区，存在着一种与西方个人主义文化截然不同的“合作文化”（Cooperative Culture），这种文化中的社区成员和企业工作人员可以互相预期彼此的合作倾向，从而可以在连续的博弈中，使合作的策略占据主导地位。在这种条件下，“界定模糊的合作企业”就有可能是高效率的（魏茨曼和许成钢，1997中译文）。另一种解释是在对此反诘的基础上提出的：既然合作文化能够带来乡镇企业的高效率，为什么在人民公社中却不能？李稻葵（1997中译文）认为，与成熟的市场经济不同，转型经济中市场条件尚未形成，意识形态还对私有产权有一定的束缚，在这种“灰色市场”下，产权明晰的交易成本更大，这就导致了模糊产权的有效性。与此相近，萨克斯（1997中译文）、唐国强（1997中译文）、赵耀辉（1997中译文）等认为，中国的实际情况，如私有权不容于政治经济体制，户籍制度限制劳动力流动，私有企业更难获得贷款、原材料、场地等，就使企业成为社区所有而非私有。但他们都承认，一旦这些限制条件取消了，清晰的私有产权就会变得更加有效和必要。这种解释以及对它的反诘，其实与林毅夫等对人民公社的研究殊途同归。林毅夫对人民公社制度失败原因的分析一如上述，但这并不能证明合作文化的“失灵”，因为人民公社的建立是一种强制性制度变迁，产权的排他性受到限制，实际上伴随着对农民的“合作文化”、甚至社区文化的驱逐和改变，在这种条件下，公社的失败并不在于“合作文化”的“失灵”，恰恰在于“合作文化”的“扭曲”和“离位”。合作文化的有效性在林毅夫的研究中同样表现了出来，正如他所说，如果还给农民退出权，就会使农民与合作社之间的博弈由一次性变为多次连续性博弈，农民为了规避合作社解散的风险，就会最终形成一种有效的自我实施机制。我们甚至可以说，这种自我实施机制就是合作文化的产物。自然，合作文化的有效性还表现在目

前农民再合作热潮之中。那么，正确的解释也许应该是，问题不在于合作文化是否“失灵”，而是什么“条件”导致合作文化“失灵”还是“不失灵”，条件—制度环境是不可忽视的。这是分别对合作社和乡镇企业进行研究，都可以得到的结论。这也许是因为合作社和乡镇企业都是社区性的、农民的经济组织；但更说明了对二者一起进行研究的逻辑上的必然。还有一种研究的趋势是研究乡镇企业和合作社之间共有的东西，如关注合作社和乡镇企业中都存在的股份合作制（如王天义等，1997）。这更应看作这种逻辑必然的体现。由于存在研究的趋同趋势，合作社和乡镇企业研究中针对的问题和研究成果也体现比较强的共性。研究者几乎是不约而同地选择合作社和乡镇企业中的产权、委托代理机制、国家于企业的关系三个方面以及这三个方面的变迁作为研究的重点，所用的理论武器则是在中国大放异彩的制度经济学和企业理论。

参考文献

[1] Alchian，A.，and Demasetz，H..“Production，Information Costs and Economic Organization”，American Economic Review. 1972，62，777～795.

[2] Casson，M..“The Entrepreneur：An Economic Theory”，Martin Roberston，Oxford. 1982

[3] Yang，Xiaokai，and Ng，Yewkwang. “Theory of the Firm and Structure of Residual Rights”，Journal of Economic Behavior and Organization，1995，26：107～128.

[4] 陈吉元等．乡镇企业模式研究．北京：中国社会科学出版社，1989

[5] 傅晨．论农村社区型股份合作制度变迁的起源．中国农村观察．1999（2）

[6] 韩俊．关于农村集体经济和合作经济的若干理论与政策问题．中国农村经济．1998（12）

[7] 韩元钦．中国农村合作经济．哈尔滨：东北师范大学出版社，1991

[8] 林毅夫，集体化与中国1959—1961年的农业危机，见林毅夫《制度、技术与中国农业发展》．上海：上海人民出版社、上海三联书店，1994

[9] 刘伟等．产权通论，北京：北京出版社，1998

环境经济投入产出模型的应用发展*

张 越

［摘 要］本文回顾和分析了投入产出模型在我国环境经济领域的应用发展情况，并在简要介绍环境经济投入产出模型分类和基本原理的基础上，结合工作和学习实践，总结并提出了环境经济投入产出模型在今后的应用和发展方向。

［关键词］环境 环境经济 投入产出 模型

投入产出分析（Input-Output Analysis）是研究经济系统各要素间相互联系的数量分析方法。所谓投入，是指产品生产过程中所消耗的各种投入要素，如原材料、燃料、劳动力等；所谓产出，是指产品产出后分配使用去向。

事实上，社会生产与自然环境有密切联系。国民经济活动中的投入除了生产资料和劳动力外，还需要消耗一定数量的环境资源；而经过生产，除了产出产品外，还有一部分未被利用的物质，即大量废物排入环境中，造成污染。当废物排放量超过自然环境的自净化容量时，就应该采取废物治理措施，否则环境将受到破坏，自然生态系统将失去平衡。但是，废物治理又要消耗经济产品，同时又产生一些废物排放到环境中。可见，经济系统与环境系统是一个统一的整体，将它们联系起来研究会更有意义。而环境经济投入产出模型正是一种能够定量地揭示环境和经济的内在联系，实现经济发展和环境保护综合平衡的有效方法。

一、环境经济投入产出模型的应用情况

20世纪70年代以来，西方一些经济学家为了研究经济发展与环境保护的关系，将投入产出分析方法应用到环境保护领域，建立了一系列包括环境内容的投入产出模型。如美国、日本、西欧等发达国家都应用了这些模型，在解决经济与环境综合平衡问题上取得了一些进展。近年来，环境经济投入产出模型的应用有了进一步发展，如用投入产出方法分析 CO_2 的排放量以及控制方案的选择(Proops *et al*. 1993)；英国1993年的环境投入产出核算和预测研究(Vaze ,1998)等等。

我国在环境经济投入产出模型的研究与应用方面也取得了一些成果。80年代初，中国环境科学研究院就开始应用投入产出法将环境保护纳入国民经济计划的研究（过孝民，1981）。随后，逐渐开始对一些企业、地区和城市环境经济投入产出模型进行设计和运用，如天津市在1982年投入产出表的基础上，经过大量的环境调查，编制出了较为系统的天津市环境经济投入产出表，而且还进行了较全面的环境经济的宏观分析（于仲鸣等，1987）。近年来，对环境经济投入产出

* 原载《环境保护》2000年11期。

模型的研究有了进一步的扩展和深入，例如用投入产出法分析中国的能源消费和环境问题（李立，1994）；资源—经济投入产出核算研究（雷明，1996）；以及对环境经济投入产出模型进行优化控制研究（黄学良，1997）等等。

二、环境经济投入产出模型分类和原理

根据研究对象的不同，环境经济投入产出模型主要从以下三个方面进行研究：引入废物、治理部门的环境经济投入产出模型；引入资源消耗的投入产出模型；企业的环境经济投入产出模型。这三个方面的研究都有不同程度的发展，但是应用最典型的，最能体现环境经济投入产出模型原理的是引入废物、治理部门的环境经济投入产出模型。

（一）引入废物、治理部门的环境经济投入产出模型

1. 环境经济投入产出表的构造。人们根据研究的需要，对包含废物、治理部门的投入产出表进行了不同的构造。最简化的形式是，只在通常投入产出表中的投入栏加上废物产生栏目，相应地产生了中间产品生产部门废物产生象限、最终需求领域废物产生象限和废物总产生量象限（如表 1 所示）。这种表式相对简单，易于计算各个生产部门的废物总产生量，分析经济结构和废物产生的关系。例如在中国的能源消费和环境问题研究中，计算 SO_2 产生量和经济发展的关系上运用了这种表式结构（李立，1994）。

表 1　引入废物产生栏目的环境经济投入产出关系示意表

产　出 / 投　入	中间产品	最终产品及最终需求领域废物排放	总产出及废物总产生量
中间投入			
初始投入			
总投入			
废物产生	中间产品生产部门产生的废物	最终需求领域产生的废物	废物总产生量

也有人采取这样的形式，在通常投入产出表的基础上，在投入栏和产出栏均加入对应项完全一致的废物治理部门栏目，即把废物治理部门也作为一个与其他部门一样的生产部门（如表 2 所示）。这种表式的特点是：只讨论生产领域所产生的废物及其治理，而不讨论最终需求领域所产生的废物及其治理，例如未包括居民生活所产生的污水和垃圾项目等。但是，在表中列出了废物实际排放量和废物实际治理量，因而该种模型可以从治理的角度分析问题。例如根据最终产品需求和允许的废物排放量计算出全社会的平衡产量及对废物治理部门治理能力的要求，从而为制定经济和社会发展规划提供决策依据（李崇新，1985）。

表 2　引入废物治理部门的环境经济投入产出关系示意表

产　出 / 投　入	中间产品		最终产品及废物实际排放量	总产出及废物实际治理量
	生产部门	废物治理部门		
生产部门		治理过程消耗		
废物治理部门	中间产品生产部门产生的废物	废物治理过程产生的废物	废物实际排放量	废物实际治理量
初始投入				
总投入				

最常见也是最典型的形式，是同时包含了废物和治理部门的环境经济投入产出模型，在投入栏，增加了废物产生栏目，在产出栏，增加了废物治理部门栏目。而且，通常假设废物产生和废物治理部门是对应的，例如，若废物产生栏目分为废水、废气、废渣三大类，则废物治理部门也相应地包括废水处理、废气处理、废渣处理三个部门。这种构造形式下各个象限的含义与前一种形式有所不同(如表 3 所示)。该表式较复杂，但是反映的数量关系较为系统和全面，它不仅可以分析产业结构与环境污染的关系，而且还可以结合产品价格模型，分析治理费用对经济的影响；此外，结合投入产出线性规划模型，可以对各部门的发展速度、污染物治理指标进行优化处理等等。例如天津市环境经济投入产出表的编制和应用研究就应用了这种模型(于仲鸣等，1987)。

表 3　同时引入废物和治理部门的环境经济投入产出关系示意表

产出 投入	中间产品		最终产品及最终需求领域产生的废物	总产出及废物总产生量
	生产部门	废物治理部门		
生产部门		治理过程消耗		
废物产生	中间产品生产部门产生的废物	废物治理过程产生的废物	最终需求领域产生的废物	废物总产生量
初始投入				
总投入				

2. 环境经济投入产出模型原理。在通常的投入产出模型中，我们有生产的直接消耗系数和完全消耗系数等概念，它们是进行经济分析必不可少的手段。在利用投入产出方法研究环境经济问题时，还需引入废物产生系数和治理废物的消耗系数等几个重要的系数。这些系数反映了废物的产生与治理和生产活动之间的数量关系，它们的具体含义如表 4：

生产领域的废物（直接）产生系数：生产部门单位产值（产品）所产生的废物的数量。

生产领域的废物完全产生系数：为满足单位数量的最终产品，在生产过程中直接和间接产生废物的数量。

治理废物的废物产生系数：治理一个单位的废物所产生的废物的数量。

治理废物的消耗系数：治理单位废物所消耗的产品的数量。

有了以上的环境经济投入产出表和有关系数，就可以建立模型的平衡关系式。以简化形式（仅引入废物产生的环境经济投入产出表）为例，其投入产出表结构如表 4：

表 4　仅引入废物产生栏目的环境经济投入产出表结构

	中间产品	最终产品及产污量	总产出及产污总量
中间投入	X_{ij}	Y_i	X_i
初始投入	N_j		
总投入	X_j		
废物产生	P_{ij}	R_i	Q_i

由环境经济投入产出表得到的平衡关系式可表示为：

①各部门产品生产使用平衡方程（共 n 种产品）：$\sum a_{ij}X_j + Y_i = X_i \quad (i=1, 2, \cdots n)$

②各部门废物产生平衡方程（共 m 种废物）：$\sum p_{ij}X_j + R_i = Q_i \quad (i=1, 2, \cdots m)$

其中：

生产部门直接消耗系数为：$a_{ij} = X_{ij} / X_j$；废物的直接产生系数为：$p_{ij} = P_{ij} / X_j$

X_{ij} 为第 j 部门对第 i 产品的消耗量，X_i 为第 i 产品的总产出，X_j 为第 j 部门的总投入，Y_i 为第 i 产品用于最终需求领域的产品数量，P_{ij} 为第 j 部门产生的第 i 种废物数量，R_i 为最终需求

领域产生的第 i 种废物数量，Q_i 为各部门第 i 种废物总产生量。

用矩阵形式表示，平衡关系式可写为：$AX+Y=X$ 和 $PX+R=Q$

由 $AX+Y=X$ 得出：$(I-A)X=Y \Rightarrow X=(I-A)^{-1}Y$

则 $PX+R=Q$ 可写为：$Q=PX+R=P(I-A)^{-1}Y+R=HY+R$

其中：完全产生系数矩阵 $H=P(I-A)^{-1}$

该模型的经济含义是，当已知 Y（最终产品的计划数量）和 R（最终需求领域的废物产生量）的数值以后，根据平衡方程的数量关系（直接消耗系数矩阵 A 和废物产生系数矩阵 P 或 H 是已知的），带入模型就可以计算出 X（需要提供的产品的总产出量）和 Q（各类废物的总产生量）的数值。

值得注意的是，在通常的投入产出模型中，物质的生产和使用是平衡的。但是，在同时引入了废物、治理部门的环境经济投入产出的模型中，废物的产生量与废物的实际治理量是不相等的。因为受到技术经济和管理的限制，产生的废物不可能完全消除，所以，在一般模型中还需要考虑引入废物的治理比例这一参数，建立起废物产生与废物治理之间的数量关系，带入模型才能求解出各种量值。治理比例的确定，要根据行业废物排放标准、环境质量要求和近期的技术经济可行性等给出，并且能够反映废物治理部门的规模、治理效率等因素。

（二）引入资源消耗的投入产出模型

人们在生产活动中除了产生废物，对自然资源不合理地开发和利用，也会造成环境问题。当自然资源的消耗量超过年合理开采量时，就会损害自然环境，破坏生态平衡，影响和限制经济发展。所以，在发展经济的同时，还必须遵循自然资源的开发与再生的平衡规律，协调好经济发展和资源保护的关系。为此，在通常的投入产出分析中引入各种资源的消耗，建立引入资源消耗的投入产出模型，研究经济发展与自然资源开发利用的协调关系也是十分必要的。通常，人们对水资源的投入产出模型的应用较多。

引入资源消耗的投入产出表的基本形式，是在通常投入产出表中的投入栏加上资源消耗栏目，相应地产生了中间产品生产部门资源消耗象限、最终需求领域资源消耗象限和资源消耗总量象限。但实际上，同时考虑资源的消耗和废物的产生才符合经济发展的真实情况，所以条件允许时，可以综合考虑资源的使用与恢复和废物的产生与治理，即将资源的使用和废物排放加在投入栏，相应地将资源恢复和废物治理加在产出栏。这样，结合我国国民经济核算的实践，就可以实现资源—经济一体化核算的研究。例如，北京大学所作的资源—经济投入产出核算研究是比较深入和全面的（雷明，1996）。

（三）企业的环境经济投入产出模型

企业是环境的重要污染源，研究企业的废物产生及其治理是与生产过程紧密联系的。特别对像冶金、化工等废物产生量大的大型企业来说，用投入产出分析来模拟和分析生产活动和废物产生之间的关系是一种十分有效的方法。企业环境经济投入产出模型与通常国民经济投入产出模型有所不同，主要表现在最终需求产品一栏填入的是企业的销售产品，即商品。

利用企业的环境经济投入产出模型主要进行企业废物产生总量的计算和企业的外部不经济性分析。一个企业的废物排放可能对环境或其他经济活动造成外部不经济性，所以企业必须选择自行治理废物或者选择缴纳排污费等来弥补对环境和他人造成的损失。但是因为不同的环境经济手段要求企业付出的代价不一定相等，于是企业就可以通过企业的环境经济投入产出模型，分析不同的治理方案对产品价格的影响，从而做出使企业的生产成本最小的选择。此外，利用企业环境经济投入产出模型提供的物料综合平衡关系，建立企业的环境经济投入产出线性规划模型，优化企业的生产过程也是很有意义的（过孝民等，1983）。

三、环境经济投入产出模型应用和发展方向

（一）当前环境经济投入产出模型的主要应用方向

同其他涉及环境和经济相互联系的研究模型一样，环境经济投入产出模型主要应用于环境政策的设计和选择。对许多政策目标而言，只定性地了解某些政策的效果是不够的，还必须将政策影响的定量关系展示出来，特别是在能源和污染问题的研究中尤其如此。在实践中，环境经济投入产出模型主要应用在以下方面：

1. 从经济结构上对污染状况进行分析。一个国家的经济结构是否合理，不仅在某种程度上决定着这个国家经济的发展，而且也对环境状况有着重要影响。因此，要协调好经济发展和环境保护的关系，调整经济结构使之符合环境保护的要求是一个关键环节。特别是对于集中了主要污染行业的工业部门来说，分析工业中主要行业污染情况，提出对经济结构的调整方案是必要的。环境经济投入产出表在经济结构上提供丰富的资料，充分利用这些资料可以直观地反映出各部门经济活动对环境的影响，从而为协调经济发展和环境保护决策提供依据。

例如，利用直接（或完全）废物产生系数分析工业经济结构与废物生成量的关系。通过投入产出表计算出各工业部门的直接废物产生系数（单位产值的废物产生量），并对应各工业部门的产值，分析出工业经济结构与废物生成量的关系，就可以确定出哪些行业污染比较重（需要结合各行业现有治理水平进行判断），从而确定是否对该行业的发展实行必要限制或者对其加大治理力度，做出既有利于经济又有利于环境的科学决策。

2. 预测环境污染与经济发展的关系。制定经济发展规划时，当确定最终需求后就可以根据模型计算出各部门的总产出以及废物的总产生量，预测出经济发展对环境可能带来的影响。同样，当制定环境规划时，可根据模型计算出为了达到环境目标，经济发展应该限制在一个怎样的水平上（或加大治理力度），才能在一定程度上避免因经济发展而带来的环境污染的进一步扩大。

通常经济目标和环境目标是同时考虑的，即确定最终需求和环境目标以后，带入模型可求得在达到经济目标的情况下产生的废物总量，结合环境要求，就可计算出所需要治理的废物量，以及相应需要投入的治理费用。将现有的治理能力与所要求的治理量相比，就可计算出所需新建治理设施的数量与规模，加上需要使用的原材料和劳动力消耗，即可推算出治理废物的总投资。若计算出来的总投资与实际支付能力有差距，则需修改环境目标或者调整经济目标，权衡经济发展和环境保护的关系。

此外，环境经济投入产出模型的其他应用还有：结合产品价格模型，分析治理费用对经济的影响；结合投入产出的线性规划模型，实现对生产水平和废物治理水平的最优控制等等。

（二）环境经济投入产出模型的发展

环境经济投入产出模型为研究经济发展与环境保护协调发展问题，提供了一种十分有价值的方法。但是，它还不够成熟，在实际应用中还存在着一些问题，还需不断地完善。本文着重强调以下两方面工作：

1. 环保数据统计工作。通常的投入产出表是建立在国家统计数据基础上，定期编制和修改，

因而反映各部门的经济联系比较全面和准确。而相应的有关环境内容的统计数据较难取得，这不仅与环境监测技术和管理的复杂性有关，还涉及环境保护统计结构问题。如果环境统计数据结构不仅能满足环境保护工作的一般需要，还能注意与通常的投入产出表中的数据配套设计，一定能大大促进环境经济投入产出分析方法的运用。目前，许多研究工作都要花很大的力气去选择和处理相关的环境数据（特别是废物治理部门的生产消耗、废物产生量等），不仅耗费精力，而且数据不容易准确，有时还不得不放弃一些数据（忽略为零）。由此可见，完善环保统计工作对于环境经济投入产出模型的应用十分重要。

2. 加强环境经济投入产出分析的系统性。引入环境内容的投入产出表可以进行的分析内容十分广泛，所使用的分析方法也是多种多样的。目前，对于环境经济投入产出模型没有系统化的分析要求，因而容易出现分析的主观随意性，影响了分析结果的规范一致。因此，结合今后的应用实践，应努力使各种分析方法系统化、规范化。虽然对现阶段而言这种要求较高，但它代表着模型的应用发展方向，是我们应该追求的目标。此外，还要努力提高环境经济分析的广度和深度：寻找新的分析方法和分析角度，提高分析的有效性；同时注意各种分析方法的综合运用，由现象到本质，使得环境经济分析不断深化。总之，在正确认识和评价环境经济投入产出各种分析方法的基础上，对其加强系统性研究应该是今后的指导方向。

参考文献

[1] 张兰生等. 实用环境经济学. 北京：清华大学出版社，1992，259～290

[2] 钟契夫等. 投入产出分析. 北京：中国财政经济出版社，1993，393～432

[3] 刘起运等. 宏观经济预测与规划. 北京：中国物价出版社，1998，97～109；203～239

[4] 过孝民等. 应用投入产出法将环境保护纳入国民经济计划的探讨. 中国环境科学，1981，1（5）：9～14

[5] 过孝民等. 企业环境经济投入产出线性规划模型. 中国环境科学. 1983，3（6）：1～6

[6] 李崇新. 最终排污控制导向的环境保护投入产出模型. 数量经济技术经济研究，1985，（7）：29～34

[7] 于仲鸣. 天津市环境经济投入产出表的编制与应用. 数量经济技术经济研究，1987，（10）：47～53

[8] 李立. 试用投入产出法分析中国的能源消费和环境问题. 统计研究，1994，（5）：56～61

[9] 雷明. 资源—经济投入产出核算. 经济科学，1996，（6）：46～54

[10] 黄学良. 环境经济投入产出模型的最优控制. 中国管理科学，1997，5（2）：60～64

[11] Perman，R.，Ma，Y. and McGilvray. J（1999）*Natural Resource and Environmental Economics*. 2nd Edition. Longman，Harlow. 456～465

[12] Proops，J. L. R.，Faber，M. and Wagenhals，G.（1993）*Reducing CO_2 Emissions：A Comparative Input-Output Study for Germany and the UK*. Springer-Verlag，Berlin

[13] Vaze，P.（1998）Environmental input-output tables for the United Kingdom，in Vaze，P. and Barron，J. B.（eds）*UK Environmental Accounts* 1998. The Stationery Office，London

北京市乡镇企业产业结构调整研究*

洪乌金　李学术　李春模

一、北京市乡镇企业产业结构现状分析与评价

（一）乡镇企业产业结构的现状与特点

1. 三次产业的发展都很快，特别是第三产业有了长足的进步。从三次产业的产值和从业人员的比例看，三产增长幅度最大，一产也有一定的改观，二产比例相对有所缩小。

2. 行业、门类比较齐全，轻、重工业比例渐趋合理。北京市乡镇工业已经形成了40多个行业门类。其中发展规模比较大的有金属制品、服装制造、非金属矿物制品、纺织、化学原料与化学制品以及食品加工等行业。随着市场的变化，产业、产品结构也在不断的调整，出现了许多新产业、新品种，如家具制造、塑料制品、交通运输设备制造、电子电器、医药等。

从轻、重工业的发展来看，其比例也渐趋协调，已由1987年的53：47变为1998年的60：40。产业结构和产业层次都有了较大的改善和提高。

3. 劳动密集型产业居主要地位，资金密集型和技术密集型产业有所增长。北京市乡镇工业1997年劳动密集型产业产值的比重为62.71%。同时资金密集型产业和技术密集型产业也有了一定的发展。

（二）乡镇企业产业结构存在的问题

1. 三次产业中第三产业比重相对偏小，其中旅游、新兴第三产业发展不足。1998年，北京市乡镇企业的增加值中，第三产业仅占26.03%，其中旅游、饮食服务业仅占25.06%。

2. 工业中，重工业偏重，轻、重工业内部比例不够合理。北京市乡镇工业中重工业的比重仍然较高。轻工业内部以农产品为原料的轻工业的比重偏低。重工业内部低水平的加工工业相对超前。

3. 资金密集型和技术密集型行业发展速度趋缓，比重较低。北京市乡镇工业中资金密集型和技术密集型行业产值的比重由1990年的35.26%发展到1997年的37.29%，只上升2.3个百分点。

4. 无明显的主导产业，支柱产业竞争力差。主导产业在经济发展中起着举足轻重的作用。从北京市乡镇工业的行业产值来看，1998年占前10位的行业总产值之和达到了全部工业产值的55.29%，但大部分行业的附加值低，科技含量低，对经济拉动能力较弱、贡献小，不具备主导

---

* 原载《农业经济问题》2000年第12期。本文系北京市发展计划委员会委托研究课题成果的主要内容。课题组成员还有北京市发展计划委员会刘印春、李子英、李素芳、许正斌，北京市乡镇企业局汪进军、范馥芳。

产业所应有的特性。产值在10%左右的行业只有三个，即金属制品、非金属矿物制品和服装制造业，但资金利润率偏低，效益一般，抗风险能力差，支柱地位也很难进一步维持。

5. 名牌产品少，产品的市场占有率低。北京市乡镇工业的名牌产品很少，产品质量总体水平仍较低，市场竞争能力不强。据1 000种产品的典型调查，畅销、平销、滞销分别占30%、50%和20%。

6. 企业规模较小，布局不合理。北京市乡镇企业存在的一个重要问题是企业规模小。1998年乡镇企业平均每个企业仅有职工32人，固定资产102.83万元，收入188.22万元。乡镇企业存在的另一个重要问题是企业布局分散。90年代初以来开始创办乡镇工业小区，企业适当集中布局，但结果绝大多数小区形不成规模，集聚效益差。

7. 产业同构比较严重。北京市工业在城乡之间、区县之间产业结构雷同，这种同构也有一定的原因，当时提倡“白兰道路”，发展与大工业配套产品，这有其合理的一面，但也有存在问题的另一面，即行业、产品无地区特色，形成重复建设，导致过度竞争。

8. 某些行业仍存在着一定程度的污染。北京市乡镇工业的支柱产业都或多或少地造成环境污染，其中建材业和化工业污染的比重较大。

9. 外向型经济发展不足，出口结构不够合理。北京外向型经济的发展一直很快，海关进出口额和外资利用额相当高。相比而言，乡镇企业和国外合作较少，利用外资的能力较差，出口水平也较低，出口结构不合理，依然处于原料出口的格局：以劳动密集型产业为主，服装、纺织、工艺品的出口交货值占出口交货总值的80%，机电行业出口中铸造业占出口交货总值的80%。整个出口行业的技术水平较低，产品技术含量低，发展处于无序状态。

（三）乡镇企业产业结构的总体评价

改革开放以来，北京市乡镇企业的产业结构，根据市场需求的变化及北京城市的性质和功能特点的要求不断地进行了调整，取得了较好的成就，但结构中仍存在一定问题和不足之处：①不完全符合北京城市的性质与功能的要求。北京市特殊的政治地位、历史背景和规模现状对郊区农村经济和产业布局提出了独特的要求。而郊区现存的产业结构是：三产的比重偏低，工业中重工业比重偏大，支柱行业仍存在一定程度的污染。②没有充分发挥区位优势。北京市信息、市场、技术、交通等具有其他城市无法媲美的优势。从整体上看，北京市乡镇企业素质较低，产品与消费者的要求还有一定的差距，在北京市内市场占有率并不高。从信息、技术来源上看，企业自主的市场判断意识和技术创新能力较差。从以上两点看出，北京市乡镇企业的产业结构不够合理，层次较低，无显著的地区特色，缺乏市场竞争力。

二、问题形成的原因与产业结构调整的条件分析

（一）问题形成的原因

1. 历史原因。北京市乡镇工业产业结构不合理有其深刻的历史原因。众所周知，“白兰道路”即和国有大工业搞配套，这是北京市乡镇工业得以起步的主要因素。但也导致自身的独立产品少，市场竞争力差，国有工业经营好坏直接影响到乡镇工业的生存与发展。特别是近年来北京国有工业大部分企业出现了不同程度的亏损，对乡镇企业有重要的影响，主要表现在一部分老的产业，如建材、机械、矿产品加工业出现整体滑坡。

2. 发展中抢抓机遇不够。改革开放以来，我国经历了三次比较大的产业结构变动。伴随着

三次大的结构变动，给乡镇企业的发展带来了机遇。北京市乡镇企业在三次大的结构变动中第一次抢抓了机遇，适应了形势；第二次，虽然抓住了机遇，但力度不够，与江苏、上海等省市有一定的差距；第三次，主动出击、抢抓机遇、开拓市场不够，致使北京市乡镇工业产品的市场竞争力仍较弱，与南方一些省市有较大差距。

3. 企业机制不活。机制不活是北京市乡镇工业一直固守原有的产业结构、经营模式的主要内因。首先是企业的机制不活。北京市乡镇企业以乡村集体企业为主，集体企业产权模糊，政企不分，机制乏力，生产要素不能实现自由流动，直接影响了产业结构的调整。近几年出现的滑坡，与集体企业的体制僵化有直接的关系。其次是企业没有一个很好的人才开发和技术进步机制。从现有的情况看，人才的引进、培育仍未有大的改进。同时企业的科技进步机制不完善，绝大多数企业没有研究开发机构，企业缺少产品开发费用；投资以新建、扩建为主，技改投入少，致使产品的科技含量低，产业升级、换代慢。

4. 城乡分野的管理体制。城乡分野的管理体制，其弊端：一是城市工业与乡镇工业的发展难以统一规划与协调，造成重复建设、产业同构。二是使乡镇企业的发展只能囿于农村这个社区，与国有企业一直没有形成一个统一的管理方法与政策支持。乡镇企业具有突出的血缘性、地缘性，其资金、土地、劳动力等方面均依赖于社区。同时乡镇企业在资金、技术和进出口政策上一直不能与国有企业享受同样的待遇，国家一直视乡镇企业为拾遗补阙的行业，在政策和技术上支持不够。这种城乡分离的体制与政策，使乡镇企业一直处在夹缝中求生存的境地。

（二）产业结构调整的条件分析

1. 有利条件。①北京市城市容量大、需求层次多，有利于企业针对不同的细分市场进行定位。②科技、信息优势，是乡镇工业技术进步的依托和后盾。③北京市工业的主导产业已基本定位。据悉，北京市的主导产业定位于化工、电子、汽车、食品和建材，这与市场的发展方向基本相符。而且经费的投入已向主导产业倾斜，同时市属工业的技术拉动对乡镇工业新一轮的产业结构调整有促进作用。④乡镇工业基础及产业的发展形势较好。北京市乡镇工业经过改革开放20年来的快速发展，已经形成了一定水平的产品加工能力。特别是通过与市属工业的配套，形成了较完备的产业群和一定的制造水平。而且乡镇企业的产业结构中，建材、化工及食品行业在整个产业结构中的比重较大，医药、电子、通讯产业等新兴产业发展较快，为进一步培植主导产业提供了很好的条件。

2. 不利条件。①市场竞争越来越激烈，企业素质低的状况近期内难以根本扭转。乡镇企业面临的形势越来越严峻。从国内看，竞争对手更多、更强，从国际看，竞争对手也在不断向国内渗透。而北京市乡镇企业的人员素质较低、设备和技术较落后、产品质量较低、企业规模小等问题在近期内不会有大的改变。②企业主市场意识淡薄，驾驭市场的能力较差。主要体现在：第一，缺乏市场竞争意识。北京市乡镇工业的信息渠道单一，对市场变化缺乏基本的判断。第二，风险意识差。对新的技术和产品接受慢，不敢进行风险投资。在发展和经营上固守原有的模式，如服装大部分仍走外贸加工的道路，实施创名牌战略的很少，企业进行ISO 9000认证的也很少，往往只看到眼前利益，而不能居安思危、高瞻远瞩。这些因素对产业结构的调整构成相当大的障碍。③受资金筹措能力的限制，产业结构调整难度大。北京市乡镇企业的平均资产负债率在60%以上，多数企业自身的积累能力弱。同时，国有银行的企业化改革使政府调配银行信贷资金的能力进一步减弱，因此如何筹措产业结构转换所需的资金就成为当前产业结构转换中的最关键的问题。④技术水平低，调整产品结构能力差。北京市乡镇企业的技术水平较低，缺乏技术研究开发

资金，技术开发和产品开发能力弱。⑤资源和环境条件相对劣势。北京市环境污染比较严重。在资源上，如水，按现在的用水情况，供需矛盾相当尖锐。北京市的环境保护和水资源相对不足对乡镇企业的产业选择提出了相当高的要求。特别是对现有的支柱产业如何降低污染及提高工业用水的重复利用率，这已成为乡镇企业发展中的一大课题。

三、乡镇企业产业结构调整的方略

（一）乡镇企业产业结构调整的指导思想

1. 从北京的城市性质和功能特点出发，充分体现服务首都、建设首都和发展首都的宗旨，郊区特别是近郊应大力发展旅游、饮食服务、新兴第三产业和消费型的“都市工业”。

2. 遵循世界经济一体化的趋势，结合北京地区资源相对不足，而人才密集、市场广阔的实际，依托国内外两种市场资源，发展有地区优势和市场竞争力的竞争性行业，满足国内外两个市场的需求。

3. 按照向知识经济时代过渡及经济增长方式由粗放型向集约型转变的要求，郊区尤其是近郊区乡镇工业产业结构应向高加工化、技术密集化方向发展。

4. 郊区是城市的腹地，有广阔的空间，应依据城乡结合、优势互补、相互服务、协调发展的方针，逐步实现城乡工业一体化。

5. 资源和环境的保护，关系到我国经济增长和社会进步的全局，关系到子孙后代的生存和发展，因此，乡镇企业的结构调整必须实施可持续发展战略。

（二）乡镇企业产业结构调整的原则

符合北京城市的性质、功能特点和城市总体规划；市场导向；比较优势；科技优先；产业的关联性；打破部门和地区分割，合理规划，集中布局；节约资源，保护环境；集中力量，重点突破。

（三）乡镇企业产业结构调整的方向

加强第一产业，调整优化第二产业，大力发展第三产业。

1. 第一产业的调整方向。①为北京市场提供名、特、优、新的鲜活农产品，以满足本地较高层次的市场需求。主要是通过反季节蔬菜、花卉的种植、特种动物的养殖、国内外新品种的引进、采用无化学原料的栽培技术生产“绿色食品”以及发展立体种养、生态和设施农业等。②提供优质农产品原料，以适应现代食品工业的需要。对于一些适合加工的农产品，应按照食品工业的需求来发展，通过引进和改良，使果、菜、禽、畜适应工业发展的要求。同时要大力开发具有北京传统特色的食品，对市场好的产品要加大投资，实现规模化、产业化。③发展休闲、观光农业，为城市提供休闲服务。北京郊区旅游资源相当丰富，新型农业和庄园农业的兴起，为观光农业的发展提供了广阔的空间。同时，随着市民收入的提高、休闲时间的增多，观光农业将成为未来郊区最有前景的一个产业。北京市乡镇企业应因地制宜地开发，创造良好的生态环境和优美的景观，与郊区建设发展配合，与旅游、观赏、休闲、体验、教学紧密结合起来，培育新的经济增长点。④充分发挥北京农业的科技和区位优势，大力发展农业高新技术产品，并向全国乃至国外辐射。北京具有极大的智力资源优势，同时北京又处于首都经济圈和环渤海经济区的核心位置，又是一个国际化的大都市。因此，充分发挥这些优势，发展农业科技产业，生产高科技含量的商品种子、种苗、种畜（禽）等，在满足本地需要的基础上，向周边地区辐射，并发挥“窗口”作用，发展创汇农业。

2. 第三产业的调整方向。①依托郊区丰富的旅游资源，大力发展旅游和饮食服务业。②交通运输、商品流通业。③农村社会化服务业。包括生产资料供应、技术与经济咨询、产品销售等，特别要指出的是信息、科技、文化等新兴第三产业。④城市服务型的第三产业。北京是一个现代化的大城市，繁忙、快节奏的工作、生活方式使广大市民和企事业单位对服务产生了巨大的需求，京郊又有大量的闲置劳动力，如果将他们组织起来，发展城市服务型乡镇企业，既可以解决城市服务的问题，又可以解决农业剩余劳动力就业问题。⑤房地产业。农村同样可以发展房地产业。随着北京城市规模的扩大，郊区城市化进程也将加快，城市人口外迁将不可避免，这是世界大城市发展的规律。因此，郊区房地产业将大有可为。

3. 第二产业的调整方向。努力改造和提高“朝阳产业”的主导行业和支柱行业，如食品工业和新型建材制造业等；淘汰、压缩和转移“夕阳产业”，如一部分传统建材业等；扬长避短，发展有地区特色的产业或产品，如高技术产业、地方特色食品、旅游产品加工业等；努力培植新一代的主导产业和支柱产业，如电子信息产品制造业、无污染化工、新医药等。

（四）乡镇工业产业发展重点

1. 培育新兴主导行业。选择、培育好主导产业，是产业结构合理化、高级化的关键。对于北京市乡镇工业来说，由于科技、人才和信息是最大的优势，兼之又有首都大市场为依托，应该选择那些市场前景广阔、科技含量高、附加价值高（同时必须符合首都经济功能的要求）的行业作为自己的主导行业并予以引导和扶持。我们认为，微电子、无污染化工、新医药等最有可能成为北京市乡镇工业中的主导产业。这三个行业都具有市场前景广阔、技术密集、能耗低、用水省、占地少、运量小、污染少等特点，适宜在北京大力发展。

2. 振兴支柱行业。支柱行业吸收运用新技术快，处于供求关系的中心，且规模大，能充分发挥规模经济效益，生产率高，附加价值大，是一定时期内增加国民收入和提高人民生活水平的主要支撑者。在北京市乡镇工业现有的支柱产业中，有的行业由于不具备比较优势而将不可避免地走向没落，而食品工业和新型建材业仍将具有良好的发展前景，应该作为支柱行业予以振兴和扶持。

3. 其他重要行业。除上述战略行业（主导行业和支柱行业）以外，北京市乡镇工业中的机械、金属制品、交通运输设备制造、塑料制品、家具制造、文教用品、印刷等行业也大多有一定发展基础，又有市场，在产业结构调整中也不容忽视。当然，政府的财力是有限的，不可能对这么多的行业予以支持，但政府可以在其他方面（如信息服务、行业发展规划等）帮助这些行业，引导其健康发展。

中国主要新鲜水果国际竞争力变动分析*

乔　娟

改革开放以来中国水果生产快速发展，特别是20世纪90年代以来发展更为迅速。从1994年起中国水果产量跃居世界首位（超过印度、巴西和美国），1998年中国水果总产量达5 503.7万吨，占世界总产量的12.7%。但从1995年开始国内水果价格迅速下降，“卖果难”问题经常出现，水果生产快速发展的势头受到抑制。中国水果以本国消费为主，参与国际贸易的比例一直很小。1998年中国出口水果63.3万吨，仅占当年水果总产量的1.15%，而世界平均水果产量的10%参与国际贸易。中国有近13亿人口，随着经济快速发展，人们的收入和消费水平将不断提高，对水果的需求也将呈上升趋势，但这并不意味着中国水果业就可高枕无忧。按照WTO农产品协议及中国与其他WTO成员签订的双边和多边贸易协议规定，中国加入WTO后不仅要大幅度降低水果进口关税，而且要取消很多非关税进口限制，加之很多水果主产国的果品市场营销绩效较好，这必将给中国水果业的发展带来挑战。因此，认真分析和评估中国水果业的国际竞争能力，不仅可为政府采取合理的宏观经济政策提供客观依据，促使其生产和贸易结构的合理化，也有助于指导果农更好地面向世界市场进行生产经营活动。

一、研究方法和数据说明

分析一国某产品国际竞争力是件复杂而困难的事情。很多学者通过研究提出了多种指标、计量模型等测算方法，如出口增长率、固定市场占有率、显性比较优势指数、国内资源成本系数、净出口指数等。这些指标和方法从不同角度反映了 国某产品的竞争力状况，但除国内资源成本系数兼用生产成本和贸易数据，能在一定程度上揭示生产成本的优势外，其余指标大多是用经验数据反映实际贸易的后果，而不能揭示其造成竞争力强弱的原因。很多关于WTO框架下中国农产品国际竞争力的研究指出，中国加入WTO后水果业仍将具有竞争优势，其原因是中国水果价格大大低于国际市场平均价格。但是，一国某产品在国际市场上的竞争力实际上取决于两方面因素：一是生产成本，即价格方面的竞争力；二是市场营销绩效，即非价格方面的竞争力。这是因为，由于不完全竞争、产品差异及消费者偏好等情况的存在，常使一国某产品虽然价格相对较高却仍有较强的国际竞争力，这正是市场营销绩效等非价格竞争因素发挥作用的结果。由于资料获取方面的限制，本文拟主要对几种主要鲜果的价格竞争力及变动进行分析，从而判断中国水果的国际竞争力。

分析一国某产品价格竞争力的较好方法是国内资源成本系数法，但因目前中国只有苹果和柑

---

* 原载《农业经济问题》2000年12月。

橘两个品种的生产成本资料，数据收集的困难使这种方法在此很难运用。本文拟运用生产者价格指数，并与各种水果主要生产国和出口国进行比较分析来衡量中国几种产量较多的新鲜水果的国际竞争力及其变化。产品成本很大程度上决定着产品的价格，尤其当生产和贸易处于完全竞争状态时，激烈的竞争将使产品的长期均衡价格趋同于长期成本，从而产品的竞争力状况也能从产品价格中体现出来。

本文所用的各国生产者价格时序数据来源于联合国粮农组织的 fao. org 网站。这里的生产者价格，理论上指每种产品所有等级、种类和品种的全国平均价格。这些价格是在农户门口或第一次交易地点由农民出售自己产品时决定的价格，中国的生产者价格为混合平均收购价格。文中的生产者价格指数由生产者价格和各国消费价格指数计算得出。各国消费价格指数来源于联合国《统计月报》，中国的消费价格指数来源于中国统计出版社出版的《中国统计年鉴》。

二、几种主要新鲜水果国际竞争力及变动分析

中国生产量较大的新鲜水果主要有柑橘、苹果、梨、桃和油桃等。目前中国是世界上新鲜水果产量最多的国家，苹果、梨、桃和油桃的产量居世界首位，柑橘产量居世界第三位。中国水果在世界市场上一直具有价格优势，特别是 1995 年以后，由于国内水果价格大幅度下跌，这种优势更趋明显，图 1 显示了 1998 年中国水果在世界市场上的价格优势情况。既然中国水果在世界市场上具有较强的价格优势，国内市场又出现了供过于求，能否通过积极开拓国际市场、参与国际竞争来促进中国水果业的稳步发展。这就需要从价格和非价格两方面来分析中国水果的国际竞争力及其变动。

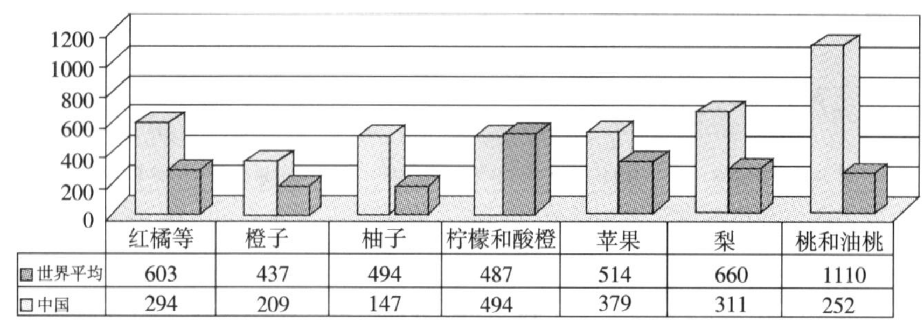

	红橘等	橙子	柚子	柠檬和酸橙	苹果	梨	桃和油桃
世界平均	603	437	494	487	514	660	1110
中国	294	209	147	494	379	311	252

图 1　1998 年中国出口水果价格与世界出口水果平均价格比较　单位：美元/ 吨

资料来源：联合国粮农组织 fao. org 网站。

（一）中国新鲜水果价格竞争力变动分析

1. 柑橘类鲜果。柑橘类鲜果包括许多品种，在此主要分析红橘、蜜橘、细皮小柑橘、温州蜜橘、橙子、柚子、柠檬和酸橙等主要品种的国际竞争力变化。1998 年中国柑橘类鲜果总产量 1 109. 8万吨，占世界总产量的 10. 8%，仅次于巴西和美国居世界第三位，柑橘类鲜果出口 18. 6 万吨，不到世界总出口量的 2%。由于不同品种主要生产国和出口国差异较大，在此要分品种进行比较分析。

（1）红橘、蜜橘、细皮小柑橘、温州蜜橘等。1998 年中国红橘、蜜橘、细皮小柑橘、温州蜜橘等产量 587. 8 万吨，占世界总产量的 36. 4%，出口 16 万吨，占世界总出口量的 6. 9%。表 1 为

红橘、蜜橘、细皮小柑橘、温州蜜橘主要生产国和出口国的生产者价格指数。从表1可看出，中国红橘、蜜橘、细皮小柑橘、温州蜜橘的生产者价格指数除1988年较高外，其余年份均低于1985年，总体呈下降趋势，且波动幅度较大。与其他国家相比较其价格优势呈上升趋势。具体情况是相对于法国其价格优势一直呈上升趋势；相对于意大利、日本其价格优势从1989年开始呈上升趋势；相对于西班牙其价格优势从1991年开始呈上升趋势。这里一个值得注意的问题是中国红橘、蜜橘、细皮小柑橘、温州蜜橘的生产者价格指数波动幅度相对与其他国家较大，最高的为1985年的148%，最低的为1985年的负83%，这必将导致生产的不稳定，加之水果生产要经多年之后才能收获的特点，不仅加剧了波动，也大大损害了果农的利益。

表1　红橘、蜜橘、细皮小柑橘、温州蜜橘主要生产国和出口国的生产者价格指数

	1985	1986	1987	1988	1989	1990	1991	1992	1993	1994	1995
中　国	100	92	89	148	52	60	44	29	−10	−5	−83
法　国	100	109	114	115	115	116	116	117	116	116	112
意大利	100	83	79	79	76	78	72	64	48	51	44
西班牙	100	110	77	74	49	40	83	53	40	53	88
日　本	100	91	80	106	125	105	128	94	90	179	188

注：中国的生产者价格为柑橘的混合平均收购价格；荷兰也是主要的生产和出口国，因得不到数据而舍弃。

资料来源：①联合国粮农组织fao.org网站；②联合国《统计月报》1989－1998年；③《中国农村统计年鉴》1986－1999年，中国统计出版社；④《中国统计年鉴》1998年，中国统计出版社。

（2）橙子。1998年中国橙子产量225.5万吨，占世界总产量的3.6%，出口5 609吨，占世界总出口量的0.01%。表2为橙子主要生产国和出口国的生产者价格指数。从表2可看出，中国橙子生产者价格指数变动情况与红橘、蜜橘、细皮小柑橘、温州蜜橘相似，从而值得注意的问题也雷同。与其他国家相比较，中国橙子相对于美国、印度、意大利其价格优势在上升，且多数年份上升趋势明显；相对于西班牙、南非其价格优势在下降，且多数年份下降趋势明显。

表2　橙子主要生产国和出口国的生产者价格指数

	1985	1986	1987	1988	1989	1990	1991	1992	1993	1994	1995
中　国	100	92	86	121	70	60	44	31	−11	−31	−73
美　国	100	77	87	87	71	73	54	32	35	25	25
西班牙	100	68	55	50	41	32	31	8	−8	12	30
意大利	100	88	85	91	70	79	68	54	41	46	50
印　度	100	101	103	102	101	98	85	74	70	71	53
南　非	100	64	50	39	36	7	−17	−37	−76	−91	−111

注：墨西哥、巴西、荷兰也是橙子主要生产和出口国，因墨西哥、巴西通货膨胀数据不准，荷兰得不到数据而舍弃。

资料来源：同表1。

（3）柚子。1998年中国柚子产量25万吨，占世界总产量的5.1%，出口9 628吨，不到世界总出口量的1%。表3为柚子主要生产国和出口国的生产者价格指数。从表3可看出，中国柚子生产者价格指数虽然个别年份有下降，但总体呈上升趋势，而且从1990年开始上升幅度较大。与其他国家相比较，中国柚子相对于西班牙、南非其价格优势一直在下降，且多数年份下降趋势明显；相对于美国有些年份价格优势在上升，有些年份价格优势在下降。从总体上看中国柚子的价格优势呈下降趋势。

表 3　柚子主要生产国和出口国的生产者价格指数

	1985	1986	1987	1988	1989	1990	1991	1992	1993	1994	1995
中　国	100	94	90	93	83	135	335	325	268	207	169
美　国	100	117	122	99	122	109	116	50	55	39	38
西班牙	100	97	98	106	81	67	71	48	46	40	55
南　非	100	72	43	56	42	10	−10	−17	−56	−59	−78

注：墨西哥、荷兰也是柚子主要生产和出口国，因墨西哥通货膨胀数据不准、荷兰得不到数据而舍弃。

资料来源：同表 1。

（4）柠檬和酸橙。1998 年中国柠檬和酸橙产量 20 多万吨，占世界总产量的 2.1%，出口 178 吨，占世界总出口量的 0.01%。表 4 为柠檬和酸橙主要生产国和出口国的生产者价格指数。从表 4 可看出，中国柠檬和酸橙生产者价格指数变动情况与红橘、橙子等相似，因而值得注意的问题也相同。与其他国家相比较，中国柠檬和酸橙相对于美国、意大利、印度、南非其价格优势在上升，且多数年份上升趋势明显；但与西班牙相比其价格优势却在下降，且多数年份下降趋势明显。

表 4　柠檬和酸橙主要生产国和出口国的生产者价格指数

	1985	1986	1987	1988	1989	1990	1991	1992	1993	1994	1995
中　国	100	92	89	148	52	60	50	39	−6	−29	−63
美　国	100	177	232	218	168	233	162	118	118	132	138
西班牙	100	25	4	−0.2	−2	−6	−6	16	−34	0.3	4
意大利	100	93	92	93	80	79	81	72	63	69	61
印　度	100	101	103	102	101	98	85	73	70	71	53
南　非	100	68	59	86	70	59	49	59	113	149	131

注：墨西哥、荷兰也是柠檬和酸橙主要生产和出口国，因墨西哥通货膨胀数据不准、荷兰得不到数据而舍弃。

资料来源：同表 1。

2. 鲜苹果、梨、桃和油桃。

（1）苹果。中国是世界上苹果产量最多的国家，1998 年中国苹果产量 1 949 万吨，占世界总产量的 34.1%，但出口量只有 17 万吨，仅占世界总出口量的 3.3%。表 5 为苹果主要生产国和出口国的生产者价格指数。从表 5 可看出，中国苹果生产者价格指数是先上升而后下降，除 1995 年下降幅度较大外，其他年份波动幅度趋缓。与其他国家相比较，中国苹果相对于美国、法国、意大利、新西兰、南非其价格优势在多数年份呈下降趋势，相对于荷兰其价格优势在所有年份都呈上升趋势。

表 5　苹果主要生产国和出口国的生产者价格指数

	1985	1986	1987	1988	1989	1990	1991	1992	1993	1994	1995
中　国	100	106	101	133	122	131	123	108	85	93	49
美　国	100	113	75	99	74	108	126	86	76	72	75
法　国	100	104	80	87	89	125	186	98	71	92	75
意大利	100	98	92	76	85	84	101	61	47	64	57
荷　兰	100	108	111	121	133	142	150	158	169	178	188
新西兰	100	101	86	76	62	66	73	88	91	93	94
南　非	100	99	101	87	107	100	98	121	60	72	53

资料来源：同表 1。

（2）梨。中国是世界上梨产量最多的国家，1998 年中国梨产量 739 万吨，占世界总产量的

48.5%，但出口量只有11万吨，占世界总出口量的7.4%。表6为梨主要生产国和出口国的生产者价格指数。从表6可看出，中国梨的生产者价格指数也是先上升而后下降，且下降速度较快。与其他国家相比较，中国梨相对于美国、意大利、南非其价格优势几乎所有年份都在上升，且上升趋势明显；相对于荷兰、西班牙其价格优势是有升有降。从总体上看中国梨的价格优势是呈上升趋势。

表6 梨主要生产国和出口国生产者价格指数

	1985	1986	1987	1988	1989	1990	1991	1992	1993	1994	1995
中 国	100	104	233	274	194	144	151	137	107	112	70
美 国	100	97	67	85	78	73	86	79	57	45	46
荷 兰	100	101	102	111	120	128	134	140	148	155	164
意大利	100	106	96	92	98	97	105	69	66	57	50
西班牙	100	205	169	212	159	237	224	103	123	122	156
南 非	100	133	128	120	119	121	127	144	60	91	68

资料来源：同表1。

（3）桃和油桃。中国是世界上桃和油桃产量最多的国家，1998年桃和油桃产量299万吨，占世界总产量的27%，但出口量只有4 084吨，仅占世界总出口量的0.5%。表7为桃和油桃主要生产国和出口国的生产者价格指数。从表7可看出，中国桃和油桃生产者价格指数也是先上升而后下降，且波动幅度较大。与其他国家相比较，中国桃和油桃相对于西班牙、美国、意大利其价格优势在多数年份呈下降趋势；相对于法国、荷兰、南非其价格优势在多数年份呈上升趋势。从总体上看，中国桃和油桃的价格优势1992年之前呈下降趋势，1993年起呈上升趋势。

表7 桃和油桃主要生产国和出口国的生产者价格指数

	1985	1986	1987	1988	1989	1990	1991	1992	1993	1994	1995
中 国	100	104	114	107	96	130	142	140	42	38	18
美 国	100	95	98	107	102	120	93	85	87	63	65
西班牙	100	98	74	71	59	93	70	25	37	46	81
法 国	100	119	94	115	91	123	115	93	123	108	81
意大利	100	100	96	101	95	97	111	76	67	49	47
荷 兰	100	101	142	106	108	108	107	106	110	109	110
南 非	100	194	183	155	251	259	265	274	241	237	223

资料来源：同表1。

（二）中国新鲜水果非价格竞争力分析

非价格竞争力也即市场营销绩效，包括所有影响产品竞争力的非价格因素。水果的非价格竞争力可从以下几方面进行分析。

1. 品种结构。目前中国水果产量的绝大多数是以鲜果消费为主的苹果、梨、柑橘、桃和油桃等，不仅其他小品种产量较少，各种水果的品种结构也比较单一，适合不同需要的不同特色品种和不同上市期的品种相对较少。从整个世界市场来看，虽然新鲜水果消费量很大，且在不断增长，但加工水果消费增长速度大大快于新鲜水果消费增长速度。中国适合加工的水果品种较少，即使有一些适合加工的品种也由于加工技术落后，大批量生产的成本和质量问题严重，难以进入国际市场。因此，从品种结构上看中国水果的国际竞争力较弱。

2. 水果质量。无论国际市场还是国内市场，消费者对鲜果质量要求越来越高，不仅要求果实内在质量好、外观好看，而且要求果实无污染，这使得优质高档水果不仅价格高、销路好、经济效益高、国际竞争力也强。目前中国优质果率不到水果总产量的10%，达到出口标准的高档果不足总产量的5%，而其他水果主要出口国的优质果率可高达70%，可供出口的高档果占总产量的50%左右。中国鲜果质量差的主要原因是：①有些品种因栽植在不适宜地区，使其果实不具有该品种所特有的风味，即使栽植在适宜地区也由于长期大量施用氮肥，或由于干旱缺水使其果实风味淡化。②由于果农素质低、栽培技术落后、防治病虫害以农药为主，不仅果实外观质量差，还经常由于农药使用剂量、时间、次数不当，不但防治病虫害效果差，造成人力物力浪费，还使果实农药残留超标。所有这些都使中国鲜果较难进入国际市场，更难进入发达国家市场。

3. 采摘后商品化处理。近年来通过引进和调整水果品种结构，在国内产生一些优质水果品种，如山东红富士、四川脐橙等其内在质量和外观都达到或超过国际市场的要求，但由于鲜果收获期比较集中，且采摘后商品化处理落后，难以满足消费者需要长年均衡消费新鲜水果的要求。目前中国采摘后进行分级、打蜡、包装、贮运的水果只占总产量的1%，贮藏的水果不到总产量的20%，加工的水果不到总产量的10%。当鲜果收获集中上市时导致市场价格下降在所难免。而其他水果主要出口国为适应市场需要，已能通过保鲜和包装技术来保证水果新鲜上市，而且能在采摘后30天内在国际市场上销售新鲜水果。由于不同质量等级果品价格差别较大，而且不同质量等级的同一果品，在不同时间上市其价格差异更大。因此，中国新鲜水果虽然具有一定的价格优势，但在满足消费者长年均衡需要优质水果方面的国际竞争力则较弱。

4. 水果营销状况。从宏观方面看，政府对水果生产经营中的宏观指导、咨询、投资和调控较少，市场体系不够健全；水果生产经营的科技研究、推广和应用相对比较落后；市场供求及其变化的信息很少，即使有也由于信息渠道不健全很难传递到农户。从微观方面看，中国农业生产中以家庭为单位的小规模分散经营模式在水果生产中大量存在，大多数农户是在本地区内封闭经营，不仅不了解国际市场供求及其变化，也不了解国内市场供求及其变化；大多数农户还是以生产为中心，水果生产出来之后再寻找销路，还没有以市场需要为导向进行水果生产的思想，更没有属于自己的营销和信息沟通组织，只能独自分别面对和进入市场。所有这些不仅使果农的市场营销绩效很差，难以适应不断变化的市场需要，因此，当水果集中上市时果贱伤农的现象经常出现，从而导致了水果价格的大幅度波动。

三、结论和建议

综上所述，中国几种主要新鲜水果的价格优势一直存在，各种水果的绝对价格都大大低于世界平均水平。但是，通过与各种水果主要生产国和出口国的生产者价格指数比较可发现，各种水果价格优势的变动情况各不相同，有的呈上升趋势；有的呈下降趋势；还有的是相对于某些国家呈上升趋势，相对于另一些国家则呈下降趋势。同时还可发现中国各种水果生产者价格指数波动幅度都大大高于其他国家。从总体上看，中国几种主要鲜果都是价格竞争力较强，非价格竞争力较弱。因此，中国水果今后的发展思路应在充分发挥价格竞争力的同时，大力加强和提高非价格竞争力。对此，本文提出以下建议。

首先，应充分利用乌拉圭回合农产品协议所提供的国内支持与调控空间，加强对水果业的支持和调控力度。各级政府可通过增加科技投入，促进适应市场需要的新品种和优质果品的种苗繁育、保护地生产、栽培技术、灌溉技术、病虫害防治、采摘后商品化处理等方面的科技研究、推广及对果农的技术培训；加强对水果市场需求的研究和预测，支持并鼓励果农调整生产结构，增

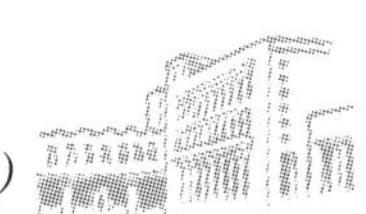

加既适应当地条件又适应消费者需要的新品种，采用先进的栽培技术或采摘后商品化处理技术调整鲜果收获和上市时间；健全和完善水果市场体系，鼓励发展各种代表果农利益的营销组织、中介组织和合作组织，使广大农户联合起来进入市场；配合政府对水果业发展的投入实行水果产销的市场秩序管制，防止水果价格大幅度波动，并使其维持在合适的水平。

其次，在对果农进行技术推广和培训的同时，还应对果农进行市场营销思想和策略的培训和宣传，使果农建立以市场需要为导向的营销思想，不仅要以国内市场、更要以国际市场需要为导向，以适应加入 WTO 的要求。要使果农清楚只有根据市场需要及其变化进行水果生产，满足消费者对水果品种和质量的需要，才能具有较强的竞争力和经济效益。由于中国农民的整体素质还较低，各级政府应负担起对农民进行适应市场竞争需要的各种培训，从而全面提高中国水果业的国际竞争力。

参考文献

[1] 钟甫宁等．中国对欧盟主要农产品比较优势变动分析．中国农村经济．2000（2）
[2] 王秀清．中国粮食国际竞争力研究．农业技术经济．1999（2）
[3] 麻茵萍．加入世贸组织对我国水果业的影响及对策分析．中国农村经济．2000（3）
[4] 祁春节等．加入 WTO 对中国柑橘市场的影响及其对策．农业技术经济．2000（3）

国外农业直接补贴的做法、原因及借鉴意义*

柯炳生

在任何一个国家中，政府对农业和农民都有不同形式的支持。所不同的只是实行支持的主要目的不同，支持的重点领域不同，支持的具体方式不同，支持的力度和强度更有非常大的不同。对农民实行直接补贴主要是发达国家的做法，主要目的是为了提高农民收入和保护环境等。按照世贸组织规定许可的直接补贴，是国内支持措施中的一些特殊情况，免于国内支持削减承诺，也不纳入国内支持削减承诺的计算，主要是包括一些“绿箱”政策和“蓝箱”政策。符合“绿箱”政策和“蓝箱”政策标准的直接补贴措施，在发达国家中获得了日益重视。美国和欧盟等尽管现在仍然保持着价格支持政策，但是，由于直接补贴政策的加强，价格支持措施在国内支持中所占的比例已经大大降低。

本报告重点研究四个方面的内容：一、直接补贴的类别和世贸组织协议中的有关规定；二、国外对农民实行直接补贴的主要措施与做法；三、国外对农民实行直接补贴的原因与特点；四、国外直接补贴政策对我国的借鉴意义及有关建议。

一、直接补贴的类别和世贸组织协议中的有关规定

国外对农民的直接补贴（Direct Payment to Producers）有多种方式。有的非常直接，与现在的生产没有一点关系，有的则是不那么直接，与现在的生产还有着千丝万缕的联系。各个国家的具体政策措施很不相同，有的即使是使用同一名称，实际内容和具体特点也有很多不同，有的甚至完全不同。同一个国家的同一政策措施名称，在不同的历史发展阶段中也可能有很不相同的含义。

对农民的直接补贴类别和方式多种多样，从与世贸规定的关系看，可以分为两大类，一类是脱钩收入支持(Decoupled Income Support)，也称不挂钩收入支持。所谓脱钩，是指对农民的直接收入支持原来与该农民的生产情况有联系(挂钩)，而现在与生产已经无联系了(已经脱钩或曰不挂钩)。另一类是与脱钩收入支持相对应的，没有明确的叫法，其共同特点是与生产相挂钩，但是具体又采取了各种不同的挂钩(联系)方式。同时，应特别指出，这种与生产相挂钩的直接收入补贴，与市场价格支持又有着较为明显的区别。市场价格支持政策是与生产或者价格直接紧密相关的，而属于挂钩型的对农民的直接补贴尽管与生产或者价格有着一定的联系，但是远远不那么间接。

当然，并不是所有的直接补贴都是世贸组织所许可的。本报告研究世贸组织许可的（不需要进行削减承诺的）直接补贴。世贸组织许可的直接补贴与价格支持具有多方面的不同。第一，从

* 本文完成于2001年8月6日。

对生产和贸易的扭曲来看，直接补贴一般没有扭曲（如脱钩收入支持）或者扭曲程度很小（如对生态农业的直接补贴），而价格支持则直接地严重地扭曲生产与贸易。第二，从操作上看，直接补贴一般需要计算，而价格支持则是直截了当的，表现在高于均衡价格水平的政策价格之中，不需要计算。第三，从世贸组织的规则看，脱钩收入支持属于“绿箱”政策，而不脱钩的收入支持中，有一些是“绿箱”，另一些则是“蓝箱”政策。而价格支持则是需要削减的“黄箱”政策。按照上一轮多边贸易谈判所达成的协议，无论是“绿箱”政策还是“蓝箱”政策，都是免除削减义务的。实际上，就世贸组织协议规定的实际影响而言，“蓝箱”政策和“绿箱”政策并没有什么不同，这也正是欧盟为什么在新一轮谈判的建议中，极力要维持“蓝箱”政策存在的原因。

研究国外对农民的直接补贴，目的在于研究在世贸组织许可的范围内，如何对农民进行收入支持。世贸组织许可的直接补贴就是“绿箱”政策中规定的直接补贴措施和“蓝箱”政策。因此，以下对世贸组织农业协议中对于“绿箱”政策中直接补贴和对于“蓝箱”政策的规定，进行解读和分析，从而为理解各个国家的直接补贴做法及其与世贸组织规定的关系，提供一个法律框架基础。

农业协议附件2中列出了对“绿箱”政策的一般要求和具体范围。共13个款项内容。其中第1款是关于可以免除国内支持削减承诺的基本要求或者基础依据，这也是对直接补贴的基本要求。这个基本要求是：没有对贸易的扭曲作用效果以及没有对生产的影响作用，或者最多只有很微不足道的影响（at most minimal）。因此规定了两条基本标准：一是该项支持应当是通过政府公共政策提供的（包括政府税收减免），而不是来自消费者的转移（Transfer From Consumers）。这是因为消费者转移意味着价格扭曲和贸易扭曲。二是该支持不能具有或产生与价格支持相同的效果，因为价格支持具有直接的贸易扭曲效果。

第5款是关于对生产者的直接支付（Direct Payment to Producers）的一般性要求。承认有些对生产者的直接支付（包括以实物方式的支付或者税收减免）是可以免除削减承诺的。条件是要满足第1款的基本标准，同时还有满足以下第6款到第13款的特定标准。换言之，第6款到第13款均属于可以免除削减承诺的各种直接支付（即直接补贴）的各种类型。

第6款是不挂钩收入支持（Decoupled Income Support）。所谓不挂钩，也称为脱钩，是相对于传统的价格支持而言。典型的价格支持政策下，生产者所获得的政府补贴量的多少是与其产量成正比的，生产得越多，所实际享受到的补贴就越多；国内外价格差越大，补贴的程度就越大。从而补贴与产量和价格形成了一种“挂钩”关系。规定了此类支付的标准、规定此类补贴一经按基期标准确定后就不得再与实际生产的产品类型或数量相关、不得与实际价格水平相关、不得与实际使用生产要素有关、不得要求接受此类补贴者进行生产（即接受补贴者有权什么也不生产）。实际上，这种类型的补贴相对于建立在基期基础上的直接收入补贴，一经确定，便与后来发生的农业活动无关，不管农民生产什么、生产多少，价格如何。美国实行的按土地面积实行的补贴，就属于这种补贴。

第7款是关于政府在收入保险方面的补贴。规定的条件是：①收入损失程度超过前三年（或者前五年中的居中三年）平均值的30%以上；②补贴支付的数量不能超过损失额的70%；③仅与收入有关，而不得与产量、价格和生产要素有关；④如果同一生产者同年还接受自然灾害救济（见第8款规定），则接受的补贴总额不得超过总损失的100%。

第8款是关于自然灾害救济（包括政府直接补贴或者通过作物保险补贴）。规定的条件是：①收入损失程度超过前三年（或者前五年中的居中三年）平均值的30%以上；②仅适用于补偿自然灾所造成的收入、牲畜（包括治疗费）、土地或者其他生产要素的损失；③补偿幅度不得超过总损失，且不得规定将来的生产类型和产量；④补贴支付不得超过第二项所需要的水平；⑤如果同一生产者同年还接受收入保险补偿(见第 8 款规定),则接受的补贴总额不得超过总损失的 100%。

第 9 款是关于对生产者退休计划的结构调整资助。即是对提前退休的农民生产者所进行的补贴。规定的条件是:①明确补贴对象是从事商品农产品生产的人,鼓励其退休或者转入非农业生产活动;②接受此项资助的人应当完全并且永久性地退出商品农产品生产。

第 10 款是关于资源停用计划的结构调整援助。主要是指休耕补贴和减少产品畜数量的补贴。规定的条件是:①明确补贴对象是退出商品农产品生产的土地和牲畜等其他资源;②土地休耕至少应当在三年以上,对于牲畜(产品畜)而言,以被屠宰为条件;③对于停用的土地或其他资源不得要求进行其他商品农产品生产;④此类补贴不得与休耕之外余留的土地或者其他资源的生产数量或者该产品的价格有关(一般而言,一个农场只有部分土地参加休耕,而休耕补贴不得与该农场未休耕土地的生产有任何关系)。

第 11 款是关于对结构调整提供的投资补贴。这一条款的适用对象的描述不甚清晰。大体是说在结构调整时,农民生产者可能会遇到一些不利因素,为对此进行补偿,政府可以在投资方面给予一定的资助。但是,同样地,要事先制定出明确的标准。在对土地重新进行私有化时,也可以提供这方面的资助。对进行这类补贴的要求是:①不得与以后的生产种类和产量多少有关;②不得与国内外价格有关;③只能在进行投资的时间内给予,即不能在投资活动已经进行完之后还给予;④可要求生产者不得生产某种产品,但是不得要求生产者必须生产某种产品;⑤资助强度不能超出为补偿结构调整缺陷所必需的数额。

第 12 款是关于为保护环境所提供的补贴。应当按照明确的政府环境保护计划进行,并与完成环境保护目标为条件,包括为了保护环境采取特定的生产方法或者控制特定生产要素的使用。此类补贴的强度应不大于为了完成政府环境保护目标所额外支出的费用,或者由此对生产所造成的损失。

第 13 款是关于地区性援助。所谓地区性援助就是对贫困地区的扶助,对象是按照客观标准明确界定的连片贫困地区中的生产者。条件是:①此类补贴不得与生产的类型和产量有关,即不得要求生产什么,但是可以要求不生产什么;②不得与国内外价格有关;③此类补贴只能补给划定的贫困地区的生产者,而在这些区域的生产者均有资格获得此类补贴;④如果补贴与生产要素投入有关,那么,在要素投入超过一定的临界水平之后,补贴幅度随要素投入的增加递减。也就是说,补贴不能与要素投入的数量成正比,而应当成递减关系(这样规定的目的是减少补贴对增加生产的影响);⑤此类补贴的数额应当约束在适当的范围之内,即不超过在该地区从事农业生产所造成的额外费用或者收入损失(在发达国家,实行地区资助的目的是使得这些地方的农民不离开当地,而离开这些地区将获得较高一些的收入)。

关于"蓝箱"政策,是在农业协议的第四部分第 6 条(Part IV, Article 6)所界定的。该条是关于国内支持承诺(Domestic Support Commitments)的。其中第五段落规定,在限产计划下的直接补贴(Direct Payment)不需要进行削减承诺。条件是政府用于这些方面的直接支付方式是:按固定面积和产量,或者按基期生产水平的 85%或 85%以下给予,或者按牲畜的固定头数。欧盟十分强调和重视"蓝箱"政策,将之视为欧盟农业政策的核心,而"蓝箱"政策目前也只有欧盟实行。欧盟实行的就是按照固定面积和固定产量,对牲畜则是按固定头数。

二、国外对农民实行直接补贴的主要措施与做法

(一)美国的直接补贴

1. 生产灵活性合同补贴(*Production Flexibility Contract Payments*)。美国的这种直接补贴

是最典型的脱钩收入补贴。生产灵活性是指采用了这种补贴方法之后，生产者无论生产什么，其所享受到的这种补贴都不受影响，因此具有充分的生产决策灵活性，可按照市场情况进行生产决策。

这种补贴的法律根据是1996年的联邦农业改进与改革法案（FAIR），目的是为了使得农业生产从以前对单项产品的支持计划（Commodity Program）的影响中摆脱出来，即使得补贴与生产脱钩，使得生产不再受补贴的影响。引入生产者灵活性合同补贴，是取消以前的差价补贴（按照政府事先制定的目标价格与实际平均市场价格之差予以补贴），代之以一种与价格无关的固定补贴。与此同时，最初还计划逐步减少这种补贴，到2003年完全取消。对于种植小麦、玉米、高粱、大麦、燕麦、水稻和棉花的农民来说，政府补贴与实际生产之间的联系被切断了。不论农民现在生产什么，他们所享受到的补贴都没有影响。唯一的限制条件是，不能种植蔬菜和水果，除非农民在基期中已经种植了这两种作物。

1996年以前，美国所实行的差价补贴的做法是，农民所获得的补贴是：（目标价格－实际市场价格）×（以往单产×以往种植面积）×85%。以往单产是根据前5年中3年中等收成的平均值（即在前5年中除掉了最高产量和最低产量年份）。因此，农民所得到的补贴既与生产的品种有关，也与实际价格和产量有关。

1996年改革之后，采取的直接补贴的做法是：1991—1995年平均生产量（单产×面积）的85%，再乘以政府规定的单位重量补贴金额。由于1991—1995年的产量是固定不变的，因此，农民所可能获得的直接补贴，只与在基期中（1991—1995年）所生产的产品类别和数量以及政府所规定的单位重量补贴幅度有关，而与以后实际生产什么没有关系，也与生产多少没有直接关系。最初预估的单位重量补贴金额如表1所示。

表1　美国预估的单位重量直接补贴额

	1996	1997	1998	1999	2000	2001	2002
玉米（美元/蒲式耳）	0.24	0.46	0.36	0.35	0.32	0.26	0.25
高粱（美元/蒲式耳）	0.31	0.50	0.42	0.40	0.37	0.30	0.29
大麦（美元/蒲式耳）	0.32	0.25	0.26	0.24	0.22	0.18	0.17
燕麦（美元/蒲式耳）	0.03	0.03	0.03	0.03	0.03	0.02	0.02
小麦（美元/蒲式耳）	0.87	0.61	0.65	0.63	0.57	0.46	0.45
大米（美元/100磅）	2.78	2.74	2.94	2.85	2.61	2.11	2.04
棉花（美分/磅）	9.06	7.40	7.67	7.60	6.96	5.64	5.47

1998年以后，由于世界市场农产品价格大幅度下降，美国政府不仅没有能够按原来计划的那样逐步减少直接补贴，反而大幅度地增加了补贴。原来预定的直接补贴支出总额每年为50亿美元左右，而到了2000年，不仅没有减少，反而又新增加了50多亿美元。当然，这也是以美国中央财政出现巨额盈余为背景的。具体的补贴幅度如何，以小麦和玉米的情况为例来加以说明。

表2　美国小麦和玉米的直接补贴额　　单位：美元/蒲式耳

	小　麦			玉　米		
	原定补贴	追加补贴	合计	原定补贴	追加补贴	合计
1996	0.87	—	0.87	0.25	—	0.25
1997	0.63	—	0.63	0.49	—	0.49
1998	0.66	0.33	0.99	0.38	0.19	0.56
1999	0.64	0.64	1.28	0.36	0.36	0.73
2000	0.59	0.64	1.23	0.33	0.36	0.70

将上述数字进行折算后可知，2000年小麦的补贴幅度为45.20美元/吨，玉米为27.56美元/吨。如果基期每公顷小麦产量为3吨，玉米的产量为7.5吨，则基期种植小麦的农民每公顷土地的补贴额为135美元，基期种植玉米的农民每公顷土地的补贴额为206美元。

农民获得这种补贴的时间是每年的9月1日到30日之间。每个农民所获得的直接补贴总额每年最多不能超过4万美元。计算和操作过程很简单，因为并不需要调查农民的土地面积和单产，而只要知道农民的总生产量就行了，而每个农民在基期5年中的生产数量是有据可查的现成资料：在1991—1995年期间，实行的是差价补贴制度；为了获得差价补贴，农民必须出示生产数量的证明，一般是销售单据，包括粮食收购商的发票、粮食加工商和收储仓库的入库单据等。所有这些都已经记录在案的。

2. 土地休耕保护计划（*Conservation Reserve Program*）。土地休耕保护计划最早是根据1985年的"食品安全法案"，当时的目标是休耕4 500万英亩耕地。1996年的"联邦农业改进与改革法案"延长了这项计划，计划到2002年，休耕保护土地3 640万英亩。

按照这项计划，农民可以自愿提出申请，与政府签订长期合同，将那些易发生水土流失或者具有其他生态敏感性的耕地转为草地或者林地，时间为10～15年。这项政策的目的是减少水土流失，增加鱼类和动物的栖息地，改善水体质量，保护土壤，改善农民景观等。与此同时，保护了土地，以备将来长期持续性利用，对农民提供收入补贴，减少过剩农产品的生产。

申请批准方式：根据有关地区的农场服务局的通告，农民可以提出申请，申请也相当于投标，申请书中要提出农民对休耕保护英亩土地的要价。当地农场服务局在受到申请的7～90内给予答复。各县农场局要通告农民当地每英亩土地实行休耕保护计划所能够获得的补贴额。当地农场局和国家农场局对所有投标申请进行研究，研究其可行性和租金要价。对每个农民的补贴数额在50～50 000美元直接，平均全国为5 000美元。

纳入计划的土地都是水土流失严重或者其他环境脆弱性强的土地。进入计划的土地一是要休耕，退出粮食种植，二是要采取植被绿化措施，包括种植多年生的草类、豆科草类、灌木或林木。

项目实例：密西西比州的一处大豆田，由于有较大的坡度，水土流失问题突出。农民与政府签订了合同，将其转变为栽种松树。种树每英亩的成本是60美元。保护地项目补贴种树成本的50%即30美元，另外每年还支付36美元的年度租金（相当于政府向农民租用土地）。农民还可以通过间伐林木来获得额外的收入。

3. 农业灾害补贴。对农业灾害的补贴，也可以算做一种直接补贴。从政府支出的角度，美国农业风险管理政策可以分为以下三类：①灾害救济政策：是根据每年的自然灾害发生后的情况确定的，属于一事一议性质的。各个年度之间变化很大。例如，1994年和1999年分别超过了20亿美元，而1996—1998年期间几乎没有。由于灾害救济是灾害发生后视情况而定的，农民在播种时并不知道发生灾害后是否一定能够得到救济，因此，灾害救济政策被认为对生产没有直接影响和扭曲作用，在WTO中被视为"绿箱"政策。②特大灾害保险政策：农民只需要对每种作物缴纳60美元的手续费，就可以参加。特大灾害保险的保险程度很低，只适用于实际产量低于正常产量的50%的情况。对于实际产量低于正常产量的部分的赔付率为55%。即农民得到的赔付金额为：（正常产量×50%－实际产量）×55%×价格。参加特大灾害保险的数量有较大幅度减少，从1995年的1亿多英亩降低到现在的5 000万英亩左右。③多种灾害保险政策：从类别上看，可以细分为单个农场的产量保险、单个农场的作物收入保险、以县为单位的产量保险、以县为单位的作物收入保险等。由于不能充分满足WTO"绿箱"政策的标准，也由于美国的"黄箱"

政策支出很少，因此美国主动地将此类保险政策支出列为“黄箱”政策。1995—1998年平均每年为14亿美元。对于未来5年即2001—2005年，已经通过的农业保险补贴总支出预算是82亿美元，平均每年为16亿多美元。

（二）欧盟对农民的直接补贴政策

欧盟对农民的直接补贴的主体是“蓝箱”政策补贴。其特点是按固定的面积和产量进行补贴，补贴的基本原理很简单，但是具体操作方法十分繁琐，对各种情况规定的十分详尽。

1. 按种植面积补贴。按照欧盟2000年农业政策改革计划，谷物的支持价格在两年之内共降低15%。而油料、蛋白作物则按照世界市场价格。为了部分地弥补价格降低对收入的影响，农民将按照面积获得政府直接补贴。也就是说，欧盟对谷物等的价格支持仍然存在，但是支持价格水平大大下降。与此同时，对作物生产按基期土地面积和基期产量标准进行直接补贴。

获得这种补贴的条件是，规模较大的农场（谷物生产总量超过92吨），必须将土地休耕10%的土地（休耕的土地获得休耕补贴）；规模小于上述标准的小农场，不要求休耕义务，但是可以选择自愿休耕一部分土地，并获得休耕补贴。大小农场自愿休耕的面积总量不限，但是享受休耕补贴的上限为耕地总面积的33%，超过的补贴不给予补贴。

农民可以根据每年种植的各类作物面积的多少申请面积补贴。可享受面积补贴的作物包括：小麦、大麦、燕麦、黑麦 、高粱、玉米（含糖料玉米与饲料玉米）等谷物作物；油菜、向日葵、大豆等油料作物；豌豆、蚕豆等蛋白作物；麻类等纤维作物；等等。对其他饲草类作物、甜菜、饲料甜菜、马铃薯、草籽等，不给予面积补贴。1991年年底之前用于常年草地、多年生作物和林地的，不享受此项补贴（但是可以申请环境保护项目补贴）。

在一些地区，对于一些较为特殊的作物，还给予额外的补贴。例如对于种植硬质小麦的土地，给予额外的补贴（每公顷138.90欧元）。但是限定最高补贴面积（即最高补贴总额），例如德国此项补贴总面积最高为1万公顷。如果实际种植面积超过这个上限，则单位面积的补贴额按面积超出的比例缩减（实际上是总补贴额不变）。

每公顷面积的补贴额，各种作物之间有所不同，不同地区也不同。这是因为，补贴标准是按照每吨补贴额与平均单产来确定的。不同产品的每吨补贴额不相同，例如，谷物为58.67欧元/吨，蛋白作物为72.50欧元/吨等。油料作物的方法更麻烦一些，每年还不一样，2000年为81.74欧元/吨，2001年为72.37欧元/吨。同一种作物，在不同的成员国，不同的地区，也不一样，因为各个地区的单产不一样。计算单产时，不是具体到某个农户，而是按一个地区的平均产量。在德国，基本上是以州为单位来计算平均单产。个别州的不同作物分为两个或更多的地区计算平均单产。表3列出了德国几种作物的补贴标准。其中代表性的谷物和休耕补贴大约为300美元/公顷。

表3　德国几种作物的种植面积补贴标准（德国平均，马克/公顷）

	2000年度	2001年度	2002年以后
谷物	642.59	690.02	690.02
油料	975.76	863.91	690.02
蛋白作物	794.07	794.07	794.07
休耕	642.59	690.02	690.02

注：1欧元折合1.955 83马克。

与此同时，有享受补贴权利的土地面积是按基础面积计算的。基础面积是1989年、1990年和1991年的三年平均值（分作物品种）。如果现在一个地区的实际面积大于基础面积，则单位面积实际补贴额按超过的比例减少。即面积补贴的总额是按照历史上三年的平均数确定后不变的，实际面积越大，超过基础面积的比例越大，每单位面积所能享受到的实际补贴额就越少。面积补贴的最小地块面积为0.3公顷，这也是休耕的最小地块面积，并且宽度至少在20米以上。休耕地上允许种植非食品原料，如用于化工的植物油，生物酒精、生物汽油，生物能源等 。

此外，还有一些详细的操作上的规定。例如，农民必须书面申报种植情况和申请补贴，报至各个县的农业局。申报中要申明地块的位置、面积（精确到小数点后两位）和作物。并且如果农业主管部门要求，农民应当在万分之一的土地图上指明位置和证明。德国规定每年申报的截止日期是3月15日。补贴支付的时间是11月16日到次年的1月31日。

对于申报中不遵守规定的，还实行惩罚措施。对申报时间超过截止日期的，每晚一个工作日，消减应得补贴的1%。如果超过25个工作日以上，则取消申请补贴的权利。对于超报面积的，除了予以纠正之外，还要进行惩罚：超报小于3%，并且最多不超过2公顷的，免于惩罚；超报3%～20%的，按超报面积的双倍削减减补贴面积；超报超过20%的 ，取消补贴资格。

2. 休耕补贴。休耕补贴分为两种，一种是面积补贴中所涉及到的，每年同面积补贴一起申报，作为享受面积补贴的前提条件，大农场必须休耕10%；此外，大小农场均可以自由休耕。这种每年一次的休耕，享受与谷物同等的面积补贴标准。另一种是多年性休耕，至少休耕10年以上。100公顷以下的农场最多可以休耕5公顷，100公顷以上的农场最多可以10公顷。这种补贴的标准略高一些，德国每公顷为700马克。

休耕地的总体要求是：休耕地不能裸露，至少应当绿化，或者种草；休耕地不能施肥，不能施农药，休耕地除了可以生产非食品原料之外，如用于化工的植物油、生物酒精、生物汽油、生物能源等，不能生产别的农产品。

3. 环境保护补贴。对于在农业生产中采取了一定的方式，使得生产对环境的影响向着有利于环境保护的方向发展，则通过给予一定的补贴给予鼓励。环境保护补贴的基本原则是：自愿参加，至少5年，遵守有关环境保护的规定。具体又分为几种不同的类型。

（1）生态农业。整个农场的生产活动必须全部按照生态农业的标准，也就是说，既包括种植业，也包括畜牧业。所有产品要符合生态农业标准，并贴生态食品的标签。种植业不得使用任何化肥、农药等化学品。畜牧业要采取适当的牲畜饲养和保护方式，所使用的饲料中，常规饲料（即非生态农业生产出来的饲料）不得超过饲料总量的20%，蛋鸡生产要采取非笼养方式。不得使用转基因畜禽、作物、饲料和微生物。符合这些条件的生产的年补贴额如表4所示（德国）。

表4　德国对生态农业的补贴

单位：马克/公顷

	耕地和草地	蔬菜	多年生农作物
初次引入生态农业方式	300	700	1 400
维持生态农业方式	200	350	1 000

（2）粗放型草场使用，包括将耕地变为粗放使用型草场。要求的条件是：草场载畜量不超过每公顷1.4大牲畜单位，最少不少于0.3大牲畜单位；大幅度减少肥料和农药施用量；不转变为耕地。补贴额：新增加草场，以使得不超过最高载畜量标准，每公顷250马克；保持粗放型草场，每公顷250马克；转变耕地为粗放型草场，每公顷600马克。

（3）对多年生作物放弃使用除草剂。多年生作物包括各种水果和葡萄等。补贴标准是：葡萄为350马克/公顷，其他水果为150马克/公顷。

（4）多年性休耕。如上述。多年性休耕补贴是列在环境保护补贴项目之下的。此外，牧业用的草场也可以申请休闲，补贴额为100马克/公顷。

以上环境保护补贴的强度，各州可以在一定范围内（20%～40%）上下浮动。

（三）日本的直接补贴政策

日本对农民的直接补贴主要是2000年新出台的对山区、半山区的直接支付制度。这种措施应当归属于世贸组织规定的绿箱政策中的地区援助措施，因为符合两个基本条件：①受补贴的地区是有客观标准的条件不利地区；②补贴的额度控制在一定的范围内，不超过地区由于条件不利所受到的损失。

此项补贴的对象是处于根据有关法规划定的山区和半山区中的农田。对农田的条件要求包括：至少1公顷以上毗连成块，坡度大（水田1/20坡度，旱田8度以上），地块小而必要规整（大多数地块不满0.3公顷，同时地块平均面积小于0.2公顷），草地比例高（70%以上）的草地，有坡度的人工草地，其他特殊情况如农民老龄化比例高，撂荒比例高等。

并不是所有满足上述条件的农田都可以享受补贴，对生产活动还有一些特殊的要求，包括：①其生产活动有助于减少或者避免撂荒（因为完全的撂荒不利于生态、经济和社会发展）；②其农业生产活动要促进农村的综合发展，包括防治水土流失、保护生物等。

为确保直接补贴取得预期的效果，政府要求按村落签订协议，以村落为单位，全体村民参加，以求整体协调；对达不成村落协议的地方，也可以与单个农户签订协议。享受补贴的对象可以是农户，也可以是农户的合作组织。

补贴的理论标准是山区、半山区与平原地区的生产成本差异的80%。具体标准根据水田、旱地、草地和人工草地分别设定，并按陡坡地和非陡坡地设定两级标准。每个农户每年可是享受的补贴上限为100万日元。政府为此支付的财政总支出为700亿日元，其中中央政府330亿日元。可享受补贴的面积约为90万公顷，即平均每公顷约为8万日元（约折合为630美元）。这相当于欧盟普遍性的面积补贴的两倍多一点。最终的目标是将其生产力水平提高到邻近的非补贴对象区的水平，在时间上没有明确的限定，第一期为5年。

三、国外对农民实行直接补贴的原因与特点

美国、欧盟和日本同属发达国家，所采取的直接补贴政策既有共同之处，也有一些重要的差别。美国的脱钩补贴（生产灵活性合同补贴）和欧盟的种植面积补贴都是面向所有农民的，而其他补贴则是针对部分地区或者部分农民的。因此，一般在谈到直接补贴时，人们对美国首先想到的是生产灵活性补贴，对欧盟首先想到的是种植面积补贴。这些发达国家对农民实行直接补贴的原因和特点可以概括为以下几个方面。

1. 直接补贴政策产生的最主要原因是原来的价格支持和价格补贴的失败。价格支持措施效率很低，据经合组织测算，发达国家价格政策补贴的效率仅仅为25%左右，也就是说，政府通过价格支持措施每拿出1元钱，农民所能获得的仅仅是0.25元左右。欧美等国家从国内政策需求看，需要寻找补贴农民的更有效的方法。与此同时，政府的财政支出包袱也因过剩库存产品的不断增加而日益沉重。

2. 直接补贴政策产生的另一个重要原因是世贸组织农业谈判。世贸组织谈判要求在农业中采取更加自由化和市场化的政策。一方面，要减少国内支持政策对生产和贸易的扭曲影响作用，

另一方面，又不能使得农民的利益受到损失。因此，有必要改变对农民的补贴方法。

3. 直接补贴政策的产生还有一个重要原因，这就是对农村社会和环境目标的重视程度日益增强。无论是欧盟国家、日本还是美国，对农村环境问题的重视程度日益加强，对农村其他非经济问题包括就业和农村社会发展的重视程度日益加强。为了让农民不过度使用农村资源，或者为了使得农村地区不因农民的过度外流而荒芜，就采用了各种各种的特殊的资助和补贴措施。主要是通过地区援助与发展计划、资源停用和环境保护计划等等。

4. 直接补贴政策已经成为最重要的农业政策之一。美国和欧盟对直接补贴政策的重视程度和强调程度均非常高。从具体实施的时间和力度上看，都是美国在先，欧盟次之，日本居后。美国的改革是全面的，力度最强，直接补贴措施与当前彻底脱钩；欧盟的改革也是全面的，但是，尚未与当前的生产完全脱钩，农民现在能够享受到的直接补贴额，还与目前的生产有联系，尽管有一些约束条件；日本的直接补贴仅仅是地区性的、局部的。美国的农产品市场和市场价格完全是开放的，与世界市场是一体化的；欧盟的农产品市场和市场价格与世界市场仍然有一定的隔离，尽管程度已经大大减弱；而日本的农产品市场与世界市场的隔离仍然很强。

5. 从具体操作实施上看，美国的脱钩补贴相当简单，在核实基期产量之后，现在每年的补贴过程几乎不用任何操作成本，农民不需要申报，政府不需要核实，只要按照每年联邦政府确定的单位标准向农民转账发钱就行了。而欧盟按照种植面积进行补贴的情况则要复杂得多，农民每年都需要将种植情况申报，政府还要核实，管理过程较为复杂，操作成本较高。欧盟、美国和日本在环境保护和地区发展计划方面的政策实施过程，更为复杂一些。尤其是美国的土地休耕保护，实际上是按个案处理的，需要对农户的申请逐个审查比较（因为每个农户的要价都可能不同，地块条件也不同），并确定是否补贴以及补贴多少。

四、国外直接补贴政策对我国的借鉴意义及有关建议

发达国家的直接补贴政策对我国具有一定的借鉴意义。这种借鉴意义具体表现在以下几个方面：

首先是表现在政策思路上，从价格支持补贴转为对农民直接补贴。经过了几十年的实践经验，发达国家已经认识到，价格支持措施并不是一个好办法。一方面，价格支持措施扭曲市场价格信号，造成市场不平衡，造成贸易和市场竞争的不公平，也造成对自然资源不合理使用、过度使用和浪费性使用；另一方面，在保障农民收入方面，效率也很低，国家拿出了很多钱，只有一小部分真正能够流到农民手中，大部分都在中间环节流失了，或者由于库存费用和产品变质而浪费掉了。与价格支持措施相反，直接补贴措施直截了当，不需要借助产品和市场流通过程，直接发给农民。政府用于此目的的财政支出，没有中间环节的跑冒滴漏，全部为农民所获得。并且，在世贸组织谈判中，直接补贴尤其是美国式的直接补贴，是没有争议的"绿箱"政策，无论补贴多少，都不受世贸组织的约束，也不会引起任何争议。

其次是在实施和操作方法上，以总产量作为补贴计算基础。美国的脱钩补贴和欧盟的"蓝箱"政策，都是以耕地面积为基础的，并考虑耕地质量的差别；耕地面积和耕地质量的综合就是总的生产数量。尽管在具体操作上有所不同，但是欧美补贴的依据都是根据农民生产量的多少的，耕地面积越多，耕地的质量越好即单产水平越高，农民所享受到的直接补贴就越多。之所以如此，是因为欧美的上两种直接补贴，都是从以往的价格支持补贴演变而来的。在价格支持制度下，谁的生产数量越多，所享受到的补贴就越多。这与我国农业税费改革的思路是一样的：新的

农业税的征收基础为土地面积与常年产量之积。只不过欧美是向农民支付补贴，而我国是向农民征收税赋。但是，美国的脱钩补贴与欧盟的“蓝箱”政策的最大不同在于，前者的补贴计量以历史基期为基础，一经确定，不再与当前生产挂钩；而后者仍然以现在的实际种植情况为计量基础，仍然与当前的生产相挂钩，只不过计算中的单产不是单个农场的实际单产，而是一个地区的平均单产。美国做法的优越性是明显的：操作简单，大大节省管理成本，又符合市场原则。

再次是在补贴政策的条件上，有三个重要因素。欧美国家的直接补贴政策，是与其特殊条件相适应的。这些条件包括：①国家的财政支付能力强，农民在社会中所占比例很小，数量相对很小；②每个农场的规模较大，在美国更大，土地连片，种植较为单一，易于准确统计，也有可能按个案进行研究；③农民和有关农业部门的素质较高，制度严密，不大可能出现舞弊。

在我国，这些条件仍然是较为欠缺的。国家的财政能力近年来有了很大的改善，但是相对于数量巨大的农民来说，仍然是很不足的；目前不仅没有实行像欧美那样的对农民的直接补贴，反而仍然每年从农民那里征收了大量的税费。我国农户的规模极为狭小，同一农户种植种类多样，地块更是零碎狭小，非常难于统计，更难按个案进行研究和审查。农民的素质较低，地方政府的管理水平也有诸多的限制和不适应，无法承担像欧盟“蓝箱”政策要求的那些审查任务。

从我国的实际情况出发，借鉴欧盟等国家的一些做法和思路，在对农民进行补贴方面，提出以下思路性建议：

1. 汲取和借鉴欧美等国的经验，尽早改变和改革低效率的价格支持政策，将节省出来的宝贵财政资源，转为直接补贴等其他对农业的国内支持措施，转为“绿箱”政策范畴的支出。

2. 在考虑对农民进行直接补贴时，按一些先后步骤进行：①取消现行的农业“三税”，即农业税、农业特产税、屠宰税；中央政府按核定的基期数额对地方政府进行转移支付（对发达地区可以不进行这种转移支付）。总额为300亿元。②取消教育费附加和“五统筹”范围的收费，对地方政府因此而减少的收入，由中央政府按有关指数重新核定之后向地方政府转移支付。总额约为600亿元。③取消村提留，由中央和地方政府按村庄数量和人口多少核定固定补贴额，列入财政预算支出。④以上三项，国家每拿出一元钱，农民就实实在在地少缴一元钱，就相当于增收一元钱。换言之，国家用于以上项目的支出，都相当于对农民的直接补贴。如果在此基础上，国家还有补贴财力的话，可以参照美国的脱钩补贴的方式，对农民进行补贴，计算补贴的基础可以采用税费改革中采用的土地面积和常年产量之积。

3. 无论如何，国家都要不断增加直接补贴之外的其他“绿箱”政策的支出，尤其是大大加强农业科研和科技推广、食品安全检验、病虫害防治、基础设施建设等公益性服务支出，加强资源和生态环境保护以及贫困地区发展等方面的支出（在生态环境保护方面，应当尽量按个案与村签订10～15年的长期合同，保证实效）。

我国农民负担问题探析*

马玉瑛　王延红

[摘　要] 近年来，我国农民负担日益严重，已成为抑制农民生产积极性，阻碍农村经济以至整个国民经济健康发展的瓶颈。为此，党中央提出要切实减轻农民负担，增加农民收入。本文通过分析农民负担的现状、成因，从清费立税、进行财政体制和政府机构改革的角度探讨减轻农民负担的对策。

[关键词] 负担　体制　机构

改革开放以来，我国农村经济发生了翻天覆地的变化，农业生产力得到解放，农民收入有了很大提高，但近年来，农民收入增长缓慢，农民负担不断加重，城乡差距进一步加大，不仅不利于农民生产积极性的提高，而且妨碍着农村市场的扩大，成为制约整个国民经济发展的瓶颈。减轻农民负担，增加农民收入，已经成为当今社会的一大热点。农民负担问题不仅是经济问题，更是政治问题，关系到国民经济的发展和农村乃至全国的政治稳定。为此，中央三令五申，自1985—2000年9月，中央共通过文件、领导讲话等方式出台减轻农民负担政策48个，其中，1993—2000年就有43个，占89.5%，平均每年5.38个，但问题并未得到根本解决，且愈益严重。这一方面说明了中央对这一问题的重视，也说明了这一问题的严重性，有人形容它是八年抗战，说它如同我国90年代的其他改革一样，有种“种下龙种，生下跳蚤”的尴尬，即从减负开始，到增负告终。

一、农民负担问题的现状

自20世纪80年代中后期、90年代初以来，我国农民负担的增长幅度明显高于农民收入的增长幅度，农民负担的快速增长引起农民的强烈反映。特别是近年来，由农民负担过重引发的案件，时有发生。负担过重已严重侵害了农民的物质利益和民主权利，挫伤了农民生产的积极性，也伤害了农民对党和政府的感情，影响了农村基层政权的稳定、基层干部的廉政建设，以及党的方针政策的贯彻执行。

农民负担是指农民无偿向社会提供的费用、产品和劳务的总和，也称为社会负担。它由三部分组成，一是按照国家法律规定征收的农业税收，包括农业税、农业特产税、耕地占用税和屠宰税等。二是按照国家规定征收的“三提五统”和“两工”，它是农民向乡村集体经济组织缴纳的为发展农村集体经济和社会公益事业的费用。“三提”是指向农民征收的公积金、公益金、管理

* 原载《中国农业大学学报（社会科学版）》2001年第1期。

费三项提留；“五统”是指为乡村两级办学、计划生育、优抚、民兵训练、修建乡村道路等民办公助事业而向农民筹集的五项统筹。“两工”是指劳动积累工和义务工，它是农民以劳务的形式向乡村集体经济组织提供的社会负担。由于有的地方逐渐实行了以资代劳，更凸显了其社会负担的特性。三是各种收费。包括乱收费、乱集资、乱罚款和各种涨价、摊派。

据国家统计局和农业部的统计，1989—1991年，农民人均纯收入递增率为4.1%，扣除物价因素，仅为0.7%，而农民直接负担的村提留、乡统筹，同期却增长了1 118%，大大超过了人均纯收入的增长幅度。从绝对数来看，1991年，仅纳税和上交提留统筹费两项，全国农村人均支出就达4 217元，比上年增长1 014%，高出纯收入增幅814个百分点。如果再加上其他负担项目，负担就更重了。另外，据国家统计局在1995年对典型地区的调查数据显示，村提留、乡统筹的总额比80年代中期增加了10倍多。农民直接负担的行政事业性收费，集资摊派，1994—1997年的平均数是1993年的2倍以上，其中集资摊派更是达到了3.38倍，均高于同期农民纯收入的增长幅度。具体讲，我国农民负担重又表现出以下特征：

1. 头税轻（指国家税收）、**二税重**（指三提五统）、**三税是个无底洞**（指乱集资、乱罚款和各种摊派）。这反映了我国税轻费重、费挤税的现实，农业税不能满足农村财政需要，再加上收费制度不规范，导致税外收费的不正常增长，二者循环往复，愈演愈烈，形成一种怪现象，即农业税实际税负愈低，农民税外费用愈高，税外费用又挤占了农业税收。农村税费负担的不合理，使农民“苦不堪言”。以农业税为例，1958年规定，农业税全国平均税率为1 515%，1960年因自然灾害，农业税大幅度减免，并延续至今。此后，粮食单产不断提高，但计税产量却很少调整，农村大包干后，农民生产积极性提高，粮食单产、总产大幅度上升，而征税总量不变。1985年折征代金，粮食价格上涨很快，计税价格调整跟不上，货币贬值尽管吃了暗亏，实际税率还是降低了很多。如1994年安徽省实际农业税税率只有3 109%①，最低的县只有113%②。“三提五统费”国家规定，以乡为单位，提取比例不得超过上年农民人均纯收入的5%。但目前这一部分占农民收入的比重不轻，由于农民收入统计失真，且现实中为了更多提取，常有虚报收入，调整人口数以提高平均收入水平事件的发生，加重了农民负担。为此中央提出，1998年农民承担的提留统筹费的绝对额，不仅要严格控制在上年人均纯收入的5%以内，而且不得超出1997年的预算额。1998年的预算额小于1997年预算额的地方，按1998年的预算方案执行，1998年预算额大于1997年预算额的地方，要坚决调减下来，并明确到户。此外，农民还须面对各项其他负担，即各种行政事业性收费、摊派、集资、罚没等向农民收取的款项。由于部门利益、政出多门，导致四面八方向农民伸手，使农民不堪重负，尽管国家出台了取消多项收费的政策，但事实上还是并未扭转农民负担过重的现实。

2. 地区经济越不发达，农民负担越重。我国农业税在实际执行中的包税制，使得税收总量在各地区一定多年不变。在经济较为发达的地区，由于每年大量的基本建设占用了大量的耕地，使得计税土地面积逐年减少，但减少计税土地应负担的农业税大部分摊到现有计税的土地上了。这使得发达地区的农业税实际税率通常较不发达地区为高，另一方面，在发达地区的乡镇企业较发达和集体经济实力较强，承担了许多非税负担，相对减轻了农民的非税负担。而落后地区则不同，由于没有集体经济，农民负担全部摊到个人头上，加之农民收入有限，承担负担能力较低，总的来讲，不发达地区的农民负担远重于发达地区的农民负担。

---

①② “对我国农业税费改革的若干思考”，《农业经济问题》1999年第4期，第12页。

3. 农业税收本身的结构、税制设计不合理，表现为税负不公平，且有税负加重的趋势。农业税和农业特产税之间无论在税负上，还是在征收方式、征收环节上都有不同，这些区别加大了二者调节上的差距，不利于农业产业结构的优化和调整，也不利于公平合理地调节农民的收入分配。此外，农业税以常年产量为计征依据，而农业特产税则以实际收入为依据（属收购的，按收购金额征收，不能直接确定实际收入的，由当地征收机关按照实际产量和国家规定的收购价格或市场收购价格计算），这使得农业特产税的负担较重，农民税收负担不公。

4. 规费的分摊造成不同收入水平的农民苦乐不均。农民负担的三提五统等费用，是按上年人均收入、人头或地亩在农民身上分摊的，这种分摊忽略了承受能力的不同，且随收入能力提高，农民负担呈递减趋势（即表现出累退性），无形中侵害了穷苦农民的利益，加剧了低收入阶层的生活困难。

5. 随着非农收入的提高，农民负担的货币化，农民负担越来越重。农民负担的三提五统费，是按上年人均收入提取的，而上年收入则不区分农业与非农业收入，这样随农民非农收入的增长，这部分已经缴纳过工商税收的收入，作为农民收入，还要承担一部分农民负担，这既不合理，也加重了农民负担，减少了农民可支配收入。“劳动积累工和义务工”的货币化，使收入本不全是货币计量的农民负担加重，更减少了可支配现金收入。

二、农民负担过重的原因分析

农民负担重问题之所以长期得不到彻底解决，从表象看，主要原因是中央减轻农民负担的政策没有得到很好的落实，其实质正如中央所指出的，农民负担重的问题，表现在基层，根子在上边各部门，涉及农民负担的摊派、集资、达标活动和行政事业性收费及罚款等方面的许多文件来自中央和国家机关及省级国家机关，若进一步分析，我们发现农民负担问题的存在有其深刻的体制原因和历史背景。

（一）农村财政体制的不合理，是农民负担产生的根源

首先，现行的财政体制使工农城乡间分配关系严重扭曲，加重了农民负担。我国建国后实行的工农差别、城乡分治的社会经济管理制度，使城乡实行完全不同的管理办法。城市实行统一的社会保障，由国家分配公共产品，而农村公共产品的生产和分配完全由农民个人承担。统收统支体制下，乡镇没有自己独立的财政收支活动，农民除了向国家上缴农业税以外，不再承担其他任务，正由于通过税收筹集的公共资源非常有限，因而，财政对公共服务的支出也非常有限，公社范围内的公共产品的供给所需经费筹集，主要来自于生产集体的积累。改革开放以后，我国进行了一系列的经济体制调整，但由于财政困难，农村公共产品由农民个人承担的体制未变。1994 年的分税制改革，使中央、地方与农民的分配关系，发生了重大变化。在现行财政体制下，乡镇作为一级政权，具有自己的收支活动，要自求平衡。这样，农民除了向国家上缴农业税外，还要承担乡镇政府的各项费用，伴随隐性负担向显性负担的转变，农民感觉上负担日益沉重。

其次，农村财政分配体制混乱，事权与财权严重分离，也加重了农民负担。以分税制为基础的国民收入再分配体制应包括事权、支出、收入及转移支付四个部分，明确划分中央与地方的事权是其基本前提。在事权确定后，根据事权来定支出，从而确定各级政府应得收入。而我国现行分税制则是明确划分了中央与地方的收入，在事权的划分上，则界限不清，较为混乱，造成了事

权与财权的分离。国家又下放了过多的事权，如基础教育、计划生育、社会保障等，农村基层政权较多的事权与较少的财权极不相称，为解决财力问题，必然沿旧体制向农民伸手，如乡统筹主要用于乡镇社会事业开支，本应由国家财政负担，现将这部分开支转嫁给农民显然是不合理的，也加重了农民负担。

第三，分税制后，农村地方的财政收入有限，财力捉襟见肘，影响了经济的发展，加重了农民负担。分税制的实行使地方特别是以农业为主的地方财政收入有限，这和农业税收入能力低有关，财力的不足，使地方发展经济、支持经济的后劲不足，现有的财政只能维持"吃饭财政"，农村的发展只有向农民伸手，面对脆弱的负担承受能力，这种不规范的预算外或制度外的财政筹集方式，加重了农民负担。

第四，农业本身是弱质产业，需要更多的保护与支持，而我国农业由于财政困难，国家支持力度远远不够，导致农业发展缓慢，收入增长乏力，负担能力减弱。农业发展既需要依赖农民自身的投入，也需要国家的有力支援，我国农民公共产品的提供与积累也要靠农民承担，这使得农民负担极为沉重。

（二）我国行政体制改革滞后，机构臃肿，人员膨胀，政府职能错位，是农民负担加重的重要原因

首先，我国行政体制改革严重滞后，各部门又强调自身需要，要求层层对口设置机构，造成严重超编，除此外，依靠农民养活的乡村两级人员不断扩编，如过去农村讲八大员，现在则是二十几大员。有人戏称，乡镇机构除了没有外交部，其他机构设置与中央国家机关基本一致。还有许多凭关系进来的编外人员，这些人都要靠农民收费来养活，大大加重了农民负担。据资料显示，1997年被调查乡（镇）每年10 000名乡村人口供养乡村干部6 016人，比1990年的5415人增加611人。据湖南省的调查测算，一个中等规模的乡（镇）机关的年开支在150万元左右，洞庭湖区有的乡镇"七站八所"的人员多达200多人，这些人员多属于固定职工、工资、福利及养老保险样样俱全，可谓"食之者众，生之者寡"。

其次，体制改革不到位，农村"政社合一"问题未彻底解决，导致乡镇政府以管理者和所有者身份出现，加重了农民负担。为改变农村"政社合一"的旧体制，我国于1983年撤消了人民公社，建立了乡镇一级政府，在乡级政府下设立村民委员会和村民小组。与此同时，分别成立了乡级和村级集体经济组织。但不少地方还是"一班人马，两块牌子"，即行政管理权与经济所有者职能集于一身，从而为行政干预和乱收费打开了大门。如由于财力不足，乡镇政府假以所有者的身份，冠以发展集体经济或公益事业的名义，向农民收费和摊派，而所得资金则用来满足行政开支，从而加重了农民负担；作为行政机构，为讲求政绩，应付上级的检查和考核，乡镇政府在财力有限的情况下向农民伸手，通过收费满足行政开支；行政干预，束缚了农民的生产积极性，影响了经济发展，导致农民负担能力下降；家庭承包责任制的推行，使农村集体经济衰落，无力承担各项开支和费用，但又不能搁浅集体的事业，为此只得向农民伸手。

此外，乡镇资金管理混乱和失控，资金浪费严重，使用效率低下，也加重了农民负担。由于没有严格的财务制度，资金管理混乱，农村财务很不规范，个别地区资金浪费现象较为严重，消费惊人，正所谓"当官一顿饭，农民半年粮"。再加上近年农民收入的增幅减慢，很多负担的货币化，如农民"两工"在很多地区强行以资代劳等，给本来收入货币化程度不高的农民雪上加霜，也影响了农民的生产积极性。

三、减轻农民负担的对策

我国多年来一再强调减轻农民负担，并采取了多种措施，如取消收费项目，加强监督，实行农民负担卡制度，采取规定限额的方式等。但都没有彻底解决问题，反而不断反弹。稍有放松，就有反复，可见未找对路子。在总结实践的基础上，国家提出了进行农村税费改革，以解决农民负担过重问题。笔者认为，通过清费立税，充实财政，健全财政职能，可以规范政府行为，减少地方部门各行其是的弊端，同时把乡村乱收费的权力收归中央，打击了乱收费、部门私利的根基，对一些具有税收性质的收费，给以正名，以税收的方式收取，既可以完善地方税体系，又可以规范收费方式。

（一）在农民总体负担不增加的前提下，提高农业税实际负担率

将现有的农业税正税，地方附加，乡统筹合并到一起，建立统一的农业税。这是为了充实农业税，规范农民负担，禁止乱摊派而设计的。该方案使农业税和村提留两条线征收，村以上的行政事业费由财政支出，不再向农民另行征收。农业税中，正税仍划解入库形成中央财政预算收入，新的地方附加和乡统筹部分留在乡镇财政所用于乡镇行政事业费，新的地方附加仍按原有比例分配。据测算，如实行新的农业税制，农民的实际负担率将由现在的213%提高到7%左右。税负提高幅度较大，但同时取消了统筹，在规范村提留的基础上，总负担不仅不会增加，反而整体会有些下降，尤其是使统筹费固定下来，弥补了随意征收的缺口，使农民负担保持在一定水平上。

鉴于现行农业税老化，调控功能弱化，与市场经济体制不适应等弊端，应改革现行税制，提高农业税税率。首先，重新核实计税面积。以农户实际承包经营的农田数为基数计税土地，参照近年土地详查的数据和统计部门的统计数据，重新核实农业税的计税土地，并利用计算机手段，建立农用土地资源动态管理制度，彻底解决计税土地和实际土地面积相脱节的问题，并杜绝此种问题的再度发生，其次，重新核实年产量。在充分考虑我国地域辽阔、自然条件差异较大、各地生产发展不平衡等因素的基础上，按照现行生产水平重新核定计税产量并建立常年产量调整制度考虑到农业生产自然条件影响较大需要留有余地的情况，各地可根据前5年或前3年正常年景的平均实产量重新确定常年产量，常年产量一次评定后，3年或5年不变。对于因积极采取增产措施和采用先进科学技术而使产量显著提高的，评定常年产量不宜过高，以鼓励增产增收。最后，重新确定税率。在重新核实计税面积和重新确定计税常产的基础上，重新确定税率，规定全国仍实行地区差别比例税率，在保证地方的财政收入不减少和农民总体负担不增加的前提下，将农业税实际负担率由目前的213%提高到5%左右，税率宜定在5%～8%之间，由各地自定。这样既可限制地方随意提高税率，又能防止富庶地区有税不征现象的发生。

（二）清除不合理收费

首先，取消屠宰税和教育集资。屠宰税古已有之，杀了猪应向政府缴税，这本是老百姓能够理解的事情，但只有杀了猪才能征税，谁杀猪向谁征税，杀多少猪征多少税，这本也是天经地义的，而在当前的执行中，一些地方出于自己的开支需要，把屠宰税变成了定额税，不管老百姓杀不杀猪，杀多少猪，也不管谁杀猪，一律定额向乡村摊派屠宰税的现象，被农民讽刺为“猪头税按人头收”，造成了极坏的影响。当前，为了加强卫生检疫，国家一直在推行生猪定向屠宰，实

行这项制度后，生猪的屠宰必然将越来越向定点的屠宰厂集中，因此屠宰税的收取对象也应相应地向屠宰厂转变。从这个意义上讲，对农民取消征收屠宰税，税源的实际损失是有限的，但却堵死了那种“猪头税按人头收”的荒唐行径。教育集资，本是国家所允许的一项集资，集资款主要是走向用于农村校舍危房的改造，但实际上，一些地方校舍改造完了却还在收教育集资款，有的地方还存在着长期挪用教育集资款的现象。教育，本是各级政府尤其是地方政府财政的一大重点，但由于过去农村的税收制度不合理，农业税征收的比例过低，地方政府无力承担乡以下农村学校的全部费用，这才产生了教育集资、教育统筹等向农民收费的现象。这次税费改革后，农业税的征收比例将适当提高，农村的教育开支，主要也将转变为政府的财政开支。因此，教育集资也就成了这次农村税费改革的取消对象之一。

其次，农业税税率适当提高后，农村的“三提五统”将被基本取消。实际上，乡镇收取的“五统”费用，基本上应属于政府财政开支的范围。因此，取消“五统”收费，将其纳入农业税，既理顺了政府与农民的关系，更有利于实现乡镇政府财政预算决算制度的规范化。目前行政村向农民收取“三提”的做法，也应该同时进行相应的改革。即取消“三提”收费，改为向农民征收一定比例的“农业税附加”，由乡镇财政部门统一征收后专用于村级组织的必要日常开支。村里要进行的各类建设项目，采取由村民民主决策的办法实行“一事一议”，大多数村民同意办的事，大家合理分摊费用；大多数村民不同意的事就不办、缓办。这样，在村一级，解决了村干部直接向农民收费的突出矛盾。此外，对于目前不少地方强制农民将义务工、积累工折款上缴的不合理做法，还应创造条件，逐步减少，最终实现取消农民义务工和积累工制度。

（三）农村乡镇政府机构改革是关键

这次税费改革牵涉到整个农村分配制度乃至整个政治体制。这次改革成功与否，不仅在于调整农业税和农业特产税政策的成败，而最终还取决于农村乡镇政府机构改革的成败。具体做法有：1. 精简乡镇政府机构，压缩人员。这是切实减轻农民负担的关键所在。农村税费改革后，县、乡政府因收入减少而影响的开支，主要应通过转变政府职能、精简机构、压缩财政供养人员、调整支出结构等途径解决。2. 压缩开支，控制需求。当前，政府开支主要有四项内容：人头经费、住房建设、公车购置、公款招待。缩减开支也就主要从这四方面入手。3. 修订区划，合并乡村。现行的行政区划是在沿袭历史，并经过撤区并社，由社变乡，建立小乡，最后建立乡镇所形成的，改革的后果是区划越来越小，层次没有减少。因此，必须重新修订区划。通过合并，达到宏观性管理、市场化主导、科学化配置、规模化经营。4. 加强对乡镇财政的财力倾斜。过去乡镇政府机构运转所需资金，除上级财政税收返还或财政补助外，主要靠乡镇财政收入和统筹解决。因此，实行税费改革后，应在明确乡镇政府的事权基础上，合理确定乡镇财政的收入来源和支出范围，使其财权财力与承担的职能大体相当。5. 建立健全减负监督机制。实行税费改革之后，还要继续加强农民负担管理的工作。向全社会公布取消专门面向农民的各种行政事业性收费、政府性基金和涉及农民集资项目；要公布有偿服务性收费项目和收取标准，接受监督等。6. 规范农业税征管，尽快出台农业税征收管理办法。在社会主义市场经济条件下，依法制税观念的确立首先要以有法可依为前提，为此，要尽快制定完整的农业税收征管法规，逐步建立科学规范、适应社会主义市场经济体制的农业税收征管体系。否则，依法治税就是一句空话。7. 加强培训，建立一支高素质的农业税征管队伍。农业税收工作涉及面广，政策性强，关系农民的切身利益。因此，为了适应改革的需要，应把加强农业税收征管机构和队伍建设、全面提高农业税征管人员的素质，作为农村税费改革的重要配套措施，通盘研究解决。

机构改革成功与否，关系到税费改革的成败，不解决农村现有机构的问题，长此以往，庞大的基层政府机构为了维持运转，就会有收费的动机和动力，农村税费的改革就可能功亏一篑，减轻农民负担就会成为一纸空文。

参考文献

[1] 朱忠贵. 农业税制改革与农民负担. 农业经济问题. 1999（4）
[2] 谢家启等. 农民负担问题的系统论思考.《农业经济问题》，1999（3）
[3] 任原. 改革农业税制. 降低农民负担. 中国税务报，2000-2-18
[4] 朱维新. 细说农业税. 中国财经报. 2000-2-16
[5] 余红. 中国农民社会负担与农村社会发展研究. 上海：上海财经大学出版社
[6] 李双成等. 费改税. 北京：中国审计出版社

国外非盈利组织与我国事业单位财务管理的比较研究*

杨秋林　张国华　王小林

一、事业单位概念比较

国外或境外其他地区没有事业单位的概念，与之相近的是非盈利组织。美国会计学会在《非盈利组织会计实务委员会报告》中指出，非盈利组织的特征是："通常区分盈利与非盈利的基础，乃是有无盈利的动机。非盈利组织就其行为上的意义是：①无盈利的动机；②无个人拥有组织的股权或所有权；③组织的权益不得任意出售或交换；④通常都不可被要求直接地或按比例地给予资金捐助者或赞助人以财务上的利益。"根据以上非盈利组织概念的表述，我们可以看出，国外对非盈利组织本质特征的界定，在很大程度上是与盈利组织或者称企业或私立企业相对而言的。企业业务运行的主要目的是盈利，而非盈利组织业务运行的主要目的不是盈利；企业的投资者期望在经济上获得投资收益，而非盈利组织的资财提供者并不期望在经济上获得出资收益；企业存在着明确的所有者权益，而非盈利组织不存在明确的所有者利益或者个人的权益份额。一般可以认为，按照是否以盈利为目的，所有社会组织可分成盈利组织和非盈利组织（含政府组织）两大类。

我国对事业单位的定义是：不具有物质产品生产及国家事务管理职能，主要以精神产品和各种劳务形式，向社会提供生产性、生活性服务的单位，包括科学文化事业单位、公益单位、社会福利救济单位和社会中介机构等。

我国的事业单位与国外的非盈利组织相比，可以看出两者虽大同但存小异，区别主要表现在：①尽管国内事业单位一般不以盈利为目的，但目前相当多的单位实行有偿服务，甚至以收抵支，对营业收入依赖性较强，不像境外非盈利组织那样"绝大多数财务资源，从出售货品或提供劳务以外的其他渠道获取"。②国内事业单位包括的范围较大，一般认为包括两类单位，一是科学文化事业单位，如科研、教育、文艺团体、广播电视、信息传递、医疗卫生、体育单位等；二是公益事业单位，如气象、水利、地震、环保、计划生育、社会福利单位等。这些单位中相当一部分从事着部分行政管理工作，不像境外非盈利组织那样比较明显地指与行政管理无关、无盈利要求的组织。③国内事业单位主要由国家兴办，境外非盈利组织则由社会各方兴办。但是，国内事业单位与境外非盈利组织的共同之处是主要的。因此，比较国外非盈利单位与我国事业单位的财务管理，对我国事业单位财务管理的改革有一定的借鉴意义。

---

* 原载《中国农业会计》2001年第10期。

二、美国非盈利组织财务管理

美国的政府或非盈利组织，是政府机构与非盈利组织的合称，是相对于盈利组织（企业）而言的，其涵盖范围相当于我国的行政单位和事业单位。因此，美国的政府或非盈利组织会计相当于我国的预算会计。

美国的政府与国立非盈利组织的财务管理在会计核算模式上，采用基金会计。所谓基金会计，是指以基金为基础，按照基金种类分别进行核算与报告的一种会计模式。此处的“基金”是“按照制度的约束或限制，根据执行特定活动的用途或者为了实现一定目的而分别设置的”。在预算方面，以基金为基础管理与控制各项收入和支出；在会计方面，以基金为基础核算与报告资金、负债、收入、支出。基金会计又分为政府基金会计与国立非盈利组织基金会计。各单位根据各自业务的不同，基金的设置也不尽相同。

三、英国、瑞典农业事业财务管理

英国、瑞典的非盈利组织主要有两种形式，一种是国家财政供应的，如瑞典农业部的代理机构；另一种是市场化运作的，如英国农技推广咨询服务中心。英国、瑞典两国农业部门在经费管理上，主要采取三种形式：预算管理、项目管理和代理管理。

1. 严密的预算管理。英国、瑞典的预算管理程序和我国相似，主要包括预算编制、预算执行和决算等。但与我国“轻预算重决算”不同，英国、瑞典在编制预算、执行预算方面比我国严密，主要有如下几个特点：

（1）零基预算。不同于我国编制预算参考上年度基数的做法，是根据本年度的实际需要编制。

（2）项目预算。英国和瑞典都按项目编制预算。一般是由国会提出各行业发展前景、发展策略和发展目标，然后由政府各部门提出实现这一目标的具体项目任务。

（3）部门预算。各部门分别编制预算，11 月报国会表决审批。

（4）滚动预算。每年都要滚动编制今后 3 年的预算。

（5）法定预算。国家预算需经国家最高权力机关——国会审议批准。已批准的预算作为法定预算，必须严格执行，不得随意增加项目或调整项目支出等。

2. 科学的项目管理。英国和瑞典农业部对所有的经费都实行项目管理。即通过项目承担单位，将资金落实到项目上并完成项目。在英国，农业部将项目分为竞争性项目和非竞争性项目，由各非盈利组织提出项目申请或进行项目竞争。各单位对竞争性项目投标时，所申请的项目经费一般包括项目直接费用、项目管理费（一般为直接费用的 30%）和必要的项目收益（一般为直接费用的 15%）。然后，代理机构组织有关专家形成一个或多个评审委员会，对项目进行评审。对于非竞争性项目也须进行评审，然后由政府指定。

3. 规范的代理管理。代理管理是西方普遍采用的一种项目管理方式，英国和瑞典也都对项目实行代理管理。在英国，代理机构是自收自支的非盈利组织，有自己的业务和财务目标。在瑞典，代理机构专门代政府部门管理项目和经费，相应的机构所需经费也由财政供应。英国、瑞典两国市场化运作的非盈利组织在改革过程中，经历了从申请项目到竞争项目，从依靠政府到面向市场，从事业性到企业性、竞争性的三个根本性的转变。

（1）从申请项目到竞争项目的转变。80年代以来，英国对非盈利组织进行了私有化、市场化改革，政府与市场之间关系逐步得到重新界定。农业部根据本部门的重点工作，提出项目要求，引入竞争机制到项目经费安排上。原来完全由政府安排的项目，现在必须通过竞争取得。

（2）从依靠政府到面向市场的转变。过去，英国、瑞典的非盈利组织的经费主要是从政府取得，经费管理的重点也是政府资金；改革后，市场化运作的非盈利组织的主要资金来源和经费管理重点是为社会服务所取得的收入。相比之下，目前我国的事业单位“等、靠、要”思想仍很严重，对进入市场缺乏主动性、积极性，缺乏应变能力，而且在职能上大多具有较强的行政特性，这些无疑将成为事业单位改革的难点。

（3）从事业性到企业性的转变。改革前，非盈利组织的经费核算主要是政府安排的项目资金的收付核算。改革后，不管是从政府竞争到的项目还是从市场取得的收入，都必须加强成本核算，以较少的投入，获得较多的收益。目前非盈利组织的成本核算贯穿于事业单位开展业务活动和其他活动的全过程，完全按企业管理模式管理。

四、法国农业非盈利服务组织的经费管理

法国的农业预算支出来自欧盟和法国的财政预算。支出内容包括：用于农业生产方面的补贴；优质农产品（食品）补贴；为赛马活动提供的补贴；林业补贴；乡村规划补贴；调研、技术教育、培训、推广方面的补贴；农业、渔业部行政经费；农业人口福利及社会救济支出。法国农业服务组织包括农业行政部门和国立农业非盈利组织，分为5大体系。各体系经费来源分别如下：

1. 政府管理监督体系。包括农业部和行业管理局。农业部的主要职能是制定农业政策、规划、管理、监督、协调，自身的行政经费大约68亿法郎，预算支出的三分之一（23亿法郎）用于人员工资，三分之二（45亿法郎）用于教育科研及公用经费开支。行业管理局主要有全国粮食行业管理局，全国奶及奶制品行业管理局，全国葡萄酒行业管理局，全国肉、畜牧、家禽行业管理局等，经费由国家预算供给。其主要职能是通过管理国家和欧盟的补贴和贷款来发展农业生产，协调专业农业协会组织间的行为标准，保证市场运转，实现欧盟和法国的农业政策。

2. 农业科研技术教育培训体系。

（1）农业发展署。其核心组织是全国农业发展协会，它是政府与各行业组织协商农业政策的场所。协会有自己的经费来源，总额约为40亿法郎。包括来自农业的产品税（约占其来源的20%）、对无建筑物的土地征收的税（约占15%）、农户分摊额（约占5%）、农户支付的服务费（约占25%）、农业合作组织的分担额（约占15%）、国家农业预算支出（约占20%）。

（2）信息中心。该中心是国家直属公共机构，其职能主要是为农民及企业提供信息服务。其经费来源：国家财政提供40%，其余60%靠自筹创收解决，主要收入来源包括：①信息咨询费，包括向农户、企业提供的信息，因特网上收费，每月出口情况简报收费等；②可行性研究收费；③接受社会的赞助、捐助等。

（3）农业高校。法国有32所农业高校，其中公立高校25所，私立高校7所。公立高校的经费全部纳入财政预算，学生也不用交学费；私立大学则不同，私立农业大学预算的50%由农业部提供，50%是学生的学费。企业交的国家职工教育税由企业同政府签订财政合同，直接交给学校，除此之外还有农业部按项目拨给的经费。

3. 农业行业自我管理体系。各类专业农业行会、协会是独立的，国家不直接管理，只是以

政策引导。这类组织对上代表农民同政府对话，直接影响国家农业政策的制定，使出台的农业政策趋同民意。对下提供各种服务，深受农户的信赖。在法国这类组织主要有：小麦及其他粮食生产者总会、玉米生产者总会、甜菜种植者总会、全国奶制品行业中心等。其资金来源主要是：①税收返还；②自营收入；③研究推广经费；④收取的会费；⑤地区、地方财政支持的项目经费；⑥业保险与风险基金中专门用于农产品出口的补贴。

4. 农业生产合作服务体系。法国的合作社分为农业合作社、渔业合作社等，构成了全社会的合作经济。农业合作社的资金来源主要是：①农户集资；②留存收益，即结余形成的公积金；③国家补贴；④地区（地方）补贴；⑤税前风险预留；⑥农业信贷银行的贴息贷款。

5. 农产品和食品加工体系。法国食品加工企业共有 4 227 个，按产品分为：肉类加工企业、鱼类加工企业、水果加工企业、奶制品加工企业、谷物加工企业等。农业部对符合欧盟及国内标准生产的优质、环保、生态产品给予补贴。

五、国外非盈利组织与我国事业单位财务管理比较

通过分析以上几个国家非盈利组织财务管理情况，并与我国农业部部属事业单位财务管理比较，可归纳出以下几点差异：

1. 经费来源比较。在国外的非盈利组织中，市场化运作的非盈利组织的经费主要从社会取得，包括社会捐助、非盈利性服务收费、竞争取得的项目经费等；国立非盈利组织的经费绝大部分从政府财政预算取得，对于准公益事业收取一定非盈利性服务费有时也是一种辅助经费来源，其目的在于提高公共资源使用效率。总之，其绝大多数财务资源，从出售货品或提供劳务以外的其他渠道获取。

而我国农业部部属事业单位类型多样,其经费来源也有多个渠道。有来自财政预算的,有来自服务收费的,有的甚至利用行政权力、垄断权力进行盈利性收费。并且其对经营性收费依赖性较强。

2. 经费管理比较。在国外，普遍采用项目管理、代理管理及基金会计核算管理。项目管理把公益事业分为不同项目，以项目为单位划拨、管理、运用经费，更有利于实现事业目标，而且能提高资金使用效率。由专业代理机构进行代理管理，也会节约成本，提高效率。采用基金会计核算模式的优点在于：①保障资金来源：每项基金的设置有规定的资金来源，也就落实了各项活动；②使业务顺利进行：每项基金都有规定的用途，可使业务开展有条不紊；③便于财务监督：每项基金都有独立的财务和会计主体，单独设账、单独核算，为财务监督提供了便利。

我国部属事业单位的经费预算采用三种形式:全额预算、差额预算、自收自支预算。从 1997 年开始,对事业单位实行“核定收支、定额或定项补助、超支不补、结余留用”的预算管理办法。这些改革在一定程度上增强了事业单位的活力,但与国外相比,仍缺乏规范性,并且效率不高。

3. 经费运用比较。国外国立非盈利组织经费采用项目管理与基金会计核算，保证了经费运用于特定用途的公益事业，并严格控制人员经费支出。我国农业部部属事业单位的经费运用有的是用于公益事业，有的是用于代替政府实现其行政管理职能，有的是用于盈利性经营活动，并且在支出结构中，人员经费占很大比例。

六、对我国农业事业单位财务管理改革的启示

国外非盈利组织的财务管理及其变革，在诸如市场化及项目管理等方面有值得我国借鉴的地

方。归纳起来有以下几点：

1. 根据农业事业单位的职能定位，改革其财务管理。在发达的资本主义国家，社会分工明确，政府的事情政府办，企业的事情企业办。英国农业部主要是抓基础性、战略性、管理性工作，如监督、监理、监察、执法、动植物保护、种子和新品种管理、资源保护、环境保护、渔政管理、农药、兽药管理、农业规划、统计、信息管理和发布、农业政策研究等，而一些应用型的技术研究、推广和成果转化，一般是由非盈利组织和企业承担的，政府给予一定的项目支持。在我国，上述这些工作大部分是由农机鉴定总站、经管总站、农药检定所、海区渔政局等20多家事业单位承担的，而这些单位大部分是既承担政府性工作或公益型事业，又承担非公益型事业。我国应严格划分行政部门、事业单位及一般企业的职能，以此来定位事业单位财务管理的职能。事业单位应既不承担国家行政管理职能，也不介入盈利性事业，而是承担公益型或半公益型事业。必须保证财政对基础性、公益性事业的投入。对于公益型事业，国家财政应该逐步加大支持力度；对于目前已能市场化的非公益型事业，国家财政可以逐步退出；对于将来可以进入市场但目前受体制影响仍须由国家支持的事业，国家财政也应在较长时间内保证其正常发展所需资金。

2. 对事业经费实行项目管理。英国是通过设立或取消项目，根据宏观政策需要确定重点事业项目，公布相关信息，并发布意向性投资指南。各单位根据政府的意向，提出项目，报请政府选定。对于不再准备投资的项目，政府也会提前发布信息。这种国家引导立项的方式，给了各单位立项的主动权，同时也有利于政府发挥宏观调控作用。我国在事业单位经费管理上，可采取日常经费与项目经费相结合的方式。对于事业单位的经常性事务开支，拨给日常经费；其他经费则实行项目管理，根据竞争中标的项目获得经费。目前我国事业单位在争取经费时，比较关心的是人员经费和公用经费，项目意识以及项目成本核算意识不强。所以在事业单位财务改革中，增强项目意识，加强项目管理，很有必要。

3. 基金会计核算模式值得借鉴。基金会计核算模式以基金为基础，按照基金种类分别进行核算与报告，其优点在于能够保障资金来源，使业务顺利进行，并且便于财务监督。国外基金会计中的基金与我国的基金相比，我国的基金侧重于一种资金来源或准备；而基金会计中的基金不仅是一种资金来源或准备，而且还有该项基金单独的运用（资产）、收入、支出或费用的内容和标准等。在基金会计核算模式上借鉴国外经验，有利于更有针对性地实现具有特定目的的公益事业，提高资金使用效率。

4. 在农业事业单位的改革中稳步推进市场化。外国政府部门对非盈利组织都经历了有选择的市场化改革，一是为了减轻财政的负担；二是鼓励竞争，保持经济的活力；三是政府调整投资方向，逐步退出竞争性行业。我国应在定位现有农业事业单位职能的基础上，把那些经营性的并具有盈利能力的事业单位逐步市场化。因为在国家财政比较紧张的情况下，如果仍由国家包办所有的事业，不仅办不了，也办不好。但在市场化的过程中，我国和外国在诸如国有化程度、市场化程度、社会化程度等方面存在很大差距，应根据具体情况稳步推进。另外农业比较效益低下，农业事业单位基础弱、范围广、类型多样、情况复杂，这决定了农业事业单位的市场化过程应当是一个长期的、渐进的过程。

我国农业政策对农业的支持水平分析*

张莉琴

近年来，在我国国民经济整体保持高速增长的同时，农业发展却大大滞后，并且首次出现了农业收入下降的现象。根据国际经济发展的经验：一个国家经济增长速度越快，农业生产的比较优势下降就越快，并且如果一个国家的农业生产越不具备比较优势，对农业实行保护的时间就越早（基姆·安德森和速水佑次郎，中译本，1996）。由于资源禀赋的关系，我国大部分农产品并不具备生产比较优势，可以预见：随着产业升级和国民经济的快速发展，农业的贸易条件将更为恶化。因此，为保障广大农村居民的利益，加大对农业的支持力度已成为政府工作的主要目标之一。

本文将利用OECD的农业支持水平指标体系对我国农业政策对农业支持水平进行测算，并在WTO框架下分析入世后我国农业政策可能进行的改革和调整。

一、OECD测算农业支持水平的指标体系①

OECD关于测算农业支持水平的指标体系将农业政策转移总量（TSE）分成三块：对生产者的转移（PSE）、对消费者的转移（CSE）和通过农业一般服务实现的价值转移（GSSE）。

1. 生产者支持估计（Producer Support Estimate）。是反映由于农业支持政策的实施，每年消费者和纳税人向农产品生产者的转移价值总量（用农场价格表示）。PSE包括：

（1）市场价格支持（Market Price Support，MPS）：衡量由于实施那些引起农产品国内市场价格与口岸价格产生价差的政策措施，而引致的由消费者和纳税人向农产品生产者转移的价值总量（用农场价格表示）。

（2）对农户的直接支付，衡量由于支付政策造成的每年从纳税人向农产品生产者的价值转移。

PSE可以表示成：（1）占农场总收入或全部农产品产值（用农场价格计算）的比重——%PSE；（2）占农场总收入（用国际市场价格表示）的比重——生产者的名义支持系数（Nominal Assistance Coefficient，NAC）。

$$\%PSE = PSE/(Q \cdot Pp + PP) \times 100$$

$$NACp = (PSE/Q \cdot Pb) \pm 1$$

这里：PP＝对生产者的支付＝PSE－市场价格支持

Q·Pp＝用生产者价格表示的农产品产值

Q·Pb＝用边境价格表示的农产品产值

* 原载《农村·社会·经济》，2001年上卷。

① 参见OECD（2000）。

2. 一般服务支持估计（General Service Support Estimate）。衡量由于向农业提供一般性服务的政策存在而导致每年的价值转移。GSSE 包括由私人或公共部门向农业提供的一般性服务。GSSE 包括，纳税人支付的用于：提高农产品产量（即：科研和发展）；农业培训和教育（即：农业院校）；对食品质量和安全、农业投入品和环境的控制（即：检疫服务）；提高农业上下游部门的基础设施水平（即：基础设施）；对农产品营销和推广的支持（即：营销和推广）；用于农产品公共储备的折价和处理的成本；无法分解或者因为缺乏信息而无法分配到以上项目的其他一般服务。

一般服务支持估计可以表示为占 TSE 的百分比——%GSSE，%GSSE 越高，意味着农业支持措施对农产品生产和消费的个人（微观）决策影响就越小，即对农产品生产和贸易的扭曲就越小。

3. 消费者支持估计（Consumer Support Estimate）。衡量由于支持农业的政策措施的实施而每年向（或从）农产品消费者进行价值转移的指标，用农场价格或第一个消费者价格表示。

4. 支持总量估计（Total Support Estimate）。衡量由于支持农业的政策的实施，每年从纳税人和消费者转移到农业的所有价。TSE 衡量农业支持的总成本，包括消费者转移和纳税人转移，扣除进口收入。它可以表示为占 GDP 的比重——%TSE，%TSE 越高，意味着国民财富用于支持农业的比重越高，或者是农业支持措施造成的国家负担就越重。

二、我国农业支持水平指标体系的调整

（一）政策措施归类

根据 OECD 指标体系，并结合我国财政预算项目的特点，我国相关的农业政策可以做以下分类（表 1）。

表 1　我国农业支持指标中政策措施的分类

		具体政策措施
1	生产者支持估计（PSE）	
1.1	市场价格支持（MPS）	A. 农产品口岸政策和国内价格管理政策造成的价值转移 B. 由农业投入品价格政策造成的价值转移 C. 由农用地价格政策造成的价值转移
1.2	对农户的直接支付	D. 支援农村生产支出 E. 社会救助 F. 农业税负优惠 G. 农业用水补贴
2	纳税人向消费者的转移	H. 价格补贴
3	消费者向外的其他转移	I. 农产品进口关税
4	一般服务支持估计(GSSE)	J. 农业基本建设支出 K. 农业科技三项费用 L. 农业部门的事业费 M. 国有粮食企业亏损补贴
5	支持总量估计（TSE） (1+2+4−3)	
5.1	消费者转移（=1.1）	
5.2	纳税人转移（1.2+2+4）	
5.3	预算收入（=3）	

（二）农业支持总量（TSE）的计算项目及处理

对农业支持政策包括的内容及处理如下：

1. 市场价格支持。市场价格支持包括对农产品的价格支持和其投入品的价格支持，主要是由于农产品及其投入品的贸易壁垒或国内指导价格政策，消费者为农产品支付了以高于（或低于）均衡水平的价格而造成的向农业的价值转移（或转出）；或者生产者为农业投入品支付低于（或高于）均衡水平的价格而造成的向农业的价值转移（或转出）。市场价格政策直接影响农产品或其投入品的价格，很容易影响农产品生产者的生产，并进而对农产品贸易形成扭曲。

（1）农产品口岸政策和国内价格管理政策造成的价值转移。农产品的市场价格支持，可以用农产品的生产者价格和边境价格之间的差额来表示，反映每年从消费者转移给生产者的价值量。关税、进口配额、政府指导价格或贸易许可安排等政策措施是造成生产者价格与口岸价格之间的差额的主要原因。如果差额为正，则是对每单位产品的市场价格保护，有利于生产者；如果为负，是对每单位农产品的征税，有利于消费者。正的农产品市场价格支持是依靠进口贸易壁垒（如进口配额、进口关税和出口补贴）来维持高于国际市场价格的消费者价格形成向农业的价值转移。负的农产品价格支持是依靠国内歧视农业的价格政策维持低于国际市场价格的消费者价格，农业剩余流出农业，形成负的价值转移。

一般学者在处理这部分价值转移时，分为两个部分，一部分为口岸政策转移，用国内市场价格与口岸价格之间的差价和农产品产量的乘积表示；另一部分为国内价格政策导致的转移，用农产品的政府收购价格与市场价格之间的差价和政府收购量的乘积表示。用公式表示为：

$$\text{口岸政策转移} = (P_d - P_b) \times Q_s = (P_d - P_b) \times (Q_G + Q_o)$$

$$\text{国内价格政策转移} = (P_G - P_d) \times Q_G$$

$$\begin{aligned} MPS &= \text{口岸政策转移} + \text{国内价格政策转移} \\ &= (P_d - P_b) \times (Q_G + Q_o) + (P_G - P_d) \times Q_G \\ &= Q_G \times (P_d - P_b) + Q_o \times (P_d - P_b) + Q_G \times (P_G - P_d) \\ &= Q_G \times (P_d - P_b + P_G - P_d) + Q_o \times (P_d - P_b) \\ &= Q_G \times (P_G - P_b) + Q_o \times (P_d - P_b) \end{aligned}$$

这里：P_d：国内市场价格；P_b：口岸价格；P_G：政府收购价格；Q_G：政府收购量；Q_s：产量；Q_o：农户生产的除政府收购以外的部分，包括农民自行出售部分和自食部分。

这种处理方法的假定前提是，除政府收购的以外，其余部分农户均可以在市场上以P_d的价格出售，包括农户自食部分。这种假设在农产品商品化程度高的国家是适用的，因为农户自用部分很少，可以认为自用部分的机会成本就是市场价格。但这种假设显然不适合我国的国情，我国粮食的商品率不过在35%～40%之间，农民自用部分占到粮食产量65%～70%。我们需要认真考虑我国农民用于自食部分的机会成本，考虑到农户既是生产者又是消费者，可以认为：对于这部分农产品，现行农业政策既没有造成价值转入，也没有价值转出。因此用上述方法有可能低估了我国的农业保护水平，也就是说我国农产品的负保护程度其实并没有计算结果所显示出来的那么大。

本文采用的方法是，直接用农产品的农户平均销售价格①与口岸价格的差价来表示 MPS。尽管这种方法并不能克服上面提到的缺陷，但它具有处理简单的优点。

---

① 来自《全国农产品成本收益调查资料汇编》，是政府收购价格和农户自售价格的混合平均价。

（2）由农业投入品价格政策造成的价值转移。由于降低农业投入品成本而导致的价值转移。应该包括两个部分，一是属于市场价格支持部分，是由于口岸政策或国内价格管制造成的农业投入品低（或高）于世界市场价格的部分，是由国内农业投入品的供货商转移而来；二是政府对农业投入品的补贴，属于纳税人向农产品生产者的转移，应列入PSE中的对农户直接支付部分。对于政府补贴部分，本文没有考虑，主要原因有两个：一个是不间断的年度数据很难得到，还有一个原因是尽管政府在农业投入的生产和销售过程中投入大量补贴，但根据实践经验，大部分补贴在到达农民之前就被流通环节截流了，农民得到的实惠较少，并没有形成真正的对农业支持。

对于由农业投入品价格政策造成的价值转移，在这里只考虑了化肥一种投入，即化肥国内价格低于口岸价格的部分，用化肥口岸价格与农村零售价格之间的差价乘以化肥施用量的乘积表示，并在农产品之间按产值进行分摊。

（3）由农用地价格政策造成的价值转移。在国外，土地成本一般要占到农产品成本的15%左右①，这部分成本需要在农产品出售价格中得到补偿并获得一定数目的土地资本收益。在我国，农村土地归村集体组织所有，农民应依法享有其收益权。农户得到的农产品价格有两块：一是政府收购部分，即政府定价；二是在市场出售部分，即市场定价。

对于政府定价部分，政府在确定农产品收购价格时，通常是在弥补农产品生产成本基础上考虑适当收益，这里计算的农产品生产成本并没有将土地成本计算进去，因此农民得到的实际价格低于考虑土地成本应得的价格，这个价差造成了农业生产者的利益流出农业，并最终由消费者获得好处（构成生产者向消费者的价值转移）。

对于市场定价部分，可以假定市场价格中有一部分是用于弥补土地成本，但还必须考虑土地市场发育程度。在土地市场实际不存在或发育程度很低的情况下，农用地转作其他用途的机会基本不存在，其机会成本很低，因此即使是市场价格也没有包含对土地成本的弥补。在这个意义上，也可以认为我国政府对农用地用途和农用地市场的严格控制，实际上剥夺了农民应得的土地收益，并最终转让给消费者。

要计算由于不考虑土地成本造成的农业利益隐性流出，需要确定土地的机会成本。计算土地机会成本，可供借鉴的有以下两种思路：（1）租用农用地的市场价格；（2）边际土地的收益资本化，就是土地的成本。首先，由于我国不存在成形的农用地租地市场，只有零星的农户间协议，因此并没有直接现成的租地价格可供借鉴。对丁第二种方法，我们很难寻找边际土地并计算其收益，但我们可以采用一种近似替代的办法——用平均收益来代替边际收益的办法，首先将现有农用土地的平均收益资本化后，在按社会资本平均利润率计算农用土地每年应负担的租金。具体处理是：将前5年的6种粮食的平均亩收益②作为当年农用土地的年金收入，以金融机构一年期法定贷款利率代表社会资本平均利润率。计算结果表明，我国土地的隐性成本也要占到农产品成本的15%左右，由于不考虑土地成本导致生产者各年向消费者的收入转移在50亿～400亿元不等。

2. 对农户的直接支付。

（1）支援农村支出。是指国家财政支援农村集体（户）各项生产的支出。这项预算支出带来的好处，最终由相关农产品的具体生产者获得，用于改善其生产条件，因此应列入PSE的计算范畴。

---

① 在美国，土地成本在稻谷、小麦、玉米、大豆的生产总成本所占的比重分别为17%、12%、24%、31%（黄季焜、马恒运，2000）。

② 去掉最高、最低两个年份，对其余三年进行平均。

（2）社会救助。包括农村社会救济、自然灾害救济两部分。由于受灾地区主要发生在农村，因此也算作对农户的转移支付。

（3）农业税负优惠。是与全社会平均税负水平相比，由于农业政策的实施而使农业因此减少的税负。如为负值，则是农业的超额税负。各指标解释如下：全社会平均税负水平，用扣除关税收入以后的全国总税收与GDP的比值表示；农业应负担的税负，为按全社会平均税负水平计算农业增加值应承担的税负；农业实际税负，包括农业各税①、三提五统和各种集资摊派费用。任全珠（1994）对1993年农民负担进行了估算，农民负担为人均纯收入的19.9%，考虑到其调查选点的代表性问题，全国平均负担水平大约为15%②。根据实际调研，在实际工作中农村确定税负的水平时往往依据的是农民的农业收入，因此根据全国农民纯收入与农业增加值之间的比例关系，本文假定全国农民平均负担水平大约在10%。按这个水平估计，从1995年以后我国农民税负均保持在1 000亿元以上。

（4）农业用水补贴。我国是一个缺水国家，年淡水使用量为4 600亿立方米，其中农业用水占到87%③。农业用水一方面灌溉条件成为制约我国农业发展的一个重要因素，另一方面由于水利设施老化，渗漏现象严重，农民主要采取大水漫灌的不经济方式，又造成农业用水的极大浪费。造成这种不合理现象的主要原因是，我国对农业用水收费太低，甚至不收费。

我国水资源属于国家所有，农业用水的低价水费政策，减少了国家的财政收入，而降低了农户的生产成本，形成对农户的隐形补贴。测算这部分价值转移，需要估计农业用水的实际成本。

本文利用供水成本法来简单估算我国的农业用水的影子价格。根据我国披露的引黄工程下游黄河水的供水成本，农业用水4～6月份为1.2分/米^3，其他月份为1分/米^3（经济日报报道，2000.11.30）。在假定引黄工程的供水成本具有全国一般水平代表性的情况下，可以估算由于我国实行低价水费，对农户的价值转移每年大约在21亿元左右④。

3. 纳税人向消费者的转移。价格补贴是由国家财政拨给的政策性补贴支出，包括粮棉油价格补贴、平抑物价补贴和肉食价格补贴。这些支出项目均形成对城市消费者的补贴。上述三种补贴针对的商品类别不同，因此处理也不同：粮棉油价格补贴在粮、棉、油三大类产品中按产值进行分摊；平抑物价补贴在所有农产品中按产值比例分摊；肉食品价格补贴则只在畜产品之间进行分摊。

4. 消费者向外的其他转移。农产品进口关税，由于关税及非关税措施的影响，消费者为农产品付出比口岸价格高的国内市场价格。由国内市场价格与口岸价格的价差而形成的价值转移，一部分转移到生产者手中（PSE中的市场价格支持），另一部分以关税及配额租金的形式，形成政府收入或贸易机构的收入。由于配额租金额及分配情况难以获得，我们假设消费者对政府的收入转移只有农产品进口关税部分。但是，由于缺乏海关对关税的分类数据，可以根据进口品的实际关税征收水平，用农产品的进口比重来推算农产品的进口关税，即农产品进口关税＝进口农产

① 农业各税包括农业税、牧业税、耕地占用税、农林特产税（1994年以后为农业特产税）和契税。

② 有关农民负担的文献很多，但大多是个案研究，结果差异很大，缺乏总体代表性；任全珠（1994）的统计数据取自于农业部1993年对全国42个县社会负担的详细调查，相对来说，更具有代表性。需要强调的是，据农业部的估计，这42个县的社会负担和劳务负担（19.9%）要明显高于全国平均水平，按照农业部的资料计算，高了5个百分点。

③ 世界银行，《世界发展指标》（1998），中国财政经济出版社。

④ 4 600亿米^3 * 87% * （1.2分/米^3－0.675分/米^3）/100＝21亿元。

品金额*（关税总收入/所有进口商品金额）。

5. 一般服务支持估计（GSSE）。

（1）农业基本建设支出。是国家财政用于农业的基本建设支出，它通过改善农业基础设施条件，形成对农业的支持。

（2）农业科技三项费用，用于农业科研的政府支出。

（3）农业部门的事业费。GSSE 中测算的农业部门事业费，只是针对农业的，因此从中去掉了林业、水利、气象等部门的事业费。尽管水利和气象事业费支出中有部分是为农业生产服务的，但它服务的面向对象是全社会，而非专门针对农业，因此它不应算作对农业的支持。

（4）国有粮食企业亏损补贴。财政对国有粮食企业的亏损补贴，既包括政策性亏损补贴，也包括部分由于经营不善导致的经营性亏损补贴。政策性亏损补贴，部分是因为购销价格倒挂引起的，并最终形成对消费者的补贴；另一部分是储藏费用和资金占用成本等造成的亏损，这部分可视作政府粮食公共储备的成本，应纳入 GSSE 的计算范围。而对于经营性亏损补贴，它属于政策执行的不必要的附带成本，不属于农业支持的计算范围。但由于该项数据难以划分，因此还是将其归入 GSSE 的计算范围。

三、我国农业支持水平的测算结果及分析

（一）我国的农业支持水平

我国 1991—1999 年的农业支持水平测算结果见表 2。

表 2　中国的农业支持水平（亿元）

	PSE			CSE 中纳税人对消费者补贴	CSE 中农产品进口关税	GSSE、	TSE				%TSE
	市场价格支持	对农户支付	合计					#消费者转移	#纳税人转移	#预算收入	
	(1)	(2)	(3)	(4)	(5)	(6)	(7)	(8)	(9)	(10)	(11)
1991	−1 112.07	221.95	−890.12	288.26	25.66	214.39	−413.13	−1 112.07	724.60	25.66	−1.91%
1992	−1 280.79	243.62	−1 037.17	243.62	25.53	180.05	−639.03	−1 280.79	667.29	25.53	−3.31%
1993	−893.35	198.20	−695.15	239.68	20.77	200.95	−275.30	−893.35	638.83	20.77	−0.79%
1994	−2 254.45	169.17	−2 085.28	249.44	29.45	239.61	−1 625.68	−2 254.45	658.22	29.45	−3.48%
1995	−889.75	79.57	−810.19	283.20	27.14	263.75	−290.37	−889.75	626.52	27.14	−0.50%
1996	−2 347.95	0.63	−2 347.32	370.03	21.43	345.78	−1 652.94	−2 347.95	716.44	21.43	−2.43%
1997	−416.89	38.58	−378.31	464.14	22.36	451.6	515.07	−416.89	954.32	22.36	0.69%
1998	−1 392.58	132.21	−1 260.37	601.73	21.91	941.46	260.91	−1 392.58	1 675.39	21.91	0.33%
1999	−1 861.18	196.51	−1 664.68	335.20	28.11	941.46	−416.13	−1 861.18	1473.17	28.11	−0.53%

注：列(7)＝(3)＋(4)－(5)＋(6)＝(8)＋(9)＋(10)，列(8)＝列(1)，列(9)＝(2)＋(4)＋(6)，列(10)＝列(5)。

（二）结果分析

从计算结果可以发现 1991—1999 年间我国农业支持水平的变化：

1. 我国农业支持水平上升，但对国民经济影响不大。90 年代以来，我国农业部门的支持水平（%TSE）呈螺旋形上升状态，支持总量从 1991—1993 年间的平均－409 亿元上升到 1997—

1999年间的平均64亿元，由负支持水平转为正支持水平，有了质的改变。农业支持总量占GDP的比重（%TSE）从1991—1993年的－2.01%变为1997—1999年的0.16%①，但无论是负的支持，还是正的支持，对国民经济的影响都不大②。

2. 我国农业支持水平上升主要是由于生产者支持水平和农业一般性服务支出的提高。农业支持总量（TSE）由生产者支持（PSE）、财政对消费者的补贴和一般性服务支持（GSSE）组成。90年代以来，农业支持总量的结构发生了很大变化，1991—1993年间，生产者支持影响农业支持总量的62%，其余38%为对消费者补贴和一般性服务支持；到1997—1999年间生产者支持只影响农业支持总量的47%，其余53%为消费者补贴和一般性服务支持。1991—1999年间，我国农业支持总量的上升主要来自生产者支持水平的上升和一般性服务支持的增加。我国的农业一般性服务支出1997—1999年间比1991—1993年间增加了147%（按1991年价格计算）。

3. 我国农业支持的来源。农业支持总量按其来源可以分为来自消费者的价值转移（正的或负的）和来自纳税人的价值转移。从1991—1999年以来，由于农产品的政府收购价格逐步接近于甚至超过市场价格，由生产者向消费者的价值转移趋于减少，由于市场价格政策造成的对农业的歧视程度在减轻。按1991年不变价格计算，1997—1999年水平与1991—1993年相比，生产者向消费者的价值转移下降了30%，而纳税人（即财政）向农业的价值转移增加了27%（表3）。国家财政用于支持农业的投入增加了，但其方式发生了很大变化，一般性服务支持在增加，而对农户的直接支付在减少。从表面看来，似乎这种变化是符合世界农产品政策改革的方向，增加不影响微观经营决策的一般服务支持，而适当缩小对农户的直接支付（特别是与生产挂钩的相关支付），但这种改革主要是针对农业支持水平相当高的发达国家而言的。对我国，一个大部分年份农业支持还是负值的发展中国家，财政支持方向的这种变化不利于直接增加我国农民收入和农村结构调整的进行。主要原因有三：一是我国农村经济发展中面临的首要问题是如何增加农民收入，根据“瞄准”原则，对农户直接支付显然比一般性服务支持更有利于提高农民收入；二是我国财政对农户直接支付的主要形式是支援农村生产支出，是直接用于改善农民生产条件的（如对小型农田水利和打井、喷灌等的补助，农村农技推广和植保补助费，农村水产补助费等），这种方式的支助对帮助农民调整农业结构非常有帮助，在农业结构调整中应该增强这方面的支持力度，并且这类支付与产量不挂钩，属于WTO允许的范围；第三个原因是，在我国一般性服务支持中，由于财政体制以及其他方面的原因，价值转移从农业中漏出的现象非常严重，财政支出真正形成对农业的支持的比例恐怕不高。基于上述原因，我国应在符合WTO规则的前提下，寻求提高农民收入和促进农业生产结构调整的最有效的农业支持方式，尽量增加对农户的直接转移支付。

表3 我国农业支持结构的变化

	农业支持总量（TSE）	生产者向消费者转移（MPS）	纳税人转移			
			总计	对农户的直接支付	纳税人对消费者的转移	一般性服务支持（GSSE）
1997—1999年比1991—1993年增加了	116%	－30%	27%	－65%	13%	147%

资料来源：根据表2计算。

① 0.5%，意味着国民财富用于支持农业的比例很小。

② OECD成员国农业支持总量占GDP的比重：1986—1988年平均为2.3%，1999年平均为1.4%。

4. 我国农业政策对农产品生产者的支持水平在上升。我国生产者支持水平的增长呈现很有规律的螺旋式上升（图2），%PSE从1991—1993年−21%上升到1997—1999年的−11%，但仍然表现为负保护水平。生产者支持的增加主要来自市场价格支持，得益于国内价格相对于国际市场的上升。90年代以来，虽然我国农产品的实际价格是下降趋势，但其相对国际市场仍是上升，大部分农产品价格逐渐逼近国际市场价格，部分农产品国内价格甚至超过国际市场价格。这表明，在20世纪的最后10年中。我国国内市场与国际市场的价格联系在逐渐增强。

5. 不同农产品的生产者支持水平：丧失比较优势农产品的生产者从现行政策获益，具备比较优势农产品的生产者在现行政策中受损。我国农业政策对不同农产品生产者的支持水平相差较大，而且有拉大的趋势（图4）。1991—1993年间，生产者支持水平平均最高的是小麦（6%），最低的是稻谷（−24%），相差30%；而1997—1999年间，生产者支持水平平均最高的是小麦（18%），最低的是稻谷（−29%），相差47%。

从1991—1999年，我国农产品生产者的平均名义支持系数（NAC）均小于1（表4），表明在我国现行农业政策情况下，农产品生产者得到的农业收入均比按国际市场价格出售产品的收入要少，这意味着我国农业政策对农民收入的作用是减收，而非增收，但这种负面影响在缩小，1991—1993年的平均NAC为83%，1997—1999年为90%，1997年更是达到97%，接近在自由贸易情况下得到的收入。

表4 我国农产品的生产者支持估计（%PSE）**和生产者名义支持系数**（NACp）

	大米和稻谷	小麦	玉米	大豆	棉花	花生果	油菜籽	芝麻	糖料	猪肉	农产品平均
%PSE											
1991	−0.32	0.20	−0.32	0.07	−0.33	0.00	0.00	0.00	0.11	−0.33	−0.21
1992	−0.47	0.01	−0.41	0.04	−0.39	0.01	0.01	0.01	0.02	−0.38	−0.30
1993	0.03	−0.04	−0.08	−0.43	0.02	0.00	0.00	0.00	0.05	−0.37	−0.13
1994	−0.37	0.04	0.02	−0.12	−0.28	−0.01	−0.01	−0.01	−0.01	−0.40	−0.24
1995	−0.25	0.04	−0.01	0.13	−0.09	−0.04	−0.03	−0.04	0.07	−0.02	−0.07
1996	−0.53	0.06	−0.23	0.16	−0.10	−0.03	−0.03	−0.03	0.07	−0.14	−0.21
1997	−0.18	0.17	0.02	0.18	−0.06	−0.01	−0.01	−0.01	0.15	−0.07	−0.03
1998	−0.08	0.16	0.01	0.06	−0.20	−0.01	−0.01	−0.01	0.04	−0.35	−0.12
NACp											
1991	0.74	1.28	0.74	1.08	0.74	1.00	1.00	1.00	1.14	0.75	0.83
1992	0.67	1.02	0.70	1.05	0.71	1.01	1.01	1.01	1.02	0.72	0.77
1993	1.04	0.96	0.92	0.69	1.02	1.00	1.00	1.00	1.05	0.73	0.89
1994	0.72	1.04	1.02	0.89	0.78	1.00	0.99	0.99	0.99	0.71	0.81
1995	0.79	1.04	0.99	1.15	0.91	0.97	0.96	0.97	1.08	0.98	0.93
1996	0.64	1.07	0.81	1.20	0.91	0.98	0.96	0.97	1.08	0.88	0.83
1997	0.85	1.22	1.02	1.22	0.94	0.99	0.99	0.99	1.17	0.94	0.97
1998	0.93	1.20	1.01	1.07	0.83	0.99	0.98	0.99	1.04	0.74	0.90

资料来源：作者计算。

虽然从农业整体来说,我国农业政策对农户的农业收入是减收作用,但对不同农产品的生产者情况却相差很多。1997—1999 年间,我国大豆、小麦、糖料生产者的收入都要比完全自由贸易状态下要高,三种油料作物(花生、芝麻和油菜籽)和玉米生产者的收入也与其在国际市场上应得的收入接近。但稻谷、猪肉和棉花生产者的收入则要大大低于其按国际市场价出售产品的应得收入。

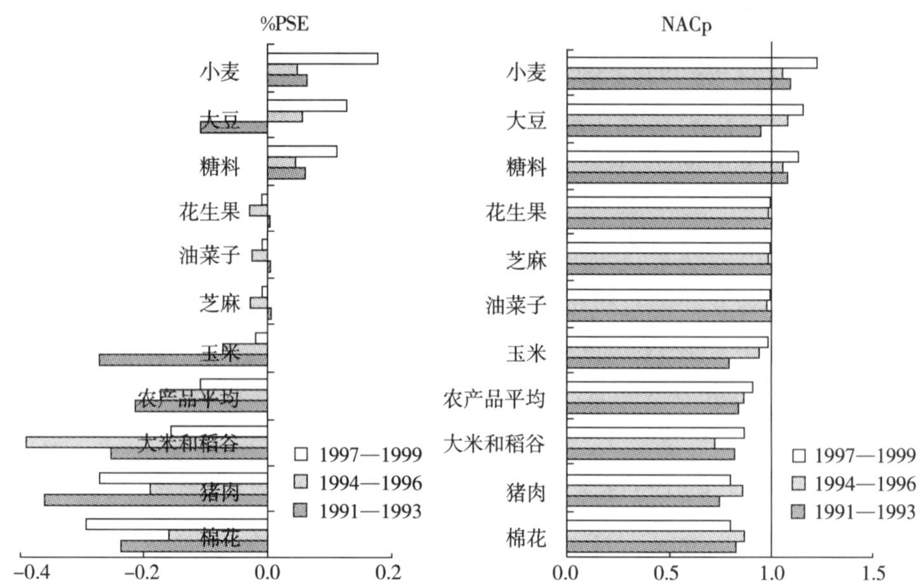

图 1　我国农产品的生产者支持水平和名义支持系数

(三) 结果讨论

在上述测算我国农业政策的农业支持水平时,下列因素可能会影响到其估算水平:

1. 农产品加工程度的变化。计算 PSE 的目的是估计对农产品生产者的支持水平。做到这一点要求计算“农户大门价格”(即农场价格)。实践中,很少有价格支持政策是真正针对农户环节的。口岸政策(如出口补贴和关税)是针对农产品参与国际贸易过程的某一环节,与农户出售的农产品相比农产品已经经过一定的加工包装。在发达国家,农产品加工大部分在农户环节完成,因此农场价格和与国外参照价格作比较的环节价格差(没有补贴)比较小。而发展中国家这个价格差则比较大,特别是农产品加工程度变化很快的情况下,对不同年份的市场价格支持计算则可能产生比较大偏差。

2. 农民自食自用农产品的处理。在前文对市场价格支持的计算中,对农户自食自用农产品的处理方法与出售的农产品是相同的,没有考虑农户是农产品消费者的问题。如果考虑到农户既是农产品的生产者,又是农产品的消费者,那么可以认为对于农户自食的农产品部分,市场价格支持政策不存在对生产者的价值转移。因此对农户自食自用农产品作不同处理,会产生不同的结果(见图 5 和图 6)①。可以看出,按基准方案的处理会高估我国农产品的负保护程度,也就是说

① 在认为自食品部分无转移的假设前提下,只考虑了大米和小麦的农民自食情况,并假定这两种农产品的商品率为 40%,没有考虑猪肉、饲料作物以及其他农产品用于农民自食或自用的情况,这样简单处理只是为了说明论文基准方案处理可能造成的偏差。

农业政策造成的农业价值转移流出并没有那么多。

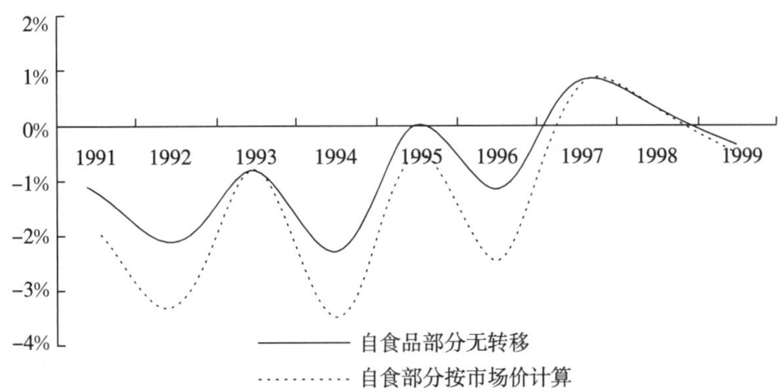

图2　农产品自食部分假设变化对TSE的影响

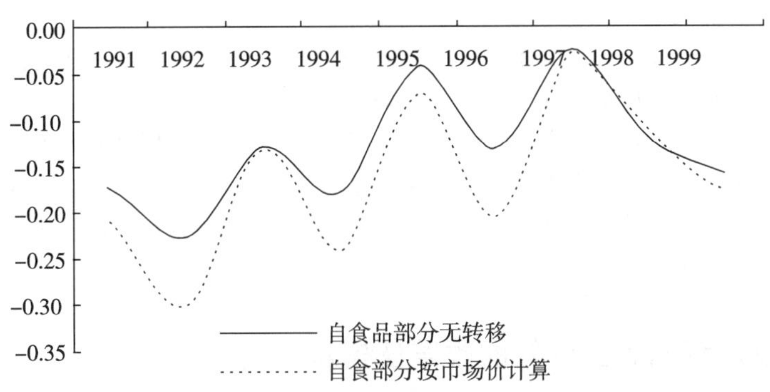

图3　农产品自食部分假设变化对PSE的影响

3. 对农民的贷款利率优惠。一些学者在计算生产者支持水平时，都将政府对农业贷款的低息优惠作为一种补贴考虑进去①。关于这部分投入补贴，需要具体分析。在我国粮食收购以及主要针对农村地区的扶贫贷款中，国家财政或给予很大的利率优惠，或给予大量贴息②。在我国规定的国有商业银行的对农业贷款利率中，也要求农业贷款享有国有企业享有的贷款利率优惠③。但在实践中，我国同大多数发展中国家一样，存在普遍的农村金融抑制现象，能获得正规金融机构组织贷款（国有商业银行，如农业银行或农村信用社）的农民仅是一小部分，农民的大部分资金需求只能通过非正规渠道来解决。根据何广文（1999）对浙江、江苏、河北、陕西省的21个县的365个家庭的问卷调查表明，农户贷款从农村信用合作社、农业银行的借款占30.63%、3.6%，60.96%的借款行为是与民间放贷主体之间发生的。一年期借款的平均月利率为9.54‰（按复利计息年利率为12.07%），高于正规金融渠道贷款利率（1998年的金融机构一年期法定贷

① 朱希刚、万广华、刘晓展（1996）和程国强（1996）计算的农产品生产者补贴等值，都考虑了利息补贴。

② 例如，收购粮食贷款的利率优惠，比同期商业银行贷款利率低1～2个百分点（牛彦绍，1999）。对扶贫款，一部分是无偿资助，另一部分需要还贷部分，政府也往往给予贴息。

③ 个体、私营组织贷款要在此基础上浮10%（《中国统计年鉴》2000年版）。

款利率为7.92%)。这些贷款中间，由于用于非生产性目的（如婚丧嫁娶、建房、子女上学等）的贷款占大多数，并且主要来自朋友亲戚，不算利息或利息较低。而用于生产性目的的民间贷款利率则要比12.07%更高一些①。因此，综合考虑到各方面的因素，很难判断农业生产者是否享有贷款优惠，或者贷款优惠还有可能为负，因此本文没有考虑由于利率优惠导致的对农业的价值转移。

4. 我国财政支农支出的漏出对农业支持水平的影响。根据个案调查和经验判断，我国财政支农支出漏出现象非常严重。漏出的方式有很多，例如：①将财政支农拨款挪作他用；②由于经费不足而造成的漏出，类似于“木桶原理”，举例来说，在很多地区的农技推广站，财政拨款中除开工资外所剩无几，业务经费匮乏，推广人员只领工资不干活，造成现有的财政拨款漏出；③类似于“豆腐渣”工程造成的财政资金的浪费。这些财政资金的漏出，无法形成真正的农业支持。为了估算财政漏出对我国农业支持水平的影响，本文分别估计了财政漏出率②为10%、20%、30%三种情况下TSE的变化。结果表明，财政漏出对农业支持水平的变化影响非常大，在财政漏出率为30%情况下，1998年的农业支持总量（用占GDP的比重表示）从0.33%下降到−0.37%，下降了150%。这意味着，由于没有考虑财政支出漏出问题，实际上高估了我国的农业支持水平。

另外，农民负担（即农业税负优惠）和土地成本造成的价值转移都是建立在假定基础上，因此本文对农民负担和土地成本变化对农业支持总量和生产者支持的影响也作了单因素敏感性分析。结果表明，土地成本对农业支持的影响不大，而农民负担的高低对生产者支持水平有着非常重要的影响。如果农业税负水平由10%（相对于农民人均纯收入）下降到7%，那么1998年由于市场价格支持政策造成的农业利益转出会减少近4个百分点。这点有着较强的政策含义，对农民减负应是加大农业支持力度的重要一环。

四、入世后我国农业政策的改革任务及措施

本节将根据前文所揭示的我国现行农业政策存在的问题，结合入世后WTO规则的要求和国内外经济环境的变化，对入世后我国农业政策改革的任务和措施进行初步的探索。

1. 我国的价格干预和国家贸易制度亟待改革。我国农业支持政策是以价格干预和国家贸易制度（即市场价格支持）为基本特征的，但这两项政策由于对贸易扭曲作用大，都被WTO规则禁止使用。因此，入世后这两项制度亟须调整和改革。近年来国内有很多学者和官员倡导农业保护主义，政府公开承诺用价格手段保护粮农利益，并大张旗鼓实施了按保护价收购政策，把保护价定得显著高于长期均衡价。这种做法对入世后的调整非常不利。目前政府应该及早从舆论和政策准备上为入世后价格干预和国家贸易制度的改革扫清障碍。

2. 应加强对农户的直接转移支付。目前，我国农村经济发展面临着很大的困难，调整农业结构、提高农民收入都是当务之急的问题。我国目前的财政支持主要是以一般服务支持的形式实施的，是针对农业总体的，而非针对个体农户，尽管一般服务支持也会在长期通过提高农业生产率的方式增加农民的收入，但不利于在较短时间内解决农村当前的问题。相比之下，对农户的直接转移支付对切实改善农户生产条件，帮助农民顺利完成结构调整将更为有效。因此，在一个较

① 据作者2000年对河南某县调查，农村民间生产性贷款年利率在20%左右。

② 举例来说，财政漏出率30%，意味着100元的纳税人转移支出中，只有70元真正用于农业支持。

长时期内政府应该加强对农户及农村地区实施财政转移支付。但在实施转移支付过程中，政府还应该注意解决目前农户收入信息不准确，政策操作成本高的问题。

3. 政府应帮助农户解决小农业生产与跨国公司竞争的问题。我国农业生产的一大问题是农户生产规模的狭小。小农业生产与大市场之间本来就存在矛盾，在中国农业入世之后，这一矛盾将会更加尖锐。这是因为入世后我国农业生产者所面临的将是跨国公司的激烈竞争。因此，政府应着力采取措施解决小农业生产所面临的来自跨国公司的竞争，降低农户的市场风险。

政府采取的措施当然主要不能是行政干预或是直接的价格支持政策。政府应在信息服务、科技推广和农业基础设施建设等"绿箱"政策方面加大力度，以提高我国农业生产者的市场竞争力。另外，政府应创造良好的政策环境，促进农业生产者的专业化分工和农户之间的自发联合，创新农业生产组织方式，通过这种途径实现农业生产的"外部规模"。

4. 入世后，政府也面临调整的压力。改革开放以来，我国的政治体制改革一直落后于经济体制改革，我国目前的政策体制不仅很难与国际大市场相协调，甚至落后于国内经济的发展。因此，国内有识之士指出，面对入世，政府更需要进行调整。我国政府行为起码应在三个方面进行加强：一是，政府决策应避免暗箱操作，加强政策辩论，增加政策透明度，农户应能对政府行为做出预期（例如，农户对政府保护价格水平的预期）；第二，政府应做到决策程序科学性，减少决策过程中的领导意志。

参考文献

[1] OECD. Agricultural Policies in OECD Countries Monitoring and Evaluation 2000，Head of Publications Services，OECD Publications Service，Paris，2000

[2] 国家统计局．各年版中国统计年鉴．北京：中国统计出版社

[3] 何广文．从农村居民资金借贷行为看农村金融抑制与金融深化．中国农村经济，1999.10

[4] 任全珠．秋季蹲点县农民负担状况实证分析及政策建议．经济研究参考，1994.2

[5] 沈大军等．水价理论与实践．北京：科技出版社，1999

[6] 世界银行．世界发展指标．北京：中国财政经济出版社，1998

[7] 基姆•安德森和速水佑次郎（中译本）．农业保护的政治经济学，蔡昉、杜志雄等译．天津：天津人民出版社

乡村集体企业改建股份合作制的思考*

任素梅　王少亭

股份合作制是我国农民继家庭联产承包责任制之后的又一次创新，是在推进农村经济和发展乡镇企业过程中的发明创造，它兼容了股份制和合作制的基本特征，实现了资本与劳动的有机结合，适应了当前农村生产力水平和发展社会主义市场经济的客观要求，已成为我国乡村集体企业产权制度改革的主要形式，并在全国各地蓬勃发展起来。本文结合对北京市乡村集体企业改制的考察，对乡村集体企业改制中的若干问题作初步探讨。

一、乡村集体企业进行股份合作制改造的直接动因

乡村集体企业主要是指乡村社区集体经济组织举办的企业，包括乡办企业和村办企业。乡村集体企业改造为股份合作制除了具备中央政府政策支持和引导的宏观背景和个人产权形成的客观基础之外，其直接动因主要是：

（一）明晰企业产权、建立现代企业的需要

乡村集体企业财产名义上为全乡(镇)、全村劳动群众所有，由乡政府或村委会代管，事实上为少数干部及厂长、经理所掌握，这种管理体制带来了一系列不良后果。其一是造成集权及权力家族化，缺乏一种有效的监督机制，结果乡村干部与企业领导者就有可能各自或合谋侵占企业财产，表现为贪污、挪用、挥霍浪费集体资产等，造成集体资产流失。其二是政企不分，政府随意干预企业经营，企业缺乏充分的经营自主权，影响企业效率的提高甚至造成倒闭。其三是企业负盈不负亏，真正的所有者与企业利益没有直接的联系，导致企业争资金，盲目上项目，进行掠夺式经营。其四是乱摊派。对乡镇企业收费没有统一的标准，收费混乱，使企业背上了沉重的包袱。

（二）企业吸纳资金、技术和人才的需要

1996 年国家对乡镇企业的投资占国家投资的 2.8%，对国有企业的投资占 90%；乡镇企业贷款占国内贷款的 16.78%，国有企业占 52.30%；乡镇企业百元固定资产原值实现利税 31.2 元、资金利税率 25.12%，国有企业为 7.87 元和 6.54%。可见乡镇企业以较少的资金占用作出了巨大的贡献，但也说明对乡镇企业的贷款与其地位不相符合。资金不足是乡村集体企业发展面临的一个重要问题。农村居民的闲散资金由于缺乏投资门路，大都存入银行，其中的一大部分又流入了城市，加剧了农村资金短缺问题。1996 年国家银行、农村信用社对乡镇企业贷款 3 264.7 亿

* 原载《调研世界》2001 年第 10 期。

元，仅占当年农户储蓄存款余额的42.6%。一方面是乡镇企业资金不足，另一方面是农民手中有闲散资金。如何吸收农民的闲散资金，拓展资金的筹集渠道呢？引入股份合作制，采取入股集资的方式，利益共享、风险共担，确保谁投资，谁所有、谁受益，满足广大农民对个人财产权的渴望，刺激了农民的投资热情，可以在短期内为企业的发展筹集大量资金。

乡村集体企业多处于农村，在吸引技术、人才上存在先天的弱势。乡村集体企业大多长期受“能人”管理，形成了家族式的专制管理体制，不利于人才的引进和企业素质的提高。实行股份合作制可以打破乡村集体企业封闭式的管理体制，促进人才流动和先进技术的引进，有利于企业转换经营思想，面向全国及世界大市场。

（三）出于减少政治风险的考虑

传统思想认为“股份制”是资本主义的东西，“合作制”是社会主义的东西，虽说现在承认“股份制”也可以为社会主义所用，但在思想上还是难以转变过来，心有余悸。而股份合作制中的“合作”因素，符合马列主义的指导思想，同时使股份合作制跻身于社会主义集体经济的行列，政治风险小。

二、乡村集体企业股份合作制改造的考察（以北京市为例）

（一）京郊农村股份合作企业的发展特点

1. 由乡村集体企业改制而成的股份合作企业是京郊农村股份合作企业的主体，占总数的61.2%。

2. 在行业分布上以工业、商业、农业和饮食服务业为主体，占总数的78.5%。

3. 集体股主要分布在乡村集体企业改制的股份合作企业中，其所拥有的集体股占全部股份合作企业集体股的82.7%；集体股占乡村集体企业改制后股本总额的68%，处于控股地位。

4. 从企业规模看，乡村集体企业改制的股份合作企业比其他形式企业改制的规模要大，企业平均股本前者比后者多29.71万元。

（二）主要的改制形式

1. 存量售股。即将企业按评估净资产出售给职工（包括少量外部人员），职工以股份形式拥有各自份额。

2. 增量扩股。即企业评估净资产作为集体股和共有股，同时吸收职工入股。

3. 扩股售股。即企业评估净资产部分作为集体股和共有股，部分以股份形式出售给职工（包括少量外部人员），同时吸收职工个人股。

4. 租壳卖瓤。即对土地、房屋等不动产实行租赁，将剩余净资产全部出售给企业职工，职工以股份形式拥有各自份额。

（三）初步效果

1. 在筹集资金上效果显著。股份合作制改革为乡镇企业开辟了一条新的融资渠道，1995年京郊3 211个股份合作企业共吸收职工个人股、社会个人股、社会法人股和其他股金共计12.09亿元，占股本总额的43.2%。

2. 改善了企业财务状况。据北京市经管站1996年初对郊区9个区县1 265个股份合作企业统计，盈利企业1 148个，占被统计企业的90.8%，盈利额28 584.93万元，平均每个企业盈利24.9万元，而1995年对京郊乡镇企业的监测显示，29.2%的被监测企业出现亏损。

3. 经济效益明显高于其他类型企业。1995年京郊股份合作企业销售利润率为4.6%，高于三资企业的4.3%和集体企业的3.7%。

（四）存在的问题

1. 在股权结构方面，集体股占企业总股数的比例过大。改制初期，集体股一般占企业股份总数的60%～70%，有的地区甚至高达80%，目前调查的企业中集体股比例有所下降，但仍远远高于其他股份的比例，集体股仍处于控股地位。集体股存在的原因在于，改制企业受到意识形态的制约和社区政府具有控制企业的意图。从历史发展的角度看，乡村集体企业资产的形成，有很大一部分来自于集体的原始及追加投资和国家对集体的支持，也有一部分是集体作出的贡献。因此，在集体企业改制时，为避免瓜分集体资产的嫌疑，拥有存量资产的企业保留集体股是一种必然。集体股设置，是社区政府不愿轻易放弃既得权力和利益的意图的体现，它们以参与企业利润分配的形式，弥补政府收支差额，从企业中获取自身多种活动的经济支持。高比例集体股的存在可使社区政府获取更大的经济收益。如北京门头沟区妙峰山化工厂是当地一个利税大户，改制前，企业只需按当年销售收入的1%向当地乡政府上缴管理费用。1994年改建股份合作制后，因集体股占企业总股数的70%，所以，乡政府每年可从企业税后利润分配中比以前多获得40万～50万元。

集体股比例过大，具有控股地位，还会使社区政府继续干预企业的生产经营活动和重大决策等的合法化，它们是以股东的身份参与企业经营管理活动，从而使政企分开困难重重。

2. 企业领导、职工缺乏民主管理意识，沿袭旧的行政管理模式，不按企业章程办事，企业“三会”形同虚设，对企业领导缺乏有效的监督，经营机制并未真正优化。有的乡村违反按股分红的原则，任意向企业索取利润；也有的企业违反利益共享、风险共担的原则，在亏损时仍然给个人股分红。

3. 对集体股尚未形成一种有效的管理机制。由于大多数乡镇仍沿用原有的农工商公司管理体制，导致政社不分，致使政企分开难以彻底落实。

（五）问题的根源

“无论是马克思的所有权理论还是西方的现代企业理论都表明，企业的剩余索取权与最终控制权（所有权）应该统一，否则必然引发权利要求的冲突。”北京市股份合作企业的问题正在于违背了这一原则。其表现为：一是形实不一。名为股份合作企业，实际上完全按照股份公司的机制运行。二是剩余索取权与最终控制权不一致。实行民主管理（一人一票），却以按资分红为主，必然影响职工和股东两方面的积极性。这也是股份合作企业向股份公司、合伙企业或私营企业转化的根本原因。解决这一问题：一要赋予职工民主管理和剩余分配的权利（主要按劳分红）。二是企业的净资产以股份形式归股东所有，股东享有获取股息（税前列支）和股本增值的权利（企业要提取法定公积金），股东持股的另一个重要目的是进行股票投机，但股东没有直接参与管理的权利。

三、对乡村集体企业股份合作制改造的政策建议

股份合作制是一种既适应市场经济又有利于发展公有制经济的现代企业组织形式，但是现实

中股份合作制的发展多种多样，地方政府对股份合作制的规定也千差万别。其结果是造成人们思想混乱，阻碍乡村集体企业的改制进程。笔者结合对北京市股份合作企业的分析对股份合作制的发展提出如下建议：

（一）建立新的集体资产管理体制

集体资产管理体制同股份合作制本身没有直接联系，但同乡村集体企业改制有重大关系。按上面设计的股份合作制进行改制的企业，即使集体持大股，也完全可以实现政企分开。但取消资本的控制权之后乡村集体是否愿意继续持有股份？如愿意，必须遵守同其他股东同等的权利；如不愿意，可以转让（在初期股票市场尚未建立、人们对股份合作制缺乏了解、个人资金不足的情况下，很难转让出去），可以作为企业贷款，也可成立职工持股会从银行贷款购买。

如何管好集体持股及出售集体资产所获得的资金，防止集体资产流失，防止集体资金被用于非生产性项目，这就需要对原有集体资产管理体制进行改革。

（二）组建企业集团

股份合作企业由于资本所有者不享有控制权，因此不能通过控股形式组建企业集团。但股份合作企业也可以通过下述方式组建企业集团：一是相互关联的企业（如存在原料、产品、技术、资金联系）之间通过长期合约组建企业集团，企业互相独立。二是组建统一核算的企业集团，总公司对分公司投资（持有股份），分公司向总公司交纳股息及税后利润（提取公积金、公益金和奖励基金后的部分），由总公司统一核算扣除管理费用后，按各分公司的贡献返回给各分公司，再按职工的贡献分配；总公司可以向各分公司提出董事、监事、总经理人选，但必须经分公司职工（代表）大会或董事会通过，分公司选举职工代表组成总公司职工代表大会，成为总公司最高权力机构，选举成立董事会和监事会。

（三）建立中小企业股票市场

股份合作制引入了股份制的股份形式，在吸引资金和加强管理方面起到了积极的作用。但股份合作企业要在更大的范围内筹集资金，就需要建立中小企业股票市场。股票市场不仅能够扩大企业筹资范围，给企业直接融资的机会，更重要的是它给股东以“用脚投票”的自由抉择的权力（指在股票市场出售股票，相对于举手表决直接参与企业管理而言），可以保障股东的权益。

鉴于我国目前的情况，我国中小企业股票市场的建设可以采取三步走的方式：

第一步，建立企业内部股票交易办公室。该办公室为股票交易的中介机构，需要购买和出售股票的个人在该办公室进行登记。对股票交易人资格不予限制。办公室要对企业的经营情况、股息发放情况、股票交易情况对外予以公布，使有关人员可以及时了解企业信息，以决定购买或出售股票。

第二步，成立乡镇级股票交易市场。在人们对股份合作制、对股票交易有一定了解和实践及股票交易达到一定规模后，可以考虑成立乡镇级股票市场，对全乡镇范围内的股票交易统一管理，扩大交易范围、节约交易费用，并为成立县级股票交易市场作联备。

第三步，成立县级股票交易市场，并同各乡镇级股票交易市场联网。

（四）为股份合作企业制定优惠政策

包括：①股息税前列支。②对职工持股会购买集体资产贷款给以优惠。③减免税优惠。包括对新建、改建股份合作企业在一定年限内的利润、集体资产转作贷款的利息、银行对职工持股会贷款的利息实行减免税等。

（五）进行股份合作企业立法

股份合作制要成为独立的现代企业组织形式，必须有法律的依托和规范。

中国农村金融供求特征及均衡供求的路径选择*

何广文

［摘　要］中国农村金融遵循了以东部和城市为中心推进的发展模式，金融体系具有的城市和工商业导向性特征，城乡结构失衡、区域布局失衡，农业投入资金短缺、农户和农村企业贷款难问题突出，中西部农村金融商品供给严重不充分。应以农村金融需求为导向，调整农村金融组织的区域布局，重构农村金融组织体系。

［关键词］农村金融　金融供给　金融需求　需求导向　农村金融体系

改革开放以来，政府在农村金融领域实施了一系列改革与发展、促进农村金融深化的措施，诸如成立农业发展银行、农业银行运作和经营上的商业化、农村信用社与农业银行脱钩、按照合作制原则规范农村信用社、关闭农村合作基金会等等，旨在克服农村金融体系的脆弱性、稳定农村金融市场、强化对于“三农”的金融服务。但是，中国农业投入资金短缺、农户和农村企业贷款难问题仍较突出。其根源在于严厉的金融管制和半封闭的金融环境的存在，政府是金融制度的主要供给者，这些措施均是政府从金融供给角度对农村金融市场所做出的制度性安排。从制度变迁的角度而言，属于一种强制性制度变迁过程，它仅仅从满足制度供给者和制度生产者本身的需求出发，不能适应金融需求者的金融需求，从多方面表现出制度供给上的不足（何广文，1999），使得农村金融服务的供给严重滞后于农村金融需求，这也是农村金融改革始终没能完成的主要原因所在。能否跨越农村金融制度障碍，涉及农村金融体制改革成败和能否保持农业和农村经济持续发展的问题。为此，需要以农村金融需求为导向，从整体角度调整农村金融组织的区域布局，重构农村金融组织体系，矫正农村金融商品供求失衡。

一、农村金融供给主体区域布局和金融商品供求失衡

农村金融商品供给主体包括正规金融组织和非正规金融组织两部分，正规金融组织主要是指农村信用社、农业银行、农业发展银行，在一些经济较为发达的地区，国有商业银行和城市信用社、股份制商业银行以及一些非银行金融机构（租赁公司、信托投资公司、财务公司等）实际上也在一定程度上从一定角度对农户和农村企业提供金融服务。非正规金融组织主要以金融服务社、基金会、私人钱庄和各种成会等民间金融机构形式存在，有些方面还曾被当成中国农村金融改革的成果和农村金融深化的重要体现。从现代发展经济学意义上讲，正规金融组织和非正规金融组织并存，也是我国农村金融市场二元结构的体现，即规范的、官方管制的官方金融体系与非

* 原载《中国农村经济》2001年第10期。

规范的、自发的非官方金融体系。这种二元结构来源于官方的管制、农村金融市场发育的幼稚、资金等金融商品供求上的失衡、农村经济发展的区域性失衡和农村金融机构布局上的区域性失衡。

1. 与经济发展的路径一致，我国金融发展也遵循以东部和城市为中心推进的模式。金融机构主要分布在东部和城市，城乡布局失衡、区域性布局失衡。农村地区、中西部地区金融机构分布密度较小。东部经济较发达地区农村，农村金融机构的区域布局相对较完善，农村商业金融也较发达，农村金融商品的供给较为充分。在中部粮食主产区农村金融市场上，虽然业已形成了农村信用社、农业银行、农业发展银行三足鼎立的局面，但农业发展银行根本不与个体农户直接发生信贷业务关系。在20世纪90年代初以来“减员增效”的呼声中，农业银行设置在乡镇及其乡镇以下的分支机构，被大量撤并。曾被人们作为正规金融组织之外金融深化特征重要方面的“三会一部”，特别是农村合作基金会，在不少地区是农村金融市场面对农户和农村企业的较为重要的金融商品供给者，由于管理不够规范、发展过快出现了一些问题，不得已而被强制性地整体淘汰出局。对于中西部落后地区大多数农村居民和农村企业而言，可以享受的金融服务仅仅来自农村信用社的垄断性供给。90年代中期以来，全国农村信用社也走上了撤并机构之路。2000年底，具有法人资格的农村信用社个数较1990年底减少了近1/4。在中西部农村，金融供给主体区域布局失衡现象严重，金融商品供给严重不充分。

2. 金融体系的城市和工商业导向性。金融体系的城市和工商业导向性特征，一是表现为信贷供给的工商业和城市偏向性。1999年，农林牧渔业从业劳动力占全社会从业劳动力总量的47.5%，而1999年底农业贷款和乡镇企业贷款余额之和占金融机构各项贷款总余额的比重仅为11.69%（《中国统计年鉴2000》，第640页）。2000年底，全国金融机构各项贷款余额99 371.07亿元中，农业贷款余额仅占4.92%，而工商业和建筑业贷款余额却占37.84%。二是出于增效方面的考虑，90年代初以来，作为农村金融商品供给主体的中国农业银行，其基层机构收缩和撤并的力度较大，机构设置上表现出城市化倾向。据人民银行抚州市中心支行的调查，抚州全区农业银行系统在90年代共撤并乡镇营业所105个，设有农业银行营业机构的乡镇仅占乡镇总数的49%。

3. 农村合作金融流于形式。作为主要面对农业、农户的金融机构，农村信用社不但经营机制绩效较差（何广文，1999），而且全国一半左右的农村信用社经营亏损，不能实现利润返还，社员参与信用合作的收益不能实现。1996年底以来按照合作制原则重新规范农村信用社的努力，没能取得实效。并且，较多地区，在按照合作制原则重新规范农村信用社的过程中，在不能实现对原有社员的稳定和新社员的吸收的情况下，仅仅吸收了信用社职工的入股，将信用合作社股份化了，从而将按照合作制原则重新规范农村信用社的过程现实地演化成了一个私有化(股份化)的过程。

4. 农村资金流失严重。改革前，农村金融机构只是动员农村储蓄以提供城市工业化资金的一个渠道（林毅夫，2000），农村资金大量流入城市，政治化的银行系统用劳苦的农村居民的储蓄支持了国有企业的低效率。其实，改革二十年后的今天，农村金融机构除了是动员农村储蓄以提供城市工业化资金的一个渠道外，还是提供乡村城镇化资金的一个渠道。80年代初，中国农村信用社农户存贷款活动中的存差就较大，1980年曾达86%，1984年缩小到59%，但1985年开始，直到1987年，连续12年上升，1998年较1987年有所下降，但存差占当年底存款余额仍达75%，农户贷款仅相当于其存款的25%，资金净流出达7 782亿元，但这并不意味着农村信用社资金充裕，也不表明农户不需要资金，一些人认为，这是农村信用社“惜贷”造成的。笔者认为，农村信用社农户存贷款活动中存差大量存在，是农村资金“非农化”的结果，也正是农户金融活动存差的大量存在，才为城市工业化和乡村城镇化创造了大量的资金来源。

农村信用社似乎成为农村资金的一大漏斗。其实，农村资金流失的渠道还包括：①农村商业

金融渠道。首先是农业银行，它在农村领域内吸收储蓄存款，而对于农业和农民的贷款却较少，引起的是农业资金向非农产业的转移。其次是国有商业银行和其他商业银行，虽然它们的业务领域主要在城市，但他们所吸收的存款中有相当一部分是来自于“三农”领域的事实是不可否认的，而他们对农户和涉农企业的贷款相当少，甚至不少地方的商业银行根本就不对农户和涉农企业发放贷款。②邮政储蓄渠道。到2000年底，全国邮政储蓄余额4 587亿元，其中约30%来自县以下农村；而邮政储蓄资金，一直是直接上缴中国人民银行，基本上没有对当地经济发展产生影响。据笔者对河南固始县的调查，1999年3月底，该县邮政储蓄存款余额达该县所有农村信用社存款总余额的1/4；河南信阳市邮政储蓄存款余额，甚至大大超过该市最大的农业县——固始县——农业银行的存款总余额。据人民银行抚州市中心支行的调查，从1990到1999年，抚州全区邮政储蓄的市场份额从5.03%上升到10.2%（中国人民银行抚州市中心支行课题组，2001）。因此，农村资金的流失，要远比我们通过农村信用社而估计的流失严重。

二、农村金融需求主体及其金融需求特征

农村经济活动主体是农户和农村企业，农村金融需求主体也无外乎农户和农村企业两大类。由于农户和农村企业经济活动内容和规模不同，其金融需求也表现出多层次性特征。根据农户的金融需求特征，农户可以分为贫困农户、维持型农户和市场型农户；农村企业可以分为农村资源型乡镇企业、形成中的龙头企业、完整形式的龙头企业。各种类型的农户和农村企业，在某些方面的金融需求（如贷款需求、存款需求和金融投资需求、结算需求）虽然是同质的，但其金融需求的形式特征和满足金融需求的手段和要求却是不一致的。

贫困农户是一种特殊的金融需求主体层次，其生产和生活资金均较短缺，它作为金融机构放款的承贷主体时是不健全的，贷款风险较大，虽然它们对贷款也产生需求，但是被排斥在正规金融组织的贷款供给范围之外，只能以较为特殊的方式满足资金需求，政策性金融的优惠贷款资金、民间渠道的小额贷款（如国际金融组织和国外NGO援助等）、政府财政性扶贫资金是贫困农户满足资金需求的重要方式。

维持型农户，已基本解决生活温饱问题，具有传统的负债观念和负债意识，一般较为讲求信誉，金融机构对维持型农户的小额放款是较为安全的，贷款回收率一般在90%左右（何安耐/胡必亮主编，2000，第51页），因此，金融机构对这部分农户的小额资金需求，一般均以信用放款方式发放。该农户群体，也是农村信用社主要的贷款供给群体。所以，维持型农户的贷款需求，一般均能得到满足。但目前农村信用社资金实力普遍不足，难以最大限度地满足维持型农户的资金需求。

市场型农户的生产经营活动，是以市场为导向的专业化技能型生产，是农村居民实现增收和实现经济结构调整的重要途径，对于贷款的需求一般大于维持型农户，但其缺乏有效的承贷机制，缺乏商业贷款供给所要求的抵押担保品，因而难以从银行申请到贷款。有关研究还表明，仅有20%的农户能够得到贷款，约20%的农户占有农村金融机构借款量的80%（何安耐，胡必亮主编，2000，第18页）。

乡村企业，是立足于当地资源而由乡村投资发展起来的，生产是面向市场的资源利用型生产，市场供给和需求均衡变化的不确定性较大，因此，乡村企业生产经营活动的风险性较大，农村金融机构对其发放贷款的风险性较大，虽然乡村企业一直是农业银行金融商品供给的主体，但是成长中的乡村企业的资金短缺却一直是较为突出的问题。

龙头企业＋基地＋农户，以其特殊的产业连带效应和对农民增收的特殊影响力，一直被公认

为是我国农业产业化发展的主体模式。已具有一定规模的完整形式的龙头企业，如著名的内蒙伊利实业集团、广东金曼集团、得利斯集团、石家庄三鹿乳业集团等企业，资金实力一般较为雄厚，也是较为健全的承贷主体，贷款风险较小，一般通过获得商业金融机构的信用放款或抵押贷款满足资金需求。但对于那些处于发展初期而正在形成中的龙头企业，如河南固始县的柳编产业化龙头企业——翔宇集团，模式是：龙头企业＋柳编精加工厂家（基地）＋农户，柳编精加工厂家与农户间的利益联结方式较松散，各柳编精加工厂家分别对外商签订合同，彼此间发生争夺销路的竞争，不能最大限度地享受国际劳动分工的利益。缺乏健全的承贷主体，金融机构难以对其给予贷款支持，主要靠所在乡镇政府担保获得贷款，虽然能够在一定时期内从某种程度上现实地解决企业的资金需求，但不符合《担保法》的要求，法律保护脆弱。同时，资金短缺是这类龙头企业进一步发展的主要约束因素。

三、构建需求导向型农村金融组织结构体系，均衡农村金融商品供求

在1980年以来注重实效和渐进的改革已经为我国赢得了令人瞩目的增长和前景时，我国农村金融业的最大问题是较高的坏账率、长期盈利能力不足，具有较大的脆弱性，这是我国农村经济乃至整个宏观经济稳定和增长前景的最大威胁。要克服我国农村金融体系的脆弱性，避免农村金融机构危机和农村金融组织系统性重组的高成本①，实现农村金融的可持续发展，需要以农村金融需求为导向，从整体角度调整农村金融组织的区域布局，重构农村金融组织体系。这个问题，实际上是一个农村金融组织结构的重新安排问题，是农村金融体制改革需要跨越的一个制度性障碍。能否跨越这一制度性障碍，是能否保持农业持续发展的关键所在。

1. 要按照市场需求调整农村金融组织结构。改革开放以来，我国城乡金融市场实际上采取了不同的发展道路和发展模式。城市金融市场采取的是一种渐进自由化和市场化的道路，其三大基本特征如下：①金融机构信贷资金管理权限的扩大；统一计划、统一管理到计划与资金分开、自求资金平衡，发展到在资产负债比例限制下的信贷资金自主管理。②金融市场准入的放松，金融机构逐渐多样化；改革之初，金融市场上仅有国有银行和国有保险公司的踪迹，后来逐渐成立了信托投资公司、财务公司、股份制商业银行、证券交易所、证券公司、基金管理公司等。③利率管理权上的改革；由信贷机构执行统一的由中央银行制定的固定利率到执行由中央银行制定的附有一定浮动幅度的浮动利率，并确立了利率市场化的改革方向。农村金融市场的发展则走出了一个由政府推动下的不断突变的轨迹。改革开放前的中国，金融活动没能形成市场，银行只不过是一个政府有计划分配资金的工具。政府在利用这个工具的同时，还不断地对其进行了组织上的改造。1979年以来，农村金融市场虽然逐渐形成，但政府在扶持农业的意识下，直到1997年底，

---

① 金融危机的代价是沉重的，国家为缓解危机和消减银行坏账需要担负较高的财政成本，为解决银行和金融危机，阿根廷（1980—1982）、智利（1981—1987）、以色列（1977—1983）、西班牙（1977—1985）、墨西哥（1994以来）政府为此而担负的成本占GDP的比重分别达55%、41%、30%、17%、15%（Nicolas Schlotthauer，2000）。中国虽没有发生有如其他国家的金融危机，但据美国布鲁金斯研究所研究员拉迪（Nicholas Lardy）估计，中国金融体系为解决银行不良资产所需资金，相当于所有金融机构未偿还贷款的25%。截止1998年底，中国金融机构未偿还贷款相当于国内生产总值（GDP）的108%，由此推算，中国金融体系需要的资金约达2 600亿美元（中国人民大学复印资料《金融与保险》2000年第1期，第127页）。但胡祖六认为，要成功解决中国银行业的不良债权，需要对银行体系进行重组，在最可能的情形下，银行重组的总成本估计为2 720亿美元，相当于中国1999年GDP的26%（胡祖六a，2000）。

对农村金融的发展一直采取了约束和抑制政策，实行信贷配给和信贷补贴制度，并限制农村金融机构的多样化，不允许农村民间金融机构的发展。不但没能形成农村金融需求群体的资金自我良性循环机制，还使得农村金融机构亏损严重，中国农业银行全行多年亏损，50%～60%的农村信用社亏损，30%～40%的农村信用社甚至出现资不抵债。没能实现农村金融机构的自我发展和良性循环。农村金融市场与城市金融市场的分割，不但城市资金不能有效地流入农村，实现工业反哺农业，农村资金却反而流向城市，造成农业、农村的发展和农民福利改善的严重滞后。

2. 组织结构调整要有前瞻性，要能适应经济进一步开放与发展的要求。WTO 框架下，随着贸易自由化和资本自由化的推进，包括农业部门和商业银行部门在内的一些关键部门对外国竞争者的开放，对外贸易额、外国直接投资流入的量均将会大大增加。到 2005 年，中国年对外贸易额预计将增加到 6 000 亿美元，外国直接投资年流入量将达 1 000 亿美元（胡祖六 b，2000）。由贸易和投资带来的效率的提高，也将大大推动农业和农村经济的发展。农村金融组织结构调整，要能适应可能出现的对金融产品需求大量增加的要求，在金融体制上找到一个终极发展模式，避免给市场活动主体提供一个不确定的农村金融市场环境，要避免将来不可预期的农村金融体制的再次变动，要保证农村金融机构与国内外其他金融机构在农村金融市场上能够平等地角逐。

3. 要处理好农村金融发展与农村经济增长的关系方面。在这方面，美国耶鲁大学经济学家休·T·帕特里克曾提出两种模式（Hugh T. Patrick，1966）：一是“需求追随”（demand - following）模式。他认为随着经济的增长，经济主体会产生对金融服务的需求，作为对这种需求的反映，金融体系不断发展。也就是说，经济主体对金融服务的需求，导致了金融机构、金融资产与负债和相关金融服务的产生，强调的是金融服务的需求方。另一是“供给领先”（supply - leading）模式。金融机构、金融资产与负债和相关金融服务的供给先于需求，强调的是金融服务的供给方对于经济的促进作用。并且认为，这两种模式与经济发展的不同阶段相适应，两种模式之间存在一个最优顺序问题，在经济发展的早期阶段，供给领先型金融居于主导地位，而随着经济的发展，需求型金融逐渐居于主导地位。

中国经济发展表现出较强的地域性和层次性，农村金融需求主体对金融商品的需求也表现出较强的地域性和层次性特征。在经济欠发达的中西部地区农村，以小农为主体的自然经济色彩仍较浓厚，不但存款需求和贷款需求规模均较小，且信息离散度较高。大型商业银行进入小农和中小企业存贷款需求集结的市场，信息收集和信息更新的成本较高，并缺乏规模效益，在这些地区，目前还没有商业银行进一步快速发展的经济基础，农村信用社虽具有先天的信息优势，但因其实现制度性绩效上的困难而缺乏持续发展的潜力，故应选择“供给领先”模式发展这些地区的农村金融，在稳定现有合作金融基本格局的前提下，充分发挥政策性金融的作用。在东部经济发达地区，农村商品经济已有一定程度的发展，私营经济和私营企业甚至是这些地区经济发展的主导力量，与简单地向国有企业提供贷款不同的是，在其他条件不变时，金融系统向私营经济提供资金的能力同经济增长是紧密联系的（King/Levine，1993）。在经济发达地区，合作金融组织虽然实现制度性绩效在技术上没有困难，但其经营管理上的非合作性特征却已经较为突出，可以走“需求追随”模式发展道路，在规范现有合作金融组织，提高合作金融组织制度性绩效的同时，对一些经济发达地区规模较大的农村信用社进行股份合作制改造①，进一步明晰产权结构，形成

① 合作金融组织在分配和股权处置上的股份化倾向，在较多国家均存在，德国有近 20%的基层合作银行在资本构成上是股份制形式的，德意志合作银行、两个区域性中心合作银行中的一个，在资本构成上也是股份制的，按股分红，但保留了一人一票、出入自由的合作制原则。

能够提供适当个人刺激的有效的产权制度，增强农村信用社的发展实力，以巩固和强化合作绩效。而在中部农产品主产区，自给自足的自然经济已在一定程度上被商品经济所取代，“二元经济”与“混合经济”成为现实，“需求追随”模式和“供给领先”模式应该混合推进。

4. 发展农村中小型金融机构和社会公共投资机构，实现金融组织的多元化。①国有商业银行贷款决策机制不健全；中国农业银行，是农村中小型企业贷款的主要供给者，由于接受了来自国家金融资产管理公司承购不良资产而形成的事实上的补贴，呆坏账减少了，资金实力增强了，但农村中小型企业贷款难的问题仍较突出。其根源在于农业银行决策层次太多、决策权力太集中。与其他国有商业银行遇到的问题一致，在信贷决策权的管理问题上，存在两难选择。如果上收信贷决策权，总行和省市分行根本无法充分掌握企业信息，决策成本太高、效率低，不能有效决策；如果把信贷决策权下放到基层行处，又会产生预算软约束问题。化解两难选择的出路在于金融组织的地方化，发育把市场定位于中小企业的银行，建立类似于城市信用社的股份制小型金融组织，或是改造和完善农业银行的基层机构，使直接面对客户的信贷人员就是决策人员，有效地解决中小型企业贷款难的问题。②农村金融市场需要大量的金融机构的存在和社会公共投资机构的参与，农村经济的发展和农村较高的私人储蓄率，客观上也为这些金融机构提供了发展的基础和足够的增长潜力。诸如发展农村保险机构，特别是发展农村养老保险业，一是可以有效地对中国社会保障体制改革中对农村社会保障事实上的忽视和冷落形成补充；二是成长的保险业和养老保险基金资产也为蓄养农村金融资源提供了承载主体。③针对市场型农户和形成中的龙头企业的资金短缺问题，一是可以针对农户发放小额贷款；二是可以建立农户或企业间的小组联保机制；三是可以通过各种形式的联合与合作，建立专业合作社组织，使专业合作社组织成为农户或企业与金融组织联系的桥梁，把市场型农户或企业组织起来，银行将贷款发放给专业合作组织，再通过专业合作组织扶持专业化的市场型农户或企业的发展；四是完善各种形式的中介组织，诸如通过一定方式建立为农户或农村中小型企业服务的担保基金，为农户或农村中小型企业融资提供信用担保。

参考文献

[1] 何安耐，胡必亮. 农村金融与发展. 经济科学出版社，2000

[2] 何广文. 从农村居民资金借贷行为看农村金融抑制和金融深化. 中国农村经济. 1999（10）

[3] 胡祖六 a. 中国的银行体系改革：一次新的长征 . 国际经济评论. 2000 年第 7～8 期

[4] 胡祖六 b. 新千年黎明中的中国. 载：胡鞍钢主编. 中国走向. 浙江人民出版社，2000

[5] 林毅夫. 再论制度、技术与中国农业发展. 北京大学出版社，2000

[6] 中国人民银行抚州市中心支行课题组. 非正式制度安排、技术约束下的农村信用社发展问题的研究：抚州个案研究与一般政策结论. 金融研究. 2001（1）

[7] Hugh T. Patrick，1966，“Financial Development and Economic Growth in Underdeveloped Countries”，《Economic Development and Cultural Change》，1966. 14（2，January）

[8] King/Levine，1993，“Finance and Growth：Schumpeter Might Be Right. ”，《Quarterly Journal of Economics》，1993. 108（3）

[9] Nicolas Schlotthauer ，2000，“Currency and financial crises - lessons from the Asian crises for China?”，March 2000，Würzburg Economic Papers No. 15

论农业银行的资本运营

臧日宏

随着我国改革开放力度的进一步加大，以及国内、国际形势的发展，中国加入世贸即将成为现实，全球经济一体化的浪潮将伴随21世纪的到来而变得更加汹涌，作为现代经济核心的金融业竞争加剧，市场金融化需求日益多样化，中国的金融业发展模式将实现从分业到混业的过渡，金融监管也将从分业监管走向综合监管，最终各国有商业银行将实现上市。为此，宜及早探索农业银行如何建立起能实现资本有效运营的长期发展战略，以求在未来的激烈竞争中能把握先机，创造效益，从而实现农业银行的可持续发展。

一、加强商业银行的资本运营是国际金融市场发展的必然要求

近年来，国际金融市场发展迅猛，无论在量或质方面，远远超过世界所有国家的实物经济生产的发展，也超过跨越国界的商品和劳务的贸易交换的增长速度。各国的商业银行都努力把握良好机遇，同时也重视其中蕴藏着的巨大风险和挑战。当前国际金融市场的发展特点对商业银行业务也产生多方面影响，并由此提出了商业银行资本运营的要求。

（一）商业银行面临的竞争加剧，传统存贷业务利差缩小

目前世界各国的商业银行正面临挑战，其过去的垄断地位和比较优势正逐渐消失，特别是由于管理条例和技术的变化使进入银行业的壁垒减少，商业银行面临来自多方面的实际与潜在的竞争，不仅银行业内部竞争激烈，而且面临资本市场、货币市场；非银行金融机构和非银行非金融机构的竞争。例如，融资证券化使大公司可直接在资本市场和货币市场筹措资金，商业银行传统的金融媒介作用降低，利息收入占整体经营收入的比例下降；资产证券化使传统标准的贷款业务程序分割，贷款的发起、管理和资产持有可由不同的金融机构承担；技术发展使分行网络在金融服务传递渠道中的作用减弱，通讯公司和软件公司也可参与提供银行服务；一些国家的制造商和零售商通过内部银行直接向消费者提供消费信贷和信用卡产品，争夺部分零售服务客户。

激烈的竞争使商业银行传统存贷业务的利差缩小和盈利下降。例如在德国，整体银行业的平均资本收益率从1984年的21%下降至1999年的11.8%，整体银行业的资产收益率降至0.49%；西班牙整体商业银行的资产收益率从1990年的1.53%降至1995年的0.69%，同期平均资本收益率从10%降至5%；意大利整体商业银行和储蓄银行的资产收益率从1990年的0.58%转为1994年的负数；只有进行大规模银行改组的荷兰银行业，平均资产收益率从1990年的0.38%上升至1994年的0.49%，资本收益率从9.4%上升至11.6%。为求生存与发展，各国商业银行调整其经营和发展目标和战略，由以往以资产规模增长为中心的目标转变为以提高资本收益率为中心的目标。为达到此目标，各银行也将以往注重外延式发展的战略转变为注重内涵式发展的战略。

（二）融资证券化和资产证券化发展促使商业银行的业务多元化，进而走上了资本运营的道路

商业银行传统的业务重点是资产负债表内业务，面对竞争的加剧以及国内外资本市场的发展，一些银行对其业务重新定位，发展表外业务，提供多元化服务，包括基金、保险、投资银行等业务，以增加非利息收入。例如，亚洲的新加坡、泰国和中国台湾，接近90%的基金通过银行销售，中国香港也有40%的基金通过银行销售；银行推销的保险包括寿险在欧洲一些国家的保险市场占有率达20%～40%；荷兰国际银行通过收购巴林银行。瑞士银行通过收购瓦堡银行（Warburg）发展其投资银行业务，而汇丰银行通过重组其投资银行业务，使该类业务盈利占总盈利的比重从1995年上半年的6.1%上升至1996年同期的8.7%。1996年末，美国货币监管局宣布，在逐例审批的基础上，允许其监管的银行遵循一定条件，通过附属公司从事证券包销、保险和租赁业务，日本也进一步放宽有关银行与证券的分业经营监管，将会进一步促进银行业务全能化、多元化的发展。

（三）金融市场全球化和一体化发展促使商业银行业务国际化发展的侧重点改变，跨国并购空前活跃

各国金融管制的变化和现代化的通讯技术发展将分散在世界各地的金融市场连成一片，加上筹资方式证券化和资产证券化的发展，不仅改变了商业银行在信贷业务中与客户之间的债权债务关系，为商业银行资产负债结构调整提供了方便，也促使商业银行的国际化战略重点转向发展投资银行业务，以及转向亚太地区。

早在20世纪70年代，一些国家的大型银行已跟随其大企业客户向海外发展。80年代的金融自由化，加快了跨国银行国际化发展的步伐。这一阶段银行国际化的特征是发展资产负债表内业务，将传统信贷业务在地域上扩张，例如向发展中国家贷款和跨国举债收购融资。特别是日本的银行，凭借国内较高的储蓄率、较低的利率和较低的资本充足比率要求，大肆向海外扩张贷款，转移国内剩余资金。但是由于发展中国家出现债务危机，以及80年代末西方国家的经济危机导致银行业的地产贷款坏账累累，举债收购公司股价下跌难以偿还贷款，贷款收益下降，加上“巴塞尔协议”提高了资本充足比率规定等因素，因而西方大银行不得不收缩海外业务。

近几年来，由于一些国际大银行逐渐注销了80年代的大量坏账，其国内经济复苏缓慢及贷款需求增长缓慢使银行资本相对充裕，为满足业务多元化和实现规模经济的需要，西方大银行再次加快了国际化发展的步伐，但其特征与80年代有所不同。主要有以下两点：

第一，业务重点是发展投资银行业务和某些专业银行服务，如股票包销或证券全球托管业务。例如德意志银行收购摩根建富，荷兰国际银行收购巴林银行，德累斯顿银行收购佳活本森（Kleinwort Benson），瑞士银行收购瓦堡银行等，均是大商业银行通过跨国收购投资银行进行国际化扩张和多元化发展的范例。

第二，在地区取向上，亚太地区日益成为国际银行业务国际化的热点。例如德意志银行已在亚洲和澳大利亚、新西兰等地的18个国家建立网络，雇员5 200人，在此地区的流动资金和未偿还贷款总计40亿美元。1995年该行更加强亚洲区的投资银行业务，1996年在该地区的支出达7亿马克，占投资银行业务总支出的1/3，公司客户6 500个，亚太区的投资银行业务雇员达2 000人。该行的目标是未来三至五年内，30%的经营总收入将来自亚洲，公司客户达8 000个；亚太地区业务税前资本收益率至少为25%，在某些国家（如印度、印度尼西亚、泰国和马来西亚）

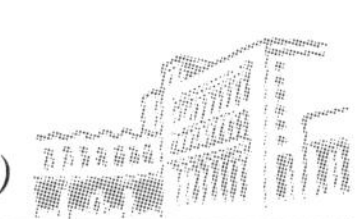

甚至更高，而1995年德意志银行集团的整体资本收益率则为14%。汇丰银行和渣打银行来自香港和亚太地区的经营利润占集团利润总额的比重在1996年上半年分别为55%和67%。德累斯顿银行也有意加强在亚洲区的发展。

1997年中开始的亚洲金融风暴并未使国际银行对亚洲地区的兴趣消失，而是通过国际货币基金组织的援助条件，迫使一些国家如韩国、泰国、印尼进一步开放金融市场，为国际银行进入亚洲市场创造条件，花旗、渣打等银行则捷足先登，趁股市低潮，积极部署收购泰国的银行。而日本的金融“大震”更吸引了众多国际投资银行积极进入日本金融市场，竞争基金管理业务。

（四）商业银行的衍生工具交易增加，资本运营成为抵御银行的市场风险的手段

近几年来，金融衍生工具市场迅速发展，衍生合约每年以40%的速度增长，同时，衍生交易也主要集中于欧美国家的大银行。1994年，美国银行业持有的衍生工具合约的名义总值超过16万亿美元，其中63%为利率合约，35%为外汇合约，其余为股票和商品合约。美国7家大银行拥有的合约名义总值占全美银行持有的合约名义总值的80%。这些合约主要以交易增值为目的，约占94%，只有6%是资产负债管理的需要。美国4家最大银行1994年的交易总收入中，衍生交易收入占15%～65%不等。

衍生工具可用较低的成本对冲基础市场交易的风险，可以增强金融资产的流动性，但其投机性炒作则带来各种风险，包括：(1) 市场风险。衍生合约的市场价值对基础市场的利率、汇率、股市指数等变化高度敏感，其反映基础市场的波幅也很大。(2) 信用风险，即合约的任一方违约的风险，衍生合约需要连续对冲才能减少市场风险，而与此同时又增加市场总体信用风险。(3) 流动性风险。许多场外交易的衍生工具为度身定制的，不仅难以在市场上标价，而且也难以转售。(4) 经营风险，即内部管理不了解衍生工具的复杂性，管理系统不健全，或不能适应突发性市场变化而产生的风险，以及结算风险、各国法律不统一和管理条例变化产生的风险等等。由于衍生工具交易的杠杆作用较大，如果单纯从事投机性炒作而看错市场又不及时止亏，则会损失惨重。英国巴林银行的里森因股票期货交易亏损而导致具有230多年历史的老牌投资银行倒闭，即是惨重教训。日本大和银行纽约分行虽未参与衍生工具市场，但因交易金额过大，看错市场后又不及时止亏，也足以致命。因此寻找资本运营渠道，加强风险管理的问题便提到银行管理层和宏观监管机构的议事日程。

二、农业银行进行资本运营的时机已经成熟

世纪之交的2000年是中国资本市场掀起狂澜的一年。在这一年里，几乎所有业内大变革无不牵涉到资本市场。一方面，国企巨头中联通、中石油、中石化轮番叩击国际资本市场的大门，在香港、纽约寻求资本市场的突破；另一方面，随着国内《创业板市场规则咨询文件》的公布，创业板在千呼万唤中终于浮出水面。而在金融业方面：4月1日，储蓄实名制正式实施；7月，上海个人信用联合征信服务体系正式启用，这是个人信用制度在中国的开端；9月，中国迈出利率市场化的第一步，商业银行的外币贷款利率全部放开，300万美元以上的外币存款利率由银行与客户自行商定。11月末，民生银行跑步上市，成为继深发展、浦发银行之后的中国第三家上市银行，标志着银行上市步伐再次加快。而排在其后的招商银行、交通银行、光大银行和广东发展银行等股份制银行，则将成为跨入新世纪后金融板块突起的生力军。10月末，中国证监会透露：中国资本市场将允许外资进入。顿时，沉寂了一段时间的深沪股市出现了“满堂红”。资本

市场向民间开闸放水，消息刚一面世，旋即成为众所瞩目的一个亮点。

面对资本运营的迅猛发展态势，作为四大国有商业银行之一的农业银行应如何应对?

纵观世界经济的发展史，从产品经营到资本运营，再到品牌经营，资本运营在企业经营方式中越来越重要，许多国际大企业，都是在某种程度上运用了兼并、收购而发展起来的。在我国，经过十几年的改革开放，社会整体经济环境正在向市场经济体制逐步过渡，宏观经济环境在经历了改革初期经济增长超速发展，从卖方市场向买方市场转变，经济结构逐步调整，许多企业自身的发展也经历了从企业初期迅速膨胀到稳定发展，现在步入了资本运营时代。资本运营因此成为许多企业家们日益重视的课题，也逐步成为许多企业进一步实现飞跃的经营核心。农业银行作为商业银行，在分业经营的体制下，农行在资本运营中难有作为，但是随着世界金融业混业经营的潮流，我国商业银行混业经营的趋势已不可避免，因此，农行作为具有投资银行职能的金融机构，在企业资本运营中具有重要的地位，发挥着媒介购并双方、提供融资、促进整合的作用。

资本运营作为企业间实现资源重新配置、有效组合，实现资源效用最大化的有效手段，许多企业都在努力尝试资本运营，但是，资本运营是一项十分复杂，牵涉各方关系较多的业务，单凭企业一家是难以完成的，往往必须依靠投资银行的参与。农行作为经营投资银行业务的商业银行，在资本运营中处于十分重要的地位。

首先，农行作为国有商业银行，在长期的经营活动特别是信贷业务中拥有了大量企业资产，主要是债权，通过债权转股权，从而可为资本运营提供大量的兼并收购对象。在这里，农行所处的是出售者的地位。如 2000 年农行向长城资产管理公司转让了几千亿债权，长城公司再通过债转股、重组。出售、出租等多种形式，盘活和收回债权，为企业资本运营提供了大量的素材。

其次，从混业经营的趋势看，未来农行将拥有投资银行功能，因此，农行可运用投资银行职能，为企业资本运营提供各种中介、信息、策划服务，促进企业资本运营的开展。在这里，农行所处的是中间人的地位。

再次，农行作为实力雄厚的国有商业银行，可以通过资本运营兼并一些中小型商业银行和地方金融机构，达到扩展经营范围，提高规模，增强抗风险能力的作用，同时可优化国家金融资源配置，促进地方经济发展。这里，农行所处的是购并者的地位。

三、农业银行进行资本运营应遵循的原则

资本运营是以利润最大化和资本增值为根本目的，以价值管理为特征，按照资本运动的一般规律来经营并优化配置企业全部资本和生产要素的经济活动。资本运营的目标在于资本增值的最大化，资本运营的全部活动都是为了实现这一目标。资本运营是一种过程，它存在于资本的组织、投入、运营、产出和分配的各个环节。包括筹资和投资活动。资本运营方式多种多样，兼并、收购、联合、租赁等都可以促进资本存量的合理流动和优化配置，改善资本结构，提高配置效率。资本运营的基本要求是充分发挥市场资源配置的作用，寻求有利于资本生存的环境，通过各种途径实现资本的优化配置和规模经营，提高资本的运营质量，达到资本盈利的最大化。

农业银行的资本运营就是运用内部经营战略和外部经营战略，通过业务拓展和重组，加强银行管理，并参与和开展企业并购工作，合理配置金融资源，实现利润最大化和资本增值的经济活动。结合资本运营的特点，农业银行在资本运营中应遵循以下原则：

1. 效益最大化原则。资本运营是一种企业行为，企业经营行为的最终目的是取得效益最大化。在现阶段的资本运营当中，部分企业盲目扩张规模，一味地追求特大型、巨大型的跨地区、

跨行业、跨所有制的所谓“航空母舰”，单纯为了规模而扩张，注重了过程，忽视了行为结果，忽视了经济效益。如韩国的大宇集团、深圳的巨人集团、石家庄的环宇集团就是在盲目的扩张过程中破产的例子。因为企业作为社会经济的细胞，其最终目的就是创造效益，一旦失去这个能力，企业就无法生存和发展。为此，银行的资本运营应以效益为中心，不遵循这一基本原则，资本运营也就失去了意义。

2. 遵循市场经济规律原则。市场经济的发展有其客观的规律，银行在实施资本运营战略过程中同样也应遵循市场经济规律。也就是说，银行要发展要壮大，要实施资本运营战略，必须经过详细的市场分析，要经得起市场的检验，银行才能在市场中站稳脚跟。否则，如果银行违背市场规律盲目扩张，把“触角”伸向自己毫无竞争优势的领域，银行不但失去自己原有资源和竞争优势，反而置身于一个全新的环境当中，优势变成劣势，其结果自然是业多不精，竞争不过别人，最终导致失败。

3. 培植新的增长点原则。经历过顶峰就意味着将要衰老，任何事物都有其自身的生命周期。在不断变化着的市场竞争当中，商业银行要永葆青春、要想获得长足的发展，只有靠不断进取和改革，并在激烈的竞争和变革中不断寻求和培植企业新的增长点，才可在风云变幻的市场竞争中找到立足之地。

4. 发挥资源优势原则。每个银行都有自己的独特个性和优势，银行在资本运营中如何实现壮大规模与实力，其中最重要的一条就是要坚持发挥银行资源优势的原则。

5. 银行的企业文化相容性原则。每个银行在发展中都会形成与其自身特征和鲜明个性密切相关的经营哲学思想、经营理念，因而，在实施资本运营战略时，必须考虑关联企业的企业文化是否相容，尽量避免、消除企业相互之间的“水”、“火”之势，以创造出最大效益。

四、农业银行资本运营的限制因素

农业银行自从1979年恢复建制以来，经过20年的发展，目前已成为一家初具规模的现代化商业银行。然而，对于银行、证券、保险等行业在国内的发展状况及其在国际上的发展态势，我们必须有一个客观、全面的认识。在此基础上建立起来的发展战略才具有实质性的战略意义。

1. 银行业实行分业经营原则，实施资本运营战略的法律环境存在严重阻碍。我国银行分业经营是1995年形成的，当时主要是针对90年代前期在银行改革中出现混业经营格局后引发的一系列不良后果，为整顿金融秩序而颁布《商业银行法》，其中明文规定：“商业银行在中华人民共和国境内不得从事信托投资和股票业务，不得投资于非自用不动产，不得向非银行金融机构和企业投资”。随后，在《担保法》、《保险法》、《证券法》等法律中又强化了这一要求，从而正式确立了我国分业经营的银行体制。在我国社会主义市场经济迅速发展的今天，这种体制的局限性也日益表现出来。而且中国入世在即，与国际上银行、保险、证券等混业经营的全能型银行体制相比，更是显得格格不入，在全方位的市场竞争中明显处于劣势。

2. 农业银行在我国各地区的发展很不平衡，分支机构、网点的设置不尽合理。由于我国四大国有商业银行实行的都是一级法人体制，分支机构众多，网点分散，地区差异大，有关政策难以贯彻落实到底，具体做法各异，难于达到总体协调，实施统一运营战略、品牌战略，不利于提高整体效益。

3. 资产质量整体不高，控制风险能力还很弱。尽管农业银行属于国有商业银行，但由于不良资产存量较多，资本充足率偏低，这些因素隐藏着较高风险，也严重制约着农业银行进一步向前发展。但另一方面，当前国际金融局势危机四伏，从切断金融风险传播链的角度出发，分业经营仍然是现实无奈的选择。

4. 内控制度脆弱，监管能力不足。由于历史的原因，农业银行的底子相对较薄，各项建设总体上相对滞后，加上银行体制刚刚转型，在内控制度建设上尚未完善，基本处于弱势状态。适应分业经营的原则，中国金融监管采用分别监管制，银行、保险、证券各有其监管机构，一旦实行混业经营，现有的监管能力将受到考验。另外，我国行业自律组织本身不成熟，自律、自我监管的能力较差。

此外，加入WTO将对整个金融业产生巨大冲击。全球经济一体化和金融自由化的影响下，中国实行混业经营和综合监管已是大势所趋。在这个过程中，因外资银行的进入和国际结算、人民币业务的逐步放开，国内所有银行都将承受巨大的压力，经历一个阵痛的过程。

五、农业银行资本运营战略的具体实施

（一）出售企业债权，协助企业实施债转股

农业银行是经营货币融通业务的商业银行，它既有大量债务，又拥有大量的债权。农行的债务人主要是各类企业，依靠企业在经营中赚取利润来偿还贷款本息。但在市场经济中，风险是无处不在的，企业随着可能因市场环境、竞争等的变化遭受损失。在企业有大量银行借款的情况下，这种风险会向银行转移，使银行的债权成为不良资产。而银行为了解决不良资产过多的问题，就必须寻求出售这种不良资产，通过出售不良资产，减少损失。在出售不良资产的同时，也协助企业完成以债转股为形式的资本运营操作。

（二）大力开展投资理财业务，发挥农业银行的投资银行功能

条件成熟的经营行成立投资银行部，力求为客户提供全方位的服务，为向全能型银行过渡做准备。具体操作可先从开展私人银行业务着手，成立私人银行部。由于我国市场经济的迅速发展，先富起来的队伍不断扩大，他们希望银行能提供全面周到、细致入微的个人理财服务，实现个人财富的有效保值和增值，因而我国私人银行业务已存在较大的市场需求。然后逐步向公司客户推广，成立公司银行部。最后条件成熟后，组建投资银行部。

农业银行行使投资银行职能，发挥的作用主要是：

1. 提供并购信息。企业并购的实质是企业间的产权交易，获取及时、准确的交易信息是顺利实现企业并购的首要前提。企业由于其自身的局限，相互间往往缺乏了解，并购方与希望被并购方难以沟通，极易使一些可能存在的并购机会丧失。而农行由于其业务联系广泛，对各类情况掌握得非常详细，能及时了解哪些企业持有超额现金。正寻求自我扩张，以求在新的领域扩展业务：哪些企业经营业绩较差或为谋求规模经济效应，股东们意欲出让股权企业被并购；哪些企业有被并购的价值等，从而可以帮助那些通过并购进行扩张的企业搜寻并物色目标企业，将有并购价值、符合其并购意图的企业推荐给准备实施并购战略的企业，为进行企业并购提供一个基本条件。

2. 为实施并购做好准备工作。农行在企业并购过程中，可以帮助并购方做好以下几个方面的工作：第一，提供有关企业并购的咨询服务。如果一家公司打算在新的领域扩张业务，并决定采取兼并的方式，就会求助于投资银行。农行可以为客户提供有关企业并购方面的咨询服务。第二，替收购方物色收购对象和加以分析，如目标企业即被收购企业的股本总额、结构、董事会成

员、资产负债情况、公司的业务范围、产品的市场竞争力等。第三，对目标企业进行财务调查和估值分析，包括与同类上市公司进行类比分析，按现金流量进行估值分析。第五，帮助收购方制定收购建议内容，包括收购价格、策略、条件、时间、财务安排等；并与被收购方的董事或大股东接触并洽商收购条款等。第四，编制有关公告，详述有关收购事宜，同时准备一份寄给被收购公司股东的函件，说明收购的条件、原因和接受并购程序等。

3. 帮助被收购方设计并实施反兼并措施。目标企业（被收购方）为了防御和抵抗敌意收购方的进攻，往往请求投资银行设计出反兼并、反收购措施来对付收购方。农行作为收购方的投资财务顾问，对此可以做以下工作：第一，如果对方是敌意的收购，和公司的董事制定出一套防范被收购的策略。例如向公司的股东说明公司的前景，争取大股东继续支持公司的董事和持有公司的股票等等。第二，就收购方提出的收购建议，向公司董事会和股东做出该方是否“公平，合理”的判断，并就是否接纳收购建议提出意见。第三，制定反收购策略；修改企业章程，设法向公司的股东证明兼并公司的报价太低；指出兼并与反垄断法相抵触之处，以期引起司法部门的干预；在公开市场上回购公司股票使股价上涨，超过兼并公司的报价；吸引另一家可以接受的兼并公司来对付敌意收购者等。

4. 确定并购条件。农行可以为重组的双方确定兼并重组的条件，包括兼并重组的价格、付款方式等。兼并双方都可能聘请各自的投资银行就兼并重组的条件进行谈判，以便最终确定一个公平合理、双方都能接受的合同。投资银行在与双方的谈判和协调过程中，关键是为双方确定合理的并购价格。因为收购方出价太低，对方就不会接受，收购活动也就以失败而告终；如果其出价太高，又会影响自己公司的利益。

5. 提供融资安排。农行在作为收购方公司收购兼并的财务顾问时，还可以作为其融资顾问，负责其资金的筹措。农行可以凭借自己丰富的从业经验，熟练的专业技巧以及广泛的融资渠道，帮助并购方设计、策划并完成筹资计划，既可以解决并购活动中的资金困难，支持并购方顺利完成企业并购计划，自己也可以从中取得一笔可观的佣金收入。

（三）尽快建立和实施农业银行跨国并购战略，增强竞争优势，并为将来实行混业经营积累经验

银行的跨国并购是商业银行实行全球化经营策略，拓展业务领域，扩大市场份额，壮大规模，增强银行竞争力的可行有效途径。由于我国《商业银行法》并不禁止商业银行在境外拥有商人银行，允许我国银行并购海外的证券、保险类企业。例如，建设银行早在1996年就与美国摩根斯坦利公司合资组建了中国国际金融有限公司；1998年2月，工商银行与东亚银行联手收购国民西敏寺亚洲证券，并组建合资金融控股公司工商东亚金融控股有限公司。因此农业银行可以采取类似的跨国并购形式，组建银行控股集团，从而规避国内银行分业经营的政策风险，向证券、保险、信托、期货等周边产业渗透，积累混业经营的经验。

具体操作时考虑因素：一是东道国允许外国银行进入及其经营活动管理的宽严程度；二是东道国金融现有的国际地位；三是东道国内经营市场的稳定和发展状况；四是东道国银行拓展当地业务的前景及风险的大小。

跨国并购目标市场的选择：①把港澳台地区作为通过银行并购开拓国际业务的基地和窗口。②抓住有利时机，抢占亚太地区国家金融市场。首先，亚太地区曾有过相当长一段时期的快速、健康发展，在良好的经济发展基础上，该地区应能快速地从金融风暴中走出来。其次，危机后，有关国家在接受了国际货币基金组织的援助之后，按其要求开放本国金融业和服务业市场，允许

外国公司、财团收购或兼并这些行业中的公司企业。第三，危机后，东南亚部分国家货币贬值，如韩国货币贬值了一半左右，这使得跨国收购与兼并的价格非常优惠。③关注欧盟和北美，先学习，而后伺机进入。

（四）按照效益最大化的原则，逐步撤并无效低效的机构、网点，适时实施区域重组战略

首先，由各经营行在各自区域内对无效低效的机构、网点进行撤并、整合，然后由各省、区分行统筹协调，提出区域重组的初步方案，最后由总行根据区域分割经营、区域间竞争原理来进行分割式改革，将垂直型大一统的架构按经济联系划分为若干地区的有独立权利和义务的区域性银行法人，增强彼此间的竞争，促使其经营效率的普遍提高。通过这种方式既可打破地域界限，形成有效竞争机制，又可在原有基础上保留一定的规模经济。

（五）尽快统一、完善农行的电脑网络系统，并着手开发网上银行业务，培植新的增长点

目前，全国各省、甚至各市农行所采用的电脑网络系统均不相同，成为制约农行业务发展的瓶颈。广东省顺德市农行开发的新一代电脑综合应用业务系统作为农总行的指定重点援助项目，已于 2000 年 6 月正式投入使用，目前运行状况良好，但至今仍未得到农总行的首肯并在全国范围内推广。由于电子、通讯等高科技技术在中国金融产业中运用步伐的不断加快，网上银行业务已显示出其巨大的发展前景。招商银行、中国银行、建设银行已率先进入这一新的领域。招行的决策层对网上银行的未来发展给予了高度重视，明确提出：在规模优先和银行再造（重整）的战略思想指导下，确定招行作为“技术领先型银行”的整体定位，尤其要使虚拟银行发展成为客户服务的主要通道，达到国内银行业最高水平，要使招行成为我国网上银行服务的市场引导者。因此，农行若不在此方面加快步伐，势必拉大与其他国有商业银行的发展差距，进一步弱化竞争优势，对农行的中长期发展十分不利。

（六）大力培育具有农行特色的企业文化，实施品牌资本运营战略

重视和加强企业文化建设，提升人气，凝聚人心，合理引导、规范员工的价值取向。依托企业文化建设，激发员工的自我使命感、荣誉感和责任感，实现员工自我创新、自我激励及自我控制，最大限度地发挥每一位员工的潜能，提高员工的凝聚力和向心力。针对农行的特点，要在企业使命、经营理念、形象识别、产品开发及金融服务等方面有别于其他商业银行，提炼出最能体现农行企业文化精髓的企业精神，加大宣传攻势，实施品牌资本运营战略。

农行作为四大国有商业银行之一，实力雄厚，完全可以作为购并方收购其他的金融机构。在我国即将加入 WTO 时，为迎接挑战，国内金融业也酝酿着变革，金融机构之间的购并重组将不可避免，农行可以作为收购方，兼并一些地方金融机构如农村信用社和信托投资公司等，从而一方面壮大自身实力，另一方面解决这些地方金融机构的经营危机，化解金融风险，为社会金融稳定发挥国有企业稳定器的作用。

随着现代经济的发展，资本运营将越来越成为企业经营和经济增长的主要推动力，创新与发展成为资本运营的主题。在这一过程中，农行必将大有用武之地，发挥出其应有的作用。

有关小额信贷几个主要问题的讨论综述*

杜志雄　唐建华

［摘　要］小额信贷在世界范围内的实践已历时20多年。由于小额信贷在一定程度上对传统金融理论提出了挑战，国际学术界自70年代初以来即对此予以关注，出现了一大批研究成果。本文就小额信贷的特征和基本原理、延伸性、财务自立目标和可持续性、利率和储蓄动员、小额信贷的经济和社会影响等专题对有关研究成果进行综述。

［关键词］小额信贷　贫困　研究综述

一、关于小额信贷的特征和基本原理

小额信贷之所以在发展中国家得以发展，主要鉴于以下发展现实，即发展中国家的绝大多数人口仍处于相对贫困的生存状态，他们通常通过发展非正规的小型经营活动来弥补自己的生计。这种情况在城乡两大区域均有出现。这些经营活动既可能从事制造业也可能是从事贸易和其他服务业。这些经营活动规模一般都非常小，风险大，并由那些除了自己的劳动力外别无其他任何资产的人从事经营，正式金融机构如银行等不愿意为其提供贷款。为了生存，这些数量很大的微小型经营活动只能向正式金融以外的地方寻求金融服务，特别是在其需要流动资金时更是如此。这类金融需求通常由范围广泛的非正式融资人提供，包括职业放贷者、走街穿巷的商人、专门向其较富裕的邻居销售奢侈品的小贩、亲戚、朋友和地主等。这些非正式融资人一般具有收取较高借款利息的特点（如果收取利息的话）（Adams and Fitchett，1992）。

为解决其资金短缺问题，穷人们还通过把自己的较少积蓄存在一起并互相融资的方式进行资金互助。在亚洲、非洲和拉丁美洲广泛存在的各种抬会、信贷协会正是这种互助式融资中介服务的典型例证。

这些现象促使一些个人和组织设计和实施专为穷人和小型经营活动提供贷款和储蓄服务的有关项目。这些探索性的努力，特别是广为人知的孟加拉Grameen Bank的实践，证明穷人同样是银行可接受的服务对象，同时也证实向微型经营活动提供信贷服务是一有生命力的主张。估计全球范围内从事小额信贷服务的机构超过1 000家（World Bank，1996）。

小额信贷机构的类型以其规模、服务范围、资金来源、借贷目标、客户特征、贷款程序以及正式化程度等不同而千差万别。其共同特征在于，它们均试图结合和复制非正式借贷中的合理部分，为己所用。

* 原载《中国农村观察》2001年第2期。

普遍认为，小额信贷的特征可归纳为以下几个方面：①使借款人易于接近并使其交易成本最小化；②方便客户根据自己的现金流程按时归还贷款；③较低的管理成本和交易成本；④利息不至于过高，但要足以弥补包括资金成本、交易成本以及风险成本在内的所有成本项目；⑤通过宣传分享参与权（贷款将在小组成员间轮流发放）促进还款动机的发育；⑥充分掌握贷款发放人及其业务活动、所在社区一般状况等信息。对贷款进行全程、同步监测、管理；⑦运用特殊的融资技术，如小组集体借款、小组共同责任和小组作为共同债务人的身份，提高还款率；⑧小额信贷机构鼓励小组成员储蓄，并鼓励这些成员相互进行储蓄动员，使其从单一的放款行为转变为真正意义上的金融中介；⑨提供金融服务时，对资金用途不进行过多限制。这种较大资金应用弹性可保证借来的资金根据需要得到更合理配置。

二、关于小额信贷的延伸性

小额信贷的延伸性是指通过扩大业务延伸范围，小额信贷机构可以使接近金融服务的穷人和小型经营活动数量大大增加。小额信贷的延伸性具有以下表现形式，即：

1. 延伸程度或规模。指多大比例的穷人接受到小额信贷服务。只有小额信贷延伸程度足够大时它才会在反贫困中发挥巨大作用。如果小额信贷机构只在限定区域活动，并且只为少数穷人和数量非常有限的小型经营活动提供信贷便利，则过分强调其作用将无太大意义。世界银行1991年的一项估计认为，就全球范围而言小额信贷机构的市场渗透率仅为5%，在大多数发展中国家仅为1%。这意味着小额信贷机构尚未成为重要融资渠道。孟加拉、玻利维亚和印度尼西亚则比较例外，这几个国家的渗透率要大得多。

传统观念认为，向穷人和小型经营活动发放贷款是缺乏财务自立能力（不可持续）的。这一教条近二十年来由于Gremeen Bank自1976年以来的成功实验受到挑战。不过小额信贷机构作为一种有生命力的金融实体的扩展还仅是最近几年的事情。估计小额信贷的总客户大约有1 000万左右，其中近600万在孟加拉（Mc Guire et al.，1998）。

重要的是，小额信贷机构已经在成长并不断扩大，并且在不久的将来其膨胀的速度可能更为迅速。从这个意义上说，问题不在于小额信贷目前的状态如何，而是在于它是否具有增长、扩张和市场渗透力的潜力。

2. 空间延伸性。指接受小额信贷服务的客户是广泛分布还是只局限于一个行政区内的某一个特定区域。空间延伸性看起来是个十分简单的问题。小额信贷机构服务的地理范围越广、地域渗透率则越强，其能够提供服务的客户就越多，从而它的总延伸性就会增强。实际上，问题远非如此简单，其空间扩张程度与影响小额信贷的可持续性的其他问题具有紧密联系。

延伸成本的大小对其空间延伸性关系最为密切。小额信贷机构向人口稀少区域的扩张意味着单位贷款成本可能会较高。事实上，迄今为止小额信贷能够成功的都是在人口稠密的地方，如孟加拉、印度尼西亚。即使是在这些国家，当小额信贷延伸到人口不是过分稀少的地区时，要取得成功已非常具有难度。有必要寻找到一些新的方法和手段，通过他们降低空间扩张时的贷款管理成本。

偏远地区基础设施如道路、交通设施和通讯等发育不充分的现实意味着在这类地区开展金融服务成本会较高。不论其他相关问题如何，越是不发达地区，其提供的放贷机会也越少。非农经营活动发展的机遇在偏远地区可能更为有限。如果小额信贷服务的对象——小型经营活动由于较差的基础设施条件不是十分的活跃、其贷款需求不充分，金融扩张就会受到制约。此外小额信贷

运行中存在的诸如与文盲人口交往的困难，以及诸如妇女受到排斥等社会问题的存在，也可能是空间延伸的障碍。

存在一种空间扩张的好的案例，即通过增加小额信贷机构的数量而不是通过单个小额信贷机构将业务范围空间扩张到超出某一区域的方式实现空间延伸。单个小额信贷机构的过度膨胀在运行时存在对客户了解程度下降的风险，同时在对贷款监测方面也很困难。小额信贷机构的“非正式”特质可能会因其过度延伸而消失。如此这般，需要对偏远地区的小额信贷业务进行补贴。然而，决定补贴程度和方式又会成为新的问题。

3. 延伸深度。指接受服务的客户的贫困程度，换言之，在多大程度上穷人当中最穷的那部分人得到小额信贷服务。小额信贷面临的一个遭到批评和怀疑的问题是，它究竟有没有为最贫困的人提供贷款服务。国际经验表明，部分小额信贷资金确实到了最穷的人手中（如孟加拉的Gremeen Bank），但其他小额信贷资金则倾向于着重向不是太穷的人发放（Hulme and Mosley，1996）。这种现象产生的一个原因在于，许多小额信贷机构更关心其自身的生命力——财务自立目标的实现，从而偏重于向不那么贫困的人发放贷款。不过有充分的证据表明，生命力不是唯一决定小额信贷机构是否向处于不同贫困水平的人发放的原因。能降低风险的适当的贷款计划、能真正反映额外风险的贷款利率、成本节约的项目执行办法等都有助于小额信贷向最贫困人口的延伸。

最贫困人口对信贷资金的需求可能非常有限。由于缺乏技能和由贫困决定的规避风险倾向等，它们一般不具备建立小型经营活动的能力。因此，这些与小额信贷本身无关的因素作用的结果，也使小额信贷向特困人口延伸的可能性大大降低。

4. 延伸领域。包括放款人类型、经济活动内容以及放款目的等。小额信贷一般将重点放在小型经营活动—小规模制造业、贸易和服务业上。贸易和其他服务业由于其只需较少资金、且大部分为流动资金，同时其对经营者个人技能的要求不高，往往是穷人进入的重要领域。基于农业可从政府或银行专项信贷计划获得资金的现实，许多小额信贷机构将农业排除在其放贷范围之外。作这种排除的另一个原因还在于农作物的巨大自然风险且风险联片发生的特点，以及缺乏足够的资金为资金需求巨大的农业融资。

随着时间的推移，那些成功的小额信贷机构倾向于扩大其贷款业务。部分机构开始向特殊作物种植放贷，更多的机构则向新的贷款业务拓展。这种贷款业务的扩张需小心谨慎，且要限制融资范围、抑制某些贷款的管理成本。在小额信贷机构发展的早期阶段尤应如此。

核心问题仍然在于，贷款业务的扩张会导致贷款从贷给穷人转向贷给相对较富裕的人，从贷给小型经营活动转向贷给较大型经营活动，从那些最需要贷款的人转向那些拥有其他融资渠道的人。实际上大多数情况下，小额信贷延伸并非从最穷的人开始。在业务延伸时还应考虑由此导致的贷款分散化是增加还是降低了风险、强化还是降低了财务自立能力等类似问题。与此相关的另一个重要问题是，小额信贷向深度和广度延伸是否能增加储蓄动员。这种延伸若能增强其生命力、强化其服务社区的发展，则这种延伸就是一种健康的发展。

三、关于财务自立和可持续性问题

考虑小额信贷组织的可持续性问题时，财务自立是个关键。传统看法是，当向小型经营活动和穷人放贷无利可图时，小额信贷是一种慈善行为。较大的管理成本、较高的拖欠率以及较低贷款利率将使小额信贷机构不能在盈亏平衡点上方运行。隐含于这些看法背后的观点是为了保持小额信贷业务进行，要有源源不断的捐助资金的流入。进一步延伸其观点，则意味着向小型经营活动提供贷款服务进一步扩张的前景极为有限，因为它依赖慈善资金的不断输入，而这看起来是不可能的。

讨论财务自立和可持续性问题时，弄清楚它们的定义十分重要。财务自立是指，与上年同期相比，小额信贷机构能创造足够收入，以弥补资金成本和其他相关成本，包括填补因呆账造成的损失。一个小额信贷机构，若其收入连续不足以弥补其运营成本、资金成本和填补呆账，其资本金就会不断流失，即使有外部资金不断流入来抵消资本金流失也无济于事。这意味着，小额信贷机构的收入必须等于或大于它的全部成本。由于其收入主要来源于利息，因而，从其贷款发放中获得的利息收入必须足以弥补其全部成本。可以用数学表达式来直观地澄清这一概念：

$$FV>Y>=C$$

$$Y=I+O=i+a+f+t-(L-R)$$

因此，

$$FV=I+O>=i+a+f+t-(L-R)$$

式中，F——财务自立指标；

Y——收入；

C——总成本；

I——利息收入；

O——其他收入；

i——利 息支出；

a——管理成本；

f——固定成本（如租金）；

t——交易成本；

L——贷款；

R—— 还款。

财务自立并不只是意味着小额信贷机构只能依靠其自有资金。假如它也像商业银行和发展银行及其他金融机构一样从其发放的贷款中获取利润，尽管其向其他机构借钱，小额信贷机构也可能仍然是有生命力的。这是金融中介服务的本质所在。与此相反，如果一个小额信贷机构发生持续赤字和资本流失，即使其不向其他机构借钱也并不必然意味着其能财务自立。这样的缺乏生命力的小额信贷机构即使不断向其注入新的资金也不可能持续下去。

当小额信贷机构从外部导入资金的能力增强时，财务自立状况对其融资作用显得尤为重要。随着其赢利水平提高，小额信贷的金融杠杆作用也会增强。一个能财务自立的小额信贷机构能使其资金构成多样化。

决定小额信贷机构财务自立的因素非常多。其中最重要的一点是其贷款利率。如果这个利率不能反映贷款的资金成本、管理成本、交易成本以及风险的话，小额信贷机构运营成本就可能大于其收益。在上述等式中，大多数小额信贷机构的其他收入可以忽略不计甚至为零，在这种情况下利率对其收入水平具有决定作用。绝大多数情况下，只有当利率决定能够反映其成本时，财务自立才能实现。但是，利率并非决定财务自立的唯一因素。提高经营效率、降低管理成本也具有重大意义。这两个因素影响小额信贷机构的非融资成本，在其总支出（成本）中占有较大比例。

经营效率意味着在雇佣员工时对其数量和质量进行严格考查，以使其工作成效能像预期的一样好。小额信贷成功与否，与其是否拥有一支责任感强、富有献身精神的职工队伍有较大关系。作为小额信贷的先驱，Grameen Bank 的成功经验就是一个很好的例证。不同于银行和其他大型金融机构，小额信贷机构工作人员对其工作目标的责任感和献身精神极为重要。他们的薪水可能较低，但对其辛勤工作的奖赏还应包括从其所做的有利于社会的工作中得到的满足感。经营效率低，将会导致贷款质量差、拖欠率高，结果小额信贷的成本上升、收入下降。

财务自立可能还会受到小额信贷机构试图实现其他目标（如希望业务有较大延伸等）的影响。人们通常只是担心小额信贷业务向最贫困人口延伸会导致风险上升，实际上，其业务向新的区域扩张对其财务自立能力的威胁更大，因为在这些地方，对借款人的情况缺乏了解（信息不对称程度加大），且很难在当地找到既熟悉金融业务又愿意从事小额信贷事业的工作人员。落后的基础设施状况以及产品和服务的市场化程度对拖欠率的大小也具有决定性意义。

四、关于利率问题

向小规模农户和农村小型经营活动提供贷款是基于这样的假设，即，这些人非常贫穷以至于他们难以以市场商业利率得到贷款。向他们提供贷款的主要目标则是帮助这些人从高利贷的盘剥中解救出来。因此为其提供成本低廉的贷款—意味着贴息贷款—乃大多数类似项目的重要手段。在只有政府才有可能提供这类补贴信贷的同时，一些好心的非政府机构（NGOs）也开始在贫困乡村从事有限的小额信贷活动。以较低利率向穷人提供数额不大的贷款是早期小额信贷活动的基本着眼点。

补贴信贷活动存在许多缺陷，还贷率低、贷款未流向真正的穷人、信贷资金经常被挪用至非目标用途等现象大量存在。Ohio学派认为利息补贴在很大程度上应对上述缺陷负责（Adams, Graham and Von Pischeke 1984）。

当贴息存在时，小额信贷组织就会严重依赖外部资金供给。这样的信贷政策也意味着小额信贷机构不可能成为可持续的金融中介。这个问题与前面讨论过的财务自立有关，但这里所强调的是，即使有外部资金源源不断流入从而小额信贷机构能继续运行，这种信贷机制也不可能维持下去，除非利率政策能保证其收益能弥补中期或长期成本。

除了上述缺陷外，廉价信贷还导致其他一些缺陷。有迹象表明，当一项信贷计划或一个信贷机构发放廉价贷款时，借款人更倾向于将其视为赠款，而不是需要偿还的贷款。借款人对贷款的这种态度会破坏金融机构的信贷规则，从而导致较多的不良贷款。而这反过来又会影响金融机构的财务自立和可持续性。

认为应向微小型经营活动发放廉价、补贴信贷的观点主要基于如下认识，即：微小型经营活动负担不起市场利率，由于较高的融资成本，传统信贷资金不可能发放给最贫困人口和那些规模确事实较小的经营活动。实际上，小型经营活动以及最贫困人口已经在以比市场利率高得多的成本从非正式金融部门（如高利贷）借钱，并偿还所借款项。实际情况还证明，小型经营活动在向正式金融部门贷款时不得不支付额外的交易成本，而贷款利率支出在全部成本中实际上只占很小一部分。额外交易成本是总融资成本增加的主因。换言之，小型经营活动在从正式金融机构贷款时，真正的借贷成本要远高于名义贷款利率。

上述情况表明，对于小型经营活动来说，他们所需要的并不一定是廉价贷款，需要的是贷款易于获得、适合小型经营活动特点、弹性的还款条件以及贷款使用范围多样化（包括消费信贷）等。与能否获得这些贷款便利相比，贷款利率大小显得并不特别重要。

没有迹象表明廉价贷款必定会导致金融深化。当有廉价贷款时，受益人往往是贫困社区里较富裕的人，甚至主要是执行此项贷款计划的官员及其家属和亲戚，贷款也被挪用至与其本意不同的其他用途。从本质上说，廉价贷款存在对非目标受益人获得贷款的激励，从而从根本上破坏信贷计划目标的实现（Adams et al.，1984）。

低利率还存在不利于储蓄动员的缺陷。由于存款利率必须低于贷款利率，以较低利率发放贷款的小额信贷机构也只能提供低存款利率。这必将降低小额信贷机构的储蓄动员能力，在存款利率低于通货膨胀率的时候，情况更是如此，因为在这种情况下，存款人得到的实际利率为负数。应当承认，在存款人更关心的是其存款安全而非储蓄增值时，小额信贷机构提供的存款利率即使为负数仍能动员来储蓄（Retherford，1999）。但不管怎么说，存款利率越高小额信贷机构的储蓄动员能力越强，而较高的储蓄利率只有在贷款利率也较高的情况下才有可能。

五、关于储蓄动员

越来越多的人意识到，储蓄动员也是小额信贷的一个重要组成部分。对于小额信贷而言，其吸纳的储蓄存款具有在个人、小额信贷机构和宏观（全国）三个层次上的重要性。储蓄可为个人提供一个财产基础，这个财产基础对于获得借款、确保贫困农户和小型经营活动度过困难时期、避免其落入债务循环陷阱、建构个人应付风险、经受失败和从头再来的能力方面极为有用（Otero and Rhyne，1994）。

对于小额信贷机构来说，在其机构中吸纳的个人存款为其发放贷款提供了基础。同时个人存款也为机构判断一个人的挣钱状况、储蓄能力等提供间接信息，因此，它可以在一定程度上降低贷款中存在的道德犯规（主要是指到期不还、骗取贷款等现象）的问题。当然，吸纳存款还能强化小额信贷机构的长期可持续性（Wisniwski，1988）。

尽管储蓄动员具有这些优势，但传统上它一直没有得到小额信贷机构和农村金融部门的重视。有人把储蓄动员称为“农村金融中被忘却的一半”。与此类似的是，小额信贷在更多情况下被视为只是向小型经营活动提供贷款的金融中介机构，而很少将其看作也是一个进行储蓄动员的机构。

上述现象存在的根本原因在于，人们总是习惯于认为穷人由于太贫困以至于其不可能进行储蓄；同时它也是基于这样的前提假设，即，储蓄是没有被花掉的收入的余额。

这种观点已受到挑战。一些分析家认为，实际上穷人也在储蓄。与这些人的观点一致，近来Rutherford也指出，正是由于贫困，穷人需要进行储蓄。Rutherford曾写道：“穷人能够且需要储蓄。如果他们不这样做的话，那是由于缺乏储蓄机会，而不是没有储蓄能力。在他们的生活中，许多情况下他们需要一笔大于其手持现金的资金，而得到这笔资金的可靠的方法在于找到从其储蓄中建立这种能力的方式。为穷人提供金融服务的主要任务在于，为穷人提供一种集小钱为大钱以应付广泛用途（不仅是为了创办小型经营活动）的机制。对于穷人来说，好的金融服务应该能够以最安全、便利、具有弹性和穷人代价低廉的方式实现这一目标。”

小额信贷机构进行有效的储蓄动员有赖于一系列前提条件。①人们对将钱存入小额信贷机构是否安全，亦即对小额信贷机构的信任问题。对于穷人来说存款安全问题要远较存款利率重要。实际上，有时候穷人反而花钱来实施储蓄行为。在印度的一个村庄里，人们为了获得储蓄便利，每年须向提供储蓄机会的便利支付储蓄额的30%（Ruther-ford，1999）。②储蓄种类以及它们是否适应贫困社区的需求。其中尤为重要的是取款灵活性；③交易的便利程度，不应有太多的文牍；接受小额存款，因为穷人每一笔存款的数额一般都较小。④适当的存款利率，并且存款利率只有前四个条件具备时才会发挥调节作用。

Gulli认为，“对消除贫困贡献最大的可能既不是贷款也不是储蓄，而是建立一种可持续发展的金融机制。”这种观点支持储蓄动员的重要性。他进一步解释到：“储蓄和贷款都很重要。提供内容广泛的金融服务不仅能更好地满足客户需求，同时也能够改善小额信贷机构的资金来源结构。”(Gulli，1998)

总之，穷人是具有储蓄能力的。小额信贷机构进行储蓄动员的成效，取决于存款是否安全、储蓄品种是否合适、便利。储蓄动员对于强化小额信贷机构的服务功能、保持可持续发展的态势具有重要意义。

六、关于小额信贷的经济和社会影响问题

人们通常从小额信贷对贷款目标群体、微小型经营活动及穷人的生产和生活状况的改善以及对经济整体的影响这三个方面来评价其经济和社会影响。

大量迹象和研究表明，小额信贷对其所服务的社区居民生活改善具有非常重大的影响。这些影响包括：从微小型经营活动获得的收入增加、创造新的就业机会以及改善金融资产管理等(Sebstad and Chen)。并且这种影响不仅仅是经济方面的，广泛的社会参与、穷人和其他过去被社会排斥在外的人由此受到“教化”等也都是其收益的重要体现。

七、小额信贷给人们带来的启示

小额信贷在国际范围内的实践，在金融与经济发展（特别是经济相对不发达地区的经济发展）、金融与反贫困等理论方面提出了挑战，给人以十分深刻的启示：①穷人同样是银行可接受的交易伙伴；②穷人确实能从小额贷款中获益；③小额信贷向最贫困人口渗透是件很困难的事；④制订一个合理而又符合实际可行的利率至关重要；⑤储蓄动员对于加强小额信贷的能力建设，增强其可持续性具有重要意义；⑥小额信贷内部财务制度建设及财务管理科学化，并应与其从事的金融活动的特殊性相适应；⑦不存在能确保小额信贷成功的单一模式；⑧绝大多数小额信贷需要一定的外部资金支持，在其运营的早期阶段犹为如此；要实现小额信贷扶持小型经营活动发展、消除贫困等目标，只是发放小额贷款是不够的，需要有诸如支持经营活动发展的宏观经济政策、改善基础设施、提供受教育、培训的机会、帮助销售其产品等一系列措施相配合。

参考文献

[1] Adams，Dale et al：Undermining Rural Development with Cheap Credit. *Westview Press*，Colorado，1984

[2] Adams，Dale and Fitchett，D. A. (Eds)：Informal Finance in Low Income Countries. *Westview Press*，Colorado，1992

[3] Gulli，Hege：*Microfinance*，*Questioning the Conventional Wisdom*. International American Development Bank，new York，1998

[4] Hulme，*David and Paul Mosley*：*Finance Against Poverty*，1996

[5] McGurire，Paul B et al：*Getting the Framework Righ*，*Policy and Regulation for Microfinance in Asia*，1998

[6] Otero, M and Rhyne, (Eds.): *The New World of Microenterprise Finance - Building Healthy Financial Institutioms for the Poor*, 1994

[7] Rutherford, Stuart: *The Poor and Their Money: An essay About Financial Services for Poor People*, 1999

[8] Sebstad, Jennefer and Gregory Chen: *Overview of Studies on the Impact of Microenterprises Credit*, 1996

[9] Wisniwski, Sylvia: *Saving in the context of Microfinance*, 1997

[10] World Bank: *AWorldwide Inventory of Microfinance Institutions*. WashingtonD. C.. The World Bank

中国交通网络的竞争演替分析*

刘 丽 祝治福 王 铮 谢建国

［摘 要］文章从客运周转量、货运周转量等方面分析了新中国成立以来特别是改革开放以来我国铁路、公路、水运、民航、管道的发展状况，并作了竞争演替分析，提出了中国交通网络的竞争演替趋势。

［关键词］交通网络 竞争演替 客运周转量 货运周运量

一、问题的提出

瑞典未来研究学院的Batten，Thored对欧洲的交通网络作了许多研究，提出交通网络作为一般的经济网络，具有两个关键的属性：竞争替代性和互补性。交通网络，即指铁路、公路、水运、航空、管道所组成的综合运输体系。我们知道，在19～20世纪上半叶，铁路建设是许多国家的经济增长点，二战以后，公路建设快速发展，在许多功能方面替代铁路，刺激了西方国家的经济增长。我们过去强调综合运输，只注意了网络的互补性，却忽视了替代性。Batten，Thord强调我们其实需要研究交通网络演替问题。关于交通网络的这种竞争演替研究，国内尚未见报道。本文试图对我国交通网络的演替开展分析。

二、国外交通网络的演替

为了认识交通网络的演替规律，我们需要借鉴国外的经验。国外交通十分的发达和便利，因此他们的交通网络演替规律及其交通政策，对发展我国的交通网络，有很重要的借鉴意义。

1. 美国的交通网络演替。19世纪初期，美国政府为了加速西部开发，采取了鼓励修筑铁路的发展，规定每修筑1英里铁路，政策就拨给铁路公司在铁路两侧各10英里（1英里＝1.609千米）宽的土地，以及1.6万～4.8万美元的补助金。在这一政策的激励下，1828年开始修筑第一条铁路，此后铁路建设迅速发展，到1860年铁路线长度超过了1万英里，1900年增加到25.9万英里，1931年达到38万英里，占全世界铁路总长度的一半。20世纪20年代，美国政府重点治理了密西西比河，使该河成为世界上内河航运最为发达的水系之一，从1940年以来，每10年，货运量翻一番，一条密西西比河的货运密度是美国一条铁路的18倍。二次大战后，铁路在美国运输业中的比重下降，而公路运输却迅速崛起，公路建设的速度大大超过了国民经济的发展速

* 原载《中国农业大学学报（社会科学版）》2001年第2期。本课题受国家自然科学基金资助（编号：49971008）。

度。美国国土面积 936 万平方公里，略少于我国，而全国铺水泥和沥青路面的公路总长为 700 多万公里，加上其他路面的公路，是我国公路里程的 7 倍，形成了四通八达的交通运输网络，有力地推动了美国经济的发展[2]。

2. 美国、德国、英国交通网络的现状。不仅美国，欧洲国家 20 世纪以来普遍发生交通网络演替。美国、德国、英国都是早期的工业化国家，铁路曾一度在交通网络中占绝对的垄断地位。例如德国于 1835 年开始大量修建铁路，到 1860 年形成达 1.1 万公里的铁路网，带动了工业的大发展。但是，随着经济的发展，铁路已趋于饱和状态。铁路的竞争能力大不如前，铁路在交通网络中的地位逐步下降，相反公路的地位稳步上升，公路已明显替代了铁路而成为主要的交通运输方式。Batten 发现，欧洲交通网络的发展在 1800—1860 年水运是最主要的运输方式，1860—1940 年铁路是主要的运输方式，1940—1995 年公路是主要的运输方式。表 1 和表 2 反映了美、德、英各国交通网络的状况。

表 1　美、德、英各国交通网络旅客周转量的比重（1992）

单位：亿人公里

	美　国	前联邦德国	英　国
总旅客周转量	3 304.9	1 584.77	6 890
其中铁路%	0.6	36.07	5.52
公路（%）	81.9	52.7	93.8
水运（%）	—	—	—
航空（%）	17.4	11.3	0.73

表 2　美、德、英各国交通网络货物周转量的比重（1992）

单位：亿吨公里

	美　国	前联邦德国	英　国
总货物周转量	41 674	3 552.32	2 122
其中铁路%	37.5	23.15	7.16
公路（%）	25.8	57.06	61.26
水运（%）	15.2	15.76	26.34
航空（%）	0.4	0.11	—
管道（%）	20.2	3.94	5.23

资料来源：《中国交通年鉴，1993》。

由表 1、表 2 我们可以看出，无论从旅客周转量还是货物周转量的角度来看，公路运输在美国、德国、英国的交通网络中已处于绝对的统治地位。特别是英国，公路运输的旅客周转量所占的比重已达到 93.8%，公路运输的货物周转量的比重已达到 61.26%，大大超过了铁路所占的比重，公路已经取代了铁路。

三、我国交通网络的竞争演替

新中国成立前，我国交通网络主要是铁路这种单一的运输方式；建国后，水运、公路和管道、航空获得了巨大的发展。交通网络间的竞争大大加强，运输方式间的演替趋势越来越明显。

1. 从线路长度增长速度看我国交通网络的演替。 交通网络的线路总长度，表明了交通网络的覆盖范围和密度状况，各种交通类型线路的增长速度不尽一致，表明交通网络演替趋势。表3是我国交通网络的线路长度的一些统计资料。从表3我们可以看出：

表3　交通网络的线路长度

单位：万公里

年份	铁路	公路	水运	民用航空	管道
1980	4.99	88.33	10.85	19.53	0.87
1985	5.21	94.24	10.91	27.72	1.17
1990	5.34	102.83	10.92	50.68	1.59
1994	5.4	111.78	10.27	104.56	1.68
1995	5.46	115.7	11.06	112.9	1.72
1996	5.67	118.58	11.08	116.65	1.93

（1）铁路。由1980年的4.98万公里到1996年5.67万公里，平均增长速度为0.75%。

（2）公路。由1980年的88.33万公里到1996年的118.58万公里，平均发展速度为1.75%。

（3）水运。由1980年的10.85万公里到1996年的11.08万公里，平均发展速度为0.12%。

（4）民航。由1980年的19.53万公里到1996年的116.65万公里，平均发展速度为11.1%。

（5）管道。由1980年的0.87万公里到1996年的1.93万公里，平均发展速度为4.8%。

表3揭示，线路长度发展的快慢顺序依次是：民航—管道—公路—铁路—水运，民航由于增开航线比较容易，因此其线路长度增长是最快的。它表现出了最强的竞争力。民航的优势在于客运，从线路长度增长的速度看，民航在客运中的市场份额必将大大增强而替代传统的旅客运输方式——铁路和水运。管道因其运输对象的特殊性，虽然线路长度的增长速度比较快，但是不会对其他几种运输方式产生替代作用。公路线路长度的增长速度，大大高于铁路和水运，而公路在旅客运输和货物运输方面都有其潜在的优越性，因此，公路不可避免的会对铁路和水运产生强大的竞争替代作用。

2. 从旅客周转量和货物周转量看交通网络的演替。 线路长度增长仅仅反映了交通网络竞争演替的一般趋向，缺少对演替过程内部关系的认识。因此我们需要分析旅客周转量和货物周转量的变化。1949年以来，特别是改革开放以来，我国交通网络在旅客周转量和货物周转量都有了很大的发展，各种运输方式的变化情况和各自所占的比重如表4和表5所示。

表4　交通网络旅客周转量比重

单位：亿人公里

年份	铁路	比重%	公路	比重%	水运	比重%	民航	比重%
1949	130	84.4	8	5.2	14	9.1	2	1.3
1957	361	72.9	88	17.8	45	9.1	1	0.2
1965	478	68.8	168	24.2	46	6.6	3	0.4
1970	718	69.7	20	23.3	70	6.8	2	0.2
1975	955	66.6	374	26.1	90	6.3	15	1.0
1980	1 383	60.6	730	32	129	5.7	40	1.8
1985	2 416	54.5	1 725	38.9	179	4.0	117	2.6
1990	2 613	46.4	2 620	46.6	165	2.9	230	4.1
1996	3 325	36.4	4 908	53.7	161	1.8	748	8.1

表 5　交通网络货物周转量比重

单位：亿吨公里

年份	铁路	比重%	公路	比重%	水运	比重%	民航	比重%	管道	比重%
1949	184	80	3	1.3	43	18.7				
1957	1 346	77.8	39	2.3	344	19.9				
1965	2 698	80.1	94	2.8	576	17.1				
1970	3 496	77.7	128	2.8	875	19.4				
1975	4 256	56.6	195	2.6	2 808	37.4			258	3.4
1980	5 717	47.5	764	6.4	5 053	42.0	1.4		491	4.1
1985	8 126	44.2	1 903	10.4	7 729	42.1	4.2		603	3.3
1990	10 622	40.5	3 358	12.8	11 592	44.2	8.2		627	2.4
1996	12 970	35.6	5 011	13.7	17 862	49	24.93		585	1.6

说明：部分数据来源于《中国交通年鉴》(1980—1997)，部分数据来源于《综合运输》。

由表 4 可以看出，自 1950 年以来，铁路和水运的旅客周转量在交通网络中所占的比重一直成下降趋势。其中铁路由 84.84%下降到 36.4%（1996)，水运由 9.1%下降到 1.8%（1996)，而公路和航空的旅客周转量在交通网络中所占的比重一直上升。特别是公路，由 5.2%上升到 53.7%（1996)，已大大超过了铁路所占的比重。照这种状态发展下去，21 世纪初，旅客运输，公路就可完全替代铁路成为主要的旅客运输方式，民用航空也将超过水运而成为第三大旅客运输方式。

由表 5 可以看出，自 1950 年以来，我国铁路和管道的货物周转量在交通网络中的比重一直成下降趋势，而公路、水运和航空所占的比重均有大幅度的上升。公路的上升幅度最大；水运从改革开放以来虽有大幅度的上升，并已取代了铁路的地位；航空虽有上升，但占的比重非常小。所以，从货运周转量来看，21 世纪将是水运、铁路、公路三足鼎立的局面，而不再是铁路一统天下了。这也印证了前面我们从线路长度的增长速度变化分析得出的竞争演替趋势，图 1、图 2 直观地反映了这种变化。

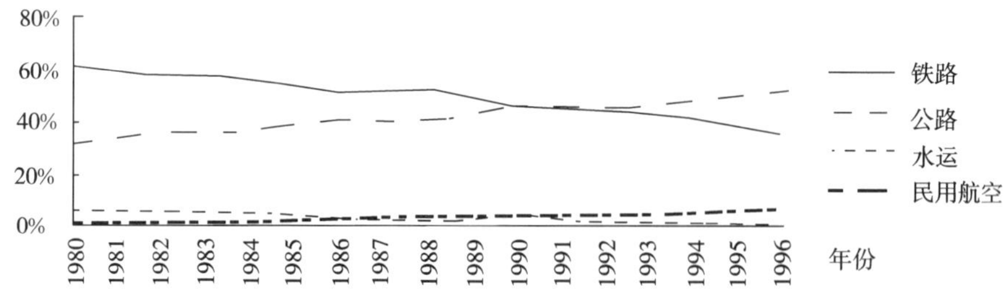

图 1　交通网络旅客周转量所占比重

图 1 和图 2 都表明，铁路在我国交通网络中仍占有一定的市场份额，但是逐年下降。图 1 中，从 1990 年开始，公路和航空在旅客周转量中的市场份额就分别高于铁路和水运的市场份额；图 2 中，从 1987 年开始，水运在货物周转量中的市场份额就高于铁路。公路的发展更为迅速，1996 年的市场份额已达到 15%左右，如果图中所反映的趋势不变，21 世纪上叶，公路的市场份额就会与铁路持平。

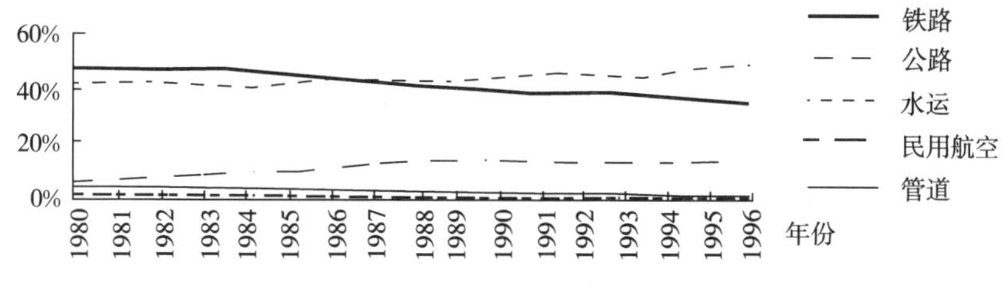

图 2　交通网络货物周转量所占比重

四、竞争演替原因分析

我国交通网络的发展，呈现出公路和航空迅猛发展的势头，大有一举取代铁路、水运和管道的趋势，这与世界交通网络发展的步调基本上是一致的。前面提及的美国、德国交通网络，公路已成为最重要的运输方式。认识出现这种趋势的原因，是我们制定交通政策的基础。借鉴发达国家的经验，结合我们的分析，我们认为我国交通网络的竞争演替规律，有如下的原因：

1. 单位客运收益和单位货运收益的变化。交通网络的运行需要有收益，收益的变化是竞争演替的直接原因。变化是起伏不定的。图 3 和图 4 显示了交通网络的单位客运收益（人公里的收益）和单位货运收益（吨公里的收益）的变化情况。由于航空的货运收益很小、运量少；管道的统计数据不全，图 5 中我们略去了这两种运输方式，从图 3、图 4 可以看出，铁路、公路、水运和航空的单位客运收益和单位货运收益的发展变化有以下特点：基本上是下降的，波动较大，其中以铁路最为显著。

图 3 表明，航空的单位客运收益在交通网络的几种运输方式中是最高的，这说明航空在客运市场中是具有极大的竞争实力的，这就说明我国民航线路的迅速增长和在客运市场表现的强烈竞争力。图 4 表明，公路和水运的单位货运收益是比较稳定的，相比之下，铁路的单位货运收益波动很大，近几年来甚至出现负数，这也说明公路和水运在货运市场的竞争实力是十分强大的，说明了公路运输为什么迅速崛起。另一方面，铁路的单位货运收益多数时间比较高，表明铁路的竞争力是不容忽视的，在一定的时期内它仍会占有一定的市场份额，这与我国国土辽阔，地势起伏大，公路运输在山地区域长途运输方面没有铁路运输的优势。钟颖杰，王铮[3]分析发现，在主要的山地省份，西藏、云南、新疆乃至广东，居民的消费需求处于旺盛阶段。美国是平原国家，他们的铁路可能被公路替代，中国铁路运输仍然有好的前景，不过，公路运输在平原省和丘陵省的发展已经是不可抑制了。

2. 市场选择。交通替代的第二个原因是市场的选择，而决定市场基础的首先是单位运价。我国铁路运输的下降，公路的崛起，直接地受到了这一影响。1978 年来，铁路客运票价有过 3 次

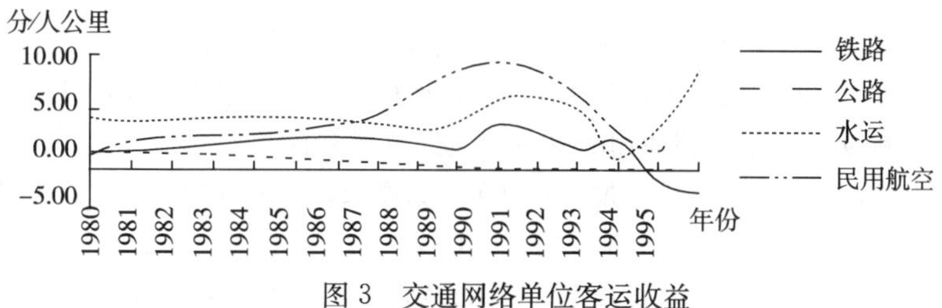

图 3　交通网络单位客运收益

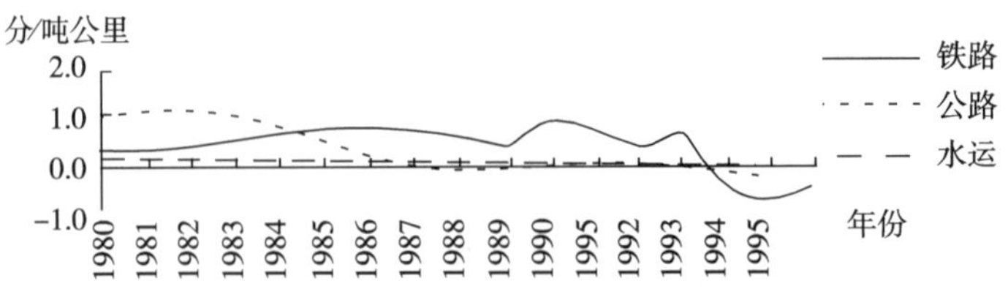

图4 交通网络的单位货运收益

大的调整，第一次是在1981年，铁路运输单价上调，客运高达50%左右，公路运输借机崛起。1985年后，公路运输借改革春风，多种资本投人，运行形式多样化，公众更多选择公路客运。铁路收益下降（图3），在1988年的通货膨胀后，铁路运输被迫在1989年提价，运价由每公里1.755分上调到3.86分。1995年铁路再次涨价，似乎理由不足，但单位价却由人公里3.86分上调到5.86分，票价的年均增长率为12%，而同期物价平均增长率为8%，运价与物价的关系不是十分合理，此后出现铁路运输的大滑坡。长期以来，铁路运价受到政府的严格的宏观控制，价格体制过于僵化，已不适应市场竞争的要求。对比之下，公路、水运和航空的运价的市场化程度已经很高，有独立的运价浮动权。铁路僵化的运价体制，必然削弱其在交通网络中的优势地位。

3. 居民消费水平的变化。人民生活水平的提高，人们对交通网络的消费模式由单一性逐渐转向多元性。当收入水平不高时，消费通常以廉价为准则，而当收入水平提高后，人们对交通网络提出了更高的要求，不仅要廉价，而且要快速、直接、安全、舒适。铁路和水运具有运输量大、运输费用低、适于中长途运输等特点，在经济不够发达的时期，它们受到了旅客和大宗货物商的青睐。1975年货运周转量中铁路和水运占市场份额的94%就是一个强有力的明证。但是它们有线路固定不易增加，运输不灵活，而且速度缓慢，也不舒适。随着经济的发展，人们对交通网络的速度和灵活性提出了更高的要求，在“时间就是金钱，速度就是生命”的信息时代，它们的缺点就日益暴露出来，运输过程中复杂的手段更是令人难以容忍。相比之下，四通八达的公路网，充分满足了人们对灵活性的要求；大量高速公路的开通，满足了人们对速度的要求。公路运输日益成为短途运输、中程运输的最理想的方式。航空具有快速、舒适的特点，适于长距离的运输。由于本身的特点，在货物运输方面，只能运载那些批量不大、体积小、价格昂贵的物品，因而受到了很多限制；相反，在旅客运输方面，它的优越性越来越受到人们的青睐。1996年航空在旅客周转量中的市场份额比1990年增一倍。可以预见，随着国内航线的大量开辟，随着经济的发展，在不久的将来，航空将取代铁路和水运而成为中长途旅客运输的主要方式。

五、结论

在我国经济发展中，我国交通网络发生了竞争演替，它表现了下列特点：

（1）在客运方面，公路和航空演替了铁路和水运而成为主要的运输方式，21世纪初期，他们将取得绝对的垄断地位，其中公路的市场份额将达到80%左右。

（2）在货运方面，公路和水运迅速发展，打破了铁路长期垄断的局面。水运近几年发展很快，在货物周转量中市场份额超过了一半，但由于自身的特点，在21世纪初期，它将会平稳发展，并会略有下降，公路的市场份额会上升，因而形成铁路、公路、水运三足鼎立的局面。

参考文献

[1] Batten，D. F. ，R. Thord Europe's Hierarchical N etork Economy，the Action of N etwork. 1996 251～265

[2] 马继列．交通运输与经济发展的关系（一）．综合运输．1998（2）：9～10

[3] 钟颖杰，王铮．中国八个地区的消费需求分析．地理学报．1998（4）：295～302

我国奶业发展滞后的原因及对策

周 俊 玲

肉蛋奶是现代社会人们日常生活的重要食品，是人体所需的动物蛋白质的主要来源。改革开放以来我国肉蛋奶生产持续增长，到1998年底，肉类总产量已由1978年的856.3万吨增长到5723.8万吨，增加近6倍；蛋类总产量由1980年的256.6万吨增长到1998年的2018.4万吨，增加约7倍，肉蛋总产量已分别跃居世界各国同类产品的首位，其人均占有量都已超过世界平均占有水平。同期奶类总产量由1978年的97.1万吨增长到1998年的744.5万吨，增加约7倍，但人均占有量仅为世界平均水平的9.5%，不仅远远低于发达国家的人均占有水平，甚至还远远低于许多发展中国家，且与我国肉蛋的发展水平极不相称。本文拟对我国奶业发展滞后的原因和对策进行探讨分析，以期找到症结所在，为寻找振兴我国奶业的良策提供依据。

一、我国奶业发展滞后的原因

（一）我国奶业发展的起点很低

虽然早在5000年前，我国北部和西部少数民族牧民就有利用黄牛、牦牛挤奶，食用乳制品的习惯，但我国商品性的奶业不过百余年的历史，因而基础薄弱，起步点很低（李易方，1999）。导致我国奶业发展起点很低的一个根本原因就是奶及奶制品不是占人口绝大多数的汉族人的传统饮食。虽然我国养牛很多，历史很长，但那时养牛是为农民耕地服务的，基本上都是役用牛，商品奶牛业是直到19世纪由于外国侨民有牛奶消费需求才推动产生的，由于消费需求有限，其总产量也十分有限。新中国成立时全国仅有良种及改良种奶牛12万头，总产奶量21.7万吨，是当时肉类产量的9.8%，蛋类产量的54%。经过30年的发展，奶类的总产量还是远远低于肉蛋类，也低于国外奶类的总产量。1978年时其总产量为肉类的11%，蛋类的53%（1980年），是美国奶类总产量的1.5%，苏联的0.9%，印度的8.8%，日本的14%，所以即使改革开放后肉蛋奶的发展速度同样快，奶业的发展还是远远处于滞后状态。

（二）我国居民的传统消费习惯和消费偏好限制了奶类的消费需求和生产供给

奶及奶制品不是中国人的传统饮食还导致我国居民对奶类的消费需求十分有限。长期以来，人们总把奶及奶制品看做是老、幼、病、弱、孕等人群才需要的食品，对健康人或成年人来说，它只是一种可有可无的副食品。另外，相当大一部分人也不喜欢或不习惯奶的味道。还有许多人喝奶后会出现“乳糖不耐症”，即出现腹胀、腹痛、腹泻等症状，这些问题使很多中国人不喜欢喝奶。一项1998年对我国城乡居民畜产品消费行为的调查支持了中国人不偏好奶类食品的判断。

表1　城镇和农村居民的畜产品消费偏好（%）

产品	猪肉	牛肉	羊肉	家禽	禽蛋	奶类	鱼类	合计
城镇	57.0	5.1	5.6	8.5	5.2	2.4	16.1	100
农村	58.1	5.6	8.6	11.9	4.9	0.6	10.4	100

资料来源：王济民等，“城乡居民畜产品消费结构与消费行为”，《中国食物与营养》，2000，2。

由表1可以看到我国城乡居民在这些畜产品中最偏好猪肉，其次是鱼类和家禽，偏好程度最低的就是奶类，农村居民几乎是根本不喜欢喝奶。正因为如此，在很长的一段时间内，我国奶类食品的消费需求一直很有限。表2向我们展示了我国农民的货币选票投向，可以看出，奶类的消费量最低。在同样收入的情况下，他们更偏好肉、蛋及水产品，对烟酒的消费也远高于对奶类的消费，而烟酒是广大中国人（不光是农民）尤其是成年男性的传统消费品和爱好品。城镇居民家庭主要消费品年均消费量虽然普遍比农民家庭高，但在这几种消费品中奶类的消费量还是最低。如1998年全国城镇居民家庭平均每人每年消费肉类23.87千克，蛋类10.76千克，鱼虾5.13千克，奶类7.25千克，酒类9.68千克，烟27.25盒，奶类的消费还比不上烟酒的消费，更比不上肉蛋类的消费。由此可见，传统消费习惯和消费偏好在很大程度上决定了我国奶类的消费需求十分有限。即使是在奶类的主要消费地大中城市，经常消费奶类的人口比例也仅为10%～20%，有限的消费需求制约了生产供给，致使我国奶业的总供给能力相对较弱，发展比较落后。

表2　我国农民家庭主要实物消费品年均消费量

单位：千克/人

年　份	肉类	蛋类	水产品	奶类	酒	烟（盒/人）
1985年	12.00	2.03	1.64	0.75	4.37	23.72
1990年	12.60	2.41	2.13	1.08	6.14	27.98
1991年	13.49	2.73	2.21	1.21	6.38	27.31
1992年	13.32	2.85	2.23	1.46	6.56	26.20
1993年	13.31	2.88	2.47	0.85	6.53	23.48
1994年	13.63	3.03	2.68	0.67	6.03	25.84
1995年	13.12	3.22	3.06	0.67	6.53	24.60
1996年	14.83	3.35	3.37	0.80	7.11	27.39
1997年	15.08	4.08	3.38	0.95	7.13	25.00
1998年	16.20	4.11	3.66	0.93	6.98	23.64

资料来源：《中国农村统计年鉴》，历年，1998年数据来自《中国农业年鉴》1999年。

（三）食用乳品及发展奶业的重要性没有被充分地认识到和宣传到

这主要体现在以下几个方面：①奶是一种营养丰富的理想食品，富含人体生长发育所必需的各种氨基酸、维生素和矿物质，是人体钙的最好来源。食用乳品是改善我国城乡居民普遍缺钙的最好方法，但人们并没有充分认识到这一点，很多人还在花大量的钱买昂贵的补钙药品补钙。在广大农村，至今人们宁愿用有限的收入去消费对身体健康作用不大甚至有害的烟酒，而不消费奶类食品，既是因为他们不偏好喝奶，也是因为他们对喝奶的重要性认识不足，尽管他们能认识到喝奶对婴儿的重要性。②奶业是节粮、经济、高效的产业，奶畜不仅是饲料转化效率最高的动物，而且可以利用大量人类或其他单胃动物不能直接利用的青粗饲料如牧草、农作物秸秆等，大力发展奶业对缓解我国的资源压力具有非常重要的意义。但以前我国政府并没有认识到这种重要意义，而一直十分重视发展养猪、养鸡，忽视养牛尤其是养奶牛。③认识不足，主要是因为相应的宣传不够。与其他国家相比，我国的奶类消费宣传活动尤其是政府层面的宣传活动太少。政府应从增强民族体质的高度，大力宣传，引导和促进奶类消费。在这方面，很多国家已做出了大量的努力。欧洲国家最先提出的“学生奶计划”被越来越多的国家采纳，就是政府参与，保证让学生喝到成长所必需的一定的牛奶。为促进牛奶消费，消费奶量已很高的美国，仍提出“喝三杯”的口号，日本则提出“一杯牛奶强壮一个民族”的口号，泰国政府首脑上电视作牛奶消费广告，而我国还未见有政府参与的大力促进牛奶产销的宣传活动。

此外，和肉蛋不同的是，奶是一种高度易腐而且很容易受到污染而变质的食品，消费者对其质量的好坏十分重视。由于好的乳品对生产和流通环节要求较多也较高，如挤奶时必须注意清洁卫生，原奶中不能添加任何其他物质，必须冷链流通等，而这些在很多地方都不能保证完全做到，所以我国很多乳品品质较差，如很多中小型乳品企业生产的奶粉质量不合格，冲调性、速溶性很差，消毒鲜奶很难做到隔夜不变质等，使得一些本来愿意喝奶的人因其质量差而尽量少喝奶，影响了乳品消费需求乃至生产供给的增长。

二、振兴我国奶业的对策

针对导致我国奶业发展滞后的上述原因，我们认为振兴我国的奶业应主要从以下几方面着手：

（一）大力宣传，引导消费，培养人们的消费习惯

第一，加强宣传，使人们提高对牛奶营养价值的认识，增加牛奶消费。要充分利用各种宣传媒介如报刊、电视、网络，动员我们的营养专家、企业家参与，并成立专门的宣传小组，常年不断地、坚持不懈地开展奶类消费对改善营养和提高民族体质重要性的宣传，直到做到家喻户晓。这种公益性的宣传活动必须由政府出面组织，并给予必要的资金支持。第二，开展“学生奶计划”，从娃娃开始培养奶类消费习惯。中小学生是目前奶类消费的最大群体，也是未来消费者的主体。如果他们养成了喝奶习惯，他们必然会带动他们的下一代喝奶，一代一代，代代相传，那么，整个中华民族的喝奶习惯也就养成了。目前国家已在京、津、沪、沈、穗五市进行“学生奶计划”试点工作，就是由当地市政府筹集资金，组织协调奶业企业和教育部门，每天低价向试点学校的中小学生提供一杯牛奶。我们认为在其他一些有条件的地方，也应逐步开展这种活动。由此以点带面，慢慢扩大计划实施范围。

（二）政府应该重视和扶持奶业发展

任何一个产业的发展都离不开政府的支持和扶持，尤其是对于我国目前还属于弱质产业的奶业来说，政府的重视和扶持更是奶业振兴和发展的一个必要条件。第一，政府应加强宏观调控和行业管理，加大对奶业发展的资金投入。首先要建立起一个强有力的代表政府的行业管理机构体系，负责制定奶业发展规划、发展政策、法律法规及管理办法，进行行业统一管理；其次要加大对奶业的资金投入，这些资金既要用在提高广大奶农的文化素质和科学养牛技术素质上，还要用在奶畜的遗传繁育和乳品加工的基础科学研究和应用技术研究及其推广上，另外，国家还要在一些饲草饲料资源丰富的地方建立奶业生产基地，并在政策和资金投入上予以支持，使之能以较低的成本生产优质的乳制品和灭菌奶供应城市和缺乳地区，这也是我们抵御加入 WTO 对奶业冲击的一个很重要的对策。第二，加强奶业经济研究，为制定促进我国奶业健康发展的良策提供科学

依据。一方面，为了加快奶业的发展和振兴，对奶业发展过程中出现的问题有必要摸清楚，并对症下药；另一方面，加入WTO已为期不远，如何在WTO框架下保护并力求使我们本来基础薄弱、发展滞后的奶业得到较大较快的发展，是很有必要组织专业人员进行深入研究的。为此，我们不仅需要研究我国奶业发展过程中存在的社会、经济及技术问题及其解决办法，我们还要放眼世界，研究和学习奶业发达国家在奶业宏观管理、生产方式和生产技术、产品营销上的长处，借鉴他们的有益经验，促进我国奶业的发展。近阶段比较迫切的是，我们要尽快组织力量研究如何利用“绿箱政策”来保护我国奶业，使之在我国加入WTO后受到的冲击尽可能地小。第三，制定保护民族奶业的政策。例如限制或禁止成立外商独资乳品企业，规定液体奶生产必须采用国内原料奶，除特殊情况外，不再给外资超国民待遇。除外商在我国西部地区投资建立的乳品企业（加工业及奶畜饲养业），应当按照国务院的有关规定，在原合同期满后，享受缴纳15%的所得税优惠的待遇外，其他地区的外资乳品企业应当与国内乳品企业同等待遇（李易方，2000）。另外，要在WTO的规则或协议框架内，调整关税结构，对国内需求量大而生产能力不足的奶产品如乳清及实际需求量极低的产品如奶酪、奶油等实行低关税，对国内可以生产的其他产品则尽可能设置较高的关税，以限制其进口。

（三）乳品企业应注重产品质量，以质优味美的乳品吸引人们消费

乳品加工企业应以“质量至上，顾客至上”为原则，以顾客的需求为导向，注重加工工艺及技术的改造，生产出质量好、适销对路的乳品来吸引人们消费。要对乳品生产、流通的各个环节如原料奶生产、收购、储运、加工、销售等严格把关，保证原料奶和乳品的质量，并建立起冷链流通网络，保证乳品在达到最终消费者的过程中不变质，并尽可能地延长乳品的保藏时间，使消费者放心选用。在此基础上增加乳品的花色品种和包装规格，满足不同口味和不同购买能力的消费者的多样化需求，促进乳品消费。

总之，只要人们形成了乳品消费的习惯，乳品企业又能提供适销对路的乳品，政府也能真正重视并支持和保护奶业的发展，那么，在强劲的消费需求和强大的生产供给能力的共同推动下，我国奶业就一定能有一个大发展。

参考文献

[1] 中国农村统计年鉴．1986．1991—1999；中国农业统计年鉴．1999
[2] 王济民等．城乡居民畜产品消费结构与消费行为．中国食物与营养．2000．2
[3] 李易方．奶业春秋．1999
[4] 李易方．加入世界贸易组织与中国奶业的振兴．中国农村经济．2000．5

中国乳品消费的现状及其决定因素

周俊玲

乳品作为一种营养丰富而全面的理想食品，在许多西方国家人民的膳食结构中占有十分重要的地位。但在中国，人们对消费乳品的重要性还认识不够，乳品消费量很有限，消费结构还不尽合理，学术界对乳品消费的研究也很少。本文拟对中国乳品消费的现状、决定中国乳品消费的因素及其未来发展趋势作一个较详细的研究，以期找出中国乳品消费中存在的问题及解决办法，为扩大乳品的消费需求提一些切实可行的建议。

一、中国乳品消费的现状

（一）乳品消费总量及人均消费量

在中国，除了牧区一些少数民族有食用乳及乳制品的习惯外，汉族没有消费乳品的传统习惯。实际上，新中国成立时大部分中国人从没有尝过牛乳，至今还有相当大一部分人尤其是农村居民从不或很少消费乳品。所以从整体来说，中国人对乳品的消费很有限，表 1 是以原奶形式表示的 90 年代以来中国乳品消费的总量和人均消费量。

表 1　中国乳品消费总量及人均消费量

单位：千吨、千克/人

年　份	总产量	净进口		消费总量		人均消费量
		液体奶	奶　粉	数　量	增长率（%）	
1990	4751	−17.57	15.13	4839	—	4.40
1991	5241	−21.43	15.77	5330	10.15	4.60
1992	5639	−20.90	13.64	5714	7.20	4.87
1993	5625	−21.83	11.35	5683	−0.54	4.79
1994	6089	−20.49	40.87	6355	11.82	5.30
1995	6728	−17.88	21.22	6859	7.93	5.66
1996	7358	−17.92	15.07	7446	8.56	6.08
1997	6881	−16.05	16.77	6912	−7.17	5.59
1998	7454	−15.61	20.33	7581	9.68	6.07
1999	8069	−10.25	44.24	8368	10.38	6.65

资料来源：根据历年《中国统计年鉴》、《海关统计年鉴》整理而来，奶粉按 1∶7 的比例折合成原奶计算。

90 年代以来，中国乳品消费的总量及人均消费量都呈增长态势，平均增长速度分别为 5.76%和 4.10%，见表 1。但与其他国家相比，中国乳品的消费水平处于极低的状态。据 FAO 统计，世界每年人均消费乳品 100 千克，发达国家高达 200～300 千克，消费量较少的东亚的人

均消费也已达到14千克，而我国的人均消费仅为6千克，只相当于世界平均水平的6%。尽管如此，中国乳品市场已由七、八十年代的卖方市场转变为90年代中期以后的买方市场，市场竞争空前地激烈。

中国的乳品消费主要集中在大中城市。由于城市工商业发达，居民收入较高，对乳品的消费相对较多。在各大中城市中，上海和北京是两个最主要的奶类消费地。上海市居民的人均奶类消费量多年来一直雄踞全国榜首，北京则名列第二，其次是重庆、天津、广州、南京等市，福建、江苏、浙江、山东、西藏、新疆、青海等地的奶类消费量也较多，反映了大城市尤其是直辖市的奶类人均消费居全国前列，沿海地区及牧区的奶类消费相对较多的事实。可以看出这些奶类消费较多的地区要么是人均收入较高、经济较发达的大城市或沿海地区，要么就是有奶类消费习惯的牧区，说明收入和消费习惯是影响奶类消费需求的重要因素。我国牧民历来就有生产和消费乳品的习惯，乳品是他们的主要食品之一。1999年，内蒙古自治区牧民人均消费鲜奶约为62千克，远远高于各地城市居民的人均鲜奶消费。但牧民基本上是自用消费型生产，奶的商品率很低，只在5%左右。相比而言，农村居民的乳品消费则少得多，见表2。

表2 我国城乡居民乳品年人均消费量

单位：千克/人

年份	1992	1993	1994	1995	1996	1997	1998
城镇	6.32	6.12	6.71	5.23	5.56	5.92	7.25
农村	1.46	0.85	0.67	0.64	0.80	0.95	0.93

资料来源：根据《中国农村统计年鉴》，1993—2000年、《中国市场统计年鉴》1994—2000年整理而来，城镇居民人均消费量用鲜乳品、酸奶、奶粉的消费量之和代替。

由上表我们可以看到我国城乡乳品人均消费量之间存在较大的差别，城镇居民的人均消费是农村居民的4～8倍。这种差别主要是由城乡之间的收入水平、营养知识和营养保健意识及乳品购买方便程度的差异共同造成的。我国城镇居民的收入一直是农村居民的2～3倍或更高，这不仅使其购买力比农民高，而且由于城镇居民的受教育程度更高，具有较多的营养知识，营养保健意识更强且有较高的收入使之有能力进行营养保健，加上城镇居民居住集中，乳品销售网点多，便于购买乳品，所以在同样的消费习惯下，城镇居民往往比农村居民消费更多的乳品。

（二）乳品的消费品种和结构

目前中国乳品消费的品种主要是巴氏消毒奶、酸奶和奶粉。近几年在一些大城市如北京、上海等地出现了保鲜奶、超高温（UHT）灭菌奶、各种配方奶粉、花色奶等新产品，并且其品牌很多，国产、合资和进口品牌几乎三分天下，所有这些品牌的产品又多是系列化的，乳品市场很是丰富多彩，给消费者留下了很大的选择余地。但实际上人们主要消费的仅仅是液体奶和奶粉两个品种。在广大农村，由于液体奶保藏和流通的不便，全脂奶粉、全脂加糖奶粉和少量的配方奶粉是人们乳品消费的首要选择。而在国外，乳品消费的品种十分众多，除干酪、奶油、黄油、液体奶、冰淇淋、雪糕、炼乳、奶粉等大品种外，每个品种内又有很多小品种，如奶酪就有150种之多，酸奶也有20多种。相比而言，虽然中国是世界上奶粉品种最全的国家之一，但由于除液体奶及奶粉外，人们可作出的消费选择并不多，如中国人一般不消费或很少消费干酪、黄油、炼乳等，所以乳品消费的品种实际上比较单一。从消费结构看，液体奶与奶粉占乳品消费的绝大部分，近几年冰淇淋的消费量也增长很快，而西方人消费最多的奶酪和黄油等品种的消费量所占比例微乎其微。在品种上奶粉主要有加糖奶粉、全脂奶粉、婴儿配方奶粉；液体奶主要有消毒奶、灭菌奶、酸奶，以袋、盒、瓶包装为主。1997 年中国乳品的消费结构如下图所示。

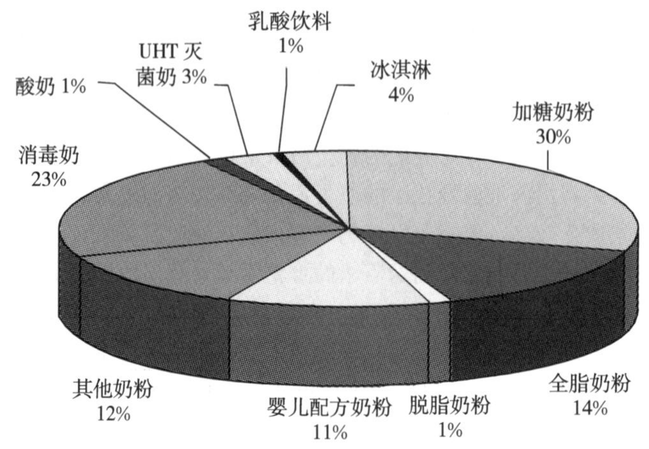

图 1　中国乳品消费结构（1997）

资料来源：Anning Wei，1998

乳品消费结构中奶粉所占的比重达 60%～70%其实并不合理。奶粉尤其是普通奶粉的加工实际上只是一种原料奶的保藏手段，这种保存方法在液体奶的长保质期技术解决以后越来越显示出其劣势，不仅成本高、消耗的能源多，而且经过几次的热处理过程，奶中的很多营养物质被破坏，如热敏性维生素损失近 100%。鉴于此，多消费保鲜奶、UHT 灭菌奶、酸奶等液体奶是比较合理的。

（三）乳品的消费人群和消费方式

在中国，乳品的稳定消费人群很少。据创研市场信息研究所（IMI）等 1998 年 9 月到 11 月之间对北京、上海、广州、重庆、西安、武汉六大城市几种主要的乳品如奶粉、包装牛奶、酸奶、冰淇淋消费进行的市场调查表明，六大城市最近三个月的饮用频率中，从未喝过的比例平均在 50%～ 60%之间。在城市消费者中，只有 20%是稳定的经常性消费，其他则属于非经常性消费。可见即使是大城市居民，乳品消费也只是对小部分人而言的，乳品消费的潜力还很大，前景很广阔。

随着收入的逐渐提高和消费观念的逐步改变尤其是奶类营养的丰富和全面逐渐为人们所了解和接受，消费者的年龄结构发生了很大的变化，消费面不断扩大。80 年代以前供奶主要是保证婴儿和老人（3 岁以下婴儿占 60%，老人占 20%），现在对北京市的抽样调查表明婴儿消费只占整个消费量的 19%，60 岁以上的老人占 28%，其他年龄段占 53%（赵鲜明，1999）。天津市调查的 1000 户，消费奶的比例为：2 岁以下占 7%，2～10 岁占 18%，11～60 岁占 55%，6 0 岁以上占 20%。西安市的调查也表明，婴儿与老人吃奶所占的比例为 41%。

消费者的职业结构也发生了变化，以前除老、幼、病、弱、孕外奶的供应主要是高级知识分子和外宾，现在不同文化程度和职业的消费者对奶的消费趋向平衡。对北京地区的一项抽样调查表明，失业人口的乳品消费最少，其次是农民，再次是工人，其他职业的消费者的乳品平均消费支出相差则并不明显，见表 3。

表3　北京市乳品消费的职业结构抽样调查结果（2000年）

单位：元/户

职业	机关	教育科研	企业	军人	工人	广播	农民	待业
平均支出	96	87	86	80	70	50	30	20

资料来源：丁平，《中国乳业经济研究》，中国农科院农经所硕士学位论文，2000年。

乳品消费的目的和习惯也发生了变化。营养成分和口味是乳品消费的首选因素，早餐时、睡觉前、口渴时、工作休息时、外出旅游时是主要消费时间，而且消费者有认品牌消费的习惯。如奶粉消费，固定1～3个品牌消费的消费者比例北京是75.7%、上海是83.2%、广州是76%、重庆为81.1%、武汉为80.6%、西安为83.2%。其他奶产品的消费者也都有认品牌消费的习惯。乳品供应和需求的季节性差异正在缩小，全年供求比较均衡。以冰淇淋和雪糕为例，以前它们的供求主要是在夏季，但现在即使是严寒的冬天，吃冰淇淋和雪糕的人也不在少数，一年四季都有供应，麦当劳里的奶昔一年四季都很受欢迎。

新的消费方式也正在悄然出现，“奶吧”给人们带来牛奶消费新概念。2000年5月，在南京最繁华的夫子庙商业区，开设了一座“金陵奶吧”。“奶吧”倡导了牛奶消费的新方式，即人们不仅可以在家中定时、定量饮用牛奶，而且还可以到餐饮业等社交场所饮用牛奶。

二、中国乳品消费的决定因素

决定中国乳品消费的因素有很多，其中主要有消费习惯和消费偏好、人均收入、营养知识和营养意识、乳品质量等，它们共同作用，决定着中国乳品消费的现状。

（一）传统消费习惯和消费偏好

这是决定中国乳品消费需求的最重要的因素。乳及乳制品不是中国人的传统饮食，在食物结构中没有它作为一种营养丰富而全面的食品所应有的重要地位。乳品一直被人们看做是只有老、幼、病、弱、孕等人群才需要的补品，对健康人或成年人来说，它只是一种可有可无的副食品。另外，相当大一部分人也不喜欢或不习惯奶的味道。还有许多人喝奶后会出现“乳糖不耐症”，即出现腹胀、腹痛、腹泻症状。这些问题使很多中国人不喜欢喝奶。一项1998年对我国城乡居民畜产品消费行为的调查支持了中国人不偏好奶类食品的判断。

表4　城镇和农村居民的畜产品消费偏好（%）

产品	猪肉	牛肉	羊肉	家禽	禽蛋	奶类	鱼类	合计
城镇	57.0	5.1	5.6	8.5	5.2	2.4	16.1	100
农村	58.1	5.6	8.6	11.9	4.9	0.6	10.4	100

资料来源：王济民等，“城乡居民畜产品消费结构与消费行为”，《中国食物与营养》，2000，2。

由表4可以看到我国城乡居民在这些动物产品中最偏好猪肉，其次是鱼类和家禽，偏好程度最低的就是奶类，农村居民几乎是根本不喜欢喝奶。正因为如此，在很长的一段时间内，我国奶类食品的消费需求一直很有限。表5向我们展示了我国农民的货币选票投向，可以看出，奶类的消费量最低。在同样收入的情况下，他们更偏好肉、蛋及水产品，对烟酒的消费也远高于对奶类的消费，而烟酒是广大中国人（不光是农民）尤其是成年男性的传统消费品和爱好品。城镇居民家庭主要消费品年均消费量虽然普遍比农民家庭高，但在这几种消费品中奶类的消费量还是最低。如1998年全国城镇居民家庭平均每人每年消费肉类23.87千克，蛋类10.76千克，鱼虾

5.13千克，奶类7.25千克，酒类9.68千克，烟27.25盒，奶类的消费还比不上烟酒的消费，更比不上肉蛋类的消费。由此可见，传统消费习惯和消费偏好是决定我国乳品消费需求的一个非常重要的因素。

表5　我国农民家庭主要实物消费品年均消费量

单位：千克/人

年份	肉类	蛋类	水产品	奶类	酒	烟（盒/人）
1985年	12.00	2.03	1.64	0.75	4.37	23.72
1990年	12.60	2.41	2.13	1.08	6.14	27.98
1991年	13.49	2.73	2.21	1.21	6.38	27.31
1992年	13.32	2.85	2.23	1.46	6.56	26.20
1993年	13.31	2.88	2.47	0.85	6.53	23.48
1994年	13.63	3.03	2.68	0.67	6.03	25.84
1995年	13.12	3.22	3.06	0.67	6.53	24.60
1996年	14.83	3.35	3.37	0.80	7.11	27.39
1997年	15.08	4.08	3.38	0.95	7.13	25.00
1998年	16.20	4.11	3.66	0.93	6.98	23.64

资料来源：《中国农村统计年鉴》，历年，1998年数据来自《中国农业年鉴》1999年。

（二）人均收入水平

除消费习惯外，收入水平也是影响和决定乳品消费需求的重要因素。不同收入水平的人对乳品的消费也不同，一般来说，收入高的人乳品的消费量也高，见表6。

表6　1998年全国城镇居民家庭平均每人全年奶类购买量

单位：元、千克/人

项　目	总平均	最低收入户	低收入户	中等偏下户	中等收入户	中等偏上户	高收入户	最高收入户
人均可支配收入	5 425.1	2 476.8	3 303.2	4 107.3	5 119.0	6 370.6	7 877.7	10 962.2
奶类购买量	7.25	3.39	4.38	5.83	7.17	8.78	10.73	12.42

资料来源：《中国统计年鉴》，1999年。

我国上海和北京市居民的乳品消费居全国之首的一个很重要的原因也是这两地的人民人均收入水平比较高。事实上，收入水平的差异也是造成城乡乳品消费差距的重要原因之一。

奶作为一种正常商品，有着正的收入弹性。荷兰rabobank银行的尉安宁先生1998年对乳品收入弹性的研究表明90年代以来乳品的收入弹性从1990—1993年的0.40增加到1994—1995年的1.13。这说明随着收入的增加，乳品的消费必然会增加。我国目前乳品消费比其他传统消费习惯相同的亚洲国家如日本、韩国、新加坡等相比低很多，非常重要的一个原因就是我国国民的人均收入水平比他们低很多，购买力相对较低。

（三）营养知识和营养意识

中国人乳品消费量很少还有一个重要的原因就是绝大多数人还不了解乳品对改善营养、平衡膳食结构、补钙和增强体质的重要作用。普遍缺钙的中国人宁愿花大量的钱买价格昂贵的补钙药品或保健品补钙，却不明白价格低廉的消毒奶不仅可以补钙，而且其丰富而全面的营养对人体健康十分有益。在广大农村，至今人们宁愿用有限的收入去消费对人身体健康作用不大甚至有害的

烟酒，而不消费奶类食品，这不仅仅是一个消费偏好的问题，它同时也是一个认识的问题，就是说，广大农村居民对喝奶对他们身体健康的重要性认识不足，尽管他们能认识到喝奶对婴儿的重要性。另外，营养保健意识也影响到乳品的消费。随着人们收入水平及受教育程度的提高，人们的营养知识会增加，营养保健意识也会增强，就会开始注重改善营养、增强体质，这对扩大乳品的消费十分有利。

除以上几个因素外，乳品质量也是影响乳品消费的一个很重要的因素。由于鲜奶高度易腐，对储藏及加工条件和加工工艺要求严格，一些设备陈旧的小乳品厂生产的乳品质量很容易不过关，这些产品上市后会给消费者带来不良的影响，并使消费者对乳品质量产生不信任感，从而影响整个乳品的销售和消费。据王济民等对吉林、内蒙古、山东等六个省城乡居民畜产品消费情况的调查表明，在奶类中鲜奶的质量满意率最低，如质量提高，将有37.3%的居民增加购买。这说明质量不好的确会影响到乳品的消费量，因此乳品生产企业应注意保证并提高乳品的质量，做到让消费者满意和放心，以此增加乳品消费量。

值得注意的是，中国的乳品消费是由以上几个因素共同决定的。因为收入水平的提高并不必定意味着乳品消费量的增加，它还涉及一个消费习惯和消费偏好的问题；在消费习惯和收入水平都允许的条件下，如果人们营养保健意识不强，牛奶的消费不一定会增加；又如这些条件都满足，但牛奶的质量差，变质了或营养成分含量不足，那么为增强营养而消费牛奶就没有意义，人们也会不消费或少消费牛奶。总之，只有同时从培养消费习惯、增加收入、普及营养知识、增强人们的营养保健意识、提高乳品质量等几个方面着手，才能增加中国的乳品消费量。

三、增加中国乳品消费的措施

从前面的分析中我们可以得出中国乳品消费存在着消费量很低、消费品种比较单一、消费结构不尽合理等问题及未来中国乳品消费的潜力十分巨大的结论。为了解决这些问题，充分挖掘乳品消费的潜力，增加中国的乳品消费量，要做的工作还很多。

（一）加强乳品知识的宣传和消费引导工作

加强宣传，不仅仅是要坚持做好一年一度的“国际牛奶日”、“牛奶活动周”的宣传活动，更重要的是，要常年不断地进行对牛奶营养价值的宣传活动。可动员我们的营养专家、企业家参与，成立专门的宣传小组，选择若干报纸、电视、网络，设立“牛奶与营养健康”等固定栏目，坚持不懈地开展奶类消费与营养健康和民族体质增强、奶类生产与经济增长息息相关的宣传，直到做到家喻户晓。这种公益性的宣传活动必须由政府出面组织，并给予必要的资金支持。另外，各乳品企业也应积极配合政府实施“学生饮用奶计划”，并逐步向全国推广，以此培养中小学生良好的喝奶习惯和带动更多的人喝奶。

（二）调整产品结构，增加适销对路、饮用方便的液体奶的生产

随着人们生活节奏的加快，传统的打奶煮奶喝及用奶粉冲奶喝的消费方式已逐渐显得费时费力，据了解，目前这种消费方式在大中城市以老人及有老人的家庭为主，而年轻人及那些工作繁忙的人大多喜欢那种即买即饮的奶品，如保鲜奶、UHT灭菌奶、酸奶等，另外，随着人们生活水平的提高，工作休息时、外出旅游时、口渴时消费乳品也渐渐多起来，这也只有那种能即买即饮的或者能直接消费的乳品才能满足需求。事实上，正是由于有这种需求，目前在一些大城市如

北京、上海等地，这几种乳品的市场份额正在逐步上升，市场前景十分广阔。目前一些抓住了这一契机的厂家就赢得了很大的发展，如上海光明、北京三元等。

（三）乳品企业应注重产品质量，以质优味美的乳品吸引人们消费

乳品加工企业应以“质量至上，顾客至上”为原则，以顾客的需求为导向，注重加工技术的改造，生产出质量好、适销对路的乳品来吸引人们消费。在面临加入 WTO 后外国乳品进入中国市场所带来的强烈冲击时，国内企业更应充分认识到产品质量对企业生存的重要性，因为洋乳品与国产乳品相比的唯一优势就是其质量比较好，如果国产乳品能解决乳品质量这一关键问题，做到质量完全可与国外产品相媲美，并广而告之，让国人都知道国产乳品丝毫不比洋乳品差，那么国产企业完全可夺回家门口被国外企业占领的市场，因为国产乳品的价格低得多。为此，乳品企业要对乳品生产、流通的各个环节如原料奶生产、收购、储运、加工、销售等严格把关，保证原料奶和乳品的质量，并建立起冷链流通网络，保证乳品在达到最终消费者的过程中不变质，并尽可能地延长乳品的保藏时间，使消费者放心选用。在此基础上增加乳品的花色品种和包装规格，满足不同口味和不同购买能力的消费者的多样化需求，促进乳品消费。要注重创品牌、创名牌，用名牌优势形成自己稳定的消费人群。

主要参考文献

[1]《中国统计年鉴》、《海关统计年鉴》、《中国农村统计年鉴》、《中国市场统计年鉴》（历年）

[2] 创研市场信息研究所．北京歌华文化发展集团等．《1998－1999IMI 消费行为和生活年鉴》

[3] 赵鲜明．“北京市牛奶产业研究”．北京农村经济动态．1999（4）

[4] 丁平．中国乳业经济研究．中国农科院农经所硕士学位论文，2000

[5] 王济民等．“城乡居民畜产品消费结构与消费行为”．中国食物与营养．2000（2）

[6] Anning Wei, et al，“China’s Dairy Economy：Demand，Supply and Trade Opportunities”，Paper presented at the Symposium “China’s Agricultural Trade and Policy：Issues，Analysis，and Global Consequences”，June 25～26，1999 in San Francisco，California

北京市农用水资源可持续利用的经济研究综合报告*

课 题 组

一、北京市水资源与农用水资源供需分析与可持续利用前景

（一）北京市水资源总量供需分析

北京市目前人均水资源占有量不足300米^3，仅为全国人均值的1/8，世界人均值的1/30，远远低于国际公认的人均1 000米^{3}的缺水下限。

50年代时，北京地区并不明显缺水，那时洪涝灾害次数超过旱灾。60年代以后，首先是人口增加和经济发展，使用水量迅速增加；其次是市外上游地区经济发展，层层拦蓄，耗水增加，来水量大幅度减少；第三是本地气候趋向干暖化，降水减少，气温升高，蒸发量加大。最近20年来，平均气温已升高1度多，降水量由50年代的平均782毫米减少到90年代的574毫米。这种趋势如果进一步发展，北京地区水资源形势将进一步恶化。

根据北京市水资源状况，可用下列公式计算全市水资源总量。

水资源总量＝本地产水资源总量 ＋入境水量
＝地表水资源量 ＋地下水资源量
－地表水和地下水重复计算量 ＋入境水量

由于北京市水资源总量受气候影响各年变化较大，因而我们取90年代水资源总量平均值作为主要参照，见表1。

表1 1985年以前与90年代北京水资源年总量及构成

单位：亿米^3

时 期	地表水	地下水	本地产水资源总量	入境水量	水资源总量
1985年以前平均	21.6	24.0	42.0	18.0	60.0
1990—1999年平均	16.33	23.17	31.61	12.65	44.26

未来10年，北京地区气候可能进一步干暖化，如年平均降水量再减少10毫米，全市水资源将减少1.68亿米^3；随着山区开发和山区“五小”水利工程进展，山区将扩大灌溉面积，如果不作调控，将每年耗用3亿米^{3}以上，并导致产流减少；市外上游也会加强拦蓄，可能使入境水量再减4亿米^{3}左右。以上各项合计，全市水资源总量将减少4亿～6亿米^3；平原地区减少

* 国家软科学研究项目编号98—15。课题组成员：中国农业大学的郑大豪、郑大玮、冯利平、郭沛、巴吐尔；北京市农村社会经济调查队的刘亚力、李友联、孟素洁、王乐强。

7亿～9亿米^3。

必须指出，目前每年23亿米^{3}地下水供给，是连年超采实现的。1961—1995年的资料表明，地下水储量累计亏损39.56亿米^3，这期间平均年亏损1.13亿米^3。1995—1999年间增亏16.86亿米^3，这6年中平均年亏损2.81亿米^3。加上2000年的亏损，已累计超采地下水近70亿米^3。地下水位近20年来已下降6米，用这样的速度推算到2010年，地下水位还将下降3.7米。

接着分析全市总用水量构成与变化。1999年全市总用水量为41.71亿米^3，其中工业用水10.56米^3；农业18.45亿米^3；生活和城市环境公共用水12.70亿米^3。由于工业用水重复率高，蒸发损失少，工业耗水仅为2.14亿米^3，农业则是耗水大户，耗用16.61亿米^3，生活和城市环境耗水5.06亿米^3，实际耗水总量为23.81亿米^3。

未来10年内，由于北京市工业将由传统工业转向高新技术、低耗水、污水处理和重复利用方向发展，实际耗水量有望继续减少；农业则随结构调整，大力推行节水农业技术，农业用水也会继续减少；但另一方面随着经济发展，人均收入提高和城市现代化建设，生活和城市环境用水量将持续增长。

根据1979—1999年各项用水增减资料，可以对今后10年内需水量增长作如下预测：工业用水每年减少0.14亿米^3；农业用水量在过去20年内呈指数曲线下降，若今后坚持作节水农业结构调整，推广节水农业技术，据此作函数推算，到2010年约可减少5亿米^{3}用水量；生活和城市环境用水近20年来则持续作近于线性的增长，每年增加0.63亿米^3。这样，工农业用水的减少大致与生活和环境用水增加相当。然而不能不注意到今后10年，北京城市水系和园林进一步发展，特别是申奥、环保与现代化建设力度加大等因素，这将急剧增加生活与城市环境用水。据规划，仅河湖环境用水一项就将增加3.5亿米^3。目前城市绿地单位面积耗水已不亚于农田，特别是冷季型草坪，耗水量极大。按照人均10米^{2}绿地面积计算，则此项用水为每年0.6亿米^3。因此，对根据过去20年数据作函数运算取得的用水量预测，作略为偏高的估计是必要的。

按照1999年7月制定的《21世纪初期首都水资源可持续利用规划》，到2010年，不同保证率下的可供水量与总需水量见表2。

表2　2010年北京市可供水量与总需水量

单位：亿米^3

保证率	50%	75%	95%
可供水量	40.88	37.54	33.99
总需水量	52.70	53.95	53.95
缺　水	11.82	16.41	19.96

可见到2010年，对于20年一遇的贫水年（保证率95%），北京将缺水近20亿米^3。即使按照平水年的保证率50%计，亦缺近12亿米^3。

当然，上表是基于现有水源与节流措施的预计。

（二）农用水资源供需现状

上节指出，近年全市各种水利设施每年向农业供水18.45亿米^3。其中地下水约15.68亿米^3；中小型水库1.20亿米^3；官厅、密云两大水库0.56亿米^3；塘坝0.038亿米^3；其余为河道基流、工业退水及污水约1亿米^3。用水结构是：种植业用水占85%；渔业占6%；农村人畜饮用8%；工副业用1%。

按照水利专家冯尚友教授研究得出的主要农业生产项目与农村人均需水定额，北京市按有效灌溉农用地面积485万亩计算（其中小麦、蔬菜、水稻全是灌溉地；玉米和经济作物部分灌溉；果园灌溉面积约占一半，主要在平原），农业生产需水量为23.85亿米^3，加上农村人口生活用水0.31亿米^3，农村总需水量约为24.16亿米^3。但90年代平均，全市农业实际用水量仅为19.79亿米^3，表明北京市的农业用水效率高于全国平均水平。这与近年来大力推广节水灌溉，节水农业技术有关，也与小麦的主要后茬夏玉米在雨季生长，山区玉米很少灌溉有关。再考虑到京郊农民生活高于全国平均水平，北京大规模畜禽场多，也远比户养耗水量大，扣除这些因素，本市农业实际灌溉用水的生产效率要明显高于全国的平均水平。

北京市农村节水灌溉面积已由1980年的51.75万亩发展到1998年的378万亩，其中喷滴灌197万亩。节水工程控制面积达到有效灌溉面积的65%。这就使种植业灌溉用水明显减少，由1980年的30.7亿米^{3}减至90年代的20亿立方米左右。又经过这两年农业结构调整与加强推广节水技术，目前种植业灌溉用水约为15.5亿米^3。

考虑到今后山区开发与农业发展将要新增大量农田和果园，将增加耗水约3亿米^3；而本市粮食与经济作物对饲料作物的比例将进一步调整到7∶3或6∶4，特别是耗水较多的小麦与水稻面积大幅度压缩。畜牧业比重将增大到55%，畜牧业耗水也会增加；另一方面，本市计划使节水灌溉率在“十五”结束时达到95%。按现有灌溉技术及其构成，平均节水30%计算，可进一步节水1.4亿米^3。由于农业结构调整还有许多不确定因素，未来各种作物面积尚难确定，农业生产用水的总量也难以准确计算。如暂不考虑进一步的节水措施，总的估计：山区用水将明显增加，平原来水会因山区截留而减少；种植业用水略减而畜牧业用水略增。全市农业生产用水总量可基本不变。然而不能忘记，这是本文上节指出的，是以地下水大量超采，地下水位急剧下降为代价的。

可见，如果不采取更有力的节水措施，北京市农用水资源利用将是不可持续的，而北京全市供水与水资源利用也将不可持续。这将对北京现代化建设产生极其严重的制约。

（三）北京市水资源开发对策及其对农用水的影响

1. 跨流域调水。华北地区已无水可调。南水北调中线工程可较大缓解北京水资源紧缺状况，但至少要到2010年才能输水，而且由于调水成本高，农业无法承受，只能通过减轻城市和工业抽取本地水源的压力而间接改善农用水资源的状况。

2. 污水回用。北京市在“十五”期间将使城市污水处理率达到发达国家的水平，即从90年代中期的25%左右提高86%以上，按照15亿米^{3}排放估算，可多回用9亿米^3。但处理后的污水基本上位于下游，而且成本较高，主要用于城市，农业可利用的数量也不会多。

3. 雨洪利用。市水科所郝仲勇高级工程师等分析，北京地区雨洪出境量年平均7亿米^3，占出境水量的一半左右。在水资源紧缺上升为主要矛盾的今天，水利工程的重点应从排涝为主转向拦蓄抗旱为主。开发利用这部分水既可以缓解北京市缺水，又可提高城市防洪标准，并回补地下水。城区雨洪最大可利用量多年平均为1.93亿米^3。但目前城市不透水地面太多，要拦蓄雨洪必须控制不透水地面的无限扩张，扩大种植耐旱草坪。平原地区可利用田面蓄水入渗，沟、渠、坑、塘蓄水，修建入渗井，在河道筑橡胶坝拦蓄等措施进行雨洪利用，回补地下水。估计最大可利用量年平均为2.25亿米^3。山区面积约占全市2/3，降雨强度要大于平原和城区，根据1985—1997年资料计算，雨洪最大可利用量多年平均为3.2亿米^3。但山区入渗条件差、产流快，应加强水土保持、涵养水源，修建雨水集蓄工程。上述不同类型地区雨洪最大可利用量合计为7.4亿米^3。这是目前本市范围内水资源开源的最大潜力所在。

4. 提高大型水库的拦蓄能力。密云和官厅两大水库上游来水年际变化很大，虽然总的趋势是来水不断减少，但每隔两三年会出现一个丰水年。在主要矛盾由洪涝变为缺水后，水库的主要功能也应由拦洪改为蓄水。由于水资源紧缺已连续多年，从进入雨季到大量产流有一个积累过程，水库对于首场暴雨具有足够的承载能力，除非蓄水很满，没有必要一入汛就放空。在确保水库安全的前提下，适当提高拦蓄水位，可以用丰水年的水弥补贫水年之不足，弥补上游来水递减的损失。

5. 在水库上游实施人工增雨。北京市气象局近十年在水库上游实施人工增雨已取得显著成效，每年可增加入库水量 1 亿～2 亿米^3，人工增雨每增加一立方米雨水的作业成本仅几分钱，约为南水北调的 1%。北京市的地上水源主要是两大水库。官厅水库上游是永定河水系，流域面积 43 400千米^2，一年降水 380～450 毫米，径流深 50～100 毫米。密云水库上游为潮河与白河水系，流域面积 15 788 千米^2，年降水 500～700 毫米，径流深 100～200 毫米。如将人工增雨扩大到河北省的承德和张家口两地区的大面积山区，增雨产流效果会大得多，如能平均增加 20 毫米径流深并入库，就可增加 11.84 亿米^{3}水资源。利用雨季有利天气进行人工增雨作业，增加水库来水，具有很多有利条件：由于季风气候的特点，北京的夏季总会出现有利天气，增雨作业成功的机会较多；密云水库上游是华北的多雨区，地势陡峭，多是石质山区，降中到大雨后易形成径流；上游地广人稀，只要将部分山区居民迁移到安全地带，增雨造成的山洪和泥石流等灾害的损失不大；密云水库的库容量很大，大多数年份蓄不满，潜力较大；国内外资料表明催化剂所造成的污染可忽略不计。

以上各项合计，有可能增加十多亿立方米可利用水资源。若加上进一步的节水措施，可基本满足 21 世纪初期北京城市用水的需要，但不可能满足农业的充分灌溉。农业的可持续发展主要靠科学而严格的节水措施。

二、农业节水措施与节水灌溉技术经济效益

（一）调整农业结构

北京郊区农业发展不能超出水资源的承载力，调整农业结构一方面是为适应市场需求，同时也是为了适应区域的资源承载力和环境容量。当前主要是适当减少耗水多、经济效益又差的小麦和水稻，控制鱼塘数量和用水量。扩大耐旱经济作物的面积。对于单位面积用水虽多，但单位用水量产值和效益很高的作物，如出口创汇的蔬菜等，只要总面积不过大，宁可减少其他作物的灌溉，也应适当发展。山区应发展耐旱省水的干果、杂粮、薯类和牧草。城市绿化要严格控制高耗水的冷季型草坪面积，除少数重要建筑和公园外，大面积草地应以基本上不需灌溉的暖季型草为主。大规模畜禽场水冲式清粪既浪费水，又严重污染环境，应研究解决，尽可能改用干出粪。水源保护区要严格限制畜牧业的规模，防止畜禽粪便污染水源。

（二）推广节水农业技术

这方面工作和技术有：高水分利用率作物和品种的引进、繁育、推广；节水农艺技术的研究和推广；覆盖保墒技术，包括不同装备水平和各种结构的温室、塑料大棚，以至简单的薄膜地面覆盖；化学节水保墒技术的研究和推广等。

（三）不断改革节水灌溉技术，提高节水灌溉经济效益

据市水利局资料，1998年全市节水灌溉面积已达378万亩，其中渠道砌衬90万亩，软管输水91万亩，粮田喷灌197万亩（不包括分散于果园、菜田、大棚与温室的滴灌面积）。按本市“八五”以来，每年拨款2000万元新增20万亩节水灌溉面积的计划，目前节水灌溉面积应已达420万亩左右。

根据许多试验与生产实验的结果：软管灌溉可使机井渠系利用效率由0.8提高到0.95，在相同技术条件下，比畦灌节水20%左右，由于浇灌较均匀，单产比渠灌高10%左右；喷灌可比畦灌节水40%～50%，且由于省去畦埂占地，单产可提高10%～15%；滴灌技术则可比畦灌节水70%，比喷灌节水40%，同样不需畦埂，因而也可增产10%～15%。由于以上几种节水灌溉技术都是通过地表灌溉，因而都存在地表蒸发量大的缺点，特别是喷灌水滴在空中及作物表面蒸发，损失更多。此外，喷灌也不利于作物根系下扎。

为此，我们十分关注北京市农科院宋秉彝研究员主持的“农田渗灌高产技术研究”。试验结果表明：渗灌浇根不浇地，在冬小麦整个生育期，土壤表层0～20厘米深度内含水量较低，比喷灌的这个土层水分消耗少；渗灌的水大部分补充在20～120厘米土层中，有利于作物吸收而损失很少。同样技术条件下，渗灌比喷灌增产9.4%，水分利用效率是喷灌的1.42倍，比喷灌节水43.9%。这种灌溉技术由于渗水管埋深达40厘米，若发生渗水管微孔堵塞，检查与更换都很费工。本试验就曾出现过渗水管堵塞和渗水不均匀的问题。这是需要进一步研究解决的。但面对渗灌可大幅度节水与增产的前景，我们应给予特别的关注与支持。

影响节水灌溉技术进一步推广与改进的一个重要因素是投资。这里把打井、取水与过滤、施肥设备等投资作同等条件处理，于是决定投资多少的主要因素就是管道长度和相应的喷头或滴头。其余费用如管理费、用工、电费等相差不多，为简明起见，暂不考虑。这样，不同节水灌溉方式的投资与应用范围见表3。

表3　不同节水灌溉方式、投资与应用范围比较

灌溉方式		投资（国产设备，元/亩）	应用范围
喷灌	移动管道式喷灌	200～250	大田作物、蔬菜
	固定管道式喷灌	1 000	蔬菜、果树、经济作物
	中心支轴式与平移式喷灌机	300～400	大型农场或规模经营程度较高的农田
	卷盘式喷灌机	350	大田作物、蔬菜
	轻小型机式喷灌	100～200	较小地块抗旱
	微喷	500～800	果树、经济作物、花卉、草坪、温室大棚
滴灌	固定式滴灌	700～1 400	果树、大棚蔬菜
	半固定式滴灌	500～700	大田作物
	移动式滴灌	200～500	大田作物
	渗灌	400～1 000	果树、棉花、粮食作物
	软管灌	289	大田作物、经济作物

注：①主要由于管道材质不同，投资有一个变化幅度；②管灌不含过滤设备。

表中每亩200～1 000元的投资，显然可以通过增产增收在2～5年内回收。如果考虑到政府可对节水灌溉给一定补贴，再考虑到今后如实施农用水收费，节水可以少付水费，这个数额的投资对北京农民来说并不过重。

现在的问题是京郊节水灌溉实际效率并不理想。除了大棚、温室怕多灌水会漏湿走道与工作环境，因而灌溉量掌握比较适当外，大田喷灌以及一些滴灌的果园、菜田很多都灌水过量。原因很简单，就是因为水费极低，而农用地下水根本不收费的缘故。近两年，全市根据节水要求，对农业结构作出较大幅度调整；节水灌溉技术的推广也比过去快，但近年京郊地下水位曲线却呈指数曲线急剧下降。这种情况说明，只靠推广节水农业工程技术是不够的，必须同时对农用水利用制度进行改革。

三、农用水商品化是可持续利用的关键

（一）严格执行《水法》和市政府的节水规定

目前，我国城市居民生活用水和工商业用水已按水法中“水资源属于国家所有”的规定，以不同形式向国家交纳水资源费、地下水养蓄基金并按价用水。虽然所含资源费、基金与价格构成内容和计算标准可能还不全面，偏低或还有其他不合理的地方，以致供水单位经营亏损和国家在这方面收入不足，但毕竟已开始执行水法规定的这种所有制关系，使节水工作走上了法制化和商品化轨道。其中的不完善部分当然是可以逐步改进并完善起来的。

然而农业用水则至今未很好体现水资源的国家所有关系，唯一能反映水资源国家所有的措施是由主管部门核发凿井许可证。北京市政府 1992 年发布的《北京市农村节约用水管理规定》中要求：“直接从地下或河流取水的单位和个人，应当按照规定交纳水资源费和地下水养蓄基金”，但至今未能实施。1994 年，市郊各区、县发文规定农村生活与农业生产用水缓收水资源费和地下水养蓄基金。目前农业用地表水水费还不足以支付供水成本。而取用地下水，农民和其他农业生产单位支付的只是电费和部分提水费用。两种水源都未体现任何水资源的国家所有关系，更无所谓水商品价格。可见农业用水实际上脱离了水法的基本要求。

与本市农用水资源严重短缺并存，目前农业用水不科学，浪费水的情况仍很普遍，有些问题也是很突出的。首先是由于有的水资源按自然形成条件分布，有的则限于工程条件作经济分布，因而使有的地区、单位和农户取水用水条件优越，而有的条件差甚至很差。条件好的先得多用，条件差的后得少用。有的地方 1 米^3 水只能产生几角钱产值，而有的地方或产业却能产生几十元以上产值。这就使这种紧缺的资源不能按最有利的方式分配，从而导致收入分配不合理。第二，由于目前农业用水不计量收费：京郊有的地方按耗电量收费；有的计时分配并收费；有的则按亩收费。轮到谁灌，都设法多灌，宁过勿缺。这样，虽然很多地方已采用了管灌、喷灌、滴灌等节水工程与技术，但不少地方的节水指标并未达到科学测定的理论值或国内外已达到的先进水平。第三，不注重分析灌溉水的边际效益。实际上，接近一定技术条件下产量限界的灌溉水边际产量很低，甚至出现负值。但由于不需支付水费，多抽水，成本多耗无几，于是经常过量灌水。第四，过低的灌水费用促使农民和其他农业生产单位用水来代替其他农业投入，更不用说积极投资购建节水灌溉设施了。例如用地膜覆盖播种粮食，每亩可节水 50～100 米^3，但购买一亩地的薄膜要 50～60 元，而多灌 50～100 米^3 水只需几元钱水费。在这种情况下，农民是不会对节水措施真正采取积极态度的。

（二）农用水商品化可有力推动节水

国家所有的水资源，可以有各种分配方法。例如：可以自由取用；可以按需分配；也可以按人口或劳动力分配；当然还可以根据其他指标分配。但在市场经济条件下，最有效并最能促进节水的方法还是使农用水资源商品化。本市工商业用水和居民生活用水就是用不断完善的商品化办

法，走上了解决供需矛盾和节水道路的。农业用水也实行过自由取用和按不同指标计划分配的办法。近年来农户虽支付一定供水费用，但这远不是水商品的价格。打井虽要经主管部门批准，但抽取多少地下水并无限制，基本上是自由取用的，农户仅支付部分供水费，并不按商品价格购买。正是这种自由取用或低费取用的制度导致上述问题。看来，农用水资源也只有与市场经济体制完全接轨，实行商品化才是出路。

国家所有的水资源，如果水源丰富，人们自由取用或按需分配都不影响他人与社会的利益，这就可以视为国家所有的公共财产，不一定实行商品化。但在资源紧缺情况下，谁多用一些，因而多得到利益，必然要使另一些人少用一些，并使他们的利益受到一定损失。这就要求多耗用紧缺资源的人付出补偿。政府可以把这种补偿集中起来，用于恢复当地水资源原有数量和状态，以平衡因此引起的利益关系变化。

使农用水资源商品化还有助于解决分配中的另一类问题，把紧缺的水吸引到收益最大或较大的农业生产和建设项目上去。既然使用这种商品要付出代价，那就只有那些经济效益较好的生产或项目才能优先使用这种资源。水资源商品化有助于解决农业用水的优化配置问题。

（三）商品化要求耗用水资源准确计量

实施水资源商品化，必须对耗用的水进行比较准确的计量。现在工商业用和居民生活用水都已在相应设施上装了水表，实现了准确计量。只有农业用水，除地表水用水尺作近似计量外，农业灌溉用井几乎没有装水表的，用了多少，水资源所有者并不知道，其他进一步管理措施自然谈不上了。因此为了管好用好紧缺的水资源，首先必须为每口井装上水表。水井设施可以集体所有、个人所有或企业经营，但水表应由水资源所有者拥有并监管。

（四）农业水资源的价格模式

实行农用水资源商品化的一个核心环节是科学确定水价。目前农业用水的供水成本计算不完全，而且是按平均成本计费的。这种计费方法可以部分弥补供水成本，并由于用水要付费的制约，对于节约用水可以起一定作用。但这种低收费、平均计费的方法并不能起到上述优化配置水资源的作用；而且由于用多用少都按同样的成本计费，对于耗用紧缺资源的制约作用是很小的；同时也不利于政府利用价格杠杆和政策法规来调控水资源投向，以争取农用水资源的最大经济效益和社会效益。

完全的农用水价格应该由供水成本、恢复当地水资源原有数量和状态所需费用，加上供求差价和适当利润四部分构成。其中供水成本目前已部分计入。要准确计算出完全成本，在技术上并不困难。关于恢复当地水资源原有数量和状态，北京市曾打算通过征收水资源费和地下水养蓄基金来实施，前者主要用来补偿并恢复耗用的水资源，后者主要用于限制新增地下水消耗。对于农用水资源，这两项内容虽作了明文规定，但都未实施。而且农业用水中这两种费用的计算范围与标准还需作进一步研究。最不易确定的是其中供求差价部分，它涉及：单位水资源对不同生产项目的效用或收益的大小；不同时期投入的效用或收益的大小；投入不同数量时的效用或收益；它的机会成本；在不同地区和不同季节的稀缺程度；对农民收入的影响等许多因素。虽然如此，仍可以应用适当的经济学理论和现代分析方法加以研究，作出相应规定并在实施过程中不断完善。

在市场经济和农用水资源商品化条件下，适当的水价格体系对于节水机制形成起决定性作用。图1有助于说明农用水资源紧缺地区商品化农用水的价格模式。图中边际收益斜线，反映了投入农用水由少而多时，边际收益由高而低的变化。当农户利用自然状态水资源如土地含水、降

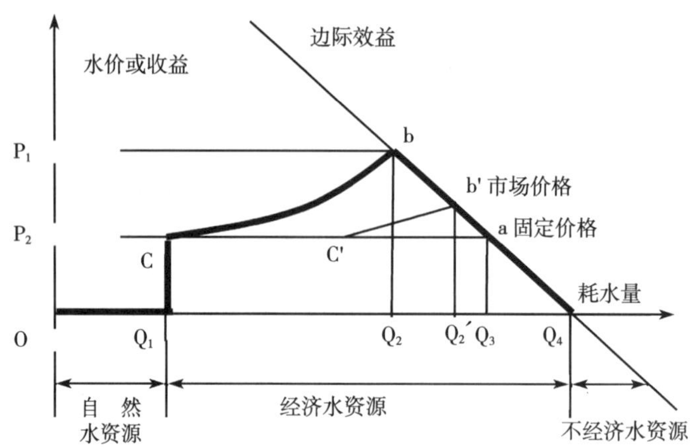

图 1 灌溉水的边际收益与市场价格模式

水、自然流水或积水时，不论这部分水的边际收益多高，价格均为 0，在水资源紧缺地区，这部分水是很少的，即图中的 OQ_1 量；Q_1Q_4 量为需投入资金与劳动才能恢复的部分，且边际收益大于或等于价格，不妨称为经济水资源；Q_4 以右部分为过量水资源，边际收益为负值。若不区分水资源的性质，价格始终为 0 时，使用者可以尽量灌水，直到 Q_4 量，足以引起减产时为止。当进入经济水资源状态，固定价格为 P_1 时，与边际收益在 a 点相等，因而适当的灌水量为 OQ_3，固定价格 P_1 起一定的防止浪费水的作用；若实行市场价格，当价格为 P_2 时，适当的灌水量应如 b′点所示，为 OQ_2 量，较高的水价起到显著的节水作用；若价格再提高，就会越来越远离边际收益。实际上，在市场经济条件下，这时的灌溉水价格将沿边际收益线逐渐下降。整条水价曲线如粗线 OQ_1cbaQ_4 所示。超过 Q_4 量的水，是过量的，它导致负边际效益，如过多降水，洪涝灾害等，这是不经济水资源，不形成价格。认识这种变化规律，有利于使用水单位努力采取节水措施，用较少的水，生产同样多或更多的产品。另一方面，水价提高也可鼓励农业供水单位投资于节水工程与技术措施，改善经营管理，增加供水，改善供水质量。同时也可促使其他企业和个人投资于农业供水事业，例如处理工商业和城市生活污水，供农业使用。

根据上述原理和公式，可以计算出实际水价，或接近实际的水价。现在的问题是，如何使水价适应目前农民的收入水平，既可促进节水，又不过多增加他们的负担。

（五）适应农民负担的水价机制

北京 485 万亩有效灌溉面积，分摊 15.7 亿米^{3}种植业用水，每亩地平均 310 米^3。据调研，在北京地区年降水约 600 毫米条件下，小麦、玉米连作高产粮田，灌溉用水每亩 300 米^{3}足够。按上述农用水计价公式：供水成本由农户自己负担；暂不考虑由供求关系引起的差价和商品化经营要求的适当利润；只以市政府规定的每立方米 0.4 元水资源费计价，则当每亩灌水 300 米^{3}时，每亩水费负担为 120 元。这对于目前收入不多的普通农民，显然过高。如果开始时减半收费，每亩水费就是 60 元，这每立方米 0.2 元的水费，就可以有效调动农民的节水积极性，促使他们灌水适可而止。若他们因此采用喷灌，同时精细掌握，不过量灌水，那就可能使每亩用水量减少至每亩 180 米^3，水费 36 元。如果此后采取滴灌、渗灌等更先进的技术，精心管理，每亩水费有望降至 20 元左右。目前一些已采用滴灌的果园和菜田就已达到这样的水平，甚至更低。但是如果

水价过低，例如每立方米 0.1 元，这对于促进京郊农民节约用水不会有足够的推动作用。

到 2010 年，全市耕地的绝大多数都会建成节水农田。实行这样的计价制度，每亩年用水量平均不会超过 200 米^3，使全市种植业用水不多于 10 亿米^3。这就可每年少抽 5.5 亿米^{3}地下水，让已严重超采的地下水休养生息，争取地下水位逐渐回升。

若立即实行每立方米 0.2 元水费，仍使农民负担偏重，影响农民收入增加，则可在这种机制下再适当调低初始价格，譬如每立方米 0.15 元，以后再根据农民收入增加和农用水供求关系变化逐步调整到位。只要对农用水开始计量到户，按用量收费，就可以对节约农用水起显著作用。但若长期不计量收费，那北京市农用水资源的可持续利用就不能指望了。

由于水资源归国家所有，将水费计入其他由国家征收的税费，由财税部门统一收取，既简化了手续，又可避免层层加码等现象发生。

若按每立方米 0.2 元收费，全市可收农用水费约 3 亿元。往后，一方面水价应逐步上调，而农业用水则会逐步减少，考虑到水价的调幅可能大一些，这项水费收入会略有增加。建议以这项资金，乃至政府追加一些水利投资，用于补贴农民采用节水灌溉技术，进行农田节水建设。可先由农民向银行贷款，建成后由政府定额补贴，额度掌握在平均工程费用的 1/3 到 1/2。对于已建成的在用节水灌溉设施，又从未获政府补贴的农户，可考虑补发，以示公平。这样农业用水就不致成为全市现代化建设的负担。而这项补贴所费，肯定会比从南方调来同等数量的水所耗资金低得不可比拟。

当水价逐步提高到可实现市场经营的程度，也就是可按上述公式计价时，这种机制就可调动一些农民和其他经营单位投资于农用水的商业性建设与经营，这会有助于农用水资源的更充分开发和更有效利用。

（六）农用水商品化要求政府加强管理与调控

农用水商品化后，我们不能把它等同于一般的农业生产资料或一般商品。在缺水地区，它是农业这个基础生产部门的命脉。由于水资源投入工商业的边际效益经常远远高于农业，特别是在北京这样的国际大都市郊区，这种效益差别和趋向更加明显。若任由农用水商品按市场规律自由流动，那农业就不可能按全市经济发展的规划和要求协调发展。在农业内部，商品化固然可以在一定范围内使水资源流向经济效益高的生产项目或生产单位，但它不能对暂时经济效益低而社会效益或长期效益高的生产项目自动实现优化配置，特别是诸如粮食、一些生活必需的农产品生产。农用水资源的跨部门和大范围优化配置是必须政府引导乃至法规强制的。至于水资源的全市联调，以至与外省市的协作等，更必须由政府来调控运作。

农用水资源商品化后，农民就不能随意取得，他们必须购买这种水的使用权。近期内，农用水资源只能由政府或其指定的机构垄断经营。集体所有塘坝、水库里的水由该集体垄断经营。这样，政府便需加强水价管理，例如遇到严重干旱，不能允许任由供求关系支配，抬高水价；如遇多雨洪涝，不但将大幅度减少水费收入，可能还要投资拦蓄余水，以备旱年之需。

通过农用水商品化改革，政府可以准确掌握农用水来源与耗用的数量和价格，这些资料对于更好地管理紧缺的水资源，实现高效率调控，实现农用水资源的可持续利用是必不可少的，同时也是北京市现代化建设必不可少的一项基础性工作。

ASP模式下的会计代理*

——我国中小型企业会计问题解决方案初探

席爱华　原宏成

[摘　要] 针对我国中小型企业存在的会计问题，以及wTO与知识经济对会计工作的新挑战，文章结合新的网络服务技术——ASP的出现，提出ASP模式下的会计代理模型。该模型的建立与实施，对我国中小型企业目前存在的一些会计问题及国家监督部门增强对中小型企业会计处理的监督提供了一种解决方案。

[关键词] 中小型企业　ASP　ASP模式下的会计代理模型

一、我国中小型企业所处的环境背景及其面临的新挑战

改革开放以来，我国中小型企业迅速发展，在满足人民生活、提供就业和促进整个国民经济发展中都起着极为重要的作用。但由于中小型企业规模小、经济实力弱、经济成分复杂、会计人员素质较低，在面对WTO和知识经济到来之际，中小型企业存在的会计问题越来越突出，具体体现在以下几方面：

1. 账目信息失真。账目信息失真在我国企业是个普遍现象，在中小型企业中尤为突出，其原因之一是中小型企业配备的会计人员素质较低，在实际工作中很难达到企业会计核算的真正要求；之二是受资金短缺的限制，会计电算化的实施不尽如人意，难以适应现代企业发展的要求；之三是由于中小型企业数量多、经济成分复杂，国家对中小企业难以实施有力的监管，造成了中小型企业偷税漏税问题普遍存在。

2. 中小型企业难以适应WTO对我国会计工作提出的新要求。目前我国中小型企业会计电算化目的比较单一，基本上是所谓的“以机代手记账”方式。会计电算化仅仅将信息技术作为一种工作手段，而加入WTO对我国会计工作提出新的要求是会计电算化向会计信息化发展。会计信息化的本质是会计与信息技术相融合，目的在于建设能够提高企业管理水平、满足现代企业管理需要的新一代会计信息系统。[1]它体现的是会计工作的全面创新、变革与发展。这就要求会计人员不断的提高自身的业务素质，不断地接受新观念、新知识。而现实中我国中小型企业由于其经营规模、管理意识、经济实力等限制，使得会计工作很难满足这方面的要求。

3. 中小型企业难以适应知识经济对会计工作提出的新挑战。我国中小型企业有相当一部分

* 原载《中国农业大学学报（社会科学版）》2001年第4期。

属于高科技产业，企业产品和企业管理中知识含量较高。知识经济对这类企业的知识资本拥有量和知识创新能力的信息提出了新要求：企业财务报告的目标，不仅要满足使用者对企业资本、物质资源增长的要求，也要满足他们对人力资源、知识资源等信息需求。这就要求有高素质的会计人员及计算机、网络、高级财务软件等相互配合来完成。而现实中，我国中小型企业距此还有很大差距。

为解决以上问题，结合当今计算机发展的现状及新的网络服务手段——ASP 的出现，我们提出 ASP 模式下的会计代理模型。

二、ASP 模式下的会计代理模型的建立

1. ASP 模式的介绍。 ASP 的基础是网络会计。网络会计是随着信息高速公路的建成和网络经济时代的到来，会计在网络环境下的一种存在方式。通俗地讲，就是在一定范围内（如地区、行业、企业集团）各单位不再进行会计核算，而将有关原始信息通过网络传递到核算中心（如记账公司等）的主计算机，由主计算机进行核对、核算、分析、报告，而各单位可以通过网络获取自己所需信息。[2]

ASP 是 Application Service Provider 的缩写，直译为应用服务提供商。ASP 模式具体是指：在共同签署的外包协议或合同的基础上，客户将其部分或全部与业务流程相关的数据处理，委托给服务商，通过服务商来保证这些业务的平稳运作。即服务商不仅要负责应用程序的建立、维护与升级，还要对应用系统进行管理，所有这些服务的交付与运作则是基于网络的，客户将通过网络远程获得这些服务。总之，这就是“软件变服务、服务走网络”的一种营运模式。ASP 模式主要包括三个基本要素：客户群、ASP 运营机构、软件产品。其优势主要体现在：服务商将应用程序及相关服务打包，通过网络交付，使其以最小的成本被高效执行；对客户来说，与整个运行相关的风险可以被分摊，IT 应用技术也可得到及时的更新。

借鉴 ASP 模式并结合我国中小型企业的现状，我们提出 ASP 模式下的会计代理模型。

2. ASP 模式下的会计代理模型。 ASP 模式下的会计代理模型如图 1 所示：

ASP 模式和计算机网络是模型存在的环境。在此模型中，客户群是指中小型企业，ASP 的运营机构是指 ASP 模式下的会计代理公司，软件产品是指会计软件公司提供的会计软件。

软件公司是指专门针对企事业单位从事会计问题解决方案的财务软件公司，也即我国现有的

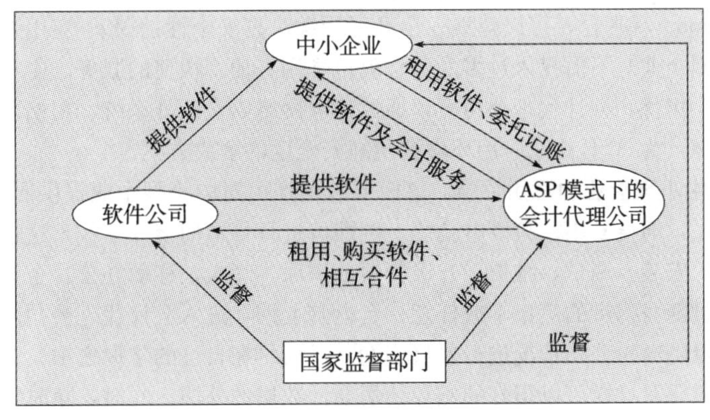

图 1　ASP 模式与计算机网络环境

财务软件公司，其经营主要以销售软件为主。例如，金蝶软件公司、安易财务软件公司、东西南北财务软件公司等。ASP模式下的会计代理公司是指提供ASP服务的在线网络会计业务代理公司，它区别于传统的代理记账公司。中小型企业和国家监督部门就是指现实中的中小型企业和国家监督部门。

（1）模型中各主体间关系。

①中小型企业与ASP模式下的会计代理公司。中小型企业可以和ASP模式下的会计代理公司签署委托记账、咨询服务，或是在线租用会计软件的协议。ASP模式下的会计代理公司可以根据中小型企业的经营特点、业务范围、资金等选择其适用的会计软件；可以向用户提供会计核算处理、财务管理服务、相关纳税指导、财务状况分析、专家咨询等服务；可以提供进销存管理、客户关系管理、人力资源管理等领域的服务。这些服务还可根据用户的需求在线继续扩充。

②中小型企业与软件公司。中小型企业也可向软件公司直接购买或租用财务软件。软件公司向中小型企业提供相应售后服务。但与通过AST模式下的会计代理公司获得适用的软件相比，花费可能更高，获得的服务相对较少。

③软件公司与ASP模式下的会计代理公司。软件公司向ASP模式下的会计代理公司出售或出租会计软件。软件公司和ASP模式下的会计代理公司也可采用合作的方式，根据中小型企业特点及要求设计、完善会计及管理软件，以便更好地解决中小型企业存在的会计问题。

④国家监督部门与模型中各主体。在模型中，国家监督部门则可以通过计算机网络方便、及时地对中小型企业财税等进行监督。同时对会计代理公司及软件公司也可进行相应指导、监督。

（2）模型的主要服务对象。该模型的服务对象主要是我国的中小型企业，如：IT公司、信息服务公司、商贸公司、餐饮、娱乐、咨询、旅游、交通、中介、劳务公司等等。这些中小型企业在经营上的共同特点是：①成长变化周期快、企业资金额度小；②财务管理很不规范、企业信息管理经验不足；③在经营上缺乏工商税务管理机构的有效支持，缺乏专业会计、管理、工商人员的建议。这些都是制约中小型企业发展的重要因素。这类中小型企业客户都适于借助此模型运作方式来进一步完善企业的管理。

三、ASP模式下的会计代理模型的可行性分析

1. 该模型实施的ASP服务技术条件已基本具备。ASP服务基于网络基本技术架构，是完全的网络计算模式。中小型企业的会计数据以会计代理公司的ASP数据中心为运行平台，模型选择全套的微软Windows平台，可以建立一个高可用性、高安全性的Web应用系统。而处于用户端的客户（中小型企业）不需投入过多的资金就可享用方便、快捷的服务。中小型企业也无须为本企业数据的安全担忧，会计代理公司可以通过建立网络安全认证系统、网站防攻击系统以及完善的内部控制制度，为ASP在线应用环境提供高安全度的解决方案。

2. 该模型对中小型企业的适用性强。该模型的运作可对中小型企业提供便捷、廉价的服务，可操作性强。首先，简便易用。只要电脑能上网即可进行日常的会计工作，这也完全免除了原先购买财务软件时的安装、调试、维护、升级等烦琐事项。其次，移动办公。企业经营管理者出差在外地，只要通过随身携带的笔记本或任意一台电脑上网，进入会计代理公司网页，输入自己公司的密码，就可以随时对公司情况进行账目查询，一切尽在自己的掌握之中。企业也可设置自身的会计账目查询权限，这样可以很好的避免公司会计数据的外漏。同时，随时随地的直接查询还具有一定的突然性和真实性。第三，费用便宜，功能实用，是“天然的网络版”。ASP模式下的

会计代理公司可以满足现实中的各种规模中小型企业的要求，功能简单实用，不像大型软件包那样繁杂。ASP模式下的会计代理公司提供的ASP服务是财务管理软件的"天然的网络版"，不用局域网也能做同一套账，并且费用远比直接购买网络版的软件包低廉得多。

3. ASP模式下的会计代理公司主体功能实现的条件分析。我国现有的各软件公司客户，多为有实力购买软件的大型企业，这制约了其对中小型企业提供服务的发展。而我国传统的会计代理公司所接触的客户却往往是一些中小型企业，他们和这些小企业保持着良好的联系，因此，由他们来向中小型企业提供ASP服务就显得更合理了。

现有的会计代理公司经过近几年的快速发展以及和国际会计惯例的不断接轨，已经较为完善，在企业的管理及专业会计人员的配置上已基本满足了作为我国ASP运营机构的条件。但此模型是建立在网络环境、ASP服务基础上的，因此现有的会计代理公司要成为模型中的ASP模式下的会计代理公司，除具备传统的会计代理公司的功能，还应具有财务软件公司和网站的综合功能，因此，还应在以下两个方面进一步满足相关条件：

①人员。ASP模式下的会计代理公司的人员，同以往的会计代理记账公司的人员相比，不仅要求有专业的会计知识，而且还要求具有熟练运用财务软件和网络管理与维护技术。因为向用户提供的服务是通过计算机网络来实现的，公司需拥有完善的网络系统方便客户登录网站，所以还需增添相关技术人员。

②服务。新的服务方式的出现，使ASP模式下的会计代理公司，可以提供比传统代理记账、咨询服务更多、更广、更及时的服务内容。如可提供24小时在线咨询、财会制度与规章查询、各财会岗位网上培训等等相关服务。另外，对采用在线租用软件的中小型企业的会计人员还可提供一定的培训服务，使这些会计人员能理解和掌握新的服务方式，以便更好的发挥财务软件的作用，并使企业更方便、更及时地接受在线财会咨询服务。

4. ASP模式下的会计代理优于传统方式。在模型中的会计代理公司集中了管理、会计、税务等各类专业人员，主要是为每个无法支付高额咨询费用的中小型企业提供服务；所提供的软件将随用户需求的增加和社会环境的变化不断升级改进，与中小型企业共同成长。ASP模式下的会计代理公司提供的ASP服务与企业直接购买财务软件包相比较，具有以下优点：

应用方面：软件包只能在一个地点一台电脑上应用；而ASP模式下的会计代理公司提供的ASP服务可以随时随地，只要联通互联网，就可以获得全面应用功能和数据。

价格方面：软件包需一次性投入数千元或上万元，存在软件不适用的风险（包括企业业务和管理变化造成的应用变化）；而模型中的会计代理公司提供的ASP服务，不需要用户升级软、硬件系统，不需要用户一次投入，随时可以推出服务，降低用户对软件的选型风险。

安装和维护方面：软件包需用户自行管理或依赖软件厂商的服务，反应速度慢、响应周期长，对内部员工的计算机技术要求较高；而会计代理公司的软件产品的升级、维护等工作都由高级工程师完成，确保系统随时处于可用状态。

扩展性方面：软件包之间相对独立，数据难以共享；而会计代理公司提供的ASP可以随着应用需求的增加逐步扩展深度和广度，如：进销存、客户关系管理等，不同的应用可以紧密集成。

客户关系方面：用户一次性购买软件包，和软件开发商联系松散，而中小型企业和会计代理公司从根本利益上是一致的，双方通过友好互动的合作方式完成运营和管理的全过程。

综上所述，ASP模式下的会计代理对我国中小型企业财会管理具有如下特点：随时、随地、随设备（计算机）、省事、省人、省资金。

四、ASP 模式下的会计代理模型实施的意义

1. 解决中小企业会计处理不规范、财务信息分析不足等问题。该模型的实施，使中小型企业可通过网络向 ASP 模式下的会计代理公司委托记账，并可方便地获取财务信息分析、咨询等服务，这解决了目前中小型企业由于规模小、经济实力弱、财会人员少、素质低等现状引起的会计处理不规范、财务信息分析不足等问题。

2. 促进财会电算化的发展。该模型的实施，使用户由购买、安装复杂的硬件和软件，转为直接购买应用服务。用户只要上网，就可调用 ASP 站点上的软件进行凭证登记等一系列财务操作或是委托代理公司记账，并可以适时的通过网络进行账目查询、财务咨询等。事实上，模型中的会计代理公司充当了用户的电算中心，用户的账务处理都由这个电算中心完成，而用户只要为这些服务缴纳低廉的佣金或租费，这使中小型企业完全实施财会电算化成为可能。

3. 推进传统会计代理服务方式向网络化服务发展。传统的会计代理服务，受时间、地域、人员等方面的限制较多，该模型的实施，可使传统会计代理借助网络环境下 ASP 服务方式，不受时间、地域等限制，为更广泛的中小型客户提供更快捷、更灵活、更全面的服务。

4. 便于国家企业监管部门加强监督。由于该模型是以计算机网络为背景的，因此国家监管部门就可以通过网络随时、随地、方便地对中小型企业会计账目进行监督和核查，大大节省了人力和物力，并减少企业假账错账的发生，有助于解决现实中国家对中小型企业会计问题没有足够人力物力进行监管的难题。

参考文献

[1] 唐瑱．中国加入 WTO 对会计的新要求．商业会计．2000（2）

[2] 许必建．会计核算网络化初探．商业会计．2000（2）

家庭承包制后中国农村公共产品供给制度诱致性变迁模式及影响因素研究*

林 万 龙

［摘 要］本文对家庭承包制实施以来中国农村所出现的公共产品供给制度的诱致性制度变迁现象进行了总结，归纳了多种形式的变迁模式，并且通过构建一个诱致性制度变迁成本—收益模型，分析了决定和影响制度变迁的诸多因素。本文还对研究结果的政策含义进行了讨论。

［关键词］农村公共产品　制度　诱致性制度变迁

一、导言

家庭承包制实施以后，随着原来集体化的生产经营制度在集中提供地方公共产品方面的制度安排的逐步瓦解，中国农村公共产品的供给问题日益突出。许多学者对此加以了讨论和研究。有研究者倾向于认为，家庭承包制的实施极大促进了农村私人产品的供给，但却带来了农村公共品供给方面的问题，即家庭承包制缺乏对农村公共品供给的激励（如：郭熙保，1995；特丽·西库勒，中译本，2000）。更进一步地，有许多学者将农村公共产品的供给问题与农村税费制度的改革联系在了一起。例如，叶兴庆（1995，1997）及何振一（1997）均认为，虽然人民公社解体以后，相应设立了乡级财政，但乡级财政的支出范围十分有限，乡范围内的部分公共事业和村范围内的全部公共事业，均属制度外公共产品，正是这种制度延续以及其自上而下的决策程序，为农民负担的加重提供了制度根源。因此，必须对这种体制加以改革，即必须进行农村税费制度的改革。

从新制度经济学理论上来说，上述观点所关注的都是农村公共产品的政府供给制度及其变迁问题。而对家庭承包制实施后农村公共产品的民间供给及供给制度的诱致性变迁①，理论界则有所忽视，更缺乏系统的研究。本文的目的即是总结家庭承包制实施以后中国农村公共产品供给制度的诱致性制度变迁模式，并将构造一个理论模型，对制度变迁的影响因素进行研究，以弥补已有研究的缺陷。

---

* 原载《农业技术经济》2001年第4期。

① 诱致性制度变迁是指“由个人或一群（个）人，在响应获利机会时自发倡导、组织和实行的制度变迁”，与之相对应的是强制性制度变迁（林毅夫，中译本，1994，第384页）。

二、农村公共品供给制度的诱致性变迁模式：对案例的总结

总结新制度经济学的制度变迁理论，诱致性制度要得以发生，必须依赖于以下条件是否具备：①存在某些来自制度不均衡的获利机会；②合理的制度变迁成本—收益比；③存在变迁的初级行为团体。我曾经对家庭承包制的制度绩效进行过深入的研究，研究结果表明：从理论上讲，家庭承包制实施后，农村公共品供给制度诱致性变迁的基本条件已经有了满足的可能性，因而变迁也就有了发生的可能性。我还对此进行了经验验证。通过对 3 个案例——农村小型水利设施、村级基本医疗卫生服务及农村民间专业技术协会——的总体及个案分析，证明：家庭承包制实施以后，至少在部分农村地区，已经发生了农村公共品供给制度的诱致性变迁，变迁的基本特征是相似的，即公共品的供给主体不再限于政府，而是出现了民间供给主体，主要由他们承担变迁成本，并享有变迁收益（林万龙，2000）。

案例分析还表明，民间公共品供给制度在决策规则、成本分摊制度、生产管理制度及分配制度方面均与政府主导的农村公共产品供给制度有所不同。民间供给主体与政府供给主体在上述四类制度上的比较可总结如下表 1。

表 1　不同供给主体在公共品供给制度上的比较

	政府供给主体	民间供给主体
决策规则	由政府作出决策，政府承担决策责任，决策具有自上而下性	由农民自主决策，农民承担决 策责任，决策的出台直接与需求挂钩
成本分摊制度	政府通过税（费）筹集资金，具有强制性	成本由供给者承担，并通过公共品服务的收益收回，不具有强制性
生产管理制度	由政府负责管理与监督	由供给者负责管理与监督
分配制度	有许多服务不具有排他性，难以避免“搭便车”行为	一般具有排他性，不付费者或不具备某种资格者无法享用

资料来源：作者总结。

案例研究还表明，对于具体的变迁来说，其变迁模式可能是多样化的。在村级医疗卫生服务案例中，服务的供给者是个体医生所开设的诊所，公共品的供给主体是私人；在农村民间专业协会案例中，农民成立了专业协会来满足对技术、市场信息等服务的需求，专业协会是一个俱乐部，它所提供的，是俱乐部产品；农村小型水利设施案例的情况则要复杂一些，有一部分农民通过承包、租赁或自己打井，满足自家的用水需求或者向外出售商品水，在这种状况下，小型农田水利设施及其所提供的服务已经不再具有公共品的特性而成为了一种私人品，即受益完全可以排他，消费也完全有了竞争性。而在若干农户合伙打井供自己使用这种情况下，水利设施则显然与专业协会相似，具有俱乐部性质，对于合伙农户来说，是一种俱乐部产品。

因此，案例研究说明，在农村公共品供给制度的诱致性变迁过程中，至少产生了 3 种新的民间供给模式，即私人（包括个人单独或多人合作）供给公共品、公共品向俱乐部产品的转化及公共品向私人品的转化。最后一种情况意味着有些公共品已经彻底改变属性、成为私人产品了。结合 3 个案例，表 2 给出了这 3 种模式的比较。

埃莉诺·奥斯特罗姆（中译本，1992）同时反对两种观点，即对公共资源的有效管理必须通过政府管理或建立私人产权才能达到；通过对若干个“公用地”案例的分析，她发现由

当地群众制定出管理自己的共有财产资源的有效规则是可能的，但是她强调指出，这些案例的实质意义并不在于告诉人们什么样的模式才是“最好的”，因为具体情况千差万别，因而不存在“最好的”解决办法，案例的意义在于：有效的制度安排存在多种可能性，但不意味着必然性。

表2　公共品供给制度诱致性变迁后3种供给模式的比较

模　式	公共品的私人供给	俱乐部产品	公共品的私人产品化
供给者成员	1个或多个	多个	1个或多个
成本回收	通过服务收费回收	内部成员分摊，通过效益回收	通过服务收费或自家效益回收
排他性	消费具有排他性，效益有一定的外延性	对成员无排他性，对非成员有排他性	有排他性
若干例子	农村卫生、农村基础教育	专业协会、水利	水利、大中型农机具

资料来源：作者总结。

与此相类似，我在此需要特别强调的是，作为实证研究，我无意对各种供给模式——包括公共品的政府供给，以及公共品民间供给的若干形态——作出规范性的评价；上述3种情况也未必概括了公共品供给制度所有的诱致性变迁模式；案例研究只是证明了：家庭承包制实施以后，确实存在着公共品供给制度的诱致性变迁，并且在满足需求方面有较好的效果。

三、农村公共品制度诱致性变迁的限制性因素分析：一个简单的公共品诱致性制度变迁模型

（一）模型

与戴维斯和诺斯（中译本，1994，第311页－313页）的诱致性制度变迁模型所运用的原理相似，我将构造一个简单的公共品供给制度诱致性变迁模型。为简化分析，我在此不考虑成本和收益的时间价值，且假定不存在时滞问题。

公共品供给制度要发生诱致性变迁，对变迁主体来说，除了可能要承担新制度安排所带来的预期经营成本（C_r）和组织成本（C_o）外，还必定要付出排他成本（C_e），因为对于追求利润的创新主体来说，如果收益不能排他，那么就不可能有创新的动力；另外，“一项制度的效率还取决于其他制度安排实现它们功能的完善程度①”，这就意味着一项制度的诱致性变迁可能会受到各种各样的“摩擦力”，对于公共品制度而言，由于涉及公正性问题，对于创新者来说，这方面的成本更需要考虑，我在此将它们都归入“阻滞”成本（C_s）中。

供给者对上述成本的承受能力不仅与变迁收益有关，而且与其资产现状（I）有关，随I的增强，成本承受能力增强，即：

$$C_r = f_1(I),\ C_o = f_2(I),\ C_e = f_3(I),\ C_s = f_4(I),\text{且} \quad \text{（式1）}$$
$$f'_1(I) > 0,\ f'_2(I) > 0,\ f'_3(I) > 0,\ f'_4(I) > 0$$

设定制度变迁的收益为R，成本为C，创新者从制度变迁中预期可以获得的净收入为V，则：

$$V = R - C \quad \text{（式2）}$$

① 引自林毅夫（中译本，1994，第383页）。

再设定供给主体中的成员数量为N，公共品的服务对象数量为n，对每一对象的收费为P（如果是内部消费，P即意味着公共品为每一成员带来的效益），对每一个有意参与公共品供给制度诱致性变迁的个体i来说，假定个体间无差异，且各个个体均摊变迁的成本和收益，则由式2可得个体i的净收入为：

$$V_i = (R - C)/N = P_n/N - (C_r + C_o + C_e + C_s)/N \quad (式3)$$

只有当$V_i > 0$时，个体才有参与变迁的动力。下面以式3为基础，分别讨论本文所总结的3种公共品供给制度诱致性变迁模式。

1. 当私人供给公共品时，有两种情况：

（1）某个个体单独供给，即N=1，$C_o=0$，此时：

$$V_{i1} = P_n/N - (C_r + C_o + C_e + C_s)/N = P_n - (C_r + C_e + C_s) \quad (式4)$$

即：个人可享有变迁的全部收益，但同时要承担其全部成本。

（2）由N个人合伙供给时：

$$V_{i2} = P_n/N - (C_r + C_e + C_o + C_s)/N \quad (式5)$$

即：变迁的成本与收益均由合作者分摊。

2. 当N个人以俱乐部方式供给公共品时，供给者即等于需求者，即有N=n，此时：

$$V_{i3} = P_n/N - (C_r + C_o + C_e + C_s)/N = P - (C_r + C_e + C_o + C_s)/N \quad (式6)$$

即：与式5的情况相似，变迁的成本与收益均由合作者分摊。

3. 当公共品转化为私人品时，N=1，$C_o=0$，此时：

$$V_{i4} = P_n/N - (C_r + C_o + C_e + C_s)/N = P_n - (C_r + C_e + C_s) \quad (式7)$$

即：与式4情况相似，个人可享有变迁的全部收益，但同时要承担其全部成本。

（二）模型分析结论

通过对上述公式4～7的分析，可以得出一系列有意义的结论。

1. 一系列因素影响着公共品供给制度诱致性变迁的发生。只要$V_i>0$，公共品供给制度的诱致性变迁就可能发生。公式4～公式7表明，下列因素影响着公共品供给制度诱致性变迁的发生：

（1）成本因素与政府介入。当制度变迁收益一定时，如果能降低变迁的经营成本、组织成本、排他成本或阻滞成本，将使创新者的净收入（V_i）增大。因此，一切有利于降低变迁成本的因素的出现或加强，将使诱致性变迁变得容易。

在影响成本的因素中，政府的作用尤为明显。例如，通过给予创新者适当的补贴或其他优惠，可以直接降低创新者的经营成本；通过政府的号召、引导和组织，可以降低创新者的组织成本；通过界定和保护私有产权，可以降低创新者的排他成本；通过进行相关的配套改革，改善制度变迁环境，政府将使变迁的阻滞成本显著降低，等等。这些措施都可能有利于变迁的发生。

但同时需要注意的是，政府的不适当介入也有可能对变迁起阻碍作用。关于政府与制度变迁的关系，可参见周业安（2000）。

（2）市场规模。在其他条件不变时，需求者数量（n）的增加将使创新者净收入（V_i）增加

（俱乐部产品例外①）。而需求者的增加意味着市场规模的扩大，因此，市场规模的大小对公共品供给制度的诱致性变迁有影响。

（3）需求方支付能力。在其他条件不变时，支付价格（P）的增加将使创新者净收入（V_i）增加。支付价格可以代表需求方的支付能力，而后者是由需求方的生产规模、收入水平、专业化程度大小等因素决定的，这些因素因而也就影响着公共品供给制度的变迁。

（4）供给者资产状况。即便是预期的净收入大于零，诱致性变迁也不一定发生，因为创新者可能无法承担初始的变迁成本。这与供给者的资产状况有关。式1表明，供给者现有资产越多，其成本承受能力越强，从而其创新能力就越强。

2. 不能绝对地认为哪种诱致性制度变迁模式是"最好的"，从而生搬硬套。对于理性的个体而言，哪种创新给他带来的净收益（V_i）越大，他就越有积极性参与到这一制度变迁中去，比较公式4～7，可以发现，V_{i1}、V_{i2}、V_{i3}和V_{i4}之间的大小顺序无法直接确定，只有在一定的限定条件下才能比较它们的大小，从而确定哪种变迁模式容易发生。

也就是说，任何诱致性变迁的发生，都是受多方面因素影响的，与当时的具体情况有关。对于政府决策者来说，不能简单地认为哪种诱致性变迁模式是"最好的"，从而生搬硬套；结合具体环境，通过一系列政策影响制度变迁因素来引导制度变迁方向，可能是决策者的"最好"选择。

3. 要鼓励私人供给公共品，就需要有适当的配套制度安排。比较公式4和公式7，可以发现两种情况下，假定条件相同，创新主体的净收入（V_{i1}和V_{i4}）是相同的，这就意味着，对某个创新主体来说，对供给公共品还是供给私人品无偏好。其原因在于，农村基本医疗卫生服务和农村基础教育等可由私人供给的公共品，其公共性体现在其效益上而不是消费上，效益的外溢并不能为供给者所享有，对于逐利的创新者来说，供给这种性质的公共品与供给私人品无疑。

因此，如果要鼓励私人供给公共品，就需要有适当的配套制度安排（如补贴制度），以使供给者能获得至少部分的外溢效益。

4. 农村公共品存在向私人品转化的趋势。当私人供给公共品时，可以合伙供给，也可以单独供给。由合伙供给向单独供给的条件为$V_{i1} > V_{i2}$。由式4和式5，即要求：

$$P_n - (C_r + C_e + C_s) > P_n/N - (C_r + C_e + C_o + C_s)/N$$

整理，得：

$$P > (C_r + C_e + C_s)/n - C_o/(N-1) \quad (式8)$$

与此相类似，可以推导出俱乐部产品向私人产品的转化条件为：

$$P > (C_r + C_e + C_s)/n - C_o/(n-1) \quad (式9)$$

式8和式9分别表明了私人供给公共品模式中的合伙供给向个体单独供给，及俱乐部产品向私人产品转化的条件，这两个公式非常相似。它们表明：消费者支付能力的增强、市场规模的扩大或供给者资产的增加将增强合伙供给向个体单独供给的趋势，这些因素也将增强俱乐部产品向私人品转化的趋势。

J. M. Buchanan的俱乐部理论认为公共品有可能趋于私人化，其条件是收入的提高，他并且还列举了美国农业社区的情况予以佐证②。我上面的结论也表明，随着市场规模的扩大及农民收

① 因为一般来说，组织成本（C_o）是N的增函数，N增加将引起组织成本的增加，因此，在式6中，V_{i3}是否增大要看C_o与N间的函数关系。

② 参见张军（1988）。

入水平的提高，农村公共品有向私人品转化（合伙供给转为单独供给、俱乐部产品转为私人产品）的趋势。

四、政策含义讨论

从本质上来说，目前正在进行的农村税费制度改革是对农村公共品筹资制度的改革；改革的主要目的是要解决农村公共品的筹资制度问题。如果仔细推敲的话，这一改革的初衷实际上隐含了一个重要的假定前提，即：农村公共品必须由政府来提供。这一假定在公社时期或许是成立的，但是在市场经济条件下，理论分析和经验事实都不支持这一假定。从理论上说，可排他的公共品存在由民间供给的可能性；本文的经验分析也证明，家庭承包制实施以来，农村中已出现了多种形式的公共品民间供给模式，许多农村公共产品甚至已经完全私人产品化。因此，农村公共品筹资制度问题的解决，税费制度改革是一个重要方面，但不是问题的全部。目前的理论界和实务界似乎都对此认识不足。

针对目前我国农村地区已经出现的公共品诱致性变迁现象，如果政府能创造条件诱导和促进这些创新行为，将能充分利用民间资本，拓宽公共品筹资渠道，形成农村公共品的供给主体多元化格局，从而减轻政府财政的公共品供给压力；并且一般来说，农村公共品供给制度的诱致性创新是符合农民需求而产生的，容易达到公共品的最优供给。

根据本文的研究结论，政府可以从下述方面入手促进农村公共品供给制度的诱致性创新：

（1）创造良好的制度变迁政策环境，以降低公共品供给成本。例如，通过补贴政策，给予创新者适当的补贴或其他优惠，可以直接降低创新者的经营成本；通过政府的号召、引导和组织，可以降低创新者的组织成本；通过界定和保护私有产权，可以降低创新者的排他成本；通过进行相关的配套改革，政府将使变迁的阻滞成本显著降低，等等。这些措施都将有利于变迁的发生。

（2）促进当地经济的市场化程度。经济市场化程度的提高，将有助于市场规模的扩大，从而增强诱致性变迁的“潜在利润”。

（3）促进农户生产规模的扩大和生产的专业化水平。生产的专业化和生产规模的扩大将有利于当地市场经济的发展，也将增加生产者的利润，从而增强农户对公共品的需求强度和支付能力。

（4）提高农民收入水平。这将有两方面的积极意义。一方面，作为需求方的农民，其收入水平的提高，将增强需求方的支付能力；另一方面，农民收入水平的提高，特别是一部分农民相对收入水平的提高，将有助于拥有较多资产的供给主体的产生，从而有助于制度变迁的发生。

参考文献

[1] 埃莉诺·奥斯特罗姆．制度安排和公用地两难处境．载：制度分析与发展的反思——问题与抉择（中译本，1992）．V. 奥斯特罗姆等编．北京：商务印书馆

[2] 戴维斯和诺斯．制度创新的理论：描述、类推与说明．载：财产权利与制度变迁——产权学派与新制度学派译文集（中译本，1994b）．R·科斯等著．上海：上海三联书店

[3] 郭熙保．农业发展论．武汉：武汉大学出版社，1995

[4] 林万龙．家庭承包制的实施与农村社区公共产品供给制度变迁．博士学位论文（2000）．中国农业大学经济管理学院

［5］林毅夫．关于制度变迁的经济学理论：诱致性变迁与强制性变迁．载：财产权利与制度变迁——产权学派与新制度学派译文集（中译本，1994）．R·科斯等著．上海：上海三联书店
［6］何振一．改革公共分配制度方能切实解决农民负担问题．农业经济．1997（10）
［7］特丽·西库勒．载：农业经济学前沿问题（中译本，2000）．A.J. 科尔曼主编．北京：中国税务出版社
［8］叶兴庆．市场经济与农村社区共同体职能的转换．农村经济文稿．1995（6）
［9］叶兴庆．论农村公共产品供给体制的改革．经济研究．1997（6）
［10］张军．布坎南的俱乐部理论述评．经济学动态．1988（1）
［11］周业安．中国制度变迁的演进论解释．经济研究．2000（5）

我国大豆市场供求状况分析*

尹金辉　雷　寰

在我国，发展大豆生产具有十分重要的意义。由于社会发展和经济条件所限，我国人民膳食结构中存在着蛋白质不足的问题，在广大农村尤为明显。在我国目前条件下，大豆是最好的蛋白质来源，物美价廉。另外，大豆中脂肪含量达20%～23%，从中提取的大豆油是优质植物油。同时，由于大豆作物具有很好的固氮性能和其本身的高蛋白质的特点，也成为重要的养地作物和养殖业优质的蛋白饲料。

我国大豆的产量和出口量曾居世界首位，但现已退居美国、巴西等国之后。同时随着人们生活水平的提高，我国对大豆及其制品的需求十分强劲。从1996年开始，我国从传统的大豆净出口国变成净进口国，并呈现进口量逐年递增、出口量逐年递减的趋势。1999/2000大豆市场年度（注：大豆市场年度为当年10月至次年9月）中国大豆进口量超过了1 000万吨，比1991/1992年度增长了7倍，比1996年增长了344%。因此，对我国当前大豆供求状况进行分析十分必要。

一、大豆供给结构

大豆市场的年度供给量包括年度内国内大豆产量、大豆进口量和库存量。而我国当前大豆消费主要有以下几种形式：①食用及工业消费。这里的工业大豆消费，主要指将大豆深加工成为可口的豆制品，如豆腐、豆奶等；②榨油用消费；③种用等消费。

为比较准确地反映我国大豆市场供求关系的情况，作1999/2000大豆市场年度（10月/9月）供求结构图（数据来源于国家粮油中心）（见图1）。

从供给结构来看，1999/2000市场年度国内大豆生产量为1425.1万吨，占总供给量的58.5%，进口量为1009.6万吨，占总供给量的41.5%。从中可以看出，目前我国大豆的自给率很低，有40%左右的巨大缺口需求通过进口来弥补，因此必须提高我国的大豆产量以增加自给能力，减少对国际市场的依赖。

从目前情况来看，我国大豆生产的播种面积和单产都还有较大的提高空间，并且政府对大豆的生产已经开始重视，因此，我国大豆生产的发展潜力很大。

从种植面积上看，还有很大的提高空间。首先，东北地区玉米播种面积很大，如适当削减玉米的播种面积，增加大豆面积，东北三省大豆播种面积仍可有较大幅度的提高。2000年吉林省已实施“大豆玉米轮作计划”，全省的大豆播种面积大大提高。其次，我国南方发展大豆也很有潜力，如可在低纬度地区（如云南、广西南部）发展冬大豆生产。近年云南冬季农业开发取得成

* 原载《中国食物与营养》2001年第5期。

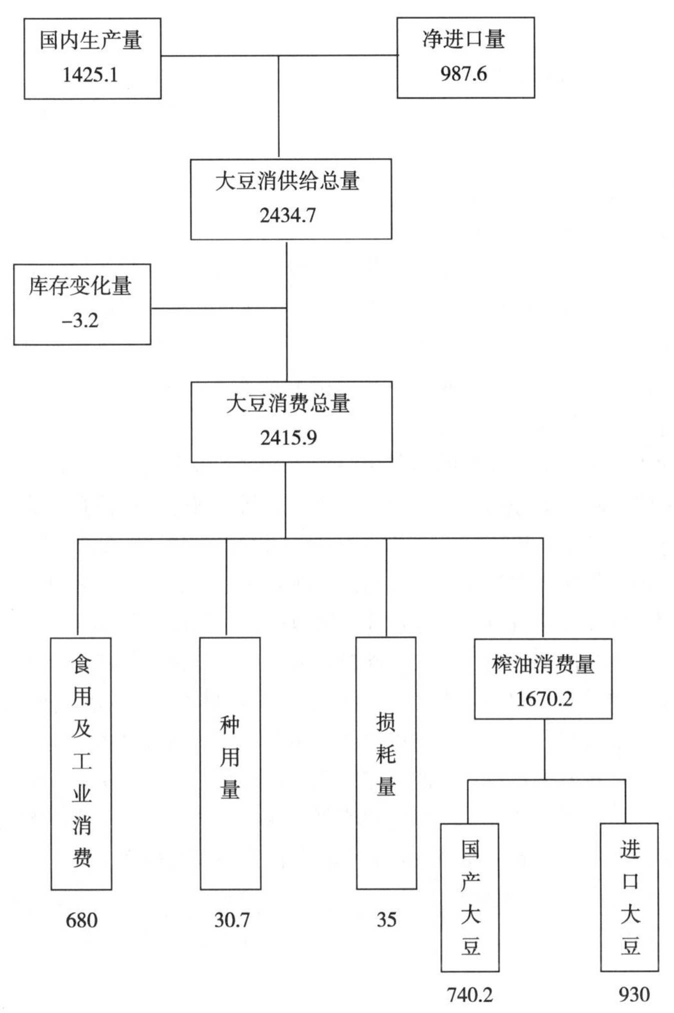

图 1　我国大豆市场供需结构图（1999/2000，单位万吨）

效，冬种大豆很有潜力。

从单产看，我国大豆单产也有一定的提高空间。一是我国大豆良种可以满足当前生产需要，良种普及率可进一步提高。二是现在已基本研制出成熟适用的栽培技术，尤其东北主产区采取的分层施肥等措施，可保证大面积单产 150～200 千克。如果将这些行之有效的高产栽培技术措施大力推广，适当增加投入，提高大豆单产并不困难。

基于以上判断，只要国家政策支持，采取适当措施提高国内生产者生产大豆的积极性，我国大豆产量上升的空间还很大。

二、大豆需求结构

从需求结构来看，目前大豆榨油消费量在消费总量中占有较大比重，1999/2000 市场年度，大豆榨油消费量占消费总量的 68.5%，食用及工业用大豆消费量则占到消费总量的 27.9%，种用及损耗量仅占3.6%。值得注意的是，该市场年度大豆榨油消费量中，进口大豆为930万吨，占大豆榨油消费总量的55.68%，这说明目前我国的油脂加工业主要以进口大豆为加工原料，国产大豆必须提高品质，提高竞争水平。

从目前我国大豆的消费状况分析，我国大豆的消费总量仍会呈现增长的趋势，这是因为我国食用及榨油用大豆的消费数量都将稳定地增长。世界农业展望理事会主席杰拉尔德·班根博士认为，从世界农业贸易的长远走势来看，市场对植物油、肉类和大豆食品的需求将会有较大幅度的上升，而大豆的需求潜力在国内市场更为明显。

从食用消费的角度来分析，在追求科学营养、绿色食品的消费趋势中，人们越来越青睐富含蛋白质和高质量油脂、能预防高血脂等“富贵病”的大豆食品。据中国医学科学院专家测算，目前我国人均大豆蛋白日摄入量仅为3克左右，按小康生活标准，每人蛋白质日摄入量应不少于70克，其中大豆蛋白最低应为7克。按照这一营养标准推算，近13亿人口每年对大豆蛋白的需求折合成大豆就超过1 000万吨。

从榨油用豆的角度来考察，油脂的消费结构将随着收入水平的提高而改变，当人们收入水平提高的时候，就会购买品质更好的油脂。由于豆油可烹调和煎炸，广泛用于食品行业，还可进一步加工成人造奶油、起酥油、色拉油、调和油等，因此人们对优质豆油的需求就会增加。用豆油制成的人造奶油在很大程度上代替了真正的奶油。在制造饼干、面包、各种零食等小食品、冰淇淋等行业都可应用。这部分消费量也很大，并且迅速增长。目前每年用于食品加工的豆油大约在50万～70万吨，占豆油消费的20%左右。同样，从上面的分析我们可以看出，饲料用大豆的消费量也保持了较高的增长率。目前，我国人均豆粕年消费量为10千克，而发达国家（如日本）豆粕的消费量达100千克左右，我国人均豆粕消费还有巨大的增长潜力。

总的看来，近几年我国每年对大豆的潜在需求总量约3 000万吨以上，相当于1999年全国大豆总产量的2倍以上。即使达到这一理想化的消费目标，我国人均大豆消费量也只有20多千克，仍远低于发达国家的水平。因此，我国大豆需求具有很大的发展潜力。

论加入WTO对我国玉米市场的影响*

张春晖

加入WTO以后，我国经济将随着世界经济一体化程度的提高而在较大程度上融入世界经济发展潮流，我国农业将在进入一个新的发展阶段的同时，也要应对国际化带来的机遇与挑战。对我国的玉米市场而言，加入WTO以后将面临诸多实际问题，机遇与挑战并存，关键要看我们如何应对。

一、我国玉米市场的现状

新中国成立以来，特别是20世纪80年代以来，随着科技进步和物质投入增加，我国玉米生产迅速发展，在本国粮食经济和世界谷物生产中的地位都不断提高。目前，我国玉米播种面积占粮食作物播种面积的20%左右，玉米产量占粮食产量的25%左右。1999年，我国玉米播种面积为2 590.4万公顷，总产量为12 808.6万吨。

在我国玉米生产供给不断增长的同时，玉米消费需求增长也很快，主要是饲料消费急剧增加。90年代末的玉米年饲料消费量是80年代中期的两倍以上。1996年以后，全国玉米年消费量保持在1.1～1.2亿吨之间。目前我国的玉米消费结构，以国内生产量为基数，大约是：饲料65%左右，口粮15%左右，工业5%左右，种子不足1%，剩余为其他（出口、库存、损耗等）。

目前我国玉米市场具有如下特点：

1. 玉米总量供求矛盾不突出。80年代以来，我国玉米生产和消费同步增长，而生产的增长快于消费，在满足国内消费需求的同时，还大量出口。1996年以后，受养猪业和养禽业不景气的影响，玉米饲料消费增长同时出口情况也不理想。与此同时，玉米总产量仍在增长，1998年达到13 295.4万吨，是历史最高记录，1999年虽略有下降，为12 808.6万吨，仍是历史上第二高产年。玉米市场供过于求，库存量居高不下，价格长期低迷，1999年底玉米库存量估计在5 500万吨左右，库存消费比为43%左右。预计在今后的几年中，国内玉米消费水平也会比较稳定，增长缓慢，总量供求矛盾不会突出。

2. 玉米区域供求平衡问题十分突出。我国目前的玉米生产布局与消费布局严重失衡，区域供求平衡问题非常突出。玉米生产呈明显的偏北布局，产区主要集中在东北、华北和西北，其中东北三省和内蒙古东部地区的玉米产量占我国玉米总产量的35%以上，玉米商品量占我国省际间玉米商品量的60%～70%左右。而我国玉米消费却呈明显的偏南布局，销区主要集中在东南、华东、西南和京津沪三大城市，其中长江流域及其以南地区，饲料工业和畜牧业发达，玉米自给

* 原载《中国农垦经济》2001年第5期。

率只有大约50%左右。由此形成了我国玉米“北粮南运”的流通格局，大部分玉米运距长达3000千米左右。90年代中期以前，这种长距离大批量运输从经济的角度讲还可以接受；90年代中期以后，随着国内粮价的上涨和运输费用的提高，长江流域及其以南省份从东北购买玉米就不如从国际市场上购买划算，长距离大批量运输失去了经济上的可行性。

3. 玉米进出口情况变化剧烈。1984年以后，我国玉米出口量逐渐增加。1985—1990年平均每年出口424万吨。1991—1994年平均每年出口949万吨。1995年由于国内玉米价格暴涨，国家允许南方省份进口玉米，并停止了玉米出口，当年进口玉米518万吨，出口玉米只有11万吨。1997年以后出口又逐步恢复。

我国玉米传统出口市场是日本、香港、俄罗斯、东南亚等同家和地区。自从1995年、1996年我同几乎停止玉米出口以后，失去了日本、俄罗斯、香港的大部分市场，但对韩国、朝鲜、马来西亚等国家的出口增加。这既与我国突然减少出口，在进口国失去信誉有关，也与我国玉米主产区吉林省气候不稳定，干燥、储藏条件差，玉米品质较差，难与美国玉米竞争有关。

4. 玉米品种、质量问题不容忽视。目前的玉米市场上，一方面是大宗普通玉米过剩，另一方面是优质专用玉米供不应求。以主产区吉林省为例，1999年该省高油、高蛋白、高淀粉等优质专用玉米种植面积虽然达到600万亩，但仍只占全省玉米种植面积的16.5%。该省玉米库存积压严重，玉米品质不能适应市场需求是原因之一。

二、我国玉米参与国际竞争的优势与劣势

我国既是玉米生产大国，也是玉米消费大国，在逐步放开国内玉米市场的情况下，国际玉米市场会对我国玉米的生产、流通和消费等各个方面产生越来越大的影响。我国玉米参与国际竞争的形势十分严峻，虽有一定的优势，但劣势更为明显。

1. 我国玉米参与国际竞争的优势。其一，我国靠近玉米进口国家和地区。世界主要玉米进口国家和地区日本、韩国、俄罗斯、东南亚等，都集中在我国周边地区。这些国家和地区又都非常靠近我国玉米主产区东北和华北地区，对主产区玉米向这些国家和地区出口非常有利。我国的主要竞争对手美国，远离主要玉米进口国家和地区。如果考虑到距离上的因素，在主要玉米出口市场上，我国玉米具有明显的地缘优势。其二，我国玉米全部是用非转基因种子生产的，而美国玉米多是用转基因杂交种子生产的。近年来，国际社会对转基因农产品的担心逐渐升温，有利于我国玉米参与国际竞争。

2. 我国玉米参与国际竞争的劣势。其一，价格方面。1994年以前，国内市场价格低于国际市场价格；1994年以后，国内市场价格逐步接近并超过国际市场价格；1996年以后，国际市场上玉米价格呈逐年下降趋势，国内市场上玉米价格呈波动中下降趋势，二者比较，国内市场价格仍高于国际市场价格。1999年12月，美国墨西哥湾玉米离岸价为718元/吨，我国产地市场玉米平均批发价格为850元/吨，我国南方地区进口玉米与国产玉米价格相差不大。这意味着我国玉米和外国玉米相比，不但在国际市场上，而且在国内市场上，都已经丧失了价格优势。其二，品质方面。在国际市场上，我国玉米的主要竞争对手是美国玉米，美国玉米的商品品质好于我国玉米。据粮油外贸有关专家介绍，同样等级的玉米，从美国进口过来，其价高出国产玉米5美元/吨（折合人民币40～50元/吨）是正常的，原因在于美国玉米营养含量、纯度、外观色泽等各项指标都好于国产玉米。其三，市场流通方面。美国具有大规模的玉米生产能力和健全的生产保障组织，具有完善的玉米流通体系和灵活的运行机制，可以积极主动地参与国际竞争，掌握市场主

动权。我国玉米流通体制存在许多问题，流通费用高，流通效率低下，降低了我国玉米的市场竞争能力。据全国饲料工业办公室计算，1997年，国家专储玉米在吉林省的出库价为1 220元/吨，但到广东省后入库价就上升到1 737元/吨，各种中间费用（包括板前费、平舱费、麻袋费、运费、御船费和运至用粮户的运费等）多达517元/吨。吉林省的玉米运到广东，价格甚至高于进口玉米，而品质又不如进口玉米，自然竞争不过进口玉米。

三、加入WTO对我国玉米市场的影响

在充分认识我国玉米市场的现状和我国玉米参与国际竞争的优势和劣势的基础上，可以看到，加入WTO对我国玉米市场的影响是双方面的：

1. 加入WTO对我国玉米市场的冲击。

（1）生产方面：其一，国内市场玉米价格将受到冲击，很难继续维持较高的水平。目前我国国内市场玉米价格高于国际市场玉米价格，加入WTO后，一方面国内玉米出口补贴减少，另一方面其他玉米生产国可以以低关税按配额向我国出口玉米，国内市场玉米供给增加，竞争加剧，价格必然下跌，与国际市场价格接轨。其二，玉米生产将受到冲击，出现一定程度的萎缩。近几年来，我国玉米市场呈现明显的供过于求特征，大量库存积压。加入WTO后，进口玉米增加，势必加剧国内玉米供过于求的矛盾，造成玉米价格持续走低。在玉米价格低迷的情况下，国内一些玉米生产成本比较高的地区就会退出玉米生产，改种其他比较效益高于玉米的农作物品种，玉米生产会出现一定程度的萎缩。其三，玉米生产比较效益和农民收入将受到冲击。加入WTO后，由于国内市场上玉米价格走低，农民种植玉米的比较效益会降低，农民从种植玉米中获取的收入也会减少。

（2）流通方面：其一，现有的玉米流通格局将受到冲击，有所改变。加入WTO后，由于扩大了国内粮食市场的对外开放程度，南方及沿海地区的一些玉米消费大省，可以利用近海和口岸优势，进口国外价格较低的玉米，对国内北方玉米主产区的依赖性减弱。北方玉米主产区，主要是东北地区的玉米，可就近出口到日本、韩国、俄罗斯等邻国。现有的“北粮南运”格局将逐步被“北粮南运”和“南进北出”并存的玉米流通格局所替代，玉米流向更为合理。在这一变化中，受冲击最大的恐怕就要数东北地区了，因为无论是从玉米内贸角度讲，还是从外贸角度讲，东北玉米都面临着外国玉米尤其是美国玉米强有力的竞争，市场份额会有一定程度的缩小。其二，现行的粮食流通体制将受到猛烈冲击，国有粮食企业对粮食实行垄断性收购的政策更难维持。我国粮食流通体制受计划经济影响时间长，市场化程度低。我国现行的“敞开收购、顺价销售、收购资金封闭运行”三项政策是1998年出台的，实际过程中困难很多，效果不理想，加入WTO后，由于对外开放程度的提高和进口玉米的冲击，这三项政策维持的难度越来越大。其三，国有粮食企业将受到冲击，改革压力加大。我国国有粮食企业走向市场较晚，改革滞后，在多年的粮食计划经济体制影响下和国家有关粮食政策的保护下，还没有真正成为自主经营、自负盈亏的微观市场行为主体，政企不分，效率低下，亏损严重。我国国有粮食企业的挂账数目之大，令人瞠目。从1992年4月1日至1998年5月31日，在整个国有粮食系统的财务挂账中，亏损挂账1200多亿元，挤占挪用约800亿元。加入WTO后，不仅很难与进入中国粮食流通领域的国外大公司抗衡；打破垄断性收购后，甚至连国内的一些其他粮食企业也竞争不过，面临着严重的生存危机。加快改革步伐，真正走入市场已势在必行。其四，国家粮食保护政策会受到冲击，面临新的形势。目前，我国的粮食保护政策主要体现在流通环节，集中在价格补贴和经营费用补贴上，

而在生产环节上体现得较少。加入WTO后，根据乌拉圭回合《农业协议》，产生贸易扭曲的政策，包括价格支持、出口补贴等都要予以削减。其次，各成员国出口补贴的预算支出和补贴产品出口量，要在1986—1990年的基础上分别削减36%和21%，对基期没有进行出口补贴的农产品则禁止今后再实施。在WTO新一轮谈判中，农产品价格补贴数额还会进一步削减。我国玉米在基期时市场价格较低，基本上没有出口补贴；而2000年出口的玉米，补贴额大约为368元/吨。如取消补贴，玉米在短期内将难以继续出口，转向以内销为主。

(3) 消费方面：加入WTO的初级阶段，受国际及国内玉米供大于求格局的暂时影响，我国玉米消费量会受价格的刺激而呈现增长的态势，供求关系会逐步紧张。虽然根据有关要求，肉类进口关税要大幅度降低，牛肉从目前的45%降至2004年的12%，猪肉从目前的20%降至2004年的12%，家禽肉从目前的20%降至2004年的10%。而且从2001年开始，进口肉类放宽只能在餐馆、宾馆消费的限制，可以直接面向国内市场。但是，目前我国猪、牛、羊肉价格均比国际市场价格低50%以上，市场竞争能力比较强，加入WTO后国内肉类市场一定程度的开放对国内玉米消费产生的抑制作用不会太大。

2. 加入WTO对我国玉米市场的有利影响。加入WTO在给我国玉米市场造成巨大冲击的同时，也会产生一些有利的影响：其一，有利于促进我国玉米种植品种结构的调整。加入WTO后，国际和国内两个市场相互交融，国内玉米生产将在国内外两个市场上同时接受竞争和挑战，这必将进一步促进我国玉米生产从国内外两个市场的需求出发，合理利用有限的农业资源，优化种植品种结构，大力发展“三高玉米”、糯玉米、甜玉米等专用优质玉米的生产，降低生产成本，提高竞争能力。其二，有利于玉米出口和外向型经济的发展。加入WTO后，我国可以从WTO的135个成员那里取得无歧视的贸易待遇，减少多边和双边贸易中的摩擦和压力，农产品将更多更方便地进入国际市场，参与国际竞争，充分发挥比较优势，从国际贸易中获得相应的好处。我国东北地区可以发展外向型的玉米经济，利用地缘优势，就近开拓邻国的玉米市场。其三，有利于畜牧业和玉米加工工业的发展。加入WTO后，受玉米价格降低的影响，国内畜牧业和玉米深加工产品的成本下降，市场竞争能力增强，销路也将扩大。

投资项目敏感性分析的简化模型

李晓红

［摘　要］针对投资项目传统敏感性分析中敏感因素找寻过程的繁琐及多因素敏感性分析时对不确定因素数量的限制，本文借用经济学上生产弹性定义，提出了以各不确定因素敏感弹性大小来判断其敏感性，并给出了计算公式；进而，本文又推导出各不确定因素同时以不同幅度变化时项目可行性的判断模型，并给出了实例验证。

［关键词］不确定因素 敏感弹性 敏感因素

投资项目敏感性分析通过比较项目各不确定因素未来发生变化时对经济效果指标的不同影响，找出敏感因素，以提出相应对策，故它是投资项目风险分析的重要内容，是投资决策的科学依据。但传统的敏感性分析方法存有不足：①在通过单因素敏感性分析判断敏感因素时，一般假定其他因素不变，而且为使各因素的敏感度具有可比性，一般让各因素每次变动相同幅度，据此判断项目经济效果指标对各因素变动的敏感性。这一过程，计算量大且重复操作，极易出错；②在进行多因素敏感性分析时，一般采用解析法和图示法，通过比较各因素同时以不同幅度变化的组合点是否在规定的可行域来判断项目的可行性。这一方法虽然直观，但三因素时要做降级处理；超过三个因素这一方法就不适用了，而要采用更复杂的敏感面、多维敏感空间分析。这就限制了多因素敏感性分析的使用，使得这一方法一直流于形式，无法推广。针对这两方面情况，本文建立了敏感性分析的简化模型，从而扩大了敏感性分析的使用范围。

一、本模型假设

（1）NPV（净现值）是投资项目经济分析中最重要的评价指标之一，本模型在推导中选NPV为敏感性分析的对象。

（2）影响NPV的所有因素在某种程度上均带有不确定性。为简化模型推导，根据一般的经验和常识，本文选择投资额、年产（销）量、产品单价、可变经营成本（原材料、燃料、动力、人员工资等）作为不确定因素。

二、敏感因素判断模型

对于生产函数$Y=f(X)$，其投入要素X的生产弹性$E_X=\dfrac{dY/Y}{dX/X}$，即产出变化百分数与投入变化百分数之比，它的大小反映了投入要素X变动1%所引起的产出Y的变动百分数，也反映了产出对投入的敏感程度。投资项目的NPV可以看成是受各不确定因素作用的一个多元函数，套用生产弹性定义，则投资项目某个不确定因素的敏感弹性可定义为 NPV 变动百分数与该不确定因素变动百分数之比，即：

$$E_{Xi}=\frac{\partial NPV/NPV}{\partial Xi/Xi}=\frac{\frac{\partial NPV}{\partial Xi}\cdot Xi}{NPV}$$

式中，　E_{Xi}——第 i 个不确定因素 Xi 的敏感弹性。

NPV——投资项目确定性分析时的净现值；

Xi——第 i 个不确定因素（$i=1$，2……，m，(n) 为不确定因素的个数）；

$\frac{\partial NPV}{\partial Xi}$——净现值函数对第 i 个不确定因素 Xi 的偏导数；

E_{Xi} 大小表示第 i 个不确定因素 Xi 变动 1%所引起的 NPV 变动的百分数。这一经济含义，使得各不确定因素的敏感弹性之间有了可比性：某个不确定因素的敏感弹性绝对值越大，说明 NPV 对它的敏感程度越大。因此，对所有不确定因素的敏感弹性绝对值按由大到小顺序排列，就得到了各不确定因素的敏感性次序。

下面就 E_{Xi} 的求解做一分析。

为简化推导过程，假定项目一次性投资，投资额为 I，年产量为 Q，产品单价为 P，销售税金及附加税率为 h，所得税率为 t，生产期年折旧摊销额为 D，年固定经营成本为 Fc，单位产品可变经营成本 Vc，寿命期 n 年，期末固定资产及流动资金回收额为 R，基准折现率为 i_0。由净现值定义可知，该项目净现值 NPV 为：

$$NPV=-I+[Q\cdot P-Q\cdot Vc-Fc-Q\cdot P\cdot h-(Q\cdot P-Q\cdot Vc-Fc-Q\cdot P\cdot h-D)\cdot t](P/A, i_0, n)+R(P/F, i_0, n)$$

则
$$\frac{\partial NPV}{\partial Q}=(1-t)(P-P\cdot h-Vc)(P/A, i0, n)$$

$$\frac{\partial NPV}{\partial P}=(1-t)(1-h)\cdot Q\cdot(P/A, i_0, n)$$

$$\frac{\partial NPV}{\partial Vc}=-(1-t)\cdot Q\cdot(P/A, i_0, n)$$

$$\frac{\partial NPV}{\partial I}=-1+\frac{\partial NPV}{\partial D}\cdot\frac{\partial D}{\partial I}=-1+t\cdot(P/A, i_0, n)\cdot\frac{\partial D}{\partial I}$$

故
$$E_Q=\frac{\frac{\partial NPV\cdot Q}{\partial Q}}{NPV}=\frac{(1-t)(PQ-PQh-QVc)(P/A, i_0, n)}{NPV}$$

$$E_P=\frac{\frac{\partial NPV}{\partial P}\cdot P}{NPV}=\frac{(1-t)(1-h)QP(P/A, i_0, n)}{NPV}$$

$$E_{Vc}=\frac{\frac{\partial NPV}{\partial Vc}\cdot Vc}{NPV}=\frac{-(1-t)QVc(P/A, i_0, n)}{NPV}$$

$$E_1=\frac{\frac{\partial NPV}{\partial I}\cdot I}{NPV}=\frac{-I+tD(P/A, i_0, n)}{NPV}$$

由于 $Q\cdot P(P/A, i_0, n)$ 为项目销售收入现值，$Q\cdot Vc(P/A, i_0, n)$ 为项目可变经营成本现值，$D(P/A, i_0, n)$ 为项目折旧摊销现值，I 为项目投资现值，考虑项目具体的投资、产出及运营情况后，令项目销售收入现值为 NPV_S，项目可变经营成本现值为 NPV_{Vc}，项目折旧摊

销现值为 NPV_D，项目投资现值为 NPV_I，则各不确定因素敏感弹性的通用计算公式为：

$$E_P=\frac{(1-t)\ (1-h)\ NPV_S}{NPS} \tag{1}$$

$$E_{V_c}=\frac{-\ (1-t)\ NPV_{V_c}}{NPV} \tag{2}$$

$$E_I=\frac{tNPV_D-NPV_I}{NPV} \tag{3}$$

$$E_Q=\frac{(1-t)\ (1-h)\ NPV_S-\ (1-t)\ NPV_{V_c}}{NPV} \tag{4}$$

注：公式推导中现金流出项未计入财务费用。如果计入，其结果不受影响。

三、多因素分析时项目可行性判断模型

当多个不确定因素同时以不同幅度变动时，项目的净现值将由原来的 NPV 变为 $NPV'=NPV+\triangle NPV$。若 $NPV'\geqslant 0$，则各因素同时变化后项目仍可行。

设投资项目第 i 个不确定因素 Xi 发生 β_{Xi} 变化，根据敏感弹性定义，则其引起的净现值变化率 $\triangle NPV/NPV=\beta_{Xi}\cdot E_{Xi}$，相应的净现值增量 $\triangle NPV_{Xi}=\beta_{Xi}\cdot E_{Xi}\cdot NPV$。故当多个不确定因素同时发生不同幅度变化时，所引起的净现值总增量 $\triangle NPV=\sum_{i=1}^{m}\triangle NPV_{Xi}=NPV\sum_{i=1}^{m}\beta_{Xi}\cdot E_{Xi}$，则 $NPV'=NPV+NPV\sum_{i=1}^{m}\beta_{Xi}\cdot E_{Xi}=NPV(1+\sum_{i=1}^{m}\beta_{Xi}\cdot E_{Xi})$。若确定性分析时 $NPV\geqslant 0$，则 $NPV'\geqslant 0$ 的条件是：$\sum_{i=1}^{m}\beta_{Xi}\cdot E_{Xi}+1\geqslant 0$，即：

$$\sum_{i=1}^{m}\beta_{Xi}\cdot E_{Xi}\geqslant -1 \tag{5}$$

四、敏感性分析简化模型应用步骤及举例

总结以上内容，用简化模型进行敏感性分析的步骤如下：

(1) 根据投资项目确定性分析时的财务数据，计算相应的 NPV、NPV_S、NPV_I、NPV_{V_c}、NPV_D；

(2) 计算各不确定因素的敏感弹性（见式（1）～（4））；

(3) 根据各不确定因素的敏感弹性确定敏感因素；

(4) 根据各不确定因素未来可能的变化幅度，计算项目的净现值总变化率 $\sum_{i=1}^{m}\beta_{Xi}\cdot E_{Xi}$；

(5) 根据项目净现值总变化率来判断项目的可行性，并提出控制对策。

下面通过一个例子来说明该模型的应用。

某投资项目设计年产量 15 000 吨。预计一次性总投资 1 775 万元，生产期年折旧摊销 100 万元，产品售价 1 300 元/吨，可变经营成本 650 元/吨，销售税金及附加率 0.8%，所得税率 33%，寿命期 12 年，$i_0=12\%$，由此计算的项目全投资净现值为 1 970 万元。由于对未来影响经济环境的某些因素把握不准，投资额、原材料价格、产品价格及年产量均可能发生变化。①试确定上述四项不确定因素的敏感次序；②若预计未来投资额增加 50%，原材料、燃料等价格上升 15%，

产品售价下降10%，年产量提高5%，问项目是否仍可行；③若项目不可行，应采取何种对策？(假定可变经营成本变动百分比与原材料价格变动百分比相同)

根据上述步骤，分别计算相关现值如下：

NPV=1 970万元

NPV_{Vc}=0.065×15 000（P/A，12%，12）=6 039.15（万元）

NPV_I=1 775万元

NPV_S=0.13×15 000（P/A，12%，12）=12 078.3（万元）

NPV_D=100（P/A，12%，12）=619.4（万元）

则

$$E_P=\frac{(1-t)(1-h)NPV_S}{NPV}=\frac{(1-33\%)\times(1-0.8\%)\times 12\,078.3}{1\,970}=4.075$$

$$E_{Vc}=\frac{-(1-t)NPV_{Vc}}{NPV}=\frac{-(1-0.33)\times 6\,039.5}{1\,970}=-2.054$$

$$E_I=\frac{tNPV_D-NPV_I}{NPV}=\frac{0.33\times 619.4-1\,775}{1\,970}=-0.797$$

$$E_Q=\frac{(1-t)(1-h)NPV_S-(1-t)NPV_{Vc}}{NPV}=E_P+E_{Vc}=4.075-2.054=2.021$$

由于 $|E_P|>|E_{Vc}|>|E_Q|>|E_I|$

所以，项目净现值NPV对各因素的敏感次序依次为：产品售价、原材料燃料价格、产品产量、投资额。

由于

$$\begin{aligned}\sum_{i=1}^{m}\beta_{Xi}\cdot E_{Xi} &= \beta_I\cdot E_I+\beta_{Vc}\cdot E_{Vc}+\beta_P\cdot E_P+\beta_Q\cdot E_Q\\ &=50\%(-0.797)+15\%\times(-2.054)+(-10\%)\times 4.075+5\%\times 2.021\\ &=-1.015<-1\end{aligned}$$

所以，按本例给定的变化幅度组合后，项目不可行。

欲使项目可行，则必须控制各因素的变化幅度。具体看：各因素同时变化时，其组合必须满足公式（5）；若只进行单因素控制，则投资增幅应满足：

$$(-0.797\times\beta_I)+(-2.054\times 15\%)+4.075\times(-10\%)+2.021\times 5\%\geqslant -1$$

即：$\beta_I\leqslant 0.48$（投资增幅不超过48%）

同理，可计算出 $\beta_{Vc}\leqslant 14\%$（可变经营成本增幅不超过14%）

$\beta_P\geqslant -9.7\%$（产品单价下降幅度不超过9.7%）

$\beta_Q\geqslant 5.6\%$（产量增幅应大于5.6%）

结束语

由上述实例分析可以看出，本模型很好地解决了文章开始时所提出的两个问题；另外，本模型中涉及的不确定因素是所有投资项目都适用的几个重要不确定因素，在实际运用该模型时，使用者可根据项目具体情况选择相应因素进行分析；对本模型中没有涉及的其他不确定因素，如项目的寿命期、折现率、贷款利率等，使用者可根据相同思路进行推导计算，故本模型也有一定的通用性，从而使敏感性分析具有了更广泛的使用价值。

参考文献

[1] 蒋瑛．中国农业技术经济实用教程．北京：中国人民大学出版社，1997
[2] 王国华．项目评价敏感性分析模型．数量经济技术经济研究．1989（3）

消费者品牌选择的影响因素
——来自中国消费品市场的统计分析*

陆　娟

［摘　要］随着全球化市场竞争时代的到来，拥有具有市场/顾客影响力的品牌，已成为企业扩大市场和获取丰厚利润的重要前提。而品牌能否形成强大的市场/顾客影响力，则取决于其是否以及在多大程度上满足了消费者各方面的要求。为此，研究和认识消费者品牌选择的影响因素，对于企业品牌发展实践和品牌发展理论研究，都显得十分重要和必要。本文利用中国消费品市场统计资料，以三类典型消费品（便利品、选购品及特殊品）为分析对象，比较全面、系统而又概要的分析了中国消费者品牌选择的影响因素，发现了其中的规律性。

［关键词］消费者品牌选择　影响因素　统计分析

为了研究中国消费者在购买消费品时，对品牌的选择主要受哪些因素影响，笔者利用《1998—1999IMI消费行为和生活形态年鉴》（以下简称《IMI年鉴》）中的相关资料，对上述问题进行统计分析①。该年鉴由IMI（创研）市场信息研究所、北京歌华文化发展集团、北京广播学院广告学系、《国际广告》杂志四家单位共同组织设计、调研与编写而成。调查区域为北京、上海、广州、重庆、武汉、西安六城市主要城区。每个城市所调查的城区详见表1。调查对象为以上六城市被抽取的城区中，有该城市户口的16～60岁的居民。以国家统计局提供的六城市居委会名录（1996年）为抽样框，抽样时以性别和年龄作为控制变量，按照每个城区和居委会的人口比例抽取样本，先抽取到居委会及户，最后用随机数字表确定调查对象。访问方式为入户留置式问卷访问（三天内完成）。执行时间为1998年9月24日至1998年11月11日。有效样本量：北京991，上海1002，广州1 000，重庆576，武汉602，西安599，六城市共计4 770个样本。为确保质量，抽取样本的50%进行电话复查。由于上述抽样调查方法科学而又严格，加上调研机构的权威性，以及前几期该年鉴良好的社会反响，笔者认为选用该年鉴资料是可行而有效的。

* 原载《经济科学》2001年6月。

① IMI（创研）市场信息研究所、北京歌华文化发展集团、北京广播学院广告系、《国际广告》杂志社：《1998—1999IMI消费行为与生活形态年鉴》，中国物价出版社，1998年。

表1　调查地区分布情况

城市	调查城区数	调　查　城　区
北京	8	东城、西城、崇文、宣武、朝阳、海淀、丰台、石景山
上海	10	黄浦、南市、卢湾、徐汇、长宁、静安、普陀、闸北、虹口、杨浦
广州	5	东山、荔湾、越秀、海珠、天河
重庆	6	渝中、大渡口、江北、沙坪坝、九龙坡、南岸
武汉	7	江岸、江汉、桥口、汉阳、武昌、青山、洪山
西安	7	新城、碑林、莲湖、霸桥、未央、雁塔、阎良

消费品一般分为便利品、选购品和特殊品三大类，其中便利品的商品种类最为繁多。本项研究选择食品（代表产品为奶粉、包装牛奶、巧克力、饼干和方便面）和洗涤日用品（代表产品为牙膏、洗发水、香皂和洗衣粉）作为便利品的代表，选择化妆品（代表产品为化妆水、粉底和口红）作为选购品的代表，选择家电（代表产品为彩电、冰箱与空调）作为特殊品的代表，对以上三类15种产品的品牌选择影响因素进行较为详尽的整理、统计与分析。

一、便利品

（一）食品

为了研究消费者选择食品品牌受哪些因素影响，我们选择了奶粉、包装牛奶、巧克力、饼干和方便面五种产品作为食品的代表产品进行研究。为了分析的方便，选择影响较大的11个因素进行研究，以各城市被调查对象中考虑某因素的人数占总被调查对象人数的百分比为考核指标，百分比值高，说明考虑该因素的消费者多，从而说明该因素对消费者品牌选择的影响较大。由于研究影响因素的调查题为多项选择题，故合计分比将超过100%。用六城市的简单平均数代表全国情况，由《IMI年鉴》资料整理、计算得出中国消费者选择各种食品品牌时所考虑的因素见表2至表7。

表2　消费者选择奶粉品牌的考虑因素

单位：%

因素＼城市	北京	上海	广州	重庆	武汉	西安	平均
营养成分	49.1	35.8	49.2	42.1	45.4	42.5	44.1
价格适中	43.6	42.8	38.2	42.9	52.2	46.8	44.4
口味好	36.3	35.0	37.8	29.3	36.0	35.5	35.0
有名的牌子	33.6	41.2	32.0	26.6	30.4	40.5	34.1
生产日期	25.6	25.7	18.4	25.5	23.3	25.4	24.0
购买方便	10.7	12.7	12.2	18.5	11.8	15.7	13.6
广告影响	9.6	6.2	5.2	5.0	7.1	7.7	6.8
只是由于习惯	4.8	6.2	9.7	11.2	9.1	6.4	7.9
有优惠条件	3.7	3.8	4.3	3.5	2.9	3.3	3.6
朋友推荐	3.0	3.3	3.7	4.2	5.0	2.7	3.7
包装吸引人	1.8	0.3	3.5	4.6	2.4	1.3	2.3

表 3　消费者选择包装牛奶品牌的考虑因素

单位：%

因素＼城市	北京	上海	广州	重庆	武汉	西安	平均
口味好	50.4	39.9	49.9	43.0	47.6	54.2	47.5
营养成分	34.0	31.6	29.7	33.3	27.7	26.6	25.5
价格适中	33.2	40.5	32.8	40.4	38.6	33.0	36.4
生产日期	26.1	28.2	19.5	31.6	35.5	21.7	27.1
购买方便	26.1	21.4	24.2	19.3	23.5	25.1	23.3
有名的牌子	24.8	43.7	29.9	21.1	25.3	28.6	28.9
有优惠条件	7.7	5.0	6.5	7.0	4.8	3.0	5.7
广告影响	6.6	3.8	5.8	7.0	6.0	13.8	7.2
只是由于习惯	4.2	7.4	5.8	5.3	3.6	7.4	5.6
朋友推荐	3.4	1.3	2.1	3.5	3.0	7.4	3.5
包装吸引人	2.6	1.8	6.0	10.5	9.0	6.4	6.1

表 4　消费者选择巧克力品牌的考虑因素

单位：%

因素＼城市	北京	上海	广州	重庆	武汉	西安	平均
口味好	72.5	75.7	71.2	61.2	71.6	74.3	71.1
价格适中	33.4	32.3	23.2	31.9	29.6	29.1	29.9
有名的牌子	32.3	34.7	36.4	22.9	34.0	42.1	33.7
生产日期	24.1	22.9	22.9	23.9	22.8	24.7	23.6
购买方便	15.9	10.2	13.2	17.0	13.6	12.3	13.7
广告影响	13.1	9.6	8.8	5.9	11.6	11.6	10.1
只是由于习惯	6.5	5.2	4.1	10.6	4.4	7.2	6.3
包装吸引人	6.3	4.8	8.5	12.2	13.6	8.9	9.1
朋友推荐	5.3	5.2	4.4	8.0	6.0	7.2	6.1
有优惠条件	2.5	3.2	5.6	2.1	2.0	1.7	2.9

表 5　消费者选择饼干品牌的考虑因素

单位：%

因素＼城市	北京	上海	广州	重庆	武汉	西安	平均
口味好	78.8	74.7	69.3	67.2	77.5	75.7	73.9
价格适中	49.4	47.1	43.6	50.9	46.1	48.1	47.5
生产日期	32.1	28.0	23.3	32.2	38.2	37.7	31.9
购买方便	21.2	18.6	22.9	25.5	19.3	25.2	22.1
有名的牌子	19.9	20.9	18.3	13.4	21.1	14.6	18.0
广告影响	5.9	8.7	4.7	3.4	8.9	2.6	5.7
只是由于习惯	5.6	4.7	9.6	6.6	5.2	6.8	6.4
有优惠条件	5.5	4.2	5.8	3.1	3.4	2.6	4.1
包装吸引人	5.2	3.2	4.6	7.3	5.9	4.7	5.2
朋友推荐	2.4	2.5	2.9	3.9	5.9	5.7	3.9

表 6　消费者选择方便面品牌的考虑因素

单位:%

因素＼城市	北京	上海	广州	重庆	武汉	西安	平均
口味好	71.9	72.9	65.9	65.5	67.7	72.8	69.5
价格适中	45.7	45.6	45.0	44.7	42.5	53.5	46.2
有名的牌子	31.0	25.9	24.2	29.3	33.6	28.0	28.7
生产日期	30.1	25.7	22.1	18.1	38.7	30.6	29.2
购买方便	24.2	19.0	24.5	22.2	21.5	24.4	22.6
只是由于习惯	8.0	3.9	6.0	6.9	4.9	6.2	6.0
广告影响	7.7	12.7	8.0	13.2	16.4	11.3	11.6
有优惠条件	3.3	6.3	4.1	2.6	2.4	1.7	3.4
包装吸引人	1.5	2.1	3.9	2.4	4.4	1.3	2.6
朋友推荐	1.1	1.8	1.4	1.4	1.5	2.4	1.6

表 7　消费者选择食品品牌的考虑因素

单位:%

因素＼食品名称	奶粉	包装牛奶	巧克力	饼干	方便面	平均	排序
营养成分	44.1	25.5	无	无	无	34.8	3
价格适中	44.4	36.4	29.9	47.5	46.2	40.1	2
口味好	35.0	47.5	71.1	73.9	69.5	59.4	1
有名的牌子	34.1	28.9	33.7	18.0	28.7	28.7	4
生产日期	24.0	27.1	23.6	31.9	29.2	27.2	5
购买方便	13.6	23.3	13.7	22.1	22.6	19.1	6
广告影响	6.8	7.2	10.1	5.7	11.6	8.3	7
只是由于习惯	7.9	5.6	6.3	6.4	6.0	6.4	8
有优惠条件	3.6	5.7	2.9	4.1	3.4	3.9	10
朋友推荐	3.7	3.5	6.1	3.9	1.6	3.8	11
包装吸引人	2.3	96.1	9.1	5.2	2.6	5.1	9

表 2 至表 6 中的左六列数字为年鉴调查所得的原始数据，最右边的那列数字为左边六个数字的简单平均，用以代表全国消费者对某一食品品牌选择时考虑某因素的人数百分比。而表 7 则是前述五种食品的总平均数，即消费者对食品品牌选择时考虑某因素的人数百分比。如果将营养成分（反映产品功能）、口味（反映产品品质特征）和生产日期（反映产品新鲜度这一质量指标）归纳为食品的产品特征，那么，由表 7 的数据可以发现，消费者在选购何种品牌的食品时考虑的首要因素是产品特征。其中，59.4%的消费者认为必须考虑口味，34.8%的消费者认为应考虑营养成分，27.2%的消费者认为应考虑生产日期。而这 3 个因素在所研究的全部 11 个因素中，被消费者认可的重要性排序分别为第一、第三和第五。这足以说明产品特征对消费者选择食品品牌重要影响。

由表 7 的数据也可以看到，除产品特征外，价格是消费者选择品牌时所考虑的又一重要因素。价格因素在全部 11 个因素中排序为第二，说明对于食品这种消费频率比较高的商品，价格严重制约着消费者的品牌选择。此外，品牌的知名度也非常明显地影响消费者对食品品牌的选择：28.7%（排序第四）的消费者在选择食品品牌时考虑品牌的知名度。由于食品是消费者经常性购买的商品，因此购买的方便性也是影响消费者选择某一品牌的重要因素：约 19.1%的消费者是因为购买方便而购买某品牌产品。广告对食品品牌选择的影响不算太大但不可忽视：约 8.3%的消费者是因为广告而选择某一品牌的。包装好坏也会影响食品的选择：约 5.1%的消费者考虑这一因素。优惠条件和朋友推荐似乎影响不大，分别只有 3.9%和 3.8%的消费者考虑这一因素。这可能与食品是一种消费者对此比较了解、消费者一般有比较丰富的食品知识的产品有关。另外，食品的消费很大程度上取决于某种习惯（6.4%的消费者由于习惯而消费某品牌食品）。

如果只考虑企业可控制因素对消费者品牌选择的影响，即不考虑消费者由于某种习惯而选择某种品牌，上面的分析可清晰地告诉我们，影响消费者选择食品品牌的因素按影响程度从大到小的顺序依次为：产品特征、价格、品牌知名度、购买方便性、广告、包装、优惠条件与朋友推荐。

（二）洗涤日用品

洗涤日用品是购买频率高、使用面广的又一类与消费者日常生活息息相关的消费品。我们选择牙膏、洗发水、香皂和洗衣粉四种产品作为代表产品来研究消费者选择洗涤日用品品牌时考虑的因素。采取与前面同样的方法，选择八个主要影响因素，由前述年鉴资料整理，得到相关数据如表 8 至表 12 所示。

表 8　消费者选择牙膏品牌的考虑因素

单位：%

因素＼城市	北京	上海	广州	重庆	武汉	西安	平均
价格适中	50.4	54.1	48.9	57.6	59.5	58.6	54.9
产品功用	43.5	43.0	47.2	44.2	43.9	41.4	43.9
有名的牌子	43.3	38.2	35.0	32.0	35.2	41.5	37.5
广告影响	29.3	19.1	16.1	17.6	25.9	20.8	21.5
购买方便	22.5	21.5	23.7	31.3	24.8	26.0	25.0
有优惠条件	5.5	5.9	7.1	4.5	4.7	2.8	5.1
别人推荐	4.6	3.3	3.8	4.0	7.6	5.4	4.8
包装吸引人	1.9	2.2	4.8	2.3	3.5	2.7	2.9

表 9　消费者选择洗发水品牌的考虑因素

单位：%

因素＼城市	北京	上海	广州	重庆	武汉	西安	平均
有名的牌子	51.6	45.9	41.1	41.2	46.0	46.7	45.4
产品功用	45.7	43.8	28.7	45.3	47.7	42.3	42.3
价格适中	41.1	39.6	38.9	46.0	44.0	46.5	42.7
广告影响	30.8	29.0	21.4	25.7	33.5	25.0	27.6
购买方便	18.8	14.3	18.6	20.4	16.4	18.6	17.9
别人推荐	6.1	7.4	9.2	9.2	8.0	12.9	8.8
有优惠条件	4.5	4.2	27.0	3.4	7.1	3.2	8.2
包装吸引人	1.3	2.9	4.1	2.8	2.9	2.5	2.8

表 10　消费者选择香皂品牌的考虑因素

单位：%

因素＼城市	北京	上海	广州	重庆	武汉	西安	平均
有名的牌子	51.5	48.3	35.9	36.6	46.8	50.9	45.0
价格适中	48.9	49.4	47.8	57.1	53.8	51.1	51.4
产品功用	41.5	35.6	41.2	39.0	38.2	37.1	38.8
广告影响	29.4	23.0	15.6	19.9	25.2	24.5	22.9
购买方便	19.2	18.8	22.4	25.1	20.0	21.8	17.0
有优惠条件	5.7	4.8	7.4	3.5	5.8	3.9	5.2
别人推荐	4.6	3.1	4.8	5.4	5.3	6.2	4.9
包装吸引人	1.9	3.6	5.7	2.6	6.8	3.7	4.1

表11　消费者选择洗衣粉品牌的考虑因素

单位：%

因素＼城市	北京	上海	广州	重庆	武汉	西安	平均
价格适中	59.8	63.8	60.2	59.8	60.4	58.5	60.4
产品功用	45.3	40.7	42.6	46.7	44.1	46.9	44.4
有名的牌子	36.4	39.7	27.9	30.6	36.1	37.5	34.7
广告影响	23.3	14.9	15.7	22.3	21.4	21.0	20.0
购买方便	23.2	23.0	25.4	25.8	26.9	24.9	24.9
有优惠条件	8.5	5.8	7.9	4.7	6.4	5.0	6.4
别人推荐	4.7	2.3	5.6	6.5	6.1	5.7	5.2
包装吸引人	1.4	1.3	3.9	3.0	3.0	2.0	2.4

表12　消费者选择洗涤日用品品牌的考虑因素

单位：%

因素＼产品名称	牙膏	洗发水	香皂	洗衣粉	平均	排序
价格适中	54.9	42.7	51.4	60.4	52.4	1
产品功用	43.9	42.3	38.8	44.4	42.4	2
有名的牌子	37.5	45.5	45.0	34.7	41.3	3
广告影响	21.5	27.6	22.9	20.0	23.0	4
购买方便	25.0	17.9	17.0	24.9	21.2	5
有优惠条件	5.1	8.2	5.2	6.4	6.2	6
别人推荐	4.8	8.8	4.9	5.2	5.9	7
包装吸引人	2.9	2.3	4.1	2.4	2.9	8

由表8至表12可见，消费者在选择洗涤日用品品牌时比较理性。除了香皂和洗发水，人们一般不会首先去考虑牌子的知名度，而是首先考虑价格与产品功用。但由于普通消费者往往无法直接判断与探测洗涤日用品的成分与使用效果，因而在选择品牌时又比较依赖品牌的知名度与广告。同时，由于消费者对这类商品的购买频率比较高，消费者也很看重购买的便利性以及有无优惠条件。综合考虑消费者对各种具体洗涤日用品品牌的选择情况，由表12可以发现，影响消费者选择洗涤日用品品牌的因素按影响程度从大到小的顺序依次为：价格、产品特征、品牌知名度、广告、购买的方便性、优惠条件、别人推荐和包装吸引人。

综合食品与洗涤日用品品牌选择影响因素的分析，可以得出各因素对便利品品牌选择的影响程度如表13所示。

表13　消费者选择便利品品牌的考虑因素

单位：%

因素／影响程度／产品类别	产品特征	价格适中	品牌知名	购买方便	广告影响	包装吸引人	有优惠条件	别人推荐
食品	1	2	3	4	5	6	7	8
洗涤日用品	2	1	3	5	4	8	6	7
便利品	1.5	1.5	3	4.5	4.5	7.0	6.5	7.5

在表13中，我们将各因素的影响程度从大到小排序为1至8，以它们对食品与洗涤日用品品牌选择影响程度的简单平均数，作为它们对便利品品牌选择的影响程度排序。由表13数据可见，

消费者选择便利品品牌时，首先考虑的是产品特征与价格，其次是品牌的知名度。影响消费者便利品品牌选择的第三位因素是购买的方便性与广告：方便性由便利品购买特征所决定，而广告的影响则由广告的功能所决定。有优惠条件是影响消费者选择便利品品牌的第四位因素：这可能是由于便利品的消费量大，购买频率高。包装吸引人与别人推荐产生的影响相对较小。

综上所述，影响消费者便利品品牌选择的因素，按影响程度从大到小依次为：产品特征与价格、品牌知名度、购买的方便性与广告宣传、有优惠条件、包装吸引人和别人推荐。

二、选购品

这里选择化妆品（具体包括化妆水、粉底和口红等三种产品）作为选购品的代表进行研究。采取与前面同样的分析方法，选择八个主要的影响因素，由前述年鉴资料得到相关的数据如表 14 至表 17 所示。

由表 14 至表 17 可见，消费者在选择化妆品品牌时主要考虑的因素为品牌的知名度、产品价格及产品功用，别人推荐也是一个比较重要的影响因素，然后是广告影响。这就意味着，消费者在选择选购品时，往往不太计较购买的方便性、是否有优惠条件以及它包装是否吸引人，受广告的影响也较少。他们主要依靠自己的判断与评价，通过在同类商品之间进行比较，确定选择何种品牌。也就是说，消费者在选择选购品时，主要依靠自己已有的知识、对所选商品的比较评价以及朋友的经验教训来确定选择何种品牌。

表 14　消费者选择化妆水品牌的考虑因素

单位：%

城市 因素	北京	上海	广州	重庆	武汉	西安	平均
产品功用	49.1	56.4	47.2	39.5	38.8	45.9	46.2
有名的牌子	48.2	49.6	43.4	34.2	36.7	36.1	41.4
价格适中	42.7	36.8	34.0	44.7	38.8	44.3	40.2
别人推荐	20.9	15.4	29.2	28.9	34.7	29.5	26.4
广告影响	18.2	18.8	10.4	13.2	24.5	19.7	17.5
购买方便	8.2	9.4	6.6	5.3	12.2	13.1	9.1
有优惠条件	5.5	6.0	11.3	13.2	4.1	9.8	8.3
包装吸引人	3.6	1.7	1.9	无	6.1	4.9	3.6

表 15　消费者选择粉底品牌的考虑因素

单位：%

城市 因素	北京	上海	广州	重庆	武汉	西安	平均
价格适中	49.5	35.6	40.7	52.2	39.0	38.1	42.5
产品功用	48.6	46.2	51.9	47.8	44.1	36.5	45.9
有名的牌子	46.7	53.8	50.0	43.5	39.0	46.0	46.5
别人推荐	29.0	26.0	22.2	17.4	23.7	42.9	26.9
购买方便	12.1	7.7	20.4	21.7	20.3	20.6	17.1
广告影响	9.3	16.3	13.0	8.7	22.0	22.2	15.3
包装吸引人	2.8	5.8	11.1	8.7	8.5	3.2	6.7
有优惠条件	2.8	6.7	7.4	8.7	6.8	6.3	6.5

表16　消费者选择口红品牌的考虑因素

单位：%

因素＼城市	北京	上海	广州	重庆	武汉	西安	平均
有名的牌子	48.8	53.9	49.7	36.4	36.8	33.8	43.2
价格适中	41.3	38.0	39.7	47.5	41.6	44.8	42.2
产品功用	32.2	30.2	29.6	32.2	32.8	29.0	31.0
别人推荐	28.5	22.0	27.9	30.5	35.2	31.7	29.3
广告影响	14.0	15.9	15.6	10.2	12.8	13.8	13.7
购买方便	10.7	5.3	9.5	11.9	16.0	17.9	11.9
有优惠条件	5.0	6.1	7.3	5.1	8.0	6.2	6.3
包装吸引人	4.5	4.9	8.4	5.1	8.0	7.6	6.4

表17　消费者选择化妆品品牌的考虑因素

单位：%

因素＼产品名称	化妆水	粉底	口红	平均	排序
产品功用	46.2	45.9	31.0	41.0	3
有名的品牌	41.4	46.5	43.2	43.7	1
价格适中	40.2	42.5	42.2	41.6	2
别人推荐	26.4	26.9	29.3	27.5	4
广告影响	17.5	15.3	13.7	15.5	5
购买方便	9.1	17.1	11.9	12.7	6
有优惠条件	8.3	6.5	6.3	7.0	7
包装吸引人	3.6	6.7	6.4	5.6	8

三、特殊品

由于家电在消费品市场上占有举足轻重的地位，我们选择家电（具体包括彩电、冰箱和空调三类）产品作为特殊品的代表，来研究消费者选择特殊品品牌时的考虑因素。采取与前面同样的分析方法，由前述年鉴资料得到相关的数据如表18至表21所示。

表18　消费者选择彩电品牌的考虑因素

单位：%

因素＼城市	北京	上海	广州	重庆	武汉	西安	平均
品牌形象	44.3	47.6	39.2	39.4	39.4	42.1	42.0
外型	13.4	12.3	12.2	12.0	16.9	17.6	14.1
价格	42.4	40.8	39.0	45.0	46.6	43.9	42.9
功能齐备	25.3	20.8	27.7	26.7	26.5	22.5	24.9
图像清晰度	38.0	37.2	43.9	38.3	41.8	42.7	40.3
图像色彩	20.5	24.5	32.0	22.6	23.9	21.1	24.1
音响效果	14.1	12.3	17.6	12.4	13.7	12.8	13.8
售后服务	22.3	21.4	10.0	20.0	17.7	19.5	18.5

表 19　消费者选择冰箱品牌的考虑因素

单位：%

因素＼城市	北京	上海	广州	重庆	武汉	西安	平均
品牌形象	35.6	36.7	34.5	27.3	32.9	36.3	33.9
外型	19.4	13.7	14.7	18.2	21.3	19.2	17.8
价格	38.5	32.8	39.2	44.5	43.9	38.3	39.5
容量大	29.1	25.4	23.1	32.8	27.4	29.2	27.8
省电	26.3	22.6	33.6	25.2	30.0	22.2	26.7
无氟	8.7	6.0	4.4	7.8	9.9	9.9	7.8
无霜	8.6	24.1	26.9	8.0	10.1	7.3	14.2
运转噪音低	16.4	14.6	18.7	16.4	19.5	18.3	17.3
售后服务	14.5	16.3	11.6	11.3	10.7	17.1	13.6

表 20　消费者选择空调品牌的考虑因素

单位：%

因素＼城市	北京	上海	广州	重庆	武汉	西安	平均
品牌形象	41.0	45.5	37.8	37.9	39.7	36.5	39.7
外型	14.2	13.1	10.1	15.4	13.9	12.3	13.2
价格	38.4	36.9	38.7	45.4	42.1	46.4	41.3
功率	16.3	19.5	18.6	21.7	20.6	15.2	18.7
省电	26.2	24.1	39.0	27.5	31.2	26.5	29.1
多功能	14.8	13.9	15.8	9.2	14.2	10.0	13.0
运转噪音低	31.1	27.6	33.1	31.3	32.7	30.3	31.0
售后服务	25.0	24.7	17.1	21.3	22.4	28.4	23.2

表 21　消费者选择家电品牌的考虑因素①

单位：%

因素＼产品名称	彩电	冰箱	空调	平均	排序
品牌形象	42.0	33.9	39.7	38.5	2
外型	14.1	17.8	13.2	15.0	5
价格	42.9	39.5	41.3	41.2	1
产品品质特征	25.8	18.8	23.0	22.5	3
售后服务	18.5	13.6	23.2	18.4	4

由表 18 至表 21 可见，消费者在选择家电产品品牌时，主要考虑的因素依次为：价格、品牌形象、产品品质特征与售后服务。虽然从总体上讲消费者首先考虑的因素为价格，但从百分比指标来看，品牌形象与价格的差异不大，除冰箱外，仅相差不到 2 个百分点。另外，从各城市的情况看，经济越发达地区，消费者越重视品牌形象，如上海，消费者在选择以上三类家电首先考虑的因素均为“品牌形象”，然后才是“价格”。北京的消费者选择上述三类家电中的两类时，广州的消费者选择上述三类家电中的一类时，也首先考虑品牌形象。由此可以说，随着经济的不断发展，人们生活水平的不断提高，消费者在选择特殊品品牌时，将首先考虑“品牌形象”。

① 表 21 中的“产品品质特征”值影响是将影响彩电品牌选择的功能齐全、图像清晰度、图像色彩、音响效果等因素，冰箱的容量大、省电、无氟、无霜、运转噪音低、等因素，空调的功率、省电、多功能、运转噪音低等因素，分别归并为该产品的品质特征因素，取与产品品质特征相关因素的简单平均值为该产品的产品品质特征相对应的数值。

关税税率调整经济效应及理论模型*

田志宏　刘北桦

［摘　要］从经济政策分析的角度出发，对关税税率变动所产生的经济效应进行了系统分析。关税税率降低所产生的就业效应、劳动力转移效应以及产业发展效应是构成生产者效应的一个重要方面；建立了关税税率选择的理论模型，分析表明最优关税理论、最大收入关税理论等是该理论模型参数取一定数值的特殊情况；单纯降低关税税率不具有“帕累托改进”性质，合理关税税率的选择是对多项经济效应的权衡，应当充分结合产业发展的实际。

［关键词］关税　经济效应　政策分析

传统的国际贸易理论认为，自由贸易能够使一个国家的净社会福利增大，征收关税则会造成福利损失。笔者拟对降低关税所造成的经济效应做一些理论分析，并从政策效果分析的角度对此做较为系统的探讨，目的是扩展经济学关于关税效应的研究内容，使之与政策研究联系起来。

一、降低关税税率的经济效应分析

这里，我们用局部均衡分析方法，针对小国模型进行分析。

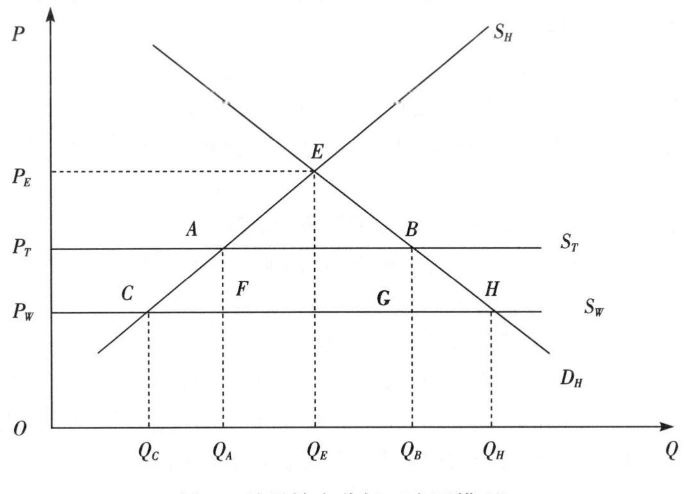

图1　关税效应分析（小国模型）

* 原载《中国农业大学学报》（自然版）。

图 1 示出对产品征收关税的局部均衡分析模型，假定关税是唯一限制产品进口的措施。S_H是国内生产者的提供曲线，D_H是国内消费者的需求曲线，在没有进口时国内市场在 E 点达到均衡，对应的产量和价格分别为 Q_E、P_E。这时，国际市场上该产品的价格 P_W 小于国内价格，国际市场该产品的供给曲线即为 S_W 曲线。下面我们来看两种开放国内市场的情形：

(1) 进口国对该产品征收非禁止性从价关税，税率 $\tau=(P_T-P_w)/P_W$，国内市场均衡点是 B 点。具体变化表现在 3 个方面：①该产品的国内价格由 P_E降低到 P_T；②国内消费量由 Q_E增加到 Q_B；③国内产量由 Q_E降低到 Q_A，国内供给不足部分（Q_B-Q_A）由进口来满足；国家财政得到了数量为（Q_B-Q_A）$P_W\tau$ 的关税收入。

(2) 进口国无任何条件的开放国内市场，国内市场均衡状态对应图中的 H 点。可以看出：①该产品的国内价格下降为 P_W；②国内消费量增大 Q_H；③国内产量降低到了 Q_C，进口量达到 Q_H-Q_C，没有关税收入。为了简化问题，这里将上述两种状态分别视为关税税率降低前、后的情形，这是有一般性的。

在国际经济、贸易理论中，研究者们从不同角度对将征收关税所产生的经济效应进行归纳总结，虽然各个文献对关税效应的分类有一些差异，但包含的经济效应方面基本一致，包括：①价格效应；②消费效应；③保护效应；④政府收入效应；⑤收入再分配效应；⑥社会福利效应；⑦国际收支效应；⑧贸易条件效应。笔者分析认为，关税税率变化（如降低关税）所产生的直接经济效应包括三个方面，上述其他方面的效应是派生的或者是间接的。

(1) 对国外生产者和国内生产者的影响。降低关税税率后，国外生产者增加的产量为（Q_H-Q_C）－（Q_B-Q_A）。在这当中，Q_H-Q_B 是国内市场价格降低增加的消费量，Q_A-Q_C 是国内生产者由于进口品价格低而被迫让度出来的市场份额。同时，部分国内生产者被迫转产，生产该产品的劳动力需求量减少。

(2) 对国内消费者的影响。降低关税税率后，该产品的国内价格与世界市场一致，国内消费者因价格降低而受益，并扩大了产品的消费量。

(3) 对政府财政的影响。严格地说，降低税率对关税税收的影响是不确定的，关税收入受到关税税率降低、国内进口量扩大的综合影响。在关税税率较低，且进口需求弹性正常的条件下，税率降低倾向于减少关税税收。

如果忽略对国外生产者的影响，关税税率的降低将涉及 3 部分经济效应变化：一是消费者剩余的增加量为图中直角梯形 P_TBHP_W的面积；二是政府关税收入政府关税收入的减少量为矩形 $ABFG$ 的面积，它转化为消费者剩余的增加量；三是生产者剩余的减少量为直角梯形 P_TACP_W的面积。

需要指出，降低关税税率对国内生产方面的影响是动态的、深远的，其中有两个问题值得注意：一是对就业方面的影响，二是对产业发展方面的影响，在传统国际经济学、国际贸易学理论中为了分析方便它们被简化了。

(1) 关税税率降低的就业效应和劳动力转移效应。传统的经济学理论中一个通用的假设是生产要素可以自由流动，整个经济处于充分就业状态。这样，降低某产品的进口关税税率，带来的损失仅仅是国内该产品产量的减少。实际上，生产要素在各种产品生产行业之间的转移并非完全自由和无成本的，迫于进口价格压力而游离出来的劳动力会由于种种因素而不能迅速的转入其他行业，这样至少在短期内会给进口国带来经济损失，国内经济的非充分就业也会使决策者重视降低关税税率所带来的就业效应。

笔者认为，这方面的经济效应至少还应当包括以下三个方面：①原产业资本、技术技能的沉

淀；②劳动力从事新产业的各项投入，包括新劳动技能的训练；③部分劳动力失业带来的社会不安定。它们都倾向于抵消关税税率降低所带来的好处，尤其对于我国近年来的经济形势，失业问题是近年来比较敏感的一个话题。有鉴于此，我们不得不在各个政策方面就此做综合的考虑。

（2）关税税率降低的产业发展效应。关税税率降低将迫使资源由原来的产业向新产业流动，新产业的产品比原来产业的产品更符合生产要素条件，因此，生产要素具有更高的效率，新产业的产品比原来产业也更具有竞争优势。

笔者以为，这方面的经济效应分析及关税政策选择也还应当包括以下6个方面的考虑：①原来产业由于减少产量带来的资源低效率消耗量的减少；②降低关税引起国内产业与国外生产者之间的适度竞争，进而推动国内产业引进先进的生产技术，提高经营管理水平，提高产业的素质；③原来产业本身因减小生产规模而带来的经济损失；④新产业由于扩大规模而带来的投入要素价格上涨，以及由此而来的比较优势的动态变化；⑤产业的联动效应，包括前向联动和后向联动两种形式；⑥国家产业结构效应。

有鉴于此，降低关税税率对于国内产业的发展来说有利有弊，产生的影响是综合性的，至少对产业发展所带来的不全是好处。

二、关税税率选择的理论模型

关税税率的降低会产生多方面的经济效应，尤其对国内生产可能带来较为复杂的动态性影响。由于这些经济效应与关税税率的降低程度密切相关，笔者综合前面的分析，提出了一个关税税率选择的理论模型。

$$\max E(\tau)=w_cE_c(\tau)+w_rE_r(\tau)+w_p\alpha E_p(\tau) \tag{1}$$

式中，E_c（τ）、E_r（τ）和 E_p（τ）分别是消费者效应、政府收入效应和生产者效应随着关税税率 τ 的大小而变化的函数；参数 w_c、w_r 和 w_p 分别是关税税率选择时决策人（关税政策制定者）对不同效应项目重要程度的加权；为了反映关税税率对国内生产带来的动态性影响，我们引入了生产效应参数 α，它取值大于1，表明关税税率对国内生产带来的实际影响要大于前面局部均衡分析中的理论效应。

关税税率选择的目的是实现式（1）中综合效应 E（τ）的最大化。我们可以进一步考察关税税率变化所产生的影响：

$$\Delta E(\tau)=w_c\frac{dE_c(\tau)}{d\tau}\Delta\tau+w_r\frac{dE_r(\tau)}{d\tau}\Delta\tau+w_p\alpha\frac{dE_p(\tau)}{d\tau}\Delta\tau \tag{2}$$

式（2）是对式（1）两端关于关税税率 τ 求导得到的。如果税率的降低量 $\Delta\tau$ 使得综合效应的变动量 ΔE 大于零，则关税税率的降低是有利的。在式（3）的3个1阶导数项，分别表示消费者效应、政府收入效应和生产者效应关于关税税率的变化率。当关税税率降低时，消费者效应增大，政府收入效应减小，生产者效应减小，亦即满足：

$$\frac{dE_c(\tau)}{d\tau}>0,\frac{dE_r(\tau)}{d\tau}<0,\frac{dE_p(\tau)}{d\tau}<0 \tag{3}$$

故关税税率选择，或者说税率降低的合理性，是对其经济效应的综合比较。

与一般关税效应分析模型相比，上述理论模型有两个显著特征。一是引入了决策理论中的价值判断概念，选择不同权重来反映决策者对不同效应的重视程度。从关税效应分析的角度来看，它改进了传统关税效应理论中关于消费者、政府财政和生产者三方的单位经济福利的重要性相等的假设条件，即国际经济学家彼得·林德特所谓“1美元1票”的标准。税率选择应当取决于决策人在这些方面的不同偏好，这种偏好因产业性质、国家经济发展水平等条件而变化，使得经济理论分析与关税政策分析比较贴近。在许多情况下，决策人确实对消费者、政府财政和生产者的单位经济福利的重要性认识和倾向是不同的，可能会更关注生产者的福利状况和政府财政收支状况，而对消费者的福利状况可能会不那么重视，这也是世界各国往往利用关税来保护本国企业的主要原因。二是引入了生产效应参数 α，它反映出并强化了关税税率变化对国内生产的系统性影响。

三、理论模型分析结果

对于上述理论模型，我们可以得到两个理论分析结果：

(1) 传统的国际贸易理论是上述理论模型 (1) 和 (2) 的一种特殊情况，关于关税造成福利损失及自由贸易能够增加社会福利的结论也是由此而来的。令式 (1)、(2) 中的模型参数满足 $w_c=w_r=w_p=1$，且 $\alpha=1$，这时与一般关税效应分析是完全一致的。对应图1可以推出，关税税率降低时净经济福利大于0，具体等于两个三角形 *BCF*、*DGH* 的面积之和，即一般关税效应分析中所说的关税税率降低减少了社会福利净损失。这是自由贸易理论的基础，也是用一般关税效应分析中确定“最适宜关税”或者“最优关税”的思想。

如果进一步取模型参数 $w_c<w_r$，$w_c<w_p$，或者模型参数 $\alpha>1$，即决策人对生产者、政府关税收入效应的偏好大于对消费者效应的偏好，或者更重视降低关税对国内生产方面的影响，则关税税率降低时的净经济福利变化会小于上述情况，甚至可能为负值，这时候降低关税税率未必是合理的选择。

一个更极端的情况是取模型参数 $w_c=w_p=0$，意味着决策人只看重关税的财政收入作用。根据上述理论模型选择关税税率的问题就简化成了关税收入的最大化问题 (Maximum Revenue Tariff)，式 (3) 中较为复杂的函数被简化成“税收—税率”之间的拉弗曲线 (Laffer Curve) 规律，最大收入关税对应曲线的极大值点，即 $\frac{\mathrm{d}E_r(\tau)}{d\tau}=0$。

(2) 在一种商品的小国模型分析中，降低关税税率不具有“帕累托改进”性质。“帕累托改进”是指在不降低其他人经济福利的前提下，使某个人或某一部分人的经济福利有所增加。反之，如果某个人或某一部分人经济福利的增加是建立在其他人福利受损的基础之上的，那么这种状态改变便不是“帕累托改进”。

根据模型 (1)、(2)，在一定条件下，降低关税税率可以增加消费者剩余，且增加的消费者剩余能够抵消对生产者和国家财政带来的负面影响，从而提高总体经济福利，但它仍然不是帕累托改进。

这一结论从 (3) 式可以看得更清楚。降低关税税率后消费者、政府财政和生产者三方的经济效应关于关税税率的变化率是矛盾的，其中一方或两方经济福利的增加必然导致另外两方或一方经济福利的减少，不能满足“帕累托改进”条件。因此，基于上述理论模型的关税税率选择是在多个经济方面的权衡。

四、结论

(1) 从政策分析的角度出发对关税税率变动所产生的经济效应进行了分析。提出：在关税理

论分析中，对关税税率降低所产生的就业效应、劳动力转移效应以及产业发展效应应给予充分地关注。

（2）在关税效应分析和决策理论的基础上，提出了一个关税税率选择的理论模型。该模型引入了决策理论中的价值判断方法，并重视关税税率变化对国内产业所产生的动态影响。理论分析表明，最优关税理论、最大收入关税理论等是该理论模型参数取一定数值的特殊情况。

（3）单纯降低关税税率不具有“帕累托改进”性质；合理关税税率的选择是对多项经济效应的权衡，应结合产业实际进行选择。

参考文献

[1] 彼得·林德特. 国际经济学（第9版）. 范国鹰等译. 北京：经济科学出版社，1992

[2] 李金亮. 狭义国际经济学. 广州：暨南大学出版社，1992

[3] 王询，于立，卢昌荣. 当代西方国际贸易学. 大连：东北财经大学出版社，1997

[4] 田志宏，邓乃扬，万鹤群等. 1998. 关税税收效应的经济学分析. 见：俞晓松主编. 走向21世纪的中国关税. 北京：中国经济出版社. 125～130

[5] Matsumoto Mutsumi. 1995. Optimal tariff financing of public inputs in a small open economic. Public Finance，50（2）：278～291

[6] Tsuneki Atsushi. 1995. Pareto—improving changes of tariffs and taxes. Public Finance，50（3）：470～477

中国主要家畜肉类产品国际竞争力变动分析*

乔　娟

改革开放以来中国肉类产品生产快速发展，从1990年起成为世界第一产肉大国，1998年中国肉类产量达5 883万吨，占世界肉类总产量的26.4%。但是，中国肉类产品以本国消费为主，参与国际贸易的比例一直很小。1998年中国出口肉类产品68.6万吨，仅占当年中国肉类总产量的1.17%，占当年世界肉类总出口量的3%，如果考虑到中国大部分肉类产品是出口到香港，则中国肉类产品真正参与国际贸易的比例更小。世界平均肉类产量的10%参与国际贸易，一些主要生产国和出口国如丹麦、新西兰、荷兰、澳大利亚等肉类产量的40%以上参与国际贸易，法国、加拿大、英国、美国等的肉类产品出口量也都超过其产量的10%（FAO)。

目前中国肉类产品市场已处于暂时性相对饱和状态，肉类人均占有量已超过世界平均水平，其中人均猪肉占有量达世界平均水平的2倍左右。但从城乡消费水平比较、畜产品消费结构和动态发展来看，随着经济快速发展，人均收入和消费水平的不断提高，对肉类产品的需求必将继续呈上升趋势，从而中国肉类产品消费市场仍然蕴藏着巨大的潜力。但是，中国肉类产品消费市场的巨大潜力和吸引力，并不意味着中国肉类产品生产就可高枕无忧。按照乌拉圭回合农产品协议及中国与其他WTO成员签订的双边和多边贸易协议规定，中国加入WTO后不仅要大幅度降低肉类产品的进口关税，而且要取消很多非关税进口限制，加之很多肉类产品主要生产国和出口国的肉类产品市场营销绩效较好，这必将给中国肉类产品的发展带来挑战。因此，认真分析和评估中国肉类产品的国际竞争能力，不仅可为政府采取合理的宏观经济政策提供客观依据，促使其生产和贸易结构的合理化，也有助于指导肉类生产企业更好地面向世界市场进行生产经营。

一、研究方法和数据说明

分析一国某产品国际竞争力是件复杂而困难的事情。很多学者通过研究提出了多种指标、计量模型等测算方法，如出口增长率、固定市场占有率、显性比较优势指数、国内资源成本系数、净出口指数等。这些指标和方法从不同角度反映了一国某产品的竞争力状况，但除国内资源成本系数兼用生产成本和贸易数据，能在一定程度上揭示生产成本的优势外，其余指标大多是用经验数据反映实际贸易的后果，而不能揭示其造成竞争力强弱的原因。很多关于WTO框架下中国农产品国际竞争力的研究指出，中国加入WTO后肉类产品仍将具有竞争优势，其原因是中国肉类产品价格大大低于国际市场平均价格。但是，按照美国经济学家波特的观点，一

* 原载《中国农村经济》2001年7月。

国某产品在国际市场上的竞争力实际上取决于多方面因素，如生产要素，一国国内需求状况，相关及支撑产业状况，企业的战略、结构与竞争等。在此我们将这些因素归纳为两大类：一是生产成本，即价格方面的竞争力；二是市场营销绩效，即非价格方面的竞争力。由于不完全竞争、产品差异及消费者偏好等情况的存在，常使一国某产品虽然价格相对较高却仍有较强的国际竞争力，这正是市场营销绩效等非价格竞争因素发挥作用的结果。通常随着一国经济的发展和人民生活水平的提高，市场对农产品的需求将越来越注重质量、安全和多样化。因此，谁的产品能以最低的成本和优质安全满足目标市场的需求，谁就能在未来的竞争中处于主导地位。由于篇幅所限，本文拟对几种主要家畜肉类产品的价格和非价格竞争力及变动进行分析，从而判断其国际竞争力。

分析一国某产品价格竞争力的较好方法是国内资源成本系数法，但因数据收集的困难使这种方法在此较难运用。本文拟运用生产者价格指数，并与各种肉类主要生产国和出口国进行比较分析来衡量中国几种产量较多的家畜肉类产品的价格竞争力及其变动。因为产品成本很大程度上决定着产品价格，尤其当生产和贸易处于完全竞争状态时，激烈的竞争将使产品的长期均衡价格趋同于长期成本，从而产品的竞争力状况也能从产品价格中体现出来。分析一国某产品非价格竞争力涉及内容很多，由于还没有较好的研究方法可运用，本文主要根据影响非价格竞争力的主要因素采用定量和定性分析相结合的方法，并与国际贸易标准或各种肉类主要生产国和出口国进行比较分析来衡量中国几种主要家畜肉类产品的市场营销绩效及其变动。

本文所用的各种肉类产量、出口量、出口价格及各国生产者价格时序数据等均来源于FAO网站。这里的生产者价格，理论上指每种产品所有等级、种类和品种的全国平均价格。这些价格是在农户门口或第一次交易地点由农民出售自己产品时决定的价格，中国的生产者价格为混合平均收购价格。文中的生产者价格指数由生产者价格和各国消费价格指数计算得出。各国消费价格指数来源于联合国《统计月报》，中国的消费价格指数来源于中国统计出版社出版的《中国统计年鉴》。

中国生产量较大的家畜肉类产品主要有猪肉、牛肉和羊肉。目前中国是世界上家畜肉类产量最多的国家，猪肉和羊肉产量居世界首位，牛肉产量仅次于美国和巴西居世界第三位。中国家畜肉类产品在世界市场上一直具有价格优势，特别是近年来由于国内肉类产品已开始从卖方市场向买方市场转变，各种肉类产品相继出现市场疲软使这种优势更趋明显。既然中国肉类产品在世界市场上具有较强的价格优势，国内市场又处于暂时相对饱和状态，能否通过积极开拓国际市场、参与国际竞争来促进中国肉类生产的稳步发展，这就需要分析其国际竞争力及其变动。

二、价格竞争力及其变动分析

1. 猪肉。1998年中国猪肉产量3 973万吨，占世界猪肉总产量的45%，出口10.6万吨，仅占世界猪肉总出口量的2.4%。1998年世界平均每吨猪肉出口价格1 988美元，中国平均每吨猪肉出口价格1 719美元，可见中国猪肉在世界市场上具有一定的绝对价格优势。表1是猪肉主要生产国和出口国的生产者价格指数。从表1可看出，中国猪肉生产者价格指数除1994年较高外，其余年份均低于1985年，总体呈下降趋势。与其他国家相比，中国猪肉相对于荷兰、加拿大其价格优势在上升，且多数年份上升趋势明显；相对于美国其价格优势有升有降，但总体呈下降趋势；相对于其他国家其价格优势在下降，且多数年份下降趋势明显。

表 1 猪肉主要生产国和出口国的生产者价格指数

	1985	1986	1987	1988	1989	1990	1991	1992	1993	1994	1995
中国	100	97	75	98	89	78	67	66	60	104	66
美国	100	111	111	86	81	100	85	65	69	54	47
德国	100	87	75	103	86	78	75	75	44	43	44
丹麦	100	86	75	71	80	66	63	61	40	40	67
荷兰	100	87	89	96	119	140	160	180	188	199	—
加拿大	100	116	108	107	98	105	101	106	110	117	120
法国	100	92	80	72	87	79	75	74	46	45	38
意大利	100	99	79	74	76	75	69	73	60	51	56
比利时-卢森堡	100	88	74	72	90	77	76	76	56	54	54

注：肉类产量为胴体重；生产者价格指数由生产者价格和各国消费价格指数计算得出。

资料来源：① 联合国粮农组织 fao. org 网站；②联合国《统计月报》1989—1998 年；③《中国统计年鉴》1998 年，中国统计出版社。

2. 牛肉（牛肉和小牛肉）。1998 年中国牛肉产量 447 万吨，占世界牛肉总产量的 8%，出口 4 023 吨，仅占世界牛肉总出口量的 0.2%。1998 年世界平均每吨牛肉出口价格 2 579 美元，中国平均每吨牛肉出口价格 1 517 美元，可见中国牛肉在世界市场上具有较强的绝对价格优势。表 2 为牛肉主要生产国和出口国的生产者价格指数。从表 2 可看出，中国牛肉生产者价格指数总体呈下降趋势，除 1994 年略有上升外总体下降趋势明显。与所有牛肉主要生产国和出口国相比，除个别年份外中国牛肉价格优势均呈上升趋势，且上升趋势明显。

表 2 牛肉主要生产国和出口国的生产者价格指数

	1985	1986	1987	1988	1989	1990	1991	1992	1993	1994	1995
中国	100	75	80	85	83	75	67	69	56	72	40
美国	100	91	102	107	100	110	101	95	97	81	72
澳大利亚	100	91	84	84	81	77	78	72	68	81	64
法国	100	93	90	94	90	86	71	70	73	72	64
印度	100	101	103	100	98	96	84	73	72	62	45
德国	100	93	88	90	91	79	63	67	64	60	60
意大利	100	105	98	93	100	88	78	77	82	80	77
英国	100	95	93	101	93	71	62	62	77	88	93
加拿大	100	99	103	102	100	98	94	96	96	99	100
荷兰	100	102	109	122	135	146	156	165	173	181	—

注：巴西、俄联邦、墨西哥也是牛肉主要生产国和出口国，因数据不准或得不到数据而舍弃。

资料来源：同表 1。

3. 羊肉。1998 年中国羊肉产量 230 万吨，占世界羊肉总产量的 20.3%。1998 年世界平均每吨山羊肉和绵羊肉出口价格分别为 2 540 美元和 2 363 美元，中国平均每吨山羊肉和绵羊肉出口价格分别为 1 439 美元和 1 452 美元，可见中国山羊肉和绵羊肉在世界市场上也都具有较强的绝对价格优势。

1998 年中国山羊肉产量 105 万吨，占世界山羊肉总产量的 28%，出口 2 754 吨，占世界山羊肉总出口量的 16%。表 3 为山羊肉主要生产国和出口国的生产者价格指数。从表 3 中可看出，中国山羊肉生产者价格指数总体呈下降趋势，除个别年份略有回升外总体下降趋势明显。与其他国家相比，中国山羊肉除相对于希腊其价格优势在下降外，相对于其他所有国家其价格优势均在上

升，且相对于菲律宾和澳大利亚其价格优势上升趋势表现更为明显。

表3　山羊肉主要生产国和出口国的生产者价格指数

	1985	1986	1987	1988	1989	1990	1991	1992	1993	1994	1995
中国	100	87	75	56	41	48	45	57	53	76	38
印度	100	101	103	100	99	96	84	73	70	58	41
新西兰	100	93	80	80	80	79	83	89	—	—	—
法国	100	97	89	84	80	76	74	72	69	67	62
菲律宾	100	104	103	151	184	170	169	185	213	205	198
澳大利亚	100	107	116	104	107	111	106	130	141	151	152
南非	100	100	101	111	112	94	82	62	55	96	147
希腊	100	84	88	70	62	38	27	4.2	−39	−61	−87

注：巴西也是山羊肉主要生产国，因通货膨胀数据不准而舍弃。

资料来源：同表1。

1998年中国绵羊肉产量125万吨，占世界绵羊肉总产量的17%，出口2 855吨，占世界绵羊肉总出口量的3%。表4为绵羊肉主要生产国和出口国的生产者价格指数。从表4可看出，中国绵羊肉生产者价格指数总体呈下降趋势，其中有波动且有些年际间波动幅度较大。与其他国家相比，中国绵羊肉相对于澳大利亚、新西兰、英国、法国其价格优势在上升，且多数年份上升趋势明显；相对于印度、西班牙和美国其价格优势在1992和1993年以前呈上升趋势，而后呈下降趋势，但不明显。

表4　绵羊肉主要生产国和出口国的生产者价格指数

	1985	1986	1987	1988	1989	1990	1991	1992	1993	1994	1995
中国	100	87	72	77	38	48	45	69	77	90	52
澳大利亚	100	107	116	109	107	111	91	128	221	103	98
新西兰	100	42	58	28	45	57	74	83	86	94	99
英国	100	100	98	93	80	62	52	51	65	63	58
印度	100	101	103	100	99	96	84	73	70	58	41
西班牙	100	96	87	83	83	75	67	59	53	48	41
法国	100	95	86	83	82	78	76	74	72	71	64
美国	100	100	88	72	82	60	50	57	60	59	52

资料来源：同表1。

三、非价格竞争力及其变动分析

1. 品种资源和生产水平。目前中国除生猪外其他专门化肉用家畜品种缺乏。虽然近年来肉用家畜良种覆盖率有所提高，但除生猪达到90%外，肉用羊和肉用牛分别只有55%和30%（贾幼陵等，2000）。目前中国肉用羊品种主要以地方品种、细毛羊、半细毛羊及杂交后代为主，虽然某些品种的产肉性能、生产潜力对羊肉生产发挥了很大作用，但与专门化的肉用品种相比还有很大差距。近年中国从国外引进一些肉用羊品种，但因还处于试验或小范围推广应用阶段，品种数量与需求存在较大矛盾。目前中国肉用牛品种还主要是土种牛、兼用型的地方良种牛或淘汰的役用牛。这是因为，牛作为专门化的肉用家畜在中国出现历史较短，而且是从国外引进的。把肉牛作为一种产业来发展还只是近几年的事，目前中国还没有培育出属于自己的专门化肉用牛品种（刘玉满，2000）。专门化肉用家畜品种具有体型大、生长快、肉质好、饲料转化率高及繁殖力高等特点。由于优良的专门化肉用家畜品种资源匮乏，直接影响了产业效率和产品质量。表5～8用各种家畜的生产水平反映了产肉生产力的变化及与各主要生产国和出口国的比较。

表5　1985年和1998年猪肉主要生产国和出口国的生产水平

		中国	世界	美国	德国	丹麦	荷兰	加拿大	法国	意大利	日本	西班牙
胴体重	1985	69	74	79	87	71	85	75	85	106	74	73
（千克）	1998	78	78	85	91	78	89	79	80	112	75	80
出栏率%	1998	101	117	178	171	184	132	138	178	154	166	168

资料来源：联合国粮农组织fao.org网站。

表6　1985年和1998年牛肉主要生产国和出口国的生产水平

		中国	世界	美国	澳大利亚	法国	印度	德国	意大利	英国	加拿大	荷兰
胴体重	1985	105	200	275	186	241	91	263	232	275	243	210
（千克）	1998	147	203	318	220	279	103	316	252	203	305	222
出栏率%	1998	31	30	36	35	28	6.4	29	62	20	27	55

资料来源：同表5。

表7　1985年和1998年山羊肉主要生产国和出口国的生产水平

		中国	世界	印度	新西兰	法国	日本	澳大利亚	南非	德国	泰国
胴体重	1985	13	12	10	12	6	32	25	16	18	15
（千克）	1998	12	12	10	11	8	25	25	16	18	15

资料来源：同表5。

表8　1985年和1998年绵羊和山羊肉主要生产国和出口国的生产水平

		中国	世界	澳大利亚	新西兰	英国	印度	西班牙	法国	美国	南非	日本
胴体重	1985	12	14	19	14	19	11	11	17	26	14	21
（千克）	1998	14	14	20	17	19	11	11	17	30	13	28

资料来源：同表5。

2. 质量和安全。食品中兽药、杀虫剂及农药残留问题早在20世纪70年代就引起国际社会关注，80年代世界卫生组织和联合国粮农组织建立了国际营养标准委员会及兽药残留标准委员会等，负责讨论药物残留问题，并决定食品中药物残留标准。乌拉圭回合谈判达成了卫生和动植物检疫措施（SPS）协议，SPS协议就涉及食品的安全性及动植物检疫措施做出了原则性规定。虽然SPS协议没有要求WTO成员采用统一的卫生和其他技术标准，但却从规则上要求任何这类措施必须具有科学依据；鼓励各成员遵守国际标准，要求每个成员本的措施必须以国际营养标准委员会所采用的国际标准、准则和其他建议为依据；同时要求实施时不得具有歧视性，即外国生产者应享有不低于本国的优惠待遇。欧美等发达国家20世纪70年代就开始了食品中药物残留的监控工作，现已形成非常完善的包括法律法规、监测机构和技术队伍及技术标准的监控体系。目前美国、欧盟、澳大利亚、加拿大、日本等国都纷纷立法，对进口和国内食品中兽药、杀虫剂、农药及病源菌的残留进行严格监控。

中国从20世纪90年代初开始制订药物在动物性食品中最高残留限量标准和残留检测方法，

到90年代末已制订很多符合国际标准的药物残留标准，并不断规范饲料添加剂使用规定，但检测方法和监控体系的建立相对滞后。例如到1999年农业部已制订109种兽药在动物性食品中最高残留限量标准，但只建立39种兽药及有害化学物质残留的检测方法，只能对20多种兽药残留进行监测。由于检测方法和监控力量不足，目前中国只能在少数重点畜产品出口地区抽样监测，检样数量不足5 000个，只接近按国际标准实现全面监测所需检样的10%（徐士新，2000）。此外，虽然改革开放后中国在家畜疫病防疫、动物与动物源食品卫生等方面取得一定成绩，制订很多相关法律和法规，为家畜疫病防治和提供卫生健康动物性食品建立了基础，但是，近年仍有某些检疫性家畜疾病如猪瘟、口蹄疫等不断大面积发生，仔猪白痢及猪瘟等仍是集约化养猪死亡的主要原因。中国猪死亡率（18%）长期居高不下，几乎是发达国家的两倍，使出栏率比世界先进水平低80个百分点（石元春、程序，2000）。由此可见，中国在家畜疫病防治、动物性食品安全等方面不仅与国际标准差距较大，与欧美等发达国家差距更大。因此，由于农药、抗生素和兽药的大量应用、甚至滥用，致使药物残留问题非常严重，加之某些检疫性疾病时有流行直接影响了家畜肉的食用安全性，从而不仅严重影响国内市场需求及出口市场的稳定和扩大，而且按着SPS协议规定也无法限制其他肉畜主要生产国和出口国的产品进入中国市场。

3. 屠宰、商品化处理和加工转化。目前中国肉畜屠宰主要有两种方法：一种是采用传统办法的分散小规模个体屠宰，另一种是采用现代工艺的集中大规模肉联厂屠宰。有人估计，目前市场上流通的家畜肉属于个体屠宰的占60%左右（刘玉满，2000）。个体屠宰存在很多问题，一是屠宰过程中容易引起刺激反应，在屠宰的瞬间家畜体内会发生一系列化学反应，基于动物自我保护本能要释放出一些对人体有害的毒素；二是个体屠宰大多在室外露天进行，在宰杀、剥皮、去骨、分割等过程中容易造成对肉的污染；三是个体屠宰大多不具备冷藏设备，屠宰后的肉通常在常温下保存，不仅不能排酸熟化直接影响肉的感观和口味，而且容易发生腐变；四是个体屠宰难于管理，给检疫和监控带来很多漏洞致使大量不符合安全卫生标准的肉流入市场。这不仅使已有的消费需求不能得到满足，而且可能抑制消费需求的增长，也可能导致新生的和高层的消费需求转向相对比较安全的进口产品。

屠宰后商品化处理主要是屠宰后的预冷、分割、包装、冷藏、冷冻、运输、销售等环节。由于个体屠宰和个体经销占较大比例，个体经营的资金短缺、设施简陋，不仅基本上不进行预冷、分割和包装，也没办法进行冷藏、冷冻及密封的冷藏车运输。采用了现代工艺的肉联厂在冷藏、冷冻、包装、运输等环节上取得了很大进步，但能向市场提供冷鲜肉的非常有限，而主要是鲜肉和冷冻肉，能向市场提供符合国际安全卫生标准肉类产品的更少，这与发达国家以冷鲜肉和符合国际标准的肉类产品上市为主有很大差距。

加工转化方面：一是加工转化率低、加工品种少。目前中国蓄禽肉产品的加工转化率仅有3%～4%，而发达国家畜禽肉转化为肉制品的比例一般为30%～40%，有的国家甚至高达70%；目前中国加工的肉制品只有七大类500多种，而发达国家的肉制品种类繁多，如德国和法国都有1 500多种（中国农科院畜牧所，2000）。二是加工技术落后、加工品质量较差。目前中国肉制品加工虽然已出现一些现代化的大型企业，但传统的个体作坊经营方式还占很大比重，并且多数企业还是以初级加工为主，产品附加值低，保鲜和货架期短，市场适应能力差。不仅如此，还存在着加工的肉制品方便性差，产品质量差，加工原料的综合利用能力低，加工造成环境污染等问题。

4. 经营规模。20世纪80年代以来经济发达国家肉畜饲养规模不断扩大，且规模经济效益显著。例如，1994年，美国饲养2 000头以上的养猪场占全美国养猪场的6.9%，而出栏肉猪占全美国的58%；丹麦饲养2 000头以上的养猪场占全丹麦养猪场的10%，而饲养头数占全丹麦的54.3%。对比之下，虽然中国已有很多养畜专业户和一些大型饲养场，但家畜肉的供给主要来自小规模分散饲养农户，例如1997年养猪大省四川接近90%的猪肉是由饲养10头以下的农户提供的（林祥金，2000）。调查资料显示小规模分散饲养农户由于缺乏现代饲养技术使其饲料转化率普遍低于专业户和规模化企业，而且收益成本比也普遍较低（张晓辉，1997）。不仅如此，大多数小规模分散饲养农户没有属于自己的产供销一体化组织，只能独自分别进入市场，不仅市场竞争能力弱，也难以适应不断变化的市场需要。由于政府很少对小规模分散饲养农户的经营活动进行宏观指导和调控，加之目前中国肉类产品不仅现货市场体系不够健全，更没有能够指导未来生产经营活动和用于套期保值的期货品种上市（例如，美国芝加哥商业交易所有活牛、牛肉、生猪、冷冻五花猪肉期货合约和期权合约，中美洲商品交易所有活牛、生猪期货合约，伦敦肉类期货交易所有活牛、猪肉期货合约）。因此，小规模分散经营农户盲目决策使产品上市过于集中，从而导致农户亏损的情况不可避免。

四、结论和建议

综上所述，中国几种主要家畜肉类产品的价格优势一直存在，各种家畜肉的绝对价格都大大低于世界平均水平。通过与各种家畜主要生产国和出口国的生产者价格指数相比较可发现，各种肉畜价格优势变动情况各不相同，有的呈上升趋势，有的呈下降趋势；还有的是相对于某些国家呈上升趋势，相对于另一些国家则呈下降趋势。同时还可发现某些肉畜生产者价格指数波动幅度高于其他国家。从总体上看，中国几种主要肉畜都是价格竞争力相对较强，非价格竞争力相对较弱。因此，中国肉畜业今后的发展思路应在充分发挥价格竞争力的同时，大力加强和提高非价格竞争力。对此，本文提出以下对策建议。

首先，应充分利用乌拉圭回合农产品协议所提供的国内支持与调控空间，加强对肉畜业的支持和调控力度。各级政府可通过增加科技投入，支持肉畜良种繁育与推广；支持肉畜疫病防治措施和高效低残留或无残留饲料添加剂的研究、开发与推广；支持无疫区的建立与保护；支持药物和其他有害物质残留检测方法的研究和实施，检测和监控技术队伍及从业人员的培训；支持适应市场需求的肉畜产品商品化处理和加工转化的研究、开发和推广。

其次，利用目前国内市场肉畜供给充足的大好时机，尽快制订并从严实施符合国际标准的有关动物与动物源食品中残留物质的监控体系，包括法律法规体系、检测机构和技术队伍体系及技术标准体系。同时，从严控制药物饲料添加剂使用名录，引导和鼓励饲料企业及从业人员使用无毒副作用、无残留、无停药期、安全高效的微生态产品，从严实施有关屠宰、屠宰后商品化处理和加工转化等环节的法律法规。

第三，鼓励农户在满足环境友好和持续发展的前提下进行规模化饲养，以保持和发展已有的价格优势，支持并鼓励达到一定规模的经营者向市场提供符合国际标准的安全动物性食品，既满足市场需求又创造自己的品牌，为进入国际市场创造条件。同时，应健全和完善包括现货和期货、产前及产后的肉类产品市场体系，指导农户均衡生产防止价格大幅度波动；鼓励发展各种中介组织、农民合作组织或销售合作社，使广大农户联合起来进入市场。

最后，在对农户及从业者进行技术推广和培训的同时，还应对其进行市场营销策略的培训和宣传，提高农户及从业者市场营销意识和营销能力，使肉畜业生产经营不仅能更好地适应市场需求，而且能随着市场需求的变化不断调整，全面提高中国肉畜业的国际竞争力。

参考文献

[1] 贾幼陵等．畜牧业发展及牧区经济问题研究．21 世纪初中国农业发展战略．北京：中国农业出版社，2000

[2] 乔娟．中国主要新鲜水果国际竞争力变动分析．农业经济问题．2000（12）

[3] 刘玉满．中国肉牛业经济问题研究．北京：当代中国出版社，2000

[4] 徐士新．我国兽药残留工作的现状．中国动物保健．2000 年 10 月出版总第 20 期

[5] 张晓辉．农业部农村经济研究中心课题报告“农户畜牧业生产和效益比较研究”．1997

[6] 林祥金．21 世纪中国猪肉发展策略．中国动物保健．2000 年总第 16 期和 17 期

[7] 石元春，程序．农业科技进步问题研究．21 世纪初中国农业发展战略．北京：中国农业出版社，2000

深化乡村集体企业改革若干问题的探讨*

洪乌金

早在80年代中期，国家就在山东省淄博市周村区建立实验区，进行乡村集体企业向股份合作制转变的实验工作。1992年中共十四大报告中提出：乡镇企业要“发展股份合作制，进行产权制度和经营方式的创新”。随后，我国乡村集体企业股份合作制改造普遍展开，同时结合实行租赁、承包、合作等其他形式的改革。1994年7月1日起施行《中华人民共和国公司法》，特别是1997年中共十五大以后，乡村集体企业的改革进入新的阶段，企业制度形式的选择开始迅速由单一的股份合作制向股份合作制为主与股份制（含有限责任公司和股份有限公司）等并行的方向发展，同时结合实行拍卖转私营、租赁、合作、重组、兼并等其他形式的改革。截至2000年，我国已有80%左右乡村集体企业进行了不同程度、不同形式的改革，其余部分仍为集体独资企业。在改革的企业中相当一部分进行的是没有触动所有权的改革，只进行了租赁、承包、合作、联营等经营形式和兼并等的改革，这些企业大多（不是所有的）还需要进行触动所有权的第二次改革，就是已经改建股份合作制和公司制的企业也还存在着诸多的矛盾和问题，仍然需要来一次“回头看”，尤其是20%未改革的集体独资企业，更要进行改革。下面就深化乡村集体企业改革的若干问题作粗浅探讨。

一、产权的界定

产权界定是乡村集体企业改革的关键和基础。对集体企业存量资产所有权的归属，众说纷纭，一曰归职工集体所有，二曰归社区政府所有，三曰社区农民集体所有。具体做法各异，差别很大。有的企业全部归集体，大多数企业是从净资产（有一部分企业是从积累）中量化一部分给职工，没有量化给社区农民的。先期改革的第一阶段（公司法实施以前）分为两种，一是职工占小头，二是职工占大头；第二阶段一般是职工占大头。量化给职工部分，有的企业是全归集体；多数是只归个人；有的一部分给集体一部分给个人，归集体的一般是建立企业股（或职工集体股或劳动贡献股）。量化给职工一般只考虑在岗的职工。量化给职工的产权只有分红（配）权，不能抽资、抵押、继承、赠送、转让和流通，所有权仍归集体。职工获得这一产权要求按1∶1～1.5的比例配现金股。

上述做法，有的根据不足，有的没有根据，需要商榷。我们的看法是，对乡村集体企业存量资产产权的界定，应当根据一定理论、法律和政策，在尊重历史、尊重实际的情况下界定。依据国务院的《中华人民共和国乡村集体所有制企业条例》规定：“乡村企业归举办该企业的全体劳

---

* 原载《农业经济问题》2001年第8期。

动人民所有。”在这一前提下，本着“谁投入、谁所有，谁创造、谁所得”的原则，平等协商，逐一界定。运作时，应按资产形成的来源，把存量资产分为投入和积累（增值）两部分，然后分别界定。

投入，含原始投入和追加投入。包括：①乡村集体投资；②银行贷款，社区政府贷款，并由社区政府承担贷款风险的；③社区政府直接投资；④国家支援、赠送和减免税收部分。这四部分形成的所有者权益，从总体上讲应当归社区农民集体所有。有的企业当时以集体名义投资，但内部有明确的个人投资份额的，是谁的就界定给谁。这里需要指出的，投入中应当适当划分一部分分配给社区农民。因为：一是投入中有一部分是农民加入初级社时的财产，后来转为高级社时被剥夺了，无偿充公，现在将这部分财产归还农民是无可厚非的；二是投入中有一部分是贷款的，其债务风险的最终承担者是农民。所以在净资产比较大的村办企业中，应当从投入部分中切出一块，分配给村民（运作时可捆绑分配）。在乡（镇）办企业中因范围大、人多等原因也就不一定量化给乡民了。

积累（增值），指净资产－投入＞0 部分。在讨论这部分产权的界定时，首先要指出的是，先期改革中有一部分企业实行从净资产而不是积累（增值）中划出一部分量化给职工的做法是不恰当的。因为净资产是由投入和积累组成的，当净资产－投入≤0 时，就出现了将一部分投入量化给职工了，即集体资产流失，如果是量化给职工个人，则是“化公为私”。因此，只有当净资产—投入＞0 时，即有增值时，量化才是合理的。将积累（增值）量化一部分给职工是有理论依据的。因为乡镇企业不同于国有企业，多数企业是“以劳动替代资本”的发展方式，初期很少投入甚至几乎没有什么投入，主要依靠职工的活劳动积累创办和滚雪球发展起来的，企业的资产主要甚至几乎全部是职工劳动创造的。即使是有一定投入和较多投入的企业里，积累（增值）部分，从马克思主义的劳动价值论看，是劳动者创造的；从经济增长的劳动、资本、技术三要素理论看，劳动是资产增值来源的一个要素，在经济发展的前、中期尤为重要，在经济发展的后期仍是一个重要来源要素，尤其是劳动密集型企业。综上所述，对积累（增值）产权的界定，应按劳动和资金两方面进行分配。北京市郊区试点企业采取按企业历年人工费占总费用的比例（平均数）去计算职工在积累（增值）总额中所占的份额，余下便是投资者的份额（运作时估算亦可）。在测（估）算职工所占的份额时，劳动密集型企业比资金密集型和技术密集型企业应相对大些。

积累（增值）中归职工所得份额的安排，应考虑解决职工尤其是城乡结合部的职工，家里已经没有承包田和来自城市户口的职工的后顾之忧，以免引起震荡。因此，一些经营比较好、净资产比较多的企业，应适当剥离一部分作社会保障基金，余下的职工份额，为使产权人格化，我们拟采取量化到职工个人的办法。具体方法，可采用先期改革的一些地方采用的按职工的工龄、能级（岗位和能力）、绩效（工作成果）三个因素所得的分数和这三个因素在贡献中的权数来计算。量化时应当拉开档次，特别是合理确定企业经营者、业务骨干（车间主任、技术员、营销员）和一般工人（其中技术工人与非技术工人）的差别（体现在三个因素的计分标准和权数的确定），客观地承认他们的贡献。这里要特别指出的是要充分认识客观承认主要经营者的功勋是至关重要的。在估量经营者贡献时要区别不同企业的资源类型、生产技术获取和产品销售的难易程度、净资产的大小、任职时间的长短和任期内企业经营的状况。一般说来，资金密集型和技术密集型企业，生产技术获取的难度大，产品又是买方市场，企业存量净资产大，任期长，期间企业经营状况好的厂长（经理）的贡献相对于劳动密集型，生产技术取得容易，产品又是卖方市场，企业存量净资产小，任期短，期间企业经营状况差的厂长（经理）的贡献要大甚至大得多。

先期改革的企业，模仿农业家庭联产承包制农民对土地只有承包经营权而没有所有权的做法，对量化给职工的财产也实行只有分红（配）权而没有所有权是不恰当的。积累（增值）则不同，前面讲过，增值是职工创造的，那就应该把完整的产权归职工所得，就是说，既享有分红（配）权，又有所有权、使用权和处分权。职工在获得这一产权时，也不应当硬性规定以配现金股为先决条件。因为职工获得本应该属于他们的财产是理所当然的。至于企业发展需要增加资金，则应当通过市场方法来解决，其中包括招个人股，职工入股也应当是自愿的。

二、企业制度形式的选择

选择企业制度是关系乡村集体企业改制成功与否的大事。先期改革的转制企业中，第一阶段是选择单一股份合作制，第二阶段是以股份合作制为主，股份合作制、股份制或称公司制等多种企业制度并行。实践中，改建股份合作制的做法各异，差别很大，很不规范，改制时又比较强调职工人人入股，运行中出现了大股东与小股东在决策权上的矛盾，股东社员与非股东社员在利益分配上的矛盾，以及由于职工是股东，企业对职工难以辞退，影响职工队伍的优化等问题尚待研究解决。因此，在今后集体企业深化改革的转制中，应当改变先期把股份合作制作为唯一或主（首）选制度形式的做法，而应当视选择企业制度形式各影响因素的条件要求和企业自身具备的条件为根据加以选择。影响选择企业制度的主要因素及其条件要求是：

1. 企业的规模和经济效益。企业的规模大、经济效益好，知名度、资信度高，改建公司制，招股比较容易；企业的规模小、经济效益好，改建有限责任公司，招股也还比较容易，但不及前者；企业的规模大、经济效益差，改建公司制招股难，若拍卖则因资产大卖不出去；企业的规模小、经济效益差的，拍卖转个人独资企业和合伙企业比较容易。

2. 产品的市场状况。产品目前处于卖方市场或目前市场状况虽不太好但前景好，如果其他因素的条件也比较好的企业，可酌情选择公司制、股份合作制等制度形式；产品目前处于卖方市场，其前景也不会好的，加之其他条件也不甚好的企业，则应采取兼并、重组、联营、合作等形式，以其生产要素为其他企业所用，或采取拍卖转建个人独资企业、合伙企业等办法。

3. 资源类型。资金密集型和技术密集型企业一般总资产比较大，如果其他因素条件也比较好的企业适于组建股份有限公司和有限责任公司；劳动密集型特别是一些服务性企业适于改建股份合作制企业或拍卖转个人独资企业、合伙企业。

4. 经营者素质和职工、农民思想的开放程度。一般是经营者素质以及职工、农民（含企业所在社区及周边地区农民）具有现代市场经济意识、思想比较开放、风险意识较强的企业，比较适于选择公司制特别是股份有限公司；经营者素质差，管理水平低，同时职工、农民思想封闭，不轻易入股，故不宜选择公司制，适于采用其他企业制度形式。

上述是就单因素条件而言，综合起来看，乡村集体企业改革的企业制度形式的选择，应该改变先期改革第一阶段单一股份合作企业和第二阶段主（首）选股份合作企业的做法，而应因企（厂）制宜，一厂（企）一法（策）。就整体而言，应采取股份有限责任公司、股份有限公司（含上市公司）、股份合作企业、合伙企业、中外合资合作企业等多种企业制度形式配合实行。具体讲：①对目前居大多数的，经济效益较好或尚可、产品市场较好或目前一般但前景较好的小型（有的可以是中型）企业改建为有限责任公司。②目前居少数的，经济效益相对比较好、产品市场前景广阔、资金密集和技术密集类型，其他因素条件相对也比较好的大、中型骨干企业改建为股份有限公司（含上市公司），有的则可以同时通过参股、控股、兼并、联合、重组等资本经营手段，组建以产品为龙头，以资本为纽带的企业集团。③对为数不多的，规模很小的劳动密集型

特别是服务性的企业，便于投资者、经营者、劳动者合一，宜选择股份合作企业形式。④还有些企业（其中有的是大、中型企业），可以选择乡镇中外合资合作（含中、中外合资合作）企业或联营企业，但这里要特别指出的是，乡村方内部的产权必须是明晰的（即大股套小股）。此外，还有一些小型、微利、亏损甚至一些严重资不抵债的乡村集体（含中、大型）企业，拟采取产权转让（出售）的方式，由购买者自行决定选择个人独资企业、合伙企业等制度形式。

三、股权结构的完善

股权结构是现代企业制度最主要内容之一。乡村集体企业改建股份合作制和公司制的企业，其股种有其历史背景特点，一般改制企业尤其是股份合作企业都设立了乡村集体股，且比重较大。据问卷调查，北京市乡村集体企业改建股份合作制的，其中60.26%的企业乡村集体股的比重高于1/3，最高的达80%，无锡市占60%～70%，乡村集体处于控股地位。导致在一些企业里出现其他股东（主要是职工股东）因为势单力薄，既没有能力抵制来自社区政府的干预，也没有能力对企业管理层构成有效的制衡，新的治理结构很难不流于形式，政企很难分开。因此迫切需要改变这种比较单一的股权结构。以股份制企业为例，其措施主要是，一方面降低乡村集体股的比重。具体措施有：①合理界定产权，该量化、明晰给职工或农民个人的就果断给予，以避免不恰当地扩大了乡村集体的产（股）权；②缩资参股，即乡村集体企业存量资产经界定后，把属乡村集体的产权由乡村合作经济组织抽回一部分，余下部分参股；③售、股结合，即将属于乡村集体的资产出售一部分或大部分（首先是出售给原主要经营者，对资产大的企业，为解决买不起的问题，可采取按银行贷款利率计息，分期还款），余下部分参股；④租、股结合，即不动产出租，动产参股。另一方面是通过招股、扩股，实现股权结构多元化，改善股权结构，避免乡村集体控股。招、扩股总的要求是：鼓励企业内部职工自愿入股，同时招社会个人股和法人股，有条件的企业还可招外资股。至于各企业以哪一股种为主，这要具体分析，根据需要和可能，不同类型的企业应有不同的侧重点。少数的大、中型骨干企业特别是上市公司，资产大，任何个人（含企业内部经营者和其他职工）都难以持大股，因此应当在广泛向个人（含内部职工）招股的同时，充分发挥其知名度、资信度高的优势，侧重招法人（含企业法人、金融和基金机构法人及社团法人）尤其是金融和基金机构法人入股。对大多数的小型（有的是中型）企业，因名气小，向社会招股特别是法人股比较困难，主要是靠内部职工入股，但是先期改制时，有的企业要求职工人人入股则是不可取的。因为这类企业（大型企业更甚）人人入股，易于产生人人有份、人人不问的现象，谁对企业的关切度都不会很高。同时，这类企业资产不太大，经营者有条件持大股，并集所有者与经营者于一身，故应提倡“经营者持大股，中层业务骨干普遍参股，一般职工自愿入股”的原则。至于一些规模很小的劳动密集型特别是服务型企业，则适于提倡职工人人入股或多数入股。因为职工有了股权，对企业的关切度比较高。

最后，在股权设置时，对一些单位或个人对本企业有特殊贡献的，可以采取设立优先股的办法予以照顾（股份合作企业不设置）。优先股的比例不宜大，以免企业难以承受。

中国城乡居民消费需求系统的 AIDS 模型分析

穆月英　笠原浩三　松田敏信

改革开放以来经济发展的实践证明、消费需求的快速持续增长是中国国民经济快速增长的主要带动力量之一。但是、近年来中国呈现出一定的居民消费不足现象，并使消费问题进一步成为各界注目的热点问题。今后，中国将加入世界贸易组织（WTO），这将为中国的市场进一步开放带来新的机遇与挑战。国内市场价格将因此而受到冲击，由此将对国民的消费生活产生极大的影响。另外，中国是一个拥有 13 亿消费者的大国，国内的商品供给及需求状况对世界的贸易结构有着举足轻重的影响。在这样的新环境之下，中国国民的消费需求结构，并且各消费品种间的相互依存关系，以及消费需求结构的变化趋势等问题的计量分析及发展趋势的把握，成为国家有关政策制定的当务之急。

关于中国居民消费问题的研究，一直是一个被学术界注目的问题，特别是改革开放以来，产生了大量的定量分析研究成果。但是，在以往的定量分析中，一般是回归分析、及线性支出系统模型、还有扩展的线性支出系统模型运用得比较多，并且在这些模型的建模过程中，单一方程比较多。但考虑多种因素、并通过联立方程组建模尚属少见。本研究将首先运用灰色评估方法将 30 个省（直辖市、自治区）进行消费水平的分区，并按照分区结果将地区虚拟变量引入模型中，在此基础上，运用 30 个省的具有纵横交错特性的数据，运用理想的需求系统模型（AIDS），建立联立方程组，对城乡居民的消费需求系统进行估计分析。通过城乡居民的相互比较，来把握中国居民消费需求特征。

一、模型选择

在本研究中，采用从 20 世纪 80 年代开始被开发和应用的 AIDS（Almost Ideal Demand System），即理想的需求系统模型，进行系统性的消费需求系统分析。在一般的消费需求系统的计量观察中，遇到的一个问题是，因分析对象所包括的消费项目较多，而使解释变量增加，从而造成难以确保解释变量的自由度的问题，也就容易对观测结果的统计检验结果产生一定影响。解决这一问题的一个方法是，利用假定有两阶段的消费支出分配的消费需求系统方法（简称两阶段需求分析，以下同)。并且由于在两阶段需求分析方法中，消费者首先在第一阶段，对包括食品，住宅，衣服等各种各样的消费资料进行支出分配的决定，然后，在第二阶段，对第一阶段的某一种消费资料，比如食品，对其各种消费细目（粮食、蔬菜、肉类等）进行支出分配的决定。这样，第二阶段的消费意志决定与第一阶段的消费决定是关联的，表现了这一方法在理论上的优越性。在本研究中，选择了两阶段消费需求系统模型，对城市和农村居民分别建立联立方程组进行估计，最后通过两者的比较分析，对中国居民的消费需求系统加以考察。

AIDS 的一般估计形式是：

$$w_i = \alpha_i + \sum_j \gamma_{ij} \ln p_j + \beta_i \ln(X/P) + \sum_k dt_{ik} T_{ik} + \sum_\lambda dz_{i\lambda} Z_{i\lambda} + e_i \quad (1)$$

其中，w_i 是 i 消费品的消费支出在总消费支出中所占的比率，p_j 是消费品的价格，X 是人均总消费支出，P 是 Stone 价格指数（$\ln P = \sum_j w_j \ln p_j$），$T_{it}$是年虚拟变量（$k$=1，2，3，4），$Z_{i\lambda}$是地区虚拟变量（在城市 λ=1，2，在农村 λ=1，2，3），e_i 是误差项，α_i，β_i，γ_{ij}，dt_{ik}，$dz_{i\lambda}$是待估计的回归系数。

这里，关于模型中的地区虚拟变量问题加以说明。在中国，居民的消费结构的一大特征是地区间的消费差距的存在。从 1998 年城市居民的年人均生活费收入来看，最高的是广东省（8 839.7元），第二位是上海市（8 773.1 元）。但最低的甘肃省（4 009.6 元）与广东省的差距有 2.2 倍。另一方面，农村居民的年人均纯收入最高的是上海市（5 406.9 元），最低的是贵州省（1 334.5元），如果把全国平均水平作为 100，那么，最高的上海市是 250.1，最低的贵州省是 61.7。从中可见，在分析中国居民的消费需求之时，是不能忽视地区间差距问题的。从此意义上，为了在消费需求系统分析中，便于考虑地区特征，我们首先进行消费的地区划分。

选择了考虑地区自然、经济、社会等因素的 8 个评价消费水平的评价指标，分别是年人均纯收入（或城市人均可支配收入）、家庭人均消费支出、恩格尔系数、家庭文化教育支出、自来水普及率、每万人拥有绿地面积、人均住宅面积、每万人中在校大学生数。在此基础上，运用多维灰色评估方法（详见王学萌、穆月英“我国农业持续、稳定、协调发展的灰色评估模型”《数量经济技术经济研究》1992 年第 5 期），对中国三十个省（直辖市、自治区），按城市和农村分别进行了地区划分，其结果是，将城市划分为 3 个消费地区（见表 1），将农村划分为 4 个地区（见表 2）。根据这一分区结果，在以上 AIDS 模型中，对城市居民，引入两个虚拟变量（因有 3 个地区），对农村居民引入 3 个虚拟变量（因有 4 个地区）。

表 1　城市的消费地区划分

高	中		低	
北京	河北	辽宁	山西	内蒙古
天津	江苏	山东	吉林	黑龙江
上海	湖北	湖南	安徽	江西
浙江	海南	广西	河南	贵州
福建	四川	云南	西藏	陕西
广东	青海	新疆	甘肃	宁夏

表 2　农村的消费地区划分

高	中上		中下		低
北京	河北	辽宁	河南	山西	贵州
天津	福建	山东	内蒙古	海南	西藏
上海	湖北	湖南	宁夏	四川	甘肃
浙江	广西	江西	新疆	陕西	青海
江苏	吉林	黑龙江			云南
广东	安徽				

此外，在通常的 AIDS 模型中，一般有以下的各回归系数的制约条件关系式。

（1）收支均等（adding - up）

$$\sum_i \alpha_i = 1, \sum_i \beta_i = 0, \sum_i \gamma_{ij} = 0$$

（2）同次性（homogeneity）

$$\sum_{j\gamma_{ij}} = 0$$

（3）对称性（symmetry）

$$\gamma_{ij} = \gamma_{ji}$$

（4）负性（negativity）

$$\gamma_{ij} \leqslant 0$$

根据 AIDS，按照以下的公式来求得消费需求系统的有关弹性系数。

支出弹性系数（收入弹性系数）：

$$\varepsilon_i = 1 + \beta_i / w_i$$

Marshall 的价格弹性系数：

$$\eta_{ij} = -\delta_{ij} + r_{ij}/w_i - \beta_i w_j / w_i$$
$$[\delta_{ij} = 1(i = j), \delta_{ij} = 0(i \neq j)]$$

Hicks 的价格弹性系数：

$$\eta_{ij}^* = -\delta_{ij} + r_{ij}/w_i + w_j$$
$$[\delta_{ij} = 1(i = j), \delta_{ij} = 0(i \neq j)]$$

在第一阶段的估计中，完全是按照上述公式进行的。但在第二阶段的估计中，则有两种计算方法，一种是按照与第一阶段相同的计算方法求得弹性系数，在消费需求理论中，称其为有条件的弹性系数；另一种计算方法是，在上述有条件的弹性系数的基础上，结合第一阶段的有关估计结果，求得第二阶段的弹性系数，称其为无条件的弹性系数。如果把无条件的支出弹性系数用 ε_I 表示，把无条件的价格弹性系数用 η_{IJ} 表示，则其计算公式分别是：

无条件的支出弹性系数（收入弹性系数）：

$$\varepsilon_I^* = \varepsilon_i \varepsilon_I$$

无条件的价格弹性系数：

$$\eta_{IJ}^* = \eta_{IJ} + \varepsilon_I w_I (1 + \eta_{ii})$$

其中，ε_i 及 η_{ii} 是在第一阶段估计的食品的支出弹性系数及自价格弹性系数。

二、数据来源

在改革开放前，中国居民的消费品的供求状况呈现出一定程度上的供给不足状态。也就是说，消费品的供给不能充分满足居民的消费需求。随着 20 世纪 80 年代的改革开放政策的实施、经济实力的不断壮大，消费品的供给状况也有了极大改善，但供给状况得到彻底改善并达到能充分满足居民的需求的状态，却是到了 20 世纪 90 年代以后的事。

此外，在过去的计划经济阶段，国家曾对城市居民实行的是食品供应、医疗补助、燃料供给、住宅分配等方面的优惠制度，其对城市居民的消费需求产生过重大影响。而这种制度从 80 年代开始按照市场运行规则逐渐有所改革。但直到进入 90 年代，优惠供应制度对城市居民消费的影响才得到极大减弱。

据此，在跨长期的消费分析中，以上的供给因素及供应制度的变化对居民消费生活的影响不可忽视。这样的影响，会影响到消费需求分析的效果。但剔除这种影响之后，就只有90年代以后的仅几年的时间序列数据，这样是不能确保样本容量的。为此，本研究采用以31个省（直辖市、自治区）的截面数据为基础，并扩充有五年以上的具有纵横交错特性的数据来进行分析。在计量经济学理论中，是这样评价具有纵横交错特性的数据的。对于一般的截面数据，由于受到一个个经济主体的属性以及各经济主体的外围所发生的一切的影响而波及到计量分析的效果，要弥补这一缺陷，一个有效的方法是对同一经济主体采用两个时点以上的数据进行分析。特别是在探讨动态的最适化行动中，使用具有纵横交错特性的数据来进行分析是极为有效的。

众所周知，目前城市居民与农村居民在收入及消费方面仍存在着很大的差距，进行两者的比较分析是本研究的主要目的。因此，采用了1995—1999年出版的五年的《中国统计年鉴》，按城市与农村进行分别整理，31个省中，将西藏除外（因缺少统计数据），并将重庆市合并到四川省之中，这样，样本容量为29×5=145。

消费品的项目分类是把城市与农村分别按照两阶段分析系统分别进行分类。第一阶段是生活消费品，其中包括食品、衣着、居住、家庭用品、交通通讯、文化教育及其他消费品共七项。在第二阶段，是将第一阶段的食品进一步分为：粮食、蔬菜、食油、肉类、蛋类、水产品、食糖、酒类共八项。另外，关于价格指数，是采用各省（直辖市、自治区）的居民消费分类价格指数，并将其换算为以1995年为基准的价格指数。

三、计算结果及其分析

运用AIDS（公式（1）），通过联立方程组，对城市地区，引入四个时间虚拟变量和两个地区虚拟变量；对农村地区，引入四个时间虚拟变量和三个地区虚拟变量，计算结果见表3和表4。其中包括城市和农村的生活消费品及食品内部的回归系数及弹性系数，还有各方程式的统计检验值及判定系数等估计结果。

在这里值得注意的是，由于这里的判定系数表示的是AIDS模型中各项目的消费指出比例的变动而能说明的被解释变量的变动的比例，这与通常的判定系数是不同的，同时这里是按联立方程组求得的判定系数，与按单一方程式求得的判定系数也有不同。

首先，来分析一下各阶段的Marshall需求弹性系数的估计结果。也就是随着支出或价格的变动，而引起的消费需求变动情况。城市居民的七个生活消费项目中，衣着和其他消费品以外的五个项目的支出弹性系数大于1，其中最大的是文化教育的支出弹性系数。表明其他因素不变的情况下，对于消费支出（或收入）的变动，反应最敏感的是文化教育支出。由于文化教育支出的增加是消费生活水平提高的一大标志，因此，城市居民的生活水平是在不断提高。从现在的城市居民的各消费品的支出比率来看，最高的是食品，其次是衣着，然后就是文化教育。在农村，生活消费的七个项目中，只有食品的支出弹性系数小于1，这主要是因为农户的食品消费中，仍有很大比重是按照“自给自足”的原则进行的，这样就不太受收入乃至价格的变动的影响。而是把自家生产的农产品直接进入自家的消费中。此外，现在农村的恩格尔系数仍在50%以上的水平上，由于在估计结果中，食品之外的生活用品的支出弹性系数在1以上，所以，要降低恩格尔系数，首先应该提高居民的收入水平，从中可见，对处于发展中国家的中国来说，只有发展经济才是提高农民乃至市民生活水平的一个基本手段。

表 3 生活消费的 AIDS 估计结果

项目 i	城市居民						农村居民					
	回归系数 α_i	回归系数 β_i	支出弹性系数 ε_i	自价格弹性系数 (Marshall) η_{ii}	自价格弹性系数 (Hicks) η_{ii}	判定系数 R^2	回归系数 α_i	回归系数 β_i	支出弹性系数 ε_i	自价格弹性系数 (Marshall) η_{ii}	自价格弹性系数 (Hicks) η_{ii}	判定系数 R^2
1. 食品	0.6377	0.0315	1.0646	−1.0664	−0.5513	0.2454	0.4129	−0.0273	0.9516	−0.5553	−0.0172	0.4099
	(7.1498)	(1.3595)	(22.408)	(−6.9198)	(−3.5961)		(13.240)	(−4.5207)	(88.970)	(−4.4254)	(−0.1373)	
2. 衣着	−0.2352	−0.0994	0.2411	−0.3343	−0.3029	0.5129	0.0913	0.0003	1.0039	−1.3315	−1.2592	0.1538
	(−4.3771)	(−7.2179)	(2.2807)	(−1.3861)	(−1.2510)		(9.1619)	(0.1603)	(41.2920)	(−3.8288)	(−3.6229)	
3. 居住	0.0946	0.0946	1.1291	−1.3725	−1.2891	0.5426	0.1657	0.0071	1.0519	−1.1578	−1.0143	0.4215
	(1.2830)	(3.2836)	(11.223)	(−7.6887)	(−7.2515)		(11.927)	(2.8232)	(57.186)	(−7.3974)	(−6.4830)	
4. 家庭用品	0.1312	0.0171	1.2156	−1.5974	−1.5013	0.4022	0.0740	0.0040	1.0780	−1.0471	−0.9915	0.6284
	(3.7480)	(1.8938)	(10.676)	(−3.7576)	(−3.5566)		(11.923)	(3.6876)	(50.967)	(−2.8390)	(−2.6867)	
5. 交通	0.1166	0.0189	1.3682	−0.8580	−0.7879	0.4820	0.0417	0.0036	1.1236	−1.1136	−1.0806	0.5821
	(6.5046)	(4.1759)	(15.517)	(−4.3665)	(−0.6085)		(8.8889)	(3.9960)	(36.326)	(−6.1555)	(−5.9744)	
6. 文化教育	0.2337	0.0376	1.3845	−0.5598	−0.7439	0.5296	0.0715	0.0012	1.0152	−1.1985	−1.1147	0.5280
	(8.2216)	(5.1692)	(18.615)	(−3.6946)	(−4.5788)		(7.8255)	(0.7978)	(53.294)	(−5.2682)	(−4.8976)	
7. 其他	0.0214	−0.0150	0.8202	−0.6281	−0.5598		0.1404	0.0111	1.1606	−0.7557	−0.6757	
	(0.7269)	(−1.9772)	1.0646	(−4.1800)	(−3.6946)		(7.3828)	(2.9146)	0.9516	(−2.4070)	(−2.1518)	

注：括弧内的数值是 t-统计检验值。另外，因篇幅所限，将其他回归系数及交叉价格弹性系数的估计结果省略。

表 4 食品内部各支出项目的弹性系数的估计值

项目 i	有条件弹性系数						无条件弹性系数			
	城市居民			农村居民			城市居民		农村居民	
	支出弹性系数 ε_i	自价格弹性系数 η_{ii}	判定系数 R^2	支出弹性系数 ε_i	自价格弹性系数 η_{ii}	判定系数 R^2	支出弹性系数 ε_i	自价格弹性系数 η_{ii}	支出弹性系数 ε_i	自价格弹性系数 η_{ii}
1. 粮食	0.5660	−0.4337	0.6793	0.6913	−0.5035	0.6119	0.6062	−0.4416	0.6578	−0.2949
	(9.102)	(−2.459)		(12.71)	(−4.123)					
2. 蔬菜	0.8645	−1.0078	0.2968	1.8600	−0.5847	0.5390	0.9203	−1.0169	1.7700	−0.3823
	(18.18)	(−10.77)		(12.79)	(−1.889)					
3. 食油	0.6947	−0.4488	0.6379	0.8342	−0.3685	0.3400	0.7396	−0.1217	0.7938	−0.3631
	(9.221)	(−2.063)		(8.782)	(−1.797)					
4. 肉类	1.2155	−1.7464	0.4448	1.4212	−1.0022	0.3367	1.2940	−1.7735	1.3524	−0.9816
	(19.74)	(−9.697)		(7.708)	(−1.994)					
5. 蛋类	0.4197	−1.6173	0.4594	0.5045	−0.8810	0.4888	0.4468	−1.6189	0.4801	−0.8796
	(3.284)	(−4.925)		(1.795)	(−1.079)					
6. 水产品	2.0161	−0.1252	0.7721	0.8198	−0.0956	0.6703	2.1463	−0.1371	0.7801	−0.0960
	(13.62)	(−0.249)		(9.571)	(−0.654)					
7. 食糖	0.5962	−1.0351	0.4352	0.6770	−1.2082	0.3702	0.6347	−1.0359	0.6442	−1.2073
	(6.424)	(−3.164)		(2.972)	(−1.267)					
8. 酒类	1.1352	−1.7286		0.4786	−0.7137		1.2085	−1.7338	0.4554	−0.7109
	(8.857)	(−5.901)		(1.489)	(−0.551)					

注：括弧内的数值是 t-统计检验值。另外，因篇幅所限，将回归系数及交叉价格弹性系数的估计结果省略。

另外，通过 Marshall 的自价格弹性系数的估计结果可以看出，在城市居民的生活消费品中家庭用品的自价格弹性系数是最大的，表明家庭用品的消费需求对自身价格的变化有着很大的弹性。与此相反，衣着的消费需求对价格的变化是没有弹性的。而在农村，除食品和其他消费品之

外，其他五项的自价格弹性系数的绝对值大于1，其中对自身价格最具弹性的是衣着，然后是居住。从中可见，城市与农村的消费类型有着很大的不同。

在AIDS模型中，Hicks的交叉价格弹性系数反映的是各支出项目相互间的补充代替关系。即交叉弹性系数是负数的情况下，相互间是代替关系；相反，交叉弹性系数是正数的情况下，相互间是补充关系。考察食品内部的八项支出的交叉价格弹性系数可见，对农村居民来说，对于粮食和蔬菜，其他的六项消费支出的补充及代替关系是较弱的。但是粮食和蔬菜对其他的六项支出的补充及代替关系却较强。对城市居民来说，粮食与蛋类、水产品是补充消费品，而与其他的六项是代替消费品。

最后，从表4的食品内部的八项支出的无条件弹性系数的估计结果可以看出，城市居民的水产品和肉类的支出弹性系数最高，农村居民的蔬菜和肉类的支出弹性系数最高。从中可见，对于城市的消费者，收入水平提高之后，首先增加的是动物性食品的需求，并且传统的以肉为核心的动物性食品消费模式，将随着水产品消费的增加而使动物性食品消费走向多样化。而对于农村的消费者来说，随着收入水平的提高，除肉类之外，对蔬菜的消费需求也将增加。从这一点可以看出，今后农村居民将增加高档蔬菜的消费需求量。另外，从自价格弹性系数的估计结果可以看出，在城市地区，肉类和水产品是最高的，而在农村地区，肉类和食糖是最高的。从全体的估计结果可以看出，城市居民的支出弹性系数比农村居民的低，而价格弹性系数却比农村居民的高，因此，可以说城市居民的生活水平比农村居民高，同时受市场环境的变化冲击也较大。

四、小结

在本研究中，运用5年的29个省(直辖市、自治区)的具有纵横交错特性的数据，采用AIDS模型的两阶段消费系统分析方法，对城市居民与农村居民进行了比较分析。对其结果可归纳如下：

首先，为提高居民的消费水平，应该把提高收入，即发展经济作为首要的事。

其次，改革开放以来，市场因素对国民，特别是城市居民的生活产生着很大的影响。但是，对农村居民来说，当前市场价格的变化对食品的消费需求的影响仍较弱。

此外，依据需求的支出弹性系数及价格弹性系数的估计结果可以看出，农村与城市的消费者的消费类型有着很大的不同。

最后，引入地区虚拟变量进行观测，比不引入地区虚拟变量进行观测所得的估计结果，不仅判定系数有了很明显的提高，而且T-统计值的有意性也有所提高。因此，在中国居民的消费需求分析中，考虑消费的地区差距是很重要的一环。

参考文献

[1] Gao, X. M., E. J. Wailes, and G. L. Cramer: A two - stage rural household demand analysis: microdata evidence from Jiangsu province, China. Amer. J. Agr. Econ., 78: 604～613 (1996)

[2] Halbrendt, C., F. Tuan, C. Gempesaw and D. Dolk - Etz : Rural Chinese Food Consumption: The Case of Guangdong., American Journal of Agricultural Economics, Vol. 76, No. 4. 794～799 (1994)

[3] Fan, S., G. C. Cramer, and E. Wailes : Food demand in rural China: evidence from rural household survey. Agr. Econ., 11: 61～69 (1994)

品牌资产价值评估方法评价*

陆 娟

一、品牌资产价值评估方法综述

品牌资产的价值评估是一项复杂而烦琐的工作。正因如此，品牌资产价值评估方法在理论界和实务界都存在许多争议。但若依据各种评估方法的基本特点作一归纳，品牌资产价值的评估方法基本可分为以下五类：

1. 重置成本法。即依据实际投入在被评估品牌上的资源的现行成本确定品牌价值。换言之，品牌价值取决于按现有的市场、技术条件，重新开发一个同样的品牌所需的成本。

2. 直接评估法。即直接根据品牌的概念，计算出品牌资产价值。以美国评估公司为例，该公司认为无形资产包括以下内容：促销型资产（Marketing Assets）、商号/商标（Tradenames/Trademarks）、顾客名单（Customer Lists）、包装（Packaging）、定单（Backlog）、广告材料（Advertising Material）、特许权（Franchises）、货架空位（Shelf Space）、许可证（Licences）、经销网（Distribution Network）、制造型资产（Manufacturing Assets）、专利（Patents）、配方（Formulas）、经营秘密（Trade Secrets）、专有技术（Know - how）、非专利技术（Unpatented Technology）、图纸（Drawings）、供应合同（Supply Contracts）、新产品开发（New Product Development）、金融资产（Financial Assets）、优惠融资（Favorable Financing）、配套员工（Assembled Workforce）、软件（Software）、版权（Copyrights）、核心存款（Core Deposits）、不竞争合同条款（Covenants - Not - To - Compete）、租赁权（Leasehold Interests）、雇佣合同（Employment Interests）、数据库（Data Base）、超额年金计划（Overfunded Pension Plan）、解雇率（Unemployment Ratings）、商誉（Goodwill）。

根据品牌概念，上述无形资产中的商标、顾客名单及部分商誉应属于品牌资产，即：品牌资产价值＝商标价值＋顾客名单价值＋部分商誉价值①。

3. 市场/顾客影响力评估法。即根据品牌对市场亦即顾客产生的影响力进行测评，来评估品牌资产的价值。

品牌的市场影响力源于企业以往的营销努力形成的对顾客心理及行为等方面的影响。基于此，我们就可以揭示导致顾客购买的原因，了解顾客的购买决策过程，确定顾客在购买特定品牌产品时所赋予品牌的价值。具体就是通过考察顾客的品牌认知、品牌忠诚、品牌形象等进行测评。这方面的测评模型和具体测评要素如表1②。

---

* 原载《统计研究》2001年第9期。

① 参见：韩光军．品牌策划．经济管理出版社，1997．第71～73页

② 参见：范秀成．品牌权益及其测评体系分析．南开管理评论．2000年第1期

表1　品牌价值市场影响力评估模型及评估要素

模型名称	测评要素	开发单位/人
形象力	熟悉程度、尊敬程度	Landor Associate
权益趋势	感知质量	Total Research
转换模型	继续购买的意愿	Market Facts
品牌权益监视器	态度、行为、经济因素	Yankelovich
无名模型	品牌认知、喜欢、感知质量	DDM Needham
品牌资产评估器	差异性、相关性、熟悉度、尊敬度	Young&Rubicam
品牌权益模型	品牌忠诚、品牌联想、品牌认知、感知质量	Aaker
基于顾客的品牌权益	品牌认知、品牌形象	Keller

由表1可见，有些模型测评的内容比较单一，而有的测评的比较全面。"品牌权益监视器"测评的要素既包括顾客的心理和行为因素，又包括经济因素（价格和质量的权衡），其他模型则主要测评顾客的心理和行为因素。

尽管各模型的具体测评方法有所差别，但有关要素的测评重点则基本一致。在测评顾客对品牌的认知情况时，主要通过两个角度进行：一是在给定产品类别、拟满足的需求等线索的条件下，顾客是否会想到某品牌；二是在已知品牌名称时，顾客对该品牌及产品的了解程度，包括品牌标识、典型广告、品牌个性、品牌涵盖的产品范围、品牌产品的特点等。测评顾客对品牌的态度，主要应考察：品牌受人尊重的程度，即品牌的美誉度；顾客喜欢品牌的程度；顾客对品牌的感知质量以及品牌形象等。考察顾客行为主要关注：顾客过去的购买模式；顾客未来的购买意愿；以及改变品牌的可能性等。这里的重点是考察顾客对品牌的忠诚度。除了这些单项测评，还有必要综合考察品牌的总体情况，分析与竞争品牌相比的相对地位。

4. 英特品牌（Interbrand）**公司评估法。**英国英特品牌（Interbrand）公司提出了英特品牌（Interbrand）评估法。该方法根据企业市场占有率、产品销售量以及利润状况，结合主观判断的品牌力量，估算确定品牌资产的价值①。其计算公式为：

$$E=I\times G$$

式中，E——品牌价值；

I——品牌给企业带来的年平均利润；

G——品牌因子。

首先，要对企业利润进行分离，分离出由品牌带给企业的利润 I。具体分两个步骤进行：①估计某种产品或某项业务的超额收益，即该种产品或该项业务的未来收益扣除有形资产创造的收益后的余额。这一余额反映了某个产品或某项业务收益产生过程中所有无形资产共同作用的程度。②估计该种产品或该项服务的超额收益中，多大部分应归功于品牌，多大部分应归功于非品牌无形资产，然后将归功于非品牌无形资产的超额收益予以扣除，那么，剩余的超额收益即为品牌所将产生的超额收益。在确定非品牌无形资产所创造的超额收益占全部超额收益的比重时，英特品牌公司采用的是"品牌作用指数法"，其基本思路是：从多个层面审视哪些因素影响产品的超额收益，以及品牌在多大程度上促进了超额收益的形成。尽管"品牌作用指数"带有主观和经验的成分，但英特品牌公司认为它不失为一种较为系统的品牌作用评价方法。

其次，要估算出品牌因子 G。品牌因子又称品牌强度倍数，是指品牌的预期获利年限。考察

① 参见：[英] 保罗·斯图伯特．品牌的力量．中信出版社，2000年．191～206。

品牌强度时，英特品牌公司主要关注在以下七个方面：

(1) 市场特性。一般而言，处于成熟、稳定和具有较高市场壁垒的行业中的品牌，强度得分就高。

(2) 稳定性。较早进入市场的品牌往往比新近进入的品牌拥有更多的忠诚消费者，故品牌强度得分就高。

(3) 品牌在行业中的地位。居于领导地位的品牌，由于对市场有更大的影响力，因此，它会较居于其他地位的品牌有更高的强度得分。

(4) 行销范围。品牌行销范围越广泛，其抵御竞争者和扩张市场的能力就越强，因而该种品牌的强度得分就越高。

(5) 品牌趋势。即品牌对行业发展方向的影响力。在消费者心目中越具有现代感，与消费者的需求越趋于一致，该种品牌的强度得分就越高。

(6) 品牌支持。获得持续投资和重点支持的品牌通常更具有价值。

(7) 品牌保护。获得注册、享有商标专用权从而受到商标法保护的品牌，较未注册品牌或注册地位受到挑战的品牌的强度得分更高。此外，受到特殊法律保护的品牌较受到一般法律保护的品牌强度得分更高；注册地理范围越广，品牌强度得分越高。

品牌在上述七个因素方面得分越高，品牌竞争力就越强，品牌的预期获利年限就越长。根据大量调查，Interbrand 公司评估法中将品牌最低的预期获利年限确定为 6 年，将最高的预期获利年限确定为 20 年，亦即 G 的取值范围就为 $6 \leqslant G \leqslant 20$。

5. 北京名牌资产评估事务所评估法。北京名牌资产评估事务所参照英特品牌公司的评价体系，结合中国的实际情况，建立起了中国品牌的评价体系。这一评价体系所考虑的主要因素有：品牌的市场占有能力（M）、品牌的超值创利能力（S）和品牌的发展潜力（D）①。一个品牌的综合价值（P）可简单表述为：

$$P = M + S + D$$

品牌的市场占有能力的代表指标是产品的销售收入；品牌的超值创利能力，即超过同行业平均创利水平的能力，其代表指标是营业利润和销售利润率；品牌的发展潜力的代表指标比较复杂，但所有指标都与利润有关，主要有：商标国内外注册状况、使用时间和历史、产品出口情况、广告投入情况等。

市场经济条件下，竞争越充分，行业之间的利润水平就越是趋于平均化。由于我国发展市场经济为时尚短，计划经济体制下造成的行业之间显著的利润率差异依然有所存在，因此，该评估方法对以上三部分指标都有行业调整系数，其系数采用 3 至 5 年的移动平均法计算而得。通过行业调整，三部分的构成比重平均为 4∶3∶3。具体到不同行业，会有不同。比如，第一部分价值，产业自身规模大的，如汽车行业，这方面的权重就小，行业规模较小的小行业，这部分比重就大。三部分相加，就是品牌价值。

二、品牌资产价值评估方法评价

上述各种品牌资产价值的评估方法，事实上各有其特点和适用目的，同时也各有其不足之

① 参见：艾丰．中国品牌价值报告．经济科学出版社，1997 年．第 127～128 页

处。重置成本法评估的其实是品牌的外在价值。因此，采用该法进行评估的结果与品牌实际所具有的价值相比往往偏低，甚至相去甚远。但是，在独立的品牌转让过程中，此法评估的结果比较容易为交易双方所接受。而事实上，品牌转让确实很难说转让了品牌的全部内在价值。与此同时，我们也应注意到，以重置成本法评估品牌价值的一个隐含的假设是，品牌价值不会随时间而贬值，亦即品牌成本无须逐年摊销。

直接评估法仅就方法本身的基本思路而言是很有特点且符合逻辑的。该法试图在对品牌资产各构成要素分别估价的基础上，将它们直接相加得出品牌资产的总价值。其隐含的前提假设是，品牌资产是可辨认的。而实际情况并非如此简单纯粹。该法将商标和顾客名单作为品牌资产的构成要素应该说无可争议，但有两个问题事实上很难得到很好解决。其一是，顾客名单价值确定具有很强的不确定性；其二是，究竟商誉价值中的多大部分应归于品牌资产，这在理论上缺乏依据，在实践上更是难于操作。所以直接评估法的最大问题就在于它缺乏可操作性。进而言之，即便商誉价值中应归于品牌资产的部分能够予以确定，品牌资产的价值评估还是依赖于商誉价值评估的，而商誉价值是无法进行直接评估的。所以，试图“直接”评估品牌资产价值看来是不太现实的，尽管这种评估思路有其合理性。

市场/顾客影响力评估法的思路“与众不同”：既不是像重置成本法那样依据创造品牌所需投入进行评估，也不是像其他评估法那样依据或主要依据品牌资产未来预期会带来的超额收益进行评估。该法依据的是品牌对市场/顾客所产生的影响力。以这样的思路评估品牌资产价值，该法的理论依据是，品牌资产之所以会给企业带来超额收益，其根本原因在于品牌对顾客有意义，换言之，如果品牌对顾客无意义，那么也就不可能对企业有意义。品牌对顾客的意义，不仅在于品牌是识别产品来源的符号或标志，更为重要的是，品牌有助于简化顾客的购买决策。这是因为，顾客在购买和消费产品和服务时，往往面临着许多风险，诸如功能风险（功能不如预期的好）、物质风险（产品可能威胁到消费者的身体和健康）、财务风险（产品不值那么多钱）、社会风险（招致他人的奚落）、心理风险（影响消费者的精神）以及时间风险（丧失了找到其他合适产品的时间）等。而使用自己喜欢的、有消费经验的品牌或通过其他途径而熟悉的品牌，是降低购买和消费风险的有效手段。从这一意义上讲，应该说该法依据的理论基础是相当合理的。如果在操作过程中能够尽可能全面地考虑品牌对顾客的影响，该法的评估结果将会是比较切合实际的。但是，该法的问题在于，评估过程中所有的考虑因素本身都是定性而非直接定量的，因此，应用此法准确评估品牌资产价值的前提是，将这些定性因素“量化”的过程必须是“准确”的。显然，要做到这一点无论如何是件困难的事情。况且，品牌对市场/顾客的影响程度需要通过广泛的调查方可获知，而调查过程中可能出现的各种偏差也会影响评估的准确性。

英特品牌公司的评估方法是一种国际上最有影响的品牌资产价值评估方法，与前述几种评估方法相比较，该法的特点和优点主要表现在以下几个方面：①以未来收益估算为基础，从最终结果而不是“过程”来评估品牌资产的价值；②结合使用定量分析和定性分析手段，即未来收益的预测以定量分析手段为主，而将未来收益在品牌资产与非品牌资产之间进行分割，以及品牌强度倍数的估计确定，则以定性分析手段为主；③在确定品牌强度时所考察的七个因素，既包含反映品牌市场影响力的一些指标，同时又包含了品牌支持（投入）和品牌保护因素，从而能更好地反映品牌的市场竞争力和未来发展潜力。当然，由于该法操作过程中许多具体问题的处理是需要以“经验”为基础的，因此，缺乏经验的评估者使用此法必然会面临因经验不足而难于使评估结果准确可靠。

北京名牌资产评估事务所评估法与世界最有影响的品牌价值评估体系即 Interbrand 评估体系的差异主要有两点：一是不用利润指标作为基本指标，这是因为考虑到我国企业亏损因素很复杂，其中包含了许多非经济因素的影响，所以选用市场占有能力指标；二是统计对象不同，Interbrand评估法的统计对象是品牌，而北京名牌资产评估事务所评估法的统计对象则为企业，原因是目前无条件细分到品牌进行研究。此法从根本上讲与英特品牌评估方法无重大差别。

三、结论

通过对上述评估方法的分析评价可以看到，各种评估方法各有特点，所依据的品牌资产价值基础、具体考虑的因素、测定品牌价值的手段（定性或定量）等都不尽相同甚至相去甚远。但笔者认为：①品牌资产的价值事实上是一种不可辨认的无形资产，品牌资产价值的主要部分是与商誉价值浑然一体的，这就从根本上决定了品牌资产价值评估存在“先天”的困难，所以，无论采用什么具体的评估方法，品牌资产价值评估都只能是相对合理而无法做到绝对准确。②影响品牌价值的因素是多方面的，既有定量因素，又有定性因素；既有投入因素，又有产出因素；既有直接因素，又有间接因素；既有企业自身因素，又有外部环境因素。因此，从多个角度进行品牌资产价值评估都有其合理性。这就意味着，品牌资产价值评估方法的多样化有其客观基础，我们不必要求趋于统一。同时，这也意味着，按多种不同的方法评估同一品牌资产的价值出现结果上的不一致是不可避免的。③品牌资产价值评估方法的选择，应该依评估目的而定。如果从营销学的角度看，品牌资产价值的直接表现是其对市场/顾客产生的影响力，因此，市场/顾客影响力评估法应该是首先推崇的。但是，由于市场营销是企业系统的一个组成部分，营销目标乃至品牌发展目标不能背离而是应该服从于企业整体目标，因此，增强品牌的市场影响力相对于实现更多的超额收益而言，就又成了“手段”。所以，以未来收益为基础的品牌资产价值评估方法就不可忽视了。概括为一句话就是：以市场/顾客影响力为基础确定的品牌价值，是品牌发展战略的直接目标，为此，品牌资产价值评估就应该采用市场/顾客影响力评估法；以未来收益现值为基础确定的品牌价值，是品牌发展战略的最高目标，也是企业未来获利能力的一个指示器，为此，就应该采用诸如英特品牌评估法、北京名牌资产评估事务所评估法等未来收益现值法。

参考文献

[1] 艾丰．中国品牌价值报告．经济科学出版社，1997
[2] 范秀成．品牌权益及其测评体系分析．南开管理评论．2000（1）
[3] 韩光军．品牌策划．经济管理出版社，1997
[4]［英］保罗·斯图伯特．品牌的力量．中信出版社，2000

中国粮食收购、批发和零售市场的协调*

武 拉 平

在中国加入WTO的背景下，国内粮食市场的状况受到多方面的关注。中国的粮食收购、批发和零售市场能否高效率地协调，从而保证粮食市场高效地运转？收购、批发和零售市场间价格信息的传播及相互影响如何？中国政府对粮食市场的调节重点还应为收购市场吗？这些问题将不只对中国而且对整个世界都变得更加重要。

本研究选取大米、小麦、玉米和大豆，对其收购、批发和零售市场之间的关系进行研究，首先回答收购、批发和零售之间是否存在内在的必然的关系；其次，分析各个环节之间相互影响的因果关系；最后，研究收购、批发和零售环节的价差，考察最终产品价值在各个环节之间的分配情况。

由于收购和批发市场（这里主要研究产地批发市场）受生产的地区差异性影响较大，因而在研究中分别选择了南北方两个地区。收购市场主要选择主产区，批发市场也尽量靠近产区。至于零售价格则选取36个大中城市的平均价格，这不会使研究出现太大的偏差，因为与收购和批发相比，零售价格的地区差异性不是很大。与小麦、大米、玉米和大豆相对应，零售价格分别为面粉、大米、玉米面和大豆。样本的选择具体见表1。

表1 样本商品和地区的选择

阶　段	收购环节	批发环节	零售环节
	小麦	小麦	面粉
北方	河南省收购价格*	郑州粮食批发市场价格	平均价**
南方	山东省收购价格	湖北粮食批发市场价格	
	大米	大米	大米
北方	吉林省收购价格	黑龙江粮油批发市场价格	平均价**
南方	江苏省收购价格	湖南粮食批发市场价格	
	玉米	玉米	玉米面
北方	吉林省收购价格	黑龙江粮油批发市场价格	平均价**
南方	山东省收购价格	湖北粮食批发市场价格	
	大豆	大豆	大豆
北方	黑龙江省收购价格	黑龙江粮油批发市场价格	平均价**
南方	—	福建粮食批发市场价格	

*　河南实际上在中原地区，但为了方便起见，此处为笼统的叫法。

** 平均价指36个大中城市的平均消费价格。

* 原载《中国农业展望》2001年第9期。

一、粮食收购、批发和零售市场的内在关系

共聚合法是检验市场之间内在关系常用的方法。本文运用 Engle 和 Granger（1987）发明的基于“残差”基础上的两步法进行检验，方法过程如下：

第一步，将一列 I（1）变量（如 P_{it}）对另一列 I（1）变量（如 P_{jt}）进行 OLS 回归，公式如下，此公式常称为共聚合回归公式：

$$P_{it}=\varphi+\omega P_{jt}+\eta t+e_t \tag{1}$$

此处 P_{it} 为市场 i 在时间 t 时的价格；P_{jt} 为市场 j 在时间 t 时的价格；φ，ω 和 η 为待估计常数；e_t 是残差项（随即误差项）。

第二步，用修正的 ADF 检验法，检验共聚合回归公式中 e_t 是否非稳定，公式如下：

$$\Delta e_t=\lambda e_{t-1}+\sum_{k=2}^{n}\theta_k\Delta e_{t-k}+\mu_t \tag{2}$$

此处 $\Delta e_t=e_t-e_{t-1}$，$\Delta e_{t-k}=e_{t-k}-e_{t-k-1}$；$e_t$、$e_{t-1}$、$e_{t-k}$、$e_{t-k-1}$ 分别为时间 t、$t-1$、$t-k$ 和 $t-k-1$ 时的残差；λ 和 θ_k 为待估计的参数；μ_t 为误差项。

由于在共聚合回归中随机误差的期望值为零，已经剔除了时间趋势，因此（2）式中未包括常数项和时间趋势。对以上第（2）式进行 $\lambda=0$ 的虚拟假设的检验，但此检验是对残差项的稳定性检验并非原时间系列的检验。如果 λ 系数的 t 检验值小于相应的实际值，则虚拟假设被拒绝，两价格系列于1阶共聚合，因此两市场整合。

运用上述方法，对收购、批发和零售价格的整合关系进行了检验，在检验时分“收购－批发”，“批发－零售”和“收购－零售”三种情况，检验结果见表2。

表2 市场整合的检验结果

市场组合		收购—批发	批发—零售	收购—零售
大米	北方	吉林收购价格—黑龙江批发价格 －2.943	黑龙江批发价格—零售价格 －2.266	吉林收购价格—零售价格 －3.031
	南方	江苏收购价格—湖南批发价格 －2.545	湖南批发价格—零售价格 －1.991	江苏收购价格—零售价格 －3.912
小麦	北方	河南收购价格—郑州批发价格 －2.389	郑州批发价格—零售价格 －2.656	河南收购价格—零售价格 －2.938
	南方	山东收购价格—湖北批发价格 －2.280	湖北批发价格—零售价格 －3.664	山东收购价格—零售价格 －3.149
玉米	北方	吉林收购价格—黑龙江批发价格 －2.577	黑龙江批发价格—零售价格 －2.261	吉林收购价格—零售价格 * －1.674
	南方	山东收购价格—湖北批发价格 －2.778	湖北批发价格—零售价格 * －1.884	山东收购价格—零售价格 * －1.818
大豆	北方	黑龙江收购价格—黑龙江批发价格 －2.868	黑龙江批发价格—零售价格 －2.406	黑龙江收购价格—零售价格 －2.955
	南方	黑龙江收购价格—福建批发价格 －2.771	福建批发价格—零售价格 －2.627	—

注：本表为共聚合检验值，在1%、5%和10%的显著水平下，MacKinnon 临界值分别为－2.60，－1.95和－1.62。其中，* 表示在95%的显著性水平下，未通过检验，即市场不存在整合关系。

由表2可以看出，除三对玉米市场外，其他所有品种的市场都存在整合关系，这表明了在粮食收购、批发和零售市场之间基本存在长期的、稳定的、内在的关系。不存在整合关系的市场分别为：

“吉林玉米收购市场和零售市场”、“山东玉米收购市场和零售市场”以及“湖北批发和零售市场”。这主要是由几个原因导致的：首先是我们选择玉米面作为玉米的最终消费（零售）品，这可能与实际不完全相符，因为在实际生活中，玉米主要是作为饲料，但玉米饲料的消费价格很难获得，因而只能选取玉米面作为最终消费品；第二个原因可能是我们选取的消费价格为36个大中城市平均价，而对于大米、小麦等而言，玉米的消费地区差异相对教大，因而可能引起偏差。

以上结论表明，从收购、批发到零售环节，粮食市场基本上存在垂直整合关系。有关研究表明，当两市场整合时，则市场之间至少存在一个方向的格兰泽尔因果关系，因而下一步将运用格兰泽尔因果分析法（Granger - Causality test）重点对收购、批发和零售市场之间相互影响的因果（先后）关系进行研究。

二、粮食收购、批发和零售市场相互影响的因果检验

这一部分主要运用格兰泽尔因果检验法进行分析。格兰泽尔因果分析法主要是通过统计检验，确定市场之间价格变化的先后次序，即哪个市场的价格先变化，哪个市场的价格后变化，这种关系也被称为“格兰泽尔因果关系”。此方法的具体过程为：若一个时间序列 x 的当前值或上期值决定了另一时间序列 y 的数值，则称 x 和 y 之间存在格兰泽尔因果关系，其中 y 由 x 决定。1982年 Bessler 和 Brandt 首次将这一理论运用到市场一体化的研究中，即利用一个区域市场现在或过去的价格与另一区域市场商品价格间统计意义上的因果关系，可以判断此两个市场中哪个占价格主导地位，也可以衡量市场价格的调整速度。这里通过对下列模型的检验，确定国内外市场价格之间的因果关系。

$$\Delta P_{it}=\theta_{11}\Delta P_{it-1}+\cdots+\theta_{1n}\Delta P_{it-n}+\theta\,21\Delta P_{jt-1}+\cdots+ \\ \theta_{2n}\Delta P_{jt-n}-\gamma_1\ (P_{it-1}-\alpha P_{jt-1}-\delta)\ +\varepsilon_{1t} \tag{3}$$

上式的虚拟假设为：$\theta_{21}=\cdots=\theta_{2n}=\gamma_1=0$，即从 P_j 到 P_i 没有因果关系。

$$\Delta P_{jt}=\theta_{31}\Delta_{Pjt-1}+\cdots+\theta_{3n}\Delta P_{jt-n}+\theta_{41}\Delta P_{it-1}+\cdots+ \\ \theta_{4n}\Delta P_{it-n}-\gamma_2\ (P_{it-1}-\alpha P_{j_{t-1}}-\delta)\ +\varepsilon_{12} \tag{4}$$

上式的虚拟假设为：$\theta_{41}=\cdots=\theta_{4n}=\gamma_2=0$，即从 P_i 到 P_j 没有因果关系。

每种产品价格的格兰泽尔检验共有三种情况，即：“不存在因果关系”、“互为因果关系”和“从一方到另一方的因果关系”。

以下是对“市场整合”分析结果（即表2）中整合市场的因果关系进行检验，检验结果见表3。本结果提供了一些很有意思的结论：

首先，对大米而言，在收购和批发之间，价格的影响关系为：不论在南方还是北方，均为从收购到批发，即收购市场价格的变化引起批发市场价格的变化，这表明我国的批发市场（特别是期货市场）的发展还很不完善。然而，对于大豆而言，在南北方其因果关系均为从批发到收购环节，这意味着大豆批发市场对农民销售环节起着引导作用。至于小麦和玉米，在北方地区价格由批发到收购传递，即批发价格影响收购价格，而在南方地区则正好相反。小麦和玉米均为北方的主要粮食作物，这也说明在其主产区，批发市场价格对收购环节起着引导作用。

其次，在批发和零售之间存在较为密切的关系，其中有两对市场之间存在双向的格兰泽尔因果关系，这也意味着批发到零售领域的市场化进程得到较大的发展。分品种来看，大米和小麦的整合和因果关系要好于玉米和大豆。

第三，收购和零售之间的关系，对于大米和小麦来说，收购价格的变化领先于零售价格的变

化，对于大豆而言，则是双方向的。总体而言，收购市场价格的变化领先于零售市场。

表 3 收购、批发和零售之间影响的因果检验

市场组合		收购—批发	批发—零售	收购—零售
大米	北方	吉林收购价格—黑龙江批发价格 (6.359)	黑龙江批发价格—零售价格 (8.107，2.642)	吉林收购价格—零售价格 (12.910)
	南方	江苏收购价格—湖南批发价格 (2.445)	湖南批发价格—零售价格 (2.071)	江苏收购价格—零售价格 (2.912)
小麦	北方	河南收购价格—郑州批发价格 (4.836)	郑州批发价格—零售价格 (8.074)	河南收购价格—零售价格 (4.384)
	南方	山东收购价格—湖北批发价格 (1.920)	湖北批发价格—零售价格 (8.813，2.734)[c]	山东收购价格—零售价格 (6.381)
玉米	北方	吉林收购价格—黑龙江批发价格 (3.415)	黑龙江批发价格—零售价格 (1.580)	吉林收购价格—零售价格 * —
	南方	山东收购价格—湖北批发价格 (1.926)	湖北批发价格—零售价格 * —	山东收购价格—零售价格 * —
大豆	北方	黑龙江收购价格—黑龙江批发价格 (2.926)	黑龙江批发价格—零售价格 (10.007)	黑龙江收购价格—零售价格 (2.871，4.231)[c]
	南方	黑龙江收购价格—福建批发价格 (4.361)	福建批发价格—零售价格 (11.032)	—

a 括号中的数值为 F 检验值，“=>”，“<=”和“<=>”表示因果关系的方向，分别为从左向右、从右向左以及双方向。

b 表示市场之间并不整合，因而其格兰泽尔关系失去经济学的含义，此处不再分析。

c 这里有两个检验值，因为市场间的因果关系为双向，第一个检验值为从左向右的因果检验值，第二个为从右向左的检验值。

三、收购、批发和零售市场的价差

对于市场价差，本研究将主要集中在收购、批发和零售价格的比较，进而说明产品的最终价值是如何在收购、批发和零售环节进行分配的。

为了对市场价差进行深入分析，下面分地区和分品种对价差的情况进行研究。样本的选择与表 1 一致。这里有一点需要强调，理论上而言，收购价格应该低于批发价格，但实际上由于种种原因收购价格有时候高于批发价格，主要原因是批发市场的建立较晚，往往出现“有价无市”或“有场无市”的情况，其次政府的收购价格（保护价格）及其相关政策也使自由市场收购价格与批发价格发生偏离，当然资料的质量问题也可能是其原因之一。

（一）大米

1996—2000 年间大米市场的价差情况如图 1.1 和 1.2 所示。从整个营销过程可以看出，农民销售大米所获得的价格基本在批发价格的 50%以上，但是批发商获得的价格占零售价格的比重基本都在 60%以上。就地区性而言，南北方基本呈现出同样的趋势，但从南方和北方的价差的比较而言，1999 年以来，“收购和批发”以及“批发和零售”的价差在南北方之间不断扩大，特别是自 2000 年以来，价差的南北方差异明显扩大。这在一定程度上反映了地区间的比较优势。同时，由于政府的支持价格政策的作用，在主产区（南方地区）农民获得到的价格占整个营销过程

的比例在增加，原来被批发和零售环节所有的利润开始向农民转移。

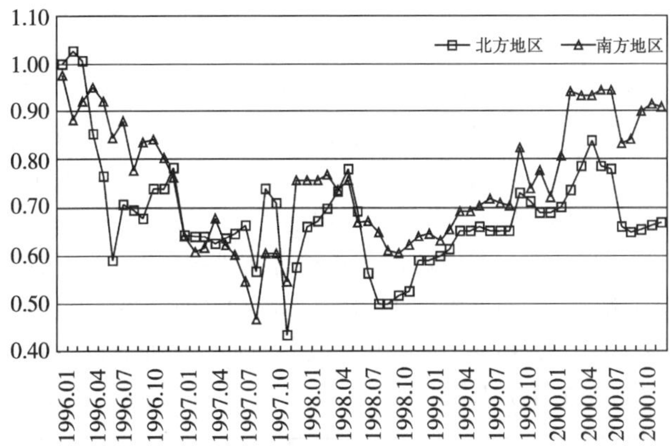

图 1.1　大米收购市场价格与批发市场价格之比

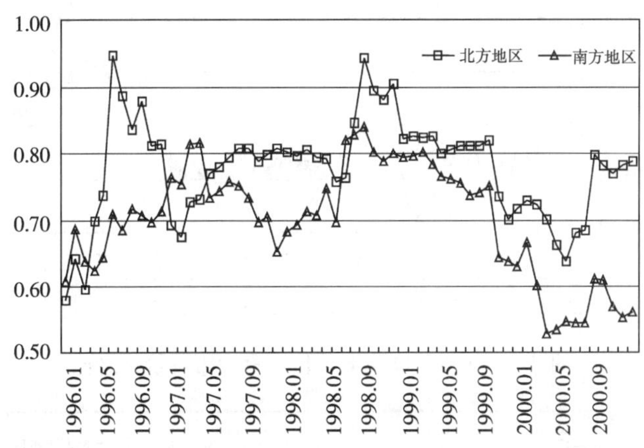

图 1.2　大米批发市场价格与零售市场价格之比

以 1998 年年中为转折点，在此之前收购与批发的比价急剧地下降，而此后开始不断回升。实际上，由于连续几年的大丰收，大米的收购、批发和零售价格自 1996 年以来都在不断下降。1998 年中期之前，收购和零售价格下降较快，但批发价格较慢。1998 年中期之后，由于政府对粮食收购完全垄断的新农业政策，虽然价格仍在下降，但比之前下降的幅度更慢，特别是收购和零售价格，这样导致了“收购一批发价差”的上述变化。

考虑批发和零售过程，2000 年末，在南方地区批发商可以获得最终零售价格的 60%，在北方可获得约 80%，剩余的部分为零售环节所有（即南方地区约为 40%，北方地区约为 20%）。然而，南方地区批发商要将其所得价格的 90%支付给农民（即收购农民的粮食），北方地区约为 70%。折算为最终产品的价值后，南方和北方地区都约得到最终产品价值的 55%（即南方地区为 60%＊90%，北方地区为 80%＊70%）。支付给农民后，剩余的部分为批发商的收入，南方地区约为最终价值的 6%（=60%＊10%），北方地区约为 24%（=80%＊30%）。

总之，在 2000 年末，南方农民可得到大米最终零售价格的 54%，北方地区农民可以得到 56%；南方地区的批发商可以得到约为最终价值 6%的价格，北方地区批发商得到约为最终价值的 24%，剩余的部分（南方地区为 40%，北方地区为 20%）为零售商所有。

（二）小麦

图 2.1 和 2.2 为 1996—2000 年小麦市场价差情况。从 1996 年到 1999 年收购价格与批发价格的比价稳中略降，但进入 2000 年比价大幅度提高，2000 年下半年又开始下降。实际上，1996 年上半年前和 1999 年下半年后，小麦的收购价格均高于批发市场价格，1996 年上半年的情况主要是受 1994 和 1995 年政府大幅度提高粮食收购价格的影响，与此形成明显对比的是由于批发市场的发展相对滞后，批发市场的交易相对冷淡，常常出现“有场无市”的局面。1999 年下半年以后，主要是由于政府垄断粮食收购市场，制定较高的收购（即支持或保护）价格，但实际上国营粮食企业并不能完全收购农民的粮食，导致粮食收购市场“表面有价，但企业不收购粮食”，因而也使收购与批发市场相对脱节。对于其他年份而言，小麦的收购-批发比价基本稳定。

图 2.1　小麦收购市场价格与批发市场价格之比

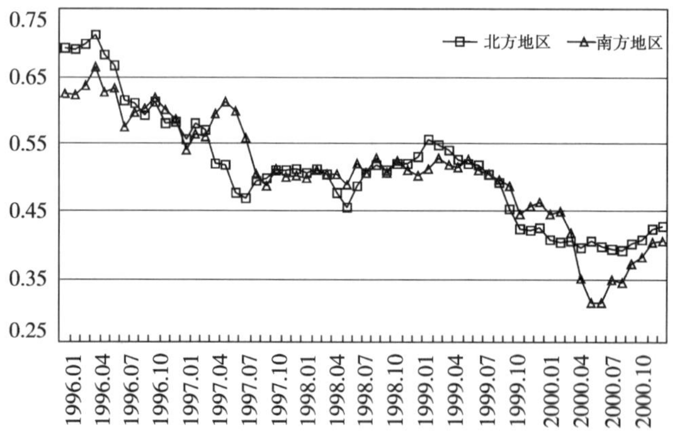

图 2.2　小麦批发市场价格与零售市场价格之比

对于小麦的批发和零售环节，自 1996 年以来批零比价一直呈现下降趋势，直到 2000 年中期后开始逐渐回升。到 2000 年末，南北方的批零比价均达到约 40%。

总之，在 2000 年末，南方和北方地区的批发商均可获得最终产品（面粉）价格的 40%，剩余的 60%为零售环节所有（零售环节的这部分包括中间的加工费用、运输费用和零售商的利润）。

前面已提到2000年后，收购价格（此时为国有粮食企业收购价格）高于批发市场价格，此时的收购价格也并不能真正反映农民所得的价格，因此也就不能简单由此推断农民可以从最终产品销售中获得多大比例，但可以肯定的是大部分的最终价值被零售环节获取。

（三）玉米

与大米和小麦不同，玉米主要是作为饲料，因而玉米的消费不仅受到农民收入的影响，而且受饲料、畜产品和水产品市场的影响。玉米可以用做多方面的消费，因而使得对玉米流通和消费的研究更加复杂。由于资料的限制，我们将主要对玉米的收购和批发以及玉米面的消费价格进行对比分析，这也可以在一定程度上反映出玉米市场价差的情况。

图3.1和图3.2为1996—2000年玉米的市场价差及其变化。从收购到零售环节，不论是南方还是北方，收购和批发价格比例都围绕0.9大幅度地波动，特别是1997年波动幅度最大。2000年末波动幅度减小，趋向于0.9，因而这时批发商的利润较小。然而，从批发到零售环节，玉米面零售环节的收入从1996年以来一直增加，零售商所得占最终产品价值的比例从40%～50%增加到约60%～65%，当然其中包括玉米的加工、运输等相关费用。

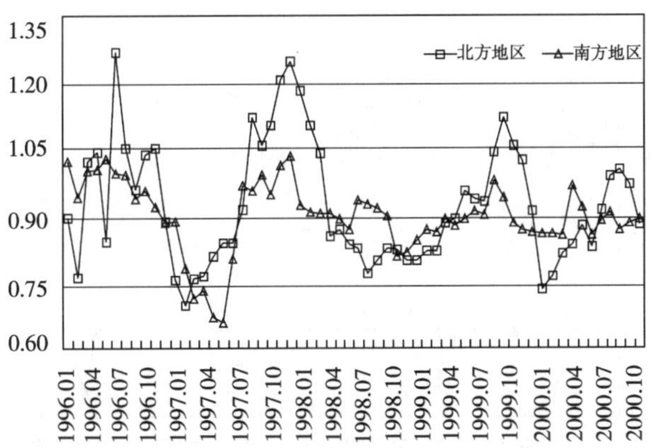

图3.1 玉米收购市场价格与批发市场价格之比

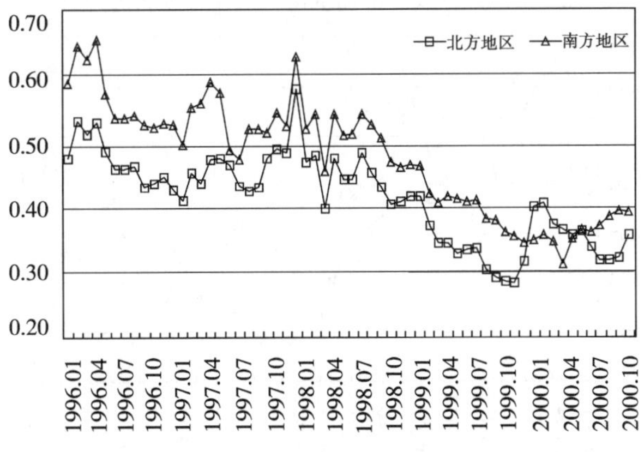

图3.2 玉米批发市场价格与零售市场价格之比

总之，在2000年末，批发商获得玉米面价格的40%，其余的约60%为零售环节所有(包括加工)。在批发商得到的40%中，约30%（不到40%×90%)转移给农民，最后约10%归批发商。

（四）大豆

在从收购到批发的整个过程中，收购和批发比价围绕0.85大幅度地波动。1996年到2000年共有3个波谷，即1997年中、1999年初和2000年中。从批发到零售环节，1996年到1999年，批发商所得价格占最终产品价值的比例剧烈地下降，1999年降到约60%，并呈小幅度波动。同时由于自1997年以来，大豆消费价格一直在降低，从1997年初的每吨4 500元，降为2000年末的每吨3 500元。因而农民从销售大豆中获得的收入几年来在不断减少，图4.1和4.2为1996—2000年大豆的各种比价。

比较整个营销过程，在2000年底，北方地区零售环节可以得到最终价值的50%（批零比价为0.5），农民可以得到45%（批零比价为0.5，收购与批发比价约为0.9），批发商得到5%；南方地区，批发商可以得到零售价格的60%，收购价格为批发价格的80%，因而农民可以得到最终产品价值的50%（＝60%×80%），零售环节获得最终价值的40%（＝1－60%），批发商最终得到零售价格的10%（＝60%×20%）。

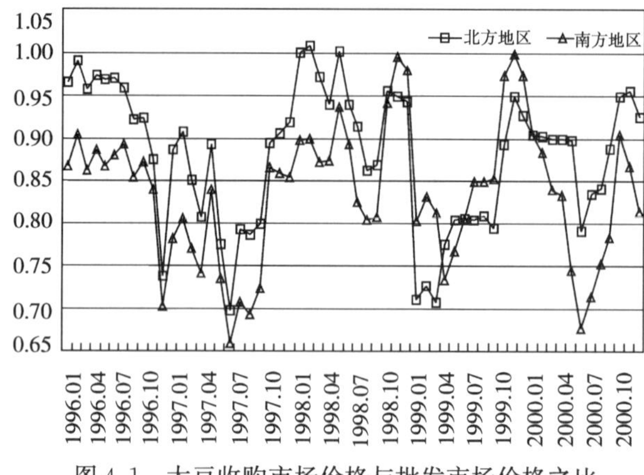

图4.1 大豆收购市场价格与批发市场价格之比

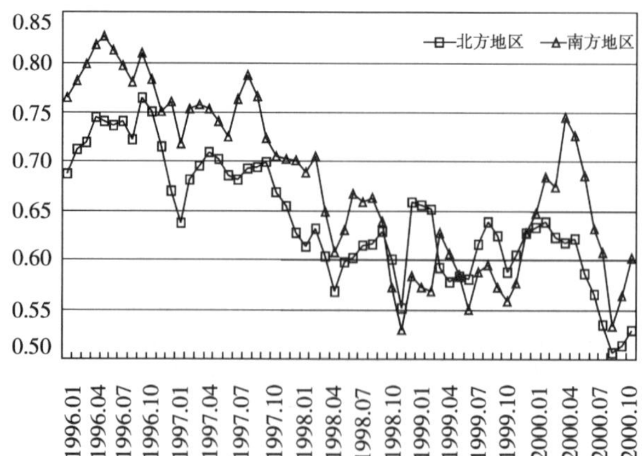

图4.2 大豆批发市场价格与零售市场价格之比

四、政策建议

上述研究表明，除三对玉米市场外，其他小麦、大米、玉米和大豆市场均存在垂直整合，因而粮食市场收购、批发和零售之间存在内在的稳定的关系。同时，研究也表明零售价格主要受批发和收购价格的影响。至于收购和批发市场之间的关系，南方地区除大豆外，主要是收购影响批发，而北方地区则除大米外主要是批发市场影响收购，这也说明小麦、玉米和大米的批发市场主要受其主产区的收购价格的变化影响。

从以上这些结论中，我们可以提出如下几点政策建议：

首先，建立和完善批发市场应成为中国下一轮粮食流通改革的重点。理论上来讲，期货市场应该对于市场价格的形成具有重要的作用，而期货市场是在比较完善的批发市场的基础上建立起来的，发达的批发市场也应该对于收购和消费市场价格的变化具有一定的引导作用，但如前所述由于批发市场的发展不是很完善，有些品种的收购价格甚至高于批发价格，同时批发市场和“收购”、“零售”市场价格的关系也不完全符合经济学的预期，因而批发市场的改革应该成为今后市场改革的重点，同时也要加强期货市场的建设。

其次，农民销售粮食所得的价格占粮食最终消费（零售）价格的比例较小，零售环节得到最终价格的大部分，因而政府应该采取措施调节整个营销环节的利润在收购、批发和零售之间的重新分配。例如政府应该促进农业的商业化，促进农产品加工业的发展，同时，大力发展农民自己的营销组织，使外部效益内在化。

第三，政府应放松对粮食收购的控制，逐步取消粮食的定购，保证粮食的自由流通。政府将主要通过国内批发市场和国际市场进行粮食的购销活动，以平抑市场粮价。这些措施，毫无疑问将促进粮食市场的垂直整合。

最后，政府还应该大力促进农产品信息体系和市场基础设施的建设，抓住刺激总需求的有利时机，加快公路、铁路和水路等交通运输的建设，这也将是非常重要的任务。

参考文献

[1] 杜吟棠．农产品流通与价格机制改革问题的观点综述．经济研究参考．1996

[2] 高小蒙等．中国农业价格政策分析．杭州：浙江人民出版社，1992

[3] 黄季焜和 Scott Rozelle. 迈向 21 世纪的中国粮食经济．北京：中国农业出版社，1997

[4] 柯炳生．中国粮食市场与政策．北京：中国农业出版社（中国博士专著），1995

[5] 李炳坤．农产品价格改革的评价与思考．中国农村经济．1997（6）

[6] 李伟克，马晓河．中国农产品价格季节变动的分析．中国农村观察．1998（2）

[7] 林毅夫，陈锡文，梅方权，樊纲等．中国粮食前景与战略．中国农村经济．1995（8）

[8] 孙鹤，施锡铨．农产品价格弱波趋势的再探讨．中国农村观察．1999（4）

[9] 万广华等．我国水稻市场整合程度研究．中国农村经济．1997（8）

[10] 王济光．中国粮食问题：国内贸易政策协调与流通体制改革．经济研究．1996（3）

[11] 肖云．中国粮食生产和流通体制改革．北京：经济科学出版社，1998

[12] 中国农业专家论坛．1997—1998 年中国粮食市场走势与政策选择研讨会观点综述．中国农村经济．1998（1）

[13] Carlos Felipe Jaramillo and Oskar Andres Nupla, *Link between Farmgate and World Prices in the Wake of Trade Liberalization: the Case of Colombia*. Paper prepared for 1998 Annual Meeting of American Agricultural Economics Association. 1998

[14] Gardner, B. L. The Farm Retail Price Spread in a Competitive Industry. *American Journal of Agricultural Economics*. 57: 399～409. 1975

[15] Gardner, B. and K. Brooks. Food Price and Market Integration in Russia: 1992—1993. *American Journal of Agricultural Economics* 76: 641～66, 1994

[16] Goodwin, B. K., J. G. Thomas and Christine McCurdy. Spatial Price Dynamics and Integration in Russian Food Markets. *JEL*. *F*15, *R*10, *C*22, 1996

[17] Hein, D. M.. Markup Pricing in a Dynamic Model of the Food Industry. *American Journal of Agricultural Economics*. 62: 10～18, 1980

[18] Lyon, C. and G. D. Thompson. Temporal and Spatial Aggregation: Alternative Marketing Margin Models. *American Journal of Agricultural Economics*.. 75: 523, 1993

[19] Merle D. F and L. B. Bruce. Integration of Spatial Markets. *American Journal of Agricultural Economics* 72 (1): 49～62, 1990

[20] Michael Intriligator, Ronald Bodkin and Cheng Hsiao. *Econometric Models, Techniques, and Applications*. Prentice Hall International Editions. 1996

[21] Paul J. H., Testing Market Integration. *Food Research Institute Studies* 20 (1). 1986

[22] Ravallion, Matin, Testing Market Integration. *American Journal of Agricultural Economics* 68: 102～9. 1986

[23] William H. Green. *Econometric Analysis* (Third Edition). Prentice Hall International Editions. 1997

[24] Wohlgenant, M. K and R. C. Haidacher, *Retail* to *Farm Linkage for a Complete Demand System of Food Commodities*. USDA. ERS. Technical Bulletin No. 1775, 1989

[25] Wohlgenant, M. K and J. D. Mullen, Modeling the Farm-Retail Price Spread for Beef. *Western J. Agr. Econ.* 12 (2): 119～125, 1987

对我国融资体制变革的思考

臧日宏

[摘　要] 中国融资体制进行了四次变革，国民收入分配格局的变化是融资体制变革的直接动因。间接融资是我国的主体融资体制，这种体制对经济改革起到了巨大的推动作用，但在世界经济一体化的大背景下，间接融资的融资体制必须加以改革，要将现行的体制改革为间接融资和直接融资平行发展，自主定位的适应市场经济要求的新型融资体制。

[关键词] 间接融资　直接融资　融资体制

自经济体制改革以来，融资问题一直是人们所普遍关心的问题。由于我国的资本市场特别是股票市场建立晚，发展慢，有许多理论问题还没有突破，比如在直接融资与间接融资的关系上一直比较暧昧，客观上限制了直接融资的发展。面对加入WTO的挑战和我国经济社会条件的变化，直接融资的问题再一次成为人们关注的焦点。在社会主义市场经济体制下，直接融资应摆在什么位置，能否与间接融资平行发展，在市场中自行定位，形成融资体制中的两个轮子，还是人为地限制它的发展，这是关系我国经济持续、高速发展的重大课题。经过20年的高速发展和不断深化改革，经济条件发生了很大变化，有必要也有可能重新研究这个问题。

一、中国融资体制的四次变革及其背景

中国的融资体制是在20世纪50年代初建立计划经济体制时，从苏联搬过来的。苏联在1930年实行高度集中统一的计划经济时，取消了商业信用和金融市场，把信用集中于银行；同时实行财政拨款为主、银行信贷为辅的融资体制。这种体制是为传统的计划经济服务的，在我国实行了30年。随着经济体制改革的推进，融资体制进行了四次变革。

第一次是70年代末，展开了信用多种形式的讨论，恢复了商业信用。商业信用是工商企业之间彼此提供的一种形式，具有自发性和方向性的特点。因此，为防止商业信用带来的负面影响，在传统的计划经济时期，除农产品预购定金外，我国禁止一切形式的商业信用。随着1984年城市经济体制改革，金融改革的第一步确定恢复企业之间的商业信用，允许发行商业票据，这是首次突破了信用集中于银行的理论禁区。

第二次是80年代初，展开了财政与银行关系的讨论，即所谓“大银行小财政”和“大财政小银行”的讨论，实质是对银行信用的地位和作用的重新认识。长期以来，受苏联经济建设思想的影响，我们一直将银行作为财政的出纳看待，致使银行的作用受到很大限制。在经济体制改革过程中，面对财政收入比重下降，银行存款迅速增长的新情况，政府陆续出台了一部分固定资产投资和大部分流动资金由财政拨款改为银行贷款的措施，从而改变了“财政拨款为主，银行贷款为辅”的融资体制。

第三次是80年代中期,针对当时出现的“乱集资”和“资金体外循环”的问题,展开了要不要直接融资,要不要建立资金市场的讨论。其实质是如何处理直接融资和间接融资之间的关系问题。在市场体系逐步形成和横向经济联系迅速发展的新形势下,人们认识到只靠银行作为中介的间接融资不适应了,需要建立证券市场。由此,我国确定了“间接融资为主,直接融资为辅”的原则。

金融体制改革初期,确定间接融资为主、直接融资为辅的融资体制,这是符合当时的经济条件的,主要是以下几个方面:

1. 历史发展的状况所决定。新中国成立以来只有间接融资,没有直接融资的经验,因此,在融资方式上要有一个较长的过渡期。

2. 中国市场发育条件尚不具备。直接融资要求整个市场体系发育较为完善,当时,我国的市场体系仍有待发展。”

3. 我国宏观经济调控能力不强,法律手段和经济手段的调控作用较弱。直接融资方式要求依法治理,依靠强大的经济手段来调节。

在实践中,金融体制改革是从分设金融机构,建立中央银行和扩大银行贷款范围开始的,而对资本市场则考虑到既复杂又敏感,暂时条件不具备,确定推迟建立和发展。在这种情况下,大量居民部门的储蓄迅速转入金融机构的存款,为扩大贷款范围,满足经济改革和发展需要提供了条件。

第四次是90年代初,展开了股票融资的讨论,主要是讨论要不要建立股票市场和如何建立股票市场。当时对债券市场没有争论,而对股票融资争论较大。这场讨论涉及到直接融资中,股票融资的地位和作用的问题,也就是要解决在直接融资中,债券融资和股票融资可否平行发展,自行定位的问题,进而突破债券融资为主的传统观念。此后,相继成立了上海和深圳两家证券交易所,揭开了我国股票融资的序幕。

二、国民经济分配格局的变化是融资体制变革的诱因

上述四次变革是经济体制改革逐步深入之后,国民收入格局以及储蓄与投资格局发生深刻变化的必然结果,是计划经济向市场经济转换的体现。

第一,在国民收入分配格局中,财政收入比重大幅度下降,政府供给制的基础被彻底动摇。

在传统的计划经济体制下,财政包揽一切,基础设施投资和国有企业的自有流动资金都由财政拨款,银行只对一部分季节性、超定额部分的流动资金发放贷款。当时,资金市场是被禁止的,不可能得到发展。财政一身二职,一方面通过税收、利润上缴集中社会大部分经济剩余,财政收入占国民收入的比例较高;另一方面作为投资主体,形成了储蓄和投资合一的财政主体型融资体制。

经过经济体制改革的逐步深入,发生的最大变化是:在国民收入中,财政收入的比重大幅度下降,居民部门的收入大幅度上升(详见表1)。

表1 中国财政收入占国内生产总值的比重

单位:亿元,%

年份	财政收入	国内生产总值	比重
1978	1 131.4	3 624.1	31.2
1980	1 159.6	4 517.8	25.8
1985	2 004.7	8 964.4	22.4
1988	2 357.5	14 928.3	15.8
1990	2 936.4	18 547.9	15.8

（续）

年份	财政收入	国内生产总值	比重
1991	3 150.9	21 617.8	14.5
1992	3 485.1	26 638.1	13.1
1993	4 351.0	34 634.4	12.6
1994	5 215.6	46 622.3	11.2
1995	6 244.1	58 260.5	10.7
1996	7 406.0	67 795.0	10.9
1997	8 649.2	76 077.2	11.6
1998	9 853.0	79 553.0	12.4

资料来源：《中国统计年鉴（1999年）》财政收入不含债务收入。

反观世界其他国家，各国财政收入的比重都比我们要高（见表2）。政府财政收入比重的下降表明，过去那种政府供给制的体制必须被打破，否则，无法保证经济建设的资金来源。

表2　各国财政收入占国内生产总值的比重

单位：%

年份	1975	1985	1992	1993
美国	32.0	33.7	34.5	34.3
法国	41.4	46.7	47.1	48.3
德国	43.8	47.1	55.1	54.8
英国	38.1	43.3	39.8	39.5
澳大利亚	31.0	35.6	36.7	36.9
瑞典	54.0	57.8	61.0	58.4
新加坡	23.9	38.1	32.6	35.1
马来西亚	28.4	35.0	31.5	31.4
泰国	14.9	17.3	20.1	20.6
中国	28.4	22.4	13.1	12.6

资料来源：国际货币基金组织《政府财政统计年鉴（1994）》。

第二，伴随财政收入比重的下降，“藏富于民”的分配效应要求充分动员社会资金，寻找新的融资渠道和方式。

最近几年在可支配收入中，居民部门的比重提高到70%左右（见表3）。

表3　部门占可支配总收入的比重

单位：%

年份	住户部门	非金融企业部门	政府部门
1992	67.7	12.3	19.0
1993	64.6	15.0	19.2
1994	66.0	15.1	18.0
1995	66.8	15.9	16.5
1996	70.4	11.6	17.1
1997	68.2	15.4	16.0
1998	68.5	15.1	15.9

资料来源：根据《中国统计年鉴》和《中国财政年鉴》相关资料整理计算。

与此相适应的，社会总储蓄增长很快（见表4），平均每年以1万亿元的速度增长，目前，储蓄存款总值已经达到7万亿元。储蓄率稳定在40%左右，但政府部门占的比重下降，居民部门比重上升（见表5）。

表 4　总储蓄率的变化

单位：亿元

年份	总储蓄值	GDP 增长值	总储蓄率
1992	10 410.5	26 638.1	39.1
1993	15 131.8	34 634.4	43.7
1994	19 329.3	46 759.4	41.3
1995	23 844.7	58 478.1	40.8
1996	26 421.5	67 884.6	38.9
1997	28 308.7	74 731.7	37.9
1998	30 051.2	81 845.1	39.8

资料来源：历年《中国金融年鉴》整理。

表 5　有关部门总储蓄占 GDP 的比重（%）

年份	住户部门	非金融企业部门	政府部门	金融部门
1992	21.4	12.34	5.90	60.36
1993	19.32	15.00	6.24	59.44
1994	21.50	15.12	5.22	58.16
1995	19.75	15.71	4.81	59.73
1996	22.16	11.41	5.36	61.07
1997	20.99	15.46	4.19	59.36
1998	24.86	16.00	4.85	54.29

资料来源：同表 5。

从数字上可以看出，企业部门的比重稳定在 16%以下，政府部门现降为 5%以下，而居民部门现在已达到 20%以上，呈直线上升的趋势。其主要原因：一是农村实行联产承包责任制的政策加上连年提高农副产品收购价格；二是多种所有制经济，特别是集体经济、私有经济和外资合资企业发展较快；三是国有企业改革，从放权让利到推行承包制，进而到转换经营机制，增加了企业的储蓄，更增加了职工个人收入；四是体制转换过程中存在的价格、利率、汇率等双轨制，形成了各经济领域的寻租活动，出现了地下经济，在一定时期里增加了一部分人的个人收入。

居民部门储蓄多了，而政府部门和企业部门储蓄不足，急需扩大投资的资金来源，通过什么渠道把居民部门的储蓄转化为投资呢？是存入银行等金融机构，再转借给融资者，还是进入证券市场，直接投给融资者。前者为间接融资，后者为直接融资。

三、间接融资为主的融资体制及其作用

20 世纪 80 年代初，有人认为，银行储蓄存款是“笼中虎”，如果放出来用于固定资产投资，会引发信用膨胀，导致通货膨胀，所以极力维护财政为主的融资体制。但由于财政实力所限，包不下来，大家也就不再坚持，而是实行了以间接融资为主的融资体制。当时采取的主要措施是：①实行流动资金管理体制改革，对国有企业财政不拨自有流动资金改由银行贷款；②实行“拨改贷”，将对基本建设投资的拨款改为贷款；③银行除自己选择的固定资产投资贷款外，还承担国家计划确定的基本建设贷款；④银行按分配的任务购买政府用于固定资产投资的政府债券；⑤财政向中央银行透支或借款。1991 年末，中央财政净欠中央银行的债款高达 670 亿元，占当时流通中现金总量的 21.1%。1995 年《预算法》实施后，财政赤字改由发行国债来弥补。

由于政府把改革的重点放在银行合同制改革和发展金融机构方面，控制证券市场的发展，社会储

蓄特别是居民部门的储蓄迅速转向金融机构存款，这从居民金融资产的构成可以看出来(表6)。

表6　居民持有的各类金融资产比例（%）

年　度	通　货	存　款	债　券	股　票	保险准备金	合　计
1992	19.3	60.6	15.1	3.9	1.2	100
1993	22.4	66.6	5.9	3.9	1.2	100
1994	13.7	79.4	5.6	0.5	0.7	100
1995	5.0	87.1	6.6	0.3	1.0	100
1996	7.1	77.5	11.5	2.8	1.2	100
1997	10.9	67.1	11.9	7.7	2.5	100
1998	8.4	70.1	10.0	8.4	2.7	100

资料来源：历年《中国金融年鉴》和相关报刊资料整理。

从表6可以看出，居民金融资产的80%以手持现金和存款，构成金融机构的资金来源主要部分。

间接融资为主的融资体制在推进经济体制改革和支撑20年的持续高速增长中发挥了重要的作用：

（1）政府可以通过银行集中大量资金，投入重点产业和重点建设项目，在增量方面进行经济结构调节。

（2）政府无力拨补国有企业资本金，主要靠银行贷款填补，支持了作为国民经济主体的国有企业的发展。

（3）各种金融机构的发展，扶持多种经济成分的高速发展。

（4）政府通过控制贷款和货币发行，结合财政政策，对国民经济进行宏观调控，速度快，效果明显。

但实践也证明，间接融资为主的融资体制，随着市场经济的形成和发展也暴露出了许多严重问题：

首先，透明度低。按照政府意图贷款，按照国有企业的需要贷款，政策性强，效益差，不良贷款有增无减，形成巨大风险压力。尤其是国有企业自有资本不足，负债率高70%～80%，全靠银行贷款支撑，而国有银行贷款的主要部分压在国有企业里。其结果不仅不良贷款大量增加，而且国有银行的商业化改革也难以推进。国有银行和国有企业同病相怜，紧紧地捆在一起，同陷困境，愈陷愈深。

其次，制约力弱。由于透明度低，再加上国有企业对国有银行的“大锅饭”关系，贷款的制约力差，人情关系在起作用。有的企业借了款不想还，进而发展到连利息都不愿付给银行的境地。

再次，震动力大。通过贷款规模调控经济，速度快，一个电报下达指标后，全国立即可收紧贷款或放松贷款。但往往“一刀切”，没有弹力，效益好的企业首先受影响，效益差的企业已占用了贷款，也归还不了。而且，不能通过市场随时进行微调，只能是到了问题严重时才发现，不得不从上到下用行政手段调控，对经济震动大，损失也大。

实践证明，间接调控为主的融资体制，有利有弊，只是在集中资金支持经济高速增长的时期是有效的。世界上存在两种不同的融资方式：一种是欧美强化资本市场的直接融资；另一种是日本强化银行的间接融资。80年代初期我们从中国的实际出发，更多地借鉴了日本的模式，注意银行的作用，忽视并限制直接融资和资本市场的作用。中国经过20年的改革实践，单一间接融资的弊端暴露出来了，应当加大市场的力度，实施直接融资。

四、适应世界经济发展要求，扩大直接融资，尤其是股票融资

从国际经验来看，全球化和证券化已成为国际金融的发展趋势，那种主要依靠银行融资的模

式已不适应当代市场经济发展的需要。越来越多的国家或地区放松和取消对金融机构经营业务活动制定的繁文缛节，对金融体系大刀阔斧地进行改革和重组，促使各类金融机构在证券市场上竞争。现代化通讯技术的发展和应用使世界地金融市场的大批资金在任何时间以秒计的速度在全球范围内转移，导致国际资本流动迅速扩张，推动了全球金融的一体化，资金的跨境流动更加便捷，跨境发行、上市、交易活动不断增加。融资方式趋于证券化，传统的通过商业银行筹集资金的间接融资方式逐渐让位于通过证券市场发行股票和债券的直接融资方式，目前证券融资已占国际融资总额的80%左右，银行借贷所占份额则由80年代前半期的60%减少至目前的20%左右。金融衍生产品层出不穷，已达1 200多种。在居民部门收入迅速增长的情况下，为了追求高回报，不满足银行存款的单一形式，必然投入证券市场，这已成为推动经济发展，特别是高新技术发展的重要资金源泉。可见，融资制度必须适应现代市场经济发展需要不断“更新”，才能经济繁荣和国力增强。

我国的融资体制，80年代初变“财政为主”为“银行为主”，90年代初发展资本市场，目前在国内融资中证券融资占1/3（表7），而80年代初只占2%左右，应该说发展速度惊人，但比重仍然过低，而且结构不合理，近90%是债券融资，虽然上市公司已达1 200家，融资上万亿元，但股票融资只占10%多一些（表8）。因此，从总体上看，我国的融资结构并未改变间接融资为主的局面。

21世纪初应当逐步改变两个为主，即改变间接融资为主、直接融资为辅和直接融资中债券为主、股票为辅的体制。要适应时代的变迁，随着市场经济的发展，逐步走上市场，使债券与股票平行发展，自主定位。

表7　中国直接融资和间接融资的比例

年　份	境内证券筹资比例（%）	境内贷款比例（%）
1993	12.36	87.4
1994	16.24	83.76
1995	16.88	83.12
1996	24.50	75.50
1997	31.3	68.37
1998	36.86	63.14

资料来源：《银河证券统计资料》。

表8　中国股票融资和债券融资的比例

年　份	股票融资（%）	债券融资（%）
1987	4.5	95.95
1988	5.63	94.37
1989	1.70	98.3
1990	1.07	98.93
1991	0.71	99.29
1992	3.80	96.20
1993	30.93	69.07
1994	7.13	92.87
1995	4.51	95.49
1996	8.49	91.51
1997	17.23	82.77
1998	12.56	87.44

资料来源：同表7。

尽管中国的直接融资，特别是股票融资起步晚，但实践经验已经证明，间接融资特别是银行贷款所暴露出来的短处，恰恰是直接融资，特别是股票融资的长处，它可以在经济改革和经济发展中发挥独特的作用。

第一，有利于分散和控制金融风险，提高经济效益。直接融资特别是股票融资具有与间接融资明显不同的特点：一是透明度高，从发行、交易、资金运用都在市场上公开；二是制约力强，从企业到社会，从政府到中介机构，形成全社会的强有力的监督网，依法治市、依法运行；三是对经济调控弹力大，从市场得到信号及时进行微调，而且真正能促使资金向效益高的企业和项目流动，运用市场法制和社会的力量控制金融风险，提高投资的使用效益。四是股票融资做到了储蓄主体（居民）和投资于体结为一体，进而把所有者的利益和风险结合为一体。

第二，政府债券对解决财政困难和集中资金进行重点建设，拉动需求、支持经济高速增长具有重要作用。但与股票相比，它有很大的局限性：①财政风险和通货膨胀压力。目前我国的财政赤字已从1990年的146.49亿元扩大到2001年的1 500亿元（预算赤字）增长9倍，平均每年增长26%。为弥补赤字，扩大国债发行，造成中央财政债券依存度迅速提高。②通过扩大财政赤字、发行债券的办法扩大内需，拉动经济，主要是增加基础设施和基础产业的投资，对未来经济保持长期稳定增长是非常有利的，但它所能带动的工业中，制造业只占15%。而只有制造业启动，特别是高效益的加工业和高新技术产业启动，总需求和整个经济才能全面启动，财政收入才能增加。政府发债主要靠老百姓出资（银行的资金大部分也是老百姓的），如果政府发债集中的资金投出去后不能或相当长时期不能增加财政收入，如何归还向老百姓的欠款呢？可见，靠扩大赤字发国债不是长远的根本大计。让储蓄主体直接投资，把利益和风险结为一体，其结果，风险分散了，效益提高，控制风险的能力也就增强了。

第三，经济结构调整和稳定发展，需要股票融资。扩大投资拉动需求，不能全靠政府，应是带动民间投资快速增长。政府应采取政策引导民间投资，甚至可以把一些好的项目让出来。而要扩大民间投资，必须发展股份制企业，扩大股权融资，依靠单个公司的资金力量达不到重点项目的投资规模。在经济结构调整中，通过银行贷款和发行国债，只能进行增量调整，而股票融资不仅在增量上，而且可以在存量上进行调整。政府可以通过转让国有股权、转移投资对象，落实产业政策；也可以通过企业重组、兼并，进行企业结构调整，做到优胜劣汰。

第四，国企改革，走出困难，必然走股份制和股票融资之路。多年来的实践证明，不是在所有领域国有经济都有其优越性，应扬长避短。国有经济从其特有的、难以为非国有经济替代的功能来看，适合在公益性的、关系国家和社会安全的，以及政策性、某些自然垄断性的领域存在和发展。在国有经济不具备特长的领域，特别是竞争性领域，适应性和竞争力都比较弱，应有区别地逐步退出。国家也保证不了国有企业的资金需要，包括资本金、流动资金、技术改造资金和职工社会保障基金的需要。因此，从改革的方向上看，国有独资企业应当是极少数，绝大多数应当是投资多元化的混合所有制的股份有限公司，通过国有股权转让或存量发行股票的办法，将一部分国有资产转让出来。同时，通过股权融资可以解决企业资金不足特别是资本金不足的问题。在国有企业改组为股份有限公司以后，规范法人治理结构，依法经营，转换经营机制，实现政企分开。这样，股份制和股票的融资功能和转换机制的功能都能得到体现。

食物消费结构变化对食物系统不同部门收入的影响*

王 秀 清

一、引言

为了及时准确地把握农民收入的变化、制定相应的产业政策，美国农业部经济研究局（ERS/ USDA）每年都公布食品消费支出的构成，即消费者用于购买食物而花费的每 1 美元当中，农业、食品工业、运输业、流通业和饮食业各得到多少（Elitzak，H.，1997）。日本农林水产省也经常在“农业白皮书”中公布日本食物消费构成的有关情况。各国政府估计并发布这些指标，一方面是为了监测在整个食物供给链条中是否存在垄断力量或不正当竞争，从而制定相应的政策；另一方面是为了准确把握农民在整个食物供应过程中所处地位和收益状况的变化。然而，时至今日，我国还缺乏这方面的研究，政府也未能定期公布相应的统计数字，从而阻碍了人们对中国食物系统各环节协调程度的认识。

美国农业部经济研究局和日本农林水产省在估测上述指标时常常采用第二手统计资料，而不是直接进行计算。原因在于它们对食物系统的传统认识，即仅仅把农业、食品工业、流通业和饮食业视为食物系统的组成部分，从而根据食品零售价格往回倒推，求出各环节所得金额在零售价中所占的比重。例如，美国农业部经济研究局把食品零售价和农场价格之间的差额叫作“Marketing Bill”，即营销成本。那么，由于许多农产品在经过加工和流通环节之后变得跟原料完全不一样（如啤酒、香肠等跟大麦和猪肉完全不同），从而很难直接把零售价和农场价进行比较。这样，用这种计算方法得出的结果并不十分准确。更重要的是，由于对食物系统的传统认识，没有考虑到国民经济其他众多部门对食物供给的贡献，因此，在计算时没有在农业收入中扣除农业生产资料行业所应得到的份额。

国内学者虽然没有明确进行系统的研究，但是仍然不乏开创性的探索。有的曾运用实地调查方法跟踪了蔬菜由生产到零售的各个环节并估算了消费者每花费 1 元钱购买蔬菜时菜农、批发商和零售商各得多少。此外，许多学者还根据城乡居民抽样调查资料研究了在食品消费支出总额中初级农产品、加工食品和在外就餐的比重。但这些研究不仅缺乏对食品消费的全面把握，而且所得结果均不足以反映食物系统各个环节因食品消费而形成的纯收入构成。

本文首先运用中国投入产出表测算了 1 元食品消费最终给各个部门形成多少纯收入，然后通过 1987 年和 1997 年的对比来揭示食品消费结构变化对不同部门收入份额的影响。

---

* 原载《中国农村经济》2001 年第 11 期。

二、研究思路与方法

（一）研究思路

在消费者所花费的每1元食品支出当中，食品系统内部各环节究竟能够得到多少，这不仅关系到各部门的利益，而且影响投资者的投资方向。

本研究提出一个对食物系统的全新认识，即不仅仅把农业、食品工业和饮食业视作食物系统的组成部门，而是把国民经济的所有部门都看作食物系统的组成部分，这是因为所有部门都直接或间接地为食品的供应做出了贡献。通过投入产出表可以清晰地看清这些作用关系。而每个部门所得到的纯收入可以理解为向消费者提供1元食品时发生在各个环节的成本。通过投入产出表计算得出的数据是各部门的真正净收入，已经剔除各部门为了生产而购买其他部门投入品的成本。这样就避免了以往研究结果的模糊。

运用投入产出表能够计算出在消费者所花费的每1元食品支出当中，食品系统内部各环节究竟能够得到多少。然后结合食物消费结构的变化特点，可以初步揭示食物消费结构变化对不同部门收入的影响。当然，要想解释这一结果，还必须结合对市场结构的分析。具有垄断或寡占市场结构的部门可以通过垄断力量的形式获得较高份额；相反，具有近似于完全竞争的部门则只能是价格的接受者。因此，必须对食品系统的各个环节进行具体分析。两个角度结合起来，可以使人们准确地把握中国食物系统的结构与特征。限于篇幅，本文略去了对市场结构的分析结果。

（二）分析方法：投入产出分析模型

把1元的食品消费支出看作1元最终需求，通过其诱发作用可以形成一个国内产出向量，将产出向量与增加值率向量相乘，最终得到因这1元食品消费而产生的增加值向量，即各部门纯收入构成。其公式如下：$V=(I-A)^{-1}\times F\times V'$。式中，V代表增加值向量，I代表单位矩阵，A代表投入产出技术系数矩阵，F代表最终需求向量，V'代表增加值率向量。在研究过程中，首先要对食品进行分类，如初级农产品、加工食品和在外就餐等，根据资料可能，越细越好；然后运用上述方法分别对不同类型的食品计算各部门收入构成，并加以对比。

三、食物消费结构变化对不同部门收入的影响：研究结果

根据1987年和1997年的中国投入产出表，运用上述方法测算得出了每1元食品消费最终给各部门形成的纯收入，其汇总结果如表1至表3所示。为了准确把握食品消费结构的变化，本文将食品消费分为三大类，即初级农产品、加工食品和在外就餐。表1揭示了因初级农产品消费而形成的各部门收入，表2－1和表2－2分别揭示了1987年和1997年因各类加工食品消费而形成的各部门收入，表3揭示了因烟酒饮料消费以及在外就餐而形成的各部门收入。从表1至表3可以得出以下基本判断。

从初级农产品消费来看，尽管农业部门的收入份额呈现出下降趋势，但农业部门的收入份额本身仍然高达70%以上。消费者每消费价值1元的初级农产品，农业部门可以得到的纯收入由1987年的0.8元以上减少为1997年的0.7元左右。与此相反，农业生产资料部门的收入则呈现出份额扩大的趋势。如每1元初级畜产品、水产品和其他农产品的消费，在农业生产资料部门形成的收入分别由1987年的0.030元、0.017元和0.006元增加为1997年的0.051元、0.032元和

0.012元。虽然绝对值本身不大，但是其增长的趋势十分显著；此外，其他采掘与制造业、邮电通讯业、商业和其他服务业等部门的收入份额也呈现出上升的趋势。

表1　初级农产品消费形成的各部门收入

单位：元

项　　目	1987年					1997年			
	粮食作物	其他作物	畜牧业	渔业	其他农业	种植业	畜牧业	渔业	其他农业
种植业	0.772	0.869	0.251	0.086	0.076	0.729	0.248	0.097	0.114
林业	0.003	0.003	0.005	0.006	0.040	0.003	0.003	0.003	0.027
畜牧业	0.001	0.000	0.561	0.001	0.002	0.006	0.526	0.003	0.004
渔业	0.000	0.000	0.001	0.734	0.000	0.001	0.003	0.648	0.003
其他农业	0.004	0.003	0.023	0.005	0.766	0.005	0.006	0.003	0.615
农业合计	0.780	0.875	0.841	0.832	0.884	0.744	0.786	0.753	0.762
化学肥料制造业	0.045	0.024	0.014	0.005	0.004	0.030	0.010	0.004	0.006
化学农药制造业	0.003	0.002	0.001	0.000	0.000	0.006	0.002	0.001	0.001
农林牧渔水利机械制造业	0.002	0.001	0.001	0.001	0.001	0.003	0.002	0.004	0.003
粮油及饲料加工业	0.001	0.000	0.014	0.011	0.001	0.004	0.037	0.023	0.002
农业生产资料工业合计	0.051	0.028	0.030	0.017	0.006	0.043	0.051	0.032	0.012
其他采掘与制造业合计	0.093	0.051	0.053	0.074	0.067	0.117	0.078	0.125	0.128
货运及仓储业合计	0.012	0.006	0.025	0.013	0.006	0.016	0.013	0.016	0.015
邮电通讯业	0.001	0.000	0.001	0.001	0.000	0.003	0.002	0.003	0.003
商业	0.017	0.009	0.014	0.013	0.011	0.023	0.028	0.022	0.027
其他服务业合计	0.047	0.031	0.038	0.051	0.025	0.055	0.041	0.049	0.054
总计	1.000	1.000	1.000	1.000	1.000	1.000	1.000	1.000	1.000

加工食品消费对各部门收入的影响具有以下几个特点：第一，除水产加工品、糖类和烟草类以外，其余各种加工食品消费所形成的农业部门收入均呈现减少的趋势。例如，每消费1元粮油加工品、肉类加工品、其他加工食品、酒类和饮料等所形成的农业部门收入分别由1987年的0.623元、0.600元、0.347元、0.288元和0.377元，减少为1997年的0.511元、0.566元、0.311元、0.267元和0.267元。这意味着农业部门在整个食品加工产业链条当中得到的收入越来越少。第二，除糖类、酒类和烟草以外，其余各种加工食品消费所形成的食品加工部门本身的收入均呈现增加的趋势。例如，在加工食品消费过程中，粮油加工、肉类加工、水产加工、其他食品加工和饮料制造业所获得的收入分别由1987年的0.066元、0.139元、0.244元、0.269元和0.264元增加到1997年的0.208元、0.158元、0.256元、0.325元和0.308元。也就是说，食品加工业部门在整个食品产业链条中得到的收入越来越多。第三，从1997年加工食品消费所形成的各部门收入对比来看，明显呈现两大类别。由消费粮油加工品、糖类、肉类加工品和水产加工品所形成的收入，农业部门远远高于加工部门。与此相反，由消费其他加工食品、酒类、饮料和烟草而形成的收入，加工部门明显高于农业部门。这意味着农产品加工程度越低，农业部门所得到的收入份额越高。随着加工程度的加深，农业部门所得到的收入份额越来越少，而加工业部门所得到的收入份额越来越高。第四，因加工食品消费而形成的收入，在其他采掘及制造业、邮电通讯业和饮食业等三个部门呈现收入份额增加的趋势。而货运仓储业、商业和其他服务业所得到的收入份额大体呈现减少的趋势。尽管邮电通讯业的份额还很低，不足0.5%，但是其份额的上升反映了新经济对各行各业的影响越来越大。可以预见，信息技术的不断创新和普及将会给食物系统带来更深刻的影响，其收入份额也势必不断扩大。

表 2-1　1987 年加工食品消费所形成的各部门收入

单位：元

项目	粮油加工	制糖业	屠宰及肉类加工	蛋品乳品加工	水产品加工	其他食品加工
种植业	0.613	0.421	0.182	0.166	0.063	0.263
林业	0.005	0.003	0.004	0.004	0.005	0.008
畜牧业	0.001	0.001	0.395	0.305	0.004	0.048
渔业	0.000	0.000	0.001	0.001	0.400	0.007
其他农业	0.003	0.004	0.017	0.022	0.004	0.021
农业合计	0.623	0.428	0.600	0.497	0.475	0.347
粮油及饲料加工业	0.066	0.001	0.010	0.009	0.006	0.010
制糖业	0.000	0.348	0.000	0.008	0.001	0.029
屠宰及肉蛋类加工业	0.000	0.000	0.139	0.239	0.001	0.009
水产品加工业	0.000	0.000	0.000	0.000	0.244	0.000
其他食品加工制造业	0.000	0.001	0.000	0.001	0.002	0.269
酒精及饮料酒制造业	0.000	0.000	0.000	0.000	0.000	0.001
其他饮料制造业	0.000	0.000	0.000	0.000	0.000	0.001
烟草加工业	0.000	0.000	0.000	0.000	0.000	0.000
食品工业合计	0.067	0.350	0.150	0.257	0.254	0.319
其他采掘及制造业	0.147	0.097	0.074	0.085	0.095	0.154
货运仓储业	0.068	0.016	0.025	0.023	0.021	0.034
邮电通讯业	0.002	0.001	0.001	0.001	0.001	0.002
商业	0.034	0.050	0.078	0.067	0.063	0.055
饮食业	0.000	0.000	0.000	0.000	0.000	0.000
其他服务业	0.058	0.057	0.071	0.069	0.090	0.089
总计	1.000	1.000	1.000	1.000	1.000	1.000

表 2-2　1997 年加工食品消费所形成的各部门收入

单位：元

项目	制糖业	屠宰及肉蛋类加工	水产品加工	其他食品加工
种植业	0.449	0.182	0.070	0.222
林业	0.003	0.003	0.003	0.006
畜牧业	0.005	0.373	0.003	0.048
渔业	0.002	0.003	0.398	0.015
其他农业	0.004	0.005	0.003	0.020
农业合计	0.463	0.566	0.477	0.311
粮油及饲料加工业	0.003	0.027	0.017	0.030
制糖业	0.203	0.000	0.000	0.007
屠宰及肉蛋类加工业	0.000	0.158	0.000	0.003
水产品加工业	0.000	0.001	0.256	0.002
其他食品加工制造业	0.001	0.003	0.001	0.325
酒精及饮料酒制造业	0.001	0.001	0.001	0.001
其他饮料制造业	0.000	0.001	0.000	0.001
烟草加工业	0.001	0.001	0.001	0.001
食品工业合计	0.209	0.191	0.276	0.369
其他采掘及制造业	0.179	0.105	0.126	0.176
货运仓储业	0.026	0.015	0.017	0.021
邮电通讯业	0.008	0.004	0.004	0.005
商业	0.039	0.068	0.048	0.046
饮食业	0.003	0.002	0.002	0.003
其他服务业	0.072	0.049	0.049	0.068
总计	1.000	1.000	1.000	1.000

从在外就餐来看，消费者每花费1元钱，在农业、食品工业和饮食业等三个部门形成的收入分别由1987年的0.397元、0.066元和0.275元变为1997年的0.289元、0.102元和0.359元。也就是说，农业部门收入下降，食品工业和饮食业部门收入上升。1997年饮食业所得份额已经超过农业部门。与加工食品消费一样，其他采掘及制造业和邮政通讯业的收入份额也呈现上升趋势，而货运仓储业、商业和其他服务业的收入份额呈现下降趋势。这一定程度上反映了饮食业的结构变化。

总之，无论初级农产品消费、加工食品消费还是在外就餐均呈现农业部门收入份额下降的趋势，加工食品消费和在外就餐则呈现食品加工业和饮食业收入份额上升的趋势。中国城乡居民的食物消费结构变化恰恰表现为初级农产品比重降低、加工食品和在外就餐比重不断上升。例如，在食物消费支出总额中，城镇居民初级农产品、各类加工食品和在外就餐的比重分别由1987年的47.2%、47%和5.8%变为1997年的44.6%、48.5%和6.9%；而同期农村居民的比重分别由73.2%、22.8%和4%变为62.3%、33.8%和3.9%（王秀清，2000）。一方面，无论消费何种食品，初级农产品生产部门所得到的收入都会减少；另一方面，初级农产品消费的比重又不断下降。这双重因素无疑会加剧农业部门收入的降低。由此可见，随着食物消费结构的变化，中国食物系统内部初级农产品生产部门的收入份额将会不断下降，而食品加工业和饮食业的收入份额会不断上升。与此同时，其他制造业和邮政通讯业的收入份额也会得到不同程度的提高。这实际上意味着农业结构调整的一个重要方向，即在实施农业结构战略性调整时应积极发展各种类型的食品加工业，通过延长产业链条来获取加工业的增值收益。

表3　烟酒饮料及在外就餐消费形成的各部门收入

单位：元

项　　目	1987年				1997年			
	酒类	饮料	烟草类	饮食业	酒类	饮料	烟草类	饮食业
种植业	0.276	0.329	0.126	0.188	0.252	0.240	0.131	0.122
林业	0.004	0.006	0.001	0.005	0.004	0.005	0.003	0.004
畜牧业	0.002	0.030	0.001	0.104	0.005	0.010	0.003	0.072
渔业	0.000	0.000	0.000	0.089	0.003	0.003	0.001	0.087
其他农业	0.006	0.011	0.003	0.012	0.004	0.009	0.003	0.004
农业合计	0.288	0.377	0.131	0.397	0.267	0.267	0.140	0.289
粮油及饲料加工业	0.004	0.003	0.000	0.012	0.016	0.010	0.001	0.018
制糖业	0.005	0.023	0.000	0.006	0.001	0.014	0.000	0.002
屠宰及肉蛋类加工业	0.000	0.006	0.000	0.019	0.000	0.000	0.000	0.011
水产品加工业	0.000	0.000	0.000	0.005	0.000	0.000	0.000	0.008
其他食品加工制造业	0.001	0.005	0.000	0.010	0.004	0.007	0.000	0.010
酒精及饮料酒制造业	0.377	0.005	0.000	0.006	0.359	0.010	0.001	0.023
其他饮料制造业	0.001	0.264	0.000	0.000	0.001	0.308	0.000	0.009
烟草加工业	0.000	0.000	0.733	0.008	0.001	0.001	0.633	0.021
食品工业合计	0.390	0.306	0.734	0.066	0.382	0.350	0.636	0.102
其他采掘及制造业	0.163	0.150	0.064	0.103	0.203	0.219	0.141	0.124
货运仓储业	0.039	0.020	0.009	0.031	0.021	0.027	0.011	0.015
邮电通讯业	0.002	0.001	0.001	0.001	0.005	0.006	0.003	0.004
商业	0.033	0.056	0.024	0.063	0.045	0.049	0.031	0.050
饮食业	0.000	0.000	0.000	0.275	0.004	0.005	0.002	0.359
其他服务业	0.086	0.090	0.037	0.063	0.073	0.079	0.036	0.057
总计	1.000	1.000	1.000	1.000	1.000	1.000	1.000	1.000

四、主要结论

第一，即使在价格信息不完全的情况下，仍然可以运用投入产出表来估测 1 元的食品消费支出给不同部门带来的纯收入，从而把握食品产业链条中不同环节的地位变化。

第二，以食品产业链条不断延长为主要特征的食品消费结构变化导致初级农产品生产部门收入份额下降和加工食品部门以及饮食服务业部门收入份额上升。随着生活节奏加快和时间机会成本或时间价值的上升，消费者将愿意花费更多的金额来获取包括餐饮服务和食品加工在内的各种服务，从而使这些部门的收入增加。

参考文献

[1] Elitzak, H., *Food Cost Review*, 1996. Washington DC: U. S. Department of Agriculture, ERS Agr. Econ. Rep. No. 761, December, 1997

[2] Streeter, D. H., S. T. Sonka and M. A. Hudson, "InformationTechnology, Coordination and Competitiveness in the Food and Agricultural Sector", *Amer. J. Agr. Econ.* 73, December, 1991

[3] 日本农林统计协会. 农业白皮书. 1997

[4] 王秀清. 中国食品工业：增长、结构和绩效. 中国农村经济，2000 (3) 期

集团公司异地经营财务风险防范初探

葛长银

集团化经营是我国经济发展、经济改革以及调整和优化产业结构的产物。随着集团化经营战略的提出，大量拥有全资、控股企业的集团公司应运而生，并联合创造出了新的生产力，充分发挥了资源优势、整合效应和规模效益。但集团公司在大规模扩张进行异地经营的同时，重数量轻质量、重投资轻管理的现象十分严重，企业财务风险呈不断加大趋势。如何防范财务风险已成为集团公司目前迫切需要解决的问题。由此，本文针对集团公司异地经营财务风险的现状、产生原因、防范措施等问题与大家进行探讨。

一、集团公司及其主要功能分析

企业集团是现代企业先进的、高级的联合形式，是生产高度集中和资本积聚规模不断发展的表现，也是社会化大生产和市场经济发展的必然产物。它的出现对社会经济的发展起了推动作用和加速作用，对人们的生活改善和社会的进步发挥了重要作用。今天所称的“企业集团”一词首先在50年代的日本使用，特指三菱、三井、住友、三和、第一劝业银行和富士六大集团。我国的企业集团是在1978年以后随着改革开放而逐步兴起的。但本文所探讨的集团公司与企业集团具有本质的区别：

（一）企业集团与集团公司

企业集团是现代企业在高速发展基础上形成的一种以母子公司为主体，通过产权关系和生产经营协作等多种方式，由众多的企事业法人组织共同组成的经济联合体。集团公司则是企业集团中处于核心地位的母公司。企业集团与集团公司的本质区别表现为：

1. 企业集团不是企业法人，是多个企业法人的联合体。它一般以一个公司为核心，形成一个金字塔形的企业结构。企业集团的建立基础是股份制，并以股权资本为连接纽带。企业集团成员之间发生特殊权利、义务、责任关系。

2. 集团公司（或称核心企业）**是企业法人，在企业集团中起主导作用。**拥有一定数量的子公司。这也是集团公司与一般公司的区别。

（二）中观经济管理功能

集团公司能代替单体企业成为现代经济的一种重要组织形式，主要原因在于它具有单体企业不具备的特殊功能。如：中观经济管理功能、战略目标导向功能、发展支持功能、经营方式选择功能等。而中观经济管理功能更能说明集团公司在现代企业高速发展过程中的重要作用，其他三项功能均可由此功能衍生而出。因此本文要从这一角度、并以此为指导思路对提出的问题进行分

析、解决，与大家共同探讨。

中观经济管理功能，是指集团公司作为一种特殊的经济组织，介于宏观经济主体和微观经济主体之间，既能代替市场发挥资源配置、规模经济的作用，又能代替国家发挥产业结构调整的作用。由于企业的大量联合形成企业集团，使其核心企业即集团公司拥有充分的实力雇佣高级管理专家、财务专家，从集团整体利益出发分析市场环境，对企业进行有效管理，充分发挥了中观决策者的作用，也使企业的经营、决策更具科学性，市场秩序更加有序。而在此之前，企业与市场、国家等宏观环境是直接的、单线的联系。企业的行为具有主观性、盲目性和不科学性等弊端。集团公司适应社会经济高速发展的需要应运而生。其在我国经济转轨时期的组织定位是：政府与企业的联结点，宏观调控与微观机制的结合部。

二、集团公司异地经营财务风险现状分析

（一）集团公司的权责

建立科学的母子公司体制是企业集团公司运作的前提和关键。母子公司的关系，本质上是一种股权关系，而不是简单的上下级行政关系，外化到管理体制上就是集权与分权的关系。母子公司各有各自的权责。

1. 母公司具有以下职责。决定全资控股公司董事会的组成，通过控制其董事会，实施其经营战略；审批资本实力的扩充和境内外重大投资项目；确定子公司的大政方针包括发展方向，战略规划，审批中期和年度投资、利润计划；制定实施对各子公司实行控制的各种管理制度，特别是对子公司的资金、利润管理方面的规章制度；依据资本利益全面评价各子公司的工作绩效。

2. 子公司的权责表现在。对一定限额以下的投资项目可自行决定；在母公司赋予的投资经营、管理权限内有权经营独立法人资产，使其能够最大限度的增值和赢利；有权任免财务部门以外的所有中层干部。

明确母子公司的职责是十分必要，它直接关系到企业集团的资产增值和整体利益。但由于集团公司毕竟是我国经济发展和改革的新事物。有相当数量的企业集团是各级政府授权集团核心企业管理若干成员企业的办法组建的，尚未脱离行政管理的影响，成员企业之间没有建立起控股的产权关系。企业集团自身组织结构和功能也不健全。所有这些体制条件的不完备使企业集团陷入到诸多矛盾的冲突中，相应带来了集团公司财务的诸多矛盾，加大了企业的财务风险。

（二）集团公司存在财务风险的分析

1. 在筹资过程中，存在潜在的“杠杆陷阱”。资本结构在很大程度上决定着企业的风险水平和企业的总体筹资能力。企业集团的不同筹资组合将直接影响筹资成本的高低。进而影响集团的生产经营成本乃至企业的竞争地位。一般地，一个公司的负债能力依据其自有资本、还款能力和提供的担保而定。但企业集团在负债能力上具有杠杆效应。这种杠杆效应是指集团公司可以通过一层一层控股多次运用同样资本取得不同的贷款，对其控制的资产和收益发挥很大的杠杆作用。但这种杠杆作用可导致集团负债的增加，当意外情况发生时，使整个集团蒙受损失，即产生“杠杆陷阱”。现举例说明：

假设一母公司100%控制其子公司，子公司100%控制其子公司（即母公司的孙公司），三个公司的资本结构为1∶1。孙公司共有8 000万元的资产，负债和股东投资各4 000万元。处于子公司地位的控股公司可以把孙公司的股票作为其资产，2 000万股本加负债2 000万。而拥有子公

司股票的母公司可以用1 000万股本加负债1 000万形成。这样母公司以1 000万资本控制了孙公司8 000万资产。只要孙公司赚钱，并能向控股公司缴付股利，所有公司都有利可得，但母公司的负债率很高（7 000/8 000＝87.5%），从而加大了亏损和不能偿还到期债务的可能性，于是“杠杆陷阱”便产生。

2. 投资不科学，加大集团财务风险。集团公司盲目追求规模效益，通过并购、兼并等方式不断扩大公司规模。在集团内部，不仅母公司有权对外投资，子公司亦可对外投资。企业在进行跨地区投资时，应充分考虑原材料供应、当地人口、消费习惯及政策规定等因素。但由于子公司的业绩考核及激励标准为当期利润，因此公司经营者往往以当期利益而非集团整体利益出发进行对外投资。由于异地经营缘故，子公司往往在项目即将投产，整体规划已成型时将项目报告书传于母公司。由于集团公司投资审批程序尚存在缺陷，因此只要子公司报批，绝大部分都会申请成功；而子公司为获取当前利益，必将项目报告书设计、分析的天衣无缝。项目可行性审批成为“文字性审批”，集团公司的审批漏洞可见一斑。

子公司通过对外投资，进行跨地区、跨行业经营开办了许多子公司的子公司即孙公司，反映在账面上的“长期投资”迅速膨胀。但是，经过几年的经营，由于资金不足，管理不到位等原因，公司经营日益困难，便求助母公司，靠母公司的救济度日。当母公司无力支撑时便宣告破产。还有些企业由于没有注册资本，长期依赖银行贷款过日子，高负债带来高财务费用，公司不堪重负。甚至出现“公司已连续两三年未盈利，却仍在支付大量财务费用、管理费用”的死撑情况，使集团公司资产严重流失。

3. 集团内部财务管理风险加大 。

（1）子公司内部人控制现象严重。集团公司实行资产所有者与资产经营者的分离。在两权分离情况下，企业经营者奉行成本补偿观，关注企业内部分配，关心自身眼前利益。并以此为理念对企业经营、管理，控制公司财务。虽然子公司也建立了董事会、监事会等法人治理结构，但由于功能不全，只是具备了基本框架，并没有真正发挥决策和监督作用。在异地经营情况下，天高皇帝远，经理班子实际控制着子公司，总经理搞“一言堂”，子公司内部人控制现象相当严重。法人治理结构不但没有发挥应有的监督和制衡作用，甚至会出现子公司经营者与财务人员串通一气，共同作案，侵蚀集团资产的现象。

（2）资金管理和运作方面的问题严重。由于资金分散管理，致使资金使用失控。有的子公司为保证业务的支付能力，持有过量的存量现金，其他子公司则出现资金严重匮乏的情况。整个企业集团成员之间的收支极为不平衡，资金的余缺现象普遍存在，亟须统一、合理的调剂这种余缺。

（3）集团内部会计信息失真。集团公司的会计失真，主要体现在会计信息对资产所有者的失真上：即子公司核算不实、有章不循，送交母公司的财务信息失真问题。子公司使用多套财务报表，一套用于当地报告的需要，另一套用于集团合并财务报表，第三套为用于子公司决策之需的“真实报表”。送交集团的会计报表上的利润是“做”出来的，子公司经营者想怎样做，财务人员就怎样做。多记费用隐蔽利润，少摊费用虚盈实亏，随心所欲，使集团公司对母公司的管理只囿于账务、文字的管理，而对企业的实际情况知之甚少。乃至子公司经营者离任，集团公司经审计才发现子公司已资不抵债，濒临倒闭，严重损害了集团公司的利益。

4. 平均主义依然盛行，报酬办法、激励机制不规范。集团公司的分配方式，除按劳分配为主体外，还按生产要素分配、技术资本分配，实行多元化的分配结构。对经营者的报酬按经营分配、按经营成果、经济效益分配，就区别于按生产要素分配，其激励和约束机制也相应建立。但

目前有的公司仍采取固定工资，辅以奖金或升级提职的形式进行分配，仍拉不开收入差距；报酬与效益挂钩的承包制，在多劳多得的前提下，更注重多效多得。虽然差距拉大了，但由于承包制存在无法克服的缺陷，不可避免导致公司经营的短期行为，并未实现充分的激励作用。

三、集团公司异地经营财务风险产生的原因

（一）客观原因

1. 空间距离使管理失控。集团公司异地经营由于存在地理上的距离因素，使集团公司的管理触角不可能无微不至地延伸到子公司的具体业务；再加上市场运行环境的多变、企业理财过程和经营活动的复杂性，均使集团公司的管理失控、财务风险加大。

2. 目标差异加大财务风险。由于集团公司实行资产所有权与经营权分离，所有者的经营目标是资本增值最大化，并通过委托经营者实现的，从这个意义上讲，作为所有者代理人的经营者的目标应与所有者的目标一致。但由于经营者也要追求个人目标效用的最大化，因此资产所有者的目标与经营者的目标存在差异。这种差异能导致集团公司的财务风险。

3. 内部联系纽带不明确限制了集团公司的整体运作。集团公司内部以资产为纽带的母子公司体制没有真正建立起来，就使企业经济利益和经济责任很不明确，在集团公司形不成较强的凝聚力和控制力，再加上组织结构及其功能不健全，这就使集团公司在贯彻调整市场经济结构和转换机制方面的主导作用不明确，对内部整体运作发挥不了真正的监督、调节和控制作用。

（二）主观原因

1. 人的主观认识和能力是决定财务风险的首要因素。在企业经营过程中，由于自然界和社会运动的不规则性、经济活动的复杂性，若经营主体经验和能力有限，对风险的生成、发展和后果没有充分的认识和把握，或把握失准未能采取及时有效的措施进行防范，必将产生风险。子公司毕竟是母公司的全资子公司，其实力和规模有限。当经济运作危机来临时，子公司势单力薄，弱不禁风。因此，从这一原因讲，加强母公司对子公司的财务风险监管更具现实意义。

2. 个人利益是产生财务风险的温床。在资产所有者与企业经营者之间存在一个“道德风险”问题：即代理人在委托人不充分了解财务信息的情况下，不努力追求委托人利益而极力满足自身利益，为当前利益放弃有利可行的投资机会、损害集团整体利益，并将经营失败归咎于客观、偶然的条件和因素。在个人利益驱动下，企业经营者谎报财务信息，弄虚作假，徇私舞弊的现象十分严重。所以委托人的管理目标的实现与代理人的道德水平有关。代理人的道德水平低下，必使所有者蒙受损失。所有者为避免这种损失，实现其目标，就需要对其资本组织和运营进行管理与控制，对授权代理人进行激励和监督。

四、集团公司的机制建议与财务风险防范措施

（一）我国集团公司的财务机制类型与管理定位

集团公司财务管理机制虽有多种，但不同的公司应在不同的经营环境和体制下，依据公司的具体情况，选择最适合本集团的财务机制类型，而不能千篇一律，仿效别人。我国集团公司目前的财务管理机制可以归结为：

1. 集权型财务管理。这种财务机制体现的是：将子公司的业务看作母公司业务的扩大，重

要战略决策与经营控制权都集中于母公司，实行集中管理，有利于降低成本、获取资金调度和运用中的规模效益；集中利用财务专家、集中管理财务风险，调剂资金余缺，优化税收管理，实现公司整体财富最大化与成本最低化目标，强化公司总部的全盘调度能力。

集权型财务管理在一定程度上削弱了子公司的生产经营权，挫伤了他们的积极性，且扭曲了各子公司的经营实绩，给子公司经营绩效考核带来了不便。

2. 分权型财务管理。分权型财务管理是决策权分散给子公司，母公司起控股公司的作用。各单位绩效考核建立在条件相似公司之间的比较上。分权财务管理利于充分调动各子公司的积极性，处理好与当地利益主体的利益关系。

但分权型财务管理不利于实现集团公司的整体财务利益。

3. 统分结合型财务管理。为取集权与分权财务管理之长、避两者之短，可采取部分集权，部分分权的财务管理模式：重要决策集中，其他决策分散；对某些地区子公司实行财务集中，对另一些地区公司实行财务分权。

对于全资母子公司，笔者比较赞成统分结合型。这种统分结合并非一般意义上的结合，而是有侧重的结合，笔者提倡集中大决策器权、管理权，适当分散小权。姑且称为“集大分小型”。提出这种财务机制主要源于前文提到的集团公司中观管理功能。

集团公司作为宏观环境与微观主体的过渡层次，不可能对其子公司实行完全的集权或完全的分权。而应该实行集大权（如投资决策权，资本运作权等）、适当放小权的财务管理机制，真正成为宏观与微观的结合部。在实施财务管理时，应在不违背集团公司整体利益的前提下，使子公司拥有充分的自主权，并遵循如下目标：财务经营集团化，资本管理科学化，财务制度现代化，整体控制网络化。

（二）财务风险的具体防范措施

1. 强化子公司的筹资约束，确定合理的资金结构。集团公司最高决策制定机关应以其长远规划为基础，根据投资计划制定筹资方案，制定相应的筹资政策和资本结构政策，凭借其对子公司股权的控制，对子公司的筹资决策加以引导，施加影响，使之与母公司本身的发展相协调。集团公司应从集团整体来考虑资本结构，通过对各种可能选用筹资方式的分析，估计应承担的风险。

集团公司对资本结构的正确抉择来源于它对自身能力、市场环境、政策环境、国际和国内经济环境的正确预测。在适当的时候，可采用积极的筹资战略，冒一定的风险取得市场占有率和利润率上升的回报；在不利的情况下，则以保守的资金组合来抵御可能发生的风险，使自己立于不败之地。在确定资本结构时应充分考虑集团公司抵御风险能力，对债务性资本的杠杆效应要谨慎、适度利用，防止进入杠杆陷阱误区，从而真正达到提高自有资本使用率和收益率的效果。

2. 加强对外投资的审批、监管。子公司的重大投资应向集团公司报批。集团公司要对此立项进行可行性研究或经过专家评审，权衡利弊后，由集团公司集体讨论决定，并指定专人负责领导实施。在投资项目投产后，集团公司应加强监管。集团公司综合管理部门应对子公司的投资项目在经营策略上进行指导，在业务上进行监管；财务部门应对子公司资金状况、收入、成本费用支出的真实性进行检查；审计部门应对此项目进行跟踪审计，提出改善经营、提高效益的意见。及时撤消已亏损或有亏损倾向的项目，减少集团公司的损失。

3. 建立子公司财务人员委派与岗位轮换制度，利用电子网络进行全面监管。经营者作为受托者，应对委托者负责，其经营目标应是使委托者的利益最大化。但由于资产所有者和经营者的

利益并不完全一致，经营者有可能背离所有者的利益，表现在“道德风险”和“逆向选择”两个方面。而这种背离是以信息不对称为条件的，即委托者和受托者由于各自掌握的信息量不对称等为这种背离的产生提供了便利。因而作为记录和提供企业财务信息的会计人员，其地位和立场问题也就显得很重要、突出。他若站在委托者的立场上，无疑能成为委托者和受托者之间利益冲突的一个理想的制衡因素，起到很强的监督作用，减少了信息不对称对委托者的不利影响；他若站在受托者的立场上，则会加大经营者背离所有者利益的可能性，加大信息不对称对委托者的不利影响。这样看来，子公司财务人员由委托者即集团公司直接委派是理顺财务人员、所有者、经营者之间关系的最佳途径。委派制具体做法如下：

（1）集团公司通过公开招聘选拔出懂业务、懂管理、有责任心的财务人员派驻子公司。集团公司与被派出者签定合同，合同期为一年，胜任者连任，否则解聘。

（2）合同要求被派出者必须努力做好子公司财务会计工作，帮助子公司运用好资金，依照国家有关规定，为派驻子公司多创造利润或减亏提供优质服务，随时监管子公司的经营运作及资金运作，并将子公司的经营运作情况向集团公司汇报。

（3）财务机构负责人只对集团公司总经理负责，并实行年薪制由集团公司支付；集团公司对派出者在合同期内是否完全执行集团公司的指示及完成情况给予必要的奖励及处罚。

（4）为防止派驻人员与子公司同流合污，发生营私舞弊的行为，可实行被派财务人员在子公司之间的岗位轮换制度。因为各子公司业务具有相似性，这种岗位轮换不仅不会带来不便，相反会使派驻的财务人员的业务更加娴熟，工作起来得心应手，既提高了效率，又降低了集团公司的财务风险。

电子网络的发展，加快了企业财务从核算型向管理型的过渡。为充分利用电子网络，集团内部应建立局域网，各子公司的财务在网上公开。这样既有利于各子公司的相互监督，又可使总部对各子公司的财务情况了如指掌，对于一些不合理的财务现象及时予以制止。

4. 实行资金管理与资金使用的分离。资金管理与使用的分离是指在维护集团整体利益前提下，集团公司对所有子公司的资金进行统一调度、管理，子公司只享有既定数量、既定用途资金的使用权。集团公司必须相应的建立资金管理机制，对系统内部资金进行统筹安排、合理调配，集中系统内部资金进行规范运作，降低资金成本，控制资金风险，提高资金效益。为实现这种分离，集团公司可引进“内部结算管理中心”这一模式。设计如下：

集团公司在银行开立一个账户，该账户只有一个账号，而户名为集团下属所有子公司；子公司既在银行有户名，又在结算中心有户名；但子公司在银行的业务只有存款自由而无取款自由；各子公司以集团公司的唯一账号、以本公司为户名将各期收入按规定存入当地银行；所有存款形成的沉淀资金，由结算中心统一管理，并在子公司之间进行拆借。银行与集团的关系是，银行只对企业集团的总账户进行计息、结算，集团内部各子公司由结算中心统一管理并为各子账户计息。这实际上把银行的结算功能引入企业，增加了原本没有的信贷功能，使集团公司贷款减少，负债降低，降低企业的财务风险。在实际操作中，笔者建议如下：

（1）实行子公司备用金制度。子公司按规定将收入存入银行，但由于异地经营缘故，结算资金的调拨毕竟受限。因此，子公司应留有维系其当期正常开支金额的存款。在备用金制度下，子公司拥有一定的资金经营权，可以对留存的备用金行使决策权。这样可使子公司具有一定的资金使用权，也减轻了结算中心的工作负荷。

（2）多入口，一出口的管理模式。这一模式主要指资金可以从多渠道进入，但流出通道是唯一的。在这种模式下，资金的支出权高度集中在结算管理中心手中，有助于实现集团的全面收支平衡，提高资金流转效率，减少资金沉淀，控制资金流出。

(3)“买车票式”资金调拨模式。在铁路售票联网之前，始发站与终点站之间的途经站的有座车票是定额的。因各个站点的客流不一样，有的车站坐票剩余，有的车站根本买不上票。铁路联网后，车票的购买只存在时间的差异，而无地区差异。集团公司也可以采取“买车票式”的资金调拨模式。在此模式下，集团内部的所有沉淀资金由结算中心统一掌握，且资金的详细情况在集团局域网上公开。当子公司需要使用资金时可单击进入结算中心的局域网，根据实际需要向总部申请。待总部审核批准，子公司便可直接向结算中心调拨资金。资金申请后，其金额相应从资金网上减少，其数额、用途也会在集团局域网上体现。这样即可避免资金的不均衡现象，又可使集团公司从网上随时关注企业资金的运作及子公司经营情况。

5. 建立监督与激励并重的所有者财务机制。当所有权与经营权的分离时，所有者要采取一定的措施，控制经营者的行为朝着有利于所有者的方向发展。这种措施一是监督，二是激励。这也是所有者财务的主要内容。

发挥电子网络监管作用的前提是子公司的账实相符，但在公司局部目标驱使下，账实不符的现象时有发生。因此，集团公司必须实行有效的稽查制度。被派遣的监察人员最好有分工，即一组人进行账务检查，另一组人进行实地盘存。最后将两者对照、核实，从而达到监控制衡的目的。

在企业运作过程中，如果分配激励机制不合理，将会严重影响企业最活跃的生产力要素——人的积极性、主动性和创造性的发挥。在集团公司异地经营的财务风险中，人的因素即人的风险占有相当比重。因此，在监管的同时必须进行激励，激励机制贵在形成巨大的收入差异，以激励经营者发挥积极性。员工持股制有种大锅饭的感觉，并不能发挥激励作用；而骨干持股制可以避免这种弊端。骨干持股制是在年薪制、员工持股制的基础上，加大公司骨干的奖励幅度，对其发放相当数量的股利，使公司骨干成为较大股东。在持有大量股份的情况下，公司骨干以集团长远利益进行经营，放弃短期行为，减少集团公司的财务风险。

世界范围看农业推广*

许无惧

［摘　要］本文从世界范围阐述了农业推广的起源、发展。首先，介绍了专门的农业技术推广起源于巡回农业教师制度，总结出农业技术推广是在帮助解决农业和农户（民）从事农业生产中存在的问题中而产生的；其次，根据农业推广的涵义随着农业的形势变化及其对农业推广的影响而不断变化和演进，把农业推广的发展概括为三个阶段：即狭义的农业推广为第一阶段，广义的农业推广为第二阶段，现代农业推广为第三阶段，并介绍了各个阶段的农业推广的目标、内容、方式与方法；最后，指出农民行为改变问题是目前世界各国依靠高新技术发展农业在推广战略上所面临的问题。并根据农业形势的变化对农业推广服务带来的巨大的影响，对现代农业推广服务提出了几条建议。

［关键词］推广　农业　发展

一、世界农业推广的演进阶段

从世界范围来看，农业推广工作至今有100年的历史了。专门的农业技术推广起源于巡回农业教师制度，这是1843年“纽约大会”（New York Assembly）上发起的一个制度。它采用雇聘进步的，有经验的农民的办法，向当时美国全国农民公开宣讲农业方面的实践经验和科学知识。在欧洲，也开始实行类似的制度，例如，意大利于1890年组织起“农业流动学校。”第一个现代化的农业咨询服务机构开创于爱尔兰。时值马铃薯歉收引起的大饥荒。开展咨询服务的时期在1847—1851年之间，当时要求巡回讲演人到受饥荒最严重的地区的小农户中去工作，可以看出，农业技术推广是帮助解决农业和农户（民）从事农业生产中存在的问题而产生的。随着，农业的形势变化及其对农业推广的影响，农业推广的涵义也不断变化和演进。反映在农业推广方面的目标、内容、方式与方法等都不断完善和发展。可以概括为三个阶段：

第一个阶段为狭义的农业推广。是指对农事生产的指导，即把大学和科研机构的科研成果，通过适当的方法介绍给农民，使农民获得新的知识和技能，并且在生产中应用，从而提高产量，增加收入，这种单纯的农事推广，以提高农业生产水平为目标。它的工作业务范围大都以种植业为主，针对农业生产中存在的技术问题，着重推广农业改良技术及其扩散。

第二个阶段为广义的农业推广。是指除单纯推广农业技术外，还包括教育农民、组织农民、

* 原载《面向21世纪农村发展与推广教育国际研讨会论文集》，2001年12月。

培养科技示范户（义务领袖）和改善农民实际生活质量等方面。农业推广是以农村社会为范围，以农民为对象，以农户为中心，以农民实际需要为内容，以改善农民生活质量为目标，以农村发展为其推广的内容，包括：有效的农业生产指导；农产品运输、加工、贮藏指导；市场信息和价格指导；资源利用和自然资源保护指导；农户经营和管理计划指导；农户家庭生活指导等6个方面的内容。

第三个阶段为现代农业推广。进入20世纪80年代，信息技术的发展，赋予农业推广的涵义更为丰富。不仅仅是农业生产技术的内容以及随着"技术转化"（Technology Transform）所需要提高的教育过程，而更侧重在信息传播，传讯所形成的不断地为农业、农民、农村提供信息的动态过程。也就是当今农业发展中的知识信息系统，包括：农业知识信息系统（AKIS）和农业技术管理系统（ATMS）。

农业知识信息系统（AKIS）分为农业知识系统（AKS）和农业信息系统（AlS）两个系统。

农业知识系统（AKS）是指各种信念、知识、模式和概念和其他由个人或群体所积累的农业生产方面（可替代的）经验所构成的精神产物的一个系统。

农业信息系统（AIS）是指农业信息产生、传递、整理、接收和反馈的一个系统。此系统中的诸过程协力合作，共同促使农业生产者（农民）对知识的应用。

AKIS可以视为政府研究机构，有关组织和个人（农户、农民）及其相关系的综合体。例如，我国的政府机构＋高科技示范区＋农户、政府机构＋企业（公司）＋农户、政府机构＋各种相关组织＋农户等等。

农业技术管理系统（ATMS）是指农业技术试验、研究和管理系统。包括：农作制度研究试验（FSRT）和农作物管理研究试验（CMRT）。世界各国政府都十分重视ATMS的研究，已成为农业高新技术发展的孵化器，AKIS和ATMS这两个系统的活动构成了当今农业推广设计和运行机制，也是世界经济全球化赋予农业推广的显著特征。两个系统有意识地帮助农民利用信息交流手段，形成正确的观念，制定良好的决策。这对于提高农民个人能力和团体发展能力以及影响，促进农业和农村发展具有决定性的意义。

对于农业发展，世界各国政府都十分重视。普遍共识，农业发展意味着传统的农业生产方式向以科学技术为基础的新的农业生产方式转变。新的农业生产方式包括：高新技术成分（如：新品种、栽培技术、商品肥料和农药）、新的作物甚至新的农业作物制度。农民要成功地采用这些新的生产技术，就必须先了解这些技术，然后学会并在农作物制度中正确运用。而且，一旦开始转向以科学技术为基础的高新技术，人们就会预期朝着更加集约化，产量更高，质量更优的种植制度或农作物制度发展。这一过程是农业发展的根本。而这一过程的每一步都需要AKIS和AT-MS两个系统的投入才能实现。

二、世界各国农业推广战略

为加速农业发展，繁荣农村经济的这一过程，世界各国政府在推广战略上都面临着依靠高新技术替代现有技术来发展农业所牵涉到的农民行为的改变问题。因为，农业发展的中心是农户所形成的支持农户的各个环节或系统。基于这一点，改变农民行为程度的深浅取决于所要推广的高新技术和措施以及农民目前行为同这些高新技术和措施相差的程度。这就是说，农民行为的变革直接影响农业科技成果的转化率以及农业生产过程中现实生产力的形成和发展。为此，了解和理解农民的"认知图示"，显得十分重要。否则不容易取得农业推广服务的进展和成功。

世界各国在推广战略上主要解决两个基本问题：①改革的目标是什么？是农户本身或者是群体，还是农业环境？②采用什么样的方法？教育，示范？行政命令的方法，还是态度、环境的改革？根据上述两个基本问题，当今世界农业推广战略的着眼点在两个方面：一是着眼于改革农业生产环境，一是着眼于直接改变农民本身，两者均强调同一结果，即改变农民的行为（图1）。

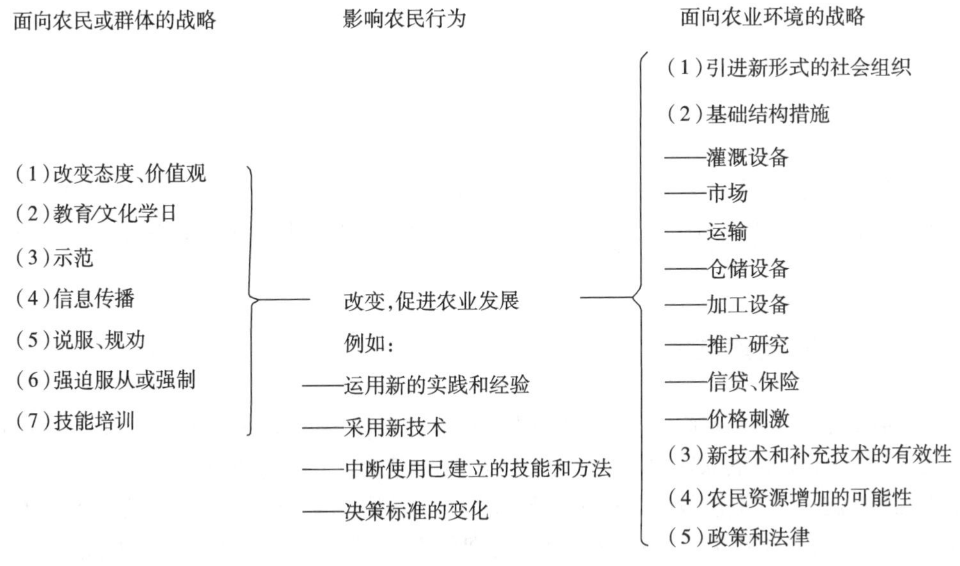

图1

科技进步和经济、社会的发展，迫使世界农业形势变化，特别是发达国家农业形势的变化，对农业推广服务带来了巨大的影响。随着农民文化水平的提高，了解信息并能够取得信息，而不需要传统意义上的推广时，农民的眼光开始投向高科技信息。这时的推广服务，不仅要在技术上有高度权威和市场需求，而且对农业状况也该有全面的了解。

1. 农民们将希望从数据库中直接取得信息，希望接近一个适合当地生产条件和市场需要的参照系统。

2. 推广服务必须逐步开发面向农民的软件系统，并维持此系统的操作和运行，而随着产销者之间的变化而不断创新。

3. 针对许多基本农产品商品的生产过量而出现的问题，推广服务应努力调整按需生产（市场需要），对生产的制约因素进行最优的计划解决，并在各方面推动市场销售。如农业生产结构的调整、产业结构的调整等等。

4. 由于农民日益加速成群地退出农业，推广服务应尽力保证农村经济的生命力，促进非农业的总收入，并投入公共的社会经济福利中，使农村社会稳定发展。

5. 在农业生产已引起不良的副作用时，如环境污染、水土流失、沙漠化、风景和野生动物栖息地破坏等，推广服务应努力影响农民行为，使其协调于公共利益。为此，一方面要推动政府政策法令和规定的实施，以减弱由于技术革新和强化耕地引起的社会环境的污染和破坏。如垃圾和肥料引起的水源污染、酸雨、生态系统破坏、失业等；另一方面要推动政府非农业用地的转变，将那些被占耕地变为新的生态和休养风景区、绿色林带等，如退耕还湖、退耕还林等。

俄罗斯的家庭农场*

方康云

俄罗斯《家庭农场法》规定：家庭农场是享有法人权利的独立生产经营主体。它可由农民个人及家庭成员组成，并在利用终身占有、继承的土地和资产的基础上进行农业生产、加工和销售。

一、家庭农场的发展

大力鼓励和扶持发展家庭农场、是俄罗斯20世纪90年代初农业改革的基本方向和主要政策目标之一。为了迅速发展家庭农场，从1991年开始，俄政府在全力推进土地私有化的基础上，积极制定和实施了一系列政策法规和具体措施。对经营家庭农场的农民，无偿提供定额标准以内的土地，5年内免征土地税，农用机具折价后分期付款，使用期可达25年，提供无息或年息低于2万卢布的贷款，向家庭农场发放补贴，对家庭农场主和成员进行经营管理和科学技术培训等。

政策法规的倾斜，具体措施的执行，加快了家庭农场的发展速度。1992年家庭农场只有4.9万个，1994年猛增至27万个，到1995年数量达到顶峰为28万多个，拥有农用地面积1 187.6万公顷，占全国总农用地面积的5.2%，其中耕地面积789.9万公顷，占全国总耕地面积的6.1%，平均每个家庭农场占有农用地面积43公顷。之后，家庭农场数量开始下降，到1998年降至27万个，拥有农用地面积1 300万公顷，占全国总农用地面积的6.6%，平均每个家庭农场占有农用地面积上升至45公顷。1999年家庭农场拥有农用地面积1 350万公顷，占全国总农用地面积的6.8%，其中耕地面积1 030万公顷，占全国总耕地面积的8.5%。到2000年，家庭农场数量降至26.1万个，拥有农用地面积上升至1 440万公顷，平均每个家庭农场占有农用地面积达到51公顷。

二、家庭农场的现状

1. 经营规模逐年扩大。家庭农场拥有农用地面积在70公顷以下的21.56万个，占总数的83%，但只占有农用地面积430万公顷，占家庭农场总农用地面积的30%，而拥有农用地面积在71公顷以上的家庭农场，虽然只有4.55万个，占总数的17%，但是占有农用地面积达1 010万公顷，占家庭农场农用地面积的70%。

家庭农场用于生产和销售的资金投入和费用支出，虽然规模很小，但增幅较快。2000年初，

---

* 原载《世界农业》2001年第12期。

平均每个家庭农场支出的全部费用为4.29万卢布，比1999年的2.86万卢布增长72%。费用支出主要用于农产品生产和销售的材料费上，1999年初为1.91万卢布，到2000年初上升了30%，达到近2.5万卢布，占总费用支出的70%以上。在材料费用中，石油产品占26%，种植和园艺材料占24%，备用零件、建筑材料、修理费等占15%，饲料费占9%。在全部生产和销售费用中，主要资金用在了农产品的生产和销售上，占70%以上。

随着生产和经营规模的扩大，家庭农场的经济效益也有所提高，盈利的家庭农场的比重逐年上升。1998年盈利的家庭农场占全部家庭农场的34%，1999年上升至41%，到2000年达61%。

2. 生产水平有所提高。俄罗斯家庭农场的种植业生产量总体呈上升趋势。1999年与1995年相比，谷物增产30%，甜菜增产25%，蔬菜增产最多达70%以上，但是其产量在全国总产量中所占比重仍然不大。1999年谷物占7.1%，向日葵占12.6%，甜菜占5.4%，马铃薯和蔬菜只占1%和2.1%。2000年谷物上升至8.3%，向日葵上升至14.2%，甜菜下降至4.9%。

畜牧业，畜禽存栏头（只）数和全国农业总趋势一致，呈逐年下降态势，只有猪的头数1999年比1995年增加近30%，而羊减少了25%。家庭农场的畜禽在全国总数中比重微乎其微：牛占1.8%，猪占2.6%，马占3.9%，羊占5.5%。在产量上，从1996年开始逐年下降，与1999年相比，羊毛下降最多达47.5%，家庭农场畜禽产量在全国畜禽总产量中所占无几，屠宰肉占2%，牛奶占2%，羊毛占5%，在家庭农场内部，各种畜禽产量的比重为：牛肉占50%，猪肉占33%，羊肉占10%，鸡肉占5%。

3. 内部结构还不尽合理。有64%的家庭农场从事谷物种植，7%种植饲料作物，4%种植油料作物。13%的家庭农场从事畜禽产品生产，这其中从事养猪、养鸡和养羊的家庭农场仅占家庭农场总数的0.1%～1.4%。

（1）土地利用。1999年家庭农场能够使用的农用地中，自有地占41.8%，租赁的占41.9%，还有能够使用但未加利用的土地占16.3%，其中因无力从事农业生产而出租给其他非农使用的土地占3.3%。在农用地利用率上，有55%的家庭农场能够全部利用自有土地，并部分利用租赁的土地，45%的家庭农场平均只利用20%的自有土地。

（2）劳动力结构。家庭农场的经营者绝大多数是原国营农场和集体农庄的原管理和技术人员及其子女多的家庭。家庭农场正式登记的成员人数，1999年比1998年增加3.5%。大多数家庭农场由农场主和家庭其他成员自己从事生产经营活动。农场主86%为男性，年龄在30～50岁的占71%，其中43%的受过中等以上文化教育，人均年工作143d，有少数家庭农场雇佣极少量工人。1999年受调查的家庭农场平均每个农场雇佣1个工人，年人均工作44天，比1998年增加5d。

（3）资金使用。绝大多数家庭农场资金匮乏，无力购买充足的种子、饲料、化肥和支付社会化技术服务的工钱，农机具严重短缺，1999年初，平均每个家庭农场只有0.7台拖拉机、0.36台载重汽车、0.28台康拜因、0.36部犁、0.54台播种机、0.22台割草机、0.2台收割机，而且这些农机具设备陈旧、老化，许多是大中型农业淘汰下来廉价购置的，若要修复到能正常使用，需投入占整个家庭农场总费用支出的15%，资金不足，长期困扰着家庭农场的扩大再生产。

（4）家庭农场的生产用建筑物的保证程度也差强人意。仅有18%的家庭农场能得以基本保证。60%的家庭农场的保证率不足50%，平均每个家庭农场只有0.37座牛舍、0.16座猪圈0.13座粮仓、0.12座农机库。

4. 农产品商品率不高。1999年，有31.2%的从事粮食生产的家庭农场和56.2%的从事畜禽产品生产的家庭农场商品率为零，也就是没有销售自己的农产品；有7%的从事粮食生产和1.9%从事畜禽生产的家庭农场的商品率在25%以下，有10.1%从事粮食生产和5.6%从事畜禽产品生产的家庭农场的商品率在26%至45%之间；有41.4%的从事粮食生产和42.3%的从事畜禽产品生产的家庭农场的商品率在46%以上。

家庭农场在销售农产品上面临重重困难，据调查，有46%的家庭农场主要在本地食品市场销售，31%的家庭农场进行简单的易货交易，19%的家庭农场通过批发组织销售自己的农产品，4%的家庭农场通过消费合作社销售，2%的家庭农场在自己的商店和货亭出售自产农产品，家庭农场销售农产品主要是运输工具和力量不足，仅有24%的家庭农场有自己的运输工具，只有23%的农场主对农产品市场行情进行调研分析。

5. 经营范围有所拓展。有些家庭农场在从事农产品生产的同时，还从事一项或多项农业生产经营之外的经营活动，这些家庭农场占整个家庭农场的比重分别为农产品加工4.2%，农产品采购及贮藏1.3%；混合饲料制造0.8%，各种建筑施工2.5%，建材生产和经营0.7%，农机具及汽车修理3.1%，贸易活动8.5%，运输4.3%，农业生产和技术服务（耕、种、收、施肥等）12.1%。

三、家庭农场前景分析

1. 家庭农场数量不断减少，土地不断集中。家庭农场数量不断减少，土地不断集中是世界性发展趋势，美国的家庭农场从1950—1995年，数量锐减2/3，而平均每个家庭农场占有土地面积却从90公顷猛增至190公顷，增长1倍多。俄罗斯的家庭农场虽然以上2项指标变动不大，但仍按这一趋势发展着。这种变化有利于家庭农场生产经营的发展，得到了俄政府和有关机构的支持。并以此为基础陆续研究、出台了有关立法和措施，这将对家庭农场的不断壮大给予有力的保证。

2. 不同领域的合作广泛开展。俄罗斯不少农业较发达的地区自愿建立或形成了农工一体的联合体，参加者有多种所有制经济成分的农业企业，其中也包括私有的家庭农场。许多家庭农场为了摆脱势单力薄的维艰局面，在不同领域的合作得到了广泛开展。家庭农场合作已被政府定为优先发展的方向，农场主们也有相互合作发展的迫切要求，这种自愿互助的合作和联合，具有强大的生命力，对家庭农场的进一步发展起到重要作用。

3. 资金严重不足。俄罗斯家庭农场持续发展的最直接的障碍是资金严重不足和经济压力的不堪重负。在国家逐步增加支持和投入的同时，有些地方已开始引进外资或使用国内其他产业、行业的资金、资金的有效解决使一些家庭农场起死回生并得以快速发展，多渠道引进和吸纳资金，将对家庭农场经济以巨大的推动。

4. 家庭农场的产值、产量稳步增长。俄罗斯农业的主力军——大中型股份制、合作制、国有农业企业的生产发展缓慢，居民个人副业经济增幅放缓，而家庭农场的生产，尤其是种植业生产，从1995年以后，却稳步增长，其产量和产值占全国农作物总产量和总产值的比重不断上升，这不能不说是个好兆头。

综上所述，俄罗斯家庭农场的生产经营，虽然仍然面临着众多困难和问题，但是只要继续给予政策法规和具体措施的扶持和支持，经过农场主的创新和奋斗，在一个较长的时期内，会得到较大发展的。

美国新农业法的主要内容与影响分析*

柯 炳 生

美国新农业法在5月13日布什总统签署后正式生效。新农业法的核心内容是增加对农业的补贴，尤其是产品和价格补贴，从而直接有违世贸组织的精神，违背贸易自由化的潮流，引起了许多国家的关注、不满和抗议。以下对美国新农业法的主要内容及其影响意义做一分析。

一、新农业法的主要内容

美国新农业法的正式名称为《2002年农场安全与农村投资法》（The Farm Security and Rural Investment Act of 2002，以下简称新农业法），生效期直到2007年，共6年。新农业法获得了国会两院和两党的共同支持，众议院以280对141票通过，参议院以64对35票通过。

新农业法决定在1996年农业法的基础上，增加对农业的投入和补贴。根据美国农业部门估算，按照1996年农业法规定，2002年到2007年6年期间的各项农业补贴约为666亿美元，新农业法在此基础上又增加了519亿美元，总计6年达1 185亿美元（表1）。如果按10年推算，则按原来计划为1 073亿美元，新增加828亿美元，合计1 900亿美元，平均每年190亿美元。

表1 美国农业部估算的农业补贴支出

单位：亿美元

	2002	2003	2004	2005	2006	2007	合计
1996年农业法计划额	174	116	108	98	87	83	666
2002年新农业法增加额	34	103	114	105	87	76	519
合计	208	219	222	203	174	159	1 185

注：美国农业部通过商品信贷局的支出，不包括食品券计划等。

资料来源：美国农业部网站。

新农业法包括十个方面，分别为：商品计划（即对产品的补贴）、生态保护、贸易（即出口补贴）、营养计划（即食品消费补贴）、信贷、农村发展、研究、森林、能源、杂项等（表2）。

* 本文完成于2002年6月。

表 2 美国农业新农业法的主要内容

支 出 项 目	6 年增加预算额 亿美元
商品计划：产品包括：玉米、高粱、大麦、燕麦、小麦、大豆、油料、棉花、水稻、奶类、花生、糖、羊毛和马海毛、蜂蜜、苹果、豆类；措施包括：直接收入补贴、保护性收购和差价补贴	290*
生态保护：湿地保护、草地保护、野生动物保护、水资源保护、小流域治理、沙漠湖保护等	171
贸易：出口信贷和信贷保证、食品援助等	11
营养计划：对学生午餐、食品券和其他对贫困人口的食物补贴	64
信贷：对新农民购买和建设农场的贷款	10*
农村发展：边远地区的电视网、农村宽带网、农民生产者加工企业补贴、农村消防队培训、农村饮用水等	10
研究：农业研究和推广	13
森林：对非工业性的私人林主保护森林持续发展的资助	1
能源：生物能源和可再生能源的研究、生产与购买补贴	4
杂项：原产国标识规定、家庭农场破产保护等	7*

注：* 为美国农业部门的估测。

大部分项目都在新农业法中确定了补贴数额，没有明确量化数额的有三项：商品计划、对新农民的信贷、杂项。商品计划的实际支出额与相关产品市场价格的变化有关，无法事先精确测定，但新农业法对重要的政策价格和补贴幅度进行了量化规定，因此对补贴支出额可以进行估测；信贷和杂项也有不确定性，因此也是估测数。从表 2 中可以看出，商品计划居首要地位，占总增加补贴支出的 50%。其次是生态保护，新增加补贴支出占总增加额的 30%。

就政策支出的性质而言，商品计划项目中既包含有“绿箱”政策支出，也包含“黄箱”政策补贴。生态保护、营养计划、农村发展、研究、森林、能源等项目属于“绿箱”政策。对新农民的信贷也可以作为结构调整补贴，列入“绿箱”政策。贸易支出项目不属于国内支持，而属于出口补贴和出口信贷。

新农业法引起了世界各国的不满和抗议，主要有三个方面原因：一是认为美国大幅度增加农业补贴额，虽说不一定违背世贸组织规则，但是肯定与世贸组织的精神相背；二是产品补贴涵盖的范围扩大，除了原来的粮棉等产品之外，又增加了大豆、油料、花生、羊毛、马海毛、蜂蜜和豆类等；三是补贴方法改变，由原来的以“绿箱”为主转变为以“黄箱”补贴为主。这三个方面基本上也是新农业法的主要特点。

二、新农业法中的产品补贴原理与补贴幅度

世界各国对美国新农业法不满根本原因在于，新农业法增加了对农产品的补贴，将直接增强美国农产品的国际竞争力，使得美国农产品能够以更低的价格向世界市场出售，从而既对主要农产品出口国造成威胁，减少这些国家产品的市场份额，也对农产品的进口国造成压力，不利于这些国家本国农业的发展。为更好地理解这一点，就要对美国新农业法中商品计划的新特点进行分析。

美国对农产品的补贴可谓源远流长，已经有 70 年的历史了。补贴的具体方式和方法发生过很多变化，但基本原理没有超出三种类型。一是支持性收购，与我国的粮食保护价收购类似，只不过在具体操作方式上有一些变化。例如，农民在按支持性价格将粮食卖给国家后，如果市场价格发生了上升，农民还可以把粮食再要回来，拿到市场上去卖，而把原来支持价格的钱加上适当

的利息还给国家。二是差价补贴，原理是事先确定一个目标价格（名称可能不同），然后按照目标价格与实际的平均市场价格之差对农民进行补贴。三是脱钩补贴，这是1996年以来新实行的办法。补贴数额只与基期（1991—1995年）的产品种类、面积和单产有关，而与现在的种植产品种类、产量和价格均没有直接关系。

新农业法的产品补贴在实质上，也是由上述三个部分构成的，只是在叫法上有些不同。第一项称为"营销援助贷款和贷款差价支付"（Marketing assistance loan and loan deficiency payment）。这是延续原来的做法。新农业法中对各种产品规定了新的贷款率（Loan rate），这是每一单位（一般是蒲式耳）农产品做抵押可以从国家获得的贷款额。贷款率在作用上相当于保护价格，因为农民可以按照贷款率水平，将产品抵押给国家，获得贷款收益。如果市场价格低于贷款率，农民就可以放弃抵押产品，而不需要偿还贷款。而如果在抵押贷款以后，市场价格变得高于贷款率，那么农民还可以将已经抵押的产品要回出售，并偿还贷款及相应的利息。这就是"营销贷款援助"政策。由于在历史上，常常发生市场价格长期低于贷款率的情况，农民要钱不要产品，导致国家（具体执行机构是商品信贷公司）的大量库存。为了解决这个矛盾，又采取了变相措施：当市场价格低于贷款率的时候，农民不必将粮食抵押给国家，而是继续拿到市场上去出售；对于市场价格低于贷款率的部分，国家予以补贴。这样做，市场价格仍然由供求关系决定；国家没有库存，减少损失；而农民的收入也保持在贷款率水平上没有减少。这就是所谓的"贷款差价支付"。在实际操作上，市场价格的确定因地、因时、因质量而不同，是由美国农业部确定的，主要的根据是市场供求情况，相当于代表性市场价格，但是在称呼上不是市场价格，而叫"贷款偿还率"（Loan repayment rate）。从以上可以看出，"营销援助贷款和贷款差价支付"与当年的生产产品类型、数量和市场价格直接相关，因此属于"黄箱"政策范畴。新农业法与1996年农业法的主要区别是：提高了除大豆之外的大部分产品的贷款率，并新增加了一些产品，包括花生、羊毛、马海毛、蜂蜜、各种干豆类等。在实施"反周期支付"措施的条件下，"贷款差价支付"的作用有点像叠床架屋。其实，只要确保反周期支付的预算，完全可以不需要贷款差价补贴这一措施。新农业法确定的贷款率如表3所示。

表3　新农业法确定的贷款率

产　品	单　位	2002—2003	2004—2007
小麦	美元/蒲式耳	2.80	2.75
玉米	美元/蒲式耳	1.98	1.95
高粱	美元/蒲式耳	1.98	1.85
大麦	美元/蒲式耳	1.88	1.33
燕麦	美元/蒲式耳	1.35	1.35
高地棉	美元/磅	0.52	0.52
长纤维棉	美元/磅	0.797 7	0.797 7
大米	美元/100磅	6.50	6.50
大豆	美元/蒲式耳	5.00	5.00
其他油料（油菜、向日葵等）	美元/磅	0.096	0.093
分级羊毛	美元/磅	1.0	1.0
未分级羊毛	美元/磅	0.4	0.4
马海毛	美元/磅	4.2	4.2
蜂蜜	美元/磅	0.6	0.6
干豌豆	美元/100磅	6.33	6.22
干扁豆	美元/100磅	11.94	11.72
鸡豆	美元/100磅	7.56	7.43

农民可以获得的第二项产品补贴是“直接支付”（或称直接补贴 Direct payment），即所谓的“不挂钩补贴”，也是延续原来农业法的做法。直接支付额为“支付率”（Payment rate）与该产品的支付面积和支付单产之乘积。各种产品的支付率已经在新农业法中明确确定。支付面积是农场基期种植面积的 85%。新农业法确定的基期面积是 1998—2001 年四年的平均值。支付单产是指 1995 年确定的水平；新增加的大豆和其他油料的支付单产根据该农场 1998—2001 年四年平均值乘以一个系数，该系数是全国大豆和其它油料作物 1980—1985 年平均单产与 1998—2001 年平均单产之商积。支付面积和支付单产一经确定，便保持不变，与以后每年的生产情况无关，也与市场价格无关。这也就是“不挂钩”的含义。这项政策是 1996 年实行的政策的延续，本来是属于“绿箱”政策的。但是，由于基期面积由以前的 1991—1995 年平均值更新为 1998—2001 年平均值，因此，对生产可能生产一定的影响，因为农民可以预期基期面积的定期调整，从而不再是完全不挂钩的了。当然，这种影响比起直接的价格补贴，要远远为小。这项政策中支付面积和单产的设计较为复杂，带有一定的人为性，例如 85%的面积系数。实际上，完全可以通过调整支付率来简化计算。新农业法同原农业法相比，新增加了大豆、花生和其他油料作物，同时提高了原有产品的直接支付率。新农业法确定的直接支付率如表 4 所示。

表 4　新农业法确定的直接支付率

产　品	单　位	直接支付率
小麦	美元/蒲式耳	0.52
玉米	美元/蒲式耳	0.28
高粱	美元/蒲式耳	0.35
大麦	美元/蒲式耳	0.24
燕麦	美元/蒲式耳	0.024
高地棉	美元/磅	0.066 7
大米	美元/100 磅	2.35
大豆	美元/蒲式耳	0.44
其他油料	美元/蒲式耳	0.008

农民有可能得到的第三项产品补贴是“反周期支付”（Counter-cyclical payment）。反周期应当是反周期性价格波动之意。单位产品的反周期支付由两个价格之差决定的：一是目标价格，新农业法中对各种产品的目标价格水平做出了明确规定；在理论上，这个价格被认为是较为理想合理的价格。二是“有效价格”（Effective price）。新农业法中对有效价格的界定是：当市场价格高于贷款率时，有效价格等于全国平均市场价格与直接支付之和；当市场价格低于贷款率时，有效价格等于贷款率与直接支付之和（实际上即为市场价格、营销差价支付与直接支付之和）。全国平均市场价格与直接支付之和（即有效价格）等于或大于目标价格的情况时，不进行反周期支付，因为这时农民的收益已经达到或超过了目标价格。反周期支付的存在，在理论上使得农民的实际所得之和为目标价格，只不过在不同的市场条件下，收入的组成部分有所不同。一个农民可以获得的总反周期支付等于单位产品反周期支付额与支付面积和支付单产之乘积。其中的支付面积与支付单产的确定与直接支付相同，是根据基期情况确定的，而单位产品支付额则与当年的市场价格情况直接相关。这种很特殊的机制，是由反周期支付的渊源所决定的。反周期支付是由 1998 年到 2001 年实行的“市场损失援助”（Market loss assistance）政策演变而来的。市场损失

援助政策本身是由于实际市场价格发展情况与美国决策者原来的预期不相符合而产生的。1996 年美国农业法出台时，时逢世界农产品价格高涨，人们普遍预期未来靠市场价格的发展，就可以取消政府的补贴。但是实际情况与这种预期完全相反，世界农产品市场价格连续大跌。为了弥补农民的损失，美国政府自 1998 年开始，每年通过决议，对农民进行额外的补贴，这就是“市场损失补贴”。在补贴方法上，与原有的“直接支付”相同，并捆绑在一起发放。这实际上相当于提高了直接支付的强度，大体上相当于提高了一倍，每年增加 50 亿美元左右。由于这种附加的补贴是一年一定，并且属于不挂钩的“绿箱”补贴，因此，并没有引起各国舆论的特别关注。而在新农业法中，将这项补贴纳入到具有长期效力的农业法中，并且将补贴直接与当年的价格相挂钩，带上了明显的“黄箱”政策特点，从而就引起了人们的高度关注。这项措施的引入既在补贴方式上、也在补贴强度上成为各国不满的焦点之一。反周期支付的原理如图 1 所示。新农业法为此确定的目标价格如表 5。

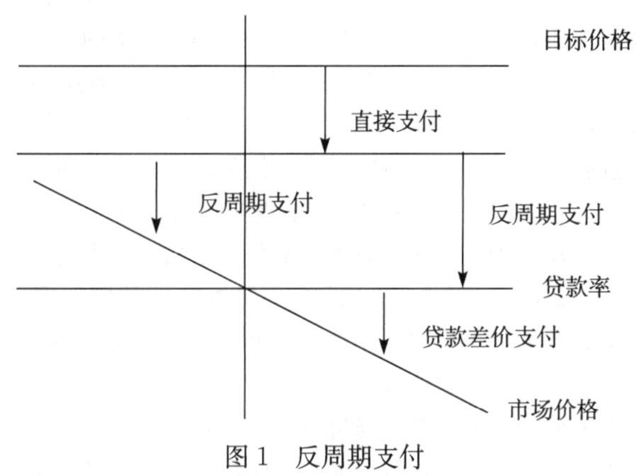

图 1　反周期支付

表 5　新农业法确定的目标价格

产　　品	单　　位	2002—2003	2004—2007
小麦	美元/蒲式耳	3.86	3.92
玉米	美元/蒲式耳	2.60	2.63
高粱	美元/蒲式耳	2.54	2.57
大麦	美元/蒲式耳	2.21	2.24
燕麦	美元/蒲式耳	1.40	1.44
高地棉	美元/磅	0.724	0.724
大米	美元/100 磅	10.50	10.50
大豆	美元/蒲式耳	5.80	5.80
其他油料（油菜、向日葵等）	美元/磅	0.098	0.101

三、新农业法与世贸组织规则及新一轮农业谈判

关于新农业法对世界农产品贸易的影响，需要从三个方面分析：第一，新农业法是否违背世

贸组织农业协定规则和美国的减让承诺；第二，新农业法对世界农产品市场会有哪些影响；第三，新农业法对世贸组织新一轮农业谈判会有哪些影响。

关于第一点，一些国家如巴西认为美国有可能违背世贸规定。而美国则通过算账，认为不会。理由是：按在世贸组织中的承诺，美国每年可以利用“黄箱”政策补贴 191 亿美元，日本为 310 亿美元，欧盟为 620 亿美元。而根据美国新农业法，每年的补贴支出额平均为 190 亿美元，其中包括 52 亿美元的不挂钩补贴和大量的生态保护等“绿箱”政策政策补贴。因此，美国的实际“黄箱”政策支出不会超过世贸组织的允许补贴额。美国上述的计算不完全准确，因为在未来两三年内，每年的补贴额远超过 200 亿美元（表 1）。不过，新农业法授权美国农业部，当“黄箱”补贴支出可能突破世贸组织允许限度的话，可以对补贴进行削减调整。因此，总体上可以说，美国会按照在世贸组织中的承诺，将每年的“黄箱”补贴控制在 190 亿美元的限度之下的。

关于第二点，美国的辩解是，新农业法的出台，并不会对世界农产品市场造成不利影响，因为总的补贴支出额并没有实质性增长，不过是将原来每年确定一次的增加补贴纳入到生效 6 年的农业法中来。关键在于比较的起点是什么，如果是以 1996 年的农业法为比较参照的话，补贴额有大幅度的增加，增加的幅度为 70％～80％；但是如果以 1998 年以来农民实际享受到的补贴额，包括 1996 年农业法确定的和每年追加的补贴（约 75 亿美元）在内，那么新农业法补贴额的增加并不是很大。有的专家认为，新农业法对农业生产的影响作用是很小的，一方面补贴的总幅度并没有太大增加，另一方面生态保护项目还会鼓励一部分土地从农业中退出来，从而部分地抵消了价格补贴的作用（Sumner，2002）。不过，无论如何，新农业法都增加了美国农民的生产和收入信心，使得他们可以承受较低的市场价格，不必过于担心市场价格的下跌，因为市场上损失的，都可以从国家那里补回来。此外，新农业法将原来的“绿箱”补贴变为“黄箱”补贴，对生产的影响将更为直接。这两个方面的影响，都是与世贸组织的精神相违背的。

第三，新农业法对世贸组织新一轮谈判可能产生的影响，可能是美国所始料未及的。新农业法的出台恰恰是世贸组织农业谈判进入关键和实质性阶段的时候。无论新农业法的实际支持效果如何，其心理和精神影响意义是非常明显的。美国由上一轮贸易自由化谈判的积极推动者，突然变成了众矢之的。不管美国的主要动因如何，新农业法使得美国在新一轮谈判中处于非常被动的地位。农产品出口对于美国来说具有重要意义，作为世界第一农产品出口大国，美国农业生产的 1/4 用于出口。因此，积极在世贸组织的框架内推动农业市场化改革，减少政府干预，加快贸易自由化的步伐，是符合美国的根本利益的。新农业法不仅使得美国在舆论上很被动，不得不花很大的气力来为自己辩解，而不是对别人提出要求，而且在实质性谈判中也很被动。因为，新一轮谈判不可避免地要涉及国内支持的进一步减让问题。即使美国按现在的标准不会超出世贸组织允许的补贴上限，但是也会是较为接近上限的。因此，任何进一步的减让都意味着美国必须重新大幅度减少补贴。这对于美国国内的政治来说，是有相当难度的，这一点，是美国这样的民主国家所必须考虑的。而如果没有国内补贴的减让，美国所希望的市场准入和出口补贴方面的减让就难以实现。美国在补贴总量上与日本和欧盟相比，也不是很有利的。因为，尽管美国的补贴总量比日本和欧盟少，但是如果按农民人均享受到的补贴数量，美国还是要大于欧盟和日本的。美国的农产品进口关税是很低的，平均约为 12％。而世界平均为 62％，日本为 59％，凯恩斯集团为 30％，欧盟也约为 30％。就出口补贴而言，欧盟占据了 90％，相当于美国的 25 倍。因此，美国是非常希望新一轮农业谈判能够取得重大进展，并达成协议的。而新农业法却起了束缚美国谈判手脚的作用。这也难免对新一轮谈判，起到一些不利影响。

四、新农业法对我国的影响意义及对策建议

任何国家对农产品的补贴，对于不补贴的国家来说，都会造成一种不公平竞争。美国新农业法增加对农产品的补贴，尤其是价格方面的补贴，对我国的农产品国际竞争力有着直接的不利影响。尽管新农业法只是将原有的补贴法律化，从实际补贴总量上看增加不是很多，但是，原来的补贴本身就是一种不公平。包括美国在内的发达国家现有补贴额巨大，这大大降低了我国农产品的国际竞争力，使得本来能够出口的产品反而要进口，包括土地密集性产品例如玉米、小麦等。根据世贸组织资料，欧盟等一些发达国家的“黄箱”政策补贴占农业净产值的比例在50%以上，而我国只有2%。此外，我国对农业征收的税费，按世贸组织规定，属于负补贴，我国的“黄箱”政策至少在－4%以下。2000年，美国对小麦的直接补贴每吨为45美元，玉米为27美元；欧盟对谷物的补贴每吨约为55美元。折算为人民币，分别相当于小麦每吨近370～450元，玉米每吨220元。另据经合组织的最新统计，2001年经合组织国家农民实际获得的价格高于世界价格31%，显著高于现在我国农产品的国内外差价。也就是说，在效果上，如果没有补贴的话，国外的农产品价格即国际市场价格将提高31%。如果按照这样的价格，我国在几乎所有农产品包括土地密集性产品方面，就不仅不会受到很大的进口压力，反而有可能获得出口优势。

因此，为了争取公平的国际农产品贸易竞争地位和环境，提出两点建议。第一，在世贸组织的新一轮谈判中，主张继续大幅度削减国内支持。在“黄箱”政策方面，继续降低发达国家的微量允许幅度，从现在的5%降低到3%以下；继续大幅度削减超过微量允许的“黄箱”政策支出。现在共有30个成员“黄箱”政策的支持量超过微量允许水平，基本上都是发达国家。在削减方式上，既要从总量上削减，也要按产品品种削减。在“绿箱”政策方面，支持继续保留，但是应重新审视，例如应当将农业保险排除出去，列入“黄箱”。要注意一些发达成员假借非贸易关注的名义，规避国内补贴减让承诺义务。

第二，在国内政策方面，要充分利用世贸组织允许的补贴空间，加大对农业的支持力度，加快提高我国农产品的国际竞争力。除了要继续增加农业科研教育推广、农业基础设施建设、生态环境保护、农产品市场体系等方面的投入之外，应当认真考虑解决农民的税费负担问题。任何农业税费，都是一种负补贴。在同样的条件下，需要缴纳各种税费的农民比起没有税费负担的农民，处于更为不利的竞争地位。我国目前征收的高额农业税费，与发达国家的高额补贴一样，是造成我国农产品国际竞争力较低的重要原因。一些地方由于农业税费负担过重而出现的撂荒现象，也充分说明了这一点：在同样的价格条件下，没有税费负担的话可能是有收益的，而需要缴纳税费的话就是没有收益的或者亏本的。对我国而言，现在可能还不是谈对农民进行补贴的时候。也可以这样说：将目前存在的各种农业税费负担全部减免掉，就是对农民最大和最有效的补贴；只要不对农业税费进行彻底的减免，就没有任何真正意义上的对农民的补贴。在存在高额农业税费的情况下，通过其他各种手段对农民的补贴方法，都是低效率的：国家为此拿出的每一元钱财政支出，如果将管理成本和中间损失计算在内，最终农民会获得的好处，要远远为低。而如果国家将这一元钱用于税费减免，则全部好处为农民所得。此外，我国无法学习美国的“差价补贴”的办法，最主要原因是我国农户数量极其庞大，每个农户生产规模很小，并且每个农户都同时生产多种产品，不可能每年按农户进行调查统计和计算补贴数量。

农业多功能性对中国和世界农业发展的含义

田维明

一、农业的多功能性与可持续农业和农村发展

从20世纪90年代初开始，“可持续农业和农村发展”概念开始受到国际社会的广泛重视。可持续农业和农村发展概念是在对传统农业发展模式进行深刻反思的基础上形成的，它标志着人类对自身能力有了更为理性的认识，从而开始更为清醒地思考和确定出人类社会的发展目标。

农业具有多种功能这一认识源于可持续农业和农村发展概念。农业多功能性指的是，农业生产活动除了提供农产品之外（农业的商品产出），还提供环境、社会、文化等多方面的其他功能（农业的非商品产出），包括自然环境、地面景观、生物多样性、国家和家庭粮食安全、消除贫困、增加就业、实现社会稳定和保留农村文化等多个方面（OECD，2000）。根据这一认识，各国政府在制定农业生产和贸易政策时，有必要考虑如何使农业的多种功能得到协调发挥，以实现农业和农村可持续发展。

然而，尽管实现农业和农村可持续发展这一目标已经被国际社会广泛接受，但是在制定相关的政策措施方面，各国政策制定者具有的睿智、社会责任心及引导公众的能力都面临着严峻的考验。

首先，农业的商品产出和非商品产出在技术上有着复杂的联系。例如，提高粮食自给率有助于保障国家粮食安全，从而给社会带来正的效用，但如果为了实现这一目标而过度利用农业资源时，扩大粮食生产会伴随着环境质量恶化问题，如水土流失、农用化学品污染、生物多样性减少等，从而使长期生产力受到损害。再如，水稻田可以在短期内滞留洪水，从而起到防洪作用，使非农业部门从中受益，然而发挥水稻田的这种作用并不一定需要保持或提高水稻的产量，并且有多种替代技术可以取得相同甚至更好的效果。在未能充分认识这种复杂联系的情况下，针对农业的某一特定功能采取的措施常常会影响其他功能的发挥，社会总体利益并不一定能够得到保障。

其次，某些农业非商品产出的边际效用可能随着供给数量的增加而快速递减，甚至可能出现其性质由正效用转变为负效用。例如，随着粮食供给数量逐步提高，增产对保障国家粮食安全的边际贡献可能快速下降，直到完全消失。在农业生产与地面景观之间也存在类似的变化趋势，甚至可能会由于过度地扩大某种种植模式而使地面景观单一化，降低了公众从中获得的效用。因而，政府在制定相关决策时还应该把握适当的“度”。

第三，一般认为，非商品是农业生产活动产生的外部效应，农业生产者在制定决策时并不考虑相应的外部成本或社会利益；此外，多数非商品供给具有“公共物品”的性质，其价值无法体现在商品的市场价格之中。在此条件下，依赖市场竞争机制形成的均衡可能偏离社会最优水平，因而需要政府采取措施来校正这种“市场失效”。从理论上说，这种对策建议具有逻辑上的合理性。然而考虑到政策制定者并不具有超出公众的技术知识和分析能力，政策制定和执行存在着反

应上的滞后，将政策付诸实施还需要支付相应的费用，因而政府选择的决策常常也不会是与社会最优相一致的，在很多情况下甚至可以造成“政策失效”（见图1）。中国过去的粮食安全战略在一定程度上就属于这种情况。

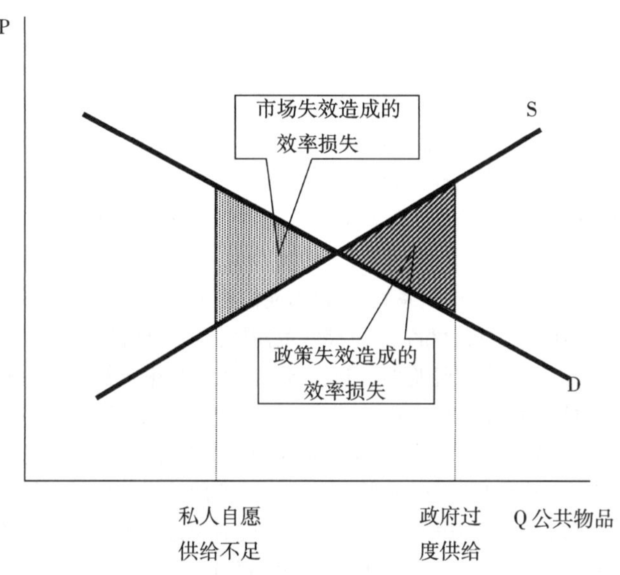

图1　市场失效与政策失效

资料来源：根据OECD（2000）第145页改编。

第四，各国的实践表明，针对问题根源采取的对策在政治上常常不如针对表面现象采取的对策更受欢迎，而针对现象的对策在缓解眼前问题的同时可能使问题根源更难以得到消除。例如，根据一些学者的研究（Zhang et al 2000），中国农业具有在经济衰退时保障农村非农业劳动力（个别情况下也包括城市劳动力）基本生活的缓冲作用，农户家庭经营也向农村人口提供了一种替代社会保障制度的作用。在当前中国正在进行的产业结构调整中，考虑到农民的素质和能力与非农业就业要求不相一致的情况，为了避免了农村劳动力盲目流入城市，中国似乎极有必要鼓励农业发展，以充分发挥这些积极作用，维持农村地区以至于整个国家的社会稳定。然而，为了将农民滞留在农业中而采取扶持农业的政策，只能够缓和眼前社会面临的矛盾冲突，并不能从根本上提高农民收入，从而实现可持续发展目标。在中国目前的情况下，农业的这种积极作用之所以具有特殊的重要意义，恰恰是由于政府过去未能建立起有序引导农业劳动力向非农业转移的机制，而这种转移涉及到城乡利益格局的重大调整，因此通常面临较大的政治阻力。

再如，在过去的经济发展过程中，日本的农村劳动力逐步向城市转移，由此造成农村人口数量不断下降和农业劳动力逐步老龄化的现象。在1990—2000年期间，农户家庭人口由1 730万降低到1 346万，年龄达到和超过65岁的人口占总人口的比例由20%上升到28.6%，年龄达到和超过65岁的劳动力占农业劳动力总数的比例由33%上升到53%。这表明，在日本，农业和农村生活无法向年轻人提供足够的激励。随着农民年龄的老化，农户呈现由以农业为主转向以非农业为主的演变。根据日本农林水产省1998年的统计资料（MAFF，1999），日本的商业性农户平均年总收入为868万日元，其中农业收入仅为125万日元，占14.4%，以在外工作工资收入为主的非农业经营收入达到531万日元，占61.2%，其他收入212万日元，占24.4%。这一情况表明，即使对于日本的"商业性农户"而言，农业生产活动也已经高度副业化。日本政府向农业提供大量的财政支持虽然有助于维持农业生产，从而保留农业对农村活力和农村文化的积极作用，但这种措施很难说是一种从根本上解决问题的途径。

在一定程度上，上述做法体现了这样一种情况：政府依据其主观判断（或对公众支付意愿所做的有限了解）确定采取什么样的行动来保障某种农业功能的供给。然而，这种做法针对的是问题的表面现象，而不是消除其根源。它们可以产生某种宣传价值，但却无法持续地产生效果。

第五，对于农业的多功能性，具有不同文化背景、面临不同市场环境的社会常常有不同的认识和评价，这种认识或评价会随着时间的推移而不断地发生变化。例如，在实现国家粮食安全方面，如日本和中国这样一些在历史上多次出现社会动荡并曾发生过粮食安全危机的国家，公众对通过提高自给率来实现国家粮食安全的政策给予了较大的支持，而在如美国等一些从未面临过类似局面的国家，这种政策往往难以受到公众的赞同。此外，过去的实践也表明，随着城市化程度的持续加深，年轻一代对农村的了解日益减少，与农村的联系趋于淡化，他们将不会像老一辈人那样真心实意地拥护农业支持政策。因而，考虑到可持续农业和农村发展政策需要协调不同区域间和代际间的利益，简单地根据历史经验或来自于当代人的有限经验事实制定出的决策恐怕很难符合这种要求。

最后，农业的多功能性常常具有地域性，但根据本国的利益关系制定的决策可能会在国际范围产生外部效应。这是由于随着经济全球化和贸易自由化的发展，一国针对国内政策目标采取的行动常常会对其他国家产生某种影响，这种影响可以是技术性的(例如中国的防护林工程和草原生态治理减少了发生沙尘暴的可能，周边的韩国和日本会从中受益)，也可以是货币性的(例如日本为了扶持本国农业而对农产品进口采取限制措施会导致国际市场价格下跌，这可能使其他国家的农民收入受到不利影响)。这一情况并不仅限于改变了世界总体福利的分配格局，它还会影响到国家之间的政治关系，进而影响到整个国际社会的稳定。考虑到世界各国都共同生活在同一个"地球村"，任何一个国家或地区出现生态破坏或政治动乱，其他国家绝不可能做到独善其身。从这个角度说，可持续农业和农村发展应该是一个世界范围的概念，而不能是局限于一个国家范围的概念。

综合前面所述的情况，可持续农业和农村发展涉及到技术、经济、社会、文化和政治制度等多方面的因素。在处理这一问题上，考虑到政府在施政能力方面上的局限性，考虑到政策制定者或执行者形成与政策相关联的自身利益的可能性，完全信任政府并委托其采取行动并不一定是一种理想的选择，通过制度改革创造出使这种外部性得以内部化的机制或许是更为可取的出路。

二、世界农业发展面临的问题

在过去的十多年中，虽然世界经济实现了较快增长，但国际社会继续面临着一系列影响未来发展前景的难题。这包括：

不同国家之间、同一国家不同地区之间的贫富差距在继续扩大，由此导致社会矛盾激化，局部性的国家间军事冲突和国家内部的社会动乱接连不断，在一定程度上恶化了世界经济发展面临的环境，阻碍了国际社会抓住经济全球化和贸易开放带来的良好机遇加快发展的可能性；

尽管一些国家在保护环境方面采取了更多和更有效的措施，但国际范围内的环境质量下降趋势并未得到根本扭转，在一些经济落后的发展中国家甚至出现急剧恶化的局面；

在过去10的多年中，区域性的经济危机频繁发生，暴露出国际社会缺乏有效的协调机制和能力；

就消除贫困现象而言，尽管各国都做出了较大的努力，但实现的目标远远低于预期；

随着主要出口国减少商品储备量，国际农产品市场上的价格波动呈现增强趋势，这一情况与自然因素和政治经济因素相结合，使一些国家面临着更为严重的粮食安全风险；

尽管发达国家普遍加强了动植物检疫和食品卫生安全标准检验，影响农业的重大疫情或影响消费者的食品安全危害仍不断发生；

国际社会在实现可持续发展方面取得的进展极为有限，部分发达国家并没有表现出与其他国家（特别是与发展中国家）合作解决问题的意愿。

上述问题多数都与农业有直接或间接的联系。从这一角度看，创造出有利于可持续农业和农村发展的环境，是实现世界经济可持续发展的重要任务之一。

就实现可持续农业和农村发展而言，中国也面临着严峻的局面（中国社会科学院环境与发展研究中心，2001）。中国是一个人口众多、农业资源相对稀缺的国家。新中国成立以来，为了保障国家粮食安全，中国政府采取了多种措施鼓励农业生产，其中最为突出的是利用“现代”农业技术对传统农业进行改造，这包括大量施用农药和化肥、扩大灌溉面积、引入农业机械作业等。然而，尽管中国的农业生产实现了较快增长，国家粮食安全得到了保障，在农业的有力支持下非农业部门也得到快速发展，但中国也为取得上述成就付出了巨大的代价，特别是在环境质量方面。主要的问题有：

由于边际土地的开垦和草场的过度利用，中国的自然植被严重退化，水土流失日益加剧，近年来土地沙漠化的速度超过了治理速度，90年代期间，每年土地沙化的面积达到2460平方千米，沙尘暴频繁发生；

对水资源的强度利用导致地下水位下降，北方地区出现了大面积的沉降漏斗，例如华北地区的沉降漏斗面积超过了2.3万平方千米，南北方都出现了湖泊萎缩、河流断流的现象；

洪涝灾害频繁发生，给工农业生产和人民生活造成巨大的损失；

近海海域水质恶化，沿海大面积赤潮频繁发生，涉及的海域扩大，发生的时间延长；

虽然近年来通过大面积植树造林使森林覆盖率有所回升，但林地质量仍趋于恶化；

为了获得高产，农业生产中长期不适当地使用农药、兽药、激素等化学品，使农业生产的环境受到严重污染，有害物质在土壤、地下水、农产品和生物体内残留日增，威胁到农业生产者和农产品消费者的安全和健康，生物多样性也受到损害；

现代高投入农业生产技术取代了中国传统农业的有机物再循环生态机制后，农业废弃物成为农村地区的重要污染源（如大范围在田间燃烧秸秆造成空气污染）。

近年来，上述情况已经受到中国公众和政府的高度关注。为了从根本上扭转环境质量恶化的趋势，中国政府提出，将把可持续发展作为国家的基本战略。在过去的10年中，中国政府着手进行了相关法律法规的修改和完善工作，通过多种媒介向公众宣传有关知识，利用政策措施鼓励生产者采取对环境友好的生产技术。针对严重的生态环境恶化问题，中国政府实施了一系列重大项目，如以长江和黄河中上游为重点的全国七大流域水土保持生态建设重点工程、防沙治沙工程、退耕还林还草工程等。此外，中国政府还推行了近海海域伏季休渔制度，在全国范围内开展生态农业建设试点工作，启动了“无公害食品行动计划”等。在局部地区，这些活动已经取得了一定成效，但从整个国家看，有待今后完成的任务仍十分艰巨。

上述情况表明，在追求经济增长的过程中，很多国家仍在采取侧重实现农业个别功能的策略，而没有能够很好地考虑如何使多种功能得到协调。在实现可持续农业和农村发展方面，无论是中国还是整个国际社会，都面临着严峻的挑战。

三、开放贸易与发挥农业多种功能的关系

如何处理开放贸易与发挥农业多种功能的关系，是中国公众和政府面临的一个亟待回答的重要问题。中国已经于2001年成为WTO的成员，在今后几年中，中国需要认真履行扩大农产品市场准入的承诺，同时还将全面参与新一轮多边贸易谈判，与其他成员共同制定未来的国际贸易规则。鉴于涉及农业多功能性的规则将会对农业发展产生重大影响，作为农业大国的中国需要特别关注有关的情况，对各种建议做深入的分析研究，并形成自己的立场。

乌拉圭回合农业协议的第20条明确提出，新一轮谈判将“充分考虑乌拉圭回合协议执行中积累的经验，考虑乌拉圭回合对农产品贸易产生的效果，以及非贸易关注和针对发展中国家的特殊和差别待遇，以期实现建立一个公平和市场导向的农业贸易体系这一总体目标”。在新一轮谈判中，非贸易关注受到了国际社会的广泛关注，目前已经有一些成员针对这一问题提出了自己的认识、立场和建议（WTO，2002）。

“非贸易关注”实际上考虑的是贸易对农业发挥多种功能产生的影响作用。如果农业的商品产出和非商品产出由于技术上的联系而成为联合产品，那么扩大农产品贸易开放会由于引起农产品供给数量变化而改变非商品产出的供给，进而影响到国家的福利。对于农产品进口国，开放贸易将导致农产品供给数量减少，非商品产出也随之下降。而在那些开放贸易后获得更大出口机会的国家，农业生产将增长，非商品供给也随之增加。很显然，就非商品供给而言，进口方和出口方在扩大贸易开放政策上的利害关系截然相反。实践表明，农产品贸易地位的差别是导致不同成员在农业多功能性问题上持不同立场的一个重要原因。另一方面，如果农业的商品产出和非商品产出在技术上是可以相对分离的，那么利用贸易干预政策来保障非商品供给的必要性就基本消失了。此时成员方政府可以采取直接针对非商品产出目标的政策措施，同时从扩大农产品市场开放中获取贸易得益。

从上述讨论可以看出，是否有必要以及如何通过干预（限制）农产品贸易来实现农业非商品产出目标是一个相当复杂的问题，它首先取决于商品产出与非商品产出之间是否存在技术联系，其次要看这种技术联系的性质，如外部性是正的还是负的，两者间关系的边际变化趋势如何，第三要考虑本国的经济地位和贸易地位，最后还应评估国家之间的相互影响。由于商品产出和非商品产出之间的技术联系取决于具体的环境，这里不准备就此做更多剖析，而是集中讨论最后两个因素。为了简化分析，假定农业的商品产出和非商品产出之间存在着正的技术联系，这是讨论农业多功能性时的典型情况，例如农业提供的环境效益和在保障国家粮食安全方面发挥的作用。

在以下的分析中，我们将世界各国划分为三个类型：①发达农产品进口国；②发达农产品出口国；③发展中国家。

发达农产品进口国普遍都具有农业资源相对稀缺和农场经营规模小的特点，而农场规模小又限制了用农业机械替代劳动的可能性，因而农业生产相对劳动密集，劳动成本高昂。此外，由于人口密度高，农业生产活动对居民的生活质量有较为直接的影响，生产者面临着较强的环境保护压力。这些因素结合在一起，使这种类型的国家（其典型代表如日本、韩国和部分欧洲国家）在农产品生产成本上的劣势变得格外突出。在历史上，这些国家普遍实施了对农业的扶持政策，使国内市场价格显著高于国际市场价格。在这一背景下，扩大贸易开放势必导致这些国家的农业生产出现萎缩，从而影响到非商品的供给，尽管消费者会得到好处。

考虑到这种前景，这些国家特别强调非贸易关注问题，虽然各自的侧重点并不完全相同。其基本主张是，依靠市场机制无法有效地保障非商品产出的供给，因而有必要通过扶持农业来解决这一市场失灵，包括对进口实行限制。从形式上看，上述主张确实有其逻辑依据，然而依靠高扶持和保护来发展农业和保障非商品供给可能并非是一种可持续模式。首先，这些国家的农业仍建立在大量使用现代工业投入的基础之上，这种技术体系对自然界的索取与回馈并未维持在可持续的平衡状态。其次，这些国家需要靠来自非农业的大量补贴来维持生产者的收入水平，这从经济上说是不可持续的。最后，即使通过这种政策扶持，多数国家还是无法扭转农民的老龄化，从社会文化角度说这也是难以持续的。

以美国、澳大利亚和加拿大等国为代表的发达农产品出口国具有丰富的农业资源，农场的规模大，通过机械化可以有效地节省劳动成本，从而在农业经营上获得了“规模经济”。由于其农产品生产成本较低，因而各国扩大农产品贸易开放有利于这些国家增加农产品出口，从而改善国家的总体经济福利。在多边贸易谈判中，美国和凯恩斯集团国家承认非贸易关注有其合理性，但强烈反对利用干预贸易的方式来实现这种目标，主张采取更具有针对性和更少贸易扭曲的措施来解决问题，例如WTO划分出的“绿箱”政策。在另一方面，这些国家自身也在不同程度上和以不同方式对农业提供扶持，特别是以水土保持、环境保护、生物多样性保护等为理由的扶持，在手段上也包括了对部分农产品的高关税保护、实施严格的动植物检疫和技术标准等影响贸易的措施。尽管优越的自然禀赋条件使这类国家免于采取发达农产品进口国的农业经营模式和政策，但其农业生产同样也是建立在现代高投入技术体系之上，因而也没有从根本上解决可持续性问题。

发展中国家之间在资源禀赋、技术能力、农产品贸易地位、社会和经济组织制度等方面存在着巨大的差异，然而其共同的特点是农业人口占的比例大；农业收入是国民收入的重要组成部分，因而国际市场农产品价格发生变化可以对这些国家的国民福利产生重大影响；政府从农业中抽取的资源大于提供给农业的支持。在很大程度上，正是由于发达国家的影响，发展中国家的农业普遍开始了由传统的低投入、低产出技术体系向现代高投入、高产出技术体系的过渡，当然不断增长的人口压力则是迫使发展中国家转变农作技术的内在原因。由资源禀赋条件和市场需求因素所决定，发展中国家采用的农业生产技术在很多方面不同于发达国家，普遍具有相对劳动密集的特点。从总体上看，很多发展中国家有能力以低成本生产农产品，但在控制产品品质质量方面存在着某些问题。上述特点使发展中国家在当前的农产品贸易框架下参与国际竞争面临特殊的困难：首先，尽管发展中国家的产品可能在国际市场上具有成本优势，但面临进口方依据WTO的特殊保障措施、反倾销措施等条款设施的壁垒，价格竞争策略很少能够取得成功；其次，发达农产品进口国还可以以发展中国家的产品无法达到本国的质量标准为理由，依据WTO允许的SPS和TBT措施合法地限制进口；第三，部分发达国家在新一轮谈判中提出的“环境标准”、“劳工标准”和“动物福利”等非贸易关注议题更直接地针对了发展中国家在竞争中的弱点。因而，尽管非贸易关注具有合理性，并且目前WTO允许的措施在形式上符合非歧视性原则，但其实质效果常常是使发展中国家出口农产品面临更高的壁垒。

更需要注意的是，当一个国家追求自身的非贸易关注目标时，他可能对其他国家实现这种目标的机会产生影响，这一情况突出地表现在各国对农业的扶持上。尽管WTO有关国内支持的规则对所有成员方一视同仁，但从实践看，实际利用“黄箱”政策和“蓝箱”政策扶持农业的国家基本都是发达国家，有能力扩大使用“绿箱”政策的也主要是发达国家。根据经济合作与发展组织（OECD）的统计，自从乌拉圭回合谈判开始以来，发达国家对农业的扶持水平事实上并没有明显降低（见表1）。从图2可以进一步看出，一些发达国家通过扶持政策转移给农民的收入高于其实际创造的价值，更远远高于发展中国家的人均收入①。如果这种政策的影响局限于各国内部(即没有贸易扭曲)，那么对其他国家不至于造成明显的危害，然而这并非事实。实际上，目前国际市场农产品价格低迷在很大程度上是发达国家大力扶持本国农业产生的结果，而这一情况抑制了发展中国家的农业生产。这意味着，发达国家为保障自身的农业非商品产出供给目标而采取的扶持措施使发展中国家实现同一目标的机会受到损害，例如保障国家粮食安全。考虑到发展中国家的农业人口数量大、农民收入水平低的事实，发达国家的这种做法很难被看作是一种解决非贸易关注问题的最佳方式。

表 1　部分 OECD 国家对农业的扶持水平（%PSE）

国家	1986—1988	1999—2001	国家	1986—1988	1999—2001
新西兰	11	1	澳大利亚	9	5
波兰	4	12	匈牙利	17	18
加拿大	34	18	美国	25	23
欧盟	42	36	日本	62	60
韩国	70	66	瑞典	73	70

资料来源：OECD，2002。

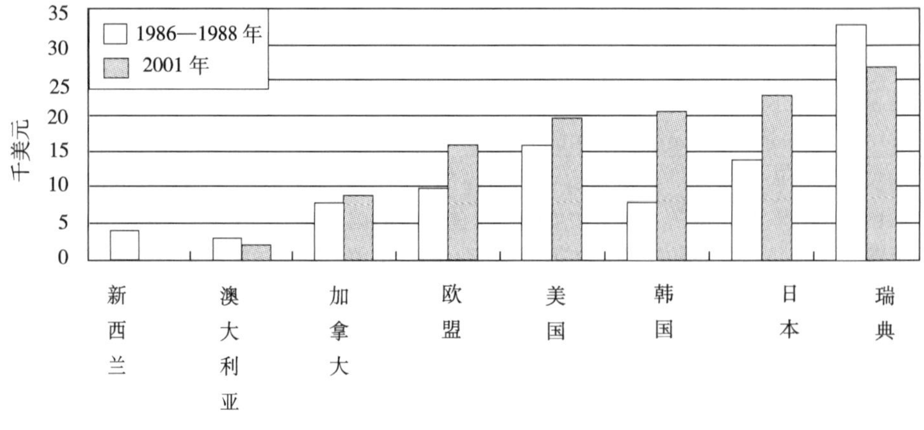

图 2　部分 OECD 国家每个农业全劳力等值得到的生产者支持额

资料来源：OECD，2002。

如果我们认同农业多功能性是一个世界范围的共同现象，那么一个国家没有理由只追求自身的农业多功能性而不考虑对其他国家实现农业多功能性的影响。特别是，实现农业多功能绝不能由于发展中国家缺乏扶持农业的财政实力和社会组织体制而成为发达国家的专利。从实现公平和可持续发展目标的要求看，充分发挥农业的多种功能应该并且只能通过整个国际社会的共同努力，而不应该出现谁具有经济实力，谁就可以自由地利用农业扶持措施追求这种目标的局面。当发达国家出于发挥农业多功能的理由采取贸易保护或扶持农业的措施时，它应当考虑这种行动对发展中国家利益的影响，有必要采取某些补救措施来弥补贸易伙伴的损失。发达国家还应积极地通过传播知识和转移技术等方式，帮助发展中国家更好地发挥农业的多功能性。

---

① 例如，根据中国国家统计局资料(2002)，2001 年中国农村居民的人均纯收入为 2 366 元，其中人均现金纯收入为 1 748 元。

四、结论

农业具有多种功能，各国政府在制定农业政策时需要认真考虑这种多功能特性，以实现可持续农业和农村发展。然而就实现这一目标而言，国际社会目前所具有的技术知识和能力仍是很不充分的，有必要对此做更深入的研究。特别是，迄今为止我们还没有能够找到一种低投入、高产出的可持续生产模式来取代现行的高投入、高产出技术体系，而低投入和低产出的传统农业模式无法有效地保障社会需求。从根本上说，发达国家居民的生活模式决定了当前非可持续的现代农业发展，而这种生活模式正通过示范效应，逐步在整个范围内世界扩大影响。

WTO 的贸易规则应反映成员方解决非贸易关注的合法要求。然而，在对农业多功能性的认识及应该优先实现哪些功能方面，发达国家与发展中国家之间常常有不同的考虑，同样的政策手段在实现目标的有效性和执行成本方面也存在明显差异。因而 WTO 在处理非贸易关注问题方面既需要有统一的原则和纪律，同时也有必要在采取具体措施方面给予各国适当的灵活性。

农业多功能性是一个世界范围的共同现象，解决问题的措施也常常产生外部效应，因而不宜采取每个国家在自己的国土范围独立实现的方式，而是应该通过整个国际社会协调的努力。发达国家在追求实现自身目标时，需要充分考虑对发展中国家的影响，特别是当这些措施限制了扩大贸易的机会时，建立双方之间的沟通机制和利益补偿机制是协调解决问题的一种可取方式，符合将外部性加以内部化的机制。在世界范围实现农业的多功能性和可持续发展方面，发达国家应该承担更多的义务，包括加强相关技术知识的传播、对发展中国家提供财政支持以帮助其解决问题、积极形成国际范围的共同努力。

参考文献

[1] MAFF . 1998 Farm Economy Survey. 1999

[2] MAFF. Report on Result of “The 2000 World Census of Agriculture and Forestry” (Summary) . 2000

[3] OECD . Multifunctionality：Towards an Analytical Framework，Paris. 2000

[4] OECD . Agricultural Policies in OECD Countries：Monitoring and Evaluation 2002，Paris. 2002

[5] WTO . WTO Agriculture Negotiations：The issues，and where we are now. 2002

[6] Zhang，Linxiu，Amelia Hughart，Scott Rozelle and Jikun Huang. Coping with Recession in Rural China：Strategic Labor Supply Decisions in Periods of Boom and Bust. Working paper of Center of China Agricultural Policy，Chinese Academy of Sciences. 2000

[7] 谷树忠，吕耀 . 农业功能多元化及可持续发展研究 . 世界农业问题研究（第三辑），第 257～277 页，北京：中国农业出版社，2001

[8] 国家统计局 . 2001 年国民经济和社会发展统计公报 . 2002

[9] 中国科学院可持续发展研究组 . 2002 中国可持续发展战略报告 . 北京：科学出版社，2002

[10] 中国社会科学院环境与发展研究中心 . 中国环境与发展评论 . 北京：社会科学文献出版社，2001

[11] 中国社会科学院农村发展研究所、国家统计局农村社会经济调查总队 . 2001—2002 年：中国农村经济形势分析与预测 . 北京：社会科学文献出版社，2002

中国大豆市场供给状况及发展趋势*

尹金辉

一、前言

在我国，发展大豆生产具有十分重要的意义。由于社会发展和经济条件所限，中国人民膳食结构中存在着蛋白质不足的问题，在广大农村尤为明显。在中国目前条件下，大豆是最好的蛋白质来源，物美价廉。另外，大豆中脂肪含量达20%～23%，从中提取的大豆油是优质植物油。同时，由于大豆作物具有很好的固氮性能和其本身的高蛋白质的特点，也成为重要的养地作物和养殖业优质的蛋白饲料。

我国大豆的产量和出口量曾居世界首位，现已退居美国、巴西等国之后。同时随着人们生活水平的提高，我国对大豆及其制品的需求十分强劲。从1996年始，我国从传统的大豆净出口国变成了净进口国，并呈现进口量逐年递增，出口量逐年递减的趋势。2000/2001大豆市场年度（注：大豆市场年度为当年10月至次年9月）中国大豆净进口量超过了1 500万吨，比1996/1997年度增长了19倍。因此，对我国当前大豆供给状况进行分析十分必要。

刘凤军（1999）分析了我国大豆供求的现状和潜力并提出对策。汤艳丽（1999）对我国近几年大豆市场供给和需求、进出口现状和国际国内价格情况进行了实证分析，并提出了对策。郑康宁近年来一直对黑龙江省和全国大豆市场供求状况进行分析和预测，对近年来中国大豆和豆粕的国际贸易地位变化、国际国内市场的价格状况、大豆的消费和需求状况等方面都提出了自己的看法和建议。蒋建平（1999）、常汝镇（1999）都认为目的在于改善国民青少年营养状况的“国家大豆行动计划”可以推动大豆生产的发展，拉动大豆的需求。常秀亮（2000）分析了我国近年大豆生产滑坡的原因并提出了政策建议。朱希刚、王济民（2001）对我国大豆业所面临的形势、问题进行了分析，认为我国大豆产业面临着十分严峻的形势，并提出了相应的对策。本文拟通过对大豆生产供给的研究，阐明我国大豆生产存在的问题及发展潜力。

二、中国大豆产量变化分析

新中国成立以来，中国大豆产量经过了一个徘徊式的曲折发展过程，大体可以分为4个阶段：

第一阶段：稳步发展阶段（1949—1957年）。这一阶段中国是世界上最大的大豆生产国和出口国，这一阶段由于我国农业生产发展很快，很多粮食品种的产量都有较大的提高。而我国大豆

* 原载《WTO与中国农业和农村发展》，中国农业出版社，2002。

在保持传统生产优势的基础上进一步扩大了大豆的播种面积，大豆产量从510万吨增加到1 005万吨，产量提高了1倍。

第二阶段：持续下滑阶段（1958—1965年）。从1958年开始，由于农业生产发展较为缓慢，并且强调了粮薯等高产作物的生产，大豆生产受到较大影响，总产从1957年1 005万吨下降到1965年的615万吨，产量持续下滑。

第三阶段：摇摆徘徊阶段（1966—1980年）。这一阶段国家的粮食政策一直没有大的变革，大豆的产量也一直在较低的水平上徘徊不前。总产徘徊在650万～900万吨之间，没有较大的变化。

第四阶段：徘徊发展阶段（1981年至今）。进入20世纪80年代以来，我国大豆总产量波浪式上长，但始终在900万吨以上，而且多数年份在1 100万吨以上。1994年曾达到1 600万吨的水平，是我国迄今为止大豆的最高产量。1994年后大豆的产量出现回落，1995、1996年为1 300多万吨，此后略有回升，1997年为1 470万吨，1999年我国大豆总产为1 425万吨。

从我国大豆产量的4个发展阶段可以看出，我国大豆产量存在较大的不稳定性。而从总产、单产和播种面积的指数变化情况可看出，总体来说，我国大豆产量的不稳定性主要是受到我国大豆单产波动的影响。这是因为比较来看，1965年以前受播种面积的波动影响较大，从1965年到20世纪90年代初的较长一段时间内，大豆产量的变化受单产波动的影响较大，而近几年大豆产量出现下滑并徘徊不前，受大豆播种面积变化的影响大一些。

从单产水平上看，1949—1964年，全国大豆单产由615千克/公顷提高到720千克/公顷，这期间1958年单产水平最高，为915千克/公顷，平均单产水平为773千克/公顷；1965—1994年，大豆的单产水平有了飞速的提高，从720千克/公顷提高到1 735千克/公顷，年递增率为3.5%。特别是1994年，单产水平比1993年有了很大的提高，使我国1994年在大豆播种面积比1993年有较大下降的情况下，产量达到了历史最高的水平。1994年以后虽然大豆单产虽仍略有提高，但由于大豆播种面积的较大波动，大豆的总产仍有所下滑。

从播种面积上看，20世纪50年代全国大豆年平均播种面积为1 127万公顷，1957年是历史上大豆种植面积最大的一年，达1 274.8万公顷。60年代全国年平均播种面积下降到900万公顷。70年代进一步缩减，年平均种植面积仅为733万公顷。80年代有所回升，平均为800万公顷左右。90年代年平均大豆播种面积虽进一步回升到838万公顷，但年度间大豆播种面积的波动幅度更大，1993年大豆播种面积曾达到1 238万公顷，而此后一路下滑，1996年曾跌到747万公顷。近两年虽有回升，但升幅不大且有所反复。1993年以后大豆播种面积的波动是近几年我国大豆产量徘徊不前的重要影响因素。

三、中国大豆生产的地域分布

大豆是我国最重要的农作物之一，种植几乎遍布全国。从种植季节看，主要分布在3个大区，即北方春播大豆区、黄淮流域夏播大豆区、南方多播大豆区。春播大豆一般在4～5月播种，9～10月收获。东北及内蒙古等地区均种植一年一季的春播大豆。夏播多为小麦收获后的6月份播种，9～10月份收获，黄淮海地区种植夏播大豆居多。而南方地区因雨量充沛，无霜期长，因此为多播期大豆区。从种植方式看，东北、内蒙古等大豆主产区，种植方式一般以大田单一种植为主；而其他有些地区，与玉米、花生等作物间作种植。

从播种面积上看，黑龙江省是全国最大的大豆生产地区，播种面积居全国首位，其大豆的种植情况在全国占有举足轻重的位置。1999 年黑龙江省播种面积 245.9 万公顷，占全国在大豆播种面积的 34.65%。而我国其他省区的播种面积均在 80 万公顷以下，所占比例均不到全国的 10%。

从产量上看，黑龙江省大豆产量也一直占全国首位，该地区大豆产量的增减在一定程度上决定着整个国家的大豆生产状况和对外贸易形势。1993—1999 年，黑龙江省大豆平均年产量为 470 多万吨，占全国大豆生产总量的 1/3 左右，远远高于其他地区，1999 年产量 446.6 万吨，占全国总产量的 31.34%。山东、河南的大豆生产 90 年代以来稳定发展，年产量都在 100 万吨左右，1993—1999 年年均产量居全国的第二位和第三位，分占全国总产量的 8%和 7%左右。内蒙古、安徽、吉林和河北四省产量徘徊在 60 万～100 万吨之间，1999 年分别排在全国的第四位至第七位，产量分别占全国的 5%～6%左右。大豆产量较高的省份还有辽宁、江苏、陕西、山西等省，而其他地区大豆产量总和约占全国总产量的 20%左右。

四、大豆生产成本效益分析

生产效益是影响大豆生产的重要方面。和其他许多农产品一样，大豆的生产成本主要包括物质费用和用工费用两部分，收入主要是产品销售收入，收入扣除生产成本及税金后的余额即为大豆减税纯收益。

1978 年以前，虽然大豆的产值呈上升趋势，但生产成本增加的幅度也很大，因此，大豆的生产效益一直处于较低的水平，并没有明显提高。1979 年以后，大豆产值稳步提高，增加幅度超过了成本的增加幅度，生产效益逐年上升。特别是进入 20 世纪 90 年代以后，大豆生产效益出现较大幅度提高并在 1995 达到了最高水平，每公顷减税纯收益高达 2 508 元，比 1978 年的 69 元提高了 30 多倍。1996 年大豆产值虽然比 1995 年继续提高，但同时成本的增加速度超过了产值的增长幅度，因此，1996 年纯收益比 1995 年反而有所下降。同时，从 1996 年开始，我国大豆供求形势发生变化，开始大量进口大豆，大豆价格持续下滑，因此国内大豆生产效益受到冲击，大豆收益急速下降，从 1995 年的 2 508 元下降到 1999 年的 1 136 元，每公顷纯收益下降了 54.7%。

同玉米、小麦等其他主要粮食品种比较，20 世纪 90 年代中期以前，我国北方大豆主产区大豆种植比较效益较高，大豆播种面积和产量增长也较快。但从 1993—1999 年大豆与玉米、小麦每亩减税纯收益对比情况看，大豆的比较效益开始呈下降趋势。1993 年全国平均大豆减税纯收益高于小麦、却低于玉米，特别是大豆的主产区黑龙江，大豆的收益大大低于玉米，而该地区玉米恰恰是大豆的主要竞争性种植品种。1994 年大豆与小麦的收益差距大大缩小，而与玉米的收益水平差距进一步拉大。1995 年全国平均大豆减税纯收益虽仍高于小麦，但黑龙江、吉林、辽宁三个大豆主产省的大豆减税纯收益已明显低于其他两种作物。1996、1997 年由于大豆价格上涨，大豆的收益水平有所提高，并略高于另两种粮食品种。但随着 1997 年 9 月后大豆价格的持续大幅大滑，大豆的比较收益急剧下降，1998 年大豆主产区黑龙江的大豆每亩纯收益从 1997 年的 147.58 元急跌到 1998 年的 56.44 元，为同期该地区主要竞争性粮食品种玉米每亩纯收益的 41.58%。而 1999 年黑龙江大豆每亩纯收益更是进一步跌到了 36.3 元的低水平。

造成大豆比较收益下降的主要原因之一是大豆单产水平较低。从大豆每公顷单产看，1949 年为 611 千克，到 1997 年达到 1 765 千克，增长 289%。但与此同时，粮食平均增长 425%，其中稻谷增长 334%，小麦增长 639%，玉米增长 456%。显然，大豆单产是增长速度最慢的。1995 年大豆单产为 1 661 千克/公顷，而稻谷、玉米、和小麦单产分别为 6 024 千克/公顷、4 917 千克/公顷和 3 541 千克/公顷，大豆单产还不及其他作物单产的 1/3。大豆单产最高的 1996 年也只有

1.77吨/公顷，与目前美国2.5吨/公顷的单产水平相比，还存在着较大差距。

另外与我国其他主要粮食品种相比，大豆比较收益下降还主要受到价格因素的影响，将在大豆价格分析中论述。

由于大豆比较收益的下降并且种植大豆本身的纯收益也在下降，因此从1994年以后，农民种植大豆的意愿明显降低。但是，我国的种植结构受农民种植习惯和自然条件影响较大，如从占用耕地上看，大豆在北方地区与玉米、小麦可以轮作，尤其在东北，新开垦的土地总要先种一两年大豆，以地养地，并且1997年起农产品市场价格全面下跌，其他农产品也面临着销售难的问题。因此，尽管种植大豆产量较低，比较效益较差，很多地区仍然种植大豆，特别是东北地区，大豆是传统的主栽作物。

五、我国大豆生产的发展趋势

随着人们生活水平的提高，我国对大豆及其制品的需求十分强劲，且供求缺口很大，而目前这部分供求缺口主要依靠大量进口来弥补，从1996年开始，我国从传统的大豆净出口国变成净进口国，并呈现进口量逐年递增、出口量逐年递减的趋势。2000/2001大豆市场年度中国大豆净进口量超过了1 500万吨，比1996/1997年度增长了19倍。同时，我国大豆生产的播种面积和单产都还有较大的提高空间，并且政府对大豆的生产已经开始重视，因此，我国大豆生产的发展潜力很大。

从种植面积上看，还有很大的提高空间。首先，东北地区玉米播种面积很大，如适当削减玉米的播种面积，增加大豆面积，东北三省大豆播种面积仍可有较大幅度的提高。2000年吉林省已实施“大豆玉米轮作计划”，“黄金玉米带”上的农安等8个产粮大县（市）用大豆置换了300万亩玉米，使全省大豆播种面积大大提高。其次，我国南方发展大豆也很有潜力，如可在低纬度地区（如云南、广西南部）发展冬大豆生产。近年云南冬季农业开发取得成效，冬种大豆很有潜力。从单产看，我国大豆单产也有一定的提高空间。一是我国大豆良种可以满足当前生产需要，良种普及率可进一步提高。二是现在已基本研制出成熟适用的栽培技术，尤其东北主产区采取的分层施肥等措施，可保证大面积单产150～200千克。如果将这些行之有效的高产栽培技术措施大力推广，适当增加投入，提高大豆单产并不困难。

基于以上判断，只要国家政策支持，采取适当措施提高国内生产者生产大豆的积极性，我国大豆生产的发展潜力很大。

六、结论和政策建议

我国大豆产量存在较大的不稳定性。总体来看，我国大豆产量的不稳定性主要是受到我国大豆单产的波动影响。通过对影响我国大豆产量主要因素的影响程度分析，发现大豆播种面积对大豆产量的影响十分显著。

进入20世纪90年代以后，大豆生产效益出现较大幅度提高并在1995达到了最高水平。但从1996年开始，受进口量激增及价格下降影响，大豆收益急速下降。同玉米、小麦等其他主要粮食品种比较，1993年后大豆的比较效益开始呈下降趋势，近几年黑龙江等大豆主产区大豆的减税纯收益已明显低于玉米等其他竞争性品种。造成大豆比较收益下降的主要原因是大豆单产水平和价格因素的影响。由于大豆比较收益的下降并且种植大豆本身的纯收益也在下降，因此从

1994 年以后，农民种植大豆的意愿明显降低。

目前国家和地方的粮食政策不利于大豆的生产发展。大豆虽属粮食作物，却未享受粮食的相关保护政策。由于目前玉米等其他主要粮食品种受国家保护价政策的保护，而目前大豆没有实行保护价制度，从 1994 年开始，大豆与主要竞争性粮食品种玉米的价格比开始下降。为促进大豆市场的发展，提出以下政策建议：

第一，政策上重视大豆的生产发展。首先，为了在大豆主产省扩大大豆种植面积，地方政府可以动用一部分粮食风险基金或财政支农资金，对种植大豆的农户，按大豆实际种植面积给予适当补贴。通过以上措施使大豆生产与粮食主要品种的比较利益在农民可接受的范围内。其次，要优化生产结构，提高大豆生产在农业生产结构中的比重，正确调整发展大豆和粮食主要品种的关系。积极采取有力措施，促进种植业由“粮食作物—经济作物”二元结构向“粮食作物—经济作物—饲料作物”三元结构转变，减轻畜牧业发展对粮食需求的巨大压力，调整大豆和主要粮食作物、特别是玉米的关系，适当 增加大豆种植面积，刺激大豆生产的发展，增加有效供给并力争自给有余，恢复和扩大出口。再次，增加投入，改善农业生产条件。农艺、农机、水利、农资、粮食等部门要密切配合，认真解决大豆产前、产中、产后各个环节所遇到的问题。

第二，提高大豆的单产和品质，提高竞争能力。大豆单产较低既是我国大豆总产稳定增长的重要制约因素，也是目前我国大豆与国外大豆差距较大的一个关键环节，因而也是我国大豆业最具增长潜力的因素。而品质较差，也是国产大豆销路不好的一个重要原因。提高大豆单产和品质，第一，要加强良种繁育，大力推广高产、优质、抗病良种，建立健全大豆的良种繁育体系。南方地区要重点推广高蛋白大豆，而东北地区则以高油大豆为主。各级政府和科技推广部门要结合“丰收计划”和“跨越计划”等项目对大豆的良种推广给以重点倾斜。第二，要加强大豆科研的科技创新能力。要加大对大豆科研的投资力度，加快科研体制改革和科研开发步伐，争取在短时间内使我国现有的大豆先进适用技术尽快推广到广大农户手中。第三，严把质量关，搞好优质大豆专用品种生产与收购，以质论价。必须改变过去的多品种种植，混合收购，水分高，杂质多的问题，真正做到专用品种种植，按品种单独收购，以质论价，提高竞争力。

第三，调整外贸政策，积极迎接“入世”。一方面考虑到加入 WTO，关税降低和配额取消具有较大的刚性，一旦承诺，就不易改变，应尽快研究利用特殊保护条款对我国大豆及其产品进行适当保护的、可行的具体操作办法。从进口大豆、豆粕和豆油的比例来看，我国应采取减少进口豆粕和豆油，多进口大豆的策略，这样可以把加工利润留在国内，缓解国内油脂企业的困难，给国内大豆加工工业以喘息之机，同时可以促进国内需求。另一方面加入 WTO 后我国若不能在出口补贴方面加以支持，就只有通过生产补贴来支持生产。同时要重点采取“绿箱”政策即采取大豆科研、植保、基建等投资，粮食安全储备，作物保险，自然灾害救济，以及区域开发等措施，合法地保护和支持我国大豆业的健康发展。

第四，正确应对转基因大豆问题。对于目前出现的转基因大豆的问题。一方面要尽快制定统一的政策法规。在销售上向欧盟学习，实行标签制度，让消费者自由选择；为了防止我国未来在转基因大豆生产上处于被动局面，在科研上，应加快研究步伐，作好大豆转基因技术的储备工作，重点突破药用型、高营养物质型大豆的转基因技术。生产上，要对可以进行推广的转基因大豆，进行严格的地域限制，并要定期或不定期地进行严格的监控，绝不让转基因大豆与传统大豆出现混杂的现象。在进口上，要建立严格的检测标准和检测制度，对不符合进口标准的大豆，坚决拒之于国门之外。与此同时，我国也应抓住这一机遇。我国本是大豆传统出口国，日本、东南亚等国家需要质量优良的副食加工用大豆，过去主要从中国进口，因此只要抓好专用品种出口，

销售价格要大大高于榨油用的普通大豆。可利用欧洲、日本等对转基因大豆的抵制，占领副食加工用大豆市场，日本有的厂家在豆制品标签上专门注明采用中国黑龙江省产大豆制成，就是很好的例证。加大向欧盟和日韩等国市场的出口力度，争取使我国的传统大豆由产量劣势，变为质量优势。

参考文献

[1] 常汝镇. 第六届世界大豆研究会简况及主产国大豆生产状况．大豆通报．2000（3）

[2] 常秀亮．中国大豆生产滑坡的原因分析．中国农村经济. 2000（4）

[3] 陈洁，罗丹. 加入WTO对我国油料市场的影响及现实选择. 粮食与油脂. 2000（6）

[4] 程学刚等. 大豆质量标准汇编及应用说明. 大豆通报. 2000（5）

[5] 崔永萍，近年世界大豆生产、加工与贸易动态浅析. 大豆通报. 1999（5）

[6] 韩志荣，冯亚凡等. 新中国农产品价格40年. 水利电力出版社，1992

[7] 蒋和平. 中国实施大豆行动计划的宏观分析. 大豆通报. 1999（1）

[8] 娇江. 黑龙江省大豆高效益生产对策. 大豆通报. 1999（2）

[9] 李科. 我国转基因农产品市场近期状况分析. 粮食与油脂. 2000（3）

[10] 刘凤军. 浅谈我国大豆产供销. 南京经济学报. 1999（3）

[11] 刘忠堂. 加快黑龙江省优质大豆生产体系建设. 迎接“入关”新挑战．大豆通报．2000（4）

[12] 莫茵. 黑龙江省大豆市场和市场政策改革的分析. 中国农业大学经济管理学院硕士毕业论文. 1994

[13] 彭延军，程国强. 中国农产品国内资源成本的估计. 中国农村观察. 1999（1）

[14] Phillip W. Laney. 世界大豆产品市场的发展趋势. 农村经济文稿. 1999（11）、（12）

[15] 齐放，孙靖非. 对黑龙江省大豆出口及生产的几点思考. 大豆通报. 2000（3）

[16] 曲洋. 1949—1992年我国大豆生产情况表. 大豆通报. 1993（3）

[17] 沈迪非，江华. “入世”对我国国产牛肉市场的影响和对策. 国际贸易问题. 2000（9）

[18] 汤艳丽. 近年来中美农产品贸易情况分析及建议. 农业部信息中心农业信息分析和预测. 1999（4）

[19] 汤艳丽. 中国豆油的生产、贸易与消费. 中国农村经济. 2000（4）

[20] 田佩占. 促进我国大豆产业化之我见. 大豆通报. 1998（5）

[21] 王金陵等. 中国东北大豆. 黑龙江科技出版社，1999

[22] 王世生. 黑龙江省大豆生产问题及解决途径. 大豆通报. 1999（3）

[23] 杨庆凯. 目前大豆生产面临的挑战及对策. 大豆通报. 1999（6）

[24] 杨卫路. 中国大豆产业. 宁夏人民出版社，2000

[25] 张子金. 关于提高大豆生产的建议. 大豆通报. 2000（1）

[26] 郑康宁. 浅议豆价深跌的负面效应与解决办法. 大豆通报. 1999（2）

[27] 朱希刚，王济民. 我国大豆业发展所面临的形势、问题与对策. WTO与中国农村经济结构战略性调整. 中国农业出版社，2001

[28] 中国农科院赴美大豆育种与种质资源培训组. 美国大豆科研和生产的新动向. 大豆通报. 2000（2）

不同农地经营规模的生产收益与生产率差异的实证研究*

朱俊峰

一、问题的提出

为解决土地零碎化和经营规模过小的问题，自80年代中期起，政府就开始推进农地流转，但是政府所期望的经营规模扩大的目标并未实现。从农业现代化、农产品国际竞争力的提高与农民收入的持续增加等方面来考虑，将来中国农业必须走大规模经营或者适度规模经营的道路。问题是，土地利用型农业的经营规模扩大能否能提高生产率、降低生产成本、增加生产收益，目前在国内，关于这方面的实证性研究还较少。本文试图通过对吉林省农地生产率（包含土地生产率和劳动生产率）和生产收益的规模间差异的实证分析，探讨农地流转的内在条件及其可能性。

二、理论假设

在中国，由于土地的非私有性，土地通过买卖进行流转是不可能的。同时，由于土地是农民重要的社会保障，所以农民又不会轻易地放弃土地。迄今为止各地试行的土地使用权制度创新如两田制、反租倒包、股份合作制等都存在明显的缺陷或实践上的困难①。参照日本60年代以来的土地流转进程，结合我国实际，作者认为，建立以家庭农场为基础的规模经营将是今后我国农业经营的主导方式，也是土地流转的主要方向，而通过转包方式来扩大农户的土地经营规模将是一个现实选择。

我们作如下假设：规模经营的生产收益高于小规模经营的生产收益，当规模经营农户可以用足够高的租金去支付小规模经营农户的地租时，即规模经营农户可以支付的租金大于或等于小规模经营农户的农地经营收入时，从理论上说规模经营农户就可以通过转包小规模经营农户的农地来扩大经营土地面积。而当农户都清楚土地转包对双方都有好处的时候，规模经营发展的速度就会加快。

本文将试图证明吉林省玉米生产经营规模间的生产率收益差异是否达到了这一假设所要求的条件。这个条件就是：规模经营农户的农业剩余大于或等于小规模经营农户的农业收入。

三、调查地农户的概况

本文选定吉林省农业大市（县）——舒兰市为调查点。舒兰市位于吉林省的东北部，介于长

---

* 原载《WTO与中国农业和农村发展》，中国农业出版社，2002。

① 参照张红宇等（2002）。

白山脉延伸到松嫩平原的中间地带。西、中、东部依次为平原、丘陵、半山区。溪河镇是舒兰市西部平原区的一个镇。全镇有3.2万人口、7 300公顷耕地，其中水田2 772公顷、旱地4 528公顷。敖花村是溪河镇的一个不满800人的小行政村。村落的周围不完全是平地、也有一些低缓的丘陵地带①。

在1996年第2轮土地分配时，敖花村村民每人分得44.5公亩（10公亩=1.5亩）的责任地。同村的大多数农家同时也承包了镇林业站面积不等的林地。但是到2000年年底这些林地的大部分被承包人种植上了粮食作物。以下为了计算和论述上的方便，将农户的责任地和种植上粮食作物的林地一起算作农家的经营耕地面积。敖花村农业经营的最大特征是以玉米和大豆等粮食作物生产为中心。另一个特征是近几年农业兼业化发展较快，特别是自2000年以来以转包形式进行的农地流转发展非常迅速。

（一）调查农户概况

本次共调查了5户以玉米生产为中心的农家，调查农家的概况见表1。依经营耕地面积大小被划分为：No.1为大规模经营农户（26公顷）；No.2～No.4为中等规模经营农户（3～4公顷）；No.5为小规模经营农户（1.5公顷以下）。

表1　调查农户的概况

项目		No.1	No.2	No.3	No.4	No.5
家庭	人口	4	5	5	4	2
	劳动力	4	4	2	4	1
	劳动日数	390	570	300	720	180
雇用	人数	3～40			2	
	劳动日数	1 050			140	
	日工资（元）	18			15	
经营耕地面积（公顷）		26	4.45	3.73	3.03	1.45
代耕面积（公顷）			3			
主要作物		玉米大豆	玉米	玉米大豆	玉米	玉米
专兼业别		专业	专业	专业	专业	专业
规模别		大规模		中规模		小规模

资料来源：作者实地调查。

1.大规模经营农户。在本调查中，No.1为大规模经营农户，该农户4口人，从村里分得1.78公顷责任地。同时还承包了村里的机动地3.8公顷、镇林业站的林地3公顷。户主温某直到1999年一直担任敖花村的党支部书记，2000年改任第4村民小组主任。由于管理工作减少、加之子女陆续就农、温某于是在2000年从同村的农户那里转包了17.4公顷农地，从事大规模种植经营。当年，N o. 1农户包括责任地、机动地、林地和转包地，形成了26公顷的大规模经营。由于没有农业机械配套②，不得不使用大量的雇工。如表1所示，2000年度共累计使用1 050个

① 敖花村周边有很多丘陵。比较平坦的土地作为耕地利用。丘陵的大部分属于镇林业站所有。1996年，这些丘陵作为林地以20年的承包期被附近的村民承包。林地的承包费为每0.1公顷200元（交给镇林业站）、同时交给村里管理费每0.1公顷50元，合计每0.1公顷林地的使用费达到250元。

② 偶然的是，此次调查的农户都没有农业机械，需要时租借他人的机械使用。No.1农户虽为大规模经营，但由于从2000年才开始大量转包土地，所以对大规模经营收益的前景心中无底。他表示，如果收入能连续两三年基本稳定，他就准备做长期打算，逐步购置农业机械，减轻劳动压力，提高劳动效率，减少雇工量。

雇用劳动日，最多时达到同时雇工 40 人。

2. 中等规模经营农户。 No. 2～No. 4 为中等规模经营农户。No. 2 农户为 5 人家庭，从村里分得 2.225 公顷的责任地，从镇林业站承包了 3 公顷林地，其中 2.225 公顷的林地被用来种植粮食作物。2000 年 No. 2 农户共有粮食耕作面积 4.45 公顷、纯林地 0.775 公亩。家庭劳动力 4 人，所有农活均有家庭劳动力完成，没有使用雇工。

No. 3 农户为 5 人家庭，从村里分得 2.225 公顷的责任地，承包机动地 0.5 公顷，从镇林业站承包林地 1 公顷，共计 3.725 公顷的农地都被用来种植粮食作物。家庭劳动力 2 人，2000 年雇用季节工 2 人，累计使用 140 个雇用劳动日。

No. 4 农户为 4 人家庭，从村里分得 1.78 公顷责任地，承包机动地 0.45 公顷，从镇林业站承包林地 0.80 公顷，总共 3.03 公顷的农地都被用来种植粮食作物。家庭成员 4 人都从事农业生产，没有使用雇工。

3. 小规模经营农户。 No. 5 为小规模经营农户。该农户为夫妇 2 人家庭，从村里分得 0.95 公顷的责任地，从镇林业站承包林地 0.5 公顷，共 1.45 公顷的农地都被用来种植粮食作物。妻子长期抱病，只有丈夫一个劳动力。

总体来看，所有的调查农户都从村里按人头平均分得责任地、从镇林业站承包数量不等的林地；No. 1、No. 3、No. 4 三农户同时从村里承包了数量不等的机动地。只有 No. 1 农户通过转包同村农户的土地扩大了经营面积。责任地按人头平均分配，机动地、林地通过协议承包，转包地由转包方和发包方双方通过协议进行转包。责任地、林地、转包地等不同形式的地租水平参照表 2。

表 2　调查农户经营耕地的类型、面积和地租负担

单位：公顷，元，元/0.1 公顷

农户编号	责任地①		机动地②		林地③			转包地④		合　计	
	面积	租税	面积	租税	面积	承包费	管理费	面积	转包费	面积	平均租税[1]
No. 1	1.78	60	3.8	60	3	200	50	17.42	130	26	113
No. 2	2.25	60			3	200	50			4.45	60
No. 3	2.25	62	0.50	62	1	200	50		3.73	62	
No. 4	1.78	59	0.45	59	0.8	200	50			3.03	59
No. 5	0.95	57			0.5	200	50			1.45	57

注：平均租税是调查农家除林地外经营土地的租税，即为①＋②＋④的加权平均值。除去林地的理由是，林地的地租（＝承包费＋管理费）太高，同时林地还有树木的收益。

资料来源：作者实地调查。

（二）玉米生产成本的规模间差异

粮食生产成本分为两个部分，即物质费用与用工作价（以下称为劳动费）。这个生产成本是直接生产成本，是不完全的。而含税成本则除包括物质费用与劳动费外，还包括租金和期间费用，应该说是比较完全的生产成本。国外在计算粮食的生产成本时，一般都把地租作为必不可少的项目，而中国却没有。笔者认为，中国农户实际上已经交纳了地租，地租被包含在上交给农村集体组织的各项税外费用之中。因此，地租估算的思路可以按照粮食收入中的份额来分摊税外费用，将其作为地租的估计值。鉴于此次调查农户均为典型的专业农户，基本上没有粮食外收入，所以为简便起见，笔者在文中将税金和期间费用之和统称为租税。即含税成本＝物质费用＋劳动费＋租税。生产成本＝物质费用＋劳动费。家庭劳动费以当年国家统计局的标准 1 日 10 元来计算、雇工费以实际发生的费用来计算。

表 3 是 2000 年吉林省与各调查农家的玉米生产成本和生产效益表。其中吉林省的数据来自于国家发展计划委员会等合编的《全国农产品成本效益资料汇编 2001 年》，5 农户的数据根据农户访谈调查所得。5 农户的单产比吉林省平均高约 50%。No. 1、No. 2、No. 3 三户的生产成本大体相当于吉林省的平均水平、No. 4、No. 5 农户高于吉林省的平均水平。除 No. 3 农户外，其他调查农户的物质费用与吉林省的平均水平相当。

表 3　吉林省和调查农户玉米生产成本收益表

	项目名称	单位	吉林省	No. 1	No. 2	No. 3	No. 4	No. 5
每公顷	主产品产量	千克	524	750	750	800	730	650
	产值合计	元	437.5	589.5	585	599	599	470
	主产品产值	元	420	574.5	570	584	584	455
	副产品产值	元	17.5	15	15	15	15	15
	其他收入	元						
	生产成本	元	367.7	344	370	361	467	447
	物质费用	元	238.7	248	220	192	267	247
	劳动费（用工作价）	元	129	96	150	169	200	200
	用工天数	日	12.9	6	15	15	20	20
	劳动日工价	元	10	16	10	11.3	10	10
	期间费用	元	13.7	95	42	44	41	39
	税金	元	18.2	18	18	18	18	18
	含税成本	元	399.6	457	429.8	422.8	525.8	503.8
	净产值	元	198.9	341.5	365	407	332	223
	减税纯收益	元	37.9	132.5	155.2	176.2	73.2	−33.8
	成本收益率	%	9.5	29	36.1	41.7	13.9	−6.7

资料来源：吉林省数值由《中国统计年鉴 2001 年》换算得出，其他数值来自作者实地调查。

首先，观察物质费用的规模间差异。总体而言，物质费用的规模间差异较小。以调查农户平均为 100 来比较，大规模农户为 104、中规模农户为 93，其中的差只有 11 个百分点。但应该注意的是，大规模农户与小规模农户的物质费用基本相等，同为最高水平。即，大规模经营在物质费用方面没有优势。

表 4 是调查农户的生产成本差异及生产成本中的物质费用、劳动费、租税的差异表。

表 4　0.1 公顷玉米含税成本及其物质费用、劳动费、租税差异比较

单位：元

规模别	物质费用	劳动费	租税	含税成本	指数（平均=100）			
					物质费用差异	劳动费差异	租税差异	含税成本差异
小规模农户	247	200	57	504	103	156	63	110
中规模农户	223	170	60	453	93	133	66	99
大规模农户	248	96	113	457	104	75	124	100
平均	239	128	91	458	100	100	100	100

资料来源：作者实地调查。

其次，探讨一下劳动费的规模间差异。据表 4 可以看出，调查农户劳动费的规模间差异非常之大。以调查农户平均为 100 来计算、小规模农户的劳动费最多，达 156，大规模农户的劳动费最少，只有 75，其间的差达到 81 个百分点。特别是大规模农户的劳动费比其他规模的农户显著减少。

租税的规模间差异显著。同样以调查农户平均为 100 作为指数，大规模农户的租税最多，为 124，中、小规模农户的租税分别为 66、63、其间的差达 60 个百分点。即，大规模农户的租税是其他规模农户的两倍之多。

其原因是，大规模农户转包土地的转包费比中、小规模农户从村里分得的土地的使用费高出许多。具体多，大规模农户 0.1 公顷农地的转包费为 130 元，总经营耕地面积的平均租税为 113 元。与此相比，中、小规模农户从村里分得的责任地和机动地的租税分别只有 60 元和 57 元。

最后，对于含税生产成本的规模间差异而言，总体上看含税成本的规模间差异非常小。以调查农户平均为 100 作为指数，含税成本最多的小规模农户为 110、中规模农户最少为 99，其间的差只有 11 个百分点。大规模农户的含税成本为平均水平。总之，大规模经营在含税生产成本上的优势基本没能体现。

结论：大规模经营在物质费用方面基本没有规模效益，但在劳动费方面却有较强的规模效益。同时，大规模经营在租税方面的规模不经济却很显著。其结果是，租税的规模不经济抵消了劳动费的规模经济，因此从含税生产成本来看大规模经营的优势基本不存在。但是，单从生产成本（物质费用＋劳动费）上考察，规模间差异就明显存在，即大规模经营的生产成本最低。

（三）生产率的规模间差异

通过表 5 可以看出，调查农户平均每 1 劳动日（＝8 小时）的玉米生产量为 70 千克。以调查农户平均指数为 100 来计算，大规模农户为 179、小规模农户为 16，其间的差达到 163 个百分点。因此不难得出结论，大规模农户与小规模农户劳动生产率的差距大幅度拉大，大规模农户的劳动生产率水平远远高于中小规模农户。

表 5　生产率的规模间差异

规模别	0.1 公顷产量（千克）	0.1 公顷劳动时间（小时）	每劳动日产量（千克）	指数（平均＝100）		
				产量差异	劳动时间差异	劳动生产率差异
小规模农户	650	160	11	87	191	16
中规模农户	761	131	44	102	160	63
大规模农户	750	48	125	100	57	179
平均	749	84	70	100	100	100

资料来源：作者实地调查。

在我国，关于农业规模经营与零细经营之间的争论，从来没有停止过。反对者的论据之一就是，大规模经营会使土地生产率降低，对社会总供给的商品粮会减少，这对人口大国中国而言，可能会带来巨大的社会问题①。那么，大规模经营的土地生产率是否比零细经营低呢。我们接着分析 0.1 公顷单产与投入劳动时间的规模间差异。

首先看单产的规模间差异。总体而言，单产的规模间差异很小。同样以调查农户平均为 100 来考察，最低为小规模农户的 87，最高为中规模农户的 102，其间只有 15 个百分点的差。大规模农户的单产水平相当于平均水平。因此，我们可以得出如下结论：大规模经营并不必然带来土地生产率的降低，相反，与大规模经营相比，小规模经营的单产水平更低。

其次分析投入劳动时间的规模间差异。调查农户投入劳动时间的规模间差异非常大。以调查农户平均为 100 来计算，投入劳动时间最多的是小规模农家 191、投入劳动时间最少的是大规模农家，仅为 57，其间的差达到 134 个百分点。总之，大规模农户的投入劳动时间比中、小规模农户显著减少。

① 参照罗必良（2000）。

结论：调查农户单产的规模间差异小，投入劳动时间的规模间差异大。换言之，劳动生产率的规模间差异显著，大规模经营的劳动生产率最高。

大规模经营农户的劳动生产率比中小规模经营农户高的主要原因为：在同为租借他人农业机械的情况下，大规模经营农户通过劳动力的分工合作，同时减少了无用劳动的投入，因此使劳动生产率得到了较大的提高。可以设想，大规模经营农户如果自己拥有了农业机械，必将进一步提高劳动生产率。

（四）规模间生产收益差异的形成与农地流转的可能性分析

1. 生产收益差异的形成。表6表明，0.1公顷玉米收入以中规模农户为最多，达287元；大规模、小规模农户则分别为148元、166元。由于大规模农户支付的雇工工资多，所以其收入最少。0.1公顷玉米大、中、小规模农户的家庭劳动费分别为15元、152元、200元，经营规模越大家庭劳动费越少。也即是说，由于调查农户中都没有拥有农业机械，所以耕地经营规模越大，雇用劳动费越多，相反家庭劳动费则越少。

表6　0.1公顷玉米收入和剩余的规模间差异

单位：元

规模别	收入 (1)	家庭劳动费 (2)	剩余 (3)	家庭劳动时间（小时） (4)	每小时家庭劳动收入 (1)/(4)
小规模农户	166	200	23	160	1.0
中规模农户	287	152	195	121	2.4
大规模农户	148	15	246	12	12.3

注：①收入＝产值－（含税成本－家庭劳动费）；②剩余＝产值－生产成本。

资料来源：作者实地调查。

0.1公顷玉米剩余随着经营规模的扩大而增加。大、中、小规模农户的剩余分别为246元、195元、23元。大规模农户虽然农业收入比较少，但由于平均租税大大高于中小规模农户，并且家庭劳动费非常少，所以农业剩余最多，达到246元。而中、小规模农户由于家庭劳动费多，故农业剩余比农业收入少了许多。

2. 农地流转的可能性分析。表7可以说明调查农户规模间的生产收益差异的形成。

表7　0.1公顷玉米的收入、剩余及其规模间差异的比较

项　目	规模别		数额（元）
收入	小规模农户	I_1	166
	中规模农户	I_2	287
部分租税[①]	小规模农户	C_1	30
	中规模农户	C_2	30
剩余	中规模农户	S_2	195
	大规模农户	S_3	246
剩余与所得等[②]的差	$S_2-(I_1+C_1)$		－1
	$S_3-(I_1+C_1)$		50
	$S_3-(I_2+C_2)$		－71

注：①部分租税＝租税－销售费；②收入等＝收入＋部分租税＝I＋C。

资料来源：作者实地调查。

这里重点考察S－（I＋C）栏。其中，S_2、S_3分别为中规模、大规模农户0.1公顷玉米的剩余，I_1、I_2分别为小、中规模农户0.1公顷玉米的收入。C_1、C_2分别为小、中规模农户的部分租税。(I+C) 被称之为收入等①。

大规模农户的剩余与小中规模农户的收入等相比较，得出 $S_3-(I_1+C_1)$、$S_3-(I_2+C_2)$。

$S_3-(I_1+C_1)=50$ 元，为正数。因此可以得出，大规模农户的剩余比小规模农户的收入等高的结论。由此可以推出以下诸关系发生的可能性。即，大规模农户从农业剩余（=246 元）里拿出小规模农户的收入等（=166+30=196 元）作为地租支付小规模农户的话，通过转包来使大规模农户规模进一步扩大的条件是成立的。也即是说，对小规模经营农户而言，由于经营规模过小，只能得到有限的农业收入；与其如此，还不如向大规模经营农户出租土地，收取与自己耕种所得相等的转包费有利。这样，劳动力就可以向非农业部门转移，并可得到其他的劳动收入。对大规模经营农户而言，经营规模的扩大可以使家庭劳动力得到充分发挥，减少从事农业的机会成本；同时可以提高规模效益，增加收入，使从事农业经营的积极性得到保护。

$S_3-(I_2+C_2)=-71$ 元，为负值。这说明大规模农户的剩余低于中规模农户的所得等，通过向中规模农家借地来使大规模农户的经营规模进一步扩大的条件不成立。

下面再观察中规模农户剩余与小规模农户收入等的差。$S_2-(I_1+C_1)=-1$。即，中规模农户的剩余与小规模农户的收入等基本相等。即，中规模农户从农业剩余里拿出小规模农户的收入等作为地租的话，通过转包来使中规模农户规模扩大的可能性是存在的，其条件基本成立。

即，规模经营农户(3 公顷以上)通过转包小规模经营农户(1.5 公顷以下)的土地来进一步扩大土地经营规模的条件已经存在。事实上,以上述诸关系的形成条件为背景,吉林省舒兰市通过转包形式使得大规模经营农户的规模扩大,同时小规模经营农户事实上的离农正在进行之中。

但是，2000 年 No. 1 农户的土地转包费为 130 元，比小规模农户的收入等（=196 元）低 30%左右。即，按照上述推论，现在的转包费水准未必可以使农地从小规模农户向大规模农户流转。那么，土地转包发生的理由是什么呢。实际上生产收益低的大部分农户，如果农业以外的收入相对较多，可以满足生活的话，他们投入农业的精力就会相对减少。所以转包费低于农业收入等（=196 元）也转包的农户在现实中大量存在。这种情况在日本的 60～70 年代也很普遍②。

3. 农业经营全体农业收入和农业纯收益。表 8 的 No. 1～No. 3 三农户的农业纯收益为正、No. 4 和 No. 5 农户的农业纯收益为负。即，No. 4 和 No. 5 农户的农业经营是处于亏损状态的。而所有调查农户的农业收入都为正数，而且经营耕地规模越大，农业收入越多。

表 8　调查农户的农业收入、农业纯收益、农业现金收入

单位：元

农户	农业收入	农业纯收益	农业现金纯收入	农业现金收入			农业现金支出
	①	②	③=④-⑤	④	销售额	代耕收入	⑤
No. 1	26 430	22 530	19 930	133 650	133 650	0	113 720
No. 2	9 688	3 032	8 131	24 263	23 363	900	16 132
No. 3	5 684	1 512	6 170	20 000	20 000	0	13830
No. 4	3 933	−2 127	4 891	14 000	14 000	0	9 109
No. 5	1 289	−1 611	1 231	6 598	6 598	0	5 367

注：农业现金纯收入=农业现金收入-农业现金支出。

资料来源：作者实地调查。

① 如果小规模经营农户将土地使用权转包给他人，就可以同时将部分租税（租税-销售费）转移给承租人。这就等于减轻了转包农户自己的租税负担。故，可以将收入+部分租税=I+C=收入等。这个收入等就可以被认为是农户转包自己的土地使用权所应得到的补偿。

② 参照（日）今村奈良臣（1968），尾井功（1979）、(1987)。

具体来讲，大规模农户（No. 1）的农业收入为26 430元，已达到相当高的水平。中规模农户（No. 2～No. 4）的农业收入分别为9 688元、5 684元、3 933元，只是普通农户的收入水平。No. 5农户则只有1 289元，收入水平相当低。换言之，No. 5农户如果只通过农业经营来维持生活是相当困难的。由于生活压力所迫，No. 5农户进行兼业或者离农打工的可能性就相当高，这样就为大规模农户的形成创造了条件。

从农业纯收益上看，大规模农户No. 1达到了22 530元，而中小规模各农户(No. 2～No. 5)，则分别为3 032元、1 512元、－2 127元、－1 611元，其间具有相当大的差距。即，通过大规模经营，虽然含税生产成本优势并不明显，但是从经营全体的农业纯收益来看，由于经营规模间的收入差异相当大，至少可以确立大规模经营的安定性。

四、结论

通过以上分析，从农业内部规模间生产收益的差异可以得出，在吉林省的一些地区，农地使用权流转的内在条件已经形成或正在形成之中。具体而言，在吉林省的玉米主产地，经营规模3公顷以上的农户已经有条件通过转包来扩大经营规模。当地政府今后应在正确把握这一点的基础上，积极创造有利条件，组织和引导农民提高认识，加速农地使用权的流转，早日实现农户的规模经营及农民的有序分解。应该说，在现阶段，中国农民大量分解的外部条件并不成熟。本文只是分析了农民分解或实现规模经营的农业内部因素，即通过大规模经营对小规模经营的外推（或者说驱逐）作用来实现大规模经营农户的形成和小规模经营农户的离农。但仅仅研究这些农业内部因素显然是不充分的。要想解决大量农民的分解及实现规模经营问题还必须同时考虑农业外部的拉动因素，这还有待于今后进一步研究。

参考文献

[1]（日）阪本楠彦. 幻影的大农论. 农文协，1980
[2]（日）矶辺秀俊. 农业经营学. 养贤堂，1993
[3]（日）今村奈良臣. 稻作的阶层间格差. 农政调查委员会，1968
[4]（日）尾井功. 土地政策和农业. 家之光协会，1979
[5]（日）尾井功. 尾井功著作集第3卷——小企业农的存立条件. 筑波书房，1987
[6]（日）昭和后期农业问题论集——农民层分解论Ⅰ、Ⅱ. 农文协，1985
[7]（日）佐伯尚美. 现代农业和农民. 东京大学出版会，1983
[8] 郭庆海. 吉林省商品粮基地建设的研究. 吉林大学出版社，2000
[9] 罗必良. 农地经营规模的效率决定. 中国农村观察，2000 (5)
[10] 叶剑平等. 中国农村土地产权制度研究. 中国农业出版社，2000
[11] 张红宇等. 农村土地使用制度变迁：阶段性、多样性与政策调整. 农业经济问题，2002 (2)、(3)

Grain Market Integration and Marketing Margin in China

Wu Laping

With China's accession to the World Trade Organization (WTO), the country's enormous population and market have captured the world's attention. Access to China's agricultural markets (especially its grain markets) has become a primary focus for major agricultural commodity exporters. The question of how well China's grain marketing system works, however, still causes concern. Can China's grain producer/farm gate, wholesale and urban/ retail markets coordinate efficiently? What is the nature of the relationships among them? How much attention should the Chinese government pay to wholesale, retail and producer markets? Questions like these are being asked with increasing frequency and urgency both within China and around the world.

Research on spatial market integration shows that China's grain markets are not highly integrated (Tian Weiming 1998; Luo Xiaopeng and Crook 1997; Liangbiao Chen 1997; Wan Guanghua 1997), and that the government should therefore rescind controls on grain trade.

Using integration and marketing margin analysis, this paper examines the relationships among Chinese producer markets, wholesale markets and retail markets, to determine how well the Chinese grain market works. The findings should be able to assist the Chinese government in the management and construction of a grain marketing system, and also provide information about Chinese grain markets to domestic and foreign grain traders.

Development of Chinese grain markets and prices

By the mid 1990s, China had developed a complete market system in the agricultural sector, including central and local wholesale markets and urban and rural free markets. Under this multichannel marketing system, both the state and private traders could engage in agricultural product trade. State grain companies (SGCs) practiced state procurement, buying products according to two kinds of price—the state-set procurement/quota price and the negotiated price. After delivering part of their produce to the government and retaining some for their own consumption, farmers were allowed to sell the surplus in rural free markets where prices were freely determined. This situation continued until the advent of the 1998 policy on agricultural marketing, according to which only SGCs were allowed to purchase grain from farmers.

In order to keep the market system running freely during the first half of the 1990s, the central government took two important measures. The first of these, taken in 1990, was to increase grain reserves. Previously, China had built a grain reserve system on the basis of three sources: the state grain reserve, local government reserves and rural household reserves. The state grain reserve was used to reduce price fluctuation (buffer stock) and to maintain security (security stock), while local government reserves were mainly for balancing regional demand. Farmers stored grain for two main purposes: routine household consumption and future sale at higher prices. In 1990, the government began to increase the state grain reserve.

The second measure taken by the central government was to create a support price system. It did this twice, in 1993 and in 1996. The first support price system worked poorly, since support prices were actually far lower—130 percent lower on average during the period 1993—1995—than market prices (Liangbiao Chen 1997) . In 1996, the government enhanced the support price system—stipulating that most state-set grain procurement prices must be near or higher than rural free market prices—and boosted its execution in every province. This time, the support price system did have some impact on market activities, but only a few farmers enjoyed its benefits. The scheme required huge expenditure, either from fiscal income or from SGCs, but the government could not afford to provide this, and the SGCs had no responsibility for it. This is one of the reasons a new agricultural policy was created in 1998, according to which only SGCs could buy farmers' surplus grain. Since 2000, however, this kind of control on grain traders has been gradually rescinded, with large and medium-sized private enterprises also allowed to purchase grain directly from farmers.

Development of agricultural product markets

Since 1978, free markets in both rural and urban areas have developed very quickly. The trade value of rural free markets has increased greatly since 1992, reaching 541.37 billion yuan in 1995, 22.7 percent more than in 1994, although the total number of rural free markets decreased by 3 583. This indicates that the efficiency of rural free markets has greatly improved. In 1999, the trade value of rural free markets reached 1 000 billion yuan (Figures 1 and 2) .

Since the mid 1980s, the government has continued to develop rural free markets and also begun to develop multi-channels in order to improve marketing and trade. Since the country's first formal central grain wholesale market was established in Zhengzhou in 1990, China has established many provincial wholesale markets, such as those in Changchun, Wuhan, Haerbing, Changsha, Jiujiang and Wuxi. In 1991, the first grain futures market was established in Zhengzhou. Since then, China has created a three-level grain market system, comprising the state-level wholesale and futures markets, the regional wholesale markets and the rural and urban free markets. Market agents include state-owned, collective and private enterprises. Table 1 shows the 13 standard wholesale markets built by central and provincial governments.

Evolution of agricultural product prices

For a long time, China's grain price system was very complicated. Gradually, however, it has become simpler. During different periods, there existed different types of prices, such as state-set prices/quota prices, above-quota prices for extra purchase, negotiated prices, wholesale prices, retail prices, mixed average prices, prices for special storage, support prices and so on. Reform of the agricultural product marketing system has eliminated some types of prices, for example above-quota prices.

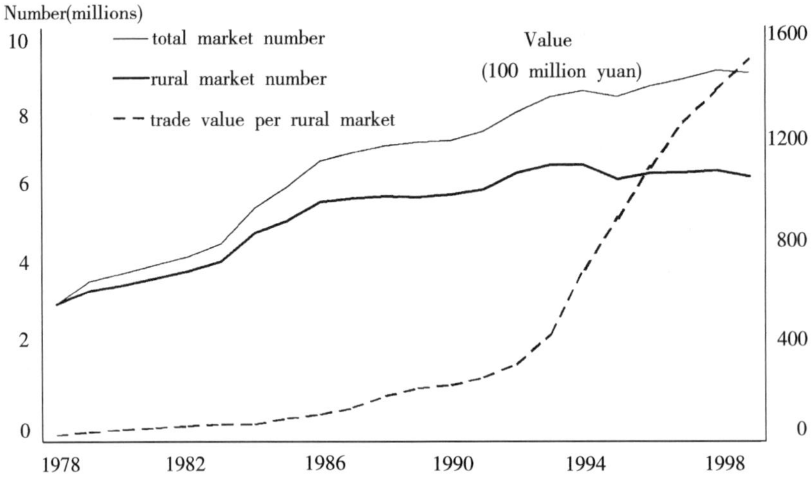

Figure 1 Number of rural and urban markets and average trade value of rural markets, 1978—1999

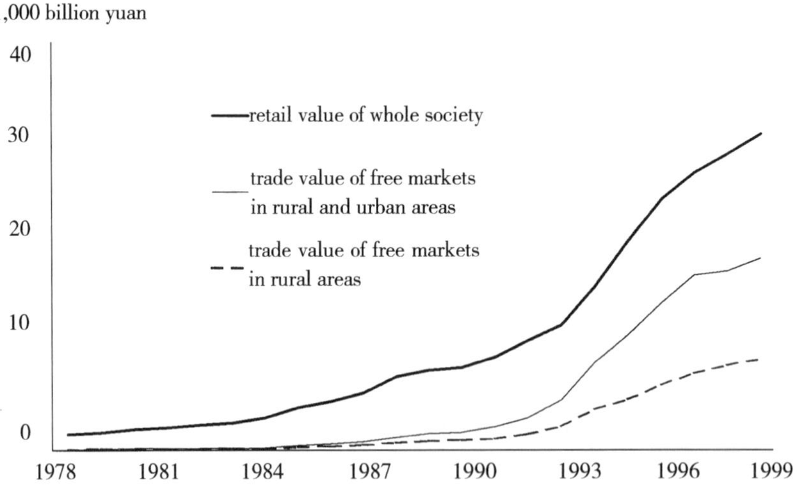

Figure 2 Retail value of whole society and retail value in rural and urban areas, 1978—1999

Table 1 Wholesale markets built by central and provincial governments

Location	Major products traded	Owner	Year built
Zhengzhou	Wheat	Ministry of Domestic Trade and Henan Province Government	1990
Changchun	Corn	Jilin Province Government	1991
Meihekou	Rice	Jilin Province Government	1991
Wuhu	Rice	Anhui Province Government	1991
Jiujiang	Grain	Jiangxi Province Government	1991
Wuhan	Grain	Hubei Province Government	1991
Chengdu	Meat	Sichuan Province Government	1991
Tianjin	Sugar	Ministry of Domestic Trade and Tianjin City Government	1992
Guangzhou	Sugar	Ministry of Domestic Trade and Guangdong Province Government	1992
Shanghai	Meat	Shanghai City Government	1993
Haerbin	Grain	Heilongjiang Province Government	1993
Changsha	Grain	Hunan Province Government	1993
Beijing	Grain	Beijing Grain Bureau	1993

Source: Xu Boyuan and Lirong, 2000. *Study of Agricultural Product Wholesale Markets*, China Agricultural Press, Beijing.

Before the implementation of the new agricultural policy in 1998, there existed the following types of prices.

State-set prices, or quota prices. These are the prices governments pay to farmers by contract. The main purpose of government procurement by contract is to meet the demand of city residents, the army, university and college students, and so on.

Negotiated prices, or above-quota prices. These are the prices farmers get for above quota deliveries. They are determined through negotiation between farmers and government-appointed enterprises. For a long time, state-set prices for agricultural products were low, and so, in order to encourage farmers to sell more grain to the government, a policy of purchasing farmers' above-quota grain at negotiated prices was created. For a long time, negotiated prices were generally higher than state-set prices. Since 1998, however, the state-set prices of many products have been higher than the negotiated prices.

Free market prices. These are the prices formed freely by farmers and traders in rural/ farm gate markets.

Support prices. These are the prices the government pays farmers during periods when free market prices drop in order to maintain farmers' incomes. In 1997, governments enhanced support-price policy and set support prices equal to the state-set prices of contract procurements.

Wholesale prices. These are formed by grain supply and demand in wholesale markets. They therefore reflect the conditions of grain trade between farmers and retailers.

Consumer prices. These are the prices urban and rural consumers pay to retailers. They are directly related to consumer income and living standards.

For a long time, up until 1996, state-set procurement prices for agricultural products were significantly lower than negotiated prices and much, much lower than free market prices. By the second half of 1996, state-set prices in general had risen to equal to, or higher than, market prices. During this period, state-set prices were higher than support prices, and support prices higher than free market prices. In the first half of 1998, the central government implemented the new grain marketing policy and prohibited private grain traders' activities. The government again monopolised grain trade. Since then, there have been only quota prices and support prices, negotiated prices having been merged with support prices.

Test for interaction of farm gate, wholesale and retail markets

Here, data on rice, wheat, corn and soybeans are used to analyse the relationships among producer markets, wholesale and retail markets. Two questions concern us. First, are grain markets integrated vertically? Second, what are the directions of market influence?

Theoretically, the first step should be to look at market interaction. It is difficult, however, to collect data for related marketing margin models, for example transportation and processing costs. Instead, we compare farm gate prices and retail prices to determine the contribution made by farmers to the value of the final products, since this can also provide information about market interaction.

For farm gate and wholesale markets, we refer to two regions each, the northern region and the southern region. For farm gate markets, the sample regions lie mainly in major producing areas. For wholesale markets, the sample regions' location is what concerns us—one of them lies in the north, the other in the south. For retail markets, we use average consumer prices in 36 large and medium-sized cities, since it is difficult to collect provincial retail prices. Meanwhile, differences in consumer prices across regions are not as big as differences in wholesale and farm gate prices across regions. In this paper, the retail prices for rice, wheat, corn and soybeans refer to the prices of rice, wheat flour, corn flour/powder and soybeans respectively. Table 2 presents the samples.

Rice is mainly planted in southern areas, including Jiangsu, Zhejiang, Hunan and so on. In recent years, production in northeastern areas—for example, Heilongjiang, Jilin, Liaoning and Tianjin—has increased greatly. Jilin and Jiangsu are therefore selected as samples of northern and southern areas respectively. For wholesale prices, the samples are Heilongjiang Grain and Oil Wholesale Market and Hunan Grain Wholesale Market.

Table 2 Research sample: commodities and regions

		Farm gate prices	Wholesale prices	Retail prices
Commodities		Rice	Rice	Rice
Regions	North	Jilin (Jilin)	Heilongjiang (HLJ)	Average
	South	Jiangsu (JSu)	Hunan (HuN)	
Commodities		Wheat	Wheat	Wheat flour
Regions	North	Henan (HeN)	Henan (HeN)	Average
	South	Shandong (ShD)	Hubei (HuB)	
Commodities		Corn	Corn	Corn flour/powder
Regions	North	Jilin (Jilin)	Heilongjiang (HLJ)	Average
	South	Shandong (ShD)	Hubei (HuB)	
Commodities		Corn	Corn	Corn flour/powder
Regions	North	Heilongjiang (HLJ)	Heilongjiang (HLJ)	Average
	South	—	Fujian (FuJ)	

Note: Henan is in fact located in the central area, but for convenience it is classified here as northern; average refers to average consumer prices in 36 large and medium-sized cities.

Wheat is an important grain crop in northern areas. Main producing provinces include Henan, Shandong and Hebei. In southern areas, only some provinces along the middle and upper reaches of the Yangzi River produce wheat, and output is very small, less than 10 per cent of total output. For farm gate prices, therefore, only Henan is selected as a sample. The wholesale market samples are Zhengzhou Grain Wholesale Market (Henan province) and Hubei Grain Wholesale Market (Hubei province) .

Corn is mainly produced along a so-called "Corn Belt" that stretches from northeast to southwest China. The three northeastern provinces of Heilongjiang, Jilin and Liaoning are the major producers, with a combined output of nearly 35 per cent of total national corn output. If Shandong, Hebei and Henan are taken into account, the combined output of the six provinces is about 65 per cent of total national output. For farm gate markets, therefore, Jilin and Shandong are selected as samples. The wholesale market samples are Heilongjiang Grain and Oil Wholesale Market and Hubei Grain Wholesale Market.

The main soybean-producing areas are in the north. They include Heilongjiang, Shandong and Henan. The combined output of the three northeastern provinces of Heilongjiang, Jilin and Liaoning comes to about 40 per cent of total national soybean output. Heilongjiang is the biggest producer, with an output that accounts for about 30 per cent of total national output. Soybean outputs in the south are lower. Sichuan has the highest, but it accounts for only 7 per cent of total national output. Thus, we select Heilongjiang as a farm gate market sample. Heilongjiang Grain and Oil Wholesale Market and Fujian Grain Wholesale Market are the wholesale market samples.

The data used here are monthly prices, covering the period from January 1996 to December 2000. For farm gate prices from before 1998, we have used the Information Centre of the Chinese Ministry of Agriculture's records of rural market prices. Since 1998, however, rural free market trade has been illegal, and so for farm gate prices between 1998 and 2000 we use state grain enterprises' purchasing prices. Wholesale prices are derived from the Chinese Grain, Oil and Food Information Net, and retail prices from the State Price Information Centre. The econometric software EViews is used to run the model used.

Market integration test

The co-integration method is very useful in integration analysis. Co-integration means that: (I) two variable series, say P_{it} and P_{jt}, are each non-stationary in levels but stationary in first differences, that is, $P_{it} \sim I(1)$ and $P_{jt} \sim I(1)$; (II) there exits a linear combination between these two series that is stationary, that is, $P_{it}-a-bP_{jt} \sim I(0)$. So, the first step of cointegration is to test whether the series are stationary. If they are both I (1), then the second step is to test for co-integration.

Here, to test for stationarity, we use the augmented Dickey - Fuller (ADF) method, which tests the null hypothesis that P_t is non-stationary by calculating a t-statistic for b=0 in

$$\Delta P_t = \alpha + \beta P_{t-1} + \gamma t + \sum_{k=2}^{n} \delta_k \Delta P_{t-k} + \xi_t \tag{1}$$

where $\Delta P_t = P_t - P_{t-1}$; $\Delta P_{t-k} = P_{t-k} - P_{t-k-1}$; $k=2, 3, \cdots, n$; P_t is the price at time ; a, b, g and d_k are parameters to be estimated; and x_t is the error term.

If the value of the ADF statistic is less (that is, more negative, because these values are always negative) than the critical values, it shows that P_t is stationary. If P_t is non-stationary, it should be determined whether P_t is stationary in the first difference (that is, to test DP_t-$DP_{t-1} \sim I$ (1)) by repeating the above procedure. If the ADF test can be rejected for the null hypothesis, as is usually the case with price series, it may be concluded that $P_t \sim I$ (1), and the second step of testing for co-integration can be taken.

To test for co-integration, the two-step, residual-based test developed by Engle and Granger (1987) is commonly used. The first step is the OLS regression (or co-integrating regression) of one I (1) price series, say P_{it}, on another I (1) price series, say P_{jt}, plus a constant and a time trend, as follows

$$P_{it} = j + wP_{jt} + ht + e_t \qquad (2)$$

where P_{it} is the price in market I at time t; P_{jt} is the price in market j at time t; j, w and h are parameters to be estimated; and e_t is the error term.

The second step is to test whether the residuals, e_t, from the co-integrating regression are non-stationary by using the modified ADF test,

$$\Delta e_t = \lambda e_{t-1} + \sum_{k=2}^{n} \theta_k \Delta e_{t-k} + \mu_t \qquad (3)$$

where $De_t = e_t - e_{t-1}$; $D e_{t-k} = e_{t-k} - e_{t-k-1}$; e_t, e_{t-1}, e_{t-k} and e_{t-k-1} are, respectively, the residuals at times t, t−1, t−k, and t−k−1; l and q_k are parameters to be estimated; and m_t is the error term.

The constant and time trend are not included because the residuals from the cointegrating regression will have a zero mean and be detrended. The null hypothesis that l=0 is tested again, but this is a test of residual stationarity rather than original time series. If the t-statistic value of the l coefficient is less than the relevant critical value, the null hypothesis is rejected and two price series are said to be co-integrated, meaning two markets are integrated. Table 3 shows the stationarity test results. Since most of the prices.

Table 3 Results of stationarity test

	Intercept no trend	Intercept and trend	No intercept or trend
JSu farm Rice gate price	−2.992	−3.165	−2.807
Jilin farm gate price	−4.873	−5.032	−4.665
HuN wholesale price	−2.973	−2.981	−2.858
HLJ wholesale price	−3.928	−3.841	−3.918
Retail price	−3.296	−3.361	−2.948
Wheat			
HeN farm gate price	−4.481	−4.748	−4.102
ShD farm gate price	−3.329	−3.343	−2.935
HeN wholesale price	−3.997	−4.066	−3.435
HuB wholesale price	−4.076	−4.013	−3.719
Retail price	−4.002	−4.156	−3.929

（续）

	Intercept no trend	Intercept and trend	No intercept or trend
Soybeans			
HLJ farm gate price	−4.102	−4.045	−3.912
HLJ wholesale price	−4.421	−4.386	−4.068
FuJ wholesale price	−4.158	−4.050	−3.953
Retail price	−3.440	−3.461	−3.434
Corn			
Jilin farm gate price	−5.149	−5.100	−5.179
ShD farm gate price	−3.176	−3.235	−3.101
HLJ wholesale price	−4.607	−4.571	−4.554
HuB wholesale price	−4.414	−4.373	−4.230
Retail price	−5.175	−5.124	−5.221
Critical value			
1 per cent	−3.5523	−4.1314	−2.6048
5 per cent	−2.9146	−3.4919	−1.9465
10 per cent	−2.5947	−3.1744	−1.6189

Note: The data in the table are the ADF test statistics provided by EViews with a three-period lag. The tested hypothesis is H_0: non-stationary and H_1: stationary.

Table 4 Results of integration tests

		Farm gate - wholesale	Wholesale - retail	Farm gate - retail
Rice	North	Jilin - HLJ −2.943	HLJ - retail −2.266	Jilin - retail −3.031
	South	JSu - HuN −2.545	HuN - retail −1.991	JSu - retail −3.912
Wheat	North	HeN - HeN −2.389	HeN - retail −2.656	HeN - retail −2.938
	South	HeN - HuB −2.280	HuB - retail −3.664	ShD - retail −3.149
Corn	North	Jilin - HLJ −2.577	HLJ - retail −2.261	Jilin - retail* −1.674
	South	ShD - HuB −2.778	HuB - retail* −1.884	ShD - retail* −1.818
Soybeans	North	HLJ - HLJ −2.868	HLJ - retail −2.406	HLJ - retail −2.955
	South	HLJ - FuJ −2.771	FuJ - retail −2.627	… …

Note: The MacKinnon critical values for co-integration tests at 1 per cent, 5 per cent and 10 per cent significance levels are −2.60, −1.95 and −1.62.

pass this test, we proceed to do integration tests between farm gate and wholesale prices; between wholesale and retail prices; and between farm gate and retail prices. The results of these tests are presented in Table 4.

Except for three pairs of corn markets (marked by asterisks), all pairs of markets tested in Table 4 are integrated. This shows that a stable, long-term price relationship exists among farm gate, wholesale and retail markets for sample products. Two pairs of corn markets between farm gate and retail (Jilin - retail and ShD - retail) and one pair of corn markets between wholesale and retail (HuB - retail) are not integrated. There are several reasons for this deviation. First, we chose corn flour as the final product of corn, but in fact corn flour does not constitute the largest part of corn consumption, since corn is mainly consumed as feed. Since it is difficult to collect feed corn prices, however, we select corn flour to compare with corn. Second, for retail data, we use average retail prices instead of regional data. If regional data were applied then the results could be improved. Because, however, regional retail prices are difficult to collect, we use average data instead.

The test results show that there is in fact integration from farm gate to retail markets for the sample grain products. If a pair of series is co-integrated, then there must be Granger Causality in at least one direction, that is, the direction of influence on prices between markets. The next step, therefore, will be to determine the causality patterns of market influence using the Granger Causality test.

Granger Causality test

The Granger Causality test is a commonly used econometric method. Theoretically, if the present or lagged terms of a time series variable, say X, determine another time-series variable, say Y, there exists a Granger Causality relationship between X and Y, in which Y is Granger-Caused by X. Bessler and Brandt (1982) first used the test to determine leading markets in market integration research. Continuing from the above analysis, the model is specified as follows

$$\Delta P_{it} = \theta_{11}\Delta P_{it-1} + \cdots + \theta_{1n}\Delta P_{it-n} + \theta_{21}\Delta P_{jt-1} + \cdots + \theta_{2n}\Delta P_{jt-n} - \gamma_1 (P_{it-1} - \alpha P_{jt-1} - \delta) + \varepsilon_{1t} \quad (4)$$

$$\Delta P_{jt} = \theta_{31}\Delta P_{jt-1} + \cdots + \theta_{3n}\Delta P_{jt-n} + \theta_{41}\Delta P_{it-1} + \cdots + \theta_{4n}\Delta P_{it-n} - \gamma_2 (P_{it-1} - \alpha P_{jt-1} - \delta) + \varepsilon_{12} \quad (5)$$

The following two hypotheses are tested to determine the Granger Causality relationship between prices

$q_{21} = \cdots = q_{2n} = g_1 = 0$ (P_j does not Granger Cause P_i) and

$q_{41} = \cdots = q_{4n} = g_2 = 0$ (P_i does not Granger Cause P_j)

On the basis of the results of the above integration test, we did Granger Causality tests for the integrated pairs of markets. The results reveal interesting facts about inter-market causality relationships (Table 5) . First, for rice, the causality directions between farm gate and wholesale markets are from farm gate to wholesale in both northern and southern areas. Here, the farm gate markets are markets in major producing areas. This indicates that rice wholesale markets still function poorly in terms of farmers' selling behaviour. For soybeans, however, the causality directions are from wholesale to farm gate in both northern and southern areas. This indicates that soybean wholesale markets can function well in terms of farmers' selling behavior. As for wheat and corn, in northern areas, the causality directions are all from wholesale to farm gate. In southern areas, however, it is a different matter. Wheat and corn are major grain products in northern areas, and wholesale markets also play an important role in these areas.

Second, between wholesale and retail markets there exists closer interaction. Two pairs of markets have both directions of Granger Causality relationship. This means that wholesale markets are geared towards marketisation, and so they can be more closely integrated. In terms of grain types, the relationship of integration and causality for rice and wheat is better than that for corn and soybeans.

Table 5 Results of Granger Causality tests

		Farm gate - wholesale	Wholesale - retail	Farm gate - retail
Rice	North	Jilin => HLJ (6.359)	HLJ <=> retail (8.107, 2.642)**	Jilin => retail (12.910)
	South	JSu => HuN (2.445)	HuN => retail (2.071)	Jsu => retail (2.912)
Wheat	North	HeN <= HeN (4.836)	HeN => retail (8.074)	HeN => retail (4.384)
	South	HeN => HuB (1.920)	HuB <=> retail (8.813, 2.734)**	ShD => retail (6.381)
Corn	North	Jilin <= HLJ (3.415)	HLJ <= retail (1.580)	Jilin - retail* n. a.
	South	ShD => HuB (1.926)	HuB - retail* n. a.	ShD - retail* n. a.
Soybeans	North	HLJ <= HLJ (2.926)	HLJ => retail (10.007)	HLJ <=> retail (2.871, 4.231)**
	South	HLJ <= FuJ (4.361)	FuJ => retail (11.032)	n. a. n. a.

Note: The numbers in parentheses are F statistics. The signs '=>', '<=' and '<=>' show direction of causality; the pairs of markets marked by an asterisk (*) are not integrated, and so their Granger Causality relationships are not displayed; where both directions of causality operate (<=>), two F statistics are given (marked by two asterisks (**)), the first being the F statistic for the '=>' relationship and the second the F statistic for the '<=' relationship.

Third, causality direction between farm gate and retail markets is from farm gate to retail for both rice and wheat. For soybeans, causality goes in both directions. We can conclude, therefore, that farm gate markets lead retail markets.

Marketing margin

For marketing margin, we compare prices in farm gate, wholesale and retail markets in order to determine the shares of farm gate and wholesale prices/value in final product prices. On average throughtout the nation as a whole over the last five years, the share of farmer's gains from selling grain in the value of final products has tended to decrease. Since 1998, however, it has been more stable. From 1999 to 2000, for corn it remained at about 30 per cent, for wheat it was about 45～48 per cent and for rice it was around 50 percent. For soybeans, however, it was not as stable as for wheat, rice or corn. During the first half of 2000, it was above 50 per cent, but later it dropped to below 50 percent.

In order to show detailed information about the marketing margin, we have done the analysis by products and regions. The samples coincide with those in Table 5. An interesting point to be made is that in some cases farm gate prices are actually higher than wholesale prices. China's wholesale markets are not yet perfect, and do not yet function well enough to meet traders' demands. Meanwhile, only a small part of grain is sold to wholesalers for trade in wholesale markets. Finally, government interventions—for example, support price and related policies—also cause such anomalies.

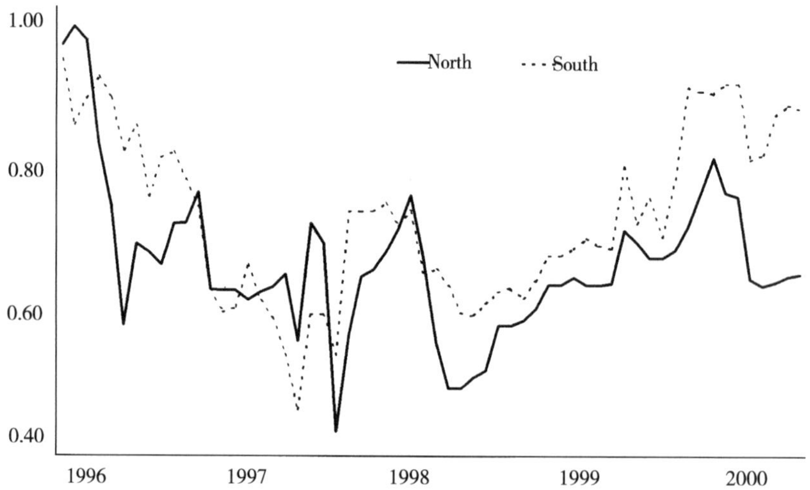

Figure 4 Ratios of farm gate to wholesale rice prices, 1996—2000

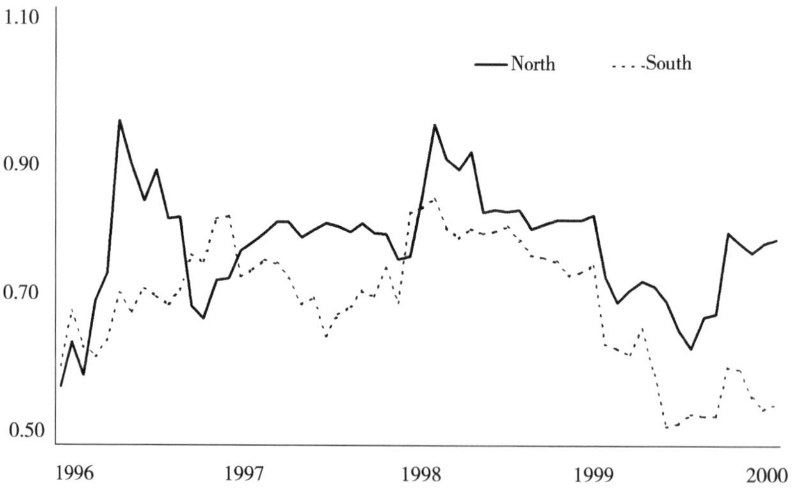

Figure 5 Ratios of wholesale to retail rice prices, 1996—2000

Rice. Rice marketing margin conditions are illustrated by Figures 4 and 5. When we look at the whole marketing process, we see that farmers' gains from selling rice are generally over 50 per cent of wholesale prices, while wholesalers' gains are generally over 60 per cent of retail prices. In terms

of regions, the same trends have pertained in both southern and northern areas. Since the beginning of 2000, however, marketing margin differences between northern and southern areas have increased, to a certain extent reflecting regional comparative advantages. Meanwhile, because of the government's support price policy, in the major producing (southern) areas, farmers' gains from the whole marketing process are increasing—that is, more of the profits from wholesale-to-retail-market trade are flowing to farmers.

The middle of 1998 was a turning point. Previously, the ratio of farm gate to wholesale prices had gone down. After the middle of 1998, they went up. In fact, because of good harvests and government intervention, since 1996, rice prices have decreased. Degrees for different rice types, however, are different. Before the middle of 1998, farm gate and retail prices fell quickly, wholesale prices slowly. After the middle of 1998, because of the effects of the new agricultural policy, though prices still fell, they fell more slowly than before, especially farm gate and retail prices.

Considering the whole process, it can be seen that, at the end of 2000, wholesalers could get about 60 per cent of the value of the final product in the south and 80 per cent in the north. The remaining parts—40 per cent in the south and 20 per cent in the north—are made up of the revenue of retailers, and cover transportation and processing costs as well as retailers' profits. For wholesale prices, 90 per cent flows to farmers in the south and 70 per cent in the north—that is, about 55 per cent of final product value in both northern and southern areas (60% × 90% in the south and 80%×70% in the north). The remaining parts of wholesale prices—about 6 per cent (60% ×10%) of final product value in the south and 24 per cent (80%×30%) in the north—constitute wholesalers' revenues.

In all, at the end of 2000, farmers could get 50 per cent of the rice retail price in both the south and the north, wholesalers could get about 10 per cent in the south and 20 per cent in the north, and the remainder—40 per cent in the south and 20 per cent in the north—went to retailers.

Wheat. Figures 6 and 7 illustrate wheat marketing margin trends from 1996 to 2000. Up until 1999, farmers' shares decreased slightly. Then they increased sharply, up until mid 2000. In the second half of 2000, however, they decreased again, the main reason being that farm gate prices rose to higher than wholesale prices. Theoretically, this would seem impossible, as we have already mentioned. Thus, it can be said that wheat farm gate and wheat wholesale markets do not interact efficiently and effectively.

From wheat wholesale to wheat retail markets, wholesale-to-retail price ratios have been declining since the beginning of 1996. For most of the second half of 2000, shares in northern areas were at about 40 percent, while in southern areas they were at 30～40 percent. At the end of 2000, in both the north and the south, wholesalers could get about 40 percent of wheat flour prices, with 60 per cent going to retailers to cover transportation, processing and related costs, and profit. Though we cannot estimate exactly how much of final product price goes to farmers, Figures 3 and 4 show that farmers do get higher prices than wholesalers. Most of the final value, however, is taken by retailers.

Corn. Unlike rice and wheat, corn is used mainly as feed, and so its consumption is influenced not only by households' income but also—and perhaps decisively—by feed, animal and aquatic product markets. Corn is used in more different forms than rice and wheat, making the study of its mar-

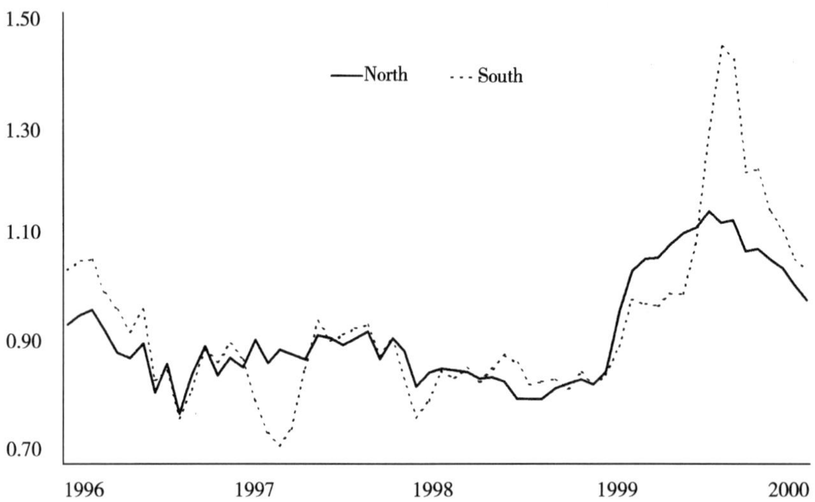

Figure 6 Ratios of farm gate to wholesale wheat prices, 1996—2000

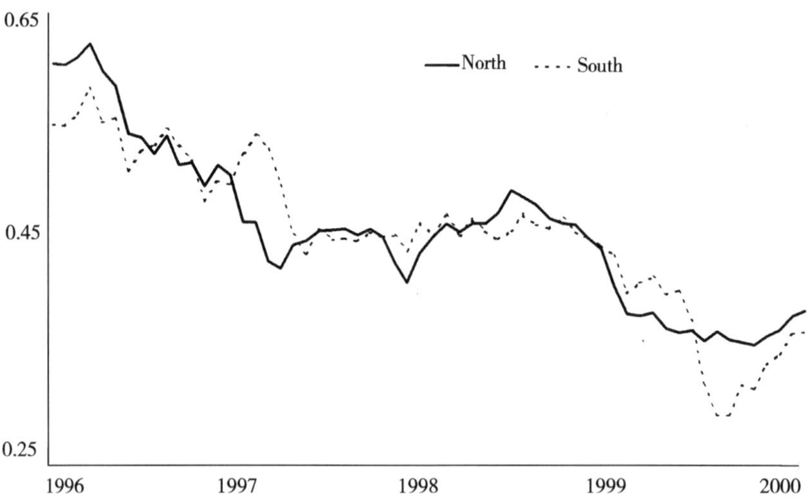

Figure 7 Ratios of wholesale to retail wheat prices, 1996—2000

keting and consumption rather complicated. Hence, because the data are so limited, we compare only corn farm gate, corn wholesale and corn flour retail/consumer prices.

Figures 8 and 9 show the basic trends of the corn marketing margin. From farm gate to wholesale markets, in both the north and the south, price ratios fluctuated around 0.9, with a wide range, especially prior to mid 1998. At the end of 2000, they tended to 0.9, so the wholesalers' profit was not big. From wholesale to retail markets, however, revenues of corn flour retailers have increased since 1996—their shares increased from 40—50 per cent to about 65 per cent. Though transportation, processing and related marketing costs also increased, retailers' profits still increased faster than those of wholesalers and farmers.

On the whole, at the end of 2000, wholesalers got less than 40 percent of corn flour prices. More than 60 per cent went to retailers. Of the wholesalers' share, about 30 per cent (less than 40%×90%) transferred to farmers, so that in the end less than 10 per cent was left to wholesalers.

Soybeans. Figures 10 and 11 show the basic trends of the soybean marketing margin. For soybeans, farm gate-to-wholesale price ratios fluctuated around 0.85. Three large fluctuations occurred in mid 1997, at the beginning of 2000 and in mid 2000. From wholesale to retail, during the period 1996—1999, wholesalers' shares decreased greatly, to about 60 per cent, with little fluctuation. Meanwhile, since 1997, soybean prices have declined, from about 4, 500 yuan per tonne at the beginning of 1997 to 3 500 yuan per tonne at the end of 2000. Thus, farmers' income from selling soybeans continued to decrease for several years.

On the whole, at the end of 2000, wholesale prices in northern areas were about 50 per cent of retail prices, while farm gate prices were about 90 per cent of wholesale prices. Thus, retailers got about 50 per cent of final product value, farmers 45 per cent (50%×90%) and wholesalers 5 per cent (50%×10%). In southern areas, wholesale prices at the end of 2000 were about 60 per cent of retail prices, while farm gate prices were about 80 per cent of wholesale prices. Thus, retailers got about 40 per cent of final product value, farmers 50 per cent (60%×80%) and wholesalers 10 per cent (60%×20%).

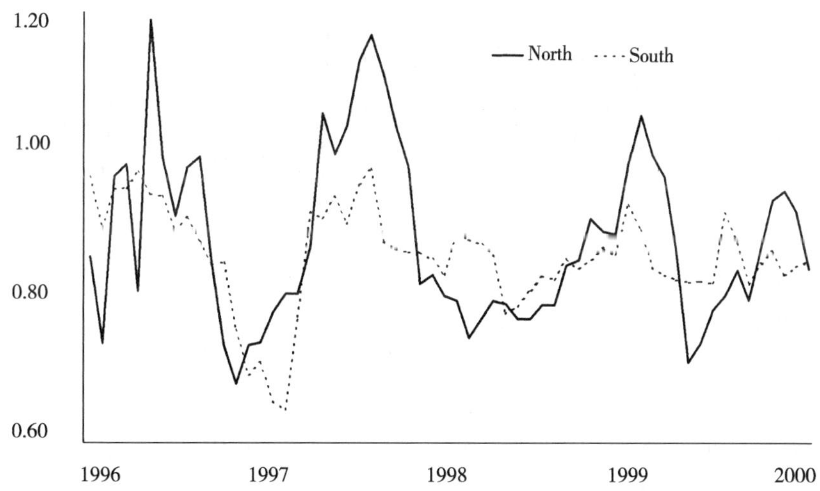

Figure 8 Ratios of farm gate to wholesale corn prices, 1996—2000

Conclusions

This paper has examined vertical relationships from farm gate to retail markets. A cointegration model was used to test vertical market integration, and it was found that, with the exception of

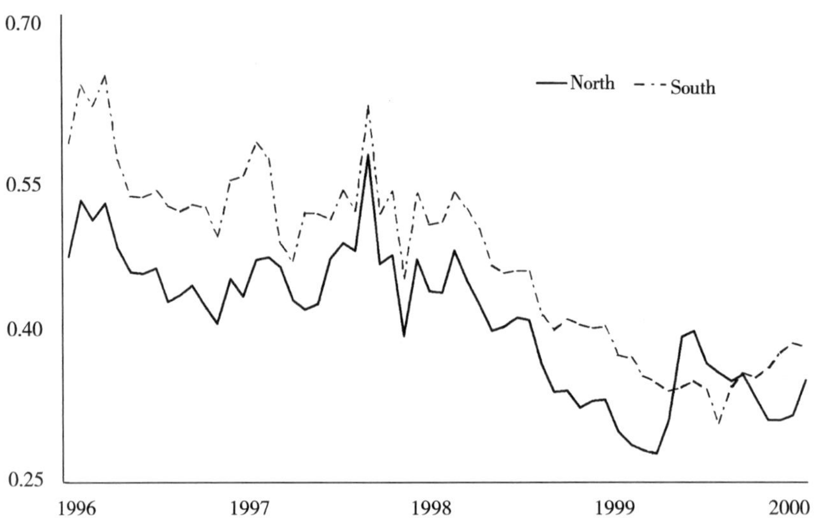

Figure 9 Ratios of wholesale to retail corn prices, 1996—2000

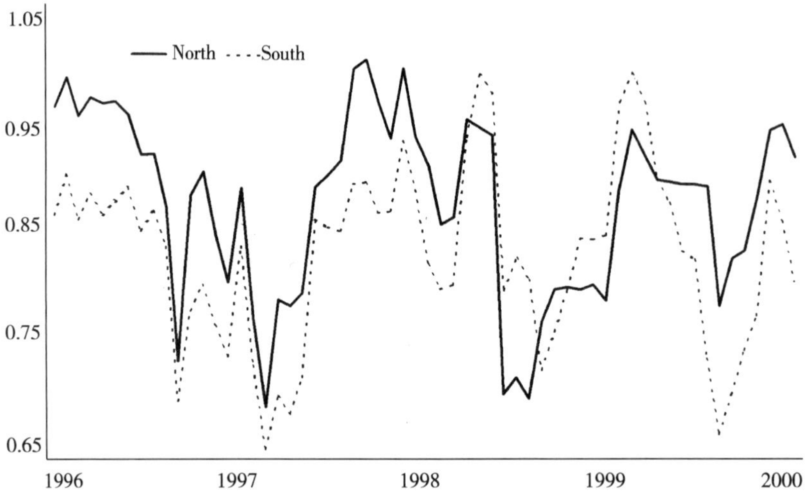

Figure 10 Ratios of farm gate to wholesale soybean prices, 1996—2000

three pairs of corn markets, wheat, rice, corn and soybeans are all vertically integrated, which means that marketing relationships are stable.

Subsequently, for integrated markets, a Granger Causality test was used to determine causality patterns among farm gate, wholesale and retail prices. It was found that the causality between wholesale and retail prices is mainly from wholesale to retail, while the causality between farm gate and retail prices is from farm gate to retail. This means that retail prices are mainly influenced by wholesale or farm gate prices.

As for the relationship between farm gate and wholesale markets, in southern areas, in the

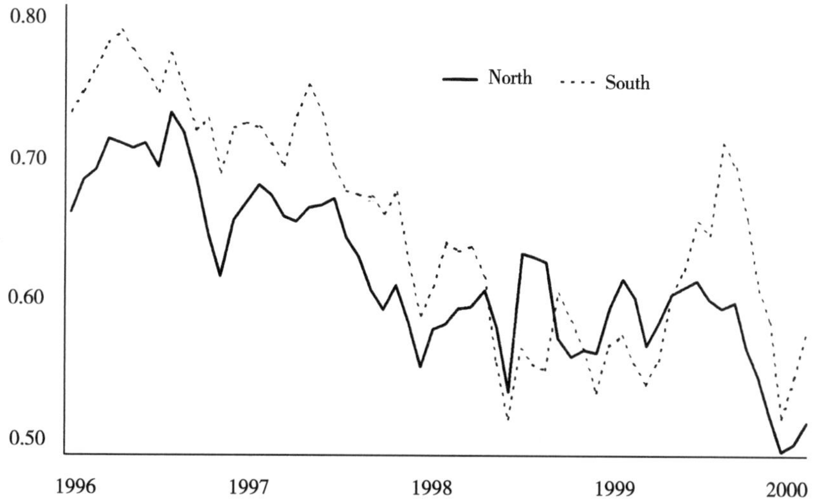

Figure 11 Ratios of wholesale to retail soybean prices, 1996—2000

main producing areas, wholesale prices are mainly influenced by farm gate prices. The exception is prices for soybeans. In the main producing areas in the north, except for rice prices, the causalities are from wholesale to farm gate, meaning wheat, corn and soybean farm gate prices are led by wholesale prices.

Finally, a marketing-margin analysis was performed, using the end of 2000 as the reference point. For rice, farmers could get 50 per cent of the retail price in both the north and the south, wholesalers could get 10 per cent in the south and 20 per cent in the north, and retailers' revenues came to about 40 per cent in the south and 20 per cent in the north. For wheat, wholesalers and farmers could get about 40 per cent of wheat flour prices in both the north and the south, while retailers got 60 per cent to cover their transportation, processing and related costs, and profit. For corn, farmers got 30 per cent of corn flour prices, wholesalers about 10 per cent and retailers more than 60 per cent. Finally, for soybeans, in northern areas, farmers got about 45 per cent of final product value, wholesalers 5 per cent and retailers 50 per cent. In southern areas, farmers got about 50 per cent of final product value, wholesalers 10 per cent and retailers 40 per cent.

These findings have important implications for domestic grain marketing reform policy. First, future reform policies should focus on wholesale markets and futures markets. Theoretically, futures/wholesale markets should lead or determine rural and urban free markets. In China, however, the futures and wholesale markets are still undeveloped, farm gate prices can be higher than wholesale prices, and causalities between farm gate and retail prices tend to be irregular. These factors all support the argument that wholesale and futures markets need to become the focus of future grain marketing reform policy.

Second, farmers' shares in final product values tend to be small, while retailers' tend to be much larger. The government should take measures to reallocate revenues among farmers, wholesalers and retailers, for example, by supporting industrial organisations and encouraging farmers to establish marketing organisations themselves.

Third, the government should release its hold on grain procurement, phase out the quota policy and allow grain to be traded in rural free markets. The government can use support prices to protect farmers from market risks, and the state grain reserve should be purchased in wholesale markets or from international markets. These measures will greatly increase vertical integration.

Finally, the government should facilitate the construction of information systems, market infrastructure and transportation systems—a difficult but very important task.

References

[1] Bessler, D. A. and Brandt, J A. Causality tests in livestock markets. *American Journal of Agricultural Economics*, 64 (1): 140～4. 1982

[2] Du Yintang. Review of agricultural product marketing and price system reform. *Economic Research Reference*, 108. 1996

[3] Engle, R. F. and Granger, C. W. J. Co-integration and error correction: representation, estimation, and testing. *Econometrica*, 55 (2): 251～276. 1987

[4] Expert Workshop. On China's grain market development and policy. *Chinese Rural Economy*, 1. 1998

[5] Faminow, M. D. and Benson, B. L. Integration of spatial markets. *American Journal of Agricultural Economics*, 72 (1): 49～62. 1990

[6] Gardner, B. L. The farm retail price spread in a competitive industry. *American Journal of Agricultural Economics*, 57: 399～409. 1975

[7] Brooks, K. M.. Food price and market integration in Russia: 1992—1993. *American Journal of Agricultural Economics*, 76 (3): 641～66. 1994

[8] Goodwin, B. K. and Schroeder, T. C., Cointegration tests and spatial linkages in regional cattle markets. *American Journal of Agricultural Economics*, 73: 452～ 464. 1991

[9] Goodwin, B. K.. Grennes, T. and McCurdy, C. Spatial price dynamics and integration of Russian food markets. *Journal of Policy Reform*, 3 (2), 157～193. 1999

[10] Greene, W. H. *Econometric Analysis*. Third edition. Prentice Hall. New Jersey. 1997

[11] Hazell, P., Jaramillo, M. and Williamson, A. The relationship between world price instability and the prices farmers receive in developing countries. *Journal of Agricultural Economics*, 61 (4): 227～241. 1990

[12] Hein, D. M., Markup pricing in a dynamic model of the food industry. *American Journal of Agricultural Economics*, 62: 10～18. 1980

[13] Hansen, J., Bierlen, R., Wailes, E. and Cramer, G., The impact of regional integration in international markets: the world rice market and expanded MERCOSUR trade. Paper presented at the American Agricultural Economics Association Annual Meeting, Toronto. 1987

[14] Heytens, P. Testing market integration. *Food Research Institute Studies*, 20 (1): 25～ 40. 1986

[15] Intriligator, M. D., Bodkin, R. and Hsiao, C. *Econometric Models, Techniques, and Applications*. Prentice Hall, New Jersey. 1996

[16] Jaramillo, C. F. and Nupla, O. A. Links between farm gate and world prices in the wake of trade liberalization: the case of Colombia. Paper presented at the American Agricultural Economics Association Annual Meeting, Salt Lake City. 1998

[17] Ke Bingsheng. *China's Grain Market and Policy*. Chinese Agricultural Publishing House, Beijing. 1995

[18] Ke Bingshen Reform of food grain distribution system and construction of marketing system. *Chinese Rural Economy*, 12: 25~30. 1998

[19] Liangbiao Chen. Brief introduction to Chinese agricultural policy. *Economic Research Reference*, 11: 3~10. 1997

[20] Lin Yifu, Chen Xiwen, Mei Fangquan and Fan Gang. Prospects and strategies for China's grain market. *Chinese Rural Economy*, 8. 1995

[21] Luo Xiaopeng and Crook, F. W.. *The Emergence of Private Rice Marketing in South China*. International Agriculture and Trade Reports: China, WRS-97-3, Economic Research Service, US Department of Agriculture, Washington DC. 1997

[22] Lyon, C. C. and Thompson, G. D. Model selection with temporal and spatial aggregation: alternative marketing margin models. *American Journal of Agricultural Economics*, 75 (3): 523~536. 1997

[23] Ravallion, M. Testing market integration. *American Journal of Agricultural Economics*, 68 (1): 102~109. 1986

[24] Rozelle, S., Park, A. Huang, J. and Jin, H. Bureaucrat to entrepreneur: the changing role of the state in China's transitional commodity economy. *Economic Development and Cultural Change*, 48 (2): 227~252. 1996

[25] Sun He and Shi Xiquan. 'Re-exploration into the weak fluctuation trends of agricultural product prices. *Chinese Rural Survey*, 6. 1999

[26] Tian Weiming. Price linkages in the Chinese grain market, Paper presented at the 10th Annual Conference of the Chinese Economic Studies Association of Australia. 1998

[27] Wang, G. H., Zhou, Z. Y. and Chen, L. B., Research on Chinese rice market integration. *Chinese Rural Economy*, 8: 45~51. 1997

[28] Wang, J. China's grain issues: coordination of domestic trade and reform of the circulation system. *Economic Research*, 6. 1996

[29] Wan Guanghua, China's rice market integration. *Chinese Rural Economy*, 8. 1997

[30] Wohlgenant, M. K. and Haidacher, R. C. *Retail to Farm Linkage for a Complete Demand System of Food Commodities*. US Department of Agriculture, Economic Research Service, TB-1775, Washington DC. 1989

[31] Mullen, J. D., Modeling the farm-retail price spread for beef. *Western Journal of Agricultural Economics*. 12 (2): 119~125. 1987

[32] Xiao Yun. *Reform of China's Grain Production and Circulation System*. Economic Science Press, Beijing. 1998

[33] Xu Boyuan and Lirong. *Study of Agricultural Product Wholesale Markets*. China Agricultural Press, Beijing. 2000

Appendix

Table A1 Ratios of average producer prices to average consumer prices, 1996—2000

Time	Wheat/flour	Rice/flour	Corn/flour	Soybean/soybean	Time	Wheat/flour	Rice/flour	Corn/flour	Soybean/soybean
Jan 1996	0.680	0.596	0.424	0.664	Jul 1998	0.454	0.557	0.365	0.552
Feb 1996	0.691	0.606	0.403	0.707	Aug 1998	0.464	0.545	0.372	0.531
Mar 1996	0.706	0.589	0.523	0.690	Sep 1998	0.455	0.489	0.362	0.536
Apr 1996	0.695	0.594	0.551	0.726	Oct 1998	0.457	0.476	0.356	0.603
May 1996	0.634	0.594	0.407	0.719	Nov 1998	0.459	0.498	0.332	0.571
Jun 1996	0.612	0.600	0.584	0.716	Dec 1998	0.465	0.507	0.326	0.520
Jul 1996	0.581	0.604	0.482	0.712	Jan 1999	0.467	0.515	0.333	0.469
Aug 1996	0.518	0.558	0.445	0.667	Feb 1999	0.460	0.508	0.341	0.477
Sep 1996	0.537	0.591	0.446	0.707	Mar 1999	0.453	0.514	0.305	0.462
Oct 1996	0.493	0.587	0.461	0.658	Apr 1999	0.453	0.530	0.305	0.461
Nov 1996	0.513	0.574	0.396	0.528	May 1999	0.453	0.528	0.309	0.466
Dec 1996	0.549	0.583	0.321	0.595	Jun 1999	0.456	0.532	0.315	0.471
Jan 1997	0.492	0.483	0.285	0.580	Jul 1999	0.438	0.532	0.315	0.469
Feb 1997	0.533	0.494	0.343	0.581	Aug 1999	0.441	0.526	0.315	0.500
Mar 1997	0.512	0.503	0.332	0.563	Sep 1999	0.459	0.529	0.319	0.509
Apr 1997	0.495	0.498	0.661	0.635	Oct 1999	0.462	0.532	0.329	0.559
May 1997	0.470	0.465	0.398	0.545	Nov 1999	0.470	0.474	0.305	0.559
Jun 1997	0.445	0.455	0.389	0.479	Dec 1999	0.474	0.491	0.291	0.562
Jul 1997	0.434	0.412	0.395	0.541	Jan 2000	0.466	0.481	0.289	0.569
Aug 1997	0.452	0.343	0.476	0.546	Feb 2000	0.470	0.487	0.293	0.572
Sep 1997	0.481	0.422	0.455	0.556	Mar 2000	0.477	0.499	0.309	0.576
Oct 1997	0.488	0.427	0.610	0.627	Apr 2000	0.477	0.500	0.304	0.562
Nov 1997	0.483	0.357	0.713	0.607	May 2000	0.481	0.511	0.305	0.556
Dec 1997	0.491	0.517	0.643	0.602	Jun 2000	0.473	0.516	0.313	0.493
Jan 1998	0.491	0.525	0.379	0.630	Jul 2000	0.445	0.516	0.301	0.490
Feb 1998	0.470	0.541	0.326	0.620	Aug 2000	0.443	0.511	0.310	0.476
Mar 1998	0.484	0.544	0.366	0.616	Sep 2000	0.447	0.514	0.315	0.476
Apr 1998	0.444	0.551	0.341	0.568	Oct 2000	0.447	0.514	0.320	0.483
May 1998	0.392	0.529	0.412	0.571	Nov 2000	0.450	0.507	0.313	0.491
June 1998	0.434	0.549	0.370	0.564	Dec 2000	0.443	0.511	0.315	0.491

Note: "Wheat/flour" means wheat prices divided by wheat flour prices, and so on.

我国小麦供求及与美加澳小麦的价格联系*

陈永福　中安章

一、引言

近年来，我国小麦市场发生了很大变化。一方面是我国小麦种植面积连续几年不断下降，来自小麦的进口配额的压力也比较大；另一方面是以2002年为转折点，从净进口国转变为净出口国。一般认为这种转变的背后存在着国内专用小麦种植面积持续增加以及国内小麦压库等因素的影响。伴随这样的转变也涌现出来一些问题，如我国小麦市场供求状况到底是怎样的呢？我国小麦压库的原因是不是根源于我国小麦市场缺乏运行效率呢？还是因为我国小麦收购制度具有刚性等因素所引起的呢？

因市场整合的研究方法常被用于研究发展中国家或发达国家的市场运行效率与价格联系以及测定政策干预对市场运行效率的影响，本文就从我国小麦的供求关系入手，运用市场整合的研究方法对此问题进行探讨。在接下来的内容中，首先，对我国小麦供求与政策走向等背景因素进行了分析；其次，对研究方法和数据进行了说明；再次，对研究结果进行了探讨和解释；最后是结论并提出政策性建议。

二、背景分析——我国小麦供求与政策走向

直到2002年，我国一直是世界小麦的传统进口国。从中华人民共和国成立到1960年，我国小麦每年最大的进口量也没有超过15万吨；从1961年到起，我国小麦进口量急剧增加，到1977年增加到688万吨，在此期间，年均进口量为470万吨，从1978年到1996年的19年间，年均进口量高达1043万吨，最高的1989年曾经达到1488万吨；1997年开始，我国小麦进口量开始逐步下滑，到2002年下降到了61万吨。我国小麦出口从2001年的45.5万吨增加到2002年的68.8万吨，实现了新中国成立以来首次小麦的净出口。我国主要是从加拿大、美国、澳大利亚等国进口小麦，在1990—2002年的中国年均进口小麦总量中，加拿大占51%、美国为29%、澳大利亚是13%，这三个国家就占到我国小麦进口总量的93%，而且依据进口历史趋势，当中国进口量增加时，这三国所占比重就会下降，当进口量减少时，这三国所占比重就会上升。从近两年我国小麦出口出现增加的情况可以看出，我国小麦主要是出口到近邻的韩国、朝鲜、印度尼西亚和菲律宾等东亚和东南亚国家。与世界传统小麦出口国（美国、加拿大、澳大利亚、欧盟以及阿根廷等国）相比，我国小麦出口到东亚以及东南亚国家，有着运输成本低、成交货物量规模可以为小批量并能及时装船以及运输时间短的优势。

* 本文得到日本学术振兴会外国人特别研究员（博士后）基金的资助。

但是从根本上来讲，2002 年我国成为小麦净出口国并不意味着我国小麦供求关系发生了质的飞跃，我国小麦产量已经连续几年减产，而且我国出口的小麦主要是饲料小麦，换句话说就是因长期库存而不能食用的小麦，这些小麦是减少压库并进行库存轮换的产物。

我国小麦供求情况到底如何呢？由于我国不公布小麦库存，本文对此进行了各种估计。并与美国农业部的估计结果进行了比较。根据表 1 的结果，1992—1999 年，我国小麦产量基本上都能够满足总需求，特别是 1996 年和 1997 年的小麦产量已经超过总需求量，但在 20 世纪 90 年代前期到中期都大量进口了小麦，特别是在 1996 年还进口了 825 万吨的小麦，这就必然导致我国小麦出现了供给过剩，其结果必然是造成压库问题的出现。从库存量的估计值（1）、（2）、（3）和（4）看，美国农业部的估计值最低，而且截至 2002 年底，我国库存占总需求量的比值达到 59%～86%，该值远远超过了世界粮农组织（FAO）的粮食库存占总消费量的17%～18%的安全标准，也高出了 1960—2002 年世界小麦年均库存占年均消费量的 30%的水平。可见，至 2002 年底，我国小麦市场依然是供过于求，并有着很大的库存。

表 1　我国小麦供求平衡表（1992—2002）

单位：万吨

年份	总需求								
	总计	食用[a]	工业				饲料[e]	种子[f]	损耗[g]
			计	酱油和味精[b]	方便食品[c]	酿酒[d]			
1992	10 155	8 397	384	48	127	209	250	718	406
1993	10 304	8 503	413	52	138	224	250	712	426
1994	10 202	8 424	448	49	150	249	250	682	397
1995	10 238	8 418	482	62	163	257	250	680	409
1996	10 427	8 537	500	58	177	265	250	697	442
1997	10 382	8 438	493	62	192	239	250	708	493
1998	10 581	8 452	489	53	209	227	500	701	439
1999	10 500	8 363	502	58	227	217	500	680	456
2000	10 523	8 479	517	61	253	203	500	628	399
2001	10 367	8 375	536	64	273	198	500	581	376
2002	10 344	8 375	561	67	295	198	500	552	357

年份	总供给				库存增减[j]	库存量				
	总计	生产[h]	进口[i]	出口[i]		估计值		USDA 估计值		
						(1)[k]	(2)[l]	(3)[m]	(4)[n]	(5)[o]
1992	11 217	10 159	1 058	0	1 061	4 108	2 863	2 144	6 022	5 322
1993	11 273	10 639	642	9	969	5 077	3 832	3 113	6 495	5 557
1994	10 649	9 930	730	11	447	5 524	4 279	3 560	6 874	5 574
1995	11 378	10 221	1 159	2	1 139	6 663	5 419	4 700	7 649	5 985
1996	11 882	11 057	825		1 455	8 118	6 874	6 154	8 119	6 085
1997	12 515	12 329	186	0	2 133	10 251	9 007	8 287	9 617	7 212
1998	11 121	10 973	149	1	540	10 791	9 547	8 828	9 794	7 014
1999	11 433	11 388	45	0	933	11 724	10 479	9 760	10 294	7 136

（续）

年份	总供给				库存增减[j]	库存量				
						估计值		USDA估计值		
	总计	生产[h]	进口[i]	出口[i]		(1)[k]	(2)[l]	(3)[m]	(4)[n]	(5)[o]
2000	10 051	9 964	88	0	－471	11 253	10 008	9 289	9 188	5 647
2001	9 411	9 388	69	45	－956	10 297	9 052	8 333	7 659	3 733
2002	8 909	8 918	60	69	－1 435	8 862	7 617	6 898	6 053	1 933

注：a/1992－2001年的数据是依据国家统计局分省人均消费量得到的测算结果。2002年直接引用了2001年数据。b/1992－2000年对分省酱油和味精生产量分别用0.1072和1.31作为换算系数得到的测算结果。2001年和2002年的数据是依据2000年的年增长率进行测算而得到的结果。c/1999－2000年方便食品数据来自中国食品工业网（http//www.cfiin.com/database/ statstic/16-2.asp/、2003/6/1），1999年以前的数据是按年均增长率为8.7%计算的结果，2001年和2002年的数据是按8%计算的结果。d/根据分省啤酒、白酒和黄酒的生产量测算的结果。e/按每年中央储备库轮换500万吨小麦（1998年10月全国专项粮油库存清查统计中，超期储存和劣变数量占17%）计算。即1997年以前为轮换量的1/2，1998年以后按轮换量计算。f/种子用量按农产品成本收益调查结果（2000年、国家计委）中每公顷小麦用种235.5千克进行计算。g/按生产量乘以损耗率4%进行计算的结果。h/1992－2001年的数据来源于中国农业统计资料（农业部编、1992－2001年），2002年的数据来源于中国粮油信息中心的估计值（http://www.agri.gov.cn/jghq/ly/t20030313_64837.htm）。i/中国海关统计（中国海关总署编，1992－1997年），1997－2002年的数据来自中国海关。j/库存增减＝总供给－总需求。k/假定1992年的期初库存量为总需求量的30%（1960－2002年的年均世界小麦库存量占世界小麦总需求量的比重），然后根据表中每年的库存增减量进行测算的结果。l/按河南省2001年1季度末小麦实际库存量2246万吨除以河南省小麦产量占全国产量的比重22.4416%进行计算2000年的全国期末库存量（10 008万吨），然后依次根据表中每年的库存增减进行测算所得结果。m/依据2002年3月朱镕基前总理政府工作报告中提及粮食库存量为25 000万吨，按稻谷、玉米和小麦三个品种进行等分，得到2001年末我国小麦库存量为8 333万吨的结果。然后根据表中每年的库存增减量进行测算的结果。n/USDA对中国小麦库存的估计值，该值为本年7月至下年6月的期末值（http：//www.fas.usda.gov/psd/、2003/7/15）。o/2002年11月12日以前，USDA对中国小麦库存的估计值，该值为本年7月至下年6月的期末值。此前，在2001年5月曾经把2001/02年度中国小麦库存量从1375万吨提高到4042万吨。

表2 中加美澳四国的小麦价格变动情况

单位：元/千克、元/美元

年份	中国				出口价格（FOB）			对中出口价格（CIF）			汇率[g]
	集市价[a]	实际收购价[b]	进口价格（CIF）[c]	出口价格（FOB）[c]	加拿大[d]	美国[e]	澳大利亚[f]	加拿大[c]	美国[c]	澳大利亚[c]	
1991	0.78	0.51	0.63	0.83	0.75	0.69	0.73	0.68	0.57	0.64	5.335
1992	0.77	0.59	0.79	0.60	0.98	0.84	0.91	0.83	0.74	0.91	5.527
1993	0.81	0.66	0.75	0.55	1.11	0.81	0.89	0.78	0.68	0.84	5.777
1994	1.14	0.89	1.14	0.81	1.72	1.30	1.40	1.14	1.08	1.21	8.640
1995	1.69	1.09	1.46	0.80	1.71	1.48	1.66	1.50	1.48	1.45	8.371
1996	1.74	1.32	1.91		1.92	1.73	1.91	1.85	1.94	2.00	8.339
1997	1.47	1.46	1.65	1.27	1.51	1.33	1.60	1.61	1.82	1.79	8.319
1998	1.34	1.44	1.54	1.94	1.34	1.04	1.27	1.54	1.50	1.62	8.250
1999	1.21	1.30	1.58		1.26	0.93	1.18	1.39	1.35	1.54	8.278
2000	0.99	1.10	1.39	0.69	1.23	0.94	1.20	1.38	1.48	1.35	8.278
2001	1.03	1.05	1.46	0.85	1.27	1.07	1.32	1.44	1.54	1.26	8.277
2002	1.00	1.04	1.41	0.84	1.47	1.24	1.47	1.42	1.44	1.22	8.277

注：a，b/依据国家价格信息中心和农业部信息中心的月度数据进行算术平均后的结果。c/来自中国海关统计。d/ No. 1，Canadian western red spring，13.5 percent in-store，St. Lawrence（根据月度数据进行算术平均后的结果）。e/No. 2，hard red winter，ordinary protein，f. o. b. vesse（根据月度数据进行算术平均后的结果）l. f/ Australian standard wheat，f. o. b（根据月度数据进行算术平均后的结果）。g/根据FRB（美国联邦储备银行、http://www.federalreserve.gov/releases/ h10/hist/dat96_ch.txt、http://www.federalreserve.gov/releases/h10/hist/dat00_ch.txt）中每工作日的汇率，运用算术平均得到的年度汇率值。备注：d，e，f的数据来自ERS/USDA网站（http://jan.mannlib.cornell.edu/reports/erssor/field/whs-bby/），Wheat Yearbook/WHS-2003/March 2003。

我国小麦的供给过剩以及压库状态必然导致国内小麦市场价格的下滑，从表 2 可以看出，我国小麦集市价在 1997 年以后不断下滑，实际收购价是在 1998 年以后不断下滑，并导致国内小麦价格远远低于国际价格。这种结果的出现，不能不说其中我国粮食流通体制改革政策的反复是很大的负面因素。众所周知，虽然我国粮食流通体制一直在向民营化和市场化方向改革，但从 20 世纪 80 年代起经历了两次紧缩，即 1986 年开始放开农民种植自由权和部分市场经营权，但由于 1988 年的粮食减产致使上述放开变为紧缩。在 20 世纪 90 年代建立了中央储备制度和粮食风险金制度，并于 1992 年下半年开始放开粮食统销政策，但由于 1993 年底粮食价格上涨，再次实施政策紧缩，严格控制粮食经营活动。此后，从 1994—1997 年连续两次提高了收购价格，并实施了米袋子省长责任制，而且在 1997 年是开始实施敞开收购，在 1998 年又推行并实施了三项政策、一项改革的政策，导致小麦库存进一步增加，财政负担更加严重。鉴于此，从 1999 年开始北方春小麦和江南小麦开始退出保护价收购范围，2002 年 8 月又放开了沿海等 8 个省市的粮食市场。与此同时，我国安徽等地开始逐步对农民实施直接补贴。

可见，我国粮食流通体制改革政策的反复，使得国内市场的供求发生了严重的偏离，出现了小麦压库、价格下滑的局面。同时这种政策性干预极大地影响了国内小麦市场与国际市场的整合程度，没有实现小麦供给以自给为主，贸易调节的原则。1999 年以后，这种局面正在不断改观，库存压力也在不断减弱，特别是中国加入 WTO 后，我国小麦流通的自由化、民营化以及国际化是大势所趋，不可避免。

三、研究方法与数据

关于我国小麦市场与国际市场整合方面的研究有很多，比较有代表性的有田（1999）、武（2001）等。其中田（1999）依据 1990 年 1 月到 1998 年 12 月国内外小麦市场价格月度资料进行实证分析后，认为我国小麦市场与国际市场不存在长期整合，而武（2001）依据 1996 年 1 月到 1999 年 12 月湖北以及郑州粮食批发市场与国际市场价格双周资料进行实证分析后，认为我国小麦市场与国际市场存在长期整合，但不存在短期整合。

本文的研究方法也与上述研究基本一致，但也有不同。具体研究方法如下：

首先运用单位根检验（ADF）方法检验两个关联市场的价格序列是否稳定。

其次，如果两个关联市场的价格序列不稳定且为一阶整合时，运用 Granger Representation Theorem（Engle and Granger，1987）检验二者之间是否可能具有长期关系之后，再运用 ADL 模型（Autoregressive Distributed Lag Model）以及误差校正模型（Error Correct Model，ECM）对两个市场是否真的具有长期关系和短期关系进行检验（Dimitris，1995）。

（一）检验长期整合关系

对于两个不稳定的序列变数，如果二者具有长期稳定关系，则对二者的回归方程运用最小二乘法（OLS）得到的残差序列应该是稳定的（Engle and Granger，1987）。对于残差是否稳定的检验运用单位根检验（ADF）方法。具体步骤如下：

如果两个关联市场的价格序列 P_{it} 和 P_{jt} 都是不稳定且为一阶整合，假定二者的回归方程如下：

$$P_{it} = \beta P_{jt} + \mu_t \quad (1)$$

其中，P_{it} 为 i 市场在时点 t 的价格，P_{jt} 为 j 市场在时点 t 的价格，β 为待估参数，μ_t 为时点 t 的残差。

接下来就对残差 μt 运用 ADF 方法进行单位根检验。即：

$$\Delta\mu_t = \delta_1\mu_{t-1} + \delta_{21}\Delta\mu_{t-1} + \delta_{22}\Delta\mu_{t-2} + \cdots + \delta_{2k}\Delta\mu_{t-k} + e_t \quad (2)$$

虚拟假设（Null Hypothesis）为 H_0：$\delta_1=0$（可能存在单位根），对立假设为 H_1：$\delta_1<0$（不存在单位根），如果 δ_1的 t 检验值小于相应的临界值，则拒绝虚拟假设，也就表明两个关联市场的价格可能具有长期稳定关系，或者说两个市场可能是长期整合的。

根据在上述方程（1）和方程（2）进行的检验还不能完全保证价格序列间具有长期关系，有多种方法可以进一步检验（Palaskas and Harriss，1993），其中的方法之一是运用 ADL 模型（Ravallion，1986），具体的无约束 ADL 模型形式如下：

$$P_{it} = c_t + \sum_{k=1}^{n} a_k P_{it-k} + \sum_{k=0}^{n} b_k P_{jt-k} + O_t \quad (3)$$

$$\eta^* = \frac{\sum_{k=0}^{n} bj}{1-\sum_{k=1}^{n} a_j} \quad (4)$$

该模型的长期乘数 β^* 就可通过式（4）算出。这样如果虚拟假设 $\sum a+\sum b=1$ 不被拒绝，就可以说价格序列间存在共聚合关系，也就是存在长期稳定关系。

为了解决对于不稳定序列变数不能运用一般的 F 检验问题，方程（3）可以转化为下面的方程（5）（Palaskas and Harriss，1993；Lutz et.，1995），本文中就运用方程（5）对虚拟假设 $\sum a+\sum b=1$ 进行检验。

$$P_{it} = c_t + \sum_{k=1}^{n-1} a_k Pit - k + (\sum_{k=1}^{n} a_k) P_{it-n} + \sum_{k=0}^{n} b_k Pjt - k + (\sum_{k=0}^{n} b_k) P_{jt-n} + O_g \quad (5)$$

（二）检验短期整合关系

根据方程（1），如果价格序列间存在共聚合关系，就可以得到其误差校正模型（方程（6））。因 $\Delta P_{it}\sim I$（0），$\Delta P_{jt}\sim I$（0），$\Delta\mu_t\sim I$（0），则 $v_t\sim I$（0）。方程（6）表示的是 P_{it}对 P_{jt}的短期动态调整，把方程（1）运用最小二乘法得到 β 估计值代入方程（6），就可以求出方程（6）的估计值 α_0、α_1和 α_2。本文通过运用 β^* 替代方程（6）中的 β，就得到方程（7）。

$$\Delta P_{it} = \alpha_0 + \alpha_1\Delta P_{jt} + a_2(P_{it-1} - \beta P_{jt-1}) + v_t \quad (6)$$

$$\Delta P_{it} = \alpha_0 + \alpha_1\Delta P_{jt} + \alpha_2(P_{it-1} - \beta^* P_{jt-1}) + v_t \quad (7)$$

这样如果虚拟假设 $\alpha_1=-\alpha_2=\beta^*=1$ 经检验成立，就可以说价格序列间存在严格的短期整合关系，如果虚拟假设 $\alpha_1=1$ 经检验成立，就可以说价格序列间存在比较弱的短期整合关系。在方程（7）中，α_2（$P_{it-1}-\beta^* P_{jt-1}$）项反映的是 t－1 期价格偏离长期均衡关系的调整机制，参数 α_2 反映的是调整速度，该值越接近于－1 表明调整速度越快。$\alpha_1\Delta P_{jt}$项反映的是 P_{jt}对 P_{it}的直接或短期影响效果。

最后，运用格兰泽尔因果检验判断国内外小麦市场价格变化的先后顺序。如果价格序列间存在共聚合关系，则价格序列间至少存在一个单方向的格兰泽尔因果关系（Mehra，1994），即 P_{it}和 P_{jt}之间存在格兰泽尔因果关系或 P_{jt}和 P_{it}之间存在格兰泽尔因果关系。也就是说通过格兰泽尔因果检验可以测定哪一个价格在时间上先于或后于另一个价格的变化。具体的模型如下（武，2001）：

$$\Delta P_{it} = \theta_{11}\Delta P_{it-1} + \cdots + \theta_{1n}\Delta P_{it-n} + \theta_{21}\Delta P_{jt-1} + \cdots + \theta_{2n}\Delta P_{jt-n} - \gamma_1(P_{it-1} - \beta P_{jt-1}) + v_{1t} \quad (8)$$

如果经检验接受方程（8）的虚拟假设 H_0：$\theta_{21}=\cdots=\theta_{2n}=\gamma_1=0$，则 P_{it} 和 P_{jt} 不存在从 P_{it} 到 P_{jt} 的格兰泽尔因果关系。

$$\Delta P_{jt}=\theta_{31}\Delta P_{jt-1}+\cdots+\theta_{3n}\Delta P_{jt-n}+\theta_{41}\Delta P_{it-1}+\cdots+\theta_{4n}\Delta P_{it-n}-\gamma_2(P_{it-1}-\beta P_{jt-1})+v_{2t} \tag{9}$$

如果经检验接受式（9）的虚拟假设 H_0：$\theta_{41}=\cdots=\theta_{4n}=\gamma_2=0$，则 P_{it} 和 P_{jt} 不存在从 P_{jt} 到 P_{it} 的格兰泽尔因果关系。

本文运用的数据中，国内小麦集市价和国内小麦实际收购价来源于中国价格信息中心，并算术平均为月度名义价格，国际价格分别采用了加拿大、美国以及澳大利亚的小麦出口价的月度数据，具体出处参照表 2。考虑到 1994 年人民币贬值了 50%，分别把上述三国的价格换算为用人民币表示的价格，汇率来源与表 2 相同。

四、研究结果与分析

首先，从表 3 各个价格序列的单位根检验结果可以看出，在价格序列的正常值水平上，都不拒绝虚拟假设（即存在单位根），在价格序列的一阶差分水平上，所有序列均在 10%的统计显著水平上拒绝虚拟假设，因此，所有价格序列均证实为一阶整合序列，可以进一步进行市场整合分析。

其次，依据方程（2）和方程（5）进行的 ADF 检验以及 F 检验的结果表明，国内实际收购价与加拿大出口价、国内实际收购价与美国出口价、国内实际收购价与澳大利亚出口价、国内实际收购价与国内集市价、国内集市价与加拿大出口价、国内集市价与美国出口价、国内集市价与澳大利亚出口价，这些价格之间大多数都在 10%统计显著水平上存在长期整合关系，但国内实际收购价与美国出口价、国内集市价之间依据方程（2）的检验结果，二者在 10%统计显著水平上存在长期整合关系，在 5%水平上不存在，依据方程（5）的检验结果，二者在 5%统计显著水平上存在长期整合关系，因此，国内实际收购价与美国出口价、国内集市价之间的长期整合关系比较弱。从整体而言，上述结果与我国小麦生产与流通体制不断向市场调节机制方向演变的趋势是相符合的。而且从上述田（1999）得出的我国小麦市场与国际市场不存在整合关系的结论来看，1999 年以后，我国春小麦都退出保护价收购以及沿海省市放开粮食经营市场等措施都促进了我国小麦市场与国际市场的整合。另一方面，因自然灾害导致的我国小麦产量减少或我国小麦压库的市场状况不仅影响到国内市场价格的上升或下滑，小麦进口的增加或减少，也影响到了加拿大、美国以及澳大利亚这些传统的对中小麦出口国的小麦出口价格的上升或下滑，这些因素的影响在很大程度上可以说与我国小麦市场信息传递机制逐渐完善以及信息不断公开有关，这更进一步验证了我国小麦市场与国际市场是长期整合的结论。

表 3　国内外小麦价格序列的单位根检验结果[a]

		正常值（Levels）			一阶差分（First Difference）		
	滞后项	有截距、无趋势	有截距、有趋势	无截距、无趋势	有截距、无趋势	有截距、有趋势	无截距、无趋势
国内实际收购价	4	−1.76	−0.89	0.32	−4.86	−5.20	−4.79
国内集市价	4	−1.59	−1.43	−0.16	−3.16	−3.32	−3.16
加拿大出口价	4	−2.33	−2.26	0.18	−5.77	−5.78	−5.73
美国出口价	4	−1.97	−1.91	0.12	−5.75	−5.75	−5.72
澳大利亚出口价	4	−1.99	−1.84	0.29	−5.63	−5.66	−5.57

（续）

	滞后项	正常值（Levels）有截距、无趋势	有截距、有趋势	无截距、无趋势	一阶差分（First Difference）有截距、无趋势	有截距、有趋势	无截距、无趋势
临界值	1%	−3.48	−4.03	−2.58	−3.48	−4.03	−2.58
	5%	−2.88	−3.44	−1.94	−2.88	−3.44	−1.94
	10%	−2.58	−3.15	−1.62	−2.58	−3.15	−1.62

注：a/在方程式 $\Delta P_t = c + \delta P_{t-1} + \delta_1 \Delta P_t + \cdots + \delta_n P_{t-n} + e_t$ 中，虚拟假设（Null Hypothesis）为 H_0：$\delta=0$（序列不稳定，存在单位根），对立假设为 H_1：$\delta<0$（序列稳定，不存在单位根）。

表4 长期整合关系的共聚合检验结果

	方程（2）的检验结果 滞后项	t检验值[a]	滞后项[b]	方程（5）的检验结果[d] $\sum a$	$\sum b$	$\sum a+b$	β^*	F−LR[c]
国内实际收购价×加拿大出口价	2	−2.04	2	0.948	0.054	1.002	1.039	0.03
国内实际收购价×美国出口价	2	−1.78*[e]	2	0.949	0.054	1.004	1.077	0.10
国内实际收购价×澳大利亚出口价	1	−1.96	2	0.941	0.053	0.995	0.909	0.22
国内实际收购价×国内集市价	4	−1.63 **[e]	3	0.958	0.040	0.998	0.949	0.04
国内集市价×加拿大出口价	2	−2.54	2	0.967	0.033	0.999	0.980	0.01
国内集市价×美国出口价	3	−2.48	2	0.967	0.033	1.000	0.988	0.00
国内集市价×澳大利亚出口价	2	−2.21	4	0.969	0.023	0.992	0.742	1.18

注：a/1%、5%、10%的MacKinnon临界值分别为−2.58、−1.94、−1.62。b/滞后项的选择运用了AIC统计量。c/长期整合的F值检验结果，临界值F(5%，1，125−150)=3.92−3.91。d/残差的系列相关检验运用了LM检验(滞后项数8，10%统计显著水平上有效)。e/在5%统计显著水平上无效，但在10%统计显著水平上有效。

表5 短期整合关系的检验结果[d]

	α_0	α_1	α_2	Adj−R^2	DW	$F(\alpha_1=-\alpha_2=1^a)$	$F(-\alpha_1=1^b)$
国内实际收购价×	−0.014	−0.030	−0.047	0.14	2.10	5 498.84*[c]	1 048.95*
加拿大出口价	(−2.853)***	(−0.930)	(−4.975)***				
国内实际收购价×	−0.004	−0.072	−0.046	0.14	2.10	5 229.98*	684.77*
美国出口价	(−0.972)	(−1.757)**	(−4.706)***				
国内实际收购价×	−0.004	−0.053	−0.056	0.13	2.05	3 396.95*	654.99*
澳大利亚出口价	(−0.990)	(−1.297)	(−4.610)***				
国内实际收购价×	0.000	0.305	−0.042	0.12	2.04	2359.73*	44.48*
国内集市价	(0.120)	(2.931)*	(−2.823)***				
国内集市价×加拿	−0.006	0.033	−0.043	0.09	1.12	4 467.24*	1442.26*
大出口价	(−1.859)*	(1.286)	(−4.007)***				
国内集市价×美国	0.004	0.063	−0.042	0.07	1.13	2 971.05*	801.35*
出口价	(1.349)	(1.909)**	(−3.230)***				
国内集市价×澳大	0.007	0.063	−0.029	0.03	1.10	2 466.63*	773.57*
利亚出口价	(1.727)*	(1.860)*	(−1.954)**				

注：a/短期整合的F值检验结果，临界值F（5%，2，125−150）=3.3.07−3.06。b/短期整合的F值检验结果，临界值F（5%，1，125−150）=3.92−3.91。c/在10%统计显著水平上无效。d/残差的系列相关检验运用了LM检验（滞后项数8，10%统计显著水平上有效）。表中的括号内为t值，***、**、*分别表示在1%、5%、10%统计显著水平上有效。

再次，依据方程（7）对我国小麦市场与加拿大、美国以及澳大利亚的小麦出口市场的价格进行的短期整合检验结果表明，国内实际收购价与加拿大出口价、国内实际收购价与美国出口价、国内实际收购价与澳大利亚出口价、国内实际收购价与国内集市价、国内集市价与加拿大出口价、国内集市价与美国出口价、国内集市价与澳大利亚出口价，这些价格之间都不存在短期整合。这个结论与武（2001）的结论是相一致的。在表四显示的结果中，参数 α_2 的值都比较小，表明我国小麦价格受到国际价格的冲击后，需要较长的时间才能恢复到与国际价格的长期均衡关系，而且我国小麦实际收购价受到国内集市价的冲击后，也需要较长时间才能恢复到与集市价的长期均衡关系，这也反映了，即使是在国内，我国小麦价格的形成与信息传递之间都会在较长时间内存在相互隔离状态。此外，参数 α_1 的值中，国内集市价对国内实际收购价的直接影响效果相对较大，这也反映了在一定程度上我国小麦实际收购价的制定与形成是受集市价的影响的。在实际工作中，我国小麦收购价一旦制定，在短期内就无法像集市价一样随行就市有很大的波动，上述检验结果也证实了这种事实。

综合上述检验结果，不难看出，我国小麦市场与国际市场之间虽然存在长期整合关系，但是比较弱，导致这种结果的原因，除了武（2001）中提到的体制原因、粮食的计划性进出口以及市场建设尚不完善等原因之外，我国小麦供求信息的不对称以及政府对价格信息的调控管理，都极大影响了小麦市场信息的传递，从而导致小麦市场价格的扭曲，并最终陷入不能与国内小麦市场供求关系相匹配的小麦贸易怪圈，即出现了越是小麦供给增加时越是进口小麦，越是小麦供给减少时越是出口小麦的扭曲局面，这种情况的出现既不利于我国小麦市场效率的提高，也不利于我国国内农业生产结构的调整。因此，建立信息公开制度，按照公开公正公平的原则促进信息的传递是我国小麦流通体制改革的重大课题，与此同时，弱化收购制度功能，强化对农民的直接补贴是国际化的必然趋势。

表 6　格兰泽尔因果检验结果

虚拟假设（Null Hypothesis）[a]	观察值	滞后项	F 值[b]	检验结果[c]
加拿大出口价≯国内实际收购价	143	2	11.136＊＊＊	加拿大出口价＞国内实际收购价
国内实际收购价≯加拿大出口价	143	2	0.401	国内实际收购价≯加拿大出口价
美国出口价≯国内实际收购价	143	2	10.288＊＊＊	美国出口价＞国内实际收购价
国内实际收购价≯美国出口价	143	2	0.144	国内实际收购价≯美国出口价
澳大利亚出口价≯国内实际收购价	143	2	8.768＊＊＊	澳大利亚出口价＞国内实际收购价
国内实际收购价≯澳大利亚出口价	143	2	0.171	国内实际收购价≯澳大利亚出口价
国内集市价≯国内实际收购价	143	2	4.736＊＊＊	国内集市价＞国内实际收购价
国内实际收购价≯国内集市价	143	2	2.387＊	国内实际收购价＞国内集市价
加拿大出口价≯国内集市价	143	2	4.145＊＊	加拿大出口价＞国内集市价
国内集市价≯加拿大出口价	143	2	1.140	国内集市价≯加拿大出口价
美国出口价≯国内集市价	143	2	2.692＊	美国出口价＞国内集市价
国内集市价≯美国出口价	143	2	4.510＊＊	国内集市价＞美国出口价
澳大利亚出口价≯国内集市价	143	2	1.234	澳大利亚出口价≯国内集市价
国内集市价≯澳大利亚出口价	143	2	5.228＊＊＊	国内集市价＞澳大利亚出口价

注：a/≯表示前者不领先于后者。b/＊＊＊、＊＊、＊分别表示在1%、5%、10%统计显著水平上拒绝虚拟假设（Null Hypothesis）。c/＞表示前者领先于后者。

最后，运用格兰泽尔因果检验得到的国内外小麦市场价格变化的先后顺序表明，加拿大、美国以及澳大利亚的出口价格的变化领先于国内实际收购价格，国内集市价的变化与国内实际收购价格的变化互为格兰泽尔因果关系；加拿大出口价格的变化领先于国内集市价，美国出口价与国

内集市价互为格兰泽尔因果关系，国内集市价的变化领先于澳大利亚出口价。这种结果表明，我国国内实际收购价在制定过程中，是在参考了国际小麦价格以及国内集市价的基础上制定的，国内实际收购价一旦形成，就会对国内集市价产生影响。这与我国的实际情况也是相符的。另外，我国集市价的变化不仅受到国际价格的重要影响，也对国际价格具有重要影响，特别是对美国小麦出口价格具有重要影响①。这可以从美国农业部（USDA）两次提高我国小麦库存、我国小麦转变为净出口及路透社把我国小麦价格列入公布之列等方面得到解释。美国农业部每次发布提高我国小麦库存的结果之后，都会引起了美国小麦出口价格的下降。可见，我国小麦出口的增加，也在一定程度上影响到国际价格的变动，特别是对亚洲小麦的传统出口国之一的美国产生了一定影响。

五、结论

本文首先分析了我国小麦价格（实际收购价和集市价）与加拿大、美国以及澳大利亚小麦出口价之间的长期与短期价格关系表明，第一，这些价格间在10%统计显著水平上存在长期整合关系，但国内实际收购价与美国出口价、国内集市价之间的长期整合关系比较弱；第二，这些价格间不存在短期整合关系，同时也表明我国小麦价格受到国际价格的冲击后，需要较长的时间才能恢复到与国际价格的长期均衡关系，而且我国小麦实际收购价受到国内集市价的冲击后，也需要较长时间才能恢复到与集市价的长期均衡关系。可见，我国小麦生产与流通体制正在不断向市场调节机制方向演变的同时，我国小麦供求信息的不对称以及政府对价格信息的调控管理，都极大影响了小麦市场信息的传递。也就是说，政府的政策干预（小麦收购制度、小麦信息的行政管理等）仍然在小麦市场上起着主导作用，这种政策干预大大降低了我国小麦市场的运行效率，并导致了小麦市场供求的扭曲。

其次，本文运用格兰泽尔因果检验得到的国内外小麦市场价格变化的先后顺序表明，国际价格变化快于国内实际收购价格，可见，政府对国内实际收购价进行着较强的调控和管理。另一方面，加拿大出口价格的变化领先于国内集市价，美国出口价与国内集市价互为格兰泽尔因果关系，国内集市价的变化领先于澳大利亚出口价。这些结果表明：我国集市价的变化不仅受到国际价格的重要影响，也对国际价格具有重要影响，特别是对美国小麦出口价格具有重要影响。

综上所述，本文的结论为：我国小麦流通体制改革的重大课题就是如何提高我国小麦市场的运行效率，确保小麦市场的自律性调整。具体而言，首先应该建立小麦信息（定期发布各个品种的小麦生长、种植信息、小麦需求信息、小麦储存信息、小麦出口信息、小麦饲料信息、小麦加工制品生产、销售信息以及国际小麦市场信息等）公开制度，按照公开公正公平的原则促进信息的传递，并使该制度具有法律保障；其次，对现有粮食、物价部门进行资源整合，促进其从管理功能向服务功能转化；再次，政府应该弱化收购制度功能，强化并推广对农民的直接补贴，强化粮食流通各个环节的软硬件设施建设，促进流通渠道的畅通。

---

① 国际小麦市场价格主要是由美国市场决定的（Mainardi，2001）。据 Mohanty et al（1996）的研究，加拿大小麦市场不受美国小麦市场价格变动的影响，而美国小麦市场受加拿大市场价格变动的影响。另据 Mohanty et al（1999）的研究，加拿大和澳大利亚的小麦出口价格对美国出口价格产生冲击，但加拿大的小麦出口价格仅受澳大利亚小麦出口价格的冲击。澳大利亚的小麦出口价受加拿大小麦出口价的冲击。

参考文献

[1] 田维明. 我国粮食市场上的价格联系. 农村社会经济. 1999 (2)

[2] 武拉平. 国内外粮食市场关系研究. 中国农村观察. 2001 (1)

[3] Clemens Lutz, and Van Tilburg and Bertjan Van Der Kamp. The Process of Short-and Long-term Price Integration in the Benin Maize Market. European Review of Agricultural Economics22; 191～212, 1995

[4] Dimitris Diakosaccas. How Integrated are World Beef Markets? The Case of Australian and U. S. Beef Markets, Agricultural Economics 12: 37～53, p41, 1995

[5] Engle, R. and Granger, C. W. J. Co-integration and Error Correction: Representation. Estimation and Testing, Econometrica 55: 251～276, 1987

[6] Mehara, Y. O. Wage Growth and the Inflation Process: An Empirical Application, in Rao (ed). Cointegration for the Applied Economist, Macmillan Press L. td. 1994

[7] Palaskas, T. B. and Harriss, B. Testing Market Integration: New Approach with Case Material from the West Bengal Food Economy. Journal of Development Studies30 (1): 1～57, 1993

[8] Ravallion, M. Testing Market integration. American Journal of Agricultural Economics 68: 102～109, 1986

[9] Stefano Mainardi. Limited Arbitrage in International Wheat Markets: Threshold and Smooth Transition Cointegration. The Austalian Journal of Agricultural and Resource Economics. 45: 3, pp. 335～360, 2001

[10] Samarendu Mohanty, E. Eesley F. Peterson and Darnell B. Smith. Relationships between U. S. and Canadian Wheat Prices: Cointegration and Error Correction Approach. Canadian Journal of Agricultural Economics 44: 265～276, 1996

[11] Samarendu Mohanty, William H. Meyers and Darnell B. Smith. A Reexamination of Price Dynamics in the International Wheat Market, Canadian Journal of Agricultural Economics47: 21～29, 1999

产品策略及渠道策略在农产品经营中的运用*

张娣杰　安玉发

改革开放以来，我国农产品生产取得了长足的发展。特别是20世纪90年代中期以后，我国农产品市场状况发生了显著的变化：一是农产品总量供过于求。粮食、棉花全面“过剩”，蔬菜（包括反季节蔬菜）“滞销”，水果“烂市”，鳗鱼、甲鱼等“卖难”，整体农产品市场供大于求的格局已全面形成，从而由过去的“手中无粮，心中发慌”变为如今的“手中多粮，使人愁肠”。二是农产品品种、质量不能完全适销对路。主要体现为低质品种多、优质品种少；普通产品多、专用产品少。这既制约着农民生活的改善，也制约着农业再生产过程的投入和国民经济的发展。

要改变当前农产品市场的状况，促进农民收入增长，进而推动整个国民经济的持续稳定健康发展，就必须树立正确的农产品市场营销观念，即“以消费者需求为中心”的农产品市场营销观。这是农产品由卖方市场转向买方市场的必然要求，也是建立现代市场体系的必然选择。然而，从全国农产品生产和经营的现实情况看，围绕“以消费需求为中心”的农产品营销活动的开展无论是宏观层次还是微观层次还仅仅停留在认识水平上，有关现代市场营销观念以及在此观念指导下的各种营销策略在农产品的生产经营活动中没有得到有效应用。本文在分析我国农产品营销特点的基础上，重点探讨营销因素组合中的产品策略和销售渠道策略在农产品经营中的有效应用。

一、我国农产品市场营销的特点

现代市场营销观念告诉我们：任何企业的生产和经营活动都必须在现代市场营销观念指导下开展，其核心是：企业要实现其经营目标，不取决于经营者的自我设想，关键要了解和确定目标市场消费者的需求，并且要以比竞争对手更有效的办法，满足消费者的需求，进而引导和创造新的需求。因此，判定一个企业是否从行动上贯彻市场营销观念，关键看其是否把市场调研和营销战略管理作为重要的营销职能，是否实行目标市场营销，是否采用市场营销策略。近年来，随着改革的深入，市场形式发生急剧变化，城乡居民生活水平大大提高，市场需求已出现多样化、个性化、新潮化的趋势。由于农业生产是自然再生产和经济再生产交织在一起的社会再生产过程，从而决定了农产品生产经营活动有多种不可控因素，使得农产品经营活动面临极高的自然风险，不同年份间农产品供给品质稳定性的控制难度大；另外，农产品生产的分散性、地区性、季节性与消费的集中性、全市场性、常年性同时并存，以及消费者对农产品的质量要求，决定着市场对农产品营销活动提出了更高的要求；再者，与工业品及服务性商品不同，由于受农产品本身的特

* 原载《调研世界》2002年第1期。

性以及农产品生产周期长的影响，农产品缺乏价格弹性，因此，在从事农产品市场营销过程中，价格操作的选择余地不是很大。另外，农产品生产本身利润低，生产者不可能拿出更多的促销经费来大做广告，并且从生活必需品的角度看，广告宣传也不会像其他产品那样效果明显。因此，促销策略的应用也有一定的限制。由此可见，在农产品市场营销组合中，合理地使用产品和渠道策略，能够收到事半功倍的效果。

二、产品策略在我国农产品经营中存在的问题

随着社会的发展和物质生活水平的提高，人们对农产品的需求已远远不是为了填饱肚子，而赋予了农产品营养价值、保健价值、享用价值等多种价值标准。在不同市场中的消费者，由于生活方式、收入水平、心理等多方面因素的影响，表现出对农产品的不同需求特征。这注定了农产品生产必须在充分了解消费者需要的基础上，提高农产品质量、改良农产品品种以及调整农产品的产品结构等。然而，现实中却存在以下问题：

1. 生产缺乏有效的市场调研，对市场的需求信息把握不准。农产品生产者如果在买方市场的情况下，失去了对市场信息的把握，就很难生产出适销对路的产品。而我国农产品生产者对此却认识不到位。由于信息来源少，制约了农民按市场需求组织生产；虚假信息误导农民生产和销售；盲目一哄而起、赶潮流，使生产步入了误区；对宏观市场把握不准，缺乏对全国各地及国际市场信息的综合分析的能力，对农产品不能做出正确的短期、中期和长期的预测，生产带有盲目性，从而形成买方市场特有的“卖不掉”和“买不到”共存的现象。

2. 农产品生产未实施标准化，品种、质量不符合市场需求。造成这种情况有两方面原因：一是对传统的农产品生产方式的过分依赖，使得农产品品种质量改进不及时；二是对新技术、新方法的采用不及时，影响新品种的生产和质量的提高。由于农产品的生产受自然条件的影响大，生产分散，凭经验生产，根本没有生产标准，只求数量不顾质量。品种单一，大多数是未经加工的初级产品，与消费者需求的多样性形成尖锐矛盾。

3. 农产品品牌意识差，产品差异化策略难以实施。市场竞争的本质就是较多的产品争夺有限的市场份额。名牌产品具有市场开拓力、文化内蓄力、资产扩张力，能够在市场中表现出超常规的创利能力，可以吸引资金、聚集人才、扩大规模、左右市场。这些特性也同样表现在农业上。土生土长的农产品和工业品一样，也需要品牌，也要进行品牌营运。现代农业作为高度社会化、商品化的产业，需要用品牌来开拓市场。目前，我国农产品品种多，产量大，产品品牌化刚起步，还存在“四多四少”的问题，即：一是市场上的农产品中，无品牌的多，有品牌的少；二是已有品牌的农产品中，具有品牌的多，具有商标的少；三是农产品品牌的设计，以地名、人名命名的多，有寓意、创意的少；四是在农产品的品牌宣传中，宣传品名的多，宣传品牌的少。这样，既加剧了竞争，又无法显现特色，产品差异化策略难以实施。

4. 不重视产品的包装，商品的档次难以提高。在现代营销观念下，包装不仅能保护商品，而且能美化商品，提高商品的价值，起到宣传商品的作用。俗话说，“人靠衣装，佛要金装，产品要包装”。国外的农产品就十分强调包装，如我国市场上进口的美国苹果，仅两个包装的苹果就售价 20 元，而我国的苹果价格却不及其 1/10。目前，我国农副产品包装基本上滞留在以实用为主的低水平上，只是为了好拿，好装，好运。大部分仍然是“蔬菜连泥带水，苹果不分大小，包装非箩即筐”，造成农产品档次上不去、价格卖不高、损耗严重，据说就水果筐装一项，损耗就在 6%左右。

三、渠道策略在我国农产品经营中存在的问题

改革开放以来，我国农产品流通领域改革的主要内容大体包括：完善农产品市场，建立规范化的市场组织，建立正常的市场秩序，明确渠道成员的主体地位等。当前，我国农产品的销售渠道表现为多种渠道同时经营和销售农产品，如国家商业企业、农村供销合作社、私营商业机构、以农产品为原料的加工企业等均可以经营和销售农产品。我国现阶段农产品销售方式大体上可以划分为三种：一是国家垄断收购。如烟叶、粮食的统购部分等。二是农民自产自销。三是流通商贩贩运，包括自然人和法人。目前，这三种方式都存在一定的问题，具体如下：

1. 作为国家垄断收购的执行机构的国家或集体所有制农产品经营企业，不能有效发挥其渠道职能。由于国家或集体所有制农产品经营企业转制滞后，产权不明晰，尚未能发育成与市场经济相适应的现代企业，特别是各级地方政府对企业的资源配置和市场交易活动进行过多的行政干预，企业没能成为真正的资源配置主体，从而影响其渠道职能的有效发挥，特别是当一些重要农产品发生短缺，并引发“贸易大战”时，没能起到平抑物价，保护消费者的作用；当一些重要农产品发生相对过剩时，又未能很好地遵循国家意志“敞开收购”这类农产品，保护生产者利益。

2. 既是生产者，又是经销者的农民无力应对市场的挑战。现阶段，我国绝大多数地区农民土地经营规模小，生产零星分散，专业化程度低，自给性强，使进入市场交易的产品不多，无法形成批量交易。同时，农民缺乏强有力的营销组织，加之自身素质低，市场意识和市场参与能力弱，遇到较大风险难以回避，很难在较大市场范围内决定自己的最佳投资方向。因此，农民自产自销的农产品顺利实现从田间、地头走向市场，实现农产品的商品化，以及提高农产品的市场成交率等的难度较大。

3. 处于亦商亦农的准商人阶段的流通商贩们，与社会化大市场不相符。目前，活跃在农产品市场中的流通商贩们大多数仍然处在亦商亦农的准商人阶段，他们中的绝大多数尚未完成资本积累过程，资本量小，没有实力，无法建立起固定的销售场所和全国性或区域性销售网络，缺乏市场拓展能力和竞争力；不少商贩没有固定的销售商品，短期行为严重。没有固定的销售渠道，一锤子买卖，市场欺诈行为较为严重；由于单一主体实力不足，其销售的商品没有品牌、没有注册商标，产品不分档次、品质优劣混淆参差不齐、外观包装上不了档次、价格低廉、赢利能力差；部分有相对固定生产基地的流通商贩（或经纪人）也常常在收购中压质压价，严重损害了农民的利益；市场竞争无序，相互间压价倾销现象严重，甚至采用假冒伪劣等不正当的竞争手段。

四、有效运用产品策略和渠道策略的几点建议

1. 加强农产品市场调研与预测，为其市场开拓提供决策依据。农产品市场调研要了解影响农产品市场营销活动的各种环境因素，也要了解农产品市场商品供求关系，还要了解消费者需求。同时，对农产品在消费者心目中的具体消费效果也要进行跟踪调研。只有把准市场的脉搏，把握市场的需求状况和需求特征，才能有目的地引进新品种，制定出科学的生产计划。

2. 实行品牌营销，优化农产品的品种结构，提高农产品质量，满足消费者对名优农产品的需求。品牌营销首先要求农产品具有较高的品质，而品质又来源于农产品的质量，包括营养价值、口感味道、卫生安全，这是农产品提供给消费者的最为核心的利益。因此，一方面要选择品质优良的农产品进行种养，改变长期以来以增产为目标的品种改良技术创新路径为以品质和效益

为目标。另一方面，要发展绿色产品，满足消费者对“无污染、营养、安全、卫生”的农产品的需要。品牌营销还要求在农产品市场营销活动中，利用创名牌作为自己的战略目标，以求得更大的生存和发展空间。实施名牌化，一是要提高农产品质量，提升农产品的品位，以质创牌；二是要开展农产品的商标注册，叫响农产品的名字，以名创牌；三是要加大农产品的宣传，树立农产品的公众形象，以优创牌。

3. 改善包装，提高农产品档次、增加收益。包装并不是仅仅给农产品装个盒子、套个袋子，还包括在进入市场前对农产品进行加工、等级处理。因此，要讲究包装的策略和技巧。目前，农产品包装主要有利于方便消费者消费、储存、携带等，还要向分级化、多样化、环保化、特色化方向发展，农产品要根据质量档次和目标市场的需求特点进行分级包装、按质论价。同时要注意包装的环境保护，例如，苹果可尝试采用有乡村特色的柳编、藤编、竹编等小包装，这样既有特色，又符合环保要求，还可因地制宜地发展副产品加工业。

4. 加强农产品营销渠道建设，促进农产品流通。一是加快对现有农产品流通企业改造，建立现代企业制度，使其适应农产品流通的需要，成为农产品流通渠道的领导者。二是大力培植农产品贩运大户，使其成为农产品流通渠道的主力军。首先要鼓励农产品贩运大户实行企业化经营，加强工商注册登记，使其成为严格意义上的市场法人主体，独立承担民事和经济责任。其次，农产品贩运户完全靠自我发展完成资本积累，规模受到一定限制，为此，有关部门应加大政策以及融资方面的支持力度。第三，引导贩运户规范自我行为，依法经营。三是组建农产品流通协会，实现农产品销售渠道的网络化、组织化、高效化。农产品的生产和消费往往分散在千家万户，需要一张分销网络将生产和消费连接起来。目前，作为农产品流通渠道中主要成员的商贩，大多数来自农村，自身素质不高，需要从其外部给予一定的指导和帮助。将他们组织起来，建立各种形式的农产品流通协会，以流通协会为载体，形成畅通、高效的农产品销售网络，从而改变千家万户、千军万马闯市场的落后局面。

参考文献

[1] 王策之等．关于农产品品牌的思考．农业经济．1999（9）

[2] 华人民．关于农产品流通体制改革的几个问题．求实．1999（10）

[3] 徐金海．我国农产品市场营销问题探讨．经济问题．2001年（2）

[4] 安玉发等．市场营销学理论在我国农业经营中的应用．中国农业大学学报（社会科学版）．2000年（1）

我国小城镇财政体制现存问题分析及其改革方向

赵　月　葛长银

［摘　要］发展小城镇是一条具有中国特色的社会主义农村城镇化的道路。在小城镇建设中，财政建设是一个重要的环节。目前我国小城镇财政体制存在的问题，阻碍了小城镇财政职能的发挥。公共财政是国家财政管理体制改革的方向，同时也是小城镇财政管理模式改革的目标，文章就小城镇财政体制上存在的问题，对现行小城镇财政管理模式改革目标——公共财政进行分析并提出对策。

［关键词］小城镇　财政管理模式　公共财政

一、我国小城镇财政管理体制存在的问题及其成因

近年来，国家对小城镇确定了一系列的改革措施，也相应制定了一些财政政策，但是在财政体制改革上进展缓慢，现行的财政管理模式已不能适应小城镇发展的要求，阻碍了小城镇自身的发展，也限制了小城镇财政作用的发挥。

1. 小城镇财政管理体制改革滞后，体制建设不完善。1994年，国家实行了分税制的财政体制改革，随着改革的深入，小城镇也要逐步建立起分税制财政管理体制。根据1999年统计，全国实行分税制财政体制的乡镇占全国乡镇财政单位的58%，已经实行了分税制的乡镇中，有相当部分的乡镇是名义上的分税制，实则是老的包干体制。根据对辽宁省葫芦岛市连山区和内蒙古呼和浩特市巴彦镇的调查以及查阅的大量相关资料显示，大多数实行的是定额上解体制。经济基础较好的小城镇实行定额上解，一部分仍实行“超收分成”体制，而对于落后的乡镇采取补助的形式。即使在实行分税制财政体制的小城镇，其运行仍存在很多问题，其主要原因是从分税制的内容上来看，分税制主要解决了中央和地方的收入分配关系，但地方各级政府之间的收入如何分配，现行分税制并没有做出明确的划分，特别是小城镇在省市县之间的收入分配问题并没有解决，主要表现在：

（1）小城镇财政的预决算权不在小城镇，而由上级政府做出，这样，每年小城镇政府上缴的利税基数就由上级政府划定，每年给小城镇定的基数很大，小城镇很难超收。

（2）分税制虽然划分了税种，但对小城镇来说，国家规定的国税25%留地方，镇里所剩很少，都到了县、市：地税本属于地方税收，留地方使用，但小城镇把所收的税全部交到县财政之后，返还部分只是按照镇职工工资和基本办公经费的基数，核定一个返还比例，返还到镇的财政资金非常有限。通过省、市、县的层层集中调控，最后划分给小城镇财政的收入基本上只剩下农业“四税”的一部分和工商税收中的一些零散税收，缺乏对小城镇财政起支柱作用的主体税种，使小城镇财政运行面临比较大的困难。以河北省留史镇为例，留史镇每年的财政收入两千多万

元，而每年税收返还全额仅为几十万元。发展较快的江苏省吴县市木渎镇1998年上缴税收1.5亿元，直接返回城镇建设的不到500万元。致使小城镇丧失了增加收入的积极性。

2. 小城镇财政机构不健全。在小城镇，财政、税务、国库管理机构设置不健全或不协调的情况具有一定的普遍性，主要表现在：

(1) 机构设置不合理。一些小城镇没有按行政区域设立一个相对独立的财政管理机构，而是按经济区域设立一个中心财政所，在小城镇设立一个财政组，受中心财政所的领导。大多数的小城镇往往是按经济区域设立一个中心地税部门，管辖周围几个镇级的地税征管工作。国税和地税由上级垂直领导，财政由小城镇管理，三个部门"各事其主"。

(2) 小城镇国库建设不完善。除了黑龙江、吉林、辽宁、湖南、江苏等省外，大部分地方的小城镇的国库建设都不配套。如河北省建立镇级国库的小城镇仅占小城镇总数的1/30。绝大多数小城镇虽然名义上建立了国库，但其财政预算分配制度实际上实行的仍然是包干制。小城镇没有稳定的税收来源，国库形同虚设。有些小城镇未能严格按照《国库法》的要求进行运作，国库成为某些领导的"小金库"。

(3) 机构性质不明确。小城镇财政是小城镇经济的综合管理部门，作为小城镇政府的重要职能部门之一，理应具有重要的地位。然而，在一些地方，小城镇财政机构的性质比较模糊。江苏省是1999年下半年才明确其性质为行政机构，还有的地方明确为事业性质。某些乡镇财政所被归并到财经办，直接归属办公室管理。另外，一些小城镇过多地动用小城镇财政人员去从事与小城镇财政无关的工作，如计划生育、植树造林等。小城镇财政机构究竟属于什么级别，处于什么地位，其职责范围究竟有多宽，没有明确的规定。

3. 小城镇财政收支结构不合理。

(1) 从支出方面来看，按照公共支出理论，在小城镇支出结构中，基础设施建设方面的支出应该占有较大比重。而当前小城镇财政的支出总量中用于生产经营企业和项目方面支出却占有较大的比重。据有关部门统计，现在全国小城镇平均沥青路面不足1.3公里，全国3%的建制镇、60%以上的集镇缺少供水设备，文教卫生条件较差。

(2) 从收入结构来看，小城镇收入结构中，来自工商税收方面的收入应该占较高比重。但是在财政收入结构中来自于经济成分的多种税源和财源结构并不理想。在调查的小城镇中，菜农和果农缴纳的农业特产税却很少。其缘由不是农民不缴税，而是由于在税收政策执行和征管过程中还存在不适应的问题。

4. 各种准预算收支管理混乱。小城镇财政体制改革滞后使可用财力无法满足小城镇承担的日益扩大的事权的需要，形成小城镇政府事权与财权的非对称性，加之财政转移支付等措施没有及时跟上，从而引发出这样的问题：

(1) 一些小城镇政府不得不动用具有"准预算资金"性质的预算外资金来弥补因预算内资金开支不足而形成的缺口，这样不仅弱化了小城镇政府增加税收的动机，还削弱了政府的管理功能，加剧了政府的短期行为。

(2) 长期以来，小城镇自筹资金被非理性地定为是集体性质资金，加之在一些地方小城镇政府各职能部门所需正常经费财政部门不能予以满足，这样就在小城镇财政、财务管理制度还不十分健全的情况下，相当部分的小城镇政府的职能部门都开始向农民和镇村企业乱收乱支，征收成本高，使用效率差。

5. 小城镇财政队伍建设滞后。

(1) 小城镇财政干部队伍不稳定。其表现之一是由于一部分小城镇财政机构的人事管理权限

在小城镇政府，财政人员调动的随意性很大；二是小城镇财政工作人员的待遇相对较低，也得不到应有的重视，难以稳定小城镇财政队伍；三是由于编制有限，一些地方小城镇财政所所长大部分由镇长兼任，工作围绕着镇政府的中心工作不断变动，难以确保小城镇财政工作稳定。

（2）人员素质不高。目前全国共有25万名小城镇财政干部，约占整个财政系统总人数的一半。但是有相当一部分人文化程度低，没有经过专业训练，缺乏财政专业知识，有的甚至没干过财会工作。

以上五个方面是现行小城镇财政存在的主要问题。这些问题的实质是：

第一，现行的小城镇财政，是传统的计划经济体制下“生产经营型财政”和“建设型财政”的沿袭。即用于工业、商业和小城镇基础设施建设的支出比重较大，用于公共事业方面的支出比重较小。

第二，没有把镇级财政作为相对独立的一级财政来看待。即没有把预算决算权下放给小城镇，由小城镇自行安排预算和决算，预决算决策权仍由上一级政府和财政机构掌握。

要想建立一个完善的小城镇财政管理模式，必须从根本上解决上述问题。使“生产经营型财政”和“建设型财政”转变为公共财政，将那些不属于或不可纳入社会公共需要领域的建设性支出项目，逐步从财政支出的范围内退出去，从而保证社会公共需要领域的建设性支出项目的资金供给。

二、小城镇财政管理模式改革目标：公共财政管理模式

为了从体制和制度上解决现行小城镇财政运行中存在的问题，提供和创造有利于小城镇改革和发展的财政环境，必须对现行的小城镇财政管理模式实行改革，进行制度创新，建立和发展与我国社会主义市场经济相适应的小城镇公共财政。

1. 公共财政的职能。市场经济条件下的财政从其本质上讲已变为以政府为主体的公共理财活动。财政的本质决定了财政的职能，财政的职能是财政本质与经济运行规律在财政活动的客观体现，是政府职能和经济职能的延伸和发展。财政的收支范围是根据政府职能范围而确定的，因此，界定财政的职能就是确定政府职能范围的大小。当前公共财政理论界把公共财政的职能定为资源配置职能、收入分配职能、经济稳定和发展职能。

（1）资源配置职能。资源配置职能是指政府参与社会总资源配置，以实现生产要素在私人经济（指企业和家庭个人）和公共经济、个人产品和公共产品之间的配置，以及用于公共经济的资源在公共部门内部配置的合理化。财政履行资源配置职能可以实现外部效应的内部化，并解决市场垄断的问题。

（2）收入分配职能。收入分配职能是指政府调节收入与财富的分配，使之达到或接近社会公认的“公平”或“公正”状态的活动。市场作用注重的是效率，这样，由市场形成的收入分配很多并不能与社会所希望的公平结果相一致。这将引起严重的社会问题，也不符合社会主义本质所要求的“实现共同富裕”的目标。因此，必须对由于市场自由放任所形成的贫富不均进行纠正。

（3）经济稳定和发展职能。经济稳定和发展职能是指以财政政策手段，减缓经济同期波动，来达到实现充分就业、合理稳定价格和适当经济增长速度、实现国际收支平衡的活动。运用财政政策实现经济稳定和发展的目标，并不等于直接操纵经济运转，而是通过调整税率、改善公共支出、提供某些使经济达到稳定发展的必不可少的条件。如通过财政收支规模的大小、财政收支结构的调整及税种税率的变化，都不同程度地影响到社会总供求的规模和结构，进而影响到社会总

供求的平衡。

2. 理解公共财政应注意的几个问题。

(1) 建设型财政转变为公共财政，并不意味着公共财政不搞建设。公共财政的财政支出主要用于“公共”方面，即提供公共物品和公共服务。一方面国家立足于满足社会公共需要，直接投资各种基础设施和公用设施。另一方面，国家以政策扶持、贷款贴息等间接投资方式用于培植高效、稳固的财源。

(2) 公共财政并不意味着不搞或取消国有经济。在公共财政的框架内，政府既可以通过直接的公务活动来提供公共物品或服务，也可以通过投资于国有经济的途径来提供公共物品或服务。投资国有经济的出发点和归宿要始终立足于社会公共需要。

(3) 社会公共需要并没有一个固定的模式。社会公共需要是不断变化的，在不同时期、不同背景下是有不同需求的。

3. 建立小城镇公共财政管理模式的主要内容。

(1) 构建富有活力、稳定、规范的县镇间财政管理体制。在县镇之间确定什么样的财政体制，对小城镇的改革、建设和发展具有实质性的意义。县镇之间的财政管理体制的构建，从方向上看，应该是建立以分税制为核心的财政管理体制。要建立与完善分税制财政体制，应该做好以下几方面的工作：

①明确小城镇政府的职能，正确划分县镇两级政府之间的事权范围。要界定小城镇财政的职能，关键是要明确小城镇政府的职能。小城镇政府的职能要从偏重于管理微观、管理经济生活的职能，转向全面管理区域、社区的社会、经济和文化生活的职能。当前应主要解决财政供给的“越位”和“缺位”问题。政府“越位”的事项主要有竞争性领域的投资、应用性研究的投资、对一般文艺团体的投入、弥补国有企业的亏损以及给予一般加工工业的投资补贴等。政府的“缺位”事项主要有社会保障方面、调节收入分配、科学教育事业、宏观调控、环境保护、维护市场秩序等。政府应从“越位”中退出，进而补足“缺位”，政府的职能进入一种规范状态，财政的职能也就能界定。界定了小城镇政府的职能，还要逐步划清县、镇两级政府之间的事权和财权的范围，使事权与财权相适应。

②合理划分县、镇财税的分配比例。分税制在完善的过程中，应首先把预算权还给小城镇，并明确县、镇两级的分配比例，25%的增值税应当返还小城镇，地税部分也要有一个明确的分割比例，小城镇的利益必须得到保障。

③调整机构设置，理顺财税关系。目前，大部分小城镇的财政机构归属于小城镇管理，而地税机构则是县（市）直机关派驻机构，属于垂直管理，只有个别小城镇实行了财政与地税合署办公的形式。实践证明，财政与地税合一设置，有利于协调财税关系、降低税收征管成本、提高工作效率，也有利于实现小城镇政府财政、税收功能的完整性，是逐步建立一级实体财政的重要保障。因此，建议小城镇政府和地税机构合一设置、合署办公，内部进行财政和税收的合理分工。

④改革财政预决算制度，使小城镇成为一级独立的财政。为贯彻“一级政府、一级财政”的原则，应把预算决算权下放给小城镇，由小城镇自行安排预算和决算，特别是已经实行了分税制的小城镇，上级政府应当无条件把预决算决策权下放给小城镇。上一级政府和财政机构可以加强对小城镇预决算制度的指导和监督，保证其运转的合理、合法。

⑤建立和完善小城镇一级国库。国库是一级实体财政的前提条件，没有国库，财政就无法根据自身的决算制度上调下拨资金。在财政管理体制改革的过程中，各个小城镇应抓紧筹建国库。上级政府应当支持小城镇国库建设工作，小城镇政府应当把建好国库当成一件大事去抓。

（2）优化财政收支结构，合理配置小城镇财力资源。

①不断优化公共财政支出结构，强化财政支出的科学管理。小城镇公共财政支出的改革要配合行政体制改革进行，只有精简机构，裁减冗员，才能从根本上减轻财政支出的压力；只有提高行政工作效率和科学性，才能减少财政支出中的浪费，促进公共支出的合理化。为控制不合理的财政支出规模，要改革小城镇财政支出的“基数”分配法，采用“因素化”，实行零基预算。零基预算是指对每一预算单位的资金需求按各个“因素”，逐项进行重新审核，根据其人员编制和工作任务重新确定预算资金分配计划。这样便可以摆脱原有预算基数不合理的既成事实约束。改变一些支出的“刚性”增长惯性，公平合理地确定财政支出，以改变财政支出“刚性”扩大，可调范围小的局面。

小城镇财政支出结构调整，应体现“两降低”、“两提高”思路。即要降低行政费用支出比重，降低用于工业、商业等应更多由市场行使职能的行业费用支出额度：提高用于小城镇基础设施建设的支出比重，稳步加强对科教文卫方面的支出比重。在优化财政支出结构中，主要应加强小城镇基础设施建设。

②优化收入结构，合理界定财政收入的适度规模。要提高财政收入占GDP的比重，当前首先要解决的是农村的税费改革问题。一个国家的财政收入包括税收收入和非税收收入。非税收收入主要是预算外收入和一些收费。而我国当前的税收收入占GDP的比重偏低，而且一些收费的使用和管理比较混乱，出现了费大于税的现象，所以税费改革势在必行。

（3）建立综合预算管理体制。在小城镇建立“综合财政预算”制度，即小城镇预算内、外资金实行通盘计划使用的模式。这种制度是立足在预算外资金全部实施专户管理的基础上，将除专用基金以外的预算外资金与预算内资金统筹使用。这种方式关键是要解决好预算内、外资金的有效衔接，而不是将预算内、外资金简单地合二为一。现在从中央到地方还不具备取消预算外资金的条件，如果直接将预算外资金收到预算内，不仅会影响各单位组织收入的积极性，还将使一些并不合法的收入合法化。

除了选择合适的管理模式外，小城镇政府及财政部门还必须做好三项工作。一是加强预算外收支的票据管理；二是要进一步加强和完善财务制度建设，加强财务管理：三是要把各项专项基金纳入小城镇财政管理。

参考文献

[1] 项怀诚．中国财政50年．中国财政经济出版社，1999

[2] 李金旺．中国小城镇财政．新华出版社，2000

[3] 刘溶沧，赵志耘．中国财政理论前沿．社会科学出版社

[4] 马海涛．公共财政学．中国审计出版社，2000

两国产业保护非合作博弈分析*

侯云先　林　文　于英川

［摘　要］该文在产业保护的研究背景基础上，建立了两阶段动态博弈模型，用博弈论方法研究两国与两国产业在谈判贸易保护政策中的均衡．然后，分析了关税、补贴手段对产业内销量和出口量，以及对市场价格和市场需求量的影响．结果表明，在文中假设条件下，产业的内销量与他国的关税无关，产业的出口量与本国的关税也无关．只有当满足某一特殊条件时，本国关税才使本国市场需求扩大。

［关键词］关税　动态博弈　子博弈精炼均衡

David. R[1]分析了双边都有利的贸易壁垒和出口补贴政策，M. Itoh 和 K. Kiyono[2]研究了补贴对社会福利的影响．Mutsuyama[3]建立了贸易自由化博弈模型，文中论述了由于国外产业的竞争，国际自由贸易化的影响，会给国内产业造成强大的压力，所以国内产业必须受到国内政府的保护。他在一系列假定的前提下，给出了 2 个参与人的博弈分析，考虑国外产业，但把国外产业与国内产业的竞争当作环境来考虑，没有研究考虑非关税保护手段的效应。本文在研究两国之间谈判机制时，把外国产业当作参与人，不仅考虑了关税保护手段，而且考虑了非关税保护手段：补贴措施。本文研究目的在于论证产业保护手段究竟在什么条件下，才能起到产业保护的作用。它将为国家制定合理有效的产业保护政策提供依据。

一、两阶段动态博弈

“奖出限入”产业保护政策问题描述[5]：假设国家 1、国家 2 各有产业（可以看作是多个企业的组合）生产既内销又出口的相互竞争的商品，两国的消费者在各自的国内市场上购买国货或进口货。国家 1，2 的市场逆需求函数为：

$$p_1=a_1-b_1h_1-ke_2,$$

$$p_2=a_2-b_2h_2-ke_1,$$

其中，p_1，p_2 为国家 1 和国家 2 的国内市场价格，a_1，a_2，b_1，b_2，$k>0$ 为常数，$b_1b_2-k^2>0$，产业 1 生产的产品供内销 h_1 和供出口 e_1，同理，产业 2 生产的产品供内销 h_2 和供出口 e_2，产业 1，2 的单位产品的平均生产成本为 c_1 与 c_2，则产业的生产总成本为 c_i（h_i+e_i）；当产业的产品出口时，国家政府考虑进口关税、卫生检疫附加成本税费与出口补贴，假设国家政府 1，2 制定单位产品的进口税（将进口关税和卫生检疫等附加成本税费合计）为 t_1，t_2，制定单位产品的

* 原载《上海大学学报（自）》．2002. 10. 8（5）

补贴为 β_1，β_2，因此产业 1，2 的单位出口产品成本为 $t_2+c_1-\beta_1$，$t_1+c_2-\beta_2$。两个国家政府先决定自己的关税率与补贴，然后产业再决定各自的内销和出口产量，考虑两阶段动态博弈[6]。

参与人集合 $\{G_1, G_2, I_1, I_2\}$，G_i 与 I_i（$i=1, 2$）分别表示两国政府与两国产业。首先 G_1 与 G_2 同时行动进行静态博弈，决定关税率与补贴[7]。G_1，G_2 的策略集合为 $\{(t_1, \beta_1)\}$，$\{(t_2, \beta_2)\}$。然后 I_1 与 I_2 在知道两国政府的决策后，同时行动决定各自的内销与出口产量，I_1 与 I_2 的策略集合为 $\{(e_1, h_1)\}$，$\{(e_2, h_2)\}$。

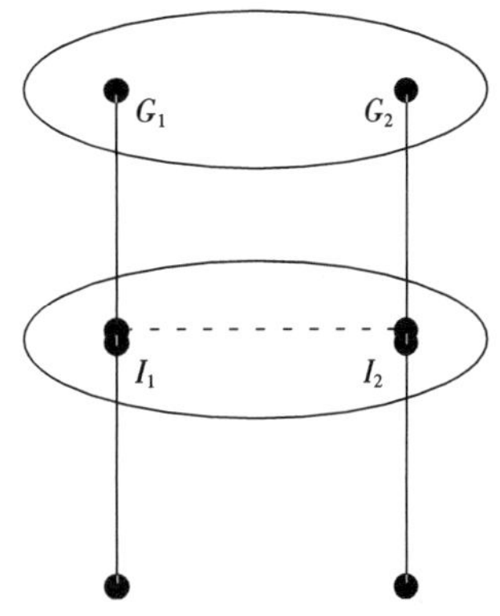

图 1　产业保护博弈

假定两国家的产品市场不确定，即市场仅依赖于市场的供求平衡调节两产业生产产品，没有其他约束。

假设国家 1 消费者的效用函数为：

$$U_1(h_1, e_2)=a_1h_1+a_2e_2-\frac{1}{2}(b_1h_1^2+b_2e_2^2+2kh_1e_2),$$

且国家政府作为博弈方的支付是他们所关心的社会总福利[8]，由消费者剩余①、本国产业的利润、国家的关税收入②和出口创汇效益③ 4 部分组成。

综上所述，建立的两阶段动态博弈模型如下：

$$\max W_1(t_1, \beta_1, e_{10})=\pi_1+\frac{1}{2}(b_1h_1^2+b_2e_2^2+2kh_1e_2)+t_1e_2+\gamma_1e_1-\beta_1e_1,$$

$$\max W_2(t_2, \beta_2, e_{20})=\pi_2+\frac{1}{2}(b_2h_2^2+b_1e_1^2+2kh_2e_1)+t_2e_1+\gamma_2e_2-\beta_2e_2,$$

$$\max\pi_1(h_1, e_1)=p_1h_1+p_2e_1-c_1h_1-(t_2+c_1-\beta_1)e_1,$$

$$\max\pi_2(h_2, e_2)=p_2h_2+p_1e_2-c_2h_2-(t_1+c_2-\beta_2)e_2.$$

下面用逆推归纳法分析本博弈。第二阶段，假设 G_1 与 G_2 已经选择关税率以及出口补贴，两个产业 I_1 与 I_2 知道 G_1 与 G_2 选择的策略后开始同时行动，进行静态博弈，决定产品的内销量与出口量策略，使 π_1，π_2 最大。第二阶段的均衡为：

$$h_1^*=(a_1+c_2-2c_1+t_1-\beta_2)/(3b_1),$$

$$e_1^*=(a_2+c_2-2c_1+2\beta_1-2t_2)/(3k),$$

$$h_2^*=(a_2+c_1-2c_2+t_2-\beta_1)/(3b_2),$$

$$e_2^*=(a_1+c_1-2c_2+2\beta_2-2t_1)/(3k).$$

再推回到第一阶段，1，2 国家政府给出关税与补贴，使得国家福利 W_1，W_2 最大。得均衡：

$\beta_1^*=[2b_2k(a_2+c_2-2c_1+12\gamma_2)+(-a_2+c_2+2\gamma_2)k_2-8b_1b_2\gamma_2]/[2(k^2-4b_1b_2+10b_2k)]$,

$t_1^*=-[2b_1k(a_1+c_1-2c_2+12\gamma_1)+(-a_1+c_1+2\gamma_1)k^2-8b_1b_2\gamma_1]/(k^2-4b_1b_2+10b_1k)$
$+(a_1+c_1-2c_2+6\gamma_1)/2$,

---

① $C_{SI}=U_1(h_1, e_2)-p1h1-p2e2j=\frac{1}{2}(b_1h_1^2+b_2e_2^2+2kh_1e^2)$

② 国家政府 1 的关税收入 $RT_1=t_1e_2$

③ $\gamma_1e_1-\beta_1e_1$。

$\beta_2^* = [2b_1k\ (a_1+c_1-2c_2+12\gamma_1) + (-a_1+c_1+2\gamma_1)\ k^2-8b_1b_2\gamma_1] / [2\ (k^2-4b_1b_2+10b_1k)]$,
$t_2^* = -[2b_2k\ (a_2+c_2-2c_1+12\gamma_2) + (-a_2+c_2+2\gamma_2)\ k^2-8b_1b_2\gamma_2] / (k^2-4b_1b_2+10b_2k) + (a_2+c_2-2c_1+6\gamma_2)\ /2$.

将第 1 阶段的均衡解代入第 2 阶段的均衡解，求出两国的内销量和出口量 $h_i\ (t^*,\ B^*)$，$e_i\ (t^*,\ \beta^*)$（这里 $i=1$，2）。总之，通过两阶段的求解，我们得到了子博弈的纳什均衡：{ $(t_1^*,\ \beta_1^*)$，$(t_2^*,\ \beta_2^*)$，$h_1\ (t_1^*,\ B_2^*)$，$e_1\ (t_2^*,\ \beta_1^*)$，$h_2\ (t_2^*,\ \beta_1^*)$，$e_2\ (t_1^*,\ \beta_2^*)$}，$h_i\ (t^*,\ \beta^*)$，$e_i\ (t^*,\ \beta^*)$，分别为产业 i 在国家政府既定的政策下决策的最佳内销量和出口量（这里 $i=1$，2）；其中 t^* 为国家政府的最佳关税率，β^* 为国家政府的最佳补贴率。

二、影响分析

下面研究两个国家关税和补贴均衡对产业内销量和出口量以及市场的影响。

（一）在其他条件不变时，关税和补贴率的影响

因为

$$\partial h_1/\partial t_1 = 1/(3b_1) > 0,$$
$$\partial h_1/\partial \beta_2 = -1/(3b_1) < 0,$$
$$\partial h_1/\partial t_2 = \partial h_1/\partial \beta_1 = 0,$$

所以产业的内销量是本国关税的增函数,关税越高,内销量越大;产业的内销量是他国补贴率的减函数,他国补贴率越大,产业的内销量越少;产业的内销量与本国的补贴率和他国的关税无关。

因为

$$\partial e_1/\partial t_2 = -2/(3k) < 0,$$
$$\partial e_1/\partial \beta_1 = 2(3k) > 0,$$
$$\partial e_1/\partial t_1 = \partial e_1/\partial \beta_2 = 0,$$

产业的出口量是他国关税的减函数，他国关税越高，产业的出口量越少；产业的出口量是本国补贴率的增函数，补贴率越高，出口量越大；产业的出口量与他国的补贴率和本国的关税无关。

（二）在其他条件不变时，两产业的产品生产成本的影响

对于产业的内销量和出口量而言，受两产业的产品生产成本的影响是不相同的，可以得出：

$$\partial h_1/\partial c_2 = 2k/(k^2-4b_1b_2+10b_1k),$$
$$\partial e_2/\partial c_2 = -4b_1/(k^2-4b_1b_2+10b_1k),$$
$$\partial e_2/\partial c_1 = (2b_1+k)/(k^2-4b_1b_2+10b_1k),$$
$$\partial h_1/\partial c_1 = -\frac{1}{2}b_1-(k^2+2b_1k)/(k^2-4b_1b_2+10b_1k),$$
$$\partial e_1/\partial c_1 = -2/(3k).$$

表明：产业内销量、出口量以及生产总量的变化都更敏感于产业本身的成本变化，而且影响程度强一倍。

（三）在其他条件不变时，产业保护对市场价格的影响

（以国家 1 为例）设 $t_1-\beta_2$ 为国家 1 实际产品保护率，进一步分析可以得出，均衡时国家 1

的市场价格 $P_1=(a_1+c_1+c_2+t_1-\beta_2)/3$，即逆需求函数的截距 a_1、两国家产品成本和 c_1+c_2 与实际产品保护率 t_1-B_2 三者的平均值，这表明产业保护使得产品的市场价格上升，损害了消费者的利益。

（四）关税对市场需求量的影响

对于国家1，假设 Q_1 为国家1的产品市场需求量，$Q_1=h_1+e_2$，因为

$$\frac{dQ_1}{dt_1}=\frac{k-2b_1}{3b_1k},$$

$$\frac{dQ_1}{d\beta_1}=\frac{2b_1-k}{3b_1k},$$

所以，当 $2b_1-k>0$ 时，国家2的出口补贴率使国家1市场需求扩大；本国关税使本国市场需求缩小。当 $2b_1-k<0$ 时，结果正好相反。

三、结论

综上所述，本文从建立的2国家政府与2产业的完全信息下两阶段动态博弈模型中分阶段解出了纳什均衡，由于不存在任何不会信守的诺言和威胁，因此纳什均衡一定是子博弈完美纳什均衡解。分析结果表明：国家政府 G_i 制定的关税 t_i 与卫生检疫与环保标准所致的成本 c_i，与2国家市场价格的系数、产品成本有关，正负关系待定。在其他条件不变时，关税和补贴率对产业的影响如下：

（1）产业的内销量与本国的补贴率和他国的关税无关。

（2）产业的出口量与他国的补贴率和本国的关税无关。

（3）受两产业的产品生产成本的影响是不相同的，产业内销量、出口量以及生产总量的变化都更敏感于产业本身的成本变化，而且影响程度强一倍。

（4）（以1国为例）均衡时，产业保护使得产品的市场价格上升，损害了消费者的利益。

（5）当 $2b_i-k>0$ 时，国家 j 的出口补贴率使国家 i 市场需求扩大；本国关税使本国市场需求缩小。当 $2b_i-k<0$ 时，结果正好相反。

参考文献

[1] Collie David R. Bilateralism is good：trade blocs and strategic export subsides [J]. Oxford Economic Papers，1997，49：504～520

[2] Itoh M，Kiyono K. Welfare-enhancing export subsidies [J]. Journal of Politcal Economy，1987，95：115～137

[3] Kiminory Mutsuyama. Perfect equilibrium in a trade liberalization game [J]. The American Economic Review，1990. 480～491

[4] 谢识予．经济博弈论 [M]．上海：复旦大学出版社，1997. 117～124

[5] Brainard S，David M，Idei T. Strategic trade policy design with asymmetric information and public contracts [J]. Review of Economic Studies，1996，63：81～105

[6] Venables Anthony J. International capacity choice and national market games [J]. Journal of Inter-

national Economics，1990，29：23～42

[7] Gassing James H. Political influence motives and the choice between tariffs and quotas [J] . Journal of International Economics，1985，19：279～290

[8] Kimbrough Kent P. Tariffs，quotas and welfare in a monetary economy [J] . Journal of International Economics，1985，19：257～277

中国饲料粮区域间流通及对价格的反应*

辛　贤　万广华　刘晓昀

［摘　要］本文运用混合运输模型研究中国饲料粮的区域间流通以及对价格的反应。混合运输模型中还考虑了价格变化的不充分调整和充分调整对区域间饲料粮流通的影响。不同模拟方案显示，尽管在不同价格变化条件下饲料粮区域间流通在流动方向和数量上会有所不同，但是基本格局没有实质性变化；经过市场充分调整后，区域间饲料粮流通格局对价格的反应长期较短期更为敏感。

［关键词］饲料粮　区域　流通　价格

运输状况和仓储设施在很大程度上影响着农产品流通，虽然中国的交通运输和仓储设施已取得了显著改善，但仍制约着农产品的流通，其中就包括饲料粮的区域间流通。不同区域间饲料粮较大的地区差价，从某种程度上意味着中国饲料粮的流通成本很高。虽然较大的地区差价的部分原因可能是“省长米袋子负责制”等政策对粮食流通的限制，但运输和仓储设施发展不足也是一个重要原因（辛贤、田维明和周章跃，2001）。

加入WTO将对中国饲料粮市场产生深远影响，已有文献表明，中国饲料粮价格将下降，饲料粮进口增加（辛贤，2001；田维明，1999）。饲料粮进口增加将加剧我国日益紧张的运输矛盾，运输和仓储设施的不足也会对饲料粮进口形成制约。

畅通的饲料粮运输可以促进饲料粮生产和畜牧业的专业化分工和规模化发展。中国虽然一直致力于运输和仓储设施的改进，但尚不能满足由于专业化分工和规模化生产带来的日益增长的运输需求。因此，如何根据现有条件降低饲料粮运输成本具有重要的政策意义。尤其是在中国把发展畜牧业作为农业结构调整中发展的重点的情况下，饲料粮运输问题比以前变得更为重要。

然而，对中国区域饲料粮市场的研究远未得到应有的重视。尽管近10年来，中国饲料粮市场的研究引起了国内和国外学者、政策制定者越来越多的兴趣（周章跃、田维明、刘西安和万广华，2001；田维明和Chudleigh，1999），但就查阅到的文献来看，大多关注的是全国层次的饲料粮市场，对不同区域饲料粮市场进行研究的文献并不多见，研究区域间饲料粮流通的文献更少。这其中一个重要原因就是缺乏区域饲料粮供需平衡表和区域间饲料粮流通数据。Hearn，Halbrendt，Gempesaw and Webb (1990) 的研究涉及了中国区域玉米市场，他们通过建立一个混合空间均衡模型（Hybrid Spatial Equilibrium Model）来研究运输状况改善对中国区域玉米供需的

* 原载《中国农村观察》2002年第1期。本研究得到GRDC项目“中国区域饲料粮市场：发展与前景”的资助。作者感谢中国农业大学经济管理学院田维明教授、澳大利亚悉尼大学周章跃博士、刘西安博士和Gordon MacAualay教授、中国农业大学经济管理学院博士后蒋乃华在论文形成过程中提出的建议，以及中国农业大学经济管理学院硕士生毛学峰和尹坚对数据的整理和输入。

影响，但没有研究区域间流通状况。谭向勇和辛贤（2000）研究了中国玉米的区域生产和需求，但仍然没有深入研究玉米的区域间流通问题。

本文的主要目的是研究中国饲料粮的区域间流通。为了便于对饲料粮区域间流通进行深入研究，本文对传统的运输模型进行了改进，建立了一个混合运输模型（ Hybrid Transport Model），以便模拟价格调整对饲料粮区域间流通的影响。

由于缺乏区域饲料粮供需数据，在研究区域间饲料粮流通前需要先估计这些数据。本文第一部分将主要估计不同区域的饲料粮生产、需求和余缺状况。第二部分构建混合运输模型。第三部分介绍本文的数据来源。第四部分对饲料粮区域间流通进行模拟。最后进行简短总结。本文中的区域是指省、直辖市和自治区，饲料粮指畜牧业养殖中使用的所有粮食。

一、区域饲料粮需求、生产和余缺状况

中国畜牧业有显著的区域特征，饲料粮需求也是如此。根据对不同区域、不同畜产品的饲料粮需求研究发现，不同地区的不同畜产品有不同的饲料转化率。一个地区饲料粮的需求可以先用不同畜产品产量乘以对应的饲料转化率，然后相加得到。根据调查资料，按照上述步骤可以得到1999 年我国区域饲料粮的需求（见表 1）。

表 1　1999 年区域饲料粮需求和生产

单位：千吨

地区	需求	生产	出口	进口	余缺
北京	1 382	776	26	0	−632
天津	903	593	0	0	−310
河北	14 212	9 641	20	0	−4 591
山西	2 108	3 206	37	0	1 060
内蒙古	3 354	6 610	741	0	2 516
辽宁	6 520	9 078	834	0	1 724
吉林	6 993	14 688	2 229	0	5 645
黑龙江	5 011	12 713	418	0	7 284
上海	1 764	446	0	0	−1 318
江苏	7 742	7 564	0	0	−179
浙江	2 428	3 029	0	0	601
安徽	7 219	5 467	0	50	−1 702
福建	3 656	1 897	0	0	−1 759
江西	4 262	4 137	0	0	−125
山东	15 252	13 882	0	0	−1 370
河南	14 642	11 326	0	20	−3 296
湖北	6 212	6 051	0	0	−161
湖南	10 404	6 972	0	0	−3 432
广东	6 304	4 639	0	0	−1 665
广西	4 930	4 617	0	0	−312
海南	764	464	0	0	−301
四川	16 726	12 619	0	0	−4 107
贵州	1 588	3 907	0	0	2 320
云南	4 211	5 188	0	0	977
西藏	313	31	0	0	−283
陕西	2 292	3 977	0	0	1 684

（续）

地区	需求	生产	出口	进口	余缺
甘肃	1 395	2 243	0	0	849
青海	460	69	0	0	−391
宁夏	485	1 071	0	0	586
新疆	1 945	2 632	0	0	687
全国	155 476	159 532	4 305	70	0

注：重庆的相关数据包括在四川省内，没有单列；台湾、香港和澳门数据没有包括在内。

资料来源：饲料粮需求和生产数据来源于作者估计；进出口数据来源于国家统计局《中国农村统计年鉴 2000》。

通过表 1 可以发现，饲料粮的需求比较集中，四川、山东、河南和河北省占了中国饲料粮需求的 40 % 左右；湖南、江苏、安徽、吉林、辽宁、广东和湖北省的饲料粮需求占中国饲料粮需求的 33 %，其余 19 个地区仅占 27 % 。

不同区域的饲料粮产量用该地区不同粮食产量乘以对应的用于饲料消耗的比例得到，一并列入表 1 。尽管饲料粮的生产遍及全国，但主要集中于东北—西南走向的饲料粮带。产量最高的 10 个地区生产了全国 66 % 的饲料粮，其余 20 个地区仅占 34 % 。

表 1 中还列入了 1999 年中国饲料粮的进出口状况。中国饲料粮进出口受国家严格控制，近 20 年来贸易量波动很大。东北三省和内蒙古是主要的饲料粮出口地区，1999 年出口量占全国总出口量的 98 % 。根据不同区域的饲料粮需求、生产和进出口数据，得到不同区域的饲料粮余缺数据。

从表 1 中可以看出，除河北省外，中国北方普遍饲料粮过剩，南方饲料粮短缺。除山东、广西、江西、湖北和江苏省外，其余地区的饲料粮缺口均在 20 % 以上，这意味着不同区域间存在着大规模的饲料粮流通。

二、研究方法

运输模型（Transport Model）的实质是寻求在运输成本最小化的前提下区域间的最优流通量，运用线性规划可以求得运输模型的解。n 个地区的标准运输模型可以描述为（MacAulay，2001）：

目标函数：
$$MinZ = T'X = \sum_{i=1}^{n}\sum_{j=1}^{n} X_{ij} \times t_{ij} \tag{1}$$

约束条件：
$$-G_y X + \tilde{y} \leqslant 0 \tag{2}$$
$$-G_x X - \tilde{x} \leqslant 0 \tag{3}$$
$$X \geqslant 0 \tag{4}$$

其中$\tilde{y}$和$\tilde{x}$是向量，表示 n 个地区的饲料粮需求和生产；X 是 $n^2 \times 1$ 的向量，表示区域间流通量；T 是 $n^2 \times 1$ 的向量，表示区域间运输成本；G_y 是 $n \times n^2$ 矩阵，用于限定该区域的流入量必须等于或大于该区域的需求量；G_x 是 $n \times n^2$ 矩阵，用于限定该区域的流出量不能超过该地区的生产量。

$$G_Y = \begin{bmatrix} 1 & & 1 & & 1 & & \\ & 1 & & 1 & & 1 & \\ & & \cdots & & \cdots & & \cdots \\ & & & 1 & & 1 & & 1 \end{bmatrix}_{n \times n^2}$$

$$G_X=\begin{bmatrix} -1-1\cdots-1 & & & \\ & -1-1\cdots-1 & & \\ \cdots & \cdots & \cdots & \\ & & & -1-1\cdots-1 \end{bmatrix}_{n\times n^2}$$

目标函数（1）的含义是运输成本最小化，方程（2）、（3）、（4）分别限定区域间流入量不能低于需求量、流出量不能高于产量、所有流通量非负数。

为研究流通量对价格的反应，我们考虑区域饲料粮的需求函数和供给函数分别为：

$$y=\alpha-Bp_y \tag{5}$$

$$x=\theta+\Gamma p_x \tag{6}$$

其中 p_y 和 p_x 均为 $n\times1$ 的向量，表示 n 个地区的饲料粮需求价格和供给价格；y 和 x 均为 $n\times1$ 向量，表示饲料粮区域需求和产量；α 和 θ 均为 $n\times1$ 向量，表示饲料粮需求函数和供给函数的截距；B 和 Γ 均为 $n\times n$ 矩阵，表示需求函数和供给函数的斜率。

标准的运输模型只包括（1）～（4）式，因而本文称（1）～（6）式为混合运输模型。需要指出的是，当饲料粮价格发生变化，区域饲料粮需求和供给均发生变化，中国需要通过进出口调节国内供需平衡。

本文主要运用上述模型来研究区域间饲料粮的流通，并研究区域间饲料粮流通对价格的反应。然而上述模型还可以用来模拟饲料粮生产技术、收入增长以及政策变量等其他因素对饲料粮区域间流通的影响，这只需在需求函数和供给函数的右边加上对应的参数和变量即可。

三、数据

本文估计区域饲料粮的需求函数和供给函数所用的数据，主要来源于作者的调查和国家发展计划委员会等部门编写的《农产品生产成本和收益资料汇编》。根据微观经济学理论，饲料粮需求是饲料粮价格和畜产品价格的函数，但回归时发现畜产品价格系数常常不符合经济学常识，而且拟合度较差，因此把畜产品产量数据引入需求模型。在估计区域饲料粮供给函数时，引入了滞后一期的饲料粮产量，以反应价格调整的长期影响。

不同区域间的运输距离用省会城市间的铁路运输距离来代替，铁路运输距离来源于铁道部。需要指出的是，本文假设所有的进口饲料粮均通过广州进口，并假设进口饲料粮和国产饲料粮具有完全替代性。

四、模拟结果

（一）基准方案

表 2 是运用 GAMS（General Algebraic Modeling System）对 1999 年中国饲料粮区域间流通的模拟结果。从基准方案的模拟可以看出，运输量在 200 万吨以上的饲料粮流通主要来自黑龙江、吉林、辽宁和内蒙古。最优的运输方案是黑龙江的饲料粮运往河北、福建和上海；吉林的饲料粮运往安徽和湖南；辽宁的饲料粮运往北京和山东；内蒙古的饲料粮主要运往河北。最大猪肉主产区四川的饲料粮主要来自贵州、甘肃和陕西。从模拟结果还可以看出，中国区域间饲料粮流通的运输距离普遍很长。

表 2　饲料粮区域间流通基准方案

单位：千吨

	新疆	山西	内蒙古	辽宁	吉林	黑龙江	浙江	贵州	云南	甘肃	宁夏	陕西	合计
北京	—	—	—	632	—	—	—	—	—	—	—	—	632
天津	—	—	—	—	—	310	—	—	—	—	—	—	310
河北	—	—	2 516	—	—	2 075	—	—	—	—	—	—	4 591
上海	—	—	—	—	252	1 067	—	—	—	—	—	—	1 318
江苏	—	—	—	—	179	—	—	—	—	—	—	—	179
安徽	—	—	—	—	1 702	—	—	—	—	—	—	—	1 702
福建	—	—	—	—	—	1 158	601	—	—	—	—	—	1 759
江西	—	—	—	—	125	—	—	—	—	—	—	—	125
山东	—	—	—	931	—	439	—	—	—	—	—	—	1 370
河南	—	1 060	—	—	—	2 236	—	—	—	—	—	—	3 296
湖北	—	—	—	161	—	—	—	—	—	—	—	—	161
湖南	—	—	—	—	3 388	—	—	44	—	—	—	—	3 432
广东	—	—	—	—	—	—	—	1 001	664	—	—	—	1 665
广西	—	—	—	—	—	—	—	—	312	—	—	—	312
海南	—	—	—	—	—	—	—	301	—	—	—	—	301
四川	398	—	—	—	—	—	—	974	—	458	587	1 685	4 101
西藏	283	—	—	—	—	—	—	—	—	—	—	—	283
青海	—	—	—	—	—	—	—	—	—	391	—	—	391
合计	681	1 060	2 516	1 724	5 645	7 284	601	2 320	977	849	587	1 685	25 927

注：表中数据表示从列（地区）运往行（地区）。

（二）区域流通对价格的反应

前面提到，加入 WTO 后中国饲料粮价格将可能下降，其降价幅度取决于国际市场和国内市场的多种因素。这一部分模拟价格分别降低 1%、5% 和 10 % 对饲料粮区域间流通的影响。

表 3 是对价格降低后饲料粮需求和生产变化的模拟结果，各地区普遍需求增加，生产减少。长期（充分调整）模型中，区域饲料粮需求和生产对价格的反应更加敏感。模拟结果显示，如果饲料粮价格降低 10 %，与基期基准方案相比，短期内中国需要增加 1 300 万吨的饲料粮进口，长期中国需要增加 1 790 万吨的饲料粮进口。

表 3 还列出了价格变化后各地区饲料粮余缺状况的变化。对比发现，价格降低后，原来饲料粮过剩的地区产量减少，需求增加；而原来饲料粮短缺的地区，产量降低而需求量增加，缺口拉大。

表 3　饲料粮价格降低后区域饲料粮需求和生产变化

省份	短期模型						长期模型					
	余缺（千吨）			变化率（%）			余缺（千吨）			变化率（%）		
	1%	5%	10%	1%	5%	10%	1%	5%	10%	1%	5%	10%
北京	−641	−678	−725	5.75	11.87	19.51	−643	−689	−745	6.10	13.60	22.97
天津	−316	−341	−372	1.99	9.95	19.91	−318	−349	−388	2.51	12.53	25.07
河北	−4688	−5079	−5567	2.57	11.11	21.79	−4714	−5209	−5827	3.14	13.96	27.48
山西	1043	975	891	−4.94	−11.13	−18.86	1035	932	804	−5.73	−15.07	−26.74
内蒙古	2487	2370	2225	−23.64	−27.22	−31.68	2469	2 281	2 046	−24.19	−29.96	−37.17

（续）

省份	短期模型						长期模型					
	余缺（千吨）			变化率（%）			余缺（千吨）			变化率（%）		
	1%	5%	10%	1%	5%	10%	1%	5%	10%	1%	5%	10%
辽宁	1 679	1 498	1 272	−34.38	−41.45	−50.29	1677	1489	1253	−34.45	−41.80	−51.00
吉林	5409	5179	4892	−29.71	−32.70	−36.43	5406	5164	4862	−29.75	−32.89	−36.81
黑龙江	7239	7058	6833	−6.02	−8.36	−11.28	7236	7046	6808	−6.05	−8.52	−11.61
上海	−1331	−1380	−1441	0.93	4.67	9.34	−1331	−1383	−1448	0.98	4.92	9.85
江苏	−242	−496	−814	35.59	177.93	355.86	−254	−553	−928	41.94	209.69	419.37
浙江	580	496	390	−3.50	−17.52	−35.04	575	473	345	−4.26	−21.30	−42.60
安徽	−1758	−1985	−2267	0.38	13.30	29.45	−1766	−2026	−2350	0.84	15.64	34.13
福建	−1786	−1895	−2030	1.54	7.72	15.45	−1789	−1909	−2059	1.71	8.53	17.07
江西	−160	−300	−475	27.93	139.64	279.28	−166	−331	−537	32.89	164.44	328.87
山东	−1494	−1988	−2605	9.01	45.07	90.14	−1514	−2092	−2813	10.53	52.67	105.34
河南	−3417	−3899	−4502	3.03	17.57	35.75	−3497	−4301	−5306	5.46	29.70	60.00
湖北	−215	−432	−703	33.76	168.78	337.55	−258	−647	−1133	60.48	302.41	604.81
湖南	−3515	−3847	−4262	2.42	12.09	24.18	−3564	−4094	−4757	3.86	19.30	38.60
广东	−1716	−1922	−2178	3.08	15.40	30.81	−1749	−2086	−2507	5.05	25.29	50.59
广西	−355	−525	−738	13.64	68.18	136.36	−388	−689	−1066	24.13	120.65	241.30
海南	−307	−331	−361	1.99	9.93	19.87	−310	−347	−393	3.08	15.41	30.81
四川	−4236	−4752	−5397	3.14	15.71	31.41	−4296	−5051	−5994	4.59	22.97	45.95
贵州	2304	2240	2160	−0.69	−3.44	−6.88	2285	2148	1975	−1.48	−7.42	−14.85
云南	942	801	624	−3.63	−18.05	−36.08	917	678	379	−6.14	−30.61	−61.20
西藏	−285	−293	−304	0.76	3.78	7.55	−285	−294	−306	0.81	4.03	8.06
陕西	1643	1476	1268	−2.47	−12.35	−24.70	1637	1445	1205	−2.85	−14.24	−28.48
甘肃	825	728	606	−2.86	−14.28	−28.56	821	710	570	−3.28	−16.40	−32.79
青海	−395	−411	−430	1.00	4.99	9.97	−395	−411	−431	1.03	5.13	10.25
宁夏	576	535	484	−1.74	−8.70	−17.39	575	527	467	−2.03	−10.16	−20.32
新疆	657	534	380	−4.48	−22.38	−44.77	652	513	338	−5.09	−25.45	−50.89
全国	−1475	−6662	−13146				−1954	−9057	−17935			

注：余缺已经考虑了进出口情况，负号表示饲料粮短缺；变化率是与基准方案对比的结果。

我们还分别用短期、长期模型模拟了价格降低后饲料粮流通的方向和数量，在此只列出用长期模型模拟价格降低 1 %（见表 4）和 10 %（见表 5）后的饲料粮流通结果。从模拟结果可以看出，饲料粮价格变化后饲料粮的流通格局出现明显变化，这种变化不仅仅表现在流通的数量上，也表现在流动的方向上。但不论价格变化多少，流通格局仍具有共同特点。东北三省和内蒙古的饲料粮主要运往河北、山东、安徽、江苏，有时运往河南和上海。进口饲料粮主要运往南部地区，包括河南、湖北、湖南、广西、江西和福建。四川短缺饲料粮的供应主要来自内蒙古、陕西和贵州。

值得注意的是，本文假设广州是唯一进口饲料粮的港口，而实际上中国还可以从福州、上海、天津和大连进口饲料粮。福州离广东较近，如果饲料粮从福州进口，不会对本文的模拟结果产生实质性影响。如果饲料粮进口主要通过上海、天津和大连港口，则进口饲料粮的流通格局可能发生较大变化。通过进一步分析可以发现，港口的选择及其份额是内生变量而非外生变量，它取决于国际运费、国际运费与国内运费的差额、港口设施及其运作效率等等。最优港口的选择，亦即把港口的选择作为内生变量的情形值得做进一步研究。

表4 饲料粮价格降低1%时的饲料粮区域间流通（长期模型）

单位：千吨

	新疆	山西	内蒙古	辽宁	吉林	黑龙江	浙江	贵州	云南	甘肃	宁夏	陕西	广东	合计
北京	—	—	—	—	383	260	—	—	—	—	—	—	—	643
天津	—	—	—	318	—	—	—	—	—	—	—	—	—	318
河北	—	—	2469	—	—	2245	—	—	—	—	—	—	—	4 714
上海	—	—	—	—	—	1 331	—	—	—	—	—	—	—	1 331
江苏	—	—	—	—	—	254	—	—	—	—	—	—	—	254
安徽	—	—	—	—	—	1 766	—	—	—	—	—	—	—	1 766
福建	—	—	—	—	—	1 214	575	—	—	—	—	—	—	1 789
江西	—	—	—	—	—	166	—	—	—	—	—	—	—	166
山东	—	—	—	—	1 514	—	—	—	—	—	—	—	—	1 514
河南	—	1 035	—	1 101	1 361	—	—	—	—	—	—	—	—	3 497
湖北	—	—	—	258	—	—	—	—	—	—	—	—	—	258
湖南	—	—	—	—	2 148	—	—	1 416	—	—	—	—	—	3 564
广西	—	—	—	—	—	—	—	—	388	—	—	—	—	388
海南	—	—	—	—	—	—	—	—	107	—	—	—	203	310
四川	367	—	—	—	—	—	—	869	422	426	575	1 637	—	4 296
西藏	285	—	—	—	—	—	—	—	—	—	—	—	—	285
青海	—	—	—	—	—	—	—	—	—	395	—	—	—	395
合计	652	1 035	2 469	1 677	5 406	7 236	575	2 285	917	821	575	1 637	203	25 488

注：表中数据表示从列（地区）运往行（地区）。

五、总结

本文运用混合运输模型对中国饲料粮区域间流通以及对价格的反应进行了模拟，得到了在保持运输成本最小的情况下区域间最优的流通量及其方向。经过市场充分调整后，区域间饲料粮流通格局的长期变化对价格的反应较短期更为敏感。不同价格模拟方案显示，尽管饲料粮区域间流通在流动方向和数量上会有所不同，但是基本格局没有实质性变化。

长距离运输是中国饲料粮流通的基本特点，这说明改善运输状况将促进饲料粮市场的整合，并有益于推进饲料粮生产的规模化经营。中国也可能通过重新调整畜牧业的生产布局来缓解饲料粮流通问题，但这样做是否有效还取决于调整后的饲料粮生产和畜牧业生产的效率以及畜产品的流通成本，这也是一个非常值得研究的课题。

表5 饲料粮价格降低10 %时的饲料粮区域间流通（长期模型）

单位：千吨

	新疆	山西	内蒙古	辽宁	吉林	黑龙江	浙江	贵州	云南	甘肃	宁夏	陕西	广东	合计
北京	—	—	—	746	—	—	—	—	—	—	—	—	—	746
天津	—	—	—	—	—	388	—	—	—	—	—	—	—	388
河北	—	—	250	386	2049	3142	—	—	—	—	—	—	—	5827
上海	—	—	—	—	—	—	345	—	—	—	—	—	1103	1448
江苏	—	—	—	—	—	928	—	—	—	—	—	—	—	928
安徽	—	—	—	—	—	2350	—	—	—	—	—	—	—	2350
福建	—	—	—	—	—	—	—	—	—	—	—	—	2059	2059
江西	—	—	—	—	—	—	—	—	—	—	—	—	537	537

（续）

	新疆	山西	内蒙古	辽宁	吉林	黑龙江	浙江	贵州	云南	甘肃	宁夏	陕西	广东	合计
山东	—	—	—	—	2813	—	—	—	—	—	—	—	—	2813
河南	—	804	—	122	—	—	—	—	—	—	—	—	4380	5306
湖北	—	—	—	—	—	—	—	—	—	—	—	—	1133	1133
湖南	—	—	—	—	—	—	—	—	—	—	—	—	4757	4757
广西	—	—	—	—	—	—	—	—	—	—	—	—	1066	1066
海南	—	—	—	—	—	—	—	—	—	—	—	—	393	393
四川	32	—	1797	—	—	—	—	1975	379	139	485	1205	—	6012
西藏	306	—	—	—	—	—	—	—	—	—	—	—	—	306
青海	—	—	—	—	—	—	—	—	—	431	—	—	—	431
合计	338	804	2047	1254	4862	6808	345	1975	379	570	485	1205	15428	36500

注：表中数据表示从列（地区）运往行（地区）。

参考文献

[1] Hearn，D.，C. Halbrendt，C. M. Gempesaw II and Shuw-Eng Wbb. An Analysis of Transport Improvements in China’s Corn Sector：A Hybrid Spatial Equilibrium Approach, Journal of Transportation Research Forum 31 (1)，1990

[2] MacAulay，T. G. Spatial Equilibrium Modeling, Materials prepared at the workshop on Spatial Equilibrium Model，Asian Agribusiness Research Center，the University of Sydney. August 4-5，2001

[3] 谭向勇，辛贤．中国玉米市场分析．杨永正等主编《十字路口的中国农业》．麦克米兰出版社，2000

[4] 田维明．贸易自由化对中国饲料粮市场的影响．中国农业贸易与政策国际学术会议，1999 年 6 月

[5] 田维明和 J．Chudleigh. 中国饲料粮市场：发展与前景．澳大利亚悉尼大学 AARC 论文系列，1998

[6] 辛贤．中国食物生产、消费和贸易．食物生产和消费影响因素以及亚太经合组织成员的反应国际研讨会．2001 年 3 月

[7] 辛贤，田维明和周章跃．《中国饲料粮生产和流通格局变化》，澳大利亚悉尼大学 AARC 论文系列，2001

[8] 周章跃，田维明，刘西安和万广华．中国饲料粮需求和供给的研究争论．澳大利亚悉尼大学 AARC 论文系列，2001

关于建立我国农业科技园区质量与效益评价指标体系的设想*

杨 秋 林

一、建立农业科技园区质量与效益评价指标体系的意义

近几年来，我国许多地区在加快农业现代化发展步伐的建设中，都把农业科技园作为一项重要内容。国家农业综合开发实施的项目中，有一类就是科技示范项目，也包含着科技示范园区建设的内容。由于我国农业科技园区的发展态势迅猛，在对农业科技园区的宏观管理上就不可避免地存在一些滞后因素，这些滞后因素是制约科技园区的健康发展和政府部门对其进行宏观规划和监督管理的主要障碍。针对这种状况，以农业科技园区的发展目标和发展条件为基础，建立一套对农业科技园区发展进行综合评价的指标体系来反映这些问题，进而分析其产生的原因，可以为园区经营者和政府管理部门提供决策指导和理论依据，从而引导科技园区的科学、健康发展，为实现农业现代化、全面建设小康社会作出应有的贡献。具体来说，建立科技园区评价指标体系的意义主要体现在：

（一）对农业科技园区的发展水平进行评价

我国农业科技园区的发展水平良莠不齐。应该说，目前我国农业科技园区中，绝大多数是具备了较高技术水平和较好的经济效益的，但是，由于种种原因，例如园区所依托的科研单位或经济实体本身实力不够，或是地方政府决策不周密而仓促上马等，也造成相当一部分的园区并没有采用多少高新科技，经济效益不理想，园区的示范功能也比较弱。这就使得我国目前的农业科技园区水平相差较大，有些园区并没有达到科技园区的要求。但是，由于缺乏一套系统的评价方法，也就难以对众多打着“科技园区”旗号的园区进行甄别。

（二）评价和规范园区的行为和发展方向，促进园区的可持续发展

农业科技园区的功能是多方面的，目前有些园区，往往仅注意了某一方面的功能，而忽视了园区其他方面的功能。例如，有的园区仅强调高新科技的运用，却忽视或忽略了科技投入的效益评价，这样的园区是不具备可持续发展能力的。那么，一个农业科技园区应具备哪些功能，它们之间的相对重要性如何，目前尚未有定量的规定。科学的农业科技园区评价体系，则应对此给出详细的规定。以这套评价体系去评价和规范园区的行为，将有助于园区向着健康、可持续的方向发展。

---

* 原载《中国农业综合开发》2002年第2期。

（三）以一套科学的评价指标体系对农业科技园区进行评价和定级，将为政府的政策倾斜和社会各界对园区的资金注入提供依据

政府对不同的农业科技园区的政策显然应有所差别：对于发展态势良好、符合政府政策目标的园区，政府应大力扶持，对于达不到最低要求的园区，则应限制其发展或干脆不予批准设立。因此，政府部门通过评价体系的建立与实施，可以制定和调整相关的科技园区政策。同时，园区的评级也将为各类投资者的投资意向提供一个可参照的依据。

二、农业科技园区评价指标体系的设立原则

评价体系的建立要注意两方面的问题。一是指标体系应如何设立？二是不同指标的权重应如何确定？我们认为，这两个问题的处理应分别遵循以下原则：

（一）指标体系的设立原则

1. 科学性。指标体系必须建立在科学的基础上，惟有如此才能客观、准确地反映农业科技园区的功能和运行特点。这就要求评价指标的设定要多方面征求意见，集思广益，使指标既符合理论要求，又符合实际情况，具有科学性。

2. 系统性。由于农业科技园区与社会、经济系统有着密切联系，影响农业科技园区的功能和运行特点的因素是多方面的，并且各因素之间也有着相互联系，所以必须用系统科学的思想，设计评价体系。例如，从大的方面来说，一个农业科技园区不仅要有一定的高新科技含量，而且要有一定的社会生态效益和经济效益，这样园区才有可能持续发展。因此，在设定评价指标时，从宏观层面考虑，必须将这三方面的内容综合进去。

3. 引导性。评价本身不是目的，而是一种管理手段，政府通过评价活动引导农业科技园区的投资方向和投资规模，在建立市场经济过程中，探索规范农业科技园区的有效措施。同时，评价的结果将引导不同水平的农业科技园区向更高水平攀登，从而达到提高科技园区整体水平的目的。

（二）指标权重的确定原则

指标权重确定的最主要的一个原则就是：应根据不同指标所评价内容的相对重要程度来确定该指标的权重大小。权重越大，表明该指标所评价内容的重要性越大。这就要求：一方面，必须对园区的功能有一个系统而深刻的了解，这样才能对各个评价指标的相对重要性作出判断；另一方面，必须广泛征求相关专家和实务工作人员的意见，才有可能使权重的确立具有科学性。

三、农业科技园区评价指标体系的设立

（一）评价内容

根据科技园区的内涵和功能，结合我国农业的特点，我们认为我国农业科技园区应具备三个特征：①园区高新技术含量高。这是科技园区的应有之意。②园区有较好的经济效益。较好的经济效益意味着园区所采用的高新技术符合我国目前的经济发展水平和市场实际，也意味着园区在经济上具有持续发展的能力。这方面的评价可以克服现在某些园区片面追求科技而不顾技术适用

性的倾向。③具有较高的社会生态效益。农业科技园区不仅应具备以上两个特征，而且园区应具有生态效益，应有利于环境保护，这也是当今高新科技园区的一个发展方向。同时，农业科技园区还应具备较好的社会效益，如对农民的培训、园区新技术的辐射和扩散等，这不仅是园区示范功能的具体体现，而且最终也将有利于园区自身的发展。因此，在我们所设计的园区评价指标体系中，将分别从园区高新技术含量、园区经济效益和园区的社会生态效益三方面进行评价。

（二）评价指标

从园区的评价原则出发，并考虑到指标的可操作性，我们设计的评价指标共分为3大类，17个细化指标。

具体如表1所示。

表1　评价内容及评价指标

评价内容（所反映的问题）	细化指标
A. 高新技术含量评价指标	A1：科技人员比重
	A2：国内领先水平科技比重
	A3：国际先进水平科技比重
	A4：高新技术更新能力比率
	A5：高新技术开发能力比率
	A6：科技投入比重
B. 经济效益评价指标	B1：全员年劳动生产率
	B2：全员人均利税额
	B3：园内生产者收入水平
	B4：技术性收入比重
	B5：主导产品出口率
	B6：科技投资收益率
C. 社会生态效益评价指标	C1：年培训技术项数和培训农民人数
	C2：参与培训农民获科技资格证书的人数
	C3：高新技术示范推广面积
	C4：园区无公害农产品比率
	C5：园区内绿化面积比率

各项指标的含义如下：

A. 高新技术含量评价指标。国际上普遍采用R.D（研究与开发）经费占销售额的比重和R.D人员占职工总人数的比重两个指标来间接衡量行业的高新技术含量。但对于R.D经费和R.D人员的标准，我国尚无明确界定，在此我们采用6个具有可操作性的指标来评价农业科技园区的科技含量。

A1：科技人员比重。它反映园区科技人员的投入状况，由两个指标构成，即大专以上学历的科技人员比重（A11）和从事高新技术产品开发人员比重（A12）。

A2：国内领先水平科技比重。它反映园区采用的科技在国内的水平，由专家认定的国内领先水平科技项数占采用技术总项数的比重表示。

A3：国际先进水平科技比重。它反映园区采用的科技在国际上的水平，由专家认定的国际先进水平科技项数占采用技术总项数的比重表示。

A4：高新技术更新能力比率。它反映园区更新技术的能力，由园区当年采用的新技术项数占技术总项数的比重表示。

A5：高新技术开发能力比率。它反映园区开发新技术的能力，由园区当年提供的高新技术新产品销售收入占产品销售总收入的比重表示。

A6：科技投入比重。它反映园区进行科学研究和技术开发投入的高低，表明今后的发展潜力。由园区投入研究与开发的经费占销售总额的比重表示。

B. 经济效益评价指标。

B1：全员年劳动生产率。它反映科技园区在现有生产力水平与科技管理水平下所具有的总体经济效益状况，由科技园区的全部职工平均每人每年所生产的产品价值表示。

B2：全员人均利税额。它反映了科技园区的盈利能力，由科技园区的全部职工平均每人每年所创造的利税额表示。

B3：园内生产者收入水平。它反映了科技园区给园区生产者个人所带来的经济效益，由科技园区内的生产者在采用新技术后的年人均纯收入水平表示。

B4：技术性收入比重。它反映园区使用高新技术获得的经济效益，由科技园区使用高新技术所获得的收入占园区产品总收入的比重表示。使用高新技术所获得的收入包括高新技术转让收入和高新技术产品收入。

B5：主导产品出口率。它反映了园区主导产品的出口外销情况，从一个侧面反映了园区产品的市场竞争能力，由园区主导产品出口量占主导产品总产量的比重表示。

B6：科技投资收益率。它反映高新技术投资的收益水平，由园区投入高新技术的单位投资获得采用该高新技术的收益水平表示。

C. 社会生态效益评价指标。农业科技园区不仅要求有较高的科技含量和较好的经济效益，而且还要有较好的社会和生态效益，这样才能有助于园区发挥其示范作用并保持可持续发展。在此，我们选定 5 个指标来衡量和评价园区这方面的效益。

C1：年培训技术项数和培训农民人数。它反映和评价园区在对农户培训方面所发挥的作用。

C2：参与培训农民获得科技资格证书的人数。它反映和评价农户培训的效果。

C3：高新技术示范推广面积。它直接反映园区在技术示范推广方面的影响。

C4：园区无公害农产品比率。它反映园区的生态效益。事实上，无公害农产品的生产也是农业高新技术的一个发展方向。

C5：园区内绿化面积比率。它反映园区本身的环境状况。

四、评价指标体系的运用

如何运用上述评价指标体系来评价农业科技园区的绩效，我们建议采用综合权重评分法确定园区的综合得分 (S)，然后根据综合得分确定园区优劣的等级。为此，要求确定各大类指标的权重及各细化指标在所在大类指标中的权重，据此对园区进行综合评分。设定综合得分的满分为 100 分。评级步骤如下：

第一步，确定三大类指标的权重。根据三大类指标在农业科技园区评价中的相对重要性，确

定其各自权重如表2所示。

表2 三大类指标的权重（%）

指标	权重
A	40
B	40
C	20

第二步，确定各细化指标在所属大类指标中的权重。根据各细化指标在所属大类指标中的重要性，确定各自权重如表3所示。

表3 各细化指标在所属大类中的权重（%）

所属大类	细化指标	权重
A类	A1*	10
	A2	10
	A3	30
	A4	10
	A5	20
	A6	20
	合计	100
B类	B1	15
	B2	20
	B3	10
	B4	20
	B5	15
	B6	20
	合计	100
C类	C1	20
	C2	20
	C3	30
	C4	20
	C5	10
	合计	100

* A11和A12各占A1的50%。

第三步：计算综合得分。在确定了各项权重之后，要计算综合得分，就应首先给园区的各细化指标打分。由于各细化指标有的是绝对数指标，有的是相对数指标，因此，给细化指标打分是件很困难的事。我们在此建议采用以下方案。

在评级时，首先确定参与评级园区中各项细化指标的最高值，并确定该值为100分；然后，以各参评园区的该细化指标与该指标的最高值的比重乘以100作为该园区该项细化指标的实际得分。

例如，假定共有5个园区1～5，在全员年劳动生产率（B1）方面，园区1最高，达到了30万元/人·年，园区2～5则分别为20万元/人·年、25万元/人·年、15万元/人·年和15万元/人·年，则园区1的B1指标的得分为100分，而园区2～5在该指标中的得分则分别为66.7分、83.3分、50分和50分。

以此办法确定了11个细化指标的得分后，园区的综合得分即可表示为：

$$S=0.4A+0.4B+0.2C$$

其中：

$$A=0.1A1+0.1A2+0.3A3+0.1A4+0.2A5+0.2A6$$

$$B=0.15B1+0.2B2+0.1B3+0.2B4+0.15B5+0.2B6$$

$$C=0.2C1+0.2C2+0.3C3+0.2C4+0.1C5$$

第四步，根据综合得分评价园区绩效的优劣等级。在计算出了各园区的综合得分后，即可对园区进行评级，评级标准如表 4 所示。

表 4　园区评级标准

综合得分（S）	等级
90 分以上（含 90 分）	一级
80～89 分（含 80 分）	二级
70～79 分（含 70 分）	三级
69 分以下（含 69 分）	不达标

这种评分法的优点在于：①综合性。通过综合评分，把不可比的评价对象变成可比的，有利于对不同地区、不同类别的农业科技园区的质量和效益进行全面评价。②动态性。由于科技总是在向前发展的，因此，按照这种评分法，任何农业科技园区，如果不努力提高其科技含量、经济效益和社会生态效益，就有可能落在后面，在激烈的市场竞争中，即便是原来曾被评为一级的园区，也有可能被淘汰出局。③易操作性。采用这种评分法，将具有不同质量单位的各个细化指标统一转化为相对数指标，避免了对不同指标打分的困难，增加了它在实践中的可操作性。

以上提出的评价指标体系的具体指标及其权重以及运用方法，不同的人可能会有不同的看法。因此，科学的指标体系的设立，应广泛征求意见；权重的确定及方法的采用更应该综合多方面专家的看法。我们只是提出一种思路和一个大致的框架，抛砖引玉，指标体系的建立和完善需要依靠大家的共同努力。为使评级结果能客观地反映现状并发挥促进作用，建议对科技园区的评级每 2～3 年进行一次，每次评级时，前次已评过级的园区也要参加，以保证评级结果的动态性。如此坚持，奖优罚劣，可以相信，在不久的将来，我国农业科技园区的整体水平会有全面大幅度提高，为实现农业现代化、全面建设小康社会作出更大的贡献。

WTO下的幼稚产业适度保护体系研究*

侯云先　于英川

［摘　要］对幼稚产业概念进行界定，分析产业保护政策的本质；并分析了“过度”保护的实质和适度保护的控制；比较系统地、全面地分析幼稚产业保护体系及产业保护机理；提出WTO下的产业保护对策。

［关键词］幼稚产业　过度保护　适度保护

一、幼稚产业及其保护的政策措施

幼稚产业的概念主要是针对产业的发展阶段而言的。一般来说产业发展分为幼稚、成长、成熟和夕阳四个阶段，按发展阶段划分的产业类型有：幼稚产业、成长产业、成熟产业和夕阳产业。[1]

GATT的例外条款认为，幼稚产业可以作为合理合法的保护对象。GATT第18条是专门为经济落后的发展中国家制定的。其主要内容包括：发展中国家可为某一特定工业的建立提供需要的关税保护，能够为国际收支目的，而实施数量限制等。对于特定工业，在GATT第18条的注解中定义为：①建立新的工业；②现有的工业中建设一项新分支生产部门；③对现有工业的重大改造；④因战争或自然灾害而遭到破坏或重大损坏的工业重建。总之，特定工业就是新建、改建、扩建、重建的工业。后来许多学者把特定工业称为幼稚工业或幼稚产业。

幼稚产业保护是国家为了发展某一幼稚产业而实行的支持措施，也就是国家为了使国内某产业由国际竞争弱势转化为国际竞争均势甚至优势而实行的政策措施。一个国家为了取得对外贸易利益，促进经济发展，在不同的经济发展阶段，根据各自产业的国际竞争能力，分别采取了：①超保护贸易政策；②管理贸易政策；③战略性贸易政策；④国家统制下的贸易保护政策。各种政策的出现是不同发展阶段的需要和特定的经济环境支持，在一定程度上有其积极意义，可是随着环境的改变，事物的发展，原来的政策将会不适应或者阻碍经济发展。但无论哪一种贸易保护政策，都是两种纯粹贸易政策即保护贸易和自由贸易政策的组合。即从政策制定角度来讲，任何对外贸易政策P可以表示为$P=\alpha X+(1-\alpha)Y$，其中α是政策开放程度或自由贸易度，X是自由贸易政策和Y是完全保护贸易政策。α的选择要依据具体国家经济发展阶段水平。当$\alpha=1$时表示P为自由贸易政策，$\alpha=0$时表示完全保护贸易政策，$\alpha\in(0, 1)$表示协定的保护贸易政策。具体国家的α的选择由其经济发展的阶段水平及对外贸易关系决定。国家之间选择什么样的综合

* 原载《上海大学学报（社）》2002.3. 9（2）。

对外贸易政策，依赖于所有n个国家的贸易政策能给他带来的利益大小。假设P_i表示国家i选择的对外贸易政策，那么，国家i的总利益W_i是P_i（i=1，…，n）的一个多元函数：$W_i=f_i$（P_1，P_2，…P_n）。

幼稚产业保护包括关税保护和非关税保护。在不同的社会政治经济条件下，关税作用是不相同的。在传统计划经济体制下，国家通过行政手段对进出口实行管理，虽然名义上设置关税政策，但实际上关税作用微乎其微。在市场经济条件下，市场主体是多元化的，利益是多元化的，资金分散在各个不同的经济主体之间；不同的经济主体通过市场来追逐利润最大化，这就为关税发挥作用创造了基本条件。从历史和现实来看，关税在不同国家或者在同一国家的不同发展阶段起的作用都有所不同。在经济不发达或不太发达国家，关税的财政作用和保护作用更大一些；在经济发达国家，关税的保护作用和调节作用更突出一些，体现在调节国际经贸关系，促进进出口贸易；调节国内供求，促进国内产业的发展等方面。在双边和多边贸易谈判中，关税保护政策的制定受到了严格的限制，各国竞相采取非关税保护措施，限制商品进口，以抵消由于关税大幅度下降所造成的不利影响。总之，各国一般以灵活多变的关税手段为主，辅之以各种合理合法理由的非关税手段，来达到保护的目的。

二、“过度”保护与适度保护

一个国家的发展要求在文化、物质、政治、军事等多方面都达到发展，而工业力量的发展则是这些方面进一步发展的前提。经过相当时期的保护，一国建成了自己的充分发展的工业以后，生产力水平将有较大的提高，其收益足以抵偿因采取关税等产业保护措施所产生的损失；同时国家不但在物质财富的量上获得无限增进，而且一旦发生战事，可以保有工业的独立地位。就最重要的产业保护手段关税政策而言，它可能给一国经济发展带来的利益主要有以下三方面：从财政收入看，关税保护可以增加一国的财政收入，特别是发展中国家，关税收入在财政收入中占相当的份额。从静态角度看，通过产业保护等手段限制国外商品的流入，使国内企业能在国内市场上占有最大份额，获取较大的生存空间。面对激烈的国际竞争，后起国在工业发展的初期必须有适度的贸易保护，否则，本国的工业就很难发展起来。从动态的角度看，对新兴产业的保护还会出现技术转移和产业关联等外部经济效应，从而使一国的资源禀赋状况发生根本性的转变。

产业保护有其正面的作用，也有其负面的影响。产业保护的负面影响体现在以下几方面：①消费者福利的损失。[2]贸易保护往往以牺牲消费者的利益为前提，进行对产业的保护，必然会损害消费者的利益。②利益分配的扭曲。受到保护的一部分产业的受惠往往以牺牲另一部分产业的利益为前提，造成利益分配的不公。③不利于国际分工；不利于各国按照绝对成本（或自然条件）、比较利益或要素禀赋状况，专门生产其最有利的产品，促成各国的专业化。[3]④不利于扩大国民的真实收入。因为在自由贸易环境下，每个国家都根据自己的条件发展，选择劳动生产率最高，成本最低的产业进行生产，再通过贸易以较少的花费换回较多的东西，从根本上增加了国民财富。⑤不利于反对垄断，加强竞争，提高经济效率。通过产业保护抬高相关产品的价格，使受保护的企业不求进取，生产效率降低，长期下去就会造成落后，竞争力削弱。⑥刺激走私。

有时，产业保护的负面影响超过正面作用。因为受到保护的企业往往缺少竞争条件下那种技术创新的内在动力，结果是产业发展缓慢，与产业保护的目的相悖。

产业保护政策中最容易出现的偏差是“过度”保护。没有竞争激励机制的单纯保护，有可能造成无效保护，这时即使实行长时期的高保护，对促进产业发展也无济于事；这种无效保护常常称为“过度”保护。“过度”保护主要由于对产业的市场需求保护不足，没有一定的市场，自然不可能有市场竞争，产业不能发挥已有的优势生长壮大（假如有优势的话），可谓“英雄无用武之地”，由此扼杀了产业发展的生命力。“过度”保护并不是高保护，它是一种片面保护，是国家在给本国产业补充单方面保护“营养”的同时，忽略了市场竞争方面的“营养”，即一方面市场竞争的“营养”严重不足，另一方面保护“营养”相对过剩。

从“过度”保护形成的原因中，很容易发现其危害。①由于“过度”保护主要是长期实行偏高的进口关税，却不对市场乃至市场竞争加以保护，从而使受保护的新生产业明显表现出不求进取的倾向，迟迟形不成国际竞争力，一旦取消贸易保护，这些产业就不能生存。②“过度”保护不利于产业形成规模经济。从供给角度看，“过度”保护会导致中小企业的大量进入，争夺有限的资源和市场；从需求角度来看，“过度”保护不合理地提高了商品的价格，从而人为地压低了需求规模，间接地阻碍了规模经济的形成。③“过度”保护必然阻碍技术进步。一个产业需要获得贸易保护的根本性原因在于其技术相对落后，但“过度”保护并不能改变这种状况。因为在保护“过度”的情况下，企业实现技术进步的内在动力会严重不足。④“过度”保护还会产生更广泛的关联效应。例如，“过度”保护诱导一国的资源流向效率低的部门；再如，保护关税在初行时会使工业品的价格提高，从而牺牲国民的消费者剩余。

为防止产业保护政策的偏差——“过度”保护，就要研究另一个与“过度”保护反向对应的概念，即适度保护。产业适度保护指的是对不同的工业部门采取不同程度的、适合产业快速发展的保护措施。

适度保护在适度性上包含两方面的内容。一方面指某一时刻保护大小的适度，比如某时保护关税的税率、关税水平等，但大多数非关税保护措施的作用效果很难计算，比如进口许可证等。另一方面指保护的持续时间，即保护时期的适当。对于这两方面适度性的把握，在依照保护幼稚产业的标准基础上，还要研究保护关税的效果，比如，对产业发展的竞争激励机制等。激励不足会引起竞争不足，竞争不足必然使受保护产业没有成长壮大的动力，技术进步缓慢，因而产业很难形成比较优势。中国轿车工业长期以来一直受到高保护，但由于没有市场经济条件，缺乏竞争激励，因而只能在低水平上徘徊。值得强调的是，只有市场经济条件下的竞争激励，才能产生产业发展的动力。

此外，应对产业保护的效果做出科学的综合评价，并制定适度保护的判断标准，这样，就可以从理论上实现适度保护控制。其步骤如下：①一个国家政府选择了某一幼稚产业的保护措施后，保护措施对产业发展起作用；②度量保护措施作用的效果，并制定适度保护的标准；③检查是否达到目标；若没有达到目标，调整保护措施，转①；若达到目标，那么选出保护措施，结束。

三、适度保护体系的构建

一国产业保护的目标或目的是在与先进国家竞争的同时，确保国内市场，发展国内产业。保护的最终目的是促进发展。产业保护主要从四个方面对产业施加影响或作用。

首先，国家制定产业保护政策，为促进产业发展创造良好的环境。幼稚产业保护政策是基于国外成熟产业的竞争、国外政府的反保护压力、国内产业没有具备与国外产业竞争能力的前提下，国内政府对国内幼稚产业进行保护，以期待国内产业迅速发展而产生的。保护贸易和自由贸易各有利弊，政府在国际贸易准则下，要经过谈判尽可能选择优化的产业保护政策，保护本国幼稚产业免受他国的挑战与攻击，且使关税与非关税保护屏障“物”尽其用。

其次，产业保护对产业发展的抑制效应及反抑制博弈。产业保护在促进产业发展时，产生了一系列抑制效应，如走私逃税，它们弱化了对产业的保护度、减少了国家的收入和减弱了国家的宏观调控作用。应最大限度的避免这种效应出现，并研究抑制与反抑制的博弈均衡，从而为采取反抑制手段提供依据。

第三，产业保护对产业组织结构的影响。国内政府在制定了一系列保护措施后，产业内部根据产业的获利情况，决定是留在原产业部门，还是将资源流向其他产业。这完全取决于本产业的获利率、其他产业的获利率和其他产业的进入壁垒。外部的其他产业也将据此作出决策，如果对某一产业的保护足够高，而且其进入壁垒又相对较小，那么必然使社会的其他部门的资源流向保护的产业，继而导致产业组织结构的变化。当然保护的目的是防止产业保护偏差——“过度”保护出现，形成一个有序、有效的产业组织结构。但要出现这样的局面，就要找到恰当的保护，进而必须研究产业保护对产业组织结构的影响。

第四，产业保护对产业或企业的激励效应。由于企业在产业保护下很容易获利，而投资又具有风险，在此情况下，企业是否为降低成本而投资激励呢？产业保护的立足点，不仅仅是保护产业不受“攻击”，还应该促进产业提高竞争力，这要求保护关税对产业有激励机制。有效的激励机制，能够促进产业提高竞争力。所以，需要进一步研究产业保护对产业的激励效应，做到制定保护政策的科学化。

综上所述，产业保护体系是个复杂的系统（参见图1）。研究产业保护是一个系统工程，它不仅涉及国家制定产业保护政策的问题，而且关系到国家与国家之间、产业内部之间、产业内部与外部之间等协调发展的问题，还包括产业保护政策实施过程的效率问题，同时又涵盖产业保护体系的反馈机制问题。

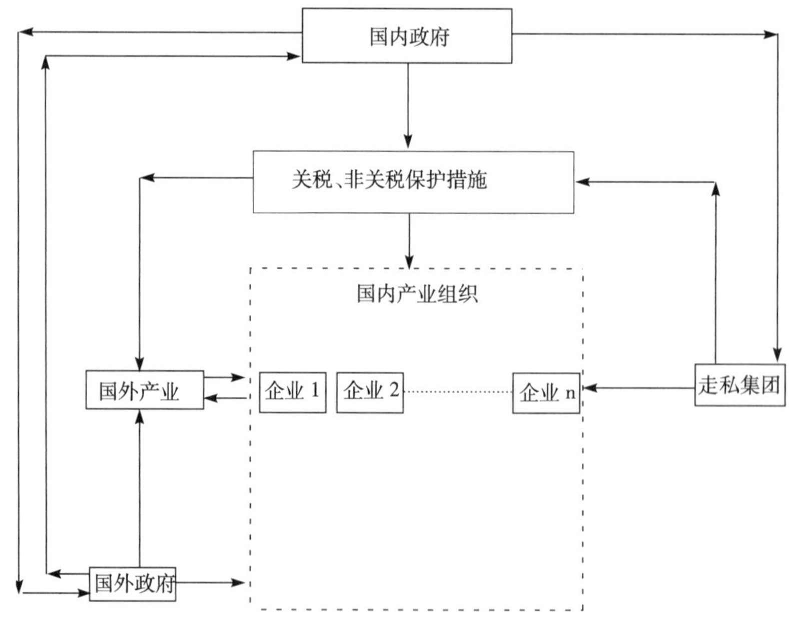

图1　幼稚产业保护体系

四、加入WTO后我国近期的适度保护对策

（一）加强关税稽征，加大打击走私的力度

走私使有限的关税屏障如同虚设，极大地降低了关税的保护作用和财政作用。更为严重的是，由于走私商品成本低，在价格上拥有优势，很容易挤占市场，必然影响国内生产者的销售，使受保护者损失利润，回收资金困难，这明显地降低了对产业的保护程度，影响产业乃至国民经济的正常发展。总之，国家必须加大力度，打击走私，使采取的关税措施发挥应有的作用。为此，提出以下几点建议：

1. 加强关税征管效率与机制研究。近年来，逃避关税进行走私的现象虽然引起国内经济学家、社会学家和法学家的关注，但对关税征管效率与机制的分析却很少。应加强这方面的理论研究，以促进关税征管运行机制的优化。

2. 建立关税征管信息系统。应以计算机网络为工具，提高海关信息占有度。对征管信息收集、整理、分析、反馈、交换的实现，必须有先进的技术做保证。在用网络技术逐步替代手工作业的同时，为开展情报交流、完善税制、加强征管提供技术支持，实现科学化、透明化和量化管理。

3. 加强反走私专门立法。结合实际情况，并借鉴国外的先进经验，制定、完善反走私的专门条款，为反走私提供法律依据。

4. 强化征管和缉私效率。制度框架的硬约束最终由征管部门的工作效率和工作能力来实现。反走私工作的关键之处在于执法的效率。执法效率由海关人员的素质、征管的手段、法律部门的效率等因素决定。加强征管和缉私效率，将对反走私工作的开展具有深远的意义。

（二）加强非关税保护措施的系统研究

西方各国是以灵活多变的关税手段为主，辅之以各种合法的非关税手段，来达到保护的目的。随着GATT乌拉圭回合谈判的结束，关税壁垒与非关税壁垒出现了双向发展的新格局，[4]在世界范围内出现了一股贸易保护的浪潮，即新贸易保护主义。在双边和多边贸易谈判中，关税保护政策的制定受到了严格的限制，各国竞相采取非关税保护措施，限制商品进口，以抵消由于关税大幅度下降所造成的不利影响。

非关税壁垒是指关税以外的一切限制进口的各种措施。它是与关税壁垒相对而言的。在目前的新贸易保护浪潮中，起着越来越重要的作用。非关税壁垒的特点主要有：①比关税壁垒具有更大的灵活性和针对性。②比关税壁垒的限制作用更加直接。③非关税壁垒更具有隐蔽性和歧视性。一些国家往往针对某个国家采取相应的限制性的非关税壁垒措施，比如灰色区域措施（即绕过GATT的基本原则，以有秩序的销售安排或有组织的自由贸易为借口而采取的保护措施，例如，日本在美国的压力下设置的所谓“自动出口限制”），大大加强了非关税壁垒的差别性和歧视性。20世纪70年代中期以来，在国际贸易中贸易保护主义日益强盛，但由于关税协议与条约的限制，各国无法增加关税，只有通过采取非关税措施限制商品进口，以抵消由于降低关税所造成的不利影响，以此达到保护国内产业、调节进出口商品的结构、减少贸易逆差和保持国际收支平稳的目的。据有关方面统计，目前国际上使用的非关税壁垒措施已达2 000多种，涉及4 000种产品。因此，目前非关税保护手段在国际贸易保护政策中所占的地位越来越重要，[5]并为越来越多的国家所用，[6]其形式和种类也在不断增多。以非关税手段来达到产业保护，是世界保护思潮的新内容。因此，如何顺应潮流，灵活运用关税与非关税措施，达到既能避免国际纷争与报复，又能保护幼稚产业的发展，乃当务之急。我国必须加强非关税保护措施的系统研究。

（三）利用 WTO 的协议和条款保护产业

对幼稚产业的保护，既要适合我国的国情，又必须符合世界贸易组织的国际规范，做到适时与适度保护；以保护促竞争，在竞争中搞好保护，实行有选择性和时限性的保护，逐步将幼稚产业推向国际市场，让其在市场竞争中发展。为此，笔者建议：

（1）尽快建立“行业反倾销机制”，充分利用 WTO 的《反倾销协议》中的有关条款，针对可能发生的不同倾销情形，制定出不同的反倾销措施方案，以便依法保护国内产业。

（2）充分利用 WTO 的《贸易技术壁垒协议》，制定出符合中国国情的技术壁垒措施。

（3）详细研究 WTO《保障措施协议》，制定严格的市场损害条件。

（4）使用国内支持政策。对于具有研究与开发的先进技术水平的企业，实行减免税政策。

（5）充分发挥民间爱国主义团体的作用。中国在加入 WTO 以后，要继续发扬爱国主义精神，有利、有理、有节地保护和发展中国的产业。

参考文献

[1] 宗明华. 复关与幼稚产业选择 [J]. 国际贸易，1993（4）：36～38.

[2] Dixit，A. International Trade Policyfor Oligopolistic Industries [J]. Economic Journal 1984，Vol. 94：sl～s16.

[3] Baye，M. R.，Crocker，K. J. and Jiandong J.，Divisionalization，Franchising and Divestiture Incentives in Oligopoly [J]. The American Economic Review. 1996，Vol. 86：223～236.

[4] 孙东. 我国的关税与非关税保护 [J]. 国际贸易，1994（11）：33～35.

[5] 周天欢. 反补贴法对我国的适用 [J]. 国际贸易，1994（11）：54～55.

[6] 郑申生. GATT 活动与技术法规一标准化体系 [J]. 中国标准导报，1994（3）：30.

多主题抽样中总体标志值的估计*

肖 海 峰

[摘　要] 在多主题抽样中，如何根据样本标志值来对总体标志值进行估计是一个非常重要的问题。本文根据多元统计理论，提出了多主题抽样中总体标志值估计的一种新方法——条件均值估计，并从理论与实际两个方面与简单估计进行了比较，得出条件均值估计是一种比简单估计效果更好的估计方法。

[关键词] 多主题抽样　简单估计　条件均值估计　抽样方差

一个完整的抽样体系，不仅包括科学的抽样方法，而且还包括良好的由样本标志值来估计总体标志值的方法。这样，抽样效率的高低，不仅取决于抽样方法是否科学，而且还取决于估计方法是否良好。因而如何根据样本标志值来估计总体标志值就成为多主题抽样中的一个十分重要的问题。下面，我们就来讨论在多主题抽样中，由样本标志值估计总体标志值的两种方法—简单估计和条件均值估计，并从理论与实际两个方面对两种估计方法的精度进行比较。

一、简单估计

所谓简单估计就是以样本单位标志值的平均值来直接作为总体标志值的估计值。由于简单估计方法比较简单，因而在抽样调查的实践中应用比较普遍。

在多主题抽样中，假设有 m 个主题 X_1，X_2，…，X_m，多主题总体单位数为 N，从 N 个总体单位中抽取 n 个样本单位，则多主题总体标志值的简单估计量 $\hat{X}$ 为：

$$\hat{X} = \bar{x} = \frac{1}{n}\sum_{i=1}^{n} x_i = \begin{pmatrix} \frac{1}{n}\sum_{i=1}^{n} x_{i1} \\ \frac{1}{n}\sum_{i=1}^{n} x_{i2} \\ \vdots \\ \frac{1}{n}\sum_{i=1}^{n} x_{im} \end{pmatrix} = \begin{pmatrix} \bar{x}_1 \\ \bar{x}_2 \\ \vdots \\ \bar{x}_m \end{pmatrix} \tag{1}$$

至于简单估计量 $\bar{x}$ 的抽样方差，我们在有关文章中已导出，即：

$$V(\overline{X}) = \frac{V}{n}(1 - \frac{n}{N}) \tag{2}$$

* 原载《数量经济与技术经济研究》2002 年第 3 期。

其中：$V=\frac{1}{n-1}\sum_{i=1}^{n}(x_i-\bar{x})(x_i-\bar{x})'$

为样本协方差短阵，它是总体协方差矩阵的无偏估计。

$$x_i=(x_{i1},x_{i2},\cdots,x_{im})'$$
$$\bar{x}=(\bar{x}_1,\bar{x}_2\cdots,\bar{x}_m)'$$

二、条件均值估计

简单估计虽然计算方法比较简单，容易被人接受，但简单估计只是在已有样本资料的基础上来直接推算总体标志值，没有利用任何辅助信息。一般来说，利用同一抽样方法取得样本资料，并以此来估计总体标志值时，利用与调查标志有关的辅助信息比不利用辅助信息有更好的精确度。在多主题抽样中，抽样选点时的资料以及与调查标志有密切关系的资料对调查标志来说，都是很有用的辅助信息。而简单估计却没有利用这些有用的辅助信息，因而也就未能使总体标志值的估计更为精确，这是简单估计的一个不足之处。既然在进行多主题抽样时，已经具备了完善的和必要的辅助资料，如果我们在估计总体标志值时，能够充分地利用这些辅助资料所带来的有用信息，必然会使多主题抽样有更加精确的结果。下面来讨论利用辅助信息估计总体标志值的一种方法——条件均值估计。

在多主题抽样中，假定有 m 个主题，即 m 个调查变量，分别以 X_1、X_2，…，X_m 来表示，则由这 m 个调查变量组成一个调查变量向量 $X=(X_1,\ X_2,\ \cdots,\ X_m)'$；同时，假定与这 m 个调查变量有密切关系的辅助变量有 n 个，分别以此 y_1，y_2，…，y_n 来表示，则由这 n 个辅助变量组成一个辅助变量向量 $y=(y_1,\ y_2,\ \cdots,\ y_n)'$；这样，由调查变量向量 X 与辅助变量向量 y 就可组成一个新的向量 $Z=(X,\ y)'$，根据多元中心极限定理，向量 Z 可以近似地认为服从 $(m+n)$ 元正态分布。

在讨论条件均值之前，我们先引入一个定理如下：

定理：设 $y\sim N_m(u,\ V)$，$V>0$ 并且将 y，u 及 V 作如下的分割：

$$y=\begin{pmatrix}y_1\\y_2\end{pmatrix}_q^p,u=\begin{pmatrix}u_1\\u_2\end{pmatrix}_q^p,V=\begin{pmatrix}V_{11}&V_{12}\\V_{21}&V_{22}\end{pmatrix}$$
$$p+q=m$$

则给定 y_2 时 y_1 的条件分布为 p 维正态分布，且条件均值和方差分别为：

$$E(y_1\mid y_2)=u_1+V_{12}V_{22}^{-1}(y_2-u_2)$$
$$V(y_1\mid y_2)=V_{11\cdot 2}=V_{11}-V_{12}V_{22}^{-1}V_{21}$$

从多主题总体中抽取 n 个样本单位，并对这 n 个样本单位的所有调查变量与辅助变量都进行调查，根据调查所取得的资料，我们可以计算出向量 $Z=(X,\ y)'$ 的样本均值 u 及样本协差阵 V，由于向量 Z 是由调查变量向量 $X=(X_1,\ X_2,\ \cdots,\ X_m)'$ 及辅助变量向量 $y=(y_1,\ y_2,\ \cdots,\ y_n)'$ 组成的，因而样本均值 u 也可分为两部分—调查变量的均值 $\bar{x}=(\bar{x}_1,\bar{x}_2,\cdots,\bar{x}_m)'$ 及辅即变量向量的均值 $\bar{y}=(\bar{y}_1,\bar{y}_2,\cdots,\bar{y}_m)'$，即：

$$u=\begin{pmatrix}\bar{x}\\\bar{y}\end{pmatrix}_n^m$$

同理，样本协方差阵也可分为：

$$V=\begin{pmatrix}V_{11} & V_{12}\\ V_{21} & V_{22}\end{pmatrix}$$

其中：V_{11}为调查变量向量 X 的协方差阵；

V_{22}为辅助变量向量 y 的协方差阵；

V_{12}，V_{21}为调查变量向量 X 与辅助变量向量 y 二者的协方差阵。

由于向量 Z 是服从（$m+n$）元正态分布的，即 $Z\sim N_{m+n}$（u，V），因而根据上述定理得到在给定辅助变量向量 y 时调查变量向量 X 的条件均值及条件协方差为：

$$E(x/y)=\bar{x}+V_{12},V_{22}^{-1}(y-\bar{y}) \tag{3}$$

$$V(x\mid y)=V_{11\cdot 2}=V_{11}-V_{12}V_{22}^{-1}V_{21}。\tag{4}$$

在多主题总体中，调查变量向量 X 与辅助变量向量 y 是一一对应关系，即由一个调查变量向量的值与一个辅助变量向量的值共同组成多主题总体中一个总体单位的观察值（X，y）′，同时调查变量向量 X 与辅助变量向量 y 有着较为密切的关系，因而在以调查变量的样本资料来估计调查变量的总体标志时，我们希望能够用辅助变量的样本均值与总体均值之间的偏差来对调查变量的样本均值加以修正，使其对调查变量的总体标志值的估计更为精确。为此，在公式（3）中取 $y=\bar{Y}$（$\bar{Y}$ 为辅助变量向量的总体均值），就得到了调查变量 X 的总体标志值的条件均值估计量为：

$$E(X/\bar{Y})=\bar{x}+V_{12}V_{22}^{-1}(\bar{Y}-\bar{y}) \tag{5}$$

其中：$\bar{x}=\dfrac{1}{n}\sum\limits_{i=1}^{n}x_i=(\bar{x}_1,\bar{x}_2,\cdots,\bar{x}_m)$ 为调查变量向量 X 的样本均值；

$\bar{y}=\dfrac{1}{n}\sum\limits_{i=1}^{n}y_i=(\bar{y}_1,\bar{y}_2,\cdots,\bar{y}_n)'$ 为辅助变量向量 y 的样本均值；

$\bar{Y}=\dfrac{1}{n}\sum\limits_{i=1}^{n}Y_i=(\bar{Y}_1,\bar{Y}_2,\cdots,\bar{Y}_n)'$ 为辅助变量向量 y 的总体均值；

V_{12}为调查变量向量 X 与辅助变量向量 y 的样本协方差阵；

V_{22}辅助变量向量 y 的样本协方差阵。

至于条件均值估计的抽样方差，我们将公式（4）中的条件协差阵 $V_{11\cdot 2}$代入多主题抽样方差的计算公式

$V(\bar{x})=\dfrac{V}{n}\left(1-\dfrac{n}{N}\right)$ 中得：

$$V(\bar{x})=\frac{V_{11\cdot 2}}{n}\left(1-\frac{n}{N}\right) \tag{6}$$

其中：$V_{11\cdot 2}=V_{11}-V_{12}V_{22}^{-1}V_{21}$

V_{11}调查变量向量的样本协方差阵；

V_{22}辅助变量向量的样本协方差阵；

V_{12}，V_{21}调查变量向量与辅助变量向量之间的样本协方差阵。

作为多主题抽样中条件均值估计的一个特例，现在我们来看一下在只有一个调查变量 X 和一个辅助变量 y 时的条件均值估计量及其抽样方差。

由于只有一个调查变量 X 和一个辅助变量 y，因而 $m=1$，$n=1$，则：

$$Z=\begin{pmatrix}X\\ y\end{pmatrix}_1^1,u=\begin{pmatrix}\bar{x}\\ \bar{y}\end{pmatrix}_1^1,V\begin{pmatrix}V_{11} & V_{12}\\ V_{21} & V_{11}\end{pmatrix}=\begin{pmatrix}\sigma_1{}^2 & \rho\sigma_1\sigma_2\\ \rho\sigma_1\sigma_2 & \sigma_2{}^2\end{pmatrix}$$

根据公式（5）调查得变量 X 总体标志值的条件均值估计量为：

$$E(X/\bar{Y}) = \bar{x} + V_{12}V_{22}^{-1}(\bar{Y}-\bar{y})$$

$$= \bar{x} + \rho\sigma_1\sigma_2 \cdot \frac{1}{\sigma_2^{\ 2}}(\bar{Y}-\bar{y}) = \bar{x} + \rho\frac{\sigma_1}{\sigma_2}(\bar{Y}-\bar{y}) \quad (7)$$

根据公式（6）得条件均值估计计量的抽样方差为：

$$V(\bar{x}) = \frac{V_{11\cdot 2}}{n}\left(1-\frac{n}{N}\right) = \frac{V_{11}-V_{12}V_{22}^{-1}V_{21}}{n}\left(1-\frac{n}{N}\right)$$

$$= \frac{\sigma_1^{\ 2} - \rho\sigma_1\sigma_2 \cdot \frac{1}{\sigma_2^{\ 2}} \cdot \rho\sigma_1\sigma_2}{n}\left(1-\frac{n}{N}\right) = \frac{\sigma_1^{\ 2}(1-\rho^2)}{n}\left(1-\frac{n}{N}\right)$$

$$= \frac{\sigma_1^{\ 2}}{n}\left(1-\frac{n}{N}\right)(1-\rho^2) \quad (8)$$

由公式（7）及公式（8）我们可以看出：公式（7）就是以 y 为辅助变量的调查变量 X 的总体标志值的回归估计量，公式（8）就是回归估计量的抽样方差。由此我们可以得出：当只有一个调查变量和一个辅助变量（即 $m=n=1$）时，条件均值估计量就是一元线性回归估计量。同理我们可以推出：当只有一个调查变量，但有多个辅助变量（即 $m=1$，但 $n>1$）时，条件均值估计量就是一个多元线性回归估计量；当有多个调查变量和多个辅助变量（即 $m>1$，$n>1$）时，条件均值估计量就是一个多元对多元的线性回归估计量，当有多个调查变量，但只有一个辅助变量（即 $m>1$，$n=1$）时，条件均值估计量就是一个多元对一元的线性回归估计量。因此，条件均值估计量几种线性回归估计量的综合表现形式，它的实质就是回归估计量。

三、两种估计方法精度的比较

我们知道方差是反映平均数稳定程度的指标，同样道理，抽样方差是反映样本均值对总体均值估计精确度的指标，抽样方差越大，则估计的精度越低；反之，抽样方差越小，则估计的精度越高。因而，要比较两种估计方法的精确度，只要比较这两种估计方法的抽样方差就可以了。由前面我们知道：简单估计抽样方差的计算公式为：

$$V(\bar{x}) = \frac{V_{11}}{n}\left(1-\frac{n}{N}\right) \quad (9)$$

其中：V_{11}为调查变量向量的样本协方差阵

比较公式（6）与公式（9）我们可以看出：条件均值估计抽样方差的计算公式与简单估计的抽样方差计算公式唯一的区别在于：条件均值估计抽样方差的计算公式用的是条件协方差阵 $V_{11\cdot 2}=V_{11}-V_{12}V_{22}^{-1}V_{21}$，而简单估计抽样方差的计算用的一般协方差阵 V_{11}。现在我们来比较一下 $V_{11\cdot 2}$与 V_{11}的大小。

由于 $V_{12}V_{22}^{-1}V_{21}\geqslant 0$ 所以 $V_{11}\geqslant V_{11}-V_{12}V_{22}^{-1}V_{21}=V_{11\cdot 2}$

即条件协方差阵总是小于或等于一般协方差阵，取等号的充要条件是：

$$V_{12}V_{22}^{-1}V_{21}=0 \ (\Longleftrightarrow) \ V_{12}=0$$

即调查变量 X 与辅助变量 y 是独立的，也就是说，调查变量 X 与辅助变量 y 没有任何关系。但在抽样调查的实际工作中，调查变量 X 与辅助变量 y 常常具有较为密切的关系，也就是说，调查变量 X 与辅助变量 y 的相关系数 ρ 较高，由协方差与相关系数的关系式 $\rho=\frac{\sigma_{xy}}{\sigma_x\sigma_y}$ 得：$\sigma_{xy}=$

$\rho\sigma_x\sigma_y$，由此我们可以看出，调查变量 X 与辅助变量 y 的相关系数 ρ 越大，二者的协方差也就越大，因而调查变量向量 X 与辅助变量向量 y 的协力差阵 V_{12} 也就越大，$V_{12}V_{22}^{-1}V_{21}$ 也就越大，由 $V_{11\cdot 2}=V_{11}-V_{12}V_{11}^{-1}V_{21}$ 可看出：$V_{12}V_{22}^{-1}V_{21}$ 越大，$V_{11\cdot 2}$ 就越小于 V_{11}，即条件协方差阵 $V_{11\cdot 2}$ 就越小于一般协方差阵 V_{11}。

通过上面的分析，我们可得出如下的结论：

条件均值估计的抽样方差总是小于或等于简单估计的抽样方差，并且调查变量 X 与辅助变量 y 关系越密切，条件均值估计的抽样方差就越小于简单估计的抽样方差，只是当调查变量 X 与辅助变量 y 没有任何关系，即二者相互独立时，条件均值估计的抽样方差取得最大值，即等于简单估计的抽样方差。因此，在多主题抽样中，条件均值估计是一种比简单估计更为有效的估计方法。

四、两种估计方法的实际应用

在前面的三小节中，我们从理论上分别论述了简单估计与条件均值估计，并将二者的估计精度进行了比较，下面我们以安徽省粮食单产与人均收入两主题抽样的实际资料为例，来说明这两种估计方法的实际应用效果。

我们以安徽省 1998 年的粮食单产与人均收入作为抽样选点的基础资料，将全省 77 个县市按粮食单产由低到高排队，同时累计播种面积形成抽样框，在这个抽样框中，采用系统抽样的方式抽取 30 个县市作为样本点。现在我们就根据这 30 个样本点 1999 年粮食单产与人均收入的资料，对安徽省 1999 年的粮食单产与人均收入作出估计。由 1999 年粮食单产 X_1 及人均收入 X_2 组成了调查变量向量 $X=(X_1, X_2)'$，由 1998 年粮食单产与人均收入 y_1、y_2 组成了辅助变量向量 $y=(y_1、y_2)'$，由调查变量向量 X 及辅助变量向量 y 组成了向量 $Z=(X、y)'$，即 $Z=(X_1、X_2、y_1、y_2)'$，根据这 30 个样本点的资料我们可以计算出向量 $Z=(X_1、X_2、y_1、y_2)'$ 的样本均值 u、样本协方差阵 y 及样本相关阵 R 如下：

$$u=\bar{z}=\begin{pmatrix}\bar{x}\\ \bar{y}\end{pmatrix}=\begin{pmatrix}\bar{x}_1\\ \bar{x}_2\\ \bar{y}_1\\ \bar{y}_2\end{pmatrix}=\begin{pmatrix}5\ 206\\ 1\ 951\\ 4\ 582\\ 1\ 896\end{pmatrix}$$

$$v=\begin{pmatrix}v_{11} & v_{12}\\ v_{21} & v_{22}\end{pmatrix}=\begin{pmatrix}562\ 963 & 46\ 594 & 653\ 667 & 62\ 188\\ 46\ 594 & 76\ 928 & 90\ 445 & 80\ 856\\ 653\ 667 & 90\ 445 & 1\ 171\ 671 & 135\ 992\\ 62\ 188 & 80\ 856 & 135\ 992 & 89\ 202\end{pmatrix}$$

$$R=\begin{pmatrix}1 & & & \\ 0.224 & 1 & & \\ 0.805 & 0.301 & 1 & \\ 0.278 & 0.976 & 0.421 & 1\end{pmatrix}$$

由公式（1）得到当采用简单估计时粮食单产与人均收入的估计值为：

$$\hat{X}=\bar{x}=\begin{pmatrix}\bar{x}_1\\ \bar{x}_2\end{pmatrix}=\begin{pmatrix}5\ 206\\ 1\ 951\end{pmatrix}$$

由公式（2）得到此时的抽样方差

$$v(\bar{x})=\frac{v_{11}}{n}\left(1-\frac{n}{N}\right)=\frac{\begin{pmatrix}562\ 963 & 46\ 594\\ 46\ 594 & 76\ 928\end{pmatrix}}{30}\left(1-\frac{30}{77}\right)=\begin{pmatrix}11\ 259 & 932\\ 932 & 1\ 539\end{pmatrix}$$

在向量 z 的样本协方差阵 V 中，我们可以得到：

$$V_{22}=\begin{pmatrix}1\ 171\ 671 & 135\ 992\\ 135\ 992 & 89\ 202\end{pmatrix}$$

它的逆矩阵为：$V_{22}{}^{-1}=\begin{pmatrix}0.000\ 001\ 037 & -0.000\ 001\ 581\\ -0.000\ 001\ 581 & 0.000\ 013\ 62\end{pmatrix}$

另外，在作为辅助信息的抽样选点资料中，粮食单产的总体均值 $\bar{Y}_1=5\ 005$kg/ha，人均收入的总体均值 $\bar{Y}_2=2\ 100$ 元，根据公式（5）得出在采用条件均值估计时 1999 年粮食单产与人均收入的估计值为：

$$\begin{aligned}E(X/\bar{Y})&=\bar{x}+v_{12}v_{22}{}^{-1}(\bar{Y}-\bar{y})\\&=\begin{pmatrix}\bar{x}_1\\ \bar{x}_2\end{pmatrix}+v_{12}v_{22}{}^{-1}\left\{\begin{pmatrix}\bar{Y}_1\\ \bar{Y}_2\end{pmatrix}-\begin{pmatrix}\bar{y}_1\\ \bar{y}_2\end{pmatrix}\right\}\\&=\begin{pmatrix}5\ 206\\ 1\ 951\end{pmatrix}+\begin{pmatrix}653\ 667 & 62\ 188\\ 90\ 445 & 80\ 856\end{pmatrix}\begin{pmatrix}0.000\ 000\ 103\ 7 & -0.000\ 001\ 581\\ -0.000\ 001\ 581 & 0.000\ 013\ 26\end{pmatrix}\\&\quad\left\{\begin{pmatrix}5\ 005\\ 2\ 100\end{pmatrix}-\begin{pmatrix}4\ 582\\ 1\ 896\end{pmatrix}\right\}=\begin{pmatrix}5\ 413\\ 2\ 128\end{pmatrix}\end{aligned}$$

由公式（6）得此时的抽样方差为：

$$\begin{aligned}v(\bar{x})&=\frac{v_{11\cdot 2}}{n}\left(1-\frac{n}{N}\right)=\frac{N-n}{nN}(v_{11}-v_{12}v_{22}{}^{-1}v_{21})\\&=\frac{77-30}{30\times 77}\left[\begin{pmatrix}562\ 963 & 46\ 594\\ 46\ 594 & 76\ 928\end{pmatrix}-\begin{pmatrix}653\ 667 & 62\ 188\\ 90\ 445 & 80\ 856\end{pmatrix}\right.\\&\quad\left.\begin{pmatrix}0.000\ 001\ 037 & -0.000\ 001\ 581\\ -0.000\ 001\ 581 & 0.000\ 013\ 26\end{pmatrix}\begin{pmatrix}653\ 667 & 90\ 445\\ 62\ 188 & 80\ 856\end{pmatrix}\right]\\&=\begin{pmatrix}3\ 943 & 221\\ 221 & 98\end{pmatrix}\end{aligned}$$

比较简单估计与条件均值估计的粮食单产与人均收入的抽样方差，我们可以看出：条件均值估计由于利用了抽取样本点时粮食单产与人均收入的辅助信息，且辅助变量与调查主题二者之间的相关性较强（1998、1999 年粮食单产的相关系数为 0.805，人均收入的相关系数为 0.976），因而采用条件均值估计时粮食单产与人均收入的抽样方差都大大低于简单估计时的抽样方差，且由于 1998 年、1999 年人均收入的相关系数高于粮食单产的相关系数，所以与简单估计相比，在条件均值估计中人均收入抽样方差的下降幅度大于粮食单产的下降幅度。

参考文献

[1] 裴鑫德．多元统计分析及应用．北京：农业大学出版社，1987

[2] 于秀林，任雪松．多元统计分析．北京：中国统计出版社，1999

[3] 科克伦著，张晓庭、吴辉译．抽样技术．北京：中国统计出版社，1990

我国农业利用外资的效果与经验分析*

秦 富　李宇彤　张吉祥　吴小荣

[摘　要] 本文首先以世界粮食计划署（WFP）项目为例，详细分析了农业利用外资的经济、社会、生态效益，总结了农业利用外资方面的经验和问题，并据此对我国农业扩大利用外资提出了一些有益建议。

[关键词] 农业　利用外资　效果　经验

一、我国农业利用外资的效果（以WFP项目为例）

（一）经济效益

1. 直接效益。

(1) 粮食总产量和单产水平大幅度提高。农业综合开发项目的一个重要目标是通过各种措施，使得粮食产量有较大水平的提高。2000年底农业部会同宁夏当地相关部门和专家对刚竣工的“WFP援宁夏固原、彭阳、隆德三县小流域农业综合治理的4 071项目”隆德县各子项目效益进行样本监测评价发现，WFP粮援项目的实施，使项目区粮食产量有很大的提高，项目实施前粮食平均亩产69.8公斤，项目结束后增长了2.5倍；项目执行期间粮食总产持续增长，由1994年的11 809吨增加到1999年的30 683吨，增长2.6倍，基本上解决了农民的温饱问题。

通过项目区与非项目区的比较可以发现，项目区粮食产量和单产水平的提高远远高于非项目区，3 355项目执行前后，项目区粮食单产增长7.31倍，而非项目区所在两县粮食单产只增加1.08倍。3 737项目全县、非项目区和项目区粮食总量分别增长134%、106%、175%，主要粮食作物小麦的平均单产分别增长99%、71%、173%，项目区执行粮援项目之后，小麦平均单产由1990年的72公斤/亩增长到2000年的196公斤/亩，甚至超过全县小麦平均单产水平，项目区粮食总产量的增长幅度快于非项目区和全县的增长幅度。可见，项目的实施对于增加项目区的粮食供给量作用十分显著。

(2) 农业总产值和净产值大幅增长。WFP粮援项目区在农业产量增长的同时，农业总产值也有大幅度的增长（见表1）。

* 原载《农业经济问题》2002年第4期。

表 1　WFP 援河北涉县 3 737 项目执行前后农业总产值增长幅度（以 1990 年为基数）

	1992	1994	1996	1998	2000	平均增长率
项目区	11%	38%	82%	128%	185%	89%
非项目区	11%	30%	71%	101%	110%	65%
全县	11%	33%	75%	111%	139%	74%

资料来源：WFP 援 3 737 项目竣工报告。

（3）农业生产效率得到显著提高。在已完成的 16 个农业综合开发项目中，土地生产率均有不同程度的提高，亩产量增长 67%以上，单产增加最高的项目（2 639）高达 8 倍多；亩产值增加 50%以上，其中 3 355 项目的亩产值由项目前的 17.6 元/亩增加到项目后的 349 元/亩，增长近 19 倍，年平均增长 182%；亩盈利增加 56%以上，其中 3 355 项目由实施前的 4.1 元/亩增长为 114 元/亩，年平均增长 194%。

2. 间接效益。①减少了农业损失。粮援项目的实施，着重加强了农业基本建设，改善了农业生产条件。在增加产量、提高生产效益的同时，减少了因各种灾害而带来的损失。通过粮援项目，扩大了旱涝保收面积，缓减了这些地区粮食生产供给的波动。②粮援项目形成了规模效益。粮援项目的实施，使得大部分地区人均耕地占有量增加。在人均耕地没有增加的地区，人均水浇地的面积得到增加，坡改梯、梯改水、平整土地、集中连片的开发措施使得耕地资源的质量大幅度提高，取得了较大的规模效益。③促进农村二、三产业的发展。首先，粮食援助的实施提高了贫困地区粮食的自给水平，可以使大批剩余劳动力从种植业中转移出来，从事商业、运输业、劳务等第三产业，并为乡镇企业提供了大量的廉价劳动力，在实现脱贫目标的同时，增加了农民的收入，据 2001 年 4 月在“WFP 援河北涉县山区农业综合开发 3 737 项目”区进行的农户调查结果，有 90%多的受益农户中男劳力在外打工，为家庭增加了收入。其次，通过粮食援助，农村的基础设施有了很大改进，交通、通讯条件的改善有效地促进了农村各产业的均衡发展。再次，对于长期处于封闭的贫困地区和少数民族地区来说，粮援增强了当地居民的商品观念，有效地促进了这些地区商品经济的发展。

（二）社会效益

1. 有效地帮助项目区农民脱贫致富。帮助项目区农民脱贫致富是 WFP 援助项目的一个主要目标。根据 4 071 隆德县的监评报告，由于项目的支持，项目区林业产品产量大幅增加。人均净增纯收入 10.28 元。畜牧业也获得稳定发展。畜牧业纯收入比基期年增长 17%。农民收入水平提高，项目区农民人均纯收入由项目前的 130.2 元，增加到 1998 年的 564.6 元，净增 434.4 元，增长 3.34 倍，基本摘掉了贫困帽子。另据 14 份有效调查问卷表明，WFP 项目实施使脱贫人口占项目区贫困人口的 80%，主要原因是改善了生产条件，提高了生产能力，加之农民努力发展多种经营，创造了新的就业机会。

2. 粮食安全程度提高。通过项目建设，各项目区粮食安全程度有了很大提高。有些地区除实现粮食自给外，还能为国家提供一定数量的商品粮。如海南 2 719 项目，自 1985 年实施以来，不仅解决了项目区内的粮食自给问题，而且积极为国家提供商品粮，到 1992 年已提供 16.6 万吨，对项目区外的粮食安全也有一定的作用。

3. 各项公益事业得到发展。①教育。宁夏隆德 4 071 项目区儿童入学率由实施前的 90.2%增加为 1999 年的 96.4%。四川 2 606 项目区，项目实施前小学、初中的入学率仅为 50%，项目实施后的 1989 年上升到 81%，1994 年又达到了 98%。②医疗卫生。WFP 项目的实施还使许多地区的医疗卫生条件得到改善，一些乡兴建了卫生院，村办起了医务室，医院里的病床数量大大增加。如2 697项目所在的甘肃靖县就在项目区兴建了17个医疗院所，大大改善了当地农民的医疗条件。③项目区农民的健康状况得到改善。11个项目区人口死亡率平均从项目实施前的7.07‰降低到5.78‰。项目区的计划生育工作随着农民素质的提高得以顺利开展，人口出生率和自然增长率得到一定程度的控制。④信息传播。粮援项目的实施，也使大多数项目区的信息传播渠道更加广泛，方式更为先进。一些地方开通了程控电话。许多地区由于项目后通电，增加了电视机。⑤饮水、用水状况得到改善。表现为：一是解决了项目区的饮水困难。在宁夏隆德4 071项目实施后，如果按1990年项目区农村人口50 015人计算，可解决6个乡、60个行政村约2.9万人、1.5万头大家畜、1.4万只羊、1.3万头猪的饮水困难。二是节省了劳动力，为项目区生产的发展创造了条件。如在隆德4 071项目实施后，由于供水范围缩小，可节约项目区农户的取水时间，以每户每天节约0.5劳动日计算，项目区解决的3 200个缺水户每年可节省劳动力58.4万个。三是改善了饮水卫生状况，提高了项目区农民的健康水平。四是项目区塘坝、涝池数量的增加，方便了交通，减少了水土流失。⑥使不少项目区改善了交通闭塞的状况。如宁夏隆德县4 071项目乡村道路子项目的实施基本解决了项目区60个行政村，140多个自然村，45 000多人的行路难、行车更难问题。

4. 改善了项目区农民的生产方式及生活条件。①现代化水平得到提高。项目区在实施了粮援项目后，化肥投入水平、良种化比例、地膜覆盖等新技术的采用都有了大幅度提高。新增了很多机械设备，农机总动力大大增加。②耕作制度发生了变化。有些地区增加了耕地的复种指数，变一年一熟为一年两熟。③劳动强度降低。④生活条件得到改善。项目区农民的生活条件得到普遍改善，生活质量不断提高。8个项目区农民人均住房面积由过去的11.1平方米提高到18.8平方米。由于薪炭林的增加，使农民的做饭、取暖问题得到一定程度的解决。不少地方通过项目兴修了水电站，做到村村通电，解决了农民的照明问题。

5. 项目区人口素质得到提高。WFP粮援项目十分重视培训，其活动内容中扫盲培训和农业技术培训占了较大的份额，使项目区农民文化素质得到提高，生产技能不断提高，竞争意识逐步增强，思维方式发生了根本变化，从总体上提高了项目区人民的素质。

6. 扩大了项目区人口的就业、较好地安置了移民。WFP粮援项目，不仅在实施过程中为众多的农民提供了短期就业的机会，而且还在项目建成后带来了许多长期的就业机会，在一定程度上解决了项目区剩余劳动力的问题。

（三）生态效益

1. 生态平衡和各业的良性循环。粮援项目的实施使项目区农林牧渔业各业综合发展，生态环境明显改善，有效地促进了项目区内各业的良性循环。宁夏隆德4 071项目通过植树造林、退耕还林还草的项目活动，使农林牧用地结构趋向合理，项目工程规划陡坡耕地全部退耕，中坡耕地适当退耕，使项目后总耕地面积比现状减少1 530.6公顷（减少9.7%），林地增加1 606公顷，增加36.1%，草地增加683公顷，增加17.7%。农林牧三者用地比例分别由49.2%、13.9%、12.1%调整为44.4%、18.9%、14.2%，使农林牧用地结构趋向合理。

2. 环境保护与资源的合理利用协调发展。①控制水土流失。宁夏隆德4 071项目水利子项目实施后，水土流失治理面积新增6 175.4公顷，连同项目前的治理面积8 416.9公顷，使治理面积达到14 592.3公顷，占水土流失面积的54.3%。总拦泥量73.02万吨，总蓄水量674.46万吨，平均侵蚀模数由5790吨/平方公里降到4 036吨/平方公里，侵蚀量由184.84万吨减少到111.82

万吨，治理效果显著，可延长水库寿命，并保护下游地区农田不受洪害，使广大农民间接受益。②治理盐碱地。在统计的16个开发项目中，共治理盐碱地1.6万公顷，其中2 672项目曲周项目区盐碱地面积由11 067公顷减少到3 552公顷，减少67.9%。③提高森林覆盖率。在调查的16个农业综合开发项目中，森林覆盖率平均由项目实施前的11.3%上升到实施后的18.5%。④降低水域捕捞程度。WFP为6个渔业开发项目提供援助，总援助价值1.095亿美元。项目区的生态环境明显改进。

二、我国农业利用外资的经验与问题

（一）我国农业利用外资的经验

1. 中国在自力更生的基础上利用外资。我国作为发展中国家，成功地利用了国际金融组织的贷款及无偿援助，改善了项目区的生产条件和生态环境，提高了项目区的经济发展水平。中国的主要经验是没有被动地依赖外资，而是利用无偿援助和贷款这一有利时机，通过以工代赈，开发农业资源，发展农业生产，增强自力更生的能力。

2. 集中资源进行大规模农业综合开发。无偿援助和贷款项目在项目区集中人力、物力、财力进行大规模、大范围的农业综合开发高投入，从根本上改变了贫困地区恶劣条件，政府向相关项目提供高比例的国内配套资金，确保项目的顺利实施。

3. 中国政府的积极支持与参与。在我国与无偿援助和贷款机构的合作中，一条特殊的成功经验就是政府对项目强有力的支持与参与。中央、省和地方各级政府都承诺保证内配资金及时、足额到位。由于政府政策上的大力支援，绝大多数项目都能按时完成。通过有关部门对项目的合理设计和管理及项目后期管护，使一些项目活动在贷款结束或无偿援助不再提供后仍能保持持续发展。

4. 从实际情况出发，科学合理地设计项目内容。1987年农业部提出了更适合国情的“一业为主，全面发展，进行农业综合开发”的新立项原则。与以往单一项目相比，它有以下一些优点：能够在较小的空间范围内充分利用土地资源；创造更多的劳动就业机会（特别是促进妇女的就业），增加农民收入；便于项目执行单位均衡地安排资金和劳力，提高效率；利于把近期（如种植业、渔业）利益和中长期利益（如畜牧业、林业）更好地结合抵御风险；通过农林、农牧、渔牧等的相互结合，形成新的生态平衡，有利于保护农业环境；符合我国财政投资体制，把各项专业投入汇集起来，扩充资金力量。

5. 做好评估工作。不论是贷款机构，还是无偿援助机构，均要派出评估团通过实地考察对我国申请的项目进行评估，并在项目准备时采用“参与式评估”方法，有助于了解项目区农民最急需解决的问题，确保项目活动适合当地实际情况，避免自上而下行政命令式开展项目活动。

6. 建立健全各项规章制度。凡是项目搞得好的地区，都有一系列符合实际的、行之有效的规章制度。如《项目管理制度》、《财务管理制度》、《监测评价制度》、《财产物资管理制度》等。

7. 借鉴成功经验。由于各地项目开始时间不一致，前边搞的项目已经摸索出了一些成功经验及做法，后来的项目注重学习这些经验，避免走弯路。

8. 搞好技术培训。①无偿援助项目及贷款项目管理人员的培训，提高管理知识和业务水平。②工程技术人员的培训，包括农民技术人员，以便在工程施工中发挥各自的作用。③农民及其他施工人员的培训。收到了很好的效果。

9. 搞好工程质量监督和监测。①质量监督。各项目区都把质量监督工作放在首位，项目区

下属各施工单位都设有专门的质量检查监督员，各县设有项目质量监督组，对工程质量进行全面的监督。②进度监测。通常由省、地、县负责同志与专业技术人员组成检查组，定期检查或抽查。③财务审计。为避免无偿援助、贷款及国内配套资金的损失，做到专款专用，各级项目财会工作坚持按计划拨付资金（WFP则为援粮），事后追踪检查，每年年末由主管部门、财政审计部专门进行检查，发现问题，及时纠正。

（二）我国农业利用外资中的问题

1. 国内配套资金筹措困难。国内农业资金来源多层次、多渠道，资金管理分散，政策上不协调，一些农业外资项目的配套资金没正式列为国家或地方基本建设投资；配套投资主要渠道之一的国内银行贷款，其贷款指标不易全部落实；配套投资中地（市）县承诺的部分因财力有限，资金不能及时到位；农民投劳折资不合适，无形中加重了农民的经济负担，挫伤农民参与项目的积极性；再加上各级政府投资多向工业倾斜，对农业项目不够重视，导致用于农业外资项目的国内配套资金很贫乏。

2. 贷款的项目单位缺乏外汇偿还来源，加大了汇率风险。在农业利用国际金融贷款的项目中有一些项目不具备出口创汇能力，而某些开发性项目，由于我国现行对外贸易政策，使许多农业项目投产后其农产品因没有出口配额而无法组织产品出口创汇，加大了还贷压力。同时，由于缺乏责权利统一的借、用、还管理体系，不利于进一步扩大利用外资这一方针的贯彻。不少项目由于缺乏合理的还贷机制，无形中增加了项目的负担，降低了项目的还贷能力。

3. 项目的规划、设计中存在的问题。①有些项目设计未充分考察未来市场的因素，影响了项目的效益；②有的项目在规划中没有从实际出发，而是照搬、照抄；③没有正确理解集中与分散的关系；④有的项目区、项目点缺乏代表性，开发潜力不大，难以发挥项目示范、催化作用；⑤有的项目规划没有纳入当地综合发展规划，或城乡发展计划，有的项目区没有按计划实施，改变了用途，影响到项目工程的完整性；⑥有的项目对建设中不可预见的因素估计不足，缺乏应变能力，不能提出替代措施或次优方案，最终影响到项目的建设；⑦个别项目的设计未注意农民的近期利益和远期目标的结合以及经济效益与社会、生态效益的结合。

4. 有关部门间的协作配合存在比较突出的问题。

5. 项目后管护及可持续发展有待加强。

6. 项目执行中与非政府组织的合作有待于加强。在已完成和正在执行的外资项目中，参与机构大部分为政府部门，非政府组织在项目组织、实施和管理中参与较少，在统计的21个项目中，只有6个项目成立农民专业技术协会。项目的各级主管部门应当充分了解非政府组织的桥梁和中介作用，以此来充分调动农民的主人翁意识，发挥其创造性，探索新的外资管理模式。

三、我国农业利用外资的对策与建议

（一）我国农业利用国际金融贷款的对策建议

1. 关于配套资金问题。在政策上外资项目的国内配套资金要有固定的来源，并尽可能纳入财政预算；在国家综合部门建立国家利用外资国内配套基金，改善配套投资紧缺的状况；坚持多渠道筹措资金，调动各方面的积极性，引导各方面资金向农业投入；加强国家财政资金在配套投资中的引导作用，利用国家财政资金在配套中的特殊地位，引导已承诺的地方资金，约束地方财政按计划兑现配套投资。

2. 优化农业利用国际金融贷款的投向与布局，不断提高项目经营效益。农业利用国际金融贷款的投向要坚持与我国农业发展方向一致，与国内投资相配合，同时要符合不同渠道的权益和要求。根据国家产业政策，今后农业利用国际金融贷款的产业重点是种植业、养殖业以及农副产品加工业。

3. 有针对性地引进国外先进农业科技，重点抓好这些成果的消化、吸收和推广应用。技术成果的引进要紧紧围绕制约我国农业发展的主要技术因素和发展"两高一优"农业以及保证农产品的有效供给与扩大出口创汇来进行，防止重复引进和低水平引进。

4. 建立健全农业利用国际金融贷款的偿还机制，完善项目产品出口政策。要坚持有偿使用、讲究信誉、承担风险、谁借谁还的原则；加强和改善对外借款的宏观调控和项目管理，建立责权利统一的借、用、还管理机制；多利用长期优惠贷款，调整债务结构和币种结构，增加借款的货币种类，同时使借款的币种结构与出口创汇尽量保持一致；通过税收和建立风险基金等方式将一部分项目的社会效益转化为财务效益，增强项目的偿还能力。

5. 大力培养农业利用国际金融贷款管理人才，并加强对人才的管理。

（二）我国利用无偿援助（以 WFP 为代表）的建议

1. 关于未来援助对象的选择。继续利用 WFP"脆弱性贫困制图与分析系统"及"参与式评估"进行未来受援地区和受益者的确定，保证资源用于最脆弱人群，建议未来 WFP 粮援项目援助对象的选择考虑以下几个方面：缺粮、贫困区域、少数民族贫困山区。选择要件包括：具有一定规模并具明显开发价值的资源优势；具备开发潜在的资源优势的配套条件；增产增收潜力大，受益面广，脱贫量大；经济合理、技术可行、生态可容。

2. 重视项目成功经验的示范与推广。

3. 加强项目后管护和持续发展。WFP 粮援项目的突出贡献是为项目区的社会经济发展和生态平衡奠定了坚实的基础，为项目区未来的致富奔小康和全面腾飞提供了依据。但 WFP 的援助仅仅是一种催化剂，未来的过程仍需项目区本身艰苦的努力。只有这样，才能实现援助效果的持续增长，援助区域的不断扩展和持续发展。

4. 关于项目执行全过程。一是领导重视、各部门支持、各专业配合。二是各级政府要对项目实施的各个环节保障人力、物力、财力等各种投入，制定优惠政策进行支持，并综合运用行政手段、经济手段、法律手段以及乡规民约，调节并引导项目按计划完成。三是项目的具体管理机构及其人员必须稳定，以保证项目管理和项目协调的连续性。四是注重宣传示范，切实发挥农民、专业技术人员和管理人员的积极性。五是强调妇女参与，切实发挥妇女参与建设、参与管理的作用。六是建立健全项目执行全过程的档案管理制度，并做好项目各项工作的监评工作。

5. 加强宣传和沟通工作，积极争取 WFP 无偿粮援资源。

6. 精心策划，注重后备项目的设计内容灵活性和创新性。

（三）我国农业利用外资的其他建议

1. 借鉴国际经验和教训扩展我国以工代赈。从外资项目所起作用及产生的效益看，以工代赈是一种独特有效的扶贫开发手段，它不仅解决了农民温饱问题，而且对参与者是一种激励和促进，具有持续减少贫困的特殊作用。因此可借鉴国际经验和教训，进一步扩展以工代赈的规模。

2. 充分利用 WTO“绿箱”政策，利用粮食援助加强农业保护。加入 WTO 应充分利用“农业协议”中对我国有利的规定，保护国内农业的发展。一些 WTO 成员就利用粮食援助作为一种生产和消费手段来处理产品的过剩，促进海外市场的销售。我国也应充分利用粮食援助工具，来调剂我国农业生产的丰歉，维持农产品价格，保护农民的利益。

3. 加强项目后期管护，做好示范推广工作。效益的高峰期一般是在项目建成后几年，甚至是十几年后才出现。在项目竣工后还有必要调整力量，继续设计、扩大新项目，加大示范推广工作，扩大治理范围，巩固项目成果，扩大项目的影响。

4. 提高资金的滚动利用效果。项目后期建设中需要大量资金，所以无偿援助或贷款项目结束后，资金滚动利用，坚持自我积累，自我发展，走以项目养项目的道路至关重要。

我国食品市场上的质量信号问题*

王秀清　孙云峰

食品质量不仅关系到城乡居民的健康与安全，而且关系到中国农业与食物系统的国际竞争力。食物中毒事件的频频发生、新技术对食品品质和口感的影响、环境恶化对农牧渔业产品的污染以及经济全球化过程中境外食品安全等问题，已经引起社会各界的普遍关注。口蹄疫、疯牛病、有毒大米、吊白块米粉、瘦肉精猪肉、注水猪肉、农药残留、食品添加剂超标……，面对这一系列问题，人们不禁要问“我们如何才能吃到放心的食品?”。根据食品质量本身所兼备的搜寻品、经验品和信任品等特性，本文从信息不对称和市场失灵的角度分析了食品市场中的质量信号问题，在此基础上归纳提出促进食品质量信号有效传递的办法。

一、食品质量的特征分类

质量是一个谁都关心但又说不清楚的模糊术语。对产品质量的理解取决于个人的偏好。国际标准组织（ISO）提出一个迄今为止最为流行而又能够几乎被来自所有不同背景和不同工作领域的人所接受的关于产品质量的定义，即“某一产品或服务所具有的能够满足既定需要的全部特征”(ISO8402)。这一定义虽然全面，却不利于分析。一般来说，食品科学家强调食品质量的准确测度，而营销人员则强调消费者对食品质量的自我感受。前者相当于供给角度，后者相当于需求角度。市场上的实际食品质量由两者共同决定。

尼尔逊（Nelson，1970)、达比和卡尼（Darby and Karni ，1973）等学者所进行的搜寻品、经验品和信任品之间的划分为正确地认识供给者和需求者之间如何传递有关食品质量的信息、市场如何确定食品的质量水平提供了极大的方便。食品质量的内容尽管包罗万象，诸如食品安全(如病菌含量、农药残留量)、营养成分与水平、价值（如口味和构成成分的完整程度)、包装和生产过程（如动物福利、环境影响）等，但它实际上相当于搜寻品特性、经验品特性和信任品特性的综合。食品质量的搜寻品特性主要是指消费者在消费之前就可以直接了解的内在和外在特征。外在特征包括商品品牌、标签、包装、销售场所、价格和产品产地等，而内在特征则包括颜色、光泽、大小、形状、成熟度、外伤、肥瘦、肉品肌理和新鲜程度等。食品质量的经验品特性主要是指消费者在消费之后才能够了解的内在特征，如鲜嫩程度、汁的多寡、香味、口感、味道和烹饪特征等。食品质量的信任品特性主要是指即使消费之后消费者自己也没有能力了解的有关食品安全和营养水平等方面的特征，如涉及食品安全的激素、抗生素、胆固醇、沙门氏菌和农药残留量以及涉及营养与健康的营养成分含量和配合比例等等。市场机制在调节这三种不同类别的

* 原载《中国农村经济》2002年第5期。

质量特性时存在巨大的能力差异。

二、信息不对称与市场失灵

由于消费者可以从市场上相对充分地获取有关食品质量搜寻品特性的信息，消费者可以很好地保护自己。消费者的购买行为直接向生产者传递了针对一定质量的支付意愿信号。由于食品质量的搜寻品特性常常跟食品安全和营养等特性没有直接关系，消费者在这方面即使出现信息判断失误，从而浪费一些钱财，但也不至于威胁其健康和安全。生产者可以根据消费者的购买状况和特征来调整自己的产品特点和质量水平。也就是说，在传递食品质量的搜寻品特征信号方面，市场不会出现失灵现象。因而可以完全由市场来调节这方面的食品质量，不需要政府的介入。

食品质量的经验品特性和信任品特性则面临十分严重的信息不对称问题。消费者在购买食品之前无法了解其质量，只有生产者或销售者知道产品的质量状况。随着食品产业链条的不断延长，食物系统从田间到餐桌的各个环节都会出现明显的质量信号问题：生物技术公司了解其种子是否为转基因品种而农民不一定知道；农民知道其产品生产中农药、化肥、兽药和饲料添加剂的使用状况而消费者与加工企业不知道；加工企业知道食品加工过程中的食品添加剂使用状况而零售商和消费者不知道；批发市场和零售市场上的商贩知道其产品在储运和销售过程中是否卫生和安全而消费者不知道。整个产业链条的各个环节都容易出现信息不对称，食品质量信号难以准确传递。因此，食品产业链上任何一个环节出现问题都将最终影响消费者的食品安全。因此，迫切需要整个链条的协调管理，建立完整的产业链质量控制体系。

信息不对称的直接后果就是由逆向选择造成市场失灵。2001年度诺贝尔经济学奖得主阿克洛夫（Akerlof，1970）最早分析了卖者和买者之间信息不对称对质量信号的影响以及由此造成的市场失灵问题。他对“次品”市场的分析结果表明，在只有卖者了解产品质量而买者不太了解产品质量的情况下，因逆向选择高质量产品市场难以存在，或者市场只能提供低质量的产品，即如果质量信号不能很好地传递，优质不能优价，市场就只能提供低质量产品。格罗斯曼（Grossman，1981）则从另一个角度预言，如果质量信号充分、有效、可靠、成本低廉，消费者在购买后可不费任何代价证实产品质量，经验品市场就能够有效运转。因此，通过各种途径改善信息，可以缓解上述质量信号问题。

信息不对称造成的市场失灵程度在经验品和信任品方面存在很大差异。就食品质量的经验品特性而言，由于消费者在使用后可以了解其质量特征，因而生产者会有一定的激励去传递有关的质量信号。如果消费者在购买后能够迅速地了解所购物品的质量，并且能够经常地重复购买，就可以通过重复购买来促使厂商为了维持其声誉努力提供高质量产品。由于食品是日常生活的必需品，重复购买的概率很大，因此可以通过声誉机制来促进食品质量信号的有效传递。沙皮罗（Shapiro，1983）研究了无限重复博弈情况下企业的质量声誉形成机制，认为如果能够确保维持高质量而带来的未来收益，企业就不愿意榨取其声誉（即在新产品上市时声称高质量，索要高价格，而实际上提供低质产品）。而克莱普斯和威尔逊（Kreps and Wilson，1982）等进一步研究了有限期博弈的情况，认为只要消费者对企业的技术及目标函数的信息了解是不完全的，即使是有限期博弈，也会有声誉效应。在质量声誉形成过程中，广告和担保也具有重要作用。尼尔逊（Nelson，1974）、米尔格罗姆和罗伯茨（Milgrom and Roberts，1986）研究了为什么企业常常会为了一个新的经验品花巨资做广告。结果表明，虽然广告本身并没有直接说明产品的质量，广告词甚至跟质量毫无关系，但是高额广告费本身间接地传递了质量信号，从而使其产品与其他企业区分开来。担保相当于质量声誉的投资，也可以传递高质量的信号，可以使自己与其他低质品生产企业区分开来。低质品生产企业如果模仿优质品生产企业的担保制度，将会收不抵支。因此，食品质量的经验品特征信号传递问题可以通过企业的声誉机制来解决，不需要政府的过多干预。

但是，在传递食品质量的信任品特征信号方面市场几乎彻底失灵，因为消费者自己根本无法了解这方面的质量状况，不得不“完全信任”地由生产者摆布。这种信息的极度不对称使消费者面临严重的安全与健康风险。因此，需要由足以令消费者信任的第三方介入市场，提供信号传递机制，从而解决食品质量信号的市场失灵问题。这个第三方既可以是政府，也可以是非政府组织。对其信任的前提是一切工作必须公开、透明，因而还需要法律制度来约束其行为。

三、促进食品质量信号的有效传递

建立良好的质量信号传递机制，有助于将经验品和信任品特性转变为搜寻品特性，从而促进质量信息在买方和卖方之间、在生产者和消费者之间的双向交流，最终使食品市场上的商品质量不断提高，消费者可以放心地吃到安全、健康的食品。

（一）政府的合理介入

食品质量的信任品特征是政府介入市场的直接依据。为解决食品质量的市场失灵问题，政府必须着力做好三个方面的工作。

1. 从农业与食物系统整体角度出发建立多部门协调的食品产业链质量控制体系。目前，有两方面变化对政府的食品质量控制体系形成挑战。一方面是以食品产业链条不断延长为特征的食物系统结构变化，要求对生物技术公司、种子和饲料公司、农牧业生产过程、农畜产品加工过程、食品运输、食品批发与零售、餐饮业等全过程进行质量控制。另一方面是国际化背景下如何做到既使出口产品符合国际市场的质量要求同时又保障进口原料和产品的食品安全。因此，必须尽快改变目前涉农、涉食品部门各自分割为政的局面，建立质量技术监督、卫生、农业、轻工业、海关动植物检疫、工商行政管理、内贸和外经贸等部门相互协调的机制。建议成立直接由国务院领导的国家食品安全委员会，从食品产业链整体角度出发研究制定食品质量控制方案并负责协调各部门具体实施。

2. 直接对农业与食品生产过程、流通进行管制。直接管制的主要内容是围绕生产、流通过程和产品特征而针对食品产业链上各环节的企业、单位和个人进行严格的从业资格认证，建立市场准入制，建立质量标准体系和认证体系，定期进行检查和产品检验等。质量标准体系是直接管制的核心内容。在建立质量标准体系时必须注意以下三个特性：一是质量标准体系的整体性。要从整个食品产业链角度出发对各部门已经制定的各种标准进行清理，找到相互冲突、尚无人负责以及明显不符合时代要求之处。然后，在保证彼此协调的前提下由相关部门制定其负责范围内的标准体系并为不断适应新情况及时修订。二是质量标准体系的动态性。既定的标准体系在一定时期一定程度上确实可以解决“次品”问题，但是随着食品系统分工越来越细和生产过程日益专业化，再加上先进技术的广泛运用，各种食品越来越独特，产品特点越来越复杂，政府很难完全跟上市场的要求，从而标准变得落后。如果仅仅由政府提供相应的信号，市场失灵问题在政府信号不充分的情况下仍然存在。一些企业会搭便车而向市场提供过多的低质量产品（因标准过时而不能将这些次品过滤掉），另一些企业则不能因其优质产品获得相应的回报，从而使产品的平均质量下降。在食品产业链技术创新和需求变动非常迅速的情况下，政府分级标准体系的作用也会减

弱。因此，必须根据食物系统的技术进步和市场变化不断调整标准体系。三是质量标准体系的侧重点。政府在制定质量标准体系时应集中在信任品特性。有关搜寻品和经验品方面的质量特性虽然对促进交易很重要，但完全可以靠市场自行解决，不需要政府过多干预。搜寻品和经验品特性方面的统一标准体系，常常会限制生产者和消费者对产品质量和特征的选择自由，并增加不必要的成本。而以食品安全和营养为主要特征的信任品特性必须由政府来制定相应的标准体系。该体系的标准应及时根据国内外农业与食品系统的技术体系变化而修正。目前应当在做好成本效益评估的基础上积极借鉴 HACCP（危害分析与关键控制点）体系。

3. 质量信息管制。虽然对生产过程和产品特点直接管制见效很快，但是消费者偏好的多样性、完全测度食品质量的困难性使传统的管制方式不能及时适应农业与食品系统的变化。随着食品产业链日益延长和分工越来越细，各环节越来越要求双向的信息交流，而建立在商品特点上的信号是不够的。政府可通过以下四方面管制来提供食品质量信号机制：①强制要求食品产业链上各环节企业披露有关产品特点和使用方法等方面的信息（如信息标签），以便消费者或下游企业对产品质量进行评价。②对企业为促销而主动进行的产品质量宣传和产品名称的使用进行严格控制（如不允许夸大其保健效果），以防止欺诈消费者。③提供公共信息和教育。例如，定期公布质量抽检结果，对具有良好声誉的企业进行宣传报道，建立各类农产品营养信息数据库，对消费者和食品系统从业人员进行食品安全方面的培训与教育等。④对信息提供给予补贴。例如，对跟踪研究、搜集和提供国内外有关影响食品安全与营养方面最新信息的机构或个人给予支持等。美国于1994年实施的《营养标签与教育法案（NLEA）》同时包含了强制性的信息披露和对企业有关营养含量声明的用语限制，值得借鉴（Caswell，1996）。

（二）企业的品牌和声誉

企业可以靠自身的努力解决搜寻品和经验品特征信号的传递，并由此获得质量声誉与持续的经济效益。具体来说，企业可以采取以下两大类质量信号传递策略。

1. 差异化策略。即通过产品品牌和企业声誉的建立实现差异化。品牌并不意味着产品差异得以严格的界定，其主要作用是表明差异的存在。这种质量差异的信号可以通过多种途径来传递，如广告、声誉、担保（Gal-Or，1989）和投资（Thomas，1995）。品牌形成私人物品，而政府的分级标准体系则形成公共物品。声誉是掌握信息的一方保证不骗对方的一种承诺。企业声誉机制建立的前提是重复博弈，不能是“一锤子买卖”。为增加重复博弈的可能性，需要对各环节的市场实行资格认证或市场准入制。而准入和认证必须做到透明公开，暗箱操作难以真正达到控制质量的目的，因此需要法律保证和政府管制。中国已经成为 WTO 的一员，这将有利于信誉机制的建立。世界上著名的跨国公司都具有良好的声誉，积累了大量的信誉资本。如果中国的食品企业不积极建立自己的声誉而只注重短期效应，那么只能被跨国公司击败，最终失去中国的消费者。企业一旦建立良好的声誉，其品牌深受消费者信赖，就能带来品牌效应：消费者虽然不知道新产品质量的好坏，但是因为信赖该品牌从而也会相信新产品的高质量。食品质量的搜寻品和经验品特征信号完全可以通过声誉机制来传递。

2. 纵向协调策略。即通过合同、战略联盟和纵向一体化等途径促进食品产业链各环节之间的纵向信息交流与协调。上下游企业之间的交易合同对质量保证具有重要作用。在产品质量标准体系完备或者能够不断根据情况变化而更新标准的情况下，合同交易具有吸引力。凡在交易合同中能够具体写明并容易被第三方所证实的质量特征，均可以通过合同方式由市场来解决质量信号在产业链内上下游之间的传递问题。但是，由于有些质量特性难以评价或被证实，购进该产品的企业或个人就有可能因此损失一定的利益。如果标准制定十分困难或者质量的测量费用高昂，那么通过建立长期关系形成战略联盟就比合同交易更有效。如果战略联盟依然难以彻底解决上下游企业之间质量信号的有效传递问题，就需要考虑通过纵向一体化方式解决质量信息不对称问题。

（三）中介组织作用的充分发挥

食品质量的信任品特征信号传递和企业声誉机制的建立还需要中介组织的介入。现代社会复制信誉机制的主要手段是现代组织。如果个人的利益取决于组织的价值，而组织的价值依赖于它的信誉，个人就会注重信誉。即用“庙”的声誉来约束“和尚”的行为（张维迎，2001）。中介组织通过监督和记录市场中的交易行为，为现代社会的信誉机制提供了信息基础。几乎所有中介组织的基本工作都是收集、加工和传输信息。因此，要充分发挥各类行业协会、消费者协会、国际标准组织、新闻机构和其他各种信息服务组织的监督评价和信息传播等作用。国际标准组织的ISO9000（质量）系列和ISO14000（环境）系列认证、消费者协会的监督与宣传、食品工业协会及其各行业分会对成员企业的自律要求、各类信息服务组织对国内外最新问题的跟踪与研究等，都有助于食品质量信号的及时、有效传递。这些组织或机构的活动，使消费者能够一定程度上了解产品质量，提高了食品质量知情者的比例，从而有助于降低食品市场上出现低质产品和次品的概率。

（四）消费者对食品市场秩序的积极维护

食品质量信号的传递是双向的，不仅取决于生产者和销售者，消费者的积极参与及其对规范的食品市场的维护也十分重要。市场上的食品质量或食品安全水平是由供求双方共同决定的。如果消费者收入水平较低或者对高质量食品的边际支付能力较低，那么企业就难以回收为提供优质食品而付出的高成本，市场上的食品质量就只能处于较低的水平。企业声誉机制的建立取决于消费者对优质产品的忠诚程度，如果消费者不积极将优质信号反馈给生产者，食品安全问题就难以解决。目前，最重要的是消费者应该自觉地抵制无证商贩，不能图一时方便或便宜，应该积极将市场上发现的假冒伪劣问题向有关部门或组织反映，形成自主维护食品市场秩序的局面。

（五）依靠法律手段促进食品质量声誉的建立

声誉和法律作为维持市场秩序的两个基本工具，既有替代的一面，也有互补的一面。严格的法律制裁可以使人们更讲信誉。法律对生产假冒伪劣产品企业的处罚应该是惩罚性的，其惩罚力度应该大到事前足以遏制企业生产假冒伪劣产品的动机，而不是在事后补偿消费者的损失。目前，迫切需要在国家有关部门（如国家食品安全委员会）的统一领导下，围绕食品安全这一核心问题，清理现有的各种涉及食品安全的法规、条例、规定和政策，找出相互冲突、无人负责、模糊不清、缺乏可操作性以及不能解决食品安全问题之处，从食品产业链整体角度修订和完善已有的各部门制定的法规条例，必须保证新修订法规、条例的相互协调和可操作性，待时机成熟时出台《食品安全法》，通过法律手段约束政府、企业、消费者和中介组织等所有食品市场参与者的行为，最终促进食品质量信号的有效传递，确保食品安全。

四、结论与建议

食品质量同时具备搜寻品、经验品和信任品特性。搜寻品特征信号完全可以依靠市场来传

递，而经验品特性造成的信息不对称可以通过企业建立声誉机制加以解决，二者均不需要政府的过多干预。但是，以食品安全与营养为核心的信任品特征信号必须由政府或其他可以信任的中介组织来提供信号传递机制。因此，食品质量信号的有效传递需要政府、企业、消费者、中介组织和法律等多方面共同努力。

建议从食品产业链整体出发，成立一个能够协调各个涉及农业与食品部门的全国统一机构，在此机构领导下，清理现有各种涉及食品安全的法规、条例、规定和政策，在确保协调和可操作性的前提下修订和完善。政府在制定质量标准时应着重信任品特性，有关搜寻品和经验品方面的特性的信息传递可以由市场自行解决。政府对食品市场的管制方式也应该由传统的直接对生产过程和产品标准的管制逐渐转向对质量信息的管制，通过强制性信息披露、控制企业的自主披露、提供公共信息和教育、对提供信息给予补贴等方式建立质量信号传递机制。

参考文献

[1] Akerlof, G. A (1970): "The Market for Lemons: Quality, Uncertainty and the Market Mechanism", *Quarterly Journal of Eco2 nomics* 84: pp488～500

[2] Caswell, J. A. and Mojduszka, E. M. (1996): "Using Informational Labeling to Influence the Market for Quality in Food Products", NE－165 *Working Paper* ＃ 43

[3] Darby , M. and Karni, E. (1973): "Free Competition and the Optimal Amount of Fraud", *Journal of Law and Economics*16: pp 67～88

[4] Gal －Or, E. (1989): "Warranties as a Signal of Quality", *Canadian Journal of Economics*22: No. 1, pp 50～61

[5] Grossman , S. J. (1981): "The Information Role of Warranties and Private Disclosure about Product Quality", *Journal of Law and Economics*24 : pp 461～489

[6] Kreps , D. and Wilson , R. (1982): "Reputation and Imperfect Information", *Journal of Economic Theory*27 : pp 253～279

[7] Milgrom, P. and Roberts, J. (1986): "Prices and Advertising Signals of Product Quality ", *Journal of Political Economy*94 : pp 796～821

[8] Nelson , P. (1970): "Information and Consumer Behavior", *Journal of Political Economy*78 : pp311～329

[9] Nelson, P. (1974): "Advertising as Information", *Journal of Political Economy*81 : pp 729～754

[10] Shapiro , C. (1983): "Premiums for High Quality Products as Returns to Reputations" *Quarterly Journal of Economics* 98: pp 659～679

[11] Thomas, L. (1995): "Brand Capital and Incumbent Firms' Position in Evolving Markets", *The Review of Economics and Statistics*77: No. 3, pp 522～534

[12] 张维迎．产权、政府与信誉．生活・读书・新知三联书店，2001

Agricultural Credit Policy in China: Measurements, Effects and adjustment*

He Guangwen

At the end of the 1970s, sustained growth of China's agriculture and the rural economy was realised. There were a number of contributory factors to the growth of agriculture in China. Research by Wen Guanzhong and James (1989) indicated that, in the early stages of Chinese agricultural reform, system factors (such as the promotion of the household responsibility system, the adjustment of prices for agricultural commodities, improvement to the grain circulation system and the promotion of agricultural industrialisation etc) were the main factors in accelerating the growth of agricultural output. Research by Lin Yifu (1994) indicates that, apart from the main source of growth being factors of system change, the input of key elements including those concerned with credit played a prominent role. In interpreting all the causes of growth in China's agriculture, capital flow, including the transfer of income in all forms such as the transfer of income in rural areas through the form of prices, the transfer of realised income through public financial channels and the transfer of capital through financial channels, was undoubtedly one of the important causes. During the 1980s, of all the modes by which the transfer and flow of rural capital and income were brought about, the transfer of income arising from the disparity in the consolidated purchase price for grain and the market price occupied an important place. Research by Colin Carter, Zhong Funing and Cai Fang (1999) also indicated this point. However, as Chinese price reforms gradually come into place, this effect by price factors will gradually weaken. The effects of the implementation of measures and instruments of public financial and credit policies in the promotion of the development of the rural economy will become more and more evident. Research has shown that during the decades of rapid growth in China's agriculture, credit policies were indeed important contributory factors in the development of the rural economy and the growth in peasant income. However, from the perspective of society as a whole, the input of credit during the rapid growth① realised between 1980

* Presented at the Workshop on Agricultural Policy Adjustments in China after WTO Accession 30 - 31 May 2002, Beijing, China, Organized By OECD and Ministry of Agriculture of China, Session 3. Budgetary support policies.

① Net per capita income for peasants in China rose from 191.33yuan in 1980 to 2 366.4yuan in 2001, an annual growth of 12.72%. Agricultural gross output value rose from 111.7 billion yuan to 1 461 billion yuan, an annual growth of 11.99%.

and 2001 by the Chinese rural economy and peasant incomes was actually a growth cost, known within the framework of the WTO as "protection" . In order to give better support to the implementation of credit support policies in Chinese agriculture, is it necessary to study just how large is the extent of credit support received by Chinese agriculture, What is the rate of contribution of credit support in agricultural development? Is the credit protection received by the Chinese rural economy positive or negative? Within the framework of the WTO, what adjustment should there be to credit support policies for agricultural development etc. ?

1. The main credit support measures in the growth of Chinese agriculture

The creation of excess formal financial supply in rural areas, especially the economically undeveloped ones

This has been mainly manifest over a long period in the history of the development of the China's rural economy as the result of administrative influence on the regional distribution of financial institutions. In the first place, the per capita number of network in the rural sector has been higher than in the towns and secondly it has been higher in the economically undeveloped central and western areas than the relatively developed east (Table 1) . The provision of financial services clearly exceeds the demands of economic development and to considerable degree is excessive. This has also been the main cause for the large-scale withdrawal of state commercial banks from the economically undeveloped areas since the late 1990s①. As the state commercial banks have cut back their operational networks in the rural areas since the mid 1990s, the situation has been mitigated.

Table 1. The number of bank and co-operatives② per 10 000 persons in different areas

Unit: institution

	1980	1982	1984	1986	1988	1990	1992	1994	1995	1996	1997	1998
East	0.82	0.83	0.85	0.94	1.13	1.07	1.06	1.13	1.16	1.18	1.12	1.02
Centre	1.09	1.05	1.15	1.26	1.38	1.34	1.25	1.30	1.32	1.33	1.30	1.17
West	1.52	1.51	1.50	1.58	1.58	1.56	1.44	1.33	1.35	1.23	1.16	1.09

The East is an economically developed area including twelve provinces, autonomous regions and cities directly under the central government namely Beijing, Tianjin, Hebei, Liaoning, Shanghai, Jiangsu, Zhejiang, Fujian, Shandong, Guangdong, Guangxi and Hainan. The Centre is an undeveloped area and includes nine provinces, autonomous regions and cities directly under the central government namely Shanxi, Inner Mongolia, Jilin, Heilongjiang, Anhui,

① In 1999 and 2001, the four major national commercial banks withdrew from over 30 000 operational network points in undeveloped areas.

② "Bank" indicates agricultural banks , "co - operative" indicates rural credit co - operatives with independent accounting. They are a combination of rural and village credit unions and joint credit unions. Credit unions and credit centres without independent accounting are not included.

Jiangxi, Henan, Hubei and Hunan. The West is an undeveloped area and includes nine provinces and autonomous regions namely Sichuan, Guizhou, Yunnan, Shaanxi, Gansu, Qinghai, Ningxia, Xinjiang and Tibet.

Sources: Based on relevant data and calculations in the *Yearbook of Rural Financial Statistics*, *Yearbook of Statistics for Rural China and Chinese Financial Yearbook*.

The establishment of financial institutions with peasant and rural enterprises as the main customer groups and the adoption of stricter measures to limit their scope of operation to agricultural and rural sectors

With the deliberate allocation of support and protection to Chinese agriculture and to the promotion of rural economic development, a financial structure combining policy-related finance, commercial and co-operative finance has only just taken shape in China, namely a system of the three major financial organisations-the Agricultural Development Bank of China, the Agricultural Bank of China and rural credit co-operatives-to serve China's agriculture and countryside. The State Development Bank of China has also launched credit for partly developmental projects in the rural sector.

The Agricultural Bank of China was founded as a specialist bank for China's countryside. It was only in 1994 that it was released from its responsibility of policy-related credit operations in support of agricultural development. The business of the Agricultural Development Bank of China is to specialise in performing the functions of a commercial bank but the Agricultural Bank of China still retains certain policy-related loan business① even now while assuming its main role of providing credit services to agricultural enterprises and rural industrial and commercial enterprises.

Since 1980, driven by the government's compulsive pressure for system change, the operational system of rural credit co-operatives has changed significantly. However, in the reform of the rural credit union management system, there has been no conclusion to the controversy on numerous matters such as whether it should go down the road of commercialisation or continue with the co-operative system. Also, their business is still restricted to providing a service for peasants. At the end of 2001, there were over 40 000 rural credit unions nation-wide, with balances held on all deposits of 1 700 billion yuan, amounting to 12% of the total deposits in financial institutions. The balance of all loans was 1 200 billion yuan, amounting to 11% of the total loans by financial institutions. Of these, the balance of agricultural loans was 441. 7 billion yuan, amounting to 77% of agricultural loans by financial institutions. Between 1998 and 2001, the People's Bank's limit for rural credit union loans was increased in all by 81. 2 billion yuan.

Since its establishment, in accordance with national laws, regulations, guidelines and policies, and based on national credit, the Agricultural Development Bank of China which acts as an agricultural policy-related bank, has taken on the task of serving agriculture and rural economic development, raising policy-related credit capital for agriculture, undertaking financial operations related to agricultural policy as provided by the state and acting for public finance in the appropriation of

① Loans already arranged by the Agricultural Development Bank of China and directed at aiding the poor and integrated agricultural development together with loans for the subsidiary business of grain enterprises.

capital to aid agriculture. It is a bank specialising in the fully closed management of capital for the purchase of agricultural by-products. While guaranteeing the supply of purchase capital, supporting open purchasing, safeguarding the interests of the peasants and promoting agricultural production, it also maintains rural stability.

The extension of loans for rural enterprises, peasants and rural development projects with interest rates lower than that for normal industrial and commercial loans

Although the Chinese government first proposed the establishment of a market economy system as early as the end of 1992, and put forward the concept of market-based interest rates, it still exercises control today where interest rates on existing loans is concerned. It is in respect of the control of interest rates that the government is provided with the opportunity to use the interest rate method to support rural development. Before the middle of the 1990s, the government's preferential treatment of interest rates for rural and agricultural loans was quite evident. In the first place, in the interest rates for loans set by the Central Bank, the rates for peasants, rural enterprises and rural development projects were generally between 0. 5 and two percentage points lower than for ordinary industrial and commercial loans. This was especially prominent before the 1980s (Table 2) . Secondly, at the beginning of reform and opening up right up to the mid 1990s, the People's Bank of China continuously adjusted the level of interest rates for existing loans upwards. However, interest rates for agricultural loans were only raised after interest rates for industrial and commercial loans had been raised and had been in force for a while. The upward adjustment of interest rates for agricultural loans lagged between six months and one year behind interest on industrial and commercial loans. However, it was only after the mid 1990s that the government gradually abolished the policy of loans at preferential rates of interest for the countryside. However it still required that commercial banks should issue low interest loans to impoverished peasants and rural enterprises in impoverished areas and the government granted discounts to the Commercial Bank①. Therefore, on 11th June 2001, the People's Bank of China, the Ministry of Finance and the Office of the Leading Group for Developmental Aid to the Poor of the State Department of China and the Agricultural Bank of China jointly promulgated the "Method of Implementing the Management of Discounted Loans to Aid the Poor" . This method required the Agricultural Bank of China to issue low interest loans to impoverished peasants with the government providing the discount with public financial capital. For one-year loans, the interest rate on commercial loans was 5. 85% while the interest rate for peasants obtaining one-year discounted loans to aid the poor was only 3% with the discount paid to the Agricultural Bank from public finance being 2. 85%. Peasants were at an advantage in obtaining loans at a discount and this helped speed up the changes to agricultural technology, increase agricultural output and improve the distribution of agricultural income.

① From the beginning of 1989, the government did its utmost to encourage banks to issue discounted loans to aid the poor. The discounted interest rate for loans to aid to the poor was always only 2. 88% Between 1998and 2001, the Agricultural Bank's newly increased discounted loans were between 15 billion and 20 billion yuan annually. At the end of 2001, the balance of its discounted loans was already close to 80 billion yuan.

Table 2. Comparison of interest rates for Bank of China loans from circulating funds for industry and commerce against those for agriculture

Unit: %

	1980—1981	1982—1983	1984—1985
Loans for industry and commerce from circulating funds	4.2	6	6
Loans for the production expenses of agricultural enterprises	3.6	4.8	6
Agricultural developmental loans of one year or less	—	4.2	4.2

Source: based on the China Financial Yearbook (1986).

The provision by the Central Bank of low interest, repeat loan capital to rural financial institutions in order to encourage them to issue loans within the rural sector

The use of its considerable powers to issue repeat loans to rural financial institutions, enhancing their powers to sustain the countryside and agriculture, are also important means by which the Chinese government supports the latter. During the last few years of the 20th Century, the extent to which the Agricultural Bank of China and Agricultural Development Bank of China depended on the Central Bank for its repeat loans was quite outstanding (Table 3). During 2001, the People's Bank of China's additional repeat loans for rural credit unions amounted to 31.2 billion yuan, being 22.37% of the additional loans of 139.5 billion yuan from rural credit unions over the whole year. In the spring of 2002, the People's Bank of China required a target for repeat loans of 26 billion yuan from rural credit unions.

Table 3. Proportion (%) of loan balances of rural financial institutions from the Central Bank in respect of the total of their capital sources from 1997 to the end of 2001

	Agricultural Development Bank of China	Agricultural Bank of China	Rural Credit Unions
1997	91.10	15.34	0.15
1998	88.71	21.18	0.33
1999	87.87	19.52	1.62
2000	84.96	5.80	2.87

Sources: Based on China Financial Statistics (1997 - 1999), China Financial Yearbook (2001).

Implementation of the policy for deregulating the purchase of grain by supporting the minimum protective price in the form of credit

Of all the Chinese government's measures to implement policies to support agriculture, the one from which the peasants have benefited most is the implementation of a minimum protective price for grain to deregulate purchase. Between 1994 and 2000, the Agricultural Development Bank of China issued capital purchase loans to grain purchasing departments of approximately 200 billion yuan in order to guarantee the implementation of this policy measure①.

The direct result of the implementation of the above measures to maintain policies in support of

① At the end of 2000, the cumulative loans issued by the Agricultural Development bank of China for agricultural by - products was 582.9 billion yuan with balances of 730.4 billion yuan. Of this, the balance of loans to protect the purchase of grain was 230.7 billion yuan.

agricultural credit is that the growth in the supply of loans in the countryside is faster than the growth of the gross agricultural output value (Table 4) . Between 1996 and 2000, the average growth in the gross output value for agriculture, forestry, livestock and fisheries was 4.2% but for rural loans it was as much as 36.5%.

Table 4. Percentage comparison of the rate of growth in the gross output value of agriculture, forestry, livestock and fisheries with the rate of growth of rural loans since reform and opening up

	Rate of growth in the gross output value of agriculture, forestry, livestock and fisheries	Rate of growth of rural loans
1981—1985 (6th Five—Year Plan)	13.5	20.2
1986—1990 (7th Five—Year Plan)	16.3	20.4
1991—1995 (8th Five—Year Plan)	22.3	40.5
1996—2000 (9th Five—Year Plan)	4.2	36.5

2. Characteristics of the supply of rural credit by financial institutions

The main part of the supply of rural financial credit includes two sectors-formal and informal financial organisations. Formal financial organisations are mainly rural credit unions, the Agricultural Bank, the Agricultural Development Bank and the State Development Bank. In some economically quite developed areas other stateo-wned commercial banks and municipal credit unions, joint-stock commercial banks and some informal financial institutions (leasing companies, fiduciary investment companies and finance companies) in practice also provide peasants and rural enterprises to some degree and from some perspectives with financial services. Informal financial organisations mainly take the form of financial service societies, foundations, private money shops and unofficial financial institutions. In some respects they are also an important embodiment of the results of what is considered to be the reform of rural finance in China and of the furthering of rural finance. Where the significance of this in modern developmental economics is concerned, the combination of informal and informal financial organisations is also an embodiment of the dual structure of the Chinese rural financial market, namely a regulated financial system with governmental control and a non-regulated autonomous, unofficial financial system. The source of this dual structure is the imma turity of governmental control and the growth of the rural financial market, the imbalance between the supply and demand of capital and other financial commodities, regional imbalance in the development of the rural economy and regional imbalance in the distribution of rural financial institutions (He Guangwen, 2001a) . This has brought with it insufficiency in the gross supply of credit to Chinese agriculture and a lack of balance in rural credit structures.

The net outflow of rural capital and the insufficiency in the total amount of rural credit support given by financial institutions

Under the arrangements in the rural financial system which have been gradually fostered along with the conscious provision of support for agriculture, on the one hand credit support is continuously supplied to the countryside and the agricultural sector while, on the other, funds are raised from the rural sector in the form of savings services for rural inhabitants and enterprises. That is to say, a problem of equilibrium in transfers and liquidity driven by financial institutions exists where capital in the rural areas is concerned. The net amount of rural credit support by the financial institutions = the amount of rural credit extended-the amount of rural deposits. During our analysis, we used the average annual deposits for financial institutions nationwide at different times in order to eliminate the effect of unusual factors in particular years. It can be seen from Table 5 that, at all times since reform and opening up, the balance of rural loans from Chinese financial institutions has, without exception, been less that the balance of deposits drawn from the countryside and is manifested as a shortfall. This shortfall was a proportion of approximately 60% of rural deposits during the Sixth and Seventh Five-Year Plans. During the 1990s, there was some increase in the ratio of loans to deposits but, during the Ninth Five-Year Plan the annual shortfall still amounted to 21.1%. If consideration is given to the diversion of rural capital by Post Office Savings organisation and the absorption of savings in the rural areas by stateo-wned commercial banks, the shortfall is even greater. In 2001, the balance of deposits in the Post Office Savings system was 591.1 billion yuan of which 378.1 billion yuan was at county level and below and this flowed straight out of the countryside. The balance of deposits absorbed from the rural areas by stateowned commercial banks was about 200 billion to 300 billion yuan. According to estimates, since reform and opening up, the total net outflow of capital realised through financial channels (including Post Office savings) was approximately 800 billion yuan.

Table 5. Calculations for the extension of credit to agriculture by financial institutions at all times after reform and opening up in China

Unit: 100 million yuan, %

	Annual average rural loan balance (1)	Annual average rural deposit balance (2)	Annual average margin between rural deposits and loans (3)=(1)−(2)	Margin between rural deposits and loans as a proportion of rural deposits (4)=(3)÷(2)×100	Ratio of loans to deposits (5)=(1)÷(2)×100
1981—1985 (6th Five-year Plan)	283.6	708.4	−424.8	−60.1	39.9
1986—1990 (7th Five-year Plan)	800.7	1 917.4	−1 116.7	−57.9	42.1
1991—1995 (8th Five-year Plan)	3 869.4	4 940.6	−1 071.2	−14.9	85.1
1996—2000 (9th Five-year Plan)	9 480.2	12 046.1	−2 565.9	−21.1	78.9

N. B.: Rural deposits include general agricultural deposits and peasant savings while rural loans include general agricultural loans and village and township enterprise loans.

Sources: China Financial Yearbook and China Statistical Yearbook for successive years.

Where the rural financial sector per se is concerned, similar conclusions can be reached from an analysis of the deposits and loan activity in the Agricultural Bank and rural credit co-operatives. Taking the rural credit unions as an example, since 1980 there has been a major increase annually in

the shortfall between deposit and loan activity for peasants in Chinese rural credit unions (Table 6). In 1998, the shortfall was 75% of the balance of deposits at the end of the year, with loans to peasants being only equivalent to 25% of the deposits. The balance of net capital outflow from rural credit union channels amounted to 778.2 billion yuan but this by no means signified that the credit of rural credit unions was abundant nor did it indicate that peasants did not need capital. Some consider that this was caused by "sympathy loans" from rural credit unions. The author considers that the existence on a large scale of shortfall in the peasant deposit and loan activities of rural credit unions is a result of the failure to make rural capital truly rural and it is only because of the larges-cale presence of a shortfall between peasant deposit and loan activities that capital sources on a large scale can be created for the industrialisation of cities and the urbanisation of the countryside.

Table 6. Changes in the difference between peasant deposits and loans in Chinese agricultural credit unions

Unit: 100 million yuan

	1980	1982	1984	1986	1988	1990	1992	1994	1996	1997	1998
Balance of peasant deposits (1)	117	228	438	766	1 142	1 842	2 867	4 816	7 671	9 132	10 441
Balance of peasant loans (2)	16	44	181	258	372	518	760	1 081	1 487	1 743	2 659
Margin between deposits and loans (3) = (2) − (1)	+101	+184	+257	+508	+770	+1 323	+2 108	+3 735	+6 184	+7 389	+7 782
Margin between deposits & loans as a % of deposit balances	86	81	59	66	67	72	74	78	81	81	75

N. B.: If the gap between deposits and loans (1) − (2) is "+", it show an imbalance in deposits; if it is "−", it shows an imbalance in loans.

Sources: China Financial Yearbook and China Statistical Yearbook for successive years.

This shows that, in the past decades of reform, the net amount of credit support for agricultural growth from Chinese financial institutions is negative. It has not actually been possible to implement the arrangements in the rural financial system which have been fostered and developed for the conscious provision of support for agriculture. Not only has it not been possible to realise the transfer of urban financial resources to the countryside through financial channels, on the contrary it is rural capital which has flowed into towns in great quantities. The politicised banking system uses the hard-won savings of rural inhabitants to support the low performance of state-owned enterprises and rural savings have become a channel for the provision of capital for urban industrialisation.

The flow of resources from agricultural departments to others is a phenomenon which has appeared widely during development in the phase of national economic growth. However, along with the continuing advance of the growth of finance, the outflow of a large amount of rural capital should be slowed down. It can be deduced from this that the rate of increase in the Chinese rural economy and peasant incomes which began in the mid 1990s has been reduced. The large-scale outflow of capital brought about through financial channels must inevitably be a major cause.

The urban, industrial and commercial orientation of the rural financial system, the tendency of the supply of credit towards industry, commerce and the towns, the resulting imbalance of the credit structure within rural financial institutions, the comparatively low proportion of agricultural credit and the weakening of agricultural financial support

(1) With the withdrawal and contraction of their grass-roots rural network by state-owned commercial banks and their concentration in towns, there has appeared a tendency towards urbanisation in the organisational structure of rural financial organisations. Identically with the route taken by Chinese economic development, the development of Chinese rural finance has also centred on the eastern area and towns as the model it is promoting. In the economically more developed areas of the east, the rural financial market is more developed and the supply of financial services is more comprehensive. The rural financial market in the central areas with grain as the main produce, although the tripartite base of credit unions, the Agricultural Bank and the Agricultural Development Bank has already been formed, the Agricultural Development Bank has no direct credit business relations at all with individual peasants. Since the early 1990s, amid calls for "reduced staff and increased effectiveness", the Agricultural Bank's largely closed down its branch organisation established at township level and below. During the three years between 1999—2001, the four major state-owned commercial banks shut down over 30 000 of their branches in impoverished provinces. According to an investigation by the central branch of the People's Bank in Fuzhou, 105 township operations in all were closed in the Agricultural Bank system through the Fuzhou area during the 1990s. Agricultural Bank business organisations were established in only 49% of townships. Rural co-operative foundations, which operate outside normal financial organisations and which are an important feature of the widening of finance, are important suppliers of financial services on the rural financial market to peasants and rural enterprises in many places. A number of problems have arisen since control is insufficient in scope and development has been too fast, and there has been no alternative but to get rid of them compulsorily and fully. Where the vast majority of rural inhabitants and rural enterprises in backward areas of the centre and west are concerned, they can only enjoy financial services supplied as a monopoly by rural credit unions. Since the middle of the 1990s, rural credit unions over the whole country have been closing down their organisations. At the end of 2001, the number of rural credit unions qualified as legal persons had declined by one fourth since the end of 1990.

(2) Nationally, the proportion of loans by financial institutions to agriculture and rural enterprises is quite low. In 2000, agriculture's share of the Chinese GDP was 15.9% with agriculture's share of employment being 50%. The Chinese rural population was 796 million, 62% of the total. At the end of 2000, the balance of all types of loan by financial institutions nation-wide was 9 937 billion yuan. The balance of agricultural loans was only 4.92% while for industry, commerce and construction it was 37.84%. At the end of 1999, the sum of the balance of agricultural loans and loans to township enterprises was only 11.69% of the balance of loans of all kinds by financial institutions (*China Statistical Yearbook* 2000, page 640). According to statistical data from Chongqing, in the annual balance of loans for all banks, loans for the "three agricultures" was 22.6

billion yuan in 1998, a proportion of 16.6% of loans of all kinds. In 1999, it was 26.9 billion yuan, a proportion of 16.6%. In 2000, it was 29 billion yuan, a proportion of 15.4%. The proportion of loan capital from the "thee agricultures" was very low and tended to decline.

(3) The proportion of the loans from rural financial institutions allocated to agriculture is quite low. Rural credit unions are the main rural credit organisation, acting as the only formal financial institution providing peasants with agricultural credit mainly by issuing loans for agricultural production. At the end of 2001, the balance of deposits of all types in rural credit unions throughout Zhejiang Province was 150.1 billion yuan while the balance of loans was 108.4 billion yuan. Of these, the balance of agricultural loans was 20.1 billion yuan amounting to 85.2% of the overall balance of agricultural loans from all financial institutions throughout the province; the balance of township industrial loans was 64.5 billion yuan amounting to 79.2% of the overall balance of loans to township enterprises from all financial institutions throughout the province (*Financial Times*, 14th March 2002). It can be seen that, as far as the distribution and division of work by Chinese financial institutions is concerned at present, the action of the rural credit unions in supporting the "three agricultures" cannot be replaced by other financial institutions. However, nationally, statistical data since 1980 shows that, in the flow of loans from rural credit unions, the ratio allotted to peasants is rather low. In 1980, the proportion of agricultural loans was as much as 61.9% of loans from rural credit unions while loans for township enterprises amounted only to 38.1%. However, in the 1980s and early 1990s, the proportion of agricultural loans kept falling and was down to 19.4% at the end of 1994. At the same time, the proportion of loans to township enterprises remained at a comparatively high level (Table 7). After 1994, the proportion of agricultural loans recovered somewhat. A quite rational explanation is that, since 1997, economic austerity has affected the developmental prospects for township enterprises and only thus has the relative position of agriculture improved.

Table 7. Changes to the structure of rural credit co-operative loans in China, 1980—2000

Unit: %

	1980	1982	1984	1986	1988	1990	1992	1994	1995	1996	1997	1998	1999	2000
Agricultural loans	61.9	65.1	61.9	53.0	43.2	46.2	40.0	19.4	21.1	23.6	25.3	31.5	32.9	34.2
Township enterprise loans	38.1	34.9	38.1	45.4	48.4	49.6	52.7	54.7	53.7	51.9	50.7	44.6	45.4	43.6
Other loans	0.0	0.0	0.0	1.6	8.5	4.2	7.2	25.9	25.2	24.5	24.0	23.9	21.7	22.2
Total	100.0	100.0	100.0	100.0	100.0	100.0	100.0	100.0	100.0	100.0	100.0	100.0	100.0	100.0

Source: Yearbook of China Rural Financial Statistics and China Financial Yearbook over successive years.

3. Analysis of the causes of the insufficiency in credit support for Chinese agriculture

Similarly to economic growth of Korea and Singapore, economic growth in China first occurred in agriculture rather than industry and to light industry rather than heavy (William Oufuhaoerte, 2000), and rational support for agriculture is therefore necessary. However, as far as the effects embodied in the current arrangements of the Chinese agricultural financial system are concerned, it has not been possible to realise the original intention of the system design.

In the first place, the superiority of the system could not be made manifest, low-cost operations could not be realised and the rural financial institutions could not realise beneficial operations by themselves. Not only did the Agricultural Bank of China and the rural credit co-operatives take on a heavy burden of bad assets but the Agricultural Development Bank of China, which was not founded until the end of 1994, also accumulated such a burden①.

In the second place, in rural financial activity, the Agricultural Bank of China and the rural credit cooperatives strove to avoid irrational system arrangements. Capital was raised in the rural sector and invested in the urban or industrial and commercial sectors. This even became an important cause of the slowing of growth in Chinese agriculture in the latter period of the 1990s.

The causes of insufficiency in agricultural credit support also include the following.

- Defects in the agricultural credit management system

In the government's intervention and introduction of administration to grassroots rural financial institutions, the difference in the aims of administration and management was plain to see. The grass-roots rural financial organisations (rural credit unions and the basic organs of the Agricultural Bank) lacked comprehensive decision-making powers regarding credit and could not extend loans in accordance with rural capital requirements.

- The asymmetry of rural financial institutions and rural economic structures

With changes to the mechanisms of agricultural and rural economic management, the weaknesses of the system of collective ownership, rural microeconomic development and the speeding up of the process of privatisation, the rural individual economy even became the main part of the rural economy. Demand for rural financial services was increasingly engendered by the non-state-owned and non-collective sections of the market while rural financial facilities and the supply of finance were still mainly monopolised by state-owned departments and the rural credit unions which were state-owned in character. On the other hand, however, state-owned financial institutions are mainly oriented towards large or medium-sized state-owned enterprises. The gateway to the issue of corporate bonds and the stock market is only open to large enterprises and, in particular, to state-owned enterprises. This results in a serious asymmetry in the financial supply and demand structures. In the assignment of the flow of capital in the issue of loans by state-owned financial institutions, discrimination by system of ownership has appeared with discrimination against agriculture and rural enterprises, slowing the growth of rural loans. Since 1994, there has been some increase in the proportion of agricultural and township enterprise loans among short-term loans from financial institutions, however growth is quite slow (Table 8). In December 2001 during a rural investigation in Guangxi, the author discovered that the proportion from financial institutions for agriculture and rural enterprises in three representative agricultural areas, the Guangxi Autonomous Region and

① Between 1998 and 2000, unreasonable loans from the Agricultural Development Bank of China accounted for 8.33%, 30.73% and 31.92% respectively of the balance of all its loans (*Annual Statistical Yearbook of the Agricultural Development Bank of China*, 2001).

Donglan and Luocheng Counties in Guangxi, was correspondingly small (Table 9).

Table 8. The structure of loans by Chinese financial institutions to enterprises of all types in 1994—2000

Unit: %

	1994	1995	1996	1997	1998	1999
Short term loans	100.00	100.00	100.00	100.00	100.00	100.00
Loans from state-owned, independently-financed enterprises	78.21	76.14	75.90	65.82	64.68	61.54
Industrial enterprises	36.92	35.28	35.35	29.82	29.40	28.09
Commercial enterprises	39.00	38.47	38.13	33.12	32.59	31.13
Construction enterprises	2.29	2.40	2.42	2.87	2.69	2.31
Agricultural loans	4.24	4.63	4.77	5.98	7.33	7.50
Loans from non-state-owned independently-financed enterprises	10.95	11.12	11.06	13.20	14.09	15.22
Township enterprises	7.43	7.54	7.02	9.09	9.21	9.64
Loans to private and individual enterprises	0.58	0.59	0.70	0.70	0.78	0.91
Three investment enterprises	2.94	2.99	3.35	3.41	4.10	4.67
Other short-term loans	6.60	8.11	8.26	15.01	13.90	15.73
Ratio of short-term loans against the total of all types of loan (%)	67.41	66.03	65.75	73.98	70.05	68.16

N. B.: (1) According to the current categorisation of the *China Statistical Yearbook*, loans from financial institutions include four types: short-term loans, long and medium-term loans, trust loans and other types of loan. The yearbook also makes a detailed categorisation of short-term loans into eight types: industrial, commercial, construction, agricultural, township enterprise, private enterprise and individual enterprise loans, three investment enterprise loans and other short-term loans. Using this standard, it may be considered that the sum of the first three types can basically represent "loans to state-owned, independently financed enterprises".

(2) Apart from the final row, the ratios in the Table all indicate the ratio of each type of short-term loan in respect of all short-term loans.

(3) In 1995, other loans included loans to "three investment enterprises".

Source: China Statistical Yearbook (1997, 1998, 1999, 2000).

Table 9. The proportion of loans by financial institutions to agriculture and rural enterprises, 1995—2000

Unit: %

		1995	1996	1997	1998	1999	2000
Rural enterprises	Guangxi Autonomous Region	5.63	5.73	5.79	5.23	4.78	—
	Donglan County, Guangxi Autonomous Region	13.27	5.67	5.13	4.23	7.17	11.77
	Luocheng County, Guangxi Autonomous Region	9.33	2.06	2.12	3.17	2.15	5.80
Agriculture	Donglan County, Guangxi Autonomous Region	14.98	16.34	16.12	15.26	14.27	16.65

The proportion of small and medium rural enterprises, rural high and new technology enterprises and large, rural state-owned economic enterprises in the gross amount of finance capital is on the low side and is by no means commensurate with their ratio in the composition of the output value of society as a whole. That rural financial structural adjustment lags behind the changes to the rural economic structure is the chief problem currently confronting the Chinese rural financial structure.

-The sole main channel of financing for rural economic activity and the lack of equilibrium in the rural financial structure itself

Over the wide areas of the Chinese countryside (in particular the centre and west), the lack of equilibrium in the structure of rural financial institutions is quite marked. Not only has imbalance developed between banking and non-banking financial institutions, in many areas the rural credit unions have a de facto monopoly in rural financial business dealings. State-owned commercial banks, other commercial banks, securities businesses and insurance businesses are unable to act and function in these areas. The result is that there is a sole main channel for rural economic activity. Financing in the rural financial market is represented on the one hand by indirect financing realised through financial institutions being extensive and, on the other, by the rapid growth of financing through informal financial channels.

- The inappropriate results of industrial development policy

Since reform and opening up, the government has provided a powerful impulse to catching up and overtaking where economic development is concerned, hoping to reduce the gap with economically developed countries through measures to hasten economic development. It has brought into being a development strategy in order to catch up and overtake. At the same time as focusing investment on the importation of replacement industry and export-oriented industry, it has also implemented a comprehensive policy inclining to favour industry where prices, revenues, tariffs and credit are concerned. This actually discriminates against agriculture. Investment in agricultural scientific research and technological development and into the agricultural production information industry is insufficient. This has created an inadequate supply for the agricultural production information market, so that the index for agricultural production goods prices exceeded the state agricultural commodities purchase price index for five years in the six years between 1994 and 1999 (Zhang Xiusheng, Chen Xianyong, 2002) . This resulted in a rise in the cost of agricultural investment and an increase in the strength of the outflow of resources from the agricultural sector so that agriculture became an enfeebled industry, lacking competitiveness. This lack of competitiveness meant that the peasants lacked the ability to repay long-term loans. This evidently was why financial institutions were unwilling to issue loans. Thereupon, there was a large-scale upsurge in demand for credit from the rural credit market and a gap in the supply and demand of rural credit appeared.

4. Adjustment to China's agricultural credit policy within the framework of the WTO

Within the framework of the WTO, the development strategy for China's agriculture will undergo major transformations from increasing production to quality benefits, from self-sufficiency to market competition, from labour intensity to a combination of labour intensity with capital and knowledge intensity, from dependence on traditional technology to a combination of traditional and modern technology and from a mode of growth dependent on the consumption of resources to one valuing ecological protection and sustainable development. In the process of promoting the realisation of these transformations and by virtue of the articles in the WTO regulations on "green boxes"

and "minimal permission", it is necessary to adopt measures to lessen the impact of market liberalisation and to increase credit support for agriculture as appropriate. However, the key is the need to establish an agricultural credit support system which meets WTO regulations. To this end, it is necessary to make some adjustments to China's agricultural credit policies in accordance with international regulations and market principles.

Redesign of the government-provided categories for "public financial products" and gradual implementation of the commercialisation of agricultural policy-related credit operations

The scope of rural "private financial products" and "public financial products" should be clearly delineated and, to this end, adjustment should be made to arrangements in the corresponding rural financial organisational system. The Agricultural Development Bank of China should be reorganised as a specialist rural credit guarantee bank, providing credit guarantees under the project credit plan promoted by the government but not implementing a plan for subsidy loan projects.

In order to encourage agricultural development, the government must provide public financial products. Where the functions of the current Chinese rural financial organisations are concerned, although the Agricultural Development Bank of China is a policy-oriented, state-owned agricultural credit institution, when it was established it was not allowed to operate as an independently viable financial institution. When the subsidised aid capital and government capital was channelled into the agricultural sector, it presented itself as supplier of "public financial products" but nevertheless a credit rationing system was adopted. Either applications for loans could only be partly met at an established rate of interest or, among all the applicants for loans, some received them while others were refused. As a lending bank, it could neither be concerned about interest nor the extent of risk in loans. It supplied loans in accordance with political decisions and interest. Its merits were determined on the basis of whether or not the loans which it issued could satisfy the demand for capital within the scope of operations stipulated by the government and not judged by the benefits brought about by the loan and its rate of return. It lacked the drive of a commercial bank.

The Agricultural Bank of China and the rural credit unions are financial institutions providing private financial products and also take on the provision of a good number of public financial products. When a financial organisation produces two types of financial product at the same time, first the phenomenon of the externalisation of operational risk can easily appear through the public products. For example, if the Agricultural Bank is exposed to losses or risks in its commercial business activities, bad debts and doubtful debts may occur which are shifted onto the policy-oriented business which it conducts. Secondly, supplanting of private financial products by public ones may occur. Since financial organisations are inseparably linked to the government to a large degree and government intervention causes infringement upon the supply of private financial products, it is inevitable that capital loaned to low-performance enterprises should cause many doubtful debts. Thirdly, squeezing out of public financial products by private ones may occur. With the adoption of market principles in finance through reform, the autonomy of financial organisations gradually expands so that a large amount of financial resources flows out to some industrial departments and the speculative market. Capital for the purchase of farm products is misappropriated and embezzled while "helping the rich and not helping the poor" with rural aid loans at discounted interest is the best evidence of this phenomenon. At the same time, undertaking the provision of public financial products also becomes an unending plea to the government by agricultural financial institutions for subsidies. Therefore, these two types of financial products cannot be managed by one type of financial organisation. The theoretical basis for the separation of policy-oriented credit business from commercial also rests with this. However, the gradual commercialisation of the policy-oriented credit business operations, in the first place, is beneficial for the sustained development of financial institution conducting policy-oriented business in themselves and, in the second, can create conditions in which the WTO's "green box" policy can be used. The reorganisation of the Agricultural Development Bank of China as a specialist agricultural credit guarantee bank will provide credit guarantees under the project credit plan promoted by the government but will not purely implement the "yellow box" requirements in WTO regulations and slash plans for subsidy loan projects.

It is necessary to establish credit operations as the mainstay of rural financial institutions and extricate ourselves from the shackles of "support for agriculture"

China's rural financial institutions have at all times been under pressure to provide "support for agriculture" . From the very name, "support for agriculture" signifies deliberate, capable and generous support mainly by credit of agriculture, the countryside and peasants with the capital they need. It should mainly take the form of such subsidies as appropriations or outright grants but is realised in practice through loans. There is some rationality in this system arrangement. In the first place, peasants are stimulated by the form of repayable financing and such opportunistic behaviour as dependency caused by subsidies is avoided. Secondly, when the government with limited resources cannot make transfers which are solely investments in form in areas with traditional agriculture, it can still partially resolve problems of shortage of investment capital in the countryside. However, contradictions between moral "support for agriculture" and profit-making "loans" arise: either the amount of support from loans is manifestly inadequate or supportive capital cannot be recovered. From this, a dilemma has arisen when system arrangements are concerned. The most effective method is therefore to establish credit operations as the mainstay of commercial, rural financial institutions, extricating ourselves from the shackles of "support for agriculture" and freely engaging in credit activities. This will be of the utmost importance for rural credit co-operatives.

Encourage the spread of rural finance

Over the past fifty years, the Chinese government has used such non-market mechanisms as financial controls, limits on interest rates and credit rationing to manage rural financial departments. During the initial stages of rural economic development, "financial constraint" seemed to have some rationality because it could let the government control the allocation of resources while the market was in its infancy creating the conditions for the rural economy to take off. However, as the development of the rural economy quickened and the rural market system grew healthier by the day, the abuse of "financial constraint" became ever more apparent. The greatest abuse was that the benefits of financial institutions were not increased and this restricted the development of the financial de-

partments and brought about a bottleneck for the takeoff of the rural economy. The main measures to encourage the spread of rural finance are as follows.

- The relaxation of agricultural financial market control and the gradual implementation of diversification

During the past twenty years, there have been numerous successful examples of economic and financial liberalisation which have swept the world and the widespread presence of financial systems based on the market has been promoted on a global scale. However, the market-oriented reforms of the Chinese financial sector are still far from complete. The process of implementing the undertaking by the Chinese government to enter global finance is one of the internationalisation of Chinese finance and financial liberalisation. It will undoubtedly also accelerate the transition of Chinese finance to market principles. In this process, it will be necessary to relax restrictions on rural financial business and the rural financial market as appropriate, to bring down barriers to entry into the rural financial market and to permit and support, as far as possible, the development of other forms of financial organisations. For example, the development of rural privately-run financial businesses should be encouraged and, in particular, new-style, standardised, c-ooperative financial organisations established by rural inhabitants on a voluntary basis in order to gradually foster and bring into being an efficient, competitive, diversified system of rural financial organisations and institutions. "Efficient economic organisation is the key to economic growth. The development of an efficient economic organisation in Western Europe is the root cause of the rise of the West" (North, 1991). The establishment of a comprehensive rural financial organisation, will, on the one hand, help break up the de facto monopolistic operations of rural credit co-operatives in many rural areas in order to bring about financial competition in the rural financial market and facilitate the improvement of financial services by all forms of rural financial institutions, to further the mobilisation of savings resources and to overcome low efficiency which can arise when there is a lack of competition. On the other hand, the scarcity in the supply of financial services brought about by the contraction of state-owned commercial financial institutions of their operational network in rural areas can be remedied①.

In realising the diversification of rural financial institutions, the following should be considered.

First, small and medium financial institutions should be developed. High barriers to entry into Chinese financial markets remain with the monopoly of state-owned commercial banks in the banking operations market being most prominent while they continue to promote the development of state-owned enterprises as their own responsibility. Financial support for the development of small and medium enterprises, in particular for rural ones, is scare. The perfection of the system of financial organisation and the development of financial institutions mainly for services to small and medium enterprises (especially rural enterprises) is of the utmost significance in encouraging the development of rural enterprises.

① Between 1998 and 2001, state-owned commercial banks with independent capital withdrew 44 000 grassroots institutions with a net reduction of 240 000staff (http://www.pbc.gov.cn/news/news.html).

Secondly, the establishment of guidance centres for the development of small and medium rural enterprises, set-up investment funds for the development of small and medium rural enterprises, credit guarantees for small and medium rural enterprises and venture capital for agricultural development will all promote the development of agriculture and the rural economy.

- **Gradual implementation of market principles in rural financial interest rates**

The introduction of market principles to interest rates is advantageous for the formation of equilibrium interest rates in the rural financial market and a gradual departure from the combined predicaments of low interest rates and low efficiency. Contrived low interest rates are not advantageous for the development of financial intermediaries. Since some people have received credit at low interest rates, some cannot and hence the market is split. As a result it is difficult for resources to be allocated effectively. Since May 1996, The People's Bank of China has brought down the interest rates on existing loans eight times, the average cumulative reduction of the rate of interest on deposits has been 5. 98 percentage points, the average cumulative reduction of the rate of interest on loans has been 6. 92 percentage points and the cumulative fall in interest has reduced the net interest payments of enterprises by almost 300 billion yuan. The fall in interest has increased enterprise performance, sustained the development of a capital market, reduced national debt distribution costs and has had an important effect in starting up investment, accelerating consumption and in inhibiting deflationary tendencies. The fall in interest has also brought with it increased relaxation of capital supply in the money market. It is becoming easier to obtain loans for most rural economic activity and it is an intermediate support for the development of the rural economy and agriculture. However, after interest has fallen, the range of rural loans falls while, on the contrary, that of industrial and commercial loans increases so that there is a tendency towards "price scissors" in the increase in industrial and agricultural loans. Also, because of the very existence of these "price scissors", the benefit brought to the countryside and to industry and commerce by a fall in interest is uneven. The effect of a fall in interest on agricultural credit support is, in fact, a decrease which will result in the presence of new "reverse subsidies" (the countryside subsidising towns and agriculture subsidising industry and commerce) . The optimum method for eliminating these "reverse subsidies" is the transformation of interest according to market principles.

The method of reloans by the Central Bank to rural financial institutions should be gradually rediscounted and replaced by the remortgaging method

The modus operandi of the Central Bank in giving direct support to the agricultural credit operations of rural financial institutions by reloans at low interest is a subsidy for these rural financial institutions. Not only does this go against the participation by other financial institutions in competition in the agricultural credit market but it also distorts the latter's rates of interest and this goes against the formation of equilibrium rates of interest in the agricultural credit market. Rural financial institutions should become the mainstay of the market together with other financial institutions of equal standing. Since rediscounting and remortgaging methods are adopted in order to implement Central Bank financing, rediscounting and remortgaging need to be transacted voluntarily on the basis of operational development and guidelines for reloans agreed by the government and Central

Bank should not be carried out passively.

Inquiry into new methods of governmental support for agricultural credit

The government provides public support for agriculture by means of credit and does not mean that credit is provided by the public at large. Government support can take many other forms such as the provision capital for planting seed, support for experimental projects and the establishment and completion of policy-oriented mechanisms to provide insurance cover for agriculture.

The establishment of an open rural financial market system

The adoption of new, biological, chemical and mechanical technologies in the domain of agriculture with higher productivity not only greatly increases the efficiency of agriculture but also results in a great increase in the demand for loans within the domain of agriculture. At the same time, the completion of regulations for the rural financial market and agricultural credit and the increase in agricultural loans has enormously accelerated the mobilisation of these new agricultural technologies and the agricultural growth. To increase credit for agriculture and the countryside, the opportunity of the internationalisation and liberalisation of Chinese finance within the framework of the WTO should be taken in order to reform the rural financial market so that it changes from a restricted, informal, traditional financial system with local savings and loans to a comprehensive, nation-wide savings and credit system which will implement the transformation of China's rural finance from a traditional, closed financial system to a modern, open one. Rural credit activitiescannot depend only on existing rural financial institutions. The expansion of rural credit activity by more commercial banks, specialist banks, foreign capital financial institutions should be encouraged and promoted.

Promote the innovation of a management system for rural credit unions, foster market-oriented Chinese co-operative financial enterprises and promote increased operational efficiency by rural credit unions

It is commonly considered that innovations to the rural credit unions should include innovation to the property rights system, operations and the organisational management system. The author believes that the management system should be part of such innovation. Under the theory of system changes, it is considered that effective organisation is the key to system changes and that, whether or not an organisation is effective depends on whether it has the requisite capacity for technology, knowledge and learning to realise the goal of maximising the organisation. In the process of creating the organisation's capacity for innovation, the actions of "entrepreneurs" is of critical importance. Hence, in order to foster the capacity for innovation in co-operative financial organisations and to construct high-performance decision making mechanisms, the managers of modern, market-led co-operative financial institutions are in general professional banking management operations specialists, while the actual content of co-operative financial organisations is formed by entrepreneurs. The management co-operative financial enterprises under administrative guidance in China, however, are appointed by the People's Bank acting as the representative of the government after their qualifications have been examined. Although this is a rationalised operational process which can ensure that an expert or even a specialist assumes the office of the manager of a co-operative financial enterprise, it results in his conduct being characterised differently in many ways from that of a market-leading co-operative financial entrepreneur. It cannot produce Chinese-style co-operative financial entrepreneurs in the Schumpeter sense① (He Guangwen, 2001b). The lack of true co-operative entrepreneurs is also and important cause of the low capacity for innovation over a long period in Chinese rural credit unions and long-term low-efficiency operations.

BIBLIOGRAPHY

Lin Yifu (1994), *Systems, Technologies and the Development of Chinese Agriculture*, Sanlian, Shanghai

Douglas C. North (1991), *Structure and Change in Economic History*, Sanlian, Shanghai, preliminary remarks in the Chinese version

William Oufuhaoerte (2000), "Can China become the next economic superpower?", in *The Chinese Economy in the Changing Economy*, Beijing University Publishing House

He Guangwen (2001a), "The characteristics of supply and demand in Chinese rural finance and the choice of routes for equilibrium in supply and demand", *The Chinese Rural Economy* (10)

He Guangwen (2001b), *A Study of the Modes of Development of Co-operative Finance and Mechanisms for Circulation*, Chinese Financial Publishing House

Colin Carter, Zhong Funing and Cai Fang (1999), *The Chinese Economy in the Course of Economic Reform*, Chinese Financial and Economic Publishing House

Zhang Xiusheng, Chen Xianyong (2002), "Dual structure and economic development—a criticism of sustained growth in the Chinese agricultural economy", Academic dissertation no. 200202 of the Qinghua University Economic Research Centre

Jacob Jaron, McDonald Benjamin and Gerda Piprek (1997), "Rural Finance issues, design, and best practices", Environmentally and socially sustainable development studies and monographs series, No. 14, World Bank

Wen, Guanzhong James (1989), "The Current Land Tenure System and Its Impact on Long Term Performance of Farming Sector: The Case of Modern China", Ph. D. dissertation, University of Chicago

① In the theory of innovation given in his *Theory of Economic Development*, Schumpeter considers that the impetus for innovation comes from entrepreeurs. They have the courage to take on risks and are a socially active class with a progressive spirit, initiating and promoting innovative activity. Entrepreneurs are different from capitalists and scientist. Capitalists are only concerned with the amount of yield on their investments while scientists are only concerned with technical inventions and discoveries. Entrepreneurs, however, are only concerned with new modes of production and the high performance and benefits which come with them. It should also be pointed out that profit is the reward for innovation by entrepreneurs.

Experience and Issues in Measuring the Level of Agricultural Support in China

Tian Weiming　Zhang Liqin　Zhou Zhangyue

Abstract Measuring the level of policy support to agriculture in China is complicated not only by the lack of adequate data and policy information, but also by the striking nature of semi-subsistent agricultural economy and by the prevalence of rent-seeking behaviour of many policy-implementing bodies. Due to such complications, this paper argues that measurements of the level of support may be distorted if OECD's methodology is applied to the case of China. Hence, in this paper, we propose some modifications to the OECD approach. Using the revised methodology, some major indicators of support for the period of 1990 to 2000 are calculated and compared with the standard treatment. Our results suggest that disregard the fact of semi-subsistence by rural households tends to exaggerate policy-related income transfers. Such effects can be substantial for developing countries, which are commonly characterised by their large agrarian economies. Leakage of policy benefits to rent-seekers is likely large as well due to weak social institutions in such countries. Consequently, policy supports to agriculture in developing countries are often nominal rather than real, which is the case in China in recent years.

Introduction

How to measure the level of policy support to agriculture has been an important issue in negotiating and monitoring reductions in agricultural support. Various measures have been proposed since the 1980s, such as nominal and effective rate of assistance (IAC 1985), producer and consumer subsidy equivalent (OECD 1987),① and aggregate measure of support adopted during the Uruguay Round trade negotiations. These indicators have been widely used by academics and policy makers in describing the level and structure of support to agriculture under different policy regimes of various economies.

These approaches, however, have been developed primarily on the basis of well-developed market economies. When applied to countries where the rural economy is characterised by signifi-

① OECD revised its methodology for measuring support to agricultural producers in 1998 and began to call the PSE and CSE Producer Support Estimate and Consumer Support Estimate, respectively (OECD 2001b).

cant subsistence, one critical issue arises as whether such commonly used methodologies can derive reliable estimates on the level of support. This issue has important implications not only for designing appropriate agricultural policies by developing countries, but also for the ongoing international trade policy reforms under the WTO.

Using China as a case, we address in this paper issues related to measurements of policy support to agriculture in developing countries. The second section briefly reviews earlier studies that attempted to measure China's support to agriculture. The third section discusses issues related to measuring PSE when applying OECD's methodology to the case of China, based on which modifications are proposed. In the fourth section, China's PSEs of major commodities during the period of 1990—2000 are estimated and the effects of different treatments with regard to on-farm consumption are compared. The last section offers some concluding comments.

China's Experience in Measuring the Level of Support

The work of estimating China's policy support to agriculture was initiated in the late 1980s when the Uruguay Round was under way. In 1987 China applied to the GATT for restoring its membership and then participated in the Uruguay Round as an observer. At that time, the remarkable effects of China's rural reforms drew wide attention around the world. Consequently, evaluations of China's agricultural policies attracted much interest.

Starting in 1987, the Bureau of Agricultural Economics in Australia and the Institute of Agricultural Economics of the Chinese Academy of Agricultural Sciences undertook a joint study on China's agricultural policy reforms. Under this project, China's PSEs and CSEs in 1986 were estimated (Gunasekera *et al*. 1991; Tian *et al*. 1992). With a comprehensive coverage of the major policy measures, this study revealed that China's agricultural policies presented a pattern of taxing the agriculture and subsidising the consumers, which was a common phenomenon in developing countries.

Similar studies were carried out as well by the USDA (Webb 1989 and 1992; USDA 1995). Webb (1992) estimated China's PSEs and CSEs of rice and wheat in 1989 based on simple assumptions on the policy distortions. The results indicated that the levels and even signs of the calculated PSEs and CSEs were highly sensitive to the reference prices chosen.

Some other Chinese researchers also conducted studies on China's PSEs and CSEs lately. The Research Team on GATT and China's Agricultural Development (1993) estimated China's total PSE for the period of 1985—1990. A similar work was done by Cheng (1993), which covered the period of 1982—1990. Zhu, Wan and Liu (1997) estimated the PSEs of 13 agricultural products in 1993—1994. In terms of methodology, this study took into account explicitly the two-tier price scheme for certain products and non-tax levies and charges borne by farmers. Cheng (2001) renewed his estimates of PSEs and extended the period of coverage to 1997. Recently, Zhang (2001) estimated China's PSEs and CSEs for 10 commodities for the period of 1990—1999 following the OECD's methodology in her PhD study. While these studies found commonly that China's agriculture was taxed, the results present notable variations. This is understandable for different researchers often have access to different data and information and use different assumptions.

In summary, studies on China's policy support to agriculture done by overseas researchers tend to be restricted by data and information. As a result, the researchers had to simplify the analytical framework by making restrictive, sometimes unrealistic, assumptions. In contrast, the Chinese researchers have better access to data and information and are able to deal with more comprehensive policy issues in their studies. Nonetheless, few of the earlier studies have given attention to the issue as to whether the currently commonly accepted PSE/CSE estimation methodology is appropriate when applied to China. We will discuss this issue in the next section.

Methodological Issues for Measuring Support to Agriculture

OECD's *Approach*

In the current OECD classification of total transfers associated with agricultural policies (TSE), the policy measures are grouped into three main categories: (1) transfers to producers individually (PSE), (2) transfers to consumers individually (CSE), and (3) transfers to general services to agriculture collectively (GSSE). These indicators can reflect the level and structure of policy support to agriculture. Detailed explanations of the approach can be found in OECD (2001b) and the recent measurements for OECD member countries are presented in its annual report: *Agricultural Policies in OECD Countries: Monitoring and Evaluation* (OECD 2001a).

As defined by OECD (2001b), the PSE measures the annual monetary value of gross transfer from consumers and taxpayers to support agricultural producers while the CSE measures the annual monetary value of gross transfer to (from) consumers of agricultural commodities. In many countries, market price support schemes are the major policy measure determining the sign and magnitude of the PSE and CSE. It is defined that market price support is the annual monetary value of gross transfers from consumers and taxpayers to agricultural producers arising from policy measures that create a gap between domestic market prices and border prices of a specific agricultural commodity, measured at the farm-gate level (OECD 2001a, p. 152). The PSE and CSE also include direct and indirect payments to producers (consumers) through fiscally funded policy programmes.

The GSSE measures the annual monetary value of gross transfer to general services provided to agriculture collectively as a result of policy support. The GSSE covers various services, such as R&D, agricultural education, inspections, infrastructure, marketing and promotion and public stockholding. These measures have no direct effect on prices.

Several other indicators, such as the percentage PSE and CSE (%PSE and %CSE), producer and consumer nominal assistance coefficient (NAC), can be derived from results of PSE and CSE calculation. There is one major difference between %PSE and producer NAC (also between %CSE and consumer NAC). That is, the denominator of %PSE is the value of total production at farm-gate prices plus budgetary support while that of NAC is the value of total gross farm receipts at the world market prices without support. For the purpose of comparison among different countries or different commodities, the %PSE and %CSE and producer and consumer NAC are more appropriate indicators.

The classification of policy measures included in PSE is based on two key assumptions. First, policies within a given category have the same eligibility criteria, with the same potential impacts on production and consumption and trade. Second, the relative importance of the potential impacts of a policy measure on production, consumption and trade depend primarily on the degree to which the measure is linked to a specific commodity or input necessary to produce the commodity.

Analytical Framework in the Case of China

Empirical measurement of China's PSE and CSE faces a number of difficulties. While accessibility to needed data and information is certainly a major constraint, insufficient knowledge on how China's agricultural market functions and how the policies are implemented should not be overlooked. China has been undergoing a transition from a planning economy towards a market economy, during which rapid switches of policy directions occurred times and again as the government responding to urgent socio-economic situations. In reality, not all of the policy changes have been announced publicly and their implementations been well documented. Many policies were designed with good intentions, but could not be properly implemented due to institutional failure. This makes it difficulty to use recorded government programmes and associated fiscal outlays as a base for the estimation.

The grain policies and marketing arrangements are most peculiar as well as most important in the context of China's agricultural policies. The government has continuously intervened in the grain markets with various policy measures, which are not always mutually consistent. There often exist multiple forms of prices, each being determined by a unique mechanism. We take the grain market in the late 1990s as an example and use graphic method to analyse policy-induced transfer of income.

The major policy instrument for the Chinese government to support grain production in the late 1990s is guaranteed procurement at the state-set floor prices. Figure 1 depicts the situation when the market functions normally. The curves D and S in the left panel represent China's demand and supply. Assume that the rest of the world (ROW) supplies low-cost grains as represented by the excessive supply curve ES_{row}. Without policy distortion, China's trade position is reflected by curve ED_{cn} in the right panel, which intercepts ES_{row} at price P_r. At this price, farmers produce S_1 and consumers buy D_1, leaving China being an importer and the amount of import equals to D_1-S_1 (or M_{cn} in the right panel) . When the government institutes a price support scheme and sets a floor price at P_g, domestic supply increases to S_2 while demand declines to D_2, turning China into surplus. If this scheme was effective, the SGMEs should purchase all supply (S_2) and then sell D_2 to domestic consumers in the same year at price P_g. The remaining part S_2-D_2 has to be sold in the world market with export subsidies at the prevailing world price or kept in state reserves for later sale. In the former case, China exports X_{cn} (or S_2-D_2) and the world price is depressed to P'_r as a consequence.

When using observed prices to evaluate PSE, the transfer to producers via *Market Price Support* is measured by the area $achf = (P_g - P'_r) \cdot S_2$, which is significantly larger than the normally assumed small country case (area $aced = (P_g - P_r) \cdot S_2$) . The total transfer to producers by market price support policy consists of that from consumers (area $abgf = (P_g - P'_r) \cdot D_2$) and

from taxpayers (area $bchg = (P_g - P'_r) \cdot (S_2 - D_2)$), which equals to the export subsidy (or area $1234 = X_{cn} \cdot (P_g - P'_r)$ in the right panel). It is clear that this approach results in higher PSE estimates than the case when small country assumption is valid.

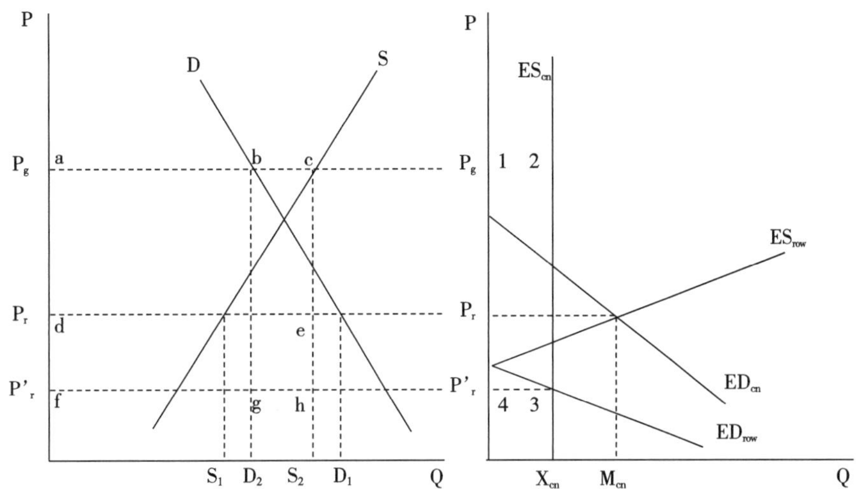

Figure 1　Effects of Market Support Policy under a Competitive Market

However, China's grain market is not a competitive market by nature. While SGMEs try to maximise their own benefits by capitalising on reform measures, they are yet continuously assigned by the government to implement grain policies. Under such arrangements, each SGME is in fact allowed to act as a monopsony in local producer market. On the other hand, SGMEs as a whole can also exercise certain monopolistic power in the consumer market by requiring the national government to restrict import and to subsidise exports (or reserves). Thus, although competition exists to some extent between SGMEs with non-SGME firms and among SGMEs in consumer market, SGMEs are able to sell products at prices higher than that in the world market. It is noted, however, officially SGMEs are not allowed to pursue maximum profit freely. They can do so only within the constraints set by the government, and their operations must comply with the government requirements, although how them act may be a completely different matter in the reality.

Figure 2 gives a visual presentation of SGMEs'behaviour under China's policy and institutional context. Different from Figure 1, here we use directly the distorted reference price P'_r as a benchmark and the left and right panels represent rural market and urban market, respectively. The purpose of this revision is for separating the policy effects on urban consumers and rural producers by taking account the fact that a significant proportion of grain products is consumed on farm. For simplicity, we assume that SGMEs exercise market power only in producer side, while the government responds to SMGEs requirement by prohibiting import and subsidising export of the entire surplus (the same amount as X_{cn} in Figure 1).

In the left panel, the curve D_s shows rural subsistent demand and S shows the total supply, from which the supply curve to urban market S_c is derived as shown in the right panel. The demand by urban consumers is represented by the curve D_c in the right panel. D_c+X, is the total demand curve (urban demand plus export) .

The curve *ME* in the right panel shows the marginal expense incurred when SGMEs make purchase. If SGMEs are allowed to take the advantage of their monopolistic position freely without facing competition of imported product, maximum profit is obtained by supplying a quantity Q_m, at which *ME* curve intersects the total demand curve. Under such a situation, SGMEs are able to charge the consumers a higher price and pay the farmers a lower price (for simplicity, neither is shown in the figure), thus obtain a monopolistic rent.

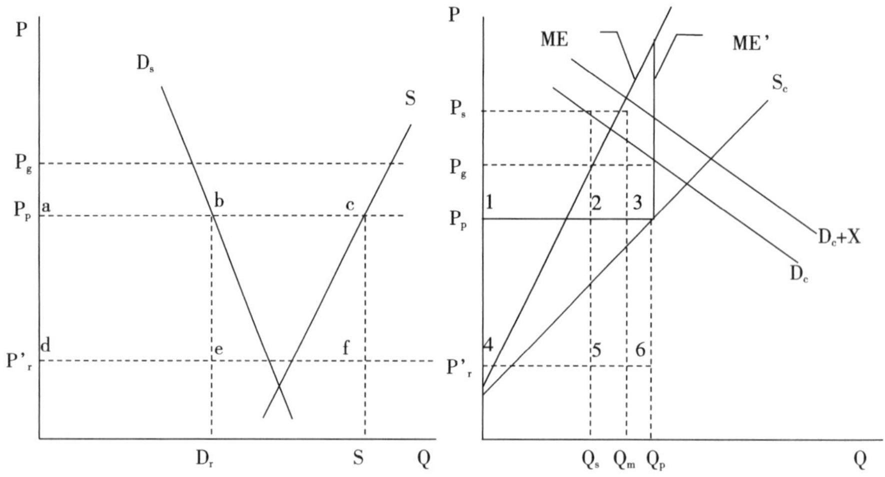

Figure 2 Effects of Market Support Policy under a Monopolistic Market

However, such a scenario is inconsistent with government objectives. In reality, if urban consumers complain that the prices are too high, the government may respond by increasing import, resulting in a decline of SGMEs' market power. Similarly, if the government discerns that SGMEs do not comply with the state-set procurement prices, it may discipline SGMEs. Thus, the price determination by SGMEs becomes a subtle strategic game with the government. SGMEs may try out repeatedly the range of prices that can be tolerated by the government and the public and choose the prices accordingly. Assuming P_p is the minimum price tolerable by the government. With this floor prices, SGMEs marginal expense curve becomes kinked (shown by *ME'* in the right panel) . The new equilibrium is reached with a supply of Q_p and urban market sale of Q_s at price P_s.

Three important observations stand out from Figure 2. First, the income transfer to producers is smaller than the case when P_g is effective. Second, while the transfer of income to producers is the area *acfd* $(=(P_p-P'_r)\cdot S)$ if the standard PSE method is used, the area *abed* is in fact nullified because this part of transfer is only nominal. Only the transfers from urban consumers (area 1254) and from taxpayers (area 2365) bring the rural producers real benefits. Third, both consumers and taxpayers transfer income to SGMEs, which becomes a dead-weight loss.

The above situation is possible due to several reasons. First, starting from 1996, the national government changed the floor prices from fixed prices to reference prices and allowed provincial governments to make adjustment within specified ranges in line with local market conditions (MOA 2001a). Second, SGMEs, by exercising arbitrary quality determination and intentional delay, can create a condition that forces a large number of farmers selling their produce at lower prices to them because searching for alternative market opportunities could be very costly for the farmers considering that many of them have only small amounts of products to sell. Third, under the arrangement that the expenses needed for maintaining guaranteed procurement are shared between national and local governments, local governments in grain-producing regions are unwilling and also often unable to provide funds to subsidise grain procurement and thus connive SGMEs to depress price and to limit quantity of purchase. Fourth, many fees and charges that are used to finance local government activities are also collected when producers deliver their grains to SGMEs. As a result, the policy support benefits meant for grain producers are eroded significantly.

Figure 2 indicates that SGMEs are able to earn a profit by requesting the government to limit imports and subsidise export and by exploiting the producers. In addition, SGMEs can also benefit themselves by inflating operational costs, so to ask for more subsidy from the government, which can then be used as staff welfare or for personal gains of the managers. Some local governments may even collude with local SGMEs in obtaining fiscal subsidies from higher governments and loans from the state policy bank.

In summary, the above discussion highlights that the estimates of PSEs and CSEs can be significantly affected by any or all of the following three aspects. (1) The calculation based on observed world prices may lead to overestimates of transfer to producers via market price support. (2) The nullified transfer is likely to be large in China, as well as in other developing countries where the share of on-farm food consumption is large. (3) Due to rent seeking and leakage, policy benefits to rural people are often smaller than officially announced supports.

Estimates of China's Support to Agriculture

Policy Coverage and Treatments

China's agricultural policies in the 1990s were complex. Table 1 summarises the categorisations used in this study. Due to unavailability of some data, not all items could be estimated with confidence and thus some items were not covered. Two special treatments are adopted to take into account the methodological issues raised above:

PSEs are calculated using both total output and marketed output, which allows evaluating how the real transfer differs from superficial transfer due to on-farm consumption.

Agricultural taxes are treated as negative support to producers in item *B* while an equal amount of value is recorded in item *O* as government revenue forgone.

The discussions below deal only with estimates of PSEs and NACs for individual commodities and GSSE for all products covered.

Table 1 Categorisation of China's Agricultural Policy Measures

OECD Code	Description	Policy instrument in China
I.	Producer support estimate	Sum of A to H
A.	Market price support	Border policies and state intervention in domestic product market
B.	Payments based on output	Agricultural taxes (in negative value)
C.	Payment based on area planted or animal numbers	None
D.	Payment based on historical entitlement	None
E.	Payment based on input use	Border policies and state intervention in domestic farm input market
F.	Payment based on input constraints	None
G.	Payment based on overall farming income	Rural relief
H.	Miscellaneous payments	Fiscal outlays for agricultural development programmes
II.	General services support estimate	Sum of I to O
I.	Research and development	Fiscal outlay for agricultural researches
J.	Agricultural schools	Not included
K.	Inspection services	Not included
L.	Infrastructure	Fiscal outlay for rural infrastructure
M.	Marketing and promotion	Not included
N.	Public stockholding	State reserves of grains and cotton
O.	Miscellaneous	Agricultural taxes (+) and budget for agriculture related institutions

Sources of Data

While data availability has improved notably in China, their accuracy remains to be a concern. In addition, frequent changes in statistical concepts and data collection and processing procedures complicate data compatibility. Some critical data to the estimation of the level of support are still unreleased. Often researchers have dealt with such data deficiencies by using whatever data and information available, with some treatments considered appropriate, or using some alternative data and information.

When calculating PSEs and GSSEs, four types of key data are required: (1) producer prices; (2) reference prices; (3) market supply, demand and trade; and (4) fiscal expenditures on policy programmes. In this study, producer prices of outputs are derived primarily from China's farm production cost survey (State Planning Commission 2000) on the basis that it provides compatible time series of data and it presents what farmers actually receive when they made the sales. Prices of farm inputs are derived from information collected under the rural social-economic survey by the Research Centre of Rural Economy (OFROV 2001) in combination with other data sources, such as *China Statistical Yearbook* (NSB 2001) .

The reference prices are derived mainly from China customs statistics (China Customs Administration 2000) . China's trade positions for several commodities changed frequently during the 1990s, such as rice, corn, cotton and soybean. For simplicity, the reference prices are represented by unit import values when China was net importer and unit export values when China was a net exporter. Prices from the FAO (2001) and the World Bank (2001) are used to gauge some highly suspicious data. These unit values are converted into RMB at the swap market exchange rate before 1994 and the official exchange rate thereafter. The border prices are then adjusted into the comparable farm gate prices.

Market supply, demand and trade statistics are obtained from several sources, including *China Statistical Yearbook* (NSB 2001), *China Agricultural Statistical Information* (MOA 2001b), *China Customs Statistics* (China Customs Administration, 2000), FAO statistical database (FAO 2001), and USDA PS&D database (USDA 2001). The shares of commodities marketed are derived from OFROV (2001) and NSB (2001).

Government fiscal information is reported in *China Statistical Yearbook* (NSB 2001) and *China Financial Statistical Yearbook* (NSB 2000). *China Agricultural Development Report* (MOA 2001a) provides useful policy information.

Several issues remain unsolved. The first one is whether there are income transfers associated with primary factors (*e. g.* land, water etc.), for which the markets are inexistent or ineffective. The present work does not give special consideration to this issue. The second one is whether non-tax fees, charges and contribution in form of workday paid by farmers should be included in calculating transfer through fiscal instruments. Although the share of agricultural taxes to agricultural GDP is lower than that of other sectors, the above non-tax burden have been high. In this study, we have simply assumed that the overall burden of the agriculture is the same as other sectors and thus there is no tax discrimination. The third one is how significant the "leakages" in government-funded agricultural programmes are. The past experiences suggest that such leakages are often large in agriculture-based regions. However, due to lack of information, this factor was not taken into account in our estimation.

Results

Table 2 reports the estimates of China's PSEs for all commodities covered in this study using the treatment we proposed. The results show that the Chinese agriculture was not supported at all during the 1990s. In all of the years covered, the PSEs are constantly negative, although the absolute values tended to decline over time. The findings from this study are largely in agreement with those of previous studies (*e. g.*, Cheng 2001; Zhu, Wan and Liu 1996).

It is also observed from our results that there is a general, though not always stable, trend of decline in market price support component, indicating that China tends to remove those distorting policies that tax agriculture. The producer NAC has been closer to one since mid 1990s, suggesting that China's agricultural policy reforms have moved in a direction towards greater market orientation. However, there were occasional disruptions in the course of market-oriented reforms, *e. g.*, the changes in grain marketing policy introduced in 1997.

The results also reveal that the GSSE grew steadily. However, it must be noted that the major factor that drives up the GSSE is public stockholding, which rose drastically in recent years. It is this component that is associated with the heavy dead-weight loss in farm support policies in China. In contrast, the fiscal funding for agricultural R&D and infrastructure remained low.

Table 2 Estimates of Support to the Agricultural Sector

Unit: Billion RMB

Year	1990	1991	1992	1993	1994	1995	1996	1997	1998	1999	2000p
Total value of production (at farm gate)	456	471	507	649	1 067	1 352	1 480	1 482	1 406	1 198	1 135
Of which: marketed domestic product	260	275	293	372	626	783	859	892	839	708	697
Total value of consumption (at farm gate)	460	471	502	635	1 057	1 386	1 498	1 489	1 401	1 204	1 122
Producer Support Estimate											
Market price support	−108	−97	−140	−106	−86	−30	−7	−33	−69	−18	−21
Payments based on output	−6	−6	−8	−9	−16	−20	−26	−28	−28	−30	−33
Payments based on area /animal numbers	0	0	0	0	0	0	0	0	0	0	0
Payments based on historical entitlements	0	0	0	0	0	0	0	0	0	0	0
Payments based on input use	4	8	11	8	−3	1	−3	−4	−8	−7	−6
Payments based on input constraints	0	0	0	0	0	0	0	0	0	0	0
Payments based on overall farming income	1	2	1	1	2	2	3	3	4	3	4
Miscellaneous payments	9	9	10	13	15	15	18	20	21	23	26
Total	−101	−84	−125	−94	−88	−32	−14	−42	−80	−29	−31
Percentage PSE	−22	−17	−24	−14	−8	−2	−1	−3	−6	−2	−3
Producer NAC	0.68	0.72	0.64	0.75	0.90	0.98	0.96	1.00	0.97	1.00	0.99
General Services Support Estimate											
Research and development	0	0	0	0	0	0	0	0	1	1	1
Agricultural schools	−1	0	0	0	0	0	0	0	0	0	0
Inspection services	0	0	0	0	0	0	0	0	0	0	0
Infrastructure	2	3	3	3	4	4	5	6	16	13	13
Marketing and promotion	0	0	0	0	0	0	0	0	0	0	0
Public stockholding	19	20	18	19	16	17	22	31	45	42	65
Miscellaneous	10	10	13	14	22	27	35	38	39	41	46
Total	31	33	34	36	43	48	62	75	101	96	124

Note: p. Preliminary estimates.

The level of support to different products varies. Table 3 presents the PSEs and NACs for individual commodities. In most years, wheat is supported but rice is taxed. Corn was taxed heavily in the early 1990s, but the PSEs turned into positive in the later 1990s. The results given in Table 3 confirm that, although major food cereals have been given support since 1995 (in particular the government set the procurement prices higher than the world market ones and allocated large amount of fiscal funds to subsidise export and reserve), the actual benefits accrued to the producers was not large, especially in recent years. On the surface, this seems to be contradictory to the new grain policies, which were specially designed to protect the income of grain producers. In fact, this largely reflects the reality. As noted above, the current institutional arrangements make the guaranteed price scheme ineffective. That is why although the contract prices and floor prices were reasonably higher than the prevailing world market prices, the farmers still could not benefit much from it.

The PSEs for oilseeds show two distinct patterns. While soybean and rapeseed received support in most years, the contrary was true for peanuts and sesame①. China is a major producer of all these oil crops. However, China's comparative advantages in soybeans and rapeseed tend to have

① Soybean is still accounted as grain crop in China's official statistics.

declined in recent years for two reasons: (1) changes in its own resource endowment, and (2) high support provided by major exporting countries. Starting from 1996, China's soybean trade turned from net export into net import and the volume of import in 2000 and 2001was as high as more than 10 million tonnes. Although this sharp increase of import is driven mainly by domestic demand increasing rather than supply shrinking, the government begins to concern this situation and take measures accordingly. The case for rapeseed is similar to soybean but less severe. In contrast, peanut and sesame are two China's traditional export products, for which China still has comparative advantages over major competitors, and thus, the negative supports to peanut and sesame remain unchanged.

Being the largest exporter of textile products in the world, China needs to ensure an adequate supply of cotton at reasonable prices. However, market price support policy has not always worked to achieve this end. Cotton marketing and pricing was placed under stringent government control throughout the period before 1999 when the Chinese government deregulated cotton market. The government adjusted procurement prices based on market situation not only in high frequency, but also often in large margins. Nonetheless, the producer price was still constantly lower than the reference price except for 2000, resulting in the negative PSEs.

Policy intervention on sugar crop production was significantly weakened during the 1990s. However, since both sugarcane and sugar-beet production are concentrated in a few regions where local economies and rural incomes have a high reliance on such crops, regional governments have taken some measurers to encourage their production. Overall, sugar crop producers did not receive much support in the 1990s. However, the trend is clear that the discriminatory effects by the policy scheme disappeared.

All of the animal products seem to be taxed relatively heavily in most years. Generally, the negative PSEs for ruminant animals are caused mainly by the low domestic prices of the products. In addition, the negative PSEs for pig meat, poultry meat and eggs are also caused by unfavourable feed prices since 1993.

In general, the PSEs obtained for individual commodities in this study have a similar pattern to what was found in the earlier studies (*e. g.*, Cheng 2001; Zhu, Wan and Liu 1996). However, there are two important new findings from this study: (1) the PSEs are downsized when on-farm consumption is excluded from calculating market price support; and (2) the percentage PSEs tend to approach zero in recent years for almost all the products.

Table 3 Producer Support Estimates by Commodity

Year	1990	1991	1992	1993	1994	1995	1996	1997	1998	1999	2000p
Rice											
Percentage PSE	−26	−13	−21	−5	−12	4	−9	−3	0	−5	−1
Producer NAC	0.85	0.91	0.87	0.96	0.91	1.04	0.93	0.97	1.00	0.95	0.99
Wheat											
Percentage PSE	−8	4	−2	−9	3	4	4	7	6	7	1
Producer NAC	0.94	1.04	0.98	0.93	1.03	1.05	1.05	1.09	1.08	1.09	1.01
Corn											
Percentage PSE	−19	−14	−23	−16	6	1	−11	5	9	4	0

（续）

Year	1990	1991	1992	1993	1994	1995	1996	1997	1998	1999	2000p
Producer NAC	0.86	0.89	0.85	0.88	1.06	1.01	0.91	1.06	1.11	1.04	1.00
Soybean											
Percentage PSE	−4	6	16	14	−1	13	11	11	3	7	10
Producer NAC	0.97	1.06	1.21	1.18	0.99	1.17	1.13	1.13	1.04	1.08	1.12
Rapeseed											
Percentage PSE	−1	6	−14	−2	7	8	29	3	5	6	2
Producer NAC	0.99	1.06	0.88	0.98	1.08	1.10	1.49	1.03	1.06	1.06	1.02
Peanut											
Percentage PSE	−30	−59	−32	−27	−8	−7	−12	−15	−26	−12	−9
Producer NAC	0.80	0.71	0.79	0.82	0.93	0.94	0.90	0.88	0.82	0.90	0.92
Sesame											
Percentage PSE	−18	0	−32	−11	5	−8	−11	−13	−22	−17	−23
Producer NAC	0.86	1.00	0.79	0.91	1.06	0.93	0.91	0.89	0.83	0.86	0.82
Cotton											
Percentage PSE	−26	−25	−53	−23	−18	−1	−2	−1	−12	−12	14
Producer NAC	0.81	0.81	0.68	0.82	0.85	0.99	0.98	0.99	0.90	0.90	1.17
Sugar											
Percentage PSE	−38	−4	−67	−78	−10	2	1	7	−4	8	3
Producer NAC	0.73	0.96	0.62	0.58	0.91	1.02	1.01	1.08	0.96	1.08	1.03
Pork											
Percentage PSE	−39	−39	−40	−15	−11	0	6	−6	−21	−8	−14
Producer NAC	0.76	0.75	0.76	0.89	0.90	1.00	1.06	0.94	0.82	0.92	0.88
Beef											
Percentage PSE	−38	−39	−49	−49	7	0	−4	−12	−11	7	16
Producer NAC	0.75	0.75	0.71	0.71	1.08	1.00	0.96	0.89	0.90	1.07	1.20
Mutton											
Percentage PSE	−17	−12	−20	−29	−15	−12	−11	−14	3	9	9
Producer NAC	0.87	0.91	0.86	0.82	0.88	0.90	0.91	0.89	1.04	1.11	1.11
Poultry meat											
Percentage PSE	−9	−19	−19	−31	−11	−25	−6	−13	−4	−8	2
Producer NAC	0.92	0.85	0.86	0.79	0.90	0.81	0.95	0.89	0.96	0.93	1.02
Eggs											
Percentage PSE	4	2	−8	−16	−24	−30	5	−4	2	1	−5
Producer NAC	1.04	1.02	0.94	0.89	0.82	0.80	1.05	0.96	1.03	1.01	0.96

Figure 3 clearly shows the effect of excluding on-farm consumption from %PSE calculations. For the period covered in this study, the value of marketed products accounted for about 60% of the total output value. Thus, when on-farm consumption is excluded from calculating income transfer, then, the total value of market support, the %PSE and NACp, all become smaller. For instance, the %PSE declined from 43.5% to 21.8% for the year of 1990 after income transfer associated with on-farm consumption was excluded.

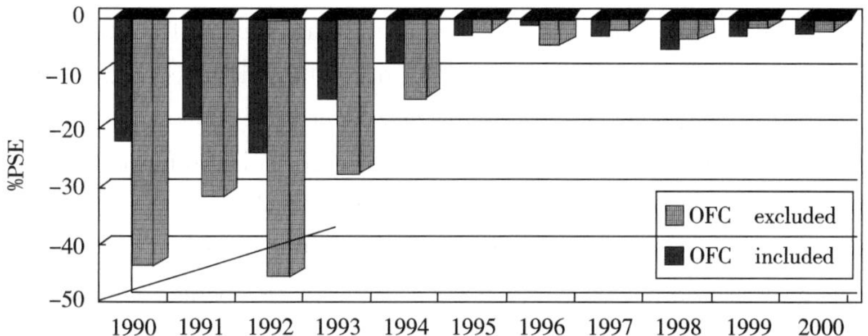

Figure 3 Effects of On-farm Consumption (OFC) on PSE Calculation

Hence, how to treat on-farm consumption has an important impact on the size of estimated PSEs and subsequently has important policy implications. The primary purpose to estimate the level of support is to evaluate and monitor the effects of agricultural policies. When semi-subsistence is not taken into account in calculating indicators like PSE and AMS, the results may not only exaggerate the volume of income transfer to producers, but also fail to show the effects of policies that target to promote greater commercialisation①. This has become a debatable issue with regard to whether "eligible production" refers to marketed output as against total output for the purpose of determining *de minimis* AMS support under the WTO Agreement on Agriculture (FAO 2000 pp. 11-12) . Potentially, if *de minimis* AMS support uses total output as a base, a country with 50% of production being marketed could in theory double its level of support to agriculture, which may have serious ramifications on agricultural and trade policy reforms at both the national and international levels.

Conclusions

This paper discussed some methodological issues in measuring the level of policy support to agriculture. Based on the Chinese experience, it is postulated that the application of standard method designed for developed market economies may over-estimate the level of agricultural support/taxation in developing countries whose rural economy is semi-subsistence. Using the OECD method with and without modifications, the PSEs for China are then estimated for the period of 1990—2000. The empirical results provide support to our proposition.

Four important observations emerged from our study:

China's agriculture as a whole did not receive policy support in the 1990s;

Policy support was strengthened over time primarily by removing discriminatory policies;

The level of market price support was the major element determining the level of support; and

The level of support tends to be higher for those commodities whose world prices were distort-

① For instance, in the case that prices are unchanged but marketed share of production rises, the PSE will remain at the same level if calculation is based on total production; otherwise it will change if the calculation is based on marketed products.

ed and for which China lacks comparative advantage and is likely to import in large amount without support.

Overall, the Chinese agriculture is currently receiving little support from the government. The actual size of PSEs and the pattern of changes in PSEs present a striking contrast with those in most OECD member countries, whose PSEs are significantly higher and have in fact increased in recent years in some countries (OECD 2001a) . However, the recent policy reforms tend to suggest that China's support to agriculture may be increasing. This can be easily understood considering international experiences. As a country with the largest rural population in the world, China has to ensure its rural economic growth in order to maintain social stability. Recognising the fact that rural labourers generally lack appropriate skills for non-farm work, in the short term, some assistance to agriculture is necessary to alleviate problems resulting from unavoidable structural adjustments due to WTO accession (College of Economics and Management 1999) . However, how and to what extent China may support its agriculture remains to be seen. Therefore, China is now in a crossroad in choosing its future agricultural policies. It is important for China not to follow the practices adopted by many developed economies where agriculture is heavily subsidised and supported. However, to achieve this end, major developed economies should restrain their support to agriculture.

Our study also suggests that the leakage of government market price support was very large in China. This could be the case in other developing countries as well. Thus, this factor should be taken into consideration when estimating PSEs and CSEs for developing countries. In addition, when designing future agricultural supporting policies, the costs of policy implementation should also be taken into account. For example, decoupled income payments are theoretically sound and can be effective in developed countries. However, implementation of such measures requires some institutional arrangements, which do not seem to have existed or functioned well yet in many developing or transitional economies. In contrast, border policies are relatively transparent and easy to manage. Thus, while institutional reforms should be accelerated in developing countries, flexibility in choosing policy measures should also be allowed in WTO agreements and be chosen according to the criteria of minimum trade-distortion in complementation with the principle of cost-effectiveness.

BIBLIOGRAPHY

[1] College of Economics and Management (1999), "Impacts of China's Accession to WTO on Agricultural Trade", *The Journal of World Economy*, No. 9, pp. 3~16

[2] Cheng, G. Q. (1993), "Agricultural Protection and Economic Development", *Economic Research*, Vol. 4

[3] Cheng, G. Q. (2001), *WTO's Rules for Agricultural Trade and China's Agricultural Development*, China Economic Publishing House, Beijing

[4] China Customs Administration (2000), *China Customs Statistical Yearbook* 1999 (and previous issues), Economic Management Publishing House, Beijing

[5] FAO (2000), "Volume II Agreement on Agriculture", *Multilateral Trade Negotiations on Agriculture: A Resource Manual*, Room

[6] FAO (2002), FAOSTAT Agricultural Data, obtained from http://apps.fao.org/

[7] Gunasekera, H. Don B. H., Andrews, N. Haszler, H., Chapman, J. Tian, W.M. and Zhao, Z. (1991), *Agricultural Reform in China*, Discussion Paper 91.4, Australian Bureau of Agricultural and Resource Economics, Canberra

[8] Industrial Assistance Commission (1987), *Assistances to Agriculture and Manufacturing Industries*, Australian Government Publishing Services, Canberra

[9] Ministry of Agriculture (2001a), *China Agricultural Development Report*, 2001 (and previous issues), Beijing, China Agricultural Publishing House

[10] Ministry of Agriculture (2001b), *China Agricultural Statistical Information* 2000 (and previous issues), Beijing, China Agricultural Publishing House

[11] National Statistical Bureau (2000), *China Financial Statistical Yearbook* 2000, Beijing, China Statistical Publishing House

[12] National Statistical Bureau (2001), *China Statistical Yearbook* 2001 (and previous issues), Beijing, China Statistical Publishing House

[13] OECD (1987), *National Policies and Agricultural Trade*, Paris

[14] OECD (2001a), *Agricultural Policies in OECD Countries Monitoring and Evaluation* 2001, Paris

[15] OECD (2001b), *Producer and Consumer Support Estimates OECD Database* 1986—2000: *User's Guide*, Paris

[16] OFROV (Office for Fixed Rural Observation Villages of Policy Research Department of Central Committee of the Chinese Communist Party and Ministry of Agriculture) (2001), *National Rural Social-Economic Survey Data Collection*, 1986—1999, Beijing, China Agricultural Publishing House

[17] Research Team on GATT and China's Agricultural Development (1993), "Analysis on Current Level of Protection to Agriculture in China", *China Rural Economy*, Vol. 3

[18] Singh, I., Squire, L. and Strauss, J. (1986), *Agricultural Household Models, Extensions, Applications and Policy*, World Bank and the Johns Hopkins University Press

[19] State Planning Commission, 2000. *Compilation of National Survey for Production Costs and Returns of Agricultural Commodities* 2000 (and previous issues). Tian, W.M. (1991), "The Policy Assistance to Major Agricultural Products in China" in Zhu, X.G., Niu, R.F., Li, Y.Z. Chen, F. and Yue, W.T. (ed.) *Research on Economic and technological Development in Agriculture* — 1991, China Agricultural Publishing House, pp. 122～29, Beijing

[20] USDA (1995), *China: Summary of Aggregate Producer Support*, obtained from http://usda2.mannlib.cornell.edu/data-sets/international/95001/china/pse3.wk1

[21] USDA (2001), *Production, Supply & Distribution Database*, obtained from http://www.ers.usda.gov/data/PSD/

[22] Webb, S.H. (1989), "Agricultural Commodity Prices in China: Estimates of PSEs and CSEs, 1982—1987", *China Agricultural and Trade Report*, RS—89—5, Economic Research Service, USDA, Washington DC

[23] Webb, S. H. (1992), *China's Agricultural Commodity Policies in the* 1980s, Working paper, Economic Research Service, USDA, Washington DC

[24] World Bank (2001), *Commodity Price Data* (Pinksheets), obtained from http://www.worldbank.org/prospects/pinksheets/

[25] Zhang, L. Q. (2001), *Effective Assistance on Agricultural Products of Agricultural Policy in China*, Unpublished Ph. D. Dissertation, China Agricultural University

[26] Zhu, X. G., Wan, G. H. and Liu, X. Z. (1996), "Measurement of China's PSEs in 1993—1994", *Problems of Agricultural Economy*, No. 11, pp. 37～42

关于制定农业专业会计核算办法的思考*

杨秋林

从我国会计改革的目标来看，我国会计标准体系构架是要通过改革，建立起既符合中国国情、又与国际惯例相协调的，包括政府会计、非营利组织会计和企业会计三大组成部分组成的中国会计标准体系。从企业会计标准体系构架考虑，是要通过改革，建立起我国企业会计标准的三个层次：一是企业会计准则；二是企业会计制度；三是若干会计暂行规定及专业核算办法。会计暂行规定及专业核算办法是针对某些特定业务和特殊行业，如石油天然气、农业、交通运输、旅游业、房地产开发等的特点所作出的会计规范。由此可见，从我国会计改革的总体构想看，农业专业会计核算办法是我国会计构架的有机组成部分，不可或缺。抓紧制定农业专业会计核算办法，是我国会计改革深化的要求，也是我们农业会计战线工作者义不容辞的责任。在此，我们提出一些不成熟的构想，抛砖引玉，以期引起大家的讨论，集思广益，促进我国农业专业会计核算办法的早日形成。

一、制定农业专业会计核算办法的必要性

专业核算办法是针对某些特定业务和特殊行业的特点而作出的会计规范。农业生产是经济再生产和自然再生产交织进行的复杂过程，使得农业专业会计核算有着许多与此有关的特点：

（1）土地是农业生产不可或缺的重要生产资料，土地资产的确认和估价比较特殊，也很重要。

（2）农业活动中的劳动对象是动物和植物，他们是有生命的生物资产。一部分生物资产如产畜役畜、经济林木等，具有生产手段的特点，称之为生产性生物资产；另一部分是消耗性生物资产，是指将收获的农产品或将出售的生物资产，如肉畜、养殖的鱼、种植的庄稼等。对于生物资产的核算是农业会计核算的特殊问题，同时，生产性生物资产和消耗性生物资产之间存在相互转化的关系，如产畜役畜被淘汰转化为育肥畜、幼畜成长转化为产畜等，这些情况更增加了核算的复杂性。

（3）农业生产活动的重要内容是对生物资产的转化、收获、管理等活动，这种活动的确认和计量，以及与此相关的成本计算，都与工商企业有很大差别，显示出农业核算的特点。

（4）我国农业企业的管理体制使得农业企业会计核算更具特色。如我国的农业企业很大部分是农垦企业，在目前的改制过程中，农垦企业的经济活动内容复杂：它既是一个企业，同时也是一个社区，既具有企业的功能，也具有政府的一些职能。它的经济活动既有统一经营活动，也有

* 原载《会计研究》2002年第6期。

农业生产承包户——家庭农场的生产经营部分，还有社区事业部分（如学校、公检法机构、医院，农场小城镇里的市政），还有环卫、水电等集镇管理部门，还有非统一经营的工商企业部分，以及农场职工及其家属在生产经营以外的自营经济部分（包括职工自留地、菜园的收入，农户养鸡养鸭养猪等收入，个体商店、修理服务业等收入及外出打工的净收入等），这些收入有的虽然不由农场控制和核算，但属农场区域内的农垦人劳动创造的收益，也是农垦经济的组成部分。以上复杂的经济组成，会在相当长的历史时期内存在，如何对其加以区分、归类及核算反映，使得农业企业会计变得复杂，有许多活动内容是一般性会计制度所反映不了的，必须设计特殊的会计科目、会计报表对其归类进行核算反映。

综上所述，农业行业有许多特殊性，制定《农业专业会计核算办法》十分必要。

二、农业专业会计核算办法与企业会计制度的关系

农业专业会计核算办法与企业会计制度的关系应该表现在以下几方面：

（1）企业会计制度是国家统一的会计制度的重要组成部分，农业专业会计核算办法应完全遵从企业会计制度的规定，凡是企业会计制度规定了的，农业专业会计核算办法不再另作规定。

（2）农业专业会计核算办法必须反映农业特点，对企业会计制度起补充作用。

（3）农业专业会计核算办法和企业会计制度必须有机结合，达到核算真实、提供有用财务会计信息的共同目的。

三、农业专业会计核算办法基本构架的设想

我们设想农业专业会计核算办法主要包括三大部分：总则、会计科目、会计报表及其说明。

1.“总则”部分。该部分主要说明本办法制订的依据、原则、适用范围；定义农业行业会计核算涉及的特殊概念，如农业活动、生物资产、生产性生物资产、消耗性生物资产、农产品等。对此，《国际会计准则第 41 号——农业》的有关内容是我们制订农业专业会计核算办法的重要参考。

2.“会计科目”部分。本部分只对反映农业特殊性、在《企业会计制度》中没有规定的、新设立的特殊会计科目分别作出规定和解释。主要有四大类：

（1）反映农业生物资产的。这一类科目主要有：“农产品”；“幼畜及育肥畜”；“固定资产”一级科目下设“生产性生物资产”二级科目，反映产畜役畜、经济林木等。

（2）反映成本核算的。在《企业会计制度》所设立的“基本生产成本”科目下，以设立二级科目的方式反映农业专业的特点，设立的二级科目有：“种植业生产成本”、“畜牧养殖业生产成本”、“林业生产成本”和“水产业生产成本”等。

（3）反映家庭农场的经济活动的。这一类科目主要有：“应收家庭农场款”一级科目，下设“应收承包款”、“应收垫付款”、“应收保险款”、“应收投资性借款”、“应收扶贫性借款”、“应收其他家庭农场款”等二级科目；“应付家庭农场款”；“待转家庭农场上交款”等。

（4）反映农场社会公益性项目的。这一类科目主要有：“公益性固定资产”、“社会性支出”等。在“社会性支出”一级科目下设“教育支出”、“政法支出”、“卫生防疫支出”、“交通通讯支出”、“环保支出”、“其他社会性支出”等二级科目。

此处需要特别讨论一下为什么要设置“社会性支出”这一类科目。

在旧的会计制度中，这一类支出多在"营业外支出"科目中核算。由于这一类支出内容繁杂、金额巨大，"营业外支出"科目无法包容，给农业企业会计核算及财务管理工作造成了许多障碍。新的专业核算办法拟将这一类支出单独设立科目进行核算，主要出于以下考虑：

①更好地体现会计真实性原则，如实反映农业企业经济活动的真实情况。

②这一类活动是农业企业经济活动的重要内容，极大地影响着农业企业的财务状况和经营成果。根据会计重要性原则，对这一类重要经济活动，应该单独反映，并予以充分、准确地披露。

③会计准则本身是发展变化的，国际会计准则委员会也是根据变化了的情况对已经发布过的国际会计准则作出适时的修订，或者用新的会计准则取代过时的旧的会计准则。我国自发布具体会计准则以来，对过时的会计准则也多次根据变化了的情况作出及时修订，如在1998年发布的一批企业会计准则，如投资、债务重组、非货币性交易、现金流量表等，都在2001年作了不同程度的修订。因此，农业会计专业核算办法也是可以不断修订完善的。如果农业企业改革到位，企业承担的社会公益性支出完全剥离出去，可以取消这类科目。但是目前应该设置这一类科目。

3."会计报表及其说明"部分。

(1) 农业企业会计报表与《企业会计制度》规定的会计报表基本保持一致。主要编制资产负债表、利润表和现金流量表，但表中的具体项目根据本办法设计的科目进行适当的增减。农产品、幼畜与育肥畜和农业生产成本列入"存货"项目；消耗性生物资产列入"存货"项目，生产性生物资产列入"固定资产"项目；在会计报表附注中应分组披露消耗性生物资产和生产性生物资产的账面金额。会计报表附注中应尽可能披露生物资产以及从生物资产上收获的农产品的公允价值。

(2) 本部分要突出农业核算的特点，增加家庭农场报表的内容，并就家庭农场报表与基本报表的衔接问题进行说明。

四、需要进一步研究讨论的问题

为了使农业专业核算办法具有科学性和实用性，真正起到反映农业特点、补充《企业会计制度》的作用，对以下重要问题必须进行深入调查研究，得出实事求是的结论，再将其反映到农业专业会计核算办法中去。

1. 土地资产问题。土地资产的核算是一个非常复杂的问题，值得好好研究。下面谈点粗浅看法。

第一，我国会计准则与国际会计准则对土地资产处理的比较：对于土地资产，国际会计准则有明确规定；我国企业会计准则有原则规定，但不如国际会计准则详细具体。

(1) 国际会计准则对于与农业活动相关的土地不在农业准则（第41号）中讲述，而是在有关的"国际会计准则16号——不动产、场厂和设备"和"国际会计准则40号——投资性房地产"中讲述。

(2) 关于定义两者基本一致，只是表述方式有些区别。

我国《企业会计准则——固定资产》中的表述：

第3条规定："固定资产，指同时具有下列特征的有形资产：①为生产商品、提供劳务、出租或经营管理而持有的；②使用年限超过一年；③单位价值较高。"

第4条规定："固定资产在同时满足以下两个条件时，才能加以确认：①该固定资产包含的经济利益很可能流入企业；② 该固定资产的成本能够可靠地计量。"

第17条关于固定资产折旧的规定中，第2款规定："按规定单独估价作为固定资产入账的土地"可以不提折旧。

国际会计准则中所称的"不动产、厂场和设备"，相当于我国会计制度中所称的"固定资产"。其定义描述如下：

第6条规定，不动产、厂场和设备，指具有下列特征的有形资产：①企业用于生产，提供商品或劳务、出租或为了行政管理目的而拥有的；②预计使用寿命超过一个会计期间。

第7条规定，不动产，厂场和设备项目应确认为资产，如果：①与该项资产相关的未来经济利益很可能流人企业；②企业可以可靠地计量该项资产的成本。

第45条规定：土地通常具有无限的使用期，因而对其不计提折旧。

(3) 国际会计准则第16号——不动产、厂场和设备中有关土地的规定更为详细。

第30条规定：土地和建筑物的公允价值通常是其市场价值。此价值由合格的专业评估人员通过评估确定。

第35条规定，土地是不动产、厂场和设备中八类不同类别的第一类：①土地；②土地和建筑物；③机器；④轮船；⑤飞机；⑥机动车辆；⑦家具及装修；⑧办公设备。

第45条规定：土地和建筑物是相互独立的资产，应分别对其进行核算，即使它们是一起购置的也是如此。土地通常具有无限的使用期，因而对其不计提折旧。建筑物具有有限的使用期，因此，属应计提折旧的资产。土地价值的增加并不影响其附着建筑物的使用寿命的确定。

第二，在我国农业专业会计核算办法中，土地资产是否计价纳入会计核算，目前主要有两种意见。

(1) 纳入核算。理由是：有利于真实反映农场的规模和实力；有利于降低农业企业的资产负债率，有利于企业扩大再生产；有利于真实进行成本核算；有利于对外联营合作等。

(2) 不计价纳入核算。理由是：土地计价非常复杂，目前还没有简便易行的方法；土地计价纳入核算，会加重企业的税收负担，引起一系列的经济问题等。因此，土地资产的核算纳入农业专业会计核算办法，目前还不够成熟。

第三，我们的意见是，土地资产不在农业专业会计核算办法中进行规定。参照国际会计准则的做法，土地资产应在《企业会计准则——固定资产》这一准则中进行明确的规定。建议对现已发布的《企业会计准则——固定资产》进行修订。

2. 在农业专业会计核算办法的制定中，除上述土地资产的核算问题需要认真研究外，还有许多农业企业的特殊问题值得研究。诸如：固定资产中的水利设施和田间道路资产的确认和计价以及该类资产的维修和折旧问题；生物资产如经济林木、幼畜育肥畜、产畜役畜、农作物等的确认、计量以及生产性生物资产的折旧问题；公益性固定资产的核算问题；种植业生产成本、畜牧业生产成本、林业生产成本、水产业生产成本等方面的成本对象、成本项目以及成本计算等问题；家庭农场的核算问题及其报表与统一报表如何衔接的问题；农业特殊业务（如销售种子在出苗率达到要求标准后收款）的收入确认问题；社会性支出的确认和列支问题等，都需要认真研究。

农民宅基地私有化的探讨*

俞家宝　俞　勤

一、农民宅基地私有化的重要作用

实行农民宅基地私有化对农村经济发展、解决当前农民收入、国民经济增长都有重要作用。

第一，宅基地私有化后可有效阻止宅基地继续扩大。据统计我国农村宅基地每年扩 大 45 万亩左右，为了扩大宅基地，农民争相在村外盖新房致使原有村庄空心化，浪费了大量耕地，私有化后，房基地不再扩大，某户农民人口增加需要盖房，可在原有住房加层或互相买卖调节。

第二，可有效防止乡村干部利用批宅基地以权谋私。宅基地私有化法一旦公布，就不存在宅基地增加，也就不存在乱批宅基地问题。

第三，农民进城务工，可能卖掉宅基地和住房，在城市或小城镇购房，有利于城市化发展。

第四，城市居民可以到农村购买宅基地自盖房，不仅成本比较低而且自己监督质量有保证，二三层楼房技术比较简单，有利于农村建筑业发展，这样就可以有一大批资金注入农村，农民可以用这笔资金改善生产条件，另外农民宅都比较大，把宅基地卖掉一半留下一半，把一层平房改为二三层甚至四层，在解决城市居民住房的同时，农民又有了资金改善自己的居住条件。可以提高生活水平。

第五，城市居民到农村居住后，可以把城市生活方式带入农村，有利于引导农村生活方式城市化，还可以提高农村地区购买力，促进农村经济发展。

二、农民宅基地私有化的理论根据

第一，宅基地属于农民生活用地，马列主义历来认为生活资料应该私有或个人所有，特别是在社会主义初级阶段农民宅基地私有更有利于资源合理利用。

第二，农民房产是私有的可以祖祖辈辈使下去，宅基地实际上也等于私有，法律上承认私有后，只是把永久使用权改为所有权，把不准买卖改为可以买卖，遇到国家征用土地时把补偿费改为购买费，把补偿费给村、组集体再转给农民改为直接给农民，避免了村组集体挪用、克扣，还可保证农民得到公平合理的出售收入。

第三，农民宅基地本来是土改时分给农民所有的土地，1956 年全国人民代表大会通过的高级农业生产合作社示范章程第十六条规定：“社员原有的坟地和房屋基地不必入社”，这是唯一的具有法律效率的农民土地集体化的文件。因此，农民宅基地私有化是有法律依据的。

---

* 原载中国管理科学研究院农业经济技术研究所《通讯》2002 年第 6 期。

三、回答几个问题

第一，农民宅基地私有化会不会影响国家建设用地，这个问题可以在宅基地私有化法中作出规定，明确提出：国家建设用地需要征用农民宅基地时，应按合理价格购买，农民不得拒绝征用，合理价格可由建设单位、国家有关部门、律师、农民、经济评估师几方共同讨论定出合理价格。

第二，会不会产生大量农民无房户，宅基地私有化后农民会因各种原因出售房产，因有宅基地产权购房者也更愿意购买，农村房屋交易量会大量增加，农民出售房屋不外三种：一是还债，二是搬迁，三是变现后投资。只有第一种情况会产生售房后无房居住，还债不外天灾人祸，天灾受害面大一般会得到国家帮助，人祸的原因很多如疾病、不良爱好等，借债后可能无力偿还。建立农村社会保障体系后因疾病借债会大量减少，因不良爱好而出售房屋还债，可通过法律解决，如用法律明确住房和宅基地的产权属全家成员共同所有，其实婚姻法已明确家庭财产为夫妻共同所有，而未成年子女父母有抚养责任，有法律保障即使卖房也不可能全卖，这就不可能出现大量无房户。

第三，会不会影响乡村建设，如修水渠、修路等需要搬迁某户住宅，若因宅基地私有而遭拒绝建设将难实现。其实这仍然是个补偿问题，只要补偿合理问题不难解决，纠纷往往是出价偏低或新补偿的宅基地位置不好、土质不好等不公平合理造成的。因宅基地私有而无理取闹、或强占集体利益必将受到全村乡亲的责备，何况乡村建设是公益事业搬迁户也会受益，所以只要补偿合理加以耐心说服，这类问题完全可以解决。

总之，我觉得宅基地私有化负面影响很少，工作复杂程度也不大，但对经济发展确有很大的促进作用。

集团公司网络财务的应用模式设计

葛长银　王义峰

［摘　要］集团公司实行网络财务是有效防范财务风险的重要措施之一，也是其财务管理的发展方向。文章针对集团公司的经营特点和财务管理模式，设计其网络财务的应用模式——虚拟“资金中心”，以便展示网络财务的特点、功能和其在集团公司的经营过程中所起到的重要作用。

［关键词］集团公司　网络财务　资金中心

一、传统“资金中心”的构造方案分析

持有货币资金是企业进行生产经营活动的基本条件，货币资金的核算管理在企业的经营管理中占有重要的位置。集团公司作为跨地域、跨行业的企业，在企业集团化经营管理中，为了增强自身资金的调控能力，重要的措施之一就是成立集团“资金中心”实施监控，管理核心公司及每一子公司的资金收支、占用、分摊、调拨、分配、投资以及银行存贷款利息等。

1. 传统“资金中心”的方案设计。在传统构造方案里，“资金中心”作为一个独立核算的部门甚至是独立公司，其管理完全是独立的。其作为企业资金流入/流出的唯一通道，对外面对商业银行，对内面对各个分公司，即所有分公司无论本地或异地，都无权和商业银行打交道，不再设有银行账号，而只能在资金中心开户。内部的流通媒介为内部支票。整体管理构造格局如图1所示。

2. 传统“资金中心”的功能分析。传统“资金中心”财务模式通过“资金中心”的盈亏反映资金的运作效率，并进行资金流动控制和内部调节。这种管理可以达到资金的完全实质性的本地化统一管理，避免出现大量闲置资金分散管理的人为漏洞或被临时占用现象，进行资金的宏观调配，最大限度地发挥有限资金能量；同时，集团“资金中心”作为一个小的金融实体，可利用各种有效的手段，如利率变动、票据贴现、短期投资等，为企业避免风险，提高经济效益。

3. 传统“资金中心”的缺陷。传统“资金中心”模式的效率和优势因为传统“资金中心”所处的环境大打折扣。首先，实现“资金中心”作用所使用的媒介是内部流通媒介——内部支票，在核算过程中仍然要使用传统的会计核算模式，尽管目前会计电算化已经很普及，但是根据会计程序必须根据原始凭证才能做记账凭证、入账、调整、编制会计报表，资金中心所做的仍然是事后核算。事前和事中的控制能力比较弱。

其次，由于所有资金的实际收入、支出都由“资金中心”和商业银行独立进行往来，对分公司，尤其是大多不在本地的分公司来说，会造成过多在途资金，缺乏时效性；同时对于各分公司，在实际经营操作上也存在诸多不便之处。比如，分公司与核心公司之间是用现金流来维系在

一起的，当分公司出现亏损必须要等财务报告传到“资金中心”，然后再由核心公司根据情况确定如何处理。这一过程要耗费很长时间，及时性较差。

第三，分公司如果非法占用资金，或者资金信贷产生坏账，总公司要承担很大风险。

二、虚拟“资金中心”网络财务管理模式的设计

“资金中心”系统属于公司信息管理系统的一个重要模块，在整个系统中资金流是管理的核心。公司管理信息系统的目的是通过计算机网络管理，对公司内部的管理、经营进行全面整合，及时准确地为企业提供所需的第一手材料，并对各分公司、各部门在业务执行过程中的各个环节进行有效的监控；变被动管理为主动管理，通过计算机逐步实施“事前计划，事中监控，事后分析”的科学管理方法，增强企业的整体实力和运作能力。

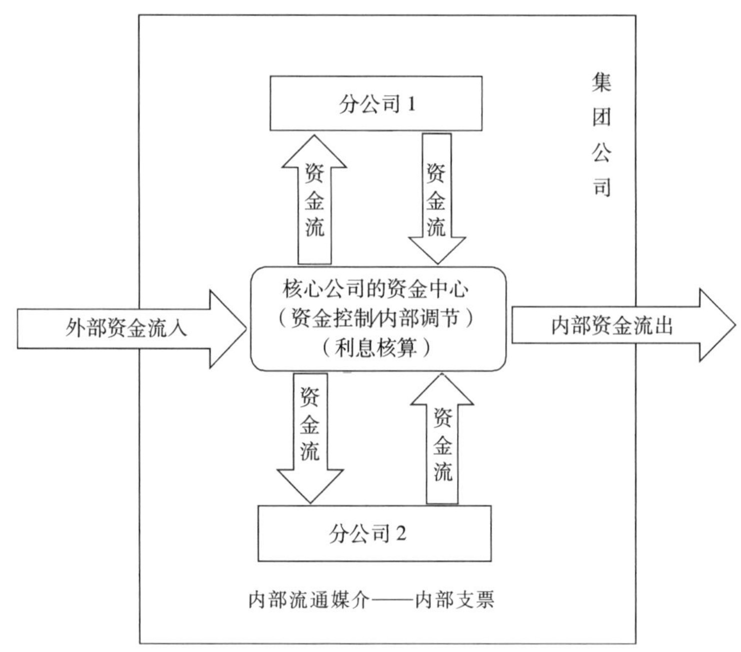

图 1

1. 虚拟“资金中心”财务管理模式的方案设计。虚拟“资金中心”的方案保留传统“资金中心”的管理内涵，克服其在实际操作中的不足。利用先进的浏览器技术，动态、实时地进行数据集中式处理。变传统的“资金集中”为“资金异地分布存放而数据实时集中处理”的新型管理模式。

虚拟“资金中心”的建立，是采取面对一个相对独立的部门甚至是相对独立的子公司的形式，其管理是完全独立的。对外，集团总部和各分公司在商业银行设有自己的独立的银行账号；对内，要求集团公司总部和各分公司在统一的商业银行旗下在虚拟“资金中心”开设银行账号，这样便于“资金中心”的资金调拨与管理核算。

这一模式要求各分公司在集团的数据服务器上建立独立或统一的账套。为了能够实时了解到集团总部和各分公司资金真实的流动情况，集团总部或资金中心要求所有分公司的财务人员每天到银行领取单据，并通过 INTERNET 浏览器输入当天现金、银行的发生额；准确严密的控制大

额资金的使用，是"资金中心"的一项重要职责。核心公司及各分公司财务人员在开放型网络下协同工作、在线处理，达到"天涯若比邻"的办公新境界。

2. 虚拟"资金中心"财务管理体系的财务运转方式。"资金中心"作为财务系统运转的核心，通过电子单据的传输交换掌握各分公司的财务状况。如图 2 所示，当各分公司之间或与集团之间发生拖欠贷款的情况，被拖欠方应该立刻通过内部单据通知"资金中心"，"资金中心"立刻通过内部单据通知拖欠方，将拖欠的贷款强行转为拖欠方的内部贷款；同时规定出偿还时间，并开始就此项贷款给被拖欠方计算借款利息。还款时，拖欠方将贷款及借款利息存入"资金中心"在当地的所属账号，视为"资金中心"所有，"资金中心"再将被拖欠方的贷款及贷款利息通过被拖欠方所在地的"资金中心"所属账号划拨资金到被拖欠方的账下，从中赢取利息差异作为收入。这样集团内部的贷款转信贷和资金统一调拨，严密的控制了资金回笼，防止了资金停滞，充分地发挥了资金的流动性。

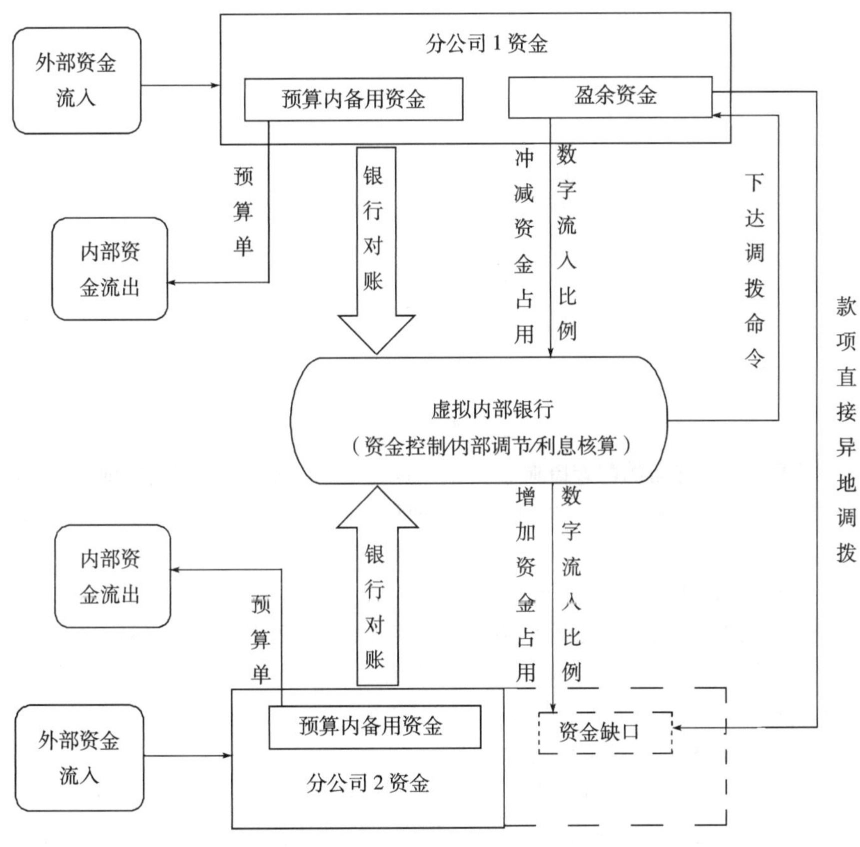

图 2

如图 3 所示，当各分公司或集团总部由于某项目需要对外贷款或投资，应统一利用内部单据通知"资金中心"。由于"资金中心"实时掌握着各分公司和集团总部的资金状况，它可以通过资金回笼、拆借、或对外信贷来筹集或使用所需资金。这样各分公司和集团总部资金的风险信贷和使用，统一由"资金中心"承担。由于"资金中心"直属集团公司，所以可防止一切的人为漏洞和风险资金不良使用的弊病。内部的信贷同时也是为集团核心公司节省了由于资金占用而产生的利息。

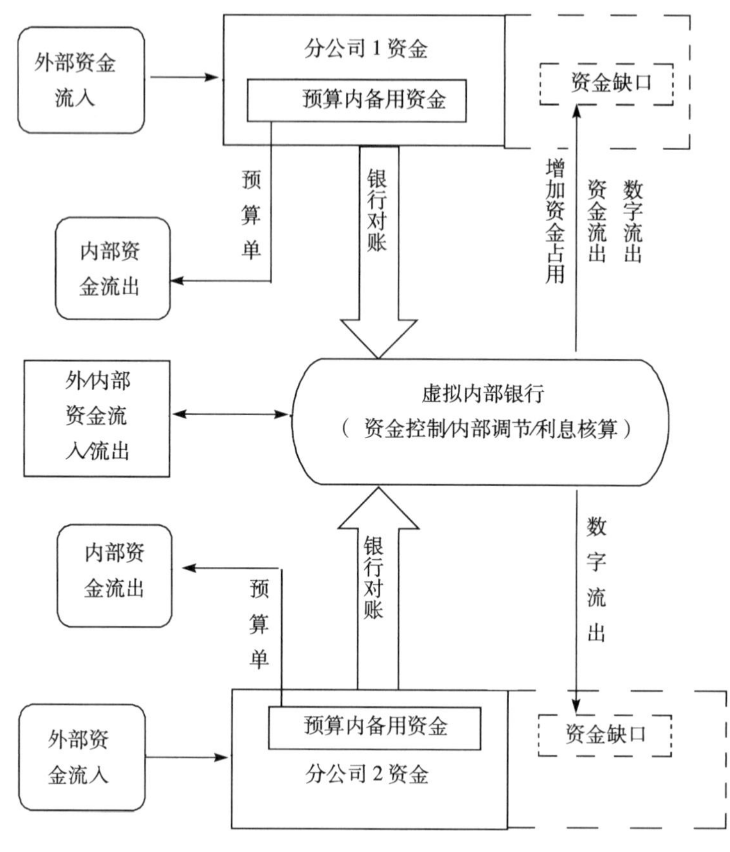

图3

3. 虚拟“资金中心”必备的配套措施 。虚拟“资金中心”模式得以正常运转，必须依靠一系列的配套措施加以辅助，保证财务的实时监控管理和现金流的严密控制，这一系列配套管理措施包括：

（1）资金预算申请管理。各分公司通过网络，每周或每月定期向核心公司填写“周/月资金预算单”。核心公司根据实时的各分公司的最新资金存量情况以及其对应的“资金预算单”之间的差额，为各分公司留出备用资金，“锁定”资金盈余或缺口，统一纳入“资金中心”的管理之中，在需要时才进行资金的实质调配。此模式本质为传统模式下的资金异地存放，但数据实时集中处理，最大限度避免了资金在途浪费及盲目性。

（2）资金中心计算利息系统。虽然各个分公司的资金向核心公司的虚拟“资金中心”进行“理论”上的存取，但核心公司的虚拟“资金中心”会进行实质性的计息（包括逾期/逾额/催收等管理），以核算各分公司利润及核心公司“资金中心”的利润情况，反映资金使用效率。

（3）资金数据录入管理。为了使各分公司当天及时录入现金、银行发生数据，从集团财务制度上可以将其指定为财务制度并下发，如在今后的财务检查中发现不符点，可进行严处。此项检查工作可由“网络银行对账”辅助检查。

（4）网络银行对账。通过银行对账单的录入（或自动接口），可以实施“网络银行对账”。利用这种手段可以随时了解各分公司及核心公司的未达账项，体现资金实际情况；对各分公司数据

录入的及时性作辅助检查；避免各分公司资金被其私自临时挪用。

（5）预算备用金管理。提高各分公司资金预算能力，启发并提高其资金的使用效率。对于各分公司“预算备用金”过高、造成资金使用效率过低者，其未使用部分视为借款。

（6）网络出纳管理系统。将出纳所有日常业务，如支票的领回登记，领用，退回，注销，现金出入等各个业务环节进行通盘管理，以保证虚拟“资金中心”资金异地存放而避免造成私自挪用的可能。

4.“资金中心”应用模式的效果分析。通过对“资金中心”模式的介绍，不难发现虚拟“资金中心”是在原有的基础上，有了很大的突破和完善。但这并不表明原有模式的建设思想不全面，而是对原来的模式来讲，有些内容只能在网络环境下才能够实现。所以这一模式是应用了网络技术使得会计信息及时流通，被公司管理者掌握，有利于企业经营决策。

（1）利用网络技术达到实时监控效果。各分公司的营运及资金使用情况通过其财务报表系统向核心公司报告，虚拟“资金中心”对各分公司的对外投资大额使用进行严密监控，防止了人为漏洞。通过实时监控所取得确实的财务信息，对及时调整经营计划、确定应对方案将非常有利。

集团内部控制管理制度是实行资金中心财务管理模式的保证。因为各分公司的主管会计（或者所有财务人员）都是由集团总部统一委派，所以资金的实时管理成为可能。

（2）“资金中心”对拖欠贷款的强行转贷，协助各子公司之间的存款，加速资金回笼，防止了非法占用。通过统一管理资金的信贷和调拨，防止了各分公司由于资金信贷产生的坏账和风险。资金的统一管理核算，又使资金充分发挥流动性，通过虚拟“资金中心”可以使集团总部大大提高资金的运作效率。

（3）配套管理系统合理、完善、周密。如网络银行对账、资金预算申请管理、资金中心计算利息系统等系统的搭配实施，使“资金中心”的内部金融机构功能进一步实现。这里的重点工作是对资金流动态实时的监控管理。现金流在各分公司里的运动情况可以在这些配套管理系统中得以充分体现。

（4）变传统的“资金集中”为“资金异地分布存放而数据实时集中处理”。这是虚拟“资金中心”模式同传统“资金中心”模式最大的区别之处。在传统的“资金中心”模式下集团内各分公司不能保留现金，现金由“资金中心”统一调度分配，各分公司不能独立在商业银行开立账户。资金流动主要在各分公司和资金中心之间进行，而不是在包括各分公司之间流动的整个集团内部流动，限制了分公司的经营自主。虚拟“资金中心”采用的是资金异地分布而数据实时集中处理，各分公司和集团总部在同一商业银行设立银行账号。各分公司保留资金，给集团总部实时传输的是资金数据，集团总部根据这些数据再作处理。为保证财务数据的真实性，通过配套措施由集团总部派遣各分公司财务人员。资金控制方式的改变给各分公司很大的自由度。各分公司可以根据自己的特点进行预算支出，促进运营资金灵活运用，有利于提高资金利用效率。

参考文献

[1] 张良. 企业电子商务战略与操作实务. 兵器出版社，2000
[2] 郭新平. 中国财务及企业管理软件发展回顾与展望. 商业会计. 2001 (1)
[3] 孙耀. 我国财务软件的现状及其发展. 会计之友. qzgb. yeah. net
[4] 王锴. 管理型会计软件开发方法浅探. 中华财会网
[5] 刘英. Internet 时代财务及管理软件的新特点. 商桥网. www. goodsbridge. com

中国农产品贸易：最近20年的变化*

何秀荣　Thomas I. Wahl

中国经济正在不断地走向国际化，并在国际经济中扮演越来越重要的角色；中国农业贸易也列身于这种成长演变之中，并且已经成为世界农产品贸易大国。中国农产品生产、贸易和消费的状况对世界农产品贸易格局和市场状况有着重要的影响。本文主要利用最近20年的中国农产品贸易数据来分析中国农产品贸易①的变化，以期反映中国农产品贸易演变的主要结果，从而有助于判断中国农产品贸易的发展趋向。汇率、关税、补贴等与农产品贸易相关的政策、体制以及贸易组织方面的变化也应当是农产品贸易变化的重要组成部分，但限于本文的目标和范围，这里未将这些方面的变化纳入考察。

本文使用的基本分析方法是历史比较法和国际比较法。本文所利用的主要数据来自中国海关统计、《中国统计年鉴》、联合国粮农组织和世界贸易组织。在历史比较和具体的国别分析中，根据需要选用HS（商品名称及编码协调制度）或SITC（标准国际贸易分类）体系的分类数据。在进行国际比较时，本文尽量利用SITC体系的数据，因为这种农产品分类与联合国粮农组织和世界贸易组织的农产品分类标准相一致，即农产品的范围指SITC第0章、第1章、第2章（不含第27章和第28章）、第4章所包含的商品②。

一、农产品贸易的地位和目标变动

1. 贸易在中国经济中的意义。中国是一个经济迅速成长的发展中国家，其贸易规模和国际影响力在不断增大，与此同时，贸易在中国经济中的相对地位也在不断上升。实行改革开放政策以来，中国的贸易增长速度大大高于GDP的增长速度。1980—2000年，中国GDP的名义年均增长率为16.1%，而贸易总额的名义年均增长率达到23.6%。其结果突出地表现为中国经济的贸易依存度③不断上升。1980年以前中国的外贸依存度一直维持在10%以下，随着经济改革和开放，中国经济的外贸依存度迅速提高，从1980年的12.6%提高到2000年的43.9%，这一数值与世界十大经济强国（以GDP总额衡量）的该数值大体一致。中国经济外贸依存度的提高不仅表明外贸在中国经济中发挥着越来越重要的作用，而且标志着中国的经济发展与世界经济的关系更

* 原载《中国农村经济》2002年第6期。

① 本文中的贸易均为商品贸易，不包括服务贸易。

② WTO：International Trade Statistics 2001，Technical Notes.

③ 外贸依存度定义为商品贸易值占国内生产总值的比重，但中国的出口额包括来料加工在内。据世界银行1994年的估计，中国来料加工部分在1990年约占全国出口额的7.1%～35.7%。（World Bank：China Foreign Trade Reform，1994，page XVII）

为紧密。

2. 农产品贸易的国内意义和地位。长期以来，中国农产品贸易的指导方针可以归纳为两条：①农产品贸易只是作为少量调剂国内农产品余缺的手段；②农产品贸易是创汇的主要手段之一。20世纪80年代以前，中国一直在推进重工业化，政府的贸易政策思路基本上是依靠农产品和原料产品创汇来进口工业（尤其是重工业和军工业）建设需要的物资。直到实行改革开放后，经济发展政策的指导思想才调整为提高人民生活水平和着重发展影响经济持续发展的基础建设（如能源、材料、交通等)。这种经济发展思路导致了中国贸易政策的转变，从而改变了中国农产品贸易的作用和地位。

中国曾经是一个农产品出口比重较大的国家，至1980年时，农产品出口在商品出口结构中还约占30%。经过最近20年的发展，中国完全改变了商品出口结构，已经转变为一个非农产品出口居绝对优势的国家。2000年中国农产品出口额在商品出口总额中只占到6.6%，已经属于世界上该数值最小的国家之一，在本研究考察的56个国家（包括世界15个最大的农产品出口国在内）中居倒数第四位。

长期以来，中国的农产品贸易基本上处于顺差状态，1980—1983年出于调整农业结构的目的，连续出现4年逆差。1984—1994年始终处于顺差状态，同期的非农产品贸易除了少数年份外基本上处于逆差状态。1992年和1994年正是依靠农产品的贸易顺差，才使整个货物贸易呈现顺差。1995年以后，中国的总贸易收支出现了明显的转变，即非农产品贸易已经稳定地进入了贸易顺差状态，而农产品贸易却落入了贸易顺差和逆差的交错阶段。

20世纪90年代后期，中国的农产品贸易收支不仅丧失了其稳定的顺差地位，其顺差额在总商品贸易顺差中的比重也在不断降低。20世纪90年代初，农产品贸易顺差额约占总贸易顺差的1/3；到了90年代末期，农产品贸易顺差额占总贸易顺差的不到4%①。从上述的贸易额和创汇量的变动可以得出一个判断：农产品贸易已经不是中国获取外汇的主要途径。

虽然以贸易额和创汇量来衡量的中国农业贸易相对地位在不断下降，但农业贸易对提高人民生活水平发挥着积极的作用。现阶段中国通过进口大量的植物油、大豆、咖啡、可可、水果等产品来弥补国内供给不足或丰富消费品种结构。农产品出口对缓解国内农产品剩余压力和提高农民收入发挥了不可低估的作用。2000年依农业总产值计算的农业外贸依存度为12%，国内农产品中41.9%的蜂蜜、33.3%的茶叶、2%～4%的谷物、花生和柑橘出口外销。农业贸易中的原料进口在经济建设中发挥着越来越重要的作用。中国的原木、纸浆、天然橡胶等原料性产品消费量在相当程度上是依靠进口的，其中天然橡胶消费对进口的依赖程度高达63.9%。因此，当农产品贸易不再起主要的创汇作用时，中国农产品贸易的意义和作用就演变为改善人民生活、提高农民收入和提供资源短缺性原料。

3. 中国农产品贸易的国际意义和地位。1980—2000年世界农产品贸易总额的年均增长率为2.77%②，同期中国农产品贸易的年均增长率为5.82%。今天，中国已经成为世界上最重要的农产品贸易大国之一，WTO2000年国际贸易统计数据③显示，中国是世界第八大农产品进口国和第九大农产品出口国。

---

① 1990—1991年、1997—1999年这5年是中国农产品贸易和非农产品贸易均为顺差的年份，其中，农产品贸易顺差占总贸易顺差的比重分别是26.4%、40.8%、2.7%、3.9%和1.2%。

② 根据FAOstat数据计算。

③ WTO：International Trade Statistics 2001，Table IV.7。

中国在许多农产品上具有重要的进出口地位，如蔬菜、生丝、蜂蜜的出口量占国际市场的一半以上；茶叶和水稻的出口量占国际市场的11%～15%；带脂羊毛、皮革、大豆、原木、贝壳类水产品、大麦、豆油、木纸浆等在进口市场上都占有两位数的份额。中国的农产品进出口动向严重影响着世界同类商品的供求状况和价格水平。

二、主要农产品贸易伙伴①

中国传统的农产品贸易伙伴是亚洲国家和地区，2000年中国与亚洲的农产品贸易占农产品输出总额的73.7%和进口总额的44.2%（SITC口径）。近年来，北美洲已经取代欧洲成为中国农产品第二大输出地区。2000年，中国最大的出口贸易伙伴是日本、香港和韩国；最大的进口贸易伙伴是美国、阿根廷和加拿大。

1. 中日农产品贸易变动。在中国的对外农产品贸易中，日本对于中国的农产品出口最为重要，并处于仍在继续加强的状态，1992年对日农产品出口占中国农产品总出口的25%，至2000年该份额上升到36%。出口金额扩大了一倍多，增加到53.5亿美元。在HS第1章～第24章的分类中，有1/6类别的对日出口占中国同类农产品总出口的一半以上，有2/3类别的对日出口占中国同类农产品总出口的10%以上。正因为日本对于中国农产品出口具有极端重要性，中日农产品争端对中国农产品出口总况影响很大。

对日农产品出口以水产品和蔬菜为主，其次是畜产品。近年来，这种倾向还在加强。2000年这三类产品已分别上升到对日农产品出口额的43.0%、26.6%和8.1%。过去中国曾向日本出口谷物、油料和饲料，但目前已经很少了。

相对于农产品对日本出口，中国从日本进口农产品的比重很小，1992年进口农产品额为0.88亿美元，占中国农产品进口总额的2.1%；2000年进口农产品额为2.82亿美元，占中国农产品进口总额的3.0%。所以，对日农产品贸易存在巨大的贸易顺差，1992年为25.6亿美元，2000年扩大到50.6亿美元，是中国主要的农产品贸易顺差来源。

2. 中国香港在大陆农产品贸易中作用的变动。中国香港在中国农产品贸易中曾经发挥过重要作用。香港本身的农产品需求对中国内地农产品出口具有重要意义，香港的转口贸易地位更具有特殊的重要意义。20世纪80年代，大陆农业发展使香港的农产品年均出口增长率跳升到17.28%，远远高于1961—1980年的农产品出口平均年增率。但随着中国开放程度的提高，香港在中国农产品贸易中的地位明显下降。90年代期间，香港的农产品出口年均增长率已经降到2.16%。这种地位的变化不但体现在其在大陆农产品贸易的相对地位上，也体现为其绝对贸易额的下降。1992年大陆从香港进口了约2.4亿美元的农产品，而2000年只从香港进口了约3 000万美元的农产品，减少了约88%；同期输往香港的农产品出口额也下降了约3亿美元。香港在中国农产品贸易中地位下降的主要原因可能在于：①中国的开放政策使得越来越多的内陆省份学会了直接进行国际贸易，从而降低了香港作为转口贸易的地位。②计算基数的变化对香港在中国农产品贸易中的地位也有影响。当中国内地农产品贸易总额较低时，出口香港的在港消费农产品金额具有相对较大的计算权重；当大陆农产品贸易量大大扩张时，出口香港的在港消费农产品金额

① 本节中未经特别说明的农产品金额均是以HS第1章至第24章计算的农产品金额，因为具体考察1992年以来中国与各国的贸易情况时，只有HS体系的数据可资利用，1992年是中国采用HS商品贸易统计体系的第一年。与SITC体系相比，这里未包括皮革、纤维、木材和纸浆。

具有的权重大大降低。以这种思路来考虑，随着中国加入WTO后农产品贸易规模的进一步扩大，香港无论是作为进口原产地，还是出口目的地，抑或是转口贸易地，其在大陆农产品贸易中的相对地位还将进一步下降。

3. 中韩农产品贸易变动。韩国是中国第三大农产品出口去向地，中韩农产品贸易的演变与中日农产品贸易的演变基本相近，即中韩两国之间的农产品贸易关系也在加强，韩国是中国农产品出口的主要去向，而中国从韩国进口农产品的份额很小。1992年对韩国农产品出口占中国农产品出口总额的7.6%，至2000年该份额上升到10.4%；出口金额扩大了近一倍，增加到15.5亿美元。对韩的农产品出口以谷物和水产品为主，其次是蔬菜和油料。饲料曾经是中国出口韩国的主要农产品，但目前只占到对韩农产品出口额的4%。2000年来自韩国的农产品进口额为1.28亿美元，仅占中国农产品进口总额的1.4%。目前，中国从韩国进口的主要农产品是水产品和糖料。同样，对韩农产品贸易也存在可观的贸易顺差，1992年为8亿美元，2000年扩大到14.2亿美元。

4. 中美农产品贸易变动。中美农产品贸易关系在最近20年不断得到加强，尤其是在20世纪90年代后期。1992年与2000年相比，中国在与绝大多数国家和地区的商品进口贸易中，农产品贸易的进口份额都在下降，但中国从美国进口货物的份额中，农产品份额却从7.81%上升到10.02%，进口金额从7亿美元跃升到22.4亿美元，扩大了两倍多。在中国农产品进口总额中，美国的份额提高了约7个百分点，美国成为中国最大的农产品进口来源。美国农业部的资料显示，在美国农产品出口去向的排名中，中国已从1992年的第16位上升为2000年的第6位。

在出口方面，中国出口美国的农产品金额从1992年的5.6亿美元增加到2000年的11.5亿美元，扩大了一倍多，在中国农产品出口份额中提高了约2.5个百分点，美国已成为中国第四大农产品出口去向国。美国农业部的资料显示，在美国的农产品进口来源排名中，中国已从1992年的第11位上升为2000年的第4位。

在中美农产品贸易中，美方主要向中国出口粮油产品、肉类产品以及最近上升的饲料产品；中国向美方出口的主要产品是水产品和园艺产品。中美农产品协定的签订和中国加入WTO，特别是对美国太平洋西岸小麦和柑橙进口的解禁，为美国农产品出口到中国扫清了最后的障碍。中美农产品贸易有望在近年内出现新的高峰。

三、贸易集中度

为了降低贸易风险和扩大出口贸易，中国一直在提倡贸易多元化战略，主要是出口商品的去向多元化和种类多元化。但如果考察中国与各农产品贸易伙伴的数量关系，就能发现实际的出口情况和战略意图正好相反，中国农产品出口贸易集中度在提高。为了避免由于中国贸易统计标准的变更带来的不可比性，这里仍采用1992年与2000年的HS贸易数据进行比较。在中国农产品出口方面，1992年中国最大的前三名贸易伙伴是日本（25.2%）、中国香港（20.9%）和韩国（7.6%），输往该三地的出口金额占中国农产品出口总额的53.67%。2000年中国最大的前三名贸易伙伴依旧是日本（36.0%）、中国香港（12.7%）和韩国（10.4%），但三地合计的份额提高到59.12%，提高了5.5个百分点。如果考虑第四大贸易伙伴美国，则前四名的出口集中度从1992年的59.95%提高到2000年的66.80%，提高了8个百分点。其中，对日本的出口份额提高了约11个百分点。特别是在香港的份额大幅度降低的情况下，出口集中度仍在迅速提高。也正因为如此，中国农产品出口风险在很大程度上取决于对日农产品的输出状况。

在农产品进口方面，中国的多元化贸易战略正在得到体现。1992 年中国最大的前三位进口来源是加拿大（22.2%）、美国（16.8%）和秘鲁（7.2%），来自该三地的进口金额占中国农产品进口总额的 46.1%。2000 年中国最大的前三位进口来源是美国（23.7%）、阿根廷（8.2%）和加拿大（7.4%），但三地合计的份额降低到 39.3%，比 1992 年的前三名合计数下降了近 7 个百分点。同期，前 10 位的合计份额也从 76.52%下降到 70.58%。

四、进出口双向大幅流动

不少人认为，帮助一国发展经济的同时造就了自己的竞争对手，这也是反对农业技术援助的理论依据之一。但历史经验表明，经济的发展往往使其成为强劲的农产品需求者，尤其是人均农业资源紧张、人口密度高的国家和地区更是如此，比如日本、韩国、中国台湾省的发展情况。今天，中国在被竞争对手视为强劲的农产品出口国的同时，也在迅速地变为一个容量极大的农产品需求者。

在大多数发展中国家，随着经济的发展和开放，农产品的国际贸易量主要呈现两种基本变动：①农产品进出口贸易量双向扩大，工业化进行得较好的国家和地区往往属于这种类型；②农产品出口量减少，进口量增加。在本研究考察的 1965—1999 年 GDP 年均增长率超过世界平均水平的 42 个国家里，有 36 个国家呈现第一类型，5 个国家呈现第二类型，只有新加坡是例外，呈现出口扩大、进口减少的现象。中国的变动状态属于第一种类型。1980—2000 年的 21 年间，中国农产品进口额从 67.56 亿美元增加到 195.46 亿美元，年均增长速度是 5.46%；同期的农产品出口额从 48.34 亿美元扩大到 163.89 亿美元，年均增长速度是 6.29%。这两个速度均高于世界农产品进出口的年均增长速度（分别为 2.67%和 2.89%）。

经济环境的不同，进出口变化也不一致。如果以 20 世纪 80 年代和 90 年代作为不同的经济环境来分段考察中国的进出口情况，就会发现，随着经济水平的提高，中国的农产品进口步伐在加快。当 80 年代经济改革起步时，农产品贸易以出口增长为主，1980—1990 年的年均出口增长率为 8.21%，快于同期进口的年均增长率（2.42%）。与世界农产品进出口贸易相比较，这一时期中国农产品出口增长率是世界平均出口增长率（3.37%）的 2.43 倍，而进口增长率低于世界平均增长率（3.29%），仅为世界平均水平的 73.6%。90 年代，中国的农产品贸易则以进口增长为主，1990—2000 年的年均进口增长率为 9.91%，快于同期的出口年均增长率（5.16%），是 80 年代年均进口增长率的 4.1 倍。

中国农产品贸易指导思想的转变为农产品贸易的进出口双向流动提供了政策环境；中国农业生产能力的改善和提高为扩大出口提供了物质条件；经济增长所导致的收入增长和人民生活需求层次的不断提高为进口创造了支付和需求条件。中国已经转变成为农产品进口和出口双向大幅流动的国家。正如 WTO 资料所表明的，中国已是世界第八大农产品进口国和第九大农产品出口国，这种双向大幅流动的特征将是中国未来农产品贸易的基本特征。

五、农产品进口质量

中国实行改革开放以前，农产品处于全面供给短缺状态，同时，中国的外汇又相当紧张，因此，在农产品进口方面采取的是数量优先的基本策略。为了在弥补国内供给不足和外汇紧张问题之间寻找平衡，中国曾经采用出口价格较高的水稻换以进口价格较低的小麦的办法，以此获得农

产品贸易国际收支平衡条件下的供给数量扩张。在同类农产品的进口上也往往进口质低价廉的农产品。

随着国内农产品供求关系的改变和人民消费水平的提高，国内农产品的质量得到不断的提高。这一变化对农产品进口的直接影响是中国的农产品进口需求明显地从数量优先逐渐转向质量优先。本文考察1980年以来中国部分进口农产品的平均价格与国际市场上同类产品的平均价格的偏差变动情况，以此来映射中国进口农产品的质量①。其结果是，中国农产品的相对进口单价从1980年起处于上升状态。1995年以后除了大豆的价格趋于下降状态外，其他产品价格基本是处于相对上升的状态。除了可能存在的买卖时机和交易技巧的因素影响之外，这种进口单价的变动基本上可以归结为两种情况：①同一类农产品的进口结构变动，即由低品种结构转向高品种结构；②相同品种的质量档次提高。这两种具体情况的结果均表明进口农产品档次在提高。不难推断，随着中国国内需求层次的不断提高，对农产品进口质量的要求将会进一步提高。

六、商品结构

中国农业是一个劳动力密集型的产业。实行改革开放政策之前，农业生产计划和贸易计划均由中央政府控制。当中国农业转向市场导向时，生产格局就发生了向合理配置资源方向的变化，这种资源配置的变动也直接体现在农产品贸易上，即越来越多的资源投向具有竞争优势的劳动力集约型的园艺产品和水产品生产。1985—1987年与1998—2000年相比，中国的园艺产品和水产品的净出口获得了极大的发展，谷物、烟草和糖也由净进口转变为净出口。而油料和饲料已由净出口转为净进口，原料产品（纤维、皮革、木材、纸浆、橡胶等）的净进口高达60多亿美元。

在农产品贸易发生水平、结构变化的同时，中国的农产品贸易也沿着垂直产业链向升级产品发展，其中，在农业内部发生的这种转变较为明显地表现为加大饲料的进口量以发展畜产品和水产品生产，进口大豆以替代进口豆油和豆饼；在产业间发生的主要是进口农产品原料，发展出口产品和进口替代产品。中国进口越来越多的纸浆来生产纸张、纸板和其他纸制品，进口纺织纤维生产出口纺织品，进口天然橡胶生产出口橡胶制品。在中国国内需求扩大的同时，能够保持这些产品净出口的增长，可能有商品档次提高和商品原料结构变动的因素，也可能有国内原料供给增长的因素，但也包含着原料进口的贡献②。

七、结论

综合上面的分析可以看到：①中国已经从一个农产品出口比重较大的国家转为一个非农产品出口占绝对地位的国家，随着这一变化，中国农产品贸易的主要目标也从创汇转向改善人民生活水准、提高农民收入和为非农产业提供原料。②无论在进口方面还是在出口方面，中国已经成为进出口双向大规模流动的农产品贸易大国，在国际农产品贸易中发挥着越来越重要的作用。③由于国内农产品生产水平和需求水平的提高，中国进口农产品的质量在不断提高。随着中国经济的

---

① 商品的价格与商品的质量有关，也与商品的买卖时机、交易技巧等有关，由于缺乏足够的资料来分离不同因素的作用，所以这里采用了“较高的价格购换质量较好的商品”这一推断假设，而忽略后者的影响。

② 由于统计方面的原因，这里一方面很难区分非农业原料部分的贡献，比如纸浆中的化学纸浆、橡胶中的合成橡胶、纤维中的化学纤维，另一方面也很难把这些农业原料的全部贡献包括在内。

发展和人民生活水平的提高，对进口农产品的质量要求将进一步提高。④中国在农产品出口方面并没有向所希望的出口多元化方向发展，反之却在提高出口集中度，其中日本、韩国和美国成为中国农产品去向的集中地。在农产品进口方面，中国正在向多元化方向发展。⑤一度在中国农产品贸易中具有重要地位的香港随着经济环境的变化正在失去其相对地位，而中日、中韩和中美农产品贸易关系得到了迅速发展。中国加入 WTO 后，中美农产品贸易关系有望得到进一步强化。⑥中国的农产品贸易结构正在转向出口更多的园艺产品。

澳大利亚农民联合会及其对我国农业合作组织的启示*

李　平

［摘　要］许多国家的农民组织（如农业合作社、专业协会）是以农业领域的生产和营销合作为主的，而澳大利亚农民联合会（National Farmer Federation，缩写为NFF）却有所不同，它是一个由许多独立的农业组织联合而成的农业综合性组织，由许多训练有素的研究和管理人员参与，具有多种组织功能。它的成立和发展都很具有特色，对我国农业合作组织的发展和完善能起到很好的借鉴作用。

［关键词］澳大利亚　农民联合会　组织运作　启示

全球经济一体化中，农业合作组织的作用远远超出了以往的传统意义，西方发达农业大国将农业合作组织当作加强国际竞争力的一个主要工具；以东亚小农为典型代表的国家不断将农业合作组织作为抗衡非农产业和国外农业的一条途径。在我国加入WTO、参与国际农业竞争的背景下，创建我国新型的农业合作组织成为一个必然的趋势。

许多国家的农民组织（如农业合作社、专业协会）是以农业领域的生产和营销合作为主的，而澳大利亚农民联合会（National Farmer Federation，缩写为NFF）却有所不同，它是一个由许多独立的农业组织联合而成的农业综合性组织，由许多训练有素的研究和管理人员参与，具有多种组织功能。它的成立和发展都很具特色，对我国农业合作组织的发展和完善能起到很好的借鉴作用。

一、组织起源和演变

从澳大利亚第一个农业组织成立至今已有200多年的历史，澳大利亚农民联合会则是澳大利亚农民组织发展到一定阶段、由分散走向联合的产物。最初，各个农民组织是农民出于维护自己的利益而产生的，基层农民组织往往按行业设立，基本目的是促进行业的生存和发展，在很大程度上以利益游说为主要目标。1950年以后，又产生许多具有各种利益目标的不同层次、不同产品生产者和不同规模的协会。由于各种农民组织都是为了维护各自小集团的利益而产生，各组织为自己的利益与政府交涉，因而互相之间为争夺利益而产生不少矛盾。为了减少矛盾，在200多年间，农民组织经历了不少次重组。进入20世纪70年代后，澳大利亚的农业环境出现了新的变

* 原载《农业经济问题》2002年第6期。

化：①政府对农产品的特殊保护和支持政策不断减少，生产者日益被推向竞争环境，各个农民组织从政府处得到的利益日趋减少；②单个农民组织没有足够的资金和人力对日趋复杂和多变的国内外相关环境和形势进行高质量的分析、研究和游说，他们需要联合起来共同行动；③各类农业生产者之间所面临的共同性问题不断增加，如资源保护、农业的持续发展等问题。因此，在共同的利益和新的需求中，各农民组织之间的矛盾相对淡化，这一变化为农民组织走向联合创造了条件；澳大利亚上百个农民组织最终于 1979 年走向联合，成立了全国性的“澳大利亚农民联合会”，所谓的一个声音对政府。但这是一个松散的联合体，各农民组织仍然保留各自的独立性。

二、职能演变

澳大利亚早期的农民组织主要是以利益游说为目标组成的，农民组织的职能随着不同历史阶段的国内外政治、经济和社会环境的变化而发展变化，今天的澳大利亚农民联合会已经发展为多功能的农民组织。1890—1950 年间，主要的农民游说团体有三个：一是放牧者联合理事会（1890），二是农民和移居者联合会（1893），三是小麦生产者协会（1931）。当时，国家对农业的政策干预较多，相同产品的生产者们联合起来，为自己争取利益。最早的放牧者联合理事会成立的初衷是与力量日益增强的开垦协会抗衡；农民和移居者联合会成立的最初目的是为了改变土地法，分解大土地所有者的土地；小麦生产者协会的成立则是希望政府对他们有更多的政策支持，使他们能在不稳定的国际市场出售产品，保障他们的利益。利益游说这一职能一直是农民组织的主要职能之一，至今没有改变。澳大利亚农民联合会代表农民的利益向政府提出政策设想，争取两院和执政党的支持，同时也对政府的现行政策提出批评和修正意见。因此，澳大利亚农民联合会是一股重要的政治势力。但今天由于政府给予农业生产者的政策支持日益减少，澳大利亚农民联合会的游说效果减弱，如果不增添新的职能，会失去它的地位和吸引力。在这种情况下，服务职能成为农民联合会的重要职能之一，并且服务职能显得越来越突出。农民联合会及其成员组织：①向成员提供技术、市场和政策等信息，并促进生产者之间的信息交流；②协调各行业产品的国内外促销活动；③对成员进行生产、销售和管理等技术培训，近来计算机技术也成为培训热点；④开展研究和推广工作。除此之外，农民联合会还与公共机构合作，为募集该联合会研究和开发所需要的资金而奔波。通过不断根据形势和需要调整职能来保持农民组织的生命力是澳大利亚农民联合会的经验和特色之一。

三、组织机构

澳大利亚农民联合会是一个全国性的组织，组织内部设有执行主席、秘书处、理事会和多个职能委员会，这些职能委员会包括经济委员会、贸易委员会、企业管理委员会、工业事务委员会、自然保护委员会、农业事务委员会、运输委员会、研究委员会和畜牧产业委员会。各委员会由高水平的技术专家和经济学者组成，负责处理相关事务。此外，联合会拥有大量多层次、多行业的下属成员组织，它们主要来源于三类农民团体：一是州级农民团体，主要由传统产业（如牛、羊业）经营者参加，包括新南威尔士州农民协会、北部地区养牛协会、西澳大利亚州牧民协会、昆士兰州农民联合会、南澳大利亚州农民联合会、塔斯马尼亚州农民和牧民协会、昆士兰农业联合会、西澳大利亚州农民联合会、维多利亚州农民联合会；二是行业商业性理事会，包括澳大利亚藤竹生产者理事会、澳大利亚棉花公司、澳大利亚牛肉理事会、澳大利亚谷物理事会、澳

大利亚稻谷生产者协会、澳大利亚羊肉理事会、澳大利亚羊毛理事会；三是农业相关组织，包括澳大利亚农场和农村旅游者协会、澳大利亚农业科学技术研究所、澳大利亚夏威夷果协会、澳大利亚妇女协会、澳大利亚农机协会；四是新兴产业的农民团体（包括州层次和全国层次），如澳大利亚养鸡理事会、澳大利亚干果协会、澳大利亚鸵鸟协会、澳大利亚山羊理事会、澳大利亚养猪理事会。

各州也拥有自己的农民联合会，它们由本州的各类农民基础组织所组成，各层次的各类农民组织都有其严密的组织机构设置，各组织的领导机构由成员选举产生。

四、组织经费

农民联合会自愿加入、自由退出，其活动经费来源于各成员组织缴纳的会费。而成员组织的会费由各成员（农场主和有关企业）缴纳，有些组织采取自愿缴纳会费，而有些成员组织出于避免“搭便车”等原因采取强制性缴纳会费。经费一直是一个比较重要的问题，特别是在如前所说的情况下，即随着政府对农业的支持减少，单个生产者所缴会费能换来的政策收益也随之减少，生产者缴纳会费的积极性下降。

五、外界联系

澳大利亚农民组织的产生、发展和兴衰与它们的外界联系和组织内部领导人的才能密切相关。澳大利亚的农民组织与党派保持良好的关系。一方面成千上万的个体农民需要组织起来与政党对话，争取和保护自己的利益；另一方面各政党也需要农民的支持。

澳大利亚乡村党（Country Party）是1914年由农民发起和组成的政党，许多乡村党党员是农民组织的成员。在乡村党执政的漫长时期，农民在生产补贴、价格保障、税收等方面得到了不少利益。那时，农村人口的数目较大，乡村党也需要数目庞大的农民兄弟的支持，以便有足够的力量与劳动党抗衡。但到了20世纪40年代中叶，两者的关系开始疏远。其原因是：一方面，随着城市化进程和农村人口的转移，城市人口日趋增长，乡村党为了同时赢得市民的支持，觉得有必要改变自己的农民党形象，不能只为农民说话，乡村党还因此改名为国家党（National Party）；另一方面，劳动党的力量在增强，农民组织也希望得到劳动党的支持，1972年劳动党执政，从而开始了农民组织与多党派的密切联系，农民组织也从过去依附乡村党转向独立。目前澳大利亚农民联合会与多党派保持密切联系。

由于农民联合会参与澳大利亚农业政策的制定和修改过程，它与政府保持着一种合作关系。它向政府提供政策建议，对政府的政策提出修改建议，向生产者解释政策并分析政策能提供的利益，了解政策实施的影响和效果。同时，农民联合会也希望从政府那里得到一些经费支持。

农民联合会作为一种重要的研究和推广机构，不仅注重与其他各类相关的科研和教学机构的联系，而且就当前的热门话题组织各种形式和层次的交流，甚至派代表参加国际会议。

六、面临的问题

近年来，澳大利亚农民联合会面临的最大问题是：成员减少和活动经费不足。由于澳大利亚政府对农业减少保护，鼓励自由竞争，农民从联邦和州政府政策倾斜中能获得的利益日趋减少，因而不少生产者认为农民组织的作用在不断减弱，由此造成一些农民组织成员的减少，其结果是会费减少，而它又是组织经费的主要来源。如何解决这个问题?澳大利亚国内有些人认为，面对新形势，农民组织应进一步转变职能，从具有政治地位的游说团体转变为游说和商业性服务相结合的团体，开展收费服务和培训等业务，保证组织的经费来源和正常的运行。

随着经济全球化、市场的扩大和变化、农业技术的快速发展、农村社区的变化，农民组织如何能利用有限的经费发挥最大的作用是澳大利亚农民联合会领导人面临和思考的主要问题。

七、对我国的启示

澳大利亚农民联合会的发展历程对中国农民合作组织的发展的启示是多方面的。①中国的农民合作组织应当根据成员的需求，具有明确有效的服务功能，否则农民组织就会失去吸引力和生命力。②农民合作组织可以是单一功能的，特别是在发展的初期更是如此；农民合作组织可以是具有综合性功能的。当组织规模扩大和实力增强时，往往会走向综合性功能的。而且农民合作组织的功能需要根据变化了的环境适时进行调整。③中国目前还很难看到真正有效的大规模农民合作组织，但不妨从小规模、行业性、区域性的农民合作组织起步，在存在需要时，可能在自愿的原则下会出现农民合作组织的联合。④即使出现合作组织联合体的话，也可以保持成员组织的相对独立性。⑤农民组织的形式可以是多样性的，在发展中不断调整。中国农村如此之大，各地经济发达程度和农民的需求不尽相同，组织形式应该根据需求而变化。⑥强有力的组织领导人。当农民组织越大时，对领导人的素质要求越高。吸收技术、管理和经济方面的专业人员进入领导层是一个值得借鉴的做法，能大大提高领导层的综合领导能力。⑦良好广泛的外界联系是十分重要的。在中国，与政府保持良好的关系和争取政府的支持无疑是符合中国国情和有助于农民合作组织成长的。与科研教学机构保持密切的联系，必定有助于农民合作组织的技术改善和普及。⑧组织经费是一个不能掉以轻心的问题，特别当一个合作组织已经具有一定规模的时候，活动经费就会成为一个极其重要的问题。而一个农民合作组织功能的发挥状况与经费问题密切相关。当成员认为这个组织值得他参加时，缴纳会费就变得相对容易些了。与此同时，我们也应当看到，由于中澳两国的政治和社会体制的差异，在农民合作组织方面也会出现较大的差异，如目前我国的农民组织不可能像澳大利亚农民组织那样，成为具有政治势力的团体，而往往只能是一个经济性的合作组织。我国农户的规模细小和数量庞大，在组织化程度和成员需求方面可能更复杂些。

美国农业补贴政策及其支持力度*

李 平

美国农业政策的长期目标是稳定和提高生产者收入、平衡市场供求和稳定价格、保持农业持续发展和保护环境、不断提高美国农产品的国际竞争力。为了达到这些目标，美国除了在农业科研和教育方面进行大量投资外，在农产品的生产、加工、销售、国际贸易以及生产条件等方面提供大量的补贴支持。本文旨在对美国农产品生产者补贴政策作一介绍，一方面增进我们对美国农业补贴政策的认识，另一方面为建立和完善我国的农业支持体系提供借鉴。

一、农业补贴政策种类

农业补贴以往常采用两种口径进行计算：生产者补贴等值（Producer Subsidy Equivalent，简称 PSE）和消费者补贴等值（Consumer Subsidy Equivalent，简称 CSE）。乌拉圭回合又增添了一种新的计算方法，即 WTO 采用的综合支持总量（AMS）。生产者补贴等值法比较接近 WTO 的 AMS 计算法。

根据美国 PSE 计算口径，美国农业支持政策分为 6 大类（详见表 1）。

表 1　美国农业支持政策类别

直接补贴	灾害补贴、差额补贴、减耕补贴、储藏补贴、不归还贷款收益、土地转产实物补贴、奶制品转产补贴、营销贷款补贴
投入物补贴	商品贷款、农场储藏设施补贴、农场贷款补贴、作物保险、燃料税补贴、紧急饲料补贴、放牧费补贴
市场价格支持	价格增长政策、价格支持/定额、液体牛奶补贴、关税补贴、牛肉收购补贴
营销环节支持	加工和营销补贴、运输补贴、检查补贴；
长期性补贴	研究补贴、咨询费补贴、病虫控制补贴、土地改良补贴
其他支持	税收补贴、州立项目支持

1. 直接补贴。①灾害补贴（Disaster payments）。对自然原因所引起的作物损失或产量下降给予补偿。②差额补贴（Deficiency payments）。政府对生产者实行目标价格保护，当相关产品的市场价格低于目标价格（或规定价格）时，可以得到差价补贴（这一补贴 1996 年后被取消）。③减耕补贴（Diversion payments）。参加缩减种植面积项目的生产者，就其中某些项目的缩减给予补偿。被缩减的土地往往土质较差。④储藏补贴（Storage）。参加自我储藏项目的生产者可以得到长期贷款，同时可以就其储存的产品得到一定比率的补贴（这一政策已多年没有采用）。⑤不归还贷款收益（Loan forfeit benefits）。当商品信贷公司（CCC）的贷款到期后，生产者可选择不

* 原载《中国农村经济》2002 年第 6 期。

归还贷款和利息，而以抵押品作物偿还。若贷款的本息高于当时的作物市场价值时，相当于生产者获得了一笔差额收益，而对于政府来说是损失，成为一种补贴支出。⑥土地转产的实物补贴（Payments-In-Kind entitlements）。这是对参加土地转产项目的农场发放的实物补贴，1983 年这一补贴的发放范围是高粱、玉米、水稻和小麦，1984 年的发放范围只限于小麦（这一政策已多年没有采用）。⑦奶制品转产补贴（Dairy diversion payment）。1984—1985 年美国政府对于放弃出售牛奶的生产者给予补贴。补贴按生产者往年出售牛奶数量的 5%～10%发放，每英担（50 千克）补贴 10 美元（这一政策已多年没有采用）。⑧营销贷款补贴（Marketing loans）。营销贷款是生产者在销售其产品之前，可从银行得到的短期贷款，产品出售后归还贷款。政策允许生产者以低于本息的数额用农产品还贷。政策允许生产者以低于本息的数额用农产品还贷。上述补贴中第四、六、七项已多年没有采用。

2. 投入物补贴。①商品贷款补贴（Commodity loans）。借入贷款的生产者可以用其作物作为抵押物。贷款到期时，生产者可以用现金还本付息，也可以用其抵押的作物折价偿还。在第二种情况下，商品信贷银行免收利息。②农场储藏设施补贴（Farm storage facility）。对于农场储藏设施建设，政府给予低息贷款作为支持，利率与商品信贷银行贷款利率相同。这种补贴主要给予作物生产者。③农场贷款补贴（Farm credit）。农场主家庭管理机构（FmHA）提供生产者低息贷款，包括农场经营、防灾和救灾、处理经济危机、保持所有权、放牧及土地、水资源和灌溉设施改良所需贷款。④作物保险补贴（Crop insurance）。联邦作物保险公司对由于气候和无法避免的自然灾害所造成的损失提供保险，农场主支付保险费。从 1980 年起，政府对这部分保险费给予补贴，补贴额占保险费的 40%～60%。⑤燃料税补贴（Fuel excise tax）。1983 年前，政府对农业生产者所有非高速公路上消耗的柴油和汽油免收联邦税；1983 年后，政策有所改动，农业用油完全免税，其他用油则部分免税。⑥紧急饲料补贴（Emergency feed）。由于自然灾害引起牲畜饲料损失的情况下，一定比例的外购饲料的费用可由商品信贷银行支付，最高可达 50%。⑦放牧费补贴（Grazing fees）。林业管理机构和土地管理局对西部 16 个州在公共草场上放牧收取的放牧费低于一般市场价。放牧费按放牧头数计算。这一补贴主要用于牛肉生产。

3. 市场价格与支持。①价格增长补贴（Price enhancing policies）。实施因缩减农地面积、商品信贷公司存货计划、进口关税、出口补贴等导致国内价格高于国际市场价格的政策。虽然在许多商品上都施加了类似的政策，但只当价格差异出现时才被列入支持量计算。②价格支持/配额（Price support/quotas）。这是指与进口配额和关税相关的各种国内价格支持所导致农产品国内价格高于国际市场价格。在计算 PSE 时，这部分支持额按价差乘产品产量求得。③液体牛奶补贴（Fluid milk premium）。由于美国许多地区对牛奶实行价格支持导致液体牛奶价格高于加工后的奶制品。④关税补贴（Tariffs）。美国对部分农产品实行进口限制，乌拉圭回合谈判以后改为关税配额政策。在 PSE 计算时，关税补贴按产品生产量乘以单位产品关税额计算。⑤牛肉收购补贴（Beef purchases）。由于某种原因，政府在一些年份指定商业信贷银行以一定的价格办理收购牛肉事项，这时的收购价有利于生产者。

4. 运销环节支持。①运输补贴（Transport）。联邦政府对于内陆水路和铁路的运行、维修和运输系统的建设给予资金支持。在计算 PSE 时，这些资金按照农产品运输的吨公里数，在农产品和非农产品之间进行分配。②检查补贴（Inspection）。几乎所有的农产品均需检查，检查费用包括联邦粮食检查机构、食品安全机构、包装管理机构的开支。

5. 长期性补贴。①研究支持（Research）、咨询支持（Advisory）、病虫控制支持（Pest and disease control）、加工和营销支持（Processing and marketing）。这部分经费用于发挥政府的服务

功能，具体运用在农产品营销服务、农业研究、推广服务、经济研究项目、国家农业统计工作、动植物卫生检查等项目。②土地改良补贴（Land improvements）。指所有相关项目的经费开支，包括土壤保持部门、农业持续发展和保持部门的项目开支。在PSE计算时，这些经费按产值比例在各作物进行分配。

6. 其他支持。①税收补贴（Taxation）。联邦所得税法规定对一些收入实行减税和免税政策。在PSE计算时，这部分补贴按各种农产品的产值进行分配。②州立项目支持（State programs）。州政府给予农业科研、推广、信息、营销和检查等服务经费的支持。在PSE计算时，这些经费按产值比例在各项农产品之间进行分配。

二、美国农业补贴力度

美国实行生产者支持的农产品中有12项纳入PSE计算：大麦、玉米、燕麦、稻谷、高粱、大豆、蔗糖、小麦、牛肉、奶制品、猪肉和禽肉。各产品实际接受的补贴金额和具体的补贴项目在不同阶段是有变化的，其中由于政治势力的原因，奶制品和蔗糖的补贴强度最大。

1995年前美国公布PSE计算结果。据美国农业部公布的1982—1993年期间年平均农业补贴总额为252亿美元，六大类支持政策的补贴比重依次是投入物补贴（34.44%）、市场价格支持（30.74%）、直接补贴（21.57%）、其他支持（6.38%）、长期性补贴（4.64%）和营销环节支持（2.23%），前三类支持力度最大，一般占到年总支持额的80%～90%。

这期间，年平均补贴支出金额最大的产品是奶制品（89亿美元，占补贴总额的35%），其次是玉米（54亿，占22%）、小麦（38亿，占15%）、牛肉（20亿，占8%），这四项产品的合计支持额占补贴总额的80%。如果以各类产品的年度平均支持额占该产品依生产者价格计算的产值的比重来看的话，前五位产品分别是蔗糖、奶制品、稻谷、小麦和大麦。换句话说，这些农产品的收入中，有很大一部分来自政府补贴。就每吨产品的平均支持额而言，其中以牛肉、蔗糖、稻谷、奶制品为最大受益产品（表2）。

表2　1982—1993年美国农产品支持力度

产品	年平均支持总额	各产品支持占支持总额的比重	农业支持占各产品产值的比重	平均每吨产品的支持金额
	亿美元	%	%	美元
大麦	4.57	1.81	38	44
玉米	54.41	21.54	26	32
燕麦	0.54	0.21	10	11
稻谷	7.72	3.06	45	167
高粱	5.81	2.30	29	34
大豆	8.48	3.36	7	34
蔗糖	10.35	4.10	58	184
小麦	38.01	15.05	40	62
牛肉	20.05	7.94	8	186
奶制品	89.40	35.39	48	137
猪肉	5.61	2.22	6	81
禽肉	7.62	3.02	8	81

资料来源：①USDA，Agriculture in Uruguay Round——Analyses of Government Support；
②http：//www.usda.gov。

虽然1994年后美国不再公布PSE数据了，但经合组织公布了其计算的美国1995年各类农业政策支持的PSE情况（表3)。虽然经合组织的PSE计算口径与美国的计算口径有一定差异，但仍能反映出美国农业补贴力度及分布。

表3 经合组织公布的美国1995年农业支持力度（PSE值）

1. 市场价格支持（138亿美元）	指由于进口配额和出口补贴等政策导致国内价格高于国际价格，使生产者能在价差中受益
2. 政府直接支付（115亿美元）	指那些直接导致生产者收入上升但不引起消费者价格上升的政策，例如减收生产者费用
3. 降低投入物成本（34亿美元）	指生产者由于政府农业生产和加工成本的政策而获益，例如低息贷款、作物保险补贴、灌溉费补贴等
4. 一般政府服务（21亿美元）	指生产者在政府履行其职能的开支中受益，例如研究支持、谷物检查服务、环境项目开支、营销环节支持等
5. 其他支持（19亿美元）	指其他一些农业政策，例如各州的农业政策支持、联邦政府对农业的优惠税收条例等
合计：327亿美元	—

资料来源：http：//www. wto. org。

农业补贴政策分为“绿箱”和“黄箱”政策补贴，“绿箱”政策是不扭曲贸易的补贴政策，“黄箱”政策是扭曲贸易的补贴政策。1995年以后，WTO规定将属于扭曲贸易的补贴单列计算，即AMS支持量。1995年后美国的AMS支持量及其变化体现了美国农业补贴政策几个方面的特征（见下图)。

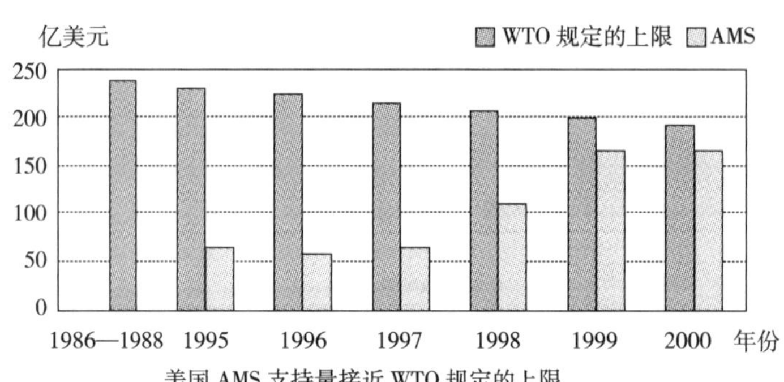

美国AMS支持量接近WTO规定的上限

注:1999、2000年为预计数

资料来源:USDA.Sep.2001。

第一，美国的“绿箱”政策补贴数额较大，“黄箱”则较小。1995年美国的“黄箱”政策补贴支持只有62亿美元，只占当年生产者支持总量PSE（327亿美元）的19%。

第二，被视为“黄箱”政策的AMS支持量逐步上升。1998年，美国AMS支持量上升，到104亿美元，这些支持政策主要是：①营销贷款补贴；②作物保险补贴（7.47亿美元)；③市场损失补贴；④对奶制品、蔗糖和花生的市场价格支持（58亿美元)。

第三，AMS支持量逐渐接近其上限。1994年签订乌拉圭回合农业协议时，要求各国承诺1995—2000年期间各年的AMS上限，初始AMS上限值为1986—1988年的年平均AMS值。当时参加谈判的发达国家同意逐年降低AMS上限值，1995年为初始值的96.7%，到2000年下降到初始值的80%。因此，美国承诺1995年调整①后的AMS不超过231亿美元，2000年不超过191亿美元。1995—1997年间美国每年实际的AMS利用率没有超过30%，远远低于其上限，但1998年，约达到50%。

表4列具了美国1995—1997年间农产品的AMS补贴额，从表中可以看出，奶制品、蔗糖和花生一直是补贴的重点产品。

表4　美国农产品支持额（AMS）

单位：百万美元

产品＼年份	1995	1996	1997	产品＼年份	1995	1996	1997
大麦	0.94	0.74	3.67	稻谷	11.60	5.80	6.38
牛肉	—	—	—	黑麦	0.003	—	—
玉米	32.12	28.28	150.01	高粱	0.45	0.55	1.55
棉花	31.96	3.40	465.62	大豆	16.31	13.82	45.28
奶制品	4 655.00	4 691.00	4 455.57	蔗糖	1 091.00	908.00	1 011.46
蜂蜜	0.51	—	—	烟草	−1.73	−21.41	−7.70
油籽	—	0.35	0.44	小麦	4.96	8.24	36.49
羊绒	15.09	—	—	羊毛	38.01	—	—
燕麦	0.02	0.03	0.15	非产品性补贴	1 386.00	1 115.00	568.00
花生	414.62	299.05	305.76				

资料来源：http：//www.wto.org。

三、近年来美国农业补贴政策变化和今后方向

1996年是美国农业支持政策发生重大变化的年份。在这之前美国对农产品设立目标价格，当市场价格低于目标价格时，价差由政府弥补，即差额补贴，这一补贴在1982－1993年间占到PSE支持总额的15.5%。1996年的农业法案取消了这一补贴政策，生产者从此面向市场。1996年改革的有利条件是农产品的国际市场价格远远高于美国国内市场价格，取消这一补贴对农场主的收入影响不大。尽管美国取消了这一金额庞大的补贴，同时有些补贴（如储藏补贴、土地转产实物补贴、奶制品转产补贴）也已多年没有实际发生，但美国的农业生产者补贴并未下降。1996年前使用的大部分补贴政策现在仍在继续实施；在1996年农场法案中决定要取消的一些补贴政策事实上无法按时取消。

近年来，美国在农业支持方面十分强调保证生产者收入、加强食品安全、改善自然资源和环境方面。而且有迹象表明这将成为美国今后农业政策的方向。同时，美国在保证国内农业的自由竞争环境（如加强反托拉斯法、提高市场透明度等）、提高国外市场准入机会、发展和扩大风险管理手段的应用等方面加强政策支持力度。美国近年来重点支持的农业项目有：

1. 收入保障。提供生产者收入补充支持，即当年收入下降到历史年份的一定比例时，给生产者以补贴；同时持续提供生产者低息贷款。由于近年来农产品价格下降，所以对生产者的收入补贴无法下调。不仅如此，政府将继续对农业生产者收入安全进行支持。

2. 风险管理。①建立作物或收入保险项目，政府不再承担保险公司的风险，直接支付给生产者优惠券用以支付保险费。②建立优惠利率存款，如农场风险管理存款。政府的政策方向是继

① 所谓调整就是在AMS计算中剔除停耕损失补贴和微量允许值。

续支持风险管理。

3. 资源保护项目。政策方向是继续支持资源和生态保护项目。美国农业部对土壤和水资源的保护一向非常重视，近年来保护的范围扩大到环境，不再局限于农业资源。美国几十年来，一直实行着政府和生产者共同分担资源保护成本的政策，鼓励和补贴生产者进行减少水土流失，提高空气、土壤和水资源的质量的相关工程建设。

4. 农产品贸易政策。 政策方向是扩大自由贸易、消除贸易补贴、消除不合理的贸易和非贸易壁垒。但美国强调贸易政策对等，所以其贸易的进一步开放取决于各国贸易开放的程度。

5. 小型农场和有限资源农场政策。 政府目前对这类农场所实施的支持政策包括对资源保护活动进行成本分担和技术支持、风险管理、联邦贷款项目、商品补贴和新办农场贷款。对小型农场和有限资源农场这些方面的政策将继续给予重视 。

6. 特殊农产品政策。由于产业团体地位，奶制品、蔗糖、花生和烟草被列为特殊农产品，其特殊性体现，在农业法案的制定中，它们不与其他产品列入同一法案，政府对这些产品单独制定政策，同时，除烟草外，支持力度一直没有减弱。

（1）奶制品。支持政策对奶制品市场和价格方面起着重要的作用，政策目标主要是保证消费者能够不断地获得高质量的产品。奶制品支持政策主要是：①最低价格政策。这一政策对加工商根据用途从农场收购牛奶所支付的最低价格做出了规定，大约 3/4 的国产液体牛奶处于美国农业部最低价格政策控制下，但这一政策的实施范围在 1996 年由 23 个州减少到 11 个州。各州或地区在国会的同意下，可以实施本州或区域的最低价格。②价格支持政策。美国农业部奶制品价格支持政策对收购多余的奶制品作了规定，目的是稳定牛奶的价格。1996 年农场法案规定在 1999 年取消这一政策，实际上至今仍未能取消。并且 1996 年农场法案中规定在农场价格低下的情况下应该实施紧急补贴。③出口补贴。这一政策出台于 1985 年，当时是为了帮助出口商对付国外竞争者的出口补贴而提出的。这一补贴政策现在仍在执行，目的是扩大奶制品市场。④进口控制。美国限制奶制品的进口量，但自乌拉圭回合后改为关税配额制。

（2）蔗糖。美国是第四大蔗糖生产国，20 世纪 30 年代开始，蔗糖几乎一直享受国家政策补贴，包括价格支持、贷款支持、生产控制和进口关税配额支持。

（3）花生。花生补贴政策包括对加工企业进行补贴以鼓励他们购买国产花生、提供营销贷款、实行定额政策（对定额内花生实行直接补贴）、进口关税配额保护等。

对于许多农业补贴政策，美国国内存在不同的看法，一些人提出了降低补贴的建议。如一些美国人认为对花生的高补贴和关税保护政策使美国的花生价格一直保持较高水平，侵害了消费者的利益，有必要进行改革。1996 年农业法案于 2002 年 9 月到期，美国政府正在讨论新的法案，各农产品生产者集团不断发起强力的游说。不久，人们就能看到美国农业政策改革的新举措。

城镇居民食物消费结构的地区比较*

马　骥　林富强

一、问题的提出

我国地域辽阔，各地区气候环境相差悬殊，各民族又有相对集中的聚居地，使得居民的消费习惯在不同地区差别较大。特别是由于我国各地区经济发展不平衡，消费者的收入水平、所受教育程度和文化素质等差异较大，使居民的消费观念、消费习惯以及消费行为在不同地区存在显著的差异。本文将通过建立计量经济模型，探讨区域性对居民食物消费支出结构差异的影响。

为了分析方便并考虑资料的可获得性，本文仅限于我国城镇居民的食物消费结构。表1列出了东部、中部和西部地区2001年城镇居民主要食物消费支出及消费比重的情况。从表1可以看出，我国各经济区域城镇居民对同类食物消费支出比重有较大不同，粮食消费比重东部地区最低，中西部地区较高；肉禽类消费比重东部地区最高，中西部地区较低；水产品类消费东部地区最高，中部地区高于西部地区；奶及奶制品的消费比重西部地区高于中部、东部地区。

表1　2001年各地区城镇居民人均年主要食物消费支出及支出比重

地区	食品支出	粮食		肉禽及制品		水产品类		奶及奶制品	
	（元）	支出额（元）	比重（%）	支出额（元）	比重（%）	支出额（元）	比重（%）	支出额（元）	比重（%）
全国平均	2 014.02	188.13	9.34	413.54	20.53	151.99	7.55	80.06	3.98
东部平均	2 490.30	198.21	8.33	510.92	21.03	271.35	10.39	105.03	4.11
中部平均	1 644.72	183.45	11.45	336.22	20.35	77.58	4.59	60.50	3.77
西部平均	1 919.96	195.35	10.34	403.10	20.80	58.01	2.91	93.99	4.60

注：①本表根据《2002年中国统计年鉴》有关数据计算所得。

②本表东部地区包括北京等12省（自治区、直辖市），中部地区包括河南等9省（自治区、直辖市），西部地区包括陕西等10省（自治区、直辖市）。

上述表明城镇居民食物消费结构与地区分布有着密切关系，因此有必要对我国地区间城镇居民食物消费结构的现状及差异程度进行深入的计量分析，为政府制定食物消费政策，为食品生产商（者）调整其生产结构、制定营销策略，并为居民改善食物消费结构提供依据。

二、研究方法

本文将主要运用扩展线性支出系统（ELES）模型，对地区间城镇居民食物消费结构差异的

* 原载《中国食物与营养》2002年第6期。

程度进行深入研究。在模型中，消费支出是价格和收入的函数，它有两点假设：①某一时期内人们对各种商品（或劳务）的需求量仅决定于该时期人们的收入和各种商品（或劳务）的价格。②人们对各种商品（或劳务）的需求分为基本需求和超出基本需求以外的追加需求两部分，其中，基本需求与收入水平无关。模型形式如下：

$$V_i=P_iX_i+\beta_i\left(Y-\sum_{i=1}^{n}P_iX_i\right)\quad i=1,2,3\cdots$$

其中：V_i 为消费者对第 i 种商品的或劳务的消费支出额，Y 为消费者的人均收入，P_i 为第 i 种商品或劳务的市场价格，X_i 为第 i 种商品或劳务的基本需求量（即保证基本生活的商品数量），P_iX_i 为消费者对第 i 种商品或劳务的基本需求支出额，β_i 为第 i 种商品或劳务的边际预算份额，即基本消费需求支出额之外的剩余部分追加于第 i 种商品或劳务的比例，$\sum_{i=1}^{n}P_iX_i$ 为人均基本需求总支出。

在截面资料条件下，价格可以认为是不变的，ELES 的参数 β_i 和 P_iX_i 可以用普通最小二乘法（OLS）进行估计。本文以 ELES 作为分析食物消费结构的基本框架。

三、9 类食物消费结构的 ELES 估计结果

为了研究城镇居民食物消费结构的地区性差异，本文分别以江苏、湖北和四川 3 省为东中西部地区的样本省份，利用 ELES 模型，分析比较粮食、豆类、肉禽类、蛋类、水产品类、蔬菜类、酒和饮料类、水果类、奶类等 9 类主要食物的消费结构，资料主要为各省统计年鉴中城镇居民家庭收入和消费支出数据。

从 ELES 模型估计结果可知，除粮食外，其他各项各项系数均较高（大于 80%，表现出各项支出的相关水平很高。除个别食物（如四川省的奶类等）外，其他食物支出估计值和实际值的相对误差均<5%，说明模型拟合程度较高，符合实际情况，可以利用模型进行消费结构等分析。

四、3 个省份城镇居民食物消费比较分析

根据模型估计的结果，进一步计算 3 个省份的食物消费的基本需求比重、边际消费倾向、收入弹性、自价格弹性和收入补偿的自价格弹性，并进行比较。

（一）食物消费的基本需求比重比较

食物的基本消费需求是从人体对营养元素的获取角度反映人们维持生存的最低消费需要。食物的基本消费需求比重等于各类食物的基本消费需求（P_iX_i）与实际消费支出的比。基本消费比重低，说明居民在该种食物的消费方面具有较高的承受能力，不会因为减少其消费而影响到基本消费需要，也反映了这种食品的消费具有较大的发展潜力。

表 2　3 个省份城镇居民食物消费的基本需求比重（%）

	所有食品	粮食	豆类	肉禽	蛋类	水产品	蔬菜	酒和饮料	瓜果类	奶类
江苏省	70.86	90.61	83.53	83.34	84.01	71.38	85.79	63.37	62.9	54.17
湖北省	76.04	96.64	87.32	81.93	87.94	76.52	88.56	68.35	68.39	58.61
四川省	69.65	95.58	83.62	85.78	84.01	74.12	87.53	73.67	61.39	57.19

从表2看出，城镇居民对食物的基本需求比重在70%左右。在各类食物消费中，居民对粮食的基本需求比重最大，对奶类、瓜果类、酒和饮料类的基本需求比重最小。同一类食物在各省份间的基本需求比重略有不同。居民对于粮食类、酒和饮料、奶类的基本消费需求比重，中西部地区高于东部地区；对豆类、肉禽、蛋类、水产品、蔬菜、瓜果类的基本需求比重，中部地区高于东部和西部地区。这说明，城镇居民对于奶类、瓜果类、酒和饮料类的消费潜力巨大，其中潜力最大的地区分别是东部、西部、东部地区。

（二）居民食物边际消费倾向比较分析

β_i 为居民对第 i 类商品的边际消费倾向，即满足基本消费需求后将剩余货币收入投放于第 i 种物品（或劳务）的比例。各省市居民食物边际消费倾向如表3所示。

表3　3个省份城镇居民食物边际消费倾向

	所有食品	粮食	豆类	肉禽	蛋类	水产品	蔬菜	酒和饮料	瓜果类	奶类
江苏省	0.13000	0.00247	0.00137	0.01446	0.00199	0.01394	0.00542	0.00736	0.00808	0.00798
湖北省	0.13400	0.00174	0.00122	0.01865	0.00182	0.00685	0.00672	0.00828	0.00826	0.00687
四川省	0.14800	0.00201	0.00117	0.01949	0.00246	0.00495	0.00800	0.00828	0.01277	0.01119

3个省份同类食物边际消费倾向也不完全相同。豆类、水产品类、粮食，东部地区高于中西部地区；肉禽、蔬菜、瓜果、奶类、酒和饮料，中西部地区高于东部地区和中部地区。

（三）收入变动对居民食物消费需求影响的比较分析

收入弹性反映了消费需求对收入变化的敏感程度，即当收入上升1%时，需求量所增加的百分比。计算结果如表4所示。

表4　3个省份城镇居民食物消费收入弹性

	所有食品	粮食	豆类	肉禽	蛋类	水产品	蔬菜	酒和饮料	瓜果类	奶类
江苏省	0.4513	0.1140	0.2547	0.2342	0.241	0.4538	0.2149	0.5270	0.5859	0.7205
湖北省	0.4414	0.0699	0.2417	0.3300	0.220	0.4276	0.2047	0.5745	0.5864	0.7728
四川省	0.4544	0.0768	0.2872	0.2431	0.271	0.4869	0.2281	0.4583	0.6685	0.7312

从表4可知，当收入发生变化时，3个省份的城镇居民对各类食物的敏感程度顺序一致，即收入弹性顺序由大到小依次为：奶类，瓜果类，酒和饮料，水产品，豆类，蛋类，肉禽，蔬菜，粮食。但是，东部地区城镇居民对粮食更为敏感，中部地区城镇居民对肉禽类更为敏感，西部地区城镇居民对瓜果类更为敏感。

（四）价格变动对居民食物消费需求影响的比较分析

价格弹性是由于商品价格变化引起需求量相应变化的比率。本文仅对城镇居民各类食物做自价格弹性和收入补偿的自价格弹性比较。

商品的自价格弹性是指在其他条件不变的情况下、某种商品价格变化引起该商品需求量变化的比率。计算结果如表5所示。

表 5　3 个省份城镇居民食物消费的自价格弹性

	所有食品	粮食	豆类	肉禽	蛋类	水产品	蔬菜	酒和饮料	瓜果类	奶类
江苏省	−0.3634	−0.0701	−0.152	−0.1517	−0.1453	−0.2799	−0.1325	−0.3183	−0.3535	−0.4328
湖北省	−0.3334	−0.0381	−0.1272	−0.1876	−0.1164	−0.2284	−0.1128	−0.3055	−0.3117	−0.4073
四川省	−0.4035	−0.0526	−0.1905	−0.1768	−0.1811	−0.3246	−0.1573	−0.3082	−0.4483	−0.4883

收入补偿的价格弹性是指消费者在价格上升而得到相应收入补偿的条件下，商品需求量对自身价格变动的反映程度。计算结果如表 6 所示。

表 6　3 个省份城镇居民食物消费的收入补偿自价格弹性

	所有食品	粮食	豆类	肉禽	蛋类	水产品	蔬菜	酒和饮料	瓜果类	奶类
江苏省	−0.2682	−0.0678	−0.1514	−0.1392	−0.1436	−0.2698	−0.1277	−0.3132	−0.3482	−0.4283
湖北省	−0.2303	−0.0365	−0.1261	−0.1722	−0.1148	−0.2231	−0.1068	−0.2998	−0.3060	−0.4032
四川省	−0.2999	−0.0507	−0.1895	−0.1604	−0.1791	−0.3213	−0.1505	−0.3025	−0.4412	−0.4825

对自价格弹性和收入补偿的自价格弹性系数进行分析比较，可以看出 3 个省份城镇居民食物消费的几个特征：

1. 除粮食外，其他食物的自价格影响大，且自价格弹性为负值。这表明食物价格的上升会导致该种食物的需求量减少。如奶类约为−0.4，瓜果类约为−0.3，水产品约为−0.2，豆类、蔬菜、肉禽约为−0.1～−0.2，粮食约为−0.03～−0.06。这说明粮食价格变化对自身需求量影响较小，其他食物则相反。奶类、瓜果类、蔬菜、水产品、蛋类、豆类食品的自价格弹性在西部地区最大，而粮食的自价格弹性在东部地区最大，肉禽的自价格弹性在中部地区最大。

2. 在有收入补偿的条件下，食物的自价格弹性系数仍为负数，但数值相对于自价格弹性有所降低。例如，在没有收入补偿的条件下，东部、中部、西部地区的肉禽价格上升 1%，其需求量分别下降 0.1517%、0.1876%、0.1768%，在有收入补偿的条件下，肉禽价格上升 1%，其需求量分别下降 0.1392%、0.1722%、0.1604%。3 个省份的同类食物收入补偿自价格弹性比较结果和自价格弹性一致。

五、结语

利用 ELES 模型，通过对江苏、湖北、四川 3 个省份的城镇居民 2001 年食物消费基本需求比重、边际消费倾向和有关弹性的分析比较，可以看出，3 个省份对于主要食物的消费结构方面既有共性，又有差异，而且差异较大。主要结论为：①城镇居民对于奶类、瓜果类、酒和饮料类的消费潜力较大，其中潜力最大的地区分别是东部、西部、东部地区。②城镇居民食物消费正由吃饱的较低层次向吃好的较高层次过渡。在新增加的收入中，东部地区主要用来消费豆类、水产品类和粮食方面，中西部地区主要用来消费肉禽、蔬菜、瓜果、奶类、酒和饮料，西部地区则主要用在消费蛋类。③就价格而言，东部地区城镇居民对粮食价格敏感，中部地区对肉禽类价格敏感，西部地区对瓜果类价格敏感。④收入变动和价格变动，对各地区城镇居民粮食的消费影响均较小。

近代国际货物买卖货款收付新方式：国际保理*

张 广 伟

［摘　要］推广国际保理业务，是推动中国对外贸易发展的必然趋势，我们应不失时机地宣传推广这种有利于国际货物买卖结汇的支付方式，为中国国民经济的发展带来效益。

无论是对进口商、还是出口商，买卖的最终目的是为了获取预期的利润，但利润的取得要经过一系列复杂的交易过程并且伴随着很多潜在的风险。如何在交易中减少贷款收付风险，简化交易程序，降低费用开支，获得融资担保，是每一位进出口商人所追求的最大愿望，国际保理业务恰恰符合了进出口商的这一愿望。因而自20世纪80年代起，世界各国都在竞相发展国际保理业务，以提高本国出口商品在国际市场上的竞争能力。

一、国际保理的概念

国际保理（International Factoring）是国际保付代理的简称，是18世纪80年代后期在国际货物买卖业务中崛起的一种介于托收和信用证之间的、兼具商业和银行双重信用功能的贷款收付方式。

迄今为止，国际商业界和金融界对国际保理的定义尚未统一。一般的理解是在国际货物买卖进出口商、进出口保理商相互间存在着的一种契约关系。根据该契约，由进出口保理商为出口商提供在国际货物买卖业务中的进口商信用风险担保、贷款收付、融资等综合性金融服务。这种国际货物买卖货款收付方式，既能消除托收货款收付方式对出口商不可避免的、固有的商业风险，又可避免信用证货款收付方式对进出口商所要求的过分繁杂的程序和手续；同时还具有为进出口商融资的特点。

二、国际保理的成因

国际货物买卖市场的竞争主要是在商品质量、价格、销售条件（即付款方式）三个方面的竞争。

在20世纪80年代前，出口商在国际货物买卖市场竞争中，主要依靠过硬的商品质量和合理的价格，货款的收付主要采用买卖双方都易接受的信用证方式，尤其是在进口商欲获得品质优

* 原载《中国社会科学院研究生院学报》2002年第6期。

良、价格合理的商品时，出口商可以、而且应该要求进口商为其开立不可撤销的信用证，进口商也只能为出口商开立信用证。在信用证收付款项方式下，对出口商安全收款而言，只要进口商为出口商开立了建立在银行信用基础上的不可撤销的信用证，出口商回收货款就获得了最大的保障；对进口商安全用款而言，付出货款是以出口商履行了信用证项下规定的义务为条件，通过获得有价物权凭证保障自身经济利益的实现。因此，国际货物买卖双方的利益都能在信用证收付方式下获得保障，不存在对哪一方不公平或更有利的问题。

自20世纪80年代起，国际货物买卖市场格局随着技术进步、劳动生产率的普遍提高而发生了巨大变化。国际货物买卖市场逐步由卖方市场转为买方市场，产品质量和价格竞争的余地越来越小，出口商间的竞争逐步由品质、价格的竞争转为销售条件方面的竞争。由于进口商很容易在市场上通过一般信用条件买到相似品质、价格的产品，因此，进口商对出口商有了更多的选择余地和发言权，出口商要获得进口商为其开立的信用证变得越来越困难了。绝大多数进口商不愿意再继续使用信用证收付货款方式，转而要求出口商接受托收承兑交单（D/A）或挂账（O/A）的商业信用付款方式。因为，进口商开立信用证需要等量或较大比例的资金抵押为条件，形成资金的无偿占用；同时，进口商还必须负担开立信用证的费用，这无疑等于减少了进口商的利润，削弱了进口商自身发展潜力。加之信用证本身也缺乏活力，即信用证必须与合同规定相符，否则，卖方有权以预期违约为由要求进口商修改信用证并承担相应的改证费用；银行在处理信用证业务时，适用“严格相符”的原则，在出口商交付单据时，出口商所交付的单证必须同信用证条款规定完全一致，否则，银行拒绝收单，有可能造成进口商收取货物延误。建立在商业信用基础上的托收承兑交单（D/A）或挂账（O/A）的货款收付方式对出口商回收货款而言，则要承担较大风险，出口商在货物发运后，能否顺利按期取得货款，完全取决于进口商的信用和支付能力；而能否给进口商提供优惠灵活的信用付款方式，又是出口商能否在国际市场竞争中取胜的关键。

在这种背景下，为出口商承担100%的进口商财务信用风险，提供应收账款管理及追收服务，并负责资金融通业务的国际保理业务，由于其本身兼具金融机构信用的特性，既可保持挂账贸易的优点、又不失信用证收款安全的优点，有效地解决了信用付款问题，因而迅速被众多的进出口商所接受，在世界各地流行起来，并在20世纪80年代后期有了突破性的进展。

现代国际保理服务在20世纪80年代后期得以迅速发展的另一个重要因素，应归功于微电子工业的迅速发展。欧美国家信息产业非常发达，在国际货物买卖业务中广泛使用电子通讯技术，进口商不出门在几分钟内就可以订购到他所需要的商品。因此，进口商更愿意小批量进口，快速交货，随到随卖，以便加快资金流动，以有限的资本做更多的生意，牟取超额利润。保理商开展业务也是建立在电子技术应用基础上，整个业务都由电子计算机数据中心和数据通讯网络有机地联系在一起，一个确定进口商信用额度的请求可以在几分钟内完成。

三、国际保理业务的类型及运作方式

国际保理组织是针对进出口商采用承兑交单和挂账等非信用证交易提供服务、开展业务。具体服务有为出口商提供进口商商业资信调查和信用额度评估；为出口商承担进口商信用额度内100%收取货款风险和应收账款追收；在收到出口商发票副本时，如出口商有融资要求，可为出口商提供进口商信用额度内最高达出口商80%的货款垫付。

在国际保理业务中，保理商分为进口保理商和出口保理商两种，位于进口商所在地的保理商叫做进口保理商，位于出口商所在地的叫出口保理商。

国际保理业务的运作有单保理和双保理两种方式。仅涉及进出口商一方保理商的叫做单保理方式；涉及双方保理商的则叫做双保理方式。

单保理方式适用于出口商所在国未有保理商的国家和地区背景下。当进出口双方经过协商谈判决定采用保付代理结算方式后，出口商即向进口商所在国的保理商提出申请，签订保付代理协议，并将需确定信用额度的出口商名单提交给保理商；进口保理商对进口商进行资信调查评估；将确定的进口商信用额度通知出口商，并承担进口商信用额度内100%的收取货款风险担保；出口商依据由进口保理商确定的进口商信用额度决定签约；在信用额度内签约发货后，将发票和货运单据直接寄交进口商；将发票副本送进口保理商，进口保理商负责催收账款；如果出口商在发货后、收款前有融资要求，进口保理商将在收到发票副本后以预付款方式提供不超过发票金额80%的无追索权短期货款融资；进口商在付款到期时将全部货款付给进口保理商，进口保理商再将全部货款扣除相关费用及预付货款后转入出口商的银行账户。

双保理方式适用于进出口商双方所在国都有保理商的国家和地区背景下。出口商与本国的出口保理商签订保付代理合同；然后与进口商协商谈判买卖合同并约定采用保付代理结算方式；在签约前，出口商向出口保理商提出确定进口商信用额度申请；出口保理商再从进口国的保理商中挑出进口保理商，同时将需要核定信用额度的进口商名单提交给进口保理商；进口保理商对进口商进行信用调查评估，将确定的进口商信用额度通知出口保理商，出口保理商将进口商信用额度通知出口商，并承担进口商信用额度内100%的收取货款风险担保；出口商依据由保理商确定的进口商信用额度决定是否签约；在信用额度内签约发货后，将发票和货运单据直接寄交进口商；将发票副本送出口保理商，出口保理商负责催收账款管理；如果出口商在发货后、收到货款前有融资要求，出口保理商将在收到发票副本后以预付款方式提供不超过发票金额80%的无追索权短期货款融资；出口保理商同时将应收账款清单提交给进口保理商，委托其协助催收货款；进口商在付款到期时将全部货款付给进口保理商，如果进口商在发票到期日90天后仍未付款，进口保理商做担保付款；进口保理商收款后，立即将全部款项转给出口保理商；出口保理商在扣除相关费用及预付货款后转入出口商的银行账户。只要进口商按原定合同及时付清了货款，这单保理业务就告完成。进口商的信用额度在保理合同规定的期限内可循环使用。

典型的国际双保理业务运作示意图

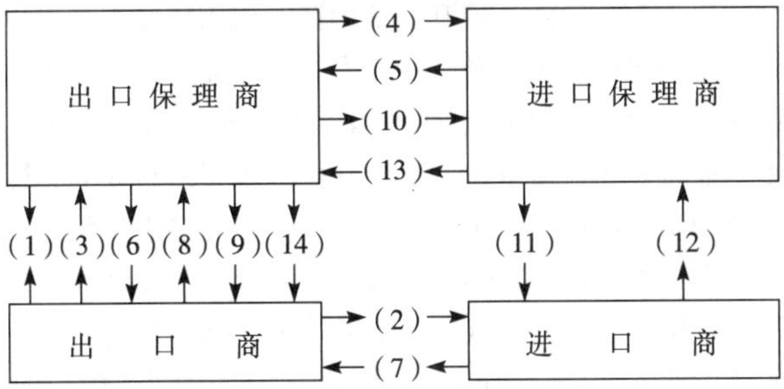

出口保理商
(4)
(5)
(10)
(13)
进口保理商
(1)(3)(6)(8)(9)(14)
(11)
(12)
出口商
(2)
(7)
进口商

(1) 出口商与出口保理商签订保理合同；

(2) 出口商与进口商商谈买卖合同，约定采用保理收付货款方式；

(3) 出口商向出口保理商提出为进口商核准信用额度的请求；

(4) 出口保理商要求进口保理商对进口商进行信用评估；

(5) 进口保理商调查评估进口商信用额度，将结果通知出口保理商；

(6) 出口保理商将进口商信用额度通知出口商；

(7) 出口商依据所核准的进口商信用额度决定是否签约，在签约发货后，将附有转让条款的发票和单据寄送进口商；

(8) 出口商将发票副本交出口保理商委托收取货款；

(9) 按出口商有融资需求，出口保理商付给出口商进口商信用额度内不超过发票金额的80%的融资款；

(10) 出口保理商向进口保理商寄交相关单据；

(11) 进口商于发票到期日向进口保理商要求付款；

(12) 进口商向进口保理商付款；

(13) 进口保理商将款项付出口保理商（如果进口商在发票到期日90天后仍未付款，进口保理商做担保付款）；

(14) 出口保理商与出口商结算货款余额。

四、国际保理业务现状

近20年来，保理业务在世界各国的国际贸易和国内贸易中都得到了广泛运用。世界各国都在竞相发展保理服务，以提高本国出口商在国际市场上的竞争能力。在欧美国家的贸易结算中，保付代理收付货款方式基本上取代了汇付、托收、信用证收付货款方式，占据了重要的地位。20世纪90年代以前，美国在这个领域一直处于领先地位。20世纪90年代起，西欧各国发展较快，尤其是意大利，已于1990年超过了美国，跃居世界第一；1988年美国保理服务营业额为490亿美元，意大利为360亿美元，1990年美国仍为490亿美元，意大利则增加到了712亿美元，远远超过了美国。1991年底，全球保理业务营业总额已高达2 600多亿美元，1998年突破5 000亿美元，1999年，全球保理业务量达到了5 700多亿美元。国际保理业务已成为世界市场竞争的有力工具。在西欧和亚太地区的经济发达国家和地区，国际保理业务的发展尤为迅猛，在德国、意大利、比利时、荷兰等发达国家，国际保理业务已经占其保理业务总量的30%以上。

国际保理业务在亚洲地区起步较晚，发展较慢，也很不平衡，日本和新加坡一直处于领先地位。20世纪80年代后，由于亚洲地区历来是以消费品出口为主，出口商通常只同少数进口国中一家大主顾签订销售合同，尽管进口商拒绝开立信用证，信用风险尚在可以控制的范围；加之当时国际保理服务基本上是金融机构的副业务，专业人才和专业保理公司短缺，国际保理业务发展在一定程度上受到了限制，包括中国在内的许多国家都未开展国际保理业务。进入90年代后，亚洲地区国际保理服务专业人才不再短缺，专业国际保理公司纷纷成立，国际保理服务不再是金融机构的副业务。加之亚洲出口商已经有了众多客户，不再更多地依赖某一进口商，这无疑对商业出口发展是有利的。尽管亚洲的出口商仍然要求进口商开立信用证，但在国际市场激烈竞争环境下，许多出口商也不得不接受承兑交单（D/A）和挂账（O/A）的信用付款方式，增加了出口商应收货款风险和追收账款业务费用，使得出口商们不得不转而求助于国际保理服务公司，使得这项服务能更广泛和更有效地开展。

随着国际保理服务公司纷纷成立，协调这些公司业务的国际性保理服务机构也相继成立。现今规模较大且有影响的国际保理机构是：国际保理联合会（Factors Chain International，FCI），国际保理协会（Intemational Factors，IF）和哈拉尔海外公司（Heller Oversea Corporation）。这

三个国际机构中，FCI是该行业最大的，由各国保理公司组成的民间商业机构，是一个开放式组织，允许一个国家有多家保理公司参加；其他两个机构都是封闭式的，每个国家只允许一个公司参加，影响和业务规模远远不如国际保理联合会。FCI成立于1968年，总部设在荷兰阿姆斯特丹，其目的是为会员公司提供国际保理服务的统一标准、程序、法律依据和规章制度，负责组织协调和技术培训；目前，FCI组织已经有150家会员，这些会员分布在全球50多个国家和地区。

FCI有联系世界主要保理公司的全球网络，旨在通过保理和有关的财务服务，促进国际贸易发展。FCI利用通用电子信息服务公司（GEISCO）的MarkⅢ卫星，成功地开发出了保理公司之间账务通讯系统（Inter-factory Accounting Communication，IFAC）及计算机和通讯辅助保理服务系统（Factoring Aided by Computer and Tele Communication System，FACTS），供各会员公司使用；此外，FCI还协助各会员公司制定标准程序以保持优良服务质量；提供一揽子培训方案；在全世界推广国际保理服务，使其成为行之有效的贸易财务服务方法。

1987年，罗马统一私法协会完成了对《国际保付代理公约草案》的修订。1988年5月，在有55个成员国参加的加拿大渥太华外交会议上正式通过了《国际保理服务公约》，为各国保理商开展国际保理服务提供了法律保障。

《国际保付代理公约》是目前规范现代国际保理活动的唯一的法律规范。该公约正文共11条。其中，第1条规定了保付代理商要为出口商承担进口商不付款的风险；第2条规定了《公约》仅适用于缔约国间的当事人；第3条规定了《公约》所确立的规范由当事人自愿采用；第4～10条规定了开展国际保理服务的一般原则；第11条规定了《公约》未尽事宜，应根据《公约》所规定的一般原则和国际私法规则适用的法律解决。

从目前全球国际货物买卖发展的趋势来看，由于买方市场的形成，传统的信用证结算方式由于手续繁琐、费用较高、结算方式呆板等弊端，其在国际结算方式中的“主导”已逐步被承兑交单和挂账所取代，国际保理业务又由于其迎合了建立在商业信用基础上的托收、赊销等国际货物买卖货款收付方式的需要，因而在短短的20几年时间里，得到广泛运用，成为发达国家在国际货物买卖业务中的首选收付方式。

五、国际保理服务的优势

国际保理服务作为国际货物买卖中一种新型的支付方式，之所以能在80年代后迅速崛起，从其他支付方式中脱颖而出，并非出于偶然，其优势主要是源于它对风险的分担能力，对支付程序的简化功能和对支付费用节省的效能等方面的原因。作为一种围绕着货款收付提供综合性服务业务，远比信用证和托收方式更为安全、简便、实用，化解了买卖的风险，有效地解决了历来存在于国际货物买卖过程中的由于进出口商互不了解或信任而阻碍贸易往来的问题。加之在整个货款收付过程中，出口商只需同出口保理商接触，进口商只需同进口保理商联系，没有语言及社会习惯等方面的障碍，非常方便；保理商在业务操作中充分地运用了现代电子科技的成果，因而在国际货款支付中的优势是显而易见的。

国际保理业务对出口商的优势首先是对贷款回收风险保障。与汇付、托收、信用证等传统付款方式比较而言，进口商破产或拒付货款等的经营风险、财务风险转由保理商承担，能有效地保护出口商的利益；出口商只要认真地履行了合同交货义务，就可以得到保理商100%的收取货款保障。如果进口商拒付货款或破产，保理商将于90天后按出口发票金额向出口商付款，并且保理商对付给出口商的全部款项没有追索权，避免了出口商呆账、坏账损失。其次，促进销售。由于保理商代出口商对进口商的资信进行调查和监督，克服了信息障碍，为出口商决定是否向进口商提供商业信用、以扩大商品销售，提供了准确的依据和信息数据；保理商之间采用先进的电子数据系统传递信息，操作简便快捷，额度一经批准确立，出口商便可以放心及时出货，而不需等待进口商开来信用证，免除了繁琐手续，同时还回避了信用证业务中的不符点问题，简便快捷，加快了单据的流转，因而更具竞争力，有利于出口商拓展海外市场、扩大出口；保理收付货款方式是建立在赊销延期付款交易基础上，相当于出口商为进口商提供了进口信贷资金，因而起到鼓励进口商增加进口和建立长期贸易往来合作关系的作用。第三，增加利润。由于出口商将货物装运完毕并向保理商转让发票等单据后，即可获得部分货款，满足用于再生产所需资金，形成生产、销售良性循环；资信调查、账务管理和追收账款都由保理商处理，减少了销售费用；加之保理商一般仅收取1%～2%左右的手续费，较之信用证和托收都要低得多，并且有效地排除了坏账损失。所有这些都能促成利润的增加。

国际保理业务对进口商的优势是利用有限的资金扩大经营额。由于进口商是通过保理商延期付款，相当于进口商凭其良好的信用取得了出口商信用贷款，无须交付保证金或用财产抵押，同时也节省了为出口商开立信用证费用支出，以有限资金购进更多货物，加快了资金和进口货物的流动周转，扩大营业额；加之通过保理商付款购买手续简便，不需处理繁杂财务文件的费用。所有这些，都能给进口商带来利润的增加。

六、国际保理商的风险

国际保理服务对保理商的风险在于进出口商之间的共同欺诈性交易，保理商能否有效控制客户的风险，恰当地对客户进行风险评估，是保理业务能否顺利开展的基础。国外保理商对业务风险的控制经验是强化客户资金流动的监控，通常会要求申请保理业务的客户将全部应收账款交一家保理公司代收或者融资。

七、在中国开展国际保理业务

长期以来，我国出口贸易都是力主使用传统的信用证结算方式，对于承兑交单（D/A）或挂账（O/A）信用付款方式，因进口商拒付或拖欠货款风险太大，大多数外贸公司不愿意冒此风险，宁愿不做买卖、或接受对方苛刻的条件换取信用证结算方式，由此削弱了中国商品在国际市场上的竞争能力，因而也不可避免地错过了许多出口机会。进入 90 年代后，在国际市场大背景下经营的中国外贸企业也不得不逐步接受承兑交单和挂账的商业信用付款方式。近年来一些统计数据表明，这两种方式已接近出口贸易总额的 30%到 40%，在广东等经济特区和沿海开发区，这个比例还要更高些。但由于我们对海外进口商的资信缺乏了解，对其经营状况没有及时准确的信息，因此，上当受骗情况屡见不鲜，坏账逐年增加，造成很大损失。有关资料显示计，全国应收国际账款已达数十亿美元，这些坏账绝大多数是承兑交单（D/A）或挂账（O/A）所造成的。国际市场经验表明，国际商账追收是十分困难的，一旦出现了呆账，追回成功率很低；即使追讨成功，佣金要占 1/3 以上。

时至今日，对众多的中国出口企业而言，国际保理服务还是一个非常陌生的概念，甚至一些从事国际结算业务的专业人士对该项业务也不甚了解。这表明我国对此项业务的普及程度还不够。目前，中国的保理商数量非常有限，国际保理协会的成员只有中国银行、交通银行、光大银

行和中信银行四家，国际保理仅作为银行业务的副业，发展非常缓慢。据 FCI 统计，1999 年我国保理业务量仅为 3100 万美元，还不及当年进出口总额 3 606.49 亿美元的一个零头。

作为信用中介的银行等金融机构应该积极参与其中。这是因为：首先，银行具有开发国际保理业务的有利条件：一是可以充分利用其遍布全球的海外分行及代理行优势，对国外进口商进行深入的资信调查；二是可以充分利用其在账户管理、债务清偿中的技术与经验，做好资金与账户的管理；三是可以利用其现代化的计算机网络及外汇清算、结算体系，及时回收资金。其次，在中国成功地加入了世界贸易组织后，国内商业银行面临着外国商业银行和跨国金融集团进入中国金融市场所带来的巨大挑战。分析外国商业银行和跨国金融集团进入中国发展业务策略无非是用其快捷、方便、安全、可靠的服务吸引客户；扬长避短，利用其现有的、成熟的业务和技术，拓展那些对中国商业银行和金融机构相对还较薄弱的业务领域，他们的着眼点不可避免地会落在国际金融服务业务方面上。由此看来，现在仍对国内商业银行几乎还是空白的国际保理业务，将不可避免地成为外国商业银行和金融机构进入中国后志在必夺、首先要占领的阵地，今年初的交通银行南京分行爱立信事件已经深刻地说明了这一点。第三，国内商业银行随着相互间竞争加剧，传统资产负债业务的盈利空间不断缩小，迫切需要发展中间业务，寻求新的利润增长点，中国出口贸易的巨大市场潜力如能与商业银行国际保理业务的拓展与结合，将给商业银行利润的增长、中国出口商品在国际市场上的竞争能力的提高、乃至中国在入世后国民经济持续的发展，起到积极的作用。因此，国际保理业务作为一向盈利能力较强的中间业务，在我国还是一块亟待开发的沃土，在我国商业银行中发展国际保理业务具有广阔的发展前景。尤其是在全球经济一体化趋势日益增强的今天，作为国有商业银行，更应全力协助本国出口商在国际市场竞争中占据有利位置，有效地帮助出口商规避风险，降低成本，拓展市场份额，扩大出口。

目前，中国中小企业发展迅速，迫切需要得到贸易融资和信用担保，而融资渠道和手段则非常有限，对国际保理这种新兴的金融服务方式的了解和使用还非常有限，进出口企业在业务中仍主要采用汇款、信用证、托收等传统的国际结算工具。由于保理较其他结算品种有其独特的优点和作用，在我国应该具有更广阔的使用前景。

推广国际保理业务也是出口市场多元化战略的需要。实施市场多元化战略的具体内涵是，在继续扩大对港澳、欧美、日本等传统主要出口市场的同时，发展对独联体、东欧、拉美、中东、非洲等地的出口。而开拓这些市场所遇到的主要问题，一是国内出口公司对这部分市场不熟悉，面临新市场、新客户的开发问题；二是这些地区订购批量小、运输不便，许多地方不能开出信用证，收款风险大。这就为对外贸易企业在实地开拓业务上带来了具体困难。如果采用国际保理收付贷款方式，可以有效解除出口企业的后顾之忧。

推广国际保理业务，是推动中国对外贸易发展的必然趋势，我们应不失时机地宣传推广这种有利于国际货物买卖结汇的支付方式，为中国国民经济的发展带来效益。

乡村社区公共产品的制度外筹资：历史、现状及改革*

林 万 龙

一、导言：乡村社区公共产品制度外筹资的含义

本文对乡村社区公共产品①制度外筹资的定义是：政府或集体经济组织采取的，没有纳入到正规财政体制范畴内的乡村社区公共产品筹资方式。因此，所谓“制度外”，并不是指这种筹资方式不合法，而是指它处于“正规的财政制度之外”。

孙潭镇和朱钢（1993）最先提出了“制度外财政”这一概念。他们将财政定义为“行政当局依靠行政的强制力量，为支撑政府活动而进行的资金筹措和运用”。根据这一定义，可将乡镇财政划分为制度内财政和制度外财政，前者指在现行财政管理体制下的预算内财政和预算外财政，后者指乡镇政府以各种形式筹集的自筹资金以及由此发生的政府支出，虽然也属于财政范畴，但它与制度内财政有明显区别：其收支范围、收费标准和收费方式由乡镇政府根据本乡镇的实际情况而定，而不像制度内财政那样有全国统一的制度性约束，其资金的使用既缺乏制度规范，也不纳入预算管理②。同样一个概念，樊纲（1995）将之称为“乡镇非规范收入”，以突出其基本特征，即“非规范性”。

根据以上定义，乡村社区公共产品的制度外筹资，除了包括政府通过“制度外财政”进行的公共产品筹资以外，还包括农村各级集体经济组织为供给公共产品而采取的筹资方式。因为在中国农村，除了政府以外，各级集体经济组织也有供给公共产品的职责③。它们所供给的公共产品，同样没有纳入到正规财政体制范畴内。

无论是在人民公社时期还是家庭承包制时期，乡村社区公共产品的制度外筹资均是一个普遍现象，在乡村社区公共产品的供给中占有重要地位，值得深入研究。本文的目的是对这两个时期乡村社区公共产品制度外筹资的方式和规模进行对比分析，探讨这一方式在家庭承包制时期的弊端，提出改革方向；并要在分析的基础上，得出若干关于乡村社区公共产品供给方面的有益

* 原载《中国农村经济》2002年第7期。

① 在本文中，乡村社区公共产品是指：在乡或村范围内提供的，为乡村社区农民（或其中的一部分）所消费的带有公共产品性质（消费或受益难以完全排它）的产品或服务，包括农村小型基础设施、基本医疗卫生服务、技术信息服务和农村基础教育等。这一界定带有“约定俗成”的意味，与公共经济学对公共产品的严格定义不完全相同。

② 需要注意的是，根据1995年国务院发布的《关于加强预算外资金管理的规定》，从1996年起，用于乡镇政府开支的乡自筹和乡统筹资金，均要归入预算外资金管理范围。

③ 叶兴庆（1997）将各级集体经济组织供给的公共产品称为“制度外公共产品”。

启示。

二、人民公社时期乡村社区公共产品的制度外筹资

1958年的人民公社化运动，使乡（镇）政府被“政社合一”的人民公社所取代，财政体制也随之改变，乡镇财政①实际上被取消，“公社财政”初具雏形。1962年，人民公社的财政管理体制进行了调整，将“财政包干”改为“统收统支”的管理办法，除农业税附加给公社一定的分成外，公社收入全部上交县财政，公社的支出也全部向县财政领报，这实质上是取消了人民公社作为一级财政的管理体制（邱兴和主编，1996）。1970年以后，江苏等一些省份的地区根据农村经济发展的要求，先后恢复了人民公社财政，实行不同形式的财政管理体制。在建立了“公社财政”的人民公社，其公社财政的收支内容可归结为表1。

表1　公社财政的收支项目

收　入　项	支　出　项
一、国家预算收入	一、国家预算支出
1. 商业企业收入	1. 支援农业支出
2. 公社税收：农业税、工商税、工商所得税、屠宰税	2. 公社行政管理费
3. 其他收入：罚没收入等	3. 文教科学卫生事业费
二、地方预算外收入	4. 抚恤和社会救济费
1. 农业税附加	5. 城镇人口下乡经费
2. 工商税及工商所得税附加	二、公社财政社有资金支出
三、公社社有收入	1. 社办企业支出
1. 公社企业利润及折旧基金上交	2. 农业支出
2. 社办事业收入	3. 文教科学卫生支出
3. 生产大队的部分公积金上交	4. 社会救济福利事业费
4. 公社其他收入	5. 公社行政管理费及其他支出

资料来源：根据《人民公社财政与财务管理》编写组（1981）提供的资料整理。

除了财政渠道外，在公社时期，乡村公共产品的另外一个筹资渠道是各级集体经济组织。人民公社既是一个政权实体，又是一个经济组织，在“三级所有、队为基础”的体制下，人民公社、生产大队、生产队之间有较强的经济联系。表1表明，即使建立了公社财政，社区公共产品的供给也仅限于公社一级的部分项目，更没有针对生产队和生产大队两级的支出项目，因而维系整个社区公共产品正常供给的除了公社财政外，还有赖于各级集体经济组织（即生产队和生产大队）所筹集的资金。

各级集体经济组织公共产品供给（即乡村公共产品的“制度外供给”）的资金筹集，与公社框架下的分配制度有密切的关系。对于生产队和生产大队的生产所得，在扣除掉当年生产费用，包括种子、肥料、农药、燃料、机耕费、排灌费、农机具维修费、小型农具购置费、耕畜饲养费及固定资产折旧之后，分配顺序是（农业部课题组，1993）：①国家税收和粮食统购任务。②管理费。包括办公用品、差旅费、干部补贴及生产队上交大队的管理费。③集体提留。包括生产队及上交大队的公积金、生产费基金、贮备基金、公益金等。④社员分配。即在总收入中扣除上述

① 1953年以后，随着土改的完成和农业合作化运动的进行，一些地方陆续建立了乡镇一级财政。参见高英、崔国忠主编（1998）。

支出后的剩余，以工分为权重，分配给社员。因此，在公社时期，集体经济组织公共产品供给的物质成本是以管理费、公积金和公益金的形式来筹集资金的①。

从上面的论述可以看出，公社时期的社区公共产品供给有两种模式。

模式一：建立了公社财政的地区，社区公共产品由公社财政（含公社财务）和生产队及生产大队供给。

模式二：未建立公社财政的地区，社区公共产品由县财政（代替公社财务）和生产队及生产大队供给。

无论是何种模式，公共产品的筹资渠道都有两个，即财政渠道和制度外渠道。由于缺乏系统完整的数据，无法对这两个渠道的供给规模进行精确对比。但可以肯定的是，在公社时期，乡村社区公共产品的“制度外供给”占有极为重要的地位。

表2列举了公社时期主要公共产品的筹资渠道，它表明，社区集体在乡村社区公共产品的供给中发挥了极为重要的作用。

表2　公社时期主要乡村社区公共产品的筹资渠道

公共产品项目	筹 资 渠 道
1. 社队兴办的小型农田水利工程	凡是社队有能力全部承担的，应自筹解决；对困难社队，国家给予必要补助
2. 所有水利工程	新中国30年兴修的水利工程，国家总投资共763亿元，而社队自筹及劳动积累，估计达580亿元
3. 农村社队集体办学	集体负担为主，国家财政给予必要补助，另由个人负担少量学杂费
4. 公社卫生院	实行“社办公助”，主要依靠公社集体经济力量
5. 农村“合作医疗”	由大队统筹全体农民的医疗费用，基本医疗服务费用主要由社区集体承担；财政补助用于培训医务人员的经费和支持穷队办合作医疗
6. 大队卫生所	几乎完全靠集体经济投资和维持
7. 公社文化和广播事业	公社社有资金为主，国家预算内支出中适当补助

资料来源：根据程漱兰（1999）第269页、292页、295页；《人民公社财政与财务管理》编写组（1981）第56～77页；及朱玲（2000）整理。

另外，还可以从数量上大致估计社区公共产品制度外筹资的重要性。表1显示，国家和公社从农村中获取的财政收入主要是农村的各项税收和社办企业的利润上交（企业折旧基金除外）②。根据资料掌握情况，以1978年为例，可以大致估算公社和国家从农村中获取的财政收入，以及生产队和生产大队的集体提留。如表3所示。

虽然表3对1978年农村财政收入的估算数据并不精确，但它足以说明这样一个观点：即便是将国家从农村中获取的财政收入③全部用于公社财政或县财政的乡村社区公共产品建设上（在当时体制下是不可能的），也不会比乡村社区公共产品的制度外供给（即集体经济组织提取的管理费、公积金和公益金，它尚未包括大量的劳动力投入）高多少。由此可以再次证明：在公社时期，乡村社区公共产品的制度外筹资占有极为重要的位置。

---

① 人力成本以增加总工分数、从而降工分值的方式加以弥补。

② 这是一个粗略的说法，但可以反映大致情况。有资料表明，生产大队上交的公积金可能仅占公积金的百分之几。见程漱兰（1999）第212页。国家预算收入中的“商业企业收入”和“其他收入”以及公社社有收入中的“公社事业收入”和“公社其他收入”比重也不会太大。

③ 可能存在高估。因为：a. 对税收附加可能大大高估了；b. 20世纪70年代末起，由于国家的鼓励，社队企业发展很快（谭秋成，1998），1978年社办企业的利税必定要比其他年份高。

表3　1978年公社财政收入和集体提留估算

项　　目	大致估计值（亿元）
一、财政收入粗估	
1. 社办企业利润	＝20.4%[①]×224.33[②]＝45.8
2. 社办企业税收	＝22[③]×57.5%[④]＝12.7
3. 农业税	＝37.2
4. 税收附加	＝（12.7＋37.2）×35.5%[⑤]＝17.7
合 计	＝113.4（＝45.8＋12.7＋37.2＋17.7）
二、集体提留合计	103.0

注：①指社队企业销售收入利润率，此处大致用来代表社办企业收入利润率；

②指社办企业销售收入；

③指社队企业总利润；

④指社办企业收入占社队企业总收入的比重（此处假定二者利润率相当）；

⑤指1976年全国预算外收入占预算内收入比重，大致代替1978年税收附加比。

资料来源：根据《中国乡镇企业年鉴（1978—1987）》，第569页；《中国统计年鉴》（1983）第209页及贾康、阎坤（1999），第83页数据计算整理。

三、家庭承包制实施后乡村社区公共产品的制度外筹资：延续与变化

（一）延续

当人民公社于1983年正式废除时，乡被恢复为一级农村政府。与此相适应，乡镇财政建设也开始了。1983年10月，中共中央、国务院发出了《关于实行政社分开，建立乡政府的通知》，要求"随着乡政府的建立，应当建立乡一级财政和相应的预决算制度，明确收入来源和开支范围。"到1997年底，全国已建立乡镇财政所43 285个，占建制乡镇的95.6%。公社制度解体、乡镇一级政府的建立和乡镇一级财政的建立三个事件之间并不是独立的，而是有其必然联系：当代替人民公社而建立的乡镇政府不再具有直接的经济管理职能、无法直接获取经济剩余的情况下，建立一级财政以筹集其所需资金及安排资金使用就是必要的制度安排了。

虽然建立了乡镇一级财政，但是乡村社区公共产品的制度外筹资体制也同时以其他形式保留了下来。其形式主要包括以下几种：

1. 乡镇制度外财政。目前，我国农村乡镇制度外财政的收入来源主要有以下四方面：①乡镇企业上交利润和管理费；②乡镇统筹资金，包括五项统筹和乡镇政府按照国家规定征收的其他收入；③各种集资、捐赠收入；④各种罚没收入。

2. 农民依照法律、法规的规定所必须承担的村提留、农村义务工和劳动积累工。村提留（又称"三提"）包括公积金、公益金和管理费。其中，公积金用于农田水利基本建设、植树造林、购置生产性固定资产和兴办村集体经济；公益金用于五保户供养、特别困难户补助、合作医疗保健以及其他集体福利事业；管理费用于村干部报酬和管理开支；农村义务工和劳动积累工主要用于植树造林、防汛、公路建勤、修缮校舍等。

从游离于正规预算财政体系之外这一点看，"制度外财政"及其他税外负担与公社时期的公共产品制度外筹资的性质是相似的，可以认为：现行农村社区公共产品的制度外筹资制度是公社时期制度的延续（叶兴庆，1997）。这里要强调的是：这种延续并不是基层政府的创新，而是中央政府作出的制度安排①。

① 关于为什么中央政府要作如此的制度安排，可以参见林万龙（2000）的分析。

分析表明，在家庭承包制实施以后，制度外筹资在乡村社区公共产品的供给中仍占有极为重要的位置。以乡镇一级筹资为例，孙潭镇和朱钢（1993）、樊纲（1995）和作者本人的个案调研均显示，对乡镇政府来说，制度外财政收入在其可支配总收入中的比重占有极为重要的位置，对许多乡镇来说，制度外财政收入已成为其收入的最主要来源。表4说明，乡镇制度外财政占有极为重要的位置可能是一个全国范围内的普遍现象。

表4　乡镇一级制度外财政收入占乡镇可支配财力的比重（若干个案）

个案地点（乡镇）	制度外财政收入比重（%）	年份
1. 北京某乡	77.4	1989
2. 浙江某镇	72.5	1989
3. 大连某镇	74.6	1991
4. 湖南某镇	41.7	1991
5. 湖北宜城县某镇	59.7	1992
5. 广东江门市某镇	85.7	1993
7. 温州乐清市某镇	63.2	1993
8. 河北某乡（A）	45.1	1996
9. 河北某乡（B）	43.6	1997
10. 河北某乡（C）	45.9	1998
11. 河北某乡（C）	59.6	1999

注：个案1～4中的比重调研者未说明是占乡镇总收入的比重还是占乡镇财力的比重。

资料来源：个案1～4：孙潭镇、朱钢（1993）；个案5～7：樊纲（1995）；个案8～11：作者本人调研。

（二）变化

但是，对于乡村社区公共产品供给制度来说，家庭承包制是与人民公社制完全不同的一种制度环境。事实证明，农村社区公共产品制度外筹资在筹资对象和筹资方式也因家庭承包制的实施而发生了某些变化。

首先是筹资对象的变化。在公社时期，农村社区公共产品的制度外筹资，其直接承担对象是农村集体经济组织本身，公共产品所需的物质成本通过公积金、公益金和管理费的形式在社员分配之前直接从各个核算单位扣除；公共产品供给的人力成本也是集体经济组织内部劳动力资源的损耗。因此，农村社区公共产品制度外筹资的直接承担对象是农村集体经济组织本身。家庭承包制的实施使得农村社区公共产品制度外筹资的承担对象由集体为主转向以农户为主。由于农户实际支配了农村中的大部分资产，并占有了生产经营活动的剩余索取权，因此，对农村基层政府来说，为了维持农村社区公共产品的制度外供给，其筹资对象就自然地必须由集体转向农户，农户因而成了费用的直接承担者。以农村中的“三提五统”为例，就全国范围而言，农户承担的比例一直占总额的大部分（见表5）。

表5　1987—1997年农户人均直接承担的提留统筹费及其占总额的比重

年　份	1987	1988	1989	1990	1991	1992
人均提留统筹费（元）	25.7	28.9	33.8	41.2	44.6	47.4
其中：农民人均直接负担（元）	15.3	18.1	20.8	26.1	29.2	31.0
人均直接负担的比重（%）	59.6	62.7	61.5	63.4	65.5	65.3

资料来源：1991年前数据引自农业部课题组（1993）；1991年后数据根据《中国农业发展报告》（1996、1998）和《中国农村统计年鉴》（1999）有关数据计算。

需要注意的是，表 5 列示的仅是农民所直接承担的“三提五统”费用比重，对于农村中的其他集资和摊派，则几乎全部必须为农户所直接承担。这是家庭承包制后农村制度外公共产品筹资对象的一大变化。

其次是筹资方式的变化。在筹资对象发生变化的同时，农村社区公共产品制度外筹资的方式也因家庭承包制的实施而发生了相应的变化。公社时期农村社区公共产品的制度外筹资方式是与集体经济组织的收益分配制度相关的，公共产品所需的物质成本在农户分配之前直接从各个基本核算单位扣除，单个农民并不清楚自己分摊的公共产品物质成本为多少，公共产品所需的人力成本的分摊办法是增加工分总数、降低工分值，单个农民同样不清楚自己的负担份额。在家庭承包制实施之后，这种筹资方式不再适用，这是因为农户已经成为经营主体和剩余索取者，农户成了基本核算单位，农户也获取了其自身的劳动支配权。这样，乡村政府为了完成社区公共产品的制度外筹资，就必须直接向农户收取费用，这种费用是对农户生产剩余的一种直接的夺取，而不再是集体收益的一种分配方式了。过去的隐性剥夺被公开化了，它所体现的正是家庭承包制后社区公共产品制度外筹资方式的变化。

四、乡村社区公共产品制度外筹资方式的弊端及其改革

尽管中国农村基层所延续的制度外筹资方式在农村社区公共产品的供给方面起了积极作用（李富忠和林万龙，2002），但是另一方面，它却与农民负担问题直接相关。这是由这一制度的特征以及家庭承包制这一制度环境所决定的。

首先，公共产品制度外筹资制度的最大特征在于它的不规范性和决策机制的自上而下性。农村社区公共产品供给强制性制度安排中的这些特征，使政府供给主体加重农民负担有了可能。这种“一事一费”的制度，不仅为任意开征新的收费项目提供了可能性，而且随着农村经济社会发展，当新的公益事项出现时，在“一事一费”的筹资制度下，将诱发新的收费项目的出现；最为主要的是，乡镇制度外筹资属于乡镇各收费部门（包括乡镇财政）的自收自支资金，在家庭承包制下，农村基层政府部门与农户在一定程度上成为了有各自相对独立利益的两个集团。在缺乏缴费者制约的情况下，各部门有增加收费项目的动机。这是前两点原因背后的本质原因。

因此，在家庭承包制下，农村社区公共产品的制度外筹资制度使政府供给主体增加收费项目、加重农民负担有了机制上的可能性。

其次，在家庭承包制下，公共产品的需求方——农户——对负担的感受非常敏感。在家庭承包制下，农户成为了有独立经济利益的经济活动主体，筹资制度的这种变迁，因而使得农户对负担的敏感程度上升了，特别是在社区公共产品供给不符合农户需求时，农户的对抗情绪就明显加强了。事实上，公社时期的农民负担也是很重的，但是农民负担问题却不突出，一个重要原因恐怕就在于此。

在此我将公社时期和家庭承包制时期的农民负担作一对比。本文中，农民负担定义为农民所承担的税收、提留统筹和其他摊派。对农户来说，公社时期的负担主要包括国家税收、集体提留和各种杂项负担，为了与家庭承包制后的口径一致，农民纯收入相当于分配给社员的份额与集体提留之和①。在公社时期，农民负担大约占其上年纯收入的比重可以大致估算如表 6。

① 家庭承包制实施之后，根据统计指标的定义，农民纯收入＝全年总收入－家庭经营费用支出－缴纳税款－生产性固定资产折旧－上交集体承包任务－调查补贴。见《中国农村统计年鉴》（1999）第 490 页。

从表6看，公社时期农民间接负担占上年人均纯收入的比重最高年份达到了35.2%（1970年），最低也有20.0%（1962年），一般在25%左右，其平均值为24.8%。需要注意的是，这一结果尚未把那一时期极为严重的工农产品剪刀差和大量的无偿使用劳力考虑在内。

表6　公社时期的农民负担（1958—1979年）

单位：亿元、%

年份	总收入	国家税收	集体提留	杂项*负担	分给社员	农民纯收入	农民负担占上年纯收入比重
1958	410.2	39.0	47.4		214.5	261.9	
1959	384.0	38.4	48.1		194.7	242.8	33.0
1960	367.7	35.4	15.2		208.6	224.8	21.7
1961	412.3	25.4	28.0		247.8	275.8	24.2
1962	423.3	27.5	27.6		248.6	275.2	20.0
1963	440.5	28.8	30.9		255.1	287.0	21.6
1964	489.6	33.2	45.7		269.3	315.0	27.5
1965	531.7	29.8	47.5	17.9	304.6	352.1	30.2
1970	727.3	32.9	71.2	19.7	399.0	470.2	35.2
1971	778.7	34.6	73.9	20.7	435.6	509.5	27.5
1972	795.6	35.2	68.2	21.1	437.7	505.9	24.4
1973	863.8	37.0	83.2	22.2	473.4	555.6	28.1
1974	909.4	37.5	91.8	22.5	487.4	579.2	27.3
1975	924.5	37.1	101.1	22.3	475.9	577.0	27.7
1976	944.2	35.7	95.1	22.0	479.0	574.1	25.7
1977	975.9	37.1	90.9		501.8	592.7	22.3
1978	1 107.4	37.1	103.0		582.4	685.4	23.6
1979	1 234.1	39.8	118.4		655.6	774.0	23.1

注：仅有1965—1976年的估计比例。据估计，这一时期的杂项负担大约占农业税的60%～80%，此处按最低值，即占农业税的60%计算。

资料来源：杂项负担数据根据《中国农民负担史》（财政部《中国农民负担史》编辑委员会，第四卷，1994，第312页）估算；其余数据根据《中国统计年鉴》（1983）有关数据计算。

由于各种集资摊派难以统计，因此对于家庭承包制下的农民负担缺乏系统的资料。在此用有关部门在1993年（42个县）和1997年（5 000个农户）的个案调研数据以及1999年和2000年《全国农产品成本收益调查资料》提供的数据进行估计。当然，在公社时期，农户上交集体提留后，还可以享受到一些在家庭承包制下所没有的待遇，这主要是基本免费的合作医疗服务和小孩的基础教育服务。为了使结果更有可比性，应当把这两项支出加入到家庭承包制下的负担中去，本文用全国的人均医疗保健和文教娱乐用品及服务支出数据来代替。由此计算出的这4年的农民税费支出负担的结果可整理成表7。

表7　我国农民社会负担

（当年价）

年份	农业各税（亿元）	三提五统（亿元）	其他社会负担（亿元）	总额（亿元）	人均（元）	人均医疗和文教娱乐支出（元）	人均合计占上年人均纯收入的比重
1993	125.74	379.90	148.19	653.83	76.77	85.50	30.8%
1997	397.48	702.96	587.932	1 688.37	194.88	220.00	21.5%
1999	423.50	669.53	165.03	1 258.06	144.58	260.64	18.7%
2000	465.31	620.36	165.51	1 251.19	154.97	274.29	19.4%

资料来源：①1993年的农民其他社会负担来源：根据1993年农业部对42个县的蹲点调研提供的个案数据（人均17.4元）测算，参见任全珠（1994）。

②1997年的农民社会负担：据国家税务总局“农民负担调查”中5 000户农户调查资料表明，1997年在农户人均负担195元中，税收负担占46元，税外各种负担为149元。

③1999年和2000年的其他社会负担：将亩成本外支出作为我国农民按土地播种面积负担的税收外的社会负担，根据《全国农产品成本收益调查资料》，我国1999年和2000年六种粮食平均的每亩成本外支出分别为35.58元和33.52元，亩成本外支出与农作物播种面积相乘就得到我国农民负担的成本外支出总量。

④其余数据根据中国农村统计年鉴（历年）相关数据整理。

表7表明，在所选的4年中，按同口径计算，除了1993年的农民负担水平（30.8%）要比公社时期（24.8%）高以外，其他3年的负担额均明显低于公社时期的平均水平。4年的平均水平为22.6%。需要强调的是，据农业部的估计，1993年所调研的42个县的社会负担和劳务负担要明显高于全国平均水平，按照农业部的资料（任全珠，1994）计算，高了5个百分点。这也就意味着：就全国来说，1993年的农民负担水平（25.8%）与公社时期的平均水平相比也并不高。这里要强调的是：对公社时期农民负担的计算还未把严重的剪刀差因素考虑在内。

在实际负担相差并不明显的情况下，表现出的农民负担问题的严重性却差异明显：随着矛盾的尖锐，政府现在已经把农民负担问题上升到了“社会稳定”的政治高度（国务院法制办公室，1999，第56页）。当然，由于处于不同的历史时期，公社时期的24.8%和家庭承包制时期的22.6%并不具有完全的可比性，负担重与不重，很大程度上是个主观感受，随着时代的进步和人民对生活水平要求的提高，农民的负担水平理应“与时俱进”而有所降低，因此，并不能仅仅因为农民现在的税费比例比公社时期低，就认为现在的负担不如公社时期重；但是，无论如何，上述比较值得我们深思，同样是制度外筹资、相近的实际负担，由于经营和分配制度的不同，其影响也不同：公社时期农民对负担的感受是不强烈甚至微弱的，而家庭承包制时期则是强烈的、直接的。在家庭承包制下，公共产品的供给者（政府部门）及公共产品的需求者（农户）成为了两个具有一定独立利益的主体，不规范的公共产品制度外筹资方式直接与农户的经济利益相对立，公共产品供求不均衡的严重后果因此凸显现了出来。这种不均衡突出体现在：许多通过收费而提供的农村公共服务并不是农民所需要的；更有甚者，有许多收费并没有提供任何相应的服务，而是用于了收费部门的私利。在农户有了独立的经济利益而负担显性化的情况下，矛盾即突出了。这使得家庭承包制时期的公共产品制度外筹资方式与严重的农民负担问题联系在了一起。

既然农民负担问题与公共产品的制度外筹资体制及其决策规则相联系，那么，从理论上来说，就必须对这种社区公共产品供给制度进行改革。农村税费改革和农村基层民主建设所试图解决的实际上正是现行农村公共产品制度外供给制度的这两个重要方面：前者力图将乡镇公共产品的制度外筹资规范化，使之纳入到制度内筹资范畴中去；后者的目的之一，是要解决村级社区公共产品制度外供给的决策规则，即将“自上而下”的决策规则改为“自下而上”，以使公共产品的供求相衔接。

因此，尽管目前农村税费制度改革试点方案和农村基层民主建设方案均不完善，但是，上述分析表明：改革的方向是正确的，它们所针对的，是公社时期延续下来的、已经与家庭承包制不相适应的农村公共产品制度外供给体制。

五、结论性评述

本文对人民公社时期和家庭承包制时期乡村社区公共产品的制度外筹资方式进行了研究。分析表明：家庭承包制实施后，虽然建立了乡镇一级财政，与此同时，公社时期的公共产品制度外筹资体制却也延续了下来；在这两个时期，制度外筹资方式在乡村社区公共产品的供给中均占有非常重要的地位。但在家庭承包制的制度环境下，这一制度在筹资对象和筹资方式上都已发生了变化，农户成为了直接的资金供给者，这使得农民的负担由隐性转为了显性。

在农户获得了生产剩余索取权以及政府部门行为缺乏强有力约束的情况下，乡村社区公共产品制度外供给的存在及其筹资对象和筹资方式的变化，引发了严重的农民负担问题。定量的计算说明：所谓的“农民负担”问题，其实质可能是原有农村社区公共产品制度外供给体制不再适应新的制度环境的一种表现，也就是说，只要公共产品的筹资方式不规范，缺乏预算的硬约束，那么，公共产品的供给者（基层政府）就可能有扩大筹资规模的动机，并且对需求方的需求考虑不足；如果乡村社区公共产品的供求不均衡，那么公共产品的需求者（农户）就可能对筹资制度不满——在负担不重时如此，较重的情况下更是如此。

这种不适应以及由此造成的社会矛盾促使政府必须对乡村社区公共产品的制度外筹资体制进行变革，在筹资制度上，必须争取取消公共产品的制度外筹资方式，而将之纳入制度内范畴而趋于规范化，在村级公共产品的决策规则上，则必须强调决策的“自下而上”性，以使公共产品的供求相衔接。事实上，这也就是正在进行的农村税费体制改革和农村基层民主建设的要点。

本文的分析意味着：并不是家庭承包制的实施带来了农村公共产品供给方面的问题，问题的实质在于，由于家庭承包制的实施，原有的公共产品供给制度不再适用了，而现有农村公共产品供给制度也没有完全适应新的制度环境，因此必须对农村社区公共产品供给制度进行创新。

最后需要说明的是，农村社区公共产品供给制度的变迁现象还体现在农村公共产品的民间供给和公共产品的私人化等诱致性变迁上，这是农村财产权私人化和农村经济市场化的一个必然结果（林万龙，2001）。因此，农村社区公共产品供给制度的创新，税费制度改革是一个重要方面，但不是问题的全部，如果政府能创造条件诱导农村社区公共产品供给制度的诱致性创新，将能充分利用民间资本，拓宽公共产品筹资渠道，形成农村社区公共产品的供给主体多元化格局，从而减轻政府财政的公共产品供给压力。

参考文献

[1]《人民公社财政与财务管理》编写组．人民公社财政与财务管理．杭州：浙江人民出版社，1981

[2] 程漱兰．中国农村发展：理论和实践．北京：中国人民大学出版社，1999

[3] 樊纲．论公共收支的新规范——我国乡镇“非规范收入”若干个案的研究与思考．经济研究．1995（6）

［4］高英，崔国忠．乡财政管理．大连：东北财经大学出版社，1998
［5］国务院法制办公室．减轻农民负担政策法规选编．北京：中国法制出版社，1999
［6］贾康，阎坤．转轨中的财政制度变革．上海：上海远东出版社，1999
［7］李富忠，林万龙．目前乡镇制度外财政的规模和作用——一个个案及其对农村税费制度改革的启示．生产力研究．2002（3）
［8］林万龙．家庭承包制的实施与农村社区公共产品供给制度变迁．中国农业大学经济管理学院．博士学位论文
［9］林万龙．家庭承包制后中国农村公共产品供给制度诱致性变迁模式及影响因素研究．农业技术经济．2001（4）
［10］农业部课题组．乡村集体经济组织的收益分配．农业部《农民负担问题综合研究》课题组．经济研究参考．1993（198）
［11］邱兴和．乡镇财政管理．上海：上海财经大学出版社，1996
［12］任全珠．秋季蹲点县农民负担状况实证分析及政策建议．经济研究参考．1994（2）
［13］孙潭镇，朱钢．我国乡镇制度外财政分析．经济研究．1993（9）
［14］谭秋成．中国为什么会出现乡镇集体企业．中国农村观察．1998（3）
［15］叶兴庆．论农村公共产品供给体制的改革．经济研究．1997（6）
［16］朱玲．政府与农村基本医疗保健保障制度选择．中国社会科学．2000（4）

中日农产品贸易战的政治经济学分析*

何秀荣　Thomas I. Wahl　陈永福

一、研究背景

乌拉圭回合后，关税化和降低关税水平成为一个必然的趋势，国际贸易保护的手段逐渐转向卫生检疫（SPS）、技术标准（TBT）和诸如国家安全、国际收支平衡、国内产业冲击等保障措施。农产品国际竞争力较弱的国家往往容易启用保障措施来保护国内的农业，发达国家往往易于采用卫生检疫和技术标准手段来阻止国外农产品的进入。此次中日之间持续了 8 个月的农产品贸易战正是在这种国际贸易保护方式转变的历史背景下爆发的，突出反映了现代农产品国际贸易中保护主义的一些特征。

本文旨在分析本次贸易战产生的背景和深层原因，评述本次贸易战的影响和后果，最后提出一些观点和思考。

二、贸易战的基本过程

20 世纪的最后 10 年，中国的农产品出口进入迅速成长时期，突出表现为对日农产品输出。中日之间的首轮农产品贸易战发生在 1995 年。当时，日本根据 WTO《农业协议》第 5 条特殊保障条款要求中国主动限制输日的大蒜和生姜。最终以中国实施主动出口限制和日方实施进口商申报管理而达成协议。

1997 年日本蔬菜生产因气象原因大幅度减产，中国对日蔬菜出口量迅速增长，并在其后二年中依然保持强劲增长。随着中国对日蔬菜出口的大幅增加，日本农民和农协组织强烈要求日本政府对中国农产品实行管制。90 年代后期，日本大葱主产区鸟取县等就开始了对中国大葱的调查。2000 年 8 月底开始，日本的香菇产区也要求日本政府依据 WTO 协定保障条款进行进口限制。2000 年 12 月 19 日，日本农林水产省、大藏省（现财务省）、通商产业省（现经济产业省）宣布对主要来自中国的大葱、香菇和灯心草展开调查。中日两国分别在 2001 年 2 月和 3 月就此事进行了磋商，日方认为，日本国内农产品价格跌落与中方增加农产品出口因果相关，要求中方对上述三种农产品实行自愿出口限制①；中方坚持不承诺自愿出口限制，认为自愿出口限制有违 WTO 规则，不符合市场化发展趋势和有损公平竞争，并且不符合中国外贸体制与国际接轨的要求②。因此谈判未能达成解决方案。3 月 27 日，日本农林水产省大臣宣布，自 4 月 1 日起到 10

---

* 原载中国人民大学复印报刊资料《农业经济导刊》2002 年第 7 期。

① http://www. kdoyo. co. jp

② http://finance. sina. com. cn，2001 年 11 月 2 日 8：46（人民日报记者龚雯）。

月份，对进口农产品实施检疫管理。3月30日，日本上述三省就紧急限制进口大葱、香菇和灯心草之事进行了内部磋商并形成一致意见。4月10日日本决定，依据WTO协定第19条和日本国内的关税率法，从2001年4月23日至11月8日（为期200天）对主要从中国进口的大葱、鲜香菇（fresh/chilled shiitake mushrooms）和灯心草实施紧急限制进口措施，对这3种农产品实行进口配额，配额数量分别不超过过去200天的进口量，即大葱5 383吨、鲜香菇8 003吨和灯心草7 949吨，配额内实行低关税，配额外实行高关税（表1）。4月11日日本政府通知中国政府将对主要从中国进口的大葱、鲜香菇、灯心草实施临时紧急设限。4月17日日本内阁会议正式决定实施上述临时紧急进口限制。这是日本政府首次实行临时紧急进口限制。

表1　日本临时紧急进口限制措施的主要内容

品　种	进口配额	配额内关税税率	超过配额的关税率
大　葱	5 383吨	3%	256%
香　菇	8 003吨	4.3%	266%
灯心草	7 949吨	6%	106%

注：进口配额以1997—1999年3年间平均进口量为基准，相当于过去200天内的基准量。限制时间为2001年4月23日至11月8日。

资料来源：日本经济新闻（2001年4月10日）。

日本的这一决定标志着中日之间开始了新一轮由农产品引发的贸易战，这一措施主要对中国的农民以及相关行业造成了严重影响，并且很快扩大到非农产品贸易领域，同时也波及到相关的其他国家。中国政府于2001年6月18日宣布对日本生产的汽车、手持或车载的移动电话、空调这3类进口商品加征100%的报复性特别关税，并于6月22日付诸实施。在此期间中日双方几次磋商均未能取得结果。200天临时紧急措施到期后，日方面临是否将临时紧急限制措施转为正式进口限制措施的选择。日本经济产业大臣平沼赳夫和农林水产大臣武部勤于12月11日赴京与中国外经外贸部部长石广生进行了部长级磋商，以期达成谈判结果。首轮谈判未能取得结果。其间的副部长级谈判也均未能达成结果。12月21日日本经济产业大臣平沼赳夫和农林水产大臣武部勤在京与中国外经外贸部部长石广生再次进行部长级磋商。中日最终达成谈判结果，日方不对上述三种农产品实施正式进口限制，中方取消100%的报复性关税。

三、中日农产品贸易战的背景与深层原因

中日农产品贸易战的直接导火线是中国对日蔬菜出口的快速增长，但这种快速增长是多因素造成的，根源于不同时期的不同因素，其中有长期性的深层因素，也有阶段性的暂时因素。从阶段性因素来说，主要是90年代初期的日元升值和1997年日本的恶劣天气。从长期性因素来说主要是中日蔬菜产业悬殊的成本差异、中国蔬菜产业的技术进步、中国蔬菜出口品种结构的改变以及中国的市场化进程和农业政策选择。在这种背景下，日本国内的政治气候和农业政策选择为贸易战提供了燃烧的火种。

1. 中国对日蔬菜出口的规模与发展速度。中国蔬菜业自1990年开始呈现出明显的外向性，特别是沿海地区的蔬菜生产。中国对日蔬菜出口在经过1990—1995年的持续增长后，于1997年开始又一次出现大幅增长（图1）。1990—1999年期间中国对日蔬菜出口的年均增长率为17%，最高的年际增长率达到37.9%。1999年对日蔬菜出口量达到112万吨的历史纪录高峰，其中年

出口量在2万吨以上的保鲜蔬菜就有牛蒡、洋葱、生姜、香菇、卷心菜类、葱、大蒜、胡萝卜类等。

美国曾一直是头号对日蔬菜出口国，并且90年代以来美国也保持着对日蔬菜出口的快速增长态势，1990—2000年期间美国对日蔬菜的年均增长率为9.8%。但中国强劲的增长使得中国已经在1991年首次取代美国成为最大的对日蔬菜出口国，此后稳居首位，并不断加强。目前作为对日蔬菜出口第二大国的美国的输日蔬菜量只有中国输日输菜量的60%。(图1)

中国对日蔬菜如此强劲的增长，非常自然地使其成为日本菜农首当其冲的指责对象，也就很容易形成针对中国的限制措施。如果中国蔬菜对日本蔬菜具有较小的产品替代性的话，那么蔬菜冲突也不会如此尖锐。后面的情况恰恰表明，中国蔬菜对日本蔬菜具有较强的替代性。

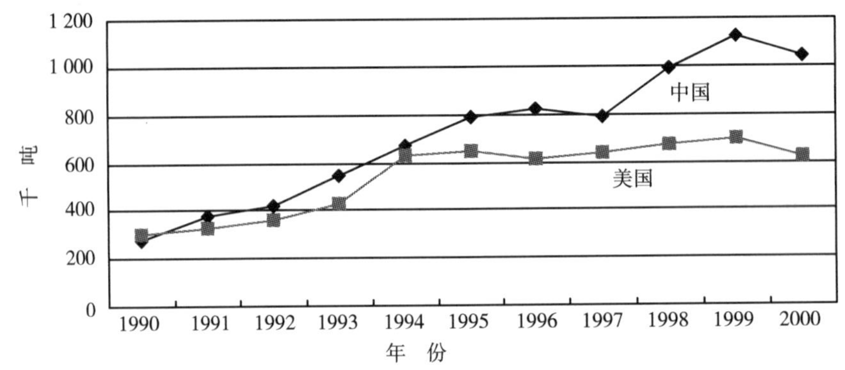

图1 中美对日蔬菜出口量变动对比

资料来源：《1999年蔬菜进口动向 统计与解说》；2000年数据来自日本海关统计。

2. 中国对日蔬菜出口结构的变化。在中国对日蔬菜出口呈明显上升趋势的同时，中国对日蔬菜出口的结构也发生了较大的变化，突出的表现为从以腌制蔬菜为主转变为以保鲜蔬菜与冷冻蔬菜为主（表2、图2）。这一结构变化对于中日两国的菜农都具有重要的意义。首先，相对保鲜蔬菜与冷冻蔬菜来说，腌制蔬菜对日本具有较大的市场补充性质，因此对日本菜农的影响较小。而保鲜蔬菜与冷冻蔬菜为主的输出结构对日本蔬菜具有较大的产品替代作用，从而直接影响到日本菜农，因此，这一结构转变使得中日之间的农产品贸易冲突非常容易引发。其次，保鲜和冷冻

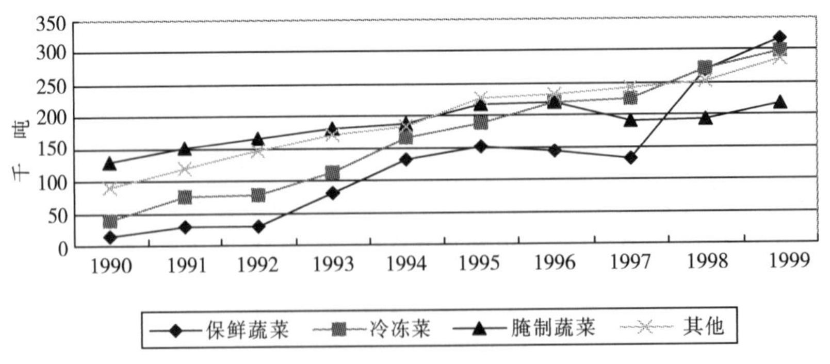

图2 中国对日蔬菜出口分类（1990—1999）

资料来源：与图1相同。

蔬菜市场的容量远远大于腌制蔬菜市场，开拓保鲜和冷冻蔬菜市场对中国菜农具有重要的收入意义。第三，这一结构变化大大有利于中国突破日本利用SPS和TBT条款设置的贸易障碍。从理论上也很容易知道，腌制蔬菜必须通过蔬菜种植和蔬菜加工两个环节的卫生检疫要求，而加工阶段的理化处理和成分认定是极其容易出现漏洞的，特别是对日本这类卫生检疫要求严格的国家，很容易遭受其以卫生检疫或技术标准为名的贸易障碍。

表2　中国对日本出口蔬菜的结构（%）

年份	总计	保鲜蔬菜	冷冻菜	腌制蔬菜	其他
1990	100.00	5.00	14.50	47.27	33.24
1991	100.00	7.95	19.96	40.25	31.84
1992	100.00	7.04	18.40	39.65	34.91
1993	100.00	14.92	20.62	33.00	31.46
1994	100.00	19.62	24.75	28.27	27.36
1995	100.00	19.38	24.02	27.75	28.86
1996	100.00	17.58	26.96	27.01	28.45
1997	100.00	16.56	28.58	24.21	30.65
1998	100.00	27.27	27.58	19.70	25.45
1999	100.00	28.42	26.65	19.38	25.54

资料来源：根据《1999年蔬菜进口动向——统计与解说》数据计算。

3. 日元币值变化的影响。日元汇率变动是影响日本蔬菜进口量变动的重要因素之一。进入90年代，日元币值一路飙升，对比1995年与1990年的日元对美元的汇率，日元升值了61.3%；同期，日元对人民币的汇率也一路升值，日元增值186.5%（表3）。从图3可以看出，在这种形势下，日本进口商加大了蔬菜进口量，该阶段中国对日蔬菜输出急剧扩大（+288.6%，年均增长23.61%）。同期，美国对日蔬菜输出也迅速增长（+215.0%，年均增长16.54%）。

表3　日元对美元和人民币的汇率（日元=10 000，1990=100）

年份	1990	1991	1992	1993	1994	1995	1996	1997	1998	1999	2000
美元	66.67	74.07	76.92	84.75	93.46	107.53	66.67	74.07	76.92	84.75	94.34
%	100.0	111.1	115.4	127.1	140.2	161.3	141.5	125.0	115.4	127.1	141.5
人民币	332.33	396.02	436.08	520.2	843.7	892.25	763.52	686	634.88	729.32	768.64
%	100.0	119.2	131.2	156.5	253.9	268.5	229.7	206.4	191.0	219.5	231.3

资料来源：日元对美元汇率来自日本银行研究与统计部；日元对人民币汇率来自中国统计年鉴。

1995—1998年期间由于日元连续贬值，中美两国对日蔬菜输出陷于停滞状态，美国处于63万吨的年出口量水平。中国对日蔬菜输出不仅受到日元贬值的影响，而且1995年中日之间爆发的首次农产品贸易争端使得中国对大蒜和生姜实施了主动出口限制。由于日元升值和中日农产品贸易争端，1995—1997年期间中国对日蔬菜出口量基本上处于80万吨的水平。从图3的总轨迹看，进口量变动与日元汇率的变动大体吻合，只有1998年不吻合，因为1997年日本的不利天气导致1998年的大进口，其影响大于汇率变动的影响。

4. 中国蔬菜产业的技术进步。在日本进口商加大从中国进口蔬菜量的同时，由于中国低廉的蔬菜生产和加工成本，使得日本进口商把蔬菜生产基地也逐渐转移到了中国。日本的食品企业也发生了向中国的转移，其中大部分在华投资的日本食品企业的主要业务是向中国菜农提供适合日本市场的优良蔬菜种子和生产标准，收购中国产品进行加工后返销日本，这种做法大大加速了中国蔬菜产业技术的提升和中国对日蔬菜出口的增加。中国以前很少种植牛蒡，但日本的需求很

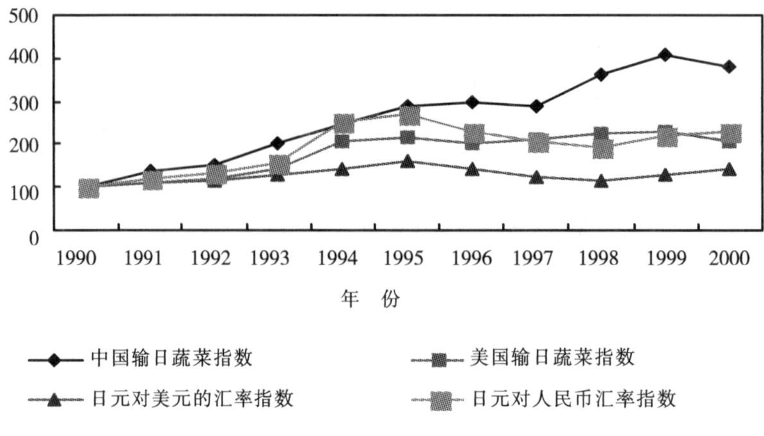

图 3 中美对日蔬菜出口量指数与日元汇率指数的变动

(1990=100)

快使得牛蒡成为中国重要的对日出口蔬菜品种之一。另一方面，中国经济进入迅速成长阶段，使得中国的蔬菜加工、保鲜、仓储、运输等制约保鲜和冷冻蔬菜出口的技术瓶颈条件得到迅速改观。最终形成了中国强大的对日蔬菜出口供给能力和竞争能力，特别是保鲜和冷冻蔬菜。

5. 中国的市场化进程和农业政策选择。中国蔬菜产业的技术进步和外向型是与中国的市场化政策密不可分的，中国逐步推进的市场化政策至少在三方面发挥了重要作用。首先，给外资提供了一个对华投资的有利机会，从而使先进的技术和管理与资金一起在改造中国的蔬菜产业方面起到了极其重要的作用。其次，市场化政策使中国的农民（特别是沿海地区的农民）有了自主经营决策权，从而使得农民真正成为市场生产者。当国外市场有利可图时，向国外市场提供产品就成为他们的一种必然选择。第三，由于市场化政策大大激发了中国的生产能力，使得中国的农产品供求关系发生了根本性的转变。进入 90 年代后，产品剩余问题已经成为中国主要的经济问题之一，在农业方面表现得尤为突出。特别是 1995 年以后，中国农业面临的已经不是结构性产品剩余问题，而是进入了产品全面过剩阶段。因此，进入 90 年代的中国农业政策已经明显把外向型农业政策作为一种重要的政策选择，特别是沿海地区的农民和地方政府把开辟国外市场作为摆脱当地农业困境和发展经济的重要途径。在这种意识、现状和转变了的条件中，中国对日蔬菜出口的扩大只是中国经济外向化的一个侧面表现而已。由于比较优势，90 年代后的中国农业一直在发生由粮食转向蔬菜、园艺和畜牧产品的结构转变。中国进入 WTO 后，将会进一步加速这一结构转变过程。可以预见，扩大中国蔬菜的对日出口仍将是一个必然的趋势。

6. 日本国内恶劣天气的影响。1997 年日本由于不利的天气状况，国内蔬菜生产遭到了巨大打击，导致蔬菜严重歉收，为此 1997 年末，日本政府和民间企业进行了保鲜蔬菜的紧急进口。中美两国对日蔬菜出口量在经过 1995—1997 年的停滞后又一次得到了增长契机。至 1999 年美国对日的蔬菜出口量增长了 6.3 万吨，达到了 69.9 万吨的历史水平。同期，中国强大的蔬菜出口和竞争能力得到了更为迅速的释放，使得中国对日蔬菜出口增加登上一个新的台阶，1999 年开创了 112 万吨的历史纪录，1998 年和 1999 年中国对日蔬菜出口增长率分别达到 24.8%和 13.4%。

7. 日本蔬菜产业缺乏国际竞争力。尽管存在日元升值、中国蔬菜产业的技术进步和出口结构变化、中国的经济政策和市场因素以及日本的天气状况等因素的影响，导致中日蔬菜贸易战的

根本因素是日本蔬菜产业缺乏国际竞争力，从而使中国蔬菜对日出口具有以成本优势为主的明显竞争优势。中日之间的蔬菜贸易战虽然可能在短期内减缓中国对日蔬菜出口量的增长，如1995年的农产品贸易战短期内在一定程度上妨碍了中国蔬菜对日出口的扩大。但从中长期看，中国对日蔬菜出口增加是不可避免的趋势。下面我们以大葱为例来比较一下中日大葱生产成本、流通费用和质量差异，从中就可以反映出日本蔬菜生产缺乏竞争力而导致中国蔬菜涌入的经济必然性。

表4是中日大葱生产主要的直接生产费用（地租费用未包括在内），从表4可以看出，日本大葱生产成本远远高于中国大葱生产成本，除了种子费用低于中国外，其他各项费用远比中国高。中国大葱种子费用之所以高于日本，是因为中国种植出口大葱的种子基本上是从日本进口的。中国大葱的直接生产费用只是日本的15.5%。中日劳动费用的差距幅度虽然不是最高的，但劳动费用在日本大葱费用中占有62.3%的份额。

表4　中日大葱直接生产费用比较

项　　目	日本	中国	费用指数（中国=100）	绝对差额（中国为基准）	费用构成（%）	
					日本	中国
费用总计（RMB元/公顷）	307 500	59 700	515.1	247 800	100.0	100.0
劳动费用（RMB元/公顷）	191 715	30 000	639.1	161 715	62.3	50.3
物耗费用（RMB元/公顷）	115 770	29 700	389.8	86 070	37.6	49.7
种子费用（RMB元/公顷）	8 250	15 000	55.0	−6 750	2.7	25.1
肥料费用（RMB元/公顷）	21 150	6 450	327.9	14 700	6.9	10.8
农药费用（RMB元/公顷）	19 950	750	2 660.0	19 200	6.5	1.3
农机具、水利费、设施费、电热费等（RMB元/公顷）	66 420	7 500	885.6	58 920	21.6	12.6
大葱产量（千克/公顷）	30 015	37 500	80.0	−7 485	—	—
大葱生产成本（不包括劳动费用）（RMB Yuan/kg）	3.86	0.79	487.0	3.07	—	—
大葱生产成本（包括劳动费用）（RMB Yuan/kg）	10.24	1.59	643.5	8.65	—	—

资料来源：日本设施园艺协会、蔬菜供给安定基金“中国蔬菜生产、流通与加工的动向——山东省和福建省的大葱与枝豆”，2000年3月。

根据日本农林水产省统计情报部的资料①来进行流通环节的差异比较。日本国内生产的大葱流通环节主要是生产者→统一销售组织→批发市场的批发商→中间批发商→零售。1998年从生产者到批发市场的批发商之间的价格差为55日元/千克，消费者零售价格与生产者价格之比为2.88倍，即约466日元/千克。而我国大葱到达日本批发市场的出口费用（包括运费、保险费、仓储费）仅为15日元/千克左右。

从大葱的质量角度看，日本大葱从收获到批发市场大概是2天时间。中国大葱由日本进口商提供日本的标签和包装，到批发市场大概需要5天左右，但由于在技术上采用预冷和恒温运输，加之大葱保存时间相对较长的理化性质，所以到消费者手中时与日本大葱基本上没有什么区别。既然中国大葱在质量上不具有明显的劣势，而在生产成本和流通成本上占据着绝对优势，所以说，中国保鲜大葱对日出口增加是不可避免的。

① 农林水产省统计情报部：《食品统计》（1998年版）。

日本蔬菜产业缺乏竞争力的原因是多样的，但相对于日本的经济结构来说，日本菜农土地分散而且经营规模小是一个重要原因。这一特点加大了日本蔬菜的生产成本；而且狭小的经营规模也不容易满足日本超市连锁店、餐饮业的定时定量定价的需求。蔬菜生产的技术特性要求是日本蔬菜竞争力弱的又一重要原因。蔬菜生产是劳动密集型的，需要强壮的劳动力，而日本劳力的老龄化①极其突出，1998 年高达 62%②。这点影响可从中日大葱单产上反映一斑，日本大葱生产中除劳力外的物质投入质量不比中国差，生产区的自然气候条件与中国产区相似，但其大葱单产仅为中国的 80%。中国菜农的经营规模也不大，但在中国农民现有的收入水平下，中日蔬菜差价足以刺激中国菜农和经销企业扩大对日蔬菜输出。随着中国蔬菜种植面积的扩大，蔬菜供给总量充沛，犹如一个巨大的蓄水池，完全能够保证定时定量定价供给日方，使得日本的连锁店和餐饮业也乐于进口中国蔬菜，从而也使日本消费者逐渐接受了中国蔬菜。特别是中国已经形成巨大的蔬菜供给能力，中国国内蔬菜供给远远大于需求，寻找海外市场成为中国菜农的重要目标。在中日蔬菜产业这种经济效率情况下，中国蔬菜涌进日本是一个难以阻止的趋势。

8. 日本的农业政策与国内政治气候。为什么日本现在启用紧急保障措施而不是在中国蔬菜对日输出的高峰时期，比如日本并没有在 1997—1999 年中国对日蔬菜出口的快速增长时期对中国发出警告和要求。2000 年中国对日蔬菜输出量减少 7.8 万吨时，日本却发动了对华输日蔬菜调查，并选择 2001 年 4 月 23 日至 11 月 8 日期间实行紧急限制措施。这与日本农业政策和国内的政治气候具有很大的关联性。

从日本国内的政治气候而言，2001 年 7 月份日本举行众议院选举，对于执政的自民党来说，如何争取农民和贸易保护主义者的选票成为其重视的一个问题。对农产品实施紧急限制进口措施有助于树立政府的强硬形象，从而有助于吸引贸易保护主义者和农民的选票。

从农业政策方面来看，日本虽然是依赖农产品进口的国家，其粮食自给率在 1999 年为 40%（以能量基础计算），但国内大米处于生产过剩状态。为此，70 年代以来，日本一直在实行作物结构调整政策（减反政策），对将水田改种旱地作物（如蔬菜、灯心草、饲料作物等）的农户进行一定的生产补贴。而且大葱是日本蔬菜安定制度中的指定蔬菜，如果农户事先申请加入这一蔬菜安定项目的话，那么当蔬菜价格低于基准价格时，蔬菜供给安定基金将补贴其差额的 90%。另一方面，从 2000 年开始，日本对条件不利地区实施农户收入补贴政策，以确保这些地区的农业生产，但这些农户主要集中在山区，并且其中依靠香菇生产收入的农户比重又很高。在这样的情况之下，日本农林水产省为实现其农业生产政策目标，首先就需要稳固政策实施基础，再加上蔬菜产地的农民、农协、地方政府的强烈要求，对农产品实施紧急限制进口措施也就成为日本政府的一个农业政策选择，以此，来达到使中国方面实行主动出口限制，大葱、香菇、灯心草此次只是首当其冲的产品而已。

四、贸易战的影响

贸易战必然导致利益格局的重新分布，但贸易战总是以降低总体福利为代价的。此次中日贸易战虽然保护了日本菜农的利益，但一个不争的事实是，自贸易纠纷开始以来，中日双方都降低了净福利，相关国家也受到一定的影响，从理论上可以分析出日本实施紧急限制进

① 根据日本农林水产省的统计口径，60 岁以上的劳力属于老龄劳力。

② 农林水产省《农业统计 1999》。

口措施对我国蔬菜生产者的影响（图4），即我国蔬菜出口需求的减少使得蔬菜需求曲线从D降低到D'，从而也使得我国蔬菜生产者的生产者剩余比日本没有实施紧急限制进口措施前大大减少。

中国蔬菜输出总量245万吨，总金额大约在15亿美元，其中54％的蔬菜出口收入来自对日出口，此次三种农产品所涉及金额大约为1.5亿美元。日本对进口农产品实施检疫管理已经影响到了山东和福建等地的蔬菜加工企业的出口。贸易战首先直接影响了中国上述三种产品的出口增长，山东、福建、浙江、江苏等沿海地区种植大葱、香菇以及灯心草的农民遭到较大损失。山东的大葱价格曾狂跌50％，许多农户不得不铲毁生长中的大葱，改种其他作物。图5是日本实施临时紧急进口限制措施前后日本从中国进口大葱的情况比较，日本的5月至10月一般是大葱进口的增长时期。实行配额制以后，一般规律被扭曲，2001年配额期间，日本的大葱进口处于均量状态。配额期结束后，大葱进口出现迅速反弹。从中不难想像出日本的临时紧急进口限制措施对中国大葱生产的冲击。配额期间至少减少了2万吨大葱出口需求量。

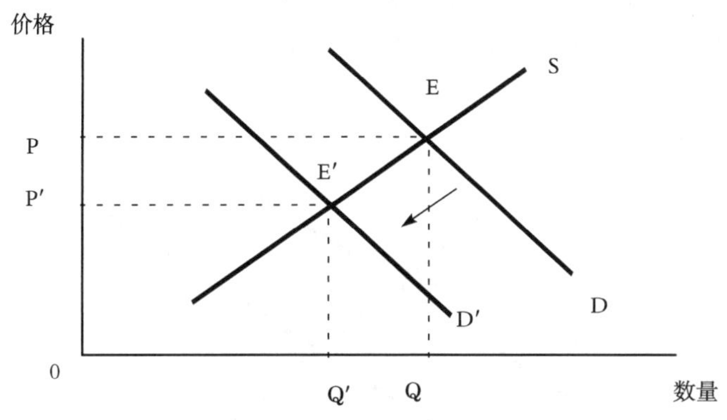

图4　对中国蔬菜生产的影响

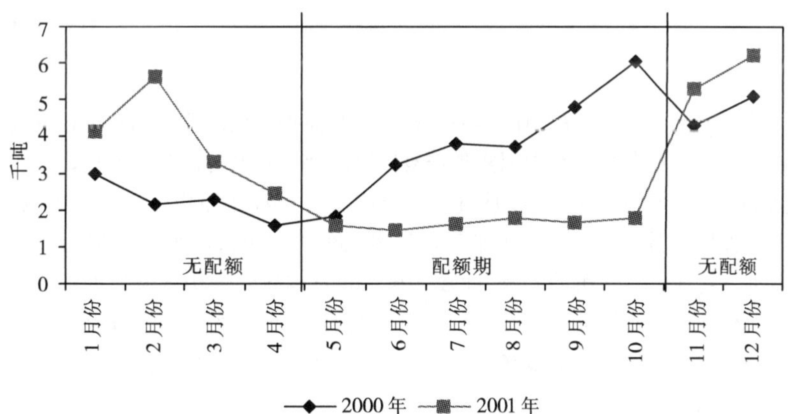

图5　配额对大葱进口的效应（月度）

资料来源：根据日本海关统计数据计算作图。

其次受到直接损失的是这些地区的农产品出口加工企业。仅盛产大葱的山东潍坊地区就有上百家出口加工企业处于半停产状态。山东潍坊鲁东食品有限公司2000年4月至11月加工出口大葱 25 000 吨，2001 年却直线下降到 5 383 吨，只有一年前的 1/5。地方政府受到极大的压力，很快地方政府的压力就转移到中央政府。

第三是贸易战迫使中国的农民和加工企业开发出口农产品的国内消费市场，特别明显的是以日本大葱种子生产的大葱进入国内市场，并且逐渐被中国消费者接受。

蔬菜贸易战虽然暂时缓解了日本菜农面临的竞争压力，并且也带日本菜农带来了一定的利益，但这一切是以其他方面的巨大牺牲为代价的。

首先是日本消费者的福利损失。从图 6 不难看出日本消费者的直接福利损失情况，即随着日本紧急限制进口措施的实施，导致日本国内蔬菜供给量减少，蔬菜供给曲线从 S 右移至 S’，结果造成日本消费者的消费者剩余比日本没有实施紧急限制进口措施前减少。日本实施紧急限制进口措施，使得日本国内蔬菜供给量减少，从而带来蔬菜价格的提高。以 2001 年 5—10 月的海关进口价格于 2000 年同期的价格相比，大葱和香菇的海关进口价格分别上涨了 18.7%和 21.6%，均恢复到了 1999 年的同期价格水平。同期大葱的消费者加权价格上涨了 7.6%①，日本大葱消费者为此支付了上涨部分。日本蔬菜需求价格弹性值为－0.162②，因此，也必然导致消费者的需求下降。同期日本消费者的鲜香菇和大葱的消费量分别下降 11.6%和 1.1%③。

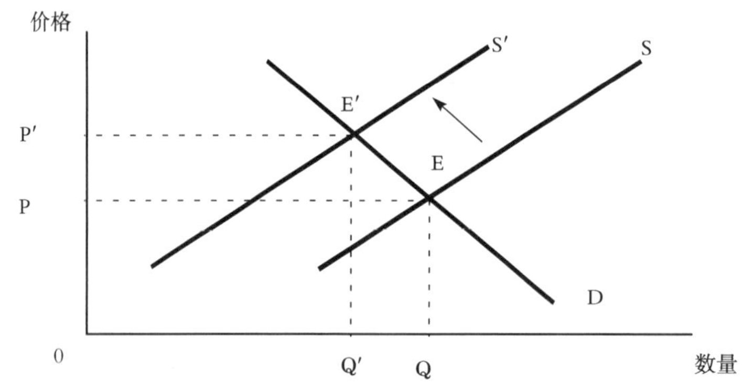

图 6 对日本消费者的影响

其次是日本企业受到了严重的负面影响。日本的食品进口商的业务和在华日资食品企业受到了直接的影响，减少了业务量。在中国实施报复性措施后，日本与汽车、空调、移动电话有关的产业受到很大的损失。2001 年 6 月 29 日日本八家汽车公司宣布停止生产出口中国的汽车产品。另据日本汽车工业协会推算，2001 年下半年，日本减少对华出口汽车 22 000 台左右，减少出口收入 576 亿日元（约合 4.8 亿美元）。统计数字显示，日本每年向中国出口的汽车、移动电话以及空调等产品总价至少超过 600 亿日元（约合 5 亿美元）。日本经济产业省也向自民党汽车产业委员会的报告说，自中国实施制裁以来，日本面向中国的汽车生产已停止。日产和本田两家汽车公司已通告发生损失。

从日本政府压力来看，日本政府原先是为了减轻来自农业方面的压力而实施紧急进口限制措

① 根据日本农林水产省数据计算。

② 摘自日本农林水产省《食料需求表》第 188 页。

③ 根据日本农林水产省数据计算。

施，但在实施紧急限制措施后并没有减轻压力，反而增大了压力。来自其他行业和产品的保护主义者的压力有增无减，来自贸易开放主义方面的压力也骤然加强。受到打击的汽车、空调、手持和车载电话等行业强烈要求日本政府早日通过协商解决中日贸易争端。特别是此次贸易战中受损企业要求政府提供贸易保险赔偿来减少企业损失，受损企业的赔偿要求又是有据可依的。日本经济产业省一位官员表示：日本政府提供的贸易保险赔偿可以弥补因为高关税引起的企业损失，这种高关税意味着日本企业几乎是遭到了贸易禁运。据日本经济新闻报道，由于中方报复性关税，致使一些日本企业对中国的出口大幅下降。日本经济产业省将把这些企业的损失与贸易禁运所引起的损失等同视之。决定补偿因中国加征100%特别关税而遭受损失的日本企业。赔偿总金额将至少达数亿日元。隶属日本政府的日本出口投资保险公司的公司发言人说，自从6月份开始就有日本出口企业提出保险赔偿申请，我们还在对这些申请进行审阅。尽管如此，一些受到冲击的日本企业坦言，即使他们能够得到政府的赔偿，这一赔偿金额与其遭受的损失相比也只是九牛一毛罢了①②。

此次日本颁布紧急限制进口措施的做法激起了日本贸易保护主义的新高潮。生产其他蔬菜品种的日本菜农、农协以及所在地的地方政府也纷纷依此例要求日本中央政府对其他品种（特别是中国对日出口超过2万吨的保鲜蔬菜品种）也采取措施。不仅蔬菜产品，中国对日出口的鳗鱼、海带等产品也面临此命运，进而扩大到非农产品。在日本准备实行紧急限制措施和中国采取报复措施之间就发生如下的紧急进口限制措施要求：

2001.02.17 日本毛巾联合会要求限制进口中国毛巾，日本对此进行临时进口限制调查

2001.04.23 中日贸易战从4月23日零时起开始

2001.04.27 日本筷商要求限制中国产品

2001.05.08 日本考虑紧急限制中国鳗鱼进口

2001.05.17 日本自行车厂商要求紧急限制进口

2001.05.24 日本要限制领带和袜子进口

2001.06.07 日本决定暂停从中国进口鸡鸭肉

此次贸易战对日本企业界的深远影响是促使更多的日本企业来长远考虑战略安排。国际货物贸易是一个敏感的和易造成争端的贸易方式，与此相比较，海外投资是突破口岸壁垒的一种有利形式。中国作为一个具有极大潜力的巨型市场，日本旨在对华出口的产业将生产基地放在中国显然是避免口岸风险的明智选择。此次贸易战将会加速日本企业的海外转移。日本最大的商用空调制造商日本大金公司（Daikin）在上海有一个生产小型空调产品的合资公司。大金公司发言人表示，在中日贸易战爆发之前，该公司已开始考虑在上海生产大型空调，现在中国提高了日本进口空调的关税，该公司认为这是一个转移生产基地的好时机。为了避免再次遭受中日贸易战的负面影响，该公司已决定将其大型空调项目的生产计划移至中国上海实施。从2001年10月开始，这家合资公司将开始生产大型空调设备。中日贸易战前日本大金公司每年向中国出口大约50亿日元的商品，而现在可以在中国境内生产价值150亿日元的商品。

由于中国的经济地位以及加入WTO后中国经济与贸易体制的变化，中国还会进而成为日本及其他国家的海外出口基地。松下电器产业在2001年12月20日宣布扩大其在广东省的合资空调工厂产量。该工厂现在的生产能力是每年大约80万台，迄今为止一直面向中国

① http：//finance. sina. com. cn 2001年08月23日 11：09 人民网，人民日报（仲新文）。

② http：//finance. sina. com. cn 2001年08月20日 16：00 新浪财经 。

国内市场出售。松下电器认为，由于中国国内零部件供应的扩大和中国加入世贸组织等原因，其国际竞争力将得到提高，因此决定将该工厂的产品出口海外，并考虑将该工厂定位为与日本、马来西亚并列的松下空调产业战略据点。从明年春天开始向日本等海外市场出口。松下计划第一年度出口 45 万台，其中超过 30 万台的空调投放日本市场。为了明确将该工厂定位为世界性战略基地，松下还将该合资厂的厂名从“松下・万宝（广州）空调器”改为“广州松下空调器”①。

五、关于此次贸易战的一些思考

中日贸易战虽然最终以双方的妥协结束了，但把许多问题留给了经济学家、企业家和政府决策人员，诸如：

• 如何运用 WTO 规则来审视此次贸易战?

• 经济因素是贸易战的主要动因吗?

• 企业界如何避免或减少来自贸易争端的威胁或损失?

• WTO 贸易争端解决机制是贸易争端方愿意采取的解决途径吗?

• 中国能从中得出哪些反思?

• 半官方或民间行业组织能在国际贸易中发挥什么作用? 等等。

1. 运用 WTO 规则来审视此次贸易战。在此次中日农产品贸易争端期间，尽管中国还不是 WTO 的正式成员，双方可以不依据 WTO 条款，而采用双边谈判的形式，但事实上中日双方都在尽量利用 WTO 条款。日方措施的依据的是 GATT 1994 协议第 19 条（WTO 农业协议第 5 条）。

目前所有的国际贸易协定实际上都安排安全保障措施条款。因为如果没有保障条款，许多国家就会犹豫在协定上签字。WTO 的保障条款分两类：一般保障条款和特殊保障条款。

临时紧急保障措施属于特殊保障条款（WTO 协议第 19 条）。使用该项条款的基本条件是当一项产品的进口对国内直接竞争产品的生产者造成严重损害或严重损害威胁。具体条件是比较严格的，即：

（1）该产品是关税化的产品；

（2）该产品在减让表中是标记为特殊保障条款的产品；

（3）保障措施必须在非歧视的基础上进行；

（4）进口产品大量增加（即达到启动 WTO 保障条款的触发水平）；

（5）对国内生产者造成严重损害或严重损害威胁；

（6）受影响的出口国的利益可以通过要求补偿来得到保护。如果未能达成磋商协议，出口国可得到授权对实施临时紧急保障措施的国家进行报复或终止履行相当的义务②。

此次，日方紧急保障措施在形式上满足了启动 WTO 特殊保障条款的前四项。其中保障措施是在非歧视的基础上进行，即日方对上述三种产品的配额限制不是单独针对中国产品的，也包括其他国家的同类产品。但因为从中国进口的产品占 95%以上的份额（表 5），就形成客观上是针对中国进口产品的事实，从而引起了中方的强烈反应。

---

① 日本共同社：松下电器计划通过中国向国外出口空调（20011221－42. htm）。

② Hoekman, B. M. and Kostecki M. M.: The Political Economy of the World Trading System — From GATT to WTO, Oxford University Press, 1995.

表5　中国大葱和鲜香菇占日本同类进口市场的份额

项　　目	单位	1998年	1999年	2000年
大葱总进口量	（吨）	17 742.5	29 537.4	42 385.4
从中国进口量	（吨）	16 986.7	28 812.0	41 749.9
中国进口份额	（%）	95.7	97.5	98.5
鲜香菇总进口量	（吨）	31 396.0	31 628.5	42 057.0
从中国进口量	（吨）	31 374.0	31 587.4	42 039.8
中国进口份额	（%）	99.9	99.9	100.0

资料来源：①日本海关

②JETRO Japanese Market Report—regulations and practices：Mushroom；No. 44（AG-77）；March 2000

③Abstract of Statistics on Agriculture，Forestry and Fisheries

使用保障条款的重要依据之一是进口产品大量增加并达到启动WTO保障条款的数量触发条件或价格触发条件。根据日本的统计数据，日本达到了启动WTO保障条款的数量触发条件①（表6）。依据WTO保障条款的数量触发条件，当市场准入机会在10%～30%时，基准触发水平为110%，鲜香菇满足启动WTO保障条款的这一数量触发条件；当市场准入水平在10%以下时，基准触发水平为125%，大葱满足启动WTO保障条款的这一数量触发条件。据日本《朝日新闻》报道②，1999年9月日本对蔺草（灯心草）席的统计方法进行变更，此前蔺草席纳入"垫子类"分类项目，因此缺乏准确的进口量统计。这也就是说，日本方面提出的1998—2000年三年间蔺草席进口量激增的判断缺乏准确的海关数据支持。

日本未能有力地证明上述进口农产品的增加对日本农民造成了实质性损害或严重损害威胁，即未能证明二者之间存在因果关系。WTO要求启动特殊保障条款的条件是进口增加与严重损害威胁之间必须存在因果关系。当进口增加之外的其他因素同时导致该产业的严重损害时，这类损害就不能归因于进口的增加③。正是因为GATT 1994协议第19条具有严格的规定，所以大多数国家很少采用这一条措施，而往往采用反倾销的方法。从1980—1986年GATT期间来看，欧盟采取了213次反倾销行动，但只有10次采取了第19条的行动；同期的美国采取了195次反倾销行动，但只有5次采取了第19条的行动。

表6　启动WTO保障条款数量触发条件

年份	国内消费量（吨）	国内生产量（吨）	总进口量（吨）	市场准入机会（%）	年际进口成长率（%）
鲜　香　菇					
1994	98 614	74 294	24 320	24.7	
1995	100 803	74 495	26 308	26.1	108.2
1996	99 551	75 157	24 394	24.5	92.7
1997	100 810	74 782	26 028	25.8	106.7
1998	105 613	74 217	31 396	29.7	120.6
1999	102 108	70 511	31 628	31.0	100.7
2000	n. a.	n. a.	42 057	n. a.	133.0
1997/1999平均	102 844	73 170	29 684	28.9	110.2

① 灯心草或蔺草席因日本的统计无法确认，故未纳入分析。

② http：//finance. sina. com. cn 2001.11.17，10：42中国新闻网。

③ Hoekman，B. M. and Kostecki M. M.：The Political Economy of the World Trading System — From GATT to WTO，Oxford University Press，1995。

(续)

年份	国内消费量（吨）	国内生产量（吨）	总进口量（吨）	市场准入机会（%）	年际进口成长率（%）
			大　葱		
1994	533 056	524 600	8 456	1.59	—
1995	541 147	533 500	7 649	1.41	113.3
1996	556 048	546 800	9 250	1.66	90.5
1997	558 206	549 200	9 011	1.61	120.9
1998	526 242	508 500	17 742	3.37	97.4
1999	561 937	532 400	29 537	5.26	166.5
2000	579 085	536 700	42 385	7.32	143.5
1998/2000 平均	555 755	525 867	29 888	5.38	154.6

注：n. a.——未能获得数据。

资料来源：根据表 5 资料来源数据计算。

据日本农林水产省 2001 年 3 月 23 日公布的有关发动限制进口措施的调查表中所提供的数据，1996 年至 2000 年日本批发市场上每千克大葱价格分别为 252、278、340、300、222 日元，以此证明日本的农民利益受到进口产品的严重影响。但 1998 年和 1999 年价格是高于常年价格水准的，因为这里不能忽略 1997 年气象原因造成的影响，1998 年日本大葱产量分别比 1996 年、1997 年、1999 年和 2000 年减产 7.0%、7.4%、4.5%和 5.3%。其次是亚洲金融风波后日本的经济一直不振，近年物价水平连年下跌。即使进口因素不变化的话，大葱和鲜蘑菇的价格下降也是在所难免的。从日本国内的大葱和鲜蘑菇的消费量来看，鲜蘑菇基本保持一个稳定的消费量，大葱有一个较大的消费增长，但国内生产量也有一个相应的增长。因此很难断定大葱进口与日本国内大葱产业遭到损失所具有的直接因果关系的程度。在一定程度上价格水平也存在向 1997 年前的水准回归，由于物价下降和产量等原因的综合作用，使得价格呈现大幅下降的态势（表 7）。

表 7　部分指数指标（1995＝100）

年份	国内消费量	国内生产量	总进口量	全部食品价格指数	争议产品的消费价格指数
			鲜　香　菇		
1995	100.00	100.00	100.00	100.00	100.00
1996	98.76	100.89	92.72	100.00	100.91
1997	100.01	100.39	98.94	110.10	96.82
1998	104.77	99.63	119.34	99.03	93.64
1999	101.29	94.65	120.22	97.78	87.73
2000	n. a.	n. a.	159.86	96.71	80.13
			大　葱		
1995	100.00	100.00	100.00	100.00	100.00
1996	102.75	102.49	120.93	100.00	91.76
1997	103.17	102.94	117.83	110.10	113.27
1998	97.26	95.31	231.96	99.03	184.21
1999	103.86	99.79	386.16	97.78	107.09
2000	107.03	100.60	543.13	96.71	92.47

资料来源：①根据表 6 资料来源数据计算；②财务省；③市场统计月报：零售价格。

如果将此争端递交 WTO 来解决的话，日方可能比较难获得胜诉。首先是灯心草/蔺草席因为缺乏准确的统计资料而依据不足。其次是大葱和鲜香菇上需要进一步的数据支持，并要求证明进口产品与国内利益损害的直接因果关系及其程度。如果研究国际贸易史的话，还会发现正是因

为WTO第19条的苛刻性要求，还很难找到采取紧急限制进口措施的国家在贸易争端中胜诉的先例。2001年5月1日澳大利亚和新西兰向WTO对美国采取的羊羔肉紧急限制进口措施所进行的提诉获得胜诉。最后，中方作为受主要影响的出口国还可能要求利益补偿，否则可得到授权对实施临时紧急保障措施的国家进行报复或终止履行相当的义务。

2. 经济因素考虑是贸易战的主要动因吗？人们时常认为，贸易战的动因主要是出于经济方面的考虑。但这次中日农产品贸易战却使人们不得不对这种认识再次产生疑问。

由于缺乏精确的数据资料，这里我们只能拿2000年5—10月期间日本海关数据来粗略的估算此次紧急进口限制对中国造成的损失，2000年5—10月日本共进口大葱2.34万吨，总价值为1 662.5万美元，其中98.5%是从中国进口的。如果以2000年5—10月的平均进口价格计算，200天临时紧急限制措施的5 383吨大葱的总价值是382.4万美元，也就是说中国在对日大葱出口这一项上大约减少输出1 280万美元。以同样的估算方法，2000年5—10月日本共进口鲜香菇1.16万吨，总价值为2 412.6万美元，其中几乎100%是从中国进口的。200天临时紧急限制措施的8 003吨香菇的总价值是1 669.1万美元，也就是说中国在对日香菇出口这一项上大约减少输出743.5万美元。这里均未考虑2001年可能的增长情况。加上灯心草的数量，实际上三项农产品海关价格计算的中方损失总额大约不到3 000万美元。换句话说，日本政府为3 000万美元不惜冒损失600亿日元（5亿美元）的风险。显然用经济因素是主因的说法是比较难解释了，合理的解释可能来自政治和策略方面。

3. 中国能从中得出哪些反思？当中国不是WTO成员的条件下发生贸易争端时，中国可以游移在WTO规则以外来处理贸易争端。当日本实行临时紧急进口限制时，中国可以迅速地还以报复性关税。现在中国已经是WTO成员，今后必须依循WTO规则行事。中国必须学会如何依据WTO规则和案例来打国际贸易官司。当务之急是迅速培养熟悉WTO规则、熟悉国际贸易争端案例的专业人才。

要依WTO规则解决国际贸易争端，就必须掌握充分的事实和依据。没有有力的证据支持，在谈判时就容易陷入不利处境。要掌握事实和依据，就需要进行调查和研究。此次贸易战，日方是进行过一定的市场调查和研究的，而中方在这方面就显出明显的不足。引导和鼓励市场调研为应用服务是一个经济国际化的一个重要环节。

中国一直主张实行出口流向多元化战略和出口品种多元化战略。从对日蔬菜贸易来看，中方正在远离这一战略目标，蔬菜品种的集中化程度在不断提高。品种集中化程度的提高，一方面容易引发贸易争端，另一方面容易遭受较大的打击。

中国应当调整商品出口方式，从主要依靠低价扩张出口的方式转向优质高价的出口方式。反倾销是当前国际贸易中使用频率越来越高的反击手段，低价就很容易遭受反倾销制裁。在这次中日农产品贸易战中，不能说日方提出的主要来自中国的进口农产品影响日本市场价格的下跌是完全没道理的，事实上，存在一定的关联。

从此次贸易战中不难发现，我国的农民和出口加工企业缺乏市场风险意识，许多农民和企业就没有考虑过市场一旦不行的话该如何应对的问题，所以很难适应贸易争端的打击。

从这次中日贸易争端中，人们再次感受到我国农产品市场信息方面的不足。市场信息系统要真正发挥作用，绝不是有了一些挂牌的单位和硬件设备就算建立了市场信息系统，重要的是向农民、企业、政府的管理者和决策者及时传递市场信息和提高信息质量。不仅关于国内市场，要放眼国际市场；不仅是价格信息，而且要包括供给和需求；不仅仅是当前情况，还应当有趋势预测。

4. 半官方或民间行业组织的作用。在很多国家都存在半官方的或民间的出口行业组织，这些组织一般都能发挥官方组织难以发挥的作用。在国际贸易中，如何发挥这些组织的有利作用是一个重要的课题。

在中日政府磋商未能达成结果形成僵局期间，中国的民间商会——中国食品土畜进出口商会（北京）于11月6日召开董事会，会议考虑到中日贸易争端和防止价格崩溃二方面的因素就实行自愿出口限制和价格水准作出如下决定要点①：

（1）对大葱和香菇实行自愿出口限制措施。2001年11月25日至12月21日期间的大葱总出口量控制在上年的水平之下，11月和12月的输日香菇总出口量控制在过去三年同期的平均出口水平以下。

（2）为防止价格崩溃，大葱的最低出口价格为每吨700美元（约合5.6万日元或0.6万元人民币）；出口香菇的最低价格为每吨2 300美元（约合29万日元或1.9万元人民币）。

（3）严格质量管理。

（4）处罚不遵守规定的进出口商（罚款，直至吊销出口营业执照）。

尽管在具体的规定和做法方面还需要继续探讨，是否符合WTO的规定。但不得不承认民间行业组织的约束作用。从中国食品土畜进出口商会的决定执行情况看，2001年11月24日至30日期间，中国香菇的输日总量为1 402吨，比上年同期减少约13%。从战略的观点看，商会至少可以在行业自律，避免竞相压价，集中力量统一对外促销和应付贸易争端等方面发挥积极作用。

参考文献

[1] 21世纪经济报道（综合·4版）. 日本紧急限制蔬菜 中国菜农揪心. 2001年4月9日
[2] 陈永福. 加入WTO对我国蔬菜贸易的影响. 中国农村经济. 2001年第1期
[3] 陈永福. 蔬菜贸易扩大与粮食供给力——中日比较研究（日文）. 日本农林统计协会出版. 2001
[4] 日本海关统计（历年）
[5] 日本农林水产省. 食粮·农业·农村基本问题调查会答申（日文）. 1998年9月
[6] 日本施设园艺协会、蔬菜供给安定基金编著. 中国蔬菜生产、流通与加工的动向——山东省和福建省的大葱与枝豆.（1999年度海外蔬菜产地动向调查报告书，日文）. 2000年3月
[7] 日本施设园艺协会编. 急剧增加的进口蔬菜和强化产地重组战略（日文）. 日本家之光协会出版. 2001
[8] 日本蔬菜供给安定基金统计调查课编著. 1999年蔬菜进口动向——统计与解说（日文）. 日本农林统计协会出版. 2000
[9] 中国新浪网站：相关网络新闻报道
[10] Hoekman, B. M. & Kostecki M. M. The Political Economy of the World Trading System—From GATT to WTO. Oxford University Press. 1995
[11] WTO. Agreement of Agriculture (legal text)
[12] WTO. WTO Agreements. (legal text)
[13] JETRO Japanese Market Report - Regulations and Practice: Mushrooms
[14] JETRO Japanese Market Report - Regulations and Practice: Fresh Vegetables

① http://china.kdoyo.co.jp/2002/keizai（2001/12/12和2001/12/14）。

转基因大豆：振兴我国大豆产业的战略选择之一*

何秀荣

大豆起源于我国，但1996年起我国由一个传统的大豆出口国转变为大豆进口大国，特别是近年我国大豆进口量呈激增态势，2001年我国进口大豆高达1 394万吨，如果再将净进口的豆油折合成原料大豆的话，实际进口的大豆当量超过1 500万吨，相当于国内生产量，换句话说，国内大豆总供给中50%左右是进口大豆，从而对我国大豆市场形成不小的冲击，直接影响到我国大豆生产者收益，以至朱镕基总理在2002年“两会”期间答中外记者问的新闻会上，以大豆和钢铁这两种商品为例来论及中美贸易问题。

面对进口大豆对国产大豆的严峻挑战，业内人士、农业管理部门和学术界纷纷从经济和技术两个角度探究国产大豆竞争力的弱势原因和潜在优势，并提出了种种振兴我国大豆产业的政策建议，其中，一种流行的观点是：传统的普通大豆（非转基因大豆）是我国大豆产业发展的优势，所以应将发展“绿色大豆”（实指非转基因大豆）作为我国大豆产业发展的战略选择。由于这一“主流”观点实质性地关系到我国大豆产业发展的战略选择和国际竞争力，因此，有必要加以分析辨别。本文就此“主流”观点提出一些不同的看法，供决策考虑。

一

美国、巴西、阿根廷、中国是世界最重要的大豆生产者，四国合计大豆产量占世界大豆产量的85%以上。美国、巴西和阿根廷是世界市场上主要的大豆及其加工品出口国，近年该三国合计的大豆出口量约占世界大豆出口贸易的90%。与世界主要大豆生产国相比，我国在大豆质量、单产水平、运输成本等方面都处于明显的竞争劣势，其中大豆品种是造成竞争劣势的重要原因之一。

我国与世界大豆生产大国在大豆品种上的明显区别之一在于转基因方面。美国和阿根廷的大豆生产已经以转基因大豆为主。美国1993年开始商业性采用转基因大豆，阿根廷自1997年开始商业性采用转基因大豆，在很短的时间内，转基因大豆获得了迅猛的发展。据美国农业部报道，2001年美国的转基因大豆比例为68%，阿根廷转基因大豆比例被估计为超过90%。巴西被视为非转基因大豆生产国，在法律上一直禁止转基因大豆的商业性生产和销售，但无论是来自巴西外部的大豆产业竞争对手的报道，还是巴西农民的叙述，都表明巴西事实上大面积地种植转基因大

* 原载《中国农业展望》2002年第8期，发表时标题为“我国大豆的战略发展不能片面地强调普通大豆”。

豆，这已经成为一种公开的秘密。美国《大豆文摘》2001年2月号的报道典型地反映出这一事实：2000年，美国一个大豆生产者代表团访问巴西大豆农场，因为种植转基因大豆在巴西是非法的，所以没有人承认种植转基因大豆，但巴西豆农都说自己的邻居在种植从阿根廷违法得来的转基因大豆。巴西南部的南里奥格兰德（Rio Grande do Sul）州的一个生产者说得更为直接："干吧！你不种它（转基因大豆）的话，一定是脑子有问题了"。2001年，巴西联邦政府已经批准转基因大豆的商业性种植和销售，但巴西法院以尚未妥善解决转基因大豆标识这一技术问题为由禁止转基因大豆的商业实施。鉴于国内的强大压力和国际上对转基因食品看法的转变，巴西从法律角度对转基因大豆开禁只是一个时间问题，并且很可能在近期解禁。我国在生产上尚未商业性采用转基因大豆，但在销售上不禁止转基因大豆，进口大豆中很大部分是转基因大豆。在这里我们不能说，因为其他大豆生产大国采用转基因大豆，所以我国也应当采用转基因大豆。但我们可以思考，为什么大豆生产大国纷纷转向转基因大豆？

二

主要大豆生产国转向转基因大豆必然有其内在原因。尽管目前对转基因大豆存在一些尚未统一的看法，但至少有两方面的事实优势是公认的。首先，转基因大豆具有较好的抗逆性，特别是针对生产国不利生产条件的抗逆性，如南美大豆主产区的杂草。巴西南部大豆产区深受一种叫猩猩木的杂草之患，巴西南部豆农自20世纪70年代开始种植大豆以来一直采用化学防治的方法与这种杂草做斗争，但效果不甚理想。并且化学防治一方面污染环境、另一方面增加生产成本。采用转基因大豆后其防治效果远较化学防治效果要好。较强的抗逆性正是巴西豆农强烈要求法律开禁的原因之一。其次，转基因大豆具有较高的经济效率。由于转基因大豆较好的抗逆性和简化田间管理等原因，使得转基因大豆的生产成本较传统的普通大豆的生产成本要低。各地栽培对照试验结果表明，转基因大豆生产成本的节约幅度因地不一，但降低生产成本这一结论是一致的。阿根廷的经验认为，采用生物大豆使其单位生产成本约降低20%；巴西农民认为其对手美国和阿根廷采用生物大豆后，大约使单位生产成本下降了15%～20%。也正因为如此，巴西大豆生产者才悄悄地违法种植转基因大豆。

如果以长远技术角度来看待转基因大豆的话，转基因大豆无疑具有良好的前景。提高单产和改善质量是提高竞争力的重要途径。以传统的方法提高单产常常是一个漫长的过程，生物技术远比传统方法容易取得突破性的进展。美国的Crook博士指出，与玉米不同，大豆的遗传基因使大豆单产很难提高。如果确实是如此的话，生物技术方法（比如转基因技术）无疑成为提高大豆单产的有效途径。美国最近40年的作物单产变动数据也表明，美国大豆单产增幅低于其他农产品。过去40年美国小麦单产提高115%，美国玉米单产提高168%，而大豆单产仅仅增加42%。虽然至今尚缺乏转基因大豆与普通大豆单产孰高孰低的定论，但生物技术方法无疑为提高大豆单产带来了强烈的希望。在产品质量的改善方面也是如此，大豆蛋白含量和含油率的提高如同大豆单产一样难以提高。特别是产品趋向专用化后，大豆品种培育向高蛋白或高油方向发展，使用高科技手段对基因进行重组是提高大豆单产以及蛋白含量和含油率的一种途径。生物技术方法在这种定向培育方面具有更为明显的优势。如果我国将自己的大豆产业发展禁锢在传统的普通大豆范围之内、自我排除在转基因大豆之外的话，就会加大我国与其他大豆生产国的差距，从而削弱我国大豆的长远国际竞争力。

三

尽管转基因大豆呈现出一些明显优势，但国内不少人士依然主张发展普通大豆，其理由主要立足于“安全说”和“市场说”。所谓的“安全说”是转基因食品可能危及人类安全，这也是欧盟、日本等国家抵制转基因食品的主要理论依据。但迄今为止，尚未发现转基因食品危及人类安全的科学证据。也正因为如此，在欧盟、日本等主张“安全说”的国家要求美国提出转基因食品安全论的科学证据的同时，美国一方面指出迄今为止的转基因食品在现实中并没有发现其不安全的案例，另一方面以反证法思路要求这些国家提出转基因食品可能危及人类安全的科学证据。一个值得注意的现象是欧盟对转基因食品的官方态度已经有转为缓和的迹象。2001年由欧盟委员会发布的一份报告应引起大家的注意。在这篇报告中说，美国内布拉斯加（Nebraska）大学的研究成果表明，转基因食品甚至比非转基因食品更安全。这份新的生物技术安全报告总结了过去15年中由欧盟赞助的81个研究项目的结果。这个报告总结说：“除了那些在以传统方法生产的食品中存在的不确定因素之外，转基因技术生产的食品中没有发现任何对人类健康和环境有不利影响的因素”。这份报告还进一步说：“通过使用更精确的技术和更严格的生产规则，转基因食品可能比传统方法生产的食品更为安全”。这篇欧盟发布的报告给出的信号是尽管欧洲的大众消费者仍旧对转基因食品存在疑问，但欧盟的公共机构开始接受这一新的技术。事实上，欧盟自身在欧洲的两大主要食品——酒和奶酪的生产过程中早已使用了转基因技术，在这些产品生产过程中使用的很多酶是以转基因方法生产的。这一些都表明转基因食品技术作为一种新技术正在全世界范围内被接受。在我国，人们也已经有意识或无意识地在食用转基因食品。目前我国已经批准商品化生产的转基因食品有保鲜番茄、抗病毒番茄和抗病毒甜椒。进口大豆中有一半是转基因大豆。如果我国一方面在食用转基因食品，另一方面出于“安全观”不主张发展自己的转基因大豆，显然是一种在逻辑上难以成立的选择。

科学意义上说，任何一种新技术都会带有风险或不确定性，甚至被认为成熟的技术也可能包含未被人类认识的风险或不确定性。自然界中，物种的基因突变时时刻刻在发生，转基因技术实质上无非是通过人类控制和筛选来改变物种的基因结构。当目的基因准确地整合到染色体基因组织中后，就实现了定向改造原有品种的目的。另一方面，当人们论及转基因农产品的安全性时，应当与化学农药的有害性和环境污染做一比较。与其相比，处于严格生产规则下的转基因技术这种源自自然物种的方法可能反而要安全些。

对于转基因食品的安全性顾虑很大部分是出于消费者心理因素，比如日本政府除了对转基因食品有一些技术规定外，并没有禁止转基因食品的进口，但日本消费者普遍选择非转基因食品；也可能出于严谨的科学态度，希望首先得到科学证据来证明转基因食品的安全性，然后再采用转基因食品；还可能出于各国的政治经济考虑，许多迹象表明转基因食品安全性问题常被用作贸易保护的一种技术借口。

除了上面所说的转基因食品的共性情况外，有必要进一步讨论转基因大豆安全性的特殊方面。我国进口的大豆基本上是用于榨油业的，转基因大豆中的转基因成分主要存在于蛋白中，而不存在于油分中。在大豆压榨取油过程中，油被分离出去了，也就是说将蛋白和核酸都留存在豆粕中，而纯净的豆油应当是不含转基因成分的。目前之所以能从豆油中检测出转基因成分，主要是因为豆油精炼程度不够。这里所作的技术方面的分析可以给我们的启示是：即使对转基因食品的安全性存有疑虑的话，我们是否至少可以发展转基因大豆用于榨油业，以此替代进口转基因大豆？

我国主张“坚持发展传统大豆”的更大支持来自于“市场说”，即普通大豆是我国的优势，欧盟、日本等国家偏好普通大豆，所以应坚持发展普通大豆，使其成为“绿色大豆”。这种观点往往以日本、韩国购买我国多少万吨普通大豆为支持依据，比如前一段时间常以韩国 2002 年将向我国购买 30 万吨普通大豆作为一种佐证。应当说，这类依据至少在下述几方面存在值得商榷的地方。首先，转基因大豆越来越为国际贸易所接受，已经成为国际大豆贸易的主要部分，尽管有一些国家目前偏好普通大豆，但其并未占到主要部分。因此，如果我国选择单一发展普通大豆以图占据普通大豆这一小市场的同时，也意味着放弃了转基因大豆的这一大市场。其次，坚持发展普通大豆也未必就能获得普通大豆市场，因为决定大豆国际竞争力的主要因素一直是价格因素；特别是潜意识中以为各国都去发展转基因大豆，从而我们就获得普通大豆市场的想法似乎天真了一点。在今后相当长的时期中，普通大豆和转基因大豆两个市场将会是并存的，市场需求将决定普通大豆和转基因大豆的市场规模。这大约也是率先采用转基因大豆的美国至今仍生产 32％普通大豆的原因。只要市场需要，美国的大豆生产结构完全可以再转变回以普通大豆为主的结构。第三，接受转基因大豆的国家越来越多，尽管目前欧日等国对转基因大豆有所顾虑，但这种顾虑并不是一成不变的，并且目前的趋势是转向接受转基因大豆。第四，不能将普通大豆与“绿色大豆”和“无公害大豆”混为一谈，只有生产过程中符合肥料和农药施用规定的农产品才能被国际上视为绿色农产品或有机农业产品，现在许多发达国家又对绿色农产品赋予了生产环境的限定。所以，普通大豆与“绿色大豆”之间仍有一段长路。

四

我国大豆竞争力低下的重要原因之一是单产水平低，目前我国大豆单产只有美国、阿根廷和巴西大豆单产水平的 60％，只有世界平均单产水平的 70％。一个值得考虑的问题是：通过转基因大豆是否有可能在短期内提高我国的大豆单产？目前对于转基因大豆是否比传统的普通大豆具有更高单产这一判断尚缺乏公认的看法和一致的试验结果，比如巴西（姑且代表普通大豆种植）的大豆单产与美国（姑且代表转基因大豆种植）大豆单产大体相同；如果说决定单产的因素不光有品种，还有管理等其他因素的话，那么，美国大豆产区依阿华的一些大豆单产对比试验也表明二者的单产高低尚难定论。但这些试验都是在较高的单产水平上进行的。因此就存在一种猜测，在低单产水平上，转基因大豆是否可能有较高的单产表现。阿根廷在大豆品种研究方面，没有美国和巴西那样的研究实力和骄人成果，阿根廷自采用转基因大豆后，全国平均单产水平在统计图上出现明显地上升。具体到中国的例子上，目前我国的大豆单产处于低水平，如果中国采用转基因大豆，是否可能会在较短的时间内提高现有的大豆单产水平，从而缩小与世界大豆单产水平的差距，比如提高到美国大豆单产水平的 70％或 80％。

基于上面的考虑和分析，我国不应当限步于普通大豆、而应当将转基因大豆列为我国大豆产业发展的又一种战略选择，今后在普通大豆和转基因大豆两个市场上展开国际竞争。作为过渡或初步阶段的选择，至少可以发展转基因大豆来争夺国内外榨油大豆市场、用普通大豆来争夺豆制品市场。

虽然，产业发展战略选择中允许存在各种考虑，并且我国发展转基因大豆的过程中也可能会遇到各种意想不到的困难，但作为一种产业发展战略选择是不能偏颇的，特别是当发展转基因食品技术已经是必然趋势时，更应当抢先参与。否则，最终会将自己的市场拱手让与他人，也会使我国豆农收入深受影响。

入世后农民合作经济组织发展动因分析*

牛　霞　张娣杰　安玉发

世纪之交，中国农业和经济进入一个新的发展阶段，农业发展由资源约束型转变为资源与市场双重约束型，主要农产品已由长期短缺转变为供需总量大体平衡，丰年有余，社会对农产品的需求由追求数量扩张转向注重质量优化。农业生产结构性矛盾日益突出，优质农产品相对不足，低质农产品销售不畅积压。农业科技与市场信息的滞后，使农民生产盲目，不仅造成资源浪费，增加财政负担，而且影响中国农产品的竞争力和农民收入的提高。中国加入世界贸易组织后，将促使我国的农产品流通体制进一步的改革，加速农业市场化、国际化进程，使其适应国际化的运营规划，并将国内产品流通逐步融会到国际的大流通、大循环体系中，因而分析和研究加入WTO后中国农产品流通的发展策略具有重要的现实意义。

当前国内农产品流通中存在的主要问题之一是市场主体发育程度低。一方面，表现在原有的市场主体——国有农产品经营企业转制困难，不能建立适应市场经济要求的产权清晰、责任明确、政企分开、管理科学的现代企业制度，僵化的运营机制使其在市场中已经难以承受主体责任。这一点在国有粮食企业身上体现特别明显；另一方面，由于农户一家一户的生产流通模式，造成自身的组织化、规模化程度低，导致抗御市场风险的能力差，使其无法成为市场的主体。

提高农民的组织化程度有多种形式，但农民经济合作组织，是更能体现农民自身主导作用创造性的一种组织化形式。这种新型农民合作经济组织是近年在农产品市场化程度日益提高的条件下才迅速发展起来的。它是农民自愿建立的，以服务为宗旨，以维护成员利益、增加成员收入为目的，以某种专业生产活动为纽带，实行自主经营、自负盈亏、自我管理、自我积累的合作经济组织。面对中国农业和农村经济当前进入一个新的发展阶段，在我国加入世界贸易组织的时代背景下，加快农民合作经济组织的发展有着深刻的动因。

一、农民进入市场的需要

现代社会的农产品市场，不同于传统农业时代的集市贸易，它的重心已经移向城市，其空间距离延长，购销调存的中间环节也大大增加，需求的层次和方式日益复杂化，生产者已经难以直接去感受和把握市场信息；再加上农产品的鲜活特性，使其流通的风险空前加大。要求众多的小规模的经营农户去直接掌握、捕捉和筛选市场信息，不仅是不现实的，而且其成本极高。因此，需要建立市场机制下联结生产和消费的合作经济服务组织。

加入世贸组织使我国农民面临的市场环境发生了巨大的变化，产销矛盾更明显地凸现出来。

* 原载《经济观察》2002 年 11 月。

入世之前，只是出口农产品面临激烈的国际市场，国内一般农户面临的通常仍是国内市场的竞争。入世后，由于国内市场的逐步全面开放，即使产品不出口，在国内市场上也面临着进口农产品的竞争，而且是来自国外现代化大农场的激烈竞争。因此，与发达国家的农户相比，我国农民更有理由需要有效地组织起来，致力改变或者缓解经营规模过小所产生的种种不利影响，克服和消除农户在市场竞争中单打独斗的现状，从而较快地增强我国农业的整体竞争能力。

因此，在农户与国际市场之间，必须有起沟通、中介作用的农民专业服务组织，引导和组织农民，特别是生产同类产品的农民共同开拓国内、国际市场。这既是一条可行的经验，又是国际上一个普遍现象，如美国加州柑橘协会、澳大利亚小麦协会等。

二、在国际农产品市场竞争中充分保护中国农民利益的需要

中国加入 WTO 后，中国农产品不仅面临着如何扩大在国际农产品市场上的份额，同时还承受着合理保护已有国内市场份额的双重任务。

世贸组织在处理国际农产品贸易纠纷时，要求损害和反倾销的调查由所在国农民自己的组织提出。1994 年美国政府应美国全国农场主联盟和美国农业联合会的诉求，对中国大蒜进行反倾销调查，由于我国没有相应组织应诉，被征收 376．67％的高额反倾销税，中国大蒜从此被迫退出美国市场。大蒜案之后，起诉方律师由于看到了中国没有相应的应诉主体，又鼓动美国蜂蜜行业对中国提起反倾销诉讼。致使我国农产品对美出口屡遭重创。

近两年，日本、韩国、欧盟等国家也对自我国进口的大葱、鲜香菇、蔺草席等实施紧急进口限制措施。我国的农产品国际贸易纠纷日趋增多。著名国际法学家和 WTO 法律专家赵维田认为：这种愈演愈烈的情势，对我国的出口商品构成了严重威胁。我国成了国际反倾销的最大受害国。

对中国这个巨大的农产品消费市场，国外的农产品窥视已久。入世后在国内市场上中国农产品与国外农产品的竞争将会日渐加剧。对某些国外输入的农产品进行反倾销诉讼也不可避免。《中华人民共和国反倾销条例》第十七条规定“在表示支持申请或者反对申请的国内产业中，支持者的产量占支持者和反对者的总产量的 50％以上的，应当认定申请是由国内产业或者代表国内产业提出，可以启动反倾销调查；但是，表示支持申请的国内生产者的产量不足国内同类产品总产量的 25％的，不得启动反倾销调查。”也就是说，当进口产品冲击国内市场时，反倾销、反补贴诉讼申请应当得到产品产量占国内同类产品总产量的 25％以上的国内生产者的支持，否则，不得启动反倾销调查。

从以上的国际惯例和国内法规条例的规定可以看到，中国当前缺乏一个可以代表农民利益的组织作为代言人。这个代言人不仅应该是应诉反倾销调查时的应对组织，而且是启动反倾销调查时的合格诉讼主体。只有这样一个代表中国农民利益的组织，才能在农产品国际贸易纠纷中，更好地运用法律手段实现对中国农民利益最大限度的维护。

纵观我们的一些主要贸易国，农业产业组织在国际农产品贸易反倾销诉讼中发挥着重要作用。如日本，97％以上农民参加的农业协同组织，代表农民的利益应诉或启动反倾销调查，与国际市场谈判对手直接对话，强化了农民的谈判地位和谈判能力，增大农民在国际市场上的竞争风险，对国际市场起着巨大的抗衡作用。在美国，农场主的实力也很强大，美国 150 万农场主，分别参加了“全国农场主联盟”和“美国农业联合会”两大民间行业性组织。两大组织在维护自身利益，争取农业与其他行业的平均利润，特别是，在国际农产品贸易反倾销诉讼中发挥着重要作

用。上面提到的大蒜案就是一例。

面对加入WTO后所面临的日渐增多的农产品国际贸易纠纷，迫切需要我们借鉴经验并加快建立代表中国农民利益的行业性组织——农民合作经济组织，并且结合各地方的实际情况，自下而上地使之具有广泛的代表性。在全球化经济的大潮中充分维护中国农民的利益。

三、对农业支持和补贴的需要

农业是弱质产业，发达国家通常借助政府的力量和引导，制定适度的农业财政、信贷政策，以弥补农业的弱质性，增强农业的综合实力，实施对农业的保护。在20世纪90年代的中期，美国每年利用WTO农业协议中有关国内支持规则，为本国农业提供高达460亿美元的支持资金，欧盟达到240亿美元，日本则达到330亿美元。由此可见，发达国家的农业现代化，本国政府为其提供了巨额的资金支持。

中国农业生产一直是以一家一户的小农经济为主的，户均占有耕地仅0．4公顷，在粮食、油料、棉花等土地资源型的农产品生产中，直接生产成本一直较高。中国农业的弱质性尤为明显，面对即将到来的、迅猛的国外农产品的冲击，合理的保护已迫在眉睫。

目前我国政府对国内农业的资金支持主要集中在一般政府服务中，如农业科研、病虫害控制、培训服务、技术推广和咨询服务、检验服务、营销和促销服务、基础设施建设服务等，且每年投入的农业科研经费也比较少，在农业其他领域则甚少涉足。在WTO的框架下，我国政府每年完全可以依照其“绿箱”政策，拿出一定的资金用于农业支持。同时，政府还可以利用对农业生产资料如化肥、农药、良种和灌溉等投入品的价格补贴的“黄箱”政策，对国内农业进行必要的资助，从而减少农民生产成本的支出。

如何将这些支持和补贴落到实处？借鉴发达国家的经验，逐步减少对流通环节的补贴，把支持的重点逐步转到生产环节，通过支持农民合作经济组织来实现对农业的支持和补贴。例如，美国的大陆谷物协会，每年都能够从美国政府得到专门的拨款，用于从世界各地市场收集谷物的供求信息。这就是政府为农业提供的促销服务，是通过谷物协会这一农民自己的组织载体实现的。美国的新奇士橙种植者协会为果农提供各种技术服务，对外他们代表果农向全球市场推销产品。美国政府每年将巨额的农业补贴输送给这种民间协会，巧妙地避开了政府干预市场不正当竞争的嫌疑，从而提高农业微观经济组织的竞争力。

国外的经验昭示，我国迫切需要建立农民合作经济组织作为广大农民获取政府支持农业的措施与补贴的媒介，并通过该组织实现政府对农业的保护和提高农户的竞争力。

提高对日蔬菜出口竞争力研究*

安玉发　陈丽芬　盛丽颖

[摘　要] 蔬菜是我国具有比较优势的农产品，提高我国蔬菜的市场竞争力，对抢占国际市场、扩大农产品出口贸易具有重要的现实意义。本文通过研究我国对日蔬菜出口的现状、分析国际市场上蔬菜产品的竞争特点，探讨如何提高我国蔬菜出口竞争力的策略问题。

[关键词] 农产品贸易　蔬菜出口　竞争策略

一、我国对日蔬菜出口现状

进入20世纪90年代以后，我国对日蔬菜出口贸易快速发展，对日出口量一直保持递增势头，明显超过美国成为日本市场的第一大蔬菜供应国。近年来我国对日蔬菜出口增长具有以下特点：

1. 对日出口数量增长快。从表1中可以看出中国对日蔬菜出口量急剧增加的趋势。主要表现在：

(1) 中国对日蔬菜出口总量呈上升趋势。虽然1997年出现一点波动，但占日本进口总量比重并没变。2000年日本进口中国蔬菜117.5万吨，是1991年的3.1倍；在日本蔬菜进口总量中所占的比重也由1991年的29.9%上升到2000年的45.1%，接近日本进口蔬菜总量的一半。

(2) 美国近几年蔬菜对日出口速度放缓。从1991年到2000年，美国对日出口总量只增加了2.1倍，1994—2000年出口量一直在60万～70万吨之间；占日本蔬菜进口量的比重，1991年为26.3%，2000年为26.7%，表现为徘徊不前，近三年甚至呈下降的趋势。

在对日蔬菜出口数量上，中美两国名列前两名，占日本进口蔬菜总量的71.8%，两国在对日蔬菜出口上形成一定的竞争对手关系。

表1　中美蔬菜对日出口总量变化对照

年　份		1991年	1992年	1993年	1994年	1995年
数量（吨）	中国	376 460	419 416	548 435	670 694	787 828
	美国	331 273	356 929	424 326	626 009	649 873
占日本进口总计（%）	中国	29.9	32.3	36.7	35.3	37.1
	美国	26.3	27.5	28.4	33.0	30.6

* 原载《中国农村经济》2002年11月。

（续）

年　份		1996年	1997年	1998年	1999年	2000年
数量（吨）	中国	818 399	791 398	987 807	1 120 542	1 175 132
	美国	616 702	636 408	674 487	699 440	695 687
占日本进口总计（%）	中国	39.1	39.1	43.0	43.8	45.1
	美国	29.4	31.4	29.4	27.3	26.7

资料来源：根据日本蔬菜供给安定基金编《2000年野菜输入动向与统计》、日本财务省《贸易统计》数据整理。

2. 对日出口蔬菜价格趋于下降。从表2中可以看出，近年来中国对日出口蔬菜年均价格趋于下降，从1997年到2000年仅4年就下降了30.4%。1997年到2000年，保鲜蔬菜出口单价下降了53.2%，幅度最大，醋调蔬菜下降了36.4%，腌渍蔬菜下降了26.2%，干燥蔬菜下降了24.6%，冷冻蔬菜下降了15.3%。

表2　中国对日蔬菜出口价格变化情况

单位：日元/千克

类　别	1997年	1998年	1999年	2000年
保鲜蔬菜	233	162	113	109
冷冻蔬菜	157	169	142	133
腌渍蔬菜	107	96	85	79
干燥蔬菜	686	602	553	517
醋调蔬菜	184	157	124	117

资料来源：同表1。

美国虽然在数量上增长不如中国，但对日蔬菜出口价格却相对比较稳定，从1997年到2000年下降幅度为16.8%，其中保鲜蔬菜价格下降28.0%。

从总体趋势看，虽然我国蔬菜出口量不断增加，但其单价下降却更快，以至于出口量增加所带来的出口额增加部分已经不能补偿价格降低所造成的出口额减少部分。出口贸易额从1998年16 499万日元下降到2000年的15 046万日元，下降了8.8%。从表3可以看出，虽然中国对日本出口的大葱和香菇数量增长较快，但是出口额增长缓慢，从1997年到2000年，出口额增加幅度一直落后于数量的增加幅度，甚至有时还出现出口量增加、出口额反而下降的情况。

表3　中国大葱、香菇对日出口数量及金额变化对照表

单位：%

类别		1997年	1998年	1999年	2000年
大葱	数量比上年增加幅度	−4.4	104.2	69.6	44.9
	金额比上年增加幅度	−6.1	86.4	36.5	23.3
香菇	数量比上年增加幅度	6.9	20.6	0.7	33.1
	金额比上年增加幅度	−6.6	13.2	−14.7	12.2

资料来源：同表1。

3. 对日蔬菜出口结构发生变化。中国对日蔬菜出口主要类别有保鲜蔬菜、速冻蔬菜、腌渍蔬菜、干燥蔬菜、醋调蔬菜、番茄加工品等。其中保鲜蔬菜、速冻蔬菜、腌渍蔬菜占到2/3左右。从1993年起，保鲜蔬菜和速冻蔬菜出口量增加迅速，过去以出口腌渍蔬菜为主转变为现在以出口保鲜蔬菜和速冻蔬菜为主。特别是保鲜蔬菜出口从1998年开始增长迅速，1998年为27万吨，比1997年增长1倍。2000年达36万吨，占中国对日出口蔬菜总量的30.9%，占日本保鲜蔬菜进口总量的37.4%。另外，速冻蔬菜出口呈稳定增长趋势。2000年速冻蔬菜出口量比1997年增长40.3%。在中国出口日本蔬菜总量中所占的比例由1991年的20.0%增加到2000年的27.0%。腌渍蔬菜出口降幅较大。占中国对日出口蔬菜总量的比例由1991年的40.2%下降为2000年的16.1%。其他种类的蔬菜比例变化不大。

二、我国对日蔬菜贸易的优劣势分析

1. 我国对日蔬菜出口的优势。

(1) 产业优势。我国是世界蔬菜生产大国，近几年，蔬菜产量以年均25.6%的速度递增。1999年，中国蔬菜产量占世界蔬菜总产量的52.1%，比1970年的15.6%提高三倍以上。目前世界各国人均蔬菜占有量为102千克，我国蔬菜人均占有量已达300千克，远远高出世界平均水平。蔬菜的大量生产导致供大于求、国内市场饱和，扩大出口外销成为蔬菜产业持续发展的动力。

(2) 生产成本优势。我国蔬菜生产的比较优势主要体现在蔬菜生产是劳动集约型生产，我国农村劳动力数量多，劳动成本比较低。以大葱的生产成本为例，从表4可以看出，日本大葱生产成本远远高于中国大葱，在考虑劳动力成本的情况下，日本比中国高出8.7元/千克。在不包括劳动力成本的情况下，比中国高出3.1元/千克。

表4　中日大葱生产成本比较

生产成本项目	日本 (1)	中国 (2)	差额 (1) − (2)
种子费用（元/公顷）	8 250	15 000	−6 750
肥料费用（元/公顷）	21 150	6 450	14 700
农药费用（元/公顷）	19 950	750	19 200
农机具、水利费、设施费、电热费等（元/公顷）	66 420	6 500	59 920
劳动费用（元/公顷）	191 715	30 333	161 715
总计（元/公顷）	307 500	59 700	247 800
产量（千克/公顷）	30 015	37 500	−7 485
生产成本（不包括劳动费用）（元/千克）	3.9	0.8	3.1
生产成本（包括劳动费用）（元/千克）	10.2	1.6	8.7

资料来源：参考文献［5］。

(3) 地理优势。地理优势主要表现在我国具有丰富的地理生态环境。我国幅员辽阔，地势上有平原、丘陵、山区之分，气候上有寒、温、热带之别。因此，从国外引进的绝大多数新蔬菜品种均可在我国找到适宜的栽培地区。地理优势还表现在对日蔬菜出口运输距离近、时间短，运输成本低。以保鲜洋葱为例，集装箱从美国西海岸，通过海洋运输，到达日本横滨所需时间为21天以上；从中国山东省安丘到日本横滨所需时间仅为7天。前者的运输成本（一般的集装箱）约为9美分/千克，后者为8美分/千克。①

① 见参考文献［4］。

2. 我国对日蔬菜出口的竞争劣势。

（1）产品无统一的规格标准。我国蔬菜的生产和流通还处在“以量取胜、价格竞争”的阶段，这种低层次的竞争导向不能适应国际市场的需求。日本的菜农都是按照国家或地方制定的统一的流通规格标准进行生产和销售，达不到标准的产品不能进入市场流通。由于从中国进口的保鲜蔬菜多数达不到规格标准，只能通过市场以外的渠道廉价销售，满足中低收入阶层消费者的需求。

（2）农药残留问题引人注目。蔬菜中的硝酸盐、亚硝酸盐浓度过高以及农药残留是国际贸易上一个十分敏感的问题。各国往往利用严格的卫生质量检查形成非关税壁垒，以达到阻止国外产品的进入和保护本国生产者的目的。我国加入WTO后，日本政府增加了对从我国进口蔬菜检查的次数和提高了检测标准，通过设置障碍来加大中国蔬菜进入日本的难度。最近，从日本不断传出中国蔬菜残留农药超标的消息，少数日方媒体炒得沸沸扬扬，影响了中国蔬菜在日本市场上的声誉。

（3）其他蔬菜输出国与我国竞争激烈。随着日本蔬菜进口量的增加，除了我国之外，美国、泰国、新西兰等国家的蔬菜对日出口也呈上升趋势，其中美国是我国的主要竞争对手，美国的保鲜蔬菜和速冻蔬菜对日出口数量一直比较稳定，保鲜蔬菜中的洋葱和西兰花的出口量最大。2000年美国对日出口洋葱16.9万吨，西兰花6.8万吨，而我国只有2.7万吨和1.0万吨。泰国的洋葱、生姜以及速冻蔬菜在价格上很有竞争力，韩国的西红柿对日出口增加迅速，新西兰是日本南瓜的主要供应国。另外，在番茄酱、蔬菜汁等加工品的出口方面我国还不具备竞争优势。

（4）尚未建立起稳定的出口渠道。我国蔬菜对日出口渠道主要是依赖国外商人。即日本进口商人前来中国采购，在蔬菜产地委托一个公司作为代理人为其组织货源；一部分日本商人通过一些关系的介绍与产地公司签订出口意向合同。这些日本进口商中很大一部分是属于投机性的“皮包商人”，他们规模小，既没有在我国注册公司，在日本也没有属于自己的销售渠道，进口后转卖给国内食品流通商人。这种方式的出口渠道风险较大，当日本国内销路不畅或政府实施进口限制措施时，进口商显得无能为力。他们往往推卸责任，把风险转嫁给生产者或逃之夭夭，中方无法追究其责任。相比之下，美国蔬菜对日出口渠道却比较稳定。日本进口商在美国采购蔬菜一般要进行当地法人登记注册，违反合同要依法追究责任。因此，在美国从事进口蔬菜业务的主要是一些日本大型跨国公司的商社，他们在日本国内拥有独立的销售渠道，进口数量和价格都相对稳定，和产地形成了长期持续的贸易伙伴关系。

（5）产地缺乏统一组织协调，企业无序竞争。蔬菜产地缺少真正代表生产者利益的合作经济组织，多数龙头企业和农户之间并没有真正建立起“风险共担、利益同沾”的机制，面对国际市场的变化，生产者往往要承担更大的风险。产地之间、企业之间为了争夺出口订单，竞相压价、恶性竞争的现象屡见发生。

这种散兵游勇独立对外的格局，无法有效地把握国际市场的动向，只能被外来商人牵着鼻子走。尽管某类产品国际市场容量有限，但是由于信息不完全或商人的误导，一哄而上大量生产导致产量大幅度增加，日方商人在收购时趁机压质压价，导致出口价格低落，生产者遭受损失。如牛蒡出口日本，价格最高时每千克卖到20多元，低的时候才卖几角钱，出口剩余的部分国内又无销路，只得销毁处理。山东省速冻菜加工出口在全国处于领先地位，几个大规模的加工出口企业一直享有较高的信誉。但是，由于一些小型企业以低价争夺外商订单，接到订单后又难以严格按要求完成任务，导致质量出现问题，影响了我国速冻菜的正常出口，也损害了我国蔬菜加工出口业的整体形象。

三、提高我国对日蔬菜出口竞争力策略

按照国际贸易的基本原理，各国应通过区域分工来生产具有相对比较优势的产品，积极发展国际贸易是加快经济发展的必由之路。入世对我国来说是扩大出口贸易的机遇，大力发展蔬菜出口生产，在国际农产品市场上占有一席之地，将有利于我国在农产品国际贸易中保持合理的进出口份额，也体现了WTO的互惠互利原则。当前，针对我国蔬菜出口贸易存在的问题，应当积极探索解决的方法，将比较有优势变为竞争优势。

进一步开拓国际市场，打破进口国人为设置的非关税壁垒方面，政府作为国家利益的代表肩负着统揽全局、对外交涉的使命。一方面，政府利用WTO规则及国际惯例，积极采取措施处理我国蔬菜出口贸易中遇到的问题，保护和支持生产者和出口企业的积极性。同时，也要针对我国蔬菜出口贸易中的产品质量低、竞争力差等问题在宏观调控和法制建设方面建立有效的监管机制。另一方面，生产者和企业应从全面提高出口产品质量入手，根据国际市场环境和消费需求的变化，制定相应的经营策略，开展市场营销，不断扩大我国蔬菜在国际市场上的份额。

1. 提高蔬菜质量竞争力策略。我国对日出口的蔬菜质量问题多、合格率低，其根本原因是我国蔬菜生产在质量上无有效的控制标准，缺乏法制管理。日本从20世纪70年代开始就按“指定蔬菜”和“特定蔬菜”分别制定了国家统一的市场流通规格标准，各地方也根据实际情况在国家标准的基础上又制定了地方标准来规范产品的生产和上市销售。JAS法（关于农林物质规格及品质正当表示的法律）对食品类的生产和销售有着严格的法律规定。美国的AMAA法（The Agricultural Marketing Agreement Act）和PACA法（Perishable Agricultural Commodities Act）都是针对农产品流通制定的法律，包括禁止销售没有达到一定品质等级的产品，允许产地和行政部门采取销售数量的配额管制和强化品质标准等措施来减少流通数量，防止市场价格下跌等等。当前我国蔬菜产品供大于求，结构调整的核心是要减少数量、提高质量，参考国外的做法来制定我国的蔬菜流通规格标准是十分必要和急需的。

食品安全和卫生问题是国内外消费者都十分敏感的问题。扩大我国蔬菜的出口，就必须十分重视产品的卫生质量和食用安全问题。当前我国各地在加快推广无公害食品、绿色食品，发展有机食品，强调生产者要严格遵守有关农药和化肥使用的操作规范，同时加强监管和检查力度，这对提高我国蔬菜产品的整体质量水平具有重要意义。在出口产品生产基地还必须逐步推广国际通用的食品质量安全认证体系，如“ISO9000系列认证”、“HACCP标准认证”、“TRACEABILITY体系”等。

2. 出口结构、时间调整策略。调整出口结构，发展蔬菜的精深加工。2000年我国对日保鲜蔬菜出口达36万吨，占中国出口日本蔬菜总量的30.9%。保鲜蔬菜不易贮藏，受日本市场影响又大，一旦出口不了则很难再销往其他国家。如2001年日本对中国蔬菜采取临时限制措施时，中国大葱产地农民损失惨重。调整蔬菜出口结构，实施多元化战略，增加蔬菜加工品的出口，有利于降低贸易风险，提高出口产品的附加值。如番茄汁和番茄酱等加工产品在日本市场上很受欢迎，我国西部地区阳光充足，适合于大量生产高质量的番茄，在番茄加工品的生产和出口方面是很有潜力的。

选择空当，实行时间调整策略。由于我国与日本气候存在差异，各种蔬菜生长季节也不同，有些蔬菜在日本处在生产淡季而在中国却是生产旺季，选择市场空当出口特色蔬菜将能避开与日本国产菜的直接较量，提高出口效益。如在7～9月，日本大部分地区不适合种植西兰花，西兰

花价格上涨，而我国北方高海拔地区则在这个时期适宜种植西兰花，所以 7～9 月应是我国对日出口西兰花的好时机。

3. 提高蔬菜品牌竞争力策略。尽管我国山东的蔬菜在国际市场上很有名气，其中，苍山大蒜、莱芜生姜、安丘大葱等在日本市场上也很受欢迎，但是日本市场上这些产品的包装上只标明原产地是中国，无具体的产地或生产企业的品牌标识。而日本国产蔬菜的包装标识内容详细、既讲究又显眼，给消费者一种信得过的感觉。我们也要通过产品包装进行宣传。在寻找出口合作伙伴时尽量选择有信誉的大型跨国公司，借其实力和影响力强化出口渠道。在提高出口蔬菜产品品质的同时，还要树立产品的品牌、产地形象。据了解日本商人及有关人士经常来我国考察蔬菜产地情况，带回去大量的信息，这是产地公关宣传的好机会，如果能建设一些譬如“出口蔬菜园区”的示范点会起到积极的对内示范和对外宣传作用。中国蔬菜在日本市场上已经形成了自己的消费群体，要继续巩固和扩大这一群体的规模。

4. 加强自我保护措施策略。近几年，中日贸易摩擦不断，而且有愈演愈烈的趋势。我国应尽快根据国际惯例，在不违背 WTO 原则的基础上，加强对蔬菜出口行业的保护措施，有效地应对国际市场环境的变化，冲破进口国对我国蔬菜设置的各种贸易壁垒。

（1）建立行业协会。要搞好蔬菜出口市场的整顿与管理，规范竞争秩序，眼前主要依靠政府强化监管，长远看必须依靠行业协会。在发达国家，行业协会发育比较完善，这是一种属于民间性质的企业联合组织，受政府委托制定行业发展规划、发展战略和行规行约，有权处罚违规企业，甚至将其淘汰出局。在对外交涉方面，行业协会既可以协调各成员企业统一价格，扩大出口；又可以组织起来，形成行业合力，一致应对外来冲击，配合政府应对贸易摩擦。

（2）建立初期防范机制。入世后，我们要理直气壮地反对外国在贸易上对我国的歧视性做法，积极应对对方对我国农产品的反倾销指控。同时为了节省成本，减少损失，提高对外谈判能力，应建立对倾销进行监控的机制。包括搜集和整理国际市场信息，有关竞争对手的蔬菜价格水平和生产成本等，还应根据实际情况，必要时采取行业自律、主动调控出口数量等措施。

（3）运用 WTO 的绿箱政策加大政府对出口产地的支持力度。通过增加农业科研、技术推广的投入，改善蔬菜生产的自然环境，加强农业基础设施建设，扶持产业化经营等方式，大力支持蔬菜产地发展出口产品的生产。

参考文献

[1] 日本野菜供给安定基金编．2000 年野菜输入の動向．2001（3）
[2] 日本施設園藝協会编．激增する输入野菜と產地再编强化戰略．2001（3）
[3] 安玉发，森尾昭文．尚缺利益共同体——中国蔬菜对日出口渠道分析．国际贸易．2001（9）
[4] 安玉发，陶益清．WTO 与我国农产品市场营销．中国流通经济．2001（6）
[5] 陈永福．加入 WTO 对我国蔬菜贸易的影响．中国农村经济．2001（1）
[6] 陈永福，何秀荣．中日蔬菜贸易战原因分析和对策探讨．国际贸易．2001（5）

中国柑橘鲜果国际竞争力的比较分析*

乔 娟 颜军林

［摘 要］本文以产业国际竞争力理论和国际贸易理论为基础，利用国际市场占有率和贸易竞争指数等反映国际竞争实力的指标，通过与其他主要出口国进行国际比较，分析和判断了中国柑橘鲜果的国际竞争力状况及其变动趋势，并通过国际比较分析了影响柑橘国际竞争力的直接和间接因素对中国柑橘鲜果国际竞争力的影响。

［关键词］国际竞争力 影响因素 中国柑橘

一、问题的提出和经济分析框架

关于加入WTO对中国农产品影响的许多研究已经表明，中国柑橘具有比较优势。按照比较优势理论，具有比较优势的中国柑橘可以通过参与国际贸易，既获得贸易利益又缓解国内供过于求的压力。据FAO统计，2000年世界产量最多的水果——柑橘年产量达10 674万吨，国际贸易量占其总产量的13%以上，是仅次于小麦和玉米的世界第三大国际贸易农产品。2000年中国柑橘产量1 232万吨，柑橘类鲜果总产量仅次于巴西和美国，占世界总产量的11.5%，但是中国柑橘鲜果及加工品出口量仅占国内生产总量的3%，占世界总出口量的2.7%，并且以鲜果出口为主。因此，中国柑橘虽然具有比较优势，但参与国际贸易的比例却很小。究其原因，人们已经认识到是因为中国柑橘的国际竞争力较弱，并建议应提高中国柑橘的国际竞争力。但已有的对中国柑橘国际竞争力的研究主要局限于成本价格及非价格竞争力的比较，还很不系统全面，也就较难提出切实可行的提高中国柑橘国际竞争力的对策建议。

如果我们把反映竞争结果的指标称为国际竞争力实现指标，他们表现了国际竞争力的实现程度；把反映竞争实力（即竞争力强弱的原因）的因素称为影响国际竞争力的直接和间接因素，他们能解释为什么具有或不具有国际竞争力；把反映竞争实力以外的对其国际竞争力具有重要作用的环境因素，称为决定和影响国际竞争力的深层次因素，他们能对国际竞争力强弱具有重要的决定和影响作用。则中国柑橘国际竞争力研究的目标应包括：以现有的产业国际竞争力理论和国际贸易理论为基础，构建中国柑橘国际竞争力研究的经济分析框架；然后在此框架范围内全面系统地研究中国柑橘国际竞争力概况及变动趋势，并全面系统地研究产业内部和产业外部各种商业环境因素如何决定和影响中国柑橘的国际竞争力；最后提出有针对性和切合实际的提高中国柑橘国际竞争力的对策建议。由于该项研究涉及内容较多，受文章篇幅限制本文将主要利用国际市场占

* 原载《中国农村经济》2002年11月。

有率和贸易竞争指数等反映国际竞争实力的指标，通过与其他主要出口国进行国际比较来分析和判断中国柑橘鲜果的国际竞争力状况及其变动趋势，并通过国际比较探讨影响柑橘国际竞争力的直接和间接因素对中国柑橘国际竞争力的影响，从而为提出切实可行的提高中国柑橘国际竞争力的对策建议提供理论和客观依据。

2000年世界柑橘总产量居前四位的国家是巴西、美国、中国和西班牙，其产量分别为2 257万吨、1 566万吨、1 232万吨和539万吨，各国的柑橘收获面积分别为93.2万公顷、44.3万公顷、161.5万公顷和28.6万公顷。从柑橘品种的构成看，中国是橘多橙少，例如2000年世界柑橘各品种产量的比率是：甜橙：其他柑橘：宽皮柑橘：柠檬和酸橙：柚子为62.7：5.0：17.1：10.2：5.0，而中国2000年相应比例为28.4：5.3：61.6：2.2：2.5。柑橘生产第一大国巴西柑橘生产的品种比较单一，基本上是生产加工用甜橙，并且加工橙汁出口。目前世界柑橘鲜果出口最多的国家是西班牙，其次是美国，其他国家的市场份额都很少。因此，中国柑橘鲜果国际竞争力国际比较分析的产品范围包括：甜橙、宽皮柑橘、柠檬和酸橙及柚子等柑橘鲜果，中国柑橘鲜果国际竞争力国际比较分析的国家范围包括：其他柑橘主要出口国——美国和西班牙。

二、中国柑橘鲜果的国际竞争力变动状况及国际比较

反映柑橘国际竞争力的指标有市场占有率、贸易竞争指数、固定市场份额模型、显示性比较优势等，本文主要用国际市场占有率和贸易竞争指数来测定中国柑橘鲜果的国际竞争力状况及变动趋势，并进行国际比较。

1. 国际市场占有率。国际市场占有率是指一国某产品出口额占世界该产品出口总额的百分比。它表示在国际市场竞争中，一国某产品所占据的“势力范围”。国际市场占有率越高，国际竞争力越强，反之则弱。与其他柑橘鲜果主要出口国相比中国柑橘鲜果的国际市场占有率都比较低（见表1）。从不同品种来看：中国甜橙的国际市场占有率呈下降趋势，到2000年已经接近等于零；美国甜橙的国际市场占有率虽有波动，但多数年份维持在15%左右；西班牙甜橙的国际市场占有率最高。中国宽皮柑橘的国际市场占有率在波动中经历了由上升到下降的变动，国际市场占有率最高时达到了4.5%，但与占世界总产量41%的份额相比较还是微不足道的；西班牙宽皮柑橘的国际市场占有率一直在60%左右；美国宽皮柑橘的国际市场占有率一直较低。中国柠檬和酸橙的国际市场占有率一直接近0，西班牙柠檬和酸橙的国际市场占有率在30%～40%之间波动；美国柠檬和酸橙的国际市场占有率不断下降。中国柚子的国际市场占有率很低，且呈下降趋势；西班牙柚子的国际市场占有率也较低；美国柚子的国际市场占有率虽有波动但一直是最高的。

表1　中国和其他主要出口国各种柑橘国际市场占有率及变动（%）

品种	国家	1991	1992	1993	1994	1995	1996	1997	1998	1999	2000
甜橙	中国	1.3	0.2	0.3	0.3	0.2	0.1	0.2	0.1	0.1	0.0
	美国	10.6	14.6	17.0	16.1	14.8	12.8	16.7	17.3	9.3	16.7
	西班牙	34.3	38.3	35.5	33.4	36.3	36.2	32.0	28.8	33.5	32.0
宽皮柑橘	中国	1.0	3.1	3.4	4.1	3.9	3.6	4.5	3.3	2.8	3.2
	美国	2.3	2.6	2.9	2.2	2.2	2.1	2.0	2.3	2.2	2.5
	西班牙	69.2	69.4	68.0	66.7	64.6	61.4	58.7	56.7	57.9	60.9

（续）

品种	国家	1991	1992	1993	1994	1995	1996	1997	1998	1999	2000
柠檬和酸橙	中国	0.0	0.0	0.0	0.1	0.0	0.0	0.0	0.0	0.0	0.0
	美国	25.2	20.1	21.2	16.5	17.7	14.7	15.4	11.4	11.0	10.9
	西班牙	34.1	38.2	38.8	32.2	30.2	32.5	35.0	36.6	30.3	32.6
柚子	中国	0.4	0.6	0.4	0.3	0.5	0.3	0.3	0.3	0.1	0.1
	美国	50.8	51.1	49.7	45.6	42.0	44.2	44.6	38.8	42.2	46.2
	西班牙	0.9	1.8	1.6	1.6	2.0	1.5	2.0	2.2	2.2	2.5

2. 贸易竞争指数。贸易竞争指数的基本含义是：在一定时期内，一国某产品的出口额与进口额之差除以该产品进口额与出口额之和。贸易竞争指数大于零，表示该国该产品的生产效率高于国际水平，具有竞争优势，绝对值越大，优势越明显；贸易竞争指数小于零，表示该国该产品的生产效率低于国际水平，处于竞争劣势，绝对值越大，劣势越明显；贸易竞争指数等于零，则表示该国该产品的生产效率与国际水平相当，其进出口纯属与国际间进行品种交换。与其他柑橘鲜果主要出口国相比较，中国除宽皮柑橘的贸易竞争指数较高外，甜橙、柠檬和酸橙及柚子的贸易竞争指数均已经为负值（见表2）。从不同品种来看：中国甜橙的贸易竞争指数一直呈下降趋势，并从1992年起变为负值，到2000年已经下降为－1.0；美国甜橙的贸易竞争指数虽也在下降但一直为正值；西班牙甜橙的贸易竞争指数一直等于或接近1。中国宽皮柑橘的贸易竞争指数一直等于或接近1，显示出较强的竞争优势；美国宽皮柑橘的贸易竞争指数呈下降趋势，并从1997年开始变成负值；西班牙宽皮柑橘的贸易竞争指数一直等于1。中国柠檬和酸橙的贸易竞争指数近几年不断下降，2000年已经下降到－1.0；美国柠檬和酸橙的贸易竞争指数波动较大，但一直为正值；西班牙柠檬和酸橙的贸易竞争指数一直接近1。中国柚子的贸易竞争指数一直为负值，且总体呈下降趋势；美国柚子的贸易竞争指数一直等于1；西班牙柚子的贸易竞争指数虽有波动但一直比较高。

表2 中国和其他主要出口国各种柑橘的贸易竞争指数及变动（%）

品种	国家	1991	1992	1993	1994	1995	1996	1997	1998	1999	2000
甜橙	中国	0.7	－0.4	－0.2	－0.3	－0.5	－0.5	－0.5	－0.9	－0.9	－1.0
	美国	0.6	1.0	0.9	0.9	0.9	0.8	0.8	0.8	0.3	0.7
	西班牙	1.0	1.0	1.0	1.0	0.9	0.9	0.9	0.9	0.9	0.9
宽皮柑橘	中国	1.0	1.0	1.0	1.0	1.0	1.0	1.0	1.0	0.9	0.9
	美国	0.2	0.3	0.3	0.2	0.2	0.0	－0.3	－0.3	－0.6	－0.6
	西班牙	1.0	1.0	1.0	1.0	1.0	1.0	1.0	1.0	1.0	1.0
柠檬和酸橙	中国	0.0	0.2	0.3	0.5	0.4	－0.6	－0.4	－0.6	－0.9	－1.0
	美国	0.7	0.6	0.5	0.4	0.5	0.5	0.5	0.2	0.1	0.0
	西班牙	1.0	1.0	1.0	0.9	0.9	0.9	0.9	0.9	0.8	0.9
柚子	中国	－0.5	－0.5	－0.7	－0.7	－0.6	－0.7	－0.8	－0.7	－0.9	－0.9
	美国	1.0	1.0	1.0	1.0	1.0	1.0	1.0	1.0	1.0	1.0
	西班牙	1.0	1.0	0.9	0.9	0.7	0.5	0.7	0.7	0.8	0.8

从国际市场占有率和贸易竞争指数两个指标的国际比较分析可以看出，中国柑橘鲜果中除宽皮柑橘国际竞争力相对较强外，其他品种的国际竞争力都很弱，并且所有品种的国际竞争力总体均呈下降趋势。2000年世界主要出口国各种柑橘鲜果国际竞争力的情况大体上是：中国甜橙、柠檬和酸橙已经完全缺乏国际竞争力，柚子的国际竞争力也很弱，只有宽皮柑橘的国际竞争力相对较强，但明显逊色于西班牙；美国柚子的国际竞争力最强，甜橙、柠檬和酸橙也具有相对较强

的国际竞争力，但宽皮柑橘缺乏国际竞争力；西班牙在宽皮柑橘、甜橙、柠檬和酸橙等几个品种上都具有很强的国际竞争力，只是柚子的国际竞争力相对较弱。

三、影响柑橘鲜果国际竞争力的直接和间接因素分析

1. 生产成本和价格。据澳大利亚园艺社（AHC）《柑橘生产经费比较报告书》（1996）的资料，南非、澳大利亚及美国的柑橘生产成本分别为每千克 0.49、0.88 及 1.05 元（人民币，下同）；1999 年日本柑橘生产成本达每千克 12.44 元。根据农业部、国家计委和国家经贸委等编《全国农产品成本收益资料汇编》（1997—2001），1997 年中国的柑和橘的平均成本分别为每千克 0.79 元和 0.46 元，2000 年上升到每千克 0.85 元和 0.76 元；可见中国柑橘平均生产成本低于美国。但中国柑橘生产成本构成与其他国家差异较大。1997—2000 年，中国肥料和农药的购买成本占柑橘生产成本的 40%以上，而南非、澳大利亚、美国和巴西圣保罗等地的肥料和农药的购买成本分别占柑橘生产成本的 22.3%、12.8%、22.0%、57.5%（含改良土壤的石灰费）。肥料和农药的大量使用还导致了活劳动的增加。以喷药为例，中国柑橘产地一般年喷药 8～12 次，甚至更多；国外一般只有 3～6 次，加上机械化程度高，可大大减少活劳动。因此，虽然与美国相比中国柑橘具有一定的低成本优势，但中国柑橘生产主要依靠增加物质投入，而美国是在技术含量较高的方面投入较多（祁春节，2001）。

中国各种柑橘鲜果的出口价格相对于世界平均价格总体上均呈下降趋势，且多数年份其价格水平低于世界平均水平。美国和西班牙各种柑橘鲜果的出口价格多数年份高于世界平均价格水平，且与世界平均价格变动趋势相比没有明显的上升或下降趋势（见表 3）。由此可见，出口价格不是限制中国柑橘鲜果国际竞争力的主要因素。

表 3　中国和其他主要出口国各种柑橘鲜果出口价格比①

品种	国家	1991	1992	1993	1994	1995	1996	1997	1998	1999	2000
甜橙	中国	1.18	0.92	0.96	0.93	0.54	0.46	0.50	0.48	0.45	0.42
	美国	1.87	1.20	1.36	1.35	1.19	1.11	1.20	1.30	1.52	1.37
	西班牙	1.25	1.29	1.08	1.16	1.22	1.27	1.14	1.08	1.16	1.03
宽皮柑橘	中国	0.72	0.70	0.72	0.67	0.59	0.53	0.56	0.49	0.41	0.42
	美国	1.56	1.24	1.91	1.38	1.38	1.41	1.53	1.58	1.94	1.60
	西班牙	1.19	1.17	1.14	1.15	1.19	1.22	1.16	1.12	1.16	1.16
柠檬和酸橙	中国	1.03	1.72	1.17	0.99	0.91	0.84	0.99	1.00	0.59	—
	美国	2.07	1.53	1.84	1.65	1.62	1.37	1.73	1.36	1.42	1.49
	西班牙	1.05	1.19	0.97	1.14	1.17	1.19	1.05	1.06	1.12	1.06
柚子	中国	1.07	1.23	0.76	0.65	0.65	0.48	0.46	1.31	0.31	0.35
	美国	1.16	1.15	1.05	1.00	0.95	1.01	1.04	1.08	1.11	1.20
	西班牙	1.20	1.32	0.91	0.93	0.98	0.98	1.03	1.14	1.05	1.03

2. 产品质量和安全卫生。质量是影响柑橘国际竞争力的一个重要因素，中国柑橘普遍的质量偏低降低了其国际竞争力。柑橘的品质包括内在品质和外在品质，内在品质主要取决于产品的品种、产地等，外在品质主要是产品的外形色泽、新鲜程度、残次率以及均匀程度等。果实的品种特性、发育程度和成熟度等内在品质可通过外观（色泽和果形）和大小来体现，因此，美国和

① 出口价格比＝某国 A 商品出口价格/世界平均 A 商品出口价格。

西班牙在制定产品品质标准时以物理分级为主，即对外观（色泽和果形）和大小都作出规定。由于美国和西班牙等柑橘主产国果品标准规范早，市场化和果农专业化程度较高，能及时调整品种结构和提高质量，柑橘优质果率达 90%以上。中国目前还没有统一完整的标准，加上果农素质和品种等原因使得中国柑橘优质果率仅有 30%。例如中国宽皮柑橘的浮皮果较多，浮皮果使果面色泽、光洁度和可食率低下，也使其内在品质多表现为果心空、风味淡、壁厚、不化渣等。

虽然 WTO 成员对进口产品市场准入量在扩大，但很多国家同时又制定严格的卫生检疫标准等来限制进口，柑橘鲜果国际贸易受其影响很大。在病虫害方面，各国对果蝇和溃疡病的柑橘产区实行禁运，例如澳大利亚对美国加州墨西哥果蝇灾区甜橙实行禁运，美国对西班牙地中海实蝇和溃疡病产区柑橘实行禁运。中国绝大部分柑橘主产区没有地中海实蝇、墨西哥果蝇和溃疡病等病虫害，因此受此类植物检疫限制相对较小。在农药使用方面，一些柑橘主要生产国果园施用农药的结构大致是：除草剂>杀菌剂>杀虫剂，这样既有利于保护果面又有利于提高外观品质，为减少残留美国和西班牙等还特别重视不断改良土壤和改进施肥技术等。中国果园施用农药的结构正好相反，由于大量施用杀虫剂，使鲜果农药残留过高，不利于果园生态保护，也提高了生产成本，更为严重的是因达不到进口国制定的动植物检疫标准而限制了出口，如对日本出口的宽皮柑橘就经常因此受到禁运。因此，农药残留等安全卫生问题已经成为制约中国柑橘鲜果国际竞争力的重要因素之一。

3. 生产力水平和品种资源。20 世纪 90 年代以来中国各种柑橘单产增长率均高于世界平均水平，更大大高于其他主要出口国，但 2001 年中国各种柑橘单产仍低于世界平均水平，更大大低于其他主要出口国的单产水平（见表 4）。中国所有品种柑橘单产都只有世界平均水平的 2/3 左右，美国各种柑橘单产基本都达到世界平均单产的 2 倍，西班牙各种柑橘单产也都在世界平均水平之上。中国柑橘单产水平低也是造成单位产品物质费用高的重要原因之一。影响柑橘单产水平的因素很多，但优良品种资源短缺可能是重要原因之一。

表 4　中国和其他主要出口国柑橘单产及其增长情况

	2001 年单产（百千克/公顷）				1990—2001 年单产增长率（%）			
	柚子	甜橙	宽皮柑橘	柠檬和酸橙	柚子	甜橙	宽皮柑橘	柠檬和酸橙
中国	102	66	70	69	5.9	2.8	2.9	4.0
美国	333	212	330	359	1.2	−0.3	2.4	0.4
西班牙	196	179	210	279	−0.3	−2.2	3.7	−1.6
世界平均	182	102	146	198	1.2	0.5	1.2	1.1

中国宽皮柑橘的品种资源比较丰富，也有一些优良品种，其中温州柑橘分布最广，占总产量的 40%～50%，适应性广、丰产性强的椪柑发展也比较迅速；无核系克里迈丁红橘和温州蜜橘是西班牙的主要品种，克里迈丁红橘相比中国椪柑具有香味浓等特点，深受欧美人的喜爱。中国甜橙以普通中早熟品种为主，作为加工制汁原料的哈姆林甜橙、夏橙、锦橙、先锋橙等比较短缺；而美国主要用这些酸度大、产量高的品种作为加工原料；中国目前晚熟甜橙还是空白，而晚熟甜橙和血橙类品种资源美国和西班牙较多。西班牙柑橘栽培品种倾向于多样化，并善于根据外销动态不断更新。美国的华盛顿脐橙、纽荷尔脐橙在单位重量、可溶性固形物含量、固酸比、果形、色泽等主要指标上都优于中国同类脐橙。中国柚子有琬溪蜜柚、玉环柚、沙田柚、晚白柚和胡柚等优良品种，但明显逊色于品质处于世界领先水平的美国葡萄柚。中国只有重庆安岳县和万县的柠檬质量可与世界最好的意大利西西里柠檬相媲美。此外，中国在柑橘优良品种栽培上，由于未

能全部体现“适地适栽”原则，使品种质量和产量也受到较大影响。

4. 品牌和市场营销能力。在中国很多大城市的水果批发和零售市场，几乎所有甜橙无一例外地贴上“美国甜橙”标签（实际是中国货）。这一现象表明在中国柑橘鲜果市场上，品牌对柑橘销售的影响变得越来越重要，并且外国柑橘在中国已有一定影响力。正因为此，中美“世贸”协议一签定，美国加州“新奇士”柑橘就对中国市场启动信息沟通攻势，以树立良好品牌形象。美国柑橘联合公司不仅建有自己的批发机构，还特别注意与各大公司、会员俱乐部及超级市场的合作，以拓宽销售渠道。在美国农场主种植的柑橘，通常由所属包装商根据市场需求统一采收、分级、包装和保鲜，这不仅能够避免单个分散农户对市场信息反应迟钝，交易费用高等局限性，还助于提高其对市场的反应速度和应变能力。以柑橘鲜销为主的西班牙也特别注重商品化处理，为保证鲜果达到统一质量标准，部分未退绿果实采用乙烯催熟后再进入商品化处理。采收期和成熟期不一致是西班牙柑橘生产的显著特色。西班牙大部分柑橘品种的采收期都很长，如华盛顿脐橙系列在西班牙的成熟期同样为11月至12月，但采收期却从11月至翌年3月甚至4月。柠檬一年四季都有新鲜果实供应。西班牙柑橘鲜销主要通过中间商进行，但产销之间衔接非常紧密、协调，包装商能够根据国内外消费者的偏好不断对产品进行改进。如出口美国的柑橘由原来的大包装改为各种既适于超市销售又受消费者欢迎的小包装。

中国绝大多数果农都既是生产者又是销售商，由于缺乏联结果农和市场的纽带——合作社、中间商或龙头企业等，使柑橘流通渠道不畅且交易成本高。同时中国柑橘没有相关行业的强力支撑，商品化处理也较落后，经过分级、清洗、打蜡上色和包装进入超市货架的很少，大部分还是以简易包装或散装销售，不仅产品增值率低，还导致储运中损失居高不下。即使已采用纸箱包装，在纸箱外观质量、结实度及规格等方面也都尚需改进。此外中国企业营销实践中更强调信息宣传而缺乏自觉的品牌策划和运作。因此中国优质柑橘与国外产品的质量差距主要表现在外观质量（即商品化程度——果实均匀度、光洁度、着色度、打蜡处理与否、包装材料精美度和包装创意等）而不是内容物质上。正是这些营销策略上的差异使西班牙、美国等的柑橘鲜果占领了中国高档产品市场，例如大量优质国外进口鲜果摆在中国超市货架上成为会议和送礼佳品，而中国同样内质的柑橘只被作为普通水果消费。

5. 企业经营规模和经营方式。美国柑橘种植依据气候和生态特点，在两大产区逐渐形成了各自独特的产业方向——加州以鲜果为主，佛州以果汁原料为主。美国拥有数千亩柑橘园的农户不多，大多数仍是平均只有40英亩（合16.2公顷）左右的中小型柑橘园。但由于美国柑橘生产实行了所有权与经营权的分离，使得高度集约化和专业化仍是美国柑橘业的一个显著特征。果园主投资收购果园或委托果园管理公司建成果园后，通常自己不管理，而是将其以合同形式委托给果园管理公司管理。因一个果园管理公司可以经营若干果园主的果园，以化零为整的方式形成了集约化大生产格局；这有利于最大限度提高科技、农具和生产资料的利用率，也有助于降低成本，获得最大利润；由于技术规范统一且产品质量有保障，又为柑橘果实的商品化经营奠定了基础。

西班牙柑橘经营方式有三大特点：一是规模化，便于科研部门进行系统研究，有利于针对性地组织农资供应还可集中进行采后处理；二是区域化，根据不同区域的气候特点，在巴伦西亚和卡斯特利翁省主要发展甜橙，而在阿利坎特省和木尔西亚省集中发展柠檬和夏橙；三是机械化，除了修剪、采收尚未全面实现机械化外，其余管理如施肥、灌水、除草、病虫防治都是机械化操作，且实行电脑控制，每人可管理20公顷果园。

中国目前柑橘生产的经营方式以个人或家庭承包种植经营为主，即便是一些规模大的水果生产基地也被分解为“各自为战”的小生产经营单元。中国柑橘的专业生产单位每个劳动力经营的面积为0.14～0.3公顷。尽管柑橘实行市场化经营较早，但由于整个农业的市场环境、市场发育程度以及流通秩序等方面的因素，加之经营规模普遍偏小，小生产与大市场的矛盾还很突出，产供销分离，贸工农脱节。果农既不能及时得到全国各地的产销信息，又没有与其经济利益联系紧密的经销企业，合作经济组织发展滞后。农民在市场交易中始终处于被动和从属的不平等地位，在产品销售上没有主动权，许多合理的利益被流通环节盘剥，这不仅影响了农民收入的提高，也制约了柑橘产业的国际竞争力。

参考文献

[1] Michael E. Porter. *The Competitive Advantage of Nations*. New York，The Free Press，1990
[2] 程国强. WTO农业规则与中国农业发展. 中国经济出版社，2000
[3] 程绍南. 十论强化我国柑橘业体质的策略——应对入世造就三大比较优势的思考. 中国南方果树. 2000（5）
[4] 祁春节. 中国柑橘产业的经济分析与政策研究. 华中农业大学博士学位论文，2001
[5] 吴厚玖. 加入WTO后我国柑橘业的发展对策. 中国南方果树. 2000（4）

俄罗斯的居民副业经济*

方康云

俄罗斯的居民副业经济，是指公民在从国家分得的土地上，利用业余时间从事的农业生产活动。它的产生和发展可追溯到前苏联农业集体化年代，当时称之为国营农场职工和集体农庄庄员家庭副业经济，是国营农场职工和集体农庄庄员在政府为其保留的小块宅旁园地（自留地）上，利用业余时间从事的小规模种植、养殖及食品加工活动，是相对于主业生产的一种副业活动。1977年苏联宪法将其定名为"公民的个人副业经济"，是公有制的重要补充和不可忽视的组成部分。俄罗斯经济转轨后，居民无偿分得了一些土地，在国家一系列政策的扶持下，该经济得到空前发展。

一、居民副业经济发展概况

俄罗斯经过对农业体制和土地制度的变革，到1998年底，农业生产经营形式主要有3种类型。即大中型农业企业，约2.7万个，其中包括保留下来的农场和农庄、改制重组的合伙公司、股份公司和生产合作组织等；家庭农场，约27万个；居民副业经济，约1 640万户。

农业体制和土地关系的根本改变，促使土地关系和生产结构发生巨变。土地关系的变化表现在农用地面积减少。1998年比1990年，全国农用地总面积减少1 860万公顷，减少8.7%。大中型农业企业农用地面积由1991年的1.94亿公顷减至1998年的1.64亿公顷，从占全国农用地总面积的91.2%降至83.7%；家庭农场1998年拥有农用地面积1 300万公顷，每个家庭农场平均48公顷，占全国农用地总面积的0.6%升至6.6%；居民副业经济1998年拥有农用地面积1 290万公顷，比1990年增加870万公顷，占全国农用地总面积的比重从2.6%升至5.4%。

全国农业总产值和总产量呈总体下降趋势。大中型农业企业下降最多，1991—1998年下降67.3%；而同期居民副业经济上升12.6%，其产值占全国农业总产值的比重从1990年的25%上升至1998年的57.3%。

在种植业，由于居民副业经济种植面积增加，单产较高，产量不断增加。1998年生产了全国马铃薯的91%、蔬菜的30%、水果的90%。但在谷物、向日葵和甜菜的产量上所占比重很小，分别为1%、1.5%和0.8%。

全国畜牧业生产降幅最大，1998年比1991年，全国牛肉、牛奶和鸡肉降幅分别为53.5%、40%和31%。大中型农业企业和居民副业经济的畜产品产量都在下降，但降幅相差很大。两者在全国总畜产量中的比重，1990年分别为：肉类69.4%和30.5%、牛奶73.9%和26%、鸡蛋

* 原载《世界农业》2000年第12期。

77.8%和22.2%；到1998年分别为：肉类41.5%和56.9%、牛奶50.1%和48.3%、鸡蛋69.5%和30.1%。

居民副业经济的农产品，主要用于居民家庭自身，在农村自用量更大，每户年均消费自产马铃薯1 356千克，占户年均总消费量的93%；鸡蛋546枚，占78%；肉及制品141千克，占68%；奶及制品1243千克，占63%；蔬菜396千克，占77%；水果62千克；占48%。城市居民家庭自产自用量分别为：马铃薯197千克，占56%；蔬菜、瓜类79千克，占34%；水果23千克，占21%；畜产品很少，仅占2%～5%。

居民副业经济的农产品销售量在全国农产品总销售量中的比重逐年增加。1991—1997年，马铃薯从63.6%增至76%；蔬菜从13.7%增至30.1%；畜禽产品从6.6%增至21.3%；牛奶从8.9%增至17.4%。居民副业经济农产品的销售大部分是在居民之间进行的，即在居民副业经济内部流通，并且大多是以实物交换形式完成的。其销售给采购机构组织的份额很小，1997年占其销售总量的比重分别为：马铃薯和蔬菜3.4%和3.8%、牛奶9.2%、畜禽产品23.6%；销售给农业企业和消费合作组织的农产品更少，1997年牛奶只有20.6万吨，占居民副业经济奶牛年产的1.3%。

二、居民副业经济存在的问题

居民副业经济资金十分短缺。一方面自身经济基础和物质装备水平就先天薄弱；另一方面由于俄罗斯对农业的投入逐年下降，1998年投资121.1亿卢布，仅占国民经济总投资额的3%，而且资金也主要投向大中型农业企业。与此同时，适用于居民副业经济的小型农机和设备因生产成本过高，供应锐减。1997年与1991年相比较，农用摩托拖车生产减少99.7%，小型拖拉机生产减少56.4%，小包装化肥生产减少99%。大中型农用机器设备和生产资料的销售价格大幅上升，从1990—1998年，用于畜产品及饲料生产、用于种植业生产的大中型农业机械及设备和化肥等的价格平均上涨10.5倍、13.6倍和11.8倍，而同期的畜产品和种植业产品的价格平均只提高1.1倍和1.6倍。

居民副业经济农产品的商品率非常低。1997年马铃薯销售336.5万吨，占产量的10%；蔬菜销售76.3万吨，占90%；肉类活重销售99.3万吨，折合屠宰重占22.9%；牛奶295.2万吨，占18.3%；鸡蛋12.5亿枚，占12.8%。

居民副业经济从开始即是家庭成员从事的个体种植业（主要是马铃薯、瓜菜和水果）和饲养业（主要是牛、羊、鸡、兔）的生产经营活动，规模狭小，属于小农经济范畴。虽然也部分采用了一些先进科技手段，但与农业现代化、集约化和专业化相距甚远。

三、居民副业经济的作用

居民副业经济的生产经营极大地调动了居民家庭全部具有劳动能力和辅助劳动能力成员的积极性，在生产经营总成本中占绝大比重的“物美价廉”的活化劳动的投入，使其农产品成本大大低于资金和物化资源投入较多的大中型农业企业和家庭农场的农产品成本，这种比较优势，决定了居民副业经济在现阶段俄罗斯农业中具有强大的生命力和发展空间。它的存在和发展适应俄罗斯现阶段农业生产力水平，符合俄罗斯农业生产现状要求，也符合广大居民的要求和愿望。

居民副业经济对俄罗斯城乡居民家庭生活起着重要作用，俄罗斯居民家庭用于食品的消费支

出平均占家庭总消费支出的比重较大且逐年上升。如1991年平均占34％～39％，1998年上升到占46％～58％。因此，它不仅补充和基本满足了居民家庭的食品需求，而且也部分缓和了农村与城市居民家庭货币收入差距的矛盾（城市居民家庭货币收入比农村居民家庭平均高44％）。

居民副业经济对俄罗斯农业恢复、经济发展和社会稳定，起着不可或缺的作用，它的发展在俄罗斯农业经济乃至国民经济中占有重要地位。

独联体共同粮食市场评析*

方康云

世界一体化进程，促进了地理位置相邻国家和地区之间区域性经济合作和贸易的迅猛增长，为经济发展开辟了前所未有的新局面。但是，在独联体国家间农产品尤其是粮食及制品生产和贸易一体化进程却不尽人意，未能成功地克服危机并转向国家间的共赢互利，实际上还不如原苏联时期各加盟共和国间粮食生产和流通的水平。

20世纪90年代，独联体在建立和发展新的共同粮食市场过程中，未能充分借鉴原苏联时期粮食生产和流通上协调一致、行之有效的法律基础，也未能充分利用原苏联时期在各加盟共和国建立起的仓储、调配、交通、运输体系和地理相邻、专业分工的优势，以及各国居民对粮食品种、品质相似要求等有利条件。结果，在国家之间的关系上，出现了粮食出口国和生产国，如哈萨克斯坦、乌克兰、摩尔多瓦、俄罗斯等国的粮食向独联体外国家出口，与此同时，粮食净进口国，如北高加索各国却舍近求远从独联体外国家进口粮食。在一个国家之内，粮食出口因丰歉年的不同，表现出出口总量和结构的较大不稳定性：如哈萨克斯坦，1997—1999年3年共出口粮食1 020万吨，其中86.3%出口到独联体内国家，1997年是丰收年，出口粮食360万吨，其中90.6%在独联体内国家，1998年歉收，出口粮食290万吨，其中78%在独联体内国家、丰歉年比重相差十几个百分点。又如俄罗斯是独联体粮食主要生产国和消费国，也是净进口国，其占独联体粮食生产总量的近60%和消费总量的50%以上。粮食进口在90年代后期占国内消费总量的7%，出口占国内生产总量的2%。由于畜牧业生产极不景气，大量进口畜禽产品，减少了饲料用粮的需求，加之居民购买力的降低，使得饲料用粮生产和进口大幅下降，粮食进口结构变化较大，由进口饲料用粮为主转为进口小麦和面粉为主。在这种情况下，遇丰收年尚能基本满足低水平粮食需求，而遇到歉收年则需大量进口小麦及制品。另外，乌克兰由于加快了向独联体外国家的粮食出口的幅度，基本丧失了独联体内部市场。

粮食进口国，如土库曼斯坦、乌兹别克斯坦和塔吉克斯坦等国，1996—2000年间粮食生产虽有较大增长，年均分别增长138.8%、133.7%和69.5%。但由于在独联体粮食总产量中微不足道，分别仅占0.7%、3%和0.4%，年人均粮食占有量分别仅为215千克、168千克和86千克，所以，不仅不能对独联体共同粮食市场的供应有所促进，而且仍继续大量进口粮食以满足国民需求。

1992—1995年，独联体国家间粮食进出口减少50%，比原苏联下降75%～80%，贸易总量只有350万～400万吨，而且黑麦、大米、荞麦等在粮食市场上基本停止了交易业务。需要提及的是，各国畜产品生产全面长期大滑坡，只好纷纷向独联体外国家大规模进口畜禽产品，造成饲

* 原载《世界农业》2002年第12期。

料用粮的需求大幅下降，极大地挫伤了粮食主产国和出口国生产者的积极性，损害了他们的经济利益，致使饲料用粮尤其是玉米的种植面积、单位产量和总产量锐减。时至今日，仍毫无起色，这种恶性循环的魔圈，为共同粮食市场的发展投下了阴影，将会形成长期的副作用。

目前，独联体共同粮食市场没有建立起诸如保险、核算等现代机制和制度，没有现代交易所和批发市场，没有必备的信息网络系统和现代市场基础设备条件。有的是国家和地区行政机构对市场和贸易的种种限制，如利用出口价格调节机制以及限制出口禁令、增加贸易壁垒、采用配额、许可证制度、提高关税、禁止贸易、垄断出口、改变贸易规则、实行贸易歧视、人为设置运输障碍，成员国间的粮食贸易运输虽然路途相对较近却花费大、时间长、丢失多，增加了运输成本和风险，阻碍了国家间粮食贸易的正常进行。虽然在2000年以后，以上问题在一些主要粮食生产国和出口国有所改进，如俄罗斯和乌克兰降低粮食进口关税（0～30%之间）。俄罗斯在申请加入世贸组织过程中多次表示要继续降低进口关税，但总体上成效不大。

独联体各国在粮食生产分工和共同粮食市场上采取的非协调一致的做法，使各国间的合作伙伴关系变成了竞争对手。在粮食进出口贸易中，各自从本国利益出发，竞相低出高进，互设人为障碍，使得本应是互赢的可能变成了互损的现实，这一切，极大地制约和阻碍了独联体共同粮食市场的完善和发育。

改变独联体共同粮食市场现状势在必行，要千方百计地提高粮食出口大国和生产国的产量，为共同粮食市场的建立和发展创造丰富的物质基础。独联体各国1996—2000年间平均粮食产量只是1986—1999年间年均粮食产量的62.8%，哈萨克斯坦、乌克兰和俄罗斯只占46.4%、57.2%和62.5%。独联体粮食主产国粮食产量的锐减，不仅造成本国市场供应的不足，出口受到限制，而且也丧失了粮食安全保障。据联合国粮农组织的分析资料，独联体要满足各国粮食的需求，年需粮食至少要2.2亿～2.4亿吨，而1996—2000年间年均产量相差1倍，只有不到1.2亿吨，即便是丰收的2001年，粮食总产量超过1.6亿吨，仍相差50%左右，其中俄罗斯年均需求在9 000万吨以上，而实际上年均产量只有6 500万吨，相差近40%。独联体各国年均粮食占有量1996—2000年只有426千克，2001年上升到568千克，但距800千克仍相差很大。粮食产量的提高，促进了粮食出口的提高，据美国农业部统计，从2001年7月至2002年6月，乌克兰、俄罗斯和哈萨克斯坦的小麦和大麦出口量，分别为870万吨、480万吨和390万吨，分别列世界十大粮食出口国的第四位、第七位和第八位。

按照独联体各国粮食生产的自然和经济条件的差异以及在独联体粮食生产和贸易中的地位，可把独联体国家分为3种类型：第一种类型是具有潜力出口大量粮食，且粮食出口在本国经济收入中有着决定作用的国家。首先是哈萨克斯坦，其人均耕地面积1.3公顷，主要分布在适于种植高品质小麦的气候带，其小麦生产远远大于本国的需求，粮食的商品率和出口率较高。其次是乌克兰，是传统粮食出口大国。第二种类型是粮食基本自给，有可能出口和需要进口少量个别品种粮食的国家，包括俄罗斯、摩尔多瓦、白俄罗斯和吉尔吉斯斯坦，从发展前景和长远角度分析，俄罗斯可长期出口小麦、黑麦，需要进口玉米，摩尔多瓦有出口玉米的资源，白俄罗斯人均粮食占有量在哈萨克斯坦、摩尔多瓦和乌克兰之后列独联体国家第四位，可出口黑麦、饲料用粮，进口高质量小麦，吉尔吉斯斯坦需进口少量粮食和饲料。第三种类型是需要进口比本国生产量还要多的粮食和饲料的国家，主要有除哈萨克斯坦、吉尔吉斯斯坦之外的中亚地区和高加索地区各国，这些国家人均占有耕地少，从塔吉克斯坦的0.11公顷到土库曼斯坦的0.3公顷不等，其耕地被优先用于喜温劳动密集型经济作物和蔬菜等的种植，这种专业分工、符合这些国家的民族利益，这些具有竞争力的作物能够增加就业和收入，也有利于相关经济部门的发展。

按以上类型进行专门化生产分工，可为哈萨克斯坦、乌克兰、摩尔多瓦、白俄罗斯和俄罗斯等国粮食生产和出口提供发展契机和前景，可对阿塞拜疆、亚美尼亚、格鲁吉亚、塔吉克斯坦、乌兹别克斯坦和土库曼斯坦等粮食净进口国的稳定需求和进口发挥主要作用。

其次，独联体国家加大了对农业的投入，例如2001年，俄罗斯联邦政府用于农业的国家预算资金比上一年增长40%，达217亿卢布，地方政府也相应增加了预算，银行贷款扩大，减免大中型企业债务等；乌克兰为农工综合经营供应资金134.19亿格列弗，其中预算资金34亿格列弗、改变粮食商品生产者财政恶化，难以更新和添置农业机械、设备，无力购买燃料、化肥、农药、良种的状况，逐步缩小工农产品的剪刀差，努力扩大粮食种植面积，运用现代农业科学技术提高单产和总产量。从1999年开始，独联体大多数国家的粮食生产全面复苏，连续3年持续增产，2001年独联体粮食总产量比1996—2000年间年均总产量提高30%，其中乌克兰提高46.4%，哈萨克斯坦提高42.2%。

第三，改变粮食采购方式，独联体一些国家至今仍基本沿袭着原苏联的办法，即政府设立粮食专门采购机构，该机构在粮食的采购、调配和进出口贸易中起着决定性作用。它通过国家规定和补助金等行政和经济手段，保证粮食采购计划的完成，并将粮食市场、私人粮食企业等置于自己的监管之下，如哈萨克斯坦、摩尔多瓦、乌克兰等国家有时也采用这种办法。但由于政府采购价一般均低于自由市场价，政府采购机构又经常不能如期足额支付货款，大多数粮食商品生产者拒绝向政府采购机构出售粮食，结果是政府控制着粮食出口贸易，担负着国家粮食安全责任而必须加强粮食采购力度，但又难以完成采购定额，影响着共同粮食市场的活跃和有效运行。近年来这种国家一统的采购和贸易局面正在被打破，俄罗斯非常重视非国家粮食市场的发展，其非国家粮食市场在独联体中最发达，俄联邦政府还把政府采购和粮食安全责任下放到地方政府，由地方政府自行决定，这对培育市场起到了一定作用。

改变独联体共同粮食市场现状，还要减缓世界粮食出口大国的冲击，一些世界粮食生产和出口国以物美价廉的粮食及制品和延缓付款等优惠条件，向独联体粮食进口国大量出售粮食，这在20世纪90年代中叶达到顶峰。随着独联体粮食主产国产量的增加和成员国粮食贸易的加强，到90年代末期，进口成员国从独联体以外国家进口粮食的势头得到了一定的抑制。

总之，独联体共同粮食市场的真正建立和发展，面临众多而复杂的问题和困难，其走向成熟需要独联体各国尤其是粮食主产国和出口国的政府、农业经济和农业科技界，以及农业企业家取得共识并付出艰辛的努力，并经过漫长的路程才能得以实现。

不公平的世界农产品贸易体系与中国农业政策的改革调整

柯炳生

［摘 要］中国加入世贸组织前后，人们对中国农产品的国际竞争力进行了各种分析，得出了很多结论。这些结论大都是以现存的世界农产品贸易体系为既定前提而做出的。尽管乌拉圭回合以来世界农产品贸易体系的扭曲有所改善，但是，现存的世界农产品贸易体系仍然远无公平可言，世界农产品市场仍然是高度扭曲的。同大部分仍然实行高支持、高补贴和高关税政策的WTO成员尤其是发达成员相比较，中国的农业补贴程度很低，如果将农业税费考虑在内的话甚至为负值，而农产品市场开放程度很高，处于明显不利地位。新一轮WTO农业谈判进展艰难，前景难料。在此背景下，中国应当在两个方面做出积极的努力，以尽可能改善目前的不利竞争环境：一是在新一轮WTO农业谈判的框架下积极推进贸易自由化的进程，二是加快推进一些重要的国内政策调整和改革的步伐，包括减免与农产品有关的生产性和流通性税费等。

［关键词］农产品贸易　农业政策　WTO

一、引言

乌拉圭回合多边贸易谈判第一次将农业问题纳入议程，并取得了重要进展，达成了《农业协定》。《农业协定》的最重大意义在于确立了农产品贸易政策改革的长期目标是“建立一个公平的、以市场为导向的农产品贸易体制”，为此要不断削减农业支持和保护，纠正和防止世界农产品市场的扭曲。根据这样的目标，《农业协定》在市场准入、国内支持、出口竞争三个方面做出了减让规定，并就卫生与植物卫生问题达成协议。

《农业协定》生效以来，尽管取得一些进展，但是目前的世界农产品市场仍然是高度扭曲的。一方面，《农业协定》所要求做出的减让是有限的，另一方面，各成员利用协议规定的不完全性寻求新的保护措施。更重要的是，一些成员对新的改革进程采取消极态度，导致新一轮世贸组织农业谈判举步维艰，呈现僵局状态。发达成员坚持实行高额国内支持和出口补贴政策，并对一些主要产品实行高关税政策。一些发展中成员则以高进口关税相抗衡。中国作为世贸组织中的一个新成员，在加入谈判中做出了较大幅度的减让承诺，市场开放程度已经很高。而由于国家财政支付能力的不强，国内支持强度很弱，按《农业协定》计算方法，绿箱政策之外的支持实际上为负值。

农业问题在中国和广大发展中国家具有极为突出的重要地位，而目前高度扭曲的市场状况，对中国一些农产品的国际竞争力造成了严重的损害。一些本来具备国际竞争力的产品不能出口，反而进口，从而影响了农民生产者的利益。尤其是在一些产品的集中产区，这种市场扭曲所造成的损失就更大。在中国加入世贸组织前后，人们对中国农产品的国际竞争力进行了各种分析，得出了很多结论。这些结论大都是以现存的世界农产品贸易体系为既定前提、以现行世界市场价格为标准参照而做出的。如果将世界市场的扭曲因素考虑在内，那么，一些重要的结论就必须重新调整。例如，世界食糖市场扭曲极为严重，而很多研究报告将中国的食糖列为不具备国际竞争力的产品，就是因为没有充分考虑这种严重的扭曲。而事实上，中国的广西等主产区是具有相当的国际竞争力的。

因此，在世贸组织的框架下，积极地推动世界农产品贸易体系的市场化进程，大幅度减少各成员尤其是发达成员的各种扭曲市场政策，减少和消除世界农产品贸易中的不公平因素，是非常重要的。只有竞争的平台变得公平了，竞争的本身才是公平的。中国和其他发展中成员的资源比较优势才会得到很好的发挥，农民的利益才会得到保证和改善。与此同时，中国也应当对国内的一些政策进行调整和改革，消除自我束缚的体制，例如减免农业税费和其他有关税费，以更好适应开放市场国际竞争的需要。

本报告重点分析以下三个问题：①目前国际农产品贸易体系的不公平现状到底如何；②新一轮世贸组织谈判的进展及其前景如何；③在不公平的贸易环境下中国农业政策改革调整的思路和重点。

二、不公平的国际农产品贸易体系

国际农产品贸易体系的不公平，体现在所有重要领域，包括国内支持、出口补贴和市场准入等方面。如果将中国的实际情况与有关成员的情况相对照比较，这种不公平就可以看得更清楚。

（一）国内支持

就削减国内支持而言，世贸组织成立以来几乎没有任何实质性的进展。发达国家国内农业补贴额一直居高不下，2001 年经合组织国家对农业的全部支持额为 3 110 亿美元（OECD，2002）。同《农业协定》用以计算补贴的基期年份 1986/1988 年相比，1999/2001 年间经合组织国家的农业国内支持总和不仅没有减少，反而有所增加（表 1）。其中，最发达的欧盟、日本和美国不仅农业补贴绝对数额遥遥领先，而且现在的补贴数额都比世贸组织成立前有所增加。按补贴占农产品销售额的比重计算，瑞士、挪威、韩国、冰岛和日本都超过 60%，欧盟为 36%，美国为 23%。

表 1　经合组织成员生产者支持等值（按国别）

	亿美元		占农产品销售额比重，%	
	1986—1988	1999—2001	1986—1988	1999—2001
瑞士	50.6	44.8	73	70
挪威	26.3	22.7	66	66
韩国	121.2	181.7	70	66
冰岛	1.9	1.4	74	63
日本	495.0	519.8	62	60
欧盟	937.2	993.4	42	36
美国	418.4	512.6	25	23

（续）

	亿美元		占农产品销售额比重，%	
	1986—1988	1999—2001	1986—1988	1999—2001
土耳其	27.8	65.2	14	21
斯洛伐克	6.8	2.9	35	20
捷克	16.7	6.6	38	19
匈牙利	8.9	8.8	17	18
加拿大	56.7	39.3	34	18
墨西哥	−2.7	56.9	−1	18
波兰	5.3	16.8	4	12
澳大利亚	12.9	9.5	9	5
新西兰	4.8	0.7	11	1
经合组织合计	2 389.4	2 483.0	38	33

资料来源：OECD：Agricultural Policies in OECD Countries：Monitoring and Evaluation 2002。

就单项产品来看，绝大部分产品的补贴强度都超过了20%（表2）。其中，大米高达81%，其次是食糖、牛奶、羊肉和小麦，均在40%以上。所有产品平均是33%。

表2　经合组织成员生产者支持等值（按产品类别）

	亿美元		占销售额比重（%）	
	1986—1988	1999—2001	1986—1988	1999—2001
大米	269.1	263.5	81	81
食糖	57.5	63.5	54	52
牛奶	475.7	421.0	59	48
羊肉	47.1	44.3	55	47
其他粗粮	111.4	87.8	51	44
小麦	187.0	173.3	48	41
牛肉	238.2	271.8	33	35
玉米	127.3	128.7	40	33
油料籽	53.8	70.7	26	28
猪肉	69.3	101.2	14	21
禽肉	41.3	56.6	16	16
蛋	24.4	16.0	16	10
羊毛	2.9	1.2	7	6
其他产品	684.3	783.2	32	25
所有产品	2 389.4	2 483.0	38	33

资料来源：OECD：Agricultural Policies in OECD Countries：Monitoring and Evaluation 2002。

与此相对照的是，中国对农业的支持程度相当弱。据加入世贸的减让承诺表，中国的"黄箱"政策支持中，特定产品"黄箱"政策支持只有玉米为正值，其余皆为负值。玉米的"黄箱"政策支持仅仅为9.35亿元，相当于玉米产值的0.7%。非特定产品"黄箱"政策支出为294亿元，主要是农业生产资料补贴，占农业总产值的比重仅仅为1.4%（农业部软科学委员会，2002）。

更为重要的是，中国还对农业生产征收农业税费，包括农业税、农业特产税、乡村统筹提留、农村教育集资、农村积累工和义务工等等。据估计，以上税费之和约为1200亿元。按照WTO《农业协定》的条款，这些专门向农民生产者征收的税费在计算"黄箱"政策支持时是可以作为负项抵扣的。按此计算，中国的"黄箱"政策支持就是负值。

中国的农业税政策是20世纪50年代引入的。1958年通过的《中华人民共和国农业税条例》

规定，全国的农业税平均税率为常年产量的15.5%。各省可以在上下浮动。黑龙江省的实际执行税率最高，为19%（黑龙江农税：www. nslj. com）。这是为了更好地实现当时的农业支持工业发展的目标而制定的。以后随着农业生产水平的提高，农业税征收数量没有变化，因此，实际税率是不断下降的。但是在农业税负担相对下降的同时，有关的各种收费负担却在不断增长加重。

1994年，在原来的农业税之外，又引入了农业特产税。对生产烟叶、园艺产品、水产品、林木产品、牲畜产品、食用菌产品以及其他各省、自治区和直辖市确定的其他农业特产品所获得的收入进行征收。税率为8%～31%之间（黑龙江农税：www. nslj. com）。

在农村税费制度改革以后，这些农业税费与农业生产的关系更为直接和明显了。这是因为，新的农业税的计算标准直接与生产挂钩，理论上为常年产量的7%，此外还有农业税额20%的附加，两项合计税率为8.4%。在一些地方实际征收的过程中，由于采用的计算价格往往高于实际市场价格，因此，实际税率水平还要高一些。

在这样的政策作用下，中国的市场也存在着扭曲，只是这种扭曲与欧美等国家的情况恰恰相反。欧美等国家农业政策的扭曲效果是降低市场价格，而中国则是抬高市场价格，而这种由于税费而抬高的价格并不给农民带来好处。利用经合组织同样的方法计算出中国农业生产者补贴等值，就只能表现为负值（田维明等，2002）。

（二）出口补贴

出口补贴是另一个造成世界农产品市场极端不公平竞争的又一重要根源。1998年，全球农产品出口补贴额为62.1亿美元，约占出口额1 522.3亿美元的4.1%。欧盟是最大的出口补贴使用者（表3）。1995－1998年，欧盟年均出口补贴支出约60亿美元，占全球出口补贴支出的90%。瑞士是第二大出口补贴使用者，约占5%。美国居第三，接近2%。欧盟、瑞士、美国和挪威四个OECD成员的出口补贴占到了全球的97%（何宇鹏，2002）。

表3 提供农产品出口补贴支出的主要成员 单位：亿美元

成　员	1995	1996	1997	1998
欧盟	62.92	66.84	49.15	58.43
瑞士	4.47	3.69	2.95	2.92
美国	0.26	1.22	1.12	1.47
挪威	0.83	0.78	1.02	0.77

资料来源：何宇鹏，未发表内部报告，据WTO G/AG/NG/S/12提供的通报数据。

如果按照各单项产品分析，出口补贴对世界市场的扭曲作用更为一目了然。欧盟的出口补贴，几乎包含了所有主要农产品（表4）。与世界价格相比较，欧盟农产品出口补贴的幅度几乎都在30%以上，有些产品如食糖更是高出世界市场价格2倍以上！与此相比较，中国根据加入世贸时的承诺，同其他广大发展中成员一样，对农产品出口没有任何补贴。

表4 欧盟单位农产品出口补贴幅度 单位：欧元/吨

	1995	1996	1997	1998
小麦和面粉	42.9	22.0	13.6	35.7
粗　粮	46.0	32.8	30.8	51.7
稻　米	342.0	318.8	210.2	177.9
橄榄油	458.3	277.8	82.5	—
糖	442.6	437.4	458.5	514.1

（续）

	1995	1996	1997	1998
黄　油	1 750.0	1 999.3	1 837.3	1 728.4
脱脂奶粉	584.2	631.2	663.2	865.5
乳　酪	1 036.2	875.0	543.0	658.9
其他奶产品	629.0	642.1	677.2	797.9
牛　肉	1 478.3	1 296.7	887.5	890.8
猪　肉	265.7	245.6	349.8	479.5
禽　肉	277.2	181.9	193.3	261.2
蛋	135.6	101.6	125.2	63.9
果、菜（鲜）	77.4	70.7	31.0	41.5
果、菜（加工）	120.7	74.9	57.9	51.7

资料来源：何宇鹏，未发表内部报告，根据 WTO G/AG/NG/S/5 提供的通报数据整理。

（三）关税与关税配额

在关税和关税配额领域，世贸成员之间的不平衡也同样是突出的。主要表现在：①一些成员包括部分发达成员的关税总体水平较高。如表 5 所示，相当一部分成员包括经合组织成员关税率高于 15%的税目占总数的 90%以上。许多成员都对相当比重的农产品征收超过 100%的进口关税，而中国没有任何超过 100%关税的农产品。②欧美日等发达国家虽然平均关税水平较低，但是一些主要农产品的关税水平却很高，而且大都采取非从价关税，保护性较强（表 6）。例如原糖进口关税欧盟为每吨 339 欧元（折约人民币 3 000 元），日本为每吨 71 800 日元（折约人民币 5 000元），美国为每吨 339 美元（折约人民币 2 800 元），而国际市场食糖价格不过每吨人民币 2 000元左右。③一些成员如欧盟对水果等产品实行季节性变化税率。④主要发达成员实行特殊保障的农产品数量庞多。例如，欧盟实行特殊保障的农产品税目为 534 个，几乎涵盖了所有主要农产品，包括各种肉禽产品、奶品、蔬菜、水果、谷物、食糖和果汁等。日本的特殊保障农产品税目为 121 个，所涵盖的产品包括肉类和谷物产品类等。

表 5　部分 WTO 成员的关税高峰

	约束税率大于 15%的税目比例（%）	约束税率大于 100%的税目比例（%）
哥伦比亚	100	22.9
斯里兰卡	100	0
突尼斯	100	50.3
委内瑞拉	99.4	14.5
印度	99.4	44.7
印度尼西亚	98.3	3.2
罗马尼亚	97.5	39.6
阿根廷	97.3	0
巴西	96.4	0
墨西哥	96.2	4.9
菲律宾	91.8	0
泰国	91.4	2.1
土耳其	86.7	16.8
波兰	74.7	8.1

（续）

	约束税率大于15%的税目比例（%）	约束税率大于100%的税目比例（%）
韩国	74.1	10.1
挪威	61.1	44.2
冰岛	58.9	8.1
欧盟	33.9	0.9

资料来源：田志宏，农产品关税减让研究，未发表内部报告，2002年8月。

表6　欧美日主要农产品进口关税率（折人民币元/千克）

	欧盟	美国	日本
冻牛肉	15.76	0.36	50%
冻猪肉	4.78	0.00	33.25
冻鸡	2.90	0.73	11.9%
硬粒小麦	1.32	0.05	3.79
面粉	1.53	0.06	6.21
玉米	0.84	0.00	0.62
大米	3.71	0.17	—
原糖	3.02	2.81	4.95
白糖	3.74	2.96	7.11

资料来源：根据世贸组织成员入世减让文件数据折算。汇率：1美元=8.2773元，1欧元=8.9183元，100日元=6.8991元。

与上述情况相比较，中国主要产品的关税水平很低。2002年中国全部农产品进口关税算术平均为15.8%，加权平均为10.1%（田志宏，2003）。主要农产品包括小麦、玉米、大米、棉花、羊毛等的配额内进口关税只有1%，大豆为3%，食用植物油为9%。主要畜产品和水果等也都在10%上下（马宇，2003）。此外，中国没有季节性关税，没有从量关税，也没有特殊保障产品。

对粮棉油糖毛等大宗农产品，中国实行的是进口关税配额制度。中国农产品关税配额无论从哪个方面看，都是数量巨大。有关比较情况如表5所示。从表5可以看出以下几个特点：①从世界比较看：中国的关税配额数量与其他所有成员的配额数量相比，小麦和玉米为50%以上，其他产品都在几倍乃至于几十倍以上；中国关税配额数量在世界贸易总量中的比重也较大，除了食糖之外，均在10%以上，其中大米、棉花、羊毛和食用油在20%上下。②就中国国内市场比较关系看：中国所承诺的关税配额数量同基期（1996－1998年三年平均）的实际进口数量相比，远远为高，一般均在2倍以上，其中大米在12倍以上；玉米配额数量超过80年代或者90年代全部进口之和；棉花配额数量超过历史上任一年的实际进口数量；食用植物油配额数量是历史上最高年进口数量的2倍以上；按配额数量占国内消费的比例，除了粮食之外其他产品均在20%以上。由于中国粮食的商品率较低，因此，如果按配额数量占商品性消费计算的话，则小麦、玉米和大米分别为20%、8%和15%左右，均远远超出世贸组织5%的最低市场准入要求（柯炳生、韩一军，2002）。③中国配额农产品配额内的关税率非常低，除了食用油和食糖略高一点之外，其他均为1%，几乎没有。这与其他成员的情况很不相同。

表7　中国农产品配额数量的比较

单位：万吨

	小麦	玉米	大米	棉花	糖	食用油	羊毛
中国配额2002年	846.8	585	399	81.9	176.4	579.7	26.5
其他成员合计	1 434.9	1 361.1	191.5	10.7	384.6	381	0.74
世界贸易量	10 125	7 588	2 304	499	4 707	4 230	106
中国基期进口量	388.7	23	44.3	35.2	84.7	251.8	20
中国配额占%							
占其他成员	67	53	278	836	51	210	3 878
占世界贸易量	10	10	23	18	4	19	27
占基期进口量	248	3 130	1 201	254	230	318	144
占国内总消费	8	5	3	19	22	50	40
占国内商品量	20	8	15	19	22	50	40

资料来源：中国配额数量来自中国加入世贸组织法律文件，世界贸易数据来自FAO统计数据库，国内消费量与国内商品量根据《中国统计年鉴》数据估算。

综上所述，在《农业协定》的所有三大领域即市场准入、国内支持和出口竞争方面，中国都处于明显的不利地位。世贸组织成员在改革扭曲性的农业政策方面，存在着极大的不平衡性和不公平性，这严重地影响了中国农产品的国际竞争力。例如，在中国加入世贸之后农产品国际竞争力的讨论中，食糖是被普遍认为是缺乏国际市场竞争力的产品之一。形成这种结论的主要原因，就是因为是以现存的国际市场价格水平为参照标准而做出的，而这个参照标准本身是严重扭曲的。食糖是世界农产品市场中扭曲程度最高的产品之一，表现为“三高”：高额国内支持、高进口壁垒和高出口补贴。例如，欧盟长期以来通过各种方式的支持和保护措施，使得欧盟内部的食糖价格一直在每吨600美元左右。欧盟高额补贴食糖出口，出口价格不到国内成本的一半，挤占到世界食糖市场份额的40%（Oxfam，2002）。美国实行食糖保护价格政策，原糖的保护价格为每磅18美分（每吨400美元），白糖为每磅22.9美分（每吨500美元）。与此相对照，中国目前不仅没有补贴，反而在生产环节和加工环节征收各种税费。生产环节中的特产税为8%，榨糖环节中的各种税费达销售价格的13%～15%左右。此外，各国都对食糖进口实行高关税，例如原糖进口关税欧盟为每吨339欧元（折约人民币3 000元），日本为每吨71 800日元（折约人民币5 000元），美国为每吨339美元（折约人民币2 800元），而国际市场原糖价格不过每吨人民币2 000元左右。其他成员的情况是：泰国为94%，印度为150%，连巴西也高达35%。中国目前为20%。由于发达国家对食糖实行的“三高”政策，大大压低了国际市场的食糖价格，使得中国多年来大量进口食糖，而国内一些地区的甜菜和甘蔗生产面积不断缩减，农民的收入受损。即使在这样的不利环境中，中国广西的一些地区也仍然表现出了较强的价格竞争力。如果大大减少乃至消除国外的高补贴政策和国内的高税收政策，就会有更多的地区显示出较强的国际竞争力。

从广西食糖案例的分析，可以清楚地看出发达国家的高支持、高补贴和高关税措施，是如何地损害了中国农产品的国际竞争力的。欧盟和日本等成员千方百计为高补贴政策进行辩解，其借口之一是这些政策是为了抵消在资源禀赋占有上的不平等。如果说只与美国等国家的情况相比较还有一定根据的话，与中国等国家的情况相比，则完全是不成立的。中国每个农户的平均规模是半公顷左右，相当于日本的1/4，欧盟的1/40，美国的1/400。这种国际农业政策方面的不公平性和资源禀赋占有的不平衡性相叠加，更使得中国的农业处于一种极为不利的地位。只有加快多边贸易谈判的步伐，大大削减发达国家的高补贴政策，才能够消除或者部分消除这种不公平性。

三、新一轮农业谈判的不平坦进程

多哈回合中，农业问题占着突出的位置。多哈会议部长宣言中有关农业谈判的内容为两款，即第13款和14款。第13款重申了通过深入广泛的改革来建立一个公平的市场导向的农产品贸易体系的长期目标，提出新一轮谈判的目标是：市场准入有实质性改善，减少乃至逐步取消出口补贴，对扭曲贸易的国内支持进行实质性削减。同意在谈判的各个方面对发展中国家实行特殊和差别待遇，以有效地满足发展中国家在食品安全和农村发展等方面的发展需要，并且也要顾及到非贸易关注问题。第14款规定在2003年3月31日之前建立起新的减让承诺模式，并提交给第五次部长级会议。农业谈判的最终协定将同整个谈判一起完成。

实际上，在多哈会议之前一年多，新一轮农业谈判已经根据《农业协定》第20款的要求启动了。从2002年3月到2002年3月，农业谈判经过了两个阶段：第一阶段是各国提出立场报告，第二阶段是分专题进行讨论。2002年3月起进入实质性谈判的第三阶段，目标是在2003年3月底之前建立起减让模式。

新一轮农业谈判，是在西雅图会议未能达成协议的阴影下启动的。从一开始就注定了进程之艰难。由于各成员的农业政策相差甚远，农业贸易利益冲突明显，因此，同乌拉圭回合谈判一样，新一轮农业谈判仅仅是整个一揽子谈判中的一个领域，一些成员国在农业问题上做出让步的可能性多大，要取决于从其他领域获得利益平衡的情况。在这样的背景下，农业谈判不太可能独自突进，取得成功。

正是在各个集团意见极为分歧乃至对立的情况下，WTO农业委员会主席哈宾逊于2003年2月提出了模式的草案。草案在形式上基本上是延续了乌拉圭回合减让的套路，在内容上走的是中间道路，建议的减让幅度是对自由派和保守派的折中。对这个草案初稿，各个方面都不满意，都提出了很多意见。2003年3月又提出了草案第二稿。由于同初稿相比，并没有实质性改动，而各成员都坚持自己各自的立场，不肯退让，因此，在3月底召开的农业委员会第18次特别会议上，没有能够就减让模式达成协议。根据农业委员会的建议，继续就模式问题进行正式会议和非正式磋商，力争在9月份的第五次部长级会议之前，建立起各个方面接受的减让模式。

哈宾逊提出的模式草案在减少国际农业政策的不公平性方面，目标并不算高。根据草案，粗略地说，是在5年内在市场准入、国内支持和出口补贴方面，进行50%左右的减让承诺。发展中成员的减让幅度是发达成员的2/3左右，时间为10年左右。鉴于该草案是继续磋商谈判的基础，因此，以下对其重要内容进行具体分析。

(1) 在市场准入方面：首先是关税减让，草案建议的关税减让模式如表所示。实施期为5年。主要特点是：第一，减让的基础是约束税率。第二，高关税的产品减让的幅度虽然较大，但是关税高峰的减让幅度不如广大发展中成员要求的那样大；第三，给予发展中成员的差别和特殊待遇是：减让幅度大约是发达成员的2/3；可以确定一些特殊产品，其减让幅度更低，为10%；减让时间为10年。

表8 关税减让（非配额产品和配额产品的配额外关税）**建议**

现在的约束关税水平	发达成员的减让幅度	发展中成员的减让幅度
大于120%		平均40%，最少30%
60%～120%		平均35%，最少25%
20%～60%		平均30%，最少20%
小于20%		平均25%，最少15%
特殊产品（SP）		平均10%，至少5%
大于90%	平均60%，最少45%	
15%～90%	平均50%，最少35%	
小于15%	平均40%，最少25%	
对来自最不发达成员的产品	取消所有关税和配额	

草案对配额内关税减让没有要求。草案第二稿提出对那些过去三年中平均配额完成率不到65%的配额产品，配额内关税降低为零。

在配额数量方面，草案建议将所有的配额数量都增加到（1999－2001年平均）国内消费量的10%。可以将1/4的配额产品的配额数量只增加到国内消费量的8%，但是其余配额产品的数量要增加到国内消费量的12%。对于发展中成员的特殊产品，可以不增加配额数量。发展中成员的其他产品的配额数量增加到国内消费量的6.6%，或者可以选择将1/4配额产品只增加到5%，而其余产品增加到8%。

在特殊保障条款方面，草案提出所有发达成员的特殊保障措施在新一轮关税减让过渡期结束后（或结束两年后）不再实行。发展中成员可以对新确定的特殊产品和原来的特殊保障产品（SSG）实行特殊保障措施。

（2）在出口竞争方面：首先是削减出口补贴。要求：第一，占补贴额50%的农产品按一定的公式减少补贴（注：年递减30%），5年内减少为零。第二，其余产品按同样的公式但是不同系数（注：年递减25%）减少补贴，9年内减少为零。第三，发展中成员按同样方式削减，但是年递减率分别为25%和20%，实施期分别为10年和12年。此外，也提出了对出口信贷的纪律约束。

（3）在国内支持方面：对"绿箱"政策的条件做出了一些更明确的限制。对"黄箱"政策要求5年等幅度减少60%，发展中成员10年减少40%；最不发达成员无减让义务，但是鼓励他们自愿减少。对"蓝箱"政策要求约束在基期水平以下，5年内按等幅度减少50%；发展中成员10年削减33%。在"黄箱"微量允许方面，要求5年内从5%降低到2.5%，发展中成员保持10%不变；发展中成员的专项产品补贴为负值时，可将负值抵减非专项补贴。

上述模式草案提出的改革力度远远不够，与多哈部长级会议确定的"实质性"减让的目标相去甚远。在市场准入、国内支持和出口补贴的减让方面，步伐都不大。但是，就是对这样一个改革幅度很有限的法案，欧盟、日本、瑞士、挪威、韩国等成员也持强烈的反对意见。他们强调改革的连续性和渐进性；强调农业谈判减让模式必须充分考虑各成员的实际情况和实现国家发展目标的需要，必须平衡所有成员的利益；认为模式草案过于激进，不切实际。

展望未来，尽管已经议定了下一步的谈判日程，但是，农业谈判的进展前景如何，难以预料。农业谈判的目标是向着市场化和自由化的方向进行改革，而存在着严重扭曲的发达成员的谈判态度和政治意愿起着关键性的作用。其中尤其是欧洲和亚洲的经合组织成员如欧盟和日本等，是传统的高农业保护国家。如果这些国家不采取一种积极的态度，而是千方百计地予以阻挠或者拖延，那么，新一轮农业谈判就无法如期结束。迄今为止，这些国家一直以各种"非贸易关注"

为主要根据和借口，力求维护现有的政策。有的成员如日本，全部新一轮谈判立场的出发点和基础就是“非贸易关注”。

四、面对不公平国际竞争环境中国的农业政策选择

面对上述不公平的国际农业竞争环境，中国的农业发展处在一种很不利的竞争地位上。中国要改变目前的不利竞争地位，需要从两个方面做出努力：一是在新一轮谈判中，采取积极的态度，积极支持和推进市场取向的改革，同广大发展中成员一起，积极争取建立大幅度削减的模式。二是积极调整国内政策，努力消除国内的不利因素，提高中国农产品的国际竞争力。

在新一轮 WTO 农业谈判方面，中国在加入 WTO 时已经承诺不对包括农产品在内的任何一种产品的出口提供补贴，中国的国内“黄箱”政策支出也远远不会超过微量允许的水平，因此，任何进一步的减让对中国都没有不利影响，而出口补贴和国内支持减让的幅度越大，对于提高中国农产品的价格竞争力就越有利。中国和广大发展中国家完全有理由、有权力要求发达国家实行这样的减让，因为从本质上讲，这种减让不是发达国家对发展中国家的馈赠和恩惠，而是对现存不合理、不公平和不公正的国际农业政策体系的纠正。长期以来，发达国家的高补贴和高保护政策一直在严重地损害了发展中国家的农民利益。WTO 新一轮谈判提供了这样一个机会。农业委员会提出的模式草案，不能满足这样的要求。一些关注发展中国家贫困问题的非政府组织也充分认识到了这一点，主张在用 5 年的时间，取消所有出口补贴和有出口补贴作用效果的国内补贴(Oxfam International，2003)。中国应当与其他成员一起，积极推动大幅度的减让。

在进口关税方面，中国也应当采取类似态度。由于中国目前的农产品关税水平已经较低，粮棉类产品仅仅为 1%，其他主要产品在 10%左右，因此，任何进一步的关税削减都不会对中国造成明显的不利影响。尤其应当采取瑞士公式等方面，大幅度削减关税高峰。同时也应当取消季节性关税率、从量税和约束配额内关税水平。虽然，进口关税是许多发展中国家保护本国农业的唯一手段，但是，在大幅度削减各种补贴的条件下，进口关税的削减也对促进发展中国家的贸易关系和合作具有重要的促进意义。

就中国国内农业政策来看，亟须采取有力措施，一方面深化改革，消除一些在长期计划经济体制下形成的自缚手脚的政策；另一方面在世贸组织规则允许的框架下，加强对农业的各方面支持。通过国内政策的改革和调整，部分地抵消不公平的国际竞争环境所造成的不利影响。

改革和加强国内支持政策，不仅仅是提高国际竞争力的需要，也是中国农业长期发展的需要。改革和加强中国农业支持政策的必要性和紧迫性，至少表现在以下几个方面：

(1) 保证长期食品安全的需要。近几年中国农产品尤其是粮食的过剩现象，使得许多人已经似乎不再关注粮食安全保障问题。尽管中国未来绝不会出现像美国学者布朗预言的那样严重的粮食危机，但是，如果对保障中国粮食长期安全形势缺乏清醒的认识的话，粮食供求关系的恶化也绝不是危言耸听。中国粮食生产自 1998 年以来连续下降，2001 年比 1998 年减少了近 6 000 万吨，分别相当于农村人口 2.5 亿人或城镇人口 6 亿人一年的口粮。对中国未来的粮食供给问题，不能也不容掉以轻心。人口的增加，经济的发展，土地和水资源的减少，都是不可逆转的发展趋势。这都要求不断增加农产品的供给数量。没有农产品供给数量的增加，中国的未来食品保障安全就会出问题。而目前中国农业的基本生产条件、农业科技的现状和储备，都是与中国农产品需求的长远发展很不相适应的。

(2) 提高中国农产品国际竞争力的需要。在价格竞争力方面，中国的农产品除了受经营规模

小等因素影响之外，农业支持政策的不合理是现阶段一个非常重要的乃至决定性的因素。如上所述，欧美国家对主要农产品都进行高额补贴，而中国不仅没有对农民和农产品的补贴，而且还征收高额税费。例如，如果按产品重量折算的话，农业税费负担每吨小麦约在200元左右。

（3）稳定和保障农民收入的需要。1996年以来，中国农产品价格一直在下降。其中粮食价格下滑25%～40%。蔬菜和畜产品价格下降的幅度略小一些，也在20%左右。乡镇企业的发展速度变缓，吸收过剩劳动力能力下降，近年来维持在1.3亿左右。城乡居民的收入差距一直在扩大，1998—2002年，由1∶2.5扩大到1∶3.1；西部地区省份在1∶3.5以上。农村内部各个地区之间的收入差别也在扩大，尤其是表现在东中西部的差距方面，西部地区仅仅为发达地区的1/3左右。全国还有3 000多万贫困人口，尚有592个国定贫困县，这些地区的许多农民或者仍然处于温饱不足的贫困状态下，或者处于很不稳定的和低水平的脱贫状态，一遇灾害就返贫。中国还有9 000万农村人口，每年人均收入水平不到100美元。

（4）实现资源可持续利用的需要。农村的生态环境，既是农业生产的立地条件，是农业自然资源的来源，也是农村生活和整个社会人口生活的环境所在。土地资源短缺问题，耕地减少；水资源短缺、污染；水土流失（云贵与黄土高原）；草场严重退化和沙漠化问题（内蒙古、西藏）；东部地区的工业和畜牧业污染问题（江苏、浙江、北京）。

（5）保持中国农村社会和政治稳定的需要。农民税费负担沉重，城乡收入差距太大，是影响农村社会稳定的主要威胁。未来有关农业支持政策的原则应当从目前的“少取、多予”转变为“不取、只予”。

上述加强中国农业支持政策必要性的几个方面，实际上也是中国农业支持政策所要实现的根本目标。为了实现这些目标，一方面是要加大农业支持的财政支出强度，另一方面是调整农业支持的结构，提高政策资金的使用效率。

（1）在支持目标上，应当是生产目标、收入目标和生态目标并重。生产目标方面，既要注重提高产品质量，提高食品卫生安全，也要重视改善农业的生产条件，提高农业的生产能力。收入目标方面，重点是减免农民负担，帮助农民抵御生产与市场风险，降低农民向非农产业转移的门槛。生态目标方面，应当大大加强对主要生态环境问题的重视程度，加强对重点地区问题的治理。

（2）在支持强度上，应当大大加强。如上所述，按照世贸组织规则和中国加入世贸的承诺，中国对农业支持的可能空间很大。中国目前所实行的“绿箱”政策，都是符合世贸组织规则的，即便是按新一轮谈判模式草案的标准要求。就“黄箱”政策而言，中国的微量允许和农业税费抵扣合计有3 000亿元左右的支持空间，而目前使用的仅仅为300亿元左右。因此，未来相当长的一个时期内，中国的农业支持财政支出是不会突破世贸组织新老规则的限制范围的。

（3）在支持结构上，应当进行改革和调整。调整和改革的目的是提高财政支出的使用效率，使得有限的财政资源尽可发挥较大的作用，尽量减少中间环节的损失。按照世贸组织的支持政策分类，重点是加大“绿箱”政策中一些项目的支出强度。减少和调整“黄箱”政策支出。既用好“黄箱”，也用好“绿箱”。具体提出一些建议：

第一，加大对“绿箱”政策的投入。重点加大以下各项：①加强农业科研和推广。经验表明，无论是土地生产率的提高，还是劳动生产率的提高，都是以科技进步作为原动力的；要提高中国农产品的质量竞争力，更需要科技发展做支撑。离开了农业科技进步的支持，农产品的质量就无从提高，农业生产结构的调整，农业产业化的推进，也都是以农业科技的进步为前提条件的；在解决农产品贸易中的各种技术性壁垒、食品安全和卫生检疫标准等方面的问题和争端时，需要发达的科技水平做保证；知识产权保护程度的不断提高，引进国外技术将付出更昂贵的成本，这对加强中国农业科研力量提出了新要求。建议：把增加对农业科研投入作为增加农业投入的重点，把对农业科研的投入作为对农业科技推广投入的重点，把对农业科研的投入向产前和产后部门扩展。②加强对农民和涉农企业的培训。把培训和促销作为对企业和农民扶持的重点，这是提高农产品企业和农民素质的需要，而企业和农民素质的提高对发挥农业生产者和加工者自身的积极作用具有重要的意义。对农民的培训，不仅包括对农业产业结构调整所需要的农业技术的培训，也还需要进行转业方面的培训，以促进农业劳动力的外流。对涉农企业管理人员和技术人员的培训，可能比给予企业各种补贴所带来的收益要大得多。③加强对动植物疫病防治方面的投入。食品卫生安全质量的提高，是一个复杂的系统工程。除了管理问题，更需要政府的强大投入。首先通过建立一些无规定疫病区，逐步在全国内消除一些流行疫病，会大大提高中国农产品的食品安全水平。④加强农产品质量与安全标准体系、质量安全检测检验体系和农业市场信息服务体系的建设。这是市场经济条件下政府所应当担负的重要职能，也是提高农产品质量和提高营销效率的重要途径。其中，实行农产品的免费检验制度，将会起到积极的效果。农产品拍卖市场的建立，也将起到关键性的作用。这是中国目前的一个空白点，迫切需要政府投入，加以推动。通过市场拍卖系统的建立，农产品质量的可追溯体系和科学可靠的市场信息体系才会真正建立起来。⑤“绿箱”政策中有一些项目，可能需要调整支出强度。如在食品安全储备方面，中国目前的水平太高，造成财政资源的浪费。还有一些项目，不适合中国的情况，不能在中国采用，如对农民提前退休的补贴等。

第二，改革和调整“黄箱”政策支出。调整和改革的目的是提高财政支出的使用效率，使得有限的财政资源尽可发挥较大的作用，尽量减少中间环节的损失。重点是进行以下调整：①减少乃至于停止对粮棉流通企业的补贴。将国有粮食流通企业推向市场，提高国有粮食流通企业的经营效率，减少乃至全部取消国家的巨额财政补贴。②加大对农业基础设施建设的投资，这是保证长期生产力的基础，增加对农产品生产基地包括出口基地建设的投资补贴。这会促进主要产品生产能力的提高和农产品质量的提高，从而提高在国内市场和国际市场上的竞争力。③增加对农业投入品尤其是种子的补贴。对种子补贴的实际作用效果远远超出减少农民生产成本方面上的意义。通过补贴种子，可以有效地引导极为分散狭小的农户统一种植品种，实现区域化统一品种种植，更好地满足市场需求，并有利于实现优质优价。④对一些特殊产品如新疆棉花等提供运费补贴。对所有农产品的铁路运输取消铁路建设基金的征收，建立全国的农产品绿色通道，对农产品的公路运输取消所有收费关卡。这些措施不仅会降低中国农产品在流通环节方面的成本，还会大大提高一些鲜活产品如水果和蔬菜的质量保鲜程度，减少运输方面的质量损失。⑤增加对农产品营销设施建设的补贴。包括农产品加工、储藏和运输。尤其是对新发展起来的各种农业合作组织，借鉴国外许多国家的经验，给予投资补贴。

第三，减轻农民负担，在税费改革的基础上，积极推进农业税费的减免。农业税费是直接制约中国农产品价格竞争力的一个非常重要的因素。国外对农民进行直接补贴的方法与中国向农民征收税费的方法基本相同。因此，在中国对农民进行直接补贴的最直接方法就是减免农业税费。在直接补贴和减免农业税费方面，有几点认识问题非常重要：①在中国的具体国情下，不可能做到对农民进行真正的直接补贴。在仍然向农民索取各种税费的情况下，任何所谓的直接补贴都谈不上，只能说是对农民的部分补偿。而在实现了完全取消农业税费之后，直接补贴也不是最好的支持措施。将同样的财政资源用于各种“绿箱”政策措施，效果更好。并且，在中国有两亿多庞大农户数量的情况下，直接补贴的操作成本太高。②目前一些地方试图将粮食流通体制改革与对

农民补贴联系在一起的做法，即将原来用以粮食流通的补贴转为对农民的直接补贴，出发点值得肯定，但是方式有问题。存在着补贴的具体对象难以控制，补贴的道理不够充分，补贴的效率低，同样存在着操作成本高和中间环节流失等问题。同样的钱，用以减免农业税费，补贴效果更直接，也更有公平意义。③应当建立起补贴农民或者减免农业税费的全国统一机制。例如，通过立法方式，确定每年新增财政收入的一个固定的比例用于减免农业税费以及其他支持农业措施。全国统一机制才能够确保中西部的补贴或者减负目标能够实现。中央政府对不发达地区的转移支付是不可缺少的。④目前正在推行的农业税费改革非常必要。取消农业税费是最终目标，而税费改革是一个必要的中间阶段。通过税费改革，不仅将使得农村的税费负担规范化、透明化、约束化，也为农村税费的最终减免和取消奠定了一个坚实的基础。尤其当农村税费的减免涉及到中央或者地方的财政转移支付时，如果不实行目前的农业税费改革，就难以操作。实行了农村税费改革之后，如果再根据每年的财政能力进行税费负担的分步减免，就有了一个简明便利的计算标准和操作体系。

第四，加快农业管理体制改革。中国目前的农业宏观管理体制，远远不能适应市场经济和提高农产品国际竞争力的需要，必须加以改革。目前的主要问题是管理机构繁多，职能高度分散，部门分割严重，造成了生产、流通、加工和贸易的严重脱节。目前的这种高度分散的管理体制不能适应市场经济和开放经济的需要，不利于政府职能的合理有效发挥，部门间协调往往复杂费时，也不利于统筹规划。在农业投资方向、农业科研管理、农产品质量控制、农产品产销包括内贸外贸协调等等方面，都存在一些较突出的问题。尽管农业宏观管理体制的重大改革是一件复杂的事，但是，建立一个高效的、协调的、统一的“从田间到餐桌”的农业宏观管理体制，是确保中国农业长期稳定发展，不断提高国际和国内竞争力的必由之路。

参考文献

[1] 何宇鹏．农产品出口竞争研究．未发表内部研究报告．2002

[2] 柯炳生，韩一军．WTO 中的关税配额问题研究．中国农村经济．2003（4）

[3] 马宇．中国 WTO 报告 2003. 北京：经济日报出版社，2003

[4] 农业部软科学委员会．加入世贸组织与中国农业．北京：中国农业出版社，2002

[5] 田维明等．中国测算农业支持水平的经验和方法问题．WTO 与中国农业和农村经济发展．中国农业出版社，2002

[6] 田志宏．新一轮农业谈判中的关税减让研究．未发表内部研究报告．2003

[7] OECD. Agricultural Policies in OECD Countries：Monitoring and Evaluation 2002.

[8] Oxfam International. The Great EU Sugar Scam - How Europe’s sugar regime is devastating livelihood of the developing world. 2002

[9] Oxfam International. Missing the point - why Harbinson has got it wrong. 2003

关于经济类本科生毕业论文中若干问题的探讨*

李 建 文

［摘　要］做毕业论文是各高校本科生实践性与综合性较强的教与学活动，是必须完成的重要教学环节，本文探讨了关于毕业论文的如下三个问题：高校经济类本科生毕业论文是否要论文答辩？经济类本科生毕业论文的分析应该使用哪种方法？判断本科生毕业论文优劣的标准是什么？从而说明解决问题的关键是明确本科生毕业论文要实现的教育目的。

［关键词］经济类本科生毕业论文　教育目的

做毕业论文是各高校本科生必须完成的一项重要教学内容，高校经济类本科生做毕业论文的阶段，根据论文进程或环节可以划分为：选题讨论、资料的查阅、定题、提纲讨论与修改的准备阶段，初稿与修改、补充资料的查阅、定稿与装订的写作和完成阶段，答辩与评议的验收阶段。这里大家有争议的环节是答辩，它也是我们将探讨的其他问题产生的基础。

一、经济类本科生毕业论文的答辩

研究生毕业论文必须答辩，在我国已形成制度。本科生毕业论文需不需要论文答辩，本科生毕业论文的教学内容是否包括答辩这一环节，视各个高校的规定而定。论文答辩虽然是一、两天就可以完成的一项教学任务，但由此增加的教师与学生的工作量却是很多的。因此，在论文答辩这个问题上，教师与学生的想法值得我们关注。

学生赞成毕业论文不答辩的人占居多数。不仅仅是因为已经被教师考了四年，厌倦考试、考核；重要的是因为就业的竞争与压力搅得人心焦虑，饱尝寻找的艰难、面试的苦涩、希望的迷茫，心中五味俱全，难以静下心来做毕业论文。学生掂量着毕业论文与就业，哪个更重要？为了毕业文凭，毕业论文必须还得写！认认真真的写，还要答辩呐。不答辩该多好！

教师希望毕业论文不答辩的人也不少。由于毕业论文要答辩，其他教师评价的不只是学生，还有自己，对学生把关必须要严，批改要仔细，要反反复复讨论选题与提纲，初稿成形论文的修改要三次以上等等，工作量增加不少。毕业论文不答辩，自由度大，轻松些，教师当然愿意。另外，现在教师教学、科研、家庭的压力也不轻，精力却有限，相同薪酬下，自然付出的少一些是经济人理性的选择。据了解某著名大学本科生毕业论文不答辩的一个重要原因是研究生太多了，教师无暇顾及。

---

* 原载《教育教学改革实践与探讨》中国农业大学出版社，2003年，P171～173。

事实上，本科生毕业论文需不需要论文答辩，这个问题的实质是论文答辩的作用是什么？通过上面的分析，我们发现：

1. 无论教师还是学生都对论文答辩的成本与收益进行了粗略的衡量，都有利己倾向，这是正常的心理反应，是论文答辩产生的消极影响。

2. 经济类本科生毕业论文答辩可以对指导教师与学生产生正向约束力，激励教师与学生认真完成教学内容。

3. 经济类本科生毕业论文答辩对教与学具有检验的功能。在论文答辩那一刻反映出来的问题与成果，是四年大学中教师知识与方法的传授、学生知识与方法的掌握与运用的集中体现，是毕业论文教学内容的测试。

4. 经济类本科生毕业论文的写作本身就是学习过程，这归因于毕业论文是一项教学内容，论文答辩的要求能够督促学生学习，也帮助教师发现问题改进教学。

所以，经济类本科生毕业论文还是应该答辩的。有了论文答辩这一阶段，才存在下面相关问题的探讨。

二、经济类本科生毕业论文的分析方法

虽然经济类本科生毕业论文提出、分析、解决问题的方法很多，但在使用文字表达模型与数学表达模型的方法上，各位教师人者见仁，智者见智，分歧颇多。近几年来，一种倾向是使用统计、计量等的数学表达模型的论文，即使是简单公式的论文均要比使用文字表达模型的论文写得好，但并不是所有教师认同这种趋势。产生经济类本科生毕业论文写作方法分歧的原因很多，集中在以下两个方面。

一是学科特点形成的思维模式的反映。由于我国教育制度历史形成因素的影响，高校文科与理科的界限分明，文科与理科的教育产生两种不同的思维模式。在认识的逻辑演绎方式上，文科侧重于文字表达内涵，理科侧重于公式、图表说明事物。长期以来，工科的思维模式对文科本科生毕业论文写作有一种误解，即文科本科生的毕业论文大多是拼拼抄抄。真的如此吗？如果从文字组合上看，似乎是。但从文字表达的内涵上来看，并非是拼拼抄抄就能完成的。拼拼抄抄的分歧暂且不论，这里需要强调的是误解加重了人们使用数理表达模型的论文比使用文字表达模型的论文写得好的倾向。

二是我国经济学自身发展中的分歧在经济类本科生毕业论文写作中的反映。随着经济领域发现问题、分析问题、解决问题的经济技术技巧的发展，一方面增强了经济学解释与说明经济现象的能力，另一方面产生了有关经济技术技巧运用的不同认识。我国经济学在20世纪90年代前，经济分析中数学的运用十分有限。当受过西方经济学教育的一代学生逐渐成长为经济领域的新生力量时，当我国经济教育与世界接轨时，新的经济技术技巧——数理表达模型冲击着我国盛行已久的文字表达模型，大批对经济问题具有浓厚兴趣、拥有数学背景的学生加入考研、考博的队伍，也从侧面说明新的经济技术技巧的旺盛力。因此，有的人认为只有使用统计、计量等的数理表达模型，才能跟上世界经济的发展，写出的论文才是有水平的。与之相反，有的人认为现在经济学数学化有些过分，成为一种炫耀，而不是说明与解决问题。经济学界的认识分歧必然在教学与教师身上得到体现，从而造成经济类本科生毕业论文写作方法上的两种不同观点。

至于到底经济类本科生毕业论文的分析应该使用哪种方法，下面我们再分析。

三、判断经济类本科生毕业论文优劣的标准

虽然各校本科生毕业论文的评判，会有一套严格的论文评议标准，成绩评定标准细化到指导教师评分、评阅教师评分、答辩成绩评分，但在实际的执行过程中，存在着操作上的问题。评议中比较明显的三个问题是不同学术观点的争论、对创新含义的理解和分析方法的使用。这三个问题直接与经济类本科生毕业论文的优劣相关，作为判断经济类本科生毕业论文优劣的标准，它们有哪些不妥呢？

百家争鸣一向是学术生命力的象征，大千世界的纷繁现象，赋予孜孜探求者自由翱翔的空间。信息社会更是给人们插上了飞翔的翅膀。由于现今的师生都处于一个信息来源极为丰富和多样化的环境中，两者获得信息的机会几乎是均等的。虽然在专业上，教师拥有自己较丰富的知识与经验，但并不是众多问题都了如指掌，教师在信息社会成为信息的贫困户不是不可能的。那么，不同教师对某个学生论文的了解肯定程度上有差异。在评优秀学生论文时，基于信息拥有的不同而形成的不同学术观点的争论尤其突出。纵使在某个问题上颇有造诣的专家学者，也不能回避自身知识、学术的盲点。不同学术观点的争论使评优中主观的因素大于客观的因素。

我们每个人都具备创造的潜能，经过四年的大学教育，大学生应该是具备了一定的专业创造的潜能。在毕业论文的评阅中，我们有一个论文创新的要求，自然这样的论文是优秀的。但关于什么是创新，大家的理解差异不小。很多人认为“创新”主要是指观点的独到或新颖，也就是强调自我的见解，这是创新不容置疑。但由于大家对创新的认识局限在“观点或见解”这一个方面，而能够做到的同学历来就极其的少，造成的后果一是将做论文的目的过分集中于见解或观点的创新，容易忽视毕业论文教学的其他目的；二是除了为了毕业证书，在毕业论文中学生应该学到什么的目标易被冲淡；三是容易产生大学生的科研与作为大学职能的“大学科研”这两个范畴的混同。总之，作为判断毕业论文优劣的标准“创新”的定义需要再认识。

前面我们分析了产生经济类本科生毕业论文的分析方法使用上的不同意见，这不只是理论上的认识差异，在具体的论文评议中，使用数理表达模型的要比使用文字表达模型的有优势，我们暂且不去论及应该不应该，先让我们反思一下下面的这个问题。

四、经济类本科生毕业论文要实现的教育目的是什么？

或者说为什么要做毕业论文？重新审视我们探讨的问题：经济类本科生毕业论文是否要论文答辩？经济类本科生毕业论文的分析应该使用哪种方法？判断本科生毕业论文优劣的标准是什么？发现回答上述问题的关键是明确本科生毕业论文要实现的教育目的。

做毕业论文是“一种带有总结性的集中的科研训练，是在系统掌握专业知识与技术及平时科研训练的基础上，按照规范化的研究程序与方法所进行的科研活动。”作为本科教学计划的重要组成部分，毕业论文不仅是在检验与总结教与学的成果，而且还仍然是一个教与学的过程，是在培养学生多方面的综合素质！具体来说，毕业论文要实现的教育目的是：

1. 培养学生的情报素质，包括搜索、获取、整理、吸收、引用、应用有关的科研信息的能力，从而了解科研发展的脉搏。

2. 培养学生的科研精神、态度和道德素质。科研精神是指敢于探索、克服困难的意志，科研态度就是敢于坚持真理、修正错误、实事求是的勇气与严谨踏实的作风；科研道德是科研行为

的规范，尊重他人，不把他人的论点作为自己的创见。

3. 培养学生的思维品质素质。思维品质是在教师的指导下，学生运用比较、分析、综合、归纳、演绎等文字逻辑方法和统计、计量等数理逻辑方法，来发现问题、研究问题、解决问题，学习并掌握科研的基本程序，通过这些科研的基本方法与基本程序的训练，获得的能力是以后学生能否进行科研的基本保障。

据此我们认为大学生的毕业论文是在教学过程中引进科研活动，是一种研究性的学习活动，取得科研成果不是毕业论文的主要教育目的，培养科研的能力与素质才是最重要的。因此无论使用数理表达模型，还是使用文字表达模型，这些方法不存在轻重、优劣之分，都是思维训练的工具，是形成思维品质的基础，应该根据研究问题的具体特点，具体分析与应用。判断本科生毕业论文优劣的创新标准，应该是多元的而不是单一的，在研究具体的问题时，观点新、选题新、角度新、方法新、结论新等都应该属于创新，培养人才时，创新的精神重于创新本身。

上述教育目的是否符合实践的需要？在毕业论文的教学中，我们发现：

1. 没有哪个同学能够独立完成论文，各个学生的差异在毕业论文的教学中体现的非常明显，这说明毕业论文的教学的重要性，该项教学活动应含有因材施教的不同层次或不同水平的论文教学内容。

2. 许多同学的情报素质有待提高，表现在材料选择及组织能力不高，这正好反证了我们上面讲的“文科本科生的毕业论文大多是拼拼抄抄”的观点有误，能有拼拼抄抄的本领，就不会有这方面的问题。围绕一个主题驾御众多信息，形成2万左右的论文，对多数同学来看，能力需要提高。

3. 思维品质素质的指导与训练更是要加强。虽然学生已经做过学年论文和课程设计的科研训练，但在做毕业论文时，无论是从选题、论文的逻辑结构框架、论文的基本规范程序，还是基础知识理论的运用、相关知识面及分析能力等多方面，都传达出训练的重要性的信息。

4. 在论文写作与答辩中，在教师反复坚持“诚实态度”的原则指导下，能够形成学生的科研道德意识正向循环。但有一些学生缺乏艰苦劳动的精神，被动等老师的帮助，希望老师给予更多的帮助，不只是指导。

5. 论文写作中还反映出有一部分学生的基础理论与专业技术知识不够扎实，一部分学生的答辩的语言表述能力与文字表达能力差异较大，一部分学生的写作能力较低，这意味着在大学生从入学到毕业的逐步发展与成熟的过程，我们的教学需要改进。

参考文献

[1] 高晓清，杜晓利．论大学科研．高教探索．2001年第1期
[2] 陈家新．高校本科生毕业论文中存在的问题及对策．教育科学．2002年第2期
[3] 何颖．加强毕业论文管理是提高毕业论文质量的重要保证．黑龙江高教研究．2001年第5期

中国大豆供求的政策模拟与预测

陈永福　中安章

前言

自从 20 世纪 90 年代中期开始，随着中国大豆贸易政策的转变，中国大豆供求发生了重大变化。1996 年开始，中国从大豆出口国转变为大豆进口国，到 2000 年大豆纯进口量达到 1 020 万吨，2001 年更是达到 1 379 万吨。而且我国大豆油关税配额将从 2002 年的 251.8 万吨增加到 2005 年的 358.7 万吨。面对汹涌而来的进口大豆和豆油进口急剧增加的可能性，2001 年 5 月，我国出台了《农业转基因生物安全管理条例》(以下简称条例)，此后又分别公布各种细则和管理办法。同时，从 2002 年起我国又开始启动了大豆振兴计划（即大豆发展计划)，以确保我国国内的大豆生产。由于中国进口大豆主要来源于美国，阿根廷和巴西，2001 年从美国进口了 573 万吨，阿根廷进口了 502 万吨，巴西进口了 316 万吨，其中与上年相比，阿根廷的进口量增加了 224 万吨。而当前美国转基因大豆的种植比例在 60%以上，阿根廷在 90%以上，因此，条例及相关政策的实施在一定程度上有可能起到限制大豆进口急剧增加的作用。

即使实施了条例及相关政策就真的能够阻止狼来了吗？本文就运用中国省别大豆供求模型对这个问题进行政策模拟与预测。

一、中国大豆供求现状与进口成因分析

我国大豆生产一直处于波动徘徊之中，种植面积呈周期性波动，20 世纪 80 年代以后主要围绕 810 万～830 万公顷波动，进入 90 年代以后，周期性变动有加速倾向，而且年均变动幅度从 80 年代的 44 万公顷上升到 77 万公顷，变动周期也有缩短的趋势。2000 年和 2001 年我国大豆种植面积扩大到 900 万公顷以上。生产量也分别增加到 1 500 万吨以上。2001 年我国大豆消费量在 2 860 万吨以上，其中有 2 060 万吨用于榨油加工。在 1996 年用于榨油加工的大豆只有 750 万吨，当年的纯进口量只有 92 万吨，2001 年与 1996 年用于榨油加工的大豆之差为 1 310 万吨，纯进口量之差为 1 287 万吨，二者基本接近，可见，从需求的角度分析，正是由于榨油大豆油需求量增加导致了我国大豆进口急剧增加。

关于我国大豆进口增加的原因，从生产和流通的角度上看，黄（2002）认为是中国大豆生产成本高，品种问题，国内大豆交易成本高以及交易风险大而导致的。笔者也认为中国大豆生产成本高和品种问题是其中的关键。除此之外还存在内外价格差的问题。下面分别对黄（2002）的结果加以补充并扩展。首先是大豆生产成本方面，在表 1 中，美国大豆生产成本是 1.62 元/千克、巴西是 0.86～0.91 元/千克、阿根廷是 1.20 元/千克、中国是 1.61 元/千克。可以说中国大豆生产成本基本上与美国的生产成本没有差别，但远远高于巴西和阿根廷的生产成本。中国生产成本

高的原因是劳动费用高。在美国生产成本中，土地租金特别高，如果剔除土地费用，则远远低于中国成本。其次是内外价格差方面，从 1997 年 8 月起，我国大豆的政府收购价开始高于了美国大豆的生产者价格，并且差距逐渐拉大，到 2001 年 5 月，二者之间的平均价格差是 0.51 元/千克。再次是国产大豆与进口大豆在榨油方面存在收益差。如在山东的榨油厂，用国产大豆和进口大豆之间的收益差达到 111 元/吨。这也更进一步验证了从 1996 年以来，我国进口大豆增加主要是源于榨油加工厂的需求。

因此，今后我国人均大豆油的消费变动和人口增加的速度将根本决定大豆进口数量的增加速度。

表 1　大豆生产成本的国际比较

项目内容		美国 2000/2001	巴西 1 2001/2002	巴西 2 2001/2002	阿根廷 1998/1999	中国 2000
变动成本						
种子	元/公顷	374	116	93		304
化肥	元/公顷	170	326	680		293
农药	元/公顷	462	501	555		83
机械修理等	元/公顷	473	384	315		387
利息	元/公顷	43	81	104		
劳动	元/公顷	28	127	77		1 110
其他	元/公顷	0	27	33		11
总计	元/公顷	1 549	1 563	1 857	1 970	2 188
固定成本						
折旧	元/公顷	1 043	288	339	390	85
土地租金	元/公顷	1 854	247	59	1 283	72
税收和保险	元/公顷	144	64	72	0	478
期间费用	元/公顷	306	298	252	423	104
总计	元/公顷	3 347	898	721	2 096	739
总成本	元/公顷	4 896	2 461	2 578	4 066	2 927
单产	吨/公顷	3 025	2 699	2 999	3 402	1 818
平均每千克变动成本	元/千克	0.51	0.58	0.62	0.58	1.20
平均每千克固定成本	元/千克	1.11	0.33	0.24	0.58	0.41
平均每千克总成本	元/千克	1.62	0.91	0.86	1.20	1.61

资料来源：美国农业部（http：//www.usda.gov/）和 2000 年全国农产品成本收益调查汇总表。

注：大豆生产成本中，美国是 Heartland、巴西 1 是 Paraná、巴西 2 是 Mato Grosso、阿根廷是 N. BA/S. SFN、中国是全国平均的大豆生产成本。

二、中国省别大豆供求模型的开发

樊（1997）对主要的中国粮食模型进行了比较，其中国内比较有代表性的是中国农业科学院的农业政策模拟与预测模型（CAPSiM）。但这些模型都是以整个中国为对象，没有分省市自治区。分省进行粮食模型研究的有钱等（1998）的山东省粮食模型。笔者在借鉴了日本国际农林水产中心的国际食物与农业政策模拟模型（IFPSIM）开发经验的基础上，对我国省别大豆供求模型进行了开发和研究。

（一）模型的理论依据和结构

本模型的理论基础是经济学中的局部均衡理论。局部均衡理论就是说明一种商品的价格是由它的供求关系来决定。该理论是由马歇尔形成的理论体系。本模型就是运用局部均衡理论，认为大豆贸易价格是由中国大豆纯进口量与中国以外其他国家的纯出口量所决定的。具体的模型结构如下：

首先，依据上面的假定，可以认为中国大豆纯进口量与中国以外其他国家的纯出口量之差是大豆贸易价格的函数，而且通过大豆贸易市场的局部均衡就可以确定大豆贸易价格。即 $F(p)=CMQ(p)-OXQ(p)=0$

其次，以此方程为基础就可以运用非线性方程建立中国省别大豆供求模型。

（二）模型的方程体系

（1）供给方程。

[1] $\log CAA_{it}=a^{A}_{i0}+a^{A}_{i1}\log CAA_{it-1}+b^{A}_{i1}\log SP_{t-1}+b^{A}_{i2}\log RP_{t-1}+b^{A}_{i3}\log CRNP_{t-1}$

[2] $\log CYD_{it}=a^{Y}_{i0}+a^{Y}_{i1}\log CYD_{it-1}+b^{Y}_{i1}\log API_{t}+b^{Y}_{i2}\log SP_{t-1}+b^{Y}_{i3}\log DA_{t-1}$

[3] $CPD_{it}=CAA_{it}\times CYD_{it}$

[4] $TCPD_{t}=\Sigma^{30}_{i=1}CPD_{it}$

[5] $CMLPD_{t}=CCRH_{t}\times MCR$

[6] $COLPD_{t}=CCRH_{t}\times OCR$

CAA：各省种植面积；SP：国内大豆价格；RP：国内大米价格；CRNP：国内玉米价格；CYD：各省单产；API：农业生产资料价格指数；DA：沙漠化面积；CPD：各省生产量；TCPD：全国生产量；CMLPD：豆饼生产量；CCRH：榨油用大豆消费量；MCR：大豆出饼率；COLPD：豆油生产量；OCR：大豆出油率；i：各省；t：年度。a^{A}，b^{A}，a^{Y}，b^{Y}分别是种植面积和单产的趋势变动系数和供给价格弹性系数以及要素弹性系数。

（2）需求方程。

[7] $GP_{t}=GP_{t-1}\times(1+GPR)$

[8] $POP_{t}=POP_{t-1}\times(1+POPR)$

[9] $\log CPFD_{t}=a^{F}_{0}+a^{F}_{1}\log CPFD_{t-1}+b^{F}_{1}\log SP_{t}+b^{F}_{2}\log GP_{t}$

[10] $\log CPCRH_{t}=a^{C}_{0}+a^{C}_{1}\log CPCRH_{t-1}+b^{C}_{1}\log SP_{t}+b^{C}_{2}\log MLP_{t}+b^{C}_{3}\log OLP_{t}+b_{4}^{C}\log GP_{t}$

[11] $CFD_{t}=CPFD_{t}\times LSR_{t}\times POP_{t}$

[12] $CCRH_{t}=CPCRH_{t}\times LSR_{t}\times POP_{t}$

[13] $CCD_{t}=CPFD_{t}+CCRH_{t}$

[14] $\log CPML_{t}=a^{M}_{0}+a^{M}_{1}\log CPML_{t-1}+b^{M}_{1}\log MLP_{t}+b^{M}_{2}\log GP_{t}$

[15] $\log CPOL_{t}=a^{L}_{0}+a^{L}_{1}\log CPOL_{t-1}+b^{L}_{1}\log OLP_{t}+b^{L}_{2}\log GP_{t}$

[16] $CMLCD_{t}=CPML_{t}\times POP_{t}$

[17] $COLCD_{t}=CPOL_{t}\times POP_{t}$

[18] $PVFD_{it}=CFD_{t}\times PVFDR_{it}$

［19］ $PVCRH_{it}= CCRH_t \times PVCRHR_{it}$

［20］ $PVCD_{it}= PVFD_{it}+ PVCRH_{it}$

GP：年人均GDP；GPR：年人均GDP增长率；POP：人口；POPR：年人口增长率；CPFD：年人均食用大豆消费量；CPCRH：年人均榨油用大豆消费量；MLP：豆饼价格；OLP：豆油价格；CFD：年食用大豆消费总量；LSR：损耗等消费大豆比率；CCRH：年榨油用大豆消费总量；CCD：年大豆消费总量；CPML：年人均饲料用豆饼需求量；CPOL：年人均豆油消费量；CMLD：年饲料用豆饼需求总量；COLCD：年豆油消费总量；PVFD：省别食用大豆消费量；PVFDR：省别食用大豆消费比率；PVCRH：省别榨油用大豆消费量；PVCRHR：省别食用大豆消费比率；PVCD：省别大豆消费总量。

a^F，b^F，a^C，b^C，a^M，b^M，a^L，b^L分别是食用大豆、榨油大豆、豆饼和豆油的消费趋势变动系数、需求价格弹性系数和收入弹性系数。

（3）价格关联方程。

［21］ $SP_t=SP_{t-1}\times (WP_t/WP_{t-1})\hat{}k^W_1$

［22］ $RP_t= SP_t/RPR$

［23］ $CRNP_t= SP(t)/CRNR$

［24］ $MLP_t=k^M_0\times (SP_t)\hat{}k^M_1$

［25］ $OLP_t= k^L_0\times (SP_t)\hat{}k^L_1$

WP：世界大豆贸易价格；RPR：国内大豆价格与大米价格的比率；CRNR：国内大豆价格与玉米价格的比率。

k^W_1，k^M_0，k^M_1，k^L_0，k^L_1分别是价格联系系数。

（4）库存方程。

［26］ $SK_t= SK_{t-1}\times (CCD_t/CCD_{t-1})\hat{}b^{SS}_{i1}\times (SP_t/SP_{t-1})\hat{}b^{SS}_{i2}$

SK：国内大豆储备量。

b^{SS}是库存对需求和价格的弹性系数。

（5）贸易方程。

［27］ $CX_t=CX_{t-1}+\{[(WP_t\times ER_t)/(SP_t*1\,000)]/[(WP_t\times ER_t)/(SP_t*1\,000)]\}\hat{}\acute{a}$

［28］ $CM_t= CCD_t- CTPD_t+ CX_t-(SK_t-SK_{t-1})$

［29］ $CMLM_t=CMLCD_t-CMLPD(t)-(SK_t-SK_{t-1})\times MCR$

［30］ $COLM_t=COLCD_t-COLPD_t-(SK_t-SK_{t-1})\times OCR$

［31］ $\log OX_t= a^O_{i1}\log OX_{t-1}+ b^O_{i1}\log WP_t$

［32］ $PVMQ_{it}=PVCD_{it}- CPD_{it}$

CX：中国大豆出口量；ER：人民币与美元的汇价；CM：中国大豆进口量；CMLM：中国豆饼净进出口量；COLM：中国豆油净进出口量；OX：世界其他国家对中净出口量；PVMQ：省别净调入量（或调出量）。

α，a^O，b^O分别是中国大豆出口对价格变动的反应系数、世界其他国家对中大豆出口趋势变动系数和价格弹性系数。

（6）市场均衡方程。

［33］ $CM_t=OX_t$

（三）数据

本模型开发中所运用的数据主要来自《中国农业统计资料》、《中国农村统计年鉴》、《2001中国农业发展报告》、《新中国五十年农业统计资料》、《中国物价年鉴》、美国农业部以及FAO的数据库。饲料转化率来自程（1997）的数据以及实际调查的数据。

（四）方程系数

本模型中所运用的各种趋势变动系数、价格与收入弹性系数、要素变动系数、价格联系系数、以及与贸易相关的趋势变动系数、价格变动的反应系数以及价格弹性系数主要运用最小二乘法以及一般化最小二程法进行测算得到的，也有一部分利用了现有的研究成果。

三、2020年我国大豆供求预测结果与分析

（一）预测的前提条件

本次运用模型主要从三个方面进行了政策模拟与预测。第一种是以基准线（Baseline）为基础的政策模拟与预测；第二种是以强调政策转变为基础的模拟与预测；第三种是以强调贸易自由化为基础的政策模拟与预测。其中后两种的政策模拟是在第一种的政策模拟基础上进行的。表2中列举了进行上述三种政策模拟与预测的前提条件。

表2　预测的前提条件

前提条件	基准线	政策转变	贸易自由化
1）模拟期间：以2000年为基期一直到2020年	○	○	○
2）GPR=7%	○	○	○
3）POPR=0.824 8−0.525%	○	○	○
4）DAR=0.15%	○	○	○
5）ERR=0.097%	○	○	○
6）吉林省玉米—大豆轮作制度继续实施	○	○	○
7）实施转基因条例与管理办法实施的影响		○	
8）实施大豆发展（振兴）计划的影响		○	
9）加入WTO后豆油关税配额实施以及豆油进口增加的影响（假定国营贸易外的配额全部进口）			○

注：DAR是北方地区的年沙漠化增加率；ERR是人民币对美元年均升值率。

（二）预测结果

表3中的数据是根据上述预测的前提条件并通过模型进行预测的结果。下面对预测结果进行分析。

在以基准线为基础的预测结果中，到2010年，我国大豆进口量为1 416万吨，基本与我国当前的进口水平持平，也就是说，当前我国大豆进口水平已经达到饱和，进一步扩大的余地已经不大。但是，到2020年，我国大豆进口量将增加到2 741万吨，还会出现大豆进口急剧增加的局面。与此同时，随价格的上升，国内产量也将略有增加，其中产量的增加主要依靠单产的递增。在2020年，年人均大豆需求量将达到31.1千克，将比2000年增加10.0千克。其中有9.3千克是因榨油用大豆需求量增加引起的。如果把进口豆油所用大豆也包括在内的话，2020年的进口

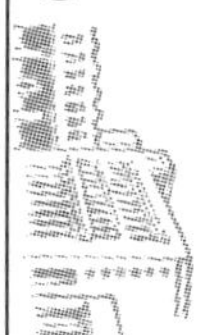

表3 2020年我国大豆供求预测结果

年	世界大豆出口价格（美元/吨）	国内大豆市场价格（元/千克）	单产（吨/公顷）	种植面积（千公顷）	生产量（万吨）	进口量（万吨）	豆饼净进口量（万吨）	豆油净进口量（万吨）	总计（千克/人）	年人均大豆需求量 榨油用大豆（千克/人）	食用大豆（千克/人）	其他用大豆（千克/人）
2000	194	2.45	1.656	9 307	1 541	1 325	−1	3	21.09	14.93	4.92	1.24
以基准线为基础的政策模拟与预测结果												
2005	235	2.76	1.766	8 541	1 508	1 221	107	84	20.38	14.17	5.03	1.18
2010	288	3.12	1.805	8 743	1 579	1 416	76	136	21.72	15.41	5.13	1.18
2015	338	3.44	1.867	9 012	1 682	1 893	−191	131	25.20	18.66	5.24	1.30
2020	400	3.81	1.921	9 297	1 786	2 741	−752	83	31.14	24.27	5.34	1.54
以政策转变为基础的政策模拟与预测结果												
2005	233	2.738	1.766	8 710	1 538	1 214	93	81	20.54	14.32	5.03	1.19
2010	287	3.116	1.804	8 995	1 622	1 403	56	132	21.94	15.62	5.13	1.19
2015	336	3.426	1.869	9 396	1 756	1 871	−225	123	25.56	19.01	5.24	1.32
2020	398	3.797	1.928	9 863	1 901	2 706	−805	72	31.68	24.78	5.34	1.56
以贸易自由化为基础的政策模拟与预测结果												
2005	173	2.267	1.653	8 428	1 393	483	893	280	13.95	7.31	5.08	1.55
2010	290	3.130	1.788	8 750	1 564	467	950	357	14.65	8.05	5.13	1.47
2015	354	3.539	1.885	9 076	1 711	587	902	397	16.09	9.41	5.23	1.45
2020	441	4.053	1.961	9 393	1 842	841	731	430	18.37	11.55	5.33	1.49

注：（1）在以贸易自由化为基础的政策模拟与预测结果中，年人均大豆需求量没有包括进口豆油的大豆使用量。

（2）预测结果是用的大豆年度数值，即每年的10月到第二年的9月。

量将达到 3 177 万吨。随我国大豆进口的不断增加，国际大豆价格每吨将要上升 到 400 美元，每千克国内价格也将要上升到 3.81 元。也就是说国际大豆价格将要涨价 106%，国内大豆价格也将要上涨 55.5%。从日本人均大豆需求量的变化历史看，年人均 31.1 千克的需求量只是日本 1970 年 31.7 千克的水平。可见，随我国经济的增长和人口的增加，今后对大豆需求的增加是必然趋势。

在以政策转变为基础的预测结果中，到 2010 年，我国的大豆进口也将维持当前的水平。到 2020 年，我国大豆进口量虽然低于以基准线为基础的预测结果，也将增加到 2 706 万吨。如果把进口豆油所用大豆包括在内的话，将达到 3 082 万吨。同时，国内产量将有 400 万吨左右的增长，其中产量的增加来自种植面积的扩大和单产的递增。年人均大豆需求量更接近日本 1970 年的水平达到 31.68 千克。可见，随着我国转基因条例与管理办法以及大豆发展计划的实施，这将在一定程度上促进国内产量的增加，但由于国内对大豆需求量的增加，这些政策转变所起的作用是有限的。

在以贸易自由化为基础的预测结果中，由于豆油关税配额的实施，随豆油进口的增加，大豆进口将会出现急剧减少的效应。到 2005 年，我国大豆价格将会大幅度下跌，这种持续低迷的效应将影响到 2008 年。2008 年以后，随豆油消费的不断增加，大豆价格会逐渐恢复，到 2020 年，大豆价格超过以基准线为基础的预测结果，每千克大豆价格将上升到 4.05 元。由于豆油进口的增加，2020 年的大豆进口也将只有 841 万吨。如果把进口豆油所用大豆量也包括在内的话，2020 年我国大豆进口量将达到 3 104 万吨。

四、确保我国大豆稳定供求的对策

综上所述，从现在到 2010 年我国大豆进口已经趋于饱和，但从 2010 年到 2020 年我国大豆进口会出现急剧增加的局面。从长期的角度看，我国转基因政策以及大豆发展计划的实施所产生的政策效果是有限的。此外，如果豆油关税配额得到完全实施，将会导致我国国内大豆价格的急剧下跌，这种影响会持续 8 年时间。针对这些情况，根据我国大豆进口扩大的主要原因，为确保我国大豆稳定供求，提出如下对策：

第一，在确保转基因大豆安全的情况下，应该确保榨油大豆进口的稳定，以满足国内榨油大豆的需求。同时，强化国内大豆的技术开发，积极推广本地高产高油大豆品种的种植，并应鼓励转基因大豆的种植，以减少劳动成本，提高我国大豆生产的国际竞争力。

因为从粮食安全的角度讲，在现有进口量基础上，我国今后将有 1 500 万吨以上的进口缺口。近几年我国从南美进口的增加，导致了巴西玉米和稻谷等种植面积的减少，也导致了阿根廷的小麦和玉米的种植面积的减少。如果这些粮食作物的减少影响到世界粮食市场的供求，将会影响到我国大豆的进口。因此，国家应该加大对大豆产业的支持，特别是要加大在大豆品种开发与推广体系方面的投入，提高大豆生产的国际竞争力，有效增加大豆生产，确保食用油供给安全。

第二，应该强化转基因标示，尽可能避免豆油进口的急剧增加，以弱化贸易自由化冲击的影响。

第三，应该强化国家和地方对大豆以及豆油的储备，以保证大豆及其加工品的稳定供给。

第四，应该对大豆生产带进行宏观调控，对大豆产地农户进行直接补贴，在一定程度上促进玉米等其他粮食作物的种植向大豆种植方面转化，形成大豆种植的规模效应和产业效应，提高大豆生产的竞争力。

参考文献

[1] 黄季琨．中国大豆何去何从？—对大豆问题的一些看法．中国农网．2002 年 5 月 8 日

[2] 樊胜根等．中国未来粮食供求预测的差别．中国农村观察．1997 年 3 月

[3] Jikun Huang and Chunlai Chen，Effects of Trade Liberalization on Agriculture in China：Commodity Aspects，the CGPRT Centre Working Paper Series 43，August 1999

[4] Qian Minze，Osamu Koyama and Chien Hsian，Food Demand and Supply Projections in Shandong Province，China，Using a Province Model，JIRCAS，Report for Annual Conference of the Agricultural Economics Souciety of Japan in 1998

[5] 程国强等．中国饲料需求预测．中国粮食问题研究（朱希刚编）．北京：中国农业出版社．1997

农产品流通中介组织的职能、作用及制度基础*

——以农民专业合作经济组织为例

牛　霞　安玉发

［摘　要］我国加入WTO，使农业面临的挑战更多地来自农产品加工和农产品流通领域。农业市场化程度的提高，市场对农业生产经营的导向和约束作用不断加强，这要求农民成为真正的市场主体。但是我国长期受计划济体制的影响，农民进入市场的组织化程度很低，需借助适当的中介组织。文章以农民专业合作经济组织为例，在分析农产品流通中介组织含义的基础上，重点探讨农产品流通中介组织的职能、作用以及作用发挥的制度基础。

［关键词］农产品流通　中介组织　制度基础

中国加入世界贸易组织之前，我国农产品与国外农产品的相互竞争并不十分突出，只有部分出口农产品在国际市场上与之竞争市场份额，在国内市场上主要仍是内部竞争。随着入世，国内市场的逐步开放，即使产品不出口，在国内市场上也面临着国外进口农产品的竞争，而且是来自国外具有高效中介服务组织支持的现代化农场的激烈竞争。我国农业将面临国际竞争的巨大冲击，其能量将透过农产品流通最终对农业生产产生重大影响。

因此，为了实现由生产型农业向市场型农业的转变以及适应入世后的国际竞争，我国有必要建立有效的农产品流通中介组织。本文以农民专业合作经济组织为例，在分析农产品流通中介组织涵义的基础上，着重探讨中介组织的职能与作用及其赖以发挥的制度基础。

一、中介组织的内涵

中介组织是随市场的发展而从众多市场主体中分离出来的，连接产前、产中、产后各部门，连接生产与市场、市场各主体，并为市场运行提供服务，依法建立起来的具有独立法人资格的经济组织。中介组织的产生是市场经济发展和社会分工的结果，其本质是为市场提供服务。

市场经济是法制化、规则化的经济。政府所制定的各种法律、法规及市场内在的本质规律是市场得以正常运行的基本前提。各种市场主体对市场运行有如下基本要求：一是各种法律、法规和基本市场规则能顺利实施和贯彻，从而有一个适宜的、规范的市场环境；二是市场竞争是公平、公开的，在市场中产生的各种纠纷能及时公正地解决，各利益主体的合法权益得以有效保

* 原载《中国农业大学学报（社会科学版）》2003 年第 1 期。

护；三是在市场中能获得多种服务，促进各种市场活动顺利进行，获取更好的市场、经营效果。

作为市场组成部分之一的农产品市场，其市场主体的农民有着与其他市场主体相同的要求。但是当前我国以家庭经营为主的农业生产方式，存在着小生产与大市场之间对接难的矛盾，而且农民组织化程度低，其市场主体地位尚未完全确立，阻碍了农民顺利地进入市场。此外，现阶段农产品的生产与消费特点及其自然属性决定了农产品流通有着与工业品流通完全不同的特性，对流通渠道和市场体系的建立有更高的要求，这亦加大了农产品进入市场的难度。为此，必须在农业生产和市场之间通由中介组织充当“桥梁”，引导农民、农产品顺利地进入市场。

在我国市场经济发展初期，市场立法、市场规则的贯彻，经济纠纷的解决及市场主体所需要的各种服务的提供，均是由政府来承担。在市场规模较小、发育程度较低的情况下，政府尚能较好地履行这些职能。但随着市场经济的不断发展，市场经济关系日趋复杂以及政府职能的转变与清晰，仅由政府来完成这些职能显然有很大难度，且会造成诸多弊端。因此，许多职能应由一些专业组织按照市场运作规律来承担，这些组织就是市场中介组织。

二、农业市场中介组织的职能与作用

在西方发达国家，农业市场中介组织在为农业市场主体提供全方位高质量服务上承担着越来越重要的职能，甚至在维护市场秩序的执法方面承担着“经济警察”的角色，农业市场中介组织已成为发达国家市场经济体系中不可或缺的部分，在提高市场效率上发挥着政府难以发挥的作用。

农业市场中介组织以服务市场主体为根本发挥其作用，承担其服务、沟通、公证、监督的职能。各类中介组织通过提供特定的服务逐步形成一个有机的农业市场服务体系，共同起着优化市场环境、加速市场培育、提高市场效率的作用。当前我国存在的各类农产品流通市场中介组织已经成为衔接农民和市场的最主要的中介组织，它们为农民提供加工、销售、采购、信用等多方面的服务。其中农民专业合作经济组织是我国农业市场中介组织的一种主要形式。

现有的农民专业合作经济组织是由从事同类产品生产经营的农户（专业户）自愿组织起来，在技术、资金、信息、购销、加工、储运等环节实行自我管理、自我服务、自我发展，以提高竞争能力、增加成员收入为目的的专业性合作组织。该组织服务于农民有组织进入市场以及减少中间环节和节约交易成本的要求，避免市场波动给农民造成的经济损失，成为解决农民小生产与大市场矛盾的重要途径，农产品进入市场的“桥梁”。在当前搞活农产品流通中农民专业合作经济组织发挥了重要作用，深受广大农民的欢迎，成为最基本，也是农民要求最强烈的中介组织，充分显示了旺盛的生命力和广阔发展的前景。

自改革开放以来，我国各地农村陆续产生了一批新型农民专业合作经济组织，但其名称是多样化的，有的叫农民专业协会，有的叫专业合作社，或农村专业技术协会、合作协会等。其中农民专业技术协会是起步较早、发展最快、普及面也最广的一种农民专业合作经济组织。早在20世纪70年代末，安徽天长县就成立了中国第一个农民科学种田技术协会。1980年，四川郫县又成立了养蜂协会。这些协会的初衷，是以技术辅导和交流的形式，组建一支农民技术队伍。农民专业合作社，是继农民专业技术协会之后发展起来的又一种新型专业合作经济组织。最早的农民专业合作社于1994年出现在山西。当时山西分别在定襄、岐县、万荣、临汾四个县，建立了果业、奶业的农民专业合作社。1995年在山东省莱阳市办起了全国第一个蔬菜供销合作社——宇敏蔬菜供销合作社。继山东莱阳之后，山东的宁津、泰安，河北的邯郸，北京郊区的顺义、房山等地，相继办起了一批农民专业合作社。近日，拥有15万多农业经纪人的江苏省盐城市，宣告成立全国首家农村合作流通协会。该协会首批会员5 178个，其中团体会员620个，个人会员4 558人，涵盖了农民经纪人、运销大户、各种流通组织、龙头企业、农林技术推广部门等多个方面①。这些农民专业合作经济组织充分发挥了市场中介组织的职能与作用。

（一）是带领农民进入市场的组织载体

这是农民专业合作经济组织最突出的作用。兴办农民专业合作经济组织的初衷无疑是要在小农户、大市场之间培养中介，使分散的农户借助农民专业合作经济组织的联系和媒介去与瞬息万变且日益放大的市场对接。合作经济组织以其特有的优势如辐射范围广、信息灵通、交易快捷、功能齐全等，对当地农副产品生产者具有一定的吸引力。农民专业合作经济组织依据国家有关产业政策，按照市场信息，引导农民有组织地进入市场，使一家一户小生产与千变万化的大市场有效对接。目前，已形成一定规模的农民专业合作经济组织，大都具有一支供销队伍，奔波于城乡各地，活跃在流通领域，在一定程度上和一定范围内解决了农民进入市场时的“买难”、“卖难”问题，减少了中间环节，节约了交易成本，也避免了市场波动给农民造成的经济损失。据山东莱阳市的调查报告②显示，至1997年全市兴办了上百个农民专业合作经济组织，联系和覆盖了全市70%以上的农户。抽样调查③表明，2000年江苏盐城市农民专业合作经济组织年销售量约占总销售量的14%，年销售额达24亿元。目前，全国农民专业合作经济组织中，专门从事流通服务的合作组织已经占38%。一直处在“小生产”与“大市场”矛盾中的农民在这里找到带领其进入市场的组织者。

（二）提高农户的市场竞争能力

农户的市场竞争力主要体现在社会化服务和农业科技创新的结合。随着农产品市场竞争的加剧，单一的小规模、家庭化生产越来越难以获得完整、准确、及时的市场信息和农产品新品种以及先进的农业科技，一些为农业生产提供服务的企业也会从保护自身利益的角度，隐瞒或扭曲市场信息，使得一家一户的农业生产很难抵御市场风险。农民专业合作经济组织则可以通过对市场的了解，将市场的需求信息及时反馈给农户，将先进的农业生产技术以及农产品新品种及时地介绍给农户，使农户生产出可满足市场需求的、高质量的、具有竞争力的农产品。同时农民专业合作经济组织还可集合起一定数量的农户从事某种（或多种）产品的规模化生产，通过规模经营改变单一农户在市场中的弱势地位，提高市场竞争力。

（三）开拓农产品市场

一家一户家庭小生产经营，既要抓生产，又要忙销售，既无规模，又缺乏竞争力，很难打开销路，也得不到好的经济效益。而农民合作流通组织由于其信息灵、销路广、具有较强的经营能力，较高的市场开拓能力和实力，对搞活流通，促进农产品销售起到了积极作用。如山东盐城东台市西瓜协会，为了开拓市场，申请注册“佳蜜”牌商标，举办西瓜节，在上海等大中城市瓜果蔬菜市场设立销售窗口，多种措施并举，使“佳蜜”牌西瓜打开了销路，产品十分畅销，经济效

① 全国首家农村合作流通协会在盐城成立［N］. 中国乡镇企业报，2001. 9. 5。

② 参见本文参考文献3。

③ www. ycagri. gov. cn/lt/002. htm. 盐城农业信息网。

益较好。

（四）减少中间环节，节约交易成本

农民专业合作经济组织通过提供社会化的服务，在农产品的营销活动中，减少产品从生产者到消费者之间的交易次数，降低交易费用，实现社会总劳动的节约，不仅提高了农产品的价格竞争力，而且缩短了产品从生产者到消费者的时间。山东莱阳市河洛镇的奶农，在没有加入农民专业合作经济组织前，奶农在挤奶后还需要花费人工直接把牛奶送给奶制品公司，由于鲜奶的保质有着很强的时间性，各农户送奶的距离和时间又不同，使牛奶的品质难以保证，牛奶的平均收购价格仅为1．2元/千克 。奶农加入农民专业合作经济组织后，农民专业合作经济组织先收购分散农户的鲜奶，并购置单个农户不能购置的一些保鲜设备。在收购达到一定量后，农民专业合作经济组织再集中把产品送到奶制品公司。这一流程使产品质量得到保证，同时也节约了运输成本，鲜奶的平均收购价格上涨到1．8元/千克 ①。

（五）促进农业结构调整

农民专业合作经济组织派人长年在大市场和生产基地来回奔波，捕捉市场信息的能力较强，并能及时快速地将市场信息反馈到生产基地，指导农民种养，推动结构调整，带动本地主导产品的形成。20 世纪 90 年代初，江苏盐城进行农村种植业结构调整，压缩粮棉面积，扩大浅水藕种植面积，使浅水藕成为该镇“龙头”产业。为了增强市场的开拓能力和抵御市场风险能力，成立荷藕专业协会，为农民提供产前信息、产中服务、产后销售，使小尖镇浅水藕的种植面积逐年扩大，效益逐年提高。至1999年全镇浅水藕发展到1．2万多亩，亩产值3 000～4 000元。有效地实现了种植业结构调整②。大量的事实证明，哪里有专业合作经济组织，哪里的农业结构调整的力度就大。

农民专业合作经济组织通过发挥上述职能和作用，对外追求经济效益，对内施行有效服务，一般按不低于市场价收购农民的农产品，将加工或销售增值部分的部分利益返还给农民，最终达到了增加农民收入的目的。同时农民专业合作经济组织利用辐射效应和示范效应，带动尚未脱贫的非成员农民，走共同致富的道路。浙江省的果蔗合作社，与社员建立利益共享、风险共担的利益机制，通过农民入股、二次分配等形式返还农民收益，2000 年共返还 10 万元，社员人均达1 000元③。北京平谷县镇罗营乡桃园村果品运销合作社，2000 年运销户年人均收入突破 6 000元，全乡共有农户 97 户，入社农户已达 70 多户，占全乡农户的 72%，2000 年，京郊加入专业合作经济组织的农民人均纯收入，比未加入的普遍高出500多元。

但是我们也看到，区域经济发展的不平衡以及农民对专业合作经济组织认识深度的不同，致使各地区农民合作经济组织发育程度不完全一致。我国到目前为止加入各类专业协会和专业合作社的农户，占全国农户总数的比例不到3%④，而且合作经济组织在农产品流通中发挥的作用也不尽相同。因此创造良好的、有利于培育农民合作经济组织并使其充分发挥职能和作用的社会经济条件，在目前情况下显得尤为重要。

---

① 参见本文参考文献 3。

② 同注③。

③ 浙江省农村专业合作组织为农服务作用明显［EB］．浙江农业信息网 www. zjagri. gov. cn/nigl。

④ 参见本文参考文献 1。

三、农业市场中介组织功能的发挥：制度基础

市场中介组织功能的发挥有赖于良好的制度基础。制度选择是前提，它为具体中介组织运行管理政策的制定和实施提供法律基础和制度保障。在这里仍以农民合作经济组织为例加以分析。

（一）确立农民合作经济组织的法律地位是农民合作经济组织发展的前提条件

各国的经验证明，农民合作经济组织的发展，需要得到法律的保障。凡有农民合作经济组织的国家，大都制定了合作社法。日本在合作社萌芽时期就制定了合作社法，后又继续加以完善。美国虽然没有全国统一的合作社法，但也通过立法使合作社得以确认，50个州都有合作社法律。我国政府应在实践的基础上，从本国的实际出发，借鉴外国的经验出台全国性的合作经济法，并在此基础上，进一步完善相应的法规、制度、体制和政策。如国家颁布《中国农村合作社法》，制定《农民专业合作经济组织示范章程》，对合作经济组织的目标、组织机构与运作方式、政府的作用、农民的参与方式、初始资本筹集等作明确的规定。从法律制度上为农民合作经济组织的发展奠定基础。

（二）合理的国内贸易体制是农民专业合作经济组织功能发挥的必要外部条件

农民专业合作经济组织作为一个以服务为宗旨，推动农产品的有效交易，增加成员收入为目的的专业性合作组织。其深购远销的核心功能发挥的前提条件是自由的农产品国内贸易和规范的市场运行规则。但在我国，农产品贸易中行政分离的局面依然存在，条块分割的体制尚未完全打破，一些地方政府从本地利益出发，对外区域农产品利用行政手段设置区间贸易障碍，制约了农民合作经济组织功能的发挥。建立和规范国内贸易体制问题，在我国加入世界贸易组织后显得尤为紧迫和必需。

（三）健全的农产品标准化制度是农民专业合作经济组织功能发挥的基本要求

拍卖和期货交易是当今国际农产品中介交易采取的最常用手法。拍卖有利于农产品质量的提高，而期货交易则能化解市场风险，发现未来价格。但我国目前的农民专业合作经济组织在产品的中介交易时大多采用对手交易方式。交易方式过于单一制约了农民专业合作经济组织功能的发挥。多样化的交易方式尤其是拍卖和期货交易的前提是农产品的标准化。但在我国还没有建立起健全的农产品标准化制度，缺乏统一、权威的农产品标准和权威的农产品认证机构。尽快建立健全与国际标准接轨的中国农产品标准化体系是发展农产品贸易、推动农民专业合作经济组织发展的客观要求。

纵观我国农民合作经济组织的发展历程，农民合作经济组织对中国农村经济发展起到了巨大的推动作用。但从覆盖面和区域发展的平衡性来看依然存在许多亟待解决的问题，并且农民合作经济组织自身的体系结构也有待继续完善，农民合作经济组织不仅要将分散经营的农户通过适当方式联结起来，由农民主导和支配合作经济组织。而且要着眼于宏观，将已经建立的单个农民合作经济组织通过适当方式联结起来，根据市场经济发展要求组成多层次、跨行政区域的，甚至全国性的根植于农村的合作经济组织系统。只有这样才真正有效地能够提高我国农民的组织化程度，使中国农民的利益在国际化市场的竞争中得到保证。

参考文献

[1] 牛若峰. 中国农业现代化走什么道路 [J]. 中国农村经济，2001. 1
[2] 李炳坤. 努力提高我国农民的组织化程度 [J]. 经济研究参考，2000. 10
[3] 周立群，曹利群. 农村经济组织形态的演变与创新 [J]. 经济研究，2001. 1
[4] 薛兴利. 农村新型合作经济组织的实证分析与政策措施 [J]. 农业经济问题，2000. 10
[5] 朱峻峰. 走有中国特色的合作经济发展之路 [J]. 商贸经济，2001. 10
[6] 曹利群. 农村组织形态创新：现状与问题 [J]. 农业经济问题，2000.10

我国农产品市场主体结构变异及其回归策略研究*

卢凤君　寇平君　陈雄烈

[摘　要]“单段二元式”是最初始、交易费用最低、也是最本质的市场主体结构形式；建立在信息网络平台上的“现代单段二元式”市场主体结构，调和或解决了人的多元化广泛性需求与交易方式及交易费用之间的矛盾；“双段三元式”市场主体结构是当代市场经济农产品流通市场中普遍存在的形式。对我国农产品经营中严重存在的“多段众元式”市场主体结构的严重变异状态，在国际化竞争条件下，必须采取重新整合直接建立“双段三元式”市场主体结构的策略予以迅速矫正。这是建立我国农产品生产经营“大生产、大流通”模式，促进农业产业化发展，取得国际竞争优势的必由之路。

[关键词] 农产品市场　主体结构　变异　回归

长期以来，“我国的农业生产经营一直处于从短缺到过剩，又从过剩到短缺的痛苦折磨之中，其主要原因就是因为信息的不对称”（魏杰，2001）。造成信息不对称的主要原因是传输信息的渠道被堵塞，生产者和消费者不能准确、及时地沟通信息。堵塞信息传输渠道恰恰是由现存的农产品流通体系本身造成的，这一体系基本上是经过自我生存发展形成，存在着多个中介主体和太多的赘生物，使市场主体结构呈现为一种变异状态，致使我国大部分地区的农产品生产经营长时段处于一种“小生产、小流通”低水平运行状态，无法跨入真正的市场化经营道路。我国已经加入WTO，农业产业的生产经营与生存发展已融入国际化激烈竞争的大环境之中，所以研究探索建立一种与国际接轨，有竞争力，能够带动我国农业产业发展走上完善的市场化生产经营道路的农产品流通体系已是当务之急。

本文研究的前提条件是：仅限于农产品市场流通的交易过程，把生产者、消费者与市场各中介成分假设为同质同类元（市场交易性），以蔬菜流通市场为研究对象，重点研究并揭示农产品市场主体结构的一般性问题，不涉及差异性问题。因此，本文的观点和结论当且仅当在此条件下成立并具普适性。

一、市场主体结构模式的历史演进趋势分析

保罗·萨缪尔森认为：“市场是买者和卖者相互作用并共同决定商品或劳务的价格和数量的机制。”“在市场上进行商品或劳务交换的买者和卖者共同构成市场主体。”揭示出一般市场由两个最基本的主体构成，如图1。这既是最初始、最简单、交易费用最低，也是最本质、最有生命

* 原载《经济体制改革》2003年第1期。

力的市场主体结构（也就是通常所说的直销），本文称之为“单段二元式”市场主体结构。原始的、落后的“单段二元式”市场主体结构模式占据了相当长人类社会商品交易的历史时段，甚至于今仍留存在商品流通不发达的落后地区和某些商品的局部交易中。这种由生产主体和消费主体直接进行交易所形成的市场结构是市场经济的胚胎，它直白地显现着市场经济的本质——满足人的社会需要，体现人的社会性本质。决定“单段二元式”市场主体结构的条件主要是一定范围内的信息对称和追求市场交易费用最低。然而在历史和现实的市场经济（包括商品经济）中，市场主体结构多以“双段三元式”存在，如图2。① 这种形式的长久与普遍存在由多种因素造成，如：信息不对称，信息短缺，需求的广泛性和多样性等，但最重要最根本的原因是人类多元化广泛性需求与满足需求的手段之间的矛盾。中介主体的产生与发展是调和解决这一矛盾的必然结果，而且，由于中介主体的产生与发展使商品经济和市场经济得到了飞速发展，从而使人的社会性本质得到了延展。但是，中介主体或多重中介主体的存在大幅度增加了交易费用，又与降低交易费用的追求相违背。现代企业理念的确立和计算机信息网络技术的发展使信息网络化市场（即虚拟市场——现代市场新形态）经济回归到了“单段二元式”市场主体结构，市场交易在更快、更准、更优、更广、费用更低的条件下进行，也可以称之为网络时代的“对于交易”。这种在信息网络时代，建立于信息网络平台上生产主体与消费主体之间进行对手交易的市场主体结构足“单段二元式”结构的现代化高级形态，如图3。这种结构既能满足人的多元化广泛性需求，又很好地调和或解决了多元化广泛性需求与交易手段暨交易费用之间的矛盾。“由于电子市场的存在，世界上任何地方的买家和卖家，不论其大小，也无须他人中介，都能轻松达成交易”（罗伯特·格兰特 2001）。

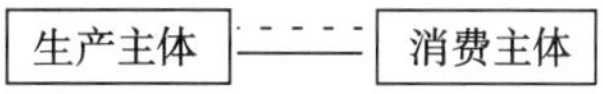

生产主体 —— 消费主体

图1

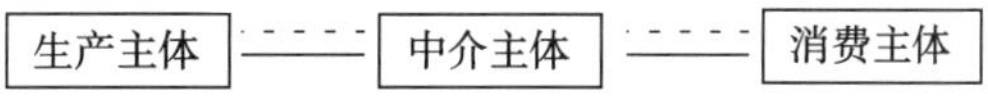

生产主体 —— 中介主体 —— 消费主体

图2

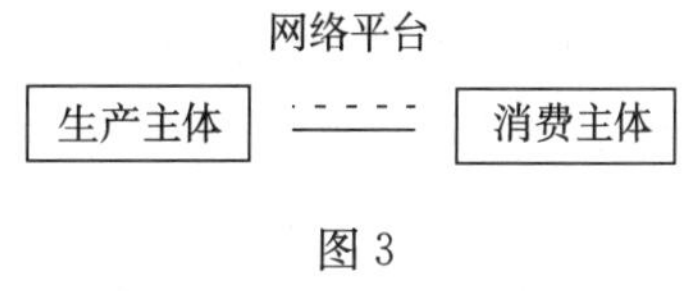

图3

上述分析与推理，勾画出了市场主体结构演化发展的历史进程和趋势，如图4。也揭示了市场主体结构形式演变发展的内在动力——追求满足人类多元化广泛性需求与最低交易费用方式相一致的市场机制。

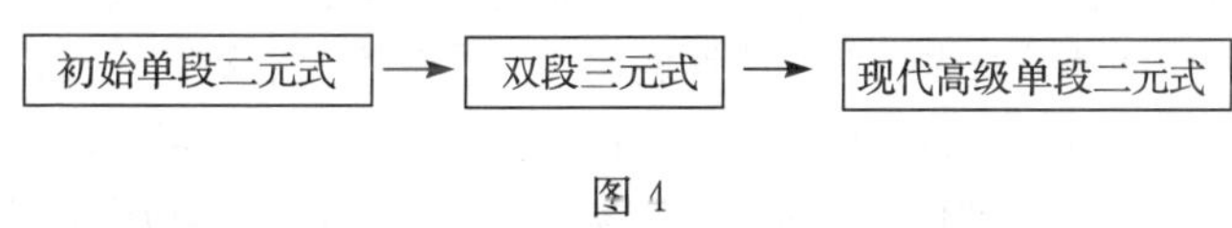

图4

二、我国农产品市场主体结构变异的特征及其危害

现代西方发达国家的农产品流通体系基本上是“双段三元式”主体结构。如日本是小生产加大流通，市场主体结构是生产者（由代表农民的非营利性组织—农协组织产品）→分销商（拍卖）→消费者；美国是大生产大流通，“果蔬类产地直销占80%以上，由批发市场渠道销售的不到20%”（操戈，2002）。西欧国家虽仍然坚持大批公益性的农产品批发市场，但随着市场信息网

① 中介主体包括中介个人和中介组织，“——”表示主体之间交易过程中的物流、资金流和信息流，“段”指市场产品在流通过程中从上一环节到下一环节的流通时间和空间，“元”指支配市场产品流通过程的各交易主体。

络的发达，农产品直销的比例不断增大。零售连锁经营网络和超级市场的发展，使零售商的规模和势力不断壮大，要求货源稳定，供货及时，产地直销的大流通形式应运而生，发达的高速公路网络和现代化的运输保鲜设施，也为产地直销提供了重要的技术保障。由此可见，大生产大流通“双段三元式”主体结构已成为现代农产品流通的发展趋势。

如果把“双段三元式”当作目标性市场主体结构模式来衡量我国现存农产品流通体系，就会发现我国现有农产品市场主体结构呈严重变异状态。以果蔬流通市场为例，国家（土地所有者）→农产品生产者→产地中间商→市场批发商→市场中间商→零售商→消费者，整个流程多达5～6个环节，普遍存在多个中介主体。这种市场主体结构的突出特征是：①主体结构多重。市场流通过程中间环节众多，存在多重中介主体，呈“多段众元式”畸形市场主体结构。②市场功能紊乱。由于存在多重中介主体，价格与需求等市场信息被严重阻隔或扭曲；我国农产品批发市场是黑箱和单方定价交易，商品价格不透明，价格调控功能难以正常发挥；同时市场集货程度低，属于低层次对手交易，丧失了现代市场的结算功能。③市场秩序混乱。多重利益主体介于生产者和消费者中间唯利是图，哄抬物价，欺行霸市现象时有发生，给市场法规制度的制订、执行、监督和规范市场秩序增加了难度，使市场长期处于低水平运行状态。

市场主体结构变异造成了市场运行机制扭曲，严重地危害着社会经济发展，主要表现在：一是损害消费者的利益。由于存在多重中介主体，商品价格被反复抬高，据调查，未经任何加工的蔬菜从生产者经过众多中间环节到消费者其价格要增加3～10倍，极大地损害了消费者的利益。二是损害生产者的利益。市场信息被阻隔或扭曲，引致盲目生产，在生产获利微薄的情况下生产者还要承受销不出去的巨大风险，所以流传着“种菜的不如卖菜的，卖菜的不如倒菜的”说法，严重挫伤了农民的生产积极性。三是不利于提高产品质量。由于生产者与消费者处于被隔离状态，生产者与消费者无直接信息交流，生产者在缺乏市场需求信息的情况下盲目进行生产，难以提高产品质量，甚至出现只追求外观重表损质的现象。如为使韭菜长得又绿又胖，大量浇灌高毒农药（据调查，农户种韭菜留出一小块不使用高毒农药，专供自家食用）。四是交易成本高。流通机制扭曲畸形运转并获利不菲，诱使该产业的生产经营者过分重视流通过程，忽视生产加工过程，轻视产品质量和消费者的利益（注水肉曾长期普遍存在亦同此理）。由于中间环节众多，反复落地倒运，交易费用大幅提高，致使流通过程不良成本加大，市场运行过程承负着很高的交易费用和社会交易成本。五是阻碍新流通体系的产生与发展。长期以来形成了一个“倒爷”性的“小规模、大群体”农产品流通体系，基本上由农民担纲，规模小、层次低、离散性强、联合性差，不仅使市场难以提升，而且客观上抑制了新的大流通体系的产生与发展。

“小规模、大群体”流通体系与信息网络时代的多元化广泛性需求大相径庭。受知识观念、信息手段、条块管理、区域分割、流通渠道、交易方式等因素制约，生产和销售行为存在极大的盲目性。2002年春节，各地新鲜蔬菜运集京津等地，造成菜价比平时低廉还大量滞销、积压和烂损，“倒爷”们不仅赔了钱还未过好年，苦不堪言。这种“小规模、大群体”流通现状很难使生产、流通、信息等得到提升，严重阻碍现代化流通体系的形成。在加入WTO参与国际竞争之际，我国农产品生产经营方式、产品质量、流通体系、管理制度等存在着严重的缺陷，农业产业发展面临着严峻的竞争形势。以消费者为核心，保护生产者利益，提高产品质量，提升产品价值，按照国际惯例实行农产品生产、加工、贮藏、运输、销售等规范化、标准化已是当务之急。

三、农产品市场主体结构变异回归的途径及效应

建立“现代单段二元式”农产品市场主体结构，是现代市场经济市场主体结构的理想模式，但是受农产品单位价值低，季节性、周期性、保鲜性与消费者需求单位量少、品种多、频率高、替代性强等特点制约，目前世界上还没有国家完全达到这一目标，普遍采用“双段三元式”，通过单一中介主体或单一中介连锁主体将生产主体和消费主体连接起来完成交易过程，尽管东亚（日本、韩国为代表）模式，北美模式，西欧模式不尽相同，但市场主体结构基本上是“双段三元式”。因此，我国现代化农产品流通体系的市场主体结构应该参照“双段三元式”进行搭建，应该成为我国构建现代化农产品流通体系的短期目标定位，这是由“原始单段二元式”实现“现代单段二元式”农产品市场主体结构理想模式的必然的过渡性模式，它合乎市场演进发展的历史逻辑。

如何矫正我国现实农产品市场主体结构的严重变异，使之回归至“双段三元式”正常状态，存在逐步矫正和重新整合直接建立“双段三元式”两种策略，选择哪一种策略受制于我国农业经济发展所处的历史阶段及其所面临的国内外环境条件，以及借鉴其他领域类似问题的改革经验教训。如果选择“逐步矫正”策略，势必延长转轨时间，增加改制难度，错失发展时机，致使我国农业产业在国际化竞争中处于被动地位，所以，重新整合直接建立“双段三元式”是合时宜高效率的必然选择。这一策略要结合我国农业产业发展的国际竞争环境，结合农业产业结构调整，结合土地流转制度改革，结合解决农产品市场的诸多问题和满足消费者需求，提高人民生活水平等方面进行综合实施。以建立“双段三元式”市场主体结构为目的，在“大生产、大流通”的思维框架下结合区域经济特色与产业发展特征进行具体运作。重点可以选择如下策略：

(1) 在条件成熟的区域积极推行大生产加大流通形式。由生产加工主体（企业+农户）直接配送城镇零销系统（超市、便民店）。

(2) 由农民协会（农民生产者自主联合体）直接配送销地销售系统。

(3) 把政府承担农协的职能转化为政府支助农民的公益性组织，组织代销农产品，直接配送销地销售系统。

(4) 由城市销售系统，如大型超市、便民连锁店直接从产地采配，或建立生产供应基地直销城镇居民和其他消费者。

城市农产品批发市场的发展趋势是：第一，把城市农产品批发市场逐步转变为农产品信息港、拍卖所、质量检验所、加工厂等；第二，企业性的批发市场可以外建基地连接生产者内建零售系统直接面对消费者，成为自成体系的农产品生产经营性企业。任何进入农产品流通领域的企业组织都必须直接外连生产者内接消费者，要以市场立法严格杜绝第二中介主体的存在。以上路径的实施必须以不断发展的农产品信息网络平台作为支撑。

建立“双段三元式”农产品市场主体结构的效应体现在：有利于实现农产品的标准化、规范化和提升农产品质量与国际接轨，进而提高人们的生活质量和健康水平；有利于解决因农产品质量问题而引发的一系列矛盾和社会问题；有利于社会资源更加合理有效配置，增大农产品加工比例，提升农产品附加值，提高农民收入；有利于发展区域性特色经济，促进农业产业结构调整，增强我国农产品的国际竞争力，更好地解决“三农问题”；有利于规范市场秩序，完善市场法规，加快我国经济体制转轨步伐，加速农业现代化进程；“双段三元式”农产品市场主体结构的构建、培育、发展和完善，可以逼近“现代单段二元式”，为实现这一理想的市场主体结构模式创造条件和奠定基础。

参考文献

［1］魏杰．市场经济前沿问题［M］．北京：中国发展出版社，2001

［2］保罗·萨缪尔森．经济学［M］．北京：华夏出版社，1999

［3］罗伯特．格兰特公司战略管理［M］．北京：光明日报出版社，2001

［4］借鉴国外经验完善我国农产品流通体系［N］．农民日报，2002－03－21

发挥区域优势　抢占国际市场空档*

——以张家口坝上地区西兰花为例

安玉发　陈明海　高华山

[摘　要] 加入WTO以后，我国蔬菜出口的机遇大于挑战，应当抓住机遇去抢占国际市场份额，加快我国蔬菜出口贸易的发展。通过分析日本市场上消费需求的变化以及竞争对手的特点，并考察了我国产地的生产和出口现状，提出发挥区域优势、瞄准国际市场空档、扩大西兰花等错季蔬菜出口贸易的思路。

[关键词] 西兰花　蔬菜　贸易　区域优势

西兰花是我国近几年以出口为导向发展起来的一个新的蔬菜品种，主要分布在南方的江苏、浙江、福建，以及北方的河北、辽宁等省份的一些地方。因国内市场消费量不是很大，一些集中生产的地方主要是以外销出口为主，出口产品主要为保鲜品，也有部分速冻品。主要供应日本、香港和东南亚市场，其中日本是我国西兰花出口的主要国家。在日本市场上，美国西兰花占主导地位，要扩大中国西兰花的市场份额，就必须研究日本市场特点，以便制定正确的国际市场进入策略。

一、日本市场西兰花生产、消费状况

在日本，西兰花的生产是从20世纪70年代开始的，1976年栽培面积只有1 620公顷。进入20世纪1980年代后，西兰花的市场需求开始上升，一些水田地区在实施"减反"政策时把水田改种西兰花，其面积不断扩大，1986年栽培面积为5 760公顷，1992年达到9 510公顷。之后由于进口增加，国内生产开始下降，至今维持在8 000公顷左右。国内主要产地是琦玉、爱知、北海道、群马、长野等县[1]。1999年日本国内市场西兰花消费量为16.15万吨，其中，国产7.03万吨，进口9.12万吨，进口占国内市场消费量的56.5%，主要是从美国大量进口。2000年，由于美国加利福尼亚产地遭遇低温减产的原因，致使日本从美国进口西兰花只有6.82万吨，比上一年减少了13.2%。而从中国进口则比上一年增长了3.4倍，突破了1万吨。实际上，尽管与美国相比还有很大的差距，但是在日本市场上中国产西兰花份额是逐步上升的，1997年68吨、1998年1 216吨、1999年2 266吨，2000年达到1.01万吨[2]。

西兰花属于西洋蔬菜，在日本种植面积增加是由于消费需求上升的缘故。20世纪70年代日

* 原载《农业现代化研究》2003年1月。

本经济快速发展，随着生活水平的提高人们开始注意营养健康，特别是1982年出版的《食品成分表（第四版）》把西兰花列为维生素含量最多的蔬菜和有益健康的黄绿色蔬菜之列，并提醒人们对黄绿色蔬菜保持一定的摄取量有益于增进健康。从此之后消费者把西兰花看成是高级蔬菜，兴起消费热潮。1990年居民家庭年平均购入量为1.9千克，1993年为2.7千克，1994年以后大体保持在3千克左右，基本达到了一个稳定持续的消费水平。另外，西餐、快餐业的发展也增加了西兰花的消费量。

从东京市场西兰花供求状况看，每年的7～9月期间上市量少、价格较高。因为西兰花在花蕾期喜冷凉、生育最适温度为15～25℃，在盛夏季节只有长野县的高海拔山区和北海道能够采收，供应量有限。其他平原地区多数是10月以后才开始供应市场。在日本国内供应淡季，市场价格上升（见表1），国外西兰花则乘机长驱直入。据东京和大阪中央批发市场统计，在7、8、9月份进口西兰花占到上市量的70%～80%以上[3]。这一时期也是我国对日出口西兰花的最有利时机。

表1　东京批发市场西兰花不同月份上市量和批发价格的变化（1999年）

单位：吨、日元

月　份	1	2	3	4	5	6	7	8	9	10	11	12
上市量	1 318	1 868	3 266	1 371	1 391	1 432	1 163	936	1 021	1 561	2 228	1 871
批发价	341	299	140	318	276	254	316	288	352	271	220	277

资料来源：2000年日本野菜统计要览，见参考文献[3]。

在日本市场上，近两年受中国出口竞争的影响，美国西兰花对日出口停滞不前并呈下降趋势。从价格上看，中国产西兰花每千克到岸价（CIF）为109日元，美国产为169日元，美国产价格要高出中国的50%以上。中国产品生产成本低、运输费用低，因而表现出明显的价格优势。另外，近几年日本商社前往中国实施蔬菜“开发进口战略”，中国产西兰花的质量明显提高，产品竞争力也不断增强。

二、我国的西兰花生产和出口

早在20世纪50年代，我国就开始从欧洲引进试种西兰花。20世纪七八十年代我国少量种植了西兰花、西芹、荷兰豆等一些西洋品种蔬菜，主要为了供应一些高档涉外饭店，市面上很难见得到。由于广大居民对西兰花不熟悉，不知道怎样吃，吃起来也不习惯，因此消费量也有限。到了20世纪90年代以后，我国蔬菜供求矛盾得到缓和，一些新品种菜、奇特蔬菜开始受到人们的青睐，西兰花等稀有蔬菜的生产逐渐开始扩大。但是，真正形成一些地区规模种植的直接原因还是外贸出口的拉动。随着日本从中国进口蔬菜的不断增加，日本商人带来种子和技术，到中国的一些产地发展西兰花种植，返销到日本，由于出口产品销路好、价格高，激发了农户生产西兰花的积极性，在经济相对发达的沿海一带，逐步形成了一些出口导向型的西兰花产地。如浙江慈溪、海盐、江苏常熟、山东莱阳等地都有日资企业或其代理在当地收购西兰花，形成了西兰花出口产地。我国沿海一带的西兰花生产一般是种植秋后、冬季和早春季节收获的品种，因为炎热季节西兰花长不好，质量难以达到出口标准，一般不进行夏收品种的种植。而在北方地区的河北、辽宁、内蒙古等省区的山区，海拔高，夏季气温凉爽，非常适合西兰花夏收品种的种植。外商已经开始在北方地区开辟新的生产基地，生产夏收西兰花出口。河北省张家口坝上地区的西兰花出口生产就是一个利用自然冷凉环境，抢占国际市场空档的好例子。

三、利用区域优势，发展错季西兰花出口生产

张家口市位于河北省西北部，东与承德市毗邻，南与北京市、保定市相连，西与山西省接壤，北与内蒙古自治区交界，地理位置为东经113°50′～116°30′，北纬39°30′～42°10′。全市地势西北高，东南低，阴山山脉横贯中部，将全市分为坝上、坝下两个自然地理区域。北半部的坝上地区，属内蒙古高原的延伸地带，海拔高度1 400～2 128米，包括张北、沽源、康保、尚义四个县[4]。

坝上地区的自然环境条件对错季蔬菜的生产十分适宜。年日照时数2 700～3 000小时，年太阳辐射总量为5 522.9～6 108.6兆焦/平方米，年平均气温1.4～4.9℃，无霜期80～120天，年降水量350～600毫米，作物生长旺期的6～9月份降水占全年的77%～85%。由于太阳辐射量大、夏季不炎热、昼夜温差大、雨热同期，适宜生产夏秋季节上市的蔬菜。坝上四县从7月中旬到9月上旬可以大量供应西兰花，采收、上市时间与其他地区自然错开，弥补了市场上西兰花断档的淡季。独特的地域环境使坝上地区生产的西兰花花球形状整齐好看、适口性好，品质优、耐贮运。并且由于低温冷凉和新种植区的缘故，病虫害基本不发生或发生轻微，田间农药用量少，不存在农药残留超标问题。另外，坝上蔬菜产区远离城镇及工矿企业，没有城市生活污水和工业污染，生态环境良好；且大部分地块土质肥沃，灌溉条件良好；当地畜牧业还可提供充足的有机肥源，是一个理想的无公害蔬菜、绿色食品生产基地。

张家口坝上地区的西兰花出口生产正面临一个良好的发展机遇。几年前，日本、香港商人纷纷看好这里的产地环境，来这里开发错季西兰花的生产。他们带来种子和技术，寻找代理公司，签订回收合同。目前种植面积已超过200公顷，产量超过2 000吨。主要为外商收购，出口日本和通过香港出口东南亚国家。为了及时采收、加工、包装和达到一定的批量发货，在产地建有恒温加工临时保鲜库十余座，张北、尚义、沽源等地新建了容量为1 000吨的大型恒温保鲜库，用于出口西兰花的临时贮存和一部分南运蔬菜的预冷。目前已有亚雄、三进、坝上保鲜等几家从事蔬菜产销和加工的企业经营蔬菜出口业务。

张家口市亚雄公司是一家从事蔬菜生产、加工和销售的龙头企业。几年来通过与外商签订合同的方式对外销售蔬菜，带动了当地农户发展错季蔬菜的生产。在已建立的150公顷蔬菜生产基地中，有一半的面积种植西兰花。他们聘请市农业技术人员对基地农户进行技术培训，严格按照外商提出的技术标准进行操作，按合同收购农户的西兰花，在自己的恒温保鲜库中进行加工包装、预冷，然后直接用大型保温集装箱卡车运送到天津港销往日本，或者直接运抵香港。为了方便出口包装，公司还自建了一座发泡塑料包装箱厂，专门生产便于保鲜和运输西兰花的保温包装材料。有了这种出口带动型龙头企业的带动，既引来了外商、打开了销路，又促进了当地错季西兰花的发展。

四、树立竞争意识，不断开拓国际市场

我国地域辽阔、地理差异明显，按照区域特点发展特色蔬菜出口，即可以满足国际市场的季节性需求，又能树立自己的竞争优势。张家口坝上地区发展西兰花出口的实际例子证明，只要找准市场切入点，进一步扩大我国蔬菜的出口贸易是完全可行的。我国的河北、内蒙古及东北三省有许多独特自然条件的区域，应当积极寻找自己的优势，参与国际市场竞争。我国蔬菜出口主要面对日本和韩国市场，竞争对手主要是美国，在一些传统蔬菜（如大葱、大蒜、生姜、香菇等）

的出口上我国已经占有绝对优势，进一步扩大市场的难度较大。建议今后大力发展目前出口量尚小的西洋蔬菜（如西兰花、生菜、西芹等）的出口，从竞争者手中抢夺市场份额；据预测，日本市场对西兰花的需求潜力仍然很大[5]。在选择出口时机时，要瞄准市场空档，这样即可以减少贸易壁垒的限制，还能卖出较好的价格。因为在市场供应淡季时，进口国往往需要扩大进口来满足国内需求。对此，应做好以下几方面的工作：

（1）加强国际市场的调查和研究。了解国际市场的需求特点和变化趋势，对于发展出口蔬菜的生产是十分重要的。目前我国多数蔬菜出口产地，只是被动地依照国外商人的要求进行生产，缺乏主动了解和研究国际市场的能力。日本为了掌握我国产地的情况，政府每年都投入经费，多次组织人员来进行考察，为企业和公众提供公开信息。我国也应当在研究国外市场方面加大政府的支持力度，为出口企业和生产者搭起了解和进入国际市场的平台。

（2）培育和建设具有一定规模的特色菜出口基地。发展具有竞争力的特色蔬菜出口，必须要搞好出口基地的建设。出口基地要具有一定的规模，才能满足批量供货的要求。而且在基地范围内，能够采取有效措施，严格按照国际标准进行生产管理和质量控制，保证产品在质量卫生安全方面不出问题。从以往经验看，出口企业无固定的生产基地，从市场上收购原料加工出口的，被查出问题导致退货的例子较多。因此，建立基地并实施严格的全程质量管理，对蔬菜产品的出口是十分重要的。

（3）增强营销意识，实施差异化竞争策略。当前，产品供求关系缓和，甚至供大于求已经是一个普遍的现象。日本进口蔬菜价格逐年下降也说明了这一点。在这种情况下，增强市场营销意识，采取相应的竞争策略是企业进一步扩大国际市场份额的关键。我国蔬菜已经依靠价格竞争优势大量进入日本等国市场，随着国际消费趋势的变化，及时从价格竞争逐步转向质量竞争、产品差异化竞争是一个必然的趋势。蔬菜产品的差异化竞争策略包括选择名优特品种，采用无公害、绿色、有机栽培，安排反季节、错季节上市，开展各种促销活动等等。

（4）扶持出口企业，发展产业化经营。出口加工企业仍然是当前我国蔬菜出口的主力军。政府要扶持规模大、效益高的企业，鼓励其兼并小企业，提高出口企业的规模和素质水平。由大型企业带动农户或农场实行原料生产、产品加工、运输销售一条龙，有利于降低生产者市场风险，增强对外谈判交涉能力。保鲜西兰花对物流技术要求高，要加强储运设施建设，建立与国际货运对接的“产地一港口”冷藏链。在出口贸易上，龙头企业之间的协调自律、一致对外非常重要。在这关系到国家整体利益和形象的问题上，积极建立蔬菜出口行业协会并发挥职能作用是十分必要的。

参考文献

[1] 日本施設園藝協會編．激増する輸入野菜と產地再编強化戰略（M）．东京：家の光協會，2001：38～54

[2] 河原壽，平石康久．2000年野菜輸入の動向．东京：日本野菜供給安定基金（M）．2000：17

[3] 西岡篤彥等．2000年野菜統計要覽．东京：日本野菜供給安定基金（M）．2000：84～85，170～171

[4] 徐受棠等．张家口农村经济概览（2000年版）．张家口：张家口农村经济概览编委会．2000：1～9

[5] 陈永福．受制于物流科技——中国洋葱和西兰花对日出口竞争力分析［J］．国际贸易，2001（9）：44～46

中国贫困地区县乡财政不平衡对农村公共产品供给影响程度研究*

李秉龙　张立承　曹暕

［摘　要］论文将中国政府“八七扶贫攻坚计划”中所列的592个国定贫困县中的486个1999年财政赤字县作为研究样本，选取县乡财政的“财政支援农业生产建设支出”、“农林水气事业费”、“社会保障补助支出”、“行政管理费”和“教育事业费”五类支出作为系统分析指标，通过计算指标熵值，利用“熵值增加效应”规律判定在财政赤字状态下各类农村公共物品供给规模不确定性的强弱。从公共产品分品种、分区域和分财政赤字程度三种不同的视角深入分析五类农村公共产品承担基层财政赤字的程度，根据模型计算结果得出贫困地区县乡财政赤字条件下，农村公共支出结构调整的政策性建议。

［关键词］贫困地区　县乡财政　不平衡　农村公共产品

一、研究背景

中国政府实施的《国家八七扶贫攻坚计划》于2000年底宣告结束，通过这项长达七年的国家级扶贫计划，中国的贫困人口数量在20世纪90年代得以持续减少①。无论是中国政府还是世界银行设定的贫困尺度的含义都是集中在范围较窄的收入贫困，而这种狭义的贫困标准忽视了贫困和福利中非常重要的非收入特征，从而掩盖了转型期中国贫困问题的复杂性。联合国开发计划署人类发展和贫困报告将“人类贫困”界定为——缺乏人类发展最基本的机会和选择。这一定义强调的贫困具有多元化性质，贫困的尺度不仅仅包括收入水平，还应包括公共消费状况如教育和卫生条件，以及社会地位、福利和参与发展过程的能力。现阶段中国扶贫攻坚计划的顺利完成只是解决了大部分农村贫困人口的温饱问题，这仅仅是贫困人口摆脱贫困的一个重要组成部分，

* 原载《中国农村观察》2003年1月。

① 根据中国政府公布的低于0.66美元/天人（相当于1985年购买力平价不变价格）的农村贫困人口标准，中国农村的贫困人口已由1978年的近2.6亿下降到1998年底4 200万，贫困人口从占农村总人口的1/3下降到1/20。世界银行为了便于比较国家间的贫困状况，提出了按照1985年购买力平价不变价格每人每天1美元的农村人口的贫困标准。用这个标准衡量，到1998年底中国农村贫困人口为1.06亿，占农村总人口的比例约为11.5%，虽然这一比例远高于中国政府公布的5%的农村人口贫困比例，但农村贫困人口缩减的规模却远大于中国官方公布的数字。

"填饱肚子"后的农村居民会在公共消费等其他领域寻求更高层次的满足。

中国县乡两级财政运行环境恶化，运行质量下降以及运行压力增加，这既有来自财政体制内部变革的影响，也有来自整个县域经济状况这一外围环境变化的影响。研究正是基于此背景，选取基层财政的主要公共支出品种研究财政赤字对贫困地区农村公共物品供给影响的差异程度，进而揭示贫困地区农村各类公共物品抵御财政运行风险的能力差异。县乡两级政府在可调配的公共财政资源十分有限甚至是减少的情况下寻找提高公共资源配置效率的有效途径，这是研究的落脚点。

二、分析框架

贫困地区县乡财政运行的常态是收不抵支，存在财政赤字。1998 年 592 个国定贫困县财政运行有近两成的县财政收支平衡甚至是略有节余。这种贫困县反常态的财政运行结果并非是贫困地区的农村居民没有对公共物品的公共消费需求，而是受客观贫困条件的限制，这种需求被人为压制在低水平的供求平衡状态。这不是贫困地区县级财政运行的一般状态，反而是特例，是短暂的平衡状态。所以在研究过程中剔除了公共物品供给低水平收支均衡的国定财政平衡贫困县，将研究范围界定在国定贫困赤字县。

通过分析 1998 年的县级财政运行决算报表找出存在收支缺口的国定贫困赤字县，并以此作为研究样本，在此基础上再研究 1999 年上述样本县的公共支出结构的变动情况。为什么选取这样一个研究顺序？考虑到财政不平衡与公共支出结构变动之间是互为因果关系的，即既可以上一年度决算①中的财政赤字是前因，本年度各类公共物品供给规模变动是后果；又可以本年度财政公共支出结构变动是前因，本年度财政决算出现赤字是后果。我们研究的是国定贫困县出现财政赤字后，财政公共支出结构中各类公共物品供给的变动情况，所以在数据的选取上充分考虑到了赤字在前，调整在后所带来的赤字对公共支出的跨财政年度滞后效应。

将国定贫困赤字县的财政运行作为一个系统综合考察，选取"财政支援农业生产建设支出"、"农林水气事业费"、"社会保障补助支出"、"行政管理费"和"教育事业费"作为系统指标，通过计算指标熵值，利用"熵值增加效应"规律判定在财政赤字状态下各类农村公共物品供给规模不确定性的强弱。所选取的系统指标具有如下特征：一是这些指标在财政支出结构中具有较强的公共物品性质，满足研究对贫困地区农村公共物品的研究要求；二是所选的这五项支出基本能够反映现阶段贫困地区县级财政支出中公共支出部分的全貌②。

贫困地区的农村居民同城镇居民一样对公共物品有公共消费需求。由于公共物品的"非竞争性"和"非排他性"的特殊属性，公共物品只能由政府（财政）提供，贫困地区的农村公共物品也只能以县乡两级财政为主供给，而政府提供公共物品的水平和规模受到财政预算的硬约束。贫困地区县乡财政赤字是制约当地农村公共物品供给条件改善的主要因素。

在分析方法上，首先将筛选出的 486 个国定贫困赤字县作为一个研究整体，通过计算各类公共支出的指标熵值寻找贫困地区财政不平衡对农村公共物品供给影响差异的一般性规律，揭示贫

---

① 根据中国《预算法》的规定只有中央财政才可以在预算中开列赤字，而地方财政在法律上禁止在预算中开列赤字，但基层财政的运行实际往往是收不抵支，财政不平衡会出现在决算阶段，且在财政账面不会表现出来，具有其隐蔽性。

② 农村五项公共支出占当年财政总支出的比重均值为 52.8%，基本能够囊括县级财政支出中的公共部分。

困地区县级财政支出的共同理念，并将理财原则放回贫困地区这一大的宏观背景中综合考察。将研究对象进一步细分以期深入研究基层财政赤字对贫困地区财政公共支出结构变动的影响作用。研究对象的细分是沿着两个方面展开的：一是按照外围不同经济发展水平将贫困地区划分为东、中、西三部分，对处于不同区位环境的国定贫困赤字县的公共支出结构变动进行分析；二是按照财政赤字占当年财政总支出的比重将研究对象细分为高、中、低三个层次，分析不同的财政运行恶化程度对农村公共物品供给规模变动的影响。研究对象细分的目的是通过整体与局部、局部与局部的纵向和横向比较，揭示贫困地区财政赤字对农村公共物品供给规模变动影响的共性与差异，为优化贫困地区县级财政公共支出结构、提高支出效率提供决策参考。

三、计算方法

1. 定义指标熵值。

$E=-\sum_{i=1}^{n} p_i \ln p_i$ 式中 E 为指标熵值，p_i 为第 i 种状态发生的概率，$\sum_{i=1}^{n} p_i=1$，$0<p_i<1$。

2. 构建指标的水平矩阵。

构造指标水平矩阵 $A=\begin{pmatrix} a_{11} & \mathrm{K} & a_{1m} \\ \mathrm{M} & \mathrm{O} & \mathrm{M} \\ a_{n1} & \mathrm{L} & a_{nm} \end{pmatrix}$，其元素 a_{ij} 为第 i 县第 j 个指标的水平值。

3. 归一化处理。按照熵值计算方法的要求系统指标需要具有“功利性”，即其相对优异值不是越大越好（收益性指标），就是越小越好（损益性指标）①。本研究选取的五项农村公共物品开支指标均为收益性指标，其含义为：从长远看，我国县乡财政的改革方向是建立公共财政框架，上述五项公共开支占财政总支出的比重越大，该县财政支出结构中公共化支出程度也就越高②。

对于收益性指标 a_{ij} 归一化处理得 $\tilde{a}_{ij}$

$$\tilde{a}_{ij}=\frac{a_{ij}-\min\ a_{ij}}{\max\ a_{ij}-\min\ a_{ij}}$$

$$\tilde{A}=\begin{pmatrix} \tilde{a}_{11} & \mathrm{K} & \tilde{a}_{1m} \\ \mathrm{M} & \mathrm{O} & \mathrm{M} \\ \tilde{a}_{n1} & \mathrm{L} & \tilde{a}_{nm} \end{pmatrix}$$

4. 指标熵值计算。

• 计算各指标相对重要程度 e_j

$$e_j=-\sum_{i=1}^{n}\left(\tilde{a}_{ij}\Big/\sum_{i=1}^{n}\tilde{a}_{ij}\right)\cdot\ln\left(\tilde{a}_{ij}\Big/\sum_{i=1}^{n}\tilde{a}_{ij}\right)$$

---

① 收益性指标和损益性指标都是相对指标数值变化而言的，指标数值的单方向变化（由大到小或由小到大）所代表的经济含义不是越来越好，就是越来越差，具有明显的功利性特征。

② 表面看来，人员经费特别是教师工资支出在县乡两级财政支出结构中所占比重最大，这一现象似乎表明目前我国县乡财政已具备了公共财政运行模式的基本特征，但我们认为县乡财政支出结构变动是贫困和财政运行环境恶化的被动调整，而不是为适应公共财政框架的要求所作的主动性和适应性的优化调整。换句话说，县乡财政支出集中在教育和行政事业费部分等公共支出部分，这不是现阶段贫困地区的觉悟所能达到的，它不代表财政由传统体制向公共财政转轨的发展方向，所反映的是毫无生机的贫困地区县乡财政运行步履艰难的结果。这种公共化支出的假相实际上是目前县乡财政运行病态的一种“休克疗法”。

• 计算各指标熵值

根据熵值定义的极值性质，当系统的发生状态概率为等概率时，即$\tilde{a}_{ij} \Big/ \sum_{i=1}^{n} \tilde{a}_{ij}$相等时指标熵值获得极大值 $(E_j)_{max}=\ln (n)$

$$E_j=\frac{1}{\ln (n)\ e_j}$$

四、计算结果与分析

（一）分公共物品不同品种

根据计算出的 1999 年中国 486 个国定贫困赤字县五项农村公共物品的指标熵值，按照由大到小的顺序排列，即五项公共物品受财政赤字冲击供给规模的易变程度由大到小的顺序为：教育事业费、行政管理费、农林水气事业费、财政支援农业生产建设支出、社会保障补助支出。

表 1　分品种计算的指标熵值

	支援农业生产建设支出	农林水气事业费	社会保障补助支出	行政管理费	教育事业费
各指标熵值	0.962 94	0.984 43	0.935 77	0.986 40	0.987 43

可以把这五项农村公共支出进一步划分为三大类，即：财政供养人员工资类，包括教育事业费、行政管理费和农林水气事业费三项；生产建设类，包括财政支援农业生产建设支出；公益性支出，包括社会保障补助支出。这样农村公共支出受基层财政赤字冲击供给规模的易变程度由大到小排列出一个顺序，即财政供养人员工资支出、生产建设支出、社会公益支出。形成这样一个排列顺序的原因有二。其一是三大类公共支出占财政总支出的比重不同。中国贫困地区县乡两级财政虽然多为“吃饭”财政，但这仅仅是指“吃饭”部分占据财政支出的最大份额，而不是指人员工资支出在支出中的稳定性最强，恰恰相反，财政供养人员的工资支出最容易受到财政赤字的冲击，成为财政运行风险的主要承载体，而生产建设支出和社会公益支出在财政总支出中的比重相对而言要低得多。根据掌握的数据推算，财政供养人员工资类支出、生产建设类支出、社会公益类支出在县级财政总支出中所占比重分别为 45.2％、3.3％和 1.6％。削减生产建设支出和社会公益支出对弥补财政赤字也只能是“杯水车薪”，作用不大。其二是后两类公共支出的社会效应明显，特别是社会公益支出。社会公益支出是任何一种财政支出结构的应有之意，无论是传统体制下的财政支出模式还是市场经济环境下的公共财政支出模式，在财政预算中没有社会保障补助支出就意味着政府预算的不完整或者说政府职能的严重缺位。本已规模很小的社会保障补助支出被削减的余地就更小了。虽然中国正在构建的公共财政框架脱胎于传统的财政体制，现有的财政支出结构中有着明显的财政投资于竞争性和营利性领域的色彩，但财政支援农业生产建设支出是财政扶持弱质产业，具有明显的公共物品性质，是在财政体制转轨过程中需要继续保留和加强的重要财政职能，这在学术界和管理层已经达成共识。

樊胜根等（2001）研究欠发达地区“科研”、“灌溉”、“教育”、“基础设施”四类农村公共物品对经济增长、地区差距和贫困的边际影响认为，改善教育不论对农业部门还是非农业部门的边际回报率都很高，从全国来看，教育公共投资的扶贫效果最大。而无论是以全国贫困赤字县作为一个整体研究，还是进一步区分东、中、西部三个发展层次分析，或是按照县级财政赤字占财政总支出的比重划分高、中、低三种财政运行环境比较，我们发现本项目所选的“财政支援农业生产建设支出”、“农林水气事业费”、“社会保障补助支出”、“行政管理费”、“教育事业费”五项农村公共物品在出现财政赤字时，教育事业费受到的冲击都很大，特别是中西部欠发达地区教育事业费受基层财政赤字冲击的不稳定程度居于五项农村公共物品之首。表面看来，农村教育高边际回报率与该项公共投资受财政赤字的影响最大两者格格不入，是矛盾的。这种矛盾实际上是农村教育作为纯公共物品的收益社会外溢性和收益滞后性与现阶段贫困地区县级财政运行的趋利性相互冲突作用的结果。教育从整体上讲是准公共物品，而各级各类教育的性质又有很大的差异。从小学、中学、大学到成人教育和职业教育，它们在收益的社会外溢性方面逐渐减小，中小学教育作为一般教育的低层次阶段公共属性表现的最为明显。人类接受教育的不可跨越性决定了任何一个接受高等教育的人首先必须要经过初等教育的培养，而在县及县以下的农村教育结构中初等教育占据绝大部分，经过农村初等教育培养的人群又在城市接受高等教育并最终留在城市。成本与收益的不统一使得农村初等教育在国家教育体系中自然而然地扮演了一种“贡献型”教育的角色。另外即便是一部分农村居民在接受农村初等教育后留在农村，他们利用其所学知识为当地经济增长做出贡献还需要一个知识积累和消化的实践过程，即所谓教育收益的滞后性。体制转轨过程中，市场经济的追求效益最大化不可避免地会影响到县乡财政的理财观念，特别是贫困地区的县乡财政在营利性领域把有限的政府公共资金进一步做大的冲动也就更强烈。这样看来，财政的趋利性运行理念与农村初等教育的收益外溢性和滞后性的冲突使得前面论述的矛盾即在情理之外，又在情理之中。

研究结果显示在贫困县的财政供养人员工资支出类支出中“行政管理费”的稳定程度要明显高于“教育事业费”，其中既有来自上述农村初等教育的本质属性方面的原因，也有来自“行政管理费”支出固有特征方面的影响。“行政管理费”主要是指政府各职能部门的财政供养人员的工资支出，而政府公共资金又掌握在以财政为首的各政府相关职能部门，相比而言教育部门就没有政府各职能部门手中的那么大财权，他们自身的工资发放也掌握在别人手中。当出现财政赤字风险时，以财政为首的政府职能部门会适时地调整支出策略，尽量避免本集团利益受到较大的冲击。

“农林水气事业费”在工资类支出中表现出抵御财政赤字风险的能力最强。中国县乡财政运行压力日渐凸现，与此同时伴随着基层财政支出职能的收缩，形成财政体制转轨过程中的职能“缺位”，县乡财政以“甩包袱”的形式将财政支出压力抛给了各财政供养单位，让创造农村公共物品和公共服务的基层政府职能部门“自谋生路”。如农业技术推广站、农机管理服务站、水利站、畜牧兽医站等大多靠向农民提供有偿服务维持日常运转①，财政部分或全部地淡出对该类部门的供养。换句话说，农村社会公共服务体系对财政的依赖程度较以前已经大大降低，“自生性”的增强使得它们对来自财政的赤字风险的抵御程度也就明显增强。

（二）分东、中、西不同地区

东部地区贫困县财政运行的指标熵值整体要小于中部地区，中部地区的指标熵值整体要小于西部地区。根据系统熵值的性质，熵值越大系统运行的稳定性越弱，熵值越小系统运行的稳定性越强。在县级财政赤字条件下，东部地区县级财政支出结构受到的冲击最小，农村各类公共物品的供给规模的刚性最强，中部地区次之，西部贫困县级财政公共支出结构的易变性最强。

① 国务院发展研究中心农村部关于中国农村社会公共服务体系改革基础调查研究报告认为家庭承包制的实施促进了农村财富的增长，从而为农村社会公共服务制度外筹资奠定了财富基础。

表 2　分地区计算的指标熵值

各指标熵值	支援农业生产建设支出	农林水气事业费	社会保障补助支出	行政管理费	教育事业费
东　部	0.953 70	0.972 93	0.888 93	0.966 84	0.968 10
中　部	0.966 17	0.977 55	0.918 55	0.979 15	0.981 90
西　部	0.949 35	0.983 51	0.946 59	0.976 02	0.986 51

表 3　分地区农村公共物品承担财政赤字风险排序

排列顺序	支援农业生产建设支出	农林水气事业费	社会保障补助支出	行政管理费	教育事业费
东　部	4	1	5	3	2
中　部	4	3	5	2	1
西　部	4	2	5	3	1

其中的原因有三点：其一是东部地区的国定贫困县的经济基础要优于中西部地区的国定贫困县，县级财政支出的固有结构抵御财政风险的能力也要强于中西部地区。东部地区的国定贫困赤字县的人均纯收入要比中部地区和西部地区的同类贫困县分别高 27%和 61%，人均财政收入东部地区贫困县要比中西部地区分别高 11.7%和 17.8%。由此可见虽然国家有一系列的指标体系作为界定国定贫困县的标准，但是国家所确定 592 个国定贫困县在贫困程度方面也存在明显的层次差异①，东部地区的贫困县是“贫困县中的富裕县”。其二是东部地区国定贫困县的财政赤字规模要小于中西部地区的国定贫困县，作用于公共支出的财政压力也明显小于中西部。东部地区较小的财政运行缺口，这一方面同当地较强的经济基础密切相关，另一方面，东部地区的贫困县是所在省或所在市的局部，局部的贫困可以获得所在富裕省份或富裕市的财政转移支付，以弥补县级财政运行亏空，东部地区国定贫困县的财政赤字规模要远小于中西部地区。中西部地区贫困县的人均财政赤字要比东部地区分别高 28.2%和 44%。长期以来中国确定贫困区域的标准是县，而转移支付却依赖政府间财政关系这一纵向渠道。扶贫不仅仅是中央政府的责任，同样也是省级政府甚至是市级政府的分内之事，这样东部地区的贫困县又体现出了“富裕地区的贫困县”的特征。东部地区省市级财政对贫困县的转移支付力度明显要强于中西部地区。其三是东部地区贫困县的公共资本存量要高于西部地区，这是历史上农村公共物品地域间不同积累规模所形成的必然结果。

表 4　东、中、西部贫困县财政经济状况与农村公共物品供给比较

	人均纯收入（元）	人均财政收入（元）	人均财政赤字（元）	每个老师负担学生数（人）
东　部	1 768.25	312.91	−23.48	21.147 5
中　部	1 393.81	280.16	−30.10	19.221 6
西　部	1 101.61	265.70	−33.81	22.408 0

资料来源：财政部预算司。1998 年全国地市县财政统计资料。中国财政经济出版社，1999 年 11 月；http://www.stats.gov.cn；表中“人均纯收入”、“人均财政收入”和“人均财政赤字”为 1998 年数据，“每个老师负担学生数”为 1999 年数据。

① 另外一个方面的原因是：中央确定 592 个国定贫困县进行重点扶持是在 1993 年《八七扶贫攻坚计划》实施之初，而所选取的研究范围是 1998 和 1999 两年的国定贫困县的财政运行，期间可能东部地区的国定贫困县的经济发展速度会快于中西部的国定贫困县，或者说现阶段东部地区贫困县与中西部地区贫困县在经济发展水平上的差距部分地来源于 1993—1997 年间彼此经济发展速度的差异。

通过对地区内部各类农村公共物品承担财政赤字风险程度的对比分析发现在东部地区，农林水气事业费具有最大的不稳定性，这一点与中、西部地区以及全国的平均情况不同，显示出东部国定贫困县区别其他贫困县的特征。农林水气事业费的最不稳定性同东部地区经济发展过程中的产业构成有密切关系，东部地区经济增长的主要源动力是当地第二、三产业的蓬勃发展，而农业的整体贡献并不十分突出，财政扶持的重点也是能够维持当地经济高速增长的二、三产业，所以以农林水气事业费为首的支农支出就成为赤字条件下财政支出结构调整的"牺牲品"。

（三）分财政赤字程度

将国定贫困赤字县按照1998年县级财政决算赤字占同年财政总支出的比重不同细分为7%以下（含7%），7%～15%（含15%）和15%以上三个档次，进一步深入研究国定贫困赤字县不同的财政运行恶化程度对农村公共物品供给规模变动的影响。细分后，对三个赤字档次的样本应用熵值算法进行计算，结果显示三大类农村公共物品受财政赤字冲击程度的先后排序同以全国作为一个完整的研究对象所得到的结果基本上是一致的，即：财政供养人员工资类支出、生产建设类支出、社会公益类支出。

表5　分赤字水平计算的指标熵值

各指标熵值	支援农业生产建设支出	农林水气事业费	社会保障补助支出	行政管理费	教育事业费
20%以上	0.928 24	0.969 59	0.908 53	0.957 37	0.977 10
15%以上	0.942 56	0.976 89	0.919 99	0.970 76	0.982 53
7%～15%	0.956 56	0.964 95	0.917 46	0.978 63	0.976 88
7%以下	0.964 56	0.981 90	0.925 31	0.985 46	0.985 24

表6　分赤字水平农村公共物品承担财政赤字风险排序

排列顺序	支援农业生产建设支出	农林水气事业费	社会保障补助支出	行政管理费	教育事业费
20%以上	4	2	5	3	1
15%以上	4	2	5	3	1
7%～15%	4	3	5	1	2
7%以下	4	3	5	1	2

但是同时也发现财政供养人员工资类支出内部也有顺序上的调整：在7%以下和7%～15%两个档次中行政管理费承担的财政赤字风险最大，其次是教育事业费，农林水气事业费依旧最稳定；而在15%以上档次承担财政赤字风险最大的教育事业费，其次是农林水气事业费，支出结构中最稳定的是行政管理费。为了分析贫困地区县级财政困难的极端情况，我们进一步计算了财政赤字占财政总支出的比重在20%以上的贫困县的指标熵值，结果显示其排列顺序同15%以上档次的排列顺序完全一致。由此可以推断出，在财政运行最为艰难的贫困县，行政管理部门的人员工资支出的刚性最强，而教师的工资支出的刚性最弱，这同平时所观察到的在一些高比例的财政赤字贫困县拖欠教师工资的情况要远远比拖欠政府相关职能部门公务员工资要严重得多的现象也是吻合的。

五、政策建议

本研究结果对规范贫困地区县乡财政公共支出结构，改善贫困地区农村公共物品供给状况具有重要的政策含义。

改善贫困地区农村公共物品供给状况应选择均衡化的发展路径，即：第一阶段是实现贫困县与周边一般水平的县（市）农村公共物品协调供给——乡乡平衡，第二阶段是实现农村公共物品与城市公共物品协调供给——城乡平衡，最终消除国民公共物品消费中的“城乡二元结构”。

积极推动农村公共物品供给主体多元化改革，建立财政、第三部门和农户三位一体的农村公共物品供给模式，缓解县乡财政作为农村公共物品单一供给主体的支付压力。完善省以下政府间财政转移支付制度，向上寻求财政援助；鼓励政府主导的非政府组织（GONGO）加大对农村公共物品建设投入，从财政外部拓宽公共物品建设的投融资渠道；对于服务辖区较小的公共物品供给采取农户个人与政府按比例均摊的成本分配模式。在极端贫困的情况下，贷款搞公共物品建设是不适合的，拨款是必不可少的。

在贫困地区政府公共资源有限的前提下，理性确定基层财政赤字风险在公共支出结构中的分配。在本研究选取的五项农村公共物品中教育事业费和行政管理费占财政总支出的平均比重分别达到25.63％和14.50％，是财政支出中的“大头”。虽然贫困县财政运行的赤字状态在短期内较难有效改观，但是应该扭转农村基础教育作为基层财政赤字风险最大承担者的现状。这并不是说将农村基础教育承担的财政风险完全转嫁给其他农村公共支出，这五项农村公共支出都是财政支出的应有之意，化解财政赤字风险应该结合县乡机构改革，精简政府办公人员，压缩行政管理费支出，建立运转高效的基层政府，为农村基础教育承担财政赤字风险提供更大的回旋余地。财政赤字出现前“未雨绸缪”，将基层财政赤字对农村公共物品供给的冲击减到最小。建立公共物品消费反馈机制，通过公共物品的消费者的消费信息反馈判断现行财政公共支出结构是否合理，进而调整基层财政赤字风险在公共支出结构中的分配。

在贫困地区农村公共物品供给的操作层面：局部性和基层性的特点要求其供给与需求相适应。科学意义上讲，不同级次的政府有不同的财政公共支出职能分工，县乡两级财政所提供的公共物品是处于中国行政区划底层政府范围内的公共物品，局部性和基层性是它的突出特点。这些特点也就决定了部分农村公共物品只能由县乡两级财政提供才有比较优势。现阶段贫困地区农户对农村公共物品需求的一个突出特点是利用实用性的公共物品早日脱贫，而农村公共物品供给理念又存在一定的扭曲，如一些贫困地区的公共支出“急功近利”，热衷于投资新建公共项目，而不愿投资维修存量公共项目；热衷于提供看得见、摸得着的“硬”公共物品，而不愿提供农业科技推广等“软”公共物品；重视“准公共物品”的提供，轻视“纯公共物品”的提供等，这种扭曲需要用公共财政的规范加以约束，提高贫困地区农村公共物品供给的科学性。建立基层财政的民主理财机制，尽量减少公共物品供给短缺环节之外的不必要公共物品损耗。

淡化贫困区域界定的县级标准，提高财政扶贫的瞄准精度，避免国家财政扶贫资金用于农村公共物品建设的稀释和遗漏效应。扶贫资金主要运用在592个国定贫困县。然而，据统计，目前国定贫困县的大约2亿人口中，只有2 000万～3 000万贫困人口，因而绝大部分扶贫资金可能稀释到非贫困人口头上。以前贫困县中贫困人口比例高一些，但是上述稀释作用仍然不同程度存在。反过来，据国家统计局调查，现有贫困人口大约一半位于非贫困县，在现行扶贫资金分配体制下，这些贫困人口能够获得的帮助微乎其微。由于瞄准对象与地区和县级行政区划直接联系，难以排除地方政府出于利益动机挪用资金。① 我们认为上游财政有限的财政扶贫资金应该尽可能

① 卢锋．中国：探讨第二代农村反贫困策略——北京大学中国经济研究中心（CCER）与世界银行研究院（WBI）“扶贫与发展”系列研讨会述评．北京大学中国经济问题研究中心讨论稿系列．2001年6月．No. C2001004。

的降低扶贫帮困对象的层级，如贫困区域界定标准由县下移至乡或村，甚至是农户，使贫困农户能够更直接享受到财政扶贫资金在更小的贫困区域有针对性的公共物品建设所带来的好处，缓解县乡两级财政公共支出不足的困境。

参考文献

[1] World Bank. *China Overcoming Rural Poverty*. Unpublished manuscript. 2000. 8

[2] 保罗·萨缪尔森等．经济学（第16版）北京：华夏出版社，1999

[3] 樊胜根等．增长、地区差距与贫困——中国农村公共投资研究．农村公共投资、经济增长及扶贫国际研讨会材料．2001. 11

[4] 樊胜根等．中国农村公共投资的区域优先序：县级数据的分析．农村公共投资、经济增长及扶贫国际研讨会材料．2001. 11

[5] 国务院发展研究中心农村部．中国农村社会公共服务体系改革基础调查研究报告．日本国际协力事业团（JICA）委托课题．2002. 3

[6] 胡拓坪．乡镇公共物品的供求矛盾分析．农业经济问题．2001. 7

[7] 任寿根．论财政创新．管理世界．2001. 6

[8] 王伟．基于熵的财税政策相对优异性评价．数量经济技术经济研究．2000. 3

[9] 王雍君．中国公共支出实证分析．北京：经济科学出版社，2000. 5

中西方品牌忠诚度测评研究及应用启示*

陆 娟 张东晗 崔明杰

[摘 要] 品牌忠诚是企业品牌资产的重要组成部分，是企业利润增长的关键因素之一。国内外学者虽然对品牌忠诚进行了广泛的研究，但对品牌忠诚度的测评研究尚未达成共识。系统了解国内外学者有关品牌忠诚测评的研究成果，不仅有助于该方面研究的深入与拓展，而且有助于我们将相关研究成果应用于实践。

[关键词] 品牌忠诚度 测评 应用

研究表明：开发一个新顾客的费用是维持一个现有顾客费用的六倍（Roseburg 和 Czepiel，1984）；如果每年减少 5%的顾客流失率，汽车服务公司的平均利润将增加 30%，分支银行的平均利润将增加 5%，信用卡公司的平均利润将增加 5%，信用担保公司的平均利润将增加 5%，保险公司的平均利润将增加 10%（ Reinhold 和 Sesser，1990)。Raj（1985）认为，品牌忠诚的主要作用在于，当新的竞争者出现时，品牌忠诚能够保证品牌的市场份额不至于显著减少。Reichheld（1990）认为随着时间的推移，忠诚顾客通过更多的购买、支付溢价和良好口碑相传而为公司带来新顾客。品牌忠诚作为企业利润增长的关键因素之一，引起了中外学者们的广泛重视和研究兴趣。

一、品牌忠诚度的内涵

品牌忠诚概念自从 Copeland（1923）首先提出以来，国内外许多学者都对此进行了大量研究。自此，国外的相关文献中有超过 200 种对其不同的定义（Jacoby 和 Chestnut，1978）。许多学者从品牌购买的行为表现来定义品牌忠诚。Tucker（1964）非常推崇用实际购买行为来定义品牌忠诚，他认为我们很难准确把握消费者到底在想什么，只有消费者的行为才是品牌忠诚的最好表述。他将品牌忠诚定义为连续三次购买同一品牌的行为。Raj. S. P.（1985）认为品牌忠诚是指消费者购买某一品牌的次数占购买该种类所有产品次数的比例，比例越高，品牌忠诚度越高。在《当代广告学》一书中，Arens（2000）认为品牌忠诚是重复购买习惯和持续广告巩固的直接结果，是消费者通过注意或行为而表现出来的有意或无意地持续购买某一品牌的结果。随着研究的深入，越来越多的学者（如：Jacoby，1971）则认为，作为忠诚外在表现形式的持续购买行为有时可能是无效的，因为消费者可能因为习惯或是方便而重复购买，因此，仅从消费者的重复购买就推断得出品牌忠诚或不忠诚是不明智的。Zeithaml、Berry and Parasuraman（1996）认为，品

* 原载《商业经济与管理》2003 年 10 月。

牌忠诚是顾客通过一系列行为表现出的极力与目标品牌（公司）保持一种关系的企图，主要包括分配较高的钱包份额给特定的服务提供商，并从事良好口碑的传播和重复购买。Oliver（1999）认为，品牌忠诚是指不管环境变化和种种促成品牌转换行为发生的营销努力的影响，强烈坚持许诺将来始终如一优先重复购买某一产品或服务，从而导致对同一品牌或同一品牌系列的重复购买。

综上所述，学者们普遍认为，对品牌忠诚的定义应包括两方面内容，即行为忠诚和情感忠诚。行为忠诚是指消费者在实际行动上能够持续购买某一品牌的产品，这种行为的产生可能来源于消费者对这种品牌内在的好感，也可能来源于购买中的促销活动、转换成本或市场覆盖率高于竞争品牌等与情感无关的因素；态度忠诚是指某一品牌的个性与消费者的生活方式、价值观念相吻合，消费者对品牌产生了感情，而表现出持续购买的欲望和良好口碑的传播。

二、品牌忠诚度的测评

根据企业对品牌忠诚所关心的侧重点不同，研究者们归纳起来主要从消费者层面、企业营销层面以及竞争层面三方面入手进行品牌忠诚度测量与评价的研究。

1. 消费者层面品牌忠诚度的测量与评价。

(1) 消费者层面品牌忠诚度的测量。Assael（1993）认为，市场营销文献中能较好度量品牌忠诚度的方法有：一是从消费者的实际购买行为出发，将消费者在一段时期对一个品牌的购买作为品牌忠诚的度量标准。例如，基于消费者过去对品牌的购买资料，利用概率模型来预测消费者再次购买同一品牌的概率，以此作为消费者的品牌忠诚度，此方法称为“消费者行为的随机模型”（Stochastic Model of Consumer Behavior ）。另一种方法是以认知理论（Cognitive Theories）为基础，通过对态度的和行为的度量，两者相结合来预测消费者再次购买同一品牌的概率，以此作为消费者品牌忠诚度，此方法称为“消费者选择的决定模型”（Deterministic Models of Consumer Choice）。即从消费者行为与态度两方面进行消费者层面品牌忠诚度的测评研究。后一种方法得到了学术界的普遍认同与广泛应用。

行为忠诚测量。对消费者行为进行测量的指标有很多，常用的是货币测定指标和频率测定指标两大类。

货币测定指标。从货币角度出发，弗雷德里克·莱希赫尔德（2001）提出了“钱包份额”这样一个指标。因为企业生存的首要目标是获取利润，它最关心的是消费者的钱包问题。指标具体计算公式如下：

$$钱包份额=\frac{消费者对该品牌的购买金额}{消费者对所有该种类产品的购买金额}\times 100\%$$

这个指标主要是反映消费者钱包中给企业的份额，还表明被竞争者拿走的份额。由于综合了企业自身与竞争者的情况，所以有了这方面信息，品牌管理者就可以调整策略，有的放矢的开展竞争；另外这个指标也体现了购买频率和购买量的综合效果，所以对企业较具实际意义。

频率测定指标。从消费者购买频率这个角度出发，多数研究学者所采用的是“重复购买率”这个指标。具体计算公式如下：

$$重复购买率=\frac{消费者对该品牌的购买次数}{消费者对该种类产品所有品牌的购买次数}\times 100\%$$

消费者对该品牌产品或者服务的重复购买次数越多，则他的忠诚度越高，反之则越低。这有助于品牌管理者及早发现问题，如果一个顾客的重复购买率越来越低，说明该品牌对他的价值越来越小，这是消费者发生品牌转换的信号。企业应该及时查明原因，采取有效措施，防止顾客流失。可以说重复购买率是企业经营效果的一个“预警”指标。

态度忠诚测量。对消费者态度忠诚的测量，一般采用利克特量表法。它是由一组问题组成，每一个题目按态度的不同等级给以不同的分数，然后把被试者所填题目的得分加起来，根据总分多少判断其态度强弱的程度，最后将每个人的态度总分进行统计汇总，从而了解消费者的总体态度。

对消费者的态度忠诚的测量，Rebekah Bennett（2002）认为可从两方面进行：一是，对消费者的品牌态度的测量，品牌态度包括对所购买品牌的满意水平、偏爱程度和向其他人的推荐强度等。二是，对消费者的自身固有态度的测量，消费者的自身固有态度与消费者的个人特征有关，它反映的是一个人超越具体品牌的限制所呈现出的一贯态度反应。对这两个指标的具体测量，见表1。

表1　态度忠诚的具体测量

1. 品牌态度

（1）满意度：请说出在购买目录广告中你对你喜爱品牌的满意程度：

	1	2	3	4	5	
不满意						满意

（2）品牌偏好：你对购买目录广告中你喜爱品牌的购买会是：

	1	2	3	4	5	
糟糕的						好的
不愉快的						愉快的
不利的						有利的
否定的						肯定的
不值得的						值得的
愚蠢的						明智的
不可能的						可能的

（3）推荐：指出你对以下陈述同意或不同意的程度：

我会把我喜爱的品牌推荐给其他人。

完全不同意	1	2	3	4	5	完全同意

2. 自身固有态度

用1～5的刻度（1＝完全不同意；2＝不同意；3＝中立；4＝同意；5＝完全同意），表明您对下面语句的同意程度：

我宁愿使用我经常购买的品牌而不愿尝试使用我不能确信的品牌；

如果喜欢一个品牌，我很少因为尝试其他而转换品牌；

我很少向我的同事介绍新品牌或新产品；

我很少购买不熟悉的品牌，即使意味着要牺牲选择种类；

我经常购买同一品牌，即使它们仅是普通的品牌；

我宁愿等待其他人试用新品牌也不愿自己亲自试用；

当购买某产品时，我宁愿坚持使用知名品牌。

罗子明（1995）认为，对态度忠诚的测量可用以下指标：①消费者对品牌的认知状态。包括同类竞争商品中该品牌作为第一品牌首先被联想的比例，无提示状态下对于该品牌的回忆率（即无提示知名度），提示状态下对于该品牌的回忆率（即提示知名度），传播该品牌的媒介状态与特征四个子指标。②品牌在消费者心目中的地位。包括：对产品的总体评价以及对产品各属性的综

合性评价；与同类竞争品牌相比，该品牌在主要的产品特征方面给消费者的联想；与同类竞争品牌相比，该品牌主要的优势性特征；与同类竞争者相比，品牌个性、情感联想方面的表现。③消费者对该品牌的价值评判。包括消费者对品牌实际价格的认知、消费者对该品牌价值的认知、消费者的价格需求弹性、品牌价格的延伸性、消费者购买该品牌的愿望五个子指标。④消费者使用该品牌的经验。包括消费者使用该品牌的时间、品牌满意程度及其原因和不满意的表现形式3个方面。⑤向其他消费者的推崇与介绍。包括向其他消费者推崇的意向与强度、代人购买的意向强度等。

(2) 消费者品牌忠诚度的分析：行为—情感模型。计建、陈小平（1999）认为，可以用行为忠诚度和态度忠诚度的二维坐标（见图1），对消费者品牌忠诚度加以分析。

该模型是将态度忠诚度和行为忠诚度分别划分为高、中、低三类，从而形成了9个区域的矩阵（见图1）。把态度忠诚度高于行为忠诚度的忠诚者定义为“潜在忠诚者”；相反，态度忠诚度低于行为忠诚度的忠诚者，定义为“脆弱忠诚者”；模型右下区域表示“真正的忠诚者”。得出每一区域所代表的忠诚者的绝对数以及占样本总量的相对比例，统计出真正忠诚者、潜在忠诚者以及脆弱忠诚者所占比例，为企业了解品牌忠诚状况并采取具体的提高措施提供参考。

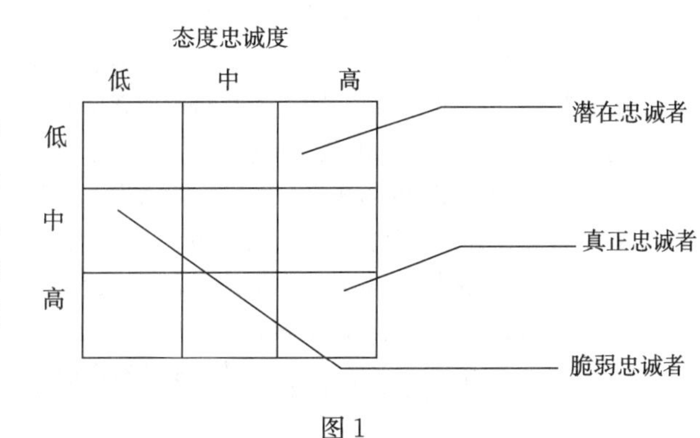

图1

2. 企业营销层面品牌忠诚度的测量与评价。企业最关心的是消费者的品牌忠诚与企业营销活动之间的关系，最常使用率这个指标就体现了营销活动对市场占有率的影响，而市场占有率可以被看作是品牌忠诚度的另一种表现形式。郑宗成、陈进（2002）提出的最常使用率的具体计算公式如下：

$$\text{最常使用率}=\frac{\text{过去三个月最常使用该品牌的人数}}{\text{总样本数}}\times 100\%$$

最常使用率是衡量企业总体品牌忠诚度的主要指标，通常把品牌“当前最常使用率”作为当前市场占有率的粗略估计，而用品牌“以前最常使用率”作为品牌在以前的市场占有率的粗略估计，可以通过对它们的比较分析来了解当前和以前各品牌在市场上的地位及其变化，从而了解消费者的忠诚情况。

这一指标可以分解为三个子指标，即提示后知名度、品牌引力和产品引力，分别反映企业的广告媒体组合计划效果、促销定价效果以及产品效果。

最常使用率＝提示后知名度×品牌引力×产品引力

其中：

① $$\text{提示后知名度}=\frac{\text{知道该品牌的人数}}{\text{总样本数}}\times 100\%$$

提示后知名度反映企业的广告媒体组合计划效果。提示后知名度低反映广告媒体投放不合适，由于与消费者没有进行有效的沟通，所以导致了忠诚消费者数量的减少。

② $$品牌引力=\frac{过去三个月使用过该品牌的人数}{知道该品牌的人数}\times100\%$$

品牌引力反映的是品牌吸引消费者使用的能力，反映的是促销和定价的问题。一个知名度很高的品牌，如果很少有人使用，只能说明其广告媒体组合效果很好，但品牌引力低却导致了消费者由于产品促销或产品定价方面的问题而不能使其购买欲望转换为实际的购买行为，从而影响了品牌的市场占有率，也就减少了忠诚顾客群。

③ $$产品引力=\frac{最常使用该品牌的人数}{过去三个月使用过该品牌的人数}\times100\%$$

这个指标又叫"忠诚保持指数"，反映的是消费者对品牌的忠诚程度。消费者选择这个品牌主要是因为产品特性吸引了消费者，使其不断的使用该产品。为此，有时也称它为"品牌的产品引力"。

通过指标分解可知：某品牌的市场占有率的大小与提示后知名度、品牌引力、产品引力的数值有关。后三者的数值越大，则市场占有率越大；反之，则市场占有率越小。而市场占有率正是品牌忠诚的一个直接的表现，所以可以通过对子指标的分解研究来了解消费者忠诚和企业营销活动之间的关系。

3. 竞争层面品牌忠诚度的测量与评价。

(1) 竞争层面品牌忠诚度的测量。对于企业来说，最为担心的是在激烈的竞争中大量顾客的流失。企业常常想了解到底有多少消费者保留了下来，而又有多少消费者流失了；这些消费者为什么流失，他们又流向哪里。郑宗成、陈进（2002）提出了以下两个测量指标：即消费者最常用品牌的保持率与消费者最常用品牌的转移率。

$$最常用品牌的保持率=\frac{现在和以前均最常用A的人数}{以前最常用A的人数}\times100\%$$

式中，A——目标品牌。

这个指标可以反映出在与对手的激烈竞争中企业保有顾客的情况。以前使用该品牌的消费者，出于对使用经历的满意而保持使用该品牌，这一指标可以使企业获知满意顾客的比例。

$$常用品牌由A转移到B的比率=\frac{以前最常用A现在最常用B的人数}{以前最常用A的人数}\times100\%$$

式中，A——目标品牌；

B——竞争品牌。

这一指标可以反映出企业与竞争对手的竞争情况及企业流失顾客的情况，包括流失顾客的比例以及流失的方向。消费者出于对使用经历的不满而发生了品牌转换，通过这一指标可以使企业获知不满意顾客的比例。

(2) 竞争层面的品牌忠诚度分析：顾客获取与流失矩阵。弗雷德里克·莱希赫尔德（2001）的顾客获取与流失矩阵，可以较好的说明消费者获取与流失的情况，包括消费者流失的方向与比例。举例如下：

表2 顾客获取与流失矩阵

以前最常用品牌	现在最常用品牌								
	A	B	C	D	E	F	G	其他	合计
A	50	30	15					5	100
B	27.3	59.2	4.5	4.5				4.5	100
C			100						100
D		50		25		25			100
E					100				100
F	20	20	40		10	10			100
G	25	12.5			12.5		50		100

从表2中可以看出，品牌A以前的顾客，50%将保持购买A，30%将转到B；而品牌B以前的顾客，59.2%将保持B，27.3%将转到A；品牌F以前的顾客，20%转到A，20%转到B；品牌G以前的顾客，25%转到A，12.5%转到B。这些数据说明品牌A和B之间的竞争是非常的激烈的，他们非但彼此争夺对方的顾客，而且同时争夺F和G的顾客。品牌C当前的占有率上升了8%，其以前的顾客全部保持购买同时它还争夺了不少A、B、F的顾客，品牌A以前的顾客15%转移C，品牌C将成为A的有力的竞争对手。

三、品牌忠诚度测评结果在营销活动中的应用

1. 可以有效地对消费者进行细分，使企业营销更具针对性。根据消费者行为和态度忠诚的不同表现，可以把消费者分为真正的忠诚者、潜在的忠诚者和脆弱的消费者。不同层级的消费者对企业的贡献是不一样的。根据美国一调查公司对22个品牌的消费者进行的长期跟踪调查，“平均品牌”（也就是把22个品牌进行综合，以一个“平均品牌”来代表他们的整体特性）的高、中、低行为忠诚者占被调查者的比例分别为12%、14%、74%。显然，从消费者数量看，高度行为忠诚者所占的比例比较低，只占低度行为忠诚者的16.2%。但与此形成鲜明对照的是，高度行为忠诚者的品牌购买量占该品牌销售量的69%，而低度行为忠诚者品牌购买量仅占5%，这说明了高度行为忠诚者对于品牌的重要性。

为了高效运用有限的资源，企业必须对不同层级的忠诚者采取不同的营销策略。对于真正的品牌忠诚者可以采取保持策略，虽然这部分消费者的数量不多，但对于企业的贡献值却是不容忽视的；对于潜在的忠诚者可以采取激发策略，这部分消费者由于某种原因还没有采取实际的购买行为或是购买行为表现不佳，企业必须采取相应的措施使这部分消费者能够突破购买障碍，实现行为忠诚；对于脆弱的忠诚者，由于其多数表现为价格忠诚，企业可以投其所好，积极开展优惠性的促销活动，以吸引这部分消费者。

2. 帮助企业剖析所实施的营销战略与策略并进行及时调整。通过对企业营销层面品牌忠诚度测量指标的分析，企业可以了解自身营销活动在市场上表现，查明品牌市场占有率上升或是下降的原因。比如，某企业通过对最常使用率指标的分解，发现该品牌的提示后知名度很高，但产品引力却很低，这说明该品牌在促销方面做得很好，但是由于产品特性或是产品质量等方面的原因使得顾客使用产品后的满意度不高，从而导致了消费者的流失和品牌市场占有率的下降。企业在了解情况后，可以在保持原促销水平的基础上，针对产品特性进行改良或是提高产品质量，从而提高产品引力，进而最终提高市场占有率，扩大忠诚消费群。

3. 对顾客流失现象进行分析并及时采取补救措施。对品牌忠诚管理来说，顾客流失是企业最为关心的问题。因为顾客流失反映了两个至关重要的价值流的变化，如下图所示：

企业提供的价值流 ⟺ 顾客回报的现金流

企业和顾客是互动的主体，品牌提供给顾客的价值流在下降，那么，顾客流向品牌的现金流也会相应减少。在激烈的市场竞争中，顾客流失是不可避免的。但在正常情况下，一个品牌的顾客流失率应该是处在一个平稳的水平上。一旦企业发现流失情况出现了异常的波动，就应该引起警觉。企业有必要定期对顾客流失情况进行调查，要搞清哪些顾客流失了，他们流向了哪里，流失的原因是什么，以便及时的根据具体情况采取针对性的补救措施。

通过对顾客获取与流失矩阵的分析，我们可以清楚地看出有多少顾客流失了以及这些顾客流

向了哪里。企业可以通过对流失顾客的询问查明他们转换品牌的原因。这些原因可能是来自于企业本身（比如自己的产品价格制定的太高或是产品质量出现了问题等），有时可能来自于竞争对手（比如竞争对手比自己提供了更好的售后服务或是提供了优惠性的促销活动），有时也可能是源于消费者自身（比如健康状况、家庭居住地等情况的变化）。企业要根据不同的情况采取不同的补救措施，有些情况是企业无法挽回的（比如，流失是由于消费者自身的原因造成的），而多数情况下企业还是可以通过采取相应的补救措施来重新获取顾客青睐的。

参考文献

[1] Allan L. Ballinger and Joel Robinson (1997), The jeopardy in double jeopardy , Journal of Advertising Research. Nov. - Dec. pp. 37～49

[2] F. F. Reinhold and W. E. Sesser, Jr (1990), Zero Defections, Harvard Business Review, September, pp. 105～111

[3] Henry. Assael (1993), Consumer Behavior and Marketing Action, 6th Edition, South - western College Publishing, pp. 130～131

[4] Zeithaml、Berry and Parasuraman (1996), Consumer Behavior And Marketing Strategy , 4th Edition , McGraw - hill Book Co, pp, 523

[5] Oliver, Richard L. (1999), Whence Consumer Loyalty? Journal of Marketing, 63 (Special Issue), pp33～44

[6] Rebekah Bennett (2002), A comparison of attitudinal loyalty measurement approaches, Henry Stewart Publications (350～23), Brand Management vol9. No. 3. 193～209 Anural 2002

[7] S. P. Raj (1985), Striking a Balance Between Brand "Popularity" and Brand Loyalty, Journal of marketing 49, Winter, pp. 53～59

[8] 裘晓东，赵平．品牌忠诚度及其测评研究．现代财经．2002（10）：8～10

[9] 计建，陈小平．品牌忠诚度行为——情感模型初探．外国经济与管理．1999（1）：27～30

[10] 罗子明．消费者品牌忠诚度的构成及测量．北京商学院学报．1999（2）：52～54

一个关于产权保护和实施的文献评述*

吕之望

在长期的增长中，国家行为与产权制度至关重要。而国家既可能保护产权，也可能侵犯产权。所以，从这一点来看，国家的行为必然成为我们的关注点。在中外历史上，出现过一些有名的国家侵犯产权的事件①，与我们最为相关的是农村的合作化运动。那么，在存在国家暴力以及其他强力的条件下，个体或者其他非政府组织如何才能以最低成本实施权利，即就是成为某种事物的真正主人。这就要求国家不仅不要“与民争权”，还要保证一方免受他方的侵犯。我们将要探讨的就是产权保护和实施的问题。但是，需要说明的是，以宪法保护产权不会成为我们的重点。因为如果能够证明个体以及非政府组织具有迫使政府让步的力量，相对完整的产权就能够得以保障，立宪的重要性就只体现在程序上了。

一、国外的研究及理论回顾

在科斯的经典论文《社会成本问题》(1960) 发表以后，产权引起了经济学界的注意。科斯在文中批评了庇古的理论，认为养牛人和农夫之间（或者是排放烟尘者和被污染者）的矛盾不一定需要政府来干预，由市场交易也可能解决。斯蒂格勒（1966）将它归结为科斯定理，即在完全竞争条件下，私人成本与社会成本相等，也就是说法律如何分派赔偿责任不影响产品的构成。科斯定理的进一步表述是产权的界定会影响交易费用，而隐含于其中的后来得到发展的另一个问题是产权的界定和实施是有成本的。实际上张五常（1983）关于企业性质的探讨就能够体现出这两个方面的问题，即如果把企业看作是要素市场对劳动力市场的替代，则这种替代能够实现的条件就是企业内部的交易费用低于企业出现所能节省的交易费用。不过我们认为区分这两类问题是重要的，因为一方面，明晰的产权可以降低交易费用，这是毋庸置疑的，而另一方面产权明晰化的过程是有成本的。当然，这两类问题也可以看作是一枚硬币的正反面，只是侧重点不同，我们的讨论与后一种更为接近。但是从这种区分出发，可以方便我们选择性地整理一些文献。

在前一方向上，德姆塞茨有重要的论文《关于产权的理论》和《产权的实施和交换》。德姆塞茨认为产权的重要性在于能帮助一个人形成他与其他人交易时的合理预期，产权的主要功能是使人们将外部性内在化。在这种逻辑关系上，产权的形成就是降低交易费用的内在要求。德姆塞茨还引证了印第安人土地私有权与商业性皮革贸易之间的关系。我们可以看到，正是因为德姆塞茨的关注点不在界定产权的成本问题上（当然德姆塞茨也认为如果界定和行使产权的成本很高，则这种界定和行使没有意义），因而受到了张五常的批评，后者认为产权的形成取决于两种交易

* 原载《江苏社会科学》2003 年第 1 期。

① 如腓力四世对圣殿骑士团财产的剥夺。

费用的比较。威廉姆森为交易费用建立宏大体系是众所周知的，由于专用性投资和契约的不完全性等因素，在交易中会产生机会主义，而交易费用就具体化为由机会主义所导致的成本。这种成本在经济活动中表现为事先投资不足，所以需要生产的纵向一体化①。随着企业理论的兴起，在这一方向上发展了一个所有权理论。代表性的人物是格罗斯曼、哈特以及穆尔。他们发展了威廉姆森的资产专用性理论，他们用企业剩余权利的分配作为激励来降低机会主义倾向和交易成本。而且他们也认识到界定权利的成本问题，但是他们认为界定特殊权利的成本太高，所以交易的一方拥有由剩余权利定义的所有权是重要的。这是一种企业的产权理论②。

在另一个方向上，需要先加以讨论的是合约经济学。张五常的《佃农理论》首先从土地分成租佃的角度分析了合约的实施，这是合约经济学的先声。张五常论证在分成制下，由于劳动力市场和土地市场存在着竞争，所以地主和佃农可以相互约束和选择，而不会产生如传统理论所说的佃农劳动和投入的积极性下降的情况。虽然张五常以私有产权的明晰界定作为前提条件，但是实际涉及的是合约的实施问题。类似的然而也更明确的文献还有本杰明·克莱因和基思·莱弗勒的《市场力量在确保契约绩效中的作用》，该文考察使用市场机制实施合约的情况。为了保证契约的效率，不发生欺诈行为，市场会采用加价的方式，以高于完全竞争的价格来促使企业履行契约。而进行欺诈的企业将会在未来丧失一系列的收入，只要这一系列收入的贴现和大于不履行契约的收益，契约的绩效就能够保证。实际上，这相当于描述了一个重复博弈，表达了无名氏定理（Folk Theorem）的内容。当然对我们而言，他们的结论并不重要，需要指出的是，合约经济学力图放弃政府界定和实施产权或者合约的假定，依靠市场机制和私人合约机制达到效率最大化。但是问题在于，从长期考虑，没有政府的介入又是不行的。有了政府介入，又会产生另一问题，如诺斯所证明的那样，政府或者国家的干预可能形成无效率的产权，使一个经济处于“锁入”状态（Lockin）。所以，我们的讨论与此不同，需要政府的介入。但是他们的证明对于我们还是很有意义的。

当真正要求政府介入的时候，就会面临政府侵犯产权和契约的问题。在一般的理论分析中，政府都被假定为一个危险的角色，只有它能够使用暴力来强制他人。具备了这种能力，侵犯产权和破坏契约就可能成为政府的内在冲动。这便是诺斯所谓的国家的“暴力潜能”，暴力潜能越高，则产权或者契约的实施成本越高。那么，同样是面对约束暴力潜能的任务，格瑞夫等人强调契约的第三方实施，而巴泽尔等人偏重于产权的自我实施。

二、第三方实施理论

第三方实施的关键在于存在一个组织，它对政府建立可置信的威胁，而个人对此是无能为力的。诺斯和温格斯特（1989）研究了17世纪英格兰光荣革命前后宪政体制变更和制度沿革，从

① 克莱因、克劳福德和阿尔奇安（1978）则是用可占用性租金来解释纵向一体化，但同样是基于对机会主义行为的考虑。

② 这里所说的企业的产权理论与詹森、麦克林（1976，1979）以及法玛（1980）等人不同的是，前者重视的是企业和市场的替代关系，可以说是关于企业边界的讨论；后者关注企业内部的代理成本，他们的所有权理论考虑的是企业股权和债权的比例，由此来有效约束管理者。可见，詹森等人是以现代企业作为出发点的，其中所有和控制权分离是基本现象，而在企业边界的讨论中同样适用于古典企业和现代企业。

和契约实施的角度探讨了立宪对君主建立可置信承诺的决定性作用①。他们认为，重复博弈的信誉机制不能够完全防止君主的不履约行为。因为君主赋予未来很高的贴现率的时候，依靠毁约所得的短期收益将更有吸引力，第三世界的债务问题可以作为例证。在英格兰，光荣革命降低了国王在国家中的地位，议会两院占据了上风，同时司法也独立于国王。国王如果不履行契约，就会受到议会的制裁。诺斯和温格斯特的研究表明，宪政的自我实施性质是其中的关键。英格兰的情况一方面的表现是，议会两院能够对国王的违宪行为进行制裁，甚至有剥夺其王位的权力；另一方面，为了能对政府施加更大的影响，议会也愿意为政府保证坚实的财政基础。下一个要解决的问题是议会为什么没有取代国王的地位？那是因为通过议会来是个别人受益的成本过高。权力之间的制衡保证了宪政的自我实施。所以，对于受宪法保护的个人财产安全来说，它又是由第三方实施的。由于个人再不用担心财产被政府侵吞，政府的举债能力大大提高。

格瑞夫、米尔格罗姆和温格斯特（1994）用中世纪欧洲商人同业公会的案例来研究合作与承诺和实施之间的关系。当时的欧洲城邦林立，与光荣革命之前的英格兰相似的是，当域外的商人与某一商业中心城市进行贸易的时候，不履行商业契约对其统治者来说也具有吸引力。格瑞夫等人证明，双边信誉机制和非正式的多边信誉机制（后者局限于小范围之内）都不能保证商人的财产安全不受侵犯。因为与一般的论证不同，在他们的博弈模型中，当贸易额达到有效水平时，与该城市连续进行商业往来的价值为零，所以重复博弈的无名氏定理并不适用。而且，在有效水平上确实不存在能够保证诚实行为的纳什均衡。所以商人之间需要某种集体行动。格瑞夫等人考察的同业公会就是一种具备合作能力和实施能力的多边信誉机制。一方面，如果某个统治者侵犯同业公会内部任何一位商人财产安全，协会将采取统一行动，譬如贸易禁运；另一方面，公会还要对违反贸易禁运的个别商人实施制裁。温格斯特（1997）对17世纪英格兰光荣革命前后君主债务问题的考察是对以上研究的发展和应用，他把这个问题置于宪政框架之中。在光荣革命之前，虽然英格兰王室在债务契约上拥有广泛的自由裁量权，但是能筹资本的能力非常有限，公债大致维持在岁入水平上下。温格斯特的研究表明，君主债务的限额取决于出借人能够对君主施加的惩罚力度。光荣革命导致了宪政变更，从此开始了议会高于国王的时代。

与格瑞夫—米尔格罗姆—温格斯特模型（1994）相似，这里的议会代表了出借人的利益，相当于前者的同业公会。所以君主拖欠债务的成本大大增加，从而王室借债能力大幅提高，为在英法战争中打败法国提供了财政保证。温格斯特的贡献在于通过这种合作的多边机制来理解有限政府的宪政基础。与使君主自愿履行债务协议的机制在本质上相同，有限政府能够自我实施原因在于存在着可置信的惩罚。

以上的研究是以议会或协会等组织作为实施契约的关键。如果我们在此考察个人财产安全的时候，这就是一种第三方实施机制。议会和协会被要求是自我实施的，但是当它处在政府和个人的矛盾中就变成了第三方。与之相关的研究主要包括格瑞夫对中世纪地中海地区贸易活动和政治的考察，虽然格瑞夫的这些研究并没有明确涉及政府和统治者，但是在契约实施的机制上却非常相像。

格瑞夫（1993）证明了马格里布商人能够在早期长途贸易中独领风骚在于他们之间的合作。对于个体商人来说，要独立完成贩运和销售是需要很高的成本，同时还要承担巨大的风险。于是在销售地雇用代理人就成为商人的一种选择。但是由于他们两者之间存在信息不对称，商人很难

① 这可能体现了诺斯研究方向的转变。

监督代理人的活动。马格里布商人通过多边惩罚机制和特别的信息传递机制解决信息不对称问题。一旦某个代理人被发现有欺骗行径，则所有的商人都会和他断绝往来，其中信息传递机制将把这个代理人劣迹散布到整个商人圈。对于代理人来说，他的行为取决于欺诈行为和诚实行为的收益孰大孰小。那么，存在一个最优工资水平，它是被雇佣的概率、欺诈的一次性收益、诚实履约收益以及贴现率等因素的函数，这个最优工资水平能够保证代理人的诚实行为。同时，在多边惩罚机制下，商人完全偏好于雇佣诚实的代理人。所以，这个机制是自我实施的。但是值得注意的是，这个机制是建立在集体行动的基础之上，马格里布人特有的身份识别能够使这种集体行动成为可能。同时，非马格里布人不会雇用马格里布的代理人，因为对后者无法有效监督和惩罚；同理马格里布商人也不会雇用非马格里布的代理人。

由此引发出的问题是：为什么马格里布人的这种自我实施机制没有发生在地中海其他人的身上，譬如拉丁人？格瑞夫将其归结为文化价值观的不同。格瑞夫（1994，1997）比较马格里布人和热纳亚人文化信仰和组织与制度结构的关系，认为马格里布所属的穆斯林世界奉行集体主义的价值观，而热纳亚所属的拉丁世界崇尚个人主义，由此决定了他们各自的制度具有不同的效率涵义。当然格瑞夫的这项研究与我们的讨论没有直接的联系，但是从中我们可以看到，格瑞夫并没有坚持个人主义的分析理论。他表明在第三方实施的制度中，成员持集体主义的文化信念，这实际上也意味着他对集体主义方法论的运用。

格瑞夫等人并无意于建立一个完整的国家理论，在他们的分析中，国家并不处于中心地位。马格里布商人合作行动和欧洲商人同业公会运作的机制从根本上并无二致，所不同的只是马格里布商人合作对付的是海外代理人，商人同业公会面临的是商业中心的统治者。而这两个又同样都是个体商人所无力监督和惩罚的，所以，在他们的理论中将这两个角色互换不会影响结论。一般说来，国家理论至少要包含诺斯所描述的国家租金最大化与维护有效产权之间的矛盾。当然，就格瑞夫等人不热衷国家理论来看，这与他们强调第三方实施是内在一致的。

我们对第三方实施理论不能同意的地方在于，我们认为第三方组织的可置信威胁只是为产权提供了充分的保障，而并非是个人产权安全的本质。因为在个人和国家长期的博弈中，总有可能存在着一些均衡，即国家遵守个人的权利。另外，他们也没有考虑个人侵犯国家的情况，譬如偷税漏税，尽管这是小概率事件。不过总的来说，他们第三方实施的分析框架还是强有力的。

三、自我实施的产权理论

就个人而言，在没有议会等第三方组织支持的情况下，如何对付国家的侵权行为。近来的研究表明，第二方实施也是可能的。如在奥尔森（1982，1994）的国家理论里，因为税收对激励的扭曲从而导致政府承担巨大的社会损失，即使是绝对专制的独裁者也会收敛自己的行为，他则可以从社会生产的增加中受益；这种约束同样适用于民主体制下，多数对少数派的统治。当然奥尔森是从税收和公共物品的供给方面讨论国家或者政府的，并没有突出产权。直接对产权界定和实施的分析以巴泽尔为代表。在巴泽尔这里，分析一切权利最根本的单元是个人，组织的行动可以描述成个人行为的加总（汪丁丁，1997）。可以想见，这反映了巴泽尔个人主义的方法论取向。巴泽尔的研究证明任何个人的权利的实施取决于以下三个方面：一是个人保护产权的努力，二是他人企图染指的努力，三是第三方保护该项权利的努力。与格瑞夫等人不同的是，巴泽尔强调了第二方实施的重要，当然他也没有否认第三方实施。正式基于对产权问题的深入理解，使得他从“公共领域”的概念中认识到个人努力对产权实际分配和实施的影响。说到“公共领域”，我们首

先需要了解阿姆拜克（Umbeck）关于“强力界定产权”的理论。

在阿姆拜克之前，没有关于产权形成和初始分配的一般理论。而阿姆拜克（1981）通过对19世纪加利福尼亚淘金热的描述，指出在实践中权利得以界定的基础是强力。阿姆拜克批评阿尔奇安的产权概念，后者认为产权是某些人能够有效使用某种物品的预期（能力），譬如只有一个会爬树的人，则椰子树就为他所占有。而阿姆拜克把强力引进来之后这个概念就有问题了，因为即使某个人不会爬树，但是他可以将树砍倒，这样能爬上树的人的产权就难以实施了。那么这时对财产的所有权只有当其他人遵守协议或者能够把不遵守的人用武力排除在外的时候，才会存在。阿姆拜克的产权模型首先描述两个具有相同武力的淘金者，对无差异的土地（地下含金矿）的争夺。如果第一个淘金者占有所有土地，则对他来说，土地的边际产出率低，而劳动力的边际产出率高。比较两人的土地和劳动力的边际替代率（两个边际产出率之比），就会发现第二个淘金者更渴望用于土地，当他诉诸武力竞争的时候，第一个淘金者认为使用相同的武力与之对抗是不合算的。所以，第二个淘金者取得了一块土地，如此下去，竞争的均衡结果是两个人平分土地。这个模型可以推广到三人、多人和不同质量的土地的情况。而且，阿姆拜克证明，即使有多人联合对付一人，其也不足为惧。因为联合行为存在成本，所以以寡敌众的人仍能够获得一块价值相当于众人联合排挤他所付出的成本，因为所有人都要考虑成本—收益的比较。

相比较阿姆拜克与阿尔奇安的产权概念，我们也可以看到，后者把排他性建立在某些技术性因素的基础上，而前者直接把它托付给武力来解决。但是遵循阿姆拜克的分析理论，这两种产权导致的结果可能相差无几。因为在具有相同武力的条件下，边际产出率高的人会为排斥他人付出更多的努力。所以，即使存在武力，产权初始的分配结果仍然可能与不同的人的使用效率成正比，而想来阿尔奇安也不会反对这个结论。当然，阿姆拜克的分析是深刻的，他为产权的初始界定和实施提供了一个强有力的框架。但是我们同意巴泽尔所批评的，阿姆拜克的研究结果难以应用到更有秩序的情形。在我们看来，阿姆拜克所描述的暴力威慑在与国家或者政府的关系中将不起作用，而且，国家的暴力威慑对于保护产权可能更为有力和更符合规模经济。

我们可以认为阿姆拜克应该把国家或者政府纳入分析，而引入国家或者政府也可能产生另一种情况。道格拉斯·阿伦（Douglas Allen，1991）通过对美国于1862—1934年间在一些州实行宅地运动（Homesteading），即一种“先入为主”（First come，first served）的土地政策及其结果的研究，指出，在国家以暴力实施产权的成本很高的情况下（因为存在印第安人的争夺和争执），由私人无偿（或者近于无偿）拥有将是一种最低成本的替代方式。与阿姆拜克不同，阿伦认为财富最大化追求者也讨厌永远采用武力，他证明使用武力的高成本促使人们选择其他方式保护产权。在阿伦的案例中，印第安人的敌对行动使政府军队不堪重负，于是政府把公地转让给愿意为土地投资的人，或者说政府诱使渴望土地的人保证对土地投资，方能得到土地。当一个地区的人口密度达到一定程度时，就可以应付印第安人了。从政府行为的角度，阿伦的研究表明成本问题是重要的考虑因素。同时可以看到，巴泽尔对阿姆拜克的批评同样也适用于道格拉斯·阿伦。在一个有秩序的经济里，政府的责任是保护个人的产权，而不是由个人来保证自己的权利。不过也应该认识到以上事例与我国农村的联产承包有相通之处。

车嘉华和钱颖一（Che&Qian，1998）以转轨时期的中国为背景，讨论了地方政府所有制在产权缺乏保护状态下的行为和效率。在他们的模型中，私人企业隐瞒利润，国有企业不能为管理者建立有效激励，而地方政府所有的企业担负政府活动和经济活动两项职能，这与中央政府的利益更为接近。所以，一方面，地方政府拥有所有权，它就有隐瞒利润的动机；另一方面，中央政府对地方政府的企业更为宽松。从另一个角度看，地方政府所有制抑制了国家的侵权行为。应该看到，车和钱的模型可以得到经验数据的支持。但是，就我们的讨论而言，问题仍没有解决。地方政府仍然具有政府行为，即使它能抑制国家的侵权，却没有人能阻止它对个人的侵犯。所以，他们的研究只是将产权保护限制在国家和地方政府之间，扩展到个人层面上就是无效的。

巴泽尔（1999）提出了产权和国家演进的模型，论述了从专制到法治过程中产权的变化以及作用。统治者和臣民都被假定是利益最大化的，统治者面临着一个两难选择：自身安全和财富追求。控制臣民可以提高统治者的内部安定，代价是产出的降低和专制者财富的减少，而增加财富是抵御外部威胁的保障。巴泽尔认为在现实中不存在绝对的独裁者，因为统治者无法掌握个人能力的完全信息。于是，收取定额租金（这里假定臣民起初没有财产）比给臣民支付固定报酬对双方都是有利的。统治者开始允许臣民拥有财产，私有产权就产生了①。下一步臣民可以接受一个更高的定额租金，以换取更多的自由，显然，财产和自由在这里是正相关的。巴泽尔证明，由于信息成本、侵权的交易成本以及信誉等问题的存在，使得统治者侵犯产权的行为会得不偿失。所以，统治者愿意诱导臣民形成一个集体行动的机制，以使自己建立可置信的承诺。在巴泽尔的模型里，集体行动机制乃至法治并非统治者和臣民权力斗争的结果，而是统治者寻求合作、利益最大化的产物。

巴泽尔虽然描述了产权和国家演进的过程，其结果却可以通过比较静态分析得出。譬如定额租金和固定报酬的替代关系。所以，巴泽尔的模型里面并没有真正起作用的时间因素。另外，产权既然是一组权利束，那么，私人产权的演进实际就是个人权利不断丰富的过程。但是巴泽尔论述的从专制到法治，他更重视的是财富数量上的增加以及与之对应的自由的增加。如果要加入“自由”这个概念的话，我们不能同意巴泽尔财富和自由正相关的论点，我们更倾向于权利束与自由之间的对应。

四、国内研究状况

在初期，国内的研究偏重于论述和证明产权明晰对企业微观效率和资源配置的重要意义。产权理论的提出和发展自始至终与企业制度联系在一起，这一时期国企改革的主要思路是企业产权明晰化。

怎么理解“两权分离”和承包制？杨瑞龙（1988）认为承包制是以收入刺激为轴心来理清国家与企业在一定期限内的收益分配关系，并没有触及产权制度。刘伟（1991）也认为“两权分离”思路实际上把产权简单地等同于所有权，难以触及核心问题。反对的意见以黄少安（1990）为代表，认为承包制与股份制实际上是同一思路在不同阶段上的具体表现，它们都以“两权分离”为依据，都必须以产权制度改革为条件，明确的产权制度改革只是承包制的深化。在我们看来，因为产权是一组关于财产权利的组合，“两权分离”和承包制都必然涉及产权问题，权利的分离无非是产权束的调整，可见两者在理论上的区别不大。但是，承包制更多地体现为一种利润分配关系，实践中它能否过渡到产权制度改革和股份制着实令人怀疑。

周其仁的《中国农村改革：国家和所有权关系的变化》是一篇研究农地制度的经典文献。周文从诺斯难题出发（即认为“在使统治者和他的集团租金最大化的所有权结构与降低交易费用和促进经济增长的有效体制之间，存在着持久的冲突”），论证了国家在工业化的目标下，剥夺农

① 与奥尔森等人不同的是，巴泽尔讨论的产权以及制度是演进的。

民所有权以及由此展开的国家与农民之间的反复博弈过程。周所描述的国家制造的集体所有权的低效率使得国家控制农村经济的收益与费用倒挂，导致国家的政策退却最终形成新的所有权主体这一点对于我们很有启发。而且，就结论而言，周无疑是正确的。但是周对国家收回农民土地的解释是土地所有权中被铸入了国家意志，所以当国家目标改变时，就可以收回所有权。我们认为这种解释不够规范。个体农民保护产权的努力在无法抵挡国家掠夺的时候，所有权是没有意义的。所以，土改后分到土地的农民只是国家的佃农，并不享有实际的所有权。我们假定国家无时无刻不想侵犯产权，而农民可以选择偷懒这种负向保护。国家可能会做出让步，这取决于国家遭受的或者预期遭受的损失。那么我们可以把国家的让步过程看作是所有权产权不断完善的过程。而诺斯所说的国家干预所形成的无效率产权的长期存在，从均衡观来看，是因为个体和社会没有能力使国家或政府遭受更为重大的损失。

国内对产权的研究在1995年以后出现了新的气象，不再只讨论明晰产权的好处和如何明晰产权上。李稻葵（1995）的“模糊产权”理论放弃了产权清晰界定的前提，论证了在市场机制不完善、政府干预频繁的条件下，模糊产权（即借助政府之力）是一种最佳安排。模糊产权模型的理论基础是制度环境和制度安排的互动关系。与此一脉相承的是田国强（1996）提出的内生产权所有制模型，该模型针对不具备产权清晰界定前提的转型经济建立的，说明从社会福利效益角度评价的最优产权安排与经济自由程度和市场体系完善程度相对应，产权安排是对制度环境的回应。这两个模型的贡献在于从实证的角度分析产权的界定，不再固守产权明晰的教条。另外，关于明晰的产权在未完全市场化的时候不能低成本运行的论点实际上就是产权的实施问题，而且与道格拉斯·阿伦同样也强调了环境对产权安排的重要。但是我们不同意以上模型的原因是，从长期来看，将产权仅仅当作一种制度安排是不合适的，没有考虑产权对于建立市场机制影响。这样就会落入这样一种两难之中：如果以企业改制为突破口，那么企业产权的明晰化进程会受到市场无序的阻碍；如果以市场机制的建立为先，则会因为缺乏明晰的产权制度作为基础，有效的商品经济市场价格机制无法形成。对于我们来说，从长期的角度，需要内生的不是产权的安排，而是国家对产权的保护。

汪丁丁的论文《产权博弈》（1996）尝试以均衡分析来研究演进过程，依照均衡的分析路径，必须切断演化观的互为因果的逻辑链条。产权博弈的框架可表示为：首先了解特定社会历史中的知识传统；其次根据知识传统推断博弈参与者的“类型”和可能出现的纳什均衡；再次博弈者寻找类似事件作为参考；最后新的均衡汇入知识传统，知识传统发生边际性的转化。在这里，产权成为博弈的结果，而不是博弈的前提。这实际上是对阿姆拜克产权理论的延伸。李军林（1998）的产权模型真正引入了政府行为，不过，政府的作用是界定产权。这个模型首先假定了一个多人的囚徒困境，其均衡结果是没有人愿意遵守别人的“产权”。在引入政府行为之后，博弈变成了一个两阶段动态博弈。政府收益来自保护产权的税收，而个人侵犯他人产权将受到政府的惩罚，即被处以罚金。那么，政府能实施的惩罚是一个可置信的，而它也能从税收中受益。应该说，李的模型只是证明了政府保护一个人对其他人的产权的行为是一个均衡结果，但是，他并没有考虑到政府侵犯产权。因为如果政府能从侵犯产权中获得比保护产权更大的好处，政府将采取截然不同的行动。另外，我们不满意这个模型的地方还在于个人同质性的假定，在不存在政府的情况下，侵犯行为往往发生在自身禀赋和能力（尤其是武力）不同的人们中间。当人和人无差异时，产权的初始分配便如阿姆拜克的分析一样，未必需要政府介入。

五、简短的评论和设想

由于国内的研究比较落后，而企业的产权理论也不是我们关注的重点，所以，下面简略评价和综合第三方实施和自我实施的理论。要解释我国近几十年产权的变迁，我们并不需要建立一个如巴泽尔般宏大的模型。不过，就我国改革中政府所起的作用来看，我们很难完全拒绝政府主动与个人合作这个观点。同时，我国毕竟与三权分立的政体有所不同，不能依靠议会限制政府的行为来实现第三方实施。要使政府“有所为有所不为”，一方面，政府有激励去寻求同个人或者非政府组织的合作；另一方面，政府也受到来自对方的限制。

我们假定国家对个人产权的保护能够保证产权的有效实施，即国家将一项权利让渡给个人并加以保护的时候，产权就能以最低成本实施。如果出现有法不依的情况，就超出了本文的范围。于是我们就首先考虑如何或者在什么条件下，国家才会让步，以及个体才能获得国家的保护，也就是国家不得不这样做。在这方面，第三方实施的分析方法对我们是有启发的。需要证明的是：在国家遭受损失时，它侵犯产权的行为会得到收敛。当产权博弈只发生在国家与一方产权主体时，国家的让步实际上就是产权的界定。但是需要进一步考虑的是，当与国家对立的产权主体由利益不同的个体组成的时候，在即使不征税收的情况下，国家仍有可能做出让步。因为，国家保护自己的资产也是有成本的，如果无偿征收所得抵不上保护成本的话，国家就会让步①。

国家保护个人的对他人的产权是出于利益考虑的主动行为，这就是一个三方博弈。这类侵犯往往发生在能力和禀赋（非生产性质）不同的人当中，在现实中存在于个人和一些非政府的组织之间。直观地讲，国家倾向于保护能力低的人的产权，原因可能是他们可以提供更高的租金。这实际上是对产权排他性的讨论，下面应该进一步讨论产权的可转让性，不过其中道理是一样的，国家仍出于利益的考虑。排他性和可转让是产权的两项基本的权能，在理论上可以分开，在实际中也有不同的组合形式。产权的变迁就是不同组合之间的更替，我国的改革历程能说明这一点。产权是一束权利的集合，如果国家不得不退让，并能对个人权利保护，则这一过程也是个体产权不断丰富的过程。在我国当前的农地制度改革中，是以物权还是以债权来规定农户对土地的承包经营权，实际上就是国家赋予多少种权利的问题。当然，相对于现实的产权形态而言，我们的分析仍然显得非常简陋。

参考文献

[1] 诺斯. 制度、制度变迁与经济绩效. 刘守英译. 三联书店，1994
[2] 科斯等. 财产权利与制度变迁. 刘守英等译. 三联书店，1994
[3] 陈郁. 所有权、控制权与激励——代理经济学文选. 三联书店，1998
[4] 陈郁. 企业制度与市场组织——交易费用经济学文选. 三联书店，1996
[5] 巴泽尔. 产权的经济分析. 费方域等译. 三联书店，1997
[6] 希克斯. 经济史理论. 历以平译. 商务印书馆，1999
[7] 秦海. 格瑞夫的历史制度分析. 经济社会体制比较. 2001（3）
[8] 张曙光. 制度・主体・行为. 中国财经出版社，1999

① 到了后者的程度，国家的角色和功能实际上是弱化了。

[9] 张曙光. 产权关系和国家权力. 经济学消息报. 1995年7月8日第四版

[10] 张维迎. 企业的企业家——契约理论. 三联书店　上海人民出版社，1995

[11] 刘伟. 所有权的经济性质、形式及权能结构. 经济研究. 1991（4）

[12] 杨瑞龙. 产权明晰化与双层股份制模式. 经济研究. 1988（2）

[13] 黄少安. 论所有制深层结构改革与企业制度创新. 经济研究. 1990（3）

[14] 汪丁丁. 产权博弈. 经济研究. 1996（10）

[15] 李稻葵. 转型经济中的模糊产权理论. 经济研究. 1995（4）

[16] 田国强. 内生产权所有制理论与经济体制的平稳转型. 经济研究. 1996（11）

[17] 周其仁. 中国农村改革：国家和所有权关系的变化. 中国社会科学季刊. 1994（秋季卷）

[18] 李军林. 权利、均衡和制度变迁——一种关于产权起源的非合作博弈解释. 南开经济研究. 1998（2）

[19] Allen，Douglass. Homesteading and property rights；or，How the west was really won. *Journal of law & economics*，vol. xxxiv，April 1991

[20] Barzel，Y A Theory of the State：Economic Rights，Legal Rights and the Scope of the State. Cambridge University Press

[21] Barzel，Y，Property Rights and the Evolution of the State，*Economics of Governance*，Vol. 1，No. 1，February 2000

[22] Che，Jiahua，and Qian，Yingyi，Insecure Property Rights and Government Ownership of Firms，*Quarterly Journal of Economics*，CX·（2）：467～496，May，1998

[23] Cheung，Stephen N. S.，（1983） The Contractual Nature of the Firm，*Journal of Law and Economics*，26（1），1～21

[24] Demsetz. Harold. The Exchange and Enforcement of Property rights，*Journal of Law & Economics*，October 1964

[25] Greif，Avner，（1993） Contract Enforcement and Economic Institutions in Early Trade：the Maghribi Traders' Coalition，*American Economic Review*，83（3），525～548

[26] Greif，A.，Milgrom，P.，and Weingast，B. R.（1994）. Coordination，commitment，and enforcement：The case of the merchant guild. *Journal of Political Economy*，102，745～776

[27] Greif，Avner，（1997） On the Interrelations and Economic Implications of Economic，Social，Political，and Normative Factors：Reflections from Two Late Medieval Societies. *In the Frontiers of the New Institutional Economics*，edited by Drobak and Nye，Academic Press，1997

[28] Mcguire，Martin. And Olsen，Mancur（1994） The Economics of Autocracy and Majority Rule：The Invisible Hand and the Use of Force IRIS working paper No. 127

[29] North，Douglass C.，and Barry R. Weingast，（1989） Constitutions and Commitment：The Evolution of Institutions Governing Public Choice in Seventeenth - Century England，*Journal of Economic History*，49（4），803～832

[30] Umbeck，Might Makes Rights：a Theory of Formation and Initial Distribution of Property Rights，*Economic Inquiry*，vol. xix，January 1981

[31] Weingast，Barry. R.，The Political Foundations of Limited Government：Parliament and Sovereign Debt in 17th and 18th Century England In *the Frontiers of the New Institutional Economics*，edited by Drobak and Nye，Academic Press，1997

Economic and Financial Transformation of Rural China and Diversification of Rural Financial Institutions*

He Guangwen

Abstract Chinese agriculture in transformation and the development and growth of the rural economy have raised the demand for the diversification of rural finance. However, since the early 1980s when the reform of the system of Chinese finance began with organisational diversification as the main theme, it has been impossible to realise the optimisation of the structure of rural finance. Therefore, the diversification of financial organisations is being advocated from all sides and it remains the way towards the optimisation of the organisational structure of rural finance in China.

1. Posing the qusetion

Since the 1950s, although Chinese agriculture and the rural economy have continued to grow, agricultural production capacity has increased substantially and it has been possible to guarantee the overall balance of supply and demand for major agricultural products, nevertheless, after the transition to the 21st century, the Chinese rural economy was still changing course from the planned economy to the market economy. At this time of change, a series of new features has emerged both in the development and growth of agriculture and the rural economy and also in the demand for rural finance which has been produced as a result. This is actually the result of economically determined finance. Although there remains considerable controversy about the question of the relationship of the economy and finance, the important role of financial development in economic growth cannot be ignored. A World Bank report has pointed out that, in countries with relatively developed financial systems during the early 1960s, the *per capita* rate of economic growth (1960 - 1965) was more than twice that of countries with an undeveloped financial system. On the basis of research by Schumpeter (1912), Gurley and Shaw (1955), Goldsmith (1969) and McKinnon (1973), different methods were used in theoretical circles to analyse from a quantitative perspective the role of the fi-

* Workshop on Rural Finance and Credit Infrastructure in China 13~14 October 2003, Paris, France, Session Ⅲ: Complementary commercial credit schemes and institutions in rural areas.

nancial sector in stimulating economic growth.

As understood by Goldsmith (1969), changes in the financial structure are important factors in bringing about economic growth and development. The financial structure is determined jointly by financial implements and financial institutions. The number and types of financial institution are the collective embodiment of financial progress. If the financial structure is deficient or its growth is insufficient, this is also an important feature of financial restraint for an entire country. Goldsmith also points out that financial development in every country in the world is via change in the financial structure from simple to complex and from rudimentary to advanced and that all are advancing along a common road. Gurley and Shaw (1955) emphasise that there is a significant divergence between the financial systems of developed and developing countries. When compared with developing countries, the financial system of industrialised countries is both complex and complete and, as a result, there is a higher degree of convenience for intermediaries. In Gurley and Shaw (1955)' s model, the highs and lows of *per capita* income depend to a large extent on the effect of financial intermediaries in the allocation of resources while there is a genuine relationship between the level of *per capita* income and the degree of financial complexity (Levine, 2003).

In order to improve the structure of rural finance in China and to promote the growth of the rural economy, the diversification of financial institutions has been the main theme of change to the Chinese rural financial system since the 1980s. Up to now, (1) the framework for a rural financial market has been tentatively formed, establishing the basic operating standards for financial bodies, (2) A rural, policy-related banking system has been established, (3) There has been some progress in the process of commercialisation of the Agricultural Bank of China, (4) A mechanism for extending loans to peasant households is gradually being established. However, the founding and operation of these financial institutions are both in accordance with the planned system model and they were established with the concept of state controlled finance. On the one hand, no consideration was given at the time they were established to making arrangements for a system of property rights for financial institutions. On the other, their financial system basically continues to use the accounting methods of a planned economy. After entry into the WTO, when Chinese finance was faced with comprehensive reform and a change of course, this gave rise to the appearance of some difficulties in the supply and demand structure of Chinese rural finance. It is still difficult to establish firm credit restraints on rural enterprises. Rural financial institutions are still unable to fully become independent market entities. Rural financial institutions are accepting assets which are seriously bad. There is a lack of an efficient business administration structure and competition policy. Financial institutions enjoy implicit guarantees from the government. These are not unlike some of the difficulties met by countries in Central and Eastern Europe and of the former Soviet Union undergoing economic transformation (Davis and Hare, 1997).

The aim of this paper is to propose some measures for improving the structure of rural finance through an analysis of the Chinese rural economy and financial characteristics at a time of changing course and the inadequacy of the rural financial structure in meeting rural financial demand.

2. The rural economy during transformation and its financial characteristics

After the transition to the 21st Century and, in particular, after entry into the WTO, Chinese agriculture and rural economic development has entered a new historical phase. Agriculture and the rural economy are faced with a comprehensive transformation. With supply and demand in the domestic market for agricultural products basically balanced, they will also face competition from the international market. Next, the Chinese rural economy and rural financial development are showing a series of new characteristics.

(1) The strategic structural adjustment of agriculture has become the main strategy in Chinese agricultural development and has put new demands on the supply of rural finance.

After entry to the WTO, the Chinese agricultural product market has gradually opened up and agriculture is faced with competitive pressure from abroad. In order to meet this challenge from the world market, Chinese agriculture must undergo a strategic structural adjustment. The strategic structural adjustment of agriculture involves new systems engineering and includes improved crop varieties, the adjustment and alteration of customary practices in the crop raising and livestock industries and the spreading of new biotechnology in the domain of these traditional rural industries. It also includes the taking of market principles and commercialisation to a higher level, the development of new industrial spheres, the investigation of new areas for investment, the support and cultivation of industrialised operations, together with the provision of guidance to the displacement of the rural labour force, the promotion of construction in small towns and a higher level of rural industrialisation. Not only is the demand for capital enormous, with it being impossible to meet this demand by depending on the capacity for accumulation in the domain of the "Three Agricultures" alone. At the same time, it is difficult for conventional banking credit activities to provide investment support since the risks are comparatively large. Therefore, in order to meet the demand for financial services of the strategic readjustment of Chinese agriculture, new methods are needed and the demand for innovative financial services has arisen.

(2) The promotion of rural industrialisation and urbanisation at town level is the main task of rural economic development in China in the new era. As determined by conventional indices, China is in transition between the preliminary and intermediate stages of industrialisation. The urbanisation rate for 2002 was only 38% and it is difficult to proceed along the route to development in which industry repays its debt to agriculture.

Rural industrialisation and urbanisation at town level are highly significant where the transfer of surplus rural labour and rural social labour productivity are concerned. The correct route for rural industrialisation benefits the promotion of rural urbanisation. With considerable pressure to seek employment in cities, the ability of cities to absorb rural labour is weakening and the social cost of promoting the employment of rural labour by increasing rural industrialisation is minimal.

However, an intense debate has been going on for a long time with regard to the route to urbanisation in China. The central issues are whether or not the transient rural population should remain in large cities or small towns and whether we should talk in terms of urbanisation at city or town level (Chen Jianbo, 2003). At the heart of the matter is a debate whether peasants should be allowed to give up the land completely and make a living in cities or whether the current land system with its social security system should be retained - seasonal movement on the basis of the household contracted responsibility system. It is evident that the current model of transient season employment of peasants makes for a smoother transfer of rural labour at a lower cost and is more advantageous for brining down the threshold of town level urbanisation for rural inhabitants.

During the 1980s and early 1990s, China adopted a strategy of rural industrial development which in fact did not benefit the promotion of rural industrialisation and town level urbanisation. At the time, one-sided emphasis of a rural enterprise development model with Chinese characteristics, with rural labour "leaving the land but not leaving home", meant that some industries which, at a macroscopic level, should have been concentrated in cities were artificially brought into the countryside. The result was almost "every village set on fire and every household giving off smoke" with rural enterprises blossoming everywhere. This caused both rural investment and the construction of basic facilities in the countryside to be scattered, with a serious waste of rural resources. Beginning from the 1990s, another choice was made for promoting rural industrialisation, namely the centralised development of industrial parks and of science and technology parks and the establishment of economic technological development zones. The aim was to combine rural industrialisation and town-level urbanisation. If such a developmental strategy had been adopted during the early stages of rural enterprise development in China, progress in rural industrialisation and town-level urbanisation would have been greater than at present. Looking back, the early developmental strategy for rural enterprises in China was a mistake.

(3) The means of rural economic growth should be changed from supply model to quality model. As a developing country, China is going through the transition from a developing to a developed economy. Beginning from the mid 1990s, Chinese agriculture and rural economic development entered a new stage, with the supply of agricultural products from a general shortage to relative structural and localised surplus with basic overall balance. At the same time, since 1994, the growth rate of the peasants' net income has continued to fall year by year (Figure 1).

Although renewed growth in peasant incomes was realised in 2001 and 2002, relevant research shows that this was caused as the result of increased income for only 30% of peasants and, in fact, there was an absolute decline in the income of 70% of peasants.

At the moment, the policy aim for Chinese agriculture is also being transformed from the simple guarantee of increased effective supply of major agricultural products such as grain and cotton to equal stress on the stable effective supply of agricultural products and increased peasant income. In order to increase effective supply, it is necessary to improve the quality of agricultural products and increase the supply of high-quality agricultural products. To this end, the supply of rural finance needs to provide financial services which encompass the processing of agricultural products, the increase in the technical components of agriculture and the structural adjustment of agricultural production.

(4) The private rural economy is becoming the major motive force in the growth of the rural economy and, as a result, the development of informal rural finance is given impetus.

Having undergone more than twenty years of reform and opening-up, the economy of the ma-

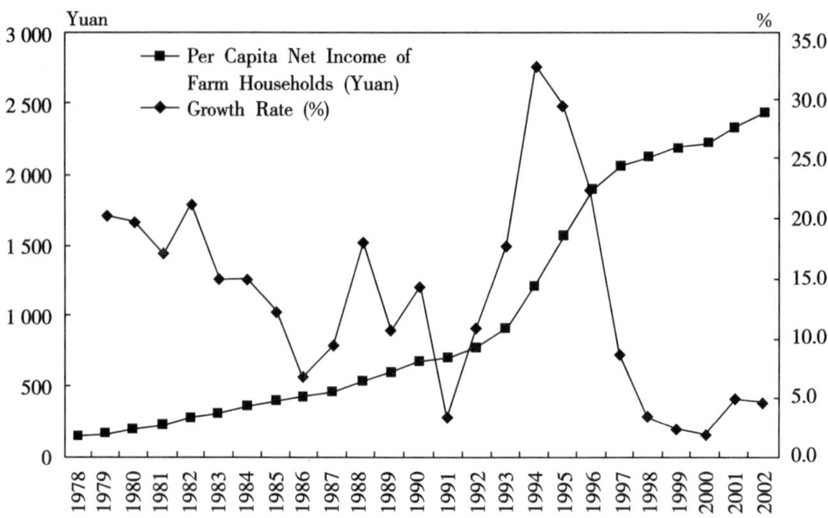

Figure 1. The changing trend of average net income of peasants in China, 1978—2002

jority of counties has become divorced from the development mode in which reliance is placed solely on agriculture to give impetus to the development of economic growth. Small and medium scale industry and commerce at county level and below is gradually becoming the focus of county economic development. The role of rural enterprises or micro, small and medium-sized industry and commerce as the foundation of county economic development is already a matter beyond dispute (Chen Jianbo, 2003). At the end of 2001, the number of rural enterprises nationwide reached 21.2 million and the labour force employed reached 130.9 million persons. The number of private rural enterprises reached 20.5 million accounting for 96.8% of the total rural enterprises nationwide. In addition, 66 000 industrialised business organisations emerged, involving 59 million peasant households and accounting for 25% of the total number of peasant households nationwide (Ministry of Agriculture of the People's Republic of China, 2002). That this has made an important contribution where the migration of the rural population and the absorption of surplus rural labour are concerned is fully borne out by the historical experience of rural enterprise development.

However, since the Asian financial crisis, the slowing down in the growth of rural enterprises, which play the role of the mainstay within counties in the provision of non-agricultural employment to the population of the countryside, and the easing of the growth in capacity to absorb labour have together become one of the important factors in impeding rural economic development and in retarding the growth of peasant incomes (Chen Jianbo, 2003). Although the accrual in the added value of rural enterprises in 2000 stood at 37% of GDP accrual, the proportion of rural social added value also rose from 54% in 1995 to 63.6% in 2000 and the average wage income of peasants from rural enterprises as a proportion of average peasant income rose from 30% in 1995 to 34.5% in 2000, the average annual economic rate of growth of rural enterprises during the Ninth Five-Year Plan was the lowest in history. The slide in the extent of the growth of rural enterprises has already brought with it much harmful influence on the economy within counties and has delayed the progress of rural town-level urbanisation to some extent.

At the same time, after the realisation of the reform of the rural system with the adjustment of land relationships at its core, the market economy within rural society was fostered. Rural society gradually became divided, changing from "the life of the population as a whole" to "individual life" with increased individual and collective benefits and strength. The peasants, village governments, town and township governments and governments at higher level changed into bodies with different interests. Frequently, in their mutual dealings, they focussed on their own respective interests and haggled about the design of the system and the disposition of their rights. After a system of separation of powers with Chinese characteristics was basically established, the central government gradually reduced the pressure on itself to provide funds for the economy within the structure (especially for state-owned enterprises) by continually changing the rules of the game. Local government also increased its control over finance as a result of the central government' s changes to the rules of the game. As a result of policy changes by central and local governments and among the peasants, there was development in rural quasi-formal and informal finance with rural co-operative foundations, urban credit unions and popular financial organisations developing rapidly. Diversification in the channels of finance for peasant households and small and medium rural enterprises was also realised. This diversification greatly encouraged increased efficiency of the supply of rural credit, with a very large increase in loans obtained from formal financial institutions by peasant households and small and medium rural enterprises when compared with previously. At the end of 1978, the total balance of loans for peasant households and rural enterprises was 11. 6 billion Yuan. This had increased to 103. 8 billion Yuan in 1990 and to 1 212. 4 billion Yuan by the end of 2001. ①

Where local government is concerned, the income from the right to control funding resources is enormous. On the one hand, it has won the right to control funding for the development of rural enterprises. At the same time as the vigorous development of rural enterprises in China was encouraged during the 1980s and the first half of the 1990s, enormous growth in the non-public Chinese rural economy was also unexpectedly realised. On the other hand, local government (especially town and township governments) also reduced financial pressure by making credit funds part of public finance②. Therefore, local government without exception showed a positive attitude and further promoted the renewal of the rural financial system.

(5) The industrial activities of peasant households are becoming complex, channels of income are becoming diversified, the main source in the growth of peasant income is outside the agricultural sector and the demand for finance by peasant households is becoming diversified. On the basis of an analysis of data from follow-up investigations carried out between 1998 and 2002 on over 20 000 peasant households in more than 340 villages chosen for regular rural observation in 31 provinces, autonomous regions and cities directly under the central government (Guan Ruijie, Wei Xu, 2003) it was demonstrated that three main characteristics have emerged in respect of employment and in-

---

① *Source*: *China Financial Yearbook* for the relevant years.

② There was much indebtedness to rural credit unions, interference in funding operations of rural credit foundations, savings deposits were used for the construction of basic rural facilities and an increased supply of public rural goods.

come structure in peasant households.

①The investment by peasant households of manpower in industry other than cultivation and husbandry has increased and the economic activity of peasant households is gradually tending to become pluralistic (Table 1). Between 1998 and 2002, the proportion of manpower investment by peasant households in cultivation and husbandry fell from 72% to 57% while the proportion in fishery, industry, transport and the commercial and service trades rose from 18% to 30%.

Table 1 Total investment in labour for family activities by peasant households in China and structural changes

	1998	2002
Total investment in labour for family activities by peasant households	99.6	93.1
Where		
Proportion in cultivation (%)	54	45
Proportion in husbandry (%)	18	12
Proportion in fishery (%)	2	4
Proportion in industry (%)	4	6
Proportion in transport (%)	3	4
Proportion in commerce and service trades (%)	9	16
Other	10	13

②The proportion of the income of peasant households from family activities continues to fall. Between 1998 and 2002, the average gross income of the members of peasant households rose from 3 849 Yuan to 4 568 Yuan, an increase of 18.7%. Per capita net income rose from 2 414 Yuan to 2 891 Yuan, an increase of 19.8%. Over the four years, the per capita income from family activities rose by 189 Yuan but it fell as a part of the gross per capita family income from 71.6% to 65.7%. Of this, the proportion from cultivation fell from 42.4% to 34.5% of the income from family activities and the proportion from husbandry fell from 16.2% to 15.9%. The proportion from fishery and forestry rose from 4.1% and 1.3% respectively to 5.6% and 1.5%. At the same time, the extent of increased income from economic crops, industry, forestry, fishery, transport and commercial and service trades was considerable.

③There has been a strong increase in income from work away from home and from running businesses. In 2002, the proportion of labour employed away from home reached 23.6% of the total rural labour, an increase of 8.6 percentage points over 1998. The proportion of income from labour service in employment away from home as part of gross family income rose from 12% to 17.1%. Over the four years, there was a contribution of 317 Yuan to the increased *per capita* family income from this labour so that it became a new point of growth in the peasants' increased income. The *per capita* income from enterprises run by peasant households (including share-holding, partnership, private and "three capital" enterprises) increased from 95 Yuan to 124 Yuan, where the income from running private enterprises increased by 55%, rising from a proportion of 25% of the family *per capita* gross income to 2.7%. This also reflects the fact that the structure of agriculture and rural industry is being continuously enhanced and that the rural market is gradually becoming prosperous. The increased complexity of the economic and income structures of peasant households is also making the demand for finance more complex. Not only is there demand for deposit and loan services. There has also arisen demand for such financial services as settlement, remittances, financial consultancy, leasing, trusts, insurance, credit cards, safe deposit boxes, the issuing of negotiable securities and agency business.

3. The system of rural financial organisational structures currently in force and its functional defects

(1) The extension of rural finance in China is quite low. Beginning with the reform of finance in China at the end of the 1970s, there has actually been a pursuit of and endeavour to establish a "marketised financial system". This process has been through the establishment of pluralistic financial institutions and a financial market with different components, different forms of organisation and different functions. It is an extended and augmented copy of the original financial system. Through the establishment of new and developing financial institutions, the "Great Unity" financial system structure formed in China under the planned economy has been destroyed and there has been a rapid development in the number and diversification of financial institutions (Table 2).

Table 2 Pluralism of Chinese financial institutions

	1981	1999
Leasing companies		15
Urban commercial banks		90
Securities companies		* 2 239
Finance companies		70
Financial trust and investment institutions		238
Urban credit unions		836
Rural credit unions	55 044	41 755
Insurance companies	567	* 7 845
Other commercial banks (1)		4 753
State banks (2)	47 251	140 270
Total	102 862	199 011

N. B. (1) "Other commercial banks" includes the Communications Bank, the Central Industrial and Commercial Credit Bank, the China Everbright bank, the Overseas Chinese Bank, the People' s Livelihood Bank, the Guangdong Development Bank, the Shenzhen Development Bank, the Zhaoshang Bank, the Fujian Xingye bank, the Shanghai Pudong Development Bank, theYantai Housing Savings Bank and the Bengbu Housing Savings Bank. (2) "State banks" includes the People' s Bank of China, the four major state-owned banks and the three policy-related banks. (3) * is data for 1998.

Source: see Jiang Yu, 2003.

The financial system is the forerunner in the allocation of social resources. If the marketisation reform of the mechanisms of financial transactions cannot be completed, even if marketisation reforms have already been carried out in other areas, there will inevitably be a burden of delayed financial reform. Zhang Jie (1995) considered that the changes brought by economic reform to the financial setup are "significant but not profound". Viewed from the ratio of the amount of broad money M2 to the GDP, for this index China has surpassed Australia and is basically on a par with Japan, showing that the extent of monetisation in China has already become distinctly more profound (Lynch, 1996). However, such a measured expansion of the financial sector will by no means bring about profound changes to the rural financial structure and system. There remains a considerable gap in the extent of the marketisation reform of the mechanisms of financial transactions in China in respect of the countries referred to above. Although the types of formal rural financial institution have increased with the establishment of the Agricultural Development Bank of China, the total number of institutions fell (Table 3).

Table 3 The diversification of formal rural financial institutions in China

	Agricultural bank of China	Agricultural Development Bank	Rural credit unions *	Total
1986	37 879	—	59 195	97 074
2001	44 417	2 275	39 322	86 014

N. B. the number of rural credit unions = the number of rural credit unions with independent accounting + the number of offices of joint credit unions.

Source: *Chinese Financial Yearbook* (1987) and (2002).

(2) The supply of formal rural finance is insufficient. The main problem of rural finance in China, apart from its irrational structure, is that the allocation of the entire national financial resources is irrational. Beginning from the early 1980s, the Chinese government attempted to establish a comprehensive financial services system within the rural domain through mandatory institutional changes in order to harmonise the allocation of rural financial resources. However, this was not done.

In the first place, the four major sole proprietor commercial banks were placed in a monopoly position. Basically, commercial banks with share ownership are also state-controlled or covertly state-controlled. Urban credit unions are compulsorily merged as urban commercial banks, in reality becoming local state-owned enterprises. After all rural co-operative foundations were closed down, the actual strength of rural credit union funds was also limited. The popularly-run economy and small and medium-sized enterprises had no corresponding financing channels. Individual and privately-run enterprises, which account for over 30% of industrial added value for the whole country, could only obtain 1% of credit funds.

The insufficiency in the supply of formal rural finance has brought about the renewal of the rural financial system. The result of changes to the system is the development of informal rural finance, the by-product of which is that some popular capital has entered the domain of rural finance. In the countryside, loans provided by banks and rural credit unions account for approximately 25% of rural funds. Approximately 70% of funds are supplied by so-called illegal popular finance. Since state-owned finance cannot meet the demand for capital of rural economic activity, popular rural borrowing has emerged because of the situation. In an investigation organised by the author in respect of 360 peasant households (He Guangwen, 1999), it was discovered that 60.96% of borrowing by peasant households occurs mainly in the form of popular lending. 93.95% of rural household loans are carried out between relatives, neighbours and friends. The remainder occurs between rural enterprises, rural co-operative funds and rural grass-roots organisations (2.2%, 1.65% and 0.55% respectively with the ratio for other concerned parties being 1.65%).

Next, the supply of rural policy-related finance by the government is insufficient. This is a basic characteristic of the Chinese rural financial system. In 1994, after the Agricultural Development bank of

China was founded and with the new rural financial setup, rural credit investment grew significantly. However, this growth did not last long before there occurred a slump in rural enterprise development because of the influence of the Asian economic crisis and county economic growth fell into difficulties and slowed down. In a considerable number of underdeveloped places, not only was there no question of augmenting the level of rural credit investment, normal credit demand could not be guaranteed.

Considering the route reform has taken since 1994, the thinking of the reform of rural finance in China has been first to expand rural policy-related finance (the establishment of the Agricultural Development Bank) and then to realise the goal of reform by reforming and cutting down on policy-related finance (the commercialisation of the Agricultural Bank of China)①. First expanding policy-related finance in order to reform and cut down on policy-related finance is deliberately taking a roundabout route. With the Agricultural Bank of China bearing an enormous policy-related burden and having a background of publicly-owned property rights, it is difficult to bring about true commercialisation. Even though the control of the scale of credit by state-owned banks has been abolished since 1998, the phenomenon of government and enterprises putting pressure on banks is just as it was before. The operations of the Agricultural bank of China and the Agricultural Development Bank of China are not ideal.

(3) With county financial restraint and decline, the impetus for economic development funding within counties is insufficient. (1) Financial resources are largely concentrated in cities and state-owned enterprises. On the basis of a survey by the People' s Bank of China of 5 000 enterprises, although there was a decline, beginning in 1998, in the rate of growth of borrowing from banks by large firms, the actual ratio of financial resources they possess is very high. In 1999, the total amount of financial resources owned by state-owned enterprises was 6 104. 9 billion Yuan② equivalent to 73. 38% of the GDP and to a tax revenue of 592. 21%. In the allocation of financial resources they hold a prominent, preferential position③. At the same time, according to an analysis by the Monetary Policy Analysis Group of the People' s bank of China (1st November 2001), the balance of loans at the end of 2000 for provincial capitals (regional governments) and cities at secondary provincial level throughout the country was almost 40% of the balance of loans for the whole country and 46% of newly-increased loans for that year. There was a serious tendency towards urbanisation where the allocation of credit resources was concerned. This was also the result of the allocation of financial resources being dominated by the government or government - controlled market and was not completely relevant in essence to the pursuit of capital in a fully competitive market (Chen Jianbo, 2003). (2) Rural credit within counties is being reduced. On the one hand, there is

① Before reform, the Agricultural Bank of China was actually a policy-related bank and currently is still semi-policy-related in character.

② Including debt-equity swapping, technical transformation and discounted interest funds, listed financing and bank loans.

③ According to World Bank statistics (1996), in 1994 73. 5% of the total amount of industrial investment by state-owned enterprises produced a 34% yield. Capital occupation yielded by every unit of state-owned industrial enterprises was twice as much or more than non-state industrial enterprises. This shows that the low efficiency of financial resources maintained the existence of state-owned enterprises.

a serious outflow of rural capital. It has been calculated that, since reform and opening up, the net outflow of rural capital realised through financial channels (including Post office Savings) has been between 800 billion and 1 000 billion Yuan (He Guangwen, 2003). In the second place, the county branches of state-owned commercial banks basically are not authorised to grant loans. Since 1997, their loans to county economic entities have increased very little. In the third place, the granting of loans in the countryside by state-owned commercial banks is mainly concentrated on such major items as loans from large-scale, basic facilities, national debt counterpart funding and ecological construction. In 2002, the proportion of loans for rural enterprises by financial institutions throughout the country was less than 9% of the accrual of all loans①.

(4) The structural withdrawal from the market of state-owned commercial banks and the entry into the market of popular rural finance were ill-matched. From the middle and late 1990s, after the four major state-owned commercial banks genuinely started out on the route towards commercialisation, the impulse to seek benefits, the implementation of international standards and preparations to enter overseas markets made them draw back from the front line on a large scale and implement a developmental strategy of "large banks, large markets and large industries", with a gradual withdrawal from markets at county-level and a reduction in their operational structure at the basic level. Between 1998 and 2001, the state-owned commercial banks under sole proprietorship shut down 44 000 of its grass-roots institutions with a net reduction of 240 000 staff②. Relevant data from the annual reports of commercial banks shows that, between 1998 and 2001, there was reduction of 2 722 in the total number of branches of the Bank of China. At the same time, the Bank of China also abolished and merged 246 county branches, so that their numbers fell by 22% when compared with the end of 1997. The Construction Bank reduced its county branches by 3 601. From 1998 to 1999, its cumulative net reduction of its operational network was 4 000 establishments. The Industrial and Commercial Bank abolished and merged 8 700 branches. The Agricultural Bank' s network fell from about 60 000 establishments to 44 000. However, the mechanisms of market entry have been seriously delayed, the market has still not opened up, and the proportion of the market share of small and medium banks and of the number of their institutions are too low and this gives rise to difficulties. The capital structure of Chinese finance has 66% held by the state-owned commercial banks, 10% by policy-related banks and only 24% by small and medium-sized financial institutions (including joint-stock commercial banks, rural credit unions, banks with foreign finance, finance companies and financial trust companies). The small and medium-sized financial institutions are the main channels of financing for popular enterprises and residents, playing an irreplaceable role in supporting local economic construction in the development of all kinds of small and medium-sized enterprises and in serving the residents of cities and the countryside. Since the development of small and medium-sized financial institutions is lagging behind, a no-man' s land has emerged in financial services at county level and below. The popular economy and small enterprises have lost their main channels of financial support and this is also an important reason why popular borrowing is so dynamic.

---

① http://www.pbc.gov.cn.

② http://www.pbc.gov.cn/news/news.html.

(5) The mechanisms for financing the development of rural enterprises are unsound. Even though the development of the capital market in China has been rapid, the proportion of direct rural financing is low and indirect financing still dominates. (1) There is a lack of equity financing channels and the ratio of internal financing is high. In 2002, capital raised by Chinese enterprises from the domestic foreign share market was less than 10% of the accrual of bank loans and the supply of capital still mainly depends on indirect financing. Comparatively strict conditions for listing shares only benefit the listing of large enterprises and, in particular, state-owned enterprises. This leads to a serious imbalance between financial supply and demand structures. Up to the end of May 2003, there were more than 1 500 rural enterprises which met the conditions for being listed but only 50 publicly-listed fund raisers, accounting for only about 4% of the listed companies nationwide. Of 372 key national, leading industrialised agricultural enterprises, playing an important role in developing the Chinese rural economy and increasing peasant income, only 41 are listed companies. As a result of the absence of a trading market, stock ownership by employees of rural enterprises, which are undergoing system reform or implementing shareholder financing by raising funds, lacks liquidity. On the one hand, enterprise stock owners assume unlimited risks, on the other, the ability of an enterprise to obtain further financing by this means is also impeded. This results in the enterprise being unable to reduce its debt ratio and improve its capital structure. (2) There is a single channel for debt financing. With the development of the Chinese bond market lagging seriously behind, the main channel for the external financing of rural enterprises, mainly in the form of small and medium-sized enterprises has for a long time been debt financing and its major source by far is the state-owned commercial banks.

A good many small and medium-sized rural enterprises have to seek the assistance of informal popular financing organisations which causes their costs to rise. Where the vast majority of rural enterprises are concerned, their developmental staying power is seriously challenged by their inability to pay the high interest rates of popular financing.

(6) The mechanisms for the circulation of peasant household funds are not sound. If peasant households can obtain financial services, this is of enormous positive externality where Chinese rural economic development is concerned while the reverse is true if they cannot. In conditions where any given policy-related support is inadequate, since by no means all peasant households are interested, they can enjoy commercial financial services. Therefore, in the social community as a whole, it is necessary to provide a basic financial facility for all peasant households. When seen from the perspective of public economics, the government should provide peasant households with a financial service of an average standard which will constitute policy-related financing for peasant households. Although the People' s Bank of China acts as the government' s representative in the field of finance and supplies rural financial institutions with low-interest reloans, it can also be understood to some extent as a mechanism for policy-related finance. However, its activity in providing reloans to rural financial organisations is not sustained① and so no mechanism for continuously supplying peas-

① The number of loans provided and their terms are always changing.

ant households with policy-related finance exists in China.

Since 1999, Chinese rural credit unions have improved their methods of supplying loans, issuing peasant households with micro-finance and coinsured loans. This has greatly increased the extent to which demand for loans by peasant households is met. However, rural credit unions have actually developed this business under administrative pressure from the Central Bank and, to some extent, it may even be considered that these types of loan are issued in the face of some political pressure. There are another three factors which are detrimental to the development of this type of loan business. The first is that the amount of single loans is small, their terms are short and the cost of extending loans is high. The second is that interest rates for such loans are lower than for industrial and commercial loans while the opportunity cost for issuing them is higher. The third is that the actual strength of rural credit union funds is limited. Therefore, in their business development process, rural credit unions always try to avoid issuing such loans.

4. A Pluralistic organisational structure is the way to optimise the rural financial organisational structure

From the standpoint of the American financial scholars Robert C. Merton and Zvi Bodie, analysis should proceed from a functional perspective. Discussion of the optimisation of the rural financial organisational structure should not be determined by the premise of the current financial structure and organisation. It should be seen that financial function is superior to organisational structure, *i. e.* that the function of a financial institution is more important than its organisational structure. Only when there is continuous innovation of institutions and competition can stronger functions and higher performance in the financial system be finally brought into being. Therefore, from a functional standpoint, it is first necessary to determine what economic functions a financial system should possess and then, based on this, set up or establish the structure and organisation which can best perform these functions.

Therefore, what is important is not the type financial institution but its functions.

Rural economic development in China is largely localised and administratively structured. Demand for financial commodities within rural financial demand also shows great diversity. Rural financial organisations in different places, with the responsibility of meeting the demand for rural finance, should have different functions. However, the meeting of financial demand for increasing the income of peasant households, agricultural development and rural economic growth are their basic functions. Therefore, proceeding from a functional perspective, rural financial organisations should diversify in order to benefit the "Three Agricultures".

On the basis of the characteristics of the Chinese rural economy and finance, together with problems in the current structure of rural finance, the way to optimise the rural financial organisational structure is mainly through diversification of financial institutions. The way to realise this diversification is mainly by opening up the rural financial market and the establishment of numerous types of coexisting financial institutions with complementary functions and with co-ordinated operating mechanisms. This will break down and eliminate the monopoly structure and will truly create an

organisational structure for rural finance based on competition and efficiency. Only with the coexistence of a variety of financial institutions can the market economy be promoted, market efficiency raised and the demand for diversified rural finance be better met.

(1) The state - owned commercial banking system should be reformed. Mishkin (2001) was not entirely correct in maintaining the view that state-owned banks could provide credit to sectors which could hasten economic growth, unlike the private sector. However, as far as recognition of the inevitability of the reform of Chinese state-owned commercial banking is concerned, there can be no dispute. In 2001, the Chinese government put forward some tentative ideas on the reform of state-owned commercial banks, planning to transform the four large state-owned banks over five years or more into "major modernised commercial banks with an excellent administrative structure, sound mode of operations, clear business goals, a good financial status and strong international competitiveness", The specific steps of the reform are the commercialisation of operations, conversion to company status and stock market listing. The author considers that the reform of the state-owned commercial banks can proceed along the road of development by breaking up and grouping. Through the establishment of a bank holding company, the overall branch structure can be transformed into a bank holding group. The operational arrangements and setup should be integrated and the branch structure based on administrative divisions without consideration of the market should be altered. The key is the transformation to the shareholding system with the breaking up of the single property rights structure, the implementation of pluralistic, socialised property rights and liquidity for the state-owned banks and the establishment of a standard modern commercial banking system. Within the framework of a bank holding group and with breaking up and regrouping based on the localising of economic development or administrative divisions, both domestic and foreign branches should be changed to subsidiary companies of the bank holding group with social capital absorbed into the subsidiaries and the liability of providers limited to their capital subscription. This process may not only promote ownership other than by the state and encourage the inflow of popular capital. It may also, at the same time, gradually eliminate the monopoly of the state-owned commercial banks and create a truly competitive situation in commercial banking.

(2) Small financial institutions should be developed with superior property rights structure, low transaction costs, market efficiency and information together with flexible operations and great adaptability. They should be suited to the features of rural economic entities such as miniaturisation, individualisation and the provision of special characteristics and also to the changes in rural economic structure while meeting the demand for multilayered, diversified finance of micro entities in the rural economy. In particular, local popularly-run small and medium-sized commercial banks should be developed.

The peasant household economy and popular rural economy are bound by strong budgetary constraints. Once guidance by the market has been established, they will accept market interest rates. Therefore, popular small and medium-sized financial institutions which are governed by self-interest are more inclined to have a financial relationship with them through the market financing process and obtain even greater income through market interest rates. Therefore, in order to maintain the higher rate of growth yielded by peasant household and the rural popular economy, it is necessary that there should be system of small and medium-sized financial institutions which are not state-owned and which operate in accordance with commercial principles.

Small and medium-sized financial institutions have the issue of micro-finance in mind. This is of benefit for the financing of peasant households and small and medium-sized town and township enterprises, in particular increased financing of private enterprises. This point is also borne out by the history of the development of small and medium-sized financial institutions in the USA. When the Federal Reserve Bank of New York studied the state of banking during the mid 1990s, it discovered that the smaller the scale of a bank, the larger the proportion of its micro-finance was in respect of the total amount of its loans. Small domestic, commercial loans by banks with assets lower than USD 100 million accounted for 8.9% of the total amount of their assets while for banks with assets greater than USD 5 billion, this ratio was only 2.9% (Federal Reserve bank of New York, 1995). In their research, Goldberg and White (1997) discovered that there is a significant inverse relationship between the size of a bank and the strength of its loans to small enterprises (as a percentage of the bank' s assets). Research has also shown that major banks with a complex structure more rarely extend loans to small businesses (Berger and Udall, 1996). Newly-established banks extend more loans to small enterprises than existing banks of a comparable size (Shull, 1993).

Small financial institutions with a financial space structure tend to be superior where efficiency is concerned. The development of local small and medium-sized financial institutions and increased credit for private enterprises may better promote the growth of the private economy. Research by the World Bank shows that, if banks raise the rate of private sector credit by twice the GDP ratio, this will lead to the long-term average economic growth rate being increased by two percentage points. Moreover, the greater the credit ratio of the private sector (the more intensive the financial system becomes), the less the economy fluctuates (World Bank Policy Research Group, 2001). It can be seen that the importance of increasing private sector credit is quite prominent.

There are four ways in which small local banks and financial institutions come into being.

①They may be established by permitting popular capital to meet certain conditions as a result of which restrictions on market access for financial institutions with domestic investment should be relaxed. A group of banks divorced from the traditional system should be established with popular enterprises as the major shareholders and specialising in serving new high-technology industry and popular growth enterprises. Opening up domestically is a prerequisite for opening up to the outside world. Opening up to the outside world while remaining closed domestically may result in the market being sold off cheaply.

② They may be established on the basis of the integration of county financial institutions. The branches of state-owned financial institutions①, rural credit unions and Post Office Savings establishments can be integrated and local small and medium-sized joint-stock commercial banks organised.

③A system renewal of current rural credit unions can be implemented to bring about model di-

① Including the four large state-owned commercial banks and the Agricultural Development Bank of China.

versification. First, in areas where industry is relatively developed, they can be directly converted into local joint-stock commercial banks or co-operative banks, increasing the actual funding strength of rural credit unions. Secondly, they can be merged with current commercial banks. Thirdly, they can be merged with policy-related banks and, fourthly, they can continue to retain their present co-operative nature as credit unions. During the process of system renewal of rural credit unions, attention must be given to clarifying property rights relationships and standardising mode of operations.

④New co-operative financial organisations may be developed.

(3) The development of foreign-funded financial institutions in China should be rationally introduced. With the acceptance of China's entry into the WTO, restrictions on the access of foreign-capital banks have been abolished and the agreement on China's entry provides that, by 2007, foreign-capital banking institutions should be able to compete on equal terms with domestic banks. As a result, there are some concerns that competition from abroad may lead to a serious attack on Chinese banks. However, this risk has been exaggerated. In places where foreign-capital banks have been permitted to enter, they have all tended towards cautious expansion (Jonathan Anderson, 2003). New entrants from foreign markets tend to occupy a certain segment market and do not enter the sphere of traditional commercial banking on a large scale (Bush, 1998). Hence, it is necessary to provide guidance for the development of foreign-capital banks in China and, in particular, in the rural areas in order to promote the rational distribution of the Chinese rural financial organisations and further improvement to the financial system.

(4) The development of non-banking financial institutions should be stressed. During the change of course of rural China, not only is there a huge demand for finance but this demand is diversified and complex. There is demand both for commercial banking business and investment banking business. There is demand for banking business and also for insurance. There is financial and also non-financial demand. As a result, at the same time as stressing the development of non-banking financial institutions, it is also necessary to emphasise the development of institutions and business in respect of insurance, trust investment, leasing, credit guarantees, consultancy, the issue of and agency dealing in negotiable securities, capital operations, and foreign exchange business.

(5) Certain measures and methods should be published to encourage the normal range of popular financial activity (conforming to the law of capital supply and demand) with illegal financial activity (such as high interest and financial fraud) strangled. In circumstance where the formal supply of finance is inadequate and the demand for rural funds is higher①, Chinese popular finance is more lively. On the basis of an investigation by Wen Tiejun *et al* . (2001), the rate of occurrence of popular borrowing reaches as high as 95% while the rate of occurrence of high interest popular borrowing reached 85%. As far as peasant households and small and medium-sized businesses in many dis-

① It has been calculated that the current annual demand for rural capital is 2 000 billion Yuan and that this is increasing by a rate of 20% annually. Moreover, the balance of current loans to peasant households and rural enterprises by financial institutions is only about 1 000 billion Yuan, which means there is a shortage of capital of about 1 000 billion Yuan.

tricts are concerned, the importance of the informal financial market greatly exceeds that of the formal market. Research shows that, of the 167 000 enterprises currently in Wenzhou in Zhejiang Province, 60% depend on capital raised by popular borrowing, with the interest on borrowing reaching as much as 1%~3% every month. Since popular finance lacks official laws and standards, it lacks management and guidance as a result and it is difficult to truly foster its regular use on the credit market. In the Chinese countryside, on the one hand the scale of popular finance is small and, on the other, it is counted as an illegal activity. "Small-scale" means non-economic and "illegal" means even higher system risks and transaction charges. Hence, the necessity of legalising popular finance to promote its moderate development is evident. At the same time, many people in China equate popular finance with high interest and with illegal finance. Therefore it is necessary to demarcate rationally and clearly the dividing line between popular finance and high interest and between popular finance and illegal finance. Also, guidance should be provided for some innovative activities in the informal financial market (for example the negotiable instrument exchange market in Wenzhou, the Zibo stock exchange market which has already shut down, private placement funds and all varieties of popular credit security activities).

5. Conclusions

The diversification of financial institutions and the development of diversified financial institutions constitute the correct orientation of the current reform of rural finance in China. However, it should be noted that lessons and experience have been gained from the progressive reform process of the diversification of financial organisations and institutions promoted in China. The first is that diversification of financial institutions by no means stands for excellent circulation arrangements and unhindered channels of circulation for currency capital in socioeconomic life. Nor does it mean that currency in economic operations can give scope to the full promotion of economic growth. Indeed, many financial institutions easily fall into confusion in the process of contending for, distributing and using social funds. The second is that non-standard financial institutions cause a waste of social funds in their use and also of labour resources. Such waste remains even today a defect which many financial institutions in China have not fully overcome. The third is that there is no synchronised progress has been implemented with enterprises in other domains with regard to the reform of the system of property rights and the organisational forms of financial institutions. Since access to the financial market is strictly limited, a wide variety of enterprises with different characters have emerged in socioeconomic life. Although financial institutions are diversified, their system of property rights and organisational structural arrangements continue to use the "public ownership" model and this means that the entire operation of finance is not adapted to economic growth. Therefore, in the process of promoting pluralistic rural financial institutions on China, in the first place attention should be given to legislation and supervision to safeguard normal financial order. In the second place, attention should be given to improving the administrative structure of financial institutions, improving and innovating their mode of operations. In the third place, the development of financial institutions should not be emphasised unilaterally. Direct financing should be developed, the capital

market should be promoted and there should be organic integration and co-ordinated development of the capital and insurance markets. In the fourth place, attention should be given to the complementing and co-ordinated development of financial reform and the reform of other areas. In particular, the reform of rural finance cannot lag behind other reforms in the rural sphere.

BIBLIOGRAPHY

Anderson, Jonathan, 2003, "Risk in Chinese banking and the way out", in *Economic Review*, 2nd June

Berger, Allen and Gregory Udall. 1996. "Universal banking and the future of small business lending", in: Saunders, Anthony and Walters, Ingo, 1996, *Universal Banking: Financial Systen Design Reconsidered*, Irwin Professional Publishing Co

Bush, Claudia M., 1998, "Towards universal banking: risks and benefits for the transition economics", in: Stanley, W. Black and Mathias Moersch (editors), *Competition and Convergence in Financial Markets: The German and Anglo - American Models*, Published by Elsevier Science B. V. 1998. P313～368

Chen, Jianbo, 2003, "The main problems currently faced by rural development", http: //www. drc-net. gov. cn

Davis, Junior R & Paul G. Hare, 1997, Reforming the systems of rural finance provision in Romania: some options for privatisation and change, in: *Quarterly Journal of International Agriculture*, 1997, No. 3

Federal Reserve Bank of New York, *Current Issues in Economics and Finance*, June 1995

Goldberg, Lawrence and Lawrence J. White, 1997, *De Novo Banks and Lending to Small Businesses: An Exploratory Analysis*, May

Goldsmith, Raymond W., *Financial Structure and Development*, New Haven, CT: Yale University Press, 1969

Guan, Ruijie and Wei Xu, 2003, "Four years of structural adjustment, eight important changes - an analysis of concrete evidence from an investigation of peasant households in rural fixed observation locations nationwide", *Peasant Daily*, 14th January, 5th edition

He, Guangwen 1999, "Rural financial restraint and the extension of finance seen from the capital borrowing behaviour of rural inhabitants", in *China' s Rural Economy*, 10th edition

He, Guangwen (chief ed.), 2003, "The effect of the conversion of the mode of operations of financial institutions on peasant household financing and the choice of policy", topic research report of the State Natural Science Fund

He, Xuehui, 1997, "Rational thinking about China' s capital market", in *Financial Research*, no. 9

Levine, Ross, 2003, More on finance and growth: more finance, more growth? in: *Federal Reserve Bank of ST. Louis Review*, July/August 2003

Lynch, David, 1996, Measuring financial sector development: a study of selected Asia-Pacific Countries, in: *The Developing Economies*, Mar, 1996

McKinnon, Ronald I., *Money and Capital in Economic Development*, Washington, DC: Brookings Institution, 1973

Ministry of Agriculture of the People' s Republic of China, 2002, *Report on Agricultural Development in China*, 2002, China Agricultural Publishing House

Mishkin, F. S., 1995; 2001, *The Economics of Money, Banking and Financial Markets*, Harper Collins College Publishers

Policy Research Group of the World Bank, 2001, "Finance and growth: policy choice during unrest", Economic Science Publishing House, pp. 39～42

Shull, Bernad, 1999, "The separation of banking and commerce in the United States: an examination of principle issues" in: *Financial Markets, Institutions & Instruments*, May, 1999, p1～55

Wen, Tiejun, 2001 "Research into peasant household credit and popular borrowing: main report on the subject of peasant household credit and popular borrowing", from the Chinese Economic Network' s 50 person forum, 7th June

Yu, Jiang, 2003, "The extension of finance and economic growth", in *Rural Financial Research*, no. 5

Zhang, Jie, 1995, "Self - criticism of Chinese financial reform and the way forward for further reform", in *Economic Research*, no. 5

东亚地区自由贸易区的发展与农产品贸易

田维明　王　莉

一、东亚地区自由贸易区的发展①

近年来，在WTO新一轮多边谈判面临种种阻力从而进展缓慢的背景下，很多国家开始致力于扩大区域性经济合作，在建立自由贸易区（FTA）方面形成了新的发展势头。这一情况同样也出现在东亚地区。近年来，东亚各经济体除了在亚太经济合作组织（APEC）框架下推进贸易开放和投资便利化外，还积极扩展双边或区域性的经济合作。在这方面，一些重要的发展有：

• 东盟通过实施“共同有效优惠关税方案”，在建立自由贸易区方面取得了实质性的进展，按计划，各成员将在2010—2015年使绝大多数商品的进口实现零关税；

• 2001年底，中国与东盟正式宣布，将在10年内建成中国—东盟自由贸易区；

• 2002年，东盟与日本共同声明，将努力发展一种“全面的经济伙伴”关系，除了在东盟整体层次上加强与日本的合作外，也欢迎和鼓励东盟各成员单独与日本扩大双边经济合作；

• 2002年，日本与新加坡正式签署了双边经济伙伴协定，这是日本的第一个双边自由贸易协定；

• 2003年，中国内地和香港签署了“更紧密经贸关系安排”协议，将从2004年起实施；

• 韩国开始探讨与东盟共建自由贸易区的可行性，新加坡和韩国已经于2002年就签订自由贸易协定展开磋商；

• 有关建立中日韩三国自由贸易区的构想也已经提出。

与此同时，东亚国家与区域外国家之间也在积极地发展双边或多边经济合作关系。在这方面，美国、澳大利亚、新西兰、智利、印度等均是重要的参与方。预期在今后的一个时期内，区域性开放贸易与WTO框架下的多边开放贸易将表现为一个相互交织的过程。

与多边贸易谈判情况类似，是否以及在多大程度上开放农产品贸易常常成为区域性自由贸易协议的难点。在东亚地区，作为转口港城市的新加坡和香港长期奉行自由贸易政策，日本、韩国等其他发达经济体则对农业实行高保护。对于中国和东南亚地区的发展中国家来说，扩大农产品出口仍是促进当地经济发展的重要途径，同时这些国家也高度关注如何保障国家食物安全和市场稳定。这种局面使东亚各经济体在开放农产品贸易问题上形成不同的利益要求，进而导致在东亚地区的自由贸易区建设问题上采取不同的立场和对策。

从已经形成的自由贸易区协定看，东盟将农产品纳入了开放贸易的范畴，虽然一些成员将部分敏感农产品暂时排除在外。中国一东盟自由贸易区也将农产品纳入开放贸易的范畴，并且将

① 根据东盟拟定的行动计划，2003年时关税削减范围包括87%的农产品，到2010年时扩大到全部农产品（ASEAN，2002）。

协调关税第 1 到第 8 章列入了“早期收获”清单，以便使各方能够早日从开放农产品贸易中受益。由于新加坡没有能力大量出口农产品，因而日本和新加坡的双边自由贸易协定并不会对日本农业构成影响。从上述情况可以看出，是否开放农产品贸易成为东亚发达经济体与该地区的发展中国家形成自由贸易协定的重要障碍。

二、东亚经济体的贸易互补性

根据贸易理论，在完善竞争市场条件下，一个国家的贸易结构取决于其比较优势。在现实中，由于各国政府都对经济和贸易活动实行着不同程度的干预，因而实际贸易结构会受到扭曲。然而经验表明，政府干预不会使贸易结构全面违背比较优势原则，特别是从长期看。因而，通过分析贸易结构的互补性，可以初步判断建立自由贸易区产生的潜在利益大小。一般而言，贸易结构互补性越强，双方建立自由贸易区的潜在利益就越大。

本研究利用双边贸易互补性综合指数（OBC）来反映东亚主要经济体之间在贸易结构上的互补性。计算 OBC 指标使用了美国普度大学 GTAP 数据库提供的 1997 年贸易数据。表 1 中上半部分和下半部分分别列出了利用 22 种初级和加工农产品贸易数据及利用全部 56 种商品贸易数据计算得出的 OBC 指标。

从结果可以看出，在农产品贸易上，韩国与中国台湾及越南与泰国之间表现出较强的竞争关系，新加坡与越南表现出较强的互补关系，其余经济体之间的贸易结构互补性或竞争性相对较弱。中国与日本、新加坡、马来西亚和香港存在互补关系，与韩国、印度尼西亚、菲律宾、泰国、越南和我国台湾地区则存在竞争关系。这表明，中国与东盟主要农业国之间在农产品贸易上主要是竞争对手，而不是合作伙伴。相比之下，东盟国家之间表现出更多的贸易互补性。

表 1　东亚经济体之间在贸易结构上的互补性

	中国内地	日本	韩国	中国台湾	中国香港	新加坡	印度尼西亚	马来西亚	菲律宾	泰国
					农 产 品					
日本	+									
韩国	−	−								
中国台湾	−	−	−−							
中国香港	+	−	+	+						
新加坡	+	+	+	+	−					
印度尼西亚	−	+	−	−	+	+				
马来西亚	+	+	+	−	+	−	−			
菲律宾	−	+	−	+	+	−	−	−		
泰国	−	−	−	−	+	+	−	+	+	
越南	−	−	−	−	+	++	−	+	+	−−
					全 部 产 品					
日本	+									
韩国	−	−−								
中国台湾	−	−	−−							
中国香港	−	−	−	−						
新加坡	+	−	−	−	−					

（续）

	中国大陆	日本	韩国	中国台湾	中国香港	新加坡	印度尼西亚	马来西亚	菲律宾	泰国
印度尼西亚	−	+	+	+	+	+				
马来西亚	+	+	+	−	+	−	−			
菲律宾	−	−	−	−	+	−	−	−		
泰国	−	−	−	−	+	+	−	+	+	
越南	−	+	−	−	+	+	−	+	+	−−

注：“+”代表OBC为正值，其中“++”为OBC大于0.5；“−”代表OBC为负值，其中“− −”为OBC小于−0.5。

从全部商品的OBC指标来看，中国与日本、新加坡、马来西亚之间表现出贸易结构上的互补性，与其余经济体之间表现出竞争关系。日本与韩国、韩国与中国台湾省之间存在较强的贸易竞争。在东盟国家之间，新加坡与印度尼西亚、泰国和越南存在贸易互补性，马来西亚和菲律宾与越南和泰国之间也呈现贸易互补性，而越南与泰国则表现为较强的竞争关系。

OBC指标计算结果表明，东亚经济体之间并没有表现出很强的贸易互补性。出现这一结果的原因有：第一，计算中所使用的数据综合程度较高，因而难以准确地反映实际情况，若计算工作能够深化到具体商品，那么根据东北亚与东南亚之间的气候条件差异大、所生产的农产品种类和供给时间存在明显差别的情况，预期在农产品贸易上的双边互补性指标会有所提高。第二，尽管东亚经济体之间在发展水平上存在巨大差异，但从资源禀赋看，均具有人多地少这一特点，因而在农产品上普遍缺乏比较优势，特别是在土地密集型产品上，但在相对劳动密集的产品上则有明显的竞争优势，这使得贸易结构表现出较高程度的类似性。第三，日本、韩国、中国台湾等发达经济体对农业实行高保护，使现实的贸易结构在一定程度上偏离由比较优势决定的贸易结构。

根据上述结果可以预期，东亚经济体建立自由贸易区会产生复杂的影响。在国际市场上，东盟是热带农产品的高效率生产者，除部分园艺作物外，中国在温带农产品上的竞争优势则并不突出；双方均在劳动密集型产品上具有较强的优势，并且出口均针对相近的外部市场，例如日本和美国。因而当中国与东盟建立自由贸易区时，在热带农作物产品上有可能产生较大的贸易创造效应，而在温带农产品和非农业商品贸易上的贸易创造效应则不会很明显。当日本、韩国等与中国和东盟共同形成自由贸易区时，成员间贸易结构上的互补性得到加强，从而使部分温带农作物产品也可以从中受益。

三、模拟方案设计

为了评价中国参与不同形式的自由贸易区产生的影响，本研究利用美国普度大学开发的GTAP模型做了方案模拟分析。从20世纪90年代初以来，GTAP模型被广泛运用于评估世界范围的贸易政策改革可能产生的影响（Hertel，1997）。GTAP第五版包括66个国家或地区、57个商品部门。由于本项研究侧重于分析建立自由贸易区对农产品贸易的影响，因而在确定商品分组时将原始数据库中的22项农产品及其加工品合并为16个商品组，将其余的非农业产品和服务合并为非农业初级产品、林产品、纺织品、皮革加工品、制造业产品和服务业等6个商品组。

根据东亚各经济体参与自由贸易区建设的可能组合，模拟模型将整个世界分为16个国家或地区，其中中国大陆、香港特别行政区和台湾省、东盟的最初六国、日本、韩国和美国均单独列出，其他地区包括澳大利亚和新西兰、其他APEC成员、西欧和所有其余国家。

方案模拟以2010年作为目标年，用作对比的基准方案反映各国家或地区在假定的人口、资源、技术和政策变化下2010年的世界经济状况，其中贸易政策改革仅假定所有各方完成在乌拉圭回合协议下承担的各项义务，同时中国大陆和中国台湾全面履行各自做出的入世承诺。

以下的讨论仅涉及中国与东盟（以东盟六国代表）建立的自由贸易区（CAFTA）和由大中国（含台湾和香港、澳门）、东盟、日本和韩国共同建立的自由贸易区（EAFTA）两个方案。在设计上，每个方案均假定，参与方取消相互之间所有商品的双边进口关税，同时各方保持原有的对非成员的关税壁垒，所有其他条件均与基准方案相同。

四、主要发现

模拟结果表明，两种自由贸易区建设方案对中国的经济增长不会产生显著的刺激作用，但对于贸易结构，特别是农产品贸易结构，则会产生明显的影响。

表2列出了CAFTA方案模拟得出的结果。在农产品中，中国出口的大米、粗粮、园艺产品、猪禽肉和加工食品增长较大，进口增长明显的有园艺产品、植物油、糖、其他动物产品和加工食品等。从表中数据可以注意到，除了糖以外，中国其他农产品的出口均呈现对东盟出口增加、对非东盟出口减少的情况。中国农产品进口的变化情况与出口的变化情况相类似，除了东盟缺乏能力生产的小麦、粗粮、猪禽肉和其他动物产品外，中国的进口也呈现东盟替代其他来源的趋势，特别如植物油。中国与东盟之间在园艺产品和加工食品贸易上呈现双边进出口规模同时扩大的态势。上述情况表明，CAFTA有利于中国和东盟双方利用自然气候的互补性扩大贸易，同时内部关税削减导致明显的贸易转向效应。这一发展会使东盟以外的植物油、糖和加工食品出口者受到一定程度的不利影响。

表2　CAFTA方案下生产和贸易的变化

单位：百万美元

商品组	生产		中国出口			中国进口		
	中国	东盟	合计	东盟	其他	合计	东盟	其他
大米	171	−282	69	74	−5	−39	−41	2
小麦	−11	0	0	0	−1	17	0	17
粗粮	30	−12	50	62	−13	14	0	14
园艺产品	96	66	140	154	−14	118	173	−55
油料	−22	−18	7	12	−6	−9	0	−9
植物油	−156	994	10	17	−7	170	417	−246
糖	−55	182	7	1	6	65	146	−82
牛羊	−18	−9	0	0	0	0	0	0
牛羊肉	−36	19	−1	0	−1	14	29	−15
猪禽肉	20	−31	59	71	−12	29	16	13
其他动物产品	−51	13	4	15	−11	67	14	53
水产品	−19	−9	1	2	−1	22	30	−7
奶和奶制品	−8	34	7	8	−1	8	13	−5
加工食品	365	452	704	813	−109	312	427	−116
植物纤维	21	12	0	0	0	21	24	−3
动物纤维	22	0	0	0	−1	6	1	6

（续）

商品组	生　产		中国出口			中国进口		
	中国	东盟	合计	东盟	其他	合计	东盟	其他
林产品	−26	−61	1	1	0	21	12	10
非农业初级产品	−68	−168	46	49	−2	−11	−12	1
纺织品	753	1 526	1 622	2 955	−1 334	966	1 283	−317
皮革制品	−260	534	−62	482	−545	140	164	−25
制造业产品	−1 509	4 562	2 849	5 843	−2 995	3 854	5 983	−2 130
服务业	372	−2 890	−423	27	−450	177	−107	284
合计	−387	4 910	5 087	10 587	−5 500	5 961	8 571	−2 610

注：表中数字为相对于基准方案的变化量。

建立CAFTA在纺织品、皮革制品和制造业产品贸易上也产生明显的贸易转向效应。服务贸易则是一个例外，由于中国和东盟在服务业上均缺乏竞争优势，因而增长的国内需求主要通过从第三方进口来满足。在非农业初级产品上出现的情况与服务贸易相类似。

另一方面，从生产的变化情况可以看出，CAFTA对中国和东盟各种商品供给的影响均较小。虽然中国制造业产品生产减少的绝对额很大，但占制造业产出的比例则很小（0.13%）。农产品中，植物油、糖和动物产品生产受到的不利影响相对较大，而大米、园艺产品和加工食品的受益较大。对于东盟来说，仅大米生产面临中国产品的竞争，而园艺产品、植物油、糖和加工食品受益较大。从总体上看，中国和东盟在农产品贸易上均出现盈余增加的局面，因而CAFTA可以使双方在农产品上实现双赢的结果。

在EAFTA方案下，日本、韩国和中国台湾降低贸易保护给中国和东盟扩大农产品出口提供了良好的机会。从表3中的数据可以看出，除其他动物产品外，中国所有农产品的出口均出现不同程度的增加，其中对中国港台和日韩出口的增加远超过对东盟出口的增加，而对其他地区的出口普遍下降，尽管从数额上看并不大。进口的变化情况则不同，由于EAFTA的成员在土地密集的温带作物产品上均不具有比较优势，因而中国仍只能从EAFTA外部来源进口；与此成对照的是，中国从东盟进口的热带作物产品（包括园艺产品、植物油、糖和加工食品）增加，其中像棕榈油这样的热带木本植物油产品会在一定程度上替代从非成员进口的温带草本植物油产品（如豆油）。在此方案下，中国的农产品净出口将增加约60亿美元，贸易格局的这一变化有利于实现提高农民收入的政策目标，因而对于中国政府来说，将日本和韩国等拉入东亚自由贸易区建设是一个理想的策略。

表3　EAFTA方案下中国贸易的变化

单位：百万美元

商品组	中国出口				中国进口			
	合计	东盟	港台日韩	其他	合计	东盟	港台日韩	其他
大米	1 416	100	1 352	−36	−153	−163	1	9
小麦	254	0	258	−4	160	0	0	160
粗粮	1 588	−24	1642	−30	181	0	0	181
园艺产品	659	147	544	−31	158	68	31	59
油料	735	1	775	−41	171	0	0	171
植物油	29	16	20	−7	207	372	12	−177
糖	14	1	10	4	80	57	108	−85
牛羊	17	0	17	−1	4	0	0	4

（续）

商品组	中国出口				中国进口			
	合计	东盟	港台日韩	其他	合计	东盟	港台日韩	其他
牛羊肉	2	0	5	−4	31	28	9	−6
猪禽肉	443	64	400	−20	127	9	20	98
其他动物产品	−36	12	−25	−24	404	4	143	257
水产品	49	2	48	−1	109	19	126	−35
奶和奶制品	41	7	35	−1	30	9	16	5
加工食品	3 530	603	3 110	−183	1 033	319	851	−136
植物纤维	0	0	0	0	43	20	13	10
动物纤维	7	0	8	−1	24	0	3	21
林产品	3	1	3	−1	35	10	5	21
非农业初级产品	239	59	158	23	−384	−105	29	−308
纺织品	10 240	1 864	7 546	831	7 909	433	8 567	−1 092
皮革制品	714	393	1 121	−799	900	94	1 015	−209
制造业产品	11 420	3 972	6 599	849	17 245	3 243	22 497	−8 495
服务业	−505	32	30	−567	209	−124	−129	462
合计	30 859	7 250	23 653	−45	28 521	4 293	33 315	−9 087

说明：表中数字为相对于基准方案的变化量。

然而在中国和东盟的农业部门从 EAFTA 受益的同时，日本、韩国的部分农业部门会受到较大冲击。例如，进口的大量增加会使日本的大米、园艺产品、猪禽肉、奶制品和加工食品生产受到不利影响，韩国的粗粮、园艺产品和加工食品生产也会受到一定冲击。另一方面，EAFTA 也给日本和韩国等发达经济体提供了某些扩大农产品出口的机会，例如韩国对日本的猪禽肉出口和对所有 EAFTA 成员的加工食品出口均有较大幅度的增加，日本的加工食品也有扩大出口的可能。

更重要的是，模拟结果表明，随着 EAFTA 成员降低对非农业产品的关税保护，日本、韩国等发达经济体对其他成员出口的制造业产品显著增加，比基准方案分别高出 170 亿美元和 35 亿美元。此外，纺织品的出口也呈现较大增长。这意味着，只要东亚发达经济体能够顺利地实现结构调整，参与东亚自由贸易区建设将会给其带来新的贸易机会，并使国家整体福利得到明显改善。这同时也意味着，将农产品排除在外的自由贸易区建议对东亚发展中国家不会产生吸引力。若东亚发达经济体坚持这种立场，那么很可能将无法全面参与到东亚地区的经济合作之中。

五、结论

近年来，通过建立自由贸易区来加强区域性经济合作的势头在东亚地区也已经展现，2002 年中国与东盟达成建立自由贸易区的协议就是其中的一项具有代表意义的进展。中国—东盟自由贸易协议将优先开放农产品市场作为一个重要方面，在世界上起到了表率作用。

中国和东盟在农业气候和自然资源条件方面存在着较大的差异，因而双方在农产品结构上存在一定的互补性。另一方面，中国和东盟均属于人口高度密集的国家，由于资源禀赋条件的限制，在土地密集型农产品上都缺乏比较优势。利用 GTAP 模型所做的模拟分析表明，形成 CAFTA 会加强中国与东盟之间的农产品贸易，在某些农产品上会出现较明显的贸易转向效应，但对整个世界的农产品贸易格局不会产生显著的影响。CAFTA 的主要作用是使双方市场上供给的农

产品进一步多样化，而不是靠扩大内部生产能力来全面弥补供需缺口。

当东亚地区各经济体全面参与自由贸易区建设时，情况出现较大变化。东亚的发展中国家在热带作物产品和劳动密集型非农产品上具有全球竞争优势，而部分发达国家在制造业产品上具有全球竞争优势，因而形成 EAFTA 会产生相对较大的贸易创造效应，各参与方的整体福利均会由此而得到较大改善。然而，较强的结构互补性虽然对应着较大的潜在贸易得益，但同时也意味着参与方会面临较大的结构调整压力，从而可能导致内部不同利益集团之间的政治冲突。如果能够克服这种政治阻力，建立 EAFTA 将使东亚地区经济发展获得新的动力。

参考文献

[1] ASEAN . Forging Closer ASEAN-China Economic Relations in the Twenty-First Century, A Report Submitted by the ASEAN-China Expert Group on Economic Cooperation. 2001

[2] ASEAN . Framework Agreement on Comprehensive Economic Cooperation between The Association of South East Asian Nations and The People' s Republic Of China. 2002

[3] Hertel, T. W. eds. *Global Trade Analysis: Modeling and Applications*, Cambridge University Press. 1997

[4] Ma, Jun and Wang Zhi. *Options and Implications of Free Trade Arrangements in East Asia*, Paper prepared for presentation at the 5th Annual Conference on Global Economic Analysis, Taipei, June 5-7, 2002

[5] World Bank . DEVELOPMENT, TRADE, AND THE WTO. 2002

[6] 王莉 . 构建东亚自由贸易区对中国农产品贸易的影响 . 中国农业大学经济管理学院硕士论文 . 2003

[7] 中国农业大学经济管理学院课题组. 中国-东盟建立自由贸易区对我国农产品贸易的影响. 2002

China's Feed Industry: Development and Trends*

Qin Fu　Yin Jinhui

1. Introduction

Traditionally, Chinese farmers have fed animals with anything that animals eat. This may include low quality cereals, grain by-products, tuber crops, table scraps, brewery residues, green silage, melons, water plants, and other kinds of vegetation. Oilseed meals are also used as feed but less extensively. In the past two decades or so, as a result of increased production scale, industrially processed feed has been increasingly demanded by animal producers. In response, a feed industry has gradually gained a foothold and has in fact developed rapidly in recent years. This rapid development has in turn also promoted the development of China's animal husbandry industry.

Currently, industrial Processed feed is not yet used extensively in China's animal raising. It is used more in intensive animal raising practices and less in traditional baekyard animal raising. However, it is anticipated that the demand for animal products by the Chinese consumers will continue to increase. In the meantime, traditional backyard animal raising is likely to gradually decline and give way to specialised household animal raising and intensive feedlot animal raising. This will further increase the demand for industrial processed feed.

Given that a large portion of the industrial processed feed is composed of feedgrains, an examination of China's feed industry development and its likely future development will be most beneficialfor a study on China's feedgrains demand and supply. In this paper, we will first examine various aspects of China's feed industry and its development in the past years. In Section 3, we address various problems facing the Chinese feed industry in its development. We then briefly look into possible future development of the feed industry in China. In the rest of the paper, unless otherwise indicated, feed refers to the industrial processed feed.

2. An Introduction to China's Feed Industry

China's feed industry is a new emerging industry. It was established at the end of the 1970s and, after some 20 years' development, has become an important industry in the whole industry system and is now the world's second largest. A fairly comprehensive feed industry system has now

* 原载《中国农业经济评论》2003 年第 1 期。

been established, with a standard somewhat equivalent to that reached by the developed countries in the 1980s.

2. 1 Feed Output and Feed Industry's production Capacity and Composition of Feed Products

Figure 1 shows the changes in the output of different feed products from 1990 to 2000. China's feed output increased slowly in the early 1990s but much more rapidly after 1994. Total feed output reached 74 million tons in 2000 - an increase of 42 million tons or 137. 7%when compared to 1990.

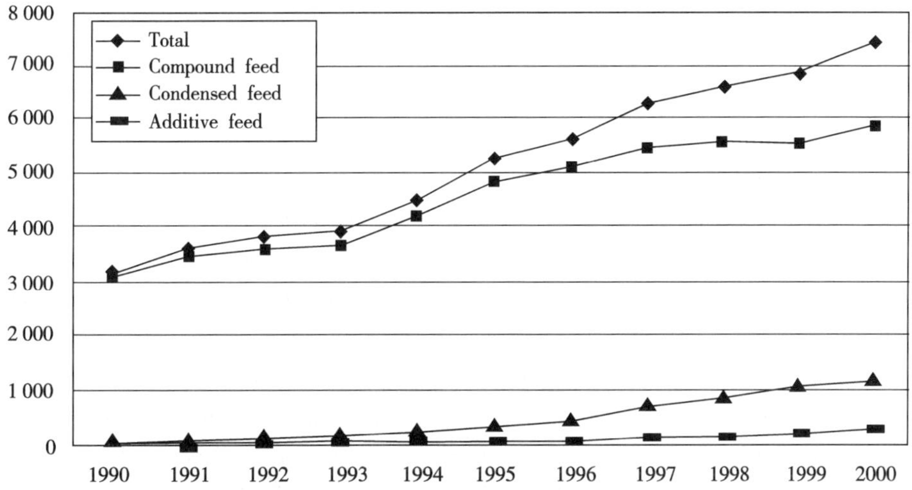

Figure 1 Output of Feed Products (10 000 tons)

The production of compound feed increased at a rate of 2. 8 million tons per year from 1990 to 2000. It reached 59 million tons in 2000, an increase of 6. 6% per year. While compound feed output is still dominant, its proportion out of the total feed output has decreased, from 97. 7% in 1990 to 79. 7% in 2000. The main reason for this decrease is that the condensed feed output has increased at a faster rate, at a rate of 1. 15 million tons (37%) per year from 1990 to 2000, much faster than that of compound feed. In China. many farmers own some feedstuff from their on-farm source. In order to benefit from industrial feed but also reduce feeding costs, most farmers prefer condensed feed to compound feed. That is the main reason for the rapid growth of condensed feed.

Table 1 shows the number of feed factories and production capacity of compound feed in China. The number of feed factories with a capacity of producing more than 1 ton per hour has declined slightly since 1990. The number of feed factories with a capacity of more than 5 tons per hour is increasing steadily. The two- shift production capacity has been increasing, and by 2000 reached 118 million tons, double that of 1990.

The competition in China's feed industry is tense and the profit margin is small. In response, it

Table 1 Number of Feed Factories and Production Capacity of Compound Feedr

Year	More than 1 ton per hour		More than 5 tons per hour		Production Capacity (Two shifts) (10 000 tons)
	Number	Increase (%)	Number	Increase (%)	
1990	13 287		555		5 938
1991	9 154	−31.1	685	23.4	6 254
1992	11 993	31	872	27.3	6 862
1993	10 762	−10	979	12.3	7 753
1994	11 046	2.6	1 126	15	8 181
1995	12 678	14.8	1 424	26.5	9 064
1996	12 107	−4.5	1 503	5.3	9 264
1997	11 301	−6.6	1 567	4.3	10 761
1998	12 435*	10	1 792	4.1	10 301
1999	12 095*	−2	1 937	8.1	12 977
2000	12 216*	1	1 764	−8.9	11 781

* including those whose production capacity is less than 1 ton.

Source: China Feed Industry Statistical Information, various issues.

seems some factories have chosen to expand their production capacity with the aim of achieving economies of scale. However, due to China's vast land area and also the different feeding practices, different sizes of feed factories will coexist for some time to come. It is most likely that medium and small ones will still play a major role in producing the feed in China.

Before 1990, feed for pigs was the main product for most feed enterprises. After 1990, the composition of feed products started to change with the structural change in the livestock industry. The proportion of the feed for those animals with higher conversion efficiency such as poultry and aquaculture has increased while that of pig feed has decreased (see Table 2). In the past ten years or so, the proportion of pork has decreased but that of some other animal products has increased. For example, in 1985, the proportion of pork was 85.9% out of total meat, but this decreased to 65.8% in 2000. However, the proportion of poultry meat out of total meat has increased from 8.3% in 1985 to 21% in 2000.

Table 2 Changes in the Composition of Feed Products during 1991 to 2000 (%)

Year	Pig feed	Egg poultry feed	Meat poultry feed	Fish and shrimp feed	Others
1991	44	25	23	3	5
1992	44	24	24	4	4
1993	41	25	27	4	3
1994	42	27	24	4	3
1995	43	26	24	5	2
1996	39	25	26	5	5
1997	40	24	25	8	3
1998	42	24	23.8	6.6	3.6
1999	38	26	24	9	3
2000	36	24	27	8	4

Source: China Feed Industry Statistical Information, various issues.

2.2 Raw Materials used in the Feed Industry

Raw materials used by the feed industry include corn, soybean cake, fishmeal, bone meal, blood meal, feather meal, oilseed cake, cotton cake, peanut cake and other oil cake. Other ingredients used in feed production are cereal bran, corn protein meal, powder starch protein, yeast protein, residues and wastage of food processing industries.

Corn is by far the major ingredient, accounting for about 65%—70% of feed products. Consequently, the rapid development of China's feed industry demands more and more corn inputs. Corn produced in some areas in China, e. g. , the northeast, does not have a good quality. Owing to the low protein content in some corn, and imbalance of amino acid. some common corn produced in China lacks lysine, tryptop han and other necessary amino acid. As a result, this corn has to be mixed with some other materials when used in compound feed. To improve feed quality, a large amount of quality corn is needed in China. China's corn output is shown in Table 3.

Table 3 Output of Corn during 1991 to 2000 (10 000 tons)

Year	1991	1992	1993	1994	1995	1996	1997	1998	1999	2000
Corn	10 083	9 816	10 270	9 928	11 199	12 747	10 431	13 300	12 809	10 600

Source: Yearbook of China Agriculture.

Among protein materials used, soybean cake has a high nutrition value that is only lower than that of fishmeal. Due to the high prices of fishmeal, soybean cake has become the most important protein source and has been used commonly in feed production. Before the 1990s, large amounts of soybean cake and other oil cakes were still used directly as manure by farmers. The government had to use a certain amount of fertiliser to exchange with farmers in order for these protein materials to be used as feed. This practice stopped in 1994. In 1998, Heilongjiang, the major soybean- producing region began to produce soybean cake as a primary product instead of as a by - product. China has become a net- importer of soybean cake since 1996. Table 4 shows soybean output and soybean cake output in the 1990s.

Table4 Output and import of soybean, soybean cake and fishmeal oybean Cake (10 000 tons)

Year	1992	1993	1994	1995	1996	1997	1998	1999	2000
Output of soybean	1 042	1 531	1 600	1 350	1 322	1 473	1 470	1 370	1 545
Import of soybean	15	12.5	15.5	79.5	227.4	294.3	385.8	1 010	850
Output of soybean cake	413	620	656	661	724	798	905	1 349	1 374
Import of soybean cake	5.1	2.1	0.1	92.8	306.9	406.6	139.7	63.4	20
Output of fishmeal	10.08	12.16	16.29	13.46	22.23	50.32	66.68	75.52	68.5
Import of fishmeal	63.95	43.12	66.34	69	63.2	98.52	41.62	63	118

Sources: Output of soybean from Yearbook of China Agriculture, output of soybean cake from " The Centre of China Grain And Oil" .

Detoxification technology has made it possible for some oilseed cake and cotton cake to be fully used in feed production, which increase proteins in feed products.

Fishmeal is a very important protein source for feed products, especially in the production of feed for aquatic products. In the 1980s, fishmeal used in China's feed production was among the largest import items. In 1990, the amount of domestically produced fishmeal was less than 50 000 tons, while in 2000 it was almost 0. 7 million tons (see Figure 2), which is 13 times more than that of 1990. It is also noted that the quality of fishmeal has been improved. In 1999, the number of enterprises producing fishmeal reached 500, defat production lines reached more than 300, and the capacity of fishmeal production reached more than 1 million tons. Defatted fish meal became the primary product of fish meal.

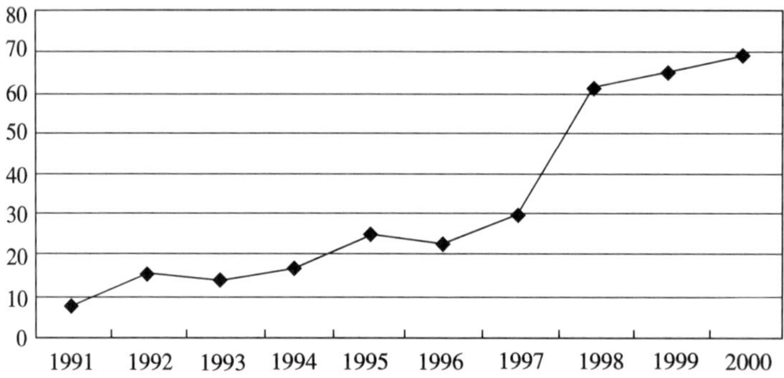

Figure 2 Output of Fish Meal (10 000 tons)

Bone meal and meat meal are important resources of protein, phosphate and calcium. From 1991, a license system was implemented for the production of bone meal and meat meal. By the end of 1999, more than 180 enterprises had licenses for production, with an annual output of 0. 47 million tons (see figure 3) .

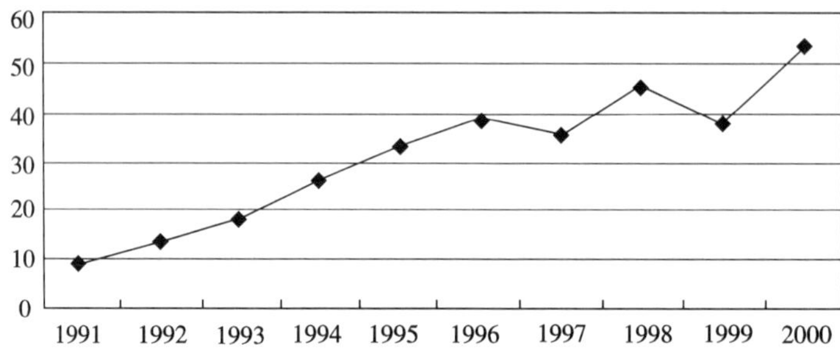

Figure 3 Output of Bone Meal and Meat Meal (10 000 tons)

Phosphate and calcium are essential nutrition elements for animal growth. Wide use of calcium hydrogen phosphate in feed production has developed rapidly since 1990. By now, more than 100 firms that produce calcium hydrogen phosphate have been set up. Production capacity has reached more than 1 million tons. Among all the enterprises, about 10 enterprises each have a production capacity of 10 000 tons annually. In 1999, the output of calcium hydrogen phosphate reached 0. 7 million tons, which could basically meet the domestic demand. Sichuan has a production capacity of more than 0. 5 million tons and produced 0. 35 million tons in 1999. Sichuan Dragon Group has a capacity of 0. 30 million tons. Essentially, Sichuan has become the production base of calcium hydrogen phosphate in China, and its products have been exported to other countries.

In the 1990s, much attention was paid to the research and development of new feed raw material. For example, silkworm chrysalid meal, insect protein, single cell protein, leather protein, seed meal, clover meal, grass meal, beet cake and so on were tried in feed production. While the use of such raw materials provides inputs for the feed industry, it has also contributed to environmental protection.

2.3 Feed Factories by Economic Type

With the deepening of economic reform and the establishment of a market economy, those state -owned enterprises that were established under the planned economic system are lagging behind in the current market environment. Their market share dropped from 95% in 1990 to 20% in 2000. Most of them run to debt. Some of them have been transformed by various means, such as merge, lease, or joint venture. On the other hand. those non state-owned enterprises have developed very quickly. Among them, privately owned factories have developed especially quickly From these private factories, a few leading companies have emerged. such as the Hope Group. In 2000, the number of private enterprises was seven times of that of 1992 (see Table 5) .

Table5 Feed Factories by Economic Type

Year	1992	1993	1994	1995	1996	1997	1998	1999	2000
State - Owned	6 352	5 595	5 640	5 319	5 586	3 864	3 988	3 656	2 330
Run by Collectives	4 626	3 260	3 493	3 867	3 508	3 602	2 260	2 161	1 660
Jointly Run by the State and Collectives	66	148	248	152	184	139	197	118	116
Jointly Run by the State and Individuals	32	15	52	109	119	212	230	158	237
Jointly Run by Collectives and Individuals	86	181	167	264	358	168	312	243	264
Joint Ventures with Foreigners	110	108	152	182	288	332	368	390	360
Privately Run	624	870	1 038	1 630	1 795	2 621	3 680	3 671	4 911
Others	97	106	241	356	269	363	915	1 249	1 386

Source: China Feed Industry Statistical Information, various issues.

Recognising the potential of this industry, some foreign companies invested in it. In 1991, there were 78 feed factories involving overseas investors, including 67 joint ventures, 7 foreign ventures and 4 by overseas Chinese. By 2000, this number increased to 360, includings 260 joint-ventures, 87 foreign ventures and 13 by overseas chinese investors. In general, the scale of the factories involving overseas investors is large. For example, their feed output reached 1 073 million tons in 1997, accounting for 19. 6%of China's total feed output. However, these factories account for less than 3% of China's total number of feed factories.

2.4 Economic Returns from Feed Production

The value produced by the feed industry has increased in the past years (Table 6) . However, the total revenue from the sales fluctuates and the profit did not increase correspondingly either (see Table 6). For example, compared with 1998, 1999's production value increased by 42. 6 billion yuan, but neither the sales revenue nor the profit increased and instead dropped slightly. In 2000, total revenue of the feed industry increased by 1. 66 billion yuan, but the profit stayed the same as that of 1999. The above figures tend to suggest that feed products attract a low level of profit margin and that competition in the feed industry is very fierce.

Table 6 Revenue and Profit before Tax (100 million yuan)

Year	Production Value	Total Revenue	Profit before Tax
1995	669	829	25
1996	718	1 141	26
1997	862	1 549	38. 7
1998	857	1 173	43. 5
1999	1 283	1 115	42. 9
2000	1 110	1 281	42. 9

Source: China Feed Industry Statistical Information. various issues.

3. Difficulties and Challenges Facing the Chinese Feed Industry

3. 1 Small-scale Factory Leading to Weaker Position in Competition

As pointed out earlier, the majority of China's feed factories have a very small production scale. Currently, about 12 000 factories have a capacity to produce more than 1 ton per hour, while less than 2000 have a capacity of producing more than 5 tons per hour. China's total feed output in 2000 was some 74 million tons. However, in the same year, feed output of the USA was about 100 million tons produced by only some 300 factories.

The small production scale of many factories tends to significantly weaken their position in the very competitive Chinese feed market. They are now facing even tougher competition as China has become a member of the WTO, with the resulting competition from overseas feed suppliers.

3. 2 Low Profit Margin Making it Difficult for Many Firms to Survive

According to feed industry statistics (see Figure 4), among the feed factories whose capacity is larger than 5 tons per hour, there are some that ran into a loss in every province (data of Xin-

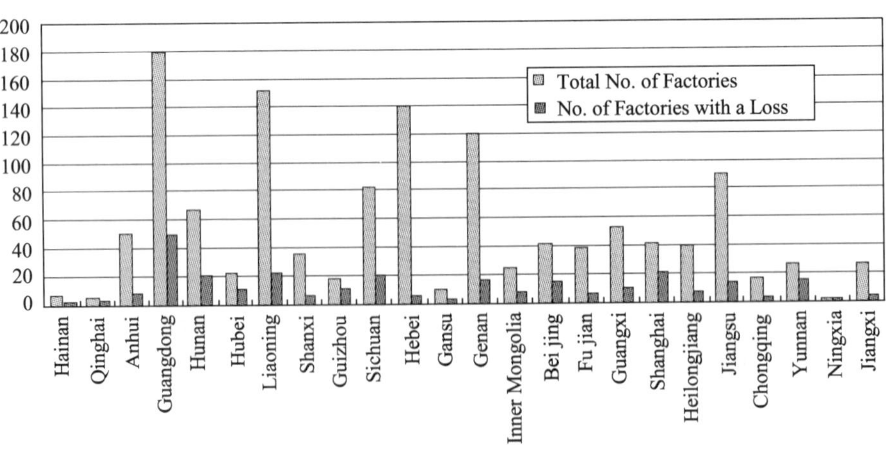

Figure 4 Total Number of Feed Factories and Number of Those that Ran into a Loss

jiang, Shanxi and Tianjin are not complete and data of Shandong, Jilin and Zhejiang are not available and hence these provinces are not shown in Figure 4). Table 7 further provides the proportion of feed firms that ran into a loss in each province. According to Table 7, among the 24 provinces that have complete data, there are 13 provinces where the proportion of loss-making firms is greater than 20%. This means that among every five feed factories there is one factory that runs into a loss.

Table 7　Proportion of Feed Firms that Ran into a Loss in Different Provinces

Province	Proportion	Province	Proportion
Hainan	28.6	Liaoning	14.7
Qinghai	60	Shanxi	17.1
Anhui	16	Guizhou	58.8
Guangdong	27.2	Sichuan	23.2
Hunan	29.9	Hebei	3.6
Hubei	50	Gansu	22.2
Henan	12.6	Heilongjiang	15.4
Inner Mongolia	29.2	Jiangsu	14.6
Beijing	34.1	Chongqing	12.5
Fujian	13.5	Yunnan	53.8
Guangxi	17.3	Ningxia	100*
Shanghai	48.8	Jiangxi	11.5

* There is only one feed factory in Ningxia which ran into a loss.

Source: China Feed Industry Statistical Information.

Low profit margin is primarily responsible for so many firms running into a loss. In 2000, although the price of feed outputs fluctuated, the fluctuation was mild. On the other hand, while the price of raw materials for the feed industry (chiefly feedgrains) in the world market had been falling, it went up within China due to government's support for domestic production and restrictions on imports. As a result, the already very low profit margin dropped. The profit margin of China's feed industry has dropped to about 0.5%. However, the price of China's industrial processed feed is still higher than that of the world market.

3.3 Feed Production Capacity being Under-utilised

Currently, China's feed production capacity is in relative surplus. On average only about 50% of the capacity is used. Production capacity utilisation in different provinces is shown in Figure 5. This figure shows that only 12 provinces out of 31 utilised more than 50% of their feed production capacity, namely Tianjin, Guangxi, Beijing, Fujian, Hebei, Hainan, Guangdong, Chongqing, Yunnan, Anhui, Shandong, Sichuan. Of these only the first four provinces use more than 70% of their designed production capacity. In Liaoning and Guizhou only 26% and 25% of their production capacity is used, respectively. Relatively lower quality of feed products but higher prices are partially responsible for the under-utilisation of the production capacity.

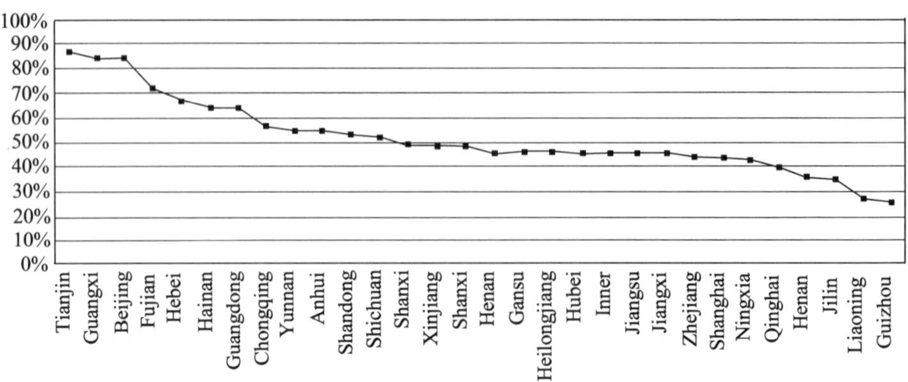

Figure 5 Production Capacity Utilisation in Different Provinces

3.4 Less Advanced Production Technology Resulting in Lower Quality Products

Being very young-emerging only in the late 1970s-the industry has yet to develop an advanced production technology. At present, its technology standard is only equivalent to that reached in developed countries in the 1980s. Less advanced technology results in the production of feed products that do not have properly balanced nutrients and that lack consistence in quality. The other problem resulting from this lower level of technology is that the industry is incapable of producing all the kinds of feed products that are needed by the livestock industry and some feed products have to be imported.

3.5 Lack of Industrial Regulation Leading to Feed Safety Concerns

With the development of the feed industry, more and more kinds of feed additives are used in feed production. However, it has been proven that the residual of some feed additives in animal products affects human beings. Hence, feed safety has become an alarming concern in China as some feed additives tend to be abused. There has been a lack of legislation and regulation governing China's feed industry. This has to some extent affected the consumption of animal produets by health conscious consumers and has certainly adversely affected China's ability to export its animal products to the world market, particularly to markets of developed countries. This affects the development of the livestock industry which in turn affects the demand for industrial processed feed. On 1 January 2001, China started a national feed safety program, which may increase the awareness of feed firms to produce "safer" feed products.

4. Future Development of China's Feed Industry

4.1 Impacts of WTO Entry on China's Feed Industry

Accession to the WTO brings some opportunities to the Chinese feed industry for its further development. However, it also brings some more challenges to this industry, notably, competition from overseas feed companies.

4.1.1 Opportunities Firstly, access to the international market. Being a member of the WTO, China will have access to animal products of many other countries. Should China be able to improve its animal product standard, its export is expected to increase. This in turn will drive up the demand for industrial processed feed. In addition, accession to the WTO is also likely to bring opportunities for increased feed export. Currently. China exports less than 1% of its total feed output.

Secondly, low prices for raw materials. With reduced trade restrictions on raw materials needed for feed production, cheaper inputs will be available to feed factories. This will help them to reduce their production costs and thus increase their profit margin and their ability to compete. There is a severe shortage of fish meal and soybean cake for feed production. A large amount of these is imported at a high price. The removal of trade restrictions is expected to bring their prices down. In addition, the prices of corn, soybean and wheat are also expected to come down in China which are currently higher than the prices in the international market.

Thirdly, introduction of foreign capital, technology and management expertise. Being a member of the WTO will make it easier to introduce into China international capital, advanced technology and management skills. China's feed industry is likely to benefit from this in the long run.

4.1.2 Challenges First, greater fluctuations in the prices of the raw materials. The raw materials market for the feed industry will be more linked to the international market. Fluctuations in prices in the international market will be passed on to the domestic raw materials market and their production. This may affect the stability and development of China's feed firms, particularly those small ones.

Secondly, lost protection and support fron the government. The WTO rules restrict the support and protection given to the feed industry by the government. According to the rules, China's feed firms can no longer enjoy the exemption of value-added tax.

Thirdly, stronger competition from foreign firms. Some large foreign companies carry out strategic investment in China currently. They are not in a hurry to make a profit but they pay more attention to seizing market shares. Their businesses are often suppor ted by strong financial backing and their products are of a better quality due to their more advanced production technology; hence, the pressure on China's small firms is enormous.

4.2 Outlook of China's Feed Industry

4.2.1 Demand for Industrial Processed Feed The demand for feed is affected by demand for livestock products and the returns from livestock production. In the near future, the demand for livestock products in China is likely to continue to increase. There is also possibility for increased exports of animal products. Therefore it is reasonable to expect that the demand for feed will increase. However, the demand for feed for different kinds of animals may differ.

The demand for compound feed for pigs may become even weaker unless there is a surge in pork export. Currently, demand for pork by urban residents is almost saturated and, in fact, the per capita consumption of pork has shown a slight declining trend. This decline in demand for pork may be to some extent compensated by an increase in demand for pork by rural residents. However, in balance, total increase in demand for pork may be small. On the other hand, due to good harvests in the past years, feed stuff on farm is relatively abundant. This is likely to induce farmers to buy more condensed feed to mix with their own other feed stuffs. Hence, the demand for condensed feed for pigs is likely to continue to increase.

Currently there is surplus of chicken meat and poultry eggs in China. This has affected the demand for feed for meat-poultry and egg-laying poultry. However, in the longer term, the demand for chicken and poultry eggs will increase and thus the demand for feed will increase. It is anticipated that in about 3 to 5 years time, there will be a rapid increase in the demand for feed by the poultry sector.

Among all kinds of industrial processed feed, the feed for fish, shrimp and other acqucultural products is likely to enjoy increased demand in the years to come. This is because the Chinese consumers are increasingly demanding more such products, as a result of their increased income and health consciousness.

4. 2. 2 Structural Changes in the Feed Industry China's feed industry will face some structural changes in the near future. Some factors that cause such structural changes include structural changes in the livestock sector. Changes in the feed market, particularly as a result of joining the WTO, and changes in consumer preferenees for animal products resulting from large-scale animal diseases in various parts of the world. Some likely industrial structural changes include:

- Survival of the fittest. Tougher competition will drive firms to reduce costs. Those that are unable to further reduce costs or improve efficiency will disappear.
- Increased vertical integration. Vertical integration is likely to be used as a means to reduce production costs.
- More conscious following of industry standards. Firms will be driven to more closely abide by industrial regulations to produce "safer" feed so that their products may be demanded by users within China and be exported overseas.

5. Summary and Concluding Comments

In this paper, we examined major aspects of the Chinese feed industry and its past development. We also highlighted some challenges that this industry is facing and briefly addressed its likely future development prospects.

The feed industry in China has experienced a rapid development in the past two decades. How the industry will develop in the future is affected by many factors. Given that the demand for feed is a derived demand, future development of China's feed industry will be significantly affected by the demand for animal products by both the Chinese and overseas consumers. Even if there is a strong demand for Chinese animal products, the industry's development will still face many uncertainties. Some major ones include how fast the Chinese farmers may change their animal raising practices from traditional backyard to more modern methods and how well the Chinese feed industry can compete with foreign supplies.

Assuming Chinese firms can compete well with foreign companies and gain a significant share of the feed market, then the demand for feedgrains by the Chinese firms will increase if there is increased demand for Chinese animal products. In this sense, monitoring the development of the Chinese feed industry and the many factors that affect its development is of great relevance for understanding China's demand for feedgrains.

References

[1] Feed Review, No. 5, No. 6, 2001.

[2] Feed Industry, No. 5, 2001.

[3] China Feed, Nos 1, 5, 10, 14, 16, 19, 2001.

[4] *China Feed Industry Statistical Information* 1990—1995, 1996, 1997, 1998, 1999, 2000, China Feed Industry Office.

[5] *Yearbook of China Feed Industry* 1991—2000, China Feed Industry Office and China Feed Industry, China Agriculture and Science Agency, March, 2001.

农业发展的新思路：第二农业*

何有缘　刘　丽

［摘　要］文章认为传统的农业（第一农业）是利用植物种子和果实的产业，这些种子和果实的营养量仅占整个植物营养总量的10%，而植物茎叶所含的营养量则有90%。以开发和利用植物茎叶中所蕴含着的巨大营养源为目的的生产活动可称之为第二农业。第二农业通过把作物秸秆、牧草和树叶等植物茎叶加工成绿色饲料，用来大力发展绿色养殖业。与传统养殖业相比，绿色养殖业具有成本低廉、增重快、产品无污染等特点，从而可以显著提高畜牧业的经济效益和畜禽产品的品质，推动整个农业生产水平迈上一个新台阶。

［关键词］传统农业　第二农业　绿色养殖业

随着中国加入了世界贸易组织，农业生产部门在面临着前所未有的挑战的同时，也存在一些难得的发展机遇。如果能在农业发展思路上更新观念，做到扬长避短，则我国的农业生产水平有可能迈上一个新台阶。我们认为，发展第二农业是提高我国农业生产水平、保障农业可持续发展的有效途径。

一、第二农业概念的提出

传统的农业是利用作物种子和果实的产业，农业科学研究也是围绕果实大、产量高来进行。但是人类所食用的粮食——麦子、稻子的营养量仅占整个植物营养总量的约10%；另外种子的营养成分是不全面的，因为茎叶作为光合作用的厂房是果实和种子营养产生的源泉，植物茎叶产生的营养在输送过程中是有选择性的，很多营养不能被输送到植物种子中。茎叶的成分则比较全面，尤其是多种维生素和氨基酸的含量远远高于种子。茎叶中的蛋白叫叶蛋白，它是原生蛋白；与植物蛋白（植物种子、果实蛋白）、动物蛋白相比，原生蛋白有很多优点，如不含胆固醇，活性较强，对人体发育、抗病、防病等有特殊的功效。种子一年只收一两次，而茎叶一年收获四五次。但是这块丰富的营养源却一直被人们所忽视。我们认为，如果把传统的农业称作第一农业，那么开发利用植物茎叶中所蕴含的巨大营养源则可以称之为第二农业，也叫绿色农业。

二、第二农业的几种利用模式

植物的茎叶除了一小部分（主要是以蔬菜的形式）可直接被人体所利用外，绝大部分要加工

* 原载《科学对社会的影响》2003年第1期。

成绿色植物饲料，通过大力发展绿色养殖业来间接利用。能够加工成绿色饲料的植物茎叶有几十种，它们可以分为3大类：农作物秸秆类、牧草类和树叶类。根据这些茎叶来源的不同，第二农业可以归纳为下述3种利用模式。

1. 种植业模式。所谓种植业模式，是指利用已成熟谷物的秸秆或者不收种子的大豆秧及黑麦苗来生产绿色饲料。

（1）利用已成熟谷物的秸秆。我国的农作物秸秆主要有三大类，即玉米秸、小麦秸和稻草秸。秸秆的利用可以采用两种方式：一种方式是把玉米秸、稻草在农民收获粮食完毕后乘鲜加工，变成玉米秸和稻草叶绿粉，这种叶绿粉有很高的营养价值，可以直接饲喂各种家畜；另一种方式是在农民收获粮食后把各种秸秆保存起来，以不霉坏为原则，这时秸秆中粗蛋白含量约为3%～5%，叶绿素基本上存在，然后把这类秸秆烘干粉碎为35目的叶绿粉，再辅以各类优质叶绿粉（如苜蓿粉、大豆秧粉等）组成配合饲料，用以饲喂草食性家畜。

（2）利用不收种子的大豆秧。这种模式是指种大豆不以收获种子为目的，而是在大豆开花期收割豆秧加工成优质饲料。

我国的辽宁、吉林、黑龙江、内蒙古、甘肃、新疆等地以及陕西、山西、河北、山东的北部，这些区域约占国土面积的65%，但大部分地区是低产粮区，一般是一年一收；有些地区是一年种一次春小麦后再种一茬低产的荞麦，但由于光照时间太短，种荞麦既浪费了地力，产量也很低，是一种不太合理的复种方式。

如果改变农业以收获子粒为目的的耕种方式，转向以收获茎叶为目标的种植模式，则可以显著提高农业生产效率。以大豆为例，收获种子约需110天，而收获茎叶（大豆秧）只需要60天左右。由于时间缩短了一半，使得北方很多地区都可以做到一年两收，从而实现农业产值的翻番增长。大豆秧虽然不能像大豆种子那样直接为人所食用，但却可以加工成优良的饲料叶绿粉来喂养家畜。以亩产万斤大豆秧来计算，一吨鲜秧可以加工成200千克叶绿粉，亩产叶绿粉可达1 000千克，市场价值为1 200元。

（3）利用冬闲地来种黑麦苗。我国每年冬天都有大片的冬闲地，春天用来种棉花、地瓜、花生、水稻、瓜果、蔬菜等；如果能在秋天播种比较耐寒的黑麦，到来年4月份收割黑麦苗后即翻耕再种春播作物，则可以显著提高耕地的复种指数。黑麦苗也是优良的饲料，按亩产鲜草3吨计算，可加工成叶绿粉600千克，市场价值为400多元。我国有冬闲地5亿多亩，如果能利用50%，将使农业产值增加1 000多亿元。

2. 草业模式。草业模式就是在草原上推行人工种草，把牧草当作庄稼来种植，将目前的传统放牧方式改为圈养，从而提高草原产出效率。

（1）传统放牧方式的缺陷。我国现有草原61亿亩，几乎占国土面积的40%，居世界第二位，但是我国草业存在两大问题：一是草原利用不充分，二是草原沙化严重。

我国的草原大多分布在西部、北部地区，对于牧草的利用还处于原始的放牧状态。放牧过程中牛羊吃草，既踏坏了牧草，又会将草连根拔出，对草原破坏较大，降低了牧草的效益。由于草原地区的牧民只顾追求增加收入而盲目发展牲畜头数，许多地区的载畜量都超过了草原的承受能力，从而引起了草原的沙化；目前沙化面积将近20亿亩，使得草地可用资源损失了30%，而且现在的草地还在以2%的速度继续沙化。

（2）人工种草与圈养。我国政府对于草原管理、防止沙化采取过很多措施，包括每年派飞机飞播种草、栽种林带等，但由于无专人管理，牧民只顾放牧和掠夺式经营，导致成效并不显著。

为了从根本上克服传统放牧方式的局限性，我们提倡人工种草和圈养牲畜。为了实现这一目标，有关人员必须改变观念，要把牧草看成是庄稼，把培育草原看成是另外一种农业来经营。要使人们像种地一样地去耕种草原、爱护草原；好的草原地块可种苜蓿、草木樨等品种，干旱严重的地块可种羊柴、沙打旺等。要积极推广圈养牲畜，把草原上的牧草变成割晒式，每年收获2到3次。有关专家在内蒙古进行的相关试验表明，圈养可以缩短饲养时间，节约牧草用量，提高畜牧产品的品质。例如，用传统的放牧式饲养方法，一只羊从生下来长大约需2年时间，而用圈养法只需10个月左右即可，大大提高了出栏率水平。

3. 林业模式。所谓林业模式，就是扩大经济林的范围，把种树的概念由单纯的收获木材扩大到收获树叶，把培育树木看成是“铁杆庄稼”来经营。

(1) 挖掘林业的潜力。自古以来，林业的产品就是木材。从植物学的观点来看，那就是植物之茎的利用。第二农业是把采伐木材之后的树叶当作饲料来发展畜牧业。

我国的林业有50%左右是针叶林，其树叶是各种家畜的优良饲料。以松树为例，松树叶经过加工可以变成松针粉、松树膏，是优良的饲料添加剂，它含有畜禽生长所必要的植物抗菌素、生长激素、粗蛋白、粗脂肪、多种维生素、18种氨基酸和多种微量元素，各类畜禽用松针粉配合饲料后，能抗疾病、减少死亡，增重快、产蛋多、省饲料。

(2) 积极发展森林第二农业。在中国北方，一些散在的树林都以洋槐为主，这种树木耐旱、不惧贫瘠的土壤，但洋槐除了做房木、井下的坑木外别无用处。如果从第二农业的观点看，洋槐的功效主要是在树叶上。槐树叶是优良的饲料，特级洋槐叶不仅具有防病治病的功效，洋槐花经脱水加工以后还可以变成出口内销时都供不应求的优良食品。

为了多产洋槐树叶，专家们找到了一种新的经营方法：冬季将洋槐树的地面上的茎秆全部砍掉，来年5月份每个茎秆处都会发出大批的灌木状洋槐嫩枝叶，等到6月份茎叶长到一米以上，即可将这些嫩茎叶从地面处全部割掉，然后将这些洋槐茎叶全部加工成叶绿粉饲料，这就是森林第二农业的经营。柞树、榆树、紫穗槐、牡荆、合欢树、泡桐、构树等树种都可以用上述方法操作，每年收获2～3次，这样不仅大大提高了林业的效益，而且可使房前、屋后、路边、丘陵地段、沙荒地得到充分的利用，增加了国土面积的绿化效果，对改善环境大有好处。

三、第二农业与绿色养殖业

根据第二农业概念开发和生产出来的各种绿色饲料，可以克服目前传统养殖业存在的一些局限性，显著提高养殖业的经济效益和畜禽产品的品质。

1. 传统养殖业的局限性。目前国内外的养殖业主要存在着3方面的局限性。首先，养殖所用的配合饲料中粮食占用量偏大，如猪的配合饲料中粮食占60%，肉牛的配合料中粮食占30%～60%。目前国内外的粮食供应都开始偏紧，全球有8亿多人不能饱食，我国的一些粮食低产区也普遍存在着人畜争粮的矛盾。即使在不缺粮的地区，如果配合饲料中粮食比重偏大，也会加大饲养成本，从而使生产出来的畜产品缺乏市场竞争力。

其次，目前的配合饲料大多是污染型饲料。国内外的饲料厂和养殖厂出于市场竞争的需要，都在饲料中添加蛋氨酸、赖氨酸、复合维生素、鱼粉、肉骨粉等成分，目的是促使家畜生长快，产蛋奶多。这些添加进去的物质不同程度地含有某些化学污染物，经家畜消化后会在体内残留，人们长期食用这类畜产品会对健康造成较大的损害。

第三，用各种添加剂饲养出来的畜产品营养价值低、口感差。如生产出来的牛肉质地粗糙，鱼肉不鲜，鸡蛋蛋清含水分多而缺乏蛋味等。这些都降低了畜牧业的经济效益，制约了该行业的

进一步发展。

2. 绿色养殖业的特征。如果用前面提到的叶绿粉配合饲料来替代传统饲料，则可以克服传统养殖业的上述局限性。根据功能的不同，叶绿粉可以分为以下3种类型：一是家畜的基本料，如玉米秸和稻草秸粉，主要用来喂奶牛和肉牛；二是饲料的添加剂，如苜蓿粉、黑麦草粉、桐树叶粉等，这些粉中富含各种氨基酸和多种维生素，可以取代传统饲料中相类似的添加成分；三是强化剂，如松针粉、五加叶粉等，在饲料中的作用是强化饲料的功效，对家畜起到促生长、抗病和减少死亡率的作用。

根据专家们的试验结果，由具有上述功能的叶绿粉组合而成的绿色饲料，在饲养家畜时显示出了下述优势：

（1）成本低廉。在饲养牛、羊时，绿色饲料只需用粮8%左右，而传统饲料的用粮比例为30%～50%，这样就大大降低了饲料的生产成本。

（2）增重快。用传统饲料时，肉牛的出栏周期一般在21个月左右；闫广才领导的专家小组在河北张家口宣化区所做的养牛试验表明，用绿色饲料可使小牛的日增重达到2千克以上，出栏期缩短至12个月，比传统养殖法的效率提高了40%多。

（3）无污染。用绿色饲料喂养家畜，不需要任何化学添加剂，不用动物性饲料（鱼粉、肉骨粉），只需在饲养过程中按照动物生长规律，及时添加具有防病治病功能的叶绿粉（如松针粉等），可以减少家畜的发病率和死亡率，所生产出来的畜产品不仅无污染，而且营养高、肉质鲜嫩，满足了人们对食品的更高要求。

3. 我国农业发展的新希望。绿色养殖业为提高我国农业在WTO框架下的竞争优势带来了新希望。据有关资料分析，与国际水平相比，我国种植业不占优势，但畜牧业有比较优势，猪牛羊肉的生产成本比国际市场低50%左右（按传统养殖法的成本来计算）。如果能大面积推广绿色养殖法，则耗粮成本将进一步下降，再加上无污染养殖这一独特优势，我国的畜产品在国际市场贸易中将显现出强大的竞争实力，从而带动整个农业生产水平迈上一个新台阶。

参考文献

[1] 张铁林．中国“第二农业”开发令世界瞩目［J］．中国农村．1996（6）：8
[2] 马成广．向绿色植物要营养要粮食［J］．大时代．1998（10）：10
[3] 曹海丽．闫广才将掀起中国的绿色革命？［J］．华声月报．1997（9）：48～49

畜产品消费增长对我国饲料粮市场的影响*

辛 贤 蒋乃华 周章跃

[摘 要] 饲料粮短缺是我国面临的一个突出问题，这也是为什么在过去10多年里学术界和决策部门给予中国饲料粮市场和畜产品市场以高度关注的主要原因。本文通过构建一个中国区域饲料粮市场的非线性空间均衡模型，研究贸易自由化的背景下，我国城乡畜产品消费增长对我国区域饲料粮市场生产、消费和流通的影响。

[关键词] 饲料粮 畜产品 空间均衡模型

一、前言

饲料粮需求的增长主要来源于对我国畜产品需求的增长。对影响我国城乡居民畜产品消费需求影响因素的一系列研究表明，收入水平及其差异是影响我国城乡居民畜产品消费需求最重要的因素之一（黄季焜、罗泽尔，1998；蒋乃华、辛贤和尹坚，2002）。随着居民收入水平的提高，畜产品的消费需求将会增长，从而对饲料粮的需求也会增加。假设畜产品的生产是饲料粮的固定比例函数，则可以推出畜产品的收入需求弹性与饲料粮的收入需求弹性等价。因而由于城乡居民收入增长带来的对畜产品消费需求的变化幅度可以等价的反映在对饲料粮需求变化幅度上。收入变化对饲料粮的需求影响不仅取决于收入的增长速度，同时还取决于居民的畜产品收入需求弹性。

值得注意的是，由于饲料粮生产、畜产品生产和消费的地域性差异，居民收入水平的增长对不同区域饲料粮市场的影响是不同的。但是现有研究饲料粮市场的文献主要集中于全国层次，对不同区域饲料粮市场进行研究的文献不多见。

本文主要目的是在研究贸易自由化的背景下，我国城乡居民畜产品消费增长对我国区域饲料粮市场的影响。为了实现上述目的，本文将首先构建一个非线性空间均衡模型，初始点数据利用辛贤等（2002）测算的区域饲料粮市场均衡数据，接下来交待数据来源的基本情况；基准方案和畜产品消费增长（不同的居民收入增长速度）对我国区域饲料粮市场变化模拟放在第四部分；最后一部分是简短的总结。

---

* 原载《农业经济问题》2003年第1期。本研究得到国家自然科学基金（70173032）、全国优秀博士论文专项基金（200061）以及澳大利亚GRDC的资助，感谢中国农业大学经济管理学院田维明教授、刘晓昀博士、澳大利亚悉尼大学万广华博士、刘西安博士和Gordon MacAualay教授、Alvaro Charry博士在论文形成过程中提出的建议。

二、研究方法

空间均衡模型（ Spatial Equilibrium Models ，SEM）在研究农产品区域贸易中得到相当广泛的应用。Cournot 在 1838 就已经涉及 SEM，但 Stephen Enke 是公认研究 SEM 的鼻祖（MacAulay，2001）。此后，SEM 在 Samuelson (1952) 和 Takayama and Judge (1964，1971) 得到深入发展。Sam uelson (1952) 在运用 SEM 中用社会净福利作为目标函数（ net social welfare，NSW），而 Martin (1981)，MacAulay 和 Casey (1987)，Takayama 和 MacAulay (1989) 等用社会净收入（net social revenue，NSR）作为目标函数，并给出了价格表达式①。

MacAulay (1976) 利用递归空间均衡模型研究了美国和加拿大的牛肉贸易，Koo 等 (1986) 运用 SEM 研究了美国、加拿大和欧盟间的小麦贸易。近来，Rutherford (1996) 运用线性空间均衡模型对澳大利亚的牛肉出口贸易进行了研究，Minot and Goletti (2000) 构建了一个较为复杂的空间均衡模型研究越南大米市场自由化对越南贫困的影响。运用 SEM 研究中国农产品市场的文献主要有 Hearn，Halbrendt，Gempseaw 和 Webb (1990)，Webb，Halbrendt 和 Gana (1992)，Halbrendt，Gempseaw 和 Chen (1989) 对粮食市场的研究，Dominic (2001) 对中国活牛和牛肉市场的研究。辛贤、万广华和刘晓昀 (2002) 建立的混合运输模型实际上也是一个简单的空间均衡模型，但在他们的研究中，价格变量被作为外生变量处理。

在上述文献的基础上，本文构建了一个非线性的饲料粮空间均衡模型（Feedgrain Spatial Equilibrium Model，FSEM）来模拟区域饲料粮生产、消费、价格和区域间贸易，目标函数采用 NSR，约束方程包括生产函数、需求函数、流入方程、流出方程、价格方程。用 NSR 作为目标函数的空间均衡模型在完全竞争市场的假设下将收敛于零值。

三、数据情况说明

本文 30 个省（市、自治区）数据不包括港澳台数据，重庆市数据包括在四川省内。本文估计区域饲料粮的需求函数和供给函数所用的数据主要来源于作者的调查和国家发展计划委员会等部门编写的《农产品生产成本和收益资料汇编》。不同区域间的运输距离用省会城市间的铁路运输距离来近似代替，并假设进口饲料粮和国产饲料粮具有完全替代性。有关饲料粮运输费用的数据来源于国家发展计划委员会。

许多学者对城乡居民的畜产品消费需求进行了研究。由于不同学者采用数据的范围不同和估计方法的差异，对畜产品消费的收入弹性估计有较大差异（He 和 Tian，2000）。尽管不同学者的估计结果有差异，但他们的研究均显示城乡居民猪肉的消费需求仍对收入变化较为敏感。从收入弹性参数来看，20 世纪 90 年代以前的弹性在 1 左右似乎更可信，而在 1990 年代末弹性有所降低也可以从经济学中找到合理的解释。蒋乃华、辛贤和尹坚 (2002) 用重新调整的畜产品数据进行估计的结果显示，乳制品、水产品、牛羊肉和家禽的收入弹性都大于 1，禽蛋的收入弹性接近 1，而猪肉的收入需求弹性较低，为 0.53。在模拟不同居民收入增长水平对饲料粮市场的影响时，本文中畜产品收入需求弹性平均取值为 0.8。

① 关于 SEM 的详细论述请参见 MacAulay (2001) 和 Domic (2001)。

四、模拟结果

利用辛贤等（2002）年整理的中国区域饲料粮供需平衡表，运用 GAMS（General Algebraic Modeling System）对我国区域饲料粮市场进行模拟。结果显示，放开国内饲料粮的流通限制，国内饲料粮价格将降低 4.5 个百分点，需求量增加 2.5 个百分点，国内供给量降低 0.1 个百分点。

对比不同区域的变化可以发现，原先饲料粮过剩地区随着国内贸易的更加自由化其价格将上升，尤其是东北三省，价格普遍上涨 10 %；原先饲料粮短缺的地区，饲料粮价格均有不同程度的下降，四川、湖南、湖北价格降幅在 10 % 左右，而广东和广西等地饲料粮价格降幅均在 15 % 以上。

从基准方案的模拟可以看出，在饲料粮自由流通的情况下，全国饲料粮的流通量在 3 000 万吨左右。区域之间运输量在 200 万吨以上的饲料粮流通主要运自黑龙江、吉林、辽宁和内蒙古。从模拟结果还可以看出，运输距离普遍很长是我国区域间饲料粮流通的一个显著特点。

不同收入增长速度对饲料粮市场影响的模拟结果见表 1 。从表 1 的模拟结果可以明显看出，区域饲料粮供需和价格对不同收入增长速度的假设较为敏感。收入增长将直接导致饲料粮消费的增长，饲料粮价格和区域产量亦随之增长。当收入增长速度为 4%，全国饲料粮消费量增长 2.0 %，而产量仅增长 0.4 %，价格上涨 2.0% 。当收入增长速度达到 10 %，全国饲料粮消费量增长 3.2 %，而产量仅增长 1.6 %，价格上涨的幅度达到 7.6 % 。

表 1　不同收入增长速度对饲料粮市场的影响

地区	收入增长速度 4 %			收入增长速度 8 %			收入增长速度 10 %		
	生产	消费	价格	生产	消费	价格	生产	消费	价格
北京	0.27	2.07	1.95	0.78	2.99	5.70	1.02	3.44	7.51
天津	0.27	2.04	1.96	0.79	2.90	5.72	1.04	3.32	7.54
河北	0.30	1.78	1.93	0.87	2.13	5.65	1.15	2.28	7.45
山西	0.30	1.89	2.08	0.87	2.46	6.08	1.14	2.73	8.01
内蒙古	0.29	1.99	2.13	0.84	2.76	6.23	1.11	3.12	8.22
辽宁	0.41	2.12	2.14	1.20	3.13	6.27	1.58	3.63	8.26
吉林	0.42	2.07	2.16	1.23	2.98	6.33	1.62	3.43	8.35
黑龙江	0.45	1.94	2.18	1.31	2.61	6.38	1.72	2.93	8.41
上海	0.29	2.12	1.88	0.86	3.14	5.51	1.13	3.64	7.26
江苏	0.31	2.04	1.90	0.89	2.90	5.55	1.18	3.31	7.32
浙江	0.30	2.15	2.00	0.86	3.24	5.85	1.14	3.78	7.71
安徽	0.29	2.16	1.91	0.85	3.25	5.59	1.12	3.78	7.37
福建	0.28	2.18	1.82	0.82	3.32	5.33	1.08	3.88	7.02
江西	0.26	2.31	1.84	0.76	3.71	5.38	1.00	4.41	7.09
山东	0.34	1.81	1.94	0.99	2.21	5.66	1.30	2.39	7.46
河南	0.50	1.79	1.91	1.48	2.16	5.58	1.94	2.33	7.36
湖北	0.43	2.19	1.88	1.25	3.35	5.50	1.65	3.93	7.25
湖南	0.43	2.17	1.86	1.26	3.30	5.44	1.66	3.85	7.17
广东	0.39	2.32	1.74	0.77	4.57	3.50	0.96	5.69	4.35
广西	0.41	2.28	1.86	1.19	3.64	5.44	1.56	4.31	7.17
海南	0.34	2.50	1.77	1.00	4.28	5.19	1.32	5.17	6.84
四川	0.25	2.06	1.87	0.72	2.95	5.46	0.95	3.38	7.20
贵州	0.24	2.19	2.04	0.69	3.34	5.96	0.92	3.91	7.86
云南	0.24	2.18	2.06	0.70	3.32	6.03	0.92	3.89	7.95
西藏	0.23	2.15	1.77	0.67	3.23	5.19	0.88	3.76	6.84
陕西	1.25	1.58	2.05	3.66	1.51	5.98	4.82	1.46	7.89
甘肃	1.27	1.51	2.07	3.72	1.29	6.04	4.91	1.16	7.97

（续）

地区	收入增长速度 4 %			收入增长速度 8 %			收入增长速度 10 %		
	生产	消费	价格	生产	消费	价格	生产	消费	价格
青海	1.15	1.78	1.92	3.38	2.12	5.61	4.45	2.27	7.40
宁夏	1.28	1.55	2.10	3.74	1.44	6.13	4.93	1.36	8.09
新疆	1.23	1.98	2.20	3.59	2.73	6.43	4.73	3.09	8.47
全国	0.41	2.03	1.98	1.19	2.90	5.74	1.57	3.32	7.56

注：表中数字是相对于基准方案变化的百分比。

与基准方案相比，居民收入变化引发的饲料粮产量、消费量和价格的变化有明显的区域特点。畜产品主要产区饲料粮消费增幅普遍高出饲料粮主产区 1 个百分点，中部地区和西北部地区饲料粮消费增幅相对较小。各地区饲料粮市场变化的详细情况参考表 1 。

从数据对比中还可以发现，各地区饲料粮消费增长幅度与产量增幅之间的差异随着区域的不同而有差异。在 4% 的收入增长速度的情况下，东北地区饲料粮消费量和产量的增长幅度差异在 1.6 个百分点左右；而四川、湖南和湖北等地区这一数字在 1.8 个百分点左右。这也意味着不同区域间的饲料粮流量和流向将发生变化。居民收入增长 4% 的情形下，我国饲料粮的区域间流通总量增长大约 200 万吨左右，总计达到 3 200 万吨左右。北方四个主产区（包括东三省和内蒙古）流出量达到 2 250 万吨，7 个短缺地区的流入量约为 2 340 万吨。不同区域之间饲料粮流量和流向的详细数据参见表 2 。

不同收入需求弹性对饲料粮市场影响也用 GAMS 进行了模拟。从模拟结果可以明显看出，区域的饲料粮供需和价格对不同的需求弹性赋值较为敏感。在居民收入增长速度为 4% 的情况下，收入需求弹性为 0.2 时对应的全国饲料粮消费量增长 0.68 %，而当收入需求弹性为 1 时，全国饲料粮消费量增长 2.3 %，而对应的饲料粮产量增长的幅度分别为 0.04 % 和 0.61 % 。

表 2　收入变化与饲料粮区域间流通

单位：千吨

	山西	内蒙古	辽宁	吉林	黑龙江	浙江	贵州	云南	陕西	甘肃	宁夏	新疆	进口	流入
北京			660											660
天津				336										336
河北				3 616									3 616	
上海					1 481									1 481
江苏			726											726
安徽				2 639										2 639
福建				1 718	205	227								2 150
江西			54				862							916
山东			969	224										1 193
河南	1 101			1 473								2 574		
湖北		510	391											901
广东					4 456									4 456
湖南													2 565	2 565
广西							1 120							1 120
海南					490									490
四川		2 566						202	1 721	790		82		5 361
西藏											308			308
青海										127	283			410
流出	1 101	3 076	2 800	8 197	8 441	227	1 982	202	1721	917	591	82	2 565	31 902

注：表中数据表示从列（地区）运往行（地区）。

五、简短的总结

本文通过构建的中国区域饲料粮市场的非线性空间均衡模型，模拟了贸易自由化背景条件下，由于居民收入增长引发的畜产品消费增长对区域饲料粮市场生产、消费和流通的影响。模拟结果显示，放开国内饲料粮的流通限制，国内饲料粮价格将降低，需求量增加，国内供给量降低。对比不同区域变化可以发现，原先饲料粮过剩地区随着国内贸易的更加自由化饲料粮价格将上升，尤其是东北三省；原先饲料粮短缺的地区，饲料粮价格均有不同程度的下降。在饲料粮自由流通的情况下，全国饲料粮的流通量在 3 000 万吨左右，运输距离普遍很长是我国区域间饲料粮流通的一个显著特点。

区域饲料粮供需和价格对不同的收入增长速度假设较为敏感，并有明显的区域特点。各地区饲料粮消费增长幅度与产量增幅之间的差异随着区域的不同而有差异，这也意味着不同区域间的饲料粮流量和流向将发生变化。在居民收入增长 4%的情形下，我国饲料粮的区域间流通总量年增长大约 200 万吨左右。研究同时发现，区域的饲料粮供需和价格对不同的需求弹性赋值较为敏感，这也意味着在收入需求弹性等基础数据在决策资讯中的重要性。

参考文献

[1] Dominic, S. China' s Live Cattle and beef Marketing and Distribution. Ph. D. thesis, the University of Queensland, Australia. 2001

[2] Halbrendt, C. K., C. M. Gempesaw II and C. S. Chen. 'A Spatial equilibrium Model of Interprovincial Rice Trade in China'. SJAE 21 (1), 1989

[3] He Xiurong and Tian Weiming, Livestock Consumption: Diverse and Changing Preferences. China' s Agriculture at the Crossroads, edited by Yongzheng Yang and Tian Weiming, Macmillan Press LTD, 2000

[4] Hearn, D., C. Halbrendt, C. M. Gempesaw II and Shuw-Eng Wbb., An Analysis of Transport Improvements in China' s Corn Sector: A Hybrid Spatial Equilibrium Approach. Journal of Transportation Research Forum 31 (1). 1990

[5] Johnson, D. D., etc., Trade in Minor Oilseeds: A Spatial Equilibrium Analysis of Sunflower and Canola. North Dakota State University, Agricultural Economics Report No. 353, 1996

[6] Koo, W. W and Uhm, I. H., A Spatial Equilibrium Analysis of US Wheat Exports Under Alternative Transport Costs and Trade Restrictions. Logistics and Transportation Review, 22 (1), pp. 27～41. 1990

[7] MacAulay, T. G. A Recursive Spatial Equilibrium Model of the North American Beef Industry for Policy Analysis. Ph. D. Dissertation, University of Guelph, Guelph. 1976

[8] MacAulay, T. G. Spatial Equilibrium Modeling. Materials prepared at the workshop on Spatial Equilibrium Model, August 4—5, 2001, Asian Agribusiness Research Center, the University of Sydney. 2001

[9] Minot, N., and Goletti, F. Rice Market Liberalization and Poverty in Vietnam, IFPRI Research Report 114, Washington D. C, 2000

[10] Rutherfold, T. Extension of GAMS for Complementarity Problems Arising in Applied Economic Analysis. Journal of Economic Dynamics and Control 19, 1995

[11] Takayama, T. and Judge, G. G. An Interregional Activity Analysis Model for the Agricultural Sector. Journal of Farm Economics, Vol. 46 (2), pp. 349～365. 1964

[12] Takayama, T. and Judge, G. G. Spatial and Temporal Price and Allocation Models. North Holland Publishing Company, Amsterdam. 1971

[13] Webb, S. E., C. K. Halbrendt and R. Ganna. An Application of a Spatial Equilibrium Model to Analyze China's interregional Trade: Implication for International Agricultural Market. AJAE 74 (5), 1992

[14] 黄季焜、(美) 斯·罗泽尔. 迈向 21 世纪的中国粮食经济. 北京：中国农业出版社，1998

[15] 蒋乃华，辛贤和尹坚. 我国城乡居民畜产品消费的影响因素分析. 中国农村经济，2002 (11)

[16] 谭向勇，辛贤. 中国玉米市场分析. 杨永正等主编《十字路口的中国农业》. 麦克米兰出版社，2000

[17] 辛贤，万广华和刘晓昀. 中国饲料粮区域间流通及对价格的反应. 中国农村观察，2002 (1)

[18] 周章跃，田维明，刘西安和万广华. 中国饲料粮需求和供给的研究争论. AARC 论文系列 NO. 15，澳大利亚悉尼大学

中日农产品贸易摩擦的新动向

——兼论日本的动植物和食品进口检疫*

朱俊峰　武拉平　高连云①

中国和日本作为世界上两大经济体，其经济结构的互补性使两国间的贸易发展很快。2001年中国对日本的进出口总额达到877.5亿美元，其中出口额449.6亿美元，进口额428.0亿美元，分别比2000年增长了5.5%、7.9%和3.1%。就农产品贸易而言，根据日本财务省的统计，2000年日本农产品进口额369亿美元，比1990年的289亿美元增长了27.7%，其中美国和中国为其两大贸易伙伴。特别是中国，对日本的农产品出口增长迅速，但是近年来，中日农产品贸易摩擦日渐加剧。本文将从中日农产品贸易摩擦入手，分析2002年以来贸易摩擦的新动向，以及在新的情况下日本采取的限制中国农产品进口的对策。

一、中日农产品贸易摩擦的新动向

早在1995年，日本就对从中国进口的大蒜和生姜提出限制措施，最终以中国实施出口配额管理和日本实施进口商申报管理而结束。2001年4月23日，日本政府又开始对中国的大葱、香菇、蔺草席实施临时性紧急进口限制措施。同年6月8日，日本政府又依据韩国提供的情况，宣布停止从中国进口禽类产品。作为反制裁，中国政府在6月21日提出对原产于日本的汽车、手持和车载无线电话、空气调节器3种进口商品加征100%的特别关税，并要求日方立即纠正对我出口商品所采取的错误决定和歧视性做法。后来经过半年多的谈判，这次贸易摩擦最终在同年12月21日解决，双方都撤销了施加的限制措施。

贸易摩擦，往往是由于一个国家实施某项政策措施后，对其贸易伙伴的利益造成损失，引起其贸易伙伴进行制裁，从而引发贸易战。在贸易摩擦中，双方所运用的政策手段，往往都是非关税措施。因为关税措施是很透明的，而且容易识别，并明确地受到WTO的规则制约，比如出口补贴、进口许可证、进口配额等。但非关税措施往往不容易明确界定，有些措施很隐蔽，很难澄清，比如农药残留等技术性的贸易壁垒、国内税费政策、政府“道义上的”劝导（主要是政府鼓励买国货，引导消费者抵制购买外国产品）等。

2002年以来，中日农产品贸易战表面上得到解决，但实际上贸易摩擦并没有完结，因为导致中日贸易摩擦的根源并没有消除。2002年以来，中日贸易摩擦呈现出如下特点：

第一，由传统的正面交锋，转向隐蔽运作。长期以来，日本运用国际贸易上惯用的紧急限制

---

* 原载《世界农业》2003年第1期。

① 日本富山大学留学生。

措施，来限制中国农产品进入其市场，从而引发中日贸易战。1995年和2001年的摩擦就属此种。由于在两次贸易战中，日本都没有得到想得到的东西，为此，其转向了比较隐蔽的方法，即通过技术性的措施限制中国农产品。具体而言，主要通过动植物和食品进口的检疫措施进行限制。

第二，由国际市场转向国内市场。配合动植物检疫，日本政府加强了媒体的宣传力度。2002年在日本的NHK等全国性的电视节目中，多次播放中国进口的冷冻菠菜、青豆等农产品农药超标，以及减肥药、美容药等危害人的健康和生命等内容，从而诱导日本消费者对从中国进口的农产品产生抵触心理。

第三，由过去比较单一的紧急限制进口，转向比较复杂的多种措施的综合使用。据统计，2002年受所谓中国蔬菜有残留农药问题的影响，中国蔬菜1～6月份对日出口仅增长2.3%，7、8两个月甚至出现－11%和－14%的负增长（国际金融报，2002年10月24日）。实际上，日本的这一行为又在为新一轮的贸易摩擦积蓄能量。

第四，在新的贸易摩擦中，日本的动植物和食品检疫机构起到极其重要的作用。这也是短期内，日本政府找到的可以限制中国农产品进入日本市场的主要借口。实际上，由于近年来国际上口蹄疫和疯牛病等疫病的流行，日本政府不断加强了动植物和食品检疫。就中日农产品贸易而言，预计今后日本政府就拿起检疫的手段，主要通过动植物和食品检疫来限制中国农产品的进口。

二、日本的动植物和食品检疫

与任何一个国家的检疫一样，日本动植物检疫的目的也是防止病虫害的传入，保护国内农业生产的安全，从而保证人民生命的安全。为了保证动植物检疫的顺利进行，日本制定了多种法律，设置了多种机构来从事动植物和食品检疫，从而保证了日益增长的农产品进口贸易的需要。

在机构设置方面，日本设立75个植物检疫所（工作人员783名），23个动物检疫所（防疫人员271人）以及31个港口、机场设立的食品检疫所（工作人员264名）。这些机构和人员根据国家有关法律和法规对进口的动植物和食品进行检验和检疫；在法律法规方面，日本有关检疫的法律主要包括：植物防疫法（公元1950年法律第151号）、家畜传染病预防法（公元1951年法律第166号）、狂犬病预防法（公元1950年法律第247号）和食品卫生法等等。

在具体的工作过程中，上述检疫机构和工作人员利用先进的仪器设备，根据有关法律法规对动植物和食品进行检验和检疫，对动植物和食品的检疫有不同的规定。就植物产品而言，日本进口的植物产品分为“禁止进口品”、“检查品”和“不需检查品”三种类型。“禁止进口”是指进口有可能会造成国内大面积危险的病虫害，进口检疫时发现比较困难或发现后也没有得力防疫措施的病虫害寄生的植物，对这些发病国家和地区的相关植物禁止进口。“检查品”为不属于“禁止进口品”和“不需检查品”的其余所有的植物类进口品，例如种子、苗、球根、薯类、豆类、水果、蔬菜、鲜花、香料、木材等。这些植物产品必须附有出口国的检查证明书才能进口，通过检查如果没有检疫上认定的病虫害，可以进口。如附着有病虫害，则根据病虫害的种类分别予以消毒或运回原出口国处理。“不需检查品”则为没有病虫害附着可能性的植物（或加工品），例如果浆、腌制物、茶叶、制材等，这些植物产品不通过进口检查也可以进口。

对动物及畜产品检疫，主要是基于家畜传染病预防法，在农林水产大臣发布进口禁止品、进口禁止地区的同时，指定检查那些携带家畜传染性疾病病原体可能性高的动物及畜产品。家畜传染性疾病的病原体也作为动物检疫的对象。到达港口的畜产品，在指定的检查场所接受检查，主要检查这些畜产品是否是健康动物生长的以及是否受到过家畜传染性疾病病原体的污染。如认为必要，可对检查对象实施进一步的精密检查。对从恶性传染病发生地域进口的骨、皮、毛类的畜产品，实施碱性剂、蒸汽等严格消毒措施。

进口食品的检验和检疫程序为，首先由进口食品企业提供进口申报书，以供审查之用。检疫所根据所提供材料判断是否需要检查，是需要“命令检查”（全量检查）或“行政检查”（抽样检查），然后根据不同情况具体实施。根据出口国的情报及对过去违反法律事例的情况进行判断。对违反可能性比较高的进口食品，实施“命令检查”；对其他的食品进口，则根据情况进行抽样检查。检查发现的违反品，命令运回原出口国或销毁处理。

对转基因农作物进口的管制。2000 年 10 月，由消费者团体告发引起厚生劳动省（当时为厚生省）对转基因玉米混入日本国内市场的调查，调查结果确认了告发事实。同时农林水产省对进口饲料进行抽样调查，进口饲料中也有转基因玉米混入的事实被确认。为了确保日本国民对食品安全性的要求，对这些转基因玉米和饲料的转基因蛋白质是否会转移到畜产物上进行了动物实验（现在仍在实验中）。同时要求美国对出口日本的食用和饲料用玉米进行出口前检查。2001 年 4 月开始，日本通过立法从法律上禁止没有接受过安全性检查的转基因食品的进口和销售。

由于近年来国际上口蹄疫、疯牛病、狂犬病以及其他一些传染病的流行，日本对动物检疫的力度不断加强。在活动物的进口方面，特别是在 1997 年和 1998 年，国际上口蹄疫、疯牛病盛行时期，日本对牛、马、绵山羊等的检疫数达到 2.2 万头。而 1995 年时仅为 1.5 万头，1999 年有所回落约 1.9 万头，2000 年又增加到 2 万余头。动物产品的进口方面，日本对肉类、骨类、脏器、皮毛等都进行检疫，其中对肉类的检疫是最主要的，1997 年检疫的肉类约 220 万吨，到 2000 年增加到约 250 万吨。

对于进口食品，近年来日本的检疫力度更大。2000 年进口申报件数和重量分别达到 1 550 925件、约 3 000 万吨的规模，其中对 7.2%共 112 281 件实施了检查，查出违反法律件数 1 037件。

总之，从上面几方面可以看出，近年来日本对其动植物和食品的进口检疫是逐步加强的，这也引起了其农产品出口国贸易伙伴的不满。虽然如此，日本政府还是比较成功地实现了自己的目标——保护国内农民免遭国际市场过快过猛的冲击，有效地保证了日本国内市场的食品安全。

三、启示

1. 尽快研究和熟悉 WTO 规则，运用其对发展中国家有利部分的规定，对中国相关农产品实施有据可施的保护和补贴。

2. 大大加强信息化建设。真正能使农民及时掌握有用信息，根据国内外市场对自己的农业经营适时做出调整。

3. 运用典型案例宣传和分析，打破国外进口农产品一律优质的观念。综合动用国家政策、媒体宣传、产地标识等手段，合理阻止国外农产品的过快、过猛进入中国市场，保护农民和消费者的合法权益。

4. 尽快建立标准化无公害可持续的农产品生产体系。这样不仅对中国农产品的出口有利，对阻止国外农产品的进口更有利。

村民自治、合作社和农业产业化经营制度的协调演进*

——来自山东烟台的调查报告

冯开文

一、研究思路与调查的组织安排

（一）研究思路

笔者认为，到目前为止，中国农村基本上仍处于制度供给不足的格局中。因此，制度创新以及对制度创新的激励，就成了农村经济发展的关键。

但是，制度的创新，不仅仅是创新而已，新的制度安排之间的协调配套实施尤其值得注意。在这个制度创新勃发的时代，追求制度安排之间互补而非互斥的外部性，追求制度安排的总体绩效，还没有受到应有的重视。为防止某一种制度安排单兵推进，尤其是一拥而上带来的弊端，考察农村中政治制度（村民自治）和经济制度（合作制度和农业产业化经营）的协调演进问题，以期趋向帕雷托效率，就是本研究的重点之一。

此外，制度创新的主体——农民尤其值得注意。村民自治、合作制度和农业产业化经营都与农民关系密切，农民的作用、作用的方式与效果，就自然是笔者关注的另一个重点。因此，对农民的合作社也应做较多的分析。

（二）调查的组织安排

2000年1月，笔者采用学生返乡调查的方式，对山东省合作社和农业产业化经营发展较好的地区进行了一次较全面的调查。调查地点选在山东烟台市属县（区）农村，包括莱阳、海阳、莱州、龙口、蓬莱、栖霞、牟平、长岛、招远、福山区和芝罘区。共有55名调查人员参与调查，平均每县5名。最后得到有效问卷51份。

调查问卷由村民自治、合作制度创新和农业产业化经营三部分组成。51份问卷显示，村民自治问卷的回收率达到了100%；只有36份问卷回答的内容同时涉及村民自治、合作制度、农业产业化经营；另外7份问卷没有回答有关合作制度的情况；1份问卷没有涉及农业产业化经营问题；7份问卷既没有合作制度，也没有农业产业化经营，只有村民自治问题。

因此，在下面的调查分析中，关于村民自治的问卷总数是51，合作社是37，农业产业化经

* 原载《中国农村经济》2003年第2期。

营是36。

二、调查与讨论

本文将从村民自治、合作社和农业产业化经营的不同角度，描述制度的不同态势，尤其是不同制度存在的问题以及三种制度安排之间的关系。

（一）村民自治

调查中村民普遍反映，村民自治的实施，体现着帮助村民参政和有利于农村经济发展的有利态势。村民自治实施后，腐败现象的减少，村民凝聚力的增强，村经济组织（包括合作社）的创建和农业产业化的链接，村经济发展和村民收入水平的提高等，成了一种主要趋势。调查表明，村民自治既在一定程度上为农村经济制度创新提供了一个较好的制度环境，又对经济制度的创新起了一定的促进作用。但是，还有一些明显的问题值得注意。

1. 村民对自己选出的村干部满意程度不高。突出的问题是村民对自己选出的村干部并不是很满意。有18人认为目前村干部的工作“一般”，认为“非常满意”的只有5人，“有些满意、有些不满意”的21人，“不满意”的达到12%（6人）。

选举村干部的标准和对选出来的村干部的印象，说明了同样的问题（见表1）。选择“其他”、“能说会道的人”（15人）所占比重之高比较让人担忧。

表1　选举村干部的标准和对选出来的村干部的印象

干部标准①	知识水平较高的人②	种田能手	带动大家致富的人②	有声望的人	能说会道的人	其他③
问卷答案集中度（总共51份）	17	1	17	10	15	8

注：①1人选择了除其他之外的全部选项。

②这二者被同时选中。

③调查员在询问中得知，“其他”主要包括被村支部看中的人，前任村主任推荐的人，因为有人在外工作、上学等原因而与乡级以上关系较好、较硬的人，本族本姓在当地人数较多、较有势力的人等。

2. 村民自治实施中的信息不对称。进一步调查表明，农民对于村民自治，尤其是村民自治体现着自己的权利和义务这一基本理念，以及如何实现自己的权利，还不是很清楚。对于自己在选举中的权利，70%（36人）回答“了解一些”。同样，对于自己能否在选举中行使自己的选举权、监督权和决策权，30人回答“有时能，有时不能”；回答“能”的仅占18%（9人）弱。这种不清楚，进一步影响了选举过程中选举、监督、决策等权利的行使，并造成对村干部一定程度的不满。

有一位被调查者在建议栏写道：“我们自己说话根本不管用，声音太小太弱，要是有自己的渠道就好了。农村的事就是这样。”另一位写道：“私营企业家为什么能入党，因为人家是企业家，我们呢？最小老百姓！”

这其实说明，在现阶段，由于农民本身的知识储备，特别是弱势的经济地位等制度环境因素的作用，村民自治实施中的信息不对称问题得不到有效的化解，仅仅让村民自己选举和监督村干部，效果并不理想。这也同时说明，这些问题不能仅靠村民自治制度来解决。这就使笔者不得不转而关注农村的其他制度建设，尤其是农民自己的组织与制度。

（二）合作制度创新

1. 合作制度创新中的问题。所调查地区的合作社，一般成立于1994年到1998年之间。它们规模不是很大，累积到现在的利润一般平均为20万～30万元，最高的为60万元，最低的只有3万元。加入合作社的成员一般是本村村民，社员人数也多少不等。合作社的主要业务涉及食品加工、蔬菜、林果、畜牧以及特色种植等行业，专业合作的色彩较明显。

调查表明，合作社受到了农民的热烈欢迎。30人认为参加合作社"将会对自己帮助很大"。表2表明，村民最希望合作社提供的是技术和信息方面的服务，农民对这方面的需求也最急迫。有很多人认为，合作社在社员增加收入、进入市场、享受服务、获取信息等方面"帮助很大"（23人），选择"有些帮助"和"帮助不大"的仅为14人。这说明合作制度的供给和需求体现出了目标一致、良性发展的良好势头。

表2 农民希望合作社提供的服务

项　　目①	技术	资金	购买	销售	信息	加入农业产业化
选择人数（总共37人）	35	20	3	15	35	2

注：①六项项目可以任意选择多项。

与此同时，笔者也发现，合作社得到的并不全是喝彩。合作制度也存在明显需要改进的地方。调查中发现，不少合作社和社员不了解合作社的分配制度，不知道什么是股金分红和利润返还，不知道合作社正是通过这两种途径带给农户实实在在的直接收益，而其他途径则是通过降低交易成本间接地增加农民收入（见表3）。

表3 社员对合作社带来收益的认同

项　　目①	供货	防伪劣	集中出售	节省运输成本	集中讲价	防市场波动	利润返还	股金分红	提供技术信息	规模经济
选择人数（总共37人）	4	24	25	2	2	35	27	23	33	1

注：①允许选择多项或全选。

表3中选择股金分红和利润返还的人数，明显低于选择防市场波动和提供技术信息的人数。这说明，让村民了解、掌握合作社分配方面的基本规则，是急需做的事。

调查中还发现，利润返还的比例、股金分红的比例、公益金和公积金的比例毫无规律可言。例如，利润返还占总收益的比重，从0到73%不等，一般为30%～50%（19人），但是选择8%～20%的人也占较大的比重（9人）。关于股金分红，所有的调查对象都回答"加入合作社必须入股"，但是在社员从合作社得到的收益中，选择含有股金分红的仅有23人，仅占60%强。股金分红占总收益的比重，则从0到55%都有，一般为20%～40%（23人）。有的地方还出现了股金分红超过利润返还的情况（12人）。

这说明，合作社制度最需要规范的就是分配制度，最需要向社员宣传的也是分配制度，最容易出现制度大漏洞的还是分配制度。而且，在有合作社加入的农业产业化链条中，保证实现农民利益的最重要的制度安排，也是合作社的分配制度。这是合作制度创新乃至整个农村经济组织制度互动变迁中的关键。合作社要在农业产业化经营中发挥应有的作用，就必须进行分配制度的建设和规范。

2. 村民自治不能没有合作制度的支持与监督。在调查中发现，凡是农村合作"寸草不生"的地区，农民对村务公开的怨言也就越多。5位农民说："村务公开后自己对村务的参与与以前没什么变化"；3位农民指出自己的"参与更少"。当问及"实行村务公开后，有问题和意见找谁反映"时，竟然只有4人选择"向村民代表反映"，20人选择"发发牢骚"，21人选择"听之任之"，其余的人答曰："向村委会提出"。这说明，有不少人不清楚行使自己权利的途径，有很多人放弃了通过村务公开监督村干部的权利。

尤为明显的是，仅仅回答了村民自治问题的那7户，一般都对村民自治的现状有较多的不满。只有2位村民认为实行村民选举后自己对村务的"参与更积极了"，但只有1人对村委会的工作表示"满意"，并认为村民自治有利于村经济发展；其余的人认为这种影响只是"有一些"而已。

这其实说明，在现阶段，由于上述村民自治实施中信息不对称问题的存在，仅仅让村民自己选举和监督村干部，效果并不理想。

与上述情况相反，在那些村民自治、村务公开做得较好，群众感到改观很大的村落，合作组织不仅可以得到村委会的支持和帮助，还可以反映村民的各种建议和意见。有22人认为，同合作社打交道，比同村委会打交道更多，也更便利、更有效。几乎所有农户（50人）都认为，合作社对村委会的影响，比起单个农户，明显要大得多。

因此，村民已经有了通过合作社监督村行政组织的愿望。一位蔬菜合作社的社长写道："合作社与村委会的目标是一致的，都是为了村民致富，应该在合作社和村委会之间建立制度化的协商机制，这样会更好一些。"这说明，合作社这种渠道对农村政治制度建设的作用，应该受到更多的重视。

这些充分说明，应该而且必须让农民自己的合作组织参加进来，并发挥越来越大的作用。这样既可以降低制度建设中的交易成本（村民与合作社的交易成本小于村民与村委会的交易成本），又可以放大制度协调实施的正外部性。政治制度得到经济制度的支持与监督，应是农村制度变迁的题中应有之义。这既在现实中得到了一定程度的验证，又同时反映了农民群众的心声。

（三）农业产业化经营

1. 农业产业化经营中的问题。调查地区农业产业化经营的主要形式有"公司＋农户"、"公司＋合作社＋农户"、"合作社办公司＋农户"、"公司＋基地＋合作社＋农户"、"基地＋农户"等。其中，最主要的形式是"公司＋农户"和"公司＋合作社＋农户"。

调查中发现，在"公司＋农户"的农业产业化形式中，公司提供的服务主要是收购农户的农产品（包括农作物、畜产品、林果品、鱼产品、加工品等）和出售农户的农产品。它们很少给农户提供资金和技术服务，也较少向农户提供有关的市场信息。对农户提供的服务明显不到位，不能满足农户的需求，是农业产业化经营中存在的问题之一。

更突出的问题是利益纠纷。在调查地区，由于农户与公司之间、公司与合作社之间通常签订的是短期协议，执行时间一般不超过3年，这就在一定程度上导致了纠纷的高发生率。但纠纷的深层原因实际上在于农民和公司是不同的利益主体，双方都追求自身利润的最大化，因此机会主义行为在所难免。在问到"按合约应该销售给公司的农产品，在市场上又卖出了较好的价格，您会不会违约出售给市场"时，农户回答"在价格相差较大时会"的占45%（16人），回答"只要价格有差别时就会"的也占45%，只有少数人回答"不会"（10%，4人）。

另一方面，企业也会以各种理由拒绝向农户和合作社返还利润。最平常的理由就是资金周转不灵，最平常的现象也就是拖欠。农户与公司之间的利益联结依然脆弱。

这些问题的存在，尤其是利益纠纷问题的存在，在一定程度上影响了"公司＋农户"模式的

经济绩效和发展前途。

2. 农业产业化经营离不开合作社。村民反映，只有在合作社加入的农业产业化模式中，他们才能得到亟须的技术、信息等服务，合作社还出面替农户借款，补充农户自身生产资金的不足。这正好弥补了公司所提供服务的缺陷。这再一次说明，合作社加入的农业产业化经营模式更应该得到激励。

农民对农业产业化模式的选择，更直接地证明了农业产业化离不开合作社。在给出的下列农业产业化经营模式中（见表4），农民认为较理想的模式主要是“公司＋合作社＋农户”的模式和“市场＋合作社＋农户”。他们认为，在这两者中，合作社能更好地化解利益纠纷。

表4　农民对农业产业化经营模式的判断

农业产业化模式	公司＋农户	公司＋合作社＋农户	合作社办公司＋农户	市场＋合作社＋基地＋农户	市场＋合作社＋农户	其他
选择人数（总共36人）①	9	34	15	20	30	5

注：①选项中可以选择多项。

进一步的研究发现，近三年来，“公司＋农户”的模式与有合作社参与的模式相比，公司和农户发生纠纷的次数要多近40%。而且，较严重的纠纷都发生在没有合作社参与的农业产业化模式中（见表5）。

表5　农业产业化经营中纠纷发生的次数以及严重程度

纠纷的严重程度	个别毁约（人次）	群众性毁约（次）	索赔	群众性冲突	流血冲突
合作社参与的农业产业化链条	48	0	2	—	—
合作社不参与的农业产业化链条	90	7	3	2	1

答案很明显，对于同时存在于农户和公司的机会主义行为，解决的方法自然就是合作社的参与并发挥重要作用。

笔者注意到一个现象，在表4中，“合作社办公司＋农户”的形式，也就是日本等发达国家盛行的“合作社（如农协）＋农户”的模式，也得到了为数较多的选票（15票）。这在一定程度上显示了合作社的前途与未来的地位。虽然在现行的农业产业化模式（“公司＋农户”、“公司＋合作社＋农户”）和农民认为理想的模式（“公司＋合作社＋农户”、“市场＋合作社＋农户”）中，合作社的地位已经得到了相当的认可，但是，这些模式与“合作社（办公司）＋农户”的模式相比较，依然存在着利益主体多从而交易费用高的问题。而“合作社＋农户”的农业产业化模式，由于合作社与农民的利益高度一致，交易主体减少，既能更好地降低交易费用，又能更好地实现农民的利益。所以，在不远的将来，随着合作社的发展壮大，“合作社＋农户”的农业产业化模式理应成为理想的选择。表4中对“合作社办公司＋农户”模式的较高的选择率，在一定程度上验证了这种理论推断，昭示着合作社主导农业产业化的趋势。

3. 村委会的调解作用。如前所述，村民自治制度的实施，既在一定程度上为合作制度和农业产业化经营提供了一个制度环境，又在一定程度上推进了这两种经济制度的创新。事实上，这些还不足以反映村民自治制度的作用。在调查中，笔者还发现了一个引人注目的现象：在“公司＋农户”盛行地区，由于合作社没有很好地成长起来，还没有足够的影响力去改变农户及其合作社与公司谈判的弱势地位，这时村委会在这方面发挥了应有的作用，成了农户及其合作社与公司之间的仲裁者。16个村庄的农民反映，在农户及其合作社与公司产生纠纷时，村委会出来进行了调解，并且一般会秉公办理，但有时最终会偏向农民一边。这是一个很有意义的现象。

作为一个稍带一点偏向的现实主义的仲裁者，在合作社发育迟缓的地方和时期，村委会正常发挥作用，有效地保护了弱者，从而使农业产业化能够在良性轨道上运行。它不仅成了政治制度和经济制度协调演进的重要保障，也是“公司＋农户”盛行地区一种有效的制度改进。但是，村委会的角色如何定位？比如作为一个行政组织，村委会是否要退出对经济事务的过多干预，退出多少，以及如何退出，从而让合作组织在农业产业化经营中发挥更多的甚至是主导作用？对于这些问题，由于各地的情况参差不齐，这里能做的仅仅是点题而已。也许这个问题的提出本身也为时过早。但笔者认为，这个问题，现在就应该受到应有的重视。

三、简短的结论

总之，调查结果表明，村民自治在一定程度上为合作制度和农业产业化经营提供了一个较好的制度环境，并对这两种制度的发育起到一定的促进作用；合作制度对村民自治制度的支持和监督作用已经是不可或缺的，它不仅越来越明显地改善着农业产业化经营，还会将其导向以合作社为主导的崭新模式；村民自治制度也通过村委会的调节作用，实实在在地改良着农业产业化经营。这种不同制度之间相互作用、良性演进的图景，明确地告诉我们：村民自治、合作制度创新与农业产业化经营必须协调演进，才能更好地实现制度绩效，才能加总并放大制度协调实施的正外部性。而单独推行某一制度，由于得不到另外两种制度的支持、监督和回应，就会引发一系列问题。村民自治和“公司＋农户”的农业产业化模式存在的问题，就是一个明显的例证。

本文还表明，合作社制度是与目前农村对经济制度的需求高度一致的，也是颇有发展前途的；但目前合作制度必须从分配制度等方面进行改良，以在农村制度建设中发挥应有的、越来越大的作用。

本文也表明，农业产业化经营离不开村民自治以及合作经济制度的创新。村委会在农业产业化经营中的调节作用应该得到更深入地研究。而没有合作社加入的农业产业化，只能是低级的、明显不公平的、导致低效率的。合作社参加并进而主导农业产业化经营，不仅合乎经济学（尤其是制度经济学）理论，更顺应了中国农村制度协调演进的态势。基于此，笔者不支持单独推进农业产业化经营，尤其是政府强制性单独推进农业产业化经营。

高档猪肉供应链中加工企业与养猪场的行为研究*

卢凤君　孙世民　叶　剑

［摘　要］在分析高档猪肉供应链中公司与养猪场行为选择机理的基础上，利用监督博弈模型导出了双方行为选择的临界条件。重点从风险抵押金、降价收购、延期收购和“冷酷战略”4方面分析了违约惩罚对养猪场行为选择的作用及行为选择的影响因素。研究结果表明，养猪场的饲养规模和高档猪肉与普通猪肉的价格差是影响养猪场行为选择的关键因素；以大城市高收入理性消费者为目标客户、大型猪肉加工企业为核心组建供应链，实施基于产品差异化的市场集中战略，是改善养猪场行为的重要途径。

［关键词］高档猪肉　败德行为　监督行为　监督博弈

所谓高档猪肉是指按照农业部发布的《无公害食品行业标准——猪肉》[1]生产的，以大城市高收入理性消费者为目标客户，由配送中心配送，在专卖店或超市销售的猪肉。根据供应链管理理论[2]，高档猪肉供应链由饲料、仔猪、兽药等生猪生产资料供应商，养猪场（或养猪小区，下同）、猪肉加工企业（简称公司）销售商和消费者构成，其运行目标是降低成本、保障质量、提高用户满意度，实现高档猪肉的有效供给。其中，生猪饲养和屠宰加工是供应链中的2个关键环节，相应地，养猪场和公司的行为选择是决定猪肉质量的关键要素，双方行为的选择实质上是一个博弈问题。

本文中利用监督博弈模型[3]，研究高档猪肉供应链中公司与养猪场行为选择的条件，以及影响这一选择的因素。

一、行为选择机理

一般地，在高档猪肉供应链的运行中，为了保障猪肉质量，公司特别注重饲料和种猪两个源头的建设，公司与生猪生产资料供应商建立一体化关系，具有生猪生产资料供应商和高档猪肉供应商的双重身份。公司通过合约为养猪场提供高质量的仔猪、饲料、兽药以及生猪饲养技术标准，集中收购生猪统一屠宰加工后推向市场。现实中，高档猪肉供应链目标的实现，受思想观念、组织模式、质量保障措施、信息技术、运行机制等多种因素的影响，但最重要的是公司与养猪场之间通过行为选择形成的竞争与合作关系。

图1示出了公司与养猪场的行为选择机理。可以看出：在各自利益最大化的驱动下，公司与

* 原载《中国农业大学学报》2003年第8卷第2期。

养猪场之间展开竞争/博弈，产生冲突与矛盾，使高档猪肉供应链的目标受到损害，进而影响利益最大化的实现。为此，双方妥协形成合作关系，履行共同签订的合约。根据委托代理理论，这种合作是有选择的不完全合作，合作程度的高低影响着双方的矛盾解决程度和目标实现程度。这种合作使公司与养猪场间的冲突与矛盾得以缓解，供应链目标差得以缩小，双方利益提高，形成了新的竞争/博弈格局。这样，经过多次反复，最终形成双方监督与违约的动态平衡，即混合战略的纳什均衡。整个过程中，双方既竞争又合作，通过竞争提高活力，通过合作实现效率，形成一种竞合双赢的态势。

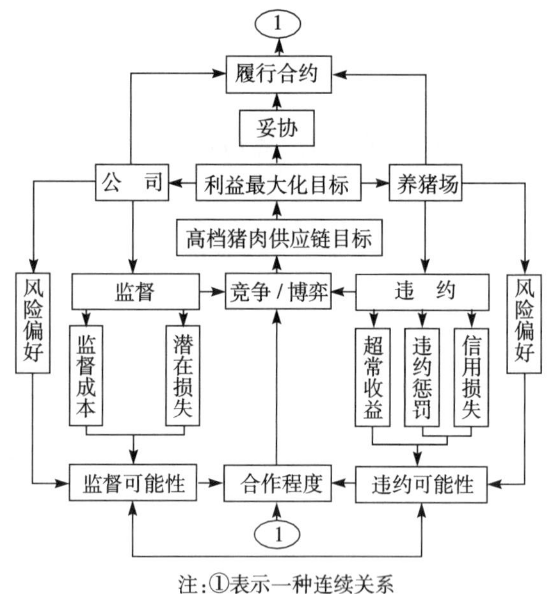

注:①表示一种连续关系

图 1　公司与养猪场的行为选择机理

二、监督博弈模型的建立

假定：高档猪肉供应链中利益分配公平、合理；公司没有违约现象；只要公司监督，养猪场违约就会被发现；存在制度约束，违约行为被发现后既有经济惩罚又有信用损失。

设公司和养猪场的正常收益分别为 R 和 I；监督费用为 C；养猪场违约未被发现的超常收益为 K，给公司带来的潜在损失为 W；违约被查出后惩罚为 F（如风险抵押金、降价收购、延期收购、取消供应链资格等）；信用损失为 L。实际调查表明，公司加强对养猪场的监督可明显地提高生猪质量，降低由于养猪场违约给公司带来的损失，提高公司的总体收益。

假定 $C<F+W$，设随机变量 α 和 β，其中 $\alpha=\begin{cases}1 & \text{公司监督}\\0 & \text{公司不监督}\end{cases}$，$\beta=\begin{cases}1 & \text{养猪场违约}\\0 & \text{养猪场不违约}\end{cases}$ 则 $p\{\alpha=1\}$ 表示公司监督的概率，$p\{\alpha=0\}=1-p(\alpha=1)$ 表示公司不监督的概率；$p\{\beta=1\}$ 表示养猪场违约的概率，$p\{\beta=0\}=1-p\{\beta=1\}$ 表示养猪场不违约的概率。

公司和养猪场的行为选择过程实质上是一个风险型决策问题，受双方风险偏好程度的影响。用 λ 表示公司和养猪场的风险偏好：$\lambda>1$ 为喜好风险，$\lambda=1$ 为中性风险，$\lambda<1$ 为规避风险。对养猪场而言，风险偏好表现为企图通过违约获取超常收益 K；对公司而言，风险偏好表现为企图通过花费监督成本来获取养猪场履约状况的信息。博弈支付矩阵见表 1。

表 1　监督博弈支付矩阵

公　司	养猪户	
	违约（$\beta=1$）	不违约（$\beta=0$）
监督（$\alpha=1$）	$R+F-C$，$I-F-L$	$R-C$，I
不监督（$\alpha=0$）	$R-W$，$I+K$	R，I

1. 公司监督的临界条件。给定 β，公司选择监督（$\alpha=1$）和不监督（$\alpha=0$）的期望收益分别为

$$\pi_p(1,\beta)=(R+F-\lambda C)p\{\beta=1\}+(R-\lambda C)p\{\beta=0\}=R+p\{\beta=1\}F-\lambda C \tag{1}$$

$$\pi_p(0,\beta)=(R-W)p\{\beta=1\}+Rp\{\beta=0\}=R-p\{\beta=1\}W \tag{2}$$

由 π_p（1，β）$=\pi_p$（0，β）得

$$\beta^*=p\ \{\beta=1\}\ =\frac{\lambda C}{F+W} \tag{3}$$

式（3）表明，对于公司而言，当养猪场的实际违约概率小于 $\lambda C/$（$F+W$）时，最优战略是不监督；而当大于 $\lambda C/$（$F+W$）时，监督就是最优战略。

2. 养猪场违约的临界条件。给定 α，养猪场选择违约（$\beta=1$）和不违约（$\beta=0$）时的期望收益分别为

$$\pi_a(\alpha,1)=(I-F-L)p\{\alpha=1\}+(I+\lambda K)p\{\alpha=0\}=I+\lambda K-(F+L+\lambda K)P\{\alpha=1\} \tag{4}$$

$$\pi_a\ (\alpha,\ 0)\ =Ip\ \{\alpha=1\}\ +Ip\ \{\alpha=0\}\ =I \tag{5}$$

由 π_a（α，1）$=\pi_a$（α，0）得

$$\alpha^*=p\ \{\alpha=1\}\ =\frac{\lambda K}{\lambda K+F+L} \tag{6}$$

式（6）说明，如果公司的实际监督概率小于 $\lambda K/$（$\lambda K+F+L$），养猪场的最优战略是违约；如果大于 $\lambda K/$（$\lambda K+F+L$），则养猪场的最优战略是不违约。

三、养猪场和公司行为选择的变动趋势分析

1. 养猪场违约行为的变动趋势。对式（3）求偏导数，分析在其他因素不变的情况下，某因素变化引起养猪场违约行为选择的变动趋势[4]，分析结果及其说明见表 2。

表 2　养猪场违约行为选择的变动趋势

对象	结果	作用关系	违约可能性	解释说明
$\frac{\partial\beta^*}{\partial C}$	$\frac{\lambda}{F+W}>0$	$C\uparrow$，$\beta^*\uparrow$	变大	监督成本越高，公司监督的可能性就越小，违约越不易被检查出来
$\frac{\partial\beta^*}{\partial\lambda}$	$\frac{C}{F+W}>0$	$\lambda\uparrow$，$\beta^*\uparrow$	变大	越喜欢冒险的公司，越有选择不监督而放任养猪场行为的倾向
$\frac{\partial\beta^*}{\partial F}$	$-\frac{\lambda C}{(F+W)^2}<0$	$F\uparrow$，$\beta^*\downarrow$	变小	违约惩罚越大，养猪场的自律性越强，合约的履行情况越好
$\frac{\partial\beta^*}{\partial W}$	$-\frac{\lambda C}{(F+W)^2}<0$	$W\uparrow$，$\beta^*\downarrow$	变小	违约对公司的损失越小，公司监督的概率越大

2. 公司监督行为的变动趋势。对式（6）求偏导数，分析在其他因素不变的情况下，某因素变化引起公司监督行为选择的变动趋势，分析结果及其说明见表 3。

表 3　公司监督均衡点的变动趋势

因素	结果	作用关系	监督可能性	解　释　说　明
$\frac{\partial\alpha^*}{\partial K}$	$\frac{\lambda(F+L)}{(\lambda K+F+L)^2}>0$	$K\uparrow$，$\alpha^*\uparrow$	变大	违约超常收益越大，养猪场违约可能性越大，生猪质量越差，越需要加强监督
$\frac{\partial\alpha^*}{\partial\lambda}$	$\frac{K(F+L)}{(\lambda K+F+L)^2}>0$	$\lambda\uparrow$，$\alpha^*\uparrow$	变大	养猪场个性冒险程度越强，越有选择违约的倾向
$\frac{\partial\alpha^*}{\partial F}$	$-\frac{\lambda K}{(\lambda K+F+L)^2}<0$	$F\uparrow$，$\alpha^*\downarrow$	变小	增大违约惩罚会增强养猪场的自律行为，违约可能性变小
$\frac{\partial\alpha^*}{\partial L}$	$-\frac{\lambda K}{(\lambda K+F+L)^2}<0$	$L\uparrow$，$\alpha^*\downarrow$	变小	诚信是获得供应链节点资格的基本条件，维护信用是一种自我约束力

四、影响行为选择的关键因素分析

高档猪肉供应链中公司与养猪场之间存在委托代理关系，信息不对称和追求利润最大化的动机，使养猪场的败德行为和公司的监督行为不可避免。表 2 和表 3 表明：在其他条件不变的情况下，养猪场的败德行为会随公司监督成本和冒险程度的增加而放纵，随违约惩罚和违约对公司造成损失的加重而收敛；公司的监督行为将随违约超常收益和养猪场冒险程度的增加而强化，随违约惩罚和违约信用损失的增大而弱化。其中，违约惩罚既影响养猪场违约行为的选择，又影响公司监督行为的选择，是影响双方博弈均衡点的关键因素。下面对该因素的形式、作用及其影响因素进行分析。

1. 违约惩罚的形式。目前国内一些大的猪肉加工企业对养猪场违约的惩罚常采用 4 种形式：一是风险抵押金，即养猪场加盟供应链时预付一定数额的保证金，违约时被当作罚款而扣留；二是降价收购，若检测出生猪或猪肉任何一项指标（感官指标、残留量指标、理化指标和微生物指标）达不到标准要求，即按普通生猪价格收购；三是延期收购，若检测出生猪的某些药物残留超标，则在 1.5～2 倍的休药期（如红霉素 10d，庆大霉素 40d）后再检测，合格后收购；四是“冷酷战略”，养猪场违约即取消其供应链成员的资格。

2. 违约惩罚的作用及其影响因素分析。

（1）风险抵押金。由式（3）可见，违约惩罚（这里指风险抵押金）越重，养猪场违约概率越小。图 2 示出风险抵押金 F_1 与养猪场违约概率 p（$\beta=1$）之间的关系。由图 2 可见，当 $F_1>F_0$ 时，p（$\beta=1$）随 F_1 增大而下降的速度明显放慢，即风险抵押金超过一定数值 F_0 后，增加罚款对抑制违约行为的作用已不大。这是因为当违约惩罚大到一定程度，如超过支付能力或承担能力时，养猪场将产生逆反心理，反而不在乎违约后是否被查出，即使被查出，也无力支付罚款。

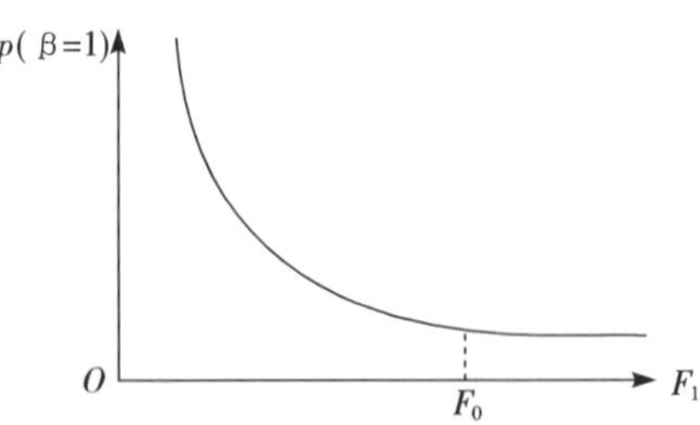

图 2　风险抵押金 F_1 与养猪场违约概率 p（$\beta=1$）的关系

事实上，对高档猪肉供应链中的养猪场而言，如果违约惩罚程度超过供应链内收益与供应链外收益之差，即超过被取消供应链节点成员资格的损失时，惩罚对降低违约行为已没有多大意

义。因此，最大违约罚款数 F_0 的大小可定为养猪场被取消供应链成员资格时的损失，即对违约者的最大惩罚是将其开除出供应链。

（2）降价收购。对那些质量指标未能完全达到要求，但对猪肉质量影响不太大的生猪，公司采取降价收购的形式对养猪场进行惩罚。显然，由于降价收购给养猪场造成的损失越大，养猪场承受的违约惩罚越重，其违约的可能性就越小。若优质生猪和普通生猪的收购价格分别为 P 和 P_0，养猪场的生猪出栏量为 Q，则降价收购对养猪场的损失可表示为

$$F_2=(P-P_0)Q=\Delta PQ \tag{7}$$

其中：F_2 为公司降价收购生猪给养猪场带来的损失，ΔP 为优质生猪与普通生猪的收购价格差。式（7）表明，F_2 与 ΔP 和 Q 成正比。这意味着，加大高档猪肉与普通猪肉的价格差，开展适度规模经营是降低养猪场违约可能性的有效措施。

在 P_0 一定的情况下，P 越高，ΔP 越大。而高档猪肉价格 P 的高低又取决于 3 类因素的基本状况：一是供应商提供产品的质量、品牌、差异化及服务水平等；二是猪肉消费者的收入水平、消费意识、讨价还价能力等；三是市场中的替代品、互补品、竞争对手及其市场准入制度等。据此可以推断出：

（1）对于那些产品质量好、品种多、风味独特，市场知名度高、配送等销售服务水平高的大型猪肉加工企业（公司），能够获得较高的猪肉价格，以这些企业为核心组建的高档猪肉供应链中，养猪场违约的可能性低。

（2）在大城市（含特大城市，下同），高收入的理性消费者较多，他们更注重猪肉的品牌、质量和特色，而不太在意价格的高低，且以超市、专卖店为购买地点。因此以大城市超市为销售商、高收入理性消费者为目标客户的高档猪肉供应链能够获得高的猪肉价格，供应链中的养猪能够更好地与公司合作。

（3）在那些实施市场准入制度，竞争对手相对较少的地区，可通过适度垄断，在保障高档猪肉质量的基础上维持较高的价格，弱化养猪场的败德行为。

综合以上 3 点，笔者认为：以大型猪肉加工企业为核心组建高档猪肉供应链，以实施市场准入制度的大城市为切入点，实施基于产品差异化的市场集中战略，形成适度垄断竞争的市场结构，是控制养猪场违约行为、保障高档猪肉有效供给的重要途径。

由式（7）可见，要有效控制养猪场的违约行为，公司还应把经营规模作为其进入供应链的重要条件。近几年，养猪小区因规模化、标准化、组织化程度较高成为生猪饲养的新型组织模式，尤其在大城市郊区发展迅速，是高档猪肉供应链的重要成员。实地调查发现，目前养猪小区的建设和经营形式主要有，个人投资个人经营、个人和集体投资个人经营，以及经营者投资个人饲养等 3 种形式。从风险分摊、违约损失、自律行为来看，经营者投资个人饲养形式的 Q 值最大，违约时降价收购损失最严重。为避免这种损失，小区经营者会自觉履行合约并能监督和引导区内个体饲养者的行为选择，因此这种形式应成为高档猪肉供应链中生猪饲养的首选形式。对于前两种形式，可通过承包、租赁、股份制等形式逐步减少经营户数，最后过渡到统一经营分散饲养的模式，以扩大经营规模。

此外，在休药期一定的情况下，违约延期收购的损失主要受养猪场规模的影响，而对“冷酷战略”造成对养猪场损失的分析过程与降价收购损失的相似，这里不再赘述。

五、结束语

加 WTO 后，我国猪肉产业的工作重点在于加强产业链管理，改善生猪品质，努力降低农

药、兽药和有害重金属的残留量，提高参与国际竞争的能力[5~7]。提升高档猪肉质量的关键是优化养猪场的选择行为。由于高档猪肉供应链中公司与养猪场之间存在委托代理关系，信息不对称和追求利润最大化的动机，使养猪场的败德行为和公司的监督行为不可避免。事实上，公司与养猪场之间的行为选择过程是一个多次重复动态博弈问题，本文中首先分析了双方的一次静态博弈问题，结论与多次重复动态博弈的结论一致，只是行为选择的影响因素少了一些。除违约惩罚外，公司的监督成本、养猪场违约的超常收益和信用损失等都是影响双方行为选择的主要因素，笔者已对这些问题进行了较深入系统的研究，研究成果将于另文发表。

参考文献

[1] 农业部．无公害食品行业标准——生猪［S］．http：//www. agri. ac. cn. 2002，2

[2] 马士华，林　勇，陈志祥．供应链管理［M］．北京：机械工业出版社，2001.37～52

[3] 张维迎．博弈论与信息经济学［M］．上海：上海三联书店，上海人民出版社，1997.97～110

[4] 陈勇，张国兴．委托代理框架中道德风险的临界行为［J］．天津大学学报，2002（2）：203～206

[5] 甄云肖．对畜牧产业的理论思考及政策建议［J］．中国畜牧通讯，2002（5）：10～15

[6] 李建平，张存根．加入 WTO 对我国养猪业的影响及对策［J］．农业经济问题，2000（4）：13～16

[7] 王　凯，韩纪琴．农业产业链管理初探［J］．中国农村经济，2002（5）：9～12

中国苹果国际贸易结构比较分析与优化*

庞守林　田志宏

［摘　要］本文运用贸易竞争指数、市场占有率、市场集中度和显示性比较伏劳指数，从苹果产品与国际市场相对应的角度，通过产品品种和出口市场的细化，定量比较分析了中国苹果国际贸易的产品结构、规模结构和市场结构，并对优化苹果产品出口的产品结构和市场结构提出建议。

［关键词］国际贸易　结构　比较分析　优化

中国是第一苹果生产大国，2000年苹果产量2 043万吨，是世界总产量的1/3，2000年出口鲜果29.8万吨，苹果汁14.2万吨，占世界苹果总贸易量的1/20和苹果汁世界贸易量的1/4。苹果属于劳动密集型产品，中国劳动力资源丰富，苹果生产成本低廉，加入WTO后，中国苹果是为数不多的具有国际竞争力的农产品之一，苹果生产和贸易拥有前所未有的机遇，抓住机遇优化产品结构和市场结构，发展苹果加工业，是保持我国苹果生产和贸易持续稳定发展的根本途径。以往有关苹果生产和贸易的研究多集中在国内价格和消费等因素的分析和比较上，本文试图从苹果产品与国际市场相互对应的角度比较分析苹果国际贸易结构并提出优化建议。

一、苹果产品国际贸易结构的识别方法

国际贸易结构突出表现为产品出口的品种分布和市场布局，反映一国相对其他国家的生产率水平和国际竞争力水平，并最终通过产品的市场占有份额和利润的实现程度来衡量和检验。在激烈的国际竞争中，调整苹果产品结构、延伸产业链条、扩大出口规模，把苹果品种与出口目标市场相对应，细化国际市场结构，充分利用国际消费水平差异和市场需求层次性特征，协调优化产品结构和市场结构，才能解决苹果的市场实现问题。在本文的研究中，贸易结构具体包括产品结构、市场规模、地区结构。本文采用的测度指标分为两类：一类是贸易竞争力指数（TC）和国际市场占有率（MS），用来比较分析不同苹果产品竞争力的强弱和不同苹果产品在世界苹果贸易中的地位，即用各苹果品种的竞争力状况反映不同苹果产品的负结构。另一类是出口市场集中程度（CI）和地区显示性比较伏劳指数（RCA），用来分析苹果产品出口市场的地区结构和竞争优势的关系。

指标的计算方法和定义如下：

（1）贸易竞争力指数：$TC_{ij}=(X_{ij}-M_{ij})/(X_{ij}+M_{ij})$。其中$TC_{ij}$表示$j$国$i$产品的贸易竞争指数，$X_{ij}$和$M_{ij}$表示$j$国$i$产品的出口额和进口额，$TC_{ij}$在$-1$到1之间变动，$TC_{ij}>0$表示$j$国是$i$产

* 原载《中国农村经济》。

品的净出口国，i 产品具有国际竞争力，竞争的主要市场在国外，TC_{ij} 越大，竞争力越强；$TC_{ij}<0$ 表示 j 国是 i 产品的净进口国，竞争的主要市场在国内，TC_{ij} 越小表示国际竞争力越弱。

(2)国际市场占有率：$MS_{ij}=(X_{ij}/X_{iw})\times100\%$，其中 MS_{ij} 表示 j 国 i 产品国际市场占有率，X_{ij} 和 W_{ij} 表示 j 国 i 产品的出口额和世界 i 产品出口额。MS 越大，表示国际竞争能力越强。

(3)出口市场集中程度 CI，用 CI=(对某国(地区)的出口额/出口总额)×100%。

(4)地区显示性比较优势指数：$RCA_{ij}^{k}=(X_{ij}^{k}/X_{j}^{k})/(W_{i}^{k}/W^{k})$。为测度产品在某国家(地区)市场的比较优势，把测度比较优势的出口竞争指数变形，使其测定的范围只对某一国家或地区。其中 RCA_{ij}^{k} 表示 j 国 i 产品在 k 国的显示性比较优势指数；X_{ij}^{k} 表示 j 国对 k 国 i 产品出口额，X_{j}^{k} 表示 j 国对 k 国的出口额；W_{i}^{k} 表示世界对 k 国 i 产品的出口额，W^{k} 表示世界对 k 国的出口额。$RCA_{ij}^{k}>2.5$，表示具有极强的国际竞争力，$1.25<RCA_{ij}^{k}<2.5$ 表示具有较强的国际竞争能力，$0.8<RCA_{ij}^{k}<1.25$ 表示具有中等的国际竞争能力，$RCA_{ij}^{k}<0.8$ 表示国际竞争能力较弱。

上述方法有一定的相关性，他们相互关联，相互补充。

二、苹果国际贸易结构比较的实证分析

(一) 产品结构

苹果及加工产品的贸易竞争指数测算（见表 1）表明，中国苹果鲜果竞争力逐步增强，2001 年变为净出口，贸易竞争指数 0.01，具有一定的竞争优势，但与主要苹果出口国还有很大的差距。法国和意大利苹果鲜果贸易竞争指数稳中有升，竞争优势增强，美国苹果贸易竞争指数呈下降趋势，但每年的贸易竞争指数仍然在 0.5 以上，使中国苹果进入欧美市场参与竞争的难度较大，从苹果生产的角度看，鲜果打入欧美市场需要从品种和质量上有所突破；中国苹果浓缩汁的贸易竞争指数虽然一直在−0.8 以下，但上升较快，法国和意大利苹果汁的贸易竞争指数下降很快，并且法国已经出现净进口，波兰的苹果浓缩汁的贸易竞争指数绝大部分在 0.8 以上，具有较强的竞争优势；中国普通苹果汁具有绝对的竞争优势，从 1990 年的−1 变为 1992 年的 0.49，逐步上升并接近 1，而美国和法国普通苹果汁的贸易竞争指数快速下降，美国于 1998 年成为普通苹果汁的净进口国，法国一直是净进口，意大利贸易竞争指数虽然为正值，但也处于下降趋势。

表 1　中国苹果及加工产品与主要出口国贸易竞争指数变动比较

		1990	1993	1995	1996	1997	1998	1999	2000	2001
苹果	中国	−0.52	−0.17	−0.52	−0.35	−0.16	−0.14	−0.22	−0.11	0.01
	美国	0.62	0.58	0.54	0.52	0.61	0.57	0.47	0.55	0.56
	法国	0.66	0.76	0.77	0.80	0.82	0.76	0.72	0.81	0.74
	意大利	0.62	0.77	0.79	0.82	0.83	0.82	0.84	0.84	0.82
苹果浓缩汁	中国	−0.93	−0.99	−0.93	−0.82	−0.96	−0.88	−0.93	−0.88	−0.86
	波兰	1	1	1	1	0.99	0.95	0.68	0.82	0.94
	法国	0.32	0.13	0.28	0.17	0.15	0.11	0.14	0.02	−0.14
	意大利	0.82	0.76	0.37	0.24	−0.65	0.38	0.48	0.46	0.43
普通苹果汁	中国	−1	0.49	0.84	0.91	0.90	0.95	0.98	0.98	0.98
	美国	0.62	0.30	0.28	0.39	0.19	−0.02	−0.26	−0.40	−0.50
	法国	−0.07	−0.26	−0.56	−0.62	−0.71	−0.65	−0.62	−0.67	−0.65
	意大利	0.82	0.84	0.82	0.84	0.86	0.64	0.74	0.79	0.59

资料来源：据联合国粮农组织数据库。

数据分析表明，中国苹果鲜果国际竞争力与世界主要苹果出口国家有很大的差距；中国是苹果浓缩汁的净进口国，在苹果产量和苹果浓缩汁市场需求都快速上升的情况下，苹果生产和加工结构的失调显得比较突出；中国普通苹果汁出口能力较强，普通苹果汁出口还具有潜力。

（二）市场结构

表2　中国苹果及加工产品与主要出口市场占有率变动比较

单位：%

		1990	1993	1995	1996	1997	1998	1999	2000	2001
苹果	中国	1.3	2.3	1.5	2.1	2.8	2.4	2.9	4.2	4.5
	美国	11.5	15.2	13.6	12.5	15	13.3	14.33	16.9	18
	法国	25.4	16.8	17.1	18.7	19.2	18.5	16	18.5	20.2
	意大利	10.4	8.5	9.9	9.5	9.7	9.8	10.4	10.5	11.3
苹果浓缩汁	中国	0	0	0	0	0	0	0	0	0
	波兰	16.1	16	16.2	14.1	18.4	13.9	13	15.1	21.3
	美国	3.5	9.5	8.8	7.9	7.6	7.1	7.2	5.1	5.9
	意大利	7.5	8.8	4.6	5.9	7.9	10.1	11.8	17.8	11.3
普通苹果汁	中国	0	2	7	6.5	8.9	15.5	19.1	23.8	31.3
	美国	16.7	4.4	3.9	3.6	3.5	2.2	1.9	1.2	1.1
	法国	3.1	4	5.1	4.1	4.8	5.8	4.9	3.8	3.5
	意大利	8.7	9.8	13.2	15	7.3	5.1	7	6.6	4.1

资料来源：同上。

数据显示（表2），中国苹果国际市场占有率呈稳步上升趋势，美国国际市场占有率快速上升，法国和意大利国际市场占有率在波动中保持平衡，法国的市场占有率最高，部分年度超过20%；中国苹果浓缩汁的国际市场占有率几乎为0，波兰是苹果浓缩汁出口最多的国家，市场占有率波动中呈上升趋势，2001年超过20%，美国的国际占有率先升后降，最高是1993年达9.5%，总体趋势上升，意大利的市场占有率稳中有升，1998年开始，市场占有率超过10%；中国普通苹果汁国际市场占有率从0开始快速上升，2001年已占国际市场超过30%的份额，美国的市场占有率快速下降，由1990年的16%下降到2001年近1%，法国市场占有率先升后降，总体平稳，意大利普通苹果汁国际市场占有率也呈下降趋势。

根据数据分析，作为劳动密集型产品，中国苹果鲜果市场占有率很低；作为资本和技术密集型产品，苹果浓缩苹果汁生产刚刚起步，市场占有率几乎为0，普通苹果汁市场占有率快速上升并已经占市场份额近1/3。

（三）地区结构

地区结构是指苹果及加工产品在国际市场上的空间分布，从总体空间和主要出口目标国家两个方面进行分析。

（1）总体空间上的竞争状况：2001年我国苹果出口的目标国家48个，苹果汁出口目标国家53个，苹果CI值在2%以上的出口目标国家和地区是东南亚的新加坡、马来西亚、印度尼西亚、菲律宾、缅甸、泰国、中国香港地区、越南和欧洲的俄罗斯、英国，CI值总计92.8%，其他国家CI值只占6.2%；苹果汁CI值在6%以上的国家和地区是美国、荷兰、澳大利亚、德国、加拿大、俄罗斯和日本，CI值总计91.6%，其他国家CI值之和只占8.4%（表3）。

表3 中国苹果及苹果汁出口主要市场与集中度CI值

单位：千美元，%

地区	苹果 2000年出口额	苹果CI值	2001年出口额	苹果CI值	地区	苹果汁 2000年出口额	苹果汁CI值	2001年出口额	苹果汁CI值
亚洲		78.5		76.1	亚非洲		23.7		27.2
菲律宾	16 095	16.7	9 393	9.3	日本	17 474	15	33 043	2.24
马来西亚	10 982	11.4	12 125	12	土耳其	1 942	1.7	723	0.5
新加坡	10 423	10.8	13 592	13.5	中国台湾省	1 625	1.4	1 361	0.9
越南	9 657	10	2 511	2.5	南非	3 960	3.4	856	0.6
印度尼西亚	9 342	9.7	10 753	10.7	其他	2 531	2.2	4 193	2.8
缅甸	6 375	6.6	7 754	7.7	欧美澳洲		76.3		73.6
泰国	6 158	6.4	6 995	6.9	美国	34 404	29.6	35 029	23.7
中国香港地区	1 897	2	5 014	5	荷兰	18 283	15.7	23 019	15.6
阿联酋	1 250	1.3			澳大利亚	8 869	7.6	10 260	6.9
其他	3 503	3.7	8 440	8.3	德国	7 252	6.2	14 629	9.9
欧美中东		21.5		23.9	加拿大	5 678	4.9	9 693	6.6
俄罗斯	15 469	16	16 238	16.1	俄罗斯	3 203	2.8	9 529	6.5
英国	1 942	2	4 262	4.2	其他	11 163	9.6	6 597	4.5
其他	2 213	2.5	3 363	3.3					

资料来源：海关统计年鉴整理计算得到；因海关统计年鉴未分浓缩汁和普通汁，所以按苹果汁计算。

（2）主要出口目标市场的效率比较。其方法是选取（1）主要出口目标国家作为研究对象，把出口显示性比较优势指数的范围缩小到目标国，通过目标国的显示性比较优势指数测算主要出口目标国家的竞争潜力（见表4）。

表4 中国苹果、苹果汁主要出口目标国家的比较优势

苹果 地区	1997	1998	1999	2000	2001	苹果汁 地区	1997	1998	1999	2000	2001
新加坡	3.69	5.06	4.94	6.07	7.79	美国	1.24	3.46	1.72	2.77	2.23
马来西亚	7.15	11.3	18.2	20.8	14.5	荷兰	0.06	0.43	8.88	9.55	14.8
印度尼西亚	0.46	0.59	1.49	2.41	2.98	澳大利亚	4.16	7.38	10.4	12.1	11
菲律宾	19.8	13.2	22.1	17.6	19.1	德国	0.73	1.05	2.78	1.39	3.09
缅甸	2.98	4.19	4.7	0.41	4.71	加拿大	0.64	13.8	13.8	16.9	26.7
泰国	0.65	0.95	3.36	4.13	4.08	俄罗斯	0.04	0.05	0.55	4.01	8.95
中国香港	0.09	0.14	0.06	0.15	0.32	日本	0.87	0.72	1.11	1.65	2.44
越南	8.89	11.6	15.2	13.3	8.12	土耳其	0	0	16.7	7.71	29.2
俄罗斯	4.16	3.39	4.96	2.85	2.54	中国台湾省	7.26	7.57	7.35	14.9	10.3
英国	0.08	0.09	0.09	0.33	0.58						

资料来源：据联合国粮农组织数据库和海关统计年鉴数据计算得出。

CI值的大小选取苹果及苹果汁出口主要目标市场计算的地区显示性比较优势指数（表4）显示，中国苹果在马来西亚、新加坡、菲律宾、越南、俄罗斯的比较优势指数虽然有波动，但都远远大于2.5，并且除俄罗斯外，地区显示性比较优势指数都处于上升趋势，具有极强的比较优势，中国的苹果生产相对这些国家具有较高的生产效率。中国苹果出口到缅甸市场的RCA_{ij}^{k}只有2000年小于1，其余年份都大于2.5，基本的判断是具有极强的竞争优势，印度尼西亚、泰国的RCA_{ij}^{k}

逐渐上升，已经具有极强竞争优势，英国和中国香港的RCA_{ij}^{k}虽然处于上升阶段，出口量和出口额也较大，但由于英国和中国香港是苹果主要进口国，中国苹果目前不具有竞争优势。

在中国苹果汁的主要出口目标国家、地区中，只有对澳大利亚、中国台湾省的RCA一直大于2.5，具有极强的竞争优势。在其余各个主要进口国市场上，中国的苹果汁的地区显示性比较优势指数都处于快速上升趋势，除美国、日本2001年的RCA_{ij}^{k}分别为2.23和2.44略小于2.5外，其余都已经大于2.5，已经具有极强的国际竞争力，从总体上，中国苹果汁的国际竞争力上升速度远高于苹果，说明我国在苹果品种调整上具有潜力。

三、苹果国际贸易结构优化

（一）产品结构优化

中国苹果生产集中在环渤海地区、西北黄土高原、黄河故道和西南冷凉高地四个区域，其中环渤海和西北黄土高原栽培面积和产量占全国的78%和80%，已基本实现了规模化经营，良种比例大幅提高，红富士、元帅系、金冠、乔纳金、嘎拉的栽培面积分别达到49.2%、9.7%、3.0%、2.8%、1.9%，苹果加工量占产量的10%，浓缩汁加工生产线40多条，产品无菌罐装线138条，半成品无菌大包装罐装线80条，具有巨大的国际竞争潜力。为更好地适应国际市场需求，应在栽培品种上进行逐步调整。

（1）调整鲜果品种结构。对苹果生产进行市场定位，实行以销定产。东南亚地区的消费者喜欢吃比较甜、比较大的苹果，对出口东南亚地区的产区，品种应该以红富士为主，并在生产过程中按东南亚优质苹果的判断标准进行管理和控制。目前中国苹果在东南亚地区有较强的竞争能力直接与我国选择的生产品种有关，也是中国苹果栽培适应市场需求的突出表现。欧美如美国、法国、新西兰等国家的消费者喜欢吃含糖低的金苹果、青苹果等，对苹果的一致程度要求高，苹果大小适中，个太大、太小都被认为是次品。苹果是劳动密集型产品，随劳动力成本提高，欧美国家苹果栽培呈萎缩趋势，中国劳动力丰富，成本低的优势是逐步打开欧美国家苹果市场大门的重要前提，应该适当选育栽培非甜苹果，为逐步开拓欧美苹果市场创造条件。

（2）调整专用产品品种结构。从分析中可以看出，中国的苹果汁生产具有巨大的市场空间，产品的市场占有率和贸易竞争指数都处于快速上升趋势。中国是苹果生产大国，从苹果出口的CI值看到，中国的苹果浓缩汁和普通汁出口的主要目标国家是西方发达国家，目前，苹果汁出口占世界出口总量的1/4，大力发展苹果汁加工业可以提高苹果生产和加工的经济效益。但中国苹果目前的鲜食品种和加工品种比例不协调，适于加工的品种很少，致使苹果加工企业没有稳定的优质原料，加工质量难以适应市场需求的要求。增加展旭、红玉、澳洲青苹等优质加工品种，调整鲜食和加工品种比例是实现苹果产业发展的关键。

（3）按成熟期调整苹果品种。我国目前苹果大部分是晚熟品种，占75%～80%，早熟品种不足5%，中熟品种占15%～20%，成熟期过于集中，市场销售压力大，进口国调高鲜果成熟上市期间的税率，降低其他时间的税率，增加了出口成本。如果增加早熟、中熟品种栽培，不但可以缓解集中采摘后市场销售的压力，还可以延续苹果市场的供应时间，提高出口经济效益。

（二）市场结构优化

我国苹果出口目标国家按距产地的距离和经济发展程度分为三个层次：①距离较近的中低收入水平国家层次，主要包括除日本、韩国外东南亚国家、地区和俄罗斯等，这些国家大部分不生产苹果或收入水平不高，对苹果的价格比较敏感，对苹果质量要求相对比较宽松，是近几年我国苹果出口的主要市场。②距离较近、人均收入水平较高的日本和韩国。由于生活水平较高，对苹果的消费量很大，消费嗜好甜苹果，与我国主要苹果品种相同，但对苹果的质量要求较高，是我国苹果出口的重要市场。③美国和欧洲市场。人均收入水平较高、距离较远，消费嗜好非甜苹果，与我国主要产品品种不一致，但由于生产成本原因，苹果生产呈萎缩趋势，通过苹果品种调整，可以成为我国苹果出口潜力巨大的市场。苹果汁出口面对市场与上述市场分层相似，但顺序相反，苹果汁出口的主要市场是欧美澳、俄罗斯和日本，东南亚周边国家是次级市场。

在苹果出口的主要市场，稳定市场份额，努力争取增量市场，发展新客户；在苹果出口的重要市场，日本市场已经向美国开放，按 WTO 规则，很快就会对中国开放，可以通过贸易的互补关系逐步打开目前对我国苹果进行封锁的日本和韩国市场，并逐步扩大市场份额；积极开拓欧美潜在市场，通过品种调整为进军欧美市场做好准备。苹果汁出口竞争应采取双边策略，目前欧美澳、俄罗斯、日本市场是我国苹果汁的主要进口国，市场需求增长很快，应按进口国的品种质量要求，稳定市场份额，争取发展新客户。东南亚周边国家市场随经济发展，需求量也在逐步上升，可以发挥距离近的优势，提高市场占有份额。

（三）经营结构优化

中国苹果生产是以家庭承包栽培为主，生产者也是销售商，苹果质量的一致性难以保障。收获季节形成的临时性经营组织，大部分急功近利，竞争无序，交易成本高，而且难以实现苹果采摘后的分级、清洗、打蜡上色和包装的商品化处理，大部分苹果以散装或简易包装的形式销售，谈不上产品品质与目标市场需求相适应，产品经营过程的增值效益低。国外苹果为了适应市场需求，保证苹果新鲜上市，特别注重保鲜和包装，保鲜量占采摘量的 60%以上，基本实现了从采摘、遴选、保鲜处理、包装、贮藏的一条龙作业，而我国苹果保鲜量只占采摘量的 15%～20%，产后保鲜、储藏和包装方面与国际苹果出口大国也具有很大的差距。

因此，培养市场竞争主体，使市场竞争主体的竞争实力与出口规模和苹果生产基地规模相适应，实现从采摘、贮藏和销售的一条龙作业，逐步建立以普通冷藏和气调冷藏为主的比较完善的冷链系统。通过竞争主体对市场信号的敏感、迅速反映的能力，更好地完善生产与市场的衔接，调整产品结构、鲜果与加工果品品种结构及规模，改变苹果生产经营方式，实现栽培和销售的专业化，达到优化苹果贸易结构的目的。

要以市场竞争主体为载体建立质量检验监测体系，降低苹果生产过程中有害物质污染和农药残留，符合进口国对产品质量检验的要求。可以通过基地建设、基础设施建设把产业链条向前推进或向后延伸，通过建立产品质量检验监督体系，规范苹果的生产和贸易活动，避免急功近利的市场行为，逐步建立国际市场上的信誉度，创造自己的品牌，持续提高我国苹果产业的国际竞争力。

参考文献

[1] 郑风田．我国农产品走出国门的现实困境与对策．农业经济问题．2002（10）

[2] 孙东升．WTO 与中国农产品贸易．中国农业出版社，2001

[3] 何秀荣．我国农产品国际贸易研究方面的问题及建议．农业经济问题．2003（2）

[4] 农业部市场与经济信息司．中国农产品质量安全问题专题调研报告．2001 年 11 月

包装废弃物的环境问题及其管理政策分析*

张　越　鲁明中

包装废弃物在城市生活垃圾中占有相当比重。有数据表明，中国城市生活垃圾中包装废弃物的比例，同发达国家相似，不断增加的趋势日益明显。然而，大量包装废弃物的产生是否仅仅意味着严重的资源浪费和环境污染？许多国家对包装废弃物实施专门管理，采取了经济政策、立法管理和宣传教育等多种手段，然而并不是所有国家都把包装废弃物作为特殊废物。在中国，目前对包装是否应该进行专门管理？如何客观地看待包装的环境问题，包装废弃物应该进行怎样的管理等问题值得深入讨论。国外在包装废弃物管理实践中取得了一些好经验，但是在考虑如何借鉴这些经验之前，一方面需要对国外包装管理政策做出全面评价，另一方面需要结合中国国情，结合中国包装废弃物的特点深入分析，才能做出正确的选择。

一、包装的内涵及其特性

包装作为产品的一部分，是产品的有形附加物。包装的第一个基本属性是保护性，保护产品免受来自气候的、细菌的、运输的以及从生产到最终使用期间产品所能碰到的种种潜在破坏，包装在保护产品完整性上发挥着重要作用。包装的第二个基本属性是容纳性，即防止产品散漏。包装的第三个基本属性是识别性。标识除了告诉消费者产品的基本性质、如何应用产品外，还延伸到建立品牌标识以及促销上，事实上包装对于销售极为重要。此外，包装在实现上述基本属性时还要遵循对环境影响最小的原则，即在设计包装时需要综合考虑多种因素，减少包装的数量和有害性。值得注意的是，包装对环境影响最小原则必须以能够实现包装基本功能为前提。

包装的特点是数量大且寿命短。包装是一般产品不可缺少的部分，随着产品的不断丰富，包装材料、包装技术水平的提高，包装数量迅速增长。另一方面，由于包装产品大多属于一次性消费品，从原材料到制品加工成型、消耗直至废弃的周期一般较短，随着产品到了消费者手中，包装的寿命也就要结束了。包装的这个特点正是包装废弃物引人关注的重要原因之一。

包装行业为社会提供的不是最终消费品，而是其他行业产品的一个组成部分，因而包装企业与其所包装的产品生产行业密不可分，包装的发展也与其所包装的产品市场发展密切相关。一方面，产品的更新和升级刺激了对包装的需求；另一方面，包装的改进也对产品生产起到促进作用。纸、塑料、金属、玻璃等包装制品是包装业的主体，包装废弃物也主要由这些类别的材料构成。其中，纸包装业位居首位，且其所占份额有进一步提高的趋势；塑料包装业紧随其后。这二者在包装业中所占比例超过一半以上，年产量上千万吨，如此大量的包装制品在消费之后必将产

* 原载《中国包装》2003年（23卷）第2期。

生相当数量的包装废弃物。

二、包装废弃物的环境问题分析

包装废弃物的环境问题一直引人关注，对这个问题的不同理解，导致包装废弃物管理政策的分歧。环保主义者通常认为，包装废弃物的环境问题比较严重，大量的包装废弃物污染环境、浪费资源，因而需要加以管理和限制；而一般包装人士有不同看法，虽然包装废弃物数量巨大，但包装对降低经济损失、促进经济发展做出了巨大贡献，因而难以说明包装废弃物对环境影响一定显著。尽管这些不同意见有可能出自包装行业自身利益的考虑，但其合理的一面值得讨论，至少可以看出包装废弃物的环境问题比人们一般想像中的复杂。

应当承认，同现实世界遇到的其他环境问题相比，包装废弃物的环境影响是排在较后的位置的。因为除了塑料，大多数包装制品如纸、金属、玻璃等材料对环境的影响较小。纸、金属制品包装废弃物的回收率较高，玻璃等材料与环境有一定的相容性。但包装废弃物却引起了特别的关注，主要有以下几点原因：首先，包装数量巨大。对包装废弃物的关注最初来自于垃圾问题的出现。随着政府越来越难以承受因垃圾增长而不断增加的处置费用，人们自然会把目光集中在垃圾中数量巨大的包装废弃物管理上。第二，环境意识不断增强的消费者对垃圾中大量随处可见的包装废弃物感到担忧，特别是塑料袋等“白色污染”、过度包装现象比比皆是，更令人深恶痛绝。因而包装废弃物很快成为滥用资源、污染环境的目标而受到广泛攻击。

认为包装必然带来资源消耗、环境污染，这种看法不全面。虽然制造包装的确需要消耗资源和能量，产生大量的废弃物，但另一方面，由于包装对产品的保护作用，降低了产品的遗散、食品的变质等经济损失，事实上也避免了很大部分垃圾的产生。应该说包装数量巨大是包装本身的性质决定的。由于产品丰富、种类繁多，因而对包装的需求就大。包装能够保护商品、促进销售也有目共睹，新颖、精美的包装给人们生活带来了方便和享受，甚至是生活质量的提高。因此，必须承认包装的存在对于保护环境和促进经济发展有重要意义。适度的包装是必需的，不能简单地认为包装必然带来环境问题，并把所有包装的消耗数量作为其资源浪费、环境影响的理由。

然而，包装的环境问题依然存在，并且在某些方面是突出的。主要问题在于包装适度的把握，以及对环境危害较大的包装废弃物的管理上。首先，过度包装是应该杜绝的，它不仅严重浪费资源、污染环境，还在一定程度上欺骗消费者，以牺牲环境、牺牲消费者利益为代价谋取不正当的收入。其次，应该杜绝对环境危害较大的包装材料的使用。由于包装具有数量大寿命短的特点，包装材料如果选择不够慎重，会造成大量包装废弃物的迅速积累，对环境产生严重影响。解决问题的关键是如何确定包装是否过度，如何确定包装材料是否对环境有较大的影响，这些问题的回答并是不轻而易举的，需要借助生命周期评价方法做出科学而全面的分析。

三、包装环境影响的生命周期评价

考虑包装的环境影响不仅局限在包装被废弃时对环境的影响，还体现在原材料的生产、加工、制造、销售到废弃的各个环节中，需要全过程来考虑。例如包装用泡沫塑料不仅在废弃时难以降解，在生产中也会因使用氟氯烃类物质导致臭氧层破坏，因此必须严格限制。生命周期分析方法在包装领域的应用十分典型，它通过对包装全过程每个阶段的能量消耗、向环境排放的废弃物或有害物质的数量，进行分阶段综合评价，以全面判断包装的环境影响。通过生命周期的分析

方法能够有效确定包装是否适度，识别对环境危害较大的包装物，以便做出有效的管理决策。

运用生命周期评价方法的很多研究表明，仅仅在废弃阶段过分关注包装的环境影响不一定是环境经济有效的。例如人们曾对塑料和纸板两种包装的环境影响研究，比较对其废弃物进行焚烧、填埋和回收再利用的效果。结果表明，塑料包装焚烧处置比回收效果好，回收则优于填埋；而纸板包装焚烧优于填埋，填埋优于回收。又例如，一项有关纸板包装的研究结果表明，对某类纸包装来说，回收似乎优于焚烧；而对另一类纸包装来说，情况则恰恰相反。再例如，不少关于一次性和非一次性包装的对比研究证明，如果考虑到现实的操作条件，一次性包装的环境影响比非一次性包装更小。这样的研究实例很多，虽然都是针对某一研究条件下的具体结论，并不能以一概全，但它能够说明包装的环境影响并不是仅从某个阶段，或是某个侧面就能够做出判断，因此，相应的管理政策不能依靠主观想像来决策。可见，根据具体情况，对包装进行全过程的分析和评价是十分重要的。

生命周期评价思想具体应用到包装废弃物管理方面的一个重要结论是，包装废弃物的回收再生只有在真正节约资源，减少能耗，并且所带来的环境污染最低的前提下才是有价值的。也就是说，选择回收再生的方式处理包装废弃物也是有条件的，一味地追求包装废弃物的回收率不一定是最合理的方案，有时回收过程造成的环境影响或者资源消耗有可能大于包装废弃物的直接处理。问题的关键在于对包装废弃物回收过程的环境经济效益进行分析，并与包装废弃物直接处置的效果进行比较，以此决定包装废弃物回收是否有意义。生命周期评价正是提供这一分析的有效方法，并能为包装废弃物管理政策的制定和选择提供依据。尽管在实践中，生命周期评价研究比较复杂，耗时费力，评价方法本身并不成熟，但它代表着一个方向，对包装全过程以及各种选择方案的环境影响的理解采取一种科学客观的态度，无论对于环境还是长远的经济利益，都比依靠假设或割裂地看问题更加稳妥。生命周期评价仍在发展，它不能帮助回答所有的问题，做出所有的决定，但它确实是一种全面而有效的思考方法。

四、对中国包装废弃物管理政策的建议

中国包装业发展迅速，包装废弃物的数量不断上升。与发达国家相比，中国包装具有以下特点：首先，包装使用量及其废弃量仍然低于发达国家，这主要由于经济发展水平的差距以及生活习惯不同等原因造成的。其次，中国城市生活垃圾中主要包装废弃物，例如纸板、PET瓶等因回收价值高而具有较高的回收率，因此垃圾中可回收的包装废弃物数量不大，进一步提高包装废弃物的回收和再利用水平有一定难度。第三，中国包装工业的发展水平仍然不平衡，技术先进、管理完善的大型企业为数有限，众多规模小的企业管理水平不高，企业发展层次参差不齐，对于包装废弃物管理政策的制定和实施不利。有鉴于此，本文对中国包装废弃物管理政策提出如下建议：

1. 目前中国暂不宜对包装废弃物进行专门管理。通过单独的立法对包装进行专门管理是很多国家的做法，但也有很多国家没有实施。例如美国与欧盟及其多数成员国有所不同，它没有全国范围的包装废弃物再生利用专项法规，只有少量州一级的关于包装管理的法规，而且强制性规定少，经济政策使用的多一些。根据目前中国国情，本文认为暂不宜对包装废弃物进行专门管理，主要原因如下：首先，各国包装废弃物管理虽然有减量、回收和再利用三个层次，但立法管理的核心仍在于提高包装废弃物的回收水平，而中国城市生活垃圾中包装废弃物数量有限、回收率较高，进一步回收的潜力不大，制定政策促进回收水平提高的成本较高。第二，从包装废弃物

的环境影响看，除了包装废弃物中难以降解的某些塑料制品、合成材料对环境的危害较大以外，其他类型的包装物，如纸板、玻璃等材料废弃后对环境的影响有限，而将它们从垃圾中分离出来并作专门运输处理的成本却较高，管理的难度也较大。第三，由于包装是大多数商品生产的重要组成部分，它与产品生产、流通、消费等各个环节都有密切联系，因而针对包装的管理政策会对很多行为主体产生多方面影响，而这种影响具有不确定性，例如包装的费税制度影响面较大，应持谨慎态度。总之，照搬发达国家实行生产者责任原则、确定包装废弃物回收目标等管理政策不符合中国现实，而且这些政策本身也存在一些局限。因此，在中国目前条件下，将包装废弃物视同一般垃圾来管理更为经济有效。

2. 着重对过度包装及对环境危害大的包装废弃物的管理。虽然目前中国不宜对一般包装废弃物实施专门管理，但其中某几类包装废弃物的管理却不能忽视。过度包装、难降解塑料等废弃物就需要加强管理。在这些特定领域，可以借鉴国外的有益经验，采取立法、行政、经济、宣传教育等多种手段综合管理。就过度包装而言，可以采取立法措施加以限制，或辅助以必要的经济手段，最大的难度在于如何确定包装是否过度的标准以及如何监督执行等问题，有待于深入调查和研究。就难降解的塑料废弃物而言，也需要在进一步分析的基础上严格管理。废旧塑料的品种繁多，一些塑料品如 PET 瓶，虽然已经有较高的回收率，但如何制定和实施科学的标准，规范回收行为，对于保持较高的回收水平是重要的；回收利用水平较低而环境危害较大的包装物，如塑料袋、一次性发泡塑料以及农用塑料品的处理问题应该引起足够重视。1999 年 1 月，国家经贸委颁布了在 2000 年底淘汰一次性发泡塑料餐具的规定，为在全国禁止该材料的使用和废弃发挥了重要作用。虽然初期在政策执行时遇到一些困难，但事实证明这是一项比较成功的政策。总之，包装废弃物的管理政策应该把注意力集中在问题最突出的方面。

3. 积极推行包装环境影响的生命周期评价制度。包装对环境的影响需要从包装的整个生命周期来考察，不能仅以包装废弃物的环境影响作为政策制定和实施的依据。包装环境影响的生命周期评价是一项重要的基础工作，因为包装产品千差万别，其环境影响也各不相同，因此有必要逐类分项进行，并逐渐形成制度。推行这项制度，不仅能够积累足够的基础性数据，为今后的管理决策提供依据，而且能够加强包装企业的环境意识，督促他们从包装的整个生命周期全过程全面降低包装的环境影响。包装环境影响的生命周期评价制度值得深入研究和推广。

4. 认真考虑包装废弃物管理法规对贸易的影响。随着对包装废弃物环境问题的重视，许多发达国家为减少包装物的数量和毒性、鼓励包装废弃物的回收，制定和实施了各种立法、经济以及宣传教育等不同形式的管理政策，积累了大量的实践经验。这些经验有正面的也有负面的，在吸收和借鉴时必须有所选择，特别是需要结合中国的具体国情进行判断。值得注意的是，中国加入世贸组织以后，各项环境法规与国际接轨势在必行。国外许多国家对包装有严格的管理规定，而中国没有相应的管理措施，将会对中国的对外贸易产生不良的影响，这也是一个十分重要而紧迫的问题，有待进一步研究。

中国作为一个发展中国家，保护环境的资金有限，因而政策设计必须考虑既达到环境目标又经济有效，既要有所为也要有所不为。制定包装废弃物管理政策也应如此。并非所有的包装废弃物已构成普遍突出的环境问题，因此，目前中国尚不宜像发达国家那样，为达到特定环境目标而付出高昂的经济成本，而是要将有限资金和精力投入到最紧迫的领域，解决比较突出的过度包装问题，加强对环境危害较大的包装废弃物的管理，建立包装环境影响的生命周期评价制度等重要基础性工作，并研究与包装相关的贸易政策等重要现实问题。

参考文献

[1] 国家环境保护局污染控制司．城市固体废物管理与处理处置技术．中国石化出版社，2000
[2] 经济合作与发展组织．环境管理中的经济手段．OECD环境经济与政策丛书．中国环境科学出版社，1996
[3] 诸鸿．现代商品包装学．中国人民大学出版社，1992
[4] 肖洁冰．过分包装的表现形式、危害以及治理．中国包装．2000（3）
[5] Cockburn，David. 包装的寿命周期分析和环境分析．世界包装组织．96国际包装学术讨论会论文选集
[6] Pearce，D. W. and I. Brisson，"Using Economic Incentives for the Control of Urban Solid Waste"，*The Management of Municipal Solid Waste in Europe*：*Economic*，*Technological and Environmental Respectives*，Milan，1993
[7] Charles R. Rhyner，et al，Waste Management and Resource Recovery，Lewis Publishers，1995 by CRC Press，Inc

高校本科课堂教学中的问题、原因及对策*

李建文

[摘　要] 由于传统应试教育理念、轻视教学研究的心理及高等教育规模扩大的客观情况等因素的影响，当前高校本科课堂教学缺乏激励教师教、学生学、教与学互相沟通的机制。因此，应明确各级各类高校市场的定位，强化素质教育理念，培养师资人才，适度、多渠道扩大高等教育的规模。

[关键词] 高校本科课堂教学

大学生素质的形成离不开高校本科课堂教学。高校本科课堂教学是高校教学最重要的环节与形式，是教师传授知识、技能的场所，是学生学习知识、发展思维、开发智能、形成意志品质的过程，是教师教和学生学的双边活动行为。当前教师和学生都对高校本科课堂教学感到有些困惑。

一、高校本科课堂教学中的问题

1. 缺乏积极的激励教师进行教的机制。高等学校是专业知识的摇篮，各个专业、各门课程都有自己丰富的知识。对大学生，尤其是大三、大四学生来说，只要有足够的持久自我控制力，他们是可以自我掌握大部分课程内容的，各个高校学生考试前的突击能力反证了这一点。因此，除非使用强制的措施，大三、大四的课堂人数常常是比大一、大二少，大四更为突出，怎么教成为教师的烦恼。即使教师在这个问题上不自寻烦恼，为什么教的疑问也会令人感到困扰。许多的教师都有这样的体验，每当课程上到一学期的一半左右时，会产生对上课的厌倦感；甚至有的教师，对自己讲解的知识感到乏味。能够激励教师从业、激发教师工作热情的动力机制显然存在着问题。

2. 缺乏积极的激励学生在课堂主动学的机制。对于我国的大学生来说，上大学是一种解放，学习的外在约束力比高中时期减弱，表现为：一是平时学习上明显放松了许多，学不学的自由，学多少的程度与自身的自我管理能力成正比关系，大部分学生平时放松，考试突击。二是心理上渴望探索、享受新的、外面世界的精彩，高校各种各样的协会、社团发展势头如学生本身一样活跃，其吸引力令传统的班级都不得不相形见绌，其魅力也远远胜于有老师的课堂。因此，学什么知识、为什么在课堂上学知识是学生心中难解的一个结。到大三、大四，特别是大四，就业的苦恼、考研的焦虑更使课堂学习让学生们疑问：为什么要上课？上课学哪些东西有什么用？能够激

---

* 原载《中山大学学报论丛》2003年第23卷第2期。

励广大学子充分利用课堂学习的机制运转状况不佳。

3. 缺乏积极的激励教师与学生互相沟通的机制。教师与学生的教与学是课堂教学活动的行为表现，教师教和学生学的双边课堂教学活动是互相联系的统一体。可在实际的课堂教学活动中，常常表现为教师与学生、教与学的沟通联系程度不强。一方面，在有限的课堂时间里，教师根本不可能了解存在个体差异的学生情况，不能正确地评价大部分学生的理解和参与程度；另一方面，存在个体差异的学生的课堂参与意识的强弱、个性内外向的差异，使学生与教师之间的沟通成两极分化的现象，其中未沟通的学生，有的是根本就不愿沟通，有的是想沟通却不会沟通。总之，高校本科课堂教学中师生之间没有进行有效的信息反馈，缺乏广泛相互沟通的互动。

二、高校本科课堂教学问题产生的原因

1. 根深蒂固的传统教育理念的影响。尽管我国已经提出高等教育素质化的改革目标，由于应试教育理念的影响根深蒂固，各高校的教育运行机制基本上都是在应试教育理念指导下形成的，该教育运行机制常常造成教师与学生在高校本科课堂教学中的定位出现错位、越位的现象。在高校本科课堂教学中，教师总是细心地把所教的专业知识讲授给学生，遵循知识传授的系统、概念的准确、逻辑的严密、重难点的强调等原则，无处不是教师的良苦用心，这种“知识的转移”显然是消极的。即使教师采用多向学生提出问题等的“启发式”指出矛盾，由于学生接受的被动、接受能力的不等、兴趣的不同，认为教师讲得太快的学生常常反应滞后，对教师所讲的内容根本不感兴趣的学生不会去思考。教师在高校本科课堂教学中的主导、主考、主讲的定位替代了学生的主体地位，教师既是导演又是演员，真正的演员成了观众。在没有调动学生学的积极性的课堂里，教师教的感觉、学生学的乐趣必然显得索然无味，更无从谈教学相长的获取快乐。

2. 重学术、轻教学现象所造成的消极影响。历史上，高校是以学术为主，还是以教学为主一直众说不一。我国高校普遍存在重学术、轻教学的现象。因为学术能够给学校、个人带来教学所不能创造的市场与利益，是各级各类高校之间竞争实力的体现；另外，加入WTO后，我国的教育危机意识增强，鼓励学术型人才的涌现成为共识；再者，长期以来，大家皆认为做学术是有学问的象征，搞教学只是简单的脑力劳动。于是，有的教师科研任务繁重，没有时间从事课堂教学的研究；有的教师有时间，却没有课堂教学研究的压力；也有的教师只有课堂教学的时间，沉重的教学任务使他们没有进行课堂教学研究的精力。这样的工作激励机制必然使教学成为有的教师的副业，而视教学为主业的教师的工作热情则受到打击，没有从事课堂教学创新的动力。重学术、轻教学现象所造成的消极影响使教师失去了积极的心态，如何能调动学生学的情绪？教与学、教学相长的各种良性循环机制更不可能形成。尤其是在学生就业越来越难的今天，学生的学习态度与倾向均反映在高校本科课堂教学中。社会对就业学生的选择同样检验着高校及其课堂教学的成果。对这些现象进行教育反思，我们发现因轻视教学而缺乏相关激励机制的问题不容小视。

3. 高等教育规模扩大的负面作用的影响。20世纪80年代末期以来，我国高等教育以“内涵发展”为主，挖掘高校内部潜力，扩大高等教育的容量。经过近10年的改革和调整，高校的年均规模已从2 0世纪80年代末期2 000人左右上升到4 000人左右。教育部直属重点大学的校年均规模都已达到万人。从1999年开始的扩招使高校规模更是迅速扩大，按照我国的“十五”教育规划，高等教育规模到2005年将进入大众化阶段。高校扩大招生既满足了实施科教兴国战略的需要，又满足了个人和社会需求的愿望。但目前高等教育规模的急剧扩大带来的负面效应也日

渐突出，如各高校为解决学生规模扩大后的教学工作秩序问题，各门课程均大量增开合班课，在高校本科课堂教学中，一位教师必须面对人数急剧扩大的众多学生。在有限的课堂教学时间里，即使加上课外的一些时间，让一位任课教师评价众多学生的素质，与众多学生进行交流，让众多学生之间进行交流，完成设定的素质培养目标，很难。高等教育大众化过程中，高校本科课堂教学的粗放经营将进一步强化教师的“一言堂”地位，强化学生被动接受的意识，师生的交流肯定是片面的。

三、有关目前高校本科课堂教学问题的对策分析

1. 各级各类高校市场定位的明确是解决诸多问题的关键。“中国的社会主义现代化建设，不仅需要学术型的人才，而且需要数以千万计的专业性、职业性的技术、管理、服务型人才。”教育的目的与功能要求各个高校明确本校的定位，参与和本校相适应的教育市场分工，定位是研究型大学的，应着重于发展培养学术型人才；定位是一般高校的，则应着重于培养技术、管理、服务等的应用性、职业性人才。当前各级各类高校的市场定位普遍趋向研究型，且存在互相攀比的现象，这表明各级各类高校的市场定位是盲从的。高校市场定位的错位、越位与教师在高校本科课堂教学中的错位、越位直接相连，与重学术、轻教学的消极影响密不可分，它还决定着培养学生的目标。因此，各级各类高校市场定位的明确是解决诸多问题的关键。

由于教育服务是准公共产品，加之我国公立大学是教育市场的主力军，政府的投入在很大程度上影响着学校的发展，各级各类高校市场定位的明确首先需要政府有关政策的限制与引导，其次才是市场的自发调节。所以，政府作为社会资源的宏观管理者，明确高校市场定位的标准，界定研究型大学与非研究型大学或者两者兼有型，是政府解决当前各级各类高校的市场定位不明确、不合理的有效措施，是保证教育资源的优化配置实现的前提条件。

2. 强化素质教育理念及其相关措施的实施是解决问题的途径。应试教育作为新中国成立后我国教育实践中的主要方式，对于培养社会主义现代化所需要人才发挥了巨大的作用，其中许多正确的、合理的、积极的经验、成果值得继承与发扬。但是为了克服应试教育偏重知识，技能，忽视能力形成、潜能开发、情感意志培养的弊端，迫切需要进一步强化素质教育理念。各高校应在明确市场定位的基础上，针对本校教育的社会与市场目标，制定强化素质教育理念的相关系统实施措施。

具体到高校本科课堂教学来讲，就是主动适应素质教育的要求，依据现代课堂教学中教师、学生、教材、教法、学法以及师生关系，进行课程体系、教学内容、教学方法、教学评价和教学手段等机制的深入改革，这里的“教学”既指教师的教又指学生的学，如对教师的教的评价要重教的过程，评价学生主动精神的调动，学生学习兴趣、习惯、能力的培养，学生创新思维、精神、能力的提高与发展；对学生的学的评价要重学的过程，要评价学习成绩，更要注重评价学生学习态度、习惯、意志品质等学习动力，群体合作的情感交流意识，自我学习、调节、管理等心理意志能力。而课程体系的建设，则应兼顾专业知识教育与职业教育，尤其定位是一般高校的课程体系更要实施这一原则。总之，通过发挥互相配套的各项措施的积极作用，改变传统应试教育理念中形成的高校本科课堂教学的现状。

3. 加强培养各级各类师资人才与适度、多渠道扩大高等教育的规模是解决规模扩大负面问题的基础。2001 年，我国公共教育支出占 GDP 比例只有 3.19%，低于 4%的标准，是教育欠发达国家，教育的总体供给能力不足。教育的需求却十分强劲，教育支出已成为我国城市居民第二

大支出，农村居民的第三大支出。到 2008 年，我国高等教育阶段的适龄人口将达到约 1.25 亿人。显而易见，高校的扩招顺应了市场需求，但当前高等教育规模扩大的增幅超出办学资源总量的增幅所能承受的规模，规模扩张必然引发有关的具体问题。如师资队伍总量的不足是高校本科课堂教学素质教育的一个重要制约因素，根据“十五”计划的发展要求，2005 年普通高校师生比按 15∶1 的比例计算，教师队伍缺口达 11 万。因此，加强建设各级各类师资人才是解决制约高校本科课堂教学素质教育的重要又长期的任务。

同时，适度、多渠道扩大高等教育的规模是解决规模扩大负面问题的保障。高等教育的质量是第一位的，数量是第二位的，应结合办学资源总量的增幅，适度扩大高等教育的规模。我国以世界 1%左右的教育经费支撑着占世界 20%多人口的教育，教育是很有朝气的产业，充分利用社会各方面的资源，采取多渠道、多形式筹集资金，解决高校扩招所需的基础设施问题，应是当前和今后高等教育的主要发展趋势。

综上所述，高校本科课堂教学的改革，只有在理念、制度、措施的配套实施下，才能创造愿意学习、善于学习的氛围，实现教与学在沟通、合作、理解中获得知识、乐趣、享受，从而学会生存、生活，健全人格，使人得到全面的发展。

参考文献

[1] 邬大光．高等教育规模扩大与大学制度创新．现代大学教育．2001 年 4 期

[2] 潘懋元．精英教育与大众教育．理工高教研究．2002 年 2 月

[3] 尹鸿祝，吕诺．中国仍属教育欠发达国家．新华网．2003 年 2 月 18 日

Domestic and International Trade of Chinese Feedgrains*

Wu Laping Zhu Junfeng

Abstract: Based on the analysis of supply and demand, this paper mainly focuses on corn to discuss domestic and international trade patterns of feed grain. Domestic trade is from northeast and Huanghuaihai areas to southeast mainly by waterway and southwest by railway. International trade is mainly within Asian countries; China has been a net corn exporter about 10 years except for 1995 and 1996. Corn export destinations are mainly Korea, Malaysia and Indonesia. The import is mainly from US. Finally, the paper discusses the roles of China's corn economy in world market and the cooperation between China and Japan.

Keywords: Feedgrains Trade Pattern Transportation

1. Introduction

The focus of Chinese food supply has changed to animal products. This is mainly attributed to the following two reasons. The first one is that the rising per capita income enables the consumers to consume more animal products and less food grains; the other is that the stable grain supply has made it possible for China to produce sufficient animal products. Since mid 1990s, China has been keeping stable grain output around 5 billion ton. The productivity can meet its demand for grains. In fact, in the past decade, the increase in animal products has been very impressive. Total meat production increased from 45. 0 million ton in 1996 to almost 63. 4 million ton in 2001. Milk and aquatic products also increased greatly. Among all animal products, the increase in beef, poultry meat, and farmed aquatic products has been the fastest. Meanwhile, per capita consumption of grains has declined in both urban and rural areas.

Some believe that population growth, urbanisation and rise in per capita income in China will lead to a continued increase in demand for animal products, which in turn will push up the demand

* Authors thank professor Sakai Tomio and others at Center for Far Eastern Studies, Toyama University, who provided helpful suggestions and comments at the program meeting held on Oct 17, 2002. Many thanks are also given to professor Daniel Sumner at Department of Agricultural and Resource Economics, University of California (Davis), he and his two dissertation students Kim, Yun-shik and Chang, Min gave us very useful suggestions and comments. All errors remain theauthors.

for feed grains (Huang, Rozelle and Rosegrant 1995; USDA 1998; Xin 2000) . Others think that China's potential in increasing grain output and thus the amount of feed grain is not optimistic due to industrialisation and urbanisation which result in limited agricultural resources being reallocated to non-farming use (Tian and Chudleigh 1998) . Consequently, China may need to import feed grains in large volume in order to meet the increasing demand for animal products (Cromptonne and Phillips1993; Crook and Colby 1996; USDA 1998) . This then would generate a tremendous impact on the world grain market.

Whether China will import a large amount of feed grains is yet to be seen and the issue is affected by many factors, including China's capacity to produce feed grain and its feed grain marketing arrangements (Xin, 2001) . However, what can be sure is that China will more often engage in world trade activities and solve its domestic problems though world market. Therefore, what's more important is how China interacts with the world market. In terms of feed grain, no matter whether China exports corn now or would import in the future, the key topic is China's feed grain market behaviour, including the patterns of domestic and international trade. This paper will focus on corn to discuss domestic and international trade patterns. It includes following parts, after the introduction is feed grain production and supply. The third part is feed grain usage. The domestic and international trade of feed grain are respectively in part four and five. In the sixth part, we discuses some related issues.

2. Feed Grain Production and Supply

In China, feed consists of grain and non-grain feed resources, such as bran and husks, oilseed meals, distillers' by-products, tree leaves and grasses, and crop straws. China uses about 29% of grains to produce feed, feed grain mainly refers to coarse grains, which consists of corn, sorghum, millet, barley, oats and some other cereal crops. It is estimated that about 70% of corn is used for feed (Nie and Qu, 2002); therefore, corn is the most important feed grain. China's feed and corn production are listed in Table 1.

During the past decade Chinese industrial processed feed output is doubled from about 35. 83 million ton in 1991 to 74. 00 million ton in 2000. If taking farm household self-made feed into consideration, China's feed quantity should be bigger.

Rice and wheat are treated as fine grains in China, however, a certain amount of rice and wheat is also used for feed. Farmers in southern China feed their livestock with inferior quality rice, chiefly early-crop indica rice; wheat is also sometimes used as feed. Some major wheat-producing provinces, such as Shandong, regularly allocate about 20 percent of wheat for feed. Nationwide, it is estimated that, annually, about 25% of rice (30 million ton) and 5% of wheat (5 million ton) were used as feed grain in China in the 1990s (Feng and Liu, 1999) .

This paper will focus on coarse grains, particularly corn. China's coarse grain production is concentrated in the north, the major producing areas for corn, sorghum and millets. Coarse grain output has increased in the past decade in response to the increased demand for feed grains

Table 1 Feed and Corn Production of China

unit: million ton, %

Year	Feed * Output	Share of total (%)				Corn** Output	Grain** Output	Ratio of feed to	
		Hog	P-Egg	P-Meat	Fish etc			Corn	Grain
1991	35.83	44	25	23	8	98.77	435.29	0.363	0.082
1992	37.96	44	24	24	8	95.38	442.66	0.398	0.086
1993	39.21	41	25	27	7	102.70	456.49	0.382	0.086
1994	45.22	42	27	24	7	99.28	445.10	0.456	0.102
1995	52.68	43	26	24	7	111.99	466.62	0.470	0.113
1996	56.10	39	25	26	10	127.47	504.54	0.440	0.111
1997	62.99	40	24	25	11	104.31	494.17	0.604	0.127
1998	65.97	42	24	24	10	132.95	512.30	0.496	0.129
1999	68.63	38	26	24	12	128.09	508.39	0.536	0.135
2000	74.00	36	24	27	12	106.00	462.18	0.698	0.160

Source: * China Feed Industry Statistical Yearbook (Various year). The P-Egg refers to poultry egg. P-Meat refers to poultry meat. ** China Statistical Yearbook (2001).

* Feed output refers to the industrial processed feed, not including farm household self-made feed. It is estimated that the industrial processed feed contains about 50 - 70 percent of corn (Zhao, 1997). But Zhao's research (1997) also shows that industrial processed feed only accounted for about one third of total feed in 1995. This share should become bigger with the development of feed enterprises and specialized animal production.

(Table2). Total output of coarse grains reached 148 million ton in 1998. According to the agricultural restructure plan, China reduced the grain-sown areas and increased the high quality grain production. Therefore, in 1999 and 2000, coarse grain sown area, yield, and total output dropped slightly, but the grain quality increased greatly.

Table 2 Coarse Grain Area and Production of China, 1984—2000

Unit: Million Ha, Million ton

Year	Area					Output				
	Totall	Corn	Sorghum	Millet	Other	Totall	Corn	Sorghum	Millet	Other
1984	33.86	18.54	2.45	3.80	9.07	103.07	73.41	7.72	7.03	14.92
1985	31.27	17.69	1.94	3.32	8.32	88.20	63.83	5.61	5.98	12.79
1986	32.07	19.12	1.88	2.98	8.09	92.30	70.86	5.38	4.54	11.52
1987	32.97	20.21	1.86	2.69	8.20	102.14	79.24	5.43	4.36	13.12
1988	32.18	19.69	1.78	2.51	8.19	100.93	77.35	5.59	4.41	13.58
1989	32.51	20.35	1.63	2.40	8.13	99.08	78.93	4.44	3.75	11.97
1990	32.97	21.40	1.55	2.28	7.74	120.25	96.82	5.68	4.58	13.18
1991	30.53	21.57	1.39	2.08	5.49	115.89	98.77	4.94	3.42	8.76
1992	29.93	21.04	1.30	1.87	5.72	113.89	95.38	4.67	3.32	10.52
1993	28.32	20.69	1.34	1.83	4.45	121.08	102.70	5.51	4.00	8.87
1994	28.39	21.15	1.37	1.67	4.19	118.66	99.28	6.33	3.70	9.36
1995	29.71	22.78	1.22	1.52	4.19	128.67	111.99	4.76	3.02	8.90
1996	31.19	24.50	1.29	1.51	3.89	145.59	127.47	5.68	3.57	8.88
1997	30.14	23.78	1.08	1.44	3.84	119.48	104.31	3.64	2.31	9.21

（续）

Year	Area					Output				
	Totall	Corn	Sorghum	Millet	Other	Totall	Corn	Sorghum	Millet	Other
1998	31.13	25.24	0.97	1.41	3.51	147.81	132.96	4.09	3.11	7.66
1999	31.48	25.90	0.98	1.33	3.27	140.67	128.09	3.24	2.32	7.02
2000	28.65	23.06	0.89	1.25	3.45	117.68	106.00	2.58	2.13	6.97

Source: the data of 1984—1994 are from China Statistical Yearbooks (various years); the others from China Agriculture Yearbooks (1994—2000). Reported on a shelled basis (off the cob and dried to between 14～18 percent water content depending on the province).

Out of coarse grains, corn is the major one. No matter sown areas or output, corn accounts for the largest shares. In 2000, the sown area was about 80.5 percent; the share of corn output is much higher, about 90.1 percent. China's corn output reached some 130 million ton in the late 1990s, becoming the world's second largest corn producer.

In China, corn is planted widely, covering most seasons and regions. Along with the four seasons, there are mainly four types of corn producing areas, including spring, summer, autumn and winter corn areas (http://www.agri.org.cn/analysis/).

◇Spring corn is mainly planted in northeast China and in mountainous, high altitude arid climate zones in northwest China. This area includes Jilin, Heilongjiang, Liaoning, Ningxia, Inner Mongolia, most part of Shanxi, and parts of Hebei, Shaanxi and Gansu. This is China's major corn producing area. In the late 1990s, this area produces more than 40 percent corn of China.

◇Summer corn is mainly produced in Huang-Huai-Hai Plain in Central China. This area includes Hebei, Henan, Shandong and part of Jiangsu, Shaanxi and Shanxi, which are along Huanghe River, Huaihe River and Haihe River. In the late 1990s, this area produces more than 35 percent corn of China.

◇Autumn corn is produced in southern coastal provinces and inland mountainous areas, such as Zhejiang, Jiangxi, Guangxi and Sichuan.

◇Winter corn is mainly planted in Yunnan, Guangxi, and Hainan.

Despite the wide spread of corn production in China and the tendency of continuous spread, major corn-producing provinces include only Jilin, Shandong, Heilongjiang, Hebei, Liaoning, Henan, Inner Mongolia and Sichuan, which together contribute to over 70 percent of the national output. Geographically, these major producing regions are located from the northeast to the southwest, known as China's "Corn Belt" (Figure 1). Along the Belt are Northeast Plain, Northern China Plain and Huanghuaihai Plain, these three plains are also Chinese major grain producing areas. In terms of corn, the Northeast Plain has the highest competitive advantages in corn production, followed by the Northern China Plain and Huanghuaihai Plain.

In the 1980s and 1990s, the Corn Belt produced over 70 percent of China's corn; it reached 82 percent in 2000 (Table 3). In most years since the mid 1980s, the three north-eastern provinces (Jilin, Liaoning, and Heilongjiang) produced more than 30 percent of the national corn output, with the highest being 41 percent in 1992 (Table 3). Year 2000 was an exception when the total sown area in the three north-eastern provinces dropped by 17%. This was attributed to drought and

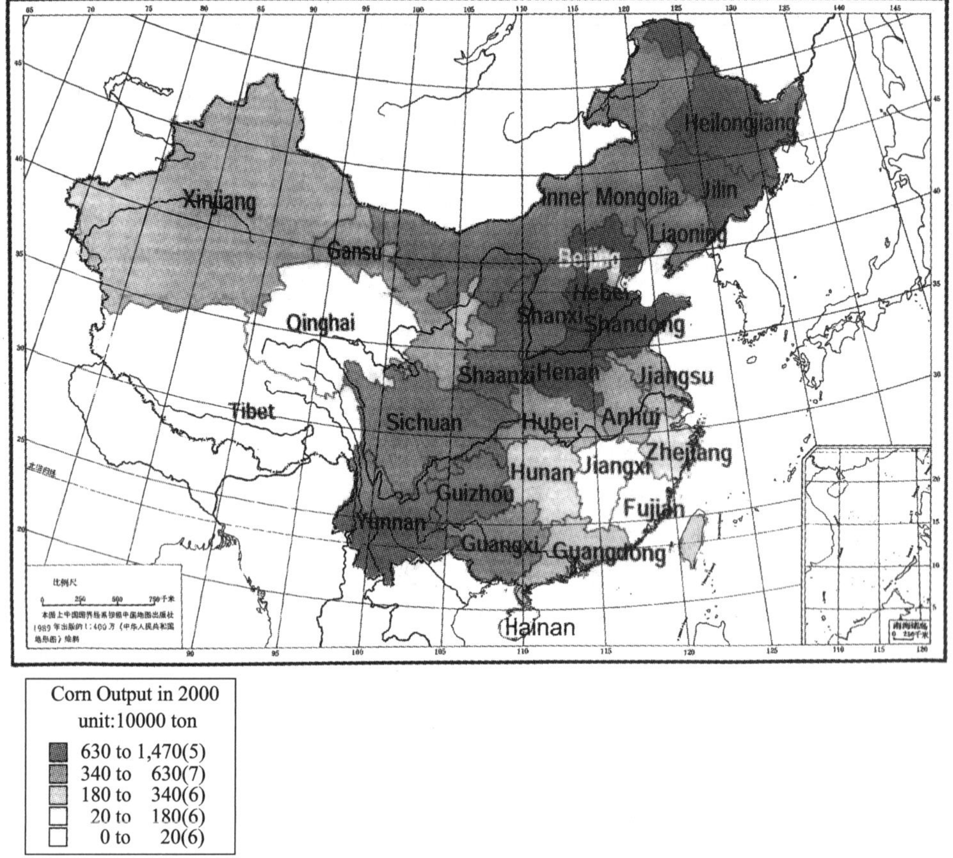

Figure 1 China's Corn Output in 2000

depressed corn prices due to over-supply in the past few years. Therefore, farmers allocated more farmland to plant other crops. In Jilin and Heilongjiang provinces, the major producing provinces, a rotation plan of corn and soybean was adopted and the corn-sown areas went down greatly. In 2000, the corn-sown area of Jilin was reduced by 23. 3 percent; however, the soybean-sown area was increased by 93. 6 percent (SSB, 2000) .

Table 3 Changes in Corn Production in Different Areas

Unit: Million ton

Year	Total	Corn Belt		North East *		Jilin Province	
		Output	Share	Output	Share	Output	Share
1985	63. 8	45. 4	71. 2	18. 1	28. 4	7. 93	12. 43
1986	70. 9	51. 7	72. 9	24. 5	34. 6	10. 16	14. 33
1987	79. 2	59. 1	74. 6	28. 2	35. 6	12. 32	15. 56
1988	77. 4	59. 7	77. 1	29. 0	37. 5	12. 21	15. 78
1989	78. 9	57. 2	72. 5	24. 1	30. 5	9. 82	12. 45
1990	96. 8	75. 1	77. 6	37. 9	39. 2	15. 30	15. 81
1991	98. 8	76. 7	77. 6	38. 5	39. 0	15. 01	15. 19
1992	95. 3	73. 4	77. 0	39. 1	41. 0	14. 74	15. 47

（续）

Year	Total	Corn Belt		North East *		Jilin Province	
		Output	Share	Output	Share	Output	Share
1993	102.7	75.5	73.5	37.1	36.1	13.45	13.10
1994	99.3	74.6	75.1	37.2	37.5	14.39	14.49
1995	112.0	83.5	74.6	40.3	36.0	14.79	13.21
1996	127.5	94.5	74.1	49.2	38.6	17.53	13.75
1997	104.3	72.8	69.8	37.7	36.1	12.60	12.08
1998	133.0	95.5	71.8	42.5	32.0	19.25	14.47
1999	128.1	91.1	71.1	39.1	30.5	16.93	13.22
2000	106.0	87.1	82.2	23.4	22.1	9.93	9.37

* Northeast refers to Liaoning, Jilin and Heilongjiang provinces.

Source: Tian, 1999; Xin, 2000; National Grain and Oil Information Centre, 2000.

Regionally, in the traditional corn producing areas of China, such as Jilin, Heilongjiang and Liaoning, their corn output all decreased in recent years. In 1998 and 1999, the shares of corn output of Jilin were 14.48% and 13.21%, both ranking at the first, but in 2000 it felled to 9.37%, ranking at the fourth; The output of Heilongjiang and Liaoning also felled from 1999 to 2000 (Table 4). In these provinces, the production of traditional corn was reduced but the output of special corn, such as green feed-corn, oil-corn and industrial processing corn, was increased. Contrasted with the above three provinces, the production of other "corn belt" provinces went up greatly. Shandong, Henan and Hebei provinces ranked respectively at the top three in 2000, and their shares in total were respectively 13.84%, 10.14% and 9.38% in 2000.

Table 4 China's Corn Output, Share and Changes by Province

unit: 1 000 ton, %

Region	1998			1999			2000		
	Output	%	Rank	Output	%	Rank	Output	%	Rank
Shandong	15 536	11.69	2	15514	12.11	2	14 675	13.84	1
Henan	10 963	8.25	6	11 566	9.03	4	10 750	10.14	2
Hebei	11 872	8.93	4	10 880	8.49	5	9 945	9.38	3
Jilin	19 247	14.48	1	16 926	13.21	1	9 932	9.37	4
Heilongjiang	11 997	9.02	3	12 284	9.59	3	7 908	7.46	5
Inner Mongolia	8 398	6.32	7	7 714	6.02	7	6 292	5.94	6
Liaoning	11 209	8.43	5	9 854	7.69	6	5 511	5.20	7
Sichuan	6 231	4.69	8	6 400	5.00	8	5 474	5.16	8
Yunnan	4 181	3.14	11	4 599	3.59	9	4 733	4.47	9
Shaanxi	4 810	3.62	9	4 404	3.44	10	4 137	3.90	10
Shanxi	4 761	3.58	10	3 754	2.93	11	3 548	3.35	11
Guizhou	3 090	2.32	12	3 348	2.61	12	3 422	3.23	12
Xinjiang	2 748	2.07	14	2 860	2.23	13	2 685	2.53	13
Jiangsu	2 862	2.15	13	2 648	2.07	14	2 368	2.23	14
Anhui	2 265	1.70	16	2 133	1.67	16	2 190	2.07	15
Hubei	1 867	1.40	18	2 041	1.59	17	2 167	2.04	16

(续)

Region	1998			1999			2000		
	Output	%	Rank	Output	%	Rank	Output	%	Rank
Gansu	2 580	1. 94	15	2 552	1. 99	15	2 105	1. 99	17
Chongqing	1 908	1. 44	17	1 912	1. 49	18	1 975	1. 86	18
Guangxi	1 562	1. 17	19	1 716	1. 34	19	1 842	1. 74	19
Hunan	821	0. 62	22	1 268	0. 99	20	1 251	1. 18	20
Ningxia	1 000	0. 75	21	1 076	0. 84	21	820	0. 77	21
Guangdong	598	0. 45	24	725	0. 57	23	761	0. 72	22
Beijing	1 226	0. 92	20	867	0. 68	22	587	0. 55	23
Tianjin	755	0. 57	23	563	0. 44	24	410	0. 39	24
Zhejiang	149	0. 11	25	168	0. 13	25	203	0. 19	25
Fujian	99	0. 07	26	109	0. 09	26	111	0. 10	26
Jiangxi	87	0. 07	27	75	0. 06	27	85	0. 08	27
Hainan	52	0. 04	28	49	0. 04	29	52	0. 05	28
Shanghai	49	0. 04	29	49	0. 04	28	37	0. 03	29
Tibet	13	0. 01	31	14	0. 01	31	14	0. 01	30
Qinghai	18	0. 01	30	22	0. 02	30	12	0. 01	31
Total	132 954	100	—	128 086	100	—	106 000	100	—

Source: China Statistical Yearbook (1999, 2000, 2001) .

The corn output of these six provinces accounted for 61 percent of total in 1999 and 1998, but it went down to about 55. 4 percent of total in 2000 (Table 4) . As mentioned before, the shares of corn output in traditional three northeastem provinces (Jilin, Liaoning, and Heilongjiang) have been decreasing since 1992, from 41 percent in 1992 to 30. 5 percent in 1999 and 22. 1 percent in 2000 (Table 3) . These show that China's corn production is more scattered in broader areas.

However, northeastern provinces, particularly Jilin province, will still be the major corn-producer in future because of its climate and other factors which are suitable for corn growing. The grain production pattern of Jilin is listed in Table 5. It shows that corn output and sown area accounted, respectively, for 78 percent and 81 percent of cereal in 1999. In 2000, they still kept about 70 percent, 9. 93 million ton, which is 9. 37 percent of national total. Besides corn, soybean was also again given priority after several years. The sown area reached 666. 5 thousand hectare in 2000, it was almost doubled relative to that of 1999. The rotation of corn and soybean is becoming the grain strategy of Jilin province.

Table 5 Grain Production Pattern in Jilin

Unit: 1 000hm^2, 1 000 ton

	1998		1999		2000	
	Sown Area	Output	Sown Area	Output	Sown Area	Output
Grain	3 567. 24	25 060	3 513. 35	23 056	3 833. 7	16 380
Cereal	3 104. 72	23 686	3 074. 58	21 842	3 043. 8	14 483
Rice	458. 96	3 855	465. 2	4 059	584. 8	3 748
Wheat	74. 52	106	67. 53	161	77. 3	163

（续）

	1998		1999		2000	
	Sown Area	Output	Sown Area	Output	Sown Area	Output
Corn	2 421. 29	19 247	2 375. 51	16 926	2 197. 3	9 932
Sorghum	99. 89	367	113. 59	560	145. 6	718
Millet	19. 91	48	20. 17	56	3. 2	09
Soybean	371. 39	881	338. 62	742	666. 5	1406
Tubers	91. 13	493	100. 15	472	123. 4	491

Source: Jilin Statistical yearbook (2000), China Statistical yearbook (2001) .

In China, grain includes cereals, beans and tubers. Cereals include rice, wheat, crnm, sorghum, millet and other miscellaneous grains. Tubers include sweet potatoes and potatoes, not including taros and cassava. The output of tubers was converted into that of grain at the ratio 5 : 1. Output of beans refers to dry beans without pods. Output of all other grains refers to husked grain.

3. Usage of Feed Grain by Province

As noted earlier, feed grain mainly refers to coarse grain in China. Besides feed, coarse grains are also used for food, brewery and other industries. The strong growth of per capita income in China in the past two decades has resulted in a gradual shift of food consumption from grains to non-staple food, such as livestock and fishery products. According to the household survey information (State Statistical Bureau of China, 1997), per capita foodgrain consumption in the urban sector declined from 145 kg in 1981 to 95 kg in 1996. Although rural food grain consumption changed a little over the period, per capita consumption of coarse grains as food declined from 125kg in 1978 to 49 kg in 1985 and then stabilized (Tian, W. M. and J. Chudleigh, 1998) . Consequently, with a continued growth of output, more and more grains are available for livestock production. Coarse grains are also major inputs in alcoholic beverage production. However, the industry has moved towards producing more products with low alcohol content, such as beer, this tends to slow down the growth of grain usage in the industry. Furthermore, in China, the distiller's grains are always fully utilised for livestock production (Tian, W. M. , 1999) .

In all, feed usage is the most part of coarse grain. But estimates on the amount of feed grain usage varied greatly, depending on adopted definitions of grains and the parameters used. The Ministry of Agriculture (1997) reported that in 1996 China used 245 million ton of grains for feeding animals in combination with other feed resources, including 58. 6 million ton of grain processing by-products and 36. 3 million ton of oilseed meals. If the figures were believable, about three-fifths of China's grain were used for animal production, a much higher figure than the other available estimates (e. g. USDA 2002) .

As mentioned earlier, corn is the most important coarse or feed grain. Corn's usage of China in 1990s is listed in table 6. It shows that, in most years, more than 70 percent of corn is used for feed. Particularly in recent years, the shares tend to become bigger. In 1999/2000, it reached 79 percent.

Table 6 China's Corn Usage in Recent Years (Crop Years)

unit: Million ton

Year	Output	Use*						Feed/ Output**
		Feed	Food	Industrial	Seed	Wastes	Total	
1991/1992	98.8	64.5	4.8	5.6	1.5	8.2	84.6	0.653
1992/1993	95.3	70.3	5.2	5.7	1.7	8.8	91.7	0.738
1993/1994	102.7	73.0	5.4	6.8	1.6	6.5	93.3	0.711
1994/1995	99.3	75.0	5.6	7.8	1.7	5.6	95.7	0.755
1995/1996	112.0	78.5	6.0	8.6	1.8	9.4	104.3	0.701
1996/1997	127.5	82.0	6.7	10.5	2.1	10.2	111.5	0.643
1997/1998	104.3	77.0	7.23	11.2	1.9	9.5	106.9	0.738
1998/1999	133.0	78.5	18.2*	9.8	1.3	6.8	114.5	0.590
1999/2000	128.1	81.2	17.8*	10.8	1.1	7.1	118.0	0.634
2000/2001	106.0	83.8	17.7*	11.8	1.2	6.4	120.9	0.791

Source: Output is calendar year data from China Statistical Yearbook (2001). The other data before 1998/1999 are from *China Agricultural Commodity Yearbook* (1998), edited by East West Consultation Ltd. The else are from Chinese MOA (http://www.agri.org.cn/analysis/). Corn crop year is from October to September of next year.

* These data are obviously not consistent with the above, however, what we concern is mainly feed, it has no much influence on analysis. The feed data is near USDA's estimation (USDA, 2002).

** This column is the ratio of feed corn to total corn output; output should be crop year data, but the difference between crop year and calendar year is not large for output.

Feed grain usage is closely related to animal production, especially hogs in China. Pork accounts for a large part of animal products (Table 7). In 2000, the pork output is about 65.8 percent of total meat. Meanwhile, compared with other meat products, pork is the most corn-consuming one. The following part of this paper will focus on the pattern of hogs and corn production to analyse the feed grain trade pattern.

Table 7 Output of China's Major Animal Products in Recent Years

Unit: 1 000ton

Year	Meat output	% of Meat				Milk	Poultry Eggs
		Pork	Beef	Mutton	Others		
1996	45 840	68.89	7.76	3.95	19.40	7 358	19 652
1997	52 688	68.26	8.37	4.04	19.34	6 811	18 971
1998	57 238	67.85	8.38	4.10	19.67	7 454	20 213
1999	58 207	66.84	8.68	4.32	20.16	8 069	21 347
2000	61 254	65.82	8.70	4.47	21.01	9 191	22 433

Source: China Statistical Yearbook (2001).

In recent years, hogs production in southern provinces has been declining and animal production is gradually shifting to the north. Sichuan, the largest hog-producing province, produced over 17 percent of China's pork in 1991, but the share dropped to 10.4 percent in 2000. The seven provinces along the middle and lower reach of Yangtze River used to produce nearly 60 percent of China's pork 10 years ago, but it fell to 50 percent in 2000 (Xin, 2001).

However, the shift of livestock production from the south to north is a gradual process. Now a large share of pork output is still produced in Sichuan, Hunan, Hubei, Guangdong, Jiangsu and Jiangxi, al-

though production in Shandong, Hebei and Liaoning has been increasing in recent years. Generally speaking, the 15 provinces in the south of the Yangtze River produce only 23 percent of China's corn, yet they use over 50 percent of China's total corn. Therefore, government must make decision whether, "*Bei Liang Nan Yun*" (transporting grains from the north to south) or "*Nan Jin Bei Chu*" (Southern corn deficit provinces import, and northern corn surplus provinces export).

Here we will focus on hog production to discuss the feed usage. Hogs are mainly raised in southern areas and the big cities of northern part. Table 8 shows the comparison of corn and hogs production by province. By the index of corn per hog, we can roughly see the deficit or surplus of corn for the major provinces.

Table 8 China's Corn Output and Hogs Production by Province

unit: 1 000 ton, 1 000 head, kilogram

Region	Corn	%	Hog *	%	Corn per head	Region	Corn	%	Hog	%	Corn per head
	1999						2000				
Jilin	16 926	13.2	21 126	2.2	801.2	Xinjiang	2 685	2.5	2 750	0.3	976.3
Xinjiang	2 860	2.2	3 922	0.4	729.2	Jilin	9 932	9.4	17 999	1.8	551.8
Heilongjiang	12 284	9.6	21 376	2.3	574.7	Inner Mongolia	6 292	5.9	16 526	1.7	380.7
Inner Mongolia	7 714	6.0	16 466	1.7	468.5	Heilongjiang	7 908	7.5	20 944	2.2	377.6
Ningxia	1 076	0.8	2 500	0.3	430.4	Shanxi	3 548	3.3	10 359	1.1	342.5
Liaoning	9 854	7.7	24 437	2.6	403.2	Ningxia	820	0.8	2 538	0.3	323.1
Shanxi	3 754	2.9	10 724	1.1	350.0	Shaanxi	4 137	3.9	13 923	1.4	297.1
Shaanxi	4 404	3.4	15 857	1.7	277.7	Shandong	14 675	13.8	60 871	6.3	241.1
Shandong	15 514	12.1	58 086	6.1	267.1	Liaoning	5 511	5.2	26 203	2.7	210.3
Gansu	2 552	2.0	11 120	1.2	229.5	Gansu	2 105	2.0	11 108	1.1	189.5
Hebei	10 880	8.5	53 729	5.7	202.5	Hebei	9 945	9.4	56 549	5.8	175.9
Tianjin	563	0.4	3 253	0.3	173.1	Henan	10 750	10.1	75 177	7.7	143.0
Henan	11 566	9.0	74 367	7.8	155.5	Guizhou	3 422	3.2	29 672	3.0	115.3
Beijing	867	0.7	6 492	0.7	133.5	Yunnan	4 733	4.5	46 204	4.7	102.4
Guizhou	3 348	2.6	27 471	2.9	121.9	Tianjin	410	0.4	4 006	0.4	102.3
Yunnan	4 599	3.6	44 043	4.6	104.4	Beijing	587	0.6	6 657	0.7	88.2
Sichuan	6 400	5.0	103 553	10.9	61.8	Chongqing	1975	1.9	34 310	3.5	57.6
Chongqing	1 912	1.5	32 154	3.4	59.5	Anhui	2 190	2.1	40 852	4.2	53.6
Jiangsu	2 648	2.1	45 654	4.8	58.0	Sichuan	5 474	5.2	105 560	10.8	51.9
Anhui	2 133	1.7	40 894	4.3	52.2	Hubei	2 167	2.0	43 190	4.4	50.2
Hubei	2 041	1.6	47 252	5.0	43.2	Jiangsu	2 368	2.2	47 950	4.9	49.4
Tibet	14	0.0	352	0.0	39.8	Tibet	14	0.0	371	0.0	37.7
Guangxi	1 716	1.3	48 565	5.1	35.3	Guangxi	1 842	1.7	59 217	6.1	31.1
Guangdong	725	0.6	49 390	5.2	14.7	Guangdong	761	0.7	49 898	5.1	15.3
Hunan	1 268	1.0	88 077	9.3	14.4	Hunan	1 251	1.2	90 751	9.3	13.8
Qinghai	22	0.0	2 234	0.2	9.8	Hainan	52	0.0	6 005	0.6	8.7
Hainan	49	0.0	5 410	0.6	9.1	Zhejiang	203	0.2	24 028	2.5	8.4
Zhejiang	168	0.1	23 142	2.4	7.3	Qinghai	12	0.0	2 160	0.2	5.6
Shanghai	49	0.0	7 113	0.7	6.9	Shanghai	37	0.0	7 030	0.7	5.3
Fujian	109	0.1	25 029	2.6	4.4	Fujian	111	0.1	24 562	2.5	4.5
Jiangxi	75	0.1	36 183	3.8	2.1	Jiangxi	85	0.1	36 180	3.7	2.3
Total	128 090	100	949 970	100	188.4 (average)	Total	106 000	100	973 550	100	161.7 (average)

Source: China Statistical Yearbook(2000, 2001). * Number of hog is the total of the slaughtered and year-end inventory hog.

The provinces with indexes of "corn per hog" above average level in 2000 and 1999 include Xinjiang, Jilin, Inner Mongolia, Heilongjiang, Shanxi, Ningxia, Shaanxi, Shandong, Liaoning, Gansu, Hebei. Taking the corn output into account, Xinjiang, Shanxi, Ningxia, Shaanxi and Gansu can be excluded since they produce only a little amount of corn. Therefore, there are six provinces, including Jilin, Inner Mongolia, Heilongjiang, Shandong, Liaoning and Hebei, which can be thought as the stable suppliers of corn. These provinces produced 57. 1 and 51. 2 percent of corn in 1999 and 2000 respectively, but the hogs they raised were only 20. 6 and 20. 5 percent in 1999 and 2000.

The provinces with high hogs output and low indexes of "corn per hog" include Sichuan, Hunan, Henan, Guangxi, Guangdong, Jiangsu, Yunnan, Hubei, Anhui and Jiangxi. These provinces produced about 61 percent of hogs in 1999 and 2000, but their corn outputs were only 26 percent and 29. 8 percent in 1999 and 2000. Therefore, these ten provinces are major demanders for corn.

4. Domestic Trade of Feed Grain

• ***The evolution of China's regional grain trade policy and grain marketing system***

The earliest regional grain trade of China was in 1950. According to the grain transfer plan of 1950, "except the grains for military and other necessary use, 2. 56 million ton of grains will be given to commerce departments to adjust national grain markets" (Wang and Huang, etc. 2000) . Though this only accounted for 1. 97 percent of grain output, it symbolized the beginning of the large scale and planned regional grain transfer in China. At that time, the grain surplus regions were the northeastern region, Inner Mongolia, the Mid-South region and Sichuan, and the grain deficit regions were the North-China and the East-China regions. In 1953, with the implementation of unified grain procurement and sale in China, the centrally planned regional grain transfer system was officially established and became an important component of the unified grain procurement and sale system till 1978 (Wang and Huang, etc. 2000) . The evolution of China's regional grain trade policy can be divided into three periods.

The planned grain transfer period: 1953—1978

In this period, the state had implemented the unified planned transfer for regional grain trade. The inter-provincial grain transfer was controlled and organized by the State Council, and inter-county grain transfer within provinces was controlled and organized by provincial governments. In general, before economic reform in 1978, because grain shortage had been the prominent issue, Chinese government adopted the centralized planned regional grain transfer system, which played important role in achieving the regional balance of grain supply and demand.

The combination of planned transfer and market adjustment: 1979—1992

With the economic reform and open policy, at the beginning of 1980s new grain marketing system was established, which was called two-tier system. Grain purchase was changed from the unified system to two parts, one was the unified procurement system or quota procurement which was controlled compulsorily by the central government; the other part was the negotiated purchase which is mainly decided by market. Since then, the quantity of grains traded at the negotiated price increased considerably. Thus, regional grain trade entered the phase of planned transfer combined with market adjustment.

During the period from 1979 to 1992, although regional grain trade was the combination of planned transfer and market adjustment, the basic trend was that the market adjustment played more and more important role. In 1982, there were only nine provinces with a total of 1. 6 million ton of grains to be transferred out, and eighteen provinces, which needed grains to be transferred in with a total of 12. 3 million ton. In 1983, the provinces which could transfer out grains increased to nineteen with a total of 23. 5 million tones of grains, and the provinces which needed grains to be transferred in declined to ten with a total of 6. 5 million ton. In 1984, the situation was basically the same as in 1983. Under this background, the inter-provincial trade of the negotiated grains increased remarkably. From 1979 to 1984 the quantity of inter-provincial transfer of negotiated grains reached 15 million ton. At the end of 1992 the planned inter-provincial grain transfer was finally replaced by market adjustment.

Market adjustment period: since 1993

At the beginning of 1990s, the grain wholesale markets were established in China, including central and local wholesale markets. In the mid 1990s, China basically formed all kinds of grain markets, which included national central wholesale and future markets, local grain wholesale markets, and rural and urban purchasing or retail free markets (Wu, L. P., 2000). Domestic grain trade was mainly conducted through grain wholesale markets. In this period, the central government gradually established the long-term stable purchase and sale relations between grain producing areas and sale areas. Meanwhile, it was regulated that the grain trade enterprises of the deficit areas must purchase grains from grain producing areas at the wholesale markets above county level, and the grain deficit areas were prohibited to go to the countryside of the grain production areas to buy grains. At the end of 1993, about 98 percent of counties released the control on grain marketing; grain marketing was mainly determined by free markets. In fact, at this time, the two-tier system formed at the beginning of 1980s was basically abolished (Wang and Huang, etc. 2000).

However, at the beginning of 1994, China carried out the important reforms of planning, finance, banking and foreign exchange. The market-oriented reform of foreign exchange depreciated Chinese RMB by about 50 percent. In order to make up the loss from the grain import, the grain deficit provinces in the south changed their plan from importing to buying from the north grain producing areas. This urgent purchasing grain pushed the grain price to increase quickly.

Under this background, in the June of 1994, central government raised the procurement prices, and again controlled the grain purchasing and wholesale, about 70～80 percent of traded grain was controlled by the government. The other part of about 20～30 percent was allowed to be traded freely. This, in fact, turns back to two-tier system. In 1995, The Provincial Governor's Responsibility System was introduced to ensure the grain balance within every province. This policy increased the financial burden of provincial governments. In order to release the burden, in 1998, the central government carried out a new grain marketing policy, the core of this policy was that only state owned grain enterprises were allowed to buy grain directly from farmers, and that the grain was sold at a price with certain profit. Meanwhile, the government no longer subsidized the state grain enterprises. This policy was gradually abolished in less than two years because it was a kind of monopoly and not consistent with market rules. Some private large-scale grain processing enterprises were also permitted to buy grain directly from farmers.

In the spring of 2001, a new trial of grain marketing reform was enacted by the central government. That is to try to relax any controls on grain marketing. This reform was firstly carried out in Zhejiang, Guangdong, Jiangsu, Shanghai, Hainan and Fujian. The content of this reform is fully market oriented, which includes: (1) the grain quota was fully canceled. The former compulsory production and quota plan was changed to references for farmers; (2) the grain price was determined by free markets, and the government no longer controlled grain market directly; and (3) Grain traders were no longer limited, and the government encouraged all kinds of enterprises, no matter state-owned or private, to engage in grain trade.

Entering WTO at the end of 2001 improved greatly China's grain marketing reform; now China is accelerating its grain marketing reform toward more market-oriented system.

• ***Domestic Feed grain trade pattern***

Based on the above analysis of supply and demand, we can figure out the basic pattern of domestic corn trade in 2000, as following table 9. It shows that China's corn is mainly produced in the Northeast and Huanghuaihai areas, but consumed in southern provinces.

Table 9 Domestic Corn Trade Pattern in Recent Years

Regions		Corn output share		Hogs output share	
		1999	2000	1999	2000
Outflow area	Jilin, Inner Mongolia, Heilongjiang, Shandong, Liaoning and Hebei	57.1	51.2	20.6	20.5
Inflow area	Sichuan, Hunan, Henan, Guangxi, Guangdong, Jiangsu, Yunnan, Hubei, Anhui and Jiangxi	26.0	29.8	61.0	61.0

Source: China Statistical Yearbook, 2001, China Statistical Bureau.

Though domestic corn trade is influenced by many factors, the basic trade pattern has not been changed too much since 1980s. In 1980s, the major outflow area was northeast, particularly Jilin, Liaoning and Heilongjiang. The inflow area included the southeastern coastal area, southwest area and middle reach of Yangzi River (Table 10) . Henan was another corn outflow area.

In 1985, except Beijing, Tianjin, Inner Mongolia and Qinghai, which had net corn inflows, the other eleven northern provinces all had net corn outflows. The corn outflow areas are mainly in two regions: one is the northeast area including Jilin, Liaoning, and Heilongjiang; the other is Huanghuaihai area including Hebei, Henan, Shandong and part of Jiangsu, Shaanxi and Shanxi. The corn inflow areas were mainly the southeastern coastal area and southwest area, including Shanghai, Guangdong, Fujian, Guizhou, Guangxi, Sichuan and Shanghai. In the 1990s, the case was still not changed too much.

Table 10 Domestic Corn Trade Pattern in Selected Years

Unit：1 000 ton

	Outflow region	Volume	Inflow region
1983	Liaoning, Jilin, Hebei, Shandong, and Henan Of which： ◇Jilin's corn to ll provinces ◇Henan's corn to the southern provinces except Tibet	(688)	Shanghai, Jiangsu, Zhejiang, Guangdong, Hainan, Guangxi, Yunnan, Guizhou, Sichuan, Hunan and Hubei
1985	*Northeast area* ◇ Liaoning (513) ◇ Jilin (191) ◇ Heilongjiang (exported)	(705)	Shanghai (297) Guangdong (100) and Fujian (100)
	Huanghuaihai area ◇ Hebei (311) ◇ Shandong (22) ◇ Henan (297)	(636)	Guizhou (124) Guangxi, Zhejiang, Sichuan and Shanghai
1990	Liaoning, Jilin, Heilongjiang, Hebei, Shandong and Henan	(3500) *	Beijing, Tianjin, Shanghai, Yunnan, Guizhou, Sichuan, and Hunan

Source：Wang Zhonghai etc (2000) . The values in brackets are the quantities of corn flow.

* 3. 5 million tones accounts for 77. 4 percent of total corn outflow of China in 1990.

In all, regionally speaking, the corn of Huanghuaihai area is mainly transported to its neighbour regions and Hubei, Sichuan, Yunnan, and Guizhou. The corn produced in the northeast is mainly shipped to Guangdong, Fujian, Sichuan, Yunnan, Jiangsu, Zhejiang, Shanghai or sold to Beijing and Tianjin. The corn produced in northwest area is mainly sold to Sichuan. It is estimated that in recent years the yearly commercial corn is about 10 million ton.

In terms of time, the corn from northern China is mainly traded during April and May. After June, the corn from northern China and southern area is basically sold out. The demanders of southern deficit regions turn to northeast to buy corn. Every year, the corn of northeast area is sold during June and December (Li, 2002) .

From the analysis of this part, we can see that China's corn is mainly transported from northeast area and Huanghuaihai area to the southern and southwestern provinces. This is a long way shipment. In fact, there have been hot debates about China's corn marketing since 1990s. Before China's entering WTO, Chinese government's policy is targeted to export. Therefore, corn was subsidized by RMB 400 yuan per ton for export (Chinese Feed Industry Information Net, http://market. feedtrade. com. cn, April 17, 2001) . Because the government encourages corn export and restricts import, this in fact encourages "*Bei Liang Nan Yun*" and restricts "*Nam Jin Bei Chu*" . As a result, southern provinces must rely on domestic supply by either promoting local production at high costs or purchasing from northern provinces and bearing the high transportation costs.

Some claim that the distance that corn was shipped from the north to the south could be as much as 3000 kilometres or more (Liu, 2000) . In the mean time, the domestic trade was still charged with railway construction fee, which accounts for 40 percent of transportation cost (Information Center of Chinese MOA, 2002) . Especially from 1995, the grain policy of Provincial Governor Responsibility System was enacted, which required every province meet the self-demand by either self-production or buying from other provinces. All these policies, no doubt, impeded the international trade.

• *Transportation of Corn from Producing Areas to Consuming Areas*

There are mainly three channels for China's corn transportation from north to south: the first by waterway from northeast via Dalian, Tianjin and Qinhuangdao ports to the Huangpu, Fuzhou, Zhanjiang, Shekou ports in southern provinces; the second by railway, from northern producing areas to southwest provinces, mainly Sichuan and Hunan etc. By waterway and railway, large part of corn of producing areas is transported to the south deficit provinces. The waterway and railway transportation is more influenced by the governments since these transportation enterprises are mainly state-owned. However, the short-distance transportation of corn is mainly by trucks, which are mostly owned by small private companies. The transportation is mainly between neighbor provinces. In terms of the quantities transported by each of the above ways, it is difficult to estimate. Chinese governments don't publish the data.

In China, the cost of domestic transportation is very complicated. However, here the authors will provide an example. According to the report of *Xinhua* net (Xinhua News agency, 2000), it is about 1 500 kilometers from Kiamusze of Heilongjiang province to Dalian of Liaoning province, and there are about 17 items of fees① charged for soybean transportation, some kinds of fees, for example direction fee, are unbelievable and illegal. It is explained that direction fee is paid for the allowance to list your cargo to the transportation plan. It is reported that the railway transportation cost is only charged RMB50 yuan per car by government, but the carrier need pay about RMB800 yuan, around RMB750 yuan is illegal income of the railway workers in charge of the transportation. Compared with the international transportation, the railway transportation cost of 1 500 km from Kiamusze of Heilongjiang province to Dalian city of Liaoning province is RMB0. 9 yuan per kilogram of soybean, but the soybean transportation cost from Gulf of Mexico to Dalian port by waterway, which is about 16, 000 km, is only RMB0. 8 yuan per kilogram. Therefore, many demanders of soybean turn to import from America instead of buying from northeastern China.

Corn railroad transportation cost is, now, not so high as soybean's in 2000, but it is still higher than waterway. For example, in June of 2002, the transportation cost from Changchun of Jilin province to the south of Guangzhou station is about RMB248. 87 yuan per ton. From Changchun to the east of Fuzhou station in Fujian province it is about RMB 209. 82 yuan per ton. From Changchun to the Songjiang station in Shanghai it is about RMB 166. 08 yuan per ton (Information Net of Chinese MOA, http: //www. agri. org. cn/, 2002) .

The transportation cost by waterway is cheaper than that by railway. The transportation costs from Dalian to Shanghai Huangpu port and Guangdong Zhanjiang port are respectively RMB 50 and

① These fees include direction fee, quarantine fee, electronic railway fee, short time store and related fee, transaction fee, transportation fee, car service fee, price adjustment fee, transportation-related fee/fund, crossroad fee, insurance fee, weighting and measuring fee, packing rope and net fee, escort fee, load and unload fee, packing fee and platform fee.

100 yuan per ton in 2002 (Feed Industry Information Net, 2002) . Compared with railway transportation, the waterway is much cheaper. However, the waterway can't meet the demand of corn shipment since it will ship coal, iron core, oil and fertilizer etc. Corn is only given a small share of total waterway shipment capacity. Therefore, domestic corn transportation is mainly by railway.

Truck transportation, as supplement of waterway and railway, is mainly for the short way. There are also many illegal charges for truck transportation by some local governments or local people when the truck goes through their regions. For example, some local Transportation Bureaus deliberately set obstacles and levy indescribable fee on trucks of other provinces. If you would not pay, they will detain you. In order to rectify market and maintain the normal market order, Chinese central government holds several meetings every year to cancel or reduce the illegal charges. In 2001 China launched campaign to restore economic order, a group was set up to rectify and regulate the market and economic order, which is made up of several vice premiers and related ministries' leaders. Meanwhile, in Aril 27, 2001, Chinese government issued a document "*State Council's Decisions on Rectifying and Standardizing Market Economic Order*" intended to streamline the domestic market (People Daily, 2001) . Since then, transportation order has been changed better.

Transportation is the major factor that restricts the integration of Chinese local agricultural markets. A research showed China's local corn markets are not integrated in short run (Wu, 2000) . Market integration can be thought of in terms of the long run and short run. Long-run market integration is where there exists a long run and stable price relationship between two markets, even if this relationship is disturbed in one time. Short-run integration is defined as where price changes in a market in one period are passed "immediately" to another market. This pass-through reflects the sensitivity of price response among markets.

Due to the cost of shipment coupled with import restriction, the corn price gap between major corn-surplus and corn-deficit regions is very large. The corn prices in major producing areas had been much lower than those in major consuming areas in almost all the months between January 1987 and December 1997 (Wu, 2000) . Now the price gap between the rural markets of major corn-surplus province Jilin and corn-deficit province Guangdong is about RMB 400 yuan per ton, but the waterway transportation cost is about RMB100 yuan per ton (Feed Industry Information Net, 2002) . This shows that corn markets are not highly integrated. If integrated, the price gap should be equal to or near transportation cost.

5. International Trade of Feed Grain

China's corn trade mainly started from 1984, before which China had been exchanging rice for wheat for about 20 years. One striking feature of corn trade is not only its huge volume but also the fluctuation of trade. After starting to export corn in 1984, China became a net grain exporter from net importer in 1985. The huge trade volume and drastic fluctuation of corn trade have made it play more and more important role in both China's domestic and international grain markets. The grain trade of China is shown in table 11.

- ***The Evolution of China's International Grain Trade Policy***

China's foreign trade as a whole was a monopoly of the government until the economic reform in the 1980s. As in other centrally planned economies, national grain import and output plans were drawn up by the state; the Ministry of Foreign Trade (MOFT) exercised control on behalf of the state, and specialised foreign trade corporations supervised by the MOFT handled the import and export businesses. Of these corporations, the China National Cereals Oils and Foodstuffs Export and Import Corporation (COFCO), one of the largest of its type, was in charge of grain trade. A particularly high degree of monopoly was attached to the grain trade. Lu Feng (1997) at China Center for Economic Research of Peking University did detailed research on the routine procedure of grain import policy formation of late 1980s and early 1990s.

Table 11 China's grain trade since 1960s

Unit: 1 000 tons

Year	Grain Import			Grain Export				Net Grain Imports
	Total	Wheat	(%)	Total	Rice	Soybean	Corn	
1961	5 810	3 882	66.82	1 355	428	409	—	4 455
1962	4 923	3 536	71.83	1 039	458	259	—	3 884
1963	5 952	5 588	93.88	1 490	685	409	—	4 462
1964	6 570	5 369	81.72	1 821	762	590	—	4 749
1965	6 405	6 073	94.82	2 416	985	653	—	3 989
1966	6 438	6 214	96.52	2 855	1 487	651	—	3 583
1967	4 702	4 395	93.47	2 994	1 577	670	—	1 708
1968	4 596	4 451	96.85	2 601	1 299	688	—	1 995
1969	3 786	3 740	98.78	2 238	1 179	595	—	1 548
1970	5 360	5 302	98.92	2 119	1 280	470	—	3 241
1971	3 173	3 022	95.24	2 648	1 292	588	—	525
1972	4 576	4 334	94.71	2 926	1 426	412	—	1 650
1973	8 128	6 299	77.50	3 893	2 631	400	—	4 235
1974	8 121	5 383	66.28	3 644	2 061	471	—	4 477
1975	3 755	3 491	92.97	2 806	1 630	405	—	949
1976	2 367	2 022	85.42	1 765	876	200	—	602
1977	7 345	6 876	93.61	1 657	1 033	130	—	5 688
1978	8 833	7 667	86.80	1 877	1 435	113	—	6 956
1979	12 355	8 710	70.50	1 651	1 053	306	—	10 704
1980	13 429	10 972	81.70	1 618	1 116	113	—	11 811
1981	14 812	13 071	88.25	1 261	583	136	—	13 551
1982	16 117	13 534	83.97	1 251	457	127	—	14 866
1983	13 435	11 019	82.02	1 963	566	334	—	11 472
1984	10 645	10 000	93.94	3 440	1 189	834	911	7 205
1985	6 171	5 632	91.27	8 880	1 019	1 151	5 957	−2 709
1986	7 282	5 754	79.02	9 095	957	1 301	5 706	−1 813
1987	16 278	13 341	81.96	7 187	989	1 714	3 847	9 091
1988	14 788	13 910	94.06	6 542	705	1 459	3 522	8 246
1989	16 403	14 703	89.64	6 221	339	1 171	3 497	10 182
1990	13 564	12 335	90.94	5 434	303	910	2 887	8 130

（续）

Year	Grain Import			Grain Export				Net Grain Imports
	Total	Wheat	(%)	Total	Rice	Soybean	Corn	
1991	13 983	12 825	91.72	10 660	692	1 065	7 487	3 323
1992	11 569	10 340	89.38	14 451	1 204	845	10 435	−2 882
1993	7 330	6 424	87.64	16 119	1 709	345	11 786	−8 789
1994	9 200	7 300	79.35	13 460	1 520	830	2 050	−4 260
1995	20 810	11 590	55.69	2 140	50	380	123	18 670
1996	12 230	8 250	67.46	1 980	270	190	160	10 250
1997	6 960*	1 860	44.6	8 530	940	190	6 620	−1 570
1998	7 063*	1 490	38.4	9 060	3 740	170	4 690	−1 997
1999	770*	450	13.3	7 580	2 710	200	4 310	−6 810
2000	1 356*	880	27.9	13 990	2 950	210	10 470	−12 634

Source: the data before 1995 are from China Foreign Economic and Trade Yearbook (various issues). The others are from Chinese Statistical Yearbook (various issues from 1996 to 2001).

* After 1996 there are not direct statistics about grain imports in Chinese Statistical Yearbook (1998—2001), here grain imports are the sums of cereal grains and soybeans. Since the trade of tubers is very small, it is not included.

In 1994, the agent system for China's foreign trade regime was introduced. Under this system, the state grain trading company acts as a trading agent for state grain departments and other companies which have export and import quota and charge fees accordingly. The two designated corn trade companies are COFCO and Jilin Grain Group. Under the background of WTO, China's grain trade system reform is accelerated after 2001. According to the promises for entering the WTO, China fully abolished the past state-monopoly and rigid annual planning trade system, allowed more companies to take part in grain trade, gradually increased the trade quotas which were allocated to non state-owned enterprises①, totally cancelled the subsidies on grain export, and gradually increased the grain import quota (table 12). All these have been implemented since the beginning of 2002.

Table 12 Grain Tariff-Related Quota in China's Protocol of Accession to WTO

	Wheat	Corn	Rice
Quota in 2002 (1 000 ton)	8 468	5 850	3 990
Quota in 2003 (1 000 ton)	9 052	6 530	4 660
Quota in 2004 (1 000 ton)	9 636	7 200	5 320
STE* Shares in 2002 (%)	90	68	50
STE Shares in 2003 (%)	90	64	50
STE Shares in 2004 (%)	90	60	50
In-quota tariff (%)	1	1	1
Out-quota tariff (%)	71～65	71～65	71～65
Average output of 1998—2000** (1 000 ton)	107 750	122 340	136 520
Shares of quota to production (%)	8～9	5～6	3～4

Source: *China's Protocol of Accession*.

* STE refers to State-trading enterprises.

** This data is from *China Statistical Yearbook* (2001).

① If the tariff-quota reserved for state-trading enterprises has not been contracted for by 15 August, quota-holders will have the right to trade or to import through any entity with the right to trade.

Compared with wheat and rice, in China' s promises for entering the WTO, corn is more market-oriented. Formerly, corn was subsidized to export by RMB 418 yuan pre ton (Chinese Feed Industry Information net, 2001) . This greatly increased the competitive advantages in world market and China exported more than 10 million ton in 2000. However, in 2002 China cancelled subsidy on corn export and set the tariff related quota, these made corn more market oriented.

- ***Feed grain trade pattern***

As mentioned before, China began its corn trade from 1984 (See table 11), table 11 also shows the fluctuation of corn trade since 1984. This part will focuse on the feed grain trade pattern in recent years.

Table 13 lists the major exporting regions in recent three years. Jilin, as one of the major producing provinces, plays important role not only in domestic trade but also in international trade. It accounted for 51. 78 percent of total Chinese corn export in 1999. The share went down to 35. 15 percent of total in 2000, but that was due to the reduction of output in 2000. The corn output of Jilin province fell to 9. 93 million ton in 2000 from 16. 93 million ton in 1999. In fact, the rates of export volume on corn output of Jilin in recent years were respectively 13. 17 percent (1999), 37. 11 percent (2000) and 33. 69 percent (2001) .

Under the background of WTO accession of China and its agricultural restructurings, every province makes the agricultural production plan according to their comparative advantages. In the northeast area, corn and soybeans are given priority. Jilin and Heilongjiang are the best places for corn and soybean production, therefore, they take actions to improve corn and soybean quality and increase their yields. The export share of north eastern provinces increased greatly in 2001. The corn export of Jilin and Heilongjiang reached 86. 69 percent in 2001. However, in the Huanghuaihai area, only Hebei exported 21. 33 thousand ton corn, about 3. 56 percent of national total. Totally speaking, in future, northeastern area will still be the major corn supplier, not only for domestic deficit areas but also for export.

Table 13 China's Corn Export by Province in Recent Years

unit: 1 000 ton, %

Region	Export	Share	Region	Export	Share	Region	Export	Share
---- 1999 ----			---- 2000 ----			---- 2001 ----		
Jilin	2 229. 0	51. 78	Jilin	3 685. 5	35. 15	Jilin	4 473. 9	74. 61
Liaoning	834. 1	19. 38	Inner Mongolia	3 404. 3	32. 47	Heilongjiang	724. 6	12. 08
Inner Mongolia	740. 8	17. 21	Liaoning	1 252. 6	11. 95	Liaoning	384. 4	6. 41
Heilongjiang	418. 2	9. 71	Heilongjiang	1 248. 8	11. 91	Hebei	213. 3	3. 56
Shanxi	37. 3	0. 87	Hebei	826. 6	7. 88	Inner Mongolia	199. 0	3. 32
Beijing	25. 6	0. 59	Guangdong	40. 8	0. 39	Shanxi	1. 1	0. 02
Hebei	19. 7	0. 46	Xinjiang	14. 4	0. 14	Beijing	0. 3	0. 01
Total	4 305. 0	100	Total	10 484. 8	100	Total	5 996. 6	100

Source: Information Center, Chinese Ministry of Agriculture.

In terms of trade partners, Chinese corn is mainly exported to Korea, Malaysia and other neighbor countries. Table 14 illustrates the corn export by destination. Korea and Malaysia are the stable demanders for Chinese corn, Japan was a big importer of Chinese corn, but since 1995 the corn trade between Japan and China has been very small. However, it is no doubt that these two countries' trade will increase under the framework of WTO, these will be discussed later.

Table 14 Corn Export by Destination in Recent Years

unit: 1 000 ton

Destination	1992	1993	1994	1995	1996	1997	1998*	1999*	2000*
Korea Rep	4 143. 8	4 016. 0	3 449. 0	23. 8	55. 1	3 574. 9	2 555. 8	1 250. 9	6 026. 1
Malaysia	1 386. 4	1 245. 8	1 383. 7	33. 1	6. 1	1 286. 6	1 193. 3	1 442. 7	2 098. 7
Japan	2 154. 0	1 842. 6	1 705. 8	9. 3	15. 3	146. 9	218. 5	106. 2	112. 1
Indonesia	—	—	—	—	—	—	41. 6	576. 6	832. 8
Korea DPR	586. 6	876. 2	209. 5	11. 0	81. 0	557. 3	195. 6	162. 1	177. 5
Russia	607. 7	1 453. 3	315. 5	8. 7	1. 0	30. 4	1. 8	0. 0	9. 9
Others	1 461. 7	1 663. 3	1 676. 6	26. 6	0. 0	1 021. 1	480. 0	761. 5	1 222. 0
Total	10 340. 2	11 097. 3	8 740. 0	112. 5	158. 7	6 617. 3	4 686. 6	4 300. 0	10 479. 1

Source: * these data are from Information Center, Chinese Ministry of Agriculture. The other data is from *China Agricultural Commodity Yearbook* (1998), edited by East West Consultation Ltd.

Compared with the export, corn import is very small. Except for 1995, China's corn import has been less than 0. 45 million tons, corn import is mainly for variety adjustment. However, in 1995, the imports reached 5. 18 million tons due to the continually rising of domestic grain prices. The corn purchase price in rural market in January 1995 was RMB 1 380 yuan per ton, however, in July it increased by 18. 55 percent and reached RMB 1 636 yuan per ton (Wu and Ke, 1996) .

China's corn import by province in recent years is in table 15. It shows that Guangdong is the major importer of corn in recent years. Imported corn is mainly from United States, since 1995 about more than 70 percent of imported corn has been from United States (Table 16) . It can be predicted that China will export corn in north area and import in south area, this is a good choice and also a trend of Chinese grain trade strategy, especially after China became a member of WTO.

Table 15 China's Corn Import by Province in Recent Years

unit: ton, %

Region	Import	Share	Region	Import	Share	Region	Import	Share
---- 1999 ----			---- 2000 ----			---- 2001 ----		
Anhui	49 999	71. 24	Guangdong	279. 65	100	Guangdong	35 867	99. 41
Henan	20 012	28. 51		—	—	Liaoning	137	0. 38
Guangdong	120	0. 17		—	—	Yunnan	64	0. 18
Liaoning	52	0. 07		—	—	Shanghai	11	0. 03
Total	70 183	100	Total	279. 65	100	Total	36 079	100

Source: Information Center, Chinese Ministry of Agriculture.

Table 16 Corn Import by Source in Recent Years

unit: 1 000 ton

Source	1995	1996	1997	1998*	1999*	2000*
United States	4 975. 4	340. 4	0. 4	188. 9	53. 3	2. 1
Argentina	194. 9	99. 5	0. 0	8. 0	5. 0	0. 0
Myanmar	8. 0	0. 9	—	—	—	—
Vietnam	2. 6	0. 0	—	—	—	—
Indonesia	—	—	—	29. 7	20. 0	0. 0
Holland	—	—	—	23. 9	0. 0	0. 0
Others	0. 3	0. 1	0. 0	0. 1	0. 5	0. 8
Total	5 181. 0	441. 1	0. 4	250. 6	78. 8	2. 9

Source: * these data are from Information Center, Chinese Ministry of Agriculture. The other data is from *China Agricultural Commodity Yearbook* (1998), edited by East West Consultation Ltd.

China's corn trade ports are mainly located in northeastern area, including Dalian port, Qinhuangdao port etc. In June 2001, a new port named Beiliang port was built and put into use in Dalian, which is the second largest in the world. However, the import ports are mainly located in southeastern area, including Huangpu port, Shekou port etc. In terms of trade fees, the charged fees for corn import in China include transportation fee, in-quota tariff (1%), added value tax (13%) and other fees (RMB80 yuan per ton, including applying to customs, inspecting fee etc) . The transportation fee is different depending on origins and ship styles. For example, in the middle of September 2002, by the 55-thousand ton ship from American Gulf to China, the transportation cost is USD 20. 9, and from South America it is USD24. 7.

6. Related Issues and Discussions

- ***The Role of Chinese Corn in World Corn Economy***

Feedgrain is becoming a hot topic not only in such major producing countries as China and United States but also in major importing countries such as Japan and Korea. China, as the second largest corn producer and exporter, plays important role in the world corn economy.

The world corn situation in the past decade is in table 17. It shows that the demand for corn has been increasing greatly, but the growth of production is not so fast that the corn stock goes down, especially since 1998. In 2001, the world corn stock was about 125. 4 million ton, stock rate is about 20. 5 percent, which is near the safety line of grain①. United States, China and Argentina are the largest three corn exporters, they exported about 66. 94 million tons corn in 2000, which accounted for 78 percent of world exported corn; Japan, EU and Korea are the major importers of corn, they imported 46. 83 million tons of corn, which is 56. 4 percent of total world imported corn (table 18) .

Table 17 World corn production, demand and stock and changes

unit: 1 000 ton

Year	Production	Demand	Yearend Stock	Stock Rate*
1991	491 360	491 750	140 561	28. 6%
1992	538 553	517 464	162 088	31. 3%
1993	476 195	510 770	127 513	25. 0%
1994	560 288	540 664	147 137	27. 2%
1995	517 352	542 012	122 477	22. 6%
1996	592 172	565 262	149 387	26. 4%
1997	575 363	578 529	146 221	25. 3%
1998	605 689	582 786	169 124	29. 0%
1999	607 075	604 700	171 499	28. 4%
2000	585 593	603 411	153 681	25. 5%
2001	583 077	611 393	125 365	20. 5%

Source: Agricultural Research Service (ARS) database, United States Department of Agriculture.

* Stock rate refers to ratio of stock to total use.

① Stock rate refers to ratio of stock to total use, according to FAO regulations, 17%~18% are the safe line of grain stock (Ke, 1996) .

Table 18 Corn Supply and Demand in Major Countries in 2000

Unit: 1 000 tons

	Beginning Stock	Production	Import	Feed use	Export	Total use	EndingStock	Stock rate
World	171 500	585 590	82 990	423 520	85 830	603 410	153 680	25.5%
---- Major three net exporters (total export 66.94 million ton, which is 78% of world) ----								
China	102 310	106 000	40	93 000	7 280	120 000	81 080	67.6%
U.S.	43 630	251 850	170	148 300	49 160	198 260	48 240	24.3%
Argentina	450	15 500	10	3 300	10 500	5 000	460	9.2%
---- Major six net importers (total import 46.83 million ton, which is 56.4% of world) ----								
North Africa	1 480	6 620	340	560	100	7 150	1 190	16.6%
E.U.	4 110	38 290	11 340	31 300	8 900	40 210	4 630	11.5%
Japan	1 160	0	16 340	12 150	0	16 200	1 300	8.0%
Mexico	2 340	17 700	5 930	8 800	20	24 000	1 950	8.1%
Northeast Asia	1 610	16 990	4 130	13 830	760	20 680	1 300	6.3%
North Korea	850	80	8 740	7 100	0	8 900	780	8.8%

Source: Agricultural Research Service (ARS) database, United States Department of Agriculture.

According to China' s official statistics, corn export of China is 10.47 million tons.

These major corn suppliers and demanders determine the world corn market. As noted before, world corn stock rates are decreasing, the stock rate of US is 24 percent in 2000, and such low stock rate caused the price to go up. At the end of 2001 the corn producer price reached the top of whole year, USD 1.98 per bushel, which is higher than that of June by 12.5 percent.

Different from US, China's corn stock rate has been so high since the end of 1970s. Especially at the end of 1980s, the rising yield and output pushed the corn stock to reach the highest level. In 1999, it is still near 90 percent. After 1999 the stock rate went down quickly. In 2000, it reached 67.5 percent, and the ratio in 2001 decreased further to 50%. Figure 2 illustrates the changes of corn stock rates for selected countries. It can be predicted that the corn stock rate in 2002 should go down continuously since China's corn export increases and some old corn stock has been sold this year①. If, in 2002 China faces a good corn harvest, it will slow down the decrease of corn stock rate, and will also help to restrain the rising of world corn prices. But, if China faces bad harvest, the stock rate will continue to go down, world corn prices will increase steadily.

- ***Characteristics of China's Corn Supply***

Firstly, about corn quality, generally speaking, the quality of US corn is higher than China's, Zhang Guilin (2001) thinks that, due to quality difference, US corn price is higher than that of China's by about RMB 40～50 yuan per ton. However, compared with US, China's corns are non-GMO varieties. Because GMO corn is still doubted for its safety, China's corn still has certain advantages. In 2001, Japan bought some non-GMO corn, the price is 40%～50% higher than GMO corn (Zhang, 2001).

Secondly, about corn productivity, China now can keep stable corn supply of more than 120

① It is reported that about 1.1 million tons of corn, which was produced before 2000, was auctioned in July 2002 in Jilin province. Another 2.25 million tons of stored corn was auctioned in Heilongjiang and Liaoning (MOA, http://www.agri.org.cn/analysis/, 2002—6—20).

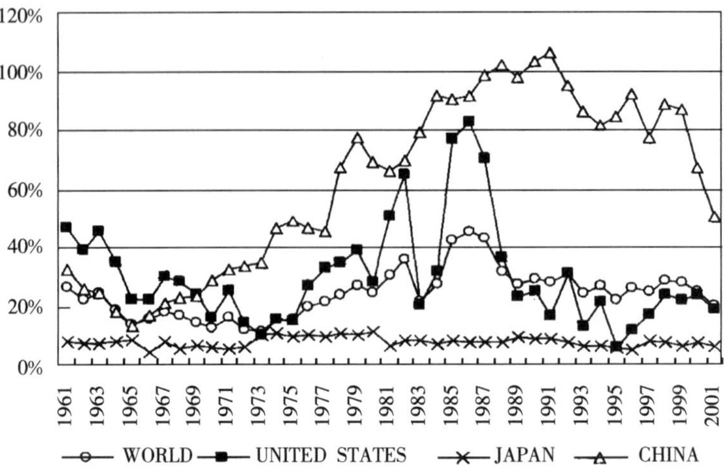

Figure 2 Corn Stock Rate of World and Major Countries

million tons, which can meet domestic demand in next several years. According to the prediction of Information Center of Chinese MOA, China's corn output will reach 125.5 million ton in 2002 (Information Net of Chinese MOA, 2002). The adoption of new technologies in corn production improves corn yield greatly, these new technologies includes hybrid varieties, plastic-membrane-coating planting, densely planting, and many modern inputs. According to official statistics, the yield of hybrid corn was 39 percent higher than the average yield in 1999. In 2000, the hybrid corn sowing area of China accounted for more than 88 percent. The plastic-membrane-coating area also increased to about 1.2 million hectares in the late 1990s (Xin, 2001).

However, in the long run, due to the increasing demand for animal products, the demand for feed grain will increase. At what degree China can meet its demand for feed grain, it is not easy to judge exactly, but it can be sure that China will use world market to solve its domestic problem, including surplus or deficit problems. However, all these will be based on the market rules and in line with the WTO agreement.

- ***Chinese Domestic Policy Adjustments after Entering WTO***

Since the end of year 2001 China has been the formal member of WTO, in order to meet the challenges of canceling subsidy on corn export, China's government made a series of policies. Firstly, On March 26, 2002, State Planning Commission issued a document to cancel the Railway Construction Fee levied on the transportation of rice, wheat, corn and soybean etc. The railway construction fee is about 20%~50% of transportation cost (table 20); therefore, this policy reduces the cost of corn enterprises greatly. This should improve corn domestic and international trade greatly.

Secondly, on April 1, 2002, State Council issued a document to cancel the value-added tax for export of rice, wheat and corn. It is estimated by Ministry of Agriculture that canceling the railway construction fund and value-added tax reduce the export cost of corn by about RMB 200 yuan per ton. This reduces the burdens of cancelling export subsidy on corn.

Table 20 Costs for Selected Railway Transportation With and Without Railway Construction Fee

Unit: RMB Yuan per ton

Origin	Destination	With railway construction fund	Without railway construction fund	Changes * (%)
Changchun railway station	Guangzhou south station	248.87	191.80	−22.93
Changchun railway station	Funzhou east station	209.82	167.46	−20.19
Changchun railway station	Shanghai Songjiang	166.08	90.54	−45.48
Changchun railway station	Dalian railway station	53.45	38.71	−27.58

Source: Shenyuan Industry Co. Ltd, Changchun Railway Station.

* Changes depend on the shares of railway construction fund in the transportation cost. For example, the Jing-Jiu railway (from Beijing to Hongkong Jiulong) is not levied railway construction fund so this policy has no influence on the transportation along this way.

- ***The implications for Japan***

After entering WTO, China's many regulations, which are not in line with WTO, were abolished. China's economic system and policies are gradually integrated into world economy. In terms of feed grain, China should be a very important trade partner for Japan.

Firstly, the corn trade strategy of *exporting in north and importing in south* is becoming a pervasive cognition in China; this makes it possible for Japan to import corn from China. Secondly, most of China's corns are not GMO varieties so that China's corn has certain advantages over that of US. Thirdly the low cost and short distance of transportation from China to Japan is also a rational choice in economic sense for trading enterprises. Fourthly, China's high corn stock and stable output prevent the corn prices from rising.

In the following, we will do a simple analysis to compare prices of Chinese and US corn. In September 2002, the US Gulf corn FOB price was USD 114～115 per ton, converted to Chinese port, the CIF price was about RMB 1320～1340 yuan per ton. But the price in Dalian port is RMB 1010～1030 yuan per ton, Shanghai port price is RMB 1080～1090 yuan per ton, Guangdong Shekou port price is RMB 1080～1100 yuan per ton. In the same period, the CNF price of US corn shipped to Korea was USD 135～140 per ton, but Korea CNF price of corn from China is about USD 125 per ton. Chinese corn price is lower by about USD 10～15 per ton. This shows that China's corn has certain advantage in price (Information Net of Chinese MOA, 2002) .

After entering WTO, China is more open to the world, and strictly complies with WTO agreement, and its trade behaviour is restricted and supervised by WTO. More and more countries are cooperating with China in both agriculture and other industries after China's entering WTO. China and Japan should thoroughly solve their trade disputes problems and strengthen the cooperation with each other because their industries are substitutable.

Reference

Cheng F. and F. Frank (1999)

"Feed-Grain Consumption by Traditional Pork-Producing Households in China" Paper presented at the fifth symposium of the Western Coordinating Committee "Assessing the Chinese Agricultural Market", which was held in San Diego, California, February 8—9, 1999

Fuller, F, D. H. Hu, J. K. Huang, and D. J. Hayes (2001)

"Livestock Production and Feed Use by Rural Households in China: A Survey Report" Staff Report 01 SR-96, Chinese Center for Agricultural Policy, September, 2001

Chen, C. L. and F. Christopher (2001)

"Patterns of Domestic Grain Flows and Regional Comparative Advantage in Grain Production in China." Paper presented in the 45th Annual Conference of the Australian Agricultural and Resource Economics Society held in Adelaide, South Australia, January 22—25, 2001

Cromptonne, P. and B. Phillips (1993)

"Effects on Feedgrains of China's Rising Demand for Livestock Products.", Agricultural and Resource Quarterly, Vol. 3, pp242—253

Crook, F. W. and W. H. Colby (1996)

"The Future of China's Grain Market." USDAAgricultural Information Bulletin, No. 730, 1996

Feed Industry Information Net (http://market.feedtrade.com.cn) (2002)

"Corn Price Bulletin in Major Ports in China.", related issues

Feng, Z. C. and P. C. Liu (1999)

"OECD's Projections on Production and Trade of Major Agricultural Products in China and Some Interesting Findings.", Problems of Agricultural Economics, Vol. 20: pp12—16, 1999

Huang, J. K., S. Rozelle and M. W. Rosegrant. (1995)

"China's food economy to the 21st century: supply, demand, and trade.", IFPRI's 2020 Discussion Paper, International Food Policy Research Institute, Washington, D.C. 1995

Li, Q. (2002)

"Production and Marketing of World Corn", Net of Development Research Center of State Council of China (http://www.drcnet.com.cn/), 2002

Liu, X. R. (2000)

"WTO accession on China's corn production and marketing.", Chinese Grain Economy 8, pp 6~9. 2000

Lu, F (1997)

"China's Grain Trade Policy and Its Domestic Grain Economy." Working paper series, No. E1997002, Chinese Center for Economic Research, Peking University. 1997

Nie, F. Y. and C. H. Qu. (2002)

"Situation of Chinese Feed Industry in 2001 and Perspectives of 2002.", Information Net of Chinese Ministry of Agriculture, 2002

Chinese State Council (2001)

"State Council's Decisions on Rectifying and Standardizing Market Economic Order", People Daily, May18, 2001

Ministry of Agriculture of China (1997)

"China agricultural statistical information: 1996", China Agricultural Press, 1997

State Statistical Bureau of China (1997)

"China Statistical Yearbook of Prices and Urban Household Income and Expenditure Survey", China Statistical Publishing House, 1997

Tian, W. M. and J. Chudleigh (1998)

"China's Feedgrain Market: Development and Prospect", AARC Working Paper Series, No. 06, the University of Sydney, 1998

Tian, W. M. (1999)

"Impacts of Trade Liberalisation on China's Feedgrain Market.", Paper presented at the symposium China's Agricultural Trade and Policy: Issues, Analysis, and Global Consequences, San Francisco, California, June 25—26, 1999

U. S. Department of Agriculture (1998)

"International Agricultural Baseline Projection into 2007." Research Report, Washington D. C. 1998

U. S. Department of Agriculture (2002)

PS&D View, 2002

Wang, Z. H, S. H. Huang, etc. (2000)

"The Basic Situation of Regional Grain Flows in China." Working paper of the research project of "Chinese Grain Market Policy with Special Emphasis on the Domestic Grain Trade", Center for International Economic Studies, Adelaide University, Adelaide, 2000

Wu, L. P. and B. S. Ke. (1996)

"Study On Prices Analysis of Main Agricultural Products In China: Monitoring and Outlook." Unpublished program report to Chinese MOA. 1996

Wu, L. P. (2000)

"Study on Integration of Chinese Major Agricultural Markets", China Agricultural Press. 2000

Xin, X. (2000)

"Accession to WTO and its Effects on Livestock Production and Animal Product Market." Re search Report to Ministry of Agriculture. 2000

Xin, X. (2001)

"Changing Patterns of Feedgrain Production and Marketing in China.", Agribusiness Perspectives Paper 47, Sydney University. 2001

Zhang, G. L., D. Feng and D. Zhang. (2001)

"Entering WTO: Study on Chinese Corn Economy Strategy.", Net of Development Research Center of State Council of China, 2002

Zhao, F. Q. (1997)

"Study on the Corn Consumption in China.", Master Degree Dissertation Paper, China Agricultural University. 1997

技术型资产价值评估方法探析

李晓红　何有缘

［摘　要］技术型资产交易价格的确定是技术贸易活动谈判的关键环节。文章在分析技术型资产交易双方交易目的、交易行为及各自所追求利益的基础上，提出了技术型资产交易价格确定的综合分析模型。

［关键词］技术型资产　转让方　受让方　价格估算

技术作为商品在市场上交易和出售，其交易价格的高低涉及供需双方的利益，是技术贸易中的关键环节。如何利用适宜的方法对技术型资产进行价值估算，如何为交易双方提供一个公平、公正、客观、科学的理想交易价格，使转让方认为按此价格出售较合理，而转让方也认为按此价格购进较公平，这无疑会推动交易行为的理性化发展，强化和完善技术市场的功能，促进技术市场的繁荣兴旺，促进现代技术成果的推广和应用，并且也必将充实和完善资产评估理论和操作方法的研究。

目前对技术型资产的价值估算一般都是从交易的某一方角度出发，或是从资产本身的成本、获利能力考虑，采用重置成本法或收益现值法进行评估，很少综合考虑交易双方的交易行为和兼顾双方的利益；另外，评估给出的结果一般是一个具体的数值，而非一个数域。这种缺乏弹性的评估结论使得其用于确定交易价格时，可操作性、实用性及可信度大打折扣。正是从这些角度考虑，本文拟对技术型资产价值评估方法的确定做一理论分析。

以专利技术、专有技术和工业版权为代表技术型资产一般都是复杂的、创造性的劳动产物，具有满足人们某种需求的有用性。正是因为技术型资产的这种使用价值使得其成为推动社会经济发展的第一生产力。技术型资产效用越高，满足消费者所需求的功能越全面，其使用价值也就越高。这不仅可以为其所有者或控制者带来的社会平均的收益，而且可以带来超额的收益。这是因为这些特性，技术型资产作为交易对象，它的计价方式肯定不同于普通商品。故在建立估价模型时必须考虑技术型资产的特殊性。

一、技术型资产转让方的价格估算模型

从转让方角度看，其转让技术的回报不仅希望能补偿其研制、转让过程中的投入费用，还希望能分享未来资产的预计产出效益。所以，从目前技术型资产交易的实务来看，转让方的报价一般包括首次价格和再次价格。

首次价格是以研制成本和转让费为基础的价格，在实际中一般表现为入门费的形式，它应该是转让方转让技术型资产的最低收费额，低于此价，转让方一般情况下不会转让技术。决定技术型资产最低收费额的因素有：研制成本、机会成本及转让过程中可能的交易费用和税金。具

体看：

1. 研制成本。 研制成本是指技术型资产的研制开发费用，一般包括物质资源投入和活劳动的投入。物质资源的投入费有：材料费、专用设备费、资料费、外协费、咨询费、培训费、差旅费、占用资金利息、专利申请费、管理费、固定资产折旧费及其他费用等；活劳动的投入主要体现为技术开发及辅助人员的工资、津贴。需要注意的是：

（1）技术型资产研制开发中投入的是大量的创造性的、复杂的劳动。若按现行工资标准计算技术人员工资成本则不合理，需要适当考虑复杂劳动的倍加系数。

（2）技术型资产的研制是一个积累与爆发的过程，创制技术具有探索性和风险性。可能无数次的失败的、无效的投入才成就了被估技术的成功。故失败研究所投入的费用应得到适当的补偿，在考虑被估技术的重置成本时要考虑技术创制的风险。

（3）受让方独家使用技术资产，应由其补偿成本费用；当受让方和转让方，甚至与其他引进方共同使用技术资产，则应由各方按规模和收益范围来分摊成本费用。

（4）作为技术型资产，在存置期间可能会由于技术进步和更新等的影响，出现无形磨损，对此要有充分判断。

2. 机会成本。 机会成本，是指转让方由于技术转让为自己制造了竞争对手而减少利润或增加开支。因此，这项机会成本要求受让方通过技术商品价格实施补偿。一般可根据研制中投入的资金计算其最低的期望收益回报。

技术转让过程中转让方可能会发生广告、差旅、公证等交易费用；按照国家税法有关规定转让方应缴纳营业税。从转让方来看，这些费用也应该由受让方通过技术商品价格实施补偿。但这两项费用实际很难预计。另外，由于技术型资产的研制是一个积累与爆发的过程，国家、社会或其他单位可能也为此支付了许多基础开发研究费用，技术交易和转让中支付的交易费用和税款在一定程度上补偿和支撑着国家和社会的开支，故有理由忽略交易费用和税款的计算。

设 P_0 为首次价格，则根据以上分析，

$$P_0 = \left(\sum_{i=1}^{m} C_i + F \cdot V + H \cdot r\right)(1+f)(1-\eta)\, S_3 / (S_1 + S_2 + S_3)$$

其中：C_i——各项物质耗费；

V——技术开发人员工资、津贴；

F——创造性劳动倍价系数；

H——本项研究所占用的所有资金；

r——平均资金利润率；

f——技术开发的平均风险率；

η——技术型资产的无形损耗率；

S_1——转让方在技术转让后仍需用此技术生产的产品数量；

S_2——其他引进方可能生产的产品数量；

S_3——受让方可能生产的产品数量。

再次价格是以使用技术后产生的追加利润为基础的价格，实际中表现为提成费的形式。技术商品在进入生产领域后，必然会产生一定的经济效益，它表现为引进方所获得的追加利润或垄断利润。这部分利润是供需双方共同劳动的结果。从理论上讲，双方应该分享这一收益。在实际中，再次价格一般是根据技术在未来使用时的预期产出效益，预算技术承受方因采用该技术而产生的净增利润，再确定一个双方认同的追加利润分成率来计算。

设 P_1 为再次价格，R 为技术型资产转让后可能产生的追加利润现值，α 为追加利润分成率，则

$$P_1=\alpha \cdot R$$

其中

$$R=\sum_{i=1}^{n} A_t \cdot (P/F, i, t)$$

A t——转让后第 t 年的追加利润；

n ——技术型资产的有效使用年限。

若设 P 为转让方所期待的技术型资产的交易价格 P，则：

$$P=P_0+\alpha \cdot R \tag{1}$$

二、技术型资产受让方的价格估算模型

技术资产不是作为一般意义上的生产要素进行交易，而是作为一种获益手段进行买卖，买卖双方均希望借此获利，尤其是技术受让方。故技术资产转让后新增的利润既不能全部归受让方所有（注：全部归受让方所有时 $\alpha=0$），也不能全归转让方所有（注：全部归转让方所有时 $\alpha=1$）。所以，当追加利润分成率 $0<\alpha<1$，技术型资产转让后可能产生的追加利润现值为 R 时，转让方得到的追加利润现值为 $\alpha \cdot R$，则受让方接受技术型资产后所能得到的剩余追加利润现值为 $R \cdot (1-\alpha)$。从受让方来看，若技术资产无利可图，受让后未来可能产生的追加利润现值弥补不了其支付的受让价款，则交易不可能成功。故受让方所期待的技术型资产的交易价格 P 为：

$$P<R \cdot (1-\alpha) \tag{2}$$

三、技术型资产价格估算的综合模型

由（1）、（2）式可得，$P_0<(P_0+R)/2$ （3）

也就是说，按（3）式进行交易，就能保证转让方在支付交易价款后仍有剩余追加利润。

另外，根据以上分析，一般情况下 $\alpha>0$，故由（1）式可得 $P>P_0$，故综合考虑交易双方利益，技术型资产交易价格的可行区间应为：

$$P_0<P<\frac{(P_0-R)}{2} \tag{4}$$

与此对应的追加利润分成率的可行区间为：

$$0<\alpha<\frac{R-P_0}{2R} \tag{5}$$

综合估算模型（4）、（5）不仅给出了交易双方均可接受的价格估算区间，并且给出了转让方可接受的交易价格和分成率得最低极限：$P=P_0$，$\alpha=0$；以及受让方可接受的交易价格和分成率得最高极限：$P=\frac{P_0+R}{2}$，$\alpha=\frac{R-P_0}{2R}$。

例：某企业因转产需要转让其一项自创生产工艺流程。据企业资料查实，该工艺方法研制时发生原材料费 3 万元，燃料动力费 0.3 万元，辅助材料费 0.5，专用设备费 0.4 万元，管理费 0.2 万元，固定资产折旧费 3 万元，咨询、资料费 0.2 万元，差旅费 0.1 万元，科研和辅助人员工资、津贴等 1.2 万元，其他开支 0.3 万元。该工艺流程预计尚可使用 4 年，使用该工艺方法后，按目前的市场状况，每年可新增利润 40 万元。另据调查，该地区目前创造性劳动的倍加系数为 4，科研平均风险率为 8%，技术的无形损耗率为 12%，贴现率为 12%。该项专有技术的评估

价值。

根据题中提示的资料信息，可计算出：

该专有技术的首次价格 $P_0=\{[(3+0.3+0.5+0.4+0.2+3+0.2+0.1+0.3)+4\times1.2]\times(1+8\%)\times(1-12\%)\}=12.24$（万元）

该专有技术转让后在有效使用期内追加利润现值 $R=40\times(P/A,12\%,4)=40\times3.038=121.52$（万元）

由公式（4）可知，该专有技术的交易价格上限 $P=\frac{12.24+121.52}{2}=66.88$（万元）

即，该专有技术的交易价格 P 的合理区间应为：$12.24<P<66.88$

由公式（3）可知，与此对应的追加利润分成率 α 的可行区域为：$0<\alpha<45\%$

本估算模型给出的价格估算区间只是作为交易双方价格谈判的依据。一般来说，受让方总希望在转让方可接受的最低价格上成交，转让方则希望在受让方能接受的最高价格上成交。双方底价不在同一水平中。谁能在价格谈判中占据主动，在对方的底价或接近底价的基础上成交，在很大程度上取决于从事技术贸易谈判的能力和经验，这包括当事方对有关技术市场信息的了解和掌握程度、谈判的经验和艺术、在谈判过程中的应变和决策能力。

参考文献

[1] 顾焕章等．技术作价与资产评估．北京：人民日报社出版社，1995

[2] 朱萍．资产评估学教程．上海：上海财经大学出版社，1998

我国农业国内支持政策中存在的问题及调整对策研究*

张莉琴 林万龙 辛 毅

［摘 要］论文在根据WTO规则对支农的财政预算科目进行调整后，重新测算了我国的农业国内支持水平。本文就农业国内支持政策中存在的问题，提出调整我国农业国内支持政策的基本思路和具体对策，强调我国农业政策调整在短期内应从有效提高农产品国际竞争力和降低农产品进口冲击两方面的措施入手。

［关键词］农业政策调整 国内支持 入世

加入WTO之后，由于国外农产品大量涌入的压力和激烈的国际竞争，我国以单个农户为主体的农产品生产的市场风险将愈显突出。这种风险的集中表现是：与国外农产品相比，我国农产品的国际竞争力明显不足。因此，必须立即采取有效措施以提高我国农产品的国际竞争力，以减少入世所带来的冲击。

合理的农业国内支持政策是提高农产品国际竞争力的有效途径。本文将针对我国农产品在国际竞争力方面存在的问题，对入世后中国农业国内支持政策的调整进行研究，提出切实可行的政策建议，并将出发点主要立足于入世过渡期(2002—2004年)，提出具体的、近期内能够见效的政策措施。

一、我国农业国内支持水平现状

(一)“绿箱”政策支持水平

我国“绿箱”措施的载体是全国各级各类财政资金，主要由财政、计委、科技以及农口的农业、林业、水利、气象、国土资源等部门执行具体的计划和项目，“绿箱”措施的使用对象一般包括农户、农民专业合作组织、农业行政事业单位、农场、农业产业化经营组织以及其他对农业或农民提供服务的法人组织。

按照财政部提供的预算科目与WTO“绿箱”措施的对应关系，1996—1998年的我国的“绿箱”农业政策支出分别为907.12亿元、1 057.51亿元和1 726.09亿元，三年平均为1 230.23亿元①，占农业生产总值的比重三年平均为5.22%。“绿箱”措施中，重要的支出依次是基础设施

* 本文发表于《中国农村经济》2003年第4期，是农业部财务司2001—2002年委托课题《加入WTO后我国农业支持政策调整研究》的部分研究成果。

① 另有学者根据财政预算科目测算，我国“绿箱”支持水平1996—1998年分别为1 121.78亿元、1 312.54亿元、2 108.15亿元，三年平均1 514.16亿元（程国强，2001）。

服务（1996—1998年三年平均41.87%）、农业科研（17.82%）、其他服务（14.78%）和区域援助计划下的支付（10.35%）。在“绿箱”支出中，政府的一般服务支持占到82.61%。

但是，我国现行财政预算科目体系与WTO规则下农业国内支持的内容构成存在较大的差异，其中包含了大江大河治理、环境保护、粮食流通补贴以及退休人员的经费等非农业的支出，因此需要根据WTO规则对其做出调整。调整范围包括：

1. 删去非针对农业的相关财政支出，包括属于教育、环境保护、水利、气象、土地资源管理、科技范畴的各项财政支出，这些支出中虽然有部分是为农业生产服务的，但它们的服务对象具有社会一般性，而非专门针对农业，因此不应算作对农业的支持，例如：农业科研中去掉农业教育费附加支出，因为它应该是国家义务教育的一个组成部分；自然灾害救灾支付中删掉特大自然灾害救灾支出，因为该项支付非针对农业生产中受自然灾害导致的损失补贴；环境计划下的支付只保留了农村造林和林木保护补助费、农业环境保护费和退耕还林粮食补贴三项支出，而删掉其他的诸如防沙治沙经费、天然林保护经费、水土保持事业费、水资源保护费等支出。

2. 删去了相关林业的财政支出，这是因为我国有关林业的财政支出中绝大部分是面向天然林和森工的，而非专门面向农村地区的林业支出，因此不应该包括在农业支持中。

3. 目前财政部列入“绿箱”政策中食物安全储备支出的主要财政支出包括副食品风险基金、肉食、蔬菜等平抑市价补贴、粮食企业挂账消化款等。从这些财政支出的支付对象来看，一类是对消费者的补贴，如副食品风险基金和肉食、蔬菜等平抑市价补贴；另一类是对国有粮食企业经营性亏损补贴，如粮食企业挂账消化款，它属于政策执行的附带成本。这两类支出均会不对农产品生产者形成支持，因此本文认为，在没有划分出适合食物安全储备的措施之前，此部分支出应先保持空缺。

4. 关于涉农部门事业费的处理。与国外一般做法不同，我国的财政支农支出有相当一部分并不是按项目①的形式走，而是作为事业费由相关的农业政府部门或事业机构统一支配使用，因此将涉农部门的事业费列入无法分离的政府一般服务支出。

考虑以上调整因素，我国农业国内支持“绿箱”支出1996—1998年分别只有583.82亿元、687.78亿元和1 047.33亿元，平均为772.98亿元，相当于农业生产总值的3.28%。按支持水平的高低，各项措施在“绿箱”支持中的重要性依次是：基础设施服务（1996—1998年三年平均52.5%）、区域援助计划下的支付（16.5%）和农业科研（9.9%）。在“绿箱”支持中，政府一般服务支持占到80.3%（见表1）。

表1 按WTO规则调整后我国“绿箱”措施支持水平构成

单位：百万元，%

	1996	1997	1998	1996—1998平均	
					比重
农业科研	6 458.62	7 439.02	9 129.33	7 675.66	9.9
病虫害控制	1 824	2 021	2 142	1 995.67	2.6
培训	166	184	191	180.33	0.2
推广和咨询	4 686	5 007	5 781	5 158	6.7
检验检测	134	177	201	170.67	0.2
市场服务	n. a	n. a	n. a	n. a	n. a

① 如按小麦、玉米品种，或按专门的检疫、培训、提供市场服务等形式。

（续）

	1996	1997	1998	1996—1998 平均	
					比重
基础设施服务	27 566.53	30 812	63 296.9	40 558.48	52.5
其他服务	n.a	n.a	n.a	n.a	n.a
无法分离的一般服务	5 839.5	6 409.5	6 646.16	6 298.386 7	8.1
政府的一般服务支持	46 674.65	52 049.52	87 387.39	62 037.197	80.3
食物安全储备	n.a	n.a	n.a	n.a	n.a
国内粮食援助	n.a	n.a	n.a	n.a	n.a
对生产者的直接支付	—	—	—	—	—
不挂钩的收入支持	—	—	—	—	—
收入保险和收入安全网计划	—	—	—	—	—
自然灾害救济	1 447.36	1 569.77	1 424.95	1 480.69	1.9
生产者退休计划	—	—	—	—	—
资源退出计划	—	—	—	—	—
投资援助	—	—	—	—	—
环境计划	1 033	1 028	1 095	1 052	1.4
区域计划	9 227	14 131	14 826	12 728	16.5
其他	—	—	—	—	—
“绿箱”政策合计	58 382.01	68 778.29	104 733.34	77 297.89	100.0

资料来源：财政部数据；n.a 表示缺此项数据。

（二）“黄箱”政策支持水平

按照 WTO 农业协议的分类方法，我国农业国内支持中的“黄箱”政策措施应包括三类政策：市场价格支持措施、与生产挂钩的非免除支付和对农业投入品的补贴。1997－1998 两年平均“黄箱”支持总水平为 290.26 亿元（见表 2），相当于我国农业总产值的 1.23%。三类政策包括的具体内容和支出金额如下：

第一类是市场价格支持措施。特定农产品市场价格支持的计算是按外部固定参考价格（如世界市场价格）与政府管理价格的差额乘以政府实际收购的产品数量得出。在运用这种方法时，用于维持国内外差价的财政支出则不应当包括在“黄箱”支出中①。我国的价格支持措施主要是粮棉保护价收购，但三年来由于我国实行的粮棉保护价均低于国际参考价，计算出来的小麦、大米、棉花等特定产品支持数均为负数，是一种负保护，即农民利益的流失。只有玉米的保护价高于国际参考价，是正保护，1996—1998 三年平均保护水平为 9.35 亿元（折合 1.13 亿美元），只相当于玉米产值的 0.7%，在微量许可 8.5%的范围之内。

第二类是与生产挂钩的非免除的直接支付。包括：农村开荒补助费、银行贷款财政贴息、草场改良保护补助费、造林补助费和林木病虫害防治补助费。其支出金额 1997－1998 两年年平均为 14.84 亿元。

第三类是农业投入的补贴。我国政府对农业投入补贴的形式主要是对农业生产资料价差的补贴，包括：化肥价差补贴、农药价差补贴、农业用电价差补贴、农业用塑料薄膜价差补贴和其他农业生产资料价差补贴。其支出金额 1997—1998 两年平均为 275.33 亿元。

① 也有学者主张，应该按照财政实际支出计算该部分的支持量（柯炳生，2001），但是在可得的数据条件下，这一方法在实际计算中很难将对消费者的补贴和粮食企业经营性亏损补贴剥离出去。

表2　我国"黄箱"政策措施及支持水平

单位：百万元

	科目名称	1996	1997	1998	1997—1998两年平均
1	市场价格支持				
1.1	玉米	—	—	—	9.35*
2	与生产挂钩的非免除支付				
2.1	农村开荒补助费	231	309	291	300
2.2	草场改良保护补助费	124	108	137	122.5
2.3	造林补助费	931	918	984	951
2.4	林木病虫害防治补助费	102	110	111	110.5
	小计	1 388	1 445	1 523	1 484
3	农业生产资料价差补贴				0
3.1	化肥价差补贴		7 208	15 828	11 518
3.2	农药价差补贴		526	1 057	791.5
3.3	农业用电价差补贴			20	10
3.4	农业用塑料薄膜价差补贴		565	1 433	999
3.5	其他农业生产资料价差补贴		16 225	12 204	14 214.5
	小计		24 524	30 542	27 533
4	合计				29 026.35

*：玉米的价格支持为1996—1998年平均数。

资料来源：财政部数据。

（三）我国农业国内支持总量

与西方发达国家不同，我国不存在与限产计划相关而免于削减的"蓝箱"支付，因此"绿箱"和"黄箱"政策支付就构成我国的农业国内支持总量。1996—1998年，我国的"绿箱"支付和"黄箱"支付合计的国内支持总水平为年均1 063.24亿元，相当于农业生产总值的4.51%。

表3　我国农业国内支持水平（1996—1998年）

单位：百万元

	科目名称	1996	1997	1998	1996—1998平均
1	"绿箱"政策	58 382.01	68 778.29	104 733.34	77 297.89
2	"蓝箱"政策	—	—	—	—
3	特殊和差别待遇（S&D）	—	—	—	—
4	微量允许	—	25 978.35	32 074.35	29 026.35
5	综合支持量（AMS）	0	0	0	0
	总计（1—5）	—	94 756.64	136 807.69	106 324.24

注：①特殊和差别待遇是WTO农业协议根据规定给予发展中国家的国内支持承诺优惠，目前我国未有这一支持；

②我国"黄箱"支持水平（包括特定农产品和非特定农产品的支持）仅相当于农业总产值的1.23%，远低于我国关于农业国内支持承诺8.5%的微量免除水平，故全部纳入微量允许范围。

③综合支持量（AMS）指以货币形式表示的、需要进行削减的农产品国内支持，不包括根据农业协议规定可免除削减的支持。

二、我国农业国内支持政策中存在的问题

（一）我国的农业国内支持力度不足

美国2001年农业生产总值为1940亿美元，农业国内支持为970亿美元，国内支持量相当于

农业生产总值的50%，世贸组织其他成员国的这个比例也大多在5%～20%左右，而1996—1998年我国的农业国内支持总量为年均1 063.24亿元（合128.27亿美元），是农业生产总值的4.51%，因此可以说我国农业国内支持力度不足。并且，如果考虑到农业税收及农民的社会性负担作为国内支持的一种扣除，那么我国的农业国内支持是负值。

从“黄箱”政策来看，按我国承诺的8.5%微量免除水平，仅非特定农产品支持的最高“黄箱”补贴规模即可高达2000亿元，而现在总的黄箱支持量还不到300亿元，因此，我国的“黄箱”补贴空间还非常大。由于“黄箱”措施，特别是市场价格措施，能够直接影响农产品贸易行为，所以尽管有WTO农业协议的严格限制，大多数世贸组织成员国还是一直将“黄箱”措施作为农业支持最有效的手段。最近几年印度使用非特定产品支持一直保持在国内农业生产总值的7.5%，并对12种农产品有保护性收购价。由此可见，相对按规则履行义务而言，各国更重视权利和利益，重视利用各种可能的国内支持措施来提高本国的农业竞争力。

而现实情况是，总体来说，在国际市场上，我国劳动密集型农产品在质量上处于劣势，而土地密集型农产品则在价格上处于劣势。农产品质量上的劣势与我国检验服务体系、病虫害控制体系、营销服务体系不健全有很大关系；而价格处于劣势则与农业的成本外支出有很大关系，农业成本外支出之所以居高不下是由于它是农村公共服务的一个重要资金来源。因此，要提高我国农产品国际竞争力，保证农民收入一定水平的增长，增加农业国内支持力度是解决农业问题的重要出路。

（二）我国农业国内支持政策结构有必要进行调整

按照WTO的分类，“绿箱”政策包括以下12项措施：政府的一般服务支出、食物安全储备、国内粮食援助、不挂钩的收入支持、政府参与的收入保险和收入安全网计划、自然灾害救助支付、通过对生产者退休计划提供的结构调整援助、通过资源使用计划提供的结构调整援助、通过投资援助提供的结构调整援助、环境计划下的支付、地区援助计划下的支付和其他支付。

在以上WTO规则所允许“绿箱”支持政策，我国只使用了6类政策。目前还未使用的“绿箱”措施都是关于对农户进行直接支付的措施，按照政策目标可分为两种类型：一是保证农民收入水平的直接支付措施，包括不挂钩的收入支持、政府参与的收入保险和收入安全网计划两项措施，对这类措施，由于我国财力有限同时还不具备一定的操作条件（如符合支付条件的农户资格认定），我国目前还没有能力实施该类政策；二是为实现特定的结构调整目标而对农民造成损失进行补贴的措施，包括通过对生产者退休计划提供的结构调整援助、通过资源停用计划提供的结构调整援助和通过投资援助提供的结构调整援助等三项政策措施，前两项措施是发达国家为减少农产品长期剩余问题而实施的，保证粮食安全仍然是我国农业生产的一个重要目标，因此中短期内我国对这两项措施可以不予考虑，而第三项措施“通过投资援助提供的结构调整援助”则可以再考虑在农业结构调整中配套实施，以降低农业结构调整中农民的成本，尽快和顺利实现结构调整，提高我国农产品的国际竞争力。事实上，对于许多国家来说，结构调整援助是农业“绿箱”政策的重要组成部分，甚至是最主要的项目。例如，欧盟1995—1996年，用于结构调整援助的资金占“绿箱”政策支持量的比重分别为35.2%和22.5%；波兰1997—1998年分别为47%和37.1%；捷克1995—1998年分别为59%、68%、53.8%和50.8%，均是“绿箱”政策支持量中的最大支出项。

另外，在某些具体措施上，其重点环节也有调整的必要。由于我国财力有限，而入世的过渡

期又短，因此，必须将有限资金重点用于最能发挥作用、最能见效的环节上去。以农业科技为例，我国总体的农业科技水平其实并不低，但科技转化率却不高，致使大量有助于直接提高我国农产品国际竞争力的农业技术无法运用到实践中去。因此，在对农业科技的国内支持中，必须特别重视对农业科技（如良种）推广的支持。而我国目前在这方面则存在一定问题。例如，近几年，国家对高新农业科技园区有大量投资，而对农业推广的投资力度却在下降：例如，作为惟一的国家级的农技推广工程，“农牧渔业丰收计划”项目的中央财政资金2000年为1.1亿元，2001年则下降为6 000万元，而2002财年预算则更是降为1 000万元。

（三）我国某些农业国内支持措施效率低下

我国每年用于粮棉油糖流通环节的补贴规模常年保持在500亿～600亿元之间，占我国用于农业的财政支出的比例非常高。但这项补贴的效率却非常低下。从这类补贴的最终受益者来看：一类是对消费者的补贴，如副食品风险基金和肉食、蔬菜等平抑市价补贴；另一类是对国营粮食企业的经营性亏损补贴，如粮食企业挂账消化款，它属于政策执行的不必要的附带成本，不属于对农业生产者的支持；第三类，可以列入对农业生产者的支持，如国家粮食安全储备和保护价收购的相关支出。从前文所分析我国1996—1998年小麦、大米、棉花等特定产品支持数均为负数，只有玉米是正保护，也证明了这种补贴的低效率，它不但没有达到保护农民利益的政策目标，而是造成农民利益的流失，是一种负保护。鉴于粮棉油糖流通环节补贴政策的低效率，政府应对这项财政支出予以调整，转为切实提高农业支持力度的政策措施上去。

三、短期内调整我国农业国内支持政策的政策建议

调整农业国内支持政策，应当从两个层次考虑：一是着眼于长远，着力提高我国农业的整体竞争力；二是立足过渡期，稳定近两年，以尽量减少对我国农业生产的冲击，缓和农民就业的压力。由于入世对中国农业的冲击主要表现在对农产品生产和进出口的影响上，因此，短期内可以从生产、进出口两个方面采取相应的措施。具体来说包括：

（一）支持建立农产品良种推广补贴制度

我国当前种植业产品质量不高，主要表现在两个方面：一是食用品质不优，如大豆含油率低，早籼稻米、部分水果等产品适口性差，菜籽油营养价值低等；二是专用产品不足，如适合加工各种类型食品的专用小麦、玉米、水果还相当短缺，很多品种存在更新换代的问题。畜牧、渔业也不同程度的存在良种问题。通过有组织地开展新审定品种展示和大面积示范，加快优新品种的推广速度，可以快速解决农产品品种方面的竞争力问题。需要注意的是，农产品良种推广补贴制度除了要充分考虑良种推广数量、价格、生产成本及农民的承受能力等因素、制定合理的补贴标准外，另一方面，应研究慎重选择补贴方式，以提高补贴效率。

（二）支持、引导农产品加工业发展

农产品深加工是农产品增值的重要环节，是制约农产品出口的关键因素之一。在发达国家，农产品加工业产值一般相当于农业产值额的3～4倍。

在短期内，应在遵循WTO规则和协议的前提下，采取优惠的财政、税收政策，引导农产品加工业发展，通过多种途径达到支持农产品加工业的目的，如：对为农产品加工企业提供营销服

务，对于农产品深加工技术的研究和开发应用给予资金支持等。

（三）支持健全农产品质量安全体系

农产品的质量安全、标准和动物疫病防治问题逐渐成为制约我国农产品出口竞争力的主要瓶颈之一。近期内可重点抓好以下工作：

一是加强动物防疫工作，加大动物疫情监测和防治工作力度，加快无规定疫病区建设。二是加强农业投入品监管，严格控制农药、肥料、兽药、饲料和饲料添加剂等农业投入品的使用，全面开展农药残留、兽药残留等农产品有毒有害物质残留监控工作。三是加快现有农产品质量安全标准的清理和修订，有针对性地制定一批农产品标准。四是创建一批无公害农产品标准化生产示范基地，以标准化生产为纽带，以出口创汇产品为重点，通过基地示范，带动质量管理工作。

（四）对农民进行农产品生产、营销技能培训

短期内对农民的培训应集中在以下三类区域：一是主要的农产品出口基地；二是已经和正在建设的无规定疫病区；三是具有一定规模的农业产业化基地。这三类区域中，对前两类区域农民的培训是为了促进我国农产品的出口，而对第三类区域农民的培训则是为了减少入世对农业市场化程度较高农民的冲击（一般来说，产品市场化程度越高的农民所受的入世影响会越大）。

在培训内容上，短期内应主要集中在以下几方面：一是组织对农业生产者进行标准化生产培训，实现农产品质量的过程控制；二是加强对农产品疫病、病虫害防治和农药、兽药使用，以及生产废物处理方面知识的培训，以提高生产率和保证产品符合相关的生产卫生标准；三是加强对农产品处理、分级、包装和营销知识等技能的培训，以提高产品的附加值；四是在重点地区扶持造就一批具有示范带动作用，能参与国际竞争的专业农业科技示范户；五是进行必要的转产转业培训，以提高生产者在新领域的生存竞争能力。

（五）削减粮棉油流通领域补贴，转用于降低农业税费或农业生产方面的支持

据有关内部资料，如果分 5 年削减目前粮棉油流通领域的补贴，第 1 年可减少财政补贴约 106 亿元，第 2～4 年每年可分别减少 156 亿元、206 亿元和 256 亿元，第 5 年后每年可减少 306 亿元。补贴减少主要源自三个方面：一是每年压缩粮食储备 500 亿斤，每年递减少储备费用补贴 50 亿元；二是 8 个省、市粮食市场放开，可减少收购价格补贴 16 亿元。三是棉花价格已放开，减少 40 亿元收购价差补贴。

上述节省的补贴可以转用于降低农业税费。我国可能是世界上少有的几个对农业和农民征收税费的国家之一。这大大地影响了我国农业的竞争力，所以减免农业税费是提高我国农业竞争力，增加农民收入的有效措施。根据目前的情况，306 亿元可以基本弥补地方政府所减免的全部农业税和农业特产税。今后可以随着国家财力的允许，逐步取消所有的农业税费。

如果上一方案在目前还难以实施，也可以考虑将节省的补贴转用于对农业生产方面进行支持，包括良种补贴、农民培训等，这些也是在不增加财政负担的前提下，改进补贴效率的可供选择的方式。

（六）支持启动农产品市场预警机制

一方面应尽快建设农产品市场预警系统，及时收集整理国内外农产品生产、贸易信息，并对关系国计民生的重要农产品和易受国外市场冲击、敏感性强的农产品实施动态跟踪监测和先兆预

警。分析提出相关对策，为政府保护农业，合理调整农业生产提供依据，并引导农产品生产经营者采取措施，规避风险，减少损失。另一方面可以借鉴其他国家和地区的经验，设立农产品市场风险基金，建立国家补偿制度。

（七）加强对出口农产品的宣传和推销

现在我国粮棉出口补贴每年约60亿元以上。按WTO规则，这部分补贴在我国入世后将被取消，但可转用于“绿箱”政策允许的农业生产补贴。

为促进我国农产品出口，可以考虑将取消的出口补贴转用于对主要出口企业、出口地区农产品营销能力的提高，方式可以有培训、宣传等；另外，也可对具有国际竞争力的农产品主要出口市场进行定位，按照目标市场对产品口味的偏好、检疫的要求，有的放矢地对提高出口产品的相关品质，提高产品附加值，增强其国际竞争力。

参考文献

[1] 程国强，2001，《中国农业国内支持水平》，载自农业部软科学委员会办公室编辑，《农业发展战略与产业政策》，中国农业出版社，pp.123～134

[2] 柯炳生，2001，《WTO农业协议中的国内支持规定解读》，农村·社会·经济，2001上卷，中国农业大学经济管理学院，pp.1～7